Langenscheidt
Fachwörterbücher

Langenscheidt
Routledge

Dictionary of
Business
Concise Edition
English

English – German
German – English

Second enlarged edition

Langenscheidt

Berlin · München · Wien · Zürich · New York

Langenscheidt Routledge

Fachwörterbuch Kompakt **Wirtschaft** Englisch

Englisch–Deutsch
Deutsch–Englisch

Zweite, erweiterte Auflage

Langenscheidt

Berlin · München · Wien · Zürich · New York

Bearbeiter: Dipl.-Volkswirt *Ludwig Merz*

Bibliografische Information Der Deutschen Bibliothek
Die Deutsche Bibliothek verzeichnet diese Publikationen in der Deutschen Nationalbibliografie; detaillierte bibliografische Daten sind im Internet über http://dnb.ddb.de abrufbar.

Nachdruck der 2. erweiterten Auflage 2006
gekürzte Ausgabe des Langenscheidt-Routledge Fachwörterbuchs *Wirtschaft, Handel und Finanzen* mit Genehmigung von Routledge Ltd. London

Gesamtherstellung: Druckhaus „Thomas Müntzer“ GmbH, Bad Langensalza/Thüringen
Printed in Germany
ISBN-13: 978-3-86117-212-3
ISBN-10: 3-86117-212-7

Vorwort

Das vorliegende Kompakt-Wörterbuch „Wirtschaft" ist das Ergebnis einer fachmännischen Auswahl und daraus resultierend einer übersichtlichen, straffen und nicht zuletzt aktualisierten Darstellung des Wortguts des großen Titels „Wirtschaft, Handel und Finanzen" von Routledge/Langenscheidt.

Der Bearbeiter, Herr Dipl.-Volkswirt Ludwig Merz, brachte als gelernter Industriekaufmann und Diplom-Übersetzer nicht nur die Kompetenz und den nötigen fachlichen Überblick mit, um diese Auswahl zu treffen, sondern er war bereits beim großen Titel als Fachberater und Leitender Autor im Team u. a. mit der abschließenden Gesamtprüfung, dem „Final Check" betraut. Bei seiner Auswahl und Zusammenstellung hat er folgende Kriterien berücksichtigt:
Veraltete Begriffe und solche des allgemeinen Wortschatzes wurden weitgehend eliminiert. Die Fachgebietsangaben wurden auf einen diesem Kompakttitel Wirtschaft angemessenen Umfang gebracht. In verschiedenen Teilbereichen wurden moderne Begriffe ergänzt und vorhandene überarbeitet. Das gilt u. a. für jüngere Entwicklungen im Bereich der europäischen Institutionen und der Geldpolitik, im nationalen und internationalen Finanzwesen sowie im Insolvenzrecht. Aber auch Fachbegriffe aus den Gebieten Internet, E-Business und neue Medien wurden stark ausgeweitet.

Wir möchten mit diesem Wörterbuch sowohl Studenten ansprechen, die noch kein umfassendes Fachwörterbuch benötigen, als auch Nutzer, die mit einem Fachgebiet konfrontiert werden, auf dem sie keine Experten sind.

Trotz aller Abstimmungen und Berücksichtigung bewährter Richtlinien bleibt die Bearbeitung des Werkes letzten Endes eine subjektive Auswahl und die individuelle Leistung des Bearbeiters, die auf seinen Fachkenntnissen und langjährigen Erfahrungen als Fachübersetzer und Dozent an deutschen Universitäten, Fachhochschulen und Akademien in volks- und betriebswirtschaftlichen Fächern basiert. Für weitere Anregungen und helfende Kritiken sind wir stets dankbar. Bitte richten Sie diese an die Langenscheidt Fachverlag GmbH, Postfach 401120, 80711 München.

Der Verlag

Preface

This compact *Dictionary of business* is the result of an expert selection from the vocabulary of our large Routledge-Langenscheidt Fachwörterbuch *Wirtschaft, Handel und Finanzen*, presented in a clear, concise, and updated form.

The editor, Mr. Ludwig Merz, not only has the necessary competence and knowledge of the field to make this selection, being trained in business and having degrees in Economics and Translation, but had already been a special consultant and chief author in the team that prepared the larger work, and was entrusted with its final check. He based his selection and compilation on the following criteria:
Most obsolete and non-specialist terms have been eliminated. The specifications of subject areas were adjusted to suit this compact series edition. Modern terms were added and existing ones updated in various fields, such as recent developments in European institutions and monetary policy, in national and international finance, and in bankruptcy law. But also terms connected with the fields of Internet, e-business and new media were given considerably broader coverage.

This dictionary is designed both for students who do not need a comprehensive specialized dictionary yet, and for users who are confronted with a subject area in which they have no expertise.

Despite all co-ordination and adherence to tried-and-tested guidelines, the editing of this volume remains in the end the subjective selection and individual achievement of the editor, based on his specialist knowledge and his many years of experience as a specialist translator and a lecturer in economics and business in various German universities and other institutes of higher education. We are always grateful for additional suggestions and constructive criticism. Please send these to Langenscheidt Fachverlag GmbH, Postfach 401120, 80711 München, Germany.

The Publishers

Benutzungshinweise • Directions for use

1. Beispiele für die alphabetische Ordnung • Examples of Alphabetization

ABC method
ABCC
abeyance/be in
ability
~ to pay
~-to-pay principle
able • be ~ to meet the demands
~ to pay
~ to work
answer *v*
~ for
answer • in ~ to your letter
answerable
~ for
~ to
answering machine
~ service
answerphone
ante
~ meridiem
antedate
anti-inflationary
anticipate

Eintrittsgeld
Einvernehmen kommen/zu einem
einvernehmlich
Erbschaftssteuer
Erbschaftssteuererklärung
Erbschafts- und Schenkungssteuer
Ereignis
~ nach dem Bilanzstichtag
erleiden • einen Fehlschlag ~
Erliegen kommen/zum
erlöschen
Erlöschen
ermächtigen
Ermächtigung
Ermächtigungsschreiben
Ermangelung eines Gegenbeweises/in
ermäßigen
ermäßigte Steuer
ermäßigter Beitrag
~ Satz
Ermäßigung

2. Bedeutung der Zeichen • Meaning of symbols

/	forefront/at the = at the forefront Fehlschlag erleiden/einen = einen Fehlschlag erleiden
[ ]	opposing [dissenting] votes = opposing votes *or* dissenting votes innerbetriebliche Ausbildung [Schulung] = innerbetriebliche Ausbildung *oder* innerbetriebliche Schulung
( )	capacity utilization (rate) = capacity utilization *or* capacity utilization rate Dispo(sitions)kredit = Dispokredit *oder* Dispositionskredit
( )	Kursive Klammern enthalten Erklärungen Italicized brackets contain explanations
•	kennzeichnet Wendungen indicates phrases

Schreibvarianten zwischen BE und AE werden **nicht** doppelt dargestellt, sofern sie sich verklammern lassen:
z. B.: colo(u)r, fulfil(l)ment etc.

3. Abkürzungen • Abbreviations

adj	Adjektiv / adjective
adv	Adverb / adverb
(AE)	amerikanisches Englisch / American English
(BE)	britisches Englisch / British English
e.g.	(exempli gratia) for instance
etw.	etwas
(jarg.)	Jargon / jargon
f	Femininum / feminine noun
jmd.	jemand
jmdm.	jemandem
jmdn.	jemanden
jmds.	jemandes
m	Maskulinum / masculine noun
n	Neutrum / neuter noun
(obs.)	veraltet / obsolete
pl	Plural / plural
s.	siehe / see
sb	somebody
sth	something
(ugs.)	umgangssprachlich / colloquial
v	Verb / verb
z.B.	zum Beispiel

Fachgebietskürzel • Subject-area labels

AH	Außenhandel / import & export
Bank	Bankwesen / banking
Bö	Börse und Wertpapiere / stock market
EDV	elektronische Datenverarbeitung / computing
F&T	Freizeit & Tourismus / leisure & tourism
Fin	Finanzwesen / finance
Gb	Grundbesitz / property
Gesch	Geschäftswesen / general commerce
Ind	Industrie / industry
Komm	Kommunikation / communications
Med	Medien / media
Mgt	Management / management
Pat	Patentwesen / patents
Pers	Personalführung / human resource management
Pol	Politik / politics
Recht	Recht / law
RW	Rechnungswesen / accountancy
Soz	Soziales / social welfare
St	Steuerwesen / taxation
Stat	Statistik, Mathematik / statistics, mathematics
Trans	Transportwesen / transport
Umw	Umwelt / environment
V&M	Verkauf & Marketing / sales & marketing
Vers	Versicherungswesen / insurance
Verw	Verwaltung / business administration
WiWi	Wirtschaftswissenschaften / economics

Englisch–Deutsch

A

A level *(BE) (Advanced level) (Soz) Abschluss der Sekundarreife*, ≈ Abitur *n (Germany)*, Hochschulreife *f*, ≈ Matura *f (Austria, Switzerland)*, ≈ Maturitätsprüfung *f (Switzerland)*
A-share *(BE) (Bö)* stimmrechtslose (Stamm)-Aktie *f*
A1 *adj (Gesch)* erstklassig
abandon *v* 1. *(Gesch)* aufgeben, fallen lassen *(plan, project)*; verzichten auf *(right, claim)*; verlassen *(person, place)*; 2. *(Vers)* abandonnieren; 3. *(Recht)* aufgeben, überlassen, verzichten auf *(right)*; 4. *(Bö)* aufgeben *(option)*
~ **any claim** *(Recht)* jeglichen Anspruch fallen lassen
abandonee *(Vers, Recht)* Person, zu deren Gunsten etwas aufgegeben wird
abandonment 1. *(Gesch)* Verlassen *n*; 2. *(Pers)* Aufgabe *f*, Preisgabe *f* des Schiffs; 3. *(Recht)* Abandon *m*, Preisgabe *f*, Überlassung *f*, Verzicht *m (of right)*; 4. *(Pat)* Aufgabe *f (of patent right)*
~ **clause** *(Vers)* Abandonerklärung *f*, Verzichtklausel *f*
~ **of a position** *(Pers)* Aufgabe *f* einer Stellung
abate *v* 1. *(Gesch)* senken, ermäßigen *(tax, price)*; beheben *(nuisance)*; 2. *(Recht)* erlassen, herabsetzen, mindern *(sentence)*; einstellen *(writ, action)*
abatement 1. *(Gesch)* Nachlassen *n*, Kürzung *f*, Ermäßigung *f (of tax)*; 2. *(Recht)* Minderung *f (of contract)*; Rabatt *m*, Nachlass *m (of price)*
~ **of taxes** *(St)* Steuernachlass *m*
abbreviated keyboard command *(EDV)* abgekürztes Tastaturkommando *n*, abgekürzter Tastaturbefehl *m*
abbreviation *(Gesch)* Abkürzung *f*
ABC method *(Verw)* ABC-Verfahren *n (inventory management)*
ABCC *s.* Association of British Chambers of Commerce
abeyance/be *v* **in** 1. *(Gesch)* ruhen, in der Schwebe sein, schweben, zeitweilig außer Kraft sein *(law, rule)*; 2. *(Recht)* vorläufig unwirksam sein *(property)*
ability *(Gesch)* Befähigung *f*, Fähigkeit *f*, Geschick *n*, Können *n*, Leistungsfähigkeit *f*
~ **to pay** 1. *(RW, Bank, WiWi, Fin)* Solvenz *f*, Zahlungsfähigkeit *f*, Zahlungspotenzial *n*; 2. *(Pers, Recht, St)* Zahlungsfähigkeit *f*
~**-to-pay principle** *(WiWi, St)* Zahlungsfähigkeitsprinzip *n*, Leistungsfähigkeitsprinzip *n (principle of taxation)*
~ **to work** *(WiWi, Pers)* Arbeitsfähigkeit *f*, Erwerbsfähigkeit *f*
able *adj (Gesch)* fähig • **be ~ to afford to buy sth** *(WiWi)* sich etw. leisten können • **be ~ to meet the demands** *(Gesch)* den Anforderungen entsprechen
~ **to pay** *(Gesch)* solvent, zahlungsfähig
~ **to work** *(WiWi, Pers)* arbeitsfähig, erwerbsfähig
abolish *v* 1. *(RW)* aufheben; 2. *(WiWi, Gesch)* abbauen, abschaffen, aufheben, beseitigen; 3. *(Recht)* abschaffen
abolishment *(WiWi, Gesch, Recht)* Abschaffung *f*, Aufhebung *f*
abolition *(WiWi)* Beseitigung *f (of job)*; Vernichtung *f*, Aufhebung *f*, Abschaffung *f (of trade control)*
~ **of tariffs** *(WiWi)* Abschaffung *f* [Aufhebung *f*] von Zöllen
~ **of trade barriers** *(WiWi)* Beseitigung *f* von Handelsschranken
abort *v (Gesch)* abbrechen, scheitern lassen *(mission, trial, launch)*
about-face *(AE) (Gesch, Pol)* Kehrtwendung *f*, Kehrtwende *f*, Schwenkung *f*
~**-turn** *(BE) (Gesch, Pol)* Kehrtwendung *f*, Kehrtwende *f*, Schwenkung *f*
above *(Gesch)* oberhalb • **as ~** *(Komm)* wie oben, o.a.
~ **average** *(WiWi, Gesch)* überdurchschnittlich
~**-average growth** *(WiWi)* überdurchschnittliches Wachstum *n*
~ **board** *(Gesch)* ehrlich *(action, deal)*; offen *(person)*
~ **the line** *(RW, Fin)* in den schwarzen Zahlen, über dem Strich *(profit and loss accounts)*
~ **par** *(Fin, Bö)* über dem Nennwert, über pari
abridge *v* 1. *(Komm)* abkürzen *(contents)*; 2. *(Gesch)* verkürzen

abroad *adv (Gesch)* im Ausland • **from ~** *(Gesch)* ausländisch
abrogate *v (Verw, Recht)* aufheben *(contract)*
abrogation *(Verw, Recht)* Außerkraftsetzung *f*, Aufhebung *f (of Community Law)*
ABS *s.* asset-backed securities
abscond *v (Recht)* sich entziehen *(debtor)*
absence 1. *(Gesch)* Nichtvorhandensein *n (lack)*; Abwesenheit *f*, Fehlen *n*, Fernbleiben *n*, Nichterscheinen *n (being elsewhere)*; 2. *(Recht)* Nichterscheinen *n (nonappearance)*; Abwesenheit *f (nonpresence)* • **in sb's ~** *(Gesch)* in jmds. Abwesenheit • **in the ~ of detailed information** *(Gesch)* mangels genauer Informationen • **in the ~ of evidence to the contrary** *(Recht)* mangels Beweises des Gegenteils, in Ermangelung eines Gegenbeweises
~ of formal requirements *(Recht)* Formfreiheit *f*
~ of next of kin *(Recht)* erbenloser Nachlass *m*
~ of a quorum *(Mgt)* Beschlussunfähigkeit *f*
absent *adj (Gesch, Pers)* abwesend, fern, nicht zugegen • **be ~ due to illness** *(Pers)* aus Krankheitsgründen abwesend sein
absentee rate *(Gesch, Pers)* Abwesenheitsrate *f*
absolute *adj* 1. *(Gesch)* absolut; 2. *(Recht)* rechtskräftig; endgültig *(verdict, decree)*; unbeschränkt *(power, authority)*; 3. *(Recht)* bedingungslos *(contract)*; endgültig *(court order, decree)*
~ deviation *(Stat)* absolute Abweichung *f*
~ limit *(Gesch)* absolutes Limit *n*; äußerste Frist *f (within prescribed time limits)*
~ measure *(Stat)* dimensionslose Maßzahl *f* [Zahl *f*]
~ monopoly *(WiWi)* reines Monopol *n*, vollkommenes Monopol *n*
~ surplus value *(WiWi)* absoluter Mehrwert *m*
~ term *(Stat)* Konstante *f*
~ title *(Gb)* uneingeschränktes Eigentumsrecht *n*
~ URL *(Komm, EDV)* absolute Website-Adresse *f (e.g.: http://www.langenscheidt.com/about.html)*
absolutely *(Stat)* stets erwartungstreue Schätzfunktion *f*
absorb *v* 1. *(RW)* absorbieren, verrechnen; 2. *(WiWi, Gesch)* absorbieren *(purchasing power)*; abfangen, auffangen, übernehmen *(cost)*; aufnehmen, übernehmen *(business, company)*; eingliedern *(staff, management)*
~ overheads *(RW)* Gemeinkosten verrechnen
absorbed *(Fin, RW)* verrechnet *(cost accounting)*
~ basis *(RW)* Vollkostenbasis *f*
absorbing capacity *(WiWi, Bö)* Aufnahmefähigkeit *f (of security market)*
absorption 1. *(RW)* Verrechnung *f*; 2. *(WiWi)* Abschöpfung *f*, Absorption *f*, inländische Gesamtnachfrage *f*, Aufnahme *f*: 3. *(Fin)* Auflösung *f*, Übernahme *f*, Verrechnung *f*, Vollkostenrechnung *f (of a company)*; 4. *(Gesch)* Absorption *f*, Aufnahme *f (of costs, profits, business)*; Bindung *f (of resources)*
~ account *(RW)* Wertberichtigungskonto *n*
~ approach *(WiWi)* Absorptionstheorie *f*
~ costing *(Fin)* Vollkostenrechnung *f (cost accounting)*
absorptive capacity *(WiWi, Gesch)* Aufnahmefähigkeit *f*, Absorptionskapazität *f (of market)*
abstain *v* 1. *(Gesch)* sich enthalten; 2. *(Pol)* sich der Stimme enthalten *(from voting)*
abstract 1. *(WiWi)* Abstrakt *n*, Kurzfassung *f*, Zusammenfassung *f (summary)*; 2. *(Gesch)* Auszug *m*, Kurzfassung *f (of document)*; 3. *(Recht)* Auszug *m*, Zusammenfassung *f (extract)*; 4. *(Stat)* Jahrbuch *n*; 5. *(Pat)* Auszug *m*, Übersicht *f*
abundance 1. *(WiWi)* Überfluss *m*: 2. *(Gesch)* Ergiebigkeit *f*, Fülle *f*, Menge *f*
abuse *(WiWi, Gesch, Pat)* Missbrauch *m*, missbräuchliche Ausnutzung *f*
~ of a dominant position *(WiWi, Pol)* missbräuchliche Ausnutzung *f* einer beherrschenden Stellung, Missbrauch *m* einer marktbeherrschenden Stellung *(EU competition law)*
~ of administrative authority *(Gesch)* Amtsmissbrauch *m*
~ of market power *(WiWi)* Marktmachtmissbrauch *m*
~ of power *(Gesch)* Machtmissbrauch *m*

abusive practice *(WiWi, Pol)* missbräuchliche Verhaltensweise *f*
a/c *s.* account
academic career *(Pers)* akademische Laufbahn *f*, Hochschullaufbahn *f*
~ **labo(u)r market** *(Pers)* Arbeitsmarkt *m* für Lehrkräfte an Hochschulen und Universitäten *(nicht: Arbeitsmarkt für Akademiker)*
accede *v (Pol)* zustimmen
~ **to** *(Pol)* beitreten
~ **to a treaty** *(Pol)* sich einem Abkommen anschließen
~ **to an office** *(Pol)* ein Amt antreten
accelerate *v* 1. *(Bank)* vorzeitig fällig stellen *(maturity)*; 2. *(Gesch)* beschleunigen, forcieren, steigern; 3. *(WiWi, Gesch)* sich beschleunigen, zunehmen *(growth, inflation)*
accelerated amortization *(RW, Fin)* beschleunigte Amortisation *f*, vorzeitige Tilgung *f*
~ **depreciation** *(RW, Fin)* beschleunigte, progressive Abschreibung *f*
~ **growth** *(WiWi)* beschleunigtes Wachstum *n*, forciertes Wirtschaftswachstum *n*
accelerating inflation *(WiWi)* zunehmende Inflation *f*
acceleration 1. *(WiWi)* Akzeleration *f*. 2. *(Gesch)* Beschleunigung *f (in rate)*
~ **of maturity** *(Bank)* Vorverlegung *f* der Fälligkeit
~ **principle** *(WiWi)* Akzelerationsprinzip *n (investment hypothesis)*
accelerator *(WiWi)* Akzelerator *m*
~**-multiplier interaction** *(WiWi)* kombinierte Akzelerator- und Multiplikatorwirkung *f*
accept *v* 1. *(Bank)* akzeptieren, annehmen *(bill, credit card)*; 2. *(Komm)* annehmen, entgegennehmen *(call)*; 3. *(Gesch)* abnehmen, akzeptieren, anerkennen, übernehmen
~ **a bill** *(Recht)* einen Wechsel akzeptieren
~ **a tender** *(Gesch)* den Zuschlag erteilen
~ **liability** *(Gesch)* Haftung anerkennen, Haftung übernehmen
acceptability *(Gesch)* Annehmbarkeit *f*, Brauchbarkeit *f*, Tragbarkeit *f*
acceptable *adj* 1. *(Bank)* beleihbar, lombardfähig; 2. *(WiWi)* annehmbar; 3. *(Gesch)* akzeptabel, annehmbar, tragbar
acceptance 1. *(Bank)* Akzept *n*, akzeptierter Wechsel *m (completed bill)*; 2. *(Gesch)* Zuschlag *m (of bid, tender)*; Annahme *f (of contract, goods)*; Billigung *f*, Einwilligung *f (assent)*; Abnahme *f (goods)*; 3. *(Ind)* Annahme *f*; 4. *(Recht)* Annahme *f (of contract, goods)*; 5. *(Med)* Annahme *f (approval of product)*; Abnahme *f (of manuscript)*; 6. *(V&M)* Akzeptanz *f (of brand)*
~ **as performance** *(Recht)* Erfüllungsannahme *f*
~ **bank** *(Bank)* Akzeptbank *f*
~ **bill** *(Bank)* Dokumententratte *f*, zum Akzept vorgelegter Wechsel *m*
~ **commitments** *(Fin)* Akzeptverbindlichkeiten *fpl*
~ **credit** 1. *(Bank)* Akzeptkredit *m*; 2. *(Fin, AH)* Akzept-Akkreditiv *n*, Wechselrembours *m*, Rembourskredit *m*
~ **house** *(Bank)* Diskontbank *f*, Akzepthaus *n*
~ **liabilities** *(Fin)* Akzeptverbindlichkeiten *fpl*
~ **liability** *(Bank)* Akzeptlinie *f*, Wechselobligo *n*
~ **line** *(AE) (Bank)* Akzeptlinie *f*, Akzeptkreditrahmen *m*
~ **of lump sum settlement** *(Fin, Pers)* Annahme *f* einer Abfindung
~ **of proposal** *(Gesch)* Antragsannahme *f*
~ **test** *(V&M)* Markttest *m*, Pretest *m*
~ **trial** 1. *(Ind)* Abnahmeprüfung *f*; 2. *(V&M)* Abnahmetest *m*, Abnahmeprüfung *f*
acceptances outstanding 1. *(RW)* eigene Akzepte *npl*; 2. *(Fin)* Akzeptumlauf *m*
accepted *adj* 1. *(Bank, EDV)* akzeptiert; 2. *(Gesch)* akzeptiert, mit Akzept versehen
~ **draft** *(Bank)* akzeptierter Wechsel *m*
accepting *adj (Bank, Fin)* akzeptgebend, akzeptierend
~ **bank** *(Bank, Fin)* akzeptgebende Bank *f*, akzeptierende Bank *f*
~ **house** *(Bank, Fin)* Akzeptbank *n*, akzeptierende Bank *f*, Akzepthaus *n*
acceptor 1. *(Bank)* Akzeptant *m*, Bezogene(r) *f(m)*, Trassat *m (of bill)*; 2. *(Recht)* Akzeptant *m (of contract)*
access 1. *(WiWi)* Zugriff *m*; 2. *(Gesch)* Zutritt *m*, Zugang *m* • ~ **denied** *(EDV, Komm)* Zugriff verweigert, Zugriff abgelehnt • **give sb ~ to** *(Gesch)* jmdm. Zutritt erteilen zu • **limit ~** *(Pers)* Zugang beschränken

~ **charge** *(EDV, Komm)* Zugangsgebühr *f*
~ **fee** *(EDV, Komm)* Zugangsgebühr *f*
~ **right** *(Recht)* Zugriffsberechtigung *f*
~ **rights** *(Komm, EDV)* Zugriffsrechte *npl*
~ **to a scheme** *(Soz)* Eintritt *m* in eine (arbeitsmarktpolitische) Maßnahme
~ **to employment** *(Pers)* Zugang *m* zur Beschäftigung, Zugang *m* zum Erwerbsleben
~ **to the labo(u)r market** *(Pers)* Zugang *m* zum Arbeitsmarkt
~ **to working life** *(Pers)* Zugang *m* zum Erwerbsleben
accessibility *(Gesch)* Zugriffsfähigkeit *f*, Zugriffsmöglichkeit *f (of information)*
accession 1. *(Fin)* Zuwachs *m*; 2. *(Gesch)* Akzession *f*, Zustimmung *f*, Antritt *m (to office)*; Beitreten *n*, Beitritt *m (to treaty)*
~ **criteria** *(WiWi, Pol)* Beitrittskriterien *npl (EU)*
~ **negotiations** *(Pol)* Beitrittsverhandlungen *fpl (EU)*
~ **to the EU** *(WiWi)* EU-Beitritt *m*
accessories 1. *(Gesch)* Nebenausgaben, Nebengebühren, Nebenkosten *pl*: 2. *(V&M)* Zubehör *n*
accessory *(Recht)* Komplize *m*, Komplizin *f*, Helfershelfer *m*, Mittäter(in) *m(f)*
~ **advertising** *(V&M)* begleitende Werbeaktion *f*, Zusatzwerbung *f*
~ **charges** *(Gesch)* Nebenausgaben *fpl*, Nebengebühren *fpl*
accident *(Gesch)* Unglück *n (air, rail)*; Unfall *m (on road, at home, work)*; Zufall *m (chance)*
~ **at work** *(Pers)* Unfall *m* am Arbeitsplatz, Arbeitsunfall *m*, Berufsunfall *m*
~ **prevention** *(Pers)* Unfallverhütung *f*
accidental *adj (Gesch)* zufällig
~ **sampling** *(WiWi)* stichprobenartige Untersuchung *f*, zufallsbedingtes Stichprobenverfahren *n*
accommodate *v* 1. *(Bank)* gewähren *(with loan)*; 2. *(Gesch)* eine Gefälligkeit erweisen *(do a favour for)*; entgegenkommen *(oblige)* • ~ **a loan** *(Bank, Fin)* einen Kredit einräumen, ein Darlehen gewähren
accommodating credit *(RW)* Überbrückungskredit *m*
~ **items** *(WiWi)* Restposten *mpl* der Zahlungsbilanz, Saldo *m* statistisch nicht aufgliederbarer Transaktionen
~ **transactions** *(WiWi)* Ausgleichstransaktionen *fpl*
accommodation 1. *(Fin)* kurzfristiges, ungesichertes Darlehen *n*, Überbrückungskredit *m*; 2. *(Gesch)* Anpassung *f (adaptation, compromise)*; kurzfristiges Darlehen *n (financial)*; Entgegenkommen *n*, Gefälligkeit *f (obliging attitude)*
~ **acceptance** *(Gesch)* Gefälligkeitsakzept *n*
~ **draft** *(Fin)* Gefälligkeitswechsel *m*
~ **endorsement** *(Fin, Gesch)* Gefälligkeitsindossament *n*
~ **loan** *(Fin)* Überbrückungskredit *m*, kurzfristiges, ungesichertes Darlehen *n*, Gefälligkeitsdarlehen *n*
~ **policy** *(WiWi)* akkommodierende Politik *f*, unterstützende Politik *f*
accommodative policy *(WiWi, Pol)* akkommodierende, anpassende Geldpolitik *f* [Politik *f*] *(central bank)*
accompanying *adj (Gesch)* begleitend
~ **document** *(Verw, Komm)* Begleitschein *m*, Begleitpapier *n*
~ **letter** *(Verw, Komm)* Begleitbrief *m*, Begleitschreiben *n*
accomplice *(Gesch, Recht)* Komplize *m*, Komplizin *f*
accomplishment 1. *(Gesch)* Ausführung *f*, Vollendung *f (of task)*; Realisierung *f (of objectives)*; 2. *(Pers)* Leistung *f (feat)*; 3. *(Recht)* Vollziehung *f*
accordance *(Gesch)* Übereinstimmung *f*, Gewährung *f* • **in ~ with** 1. *(Gesch)* übereinstimmend mit, gemäß, im Einklang mit *(standard, regulation)*; 2. *(Recht)* in Übereinstimmung mit, gemäß • **in ~ with your instructions** *(Gesch)* gemäß Ihren Anweisungen
~ **with(in)** 1. *(Gesch)* übereinstimmend mit, gemäß, im Einklang mit *(standard, regulation)*; 2. *(Recht)* in Übereinstimmung mit
according to *(Gesch, Recht)* gemäß, laut, nach, zufolge
~ **to international law** *(Recht)* völkerrechtlich
account 1. *(RW)* Konto *n*, Kto. *(bookkeeping)*; 2. *(Bank)* Bankkonto *n*, Konto *n*, Kto.; 3. *(Gesch)* Rechnung *f (bill)*; Bericht *m*, Darstellung *f (report)*; 4. *(V&M)* Etat *m*; Konto *n*, Kto.; Kunde *m (customer)*; 5. *(Bö)* Abrechnungszeit-

raum *m* • ~ **payee only** *(Bank)* nur zur Verrechnung *(on cheque)* • **on** ~ 1. *(Bank)* à Konto; 2. *(Gesch)* gegen Kredit; 3. *(V&M)* auf Rechnung • **on ~ of payment** *(Recht)* zahlungshalber

~ **balance** *(RW, Bank)* Kontostand *m*, Saldo *m*

~ **holder** *(Bank)* Kontoinhaber(in) *m(f)*

~ **in balance** *(RW)* ausgeglichenes Konto *n*

~ **management** 1. *(RW, Bank)* Kontoführung *f*; 2. *(V&M)* Kundenbetreuung *f*, Kundengruppenmanagement *n*

~ **matching** *(RW)* Kontenabstimmung *f*

~ **movement** *(RW)* Kontobewegung *f*

~ **of assets and liabilities** *(Recht)* Vermögensaufstellung *f*

~**-only check** *(AE) (Bank)* Verrechnungsscheck *m*

~**-only cheque** *(BE) (Bank)* Verrechnungsscheck *m*

~ **reconciliation** *(RW)* Kontenabstimmung *f*

~ **rendered** *(RW, Verw)* erteilte Rechnung *f*, ausgestellte Rechnung *f*

~ **statement** *(Bank)* Kontoauszug *m (issued by bank)*

~ **turnover** *(RW)* Kontoumsatz *m*

account *v* **for** 1. *(Gesch, Recht)* Rechenschaft ablegen; Rechenschaft ablegen über, sich verantworten für, verantwortlich sein für *(render an account)*; 2. *(Gesch)* berücksichtigen; nachweisen, abrechnen *(expenses)*; bereinigen *(inflation)*

accountability *(Gesch)* Rechenschaftspflicht *f*, Verantwortlichkeit *f*

accountable *adj* 1. *(RW)* buchungspflichtig, zu verbuchen *(transaction)*; rechenschaftspflichtig; 2. *(Verw, Pers)* weisungsgebunden; 3. *(Gesch)* verantwortlich, haftbar; 4. *(Recht)* strafmündig

accountancy *(RW)* Rechnungswesen *n*, Kontenführung *f*, Buchführung *f*, Buchhaltung *f (business)*

accountant *(RW, Gesch, Pers)* Buchhalter(in) *m(f) (general)*; Steuerberater(in) *m(f)*, Wirtschaftsprüfer(in) *m(f)*, Rechnungsprüfer(in) *m(f) (for tax)*

accounting *(RW, Verw, Pers)* Buchführung *f*, Buchhaltung *f*, Rechnungslegung *f*, Rechnungswesen *n*

~ **and reporting law** *(RW, Recht)* Bilanzrichtliniengesetz *n (Germany)*

~ **balance of payments** *(WiWi)* statistische Zahlungsbilanz *f*

~ **by functions** *(RW, Verw)* Abteilungserfolgsrechnung *f*, Grenzplankostenrechnung *f (direct costing)*

~ **clerk** *(RW, Verw, Pers)* Buchhalter(in) *m(f)*

~ **concepts** *(RW, WiWi)* Bilanzierungsregeln *fpl*, Grundsätze *mpl* der Rechnungslegung

~ **conventions** 1. *(RW, Verw)* Buchhaltungs- und Bilanzierungsrichtlinien *fpl*; 2. *(Bank, WiWi)* Bilanzierungsregeln *fpl (BOP)*; Grundsätze *mpl* der Rechnungslegung

~ **data** *(RW)* Buchungsdaten *pl*, Buchungszahlen *fpl*

~ **department** *(RW)* Buchhaltungsabteilung *f*, Buchhaltung *f*

~ **directives law** *(RW, Recht)* Bilanzrichtliniengesetz *n*

~ **entry** *(RW)* Buchung *f*

~ **event** *(RW)* Buchungsvorfall *m*

~ **error** *(RW)* Buchungsfehler *m*

~ **exchange on the assets side** *(RW)* Aktivtausch *m*

~ **for inflation** *(RW, WiWi)* Inflationsbereinigung *f*

~ **fraud** *(RW)* Bilanzdelikt *n*

~ **income** *(RW)* Periodengewinn oder -verlust *m (net profit)*; Periodeneinkommen *n (revenue)*

~ **information** *(RW)* Buchungsdaten *pl*

~ **law** *(RW, Recht)* Bilanzrichtliniengesetz *n (in Germany)*

~ **papers** *(RW)* Urbelege *mpl*

~ **period** 1. *(RW)* Rechnungsjahr *n*; 2. *(Fin)* Bilanzierungsperiode *f*; 3. *(Bö)* Abrechnungsperiode *f*, Börsenhandelsperiode *f*

~ **plan** *(RW)* Bilanzgliederung *f*, Kontenplan *m*

~ **policy** *(RW)* Bilanzierungs- und Bewertungsverfahren *n*

~ **practices** *(RW, Bank, WiWi)* Bilanzierungspraktiken *fpl*

~ **price** *(Bank)* Schattenpreis *m*, Verrechnungspreis *m*

~ **principles** *(RW)* Bilanzierungsgrundsätze *mpl*, Buchführungsgrundsätze *mpl*

~ **profit** *(RW)* Buchgewinn *m*, rechnerischer Gewinn *m*

~ **records** *(RW)* Buchführungsunterlagen *fpl*, Geschäftsbücher *npl*

~ **return** *(RW)* rechnerische Rendite *f*
~ **rules** *(RW)* Bilanzierungsgrundsätze *mpl*, Buchführungsgrundsätze *mpl*
~ **standards** *(RW)* Rechnungslegungsgrundsätze *mpl*
~ **value** *(RW)* Buchwert *m*
~ **year** 1. *(RW)* Abrechnungsperiode *f*, Rechnungsjahr *n*; 2. *(Fin)* Bilanzjahr *n*; 3. *(St)* Geschäftsjahr *n*, Wirtschaftsjahr *n*
accounts 1. *(RW, Bank)* Konten *npl*; 2. *(Fin)* Jahresabschluss *m*, Geschäftsbücher *npl* *(company accounts)*
~ **appraisal** *(RW)* Abschlussbewertung *f*
~ **certification** *(RW)* Bestätigungsvermerk *m*
~ **department** *(RW, Verw)* Buchhaltung *f*, Buchhaltungsabteilung *f*
~ **payable** *(RW)* Kreditoren *mpl*, Verbindlichkeiten *fpl*
~ **receivable** *(RW)* Außenstände *mpl*, Forderungen *fpl*, Debitoren *mpl*
~ **receivable account** *(RW)* Debitorenkonto *n*
~ **receivable financing** *(RW, Fin)* Factoring *n*, Finanzierung *f* durch Forderungsabtretung
~ **receivable ledger** *(RW)* Debitorenbuch *n*, Kundenbuch *n*
accredit *v (Gesch)* bestätigen, zulassen, akkreditieren
accredited *adj (V&M)* akkreditiert, anerkannt, bevollmächtigt
accrual 1. *(RW)* aufgelaufene Zinsen *mpl*; 2. *(Bank, WiWi)* Ansammlung *f*; 3. *(Gesch)* Zuwachs *m*
~ **accounting** *(RW)* Prinzip *n* der Periodenabgrenzung, periodengerechte Abgrenzung *f*
~ **concept** *(RW)* Grundsatz *m* der Periodenabgrenzung, Periodenabgrenzung *f*
~ **of income** *(RW, Fin)* zufließende Erträge *mpl*
~ **of interest** *(RW, Bank)* Auflaufen *n* von Zinsen
~ **principle** *(RW)* Grundsatz *m* der Periodenabgrenzung, Grundsatz *m* der periodengerechten Zuordnung, Grundsatz *m* periodengerechter Zuordnung, Periodenabgrenzung *f*
accruals *(RW)* antizipative Aktiva *pl*, Rechnungsabgrenzung *f*
accrue *v* 1. *(RW)* auflaufen, rückstellen, abgrenzen, entstehen; 2. *(Bank, Fin)* anhäufen, auflaufen, entstehen; 3. *(Gesch)* entstehen
~ **interest** *(Bank)* Zinsen auflaufen lassen
accrued *adj* 1. *(RW)* antizipativ, rückgestellt, aufgelaufen, entstanden *(interest)*; 2. *(Bank)* antizipativ
~ **asset** *(RW)* antizipativer Aktivposten *m*
~ **charges** *(Bank)* antizipative Passiva *pl*
~ **compound interest** *(Bank)* aufgelaufene Zinseszinsen *mpl*
~ **expense** *(RW)* antizipative Passiva *npl*
~ **expenses** 1. *(RW)* antizipative Passiva *npl*, passive Rechnungsabgrenzungsposten *mpl*; 2. *(Gesch)* aufgelaufene Kosten *pl*
~ **income** *(RW)* antizipative Aktiva *npl*, aktive Rechnungsabgrenzungsposten *mpl*
~ **interest** 1. *(Fin)* aufgelaufene Zinsen *mpl*; 2. *(Bö)* Stückzinsen *mpl*
~ **liability** *(RW)* entstandene Verbindlichkeit *f*, passive Rechnungsabgrenzungsposten *mpl*
~ **revenue** *(RW)* antizipative Aktiva *npl*, aktive Rechnungsabgrenzungsposten *mpl*
accumulate *v* 1. *(WiWi)* akkumulieren; 2. *(Fin)* anhäufen, kumulieren; 3. *(Gesch)* akkumulieren, anhäufen; thesaurieren *(profit)*; 4. *(Vers, Bö, St)* kumulieren; 5. *(Gesch)* auflaufen
accumulated depreciation *(RW)* akkumulierte Abschreibung *f (systematic depreciation)*; Sonderabschreibung *f*, Wertberichtigungen *fpl* auf das Sachanlagevermögen *(special write-down)*
~ **profits** *(RW)* Gewinnvortrag *m*, Bilanzgewinn *m (on balance sheet)*
~ **stock of debt** *(Bank)* kumulierter Schuldenstand *m (ECB)*
~ **surplus** *(RW)* aufgelaufener Gewinn *m*, Gewinnvortrag *m*
accumulation 1. *(WiWi)* Akkumulation *f*; 2. *(Fin)* Aufzinsung *f*, Kumulierung *f*; 3. *(Gesch)* Ansammlung *f*, Bildung *f (of capital, wealth, interest)*; 4. *(Bö, St)* Kumulierung *f*
~ **factor** *(Stat)* Aufzinsungsfaktor *m*
~ **of capital** *(WiWi, Fin)* Kapitalbildung *f*, Substanzbildung *f*
~ **of surpluses** *(WiWi)* Überschussbildung *f*

accuracy 1. *(RW, Verw)* Genauigkeit *f (of figures)*; Bilanzwahrheit *f (of balance sheet figures)*; 2. *(Gesch)* Richtigkeit *f (of figures, data, judgment)*; Genauigkeit *f*, Korrektheit *f (of report, document, aim)*
accurate *adj (Gesch)* exakt, genau *(description, figures, estimate)*; richtig, zutreffend *(judgment)*; einwandfrei, korrekt *(report, aim)*
accuse *v (Recht)* anklagen
accused *adj (Recht)* beschuldigt, angeklagt
achievement-oriented *(Pers)* leistungsorientiert
~-oriented society *(Pers)* Leistungsgesellschaft *f*
acid test ratio *(RW)* Liquidität *f* ersten Grades
acknowledge *v* 1. *(Komm, EDV)* bestätigen *(message, order)*; 2. *(Gesch)* anerkennen; eingestehen, zugeben *(mistake)*; quittieren *(letter)*; abzeichnen *(with initials)*; 3. *(Recht)* notariell beurkunden; bestätigen, notariell beglaubigen *(debt, authority, right)*
acknowledgement 1. *(Bank)* Anerkenntnis *n*; 2. *(Komm)* Bestätigung *f*, Gegenzeichnung *f*, Abzeichnung *f*, Empfangsbestätigung *f*, Anerkenntnis *f*, Bestätigung *f (of signature, initials on document)*; 3. *(Gesch)* Empfangsbestätigung *f*, Anerkennung *f (of payment)*; Zugeständnis *n*, Eingeständnis *n (of mistake)*; Quittung *f (proof of payment)*; 4. *(Recht)* Anerkenntnis *n*, Beurkundung *f*
~ by a notary *(Recht)* notarielle Beglaubigung *f*, notarielle Beurkundung *f*
~ of debt 1. *(Bank, Fin, Gesch)* Schuldanerkenntnis *f*; 2. *(Recht)* Anerkenntnis *n*
~ of order *(Gesch)* Auftragsbestätigung *f*
~ of receipt 1. *(Komm)* Empfangsbestätigung *f*; 2. *(Gesch)* Annahmebestätigung *f*
acquire *v* 1. *(RW)* anschaffen, sich aneignen, aufkaufen, erwerben, erlangen; 2. *(Fin)* erwerben *(reputation)*; 3. *(Gesch)* anschaffen, sich aneignen, aufkaufen, erwerben, erlangen; 4. *(Bö)* erwerben *(option)*
~ an interest in sth *(Gesch)* einen Anteil an etw. erwerben, eine Beteiligung an etw. erwerben, sich an etw. beteiligen
acquired company *(Gesch)* übernommene Gesellschaft *f*
~ rights *(Gesch)* Besitzstand *m (vested rights)*
acquiring company *(Gesch)* erwerbende Gesellschaft *f*, übernehmende Gesellschaft *f*
acquisition 1. *(RW)* übernommene Gesellschaft *f*, Akquisition *f*, Aufkauf *m*, Übernahme *f (a subsidiary acquired by takeover)*; 2. *(Bank)* Übernahme *f*; 3. *(WiWi)* Akquisition *f (a subsidiary acquired by takeover)*; Aufkauf *m*, übernommene Gesellschaft *f (of company)*; Erwerb *m*, Übernahme *f (of goods)*; 4. *(Fin)* Erwerb *m*, Aufkauf *m*, übernommene Gesellschaft *f*, Akquisition *f (a subsidiary acquired by takeover)*; 5. *(Gesch)* Ankauf *m*; Übernahme *f (of company)*; Anschaffung *f (company)*; Erwerb *(of goods)*
~ accounting *(RW)* Übertragungsbilanz *f*, Anschaffungswertprinzip *n (method of consolidation)*
~ costs *(RW, Gesch, Vers, V&M)* Akquisitionskosten *pl*, Anschaffungskosten *pl*
~ of assets 1. *(RW)* Übernahme *f* eines Unternehmens; 2. *(Fin)* Eigentumsbildung *f*
~ of participations *(Fin)* Beteiligungserwerb *m*
~ policy *(Bö)* Übernahmepolitik *f*
~ value *(RW, Gesch, Recht)* Anschaffungswert *m*
acquit *v* 1. *(RW)* tilgen; 2. *(Fin)* abtragen, tilgen *(debt, duty)*; 3. *(Recht)* freisprechen *(accused)*
acquittal *(Recht)* Befreiung *f* von Verbindlichkeiten *(for debt)*; Freispruch *m (of accused)*
acquittance *(Recht)* Quittung *f (proof of payment)*
acronym *(EDV, Komm)* Akronym *n*, Kürzel *n*
across-the-board *adj (Gesch)* allgemein, generell, pauschal
act *v (Gesch)* agieren, funktionieren, handeln, tätig sein, tätig werden, wirken
~ in good faith *(Recht)* in gutem Glauben handeln
~ on sb's behalf *(Recht)* im Namen von jmdm. handeln, im Auftrag von jmdm. handeln *(on behalf of particular person)*; im Auftrag Dritter handeln, in fremdem Namen handeln *(on behalf of unspecified person)*

act 1. *(Gesch)* Akt *m*, Handlung *f (deed)*; 2. *(Recht)* Gesetz *n*, *(action of a person statute)* Handlung *f*; 3. *(Pol)* Akte *f*, Beschluss *m*
~ **of acknowledgement** *(Recht)* Beurkundung *f*
~ **of God** *(Recht)* höhere Gewalt *f*
acting *adj (Gesch)* amtierend, geschäftsführend, stellvertretend
~ **director** *(Mgt)* amtierender Direktor *m*, amtierende Direktorin *f*, geschäftsführender Direktor *m*, geschäftsführende Direktorin *f*, GD
action 1. *(Verw)* Aktion *f*; 2. *(WiWi)* Aktion *f*, Handlung *f*; 3. *(Gesch)* Handlung *f*, Tat *f*, Tätigkeit *f*, Tätigwerden *n*, Vorgehen *n*; 4. *(Recht)* Klage *f*, Verfahren *n* • **out of ~** *(Gesch)* außer Betrieb • **take legal ~** *(Recht)* gerichtlich vorgehen
~ **against persons unknown** *(Recht)* Verfahren *n* gegen unbekannt
~ **based on liability** *(Recht)* Haftungsklage *f (contracts)*
~ **for damages** *(Vers, Recht)* Schadensersatzklage *f*
~**-oriented** *adj (Gesch)* handlungsorientiert
~ **scope** *(WiWi, Mgt)* Handlungsspielraum *m*
actionable *adj (Gesch)* belangbar, einklagbar, justiziabel *(remark, offence, allegation)*
activate *v* 1. *(Ind)* in Betrieb setzen *(mechanism)*; 2. *(Mgt)* in Kraft setzen, aktivieren *(contingency plan, procedure)*
activation charge *(Komm)* Aktivierungsgebühr *f*
~ **fee** *(Komm)* Aktivierungsgebühr *f*
active *adj* 1. *(RW)* ausstehend *(deb)*; 2. *(Fin)* aktiv, lebhaft, arbeitend *(capital, assets)*; 3. *(Gesch)* arbeitend, aktiv, tätig *(person)*; 4. *(Mgt)* aktiv, geschäftsführend; 5. *(V&M)* lebhaft *(market)*; 6. *(Bö)* gängig, lebhaft *(market)*; lebhaft gehandelt *(securities)*; 7. *(St)* aktiv
~ **balance of payments** *(WiWi, Fin)* aktive Zahlungsbilanz *f*
~ **bond** *(Bö)* verzinsliche Schuldverschreibung *f*
~ **circulation of bank notes** *(WiWi)* Banknotenumlauf *m*
~ **dealings** *(Bö)* lebhafte Umsätze *mpl*, lebhafter Handel *m*
~ **employment policy** *(Pers)* aktive Arbeitsmarktpolitik *f*
~ **labo(u)r market policy** *(Pers, Pol, Soz)* aktive Arbeitsmarktpolitik *f*
~ **population** *(Pers)* Erwerbstätige *mpl*
~ **share** *(Bö)* gängige Aktie *f*
~ **trade balance** *(WiWi, AH)* aktive Handelsbilanz *f*
actively traded *adj (Bö)* lebhaft gehandelt
activity 1. *(Bank)* Kontoumsatz *m (account)*; 2. *(WiWi)* Beschäftigung *f*; 3. *(Fin)* Aktivität *f*; 4. *(Pers)* Beschäftigung *f*; 5. *(Gesch)* Tätigkeit *f*; Aufgabengebiet *n (duties)*; 6. *(Bö)* Umsatz *m*
~ **accounting** *(RW)* Abteilungserfolgsrechnung *f*, Grenzplankostenrechnung *f (direct costing)*
~ **classification** *(RW)* Kostenstellengliederung *f*
~ **coding** *(RW)* Kostenstellengruppen *fpl*
~ **element** *(RW)* Kostenstelle *f*
~ **level** *(RW, Verw, WiWi)* Beschäftigungsgrad *m*, Prozessniveau *n*
~ **rate** *(WiWi)* Erwerbsquote *f*
~ **report** *(Gesch)* Tätigkeitsbericht *m*
actual *adj* 1. *(Fin)* aktiv, aktuell; 2. *(Gesch)* effektiv, real, tatsächlich, echt, gegenwärtig, Ist...
~ **amount** 1. *(RW, Bank)* Ist-Betrag *m*; 2. *(Fin)* ausmachender Betrag *m (outlay, expenditure)*
~ **balance** *(RW, Bank)* Ist-Bestand *m*, Ist-Betrag *m*, Kontostand *m (outlay, expenditure)*
~ **cash value** *(Fin)* Barwert *m*, Kapitalwert *m*, Zeitwert *m*
~ **cost** *(RW, Verw)* Ist-Kosten *pl*, pagatorische Kosten *pl*
~ **cost system** *(RW)* Istkostenrechnung *f (accounting principle)*
~ **earnings** *(RW, Pers)* Effektivlohn *m*, Effektivverdienst *m*
~ **hourly earnings** *(Pers)* tatsächliche Stundenverdienste *mpl*
~ **inventory** *(AE) (Gesch)* Istbestand *m*
~ **level of unemployment** *(WiWi)* tatsächliche Arbeitslosigkeit *f*
~ **loss** *(Fin)* effektiver Verlust *m*
~ **man-hours** *(Pers)* Ist-Stunden *fpl*
~ **output** *(Ind)* Ist-Beschäftigung *f*, Ist-Leistung *f*

~ **price** 1. *(RW)* Marktpreis *m*; 2. *(WiWi)* Marktpreis *m*; 3. *(Bö)* Tageskurs *m*, Tagespreis *m*
~ **versus target comparison** *(Verw, WiWi)* Soll-Ist-Vergleich *m*
~ **wage** *(RW, WiWi, Pers)* Effektivlohn *m*, Reallohn *m*
actualize *v (Fin, Gesch)* aktualisieren
acute awareness *(Gesch, Pol)* geschärftes [kritisches] Bewusstsein *n (of particular factor)*
ad 1. *(Gesch)* Werbung *f*, 2. *(Med, V&M)* Annonce *f*, Anzeige *f*, Inserat *n (in print)*; Werbespot *m (television, radio)*
~ **hoc** *(Gesch)* ad hoc, fallweise
~ **valorem customs duty** *(AH, St)* Wertzoll *m*, ad valorem Zoll *m*
~ **valorem duty** *(AH, St)* Wertsteuer *f*, Wertzoll *m*
~ **valorem tax** *(WiWi, Fin, AH, St)* Wertsteuer *f*
adaptability *(Gesch)* Anpassungsfähigkeit *f*, Verwendungsfähigkeit *f (of product, machine, system)*
adaptive expectations *(WiWi)* adaptive Erwartungen *fpl*
add *v* 1. *(Gesch)* anfügen, beifügen; 2. *(Stat)* hinzufügen *(points)*; addieren, aufsummieren, hinzurechnen, zusammenzählen *(column, figures)*
~ **up** 1. *(RW, Stat)* aufsummieren, zusammenrechnen *(bill, column of figures)*; zusammenzählen *(sum total)*; addieren *(figures, results)*; 2. *(RW, Stat)* aufgehen, stimmen *(figures, results)*
~ **up to** *(Gesch)* betragen, sich belaufen auf
add-carry *(EDV, Gesch)* Additionsübertrag *m*
~**-on** 1. *(RW)* Zusatz *m*; 2. *(Bank)* Zuschlag *m*; 3. *(Gesch)* Ergänzung *f*, 4. *(Mgt)* Zusatz *m*
~**-on costs** *(RW, Verw)* Lohnnebenkosten *pl*, Personalnebenkosten *pl*, Personalzusatzkosten *pl*, Zusatzkosten *pl*
~**-on method** *(Fin)* Aufzinsungsmethode *f*
~**-on sales** *(V&M) (AE)* Anschlussaufträge *mpl (market research)*
added value *(WiWi, Gesch)* Wertschöpfung *f*, Mehrwert *m*
addition 1. *(RW)* Anlagenzugang *m (new asset)*; Zugang *m (to fixed assets)*; 2. *(Gesch)* Addition *f*, Beigabe *f*, Ergänzung *f*, Hinzufügung *f*, Vergrößerung *f*, Zuwachs *m*; 3. *(Vers)* Zuschlag *m*; 4. *(Med)* Einfügung *f*, Hinzufügung *f (text amendment)*
~ **of fixed asset units** *(RW)* Anlagenzugänge *mpl*
~ **slip** *(Gesch)* Additionsstreifen *m*
additional charge 1. *(RW)* Zusatzgebühr *f*, Zuschlag *m*; 2. *(Komm)* Nachgebühr *f*
~ **conditions** *(Gesch)* Zusatzbedingungen *fpl*
~ **cover** *(Bö)* Nachschussforderung *f*
~ **demand** *(WiWi, Pers)* Zusatzbedarf *m*, Zusatznachfrage *f*
~ **interest** *(RW, Bank)* Zinszuschlag *m*
~ **margin** *(Bö)* zusätzlicher Einschuss *m*
~ **need** *(WiWi, Pers)* Zusatzbedarf *m*, Zusatznachfrage *f*
~ **pay** *(Pers)* Prämie *f*
~ **payment** *(RW, Gesch, Vers)* Nachschussforderung *f*
~ **purchase** *(Gesch, Bö)* Zukauf *m*
~ **respite** *(Recht)* Nachfrist *f (trade contracts)*
~ **terms** *(Recht)* Zusätze *mpl (contracts)*
additions *(RW)* Zugänge *mpl*
additive *(Gesch)* Zusatz *m*
address *v* 1. *(Komm)* adressieren *(parcel, envelope)*; 2. *(Gesch)* anreden, ansprechen *(person)*; angehen *(comment, problem)*; 3. *(Recht)* richten an *(directive, complaint)* • ~ **your complaints to** *(Gesch)* richten Sie Ihre Beschwerden an
address 1. *(Komm)* Adresse *f*, Anschrift *f (of person, company, building)*; Ansprache *f*, Rede *f (talk, speech)*; 2. *(Gesch)* Adresse *f*, Anschrift *f*, Aufschrift *f*
~ **label** *(Komm)* Adressaufkleber *m*, Adressetikett *n*
addressee *(Komm)* Adressat(in) *m(f)*, Empfänger(in) *m(f)* • **to ~ only** *(Komm)* eigenhändig
addresser *(Komm)* Aussteller(in) *m(f)*
adduce *v (Recht)* anführen, vorlegen *(evidence)*
adequacy of own funds *(Bank, WiWi)* Eigenmitteldeckung *f*
adequate *adj* 1. *(RW)* angemessen; 2. *(WiWi)* hinreichend; 3. *(Fin)* ausreichend; 4. *(Gesch)* adäquat, angemessen, auskömmlich, ausreichend *(explanation, funds, report, supply, technique)*

~ **care** *(Recht)* ausreichende Sorgfalt *f*
~ **sample** *(Stat)* repräsentative Stichprobe *f*
~ **target rate** *(Fin)* Kalkulationszinsfuß *m*, interner Zinsfuß *m*, Rentabilitätsziel *n* *(profit)*; angestrebte Kapitalverzinsung *f* *(rate of interest)*
adequately funded *adj (RW, Fin)* fristenkongruent, fristgerecht finanziert
adhere *v* **to** *(Gesch)* einhalten *(contract)*; befolgen, festhalten an *(principle)*
adherence to *(Gesch)* Festhalten *n* an
~ **to contract** *(Recht)* Vertragseinhaltung *f*
adjourn *v* 1. *(Recht)* vertagen *(case)*; 2. *(Mgt)* unterbrechen, vertagen *(meeting)*; 3. *(Gesch, Pol)* die Sitzung beenden *(parliament)*
adjournment 1. *(Recht)* Vertagung *f*; 2. *(Mgt)* Aufschub *m (of decision)*; Unterbrechung *f (of meeting)*
adjudge *v* **sb bankrupt** *(RW, Recht)* jmdn. für zahlungsunfähig erklären, Insolvenzverfahren über jmds. Vermögen eröffnen
~ **sth to sb** *(Recht)* jmdm. etw. zusprechen
adjudicate *v* 1. *(Gesch)* entscheiden, urteilen; 2. *(Recht)* zuerkennen, zusprechen
~ **bankruptcy** *(Recht)* Insolvenz eröffnen; Konkurs eröffnen
~ **sb bankrupt** *(RW, Recht)* jmdn. für zahlungsunfähig erklären, jmdn. gerichtlich für bankrott erklären
adjudication *(Recht)* Rechtsspruch *m*, Entscheid *m*
~ **in bankruptcy** *(RW, Fin, Recht)* Eröffnung *f* des Insolvenzverfahrens
~ **of bankruptcy order** *(RW, Fin, Recht)* Insolvenzeröffnungsbeschluss *m*
adjust *v* 1. *(RW, Bank)* bereinigen, berichtigen, korrigieren *(correct)*; 2. *(Gesch)* regulieren, einstellen auf, richtig stellen; berichtigen *(schedule)*; 3. *(RW)* abgrenzen
~ **a claim** *(Vers, Recht)* eine Forderung regulieren, einen Anspruch [Schaden] regulieren
~ **downwards** *(WiWi)* nach unten angleichen [anpassen]
~ **upwards** *(WiWi)* nach oben angleichen [anpassen]
adjustable *adj* 1. *(Fin)* variabel verzinslich *(mortgage rate)*; 2. *(Gesch)* regelbar; variabel *(hours, rate)*; einstellbar, justierbar, verstellbar *(appliance, position, speed)*
~ **rate mortgage** *(Bank, Gb)* variabel verzinsliche Hypothek *f*
adjusted *adj* 1. *(RW)* angepasst, bereinigt, berichtigt; 2. *(Gesch)* bereinigt, berichtigt, reguliert
~ **balance sheet** *(RW)* berichtigte Bilanz *f*
~ **for inflation** *(WiWi)* inflationsbereinigt
~ **index** *(RW)* bereinigter Index *m*
~ **trial balance** *(RW)* berichtigte Rohbilanz *f*, berichtigte Saldenbilanz *f*, berichtigte Probebilanz *f*
adjusting entry *(RW)* Berichtigungsbuchung *f*
adjustment 1. *(RW)* Berichtigung *f (of statistics, error)*; Abgrenzung *f (accrual accounting)*; 2. *(WiWi)* Gehaltsanpassung *f*, Lohnangleichung *f (wages)*; 3. *(Gesch)* Angleichung *f (to situation)*; Anpassung *f (of prices, rates, charges)*; Ausgleich *m*, Einstellung *f*, Berichtigung *f (regulation)*; 4. *(Vers)* Beilegung *f*, Bereinigung *f*, Entschädigungsleistung *f*, Nachverrechnung *f*, Regelung *f* des Anspruchs, Regulierung *f (payment)*; Schadenfestsetzung *f*, Schlichtung *f (fixing)*; 5. *(Recht, Pat)* Berichtigung *f*
~ **bond** *(AE) (Bö)* Gewinnschuldverschreibung *f*
~ **credit** *(Bank, WiWi)* Überbrückungskredit *m*
~ **factor** *(WiWi, Gesch)* Anpassungsfaktor *m*
~ **gap** *(WiWi)* Anpassungslücke *f*
~ **of assessed value** *(St)* Wertfortschreibung *f*, Fortschreibung *f*
~ **of the labo(u)r market** *(Pers)* Arbeitsmarktanpassung *f*, Anpassung *f* des Arbeitsmarktes
~ **speed** *(WiWi)* Anpassungsgeschwindigkeit *f*
~ **trigger** *(WiWi)* auslösender Impuls *m*
administer *v (Gesch)* verwalten
administered *adj (WiWi, Pol)* administriert, reguliert *(price)*
~ **inflation** *(WiWi)* administrierte Inflation *f*
~ **price** *(WiWi)* administrierter Preis *m*
~ **pricing** *(WiWi)* administrierte Preisfestsetzung *f*
administration 1. *(Verw)* Unternehmensführung *f*, Unternehmensleitung *f*, Verwaltung *f*, Verw.; Leitung *f*, Bewirtschaftung *f* *(managing)*; 2. *(WiWi)* Durchführung *f*, Ministerium *n (government department)*;

3. *(Gesch, Mgt)* Verwaltung *f*, Verw.; Unternehmensverwaltung *f (of business)*; 4. *(Pol)* Verwaltung *f*, Verw., Verwaltungsbehörde *f (authorities)*; Ministerium *(department)*; Regierung *f*, Reg., Administration *f (government)*; Amtsperiode *f*, Exekutive *f (term in office)*
~ **expenses** *(RW)* Verwaltungsgemeinkosten *pl*, Verwaltungskosten *pl*
~ **lag** *(WiWi)* Durchführungsverzögerung *f*
~ **order** *(Recht)* Anordnung *f* der Nachlassverwaltung, Insolvenz(eröffnungs)beschluss *m (of estate)*
administrative *adj (Verw, Gesch)* administrativ, verwaltungsmäßig, verwaltungstechnisch, verwaltend, Verwaltungs…
~ **agency** *(Verw)* Verwaltungsbehörde *f*, Behörde *f*
~ **assistance** *(Pers, Recht)* Amtshilfe *f*
~ **authority** *(Gesch)* Verwaltungsbehörde *f*
~ **barriers to trade** *(AH)* administrative Handelshemmnisse *npl (international trade)*
~ **center** *(AE) (Gesch)* Verwaltungszentrum *n*, Zentralverwaltung *f*, Hauptverwaltung *f*
~ **centre** *(BE) (Gesch)* Verwaltungszentrum *n*, Zentralverwaltung *f*, Hauptverwaltung *f*
~ **cost(s)** 1. *(RW)* Verwaltungsgemeinkosten *pl*; 2. *(Gesch)* Verwaltungskosten *pl*; 3. *(St)* Steuererhebungskosten *pl (of collecting tax)*
~ **decision** *(Recht, St)* Bescheid *m*
~ **expenses** *(RW)* Verwaltungsausgaben *fpl*, allgemeine Verwaltungskosten *pl*, Sachaufwand *m*
~ **fine** *(Recht)* Bußgeld *n*
~ **lag** *(Verw, WiWi, Pol)* Handlungsverzögerung *f*
~ **law** *(Recht)* Verwaltungsrecht *n*
~ **office** *(Verw)* Dienststelle *f*
~ **overheads** *(RW)* Verwaltungsgemeinkosten *pl*
~ **provisions** *(Recht)* Verwaltungsvorschriften *fpl*
~ **regulations** *(Recht)* Verwaltungsvorschriften *fpl*
~ **staff** *(Pers)* Verwaltungspersonal *n*
administrator 1. *(Gesch, Pers, Mgt)* Verwalter(in) *m(f)*, Verwaltungsfachmann *m*, Verwaltungsfachfrau *f*, Verwaltungsleiter(in) *m(f)*; 2. *(Recht)* Nachlassverwalter(in) *m(f) (of an estate)*
admissible *adj* 1. *(Gesch)* erlaubt, zulässig *(idea, plan, document)*; 2. *(Recht, Pat)* zulässig *(evidence, witness, appeal)*
admission 1. *(Gesch)* Eintritt *m*, Zutritt *m (to place)*; Aufnahme *f*, Eintritt *m*, Zulassung *f (to profession, society)*; Eintritt *m*, Eintrittsgeld *n (cost of going into a place)*; Eingeständnis *n*, Zugeständnis *n (confession)*; 2. *(Recht)* Zulassung *f (to profession)*; Geständnis *n (confession of guilt)*
~ **fee** *(Gesch)* Eintritt *m*, Eintrittsgeld *n*, Eintrittspreis *m (to place)*; Aufnahmegebühr *f*, Eintrittsgebühr *f*, Zulassungsgebühr *f (to organization, society)*
~ **procedures** *(Pers)* Zulassungsverfahren *n*
~ **requirement** *(Pers)* Zulassungsvoraussetzungen *fpl*
~ **restriction** *(Pers)* Zulassungsbeschränkung *f*
~ **rules** *(Pers)* Zugangsbestimmungen *fpl*, Zugangsregelungen *fpl*
~ **to listing** *(Bö)* Börseneinführung *f*, Börsenzulassung *f*
~ **to quotation** *(Bö)* Zulassung *f* zur Börsennotierung
admit *v* 1. *(Gesch)* hereinlassen *(let in)*; zugeben, einräumen *(acknowledge)*; anerkennen *(a claim)*; 2. *(Pers)* aufnehmen *(new partner to business)*
admittance *(Gesch)* Eintritt *m*, Zutritt *m*, Zulassung *f*
adopt *v* 1. *(Verw)* feststellen *(annual accounts)*; beschließen *(procedure)*; 2. *(WiWi)* verabschieden *(budget)*; 3. *(Gesch, Recht, Pol)* feststellen *(annual accounts)*; beschließen *(procedure)*; verabschieden *(resolution)*
adoption 1. *(Verw)* Feststellung *f (annual accounts)*; 2. *(WiWi)* Verabschiedung *f (of budget)*; 3. *(Gesch, Recht)* Feststellung *f (annual accounts)*; Verabschiedung *f (of resolution)*; 4. *(Mgt)* Anwendung *f*, Übernahme *f (of method)*
adult education *(Pers)* Erwachsenenbildung *f*
adulteration of documents *(Recht)* Urkundenfälschung *f*
advance *v* 1. *(Gesch)* vorschießen *(wages)*; 2. *(Gesch)* anziehen *(prices)*; Fortschritte machen *(person, society, civilization)*;

fortschreiten *(work)*; 3. *(Bö)* sich befestigen *(prices)*

advance 1. *(RW, Bank)* Darlehen *n*, Kredit *m*, Anzahlung *f (down payment)*; Vorschuss *m (on wages)*; 2. *(Gesch)* Fortschritt *m*, Verbesserung *f (forward movement)*; Anzahlung *f*, Vorschuss *m*, Vorschusszahlung *f (payment)*; Steigerung *f*, Anstieg *m*, Erhöhung *f (in prices, rent)*; Vorauszahlung *f (prepayment)*; 3. *(Bö)* Anstieg *m*, Befestigung *f*

~ **against security** *(Bank, Gesch)* Lombardkredit *m*

~ **billing** *(RW)* Ausstellen *n* einer Vorausrechnung

~ **corporation tax** *(BE) (St)* Körperschaftsteuer-Vorauszahlung *f*, KStVz

~ **delivery** *(EDV, Recht, V&M)* Vorleistung *f*

~ **invoice** *(Fin)* Vorausrechnung *f*

~ **on securities** *(Bö)* Lombardkredit *m*, Effektenlombard *m*, Wertpapierkredit *m*

~ **payment** *(Gesch)* Vorauszahlung *f*, Vorkasse *f*

~ **payment of taxes** *(St)* Steuervorauszahlung *f*

~ **performance** *(Recht)* Vorleistung *f*

~ **repayment** *(Bank, Gesch)* vorzeitige Rückzahlung *f*

~ **sale** *(V&M)* Vorverkauf *m*

advanced *adj* 1. *(WiWi)* hoch entwickelt, fortgeschritten, modern; 2. *(Gesch)* gehoben, erhöht, qualifiziert, für Fortgeschrittene *(courses)*

~ **economy** *(WiWi, Gesch)* Industrienation *f*

~ **technology** *(Ind)* Hochleistungstechnik *f*, moderne [neueste, hoch entwickelte] Technologie *f*

advancement 1. *(Verw)* Förderung *f*; 2. *(Gesch)* Entwicklung *f (new methods)*; Beförderung *f*, Förderung *f*, Nutzen *m (promotion)*

advantages and disadvantages *(Gesch)* Für *n* und Wider *n*, Vor- und Nachteile *mpl*

adversary *(Recht)* Gegner(in) *m(f)*, Widersacher(in) *m(f)*

~ **proceedings** *(Recht)* streitiges Verfahren *n*

adverse *adj* 1. *(RW)* passiv, negativ; 2. *(WiWi)* nachteilig, negativ, ungünstig; 3. *(Gesch)* entgegenwirkend, nachteilig, ungünstig *(reaction, factor, conditions)*

~ **supply shock** *(WiWi)* negativer Angebotsschock *m*

~ **trade balance** *(WiWi, AH)* passive Handelsbilanz *f*

advertise *v (Med, V&M)* Werbung *f* treiben [machen], Reklame machen, werben, inserieren *(in print)*; annoncieren *(house, car)*; werben für, Reklame machen für *(product, service, political party)*

~ **a job** *(Med, V&M)* eine Stellenanzeige aufgeben *(in the press)*

advertisement *(Med, V&M)* Annonce *f*, Inserat *n*, Anzeige *f (in print)*; Werbespot *m (on television, radio)*

advertising *(Med, V&M)* Werbewesen *n*, Werbung *f*, Reklame *f (business)*; Werbung *f (advertisements)*

~ **agency** *(V&M)* Werbeagentur *f*

~ **and publicity charges** *(RW, Gesch, V&M)* Werbe- und Informationskosten *pl*

~ **budget** *(V&M)* Werbeetat *m*, Werbebudget *n*

~ **campaign** *(V&M)* Werbefeldzug *m*, Werbecampagne *f*

~ **copy** *(V&M)* Reklametext *m*, Werbetext *m*

~ **department** *(V&M)* Anzeigenabteilung *f*, Werbeabteilung *f (of a magazine)*

~ **effectiveness** *(V&M)* Werbewirksamkeit *f*

~ **expenditure** *(V&M)* Werbeaufwand *m*, Werbekosten *pl*

~ **expense** *(V&M)* Werbeaufwand *m*, Werbekosten *pl*

~ **gift** *(Med, V&M)* Werbegeschenk *n (giveaway)*

~ **gimmick** *(V&M)* Werbegag *m*

~ **medium** *(Med, V&M)* Werbemittel *npl*, Werbeträger *m*

~ **overkill** *(V&M)* Reizüberflutung *f* durch Werbung

~ **price** *(V&M)* Einführungspreis *m*

~ **prohibition** *(Recht, Med)* Werbeverbot *n*

~ **space** *(V&M)* Reklamefläche *f*, Werbefläche *f*, Anzeigenraum *m (in magazine)*

~ **strategy** *(V&M)* Werbestrategie *f*

~ **supplement** *(V&M)* Werbebeilage *f*

~ **threshold** *(V&M)* Werbeschwelle *f*

~ **time** *(V&M)* Werbezeit *f*, Sendezeit *f*

~ **trade** *(V&M)* Werbebranche *f*

~ **turnover** *(V&M)* Werbeumsatz *m*

~ **vehicle** *(Med, V&M)* Werbeträger *m*

advice 1. *(Komm)* Anzeige *f*, Mitteilung *f (notification)*; Bescheinigung *f*, Schein *m* *(note)*; 2. *(Gesch)* Beratung *f*, Rat *m*, Anzeige *f*, Benachrichtigung *f (notification)*; Avis *m (note)*

~ **of collection** *(Bank)* Inkassoanzeige *f*

~ **of deal** *(Bö)* Ausführungsanzeige *f*

~ **of delivery** *(Komm)* Empfangsbescheinigung *f*, Empfangsschein *m*

~ **note** *(Komm)* Versandanzeige *f (delivery)*

advise *v* 1. *(Komm)* mitteilen; 2. *(Gesch)* benachrichtigen, avisieren *(inform)*; beraten *(give advice to)*; empfehlen *(recommend)*

advised bill *(Bank)* avisierter Wechsel *m*

advising bank *(Bank)* avisierende Bank *f*

advisor *(Gesch, Pers)* Berater(in) *m(f)*

advisory *adj (Gesch)* beratend

~ **activity** *(Gesch)* Beratungstätigkeit *f*

~ **board** *(Verw)* Beirat *m (of company)*

~ **capacity** *(Gesch)* beratende Aufgabe *f*, beratende Funktion *f*

~ **contract** *(Gesch)* Beratervertrag *m*

~ **opinion** *(Recht)* beratendes Urteil *n*

advocate *v (Gesch)* befürworten, eintreten für, plädieren für, verfechten, vertreten *(a plan or proposal)*

advocate *(Gesch)* Rechtsbeistand *m*, Anwalt *m*, Anwältin f, Fürsprecher(in) *m(f)*, Verfechter(in) *m(f)*

affect *v* 1. *(WiWi)* einwirken auf *(have effect on)*; 2. *(Gesch)* beeinträchtigen, angreifen *(detrimentally)*; beeinflussen *(influence decisions)*; angehen *(be of concern)*; 3. *(Recht)* berühren *(findings)* • **be affected by unemployment** *(Pers, Soz)* von Arbeitslosigkeit betroffen sein

affiliate *v (Gesch)* angliedern, eingliedern

affiliate *(Gesch)* verbundenes Unternehmen *n*, Beteiligungsgesellschaft *f*, Konzernunternehmen *n (organization)*; Mitglied *n (person)*

~ **company** *(Gesch)* verbundenes Unternehmen *n*, Beteiligungsgesellschaft *f*, Konzernunternehmen *n*, Schwestergesellschaft *f (associated)*; Tochtergesellschaft *f (subsidiary)*

affiliated *adj (Gesch)* angegliedert, angeschlossen, eingegliedert, verbunden

~ **company** *(Gesch)* Schwestergesellschaft *f (associated)*; Tochtergesellschaft *f (subsidiary)*

~ **enterprises** (kapitalmäßig) verbundene Unternehmen *npl (BOP)*

~ **firm** *(Gesch)* Zweigfirma *f*, Zweigniederlassung *f*

~ **group** *(Gesch)* Konzern *m*

affirm *v (Recht)* bestätigen *(court decision)*

affirmation *(BE) (Recht)* Bekräftigung *f*, bindendes Versprechen *n (warranted qualities, contract law)*

affluence *(WiWi)* Reichtum *m*, Überfluss *m*, Wohlstand *m*

affluent society *(WiWi, Gesch)* Überflussgesellschaft *f*, Wohlstandsgesellschaft *f*

affordable *adj (Gesch)* bezahlbar, erschwinglich

afloat *adj (Gesch)* im Umlauf, zirkulierend *(in circulation)*; schuldenfrei, ohne Schulden *(free of debt)*; schwimmend, verschifft *(on ship)*; liquid, liquide, schuldenfrei *(solvent)*

aforementioned *adj (Komm)* oben erwähnt, oben genannt, o.g.

after-care 1. *(Gesch)* Nachsorge *f (medical care)*; 2. *(Soz)* Betreuung *f*, Resozialisierungshilfe *f (of released prisoners)*

~ **date** *(Gesch)* ab Ausstellungsdatum, ab dato, ab heute, dato nach heute, nach Ausstellungsdatum

~ **sight** *(Fin)* nach Sicht

~ **tax** *(RW, St)* nach Steuern

~**-acquired property** *(Bank, Recht)* Zugewinn *m (in bankruptcy)*

~**-hours dealing** *(Bö)* nachbörslicher Handel *m*

~**-hours market** *(Bö)* Nachbörse *f*

~ **sales** *(V&M)* Nachverkauf *m (auction)*

~**-sales manager** *(Pers)* Kundendienstleiter(in) *m(f)*

~**-sales service** *(V&M)* Kundendienst *m*

~**-tax income** *(RW, St)* Ertrag *m* nach Steuern, Gewinn *m* nach Steuern

~**-tax yield** *(RW, St)* Nachsteuerrendite *f*, Rendite *f* nach Steuern

against all risks *(Vers)* gegen alle Gefahren

~ **documents** *(Gesch)* gegen Dokumente, gegen Vorlage der Dokumente

~ **payment** *(Gesch)* gegen Bezahlung, gegen Zahlung

age *v (RW)* nach Fälligkeit aufschlüsseln *(accounts)*

~ **inventories** *(RW)* Inventar nach Alter aufstellen

age *(Gesch)* Alter *n*

~ **at entry** *(Vers)* Abschlussalter *n*, Beitrittsalter *n*, Eintrittsalter *n*
~ **at expiry** *(Vers)* Abgangsalter *n*, Endalter *n*
~ **bracket** *(Med, V&M)* Altersgruppe *f* *(market research)*
~ **distribution** *(WiWi, Pers, Pol)* Altersaufbau *m*, Altersgliederung *f*, Altersstruktur *f*, Altersverteilung *f*
~ **of retirement** *(Pers, Soz)* Ruhestandsalter *n*, Rentenalter *n*, Pensionierungsalter *n (bei Beamten)*; rentenfähiges Alter *n*, Ruhestandsgrenze *f*
~ **pattern** *(Pers)* Altersaufbau *m*, Altersstruktur *f*, Altersverteilung *f*
~ **ranking of fixed assets** *(Fin)* Altersaufbau *m* [Altersstruktur *f*] des Anlagevermögens
~ **structure** *(Pers)* Altersaufbau *m*, Altersstruktur *f*, Altersverteilung *f*

ageing [aging] of receivables *(RW)* Aufschlüsselung *f* der Forderungen nach Fälligkeit

agency 1. *(RW)* Agentur *f*, Vertretung *f*; 2. *(Bank)* Zweigniederlassung *f*; 3. *(WiWi)* Behörde *f*, Dienststelle *f*; 4. *(Gesch)* Vertretung *f*, Agentur *f*, Geschäftsstelle *f*, Stellvertretung *f*, Vertretung *f (representation)*; Personalvermittlungsbüro *n (employment)* • **through the ~ of** *(Gesch)* durch [mit] Unterstützung von
~ **agreement** 1. *(Gesch)* Vereinbarung *f* über eine Agententätigkeit; 2. *(Recht)* Vertretungsvertrag *m*; 3. *(V&M)* Agenturvertrag *m*
~ **bank** *(Bank)* Konsortialbank *f*, Zweigniederlassung *f*
~ **commission** *(Gesch)* Agenturvergütung *f*, Provision *f*
~ **fee** 1. *(Bank)* Abwicklungsgebühr *f*, Vermögensverwaltungsgebühr *f*; 2. *(Gesch)* Agenturkosten *pl*, Vertreterprovision *f*
~ **law** *(Recht)* Recht *n* der Handelsvertretung
~ **relationship** *(RW, Pers)* Vertretungsverhältnis *n*, Vertretungsbeziehung *f*
~ **theory** *(WiWi, Mgt)* Agency-Theorie *f*

agenda 1. *(Verw)* Tagesordnung *f*; 2. *(Mgt)* Agenda *f*, Programm *n*

agent 1. *(Gesch)* Handelsvertreter(in) *m(f)*, Vertreter(in) *m(f)*, Beauftragte(r) *f(m)*, Bevollmächtigte(r) *f(m)*, Agent(in) *m(f)* *(person)*; Mittel *n (thing)*; 2. *(Ind)* Händler(in) *m(f) (person)*; Mittel *n (means)*; Agens *n (liquid)*; 3. *(Recht)* Handelsvertreter(in) und Eigenhändler(in) *m(f)*, Stellvertreter(in) *m(f) (authorized person)*; Vertreter(in) *m(f) (contracts)*; 4. *(V&M)* Vertreter(in) *m(f)*
~ **general** *(Verw, Pers)* Generalbevollmächtigte(r) *(f)m*, Generalvertreter(in) *m(f)*, Handlungsbevollmächtigte(r) *f(m)*
~**'s commission** *(Gesch, V&M)* Vertreterprovision *f*

agglomeration *(WiWi)* Ballungsraum *m*, Ballungszentrum *n*, Agglomeration *f*
~ **economies** *(WiWi)* Agglomerationsvorteile *m*

aggregate *v (Stat)* sich belaufen auf, insgesamt betragen

aggregate *adj (WiWi)* gesamt, gesamtwirtschaftlich, volkswirtschaftlich *(amount, demand)*

aggregate 1. *(WiWi)* Aggregat *n*, Masse *f*, Menge *f*, Summe *f*; 2. *(Gesch)* Summe *f*; 3. *(Stat)* Aggregat *n* • **in the ~** *(Gesch)* insgesamt
~ **balance** *(RW)* Gesamtsaldo *m*
~ **data** 1. *(RW)* Daten; 2. *(WiWi)* aggregierte Zahlen *fpl*
~ **demand-aggregate supply** *(WiWi)* Gesamtnachfrage-Gesamtangebot *n*
~ **demand curve** *(WiWi)* Gesamtnachfragekurve *f*
~ **depreciation** *(WiWi)* gesamtwirtschaftliche Wertminderung *f*
~ **income** *(WiWi)* Volkseinkommen *n*
~ **output** *(WiWi)* Sozialprodukt *n*
~ **production** *(WiWi)* gesamtwirtschaftliche Produktion *f*
~ **risk** *(Gesch)* Gesamtrisiko *n*
~ **sales listings** *(BE) (St)* zusammenfassende Meldungen *fpl*
~ **supply curve** *(WiWi)* Gesamtangebotskurve *f*
~ **value added** *(WiWi)* gesamtwirtschaftliche Wertschöpfung *f*

aggressive *adj* 1. *(Gesch)* initiativ, offensiv, risikoreich, spekulativ; 2. *(V&M)* aggressiv *(campaign)*
~ **advertising** *(V&M)* aggressive Werbung *f*
~ **investment** *(Fin)* hochspekulative Anlage *f*

~ **marketing** *(V&M)* aggressives Marketing *n*
~ **pricing** *(V&M)* aggressive Preispolitik *f (marketing)*
agio *(WiWi, Fin, Bö)* Agio *n*, Aufgeld *n (foreign bills of exchange)*
~ **account** *(RW)* Kapitalrücklage *f*
agree *v* 1. *(RW)* abstimmen; 2. *(Fin)* zustimmen; 3. *(Gesch)* abstimmen *(books)*; sich einigen auf [über] *(report, proposal)*; 4. *(Gesch)* sich absprechen, Absprache treffen *(reach agreement)*; übereinstimmen *(tally)*; übereinkommen *(statements)*; einverstanden sein *(people)*; sich einigen *(share opinion)*
~ **on** *(Gesch)* sich einigen auf, sich einigen über, vereinbaren *(price, terms of sale)*
~ **the accounts** *(Fin)* den Jahresabschluss feststellen
~ **to a contract** *(Recht)* einem Vertrag zustimmen
~ **upon** *(Gesch)* sich einigen auf [über], vereinbaren *(price, terms of sale)*
agreed *adj (Gesch, Vers, Recht)* vereinbart, beschlossen, abgemacht, verabredet *(time, place, total)*
~ **period** *(Recht)* vereinbarte Zeit *f (contract)*
~ **takeover** *(WiWi)* frei vereinbarte Übernahme *f*
~ **wage** *(Pers)* Tariflohn *m*
agreement 1. *(Gesch)* Übereinkommen *n*, Vereinbarung *f*, Einigung *f*, Übereinkunft *f (between people)*; Übereinstimmung *f (between figures)*; Vertrag *m*, Abkommen *n (treaty, contract)*; 2. *(Recht)* Vertrag *m*, Verständigung *f* • **as per ~** *(Gesch)* laut Übereinkunft, vereinbarungsgemäß, vertragsgemäß • **come to an ~** *(Recht)* sich verständigen
~ **for exclusiveness** *(Recht)* Alleinvertriebsvertrag *m (sales)*
~ **of clearing** *(Bank)* Clearingabkommen *n*, Verrechnungsabkommen *n*
~ **of service** *(Recht)* Dienst(leistungs)vertrag *m*
agricultural *adj (WiWi, Gesch)* agrarisch, agrarwirtschaftlich, landwirtschaftlich, Agrar…
~ **commodities market** *(WiWi)* Agrarmarkt *m*
~ **commodity** *(WiWi)* agrarischer Rohstoff *m*
~ **export subsidy** *(WiWi)* Agrarexportbeihilfe *f*
~ **land** *(WiWi)* landwirtschaftlich genutzte Fläche *f*
~ **levy** *(WiWi)* Agrarabschöpfung *f*
~ **loan** *(Bank)* Agrardarlehen *n*
~ **market organization** *(WiWi, Pol)* Argrarmarktordnung *f (exclusion of the market mechanism)*
~ **price support** *(WiWi)* Agrarpreisstützung *f*
~ **product** *(WiWi)* Agrarerzeugnis *n*, landwirtschaftliches Erzeugnis *n*
~ **show** *(WiWi, Ind, V&M)* Agrarmesse *f*, Landwirtschaftsschau *f*
~ **subsidy** *(WiWi)* Agrarsubventionen *fpl*, Agrarzuschüsse *fpl*
agriculture *(Gesch)* Landwirtschaft *m*
agroforestry *(Gesch)* Wald-Feld-Bau *m*, Forstwirtschaft *f*
agroindustry *(Ind)* Agroindustrie *f*
AI *s.* accrued interest
aid *v* 1. *(WiWi)* Beihilfe leisten, unterstützen, Entwicklungshilfe leisten *(developing country)*; fördern *(development, understanding)*; 2. *(Gesch)* unterstützen *(company, person)*
aid 1. *(Bank)* Entwicklungshilfe *f*, Beihilfe *f (development)*; 2. *(WiWi, Fin)* Hilfe *f*; 3. *(Gesch)* Beistand *m*, Unterstützung *f*; 4. *(Recht)* Vorschub *m*, Beihilfe *f*
~ **in kind** *(WiWi, Fin)* Sachhilfe *f (for development)*
~ **loan** *(Bank)* Entwicklungshilfekredit *m (for development)*
~ **scheme** *(WiWi, Fin)* Hilfsprojekt *n*, Hilfsprogramm *n (for development)*
AIDA *s.* attention, interest, desire, action
aided recall *(V&M)* gestützte Erinnerung *f (market research)*
ailing bank *(Bank)* notleidende Bank *f*
~ **enterprise** *(Gesch)* notleidendes Unternehmen *n*, angeschlagenes Unternehmen *n*
~ **industry** *(Ind)* Industrie *f* im Niedergang, Industrierückgang *m*, verfallende Industrie *f*, schrumpfende Industrie *f*
aim *(Gesch)* Bestreben *n*, Vorhaben *n*, Ziel *n*, Zweck *m*
aimed at sb/be *v (Gesch)* auf jmdn. abgezielt sein, sich an jmdn. wenden
air *(Umw, Ind)* Luft *f* • **by ~** *(Komm)* auf dem Luftweg, per Flugzeug *(mode of transport,*

goods, mail) • **by ~ mail** *(Komm)* per Luftpost • **on the ~** *(Med, V&M)* auf Sendung

~ **cargo** Luftfracht *f*

~ **carrier** Luftfrachtführer *m*, Luftverkehrsgesellschaft *f*

~ **date** *(V&M)* Sendedatum *n*, Sendetermin *m (for broadcast)*

~ **freight** Luftfracht *f (mode of shipment)*

~ **letter** *(Komm)* Aerogramm *n*, Luftpost(leicht)brief *m*

~ **mail** *(Komm)* Luftpost *f*

~ **transport** Lufttransport *m*, Luftverkehr *m*, Beförderung *f* auf dem Luftweg

air *v* **one's opinions** *(Gesch)* seine Meinung äußern

airborne time Flugzeit *f*

aircraft Flugzeug *n*, Luftfahrzeug *n*

~ **industry** Luftfahrtindustrie *f*, Flugzeugindustrie *f*

~ **operator** Flugzeugbetreiber *m*

aircrew *(Pers)* Flugzeugbesatzung *f*

airfield Flugplatz *m*

airlift Lufttransport *m*

airline Fluggesellschaft *f*, Fluglinie *f*

airplane *(AE)* Flugzeug *n*

airport Flughafen *m*, Flugplatz *m*

~ **tax** *(St)* Flughafengebühr *f*, Flughafensteuer *f*

airtime *(Med, V&M)* Sendezeit *f (for broadcast)*; Fernsehwerbezeit *f (for television advertising)*

airway Flugkorridor *m*, Fluglinie *f*, Flugroute *f*, Flugstraße *f*, Flugstrecke *f*, Luftverkehrslinie *f*

aleatory *adj* 1. *(Vers)* aleatorisch, zufallsabhängig; 2. *(Recht, V&M)* aleatorisch

~ **contract** 1. *(Vers)* aleatorischer Vertrag *m*, Risikovertrag *m*; 2. *(Recht)* aleatorischer Vertrag *m*

alien corporation *(Recht)* ausländische Gesellschaft *f*

alienable *adj (Recht, Gb)* veräußerlich *(transferable)*

alienate *v* 1. *(Fin)* abziehen *(capital)*; 2. *(Gesch)* abwerben, entfremden, veräußern *(property)*; 3. *(Recht)* veräußern, abziehen

alignment *(Gesch)* Ausrichtung *f*, Gruppierung *f*, Angleichung *f*, Anpassung *f*

all-day trading *(Bö)* Rund-um-die-Uhr-Handel *m*, ganztägiger Handel *m*

~-**employee option scheme** *(BE) (Bö)* Mitarbeiteroptionsplan *m*

~-**in(clusive)** *adj (Gesch)* alles eingeschlossen, alles inbegriffen, gesamt, global, pauschal *(rate)*

~ **or nothing clause** *(Bö)* Alles-oder-nichts-Klausel *f (tender)*

~-**purpose** *adj* 1. *(Fin)* universal *(financial statement)*; 2. *(Gesch)* multifunktional

~ **rights reserved** *(Recht, Med)* alle Rechte vorbehalten *(copyright)*

~-**stage gross turnover tax** *(St)* Bruttoallphasenumsatzsteuer *f*

~-**time high** 1. *(WiWi, Bö)* Rekordhöhe *f*, 2. *(Gesch)* historischer Rekord *m*, Höchstkurs *m*, absoluter Höchststand *m*

alleged *adj (Gesch, Recht)* angeblich, vermutlich

alliance 1. *(Gesch)* Bund *m (union)*; 2. *(Pol)* Bündnis *n*, Pakt *m*, Allianz *f (compact)*; Bund *m*, Koalition *f (union, coalition)*

allied industries *(Ind)* verbundene Gewerbe *npl*, verbundene Industriezweige *mpl*

allocate *v* 1. *(Komm)* zuteilen, zuweisen *(shares)*; 2. *(WiWi)* umlegen, aufteilen, zuteilen, zuweisen, verteilen *(funds, resources)*; 3. *(Fin)* bereitstellen *(money, duties)*; 4. *(Gesch)* aufteilen, kontingentieren, vergeben *(work)*; 5. *(Recht)* aufschlüsseln *(classify)*

~ **costs** *(RW)* Kosten umlegen [verrechnen, zuweisen]

~ **resources** *(RW, Fin, Mgt)* Mittel bewilligen, Mittel zuweisen

~ **to** *(RW)* kontingentieren, umlegen, zurechnen *(money, duties)*; einstellen in *(e.g. to reserves)*

allocation 1. *(RW)* Zuweisung *f*, Zuführung *f (of funds to reserve)*; Umlage *f*, Zuteilung *f*, Zurechnung *f (amount allocated)*; 2. *(WiWi)* Allokation *f*; 3. *(Fin)* Bereitstellung *f (of money to person)*; 4. *(Gesch)* Kontingent *n*, Auftragsvergabe *f (of contract)*; Aufgabenverteilung *f (of duties)*; Zuweisung *f*, Aufschlüsselung *f*, Bereitstellung *f*, Aufteilung *f*, Vergabe *f (of resources)*; 5. *(Pers, Mgt)* Aufgabenverteilung *f*

~ **account** *(RW)* Verrechnungskonto *n*

~ **by tender** *(BE) (Bö)* Vergabe *f* im Submissionswege

~ **of overheads** 1. *(RW)* Gemeinkostenverrechnung *f*; 2. *(Verw)* Gemeinkostenumlage *f*
~ **of resources** *(WiWi)* Ressourcenallokation *f*
~ **of responsibilities** 1. *(Fin)* Verteilung *f* der Verantwortungsbereiche; 2. *(Gesch, Pers)* Aufgabenzuweisung *f*, Aufgabenverteilung *f*
~ **system** *(Gesch, WiWi)* Zuteilungssystem *n*, Allokationssystem *n*
~ **to reserves** *(RW)* Zuführung *f* zu den Rücklagen, Einstellung *f* in die Rücklagen
allocations to provisions *(RW)* Zuführungen *fpl* zu den Rückstellungen
allocative efficiency *(WiWi)* Allokationseffizienz *f*
~ **mechanism** *(WiWi)* Allokationsmechanismus *m*
allonge *(Bank)* Allonge *f (on bill of exchange)*
allot *v* 1. *(RW)* zuweisen *(allocate)*; verteilen *(distribute)*; 2. *(Fin)* zuteilen, zuweisen *(money)*
allotment 1. *(RW)* Zuweisung *f (allocation)*; Verteilung *f (distribution)*; 2. *(Fin)* Zuteilung *f*, Zuweisung *f (of money)*
~ **money** *(Fin)* Zuteilungsbetrag *m*
~ **of bonus** *(Vers)* Bonuszuteilung *f*
~ **of securities** *(Bö)* Stückezuteilung *f*
~ **price** *(Fin)* Zuteilungskurs *m*
allotted volume *(Bank)* Zuteilungsvolumen *n (ECB)*
allottee *(Bö)* Bezugsberechtigte(r) *(f)m*, Zeichner(in) *m(f)*, Zuteilungsempfänger(in) *m(f)*
allow *v* 1. *(Bank)* vergüten; 2. *(Gesch)* erlauben, genehmigen, gestatten *(action, change)*; anerkennen, stattgeben, bewilligen, zubilligen, einräumen *(claim)*; gewähren *(grant money, resources)*; 3. *(Pers)* zulassen; 4. *(Vers)* anerkennen, gewähren *(claim)*; 5. *(Recht)* erlauben
~ **for** *(Gesch)* berücksichtigen
allowable *adj* 1. *(Gesch)* erlaubt, statthaft, zulässig; 2. *(St)* absetzbar, abzugsfähig
~ **catch** *(WiWi)* erlaubte Fangquote *f (fishery)*
allowance 1. *(RW)* Rückstellung *f*, Wertberichtigung *f*; 2. *(Gesch)* Anrechnung *f*, Toleranz *f*, zulässige Abweichung *f (tolerance)*; 3. *(Ind)* Toleranz *f*; 4. *(St)* Steuerfreibetrag *m*, Freibetrag *m* • **make ~ for sth** *(Gesch)* etw. berücksichtigen
~ **for bad debts** *(RW)* Wertberichtigung *f* auf uneinbringliche Forderungen
~ **for depreciation** *(RW)* Abschreibung *f*, Absetzung *f* für Abnutzung, AfA
~ **for loss** *(St)* Verlustvortrag *m*, steuerliche Verlustberücksichtigung *f*
allowances *(BE) (Pers)* Zuschüsse *mpl*
allowed *adj (Gesch)* bewilligt
~ **time** *(Pers)* Vorgabezeit *f (for job)*
alongside ship längsseits Schiff
alphanumeric *adj (Gesch)* alphanumerisch
~ **data** *(Gesch)* alphanumerische Daten *pl*
alter *v (Gesch)* ändern, umändern, umschreiben, verändern
~ **a document** *(Recht)* Urkundenfälschung begehen
alternate *adj (Gesch)* abwechselnd, im Wechsel, alternierend *(by turns)*; aufeinander folgend *(successive)*
alternate *(Gesch)* Vertreter(in) *m(f)*
~ **member** *(AE) (Gesch)* stellvertretendes Mitglied *n*, Stellvertreter(in) *m(f) (stand-in)*
alternating shift *(Pers)* Wechselschicht *f*
alternative *(Gesch)* Alternative *f*, Wahl *f*, Möglichkeit *f (option from several)*; Alternative *f (option from two)*
~ **costs** *(WiWi, Fin)* Alternativkosten *pl*, Opportunitätskosten *pl*, Grenzkosten *pl*
~ **order** *(Bö)* Zug-um-Zug-Order *f*
~ **technology** *(Umw, Ind)* alternative Technologie *f (production)*
~ **use** *(WiWi)* alternative Nutzung *f*
always on *(Komm)* immer verbunden, immer online *(cell phones)*
am *s.* ante meridiem
amalgamate *v* 1. *(WiWi, Gesch)* fusionieren, zusammenlegen; sich zusammenschließen *(companies, activities, shares)*; 2. *(Fin)* verschmelzen
amended *adj (Gesch)* abgeändert, revidiert, berichtigt • **as ~** *(Recht)* in der Fassung von
amendment 1. *(Recht)* Änderung *f*, Novellierung *f*; 2. *(Pat)* Zusatz *m*, Ergänzung *f (addition)*; Änderung *f*, Abänderung *f (change)*; 3. *(Pol)* Änderung *f*, Abänderung *f*, Berechtigung *f (to law, constitution)*
~ **of a law** *(Recht)* Gesetzesnovelle *f*
amendments to legal provisions *(Recht, Komm)* Änderungen *fpl* von Rechtsvor-

schriften, Änderungen *fpl* rechtlicher Vorschriften
American Board of Trade *(Gesch)* Amerikanische Handelskammer
~ **dry quart** *(Gesch)* amerikanische Viertelgallone *f*
~ **option** *(Bö)* amerikanische Option *f*
~ **short ton** *(Gesch)* amerikanische Tonne *f*
~ **Standard Code for Information Interchange** *(EDV)* ASCII-Code *m* • **in ASCII** *(EDV)* im ASCII-Code, in ASCII
~ **terms** *(WiWi)* amerikanische Parität *f*, amerikanische Bedingungen *fpl (grain trade)*
amicable *adj (Gesch)* einvernehmlich, gütlich *(manner, performance)*; freundschaftlich *(person)*
~ **settlement** 1. *(Gesch)* gütliche Beilegung *f*; 2. *(Recht)* außergerichtlicher Vergleich *m*
amicably *adv (Gesch, Recht)* gütlich, einvernehmlich
amortizable *adj* 1. *(RW)* abschreibungsfähig, tilgbar; 2. *(Bank, Fin)* tilgbar, amortisierbar, rückzahlbar
amortization 1. *(RW)* Abschreibung *f*, Amortisation *f*, Tilgung *f*; 2. *(Bank)* Amortisierung *f*; 3. *(Fin)* Rückfluss *m*, Rückzahlung *f*, Schuldentilgung *f*
~ **expense** *(RW)* Tilgungszahlung *f*
~ **method** *(RW)* Tilgungsart *f*
~ **reserve** *(Fin)* Tilgungsrücklage *f*
amortize *v* 1. *(RW)* abschreiben, amortisieren *(asset)*; tilgen, zurückzahlen *(debt, mortgage)*; 2. *(Bank)* abschreiben, amortisieren *(asset)*
amount *(Gesch)* Betrag *m*, Summe *f (of money)*; Menge *f (of goods)*; Anzahl *f (of people)*
~ **brought forward** *(RW)* Vortrag *m*
~ **due** *(Fin)* fälliger Betrag *m*, geschuldeter Betrag *m*
~ **invested** *(RW)* angelegter Betrag *m*
~ **of work** *(Mgt)* Arbeitspensum *n*
~ **outstanding** *(RW, Gesch)* ausstehender Betrag *m*
~ **overdue** *(RW)* überfälliger Betrag *m*
~ **repayable** *(RW)* Rückzahlungsbetrag *m*
~ **to be invested** *(Bank)* Investitionssumme *f*
amount *v* **to** *(Gesch)* betragen, sich belaufen auf

analyse *v (BE)* 1. *(Gesch)* analysieren, prüfen *(sales, costs, results)*; 2. *(Mgt)* analysieren, auswerten
analysis 1. *(Gesch)* Analyse *f*, Prüfung *f (account, report)*; 2. *(Mgt)* Auswertung *f*, Untersuchung *f*
~ **of cost variances** *(RW)* Kostenabweichungsanalyse *f*
~ **of costs by nature** *(RW, Fin)* Kostenartenrechnung *f (annual accounts)*
~ **of time series** *(Gesch, Stat)* Zeitreihenanalyse *f*
analyst *(Mgt, Bö)* Analyst *m*, Finanzanalyst *m*
analytical audit *(RW)* analytische Prüfung *f*
anchor currency *(Fin)* Ankerwährung *f*
~ **function** *(WiWi)* Ankerfunktion *f*
ancillary *adj (Gesch)* ergänzend, zusätzlich, Neben..., Zusatz...
~ **services** *(Gesch)* Nebenleistungen *fpl*
Anglo-French *adj (Gesch)* anglo-französisch
animated GIF *(EDV, Komm, F&T, Med)* animierte Grafik *f* in GIF-Format
annexe *(BE)* 1. *(Gesch)* Anhang *m*, Zusatz *m (document)*; Anbau *m (building)*; 2. *(Recht)* Anhang *m*, Anlage *f*
announce *v (Gesch)* durchsagen *(over intercom)*; bekannt machen, ankündigen, bekannt geben *(profit, figures)*
~ **the details** *(Gesch)* die Einzelheiten bekannt geben
announcement *(Gesch)* Bekanntgabe *f*, Bekanntmachung *f*
~ **advertising** *(V&M)* Einführungswerbung *f*
~ **effect** *(Pol, WiWi)* Ankündigungseffekt *m*, Signalwirkung *f*
annual *adj (Gesch)* jährlich
annual *(WiWi, Gesch, V&M)* Jahrbuch *n*
~ **abstract of statistics** *(Stat)* statistischer Jahresbericht *m*
~ **accounts** *(RW)* Bilanz *f*, Jahresabschluss *m*
~ **amortization** *(Vers)* jährliche Tilgungsrate *f*
~ **average** *(Gesch)* Jahresdurchschnitt *m*
~ **basis** *(WiWi, Gesch, Stat)* Jahresbasis *f*
~ **cash flow** *(RW, Verw)* jährlicher Cashflow *m*, jährlicher Einnahmeüberschuss *m*
~ **depreciation** *(RW, Gesch)* jährliche Abschreibung *f*
~ **earnings** *(RW, Verw)* Jahresgewinn *m*

~ **exemption** *(St)* jährlicher Freibetrag *m*
~ **financial statements** *(RW)* Jahresabschluss *m*
~ **general meeting** *(Gesch)* Jahreshauptversammlung *f*, Hauptversammlung *f*, HV
~ **growth rate** *(WiWi)* Jahreswachstumsrate *f*
~ **hours contract** *(Pers)* Jahresstundenvertrag *m*
~ **income** *(Pers)* Jahreseinkommen *n*, Jahreseinkünfte *pl*
~ **instal(l)ment** 1. *(RW, Fin)* Annuität *f*, Jahresrate *f*; 2. *(Gesch)* jährliche Rate *f*, Jahresrate *f*
~ **leave** *(Pers)* Jahresurlaub *m*
~ **low** *(Bö)* Jahrestiefpunkt *m*
~ **meeting** *(Gesch, Mgt)* Jahreshauptversammlung *f*, Hauptversammlung *f*, HV
~ **mortgage constant** *(Stat)* Jahrestilgungsbetrag *m* einer Ratenhypothek [Abzahlungshypothek]
~ **output** *(Ind)* Jahresleistung *f*, Jahresproduktion *f*
~ **percentage rate** *(Fin)* effektiver Jahreszins *m*, auf Jahresbasis umgerechneter Prozentsatz *m (of interest)*
~ **proceeds** *(Verw, Gesch)* Jahresertrag *m*
~ **rate** *(Fin, Stat)* Jahresrate *f*
~ **report** *(RW)* Geschäftsbericht *m*, Jahresbericht *m*
~ **return** 1. *(RW)* Jahresrendite *f*, 2. *(Recht)* Jahresbericht *m (legal document)*
~ **sales report** *(Gesch)* jährlicher Verkaufsbericht *m*, Jahresumsatzbericht *m (showing turnover)*
~ **tax return** *(RW, St)* Jahressteuererklärung *f*, jährliche Steuererklärung *f*
~ **turnover** *(RW)* Jahresumsatz *m*
~ **working time** *(Pers)* Jahresarbeitszeit *f*
~ **yield** *(RW)* Jahresertrag *m*, Jahresrendite *f*
annualize *v* 1. *(Fin, Gesch)* auf Jahresbasis umrechnen; 2. *(St)* Jahresausgleich durchführen
annualized interest rate *(Stat)* auf Jahresbasis umgerechneter Zinssatz *m*
~ **percentage rate** *(Fin)* effektiver Jahreszins *m*, auf Jahresbasis umgerechneter Prozentsatz *m (of interest)*
annually *adv (Gesch)* jährlich
annuity 1. *(Fin)* Annuität *f*, 2. *(Gesch)* Rente *f*
~ **business** *(Vers)* Rentengeschäft *n*
~ **due** *(Fin)* vorschüssige Rente *f*
~ **factor** *(Fin)* Rentenfaktor *m*
~ **fund** *(Gesch)* Rentenfonds *m*
~ **immediate** *(Fin)* nachschüssige Rente *f*
~ **instal(l)ment** *(BE) (Vers)* Rententeilbetrag *m*, Rententeilzahlung *f*
~ **insurance** *(Vers)* Leibrentenversicherung *f*, Rentenversicherung *f*
~ **payable in advance** *(Vers)* vorschüssige Rente *f*
~ **policy** *(Vers)* Rentenversicherungsschein *m*, Rentenpolice *f*
annul *v* 1. *(Gesch)* annullieren, kündigen *(contract)*; annullieren, aufheben *(decision)*; 2. *(Recht)* annullieren, aufheben, für ungültig erklären, rückgängig machen
annulment 1. *(Gesch)* Annullierung *f*, Kündigung *f (of contract)*; Annullierung *f*, Aufhebung *f (of decision)*; 2. *(Recht)* Rückgängigmachung *f*, Annullierung *f*, Aufhebung *f (invalidation)*
~ **of contract** *(Recht)* Vertragsaufhebung *f*
anonymously *adv (Gesch)* ohne Namensnennung, anonym, namenlos
answer *v (Gesch)* antworten auf, erwidern auf *(invitation, advertisement)*; beantworten, antworten auf *(letter, question)*
~ **for** *(Gesch)* garantieren für *(individual)*; haften für *(safety of product)*
answer *(Recht)* Antwort *f*, Erwiderung *f*, Klageerwiderung *f* • **in ~ to your letter** *(Komm)* in Beantwortung Ihres Schreibens • **there's no ~** *(Komm)* es meldet sich niemand *(telephone)*
answerable *adj* 1. *(Gesch)* haftbar, verantwortlich; 2. *(Recht)* haftbar
~ **for** *(Gesch)* verantwortlich für
~ **to** *(Gesch)* verpflichtet gegenüber, verantwortlich gegenüber
answering machine *(Komm, Gesch)* Anrufbeantworter *m*
~ **service** *(Gesch)* Fernsprechauftragsdienst *m*, telefonischer Auftragsdienst *m*
answerphone *(Komm, Gesch)* Anrufbeantworter *m*
ante *(Gesch)* vor
~ **meridiem** *(Gesch)* vormittags
antedate *v (Gesch)* (zu)rückdatieren *(document, cheque)*
anti-inflationary *adj (WiWi)* anti-inflationär

anticipate *v* 1. *(Gesch)* erwarten, antizipieren, vorwegnehmen *(problem, delay, development)*; 2. *(Bö)* eskomptieren
anticipated *adj (Gesch)* voraussichtlich, erwartet, im Voraus, vor Fälligkeit, vorzeitig *(repayment)*
~ **profit** *(RW)* erwarteter Gewinn *m*
~ **redemption** 1. *(Bank)* vorzeitiger Rückkauf *m*; 2. *(Fin, Bö)* Ablösung *f*, vorzeitige Tilgung *f (bond)*
~ **repayment** *(Gesch)* vorzeitige Rückzahlung *f*
~ **sales** *(V&M)* voraussichtliche Verkäufe *mpl*, geplante Umsätze *mpl*
anticipation *(WiWi, Gesch)* Erwartung *f (expectation)*; Vorwegnahme *f*, Antizipation *f (action in advance)*
anticipatory contract *(Recht)* vorweggenommener Vertrag *m*
~ **hedge** *(Bö)* antizipatives Sicherungsgeschäft *n*
anticompetitive *adj (WiWi, Fin, V&M)* wettbewerbsbeschränkend, wettbewerbsschädlich
~ **practices** *(WiWi, V&M)* wettbewerbsbeschränkende Praktiken, wettbewerbswidriges Verhalten *n*
anticyclical policy *(WiWi)* antizyklische Fiskalpolitik *f*, antizyklische Politik *f*
antidumping agreement *(Pol)* Antidumpingabkommen *n*, Antidumpingvereinbarung *f*
antimonopoly law *(Recht)* Kartellgesetz *n*, Kartellrecht *n*
~ **laws** *(Recht)* Kartellgesetzgebung *f*
antitrust acts *(Recht)* Antitrustrecht *n*, Kartellgesetze *npl*, Kartellgesetzgebung *f*, Kartellrecht *n*
~ **law** *(Recht)* Antitrustrecht *n*, Kartellgesetz *n*, Kartellrecht *n*
apiece *adv (Gesch, V&M)* je Stück, pro Stück
apparatus 1. *(Gesch)* Instrument *n*; 2. *(Ind)* Aggregat *n*, Apparat *m*, Einrichtung *f*, Instrument *n*, Vorrichtung *f*
apparel industry *(AE) (Ind)* Bekleidungsindustrie *f*, Textilindustrie *f*
apparent authority *(Recht)* Scheinvollmacht *f*, Anscheinsvollmacht *f (contracts)*
~ **defect** *(Recht)* erkennbarer Mangel *m (contracts)*
~ **good order of the goods** *(Trans)* einwandfreier äußerer Zustand *m* der Waren
appeal *v (Recht)* Rechtsmittel einlegen
~ **a court decision** *(Recht)* Berufung einlegen, in Berufung gehen, Revision einlegen, in Revision gehen
~ **against** *(Recht)* Berufung einlegen, anfechten
~ **against a decision** *(Recht)* Beschwerde führen, eine Entscheidung anfechten
~ **against a judgment** *(Recht)* Rechtsmittel gegen ein Urteil einlegen, ein Urteil anfechten
~ **for funds** *(Fin, Gesch)* Geldmittel einwerben
~ **for tenders** *(Gesch)* ausschreiben
~ **to** *(Gesch)* Anklang finden bei, gefallen *(attract)*; Aufruf richten an, sich wenden an *(ask for support)*
appeal 1. *(Gesch)* Anreiz *m*, Anklang *m (attraction)*; Aufruf *m*, Ersuchen *n (call)*; 2. *(Recht)* Rechtsmittel *n*, Beschwerde *f*, Revision *f*, Berufung *f*, Anfechtung *f*; 3. *(V&M)* Anziehungskraft *f (of product)*
~ **court** *(Recht)* Berufungsgericht *n*, Rechtsmittelinstanz *f*
~ **for funds** *(Fin)* Spendenappell *m*, Spendenaufruf *m*
~ **for tenders** *(Fin, Bö)* Aufforderung *f* zur Angebotsabgabe, Ausschreibung *f*, Tenderaufruf *m*
~ **proceedings** *(Recht)* Berufungsverfahren *n*
appeals procedure *(Recht)* Rechtsmittelverfahren *n*
appear *v* **in court** *(Recht)* vor Gericht erscheinen
appearance *(Gesch)* Auftritt, Aussehen *n*, Erscheinungsbild *n*
appellant *(Recht)* Berufungskläger(in) *m(f)*; Revisionskläger(in) *m(f) (civil law)*; Revisionsführer(in) *m(f) (criminal law)*
appellate court *(Recht)* Berufungsgericht *n*, Revisionsgericht *n*
appellee *(Recht)* Berufungsbeklagte(r) *f(m)*; Revisionsbeklagte(r) *f(m) (civil law)*; Revisionsgegner(in) *m(f) (criminal law)*
append *v* 1. *(Komm)* beifügen; 2. *(EDV)* anhängen *(file, data)*; 3. *(Gesch)* beifügen, setzen, versehen mit *(signature)*
appendix *(Gesch)* Anhang *m*, Anlage *f*

applet *(EDV, Komm)* Applet *n*
appliance *(Gesch)* Anwendung *f (action)*; Gerät *n*, Vorrichtung *f (device)*
applicable *adj (Gesch)* geeignet, verwendbar, zutreffend • **not ~** *(Gesch)* nicht zutreffend
~ **national law** *(Recht)* anwendbares einzelstaatliches Recht *n*
~ **provisions of law** *(Recht)* geltende Rechtsvorschriften *fpl*
~ **regulations** *(Recht)* geltende Vorschriften *fpl*
applicant 1. *(Fin)* Aktienzeichner(in) *m(f)*; 2. *(Gesch)* Anmelder(in) *m(f) (for licence)*; Antragsteller(in) *m(f) (for grant)*; 3. *(Pers)* Stellenbewerber(in) *m(f)*, Bewerber(in) *m(f)*, Kandidat(in) *m(f) (for job)*; 4. *(Recht)* Antragsteller(in) *m(f)*, ersuchende Stelle *f*, 5. *(Pat)* Anmelder(in) *m(f)*, Antragsteller(in) *m(f) (for patents)*
~ **for a place at university** *(Pers)* Studienbewerber(in) *m(f)*
~ **for a university place** *(Pers)* Studienbewerber(in) *m(f)*
~ **for shares** *(Fin)* Aktienzeichner(in) *m(f)*, Anteilszeichner(in) *m(f)*
application 1. *(Gesch)* Bewerbung *f (for job, licence)*; Anwendung *f*, Verwendung *f (of technique, law)*; Ersuchen *n*, Antrag *m (for grant)*; Konkretisierung *f (of idea)*; 2. *(Pers)* Stellengesuch *n*, Bewerbung *f*, Bewerbungsschreiben *n (for job)*; 3. *(Pat)* Verwendung *f (of idea, technique)*; Anmeldung *f (for registration)*; 4. *(Bö)* Zeichnung *f* von Wertpapieren *(for shares)* • **make an ~ for** 1. *(Gesch)* einen Antrag stellen auf; 2. *(Pers)* sich bewerben um
~ **deadline** *(Pers)* Bewerbungsfrist *f*
~ **fee** *(Bank)* Zeichnungsgebühr *f*
~ **for admission** *(Gesch, Bö)* Zulassungsantrag *m*, Aufnahmeantrag *m (to the stock exchange)*
~ **for export licence** *(BE) (AH)* Antrag *m* auf Ausfuhrgenehmigung
~ **for export license** *(AE) (AH)* Antrag *m* auf Ausfuhrgenehmigung
~ **for listing** *(Bö)* Antrag *m* auf Börsenzulassung, Zulassungsantrag *m*
~ **form** 1. *(Verw)* Bewerbungsformular *n*; 2. *(Gesch)* Anmeldeformular *n*
~ **for quotation** *(Bö)* Antrag *m* auf Börsennotierung
~ **for shares** *(Bö)* Aktienzeichnung *f*
~ **is pending** *(Pat)* Patent (ist) angemeldet
~ **level** *(Bank)* Anwendungsstufe *f*
~ **of funds** *(RW)* Mittelverwendung *f*
~ **of funds statement** *(RW)* Kapitalflussrechnung *f*
~ **of the quota system** *(Gesch)* Anwendung *f* der Quotenregelung
~ **right** *(Bö)* Zeichnungsrecht *n*
applications engineering *(Ind)* Anwendungstechnik *f*
applied *adj (Gesch)* angewandt *(research)*
~ **cost** *(RW)* verrechnete Kosten *pl*
~ **economic research** *(WiWi)* angewandte Wirtschaftsforschung *f*
~ **overheads** *(RW)* verrechnete Gemeinkosten *pl*
~ **research** *(Mgt)* angewandte Forschung *f*, anwendungsbezogene Forschung *f*
apply *v* 1. *(Gesch)* anwenden, gebrauchen, verwenden; 2. *(Recht)* anwenden *(law)*; 3. *(Gesch)* anwendbar sein, Anwendung finden *(rule)*
~ **for** 1. *(Gesch)* nachsuchen um, beantragen *(passport, licence)*; 2. *(Pers)* sich bewerben um *(job, employment)*; 3. *(Pat)* anmelden
~ **for a loan** *(Bank, Fin)* ein Darlehen beantragen, einen Kredit beantragen
~ **for a post** *(Pers)* sich um eine Stelle bewerben
~ **for membership** *(Pol)* Beitrittsantrag stellen, sich um die Mitgliedschaft bewerben *(EU)*
~ **for shares** *(Bö)* Aktien zeichnen
~ **in person** *(Gesch)* sich persönlich bewerben
~ **income to a period** *(RW)* Erträge einer Periode abgrenzen
~ **to** *(RW)* zuschreiben *(a period)*; umlegen, verrechnen, zurechnen *(attribute)*
appoint *v* 1. *(Gesch, Pers)* einstellen, ernennen *(person)*; festlegen *(date, place)*; berufen, bestimmen *(committee)*; 2. *(Recht)* bestellen *(annual auditor, liquidator)*
appointed *adj* 1. *(Gesch)* ernannt *(agent, chairman)*, 2. *(Recht)* **bestellt** *(annual auditor, liquidator)* • **at the ~ time** *(Gesch)* zum festgesetzten Zeitpunkt
~ **day** *(Gesch)* festgesetzter Termin *m*
~ **time** *(Gesch)* Termin *m*

appointment 1. *(Gesch)* Ernennung *f*, Bestellung *f (of person)*; Termin *m (with doctor, lawyer)*; Verabredung *f (to meet)*; 2. *(Pers)* Berufung *f (to a job)*; 3. *(Recht)* Bestellung *f* • **by ~ only** *(Gesch)* nur nach Absprache, Termin nach Vereinbarung, nur nach Voranmeldung
~ **vacant** *(Pers)* freie Stelle *f*
apportion *v* 1. *(RW, Gesch)* aufteilen, aufschlüsseln, verteilen *(costs)*; 2. *(Fin)* aufteilen, verteilen
apportioned material *(Gesch)* kommissioniertes Material *n*
apportionment 1. *(RW)* Aufteilung *f*, Verteilung *f*, Zuteilung *f*; 2. *(Fin)* Aufteilung *f*, Verteilung *f (public finance)*; 3. *(Gesch)* Aufschlüsselung *f*, Aufteilung *f*; 4. *(Pat)* Aufteilung *f*, Verteilung *f*; 5. *(Gb)* Aufteilung *f*; 6. *(Bö)* Repartierung *f*; 7. *(WiWi, Vers, Pol)* Umlageverfahren *n*
~ **of costs** *(RW)* Kostenumlage *f*, Verteilung *f* der Kosten
~ **of funds** *(RW, Fin, Mgt)* Mittelzuweisung *f*
~ **of shares** *(Fin, Bö)* Aktienrepartierung *f*
appraisal 1. *(Verw, Mgt)* Unternehmensbewertung *f (business)*; 2. *(Gesch)* Schätzung *f*, Beurteilung *f*, Begutachtung *f*, Gutachten *n*, Auswertung *f (evaluation)*; 3. *(Pers)* Bewertung *f*, Einschätzung *f*; 4. *(Gb)* Schätzung *f*, Wertschätzung *f*
~ **of damage** *(Vers)* Schadensabschätzung *f*, Schadensschätzung *f*
~ **report** *(Gesch)* Gutachten *n*
appraise *v* 1. *(Gesch)* schätzen, beurteilen, begutachten, auswerten, taxieren; 2. *(Pers)* bewerten, einschätzen
~ **damages** *(Gesch)* Schaden abschätzen, Schaden taxieren
appraised value 1. *(Vers)* Schätzwert *m*; 2. *(Gb)* geschätzter Wert *m*; 3. *(Bö)* Taxe *f*, Taxwert *m*
appraiser *(Gb)* Schätzer *m*, amtlicher Schätzer *m*, Sachverständige(r) *f(m)*
appreciable *adj (Gesch)* deutlich, nennenswert, spürbar *(noticeable)*; abschätzbar, schätzbar *(assessable)*; beträchtlich *(considerable)*
appreciate *v* 1. *(WiWi)* aufwerten *(increase the value of)*; 2. *(Gesch)* schätzen, zu würdigen verstehen [wissen] *(understand the significance of)*; 3. *(RW, Gb)* im Wert steigen
appreciation 1. *(RW)* Höherbewertung *f*, Wertgewinn *m (of property)*; 2. *(Bank, WiWi)* Höherbewertung *f*, Wertgewinn *m*; 3. *(WiWi)* Aufwertung *f (of currency)*; 4. *(Gb)* Wertsteigerung *f*, Wertzuwachs *m*; 5. *(Bö)* Kursgewinn *m*, Kurssteigerung *f (e.g. of share)*; 6. *(St)* Wertsteigerung *f*, Wertzuwachs *m*
~ **gain** *(Bank, WiWi)* Aufwertungsgewinn
~ **in value** *(RW)* Wertzuschreibung *f*, Zuschreibung *f*, Wertsteigerung *f*
apprentice *(WiWi, Pers)* Auszubildende(r) *f(m)*, Azubi, Lehrling *m*
apprenticeship *(Pers)* Berufsausbildung *f*, Lehre *f*, Lehrverhältnis *n*, Lehrzeit *f*, Lehrstelle *f*, (Berufs-)Ausbildungsplatz *m (place)*
~ **contract** *(Pers)* Lehrvertrag *m*
~ **training** *(Pers)* Lehrlingsausbildung *f*
approach *v (Gesch)* sich nähern
approach *(WiWi, Gesch)* Ansatz *m*, Forschungsansatz *m*, Lösungsansatz *m*, Konzept *n*, Denkansatz *m*, Betrachtungsweise *f*, Methode *f*, Vorgehen *n*, Vorgehensweise *f*
appropriate *v* 1. *(RW)* bereitstellen; 2. *(WiWi)* bewilligen, zuweisen *(allocate)*; beschlagnahmen, Besitz ergreifen von *(take possession of)*; 3. *(Fin)* bereitstellen *(make available)*; 4. *(Recht)* sich aneignen, Besitz ergreifen von *(property)*
appropriated *adj (WiWi)* bewilligt, genehmigt, zweckgebunden *(for a purpose)*
appropriation 1. *(RW)* Bestimmung *f (of funds)*; Zweckbindung *f*, Bereitstellung *f*, Ausgabenbewilligung *f (of funds to reserve)*; Verpflichtungsermächtigung *f (for commitment)*; Zahlungsermächtigung *f (for payment)*; 2. *(WiWi)* Mittelzuweisung *f*, Zuweisung *f*, Geldzuweisung *f (of funds)*; 3. *(Fin)* Bereitstellung *f (of funds)*
~ **bill** *(Pol)* Bewilligungsgesetz *n*, Haushaltsgesetz *n*
~ **of earnings** *(RW, Verw)* Gewinnverwendung *f*, buchmäßige Gewinnverteilung *f*
~ **of funds** *(RW, WiWi, Fin, Mgt)* Mittelbindung *f*, Mittelverteilung *f*, Mittelzuteilung *f*, Mittelzuweisung *f*
~ **of income** *(RW, Verw)* Gewinnverwendung *f*, Verwendung *f* des Reingewinns
~ **to a reserve** *(RW)* Bedienung *f* der Rücklage, Einstellung *f* in die Rücklage

appropriations committee *(Fin)* Bewilligungsausschuss *m*
approval 1. *(Bank)* Bewilligung, Genehmigung *f (of loan)*; 2. *(Gesch)* Akzeptanz *f*, Annahme *f*, Bestätigung *f*, Zustimmung *f*, Billigung *f*, Genehmigung *f (of decision, document, plan)*; Zulassung *f*, Genehmigung *f (machine, process)*; Akzeptanz *f*, Billigung *f (acceptance)*; 3. *(Recht)* Billigung • **on ~** *(Gesch)* auf Probe, zur Ansicht *(goods)*
~ of the accounts *(RW)* Billigung *f* [Feststellung *f*] des Jahresabschlusses
approve *v* 1. *(Bank)* bewilligen, genehmigen *(loan)*; 2. *(Gesch)* prüfen und für richtig befinden *(accounts)*; bestätigen, zustimmen, billigen, genehmigen *(decision, document, plan)*; zulassen *(dealer)*
approved *adj (Gesch)* bestätigt, zugestimmt, gebilligt, genehmigt *(decision, document, plan)*; zugelassen *(machine)*
~ bill of exchange *(Bö)* erstklassiger Wechsel *m*
~ voucher *(RW)* anerkannter Beleg *m*
approximate *v (Gesch)* annähern
approximate price *(Bö)* Taxkurs *m*, Zirkakurs *m*
~ rate of return *(RW)* näherungsweise Rendite *f*
approximately *adv (Gesch, Stat)* annähernd, etwa, ungefähr, ung., rund, rd., zirka, ca.
approximation 1. *(Gesch)* Näherungslösung *f*, Annäherung *f*, grober Ansatz *m*, Annäherungsverfahren *n (procedure)*; 2. *(Recht)* Angleichung *f (within the EU)*; 3. *(Pol)* Harmonisierung *f (of policies within the EU)*; Näherungsverfahren *n (procedure)*
a priori *adj (Gesch)* a priori, grundsätzlich, von vornherein
a priori statement *(Gesch)* Apriori-Aussage *f*
apron *(Bö)* Talon *m*, Abschnitt *m*, Allonge *f*
aptitude for work *(Pers)* Arbeitseignung *f*
~ test *(Pers, V&M)* Eignungsprüfung *f*, Eignungstest *m*
arbiter *(Recht)* Schiedsrichter(in) *m(f)*, Schlichter(in) *m(f) (arbitration)*
arbitrage *(Fin)* Arbitrage *f*
~ dealer *(Bö)* Arbitragehändler(in) *m(f)*
~ dealing *(Bö)* Arbitragegeschäft *n*, Arbitragehandel *m*, Arbitrage-Transaktion *f*
~ in securities *(BE) (Bö)* Effektenarbitrage *f*
~ support points *(Fin)* Arbitrage-Interventionspunkte *mpl*
~ trading *(Bö)* Arbitragegeschäft *n*, Arbitragehandel *m*
~ transaction *(Bö)* Arbitragegeschäft *n*, Arbitrage-Transaktion *f*
arbitrager *(Fin, Bö)* Arbitragehändler(in) *m(f)*, Arbitrageur *m*
arbitrageur 1. *(Fin)* Arbitrageur *m*; 2. *(Bö)* Arbitragehändler(in) *m(f)*
arbitrary *adj (Gesch)* eigenmächtig, willkürlich *(decision)*
arbitrate *v* 1. *(Fin)* arbitrieren, Kursschwankungen nutzen *(using fluctuations in market rates)*; 2. *(Gesch, Pers, Recht)* schiedsgerichtlich entscheiden, schlichten *(dispute)*; 3. *(Fin, Bö)* Arbitragegeschäfte machen
arbitration 1. *(Pers, Ind)* Schiedsverfahren *n*, Schiedsgerichtsverfahren *n*, Arbitration *f*; 2. *(Recht)* Schlichtung *f*
~ agreement *(Gesch, Recht)* Schiedsabkommen *n*, Schiedsvereinbarung *f*, Schiedsvertrag *m*
~ committee *(Gesch)* Schiedsausschuss *m*
~ of exchange *(Fin, Bö)* Devisenarbitrage *f*
~ tribunal *(Gesch)* Schiedsgericht *n*, Schiedsgerichtshof *m*
arbitrator 1. *(Pers)* Schlichter(in) *m(f)*, Vermittler(in) *m(f) (bei Arbeitsstreitigkeiten)*; 2. *(Recht)* Schiedsrichter(in) *m(f) (person)*; Schiedsstelle *f (institution)*
archive *(Verw)* Archivbestände *mpl*
area 1. *(WiWi)* Fläche *f (surface size)*; Region *f (region)*; Raum *m*, Gebiet *n*; 2. *(Gesch)* Gebiet *n (in town)*; Bereich *m*, Gebiet *n (of knowledge)*; Spielraum *m (scope, extent)*; Raum *m (space)*; Region *f (region)*
~ code *(Komm)* Vorwahl *f*, Vorwahlnummer *f*
~ manager *(Mgt)* Bereichsleiter(in) *m(f)*, Gebietsleiter(in) *m(f)*
~ of application *(Gesch)* Anwendungsbereich *m*
~ of expertise *(Gesch, Pers)* Fachgebiet *n*, Sachgebiet *n (of professional)*
~ of industrial concentration *(WiWi)* industrielles Ballungsgebiet *n*

~ **of practice** *(Recht)* Fachgebiet *n*
~ **of responsibility** *(Gesch)* Aufgabenbereich *m*, Geschäftsbereich *m*, Verantwortungsbereich *m*
arise *v (Gesch)* auftauchen • **should the occasion ~** *(Gesch)* gegebenenfalls
arithmetic average *(Stat)* arithmetisches Mittel *n*, arithmetischer Durchschnitt *m*
~ **mean** *(Stat)* arithmetisches Mittel *n*, arithmetischer Durchschnitt *m*
arm's length *adj (Gesch, V&M, St)* wettbewerblich, auf Marktpreisbasis, auf rein geschäftlicher Basis, unabhängig
~**'s length bargaining** *(Gesch)* Verhandlung *f* zwischen unabhängigen Partnern
~**'s-length competition** *(Gesch)* freier Wettbewerb *m*
~**'s-length price** *(RW, V&M)* Wettbewerbspreis *m*, Marktpreis *m*
~**'s-length principle** 1. *(Gesch, V&M, St)* Unabhängigkeitsgrundsatz *m*, Prinzip *n* der rechtlichen Selbstständigkeit; 2. *(Recht)* Drittvergleichsgrundsatz *m*
around-the-clock shopping *(V&M)* Rund-um-die-Uhr-Shopping *n*
arrange *v* 1. *(Bank)* aushandeln, vereinbaren *(loan)*; 2. *(Gesch)* anordnen, einrichten, festsetzen, ausmachen *(date)*; regeln, vereinbaren *(details)*; ansetzen *(meeting)*; 3. *(Recht)* Vergleich schließen, sich vergleichen
~ **a loan** *(Bank, Fin)* ein Darlehen aushandeln
arrangement *(Gesch)* Gliederung *f (organization)*; Vergleich *m (agreement with creditor)*; Einigung *f*, Übereinkommen *n*, Übereinkunft *f*, Vereinbarung *f*, gütliche Einigung *f (in dispute)*; Anordnung *f (ordering)*; Ordnung *f* • **by ~** *(Gesch)* nach Vereinbarung
~ **fee** *(Bank)* Provision *f* der Führungsbank
arranger *(Bank)* Führungsbank *f*, Arranger *m*, Arrangeur *m*
array of products *(V&M)* Produktpalette *f*, Warensortiment *n*
arrearages *(Fin)* Rückstände *mpl*, rückständige Zahlungen *fpl*
arrears *(Fin, Gesch, Bö)* Rückstände *mpl* • **be in ~** *(Verw, Fin, Gesch)* im Rückstand sein, rückständig sein
~ **of interest** *(Bank)* Zinsrückstände *mpl*
arrest *v (Recht)* verhaften
arson *(Vers, Recht)* Brandlegung *f*, Brandstiftung *f*
art *(Gesch, Med)* Kunst *f* • **the ~ of the possible** *(Pol)* die Kunst *f* des Möglichen
article 1. *(WiWi, Gesch)* Ware *f*, Ware *f*, Gegenstand *m*, Artikel *m (small object)*; 2. *(Recht)* Artikel *m (part of law)*
~ **for personal use** *(Gesch)* Artikel *m* [Gegenstand *m*] des persönlichen Bedarfs *(customs)*
~ **of consumption** 1. *(Gesch)* Gebrauchsgegenstand *m*; 2. *(V&M)* Verbrauchsartikel *m*
articles of agreement *(Gesch, Recht)* Vertragsbestimmungen *fpl*
~ **of association** *(BE) (Recht)* Gründungsurkunde *f*, Gesellschaftsvertrag *m*, Satzung *f (corporation)*
~ **of incorporation** *(AE) (Recht)* Gründungsurkunde *f*, Gesellschaftsvertrag *m*, Satzung *f (corporation)*
artificial barrier to entry *(WiWi)* künstliche Zutrittsschranke *f (market)*
~ **currency** *(WiWi)* künstliche Währung *f*, Kunstwährung *f*
~ **obsolescence** *(V&M)* künstliches Veralten *n*
as collateral *(Bank, Gesch)* zur Absicherung, als Sicherheit
~ **is** *(Gesch, Recht)* wie die Ware liegt und steht, wie besichtigt
ascertain *v* 1. *(Verw)* feststellen *(final statements)*; 2. *(WiWi)* erheben, ermitteln; 3. *(Gesch)* ermitteln, feststellen *(price)*
ascertained fact *(Gesch)* festgestellte Tatsache *f*
ASCII *s.* American Standard Code for Information Interchange
ascribe *v (Gesch)* beimessen, zuschreiben
ask *v* **for an expert opinion** *(Gesch)* ein Gutachten einholen
~ **for sth** *(Gesch)* um etw. bitten, etw. anfordern
asked and bid *(Bö)* Brief- und Geldkurs *m (selling and buying price)*
~ **price** 1. *(RW)* Ausgabepreis *m*; 2. *(Gb)* Angebotspreis *m*, Verkaufspreis *m*; 3. *(Bö)* Angebotskurs *m*, Briefkurs *m*
~ **quotation** *(Bank, Bö)* Briefquotierung *f*
~ **spread** *(Bank, Bö)* Briefspanne *f*
aspiration level *(WiWi, V&M)* Anspruchsniveau *n*

assault *(Recht)* tätliche Beleidigung *f*, Drohung *f*
assay *v* **sth** *(Gesch)* den Feingehalt feststellen [prüfen]
assembler 1. *(Pers)* Monteur *m*; 2. *(Ind)* Montagefirma *f*
assembly 1. *(Gesch)* Montage *f*, Zusammenkunft *f (of people)*; 2. *(Ind)* Baugruppe *f*, Bausatz *m*, Montage *f*, 3. *(Pol)* Versammlung *f*
~ **line** *(Pers, Ind)* Band *n*, Fließband *n*, Montageband *n*
~ **plant** *(Pers, Ind)* Montagewerk *n*
~ **work** *(Ind)* Montagen *fpl*
assent *(Gesch)* Beipflichten *n*, Einwilligung *f*, Zustimmung *f (acquiescence)*; Billigung *f (to proposal)*
assert *v (Gesch)* behaupten, versichern
~ **a claim** *(Recht)* einen Anspruch geltend machen
assertiveness *(Pers)* Durchsetzungsvermögen *n*, Selbstbehauptung *f*
~ **training** *(Pers)* Selbstbehauptungstraining *n*
assess *v* 1. *(Gesch)* begutachten, einschätzen, taxieren, bewerten *(proposal, offer)*; bemessen, beurteilen *(fine, tax)*; veranlagen *(for tax)*; festsetzen *(income, price, value)*; 2. *(St)* veranlagen
~ **dispassionately** *(Bank, Gesch)* nüchtern beurteilen
~ **realistically** *(Bank, Gesch)* nüchtern beurteilen
assessable *adj* 1. *(Gesch)* schätzbar; 2. *(St)* steuerpflichtig
~ **income** *(St)* steuerpflichtige Einkünfte *pl*, zu versteuerndes Einkommen *n*
assessed *adj (St)* veranlagt
~ **valuation** *(AE) (St)* steuerliche Vermögensbewertung *f (property)*
assessment 1. *(Gesch)* Begutachtung *f*, Bemessung *f*, Beurteilung *f*, Einschätzung *f*, Bewertung *f (of proposal, offer)*; 2. *(St)* Veranlagung *f*, Vermögensbewertung *f*
~ **center** *(AE) (Pers)* Assessment Center *n*, Personalauswahlverfahren *n*
~ **centre** *(BE) (Pers)* Assessment Center *n*, Personalauswahlverfahren *n*
~ **of compensation** *(Recht)* Feststellung *f* der Höhe des Schadensersatzes
~ **of financial needs** *(Fin, Mgt)* Ermittlung *f* des Finanzbedarfs, Finanzbedarfsermittlung *f*, Ermittlung *f* des Kapitalbedarfs, Kapitalbedarfsermittlung *f*, Bedarfsschätzung *f*
~ **year** *(RW, Fin, St)* Steuerjahr *n*, Veranlagungszeitraum *m*
asset *(RW)* Aktivposten *m*, Vermögenswert *m*
~ **account** *(RW)* Aktivkonto *n*, Bestandskonto *n*
~ **addition** *(RW)* Anlagenzugang *m*, Vermögenszugang *m*
~ **and liability position** *(Bank, Fin)* Vermögensposition *f*
~ **and liability statement** *(RW)* Bilanz *f*, Finanzstatus *m*, Vermögensbilanz *f*
~**-backed securities** *(RW, Bank, Fin)* Asset-Backed Securities *fpl*, ABS-Papiere *npl*, verbriefte (Kredit)Forderungen *fpl*, aktivabesicherte Forderungen *fpl*, vermögensbesicherte Forderungen *fpl*, besicherte Wertpapiere *npl*, forderungsbesicherte Wertpapiere *npl*, verbriefte Zahlungsansprüche *mpl*; forderungsbesicherte Anleihen *fpl*, vermögensgesicherte Anleihen *fpl*
~ **diversification** *(Fin)* Anlagenstreuung *f*
~ **item** *(RW)* Aktivposten *m*
~**/liability position** *(RW, Bank)* Vermögensposition *f*, Vermögensstatus *m*
~ **life** *(RW)* Nutzungsdauer *f* eines Wirtschaftsgutes
~ **management** 1. *(RW)* Anlagenverwaltung *f*, 2. *(Bank)* Vermögensverwaltung *f*, 3. *(Fin)* Anlagenverwaltung *f*, Anlagenwirtschaft *f*, Vermögensverwaltung *f*, 4. *(Mgt)* Liquiditätssteuerung *f*
~ **manager** *(Bank, Fin)* Vermögensverwalter(in) *m(f)*, Anlageverwalter(in) *m(f)*
~ **motive** *(WiWi)* Spekulationsmotiv *n (monetary theory)*
~ **portfolio** *(Fin, Bö)* Bestand *m* an Anlagewerten, Kreditportefeuille *n*, Portefeuille *n*, Portfolio *n*
~**-price bubble** *(Fin)* Asset-Price-Bubble *f*, Vermögenspreisschub *m*
~ **price inflation** *(WiWi)* Vermögenspreis-Inflation *f*
~ **prices** *(WiWi, Fin)* Preise *mpl* von Vermögenswerten, *(jarg.)* Vermögenspreise *mpl*
~ **return** *(Bö)* Vermögensertrag *m*, Anlagenverzinsung *f*

~ **side** *(RW)* Aktivseite *f*, Vermögensseite *f*
~ **stripping** *(RW, WiWi) (ugs.)* Ausschlachten *n* von Unternehmen
~ **swap** 1. *(RW, Verw)* Aktivtausch *m*; 2. *(Bank)* Asset Swap *m*
~ **turnover** *(RW, Fin)* Kapitalumschlag *m* *(financial analysis ratio)*
~ **valuation** *(RW)* Vermögensbewertung *f*
~ **value** 1. *(RW, Fin)* Vermögenswert *m* eines Wirtschaftsgutes
assets 1. *(RW)* Aktiva *npl*, Vermögen *n*, Vermögensgegenstände *mpl*, Vermögenswert *m*; 2. *(Fin)* Ausleihungen *fpl*, Kapitalanlagen *fpl*
~ **eligible for the money market** *(Bank, Fin)* geldmarktfähige Aktiva *npl*
assign *v* 1. *(RW) (cede)* abtreten, *(transfer)* übertragen; zurechnen, zuteilen, zuweisen *(allocate)*; 2. *(Fin)* übertragen; 3. *(Pers)* einweisen *(new post)*; 4. *(Recht)* zedieren, abtreten
~ **costs** *(RW)* Kosten aufteilen [umlegen, zurechnen]
assignability *(Recht, Bö)* Übertragbarkeit *f*
assigned material *(Gesch)* auftragsgebundenes [kommissioniertes] Material *n*
assignee 1. *(RW)* Beauftragte(r) *f(m)*, Forderungsübernehmer(in) *m(f)*; 2. *(Bank)* Zessionar *m*; 3. *(Recht)* Abtretungsempfänger(in) *m(f)*, Veräußerer *m*, Zessionar *m*; 4. *(Pat)* Vertreter(in) *m(f)*, Beauftragte(r) *f(m)*
~ **in bankruptcy** *(Bank)* Insolvenzverwalter(in) *m(f)*
assignment 1. *(RW)* Abtretung *f*, Übertragung *f*, Zurechnung *f*, Zuteilung *f*, Zuweisung *f* *(receivables)*; 2. *(Recht)* Abtretung *f*, Übereignung *f*, Übertragung *f*, Zession *f*; 3. *(Pat)* Abtretung *f*, Patentübertragung *f*
~ **document** *(Recht)* Abtretungserklärung *f* *(contracts)*
~ **of claims** *(RW)* Forderungsabtretung *f*
~ **of debts** *(RW)* Forderungsabtretung *f*
assignor 1. *(Gesch, Vers)* Abtretende(r) *f(m)*; 2. *(Recht, Pat)* Rechtsvorgänger(in) *m(f)*, Zedent *m*
assimilate *v* 1. *(RW)* angleichen, anpassen; 2. *(Recht)* angleichen *(Community law)*; 3. *(Bö)* aufnehmen
assimilation 1. *(RW)* Angleichung *f*, Anpassung *f*; 2. *(Gesch)* Assimilation *f*; 3. *(Recht)* Angleichung *f*, Rechtsangleichung *f* *(by EC member states of laws enacted at Community level)*; 4. *(Bö)* Aufnahme *f*
assistant *(Gesch, Pers)* Assistent(in) *m(f)*, Gehilfe *m*, Gehilfin *f*, Hilfskraft *f*
~ **director** *(Pers, Mgt)* stellvertretender Direktor *m*, stellvertretende Direktorin *f*
~ **head of section** *(BE) (Pers, Mgt)* stellvertretender Abteilungsleiter *m*, stellvertretende Abteilungsleiterin *f*
~ **manager** *(Pers, Mgt)* stellvertretender Direktor *m*, stellvertretende Direktorin *f*
associate *(Gesch)* Gesellschafter(in) *m(f)*, Partner(in) *m(f)*, Teilhaber(in) *m(f)*
~ **company** *(WiWi)* verbundene Gesellschaft *f*
associated *adj* 1. *(Gesch)* verbunden; 2. *(Pat)* verwandt
~ **company** *(WiWi, Gesch)* Beteiligungsgesellschaft *f*, Schwestergesellschaft *f*, Tochtergesellschaft *f*, verbundenes Unternehmen *n*
~ **company abroad** *(Fin, Gesch)* Auslandsbeteiligung *f*
~ **country** *(WiWi)* assoziiertes Land *n* *(international, EU)*
~ **enterprises** *(Fin, Gesch)* kapitalmäßig verbundene Unternehmen *npl*
association *(Gesch)* Gesellschaft *f*, Handelsgesellschaft *f*, Personenvereinigung *f*, Vereinigung *f*, Interessenverband *m* *(professional group)*; Verband *m*, Verein *m*, Bund *m*, Verbund *m* *(non-profit-making)* • **in ~ with** *(Gesch)* gemeinsam mit, in Zusammenarbeit mit
Association of British Chambers of Commerce *(Ind)* Vereinigung der britischen Industrie- und Handelskammern, ≈ Deutscher Industrie- und Handelstag *m*, DIHT
assortment *(Gesch)* Auswahl *f*
~ **of goods** *(Gesch)* Sortiment *n*, Warensortiment *n*
assume *v* *(Gesch)* übernehmen, annehmen, unterstellen *(take on)*; annehmen *(suppose)*; voraussetzen *(presuppose)*
~ **responsibility for sth** *(Gesch)* die Verantwortung für etw. übernehmen
assumption *(Gesch)* Übernahme *f*, Annahme *f*, Vermutung *f* *(taking on)*; Voraussetzung *f* *(supposition)*

~ **of liability** *(Recht)* Haftungsübernahme *f (contracts)*
~ **of losses** *(Fin, Gesch)* Verlustübernahme *f*
~ **of the risk** 1. *(Bank, Fin)* Risikoübernahme *f*, Risikotragung *f*; 2. *(Recht)* Gefahrübernahme *f (contracts)*
assurance *(BE) (Vers)* Lebensversicherung *f*, Versicherung *f*
~ **payable at death** *(BE) (Vers)* Lebensversicherung *f* auf den Todesfall
assure *v* 1. *(Gesch)* zusichern; 2. *(Vers)* versichern
at maturity *(Fin, Bö)* bei Fälligkeit, zum Fälligkeitstermin
~ **sign** 1. *(Komm)* at-Zeichen *n*, Klammeraffe *m (@, separator in E-Mail addresses)*; 2. *(V&M)* zum Preis von *(at the specified price)*
atomistic competition *(WiWi)* atomistische Konkurrenz *f*
attach *v* 1. *(EDV)* anhängen *(file, data)*; 2. *(Recht)* pfänden • **no strings attached** *(Gesch)* ohne Bedingungen *(agreement)*, *(ugs.)* ohne Haken *(conditions)*
attached file *(Komm, EDV)* angehängte Datei *f (e-mail)*
attachment *(Recht)* dinglicher Arrest *m*
~ **procedure** *(Recht)* Arrestverfahren *n*
attend *v (Mgt)* teilnehmen an *(meeting)*
~ **school [university]** *(Pers)* Schule [Universität] besuchen
~ **to** *(Gesch)* bedienen *(customer)*; sich kümmern um *(problem)*
attendance bonus *(Pers)* Anwesenheitsprämie *f*
~ **fees** *(Pers)* Sitzungsgeld *n*, Tagegeld *n*
attention *(Gesch)* Aufmerksamkeit *f*, Beachtung *f* • **for the ~ of** *(Komm, Gesch)* zu Händen, z. Hd., zu Händen von, z. Hd. v.
~ **getter** *(V&M)* Blickfang *m (advertising)*
~ **interest, desire, action** *(AIDA) (V&M)* Aufmerksamkeit *f*, Interesse *f*, Wunsch *m*, Aktion *f*
~ **value** *(V&M)* Zugkraft *f*
attest *v (Recht)* bezeugen
~ **to** *(Recht)* bekunden, beurkunden, bezeugen, beglaubigen
attestation *(Recht)* Bestätigung *f*, Zeugenaussage *f*
attested by a notary *(Recht)* notariell beglaubigt [beurkundet]
attitude 1. *(Gesch)* Haltung *f*; 2. *(Mgt)* Einstellung *f*, Standpunkt *m*; 3. *(V&M)* Einstellung *f (products, ideas)*
~ **to work** *(Pers)* Einstellung *f* zur Arbeit, Arbeitseinstellung *f*, Berufseinstellung *f*, Arbeitsverhalten *n*, Berufsverhalten *n*
~ **survey** *(V&M)* Verhaltensstudie *f (market research)*
attn *s.* attention
attorney *(AE) (Recht)* Anwalt *m*, Anwältin *f*
~**-at-law** *(AE) (Recht)* Rechtsanwalt *m*, Rechtsanwältin *f*
~**-client privilege** *(Recht)* anwaltliche Schweigepflicht *f*, Verschwiegenheitspflicht *f*
~ **for the defense** *(AE) (Recht)* Verteidiger(in) *m(f)*
~ **for the opposing party** *(Recht)* Gegenanwalt *m*
~**'s fees** *(Recht)* Anwaltskosten *pl*
Attorney General *(Recht) (BE)* Generalstaatsanwalt *m*, Generalstaatsanwältin *f*, *(AE)* Justizminister *m*
attract *v (Gesch)* hereinholen *(orders)*
~ **new business** *(WiWi)* Aufträge beschaffen, Aufträge hereinholen
attractive *adj (Gesch, Bö)* attraktiv, günstig *(for investors)*
~ **offer** *(Gesch)* attraktives Angebot *n*, günstiges Angebot *n*
attributable *adj (Med, Pol)* zuschreibbar *(comment)*
attribute *(Gesch)* Eigenschaft *f*, Merkmal *n*
attribute *v* **sth to sth** *(Gesch)* etw. auf etw. zurückführen *(success, failure)*
attrition *(Pers)* natürlicher Arbeitskräfteabgang *m (natural wastage)*
atypical forms of employment *(Pers)* atypische Beschäftigungsverhältnisse *npl*
au fait *adj (Gesch)* vertraut, auf dem Laufenden • **be au fait with** *(Gesch)* vertraut sein mit
auction *v (WiWi, Gesch, V&M)* versteigern
~ **off** *(WiWi, Gesch, V&M)* versteigern
auction *(WiWi, Gesch, V&M)* Auktion *f*, Versteigerung *f*
~ **market** *(WiWi)* Auktionsmarkt *m*
~ **room** *(Gesch)* Auktionslokal *n*
audience 1. *(Gesch)* Leserschaft *f (for the press)*; 2. *(Med, F&T)* Zuschauer *mpl*, Zuhörer *mpl (for television)*; 3. *(V&M)* Zielgruppe *f (advertising)*

audio conference *(Komm)* Fernsprechkonferenz *f*, Konferenzschaltung *f*
audiovisual *adj (Komm, Gesch, Med, V&M)* audio-visuell
~ **aids** 1. *(Komm)* audio-visuelle Hilfen *fpl*; 2. *(Med)* audio-visuelle Unterstützung *f*
~ **display** *(V&M)* audio-visuelle Anzeige *f*
audit *v (RW, Fin)* prüfen, Bücher prüfen *(accounts)*
audit *(RW, Fin)* Abschlussprüfung *f*, Prüfung *f*, Buchprüfung *f*, Rechnungsprüfung *f*, Revision *f*, Haushaltskontrolle *f* *(by government audit agency)*; Qualitätsaudit *n (quality audit)*
~ **agent** *(RW)* Prüfer(in) *m(f)*
~ **certificate** *(RW)* Prüf(ungs)vermerk *m*, Testat *n*
~ **client** *(RW)* Revisionskunde *m (auditing)*
~ **costs** *(RW)* Prüfungskosten *pl*
~ **coverage** *(RW)* Prüfungsumfang *m*
~ **guide** *(RW)* Prüfungsvorschriften *fpl*
~ **independence** *(RW)* Prüfungsunabhängigkeit *f*
~ **plan** *(RW)* Prüf(ungs)plan *m*
~ **report** *(RW)* Bestätigungsvermerk *m*, Prüf(ungs)bericht *m*, Revisionsbericht *m*, Testat *n*
~ **scope** *(RW)* Prüfungsumfang *m*
~ **standard** *(RW)* Prüfungsgrundsatz *m*
~ **trail** *(RW)* Prüfspur *f*, Prüf(ungs)kette *f*, Prüfungspfad *m*
auditable *adj (RW)* prüffähig
audited accounts *(RW)* geprüfter Abschluss *m*
~ **circulation** *(V&M)* kontrollierte Auflage *f*
auditee *(RW)* geprüftes Unternehmen *n (company)*
auditing *(RW)* Buchprüfung *f*, Prüfungswesen *n*, Revision *f*
~ **department** *(RW)* Revisionsabteilung *f*, Innenrevision *f*
~ **manual** *(RW)* Revisionshandbuch *n*
~ **principle** *(RW)* Prüfungsgrundsatz *m*, Prüfungsrichtlinie *f*
~ **standard** *(RW)* Prüfungsgrundsatz *m*, Prüfungsrichtlinie *f*
auditor *(RW)* Bilanzprüfer(in) *m(f)*, Buchprüfer(in) *m(f)*, Rechnungsprüfer(in) *m (f)*, Prüfer(in) *m(f)*, Auditor *m (quality auditor)*
~**'s certificate** *(RW)* Bestätigungsvermerk *m*, Prüfungsbericht *m*, Testat *n*
~**'s report** *(RW)* Bestätigungsvermerk *m*, Prüf(ungs)bericht *m*, Testat *n*
~**'s statement** *(RW)* Bestätigungsvermerk *m*, Prüf(ungs)bericht *m*, Testat *n*
austerity 1. *(Gesch)* Nüchternheit *f*; 2. *(WiWi)* Austerity *f*, wirtschaftliche Einschränkung *f*, wirtschaftliche Entbehrung *f*, Sparpolitik *f*
~ **measure** *(WiWi)* Sparmaßnahme *f*
authentic *adj (RW, Gesch, Recht)* verbindlich*(text)*
authenticate *v* 1. *(RW, Gesch)* beurkunden; 2. *(Recht)* beglaubigen glaubhaft machen *(claim)*
authenticated document *(Recht)* beglaubigte Urkunde *f*
authentication 1. *(RW, Gesch)* Beurkundung *f*; 2. *(Recht)* Beglaubigung *f*, Glaubhaftmachung *f (of claims)*; 3. *(Bö)* Echtheitsbescheinigung *f*
authentification *(EDV, Komm)* Authentifizierung *f*, Identitätsnachweis *m*
author *v* 1. *(Med)* verfassen, schreiben; 2. *(Recht)* verfassen
author *(Recht, Med)* Autor(in) *m(f)*, Verfasser(in) *m(f)*
~**'s copy** *(Recht, Med)* Autorenexemplar *n*
~**'s fee** *(Med, Pat)* Autorenhonorar *n*, Tantieme *f*
~**'s rights** *(Recht, Med)* Autorenrechte *f*
~**'s specimen copy** *(Gesch)* Belegexemplar *n*
authoritative *adj (Recht)* maßgeblich, verbindlich
authorities/the *(Gesch)* Staatsgewalt *f*
authority 1. *(Gesch)* Amtsgewalt *f*, Befugnis *f*, Weisungsgewalt *f*, Kompetenz *f*, Autorität *f (person, expert)*; 2. *(Pat)* Amt *n*, Behörde *f (national)*
~ **to purchase** 1. *(Fin)* Authority to Purchase *f*; 2. *(Gesch)* Ankaufsermächtigung *f*
~ **to sign** *(Gesch)* Zeichnungsberechtigung *f (on behalf of a third party)*
authorization 1. *(Bank)* Autorisation *f*, Befugnis *f*, Ermächtigung *f*, Genehmigung *f*, 2. *(Gesch)* Erlaubnis *f*, Ermächtigung *f*, Genehmigung *f*; 3. *(Recht)* Bevollmächtigung *f*, Vollmachterteilung *f (delegation of power)*; 4. *(Pat)* Erlaubnis *f*, Genehmigung *f*
~ **center** *(AE) (Bank)* Autorisierungsstelle *f*
~ **centre** *(BE) (Bank)* Autorisierungsstelle *f*

authorize *v* 1. *(Gesch)* bevollmächtigen, ermächtigen, Vollmacht erteilen *(person)*; erlauben, genehmigen *(action)*; 2. *(Recht)* beauftragen

authorized *adj (Gesch)* bewilligt, befugt, bevollmächtigt *(person)*

~ **agent** *(Gesch)* Bevollmächtigte(r) *f(m)*

~ **capital** 1. *(WiWi)* autorisiertes Kapital *n*; 2. *(Fin)* bedingtes Kapital *n (unissued capital)*

~ **capital stock** *(AE) (Fin)* autorisiertes Grundkapital *n*

~ **dealer** 1. *(Recht)* Vertragshändler(in) *m(f)*; 2. *(Bö)* zugelassener Devisenhändler *m*, zugelassene Devisenhändlerin *f*

~ **expenditure** *(RW)* bewilligte Ausgaben *fpl*

~ **representative** *(Gesch, Pers)* bevollmächtigter Vertreter *m*, bevollmächtigte Vertreterin *f*

~ **share capital** *(RW, Fin)* genehmigtes Kapital *n*, autorisiertes Aktienkapital *n*

~ **shares** *(Bö)* genehmigte Aktien *fpl*

~ **stock** *(Bö)* genehmigtes Aktienkapital *n*

autocomplete *v (EDV, Komm)* automatisch vervollständigen, autovervollständigen

autofinancing *(Fin)* Eigenfinanzierung *f*, Selbstfinanzierung *f*

autogestion *(Pers)* Selbstverwaltung *f*

automate *v (Ind)* automatisch fertigen, automatisieren

automated cash dispenser *(Bank)* Geld(ausgabe)automat *m*, GAA

~ **teller card** *(Bank)* Geldautomatenkarte *f*

~ **teller machine** *(Bank, Fin)* multifunktionaler Bankautomat *m*, SB-Bankautomat *m*

automatic cash dispenser *(Bank)* Geldausgabeautomat *m*, GAA, Geldautomat *m*

~ **control** *(Gesch, Mgt)* Regelung *f*, Selbststeuerung *f*

~ **data processing** *(EDV)* automatisierte Datenverarbeitung *f*

~ **debit transfer system** *(Fin)* Einzugsverfahren *n*

~ **funds transfer** *(RW, Bank, Fin)* automatischer [automatisierter, elektronischer] Zahlungsverkehr *m*

~ **reinvestment** *(Bö)* automatische Wiederanlage *f*

~ **stabilizer** *(WiWi, Pol)* automatischer Stabilisator *m*

~ **teller** *(Bank, Fin)* SB-Bankautomat *m*, Geldautomat *m*

~ **telling machine** *(Bank, Fin)* multifunktionaler Bankautomat *m*, SB-Bankautomat *m*

~ **transfer** *(Bank)* automatische Überweisung *f*

~ **transfer service** *(BE) (Bank)* automatischer Überweisungsverkehr *m*, automatischer Verrechnungsdienst *m*

automotive *adj (Ind)* motorisch, selbstfahrend

~ **industry** *(Ind)* Autoindustrie *f*, Kraftfahrzeugindustrie *f*

~ **stock** *(Bö)* Automobilwerte *mpl*

autonomous *adj (Gesch)* autonom

~ **consumption** *(WiWi)* autonomer Konsum *m*

~ **expenditure** *(WiWi)* autonome Ausgaben *fpl*

~ **investment** *(WiWi)* autonome Investition *f*

~ **wage bargaining** *(WiWi, Pers, Mgt)* Tarifautonomie *f*

autonomy *(Gesch)* Autonomie *f*, Selbstverwaltung *f*

~ **in collective bargaining** *(WiWi, Pers, Mgt)* Tarifautonomie *f*

autorespond *v (EDV, Komm)* automatisch beantworten

availability 1. *(WiWi)* Disponibilität *f (of monetary reserves)*; 2. *(Gesch)* Lieferbarkeit *f*, Verfügbarkeit *f*; 3. *(Med)* Sendeplatz *m (radio)*; 4. *(V&M)* noch verfügbare Werbezeit *f (of time on radio, TV)*

~ **for employment** *(Pers)* Verfügbarkeit *f* zur Aufnahme einer Arbeit, Verfügbarkeit *f* zur Aufnahme einer Beschäftigung

~ **for work** *(Pers)* Verfügbarkeit *f* zur Aufnahme einer Arbeit, Verfügbarkeit *f* zur Aufnahme einer Beschäftigung

~ **of jobs** *(WiWi)* Arbeitsplatzangebot *n*

available *adj* 1. *(Gesch)* erhältlich, lieferbar *(obtainable)*; erreichbar *(able to be contacted)*; verfügbar, vorhanden *(ready for use)*; 2. *(Pers)* verfügbar • ~ **on a current basis** *(Gesch)* aktuell verfügbar • ~ **at short notice** *(Gesch)* kurzfristig lieferbar [verfügbar] • **make** ~ *(Gesch)* bereitstellen *(money)* • **not** ~ *(Gesch)* nicht zu erreichen, nicht erreichbar *(person)*; nicht lieferbar *(product)*

~ **asset** *(RW, Bö)* liquider Aktivposten *m*

~ **cash** *(RW, Fin)* Barliquidität *f*, Liquidität *f* ersten Grades
~ **for employment** *(Pers)* verfügbar für eine Beschäftigung, verfügbar für eine Arbeit
~ **funds** *(RW, Fin)* flüssige Mittel *npl*
~ **income** *(Fin, St)* verfügbares Einkommen *n*
avails *(Gesch)* Ertrag *m*, Nutzen *m*, Vorteil *m*
average *v (RW, Gesch)* den Durchschnitt ermitteln von *(calculate the average of)*
~ **out** *(Fin)* ausgleichen, den Durchschnitt ermitteln von *(costs, profit)*
average *adj (Gesch)* durchschnittlich, normal
average 1. *(Gesch)* Durchschnitt *m*, Mittelwert *m*; 2. *(Vers)* Havarie *f (maritime)*; 3. *(Bö)* Durchschnittskurs *m*, Aktienindex *m* • **at an** ~ *(Gesch)* durchschnittlich, im Durchschnitt
~ **amount** *(Gesch)* Durchschnittsbetrag *m*
~ **claim** *(Vers)* Durchschnittsschaden *m*
~ **consumer** *(V&M)* Normalverbraucher(in) *m(f)*
~ **cost of claims** *(Vers)* durchschnittliche Schadenkosten *pl*
~ **cost pricing** *(Verw, WiWi)* Preisbildung *f* auf Durchschnittskostenbasis [Normalkostenbasis]
~ **costs** 1. *(RW)* durchschnittliche Kosten *pl*; 2. *(WiWi)* Durchschnittskosten *pl*, Stückkosten *pl*
~ **duration of life** *(Vers)* mittlere Lebenserwartung *f*
~ **earning** *(Pers)* Durchschnittsverdienst *m*
~ **fixed cost** *(RW)* durchschnittliche Fixkosten *pl*
~ **hourly earnings** *(Pers)* Durchschnitts-Stundenverdienst *m*, durchschnittlicher Stundenlohn *m*
~ **interest rate** *(Bank)* Durchschnittsverzinsung *f*
~ **LIBOR** *(Bank)* durchschnittlicher LIBOR-Satz *m*
~ **life** *(RW, Gesch)* betriebsgewöhnliche Nutzungsdauer *f*, mittlere Nutzungsdauer *f (of machine, product)*
~ **market price** *(Fin, Gesch, Bö)* Durchschnittskurs *m*, durchschnittlicher Marktpreis *m*
~ **mark-up** *(Gesch)* durchschnittlicher Preisaufschlag *m*
~ **maturity** *(Bö)* durchschnittliche Laufzeit *f (of security)*
~ **pay** *(RW, Pers)* Durchschnittseinkommen *n*
~ **propensity to consume** *(WiWi)* durchschnittliche Konsumquote *f*, durchschnittliche Konsumneigung *f*
~ **propensity to save** *(WiWi)* durchschnittliche Sparquote *f*
~ **rate** *(RW, Bö)* Durchschnittskurs *m*, Durchschnittssatz *m*
~ **revenue** *(RW, Fin)* Durchschnittserlös *m*, Durchschnittsertrag *m*
~ **sold circulation** *(Med)* durchschnittliche verkaufte Auflage *f*
~ **tax rate** *(St)* durchschnittlicher Steuersatz *m*, Durchschnittssteuersatz *m*, T/Y
~ **total cost** *(RW)* durchschnittliche Gesamtkosten *pl*
~ **unit cost** *(RW)* durchschnittliche Stückkosten *pl*
~ **utilization** *(Ind)* durchschnittliche Auslastung *f*
~ **variable costs** *(WiWi)* variable Durchschnittskosten *pl*
~ **wage** *(Pers)* Durchschnittslohn *m*
~ **yield** *(RW, Fin)* Durchschnittsertrag *m*, Durchschnittsrendite *f*
averaging 1. *(Fin)* Durchschnittsmethode *f*, 2. *(Gesch, Bö, St)* Durchschnittsbildung *f*
averment *(Recht)* Behauptung *f*
avoid *v* 1. *(Gesch)* vermeiden; 2. *(Recht)* anfechten, annullieren, aufheben; 3. *(Pat)* anfechten; 4. *(St)* umgehen, vermeiden
avoidable costs *(Gesch)* Differenzkosten *pl*, negative Opportunitätskosten *pl*
avoidance 1. *(Gesch)* Vermeidung *f*; 2. *(Recht)* Anfechtung *f*, Annullierung *f*, Aufhebung *f*
~ **clause** *(Recht)* Anfechtungsklausel *f*
~ **of tax** *(WiWi, St)* Steuervermeidung *f*
award *v (Gesch)* erteilen, (ver)geben *(contract)*; gewähren
~ **damages** *(Vers)* Schadensersatz zahlen
award 1. *(Gesch)* Erteilung *f*, Vergabe *f*, 2. *(Pers)* Prämie *f*; 3. *(Recht)* Schiedsspruch *m*; 4. *(Mgt)* Zuschlag *m (bonus)*; Auftragserteilung *f*, Zuschlag *m (of contract)*
awarded *adj (Gesch)* erteilt
awareness *(Gesch, V&M)* Bewusstsein *n*, Bekanntheit *f*

B

Bachelor *(Pers)* Bakkalaureus *m*, niedrigster akademischer Grad in GB und USA
~ **of Business Administration** *(Pers)* Betriebswirt(in) *m(f)*
~ **of Economics** *(Pers)* Volkswirt(in) *m(f)*
back *v* 1. *(WiWi)* decken *(currency)*; 2. *(Gesch)* (unter)stützen *(support)*; befürworten *(approve)*; 3. *(Recht)* indossieren *(endorse)*
~ **down** *(Gesch) (ugs.)* einen Rückzieher machen; nachgeben
~ **out** *(Gesch)* zurücktreten, *(ugs.)* aussteigen *(deal)*; *(ugs.)* einen Rückzieher machen
~**-pedal** *v (Gesch) (ugs.)* einen Rückzieher machen
back end *(jarg.) (Med)* letzter Teil *m*
~ **interest** *(RW)* rückständige Zinsen *mpl*, Zinsrückstand *m*
~**-office [back office]** *(Bank) (jarg.)* Abwicklung *f*, Abwicklungsstelle *f*, Back Office *n*
~ **order** *(V&M)* unerledigter Auftrag *m*
~ **payment** *(Pers)* Lohnnachzahlung *f*, Nachzahlung *f*
~ **rent** *(Pers)* rückständige Miete *f*
~ **tax** *(St)* Steuerrückstände *mpl*
~**-to-back transaction** *(Bank)* Gegengeschäft *n*
backdate *v* 1. *(Gesch)* rückdatieren; 2. *(Recht)* rückwirkend in Kraft treten lassen
backdated pay *(Pers)* rückwirkende Entlohnung *f*
backed bill of exchange *(Fin)* avalierter Wechsel *m*
backer 1. *(Fin)* Geldgeberin *m*, Sponsor *m*; 2. *(Gesch)* Befürworter(in) *m(f)*; Indossant *m*
background 1. *(WiWi, Gesch)* Hintergrund *m (to situation)*; 2. *(Pers)* Werdegang *m*, Vorbildung *f (professional, academic)*; Erfahrung *f (experience)*
~ **information** *(Gesch)* Hintergrundinformation *f*
~ **paper** 1. *(Fin)* Hintergrundpapier *n*, Zusammenfassung *f* der Hintergründe; 2. *(Med)* Vortrag *m* über die Hintergründe
~ **story** *(Med)* Hintergrundbericht *m*
backing 1. *(WiWi)* Unterstützung *f*, Stützung *f (of a currency)*; 2. *(Gesch)* Unterstützung *f (support)*; Befürwortung *f (approval)*; 3. *(Recht)* Indossament *n (endorsement)*; 4. *(Bö)* Stützungskäufe *mpl*
~ **syndicate** *(Fin)* Auffangkonsortium *n*
backlog *(Gesch)* Arbeitsrückstand *m*, Auftragsrückstand *m*
~ **demand** *(Gesch)* Nachholbedarf *m*
~ **effect** *(Bank, Bö)* Nachholeffekt *m (BOP)*
~ **of final orders** *(Gesch)* Bestand *m* an festen Aufträgen
~ **of orders** *(Gesch)* Auftragsbestand *m*, Auftragsrückstand *m*
~ **of payments** *(RW)* Zahlungsrückstände *mpl*
~ **of work** *(Gesch)* Arbeitsrückstand *m*
backscratching *(BE) (Pol)* Politik *f* gegenseitiger Unterstützung, *(ugs.)* Bildung *f* von Seilschaften
backtrack *v (Gesch, Mgt)* sich zurückziehen, *(ugs.)* einen Rückzieher machen *(from plan or promise)*
backup 1. *(EDV)* Sicherungskopie *f*, Backup *n*; 2. *(Gesch)* Rückgriff *m*; Unterstützung *f*; 3. *(Vers)* Rückgriff *m*
~ **capacity** *(Bank)* Ausweichkapazität *f*
~ **copy** *(EDV)* Sicherungskopie *f (of file, data)*
~ **credit line** *(AE) (Bank)* Auffang-Kreditlinie *f*
~ **facilities** *(Gesch)* Stützungsfazilität *f*
~ **line** 1. *(Bank)* Auffanglinie *f*, Rückgrifflinie *f*; 2. *(Fin)* Deckungsfazilität *f*
~ **service** 1. *(Gesch)* Hilfsdienst *m*; 2. *(V&M)* Kundendienst *m*
~ **withholding** *(AE) (St)* zusätzliche Steuereinbehaltung *f*
~ **withholding tax** *(AE) (St)* Anschlussquellensteuer *f*
backward-bending supply curve *(WiWi)* anomale Angebotskurve *f*
~ **integration** *(WiWi, Ind, Mgt)* Rückwärtsintegration *f*
~ **linkage** *(WiWi)* beschaffungsseitige Verflechtung *f*, Verflechtung *f* mit vorgelagerten Marktstufen
~ **vertical integration** *(WiWi, Mgt)* Rückwärtsintegration *f*

backwash effect *(WiWi)* Aushöhlungseffekt *m*
backyard/not in my *(Umw, Pol)* nicht bei uns
bad *(WiWi)* Übel *n*, negatives Gut *n*, negativer externer Effekt *m*, volkswirtschaftliche Kosten *pl*
~ **and doubtful debt** *(Bank)* notleidender Kredit *m*, Risikokredit *m*
~ **buy** *(Gesch)* schlechter Kauf *m*, schlechtes Geschäft *n*
~ **check** *(AE) (Bank)* ungedeckter Scheck *m*
~ **cheque** *(BE) (Bank)* ungedeckter Scheck *m*
~ **debt** 1. *(RW)* zweifelhafte Forderung *f*; 2. *(Bank, Fin)* uneinbringliche Forderung *f*
~ **debt loss** 1. *(RW)* als Verlust abgebuchte Forderung *f*; 2. *(Bank)* aus zweifelhaften Forderungen herrührender Verlust *m*; 3. *(WiWi)* Verlust *m* durch uneinbringliche Forderungen
~ **debt provision** *(RW, Bank, Fin)* Rückstellung *f* für zweifelhafte Forderungen
~ **debt risk** *(Fin)* Forderungsausfallrisiko *n*
~ **debtor** *(Bank)* zahlungsunfähiger Schuldner *m*, zahlungsunfähige Schuldnerin *f*
~ **investment** *(Bank, Fin)* Fehlinvestition *f*
~ **loan** *(Bank)* notleidender Kredit *m*
~ **loan provision** *(Bank, Fin)* Rückstellung *f* für Risikokredite [notleidende Kredite]
~ **name** *(Gesch)* schlechter Ruf *m*
~ **paper** *(Bank) (ugs.)* fauler Wechsel *m*
~ **reputation** *(Gesch)* schlechter Ruf *m*
~ **title** *(Recht)* Rechtsmangel *m (contracts)*
~ **will** *(Gesch)* negativer Firmenwert *m*, schlechter Ruf *m*
baggage claim *(F&T)* Gepäckausgabe *f*
bail *(Recht)* Auslösung *f*, Kaution *f*, Bürgschaft *f*, Sicherheitsleistung *f*
bail *v* **out** 1. *(Recht)* die Kaution stellen für, gegen Kaution freibekommen; 2. *(Gesch) (ugs.)* aussteigen
~ **sb out** 1. *(Gesch)* jmdm. aus der Klemme helfen; 2. *(Recht)* die Kaution stellen für jmdn.; *(ugs.)* jmdn. herauspauken
bailiff *(Recht)* Gerichtsdiener(in) *m(f)*, Gerichtsvollzieher(in) *m(f)*, Vollstreckungsbeamter *m*, Vollstreckungsbeamtin *f*
bailing out *(Bö)* Abstoßen *n*, *(ugs.)* Aussteigen *n*
bailment 1. *(Bank)* Verwahrung *f*, Hinterlegung *f*; 2. *(Recht)* Hinterlegungsvertrag *m (of deposit)*
bailor *(Bank, Gesch)* Einleger(in) *m(f)*, Hinterleger(in) *m(f)*
bait *(Gesch, V&M)* Köder *m*, Lockvogelangebot *n*, Sonderangebot *n*
~ **advertising** *(AE) (V&M)* Lockvogelwerbung *f*
~ **money** *(Recht)* Vorzeigegeld *n (criminalistics)*
balance *v (RW, Bank, Fin)* abschließen, saldieren, aufrechnen
~ **an account** *(RW, Bank)* ein Konto abschließen, ein Konto abstimmen
~ **the books** *(RW)* die Bücher abschließen
~ **the budget** *(Fin)* den Haushalt ausgleichen
balance *(RW, Bank, Fin)* Kontostand *m*, Saldo *m* • **on** ~ *(RW, Gesch)* per Saldo, unter dem Strich
~ **book** *(RW)* Saldenbuch *n*
~ **brought down** *(RW, Fin)* Saldovortrag *m*, Übertrag *m*
~ **brought forward** *(RW, Fin)* Saldovortrag *m*, Übertrag *n*
~ **carried forward** *(RW, Fin)* Saldovortrag *m*, Übertrag *n*
~ **due to creditor [debtor]** *(Bank)* Saldo *m* zu Gunsten des Gläubigers [Schuldners]
~ **in bank** *(Bank)* Bankguthaben *n*, Habensaldo *m*
~ **item** *(RW)* Bilanzposten *m*
~ **of account** *(RW)* Saldo *m*
~ **of capital movements** *(WiWi)* Kapital(verkehrs)bilanz *f*
~ **of invisible trade** *(WiWi)* Bilanz *f* der unsichtbaren Transaktionen, Dienstleistungsbilanz *f*
~ **of invisibles** *(WiWi)* Dienstleistungsbilanz *f*
~ **of invoice** *(RW)* Rechnungssaldo *m*
~ **of migration** *(WiWi)* Wanderungssaldo *m*
~ **of payments** *(WiWi)* Zahlungsbilanz *f*
~**-of-payments adjustment** *(WiWi)* Zahlungsbilanzausgleich *m*
~ **of payments deficit** *(WiWi)* Zahlungsbilanzdefizit *n*
~**-of-payments disequilibrium** *(WiWi)* Zahlungsbilanzungleichgewicht *n*

~ **of payments equilibrium** *(WiWi)* Zahlungsbilanzgleichgewicht *n*
~**-of-payments figures** *(WiWi)* außenwirtschaftliche Daten *npl*
~ **of payments surplus** *(WiWi)* Zahlungsbilanzüberschuss *m*
~ **of the labo(u)r market** *(Pers)* Arbeitsmarktgleichgewicht *n*
~ **of trade** *(WiWi, Gesch)* Handelsbilanz *f*
~ **of unclassifiable transactions** *(WiWi)* Restposten *mpl* der Zahlungsbilanz
~ **on capital account** *(WiWi)* Kapitalverkehrsbilanz *f*
~ **on current account** *(WiWi)* Bilanz *f* der laufenden Posten, Leistungsbilanz *f*
~ **on services** *(WiWi)* Dienstleistungsbilanz *f*
~ **sheet** *(RW)* Bilanz *f* • **off the ~ sheet** *(RW, WiWi, Fin)* bilanzunwirksam
~ **sheet date** *(RW, Bank)* Bilanzstichtag *m*
~ **sheet item** *(RW)* Bilanzposten *m*
~ **sheet ratio** *(RW)* Bilanzkennzahl *f*
~ **sheet reserves** *(RW)* Rücklagen *fpl*
~ **sheet supplement** *(RW)* Anlage *f* zur Bilanz
balanced *adj (RW)* ausgeglichen
~ **budget** *(WiWi, Fin)* ausgeglichener Haushalt *m*
~ **growth** *(WiWi)* gleichgewichtiges Wachstum *n*, Wachstumsgleichgewicht *n*
~ **portfolio** *(Bö)* ausgewogener Wertpapierbestand *m*
balancing *(RW, Fin)* Ausbuchung *f*, Abgleich *m*, Bilanzierung *f*
~ **against** *(RW)* Aufrechnung *f*
~ **of an account** *(RW, Fin)* Kontoabschluss *m*
balloon *(Bank)* hohe Restschuld *f*
~ **interest** *(Bö)* hoher Zins *m*
~ **payment** *(Bank)* hohe Abschlusszahlung *f*
ban 1. *(WiWi)* Sperre *f*; 2. *(Gesch)* Sperre *f*, Verbot *n*; 3. *(AH)* Sperre *f*; Ausfuhrverbot *n (on exports)*; 4. *(Recht)* Verbot *n*
~ **on exports** *(AH)* Ausfuhrsperre *f*
~ **on imports** *(AH)* Einfuhrsperre *f*
~ **on recruitment** *(Pers)* Anwerbestopp *m*
bancassurance *(Bank, WiWi)* Allfinanz *f*
band *(WiWi)* Bandbreite *f*, Spannweite *f* *(currency rates)*
~ **of fluctuation** *(WiWi)* Schwankungsbreite *f (currency rate)*
bandwagon effect *(WiWi)* Mitläufereffekt *m*
bandwidth 1. *(EDV)* Bandbreite *f*; 2. *(Pers)* Bandbreite *f* der Arbeitszeit
bank *v (Bank)* einzahlen, zur Bank bringen
~ **with** *(Bank)* ein Konto unterhalten bei
bank *(Bank)* Bank *f*, Bankinstitut *n*, Geldinstitut *n*, Kreditinstitut *n*
~ **acceptance** *(Bank)* Bankakzept *n*
~ **accommodation** *(Bank)* Bankdarlehen *n*
~ **account** *(Bank)* Bankkonto *n*
~ **advance** *(Bank)* Bankkredit *m*
~ **assets** *(Bank)* Bankvermögen *n*
~ **balance** 1. *(RW)* Guthabensaldo *m*; 2. *(Bank)* Bankguthaben *n*, Banksaldo *n*
~ **bill** *(Bank)* Banknote *f*, Geldschein *m* *(note)*; Bankakzept *n*, Bankscheck *m*, Bankwechsel *m*
~ **bond** *(Bank)* Bankanleihe *f*, Bankobligation *f*
~ **book** *(Bank)* Sparbuch *n*
~ **branch** *(Bank)* Bankfiliale *f*
~ **card** *(Bank)* Bankkarte *f*, Scheckkarte *f*
~ **cash ratio** *(Bank)* Liquiditätskennziffer *f*
~ **charges** 1. *(Bank)* Bankgebühren *fpl*; 2. *(Fin)* Spesen *pl*
~ **check** *(AE) (Bank)* Bankscheck *m*, Kassenanweisung *f*
~ **cheque** *(BE) (Bank)* Bankscheck *m*, Kassenanweisung *f*
~ **clearing** *(Bank)* Banken-Clearing *n*, Bankenabrechnung *f*
~ **code** *(Bank)* Bankleitzahl *f*, BLZ
~ **commission** *(Bank)* Bankprovision *f*
~ **commission fee** *(Bank)* Bankprovision *f*
~ **crash** *(Bank)* Bankzusammenbruch *m*
~ **credit** *(Bank)* Bankkredit *m*
~ **credit transfer** *(Bank)* Banküberweisung *f*
~ **demand deposit** *(Bank)* Sichteinlage *f*
~ **deposit** *(Bank)* Bankeinlage *f*, kurzfristige Einlage *f*
~ **deposit money** *(Bank, WiWi)* Buchgeld *n*, Giralgeld *n*
~ **deposit rate** *(Bank)* Einlagenzins *m*, Sparzinsen *mpl*, Zinssätze *mpl* auf Spareinlagen
~ **discount rate** *(Bank)* Bankdiskont(satz) *m*, Wechseldiskont *m*
~ **draft** *(Bank)* Bankscheck *m*, Banktratte *m*, Bankwechsel *m*
~**-endorsed** *adj (Bank)* bankenindossiert, bankgiriert

- ~ **float** *(Bank)* Bankfloat *m*, Bankvalutierungsgewinn *m*
- ~ **giro** *(BE) (Bank)* Banküberweisung *f*, Bankgiro *n*, bargeldlose Zahlung *f*
- ~ **giro credit** *(BE) (Bank)* Überweisungsauftrag *m*
- ~ **giro credit system** *(BE) (Bank)* bargeldloser Zahlungsverkehr *m*
- ~ **group** *(AE) (Bank)* Bankengruppe *f*, Bankkonzern *m*
- ~ **guarantee** *(Bank)* Bankbürgschaft(sgarantie) *f*, Einlagengarantie *f*
- ~ **holding company** *(Bank, Gesch)* Bank-Holding *n*
- ~ **holiday** *(BE) (Gesch, Pers, Recht)* Bankfeiertag *m*, allgemeiner Feiertag *m*, gesetzlicher Feiertag *m*
- ~ **identification number** *(Bank)* Bankleitzahl *f*, BLZ *f*
- ~ **interest** *(Bank)* Bankzinsen *mpl*
- ~ **lending** *(Bank)* Ausleihungen *fpl*, Bankkredite *mpl*
- ~ **lending policy** *(Bank)* Kreditpolitik *f* der Banken
- ~ **lending rate** *(Bank)* Kreditzinssatz *m*
- ~ **liability** *(Bank)* Bankeneintritt *m*
- ~ **line** *(Bank)* Kreditlinie *f* einer Bank
- ~ **loan** *(Bank)* Bankdarlehen *n*, Bankkredit *m*
- ~ **loan rate** *(Bank)* Zinssatz *m* für Bankkredite
- ~ **money** *(Bank)* Buchgeld *n*, Giralgeld *n*, Sichteinlagen *fpl*
- ~ **of issue** *(Bank)* Emissionsbank *f*
- ~ **official** *(Bank)* Bankangestellte(r) *f(m)*
- ~ **overdraft** *(Bank)* Überziehungskredit *m*
- ~ **paper** *(Bank)* Bankwechsel *m*
- ~ **rate** *(Bank)* Diskontsatz *m*
- ~ **reconciliation** *(Bank)* Kontoabstimmung *f* zwischen Bank und Kunde
- ~ **remittance** *(Bank)* Banküberweisung *f*
- ~ **reporting system** *(Bank)* Bankmeldesystem *n*
- ~ **reserve** *(Bank)* Bankreserve *f*, Bankrücklage *f*
- ~ **routing number** *(Bank)* Bankleitzahl *f*, BLZ *f (not: BIC)*
- ~ **savings bonds** *(Bank)* Banksparbriefe *mpl*
- ~ **securities** *(Bank)* Bankwertpapiere *npl*
- ~ **selling rate** *(Bank, Fin, Bö)* Abgabesatz *m* der Bank, Verkaufskurs *m* der Bank
- ~ **service charge** *(Bank)* Bankgebühr *f*, Bearbeitungsgebühr *f*
- ~ **shares** *(Bank)* Bankaktien *fpl*, Bankwerte *mpl*
- ~ **statement** *(Bank)* Bankauszug *m*; Kontoauszug *m*
- ~ **supervision** *(Bank)* Bankenaufsicht *f*
- ~ **teller** *(Bank)* Bankkassierer(in) *m(f)*
- ~ **transfer** *(Bank)* Banküberweisung *f*
- ~ **turnovers** *(Fin)* Bankumsätze *mpl*

Bank Identifier Code *(Bank)* BIC *m*, BIC-Code *m (für grenzüberschreitende Zahlungen ab 01.07.03; anders: Bankleitzahl = BLZ = bank code, sort code (BE), bank routing number)*

- ~ **of England** *(Bank, WiWi)* Bank *f* von England
- ~ **for International Settlements** *(BIS) (Bank, WiWi)* Bank *f* für Internationalen Zahlungsausgleich, BIZ *f*

bankable *adj (Bank)* bankfähig, diskontfähig

- ~ **assets** *(Bank)* bankfähige Vermögenswerte *m*
- ~ **bill** *(Bank)* bankfähiger Wechsel *m*, diskontierbarer Wechsel *m*

banker *(Bank)* Bankangestellte(r) *f(m)*, Bankkauffrau *f*, Bankkaufmann *m*, *(ugs.)* Banker *m*, *(ugs.)* Bankier *m*

- ~**'s acceptance** *(Bank)* Bankakzept *n*, Bankwechsel *m*
- ~**'s bill** *(Bank)* Bankwechsel *m*
- ~**'s card** *(Bank)* Scheckkarte *f*
- ~**'s check** *(AE) (Bank)* Bankscheck *m*
- ~**'s cheque** *(BE) (Bank)* Bankscheck *m*
- ~**'s draft** *(Bank)* Bankakzept *n*, Banktratte *f*, Bankwechsel *m*
- ~**'s order** *(Bank)* Bankanweisung *f*, Überweisungsauftrag *m*; *(standing order)* Dauerauftrag *m*
- ~**'s reference** *(Bank)* Bankauskunft *f*

banking *(Bank)* Bankgeschäft *n*, Bankwesen *n*, Banking *n*

- ~ **audit** *(Bank)* Bankrevision *f*
- ~ **center** *(AE) (Bank)* Bankplatz *m*
- ~ **banking centre** *(BE) (Bank)* Bankplatz *m*
- ~ **charges** *(Bank)* Bankgebühren *fpl*
- ~ **community** *(Bank)* Bankkreise *mpl*
- ~ **group** *(BE) (Bank)* Bankengruppe *f*, Bankenkonsortium *n*, Finanzkonzern *m*
- ~ **hours** *(Bank)* Banköffnungszeiten *fpl*, Schalterstunden *fpl*

~ **industry** *(Bank)* Bankgewerbe *n*, Kreditwirtschaft *f*
~ **insolvency** *(Bank, WiWi)* Bankinsolvenz *f*, *(ugs.)* Bankpleite *f*
~ **interest** *(Bank)* Bankbeteiligung *f*
~ **secrecy** *(Bank)* Bankgeheimnis *n*
~ **services** *(Bank)* Bank(dienst)leistungen *fpl*
~ **subsidiary** *(Bank)* Banktochter *f*, Tochterinstitut *n*
~ **supervision** *(Bank)* Bankenaufsicht *f*, Bankaufsichtsbehörde *f*
~ **system** *(Bank, WiWi)* Bankenapparat *m*, Bankensystem *n*
~ **transaction** *(Bank)* Bankgeschäft *n*, Banktransaktion *f*
~ **transfer system** *(Bank)* bargeldloser Zahlungsverkehr *m*
banknote *(BE) (Bank)* Banknote *f*, Geldschein *m*
~ **bundle** *(Bank)* Banknotenpaket *n*
~ **packet** *(Bank)* Banknotenpäckchen *n* *(ECB)*
bankrupt *adj (Gesch)* bankrott, zahlungsunfähig, insolvent, *(ugs.)* pleite • **be** ~ *(Gesch)* insolvent [zahlungsunfähig] sein • **become** ~ 1. *(Fin, Recht)* insolvent werden, zahlungsunfähig werden; in das Verbraucher-Insolvenzverfahren gehen *(individuals)*; 2. *(Gesch) (ugs.)* Bankrott gehen, *(ugs.)* Bankrott machen, *(ugs.)* Pleite gehen, *(ugs.)* Pleite machen • **go** ~ 1. *(Fin)* insolvent werden; 2. *(Gesch)* Bankrott gehen, insolvent werden, *(ugs.)* Pleite gehen [machen], in Konkurs gehen
bankruptcy 1. *(RW)* Konkurs *m*, Insolvenzverfahren *n*; 2.*(Bank, WiWi) (ugs.)* Pleite *f*; 3. *(Fin)* Insolvenz *f*, Konkurs *m*; 4. *(Gesch) (ugs.)* Pleite *f*
~ **act** *(RW, Recht)* Insolvenzgesetz *m*, Konkursgesetz *n*, Insolvenzordnung *f*, Insolvenzrecht *n*, Konkursrecht *n*
~ **committee** *(Fin)* Insolvenzausschuss *m*
~ **court** *(Recht)* Insolvenzgericht *n*
~ **proceedings** *(Recht)* Insolvenzverfahren *n*, Konkursverfahren *n*
~ **property** *(Recht)* Insolvenzmasse *f*, Konkursmasse *f*
banks subject to minimum reserves *(Bank, WiWi)* mindestreservepflichtige Banken *fpl*

banner 1. *(Med)* Schlagzeilen *fpl* *(V&M)* Transparent *n*
~ **advertising** *(EDV, Komm, Med, V&M)* Bannerwerbung *f*
~ **rotation** *(EDV, Komm, Med, V&M)*; Werbeflächen-Rotation *f*
~ **year** *(Gesch)* erfolgreiches Jahr *n*
bar 1. *(Bank)* Ausschluss *m*; 2. *(Recht)* Anwaltschaft *f*, Anwaltsberuf *m*
~ **association** *(Recht)* (Rechts-)Anwaltskammer *f*
~**-coded identification number** *(EDV)* strichcodierte Artikelnummer *f*
bar *v* **sb** *(Gesch, Recht)* jmdn. ausschließen, jmdm. den Zutritt versagen
bare-bones contract *(Recht)* einfacher Vertrag *m*, Basisvertrag *m*
bargain *v (Gesch)* handeln *(negotiate)*
bargain 1. *(Fin)* Abschluss *m*, Börsengeschäft *n*, Geschäft *n (transaction)*; 2. *(Gesch)* gutes Geschäft *n (deal)*; Vereinbarung *f (agreement)*; *(ugs.)* Schnäppchen *n (article bought cheaply)*; Sonderangebot *n (special offer)*; 3. *(V&M)* günstiger Kauf *m*; 4. *(Bö)* Abschluss *m (transaction)*
~ **counter** *(V&M)* Wühltisch *m*
~ **hunter** *(V&M) (ugs.)* Schnäppchenjäger *m*
~ **offer** *(Gesch, V&M)* günstiges Angebot *n*
~ **price** *(Gesch)* Gelegenheitspreis *m*, Spottpreis *m*
~ **rate** *(Gesch)* Sonderpreis *m*
~ **sale** *(V&M)* Sonderverkauf *m*, Ausverkauf *m*
bargaining 1. *(Gesch)* Handeln *n*, Verhandlung *f*; 2. *(Pers)* Tarifverhandlungen *fpl*
~ **level** *(Pers)* Verhandlungsebene *f*
~ **position** *(Gesch)* Verhandlungsposition *f*
~ **power** *(WiWi, Gesch)* Verhandlungs(voll)macht *f*, Verhandlungsstärke *f*
~ **range** *(Pers)* Verhandlungsspielraum *m*
~ **round** *(Pers)* Tarifrunde *f*, Lohnrunde *f*
~ **scope** *(Pers)* Verhandlungsspielraum *m*
barometer *(WiWi)* Stimmungsbarometer *n*, Barometer *n*
barometric firm leadership *(S&M, WiWi)* Trendführerschaft *f*
barred by the lapse of time *(Recht)* verjährt
barrel *(Ind)* Tonne *f*, Barrel *n*, Fass *n*
barrier 1. *(WiWi)* Hindernis *n*, Schranke *f*; 2. *(Gesch)* Barriere *f*, Beschränkung *f*

~ **to entry** *(WiWi)* Marktzutrittsschranke *f*, Zutrittsschranke *f*, Zugangsbeschränkung *f*
~ **to exit** *(WiWi)* Marktaustrittsschranke *f*
~ **to trade** *(WiWi)* Handelshemmnis *n*, Handelsschranke *f*
barriers to access *(Pol, WiWi)* Zugangsbarrieren *fpl*
barring *(Gesch)* abgesehen von, ausgenommen • ~ **unforeseen circumstances** *(Gesch, Recht)* vorbehaltlich unvorhergesehener Umstände
barrister *(BE) (Recht)* Rechtsanwalt *m*, Rechtsanwältin *f*, Anwalt *m*, Anwältin *f*
~**-at-law** *(BE) (Recht)* Prozessanwalt *m*
barter *v (WiWi, Gesch)* tauschen, Tauschhandel treiben
barter *(WiWi, Gesch)* Naturaltausch *m*, Tausch(handel) *m*, Bartergeschäft *n*
~ **economy** *(WiWi)* Naturalwirtschaft *f*, Tauschwirtschaft *f*
~ **trade** *(WiWi)* Tauschhandel *m*
~ **transaction** *(WiWi)* Bartergeschäft *n*; Tauschhandel *m*
base budget *(RW)* Basisbudget *n*, Grundetat *m*
~ **capital** *(WiWi)* Grundkapital *n*
~ **currency** *(WiWi)* Bezugswährung *f*
~ **date** *(WiWi, Bö)* Basistermin *m*, Basisdatum *n*, Bezugstermin *m*
~ **lending rate** *(Bank, WiWi, Fin)* Leitzins *m*, Eckzins *m*, Basiszins *m*
~ **load** *(Ind)* Grundlast *f (energy)*
~ **of calculation** *(Gesch)* Kalkulationsbasis *f*, Kalkulationsgrundlage *f*
~ **pay** *(AE) (WiWi, Pers)* Grundlohn *m*, Grundgehalt *n*
~ **pay rate** *(WiWi, Pers)* Ecklohn(tarif) *m*
~ **price** *(Gesch, St)* Ausgangspreis *m*, Grundpreis *m*
~ **rate** 1. *(Bank, WiWi, Fin)* Leitzins *m*, Zins *m* für erste Adressen; 2. *(Gesch, Ind)* Basistarif *m*
~ **salary** *(AE) (Pers)* Grundgehalt *n*
~ **year** *(WiWi, Fin)* Basisjahr *n*
based *adj (Gesch)* ansässig, stationiert • **be ~ in** *(Gesch)* seinen Sitz haben in, ansässig sein in, stationiert sein in
baseline *(V&M)* Baseline *f (advertisement)*; Schlusszeile *f*
basic agreement *(Gesch)* Rahmenabkommen *n*
~ **amount** *(Gesch)* Grundbetrag *m*
~ **balance** *(WiWi)* Grundbilanz *f (BOP)*
~ **commodity** *(WiWi)* Grundstoff *m*, Rohstoff *m*
~ **concept** *(Gesch)* Grundbegriff *m (term)*
~ **conditions** *(Bank, WiWi)* Grundverfassung *f*
~ **external position** *(WiWi)* außenwirtschaftliche Grundposition *f (BOP)*
~ **foodstuffs** *(Gesch)* Grundnahrungsmittel *npl*
~ **goods** *(WiWi, Gesch)* Güter *npl* des Grundbedarfs
~ **goods sector** *(Gesch)* Grundstoffsektor *m*
~ **income** 1. *(WiWi)* Basiseinkommen *n*; 2. *(Fin)* Grundeinkommen *n*
~ **industry** *(WiWi, Ind)* Grundstoffindustrie *f*
~ **message** *(V&M)* Grundaussage *f*
~ **needs** *(WiWi)* Grundbedürfnisse *npl*
~ **pay** *(BE) (WiWi, Pers)* Ecklohn *m*, Grundlohn *m*
~ **premium** *(Vers)* Grundprämie *f*
~ **price** *(Gesch)* Basispreis *m*, Grundpreis *m*
~ **rate** 1. *(Pers)* Grundlohn *m*; 2. *(V&M)* Anzeigengrundpreis *m*; 3. *(St)* Eingangssatz *m*
~ **rate of interest** *(Bank, Fin)* Basiszins *m*, Eckzins *m*
~ **relief** *(St)* Grundfreibetrag *m*
~ **research** *(Gesch)* Grundlagenforschung *f*
~ **salary** *(WiWi, Pers)* Grundgehalt *n*
~ **situation** *(Pol)* Ausgangslage *f*
~ **social rights** *(POL)* soziale Grundrechte *npl (EU)*
~ **standard of reporting** *(RW)* Berichterstattungsgrundsatz *m*
~ **trend** *(Gesch)* Grundtendenz *f*
~ **unit** *(Gesch)* Grundeinheit *f*
~ **wage** *(WiWi, Pers)* Grundlohn *m*, Ecklohn *m*
basics 1. *(WiWi)* Grundbedürfnisse *npl*; 2. *(Gesch)* Grundlagen *fpl*, Grundinformationen *fpl*
basis 1. *(Bö)* Basis *f*, 2. *(St)* Basis *f*, Grundlage *f*
~ **for assessment** *(Gesch, St)* Bemessungsgrundlage *f*
~ **of agreement** *(Recht)* Vertragsgrundlage *f*
~ **of assessment** *(WiWi, St)* Steuerbemessungsgrundlage *f*

~ **of calculation** *(Fin)* Berechnungsgrundlage *f*
~ **of contract** *(Recht)* Vertragsgrundlage *f*
~ **point** *(Fin, Bö)* Basispunkt *m*
basket *(Verw)* Korb *m*
~ **of commodities** *(WiWi)* Warenkorb *m*
~ **of currencies** *(WiWi, Fin)* Währungskorb *m*
~ **of products** *(WiWi)* Warenkorb *m*
batch 1. *(RW)* Serie *f (of invoices)*; 2. *(Ind)* Charge *f*, Ladung *f*, Los *n*, Partie *f*, Stapel *m*; 3. *(Med)* Bündel *n*
~ **production** *(Ind)* Serienfertigung *f*, Serienbau *m*, Serienproduktion *f*
~ **size** *(Ind)* Losgröße *f*, Chargengröße *f*
bcc *s.* blind carbon copy
be *v* **off sick** *(Pers)* aus Krankheitsgründen abwesend sein, aus gesundheitlichen Gründen abwesend sein, krankheitsbedingt fehlen
beancounter *(RW) (ugs.)* Erbsenzähler *m*, *(ugs.)* Pfennigfuchser *m*
bear *v* 1. *(Gesch)* bestreiten, tragen *(costs)*; 2. *(Bö)* auf Baisse spekulieren
~ **a date** *(Gesch)* datiert sein
~ **interest** 1. *(Bank)* sich verzinsen; 2. *(Fin)* Zinsen bringen
~ **the risk** *(Bö)* das Risiko tragen
bear *(Fin, Bö)* Baissespekulant *m*, Baissier *m*
~ **market** *(Bö)* Baissemarkt *m*
~ **operation** *(Bö)* Baissespekulation *f*
~ **position** *(Bö)* Baisseengagement *n*
~ **sale** *(Bö)* Leerverkauf *m*
~ **speculation** *(Bö)* Baissespekulation *f*
~ **transaction** *(Bö)* Baissespekulation *f*
bearer *(Bank)* Inhaber(in) *m(f)*, Überbringer(in) *m(f)*
~ **bond** *(Fin)* Inhaberschuldverschreibung *f*
~ **certificate** *(Fin, Bö)* Inhaberzertifikat *n*
~ **check** *(AE) (Bank)* Inhaberscheck *m*, Überbringerscheck *m*
~ **cheque** *(BE) (Bank)* Inhaberscheck *m*, Überbringerscheck *m*
~ **clause** *(Bö)* Inhaberklausel *f*, Überbringerklausel *f*
~ **debenture** *(Bö)* Inhaberobligation *f*, Inhaberschuldverschreibung *f*
~ **paper** *(Fin, Bö)* Inhaberpapier *n*
~ **share [stock]** *(Bö)* Inhaberaktie *f*
~ **warrant** *(Bö)* Inhaberoptionsschein *m*
bearish downward movement *(Bö)* Baissebewegung *f*
bearishness *(Bö)* Baissestimmung *f*, Baissetendenz *f*
beat *v* **down** *(Gesch)* herunterhandeln auf *(price)*
before official hours *(Bö)* vorbörslich
~ **tax** *(St)* vor Steuern
~ **hours dealings** *(Bö)* Vorbörse *f*
beggar-my-neighbo(u)r policy 1. *(WiWi)* Beggar-my-neighbour-Politik *f*; 2. *(Gesch)* Export *m* von Arbeitslosigkeit
begin *v* **work** *(Pers)* Arbeit beginnen, Beschäftigung beginnen; Arbeit (erstmals) aufnehmen, Beschäftigung (erstmals) aufnehmen
beginning inventory *(RW)* Anfangsbestand *m*
~ **of the legal capacity** *(Recht)* Beginn der Rechtsfähigkeit *m*
~ **salary** *(Pers)* Anfangsgehalt *n*
behalf of/on *(Gesch)* im Namen von
behavio(u)r *(Pers)* Verhalten *n*
behavio(u)r equation *(WiWi, Stat, Pers)* Verhaltensgleichung *f*
~ **line** *(WiWi)* Verhaltenslinie *f (microeconomics)*
~ **patterns** *(WiWi, Pers)* Verhaltensmuster *n*
behavio(u)ral equation *(WiWi, Stat, Pers)* Verhaltensgleichung *f*
behavio(u)ral research *(Mgt, V&M)* Verhaltensforschung *f*
belittle *v (Gesch)* herabsetzen
bell-shaped curve *(Stat)* Glockenkurve *f*
below-average *adj (Gesch)* unterdurchschnittlich
~ **par** *(Bö)* unter pari
~**-market** *adj (Bö)* unter dem Kurswert
~ **the line** *(RW, Gesch)* unter dem Strich
~**-the-line items** *(RW)* periodenfremde Aufwendungen *fpl* und Erträge *mpl*
~**-the-line promotion** *(V&M)* Verkaufsförderung *f* durch Nachlässe
~ **the mark** *(Gesch)* unterdurchschnittlich
benchmark *(WiWi, Gesch)* Benchmark *f*, Bezugsmarke *f*
~ **decision** *(Pol)* Eckwertbeschluss *m*
~ **figure** *(Gesch)* Ausgangszahl *f*, Vergleichszahl *f*
~ **method** *(Fin)* Benchmarkmethode *f*
~ **portfolio** *(Bank, Bö)* Vergleichsportfolio *n*

benchmarking *(WiWi, Mgt, V&M)* Leistungsvergleich *m*, Benchmarking *n*; Benchmarkmethode *f*, Bestandsaufnahme *f (competition)*
beneficial *adj (Gesch)* gewinnbringend, nutzbringend
~ **interest** *(Recht)* Nutzungsrecht *n*, Eigentumsrecht *n*
~ **owner** *(Recht)* wirtschaftlicher Eigentümer *m*, wirtschaftliche Eigentümerin *f*
beneficiary 1. *(Fin)* Begünstigte(r) *f(m)*, Kreditnehmer(in) *m(f)*; 2. *(Recht)* Anspruchsberechtigte(r) *f(m)*, Begünstigte(r) *f(m)*, Bezugsberechtigte(r) *f(m)*, Berechtigte(r) *f(m)*, Leistungsempfänger(in) *m(f)*; Vermächtnisnehmer(in) *m(f)*
~ **bank** *(Bank)* Empfängerbank *f*
benefit *v* 1. *(Gesch)* fördern, profitieren; 2. *(Recht)* begünstigen, unterstützen
benefit 1. *(Gesch)* Gewinn *m (gain)*; Nutzen *m*, Vorteil *m (advantage)*; 2. *(Pers)* Beihilfe *f (allowance)*; Sondervergütung *f (privilege)*; 3. *(Vers)* Versicherungsleistung *f*; 4. *(Mgt)* Vorteil *m* • **be eligible for ~** *(Soz)* leistungsberechtigt sein, Leistungsvoraussetzungen erfüllen, anspruchsberechtigt sein
~ **approach to taxation** *(St)* Nutzenansatz *m* [Äquivalenzansatz *m*] der Besteuerung
~ **fraud** *(Pers, Soz)* Leistungsmissbrauch *m*, missbräuchlicher Leistungsbezug *m*, Leistungsbetrug *m*
~ **in kind** *(Gesch, St)* Sachbezug *m*
~ **principle** *(WiWi, St)* Äquivalenzprinzip *n*, Nutzenprinzip *n*
~**-received principle** *(WiWi, St)* Äquivalenz *n*, Nutzenprinzip *n*
~ **recipient** *(Soz)* Leistungsempfänger(in) *m(f)*, Empfänger(in) *m(f)* von Leistungen, Leistungsbezieher(in) *m(f)*, Bezieher(in) *m(f)* von Leistungen
~ **segmentation** *(V&M)* Marktsegmentierung *f* nach Nutzwert
~ **society** *(AE) (Fin)* Bausparkasse *f*, Versicherungsverein *m* auf Gegenseitigkeit, VvaG
~ **tax** *(St)* Gebühr *f*
benefits 1. *(Gesch)* Leistungen *fpl*; 2. *(Pers)* Aufwandsentschädigung *f*
benevolent dictator *(WiWi)* wohlmeinender Diktator *m*

benign *adj (Gesch)* gütig, freundlich, günstig
~ **neglect** *(WiWi, Pol)* freundliche Vernachlässigung *f*, barmherziges Ignorieren *n*, gütige Missachtung *f*
bequeath *v (Recht)* vermachen
bequest *(Recht)* Vermächtnis *n*
berth *v (Trans)* anlegen, andocken *(shipping)*
berth 1. *(F&T)* Bettplatz *m*, Koje *f (shipping)*; 2. *(Trans)* Ankerplatz *m*, Anlegeplatz *m*, Liegeplatz *m*, Löschplatz *m*
best *adj (Gesch)* bester • **at ~** *(Bö)* bestens *(selling order)*; billigst *(buying order)*
~ **before date** *(Gesch, V&M)* Haltbarkeitsdatum *n*
~ **bidder** *(Gesch)* Höchstbietende(r) *f(m)*, Meistbietende(r) *f(m)*
~ **option** *(Gesch)* beste Alternative *f*
~ **possible terms** *(Gesch)* optimale Konditionen *fpl*
~ **practice** *(Gesch, Mgt)* vorbildliche Norm *f*, vorbildliche Normen *fpl*, am besten geeignete Methode *f*
~ **profferer** *(Gesch)* bester Anbieter *m*, beste Anbieterin *f*
~ **seller** 1. *(Med)* Bestseller *m*, Verkaufsschlager *m*; 2. *(V&M)* Bestseller *m*, *(ugs.)* Renner *m*
~ **use value** *(Gesch, V&M)* optimaler Gebrauchswert *m*
bestow *v (Recht)* verleihen
better-off *adj (Gesch)* besser gestellt
~ **than average** *(Gesch)* überdurchschnittlich
~ **than expected** *(Gesch)* besser als erwartet
~ **than predicted** *(Gesch)* besser als vorhergesagt
biannual *adj (Gesch)* zweimal jährlich, halbjährlich
bias 1. *(WiWi, Fin)* Tendenz *(monetary policy)*; 2. *(Gesch)* Neigung *f*, Befangenheit *f*, Parteilichkeit *f*; Vorurteil *n (prejudice)*; 3. *(Stat)* Bias *m*; Verzerrung *f*
biased *adj* 1. *(Gesch)* tendenziös, voreingenommen; 2. *(Stat)* verzerrt
BIC *s.* Bank Identifier Code
bid *v* 1. *(Gesch)* Angebot machen; bieten *(at auction)*; 2. *(Mgt)* sich bewerben *(for project)*
~ **away** *(Pers)* abwerben
~ **for** *(Gesch)* bieten

bid 1. *(RW, Fin)* Übernahmeangebot *n*; 2. *(Gesch)* Gebot *n*, Kaufangebot *n*, Lieferangebot *n*, Offerte *f*, Angebot *n (tender)*; 3. *(Bö)* Übernahmeangebot *n*, Übernahmeversuch *m*; Geldkurs *m* • **~ is received** *(Gesch)* Angebot liegt vor, Angebot geht ein
~ and asked quotations *(Bö)* Geld- und Briefkurse *mpl*
~ closing date *(Bö)* Einreichungsschluss *m*, Submissionsschluss *m*
~-offer spread *(Bö)* Spanne *f* zwischen Ausgabe- und Rücknahmekurs
~ price 1. *(WiWi)* Angebotspreis *m*; 2. *(Bö)* Geldkurs *m*
~ rate *(Bank)* Angebotskurs *m*, Geldkurs *m*, Rückkaufpreis *m* von Anteilen
~ spread *(Bank, Bö)* Geldspanne *f*
bidder 1. *(Fin)* Bewerber(in) *m(f)*, Bietende(r) *f(m)*; 2. *(Gesch)* Bewerber(in) *m(f)*, Bieter(in) *m(f)*, Anbieter(in) *m(f)*
bidding *(Gesch)* Abgabe *f* von Angeboten [Geboten]
~ period *(Gesch)* Ausschreibungsfrist *f*
~ requirements *(Gesch)* Ausschreibungsbedingungen *fpl*
biennial *adj (Gesch)* alle zwei Jahre, zweijährlich, zweijährig
big bank *(Bank)* Großbank *f*
~ business *(Gesch)* Großbetrieb *m*, großes Unternehmen *n*
~ figure *(Bö)* erste Stellen des Devisenkurses
~ investor *(Fin)* Großanleger(in) *m(f)*
~-name *adj (Gesch)* bekannt
~ seller *(V&M)* Publikumsrenner *m*
~ ticket *(ugs.) (Bank, Fin)* Großtransaktion *f*, Großgeschäft *n*
bilateral *adj (WiWi)* bilateral, zweiseitig
~ clearing agreement *(WiWi)* zweiseitiges Verrechnungsabkommen *n*
~ monopoly *(WiWi)* bilaterales Monopol *n*, zweiseitiges Monopol *n*
~ reference *(Pers)* zweiseitige Referenz *f*
~ trade agreement *(WiWi)* bilaterales Handelsabkommen *n*, zweiseitiges Handelsabkommen *n*
bilaterals *(Pol)* Chefgespräche *npl*
bill 1. *(Bank, Fin)* Wechsel *m*, Valutawechsel *m*, Tratte *f (payable, receivable draft)*; Schatzwechsel *m (treasury)*; Banknote *f*, Geldschein *m (money)*; 2. *(Gesch) (BE)* Rechnung *f (invoice)*; 3. *(Recht)* Gesetzesvorlage *f (legislation)*; Klageschrift *f (writ)*; 4. *(Pol)* Vorlage *f*; 5. *(V&M)* Plakat *n (advertising poster)*; 6. *(Trans)* Frachtbrief *m*, Konnossement *n*
~ book *(RW)* Wechseljournal *n*, Wechselverfallbuch *n*
~ cover *(Bank)* Wechseldeckung *f*
~ for collection *(Bank)* Inkassowechsel *m*, Wechsel *m* zum Einzug
~ for discount *(Bank)* Diskontwechsel *m*
~ of charges *(RW)* Gebührenrechnung *f*
~ of entry *(Bank, AH)* Einfuhrdeklaration *f (customs)*; Einfuhrerklärung *f*, Zolldeklaration *f*, Zoll(einfuhr)erklärung *f*, Zolleingangsschein *m*
~ of exchange *(Fin)* Wechsel *m*
~-of-exchange financing *(Fin)* Wechselfinanzierung *f*
~ of freight *(Trans)* Frachtbrief *m*
~ of lading *(AH, Trans)* Frachtbrief *m*, FB, Konnossement *n*, Ladeschein *m*; Seefrachtbrief *m*
~ of sale *(Recht)* Übereignungsvertrag *m*, Verkaufsurkunde *f*, Übertragungsurkunde *f*
~ payable at sight *(RW)* Sichtwechsel *m*
~ portfolio *(Bank)* Wechselportefeuille *n*, Wechselportfolio *n*
~ rate *(Fin)* Wechseldiskontsatz *m*, Wechselrate *f*
~ receivable *(RW)* Besitzwechsel *m*
billing *(Gesch)* Fakturierung *f*, Rechnungslegung *f*, Rechnungsausstellung *f*, Rechnungsschreibung *f*, Abrechnung *f*
~ date 1. *(RW)* Rechnungsdatum *n*; 2. *(Gesch)* Rechnungsdatum *n*
bills discounted *(RW, Bank, Fin)* diskontierte Wechsel *mpl*, Wechselkredite *mpl*
~ payable *(RW)* Schuldwechsel *mpl*, Akzeptobligo *n*
bimonthly *adj (Gesch)* alle zwei Monate; zweimal im Monat
binary *adj (EDV, Stat)* binär
~ file *(EDV)* Binärdatei *f*
~ number *(Stat)* Binärzahl *f*, Dualzahl *f*
binational entity *(Bank, Pol)* binationale Stelle *f*
bind *v* 1. *(Ind)* binden, verbinden *(machinery)*; 2. *(Recht)* verpflichten

binding *adj (Recht)* bindend *(contracts)*; verbindlich *(decision)* • **not** ~ *(Gesch)* freibleibend, ohne Gewähr, unverbindlich

~ **agreement** *(Recht)* verbindliche Vereinbarung *f*

~ **arbitration** *(Recht)* verbindliche schiedsrichterliche Entscheidung *f*

~ **bid** *(Gesch)* bindendes Angebot *n*

~ **offer** *(Gesch)* bindendes Angebot *n*, Festangebot *n*, verbindliche Offerte *f*

~ **promise** *(Gesch)* bindende Zusage *f*

biodiesel fuel *(Umw)* Biodieselbrennstoff *m*

biographical data *(Pers)* biografische Daten *pl*, Lebensdaten *pl*

birth rate *(Pers, Stat)* Geburtenrate *f*, Geburtenziffer *f*

~ **surplus** *(Pers, Stat)* Geburtenüberschuss *m*

BIS *s.* Bank for International Settlements

bit 1. *(EDV)* Bit *n*, Bitabbildung *f*; 2. *(Stat)* Bit *n*

bits per inch *(EDV)* Bits *npl* pro Zoll

~ **per second** *(EDV)* Bits *npl* pro Sekunde

biweekly *adj (Gesch)* vierzehntägig; zweimal wöchentlich

black economy *(WiWi)* Schattenwirtschaft *f*, Untergrundwirtschaft *f*

~ **market** *(WiWi)* Schwarzhandel *m*, Schwarzmarkt *m*

~ **money** *(St)* Schwarzgeld *n*

~ **trading** *(Gesch)* Schwarzhandel *m*

blacklist *v (Gesch, Pers, Ind)* auf die schwarze Liste setzen

blackmail *v (Gesch)* erpressen

blame *(Recht)* Schuld *f*, Verschulden *n*

blank CD-R *(EDV, Med)* CD-Rohling *m*

~ **character** *(EDV)* Leerzeichen *n*

~ **check** *(AE) (Bank)* Blankoscheck *m*, Scheckformular *n*

~ **cheque** *(AE) (Bank)* Blankoscheck *m*, Scheckformular *n*

~ **endorsement** *(Bö)* Blankoindossament *n*

~ **form** *(Gesch)* Blankoformular *n*, Formblatt *n*, Vordruck *m*

~ **signature** *(Bank)* Blankounterschrift *f*

blanket *adj (Recht)* umfassend

~ **agreement** *(Gesch, Pers)* Generalvertrag *m*

~ **coverage** *(V&M)* Pauschaldeckung *f*

~ **insurance** *(Vers)* Pauschalversicherung *f*

~ **order** *(Gesch)* Abrufauftrag *m*, Blankoauftrag *m*

~ **policy** *(Vers)* Pauschalpolice *f*, Pauschalversicherungsvertrag *m*

~ **recommendation** *(Bö)* allgemeine Empfehlung *f*

bleak outlook *(Gesch)* trübe Aussichten *fpl*

bleed *v (Gesch) (ugs.)* auspressen *(person)*; *(ugs.)* ausquetschen, *(ugs.)* schröpfen

blended rate *(Bank)* Durchschnittssatz *m*, Mischzins *m*

blind advertisement *(V&M)* Chiffreanzeige *f*, Kennzifferanzeige *f*

~**-alley job** *(AE) (Pers)* Position *f* ohne Aufstiegschancen, Position *f* in einer Sackgasse

~ **carbon copy** 1. *(Komm)* blinder Durchschlag *m*, blinde Kopie *f*; 2. *(Gesch)* blinde Durchschrift *f*, Blindkopie *f*

~ **faith** *(Gesch)* blinder Glaube *m*, blindes Vertrauen *n (e.g. in the integrity of a party)*

~ **figure** *(Gesch)* undeutlich geschriebene Ziffer *f*

~ **test** *(V&M)* Blindtest *m*, anonymer Test *m*

block *v* 1. *(Bank)* sperren *(account)*; einfrieren *(freeze credit balance)*; 2. *(WiWi)* einfrieren *(currency)*; 3. *(Gesch)* hemmen *(competition)*; 4. *(Recht)* blockieren; verhindern *(vote, bill)*

block 1. *(WiWi)* Währungsblock *m*; 2. *(Bö)* Wertpapierpaket *n*, Aktienpaket *n*, Paket *n*

~ **grant** 1. *(Verw)* Pauschalbewilligung *f*, pauschaler Zuschuss *m*; 2. *(Pol)* pauschale Finanzzuweisung *f*

~ **of shares** *(Fin, Bö)* Paket *n*

~ **testing** *(RW)* lückenlose Prüfung *f*

~ **trading** *(Bö)* Blockhandel *m*, Pakethandel *m*

blockbuster *(Med, V&M) (ugs.)* Kassenschlager *m*

blocked *adj* 1. *(Bank)* eingefroren *(funds)*; 2. *(WiWi, Gesch)* blockiert, verhindert

~ **account** *(Bank)* gesperrtes Konto *n*, Sperrkonto *n*

blown-up balance sheet *(RW)* aufgeblähte Bilanz *f*

blowout *(AE) (V&M)* Abverkauf *m* zu Schleuderpreisen

blue chip 1. *(WiWi, Fin)* erstklassiges Wertpapier *n*; 2. *(Bö)* Standardwert *m*

~**-chip company** *(Gesch)* solides Großunternehmen *n*

~-chip industrials *(Bö)* führende Industriewerte *mpl*

~-collar worker *(WiWi)* Arbeiter(in) *m(f)*, gewerblicher Arbeitnehmer *m*, gewerbliche Arbeitnehmerin *f*

blueprint 1. *(Verw)* Lichtpause *f (printing)*; 2. *(Gesch)* Plan *m*, Projektstudie *f*

BNE *s.* Bruttonationaleinkommen

board 1. *(Gesch)* Behörde *f*; 2. *(Mgt, Pol)* Verwaltungsrat *m*; Beirat *m*

~ **broker** *(Bö)* Börsenmakler(in) *m(f)*

~ **meeting** 1. *(Gesch)* Vorstandssitzung *f*, 2. *(Mgt)* Verwaltungsratsitzung *f*, Boardsitzung *f*

~ **member** *(Mgt)* Mitglied *n* des Board, Boardmitglied *n*

~ **of arbitration** 1. *(Gesch, Pers, Ind)* Schlichtungsausschuss *m*, Schlichtungsstelle *f*, 2. *(Bö)* Schlichtungsausschuss *m*, Schlichtungsstelle *f*

~ **of directors** *(Verw, Mgt)* Board *m* of Directors, Vorstand *m*, Direktorium *n*; Aufsichtsrat *m*, Verwaltungsrat *m*, Unternehmensleitung *f*

~ **of management** *(Gesch, Mgt)* Direktorium *n*, Vorstand *m*, Geschäftsleitung *f*

~ **of trade** *(AE) (WiWi, Gesch, Recht)* Handelskammer *f*

Board of Trade *(BE) (WiWi)* Handelsministerium *n*

boardroom 1. *(Verw)* Sitzungsraum *m*; 2. *(Mgt)* Führungsetage *f*; 3. *(Bö)* Börsensaal *m* • **at ~ level** *(Verw)* auf Vorstandsebene

body *(Gesch)* Gruppe *f (group)*; Gremium *n*, Organ *n*

~ **of creditors** *(RW)* Gläubigergemeinschaft *f*

~ **sensors** *(EDV, F&T, V&M)* Körpersensoren *mpl (wearable computing)*

bogus company *(Gesch)* Schwindelfirma *f*

~ **firm** *(Gesch)* Scheinfirma *f*

~ **self-employment** *(Gesch)* Scheinselbstständigkeit *f*

bona fide *adj (Recht, Gesch)* gutgläubig, auf Treu und Glauben

~ **fide holder** *(Bö)* gutgläubiger Inhaber *m*, gutgläubige Inhaberin *f*

~ **fide offer** *(Gesch)* gutgläubiges Angebot *n*

~ **fide price** *(Gesch)* angemessener Preis *m*, solider Preis *m*

~ **fide purchaser** *(Gesch)* gutgläubiger Erwerber *m*, gutgläubige Erwerberin *f*

bond 1. *(RW, Bank, WiWi, Bö, Fin)* Anleihe *f*, Obligation *f*, Schuldverschreibung *f*, Wertpapier *n*; 2. *(Vers)* Schuldschein *m* • **in** ~ 1. *(Gesch)* unter Zollverschluss; 2. *(AH)* unverzollt

~ **broker** *(Bö)* Makler(in) *m(f)* für festverzinsliche Wertpapiere, Rentenhändler(in) *m(f)*,

~ **conversion** *(Bö*Fondsmakler(in) *m(f)*

~ **capital** *(Bö)* Anleihekapital *n)* Anleihekonversion *f*

~ **coupon** *(Bö)* Anleihekupon *m*, Zinsschein *m*

~ **creditor** *(Bö)* Anleihegläubiger(in) *m(f)*

~ **dealings** *(Bö)* Rentenhandel *m*

~ **debt** *(Bö)* Anleiheschuld *f*

~ **features** *(Bö)* Anleiheausstattung *f*

~ **financing** *(Bö)* Anleihefinanzierung *f*

~ **fund** *(Bö)* Rentenfonds *m*

~ **holder** *(Bö)* Anleiheninhaber(in) *m(f)*, Obligationär(in) *m(f)*, Obligationsinhaber(in) *m(f)*

~ **holdings** *(Bö)* Rentenbestand *m*

~ **index** *(Bö)* Rentenindex *m*

~ **issue** *(Bö)* Anleiheemission *f*

~ **issuing price** *(Bö)* Ausgabekurs *m*

~ **loan** *(Bank)* Obligationsanleihe *f*

~ **nominal yield** *(Bö)* Nominalverzinsung *f* einer Schuldverschreibung, *(jarg.)* Kupon *m*

~ **number** *(Bank)* Obligationsnummer *f*

~ **premium** *(Bö)* Anleiheemissionsagio *n*

~ **principal** *(Bö)* Anleihekapital *n*

~ **proceeds** *(Bö)* Anleiheerlös *m*

~ **rating** *(Bö)* Anleihenrating *n*, bonitätsmäßige Einstufung *f* [Klassifizierung *f*] einer Anleihe

~-**rating agency** *(Bö)* Rating-Agentur *f*, Rating-Unternehmen *n*

~ **sales** *(Bö)* Absatz *m* festverzinslicher Wertpapiere

~ **terms** *(Bö)* Anleiheausstattung *f*

~ **trading** *(Bö)* Rentenhandel *m*

~ **turnover** *(Bö)* Rentenumsätze *mpl*

~ **underwriting** *(Bö)* Übernahme *f* einer Anleihe

~ **volume** *(Fin)* Anleihevolumen *n*

~ **with warrants attached** *(Bö)* Anleihe *f* mit Optionsscheinen

~ **yield** *(Bö)* Anleiheerlös *m*, Anleiherendite *f*
bonded *adj (Gesch, AH)* unter Zollverschluss
~ **area** *(AH, Recht)* Zolleinschlussgebiet *n*
~ **debt** *(Bö)* Anleiheschuld *f*, Anleiheverbindlichkeit *f*
~ **goods** *(WiWi, AH)* Güter *npl* [Waren *fpl*] unter Zollverschluss, zollpflichtige Güter *npl*, Zolllagergut *n*
~ **warehouse** 1. *(Gesch)* Transitlager *n*, Zollspeicher *m*; 2. *(AH)* Freilager *n*, privates Zoll(gut)lager *n*
bonds and notes *(Bank, Bö)* Schuldverschreibungen *fpl*
~ **outstanding** *(Bö)* Anleiheumlauf *m*, umlaufende Anleihen *fpl*
~ **payable** *(RW)* Anleiheverbindlichkeiten *fpl*
bone of contention *(Gesch)* Streitgegenstand *m*, Zankapfel *m*
bonus 1. *(Fin)* Bonus *m*, Extradividende *f*, Sondervergütung *f*; 2. *(Gesch)* Bonifikation *f*; 3. *(Pers)* Prämie *f*, Zulage *f*
~ **increment** *(Ind)* Akkordzuschlag *m*
~ **issue** *(BE) (Fin, Bö)* Ausgabe *f* von Gratisaktien
~ **payment** *(Verw, Bö)* Sonderzahlung *f*
~ **rate of interest** *(Bank)* Prämienzinssatz *m*
~ **savings account** *(Bank)* Prämiensparkonto *n*
~ **savings rate** *(Bank)* Prämiensparsatz *m*
~ **scheme** 1. *(Pers)* Prämienlohnsystem *n*; 2. *(Vers)* Gewinnplan *m*
~ **share** *(Fin)* Gratissaktie *f*
book *v (Gesch)* bestellen, buchen, reservieren
~ **in** *(F&T)* Buchung aufgeben, sich anmelden, (sich) einchecken; sich anmelden, sich eintragen, (sich) einchecken
book 1. *(RW)* Buch *n*; 2. *(Bank)* Geschäftsbuch *n*, Kassenbuch *n*; 3. *(Med)* Buch *n*; 4. *(Bö)* Buch *n*, Gesamtumsatz *m* • **by the ~** *(Gesch)* streng nach Vorschrift
~ **cost** *(RW)* Buchwert *m*
~ **debt** *(RW)* Buchforderung *f*
~ **depreciation** *(RW)* Buchwertabschreibung *f*, bilanzielle Abschreibung *f*
~ **entry** *(RW)* Buchung *f*
~ **inventory** *(RW)* Buchinventur *f*, permanente Inventur *f*
~**-keeper** *(RW)* Buchhalter(in) *m(f)*, Rechnungsführer(in) *m(f)*
~**-keeping** *(RW, Verw, Pers)* Buchführung *f*, Buchhaltung *f*
~ **loss** *(RW)* buchmäßiger Verlust *m*, Buchverlust *m*
~ **of accounts** *(RW)* Kontenbuch *n*
~ **of final entry** *(RW, Fin)* Hauptbuch *n* *(general ledger)*
~ **of first entry** *(RW, Fin)* Grundbuch *n* *(original entry)*
~ **of original [prime] entry** *(RW, Fin)* Grundbuch *n*
~ **of secondary entry** *(RW, Fin)* Hauptbuch *n*
~ **profit** *(RW)* Buchgewinn *m*, buchmäßiger Gewinn *m*, Gewinn *m*
~ **receivables** *(RW)* Buchforderungen *f*
~ **transfer** *(RW)* Umbuchung *f*
~ **value** *(Fin)* Buchwert *m*, Restbuchwert *m*
~ **value of investment** *(RW)* Beteiligungswert *m*
bookbuilding [book building] *(Fin, Bö)* Bookbuilding-Verfahren *n*, Sammlung *f* der Zeichnungsaufträge im Orderbuch, Platzierungsverfahren *n* bei Neuemissionen
booked up *adj (Gesch, F&T, Trans)* ausgebucht, ausverkauft
booking 1. *(Gesch)* Buchung *f*, Eintragung *f*, Engagement *n*, Reservierung *f*; 2. *(V&M)* Platzbelegung *f*
~ **fee** *(Gesch)* Buchungsgebühr *f*
~ **of new orders** *(Gesch)* Auftragseingang *m*
~ **system** 1. *(F&T)* Buchungssystem *n*; 2. *(V&M)* Auftragssystem *n*
bookmarks *(EDV, Komm)* Lesezeichen *npl*; eigene Linkliste *f*, Favoritenliste *f* *(internet links)*
books *(RW)* Bücher *npl* • **in the ~** *(RW)* in den Büchern
boom *v (WiWi)* rapiden Aufschwung nehmen, rapid steigen
boom 1. *(WiWi)* Boom *m*, Hausse *f*, Hochkonjunktur *f*, wirtschaftlicher Aufschwung *m*, sprunghafter Anstieg *m (prices)*; 2. *(Gesch)* Boom *m*, Aufschwung *m*, Steigerung *f*, starker Aufschwung *m*
boost *v* 1. *(WiWi)* ankurbeln, steigern *(demand, exports)*; 2. *(Fin)* steigern *(earnings)*; 3. *(V&M)* steigern *(sales)*

boost 1. *(WiWi)* Auftrieb *m*, Preissteigerung *f*; 2. *(Gesch)* Auftrieb *m*, Erhöhung *f*, Förderung *f (upward trend)*; Unterstützung *f (support)*
bootleg version *(WiWi, Med, V&M)* Raubkopie *f*
bootlegging *(WiWi, Med)* Raubkopieren *n*
BOP *s.* balance of payments
border control *(WiWi, AH)* Grenzkontrolle *f*
~ **trade** *(AH)* Grenzhandel *m*
~ **traffic** *(Gesch)* Grenzverkehr *m*
~ **worker** *(Pers)* Grenzarbeitnehmer(in) *m(f)*
borderline case *(Gesch)* Grenzfall *m*
borrow *v* 1. *(Bank)* aufnehmen, (ent)leihen *(money)*; 2. *(Gesch)* übernehmen *(idea, method)*
~ **at call** *(Bank)* täglich kündbares Darlehen aufnehmen
~ **funds** *(Bank)* Fremdmittel aufnehmen, Geld [Kredit] aufnehmen
~ **interest-free** *(Bank)* unverzinslich leihen, zinslos borgen
~ **money** *(Bank)* Geld aufnehmen, Geld leihen
borrowed capital *(Bank, Fin)* aufgenommenes Kapital *n*, Fremdkapital *n*, Fremdmittel *npl*
~ **funds** *(Bank, Fin)* Fremdmittel *npl*, aufgenommene Mittel *npl*
~ **stock** *(Bö)* geliehene Aktien *fpl*
borrower *(Bank)* Darlehensempfänger(in) *m(f)*, Darlehensnehmer(in) *m(f)*, Kreditnehmer(in) *m(f)*; Hypothekenschuldner(in) *m(f) (mortgage)*
~**'s own funding** *(Fin)* Eigenleistung *f*
borrowers' notes *(Bank, Fin)* Schuldscheine *mpl*
borrowing *(Bank, Fin)* Darlehensaufnahme *f*, Fremdfinanzierung *f*, Kreditaufnahme *f*
~ **abroad** *(Gesch)* externe Verschuldung *f*
~ **authority** *(Fin)* Kreditaufnahmevollmacht *f*
~ **ceiling** *(Gesch)* Verschuldungsgrenze *f*
~ **cost** *(Gesch)* Kreditkosten *pl*
~ **facility** *(Bank, Fin)* Kreditfazilität *f*, Kreditmöglichkeit *f*
~ **fee** *(Gesch)* Kreditgebühr *f*, Kreditkosten *pl*
~ **in the money market** *(Fin)* Mittelaufnahme *f* [Kreditaufnahme *f*] am Geldmarkt; Inanspruchnahme *f* des Geldmarktes
~ **limit** *(Fin)* Kreditaufnahmegrenze *f*
~ **rate** *(Bank)* Darlehenszinssatz *m*, Kreditzinssatz *m*, Sollzins *m*, Sollzinssatz *m*
~ **ratio** *(RW)* Fremdfinanzierungsquote *f*
~ **requirement** *(Bank)* Finanzierungsbedarf *m*, Fremdmittelbedarf *m*, Kreditbedarf *m*
borrowings *(Bank)* Darlehen *npl*, Fremdkapital *n*
boss *(Gesch)* Chef(in) *m(f)*, *(ugs.)* Boss *m* • **be one's own** ~ *(ugs.) (Pers)* sein eigener Herr sein
bottled-up *adj (WiWi, Gesch)* zurückgestaut
bottleneck *(WiWi, Gesch)* Flaschenhals *m*; Engpass *m*
~ **inflation** *(WiWi)* nichtmonetäre Nachfrageinflation *f*
bottom 1. *(WiWi)* Konjunkturtief *n*, Tief *n*, Talsohle *f*, Tiefstand *m*; 2. *(Fin)* niedrigster Stand *m*; 3. *(Gesch)* Tiefpunkt *m*, unterste Ebene *f (of organization)* • **the ~ has dropped out of the market** *(WiWi)* die Kurse sind ins Bodenlose gesunken, der Markt hat einen Tiefstand erreicht
~ **line** 1. *(RW)* Endgewinn *m*, Endverlust *m*, Saldo *m*; 2. *(Fin)* Endergebnis *n (overall result)*; Kerngeschäft *n*, Grundgeschäft *n*, Hauptsparte *f (main activity)*
~**-line profit margin** *(Fin)* Mindestgewinnspanne *f*, unterste Gewinnmarge *f*
~ **of the economic recession** *(WiWi)* Talsohle *f* des Konjunkturabschwungs, Talsohle *f* der Rezession
~ **price** *(WiWi, Gesch)* äußerster Preis *m*, Tiefstpreis *m*
~**-up** *(Gesch, Mgt)* progressiv, von „unten nach oben" *(planning)*
~**-up approach** *(Mgt)* "bottom-up"-Ansatz *m*
~**-up management** *(Mgt)* progressives Planungs- und Kontrollsystem *n*
bought book *(RW)* Einkaufsjournal *n*
~ **ledger** *(BE) (RW)* Einkaufbuch *n*, Kreditorenbuch *n*, Lieferantenbuch *n*
~ **note** *(Bö)* Effektenkaufabrechnung *f*, Kaufabrechnung *f*, Schlussnote *f*, Schlussschein *m (of broker)*
bounced check *(AE) (Bank, Gesch)* geplatzter Scheck *m*, ungedeckter Scheck *m*
~ **cheque** *(BE) (Bank, Gesch)* geplatzter Scheck *m*, ungedeckter Scheck *m*
~ **mail** *(EDV, Komm)* zurückgepralltе E-Mail-Nachricht *f*, abgewiesene Nachricht *f (failure of delivery)*

bound for *(Trans)* bestimmt für, unterwegs nach
boundary 1. *(Gesch)* Begrenzung *f*; 2. *(Gb)* Grenze *f*
~ **condition** *(Stat)* Randbedingung *f*
bounded rationality *(WiWi)* eingeschränkte Rationalität *f*
bounty *(Fin, Pers)* Prämie *f*, Bonus *m*
bourse *(WiWi, Fin, Bö)* Effektenbörse *f* *(continental Europe)*
box *(V&M, Trans)* Kasten *m*, Kiste *f*
~ **container** *(Trans)* Box-Container *m (shipping)*
~ **number** *(Komm, Pers)* Chiffrenummer *f*
~**-office takings** *(F&T)* Einnahmen *fpl*
boycott *v (WiWi, Pers, Recht)* boykottieren
boycott 1. *(WiWi)* Ächtung *f*, Boykott *m*, Sperre *f*; 2. *(Pers)* Boykott *m*; 3. *(AH)* Sperre *f*
bracket 1. *(Gesch)* Stufe *f*, Intervall *n*; 2. *(Med)* Klammer *f*; 3. *(St)* Klasse *f*
brainchild *(Gesch)* Geistesprodukt *n*, Erfindung *f*
brainstorming *(Mgt)* Brainstorming *n*, Ideenfindung *f*
branch 1. *(Bank)* Filiale *f*, Zweigstelle *f (of bank)*; 2. *(WiWi)* Branche *f*; 3. *(Gesch)* Filiale *f*, Geschäftsstelle *f*, Niederlassung *f*
~ **bank** *(Bank)* Filialbank *f*
~ **banking system** *(Bank)* Filialbanksystem *n*
~ **manager** *(Bank)* Filialleiter(in) *m(f)*
~ **of a business** *(Gesch)* Geschäftszweig *m*
~ **of study** *(Pers)* Studienzweig *m*, Studienrichtung *f*
~ **office** 1. *(Verw)* Zweigstelle *f*; 2. *(Gesch)* Filiale *f*, Agentur *f*
~ **operation** *(Gesch)* Filialbetrieb *m*, Filiale *f*, Zweigbetrieb *m*; Zweigwerk *n (manufacturing)*
brand *v* 1. *(Gesch)* kennzeichnen, markieren, brandmarken; 2. *(V&M)* Marke entwickeln
brand 1. *(WiWi)* Handelsmarke *f*; 2. *(Gesch)* Fabrikat *n*, Sorte *f*; 3. *(V&M)* Marke *f (of product, service)*
~ **acceptance** *(V&M)* Markenakzeptanz *f*
~ **awareness** *(Gesch, V&M)* Markenbewusstsein *n*
~ **development** *(V&M)* Markenentwicklung *f*
~ **familiarity** *(V&M)* Markenbekanntheit *f*
~ **identification** *(V&M)* Markenidentifizierung *f*
~ **leader** *(V&M)* Markenführer *m*, Spitzenmarke *f*
~ **loyalty** *(V&M)* Markentreue *f*
~ **management** *(Mgt, V&M)* Markenpflege *f*
~ **name** *(V&M)* Markenname *m*, Gütezeichen *n*, Handelsbezeichnung *f*
~**-new** *adj (Gesch)* fabrikneu, *(ugs.)* nagelneu, ganz neu
~ **portfolio** 1. *(Fin)* Markenportefeuille *n*, Markenportfolio *n*; 2. *(V&M)* Markenbestand *m*
~ **positioning** *(V&M)* Markenpositionierung *f*
~ **properties** *(V&M)* Markenprofil *m*, Eigenschaften *fpl* einer Marke
~ **recognition** *(V&M)* Markenwiedererkennung *f*, Markenbewusstsein *n*
~ **strategy** *(Fin, V&M)* Markenstrategie *f*
branded goods *(Gesch, V&M)* Markenartikel *mpl*
branding *(Med, V&M)* Markenmanagement *n*, Markenbranding *n*
breach *v (Gesch)* Fuß fassen in *(market)*
breach 1. *(Recht)* Rechtsverletzung *f*, Verstoß *m*; 2. *(Pat)* Verstoß *m* • **in ~ of contract** *(Recht)* vertragsbrüchig
~ **of agreement** *(Pers, Recht)* Vertragsbruch *m*
~ **of confidence** *(Gesch)* Verletzung *f* der Geheimhaltung, Vertrauensbruch *m*, Vertrauensverletzung *f*
~ **of duty** *(Recht)* Pflichtverletzung *f*
~ **of professional etiquette** *(Gesch)* standeswidriges Verhalten *n*
~ **of secrecy** *(Gesch)* Bruch *m* [Verletzung *f*] der Geheimhaltung
~ **of trust** 1. *(Gesch)* Vertrauensbruch *m*; 2. *(Recht)* Pflichtverletzung *f*
bread *(ugs.) (Gesch) (ugs.)* Brötchen *n (money)*; *(ugs.)* Kies *m*, *(ugs.)* Knete *f*, *(ugs.)* Kohle *f*, *(ugs.)* Mäuse *fpl*, Geld *n*, Lebensunterhalt *m*
~ **and butter** *(Gesch)* tägliches Brot *n*, notwendiger Lebensunterhalt *m*
~**-and-butter line** *(Gesch)* Grundgeschäft *n*
breadth of offer *(V&M)* Angebotsbreite *f*
~ **of the market** *(Bö)* Marktbreite *f*
break *v* 1. *(WiWi)* brechen *(monopoly)*; 2. *(Gesch)* brechen *(contract, promise)*; 3. *(Pers)* brechen *(strike)*; 4. *(Recht)* bre-

chen, verstoßen gegen *(contract, law)*; 5. *(Bö)* brechen *(syndicate)*; 6. *(Komm, Med)* bekannt werden *(news)*; 7. *(Pol)* abfallen *(from party)*

~ **down** 1. *(RW, Fin, Gesch)* aufschlüsseln, aufgliedern, umbrechen *(costs, figures)*; scheitern *(plans, negotiations)*; 2. *(Ind)* zerlegen, ausfallen, versagen *(machinery)*; 3. *(Trans)* Panne haben; 4. *(Mgt)* platzen *(negotiations)*; 5. *(EDV)* zusammenbrechen *(crash)*

~ **down expenses** *(RW, Fin)* eine Kostengliederung aufstellen, Kosten aufschlüsseln

~ **even** 1. *(Verw, WiWi)* die Gewinnschwelle erreichen; 2. *(Fin)* kostendeckend arbeiten

~ **into a market** *(Gesch)* in einen Markt eindringen, auf einen Markt vorstoßen

~ **new ground** *(Gesch)* Neuland betreten, Neuland erschließen

~ **the ceiling** *(Fin)* die Obergrenze durchstoßen

~ **the deadlock** *(Gesch)* den toten Punkt überwinden

break 1. *(Komm)* Bruch *m*, Pause *f (for news bulletin)*; Sendeunterbrechung *f (for commercials)*; 2. *(Gesch) (ugs.)* Chance *f (stroke of good luck)*; 3. *(Pers)* Pause *f (in work)*; 4. *(Bö)* Kurseinbruch *m*

~ **bulk cargo** *(Trans)* Stückgutfracht *f*, Stückgut *n*

~ **in the market** *(V&M)* Preiseinbruch *m*

~ **point** *(Gesch)* Bruchstelle *f*

~**-up** *(Verw, Gesch)* Auflösung *f*, Zerschlagung *f*, Aufteilung *f*

~**-up value** *(RW)* Abbruchwert *m*, Liquidationswert *m*

breakdown 1. *(RW)* Aufgliederung *f*; 2. *(Gesch)* Aufgliederung *f*, Aufstellung *f*, Untergliederung *f*, Aufschlüsselung *f (analysis)*; Scheitern *n (failure)*; 3. *(Trans)* Ausfall *m (failure)*; Betriebsunterbrechung *f (interruption)*; Störung *f (rail)*

~ **of expenses** *(RW, Fin)* Kostengliederung *f*

~ **of the cash flow** *(WiWi)* Zerlegung *f* des Zahlungsstroms, Aufgliederung *f* des Cashflow

breakeven-analysis *(WiWi, Fin)* Break-Even-Analyse *f*, Deckungsbeitragsrechnung *f*, Gewinnschwellenanalyse *f*

~ **level of income** *(WiWi)* Basiseinkommen *n (household)*

~ **point** 1. *(RW, WiWi)* Break-Even-Punkt *m*, Ertragsschwelle *f*, Nutzschwelle *f*, Gewinnschwelle *f (profits)*; 2. *(Fin)* Break-Even-Punkt *m (costs)*; 3. *(Gesch)* Ertragsschwelle *f*, Nutzschwelle *f*, Gewinnschwelle *f (of profits)*; 4. *(Mgt)* Rentabilitätsschwelle *f*

~ **pricing** *(V&M)* kostendeckende Preisgestaltung *f*

~ **quantity** 1. *(Verw, WiWi)* kritische Menge *f*, Break-Even-Stückzahl *f*; 2. *(V&M)* kostendeckende Menge *f*

breaking down *(Gesch)* Aufschlüsselung *f*

breakthrough *(Verw, WiWi)* Durchbruch *m*

Bretton Woods Agreement *(WiWi)* Bretton-Woods-Abkommen *n*

bribe *v (Gesch)* bestechen

bribe *(Fin)* Bestechungsgeld *n*, Bestechungsgeschenk *n*, Bestechung *f*, Schmiergeld *n*

bribery *(Gesch)* Bestechung *f*

brick and mortar banks *(Bank)* traditionelle Filialbanken *fpl*, Bankfilialen *fpl*, Filialnetz *n*

~ **and mortar enterprises** *(Gesch)* traditionelle Unternehmen *npl*, Old Economy-Unternehmen *npl*

bricks and clicks *(jarg.) (EDV)* Internet-Ableger *mpl* etablierter Firmen

~ **and mortar** *(ugs.) (RW, Gesch)* Sachanlagen *fpl*

bridge finance *(Fin)* Zwischenfinanzierung *f*, Überbrückungsfinanzierung *f*

~**-head investment** *(WiWi)* Einstiegsinvestition *f*

~ **loan** *(AE) (Bank)* Überbrückungskredit *m*, Zwischenkredit *m*

~**-over loan** *(Bank)* Überbrückungskredit *m*, Zwischenkredit *m*

bridging *(Fin)* Überbrückung *f*

~ **advance** *(Bank)* Überbrückungskredit *m*, Zwischenkredit *m*

~ **allowance** *(Soz)* Überbrückungsbeihilfe *f*, Überbrückungsgeld *n*

~ **facility** *(Bank)* Überbrückungsfazilität *f*

~ **loan** *(BE) (Bank)* Überbrückungskredit *m*, Zwischenkredit *m*

brief *v* 1. *(Gesch)* anweisen, informieren, instruieren, unterrichten; 2. *(Recht)* mit

der Vertretung eines Falles betrauen, instruieren
brief 1. *(Gesch)* Auftrag *m*, Instruktionen *fpl*, Kurzbericht *m*; 2. *(Recht)* Schriftsatz *m*
briefing 1. *(Gesch)* Anweisungen *fpl*; 2. *(Mgt)* Einweisung *f*
~ **session** *(Gesch)* Einsatzbesprechung *f*
bring *v (Recht)* erheben *(action)*
~ **an accusation against sb** *(Recht)* gegen jmdn. öffentlich Klage erheben
~ **an action against sb** *(Recht)* gegen jmdn. Klage erheben, jmdn. verklagen
~ **forward** 1. *(RW, Bank, Fin)* übertragen, vortragen *(balance)*; 2. *(Gesch)* vorverlegen *(date, meeting)*
~ **forward a claim** *(Recht)* einen Anspruch geltend machen
~ **in** 1. *(Gesch)* einbringen, hereinbringen, verdienen *(revenue, sales)*; 2. *(Recht)* einbringen, einführen
~ **out** *(Bö)* auf den Markt bringen *(new issue)*
~ **pressure to bear on sb** *(Gesch)* auf jmdn. Druck ausüben
~ **sth up to date** *(Gesch)* etw. aktualisieren, *(jarg.)* etw. updaten
~ **under control** *(WiWi)* unter Kontrolle bringen
brisk *adj (Bö, WiWi, Gesch)* lebhaft, rege *(demand, trading)*
British Standard *(Ind, Recht)* britische Norm, ≈ Deutsche Industrienorm *f*, DIN
~ **Standard Time** *(Gesch)* britische Normalzeit *f*
broad-based *adj (St)* auf breiter Bemessungsgrundlage, breit fundiert, allgemein
~ **market** *(Bö)* aufnahmefähiger Markt *m*, lebhafter Handel *m*
~ **monetary aggregate** *(WiWi)* weit gefasstes Geldmengenaggregat *n (M3)*
~ **money** *(Bank)* Geldmenge *f* M3, Geldmenge *f* in ihrer weit(est)en Abgrenzung
~ **money stock (M3)** *(WiWi)* weit abgegrenzte Geldmenge *f* (M3)
broadband connection *(EDV, Komm)* Breitband-Verbindung *f*
broadly diversified *(Gesch, V&M)* stark diversifiziert, weit aufgefächert
brochure *(Gesch)* Broschüre *f*, Prospekt *m*, Werbeschrift *f*
broke *adj (Gesch)* bankrott, *(ugs.)* pleite
• **go** ~ *(ugs.) (Gesch)* Bankrott gehen, *(ugs.)* Pleite machen
broken down *adj (Gesch)* aufgeschlüsselt, untergliedert
~ **period interest** *(RW, Fin, Bö)* Stückzinsen *mpl*
broker *(Fin)* Börsenhändler(in) *m(f)*, Makler(in) *m(f)*, Broker *m*
~**'s commission** *(Bö)* Courtage *f*, Maklergebühr *f*, Maklerprovision *f*
~**'s loan** *(Bö)* täglich kündbarer Maklerkredit *m*
~**'s statement** 1. *(Gesch)* Maklerabrechnung *f*; 2. *(Bö)* Courtagerechnung *f*
brokerage 1. *(Gesch)* Maklergeschäft *n*; 2. *(Bö)* Courtage *f*
~ **allowance** *(AE) (Bö)* Maklergebühr *f*
~ **commission** *(Bö)* Maklerprovision *f*
~ **statement** *(Bö)* Courtagerechnung *f*
brought forward *(RW, Gesch)* Saldovortrag *m*, Übertrag *m*, Vortrag *m*
brown goods *(V&M)* braune Ware *f*
browse *v (Komm)* blättern, durchsuchen *(internet, database)*
browser *(EDV, Komm)* Browser *m (basic internet surfing program)*
BRS *s.* bank reporting system
bubble economy 1. *(WiWi)* Blasenwirtschaft *f*; 2. *(Fin, Bö)* Spekulationsblase *f*, spekulative Blase *f*
~ **policy** 1. *(WiWi)* Blasenpolitik *f*; 2. *(Umw)* Glockenpolitik *f*
buck *(Gesch)* Dollar *m*
buck *v* **the trend** *(Gesch)* gegen den Strom schwimmen, gegen den Trend laufen
bucks *(Gesch) (ugs.)* Kohle *f*
budget *v (RW, WiWi, Fin, Pol)* Etat aufstellen, einplanen, etatisieren
budget *(Gesch)* Budget *n*, Etat *m*, Finanzplan *m*, Haushaltsplan *m*; Staatshaushalt *m (of government)*
~ **accounting** *(RW, Verw)* Plankostenrechnung *f*
~ **appropriation** 1. *(Fin)* Ausgabenbewilligung *f*, Etatansatz *m*; 2. *(Pol)* Bewilligung *f* von Haushaltsmitteln
~ **ceiling** 1. *(RW)* Haushaltsplafond *m*; 2. *(WiWi)* Ausgabengrenze *f*
~ **constraint** *(RW, WiWi, Fin)* Budgetrestriktion *f*

~ **control** *(RW, Fin)* Budgetkontrolle *f*, Finanzkontrolle *f*, Haushaltskontrolle *f*
~ **cut** *(RW, WiWi, Fin)* Haushaltskürzung *f*
~ **cuts** *(Fin)* Budgeteinsparungen *fpl*
~ **deficit** *(Gesch)* Haushaltsdefizit *n*
~ **equation** *(WiWi)* Bilanzgleichung *f*
~ **incidence** *(WiWi)* Budgetinzidenz *f*
~ **line** *(WiWi)* Bilanzgerade *f*
~ **period** *(RW, WiWi, Fin)* Haushaltsjahr *n*, Budgetperiode *f*, Haushaltsperiode *f*, Planungsperiode *f*
~ **prices** *(RW)* Preisansätze *mpl*, Kalkulationspreise *mpl*
~ **proposal** *(RW, WiWi, Fin)* Haushaltsvorlage *f*
~ **resolution** *(AE) (Pol)* Haushaltsverabschiedung *f*
~ **review** *(RW, WiWi, Fin)* Budgetrevision *f*, Planrevision *f*
~ **surplus** *(Gesch)* Haushaltsüberschuss *m*
~ **variance** 1. *(RW)* Etatabweichung *f*; 2. *(Fin)* Planabweichung *f*
~ **year** *(RW, Fin, Pol)* Haushaltsjahr *n*
budgetary *adj (RW, WiWi, Fin)* haushaltsmäßig
~ **adjustment** *(RW, WiWi, Fin)* Budgetberichtigung *f*, Haushaltsanpassung *f*, Planrevision *f*
~ **appropriation** *(Fin, Pol)* Ausgabenbewilligung *f*, Haushaltsbewilligung *f (of government)*; Verpflichtungsermächtigung *f (for commitment)*; Zahlungsermächtigung *f (for payment)*
~ **control** *(RW, Fin)* Budgetkontrolle *f*, Haushaltskontrolle *f*
~ **costs** 1. *(RW)* Vorgabekosten *pl*; 2. *(WiWi, Fin)* Budgetkosten *pl*, Sollkosten *pl*
~ **deficit** 1. *(WiWi, Fin)* Haushaltsdefizit *n*; 2. *(Gesch, Pol)* Deckungslücke *f*
~ **expenditure** *(Fin, Pol)* Haushaltsausgaben *fpl*
~ **period** *(Fin, Pol)* Haushaltsjahr *n*, Finanzperiode *f*, Haushaltsperiode *f*
~ **powers** *(Pol)* Haushaltsbefugnisse *fpl*, Verantwortung *f* für das Budget, Zuständigkeit *f* für den Etat
~ **revenue** *(Fin)* Haushaltseinnahmen *fpl*
~ **spending** *(Fin, Pol)* Haushaltsausgaben *fpl*
~ **statement** *(Pol)* Haushaltsabschluss *m*
budgeted *adj (RW)* veranschlagt, im Haushalt vorgesehen
~ **cost** 1. *(RW)* budgetierte Kosten *pl*, veranschlagte Ausgaben *fpl*, Vorgabekosten; 2. *(Gesch)* Plankosten *pl*
~ **income** *(Mgt)* Sollertrag *m*, Planerlös *m*
~ **profit** *(Mgt)* Planergebnis *n*, Sollergebnis *n*
budgeting *(Gesch)* Aufstellung *f* eines Haushaltsplanes, Budgetierung *f*, Etatisierung *f*, Finanzplanung *f*, Haushaltsplanung *f*
buffer stock *(WiWi)* Ausgleichslager *n*, Puffervorrat *m*, Vorratslager *n*
~ **store** *(WiWi)* Ausgleichslager *n*
build *v* **up** 1. *(Gesch)* aufbauen, herstellen, errichten *(firm)*; aufstocken *(reserves)*; 2. *(Gb)* bebauen *(land)*
~ **up from scratch** *(Gesch)* von vorn beginnen, von Null anfangen
~ **up momentum** *(WiWi, Gesch)* Dynamik entfalten
building 1. *(Gesch)* Gebäude *n*; 2. *(Gb)* Bau *m*, Bebauung *f*, Gebäude *n*
~ **activity** *(WiWi, Ind)* Bautätigkeit *f*
~ **and loan association** *(AE) (Bank, Fin)* Bausparkasse *f*
~ **block concept** *(Ind)* Baukastenprinzip *n*
~ **loan agreement** *(Bank)* Baudarlehensvertrag *m*
~ **mortgage** *(Fin)* Bauhypothek *f*
~ **permit** *(AE) (Gb)* Baugenehmigung *f*
~ **regulations** *(Recht, Gb)* Bauvorschriften *fpl*
~ **site** *(Ind, Gb)* Bau *m*, Bauplatz *m*, Baustelle *f*
~ **society** *(BE) (Bank, Fin)* Bausparkasse *f*
built-in *adj (WiWi)* eingebaut
~**-in flexibility** *(WiWi)* automatischer Konjunkturstabilisator *m* [Stabilisator *m*]
~**-in inflator** *(WiWi)* automatischer Inflationsverstärker *m*
~**-in obsolescence** *(WiWi, V&M)* geplanter Verschleiß *m*, geplantes Veralten *n*
~**-in stabilizer** *(WiWi)* automatischer Konjunkturstabilisator *m* [Stabilisator *m*]
bulge *(Bö)* rascher Kursanstieg *m*
bulk 1. *(WiWi)* Größe *f*, Großteil *m*, Masse *f*, 2. *(Gesch)* Umfang *m*, Masse *f (volume)*, Menge *f*, Hauptteil *m*, größter Teil *m (majority)*; 3. *(Trans)* lose Waren *fpl*, Schüttgut *n* • **in** ~ *(Ind)* unverpackt
~ **business** *(Gesch)* Massengeschäft *n*, Mengengeschäft *n*

~ **buyer** *(Gesch)* Großabnehmer(in) *m(f)*
~ **commodity** *(Gesch)* Schüttgut *n*, Massengut *n*
~ **discount** *(Gesch)* Mengenrabatt *m*
~ **goods** 1. *(Gesch)* Schüttgut *n*, unverpackte Ware *f*; 2. *(Trans)* lose Waren *fpl*, Schüttgut *n*
~ **mail** 1. *(Komm)* Postwurfsendung *f*; 2. *(Gesch)* Massendrucksachen *fpl*
~ **material** *(Gesch)* Schüttgut *n*
~ **order** *(Gesch)* Großauftrag *m*, Sammelauftrag *m*
~ **price** *(WiWi, Gesch)* Mengenpreis *m*
~ **purchaser** *(WiWi, Gesch)* Großeinkäufer(in) *m(f)*, Mengeneinkäufer(in) *m(f)*, Großabnehmer(in) *m(f)*
~ **storage** *(Gesch)* Großlager *n*, Massenspeicher *m*
bulky *adj (Gesch)* sperrig
bull 1. *(Fin)* Haussespekulant *m*, Haussier *m*; 2. *(Bö)* Haussier *m* • **go a** ~ *(Bö)* auf Hausse spekulieren
~**-and-bear bond** *(BE) (Bö)* Aktienindexanleihe *f*
~ **buying** *(Bö)* Haussekauf *m*, Kauf *m* auf Hausse
~ **position** *(Bö)* Hausseengagement *n*, Hausseposition *f*
~ **transaction** *(Bö)* Haussegeschäft *n*
bullet *(Bank)* Anleihe *f* ohne laufende Tilgung, endfällige Anleihe *f*
~ **loan** *(Bank)* Anleihe *f* mit Endfälligkeit
~ **repayment** *(Bank)* Anleihentilgung in einer Gesamtsumme
bulletin 1. *(Komm)* Nachricht *f*, offizieller Bericht *m*; 2. *(V&M)* Nachrichtenblatt *n*
bullion *(Bank)* Edelmetallbarren *m*
~ **market** *(Bö)* Goldbarrenmarkt *m*
~ **stock** *(Gesch)* Edelmetallbestand *m*
bullish movement *(WiWi, Fin, Bö)* Hausse *f*, Haussebewegung *f*, Haussephase *f*
bumper year *(Gesch)* Rekordjahr *n*
bunching *(St)* Bündelung *f*
bundle *v (V&M)* bündeln
bundled deal *(Bö)* Paketgeschäft *n*
bundling *(V&M)* Bundling *n*
buoyant *adj (WiWi) (rising)* steigend; belebt, lebhaft, aktiv
~ **forces** *(WiWi)* Auftriebskräfte *fpl*
~ **tax** *(St)* lebhaft sprudelnde Steuer *f*
burden 1. *(Verw)* Gemeinkosten; 2. *(WiWi)* Auflage *f*, Belastung *f*, Gemeinkosten *pl*, Last *f*
~ **of debts** *(WiWi)* Schuldenlast *f*
~ **of payment** *(St)* Zahlungsbelastung *f*, Zahlungslast *f*
~ **of proof** *(Recht)* Beweislast *f*
~ **of reporting** *(Bank)* Meldepflicht *f*
~**-sharing** *(Bank)* Finanzausgleich *m*
bureau *(Verw)* Büro *n*, Amtszimmer *n (office)*; Amt *n*, Behörde *f*, Dienststelle *f*
bureaucratic *adj (Verw, Pers)* bürokratisch
burn rate *(Fin)* Burn Rate *f*, Kapitalvernichtungsrate *f*, *(ugs.)* Verbrennungsrate *f* *(negative cash flow indicating the distance of a lemming to the edge of the cliff or the time to financial distress)*
burst *v (Gesch, Bö)* platzen, zerplatzen *(bubble)*
business *(Gesch)* Angelegenheit *f (affairs to be attended to)*; Geschäfte *npl (commerce)*; Geschäft *n*, Unternehmen *n (enterprise, company)*; Betrieb *m*, Firma *f (firm)*; Geschäftsverbindungen *fpl (links, relations)* • ~ **is slack** *(Gesch)* das Geschäft ist ruhig • ~ **transferred to** *(Gesch)* Geschäftsübertragung auf • **do** ~ *(Gesch)* Geschäfte tätigen • **go out of** ~ *(Gesch)* die Geschäftstätigkeit einstellen • **on** ~ *(Gesch)* geschäftlich • **what line of** ~ **are you in?** *(Gesch)* in welcher Branche sind Sie tätig?
~ **account** *(Bank)* Geschäftskonto *n*
~ **acquaintance** *(Gesch, Mgt)* Geschäftsbekanntschaft *f*, Geschäftsfreund *m*
~ **acumen** *(Mgt)* Geschäftsverstand *m*
~ **administration** *(Verw)* Betriebswirtschaft *f*, Betriebswirtschaftslehre *f*
~ **administrative criterion** *(WiWi)* betriebswirtschaftliches Kriterium *n*
~ **affairs** *(Gesch)* geschäftliche Angelegenheiten *fpl*
~ **angels** *(Fin, Mgt)* Unternehmensengel *mpl*, Business Angels *mpl (for the support of start-ups)*
~ **assets** *(RW, Fin, Gesch)* Betriebsvermögen *n*, Geschäftsvermögen *n*
~ **barometer** *(WiWi)* Konjunkturbarometer *n*
~ **capital spending** *(RW, WiWi)* Anlageinvestitionen *fpl*
~ **card** *(Gesch)* Geschäftskarte *f*, Visitenkarte *f*

~ **center** *(BE) (Gesch)* Geschäftsviertel *n*, Geschäftszentrum *n*, Handelszentrum *n (district)*
~ **centre** *(AE) (Gesch)* Geschäftsviertel *n*, Geschäftszentrum *n*, Handelszentrum *n (district)*
~ **climate** *(WiWi, Gesch)* Stimmungslage *f* der Wirtschaft
~ **charges** *(Gesch)* Betriebsausgaben *fpl*
~ **concern** *(Gesch)* Geschäftsbetrieb *m*, Handelsunternehmen *n*
~ **conditions** 1. *(WiWi)* wirtschaftliche Rahmenbedingungen *fpl*, wirtschaftliches Umfeld *n*; 2. *(Gesch)* Geschäftsbedingungen *fpl*
~ **confidence** *(Pol, WiWi)* Unternehmervertrauen *n*
~ **connection** *(Gesch)* Geschäftsbeziehung *f*, Geschäftsverbindung *f*, befreundete Firma *f*
~ **corporation** *(Verw, WiWi)* Kapitalgesellschaft *f*
~ **corporation law** *(AE) (Recht)* Gesetz *n* über Kapitalgesellschaften
~ **customer** *(Bank, V&M)* Firmenkunde *m*
~ **customers** *(Bank, V&M)* Firmenkundschaft *f*, gewerbliche Kundschaft *f*
~ **cycle** *(WiWi)* Konjunkturzyklus *m*
~ **data processing** *(Gesch)* Wirtschaftsinformatik *f*, kommerzielle Datenverarbeitung *f*
~ **diversification** *(Mgt)* Geschäftsdiversifizierung *f*
~ **economist** *(Gesch)* Betriebswirt(in) *m(f)*
~ **enterprise** *(Gesch)* Gewerbebetrieb *m*, gewerbliches Unternehmen *n*, Handelsunternehmen *n*, Wirtschaftsunternehmen *n*, Firma *f*, Fa.
~ **equipment and furnishing** *(RW)* Betriebs- und Geschäftsausstattung *f*
~ **expansion** 1. *(WiWi)* Konjunkturaufschwung *m*; 2. *(Mgt)* Geschäftserweiterung *f*, Geschäftsausdehnung *f*
~ **expenditure** *(RW, Gesch, St)* Betriebsausgaben *fpl*
~ **expenses** *(RW, Gesch, St)* Betriebsausgaben *fpl*
~ **exposures liability** *(Recht)* Haftung *f* für Geschäftsrisiken
~ **failure** *(Gesch)* Insolvenz *f*, geschäftlicher Zusammenbruch *m*
~ **finance** *(Fin)* Finanzwirtschaft *f*, Unternehmensfinanzierung *f*
~ **forecasting** *(WiWi)* Konjunkturprognose *f*
~ **form** 1. *(Recht)* Unternehmensform *m (organization)*; 2. *(Gesch)* Formblatt *n*, Geschäftsformular *n (paper)*
~ **generalist** *(Gesch)* Generalist *m*
~ **goods** *(Gesch)* Geschäftswaren *fpl*
~ **graphics** 1. *(EDV)* Geschäftsgrafik *f*; 2. *(Med)* Geschäftsgrafik *f*
~ **incentives** *(WiWi)* Konjunkturimpulse *mpl*
~ **incubator** *(Gesch)* Gründerzentrum *n*
~ **indicator** *(WiWi)* Konjunkturbarometer *n*, Konjunkturindikator *m*
~ **insurance** *(Vers)* Rückdeckungsversicherung *f*, Sachversicherung *f*
~ **interruption** *(Gesch)* Betriebsunterbrechung *f*, Geschäftsunterbrechung *f*
~ **judgement** 1. *(Mgt)* unternehmerisches Ermessen *n*; 2. *(Recht)* Grundsatz *m* des unternehmerischen Ermessens
~ **law** *(Recht)* Wirtschaftsrecht *n*
~ **letter** *(Gesch)* Geschäftsbrief *m*
~ **liability insurance** *(Vers)* Betriebshaftpflichtversicherung *f*
~ **loan** *(Bank)* gewerblicher Kredit *m*
~ **loss** *(RW)* Geschäftsverlust *m*
~ **management** 1. *(Verw)* Betriebsleitung *f*, Geschäftsleitung *f*; 2. *(WiWi, Mgt)* Betriebsführung *f*, Geschäftsführung *f*, Unternehmensführung *f*, Unternehmensverwaltung *f (of assets)*
~ **management agreement** *(WiWi, Mgt)* Verwaltungsvertrag *m*
~ **manager** *(Verw, Pers, Mgt)* Angestellte(r) *f(m)* in leitender Position, Hauptabteilungsleiter(in) *m(f)*, Geschäftsführer(in) *m(f)*, kaufmännischer Direktor *m*, kaufmännische Direktorin *f*, leitender Angestellte(r) *f(m)*
~ **meeting** *(Gesch)* Meeting *n*
~ **model** *(V&M)* Geschäftsmodell *n*
~ **objective** *(V&M)* Unternehmensziel *n*
~ **operation** 1. *(WiWi, Mgt)* Geschäftssparte *f*, 2. *(Gesch)* Geschäft *n*, Geschäftstätigkeit *f*
~ **operations** *(Gesch)* Geschäftsbetrieb *m*, Geschäftstätigkeit *f*
~ **opportunity** *(Gesch)* Geschäftschance *f*, geschäftliche Möglichkeit *f*
~ **organization** *(Gesch)* Betriebsstruktur *f*, Firmenorganisation *f*

~**-oriented** *adj (Gesch)* geschäftsorientiert
~ **outlook** 1. *(WiWi)* Geschäftsaussichten *fpl*, Konjunkturaussichten *fpl*; 2. *(Gesch)* Geschäftsprognose *f*, Wirtschaftsvorschau *f*
~ **pages** *(Med)* Wirtschaftsteil *m*
~ **paper** 1. *(Bank)* Handelswechsel *m (commercial bill*; 2. *(Med)* Wirtschaftszeitung *f*
~ **planning** *(Mgt)* Betriebsplanung *f*, Unternehmensplanung *f*
~ **policy** *(Verw, WiWi)* Geschäftspolitik *f*, Unternehmenspolitik *f*, Geschäftsmethoden *fpl*
~ **portfolio** 1. *(WiWi)* Geschäftsfelder-Portfolio *n*; 2. *(Fin, Bö)* Unternehmensportefeuille *n*
~ **practice** *(Gesch)* Geschäftspraxis *f*
~ **premises** *(Gesch)* Geschäftsgebäude *n*, Geschäftslokal *n*, Geschäftsräume *mpl*, gewerbliche Räume *mpl*
~ **press** *(Med, V&M)* Wirtschaftspresse *f*
~ **property and liability insurance package** *(Vers)* Geschäftsgrundstücks- und Haftpflichtversicherungspaket *n*
~ **purpose** *(Verw, WiWi)* Geschäftsgegenstand *m*, Geschäftszweck *m*
~ **regulations** *(Gesch)* Handelsvorschriften *fpl*, Betriebsvorschriften *fpl*
~ **relations** 1. *(WiWi)* Geschäftsbeziehungen *fpl*, Geschäftsverbindungen *fpl*; 2. *(Gesch)* geschäftliche Beziehungen *fpl*
~ **secret** *(Pers)* Geschäftsgeheimnis *n*, Dienstgeheimnis *n*
~ **sector** *(Gesch)* Wirtschaftssektor *m*
~ **segment** *(WiWi, Mgt)* Geschäftsfeld *n*, Geschäftsbereich *m*, Geschäftssparte *f*, Unternehmensbereich *m*
~ **segment reporting** *(RW, Mgt)* Geschäftsfeld-Berichterstattung *f*
~ **service** *(Verw, Gesch)* Dienstleistung *f*
~ **situation** *(Gesch)* Wirtschaftslage *f*
~ **slowdown** *(WiWi)* Konjunkturverlangsamung *f*, konjunktureller Abschwung *m*
~ **start-up** 1. *(WiWi)* Betriebsgründung *f*, Unternehmensgründung *f* 2. *(Gesch, Recht)* Existenzgründung *f*
~ **strategy** *(WiWi, Gesch, Mgt)* Geschäftsstrategie *f*, Unternehmensstrategie *f*
~ **studies** *(WiWi)* Betriebswirtschaftslehre *f*
~ **travel** *(Gesch)* Geschäftsreise *f*
~ **trend** *(Gesch)* Geschäftstrend *m*
~ **trip** *(Gesch)* Dienstreise *f*, Geschäftsreise *f*
~ **venture** *(Mgt)* (risikobehaftetes) Geschäftsprojekt *n*
~ **volume** *(Gesch)* Geschäftsumfang *m*, Geschäftsvolumen *n*
~ **year** 1. *(RW)* Wirtschaftsjahr *n*; 2. *(Gesch)* Geschäftsjahr *n*

Business-to-Business *(EDV, Komm, V&M)* B2B *n*, elektronischer Handel *m* der Unternehmen untereinander, Internetgeschäft *n* zwischen Unternehmen, E-Commerce-Angebote *npl* für Firmenkunden
~**-to-Consumer** *(EDV, V&M)* B2C *n*, elektronischer Handel *m* der Unternehmen mit Privatkunden, Internetgeschäft *n* zwischen Unternehmen und Konsumenten, Internetgeschäft *n* mit (End-)Verbrauchern

businessman *(Gesch)* Geschäftsmann *m*, Kaufmann *m*, Unternehmer *m*
~**'s risk** *(Gesch)* Unternehmerrisiko *n*

businesswoman *(Gesch)* Geschäftsfrau *f*, Kauffrau *f*, Unternehmerin *f*

busy *adj* 1. *(Komm, EDV) (AE)* besetzt *(telephone line, signal, tone)*; belegt, in Betrieb *(machine)*; 2. *(Gesch)* belebt; beschäftigt, tätig *(person)*
~ **schedule** *(Mgt)* voller Terminkalender *m*

buy *v* 1. *(WiWi)* anschaffen, beziehen, einkaufen, erwerben; 2. *(Gesch)* kaufen, abnehmen
~ **at market** *(Bö)* an der Börse kaufen
~ **at the top of the market** *(V&M)* zu Höchstpreisen kaufen
~ **back** *(Gesch, Bö)* zurückkaufen
~ **for the account** *(Bö)* auf Termin kaufen
~ **forward** *(Bö)* per [auf] Termin kaufen
~ **in** 1. *(Gesch)* sich eindecken mit, einkaufen; selbst ersteigern *(at auction)*; 2. *(Bö)* Deckungskäufe vornehmen
~ **low and sell high** *(Bö)* günstig ein- und teuer verkaufen
~ **off** *(Gesch)* abfinden, aufkaufen
~ **on a falling market** *(Bö)* in einem Baissemarkt kaufen
~ **on hire purchase** *(BE) (Fin, V&M)* auf Abzahlungsbasis kaufen, auf Mietkaufbasis kaufen, auf Abzahlung kaufen
~ **on the instal(l)ment plan** *(Fin, V&M)* auf Abzahlungsbasis [Mietkaufbasis, Abzahlung] kaufen

~ **out** *(Gesch)* aufkaufen *(company)*; auszahlen *(partner)*
~ **shares on the open market** *(Bö)* Aktien an der Börse kaufen
~ **sth on approval** *(Gesch)* etw. auf Probe kaufen
~ **sth on credit** *(V&M)* etw. auf Kredit kaufen
~ **up** *(Gesch)* aufkaufen *(company)*
buy-and-hold strategy *(Bö)* Kauf-und-Halte-Strategie *f*, Kaufen-und-Halten-Strategie *f*
~**-back** *(Fin)* Rückkauf *m*
~**-back agreement** 1. *(WiWi)* Rückkaufvereinbarung *f (international trade)*; 2. *(Gesch)* Rückkaufgeschäft *n*
~**-back commitment** *(Fin, Gesch)* Rückkaufsverpflichtung *f*
~**-back deal** *(Gesch)* Kompensationsgeschäft *n*, Kompensationsgeschäft *n* mit Rückkaufvereinbarung, Gegengeschäft *n*
~**-back price** *(Fin, Bö)* Rückkaufskurs *m*
buyer *(Gesch)* Aufkäufer(in) *m(f)*, Einkäufer(in) *m(f)*, Käufer(in) *m(f)*, Erwerber(in) *m(f)*
~ **behavio(u)r** *(V&M)* Käuferverhalten *n*
~ **credit** *(Bank)* Beschaffungskredit *m*
~**'s market** *(WiWi, Bö)* Käufermarkt *m*
~**'s option** 1. *(Gesch)* Kaufoption *f*; 2. *(Bö)* Käuferoption *f*
~**'s rate** *(Bö)* Ankaufssatz *m*, Geldkurs *m*, Geld *n*
buying *(Verw)* Beschaffungswesen *n*, Einkauf *m*
~ **behavio(u)r** *(V&M)* Kaufverhalten *n*
~ **commission** *(V&M)* Einkaufsprovision *f*
~ **habits** *(Gesch, V&M)* Kaufgewohnheiten *fpl*
~ **in** 1. *(WiWi)* Stützungskäufe *mpl* der Notenbanken; 2. *(Recht)* Deckungskauf *m*
~ **motive** *(V&M)* Kaufmotiv *n*
~ **pattern** *(V&M)* Einkaufsverhalten *n*
~ **power** *(WiWi, Gesch)* Kaufkraft *f*
~ **price** *(Gesch)* Kaufpreis *m*
~ **rate** *(Fin)* Ankaufkurs *m*, Geldkurs *m*
~ **rate of exchange** *(Bank)* Ankaufskurs *m (foreign notes and coins)*; Ankaufssatz *m*, Geldkurs *m*
~ **up** *(Gesch)* Aufkauf *m*
buyout 1. *(Fin)* Aufkauf *m*, Buy-out *m*, Übernahme *f (firm, participating interest)*; 2. *(Mgmnt)* Auszahlung *f*, Abfindung *f*; 3. *(Stock)* Aufkauf *m*, Buy-out *m*
by-product *(WiWi, Gesch)* Nebenprodukt *n*
bylaws *(Recht)* Statuten *npl*
bystander *(Recht)* Außenstehende(r) *f(m)*, Dritte(r) *f(m)*

C

CA *s.* certification authority
cable network *(Komm)* Kabelnetz *n*
cadastre *(St)* Grundstückswertregister *n*
cadre 1. *(Pers)* Personalstamm *m*, Stammpersonal *n*; 2. *(Pol)* Kader *m*
CAF, C&F, C/F *s.* 1. cost and freight 2. cost, assurance, freight
CAL *s.* computer-aided learning
calculate *v (Gesch)* ansetzen, berechnen, ausrechnen, durchrechnen
calculated comparative value *(Bank, WiWi)* errechneter Vergleichswert *m*
calculation *(Gesch)* Rechnung *f*, Berechnung *f*, Berechnen *n*, Kalkulation *f*
~ **formula** *(WiWi, Fin)* Berechnungsformel *f*
calculus of probabilities *(WiWi)* Wahrscheinlichkeitsrechnung *f*
call *v (Komm)* anrufen aufrufen
~ **a meeting** *(Verw)* eine Sitzung einberufen
~ **a strike** *(Pers, Ind)* einen Streik ausrufen, zum Streik aufrufen
~ **back** *(Komm)* zurückrufen
~ **collect** *(AE) (Komm)* R-Gespräch anmelden
~ **in** 1. *(Fin)* aufrufen; kündigen *(credit)*; 2. *(Gesch)* rückrufen
~ **sb as a witness** *(Recht)* jmdn. als Zeugen anrufen
~ **sb toll-free** *(AE) (Komm)* jmdn. gebührenfrei anrufen
~ **up** 1. *(Komm)* anrufen; 2. *(Fin)* aufrufen
call 1. *(Komm)* Anruf *m*, Ruf *m*; 2. *(Fin)* Abruf *m*, Einforderung *f (capital)*; Option *f*; 3. *(Gesch)* Gespräch *n*; 4. *(V&M)* Nachfrage *f*, 5. *(Bö)* Kaufoption *f*, Vorprämie *f*; Zahlungsaufforderung *f (request to pay)*
• **at** ~ *(Bö)* mit Kaufoption
~ **account** *(Bank)* Sichteinlagenkonto *n*
~ **by call** *(Komm)* Call-by-Call *n (network selection)*
~**-center** *(EDV, Komm, V&M)* Call-Center *n*, Telefon-Hotline *f (customer service)*

~ **charge** *(Komm)* Gesprächsgebühr *f*
~ **deposit** *(Bank)* Sichteinlage *f*, Sichteinlagen *fpl*
~ **diversion** *(Komm)* Rufumleitung *f*
~ **exercise price** *(Bö)* Basispreis *m* einer Kaufoption
~ **for tender** *(Verw)* Aufforderung *f* zur Angebotsabgabe
~ **forwarding** *(Komm)* Rufweiterschaltung *f*
~ **hold** *(Komm)* Makeln *n*
~-**in of a loan** *(Fin)* Anleihekündigung *f*
~ **loan** *(Bank)* kurzfristig kündbares Darlehen *n*
~ **money** *(Bank)* tägliches Geld *n*, Tagesgeld *n*
~ **option** 1. *(Gesch)* Vorprämie *f*; 2. *(Bö)* Kaufoption *f*
~ **protection** *(Bö)* Schutz *m* vor vorzeitiger Kündigung
~ **rate** *(Bank, Fin)* Tagesgeldsatz *m*
~ **schedule** *(Fin)* Tilgungsplan *m*
~ **tone** *(Komm)* Rufton *m*
~ **waiting** *(Komm)* Anklopfen *n*
~ **writing** *(Bö)* Verkauf *m* von Kaufoptionen
callable loan *(Bank)* kurzfristig kündbares Darlehen *n*
called-in share *(Bö)* eingezogene Aktie *f*
called-up share capital 1. *(RW, Fin)* eingefordertes Kapital *n*; 2. *(Bö)* zur Einzahlung aufgerufenes Aktienkapital *n*
calling *(Gesch)* Aufforderung *f*, Einberufung *f*
~ **program** *(EDV)* Abrufprogramm *n*
CAMEL *s.* capital, assets, management, earnings, liquidity
camera *(Med)* Kamera *f* • **in** ~ *(Recht)* nichtöffentlich, unter Ausschluss der Öffentlichkeit
camouflaged advertising *(V&M)* Schleichwerbung *f*
~ **inflation** *(WiWi)* verdeckte Inflation *f*
~ **unemployment** *(WiWi)* verdeckte Arbeitslosigkeit *f*
campaign 1. *(Gesch)* Initiative *f*; 2. *(Pol, V&M)* Campagne *f*
cancel *v* 1. *(Bank)* annullieren, streichen; 2. *(EDV)* abbrechen; 3. *(Gesch)* annullieren, stornieren *(order)*; 4. *(Pers)* kündigen; 5. *(Recht)* aufheben, auflösen, stornieren, wandeln, widerrufen, rückgängig machen; 6. *(Pat)* löschen
~ **a contract** *(Recht)* einen Vertrag aufheben
~ **an entry** *(Verw, Gesch, Recht)* eine Eintragung löschen
cancellation 1. *(RW)* Stornierung *f*, Stornobuchung *f*, Rückbuchung *f*; 2. *(Bank)* Annullierung *f*, Streichung *f*; 3. *(Gesch)* Stornierung *f (of order)*; Absage *f (of appointment)*; 4. *(Recht)* Widerruf *m*, Rückgängigmachung *f*, Ungültigkeitserklärung *f*, Aufhebung *f*, Auflösung *f*, Kündigung *f*; 5. *(Pat)* Löschung *f (of entry)*
~ **clause** *(Recht)* Rücktrittsklausel *f*
~ **provision clause** *(Vers)* Rücktrittsklausel *f*
cancel(l)ed cheque *(Bank)* annullierter Scheck *m*
cancel(l)ing clause *(Recht)* Rücktrittsklausel *f*, Verfallsklausel *f*
~ **return** *(BE) (Vers)* Prämienrückzahlung *f*, Rückprämie *f*
cancellation ratio *(Vers)* Stornoquote *f*
candidate *(Pers, Pol)* Kandidat *m*
candidate country *(Pol)* Bewerberland *n* *(EU)*
~ **for entry (in)to higher education** *(Pers)* Studienbewerber(in) *m(f)*
~ **for entry (in)to university** *(Pers)* Studienbewerber(in) *m(f)*
canons of taxation *(St)* Besteuerungsgrundsätze *mpl*
canvass *v (V&M)* Kunden werben
canvassing 1. *(Gesch, V&M)* Direktvertrieb *m*, Akquisition *f*; 2. *(Bank, Bö)* ambulanter Vertrieb *m*
~ **costs** *(Gesch)* Akquisitionskosten *pl*
cap 1. *(WiWi)* Grenze *f*, Begrenzung *f*; 2. *(Fin)* Obergrenze *f*, Höchstzinssatz *m* bei Cap-Floatern, Cap *m*, Maximalzinssatz *m*
~ **goods** *(WiWi)* unter die gemeinsame Marktordnung fallende Agrargüter *npl*
~ **levy** *(WiWi)* Abschöpfung *f* im Rahmen der gemeinsamen Agrarpolitik
~ **rate loan** *(Bö)* Anleihe *f* mit Zinshöchstsatz
cap *v* **an interest rate** *(Bank)* einen Zinssatz nach oben begrenzen
capability *(Gesch)* Fähigkeit *f*, Leistungsvermögen *n*
capable of work *(Pers, Soz)* erwerbsfähig, arbeitsfähig

capacity 1. *(WiWi)* Kapazität *f (production)*; 2. *(Gesch, Pers)* Befähigung *f*, Kapazität *f (personal, professional)* • **at full ~** 1. *(Gesch)* bei voller Kapazität, bei voller Leistungsfähigkeit; 2. *(Ind)* bis auf den letzten Rest gefüllt, unter Volllast
~ **charge** *(WiWi)* Kapazitätsauslastung *f*, Kapazitätsausnutzung *f*
~ **effect** *(WiWi)* Kapazitätseffekt *m*
~ **to work** *(Gesch)* Arbeitsfähigkeit *f*
~ **utilization** 1. *(WiWi)* Kapazitätsauslastung *f*, Kapazitätsausnutzung *f*; 2. *(Ind)* Bestückung *f*
capital 1. *(RW)* Aktienkapital *n*, Grundkapital *n*, Stammkapital *n*, Vermögen *n*; 2. *(Fin)* Kapital *n*, Vermögen *n*
~ **account** 1. *(Bank)* Kapitalkonto *n*; 2. *(WiWi)* Kapitalkonto *n*, Kapitalverkehrsbilanz *f (balance of payments)*; 3. *(Fin)* Kapitalkonto *n*
~ **accumulation** *(WiWi, Fin)* Kapitalansammlung *f*, Kapitalbildung *f*, Vermögensbildung *f*
~ **adequacy** *(Bank)* erforderliche Eigenkapitaldecke *f*, Kapitaldecke *f*, angemessene Eigenkapitalausstattung *f*, Kapitalausstattung *f*
~ **aid** *(WiWi)* Kapitalhilfe *f (development aid)*
~ **allowance** *(BE)* 1. *(RW)* Abschreibung *f*, Abschreibungsbetrag *m*; 2. *(St)* steuerliche Abschreibung *f*
~ **and reserves** *(RW)* Eigenmittel *npl*, Eigenkapital *n*
~ **appreciation** *(WiWi)* Vermögenszuwachs *m*
~ **asset** *(Fin)* Anlagegut *n*, Kapitalgut *n*, Wirtschaftsgut *n (investment)*
~ **asset pricing model** *(WiWi, Fin, Bö)* Kapitalanlagepreismodell *n*
~ **assets** 1. *(WiWi, Gesch)* Kapitalanlagegüter *npl*, Anlagegüter *npl*; 2. *(Fin)* Kapitalanlagen *fpl*; 3. *(St)* Anlagegüter *npl*, Anlagevermögen *n*, fixe Anlagen *fpl*
~, **assets, management, earnings, liquidity** *(BE) (WiWi, Fin)* Kapital, Vermögen, Management, Ertrag, Liquidität
~ **backed** *adj (Vers)* kapitalgedeckt *(e.g. pension fund)*
~ **base** *(Fin)* Eigenkapitalausstattung *f*
~ **budget** 1. *(RW)* Investitionshaushalt *m*, Investitionsplan *m*; 2. *(WiWi)* Finanzbudget *n*, Kapitalbudget *n*, Wirtschaftlichkeitsrechnung *f*, Investitionsrechnung *f*
~ **budgeting** 1. *(RW)* Budgetierung *f* der Investitionen; 2. *(Fin)* Investitionsrechnung *f*, Wirtschaftlichkeitsrechnung *f*
~ **commitment** *(RW)* finanzielles Engagement *n*, Investitionsvolumen *n*, Kapitalbindung *f*
~ **consumption** *(WiWi)* Abschreibungen *fpl*, Kapitalverschleiß *m*
~ **consumption allowance** *(WiWi)* Abschreibungen *fpl*, Kapitalverschleiß *m*
~ **costs** *(WiWi)* Finanzierungskosten *pl*, Investitionskosten *pl*, Kapitalkosten *pl*
~ **cover** *(Bank)* Kapitaldeckung *n*
~ **employed** *(RW, Fin)* eingesetztes Kapital *n*, investiertes Kapital *n*
~ **expenditure** *(RW, Fin)* aktivierungspflichtiger Aufwand *m*, Anschaffungskosten *pl*, Investitionsaufwand *m*
~ **expenditure appraisal** *(WiWi)* Investitionsrechnung *f*
~ **expenditure budget** *(RW)* Investitionsbudget *n*, Investitionsplan *m*
~ **expenditure evaluation** *(Fin)* Wirtschaftlichkeitsrechnung *f*
~ **flight** *(WiWi)* Kapitalflucht *f*
~ **flow** 1. *(WiWi)* Kapitalverkehr *m*, Kapitalbewegung *f*; 2. *(Fin)* Kapitalfluss *m*
~ **formation** *(WiWi, Fin)* Kapitalbildung *f*, Vermögensbildung *f*
~ **funds** *(Fin)* Gesamtkapitalausstattung *f*, Eigenmittel *pl*
~ **gains** 1. *(WiWi, Fin)* Kapitalzuwachs *m*, Wertzuwachs *m*, Kapitalgewinn *m*; 2. *(Bö)* realisierte Kursgewinne *mpl*; 3. *(St)* Kapitalgewinn *m*
~ **gains tax** *(St)* Kapitalertragsteuer *f*, Wertzuwachssteuer *f*, Kapitalgewinnsteuer *f*, Vermögenszuwachssteuer *f*, Steuer *f* auf Veräußerungsgewinne
~ **goods** *(Gesch)* Anlagegüter *npl*, Investitionsgüter *npl*, Kapitalgüter *npl*
~ **growth** *(Bö)* Kapitalzuwachs *m*, Substanzerhöhung *f*, Wertzuwachs *m*
~ **income tax** *(WiWi, Fin, St)* Vermögens(zuwachs)steuer *f*
~ **increase** *(WiWi)* Erhöhung *f* des Kapitals, Kapitalzuwachs *m*
~ **inflow** *(WiWi)* Kapitalzufluss *m*
~-**intensive** *adj (WiWi)* anlagenintensiv, kapitalintensiv

~-**intensive industry** *(WiWi, Fin, Ind)* kapitalintensive Industrie *f*
~ **investment** 1. *(WiWi)* Anlageninvestition *f*, Investition; 2. *(Fin)* Kapitalanlage *f*
~ **investment appraisal** *(Fin)* Investitionsrechnung *f*
~ **investment strategy** *(Fin)* Investitionsstrategie *f*
~-**labo(u)r ratio** *(WiWi)* Kapitalintensität *f*, Verhältnis *n* von Kapital- zu Arbeitskosten
~ **lease** *(Fin, Gesch)* aktivierungspflichtiger Leasingvertrag *m*, Finanzierungs-Leasing *n*
~ **lease agreement** *(Gesch)* Finanzierungs-Leasingvertrag *m*
~ **leverage** *(Fin)* Hebelwirkung *f* des Fremdkapitals, Kapital-Hebelwirkung *f*
~ **levy** *(WiWi)* Vermögensabgabe *f*
~ **loss** *(WiWi, Fin)* Kapital(veräußerungs)-verlust *m*, Kapitalwertminderung *f*
~ **market** *(WiWi, Fin)* Kapitalmarkt *m*
~ **market interest rate** *(Bank)* Kapitalmarktzins *m*
~ **market yield** *(Bö)* Kapitalmarktrendite *f*
~ **needs** *(Fin)* Kapitalbedarf *m*
~ **outflow** *(RW, WiWi, Fin)* Kapitalabfluss *m*
~ **outlay** *(WiWi)* Investitionsaufwand *m*, Investitionsausgaben *fpl*
~-**output ratio** *(WiWi, Fin)* Kapitalkoeffizient *m*
~ **owner** *(Fin)* Kapitalgeber *m*, Kapitaleigner *m*
~ **paid in excess of par value** *(RW)* Agio *n*, Kapitalrücklage *f*
~ **procurement** *(Bank, Fin, Bö)* Kapitalbeschaffung *f*
~ **productivity** *(WiWi)* Kapitalproduktivität *f*
~ **profit** 1. *(RW, WiWi)* Kapitalgewinn *m*; 2. *(Fin, Gesch)* Kapitalwertzuwachs *m*; 3. *(St)* Kapitalgewinn *m*
~ **program(me)** *(Fin)* Investitionsprogramm *n*
~ **project** *(RW, Fin)* Investitionsprojekt *n*, Investitionsvorhaben *n*
~ **project evaluation** 1. *(WiWi)* Bewertung *f* eines Investitionsprojekts; 2. *(Fin)* Investitionsrechnung *f*
~ **raising** 1. *(Bank)* Kapitalbeschaffung *f*, 2. *(Fin)* Kapitalaufbringung *f*, Kapitalaufnahme *f*
~-**raising operation** *(Bank, Fin, Bö)* Kapitalbeschaffungstransaktion *f*
~ **ratio** *(Bank)* Eigenkapitalquote *f*
~ **reconstruction** *(Fin)* Sanierung *f*
~ **reorganization** *(Bö)* Kapitalumstrukturierung *f*
~ **requirements** *(Fin)* Finanzierungsbedarf *m*
~ **reserves** *(RW)* Gewinnrücklagen *fpl*, gesetzliche Rücklagen *fpl*, Kapitalrücklage *f*, Kapitalreserve *f*
~ **resources** *(WiWi)* Kapitalausstattung *f*, Eigenmittel *npl*
~ **rules** *(Fin)* Eigenkapitalvorschriften *fpl*, Eigenkapitalgrundsätze *mpl*, Kapitalunterlegungsvorschriften *fpl (rating, Basle II)*
~ **sharing** *(Pers)* Kapitalbeteiligung *f*
~ **spending** *(WiWi)* Investitionsaufwand *m*, Investitionsausgaben *fpl*
~ **stock** *(AE)* 1. *(RW)* Kapitaleinlage *f*; 2. *(WiWi)* Kapitalstock *m*; 3. *(Fin)* Geschäftskapital *n*, Stammkapital *n*, Grundkapital *n*
~ **stock issued** *(Bö)* ausgegebenes Kapital *n*
~ **structure** *(RW, WiWi, Fin)* Kapitalstruktur *f*
~ **sum** *(Fin)* Kapitalbetrag *m*, Kapitalsumme *f*
~ **surplus** 1. *(RW)* Kapitalrücklage *f*; 2. *(Bö)* Aktienemissionsagio *n*
~ **theory** *(WiWi)* Kapitaltheorie *f*
~-**to-assets ratio** *(RW, Bank)* Eigenkapitalquote *f*
~ **transaction** *(Fin)* Kapitalverkehr *m*
~ **transfer** *(Fin)* Kapitalübertragung *f*
~ **transfer tax** *(BE)* *(St)* Erbschafts- und Schenkungssteuer *f*
~ **user costs** *(WiWi)* Kapitalnutzungskosten *pl*
~ **utilization** *(WiWi)* Kapitalnutzung *f*
~ **value** *(RW, WiWi, Fin)* Kapitalwert *m*
~ **write-down** *(Fin)* Abschreibung *f*, Kapitalverminderung *f*

capitalism *(WiWi)* Kapitalismus *m*

capitalization 1. *(RW)* Aktivierung *f*; 2. *(WiWi, Fin)* Kapitalisierung *f*, Ausgabe *f* von Wertpapieren, Kapitalausstattung *f*, Aktivierung *f*; 3. *(Gesch, Med)* Großschreibung *f*; 4. *(Bö)* Börsenkapitalisierung *f*
~ **effect** *(WiWi, St)* Kapitalisierungseffekt *m*

~ **rate** *(WiWi, Fin)* interner Zinsfuß *m*, Kapitalisierungsfaktor *m*, Kapitalisierungssatz *m*
~ **ratio** *(Fin, Gesch)* Anlagenintensität *f*
capitalize *v (Gesch)* kapitalisieren, aktivieren
~ **on** *(Gesch)* aktivieren, nutzen
capitalized value *(WiWi)* Kapitalwert *m*
CAPM *s.* capital asset pricing model
capping *(Bank)* Festlegung *f* einer Obergrenze, Plafondierung *f (of interest rate)*
captive *adj(AE) (Ind)* konzernintern; Binnenkonzern-, für den Eigenbedarf
~ **finance company** *(WiWi)* konzerneigene Finanzierungsgesellschaft *f*
~ **market** *(V&M)* Markt *m* eines monopolistischen Anbieters
car available for private use *(St)* privat nutzbares Fahrzeug *n*
~ **industry** *(Ind, Trans)* Automobilindustrie *f*, Kraftfahrzeugindustrie *f*
~ **pool** *(Ind, Trans)* Fuhrpark *m*
~ **registration** *(Trans)* Kraftfahrzeugzulassung *f*
~ **tax** *(St)* KFZ-Steuer *f*
carbon dioxide tax *(Umw, St)* Kohlendioxidsteuer *f*, CO_2-Steuer *f*
~ **paper** *(Komm)* Durchschlagpapier *n*, Kohlepapier *n*
card *(Gesch, Pers)* Karte *f*, Visitenkarte *f*, Geschäftskarte *f*
~ **index** *(Verw)* Kartei *f*
cardholder *(Bank, Fin)* Karteninhaber(in) *m(f)*; Kreditkarteninhaber(in) *m(f) (of credit card)*
cardinal utility *(WiWi)* kardinaler Nutzen *m*
cards *(Gesch)* Entlassungspapiere *fpl* • **get one's ~** *(BE) (Gesch)* gekündigt werden • **give sb his ~** *(BE) (Gesch)* jmdn. an die Luft setzen, jmdn. entlassen
care *(Gesch)* Aufsicht *f*, Betreuung *f*, Sorgfalt *f*, Obhut *f (supervision)* • ~ **of** *(Komm, Gesch, AH)* bei, per Adresse, p.A., p.Adr., zu Händen von, z. Hd. v.
career *(Pers)* Karriere *f*, berufliche Laufbahn *f*, Beruf *m*
~ **advancement** *(Pers)* beruflicher Aufstieg *m*, berufliches Fortkommen *n*, berufliches Weiterkommen *n*
~ **adviser** *(Pers)* Berufsberater(in) *m(f)*
~ **aspiration** *(Pers)* Berufswunsch *m*
~ **counsel(l)ing** *(Pers)* Berufsberatung *f*
~ **decision** *(Pers)* berufliche Entscheidung *f*, Berufsentscheid *m*
~ **development** *(Pers)* Aufstieg *m*, berufliche Entwicklung *f*
~ **goals** *(Pers)* Karriereziel *n*
~ **guidance** *(Pers)* Berufsberatung *f*
~ **opportunities** *(Pers)* Karriereaussichten *fpl*, Berufschancen *fpl*, berufliche Chancen *fpl*
~ **options** *(Pers)* Berufswahl *f*
~**-oriented training** *(Pers)* berufsbezogene Aus- und Weiterbildung *f*
~ **path** *(Pers)* beruflicher Werdegang *m*
~ **pattern** *(Pers)* Berufslaufbahn *f*, beruflicher Werdegang *m*, Berufsverlauf *m ("career" stellt allerdings häufig auf Fortschritt/Erfolg ab)*
~ **pattern survey** *(Pers)* Berufsverlaufsuntersuchung *f*, Befragung *f* über Berufsverlauf
~ **planning** *(Pers)* Karriereplanung *f*, Berufsplanung *f*, berufliche Planung *f*
~ **prospects** *(Pers)* Laufbahnaussichten *fpl*, Karriereaussichten *fpl*
careers advice *(BE) (Pers)* Berufsberatung *f*
cargo *(Trans)* Beförderungsgut *n*, Ladung *f*, Frachtgut *n*, Transportgut *n*, Fracht *f*
~ **capacity** *(Trans)* Frachtkapazität *f*, Ladungsfähigkeit *f*, Ladungskapazität *f*
~ **clearance** *(AH)* Frachtabfertigung *f*
~ **handling charge** *(Trans)* Frachtladekosten *pl*, Frachtumschlagkosten *pl*, Güterverladungskosten *pl*
~ **homeward** *(Trans)* Rückladung *f*, Retourfracht *f*
~ **outward** *(Trans)* abgehende Fracht *f*
~ **transit** *(Trans)* Frachttransit *m*
carriage *(Trans)* Beförderung *f (act, charge)*; Transport- und Spediteurkosten *pl*, Frachtgeld *n*; Transportkosten *pl (of persons and goods)* • ~ **and insurance paid** *(AH, Vers, Trans)* frachtfrei versichert *(Incoterms)*; Fracht und Versicherung bezahlt *(named place of destination)* • ~ **forward** *(AH, Trans)* Frachtkosten per Nachnahme, Transport- und Spediteurkosten zu Lasten des Empfängers, Portonachnahme *f* • ~ **free** *(AH, Trans)* frachtfrei, frfr., frei Haus • ~ **paid** *(AH, Trans)* Fracht bezahlt, frachtfrei, frfr. *(named place of destination)*

carried forward *(RW, Gesch)* Übertrag *m*, Vortrag *m*
carrier 1. *(AH)* Beförderer *m*, Spediteur *m*; 2. *(Trans)* Beförderungsunternehmer *m*, Transportunternehmer *m*, Frachtführer *m*; Lufttransportgesellschaft *f*, Fluggesellschaft *f*
~ **haulage** 1. *(AH)* Spedition *f*; 2. *(Trans)* Frachtunternehmen *n*
~**'s liability** *(Vers)* Frachtführer-Haftpflicht *f*, Transporthaftung *f*
carry *v* 1. *(Fin)* übernehmen; 2. *(Gesch)* tragen, befördern, transportieren *(transport)*; 3. *(V&M)* führen; 4. *(Bö)* Wertpapiere halten *(keep in stock)*
~ **a loss** *(Fin)* einen Verlust tragen
~ **back** *(RW, Fin)* rücktragen, verrechnen, zurücktragen
~ **down** *(RW, Fin)* übertragen *(balance)*
~ **forward** *(RW, Fin)* übertragen, vortragen *(balance)*
~ **out** 1. *(Gesch)* abwickeln, ausführen, durchführen; 2. *(Recht)* vollziehen
carry-back 1. *(RW)* Rücktrag *m*; Verrechnung *f*, Verlustrücktrag *m (of loss)*; 2. *(Fin)* Verrechnung *f*
~**-back carry-forward system** *(St)* Verlustrücktrags-Verlustvortragssystem *n*
~**-back of loss** *(RW)* Verlustrücktrag *m*
~**-over** *(RW, Fin)* Saldovortrag *m*, Übertrag *n*
~**-over business** *(Bö)* Reportgeschäft *n*
~**-over loss** *(RW)* Verlustrücktrag *m*, Verlustvortrag *m*
~**-over rate** *(Bö)* Reportsatz *m*
carrying charges *(Trans)* Speditionskosten *pl*, Transportkosten *pl (of commodities)*
~ **value** *(RW)* Bilanzwert *m*, Buchwert *m*
cartage *(Trans)* Rollgeld *n*
cartel *(WiWi)* Kartell *n*
~ **law** *(Recht)* Kartellrecht *n*, Wettbewerbsrecht *n*
case 1. *(Gesch)* Kiste *f*, Tasche *f*, Aktenkoffer *m (for documents)*; 2. *(V&M)* Kasten *m*, Vorgang *m (file)*; 3. *(Recht)* Fall *m*, Prozess *m*; 4. *(Trans)* Kiste *f*, Koffer *m*
~ **book** *(Recht)* Fallsammlung *f*
~ **file** *(Gesch)* Fallordner *m*, Vorgang *m*, Vorgangsakte *f*
~ **law** *(Recht)* Fallrecht *n*, Präzedenzrecht *n*, Richterrecht *n*
~ **study** *(Gesch, Mgt, V&M)* Fallstudie *f*
cash *v (Bank, Fin)* einlösen
~ **a check** *(AE) (Bank)* einen Scheck einlösen
~ **a cheque** *(BE) (Bank)* einen Scheck einlösen
~ **in** *(Bö)* aus einem Geschäft aussteigen, gegen bar verkaufen
~ **in on sth** *(Fin)* aus etw. Kapital schlagen
cash *adj (Gesch)* bar
~**-settled** *(Gesch)* bar abgerechnet
cash *(Gesch)* Bargeld *n*, Barmittel *npl*, Geldmittel *npl*, Kasse *f*, *(ugs.)* Kohle *f* • **for** ~ *(Gesch)* in bar, gegen Barzahlung • **in** ~ *(Gesch)* bar, in bar • **on a ~ basis** *(Gesch)* gegen Barzahlung • **on a ~ received basis** *(RW)* Lieferung nur gegen Barzahlung • ~ **with order** *(Gesch)* zahlbar bei Auftragserteilung, zahlbar bei Bestellung
~ **accounting** *(RW)* Einnahmen-Ausgaben-Rechnung *f*
~ **against documents** *(AH)* Barzahlung *f* gegen Dokumente, Kasse *f* gegen Dokumente
~ **and carry wholesaler** *(V&M)* Selbstbedienungsgroßhändler(in) *m(f)*
~ **and debt position** *(Fin, Bank)* Liquiditätsstatus *m*
~ **assets** *(Fin)* Barvermögen *n*
~ **balance** 1. *(RW)* Barguthaben *n*, Geldbestand *m*; Kassenbestand *m*, Kassensaldo *m (takings)*; 2. *(Bank)* Bankguthaben *n*
~ **basis of accounting** *(RW)* Buchführung *f* auf Einnahmen- und Ausgabenbasis, Einnahmen-Ausgaben-Rechnung *f*
~ **before delivery** *(Gesch, AH)* Barzahlung *f* [Kasse *f*] vor Lieferung
~ **benefit** 1. *(Verw, Gesch)* Geldleistung *f*; 2. *(Vers)* Bardividende *f*, Geldleistung *f*; 3. *(Pers, Soz)* Barleistung *f*
~ **bills** *(Bank, Fin)* Bundeskassenscheine *mpl (short-term zero bond)*
~ **book** *(RW, Verw)* Kassenbuch *n*
~ **budgeting** *(RW, WiWi)* Einnahmen-Ausgaben-Planung *f*, (kurzfristige) Liquiditätsplanung *f*
~ **card** *(Bank)* Geld(automaten)karte *f*
~ **contribution** *(RW)* Bareinlage *f*
~ **cow** *(WiWi)* Unternehmen *n* mit hohen Liquiditätsreserven
~ **cow products** *(Gesch)* Cash-Cow-Produkte *npl*, ertragsstarke Produkte *npl*

~ **credit** *(Gesch)* Barkredit *m*
~ **dealings** *(Bö)* Kassageschäfte *npl*
~ **deposit** 1. *(RW)* Bareinlage *f*, Barsicherheit *f*; 2. *(V&M)* Anzahlung *f*
~ **deposit acknowledgement** *(Fin)* Bestätigung *f* der Barhinterlegung
~ **deposits ratio** 1. *(Bank)* Barreservesatz *m*; 2. *(Fin)* Liquidität *f* ersten Grades
~ **desk** 1. *(Bank)* Kasse *f*, Kassenschalter *m*; 2. *(Gesch)* Kasse *f*
~ **disbursement** *(RW)* Kassenausgang *m*, Kassenauszahlung *f*
~ **discount** 1. *(Fin, Gesch)* Barzahlungsrabatt *m*, Skonto *m*; 2. *(V&M)* Barzahlungsrabatt *m*
~ **dispenser** *(Bank)* Geldausgabeautomat *m*, GAA, Geldautomat *m*
~ **dividend** *(Fin)* ausgeschüttete Dividende *f*, Barausschüttung *f*, Bardividende *f*
~ **drain** *(Fin)* Abgang *m* an flüssigen Mitteln
~ **earnings** *(Fin)* Bareinnahmen *fpl*, Barverdienst *m*, Reingewinn *m* plus Abschreibungen *fpl*
~ **economy** *(WiWi)* Schattenwirtschaft *f*, Untergrundwirtschaft *f*
~ **entry** *(RW, Verw)* Kassenbuchung *f*
~ **equivalents** *(Fin)* Bar(gegen)werte *mpl*
~ **exchange rate** *(WiWi)* Sortenkurs *m*
~ **flow** *(RW, Fin)* Barmittelstrom *m*, Einnahmeüberschuss *m*, Cashflow *m*
~ **flow method** *(Fin)* Kapitalwertmethode *f*
~ **flow statement** *(Fin)* Cashflow-Bericht *m*, Kapitalflussrechnung *f*
~ **forecast** 1. *(RW)* Kassenbudget *n*, Kassenplan *m*, Liquiditätsplan *m*; 2. *(Fin)* Liquiditätsprognose *f*
~ **holdings** *(RW)* Bargeldbestände *mpl*, Kassenbestände *mpl*, verfügbare Barmittel *npl*
~ **in advance** *(RW)* Vorkasse *f*
~ **in hand** 1. *(RW)* Barguthaben *n*, verfügbare Barmittel *npl*; 2. *(Fin)* Kassenbestand *m*, verfügbare Barmittel *npl*; 3. *(Gesch)* Bargeld *n*
~ **in transit** *(RW)* durchlaufende Zahlungsmittel [Mittel] *npl*
~ **income and outgoings plan** *(RW)* Liquiditätsplan *m*
~ **inflow** *(Fin)* Barmittelzufluss *m*, Kapitalzustrom *m*, Zugang *m* an flüssigen Mitteln
~ **inventory** 1. *(Bank)* Geldbestand *m*; 2. *(Gesch)* Bargeldbestand *m*
~ **journal** *(RW)* Kassenbuch *n*
~ **management** *(RW)* Finanzmanagement *n*, Gelddisposition *f*, Kassenhaltung *f*, Liquiditätssteuerung *f*, Kassenverwaltung *f*
~ **management account** *(Fin)* Gelddispositionskonto *n*
~ **management system** *(Bank)* Finanz-Disposystem *n*
~ **market** *(Bö)* Kassamarkt *m*
~ **market rates** *(Bö)* Kassakurse *mpl*, Kassamarktwechselkurse *mpl*
~ **needs** *(Fin)* Bargeldbedarf *m*
~ **on delivery** 1. *(RW)* Lieferung *f* gegen Nachnahme; 2. *(Fin, Gesch, AH)* Zahlung *f* durch Empfänger, Barzahlung *f* bei Lieferung; 3. *(Trans)* Lieferung *f* gegen Nachnahme
~ **on hand** 1. *(RW)* Barbestand *m*, verfügbare Barliquidität *f*; 2. *(Gesch)* Barbestand *m*, Kasse *f*
~ **outflow** *(RW, WiWi, Fin)* Kapitalabfluss *m*
~ **payment** *(Bank)* Auszahlung *f* in bar, Bar(aus)zahlung *f*
~ **payments journal** *(RW)* Kassenausgangsbuch *n*
~ **position** 1. *(RW)* Barposition *f*, Bestand *m* an liquiden Mitteln, Kassenstand *m*; 2. *(Bank)* Liquiditätsposition *f*; 3. *(Fin)* Barliquidität *f*
~ **price** *(Gesch)* Barpreis *m*
~ **ratio** *(Fin)* Barliquidität *f*, Liquidität *f* ersten Grades, Liquiditätsgrad *m*
~ **receipts** *(RW)* Bareinnahmen *fpl*, Kasseneingänge *mpl*, Kasseneinnahmen *fpl*
~ **receipts journal** *(RW)* Kasseneinnahmenbuch *n*
~ **record** *(RW)* Kassenbeleg *m*
~ **register scanner** *(EDV, V&M)* Scanner-Kasse *f*
~ **requirement** *(RW)* Baranforderung *f*, Bedarf *m* an liquiden Mitteln, Geldbedarf *m*
~ **reserve** *(RW, Bank)* Barreserve *f*, Barmittelrücklage *f*, Liquiditätsreserve *f*
~ **settlement** *(Fin, Bö)* Barabfindung *f*, Geldabfindung *f*, Kapitalabfindung *f*, Barregulierung *f*
~ **shortage** *(Fin)* Bargeldknappheit *f*, Liquiditätsenge *f*
~ **statement** *(RW)* Kassenbericht *m*
~ **surplus** 1. *(RW)* Bargeldüberschuss *m*; 2. *(Fin)* Kassenüberschuss *m*

~ **transaction** *(RW)* Bargeschäft *n*, Barverkauf *m*
~ **transactions velocity** *(WiWi)* Umlaufgeschwindigkeit *f*
~ **transfer** *(Bank, Fin)* Barüberweisung *f*
~ **value** 1. *(RW)* Barwert *m*, Marktwert *m*; 2. *(Vers)* Kapitalwert *m*
~ **voucher** *(RW)* Kassenbeleg *m*
~ **withdrawal** *(RW, Bank)* Barabhebung *f*, Barentnahme *f*
cashier 1. *(Pers)* Kassenführer(in) *m(f)*; 2. *(V&M)* Kassierer(in) *m(f)*
~**'s check** *(AE) (Bank)* Bankscheck *m*, Barscheck *m*, Kassenscheck *m*
~**'s cheque** *(BE) (Bank)* Bankscheck *m*, Barscheck *m*, Kassenscheck *m*
cashless pay *(Pers)* bargeldlose Lohn- und Gehaltszahlung *f*
~ **payment system** *(Bank)* bargeldloser Zahlungsverkehr *m*
casual employment *(Pers)* Gelegenheitsbeschäftigung *f*, Gelegenheitsarbeit *f*
~ **jobs** *(Pers)* Gelegenheitsarbeiten *fpl*
~ **labo(u)r** *(Pers)* Gelegenheitsarbeit *f*
~ **labo(u)rer** *(Pers)* Aushilfskraft *f*, Gelegenheitsarbeiter(in) *m(f)*
~ **work** *(Pers)* Gelegenheitsarbeit *f*
catalog(ue) *(Gesch)* Katalog *m*, Verzeichnis *n*
~ **buying** *(BE) (V&M)* Einkauf *m* im Versandhandel, Einkauf *m* im Versandhaus, Fernkauf *m*
catch line *(V&M)* Schlagzeile *f*
~**-up demand** *(WiWi)* Nachholbedarf *m*
catch *v* **up** *(WiWi, Gesch)* aufholen
catching-up process *(WiWi)* Aufholprozess *m*
categorize *v* 1. *(Verw)* klassifizieren; 2. *(Gesch)* einreihen, einstufen
category 1. *(Gesch)* Kategorie *f*, Merkmalsklasse *f*; 2. *(Pat)* Kategorie *f*, Klasse *f*, Warengruppe *f (of goods)*
cater *v* **for** *(Gesch)* abgezielt sein auf, sorgen für, verpflegen
catering 1. *(Gesch)* Gaststättenwesen *n*, Kantinenwesen *n*; 2. *(Pers)* Verpflegung *f*, 3. *(F&T)* Bewirtung *f*, Gastronomie *f*, Versorgung *f*, 4. *(V&M)* Verpflegung *f*
cause *v (Gesch)* veranlassen, verursachen
cause 1. *(Gesch)* Ursache *f*, Veranlassung *f*, Motiv *n (reason)*; 2. *(Pol)* Ursache *f*, Mission *f*, Motiv *n (purpose, common, cause)*
~ **of action** *(Recht)* Klagegrund *m (for claim)*
~ **of loss** *(Gesch)* Schadensursache *f*
caution money *(Recht)* Kaution *f*
cautioning as to rights *(Recht)* Rechtsmittelbelehrung *f*
cautious *adj (Gesch)* vorsichtig, reserviert, umsichtig, zurückhaltend *(reticent)*
CC *s.* civil commotion
CCP *s.* central counterparty
ccTLD *s.* country-code Top-Level Domain
CD-R *s.* compact disc recordable
CD-Recordable *(EDV, Med)* CD-R, CD-Recordable *f (write-once)*; CD-Rohling *m*, Rohling *m (blank)*
CD-RW *s.* compact disc rewritable [read/-write]
CD-Writer *(EDV, Med)* CD-Brenner *m*, CD-Recorder *m*
cease *v (Gesch)* aufhören, einstellen, beenden
~ **to have effect** *(Recht)* nicht mehr rechtswirksam sein
cede *v* 1. *(Vers)* abgeben; 2. *(Recht)* abtreten, zedieren
cedent *(Vers, Recht)* Zedent *m*, Abtretende(r) *f(m)*
ceding company *(Vers)* abgebende Gesellschaft *f*, Zedent *m*, zedierende Gesellschaft *f*
ceiling 1. *(RW)* Höchstgrenze *f*, 2. *(Fin)* Höchstbetrag *m*
~ **price** *(WiWi)* äußerster Kurs *m*, Höchstpreis *m*
~ **rate** *(Bö)* Zinsobergrenze *f (interest rate futures)*
celtic tiger *(Gesch)* keltischer Tiger *m*, Irland *(Ireland in the 1990s)*
census *(Gesch)* Großzählung *f*, Totalstatistik *f*, Zensus *m*
~ **of business** *(AE) (WiWi)* Unternehmensstatistik *f*
~ **of manufacturers** *(AE) (Ind)* Erzeugerstatistik *f*
~ **of population** *(WiWi)* Volkszählung *f*, Bevölkerungsstatistik *f*
~ **of production** *(WiWi)* Produktionsstatistik *f*
~ **of retail trade** *(AE) (WiWi)* Einzelhandelsstatistik *f*
~ **sample** *(V&M)* statistische Stichprobe *f*

center *(AE)* 1. *(Gesch)* Mitte *f*, Mittelpunkt *m (point, focus)*; Mittelstück *n (part)*; Zentrum *n (of town)*; 2. *(Ind)* Kern *m*, Mitte *f*
central administration *(Recht)* Hauptverwaltung *f*
~ **bank** 1. *(Bank)* Zentralbank *f*, 2. *(WiWi)* zentrale Notenbank *f*
~ **bank policy** *(WiWi)* Notenbankpolitik *f*
~ **bank transactions** 1. *(Bank)* Zentralbankgeschäft *n*; 2. *(WiWi)* Zentralbankgeschäfte *npl*, Zentralbankoperationen *fpl*
~ **counterparty** *(Bank, Bö)* zentrale Gegenpartei *f*
~ **government** *(Gesch, Pol)* Zentralregierung *f*
~ **government borrowing requirement** *(WiWi)* Kreditbedarf *m* der Zentralregierung
~ **place theory** *(WiWi)* Theorie *f* der zentralen Orte
~ **rate** *(WiWi)* Leitkurs *m*
~ **European Time** *(Gesch)* mitteleuropäische Zeit *f*, MEZ
~ **Risk Service** *(Bank, Fin)* Evidenzzentrale *f*
~ **Statistical Office** *(BE) (WiWi)* statistisches Zentralbüro, ≈ statistisches Bundesamt *n*
centralization *(Gesch)* Zentralisation *f*, Zentralisierung *f*
centralized *adj (Gesch)* zentralisiert
~ **planned economy** *(WiWi)* Zentralverwaltungswirtschaft *f*
centrally-planned economies *(WiWi)* Staatshandelsländer *mpl*
centre *(BE)* 1. *(Gesch)* Mitte *f*, Mittelpunkt *m (point, focus)*; Mittelstück *n (part)*; Zentrum *n (of town)*; 2. *(Ind)* Kern *m*, Mitte *f*
CEO *s.* chief executive officer
certainty *(WiWi, Gesch)* Bestimmtheit *f*, Gewissheit *f*, Sicherheit *f*
certificate 1. *(Komm)* Bescheinigung *f*, Besch., Bestätigung *f*, Best.; 2. *(Fin)* Urkunde *f*, Urk.; 3. *(Gesch)* Bescheinigung *f*, Besch., Zertifikat *n*; 4. *(Bö)* Anteilsschein *m*, Zertifikat *n*
~ **in duplicate** *(Gesch)* Urkunde *f* in doppelter Ausfertigung
~ **of compliance** 1. *(Verw)* Bescheinigung *f* über Ordungsmäßigkeit; 2. *(Gesch)* Einwilligungsbescheinigung *f*
~ **of deposit** *(Fin)* Einlagenzertifikat *n*, Depositenzertifikat *n*
~ **of employment** *(Pers)* Arbeitsbescheinigung *f*, Arbeitszeugnis *n*
~ **of incorporation** *(Recht)* amtliche Registrierungsbescheinigung *f*, Gründungsurkunde *f*
~ **of indebtedness** *(Gesch)* Schuldurkunde *f*
~ **of manufacture** *(Ind)* Ursprungszeugnis *n*
~ **of origin** *(Fin, AH)* Ursprungszeugnis *n*, Herkunftsbescheinigung *f*, Ursprungsbescheinigung *f*, Ursprungszertifikat *n*
~ **of ownership** 1. *(Gesch)* Eigentumsurkunde *f*, 2. *(Gb)* Eigentumsbescheinigung *f*, Eigentumsnachweis *m*
~ **of posting** *(Komm)* Posteinlieferungsschein *m*
~ **of qualification** *(Recht)* Befähigungsnachweis *m*
~ **of shipment** *(AH, Trans)* Ladeschein *m*, Verschiffungsbescheinigung *f*
~ **of title** *(Gb)* Eigentumsnachweis *m*
~ **of value** *(BE) (AH)* Wertbescheinigung *f*
~ **of value and origin** *(BE) (AH)* Wert- und Ursprungszertifikat *n*, Wert- und Ursprungszeugnis *n*
certification 1. *(Gesch)* Bestätigung *f*, Zertifizierung *f*, 2. *(Recht)* Beglaubigung *f*
~ **authority** *(Gesch, Recht)* Zertifizierungsstelle *f*, Bestätigungsstelle *f*, Trust-Center *n*
~ **mark** 1. *(Gesch)* Gütemarke *f*, Gütezeichen *n*; 2. *(Pers)* Verbandsmarke *f*, 3. *(Recht)* Gütemarke *f*, Gütezeichen *n*; 4. *(Pat)* Ursprungshinweis *m*
certified *adj* 1. *(Verw)* zertifiziert; 2. *(Recht)* amtlich beglaubigt
~ **accountant** *(BE) (RW)* zugelassener Wirtschaftsprüfer *m*, zugelassene Wirtschaftsprüferin *f*
~ **accounts** *(RW)* testierter Abschluss *m*
~ **check** *(AE)* 1. *(Bank)* bestätigter Scheck *m*, gedeckter Scheck *m*; 2. *(WiWi)* bankbestätigter Scheck *m*
~ **cheque** *(BE)* 1. *(Bank)* bestätigter Scheck *m*, gedeckter Scheck *m*; 2. *(WiWi)* bankbestätigter Scheck *m*
~ **copy** 1. *(Verw)* amtlich beglaubigte Kopie *f*, 2. *(Recht)* beglaubigte Abschrift *f*

~ **declaration of origin** *(AH)* legalisierte Ursprungserklärung *f*, testierte Ursprungserklärung *f*
~ **financial statement** *(RW)* Abschluss *m* mit Bestätigungsvermerk, testierter Abschluss *m*
~ **invoice** *(RW, Verw)* Konsulatsfaktura *f*
~ **mail** *(AE) (Komm)* Einschreiben *n*
~ **public accountant** *(AE) (RW)* konzessionierte(r), zugelassene(r) Wirtschaftsprüfer(in) *m(f)*
~ **standard** *(Gesch, Recht)* Zertifizierungsstandard *m*
~ **true copy** *(Recht)* beglaubigte Abschrift *f*, beglaubigte Kopie *f*
certify *v (Recht)* beglaubigen
CES production function *(WiWi)* CES-Produktionsfunktion *f (Produktionsfunktion mit konstanter Substitutionselastizität)*
cessation *(Gesch)* Einstellung *f*
~ **of employment** *(Pers)* Ende *n* der Beschäftigung, Ende *n* des Beschäftigungsverhältnisses, Ende *n* des Arbeitsverhältnisses, Beendigung *f* des Beschäftigungsverhältnisses, Beendigung *f* des Arbeitsverhältnisses
~ **of interest** *(BE) (Bank)* Einstellung *f* von Zinszahlungen
~ **of payment** *(Bank, Gesch)* Zahlungseinstellung *f*
cession *(Gesch, Vers, Recht)* Abtretung *f*, Zession *f*
ceteris paribus *(Gesch)* unter sonst gleichen Umständen, ceteris paribus, ceteris paribus-Klausel *f*
CFR *s.* cost and freight 2.
chain banking *(AE) (Bank)* Filialbankwesen *n*
~ **of distribution** *(Ind)* Verteilungskette *f*, Distributionskette *f*
chair *(Gesch)* Gesprächsleiter(in) *m(f)* • **be in the ~** *(Mgt)* den Vorsitz führen
chair *v* **a meeting** *(Mgt)* den Vorsitz führen
chairman *(Pers, Mgt)* Tagungsleiter *m*, Versammlungsleiter *m*, Vorsitzender *m*
chairmanship *(Mgt)* Präsidentschaft *f*, Vorsitz *m*
chairperson *(Pers, Mgt)* Tagungsleiter(in) *m(f)*, Versammlungsleiter(in) *m(f)*, Vorsitzende(r) *f(m)*
chairwoman *(Pers, Mgt)* Tagungsleiterin *f*, Versammlungsleiterin *f*, Vorsitzende *f*
challenge *v* 1. *(Gesch)* herausfordern; 2. *(Recht)* anfechten
Chamber of Commerce *(WiWi, Gesch, Recht)* Handelskammer *f*, HK
~ **of Commerce and Industry** *(WiWi)* Industrie- und Handelskammer *f*, IHK
Chancellor of the Exchequer *(BE) (WiWi, Fin, Pol)* Finanzminister *m*, Schatzkanzler *m*
change *v* 1. *(WiWi)* ändern *(supply or demand)*; wechseln, einwechseln *(money)*; 2. *(Gesch)* verwandeln *(convert)*; ändern, verändern *(alter)*; umwandeln, verändern *(transform)*; abändern *(amend)*; umtauschen *(swap)*; 3. *(Recht)* umwandeln *(sentence)*
~ **hands** *(V&M)* den Besitzer wechseln *(money, goods, business)*
change 1. *(WiWi)* Änderung *f (in supply or demand)*; 2. *(Gesch)* Verwandlung *f (conversion)*; Änderung *f (alteration)*; Umwandlung *f*, Veränderung *f (transformation)*; Abänderung *f (amendement)*; Umtausch *m (swap)*; Wechselgeld *n (in coins)*; 3. *(Recht)* Umwandlung *f (of sentence)*
~ **dispenser** *(Gesch)* Wechselgeldautomat *n*
~ **of job** *(Pers)* Arbeitsplatzwechsel *m*, Stellenwechsel *m*
~ **of ownership** *(Recht)* Eigentumsübergang *m*
~ **of residence** *(Pers)* Wohnungswechsel *m*, Wohnortwechsel *m*, Wechsel *m* des Wohnorts
changes required *(Recht)* gebotene Änderungen *fpl*
channel *v (Gesch)* kanalisieren
channel 1. *(EDV, Med, V&M)* Kanal *m*; 2. *(WiWi, Gesch)* Wirk(ungs)zusammenhang *m*, Wirkungsmechanismus *m*
~ **of communication** *(Pers, Mgt)* Kommunikationskanal *m*, Kommunikationsweg *m*
~ **of distribution** *(V&M)* Absatzkanal *m*, Absatzweg *m*
~ **of payment** *(Bank)* Zahlungsweg *m*
characteristics *(Gesch)* Eigenschaften *fpl*, Ausgestaltung *f*
charge *v* 1. *(RW, Bank)* belasten; 2. *(Gesch)* anrechnen, *(fee)* berechnen, *(amount)* in Rechnung stellen, berechnen;

3. *(Recht)* belasten, anklagen; 4. *(V&M)* berechnen
~ **against** *(RW)* belasten
~ **as an expense** *(RW)* als Ausgabe verrechnen
~ **as present operating cost** *(RW)* als Aufwand verrechnen
~ **forward** *(Gesch)* Kosten per Nachnahme erheben
~ **interest** *(Bank)* Zinsen berechnen
~ **off** *(RW)* abbuchen, ausbuchen
~ **to** *(Gesch)* zurechnen *(expenses)*
~ **to capital** *(RW)* aktivieren
~ **with** *(Gesch)* beauftragen
charge 1. *(RW)* Belastung *f*, 2. *(WiWi)* Abgabe *f*, *(fee)* Gebühr *f*, 3. *(Fin)* Gebühr *f*, 4. *(Gesch)* Abgabe *f*, Anrechnung *f*, Kosten *pl*, Preis *m*; 5. *(Recht)* Anklage *f*, Belastung *f*, Rechtsbelehrung *f* • **at no ~** *(Gesch)* kostenlos, gebührenfrei • **be in ~ of** *(Gesch)* zuständig sein für, leiten
~ **back** *(Bank)* Ausgleichsbuchung *f*, Rückbelastung *f*
~ **card** *(Bank, V&M)* Zahlungskarte *f*, Kreditkarte *f*, Kundenkreditkarte *f*
~ **off** *(RW)* Abbuchung *f*, Ausbuchung *f*, Verlust *m*
chargeable *adj* 1. *(Gesch)* anrechenbar, zu berechnen, zu verantworten; 2. *(Recht, St)* abgabenpflichtig
~ **assets** *(St)* anrechenbare Vermögenswerte *mpl (capital gains tax)*
~ **services** *(Komm)* gebührenpflichtige Tatbestände *mpl*
charges 1. *(RW)* Aufwendungen *fpl*; 2. *(Bank, WiWi, Fin)* Gebühren *fpl* • **~ paid** *(AH, Trans)* Gebühren bezahlt • **~ prepaid** *(Gesch)* Kosten vorausbezahlt
~ **on banking transactions** *(Bank)* Bankgebühren *fpl*
charitable foundation *(St)* wohltätige Stiftung *f*
~ **trust** *(St)* wohltätige Stiftung *f*
charity *(St)* Wohltätigkeit *f (beneficence)*; wohltätige Organisation *f* [Stiftung *f*]
~ **fund** *(St)* Wohltätigkeitsfonds *m*
~ **fundraising** *(Fin)* Spendensammlung *f*
chart *(Gesch)* Übersicht *f (table)*; Diagramm *n (diagram, graph)*; Schaubild *n*, tabellarische Darstellung *f*
~ **analysis** *(Bank, Fin, WiWi)* Chartanalyse *f*
~ **of accounts** *(RW)* Kontenplan *m*, Kontenrahmen *m*
charter 1. *(AH)* Miete *f*, 2. *(Recht)* Gesellschaftssatzung *f*, Gründungsurkunde *f*, Statuten *npl (company law)*; 3. *(Trans)* Charter *f*, Miete *f*
~ **contract** *(Trans)* Chartervertrag *m*
~ **flight** *(Trans)* Charterflug *m*
chartered *adj (Gesch)* konzessioniert
~ **accountant** *(BE) (RW)* zugelassener Wirtschaftsprüfer *m*, zugelassene Wirtschaftsprüferin *f*
~ **bank** *(Bank)* konzessionierte Bank *f*
chartism *(Bö)* technische Chartanalyse *f*
chartist *(Bö)* Chart-Wertpapieranalyst(in) *m(f)*
chat *v (EDV, Komm, Med)* chatten, plaudern *(Internet)*
chat *(EDV, Komm, Med)* Online-Gespräch *n*, Netzgeplauder *n*, Chat *m*
chattel mortgage *(Bank)* Pfandrecht *n* an beweglichen Sachen
~ **paper** *(WiWi)* Urkunde *f* über Sicherungsverträge, Verkehrspapier *n*
chattels *(Recht)* bewegliche Güter *npl*
~ **personal** 1. *(Recht)* Mobiliarvermögen *n*; 2. *(Gb)* bewegliches Vermögen *n*, persönliche Habe *f*
cheap *adj (Gesch)* billig, preiswert
~ **money** *(WiWi)* billiges Geld *n*
~ **money policy** *(WiWi)* Politik *f* des billigen Geldes
cheapen *v (Gesch)* verbilligen
cheat *v (Gesch)* beschwindeln, betrügen
check *v* 1. *(Gesch)* überprüfen, nachprüfen, *(ugs.)* checken *(examine)*; unter Kontrolle halten *(restrain)*; abhaken *(mark)*; 2. *(Trans)* kontrollieren *(ticket)*
~ **out** *(F&T)* sich abmelden; abreisen *(e.g. leave hotel)*
~ **thoroughly** *(Gesch)* gründlich überprüfen, *(ugs.)* durchchecken
check *(Bank, Gesch)* Prüfung *f (examination)*; Rechnung *f*, Überprüfung *f (invoice)*; Haken *m*, Häkchen *n*, Kontrollzeichen *n*, Kontrollvermerk *m (mark)*
~ **list** *(Gesch)* Aufnahmebogen *m*, Checkliste *f*, Kontrollliste *f*
~ **mark** *(AE) (Gesch)* Haken *m*, Häkchen *n*, Kontrollzeichen *n*, Kontrollvermerk *m*
checkbook *(AE) s.* chequebook

checker 1. *(Pers)* Kontrolleur(in) *m(f)*; 2. *(V&M) (AE)* Aufsichtsbeamter *m*, Aufsichtsbeamtin *f*
checking account *(AE) (Bank)* Girokonto *n*, Kontokorrentkonto *n*, Kontokorrent *n*, laufendes Konto *n*, Scheckkonto *n*
checkout 1. *(F&T)* Abmeldung *f (hotel)*; 2. *(V&M)* Ausgangskasse *f*, Kasse *f (in store)*
~ **lane** *(V&M)* Kasse *f*, Ausgangskasse *f*
chemical industry *(Ind)* Chemieindustrie *f*, chemische Industrie *f*
~ **works** *(Ind)* Chemiewerke *npl*
chemistry 1. *(Umw)* Chemie *f*; 2. *(Gesch) (ugs.)* Chemie *f*, Verträglichkeit *f (between people)*; 3. *(Ind)* Chemie *f*
cheque *(BE) (Bank)* Scheck *m*
~ **account** *(BE) (Bank)* Girokonto *n*, Kontokorrent(konto) *n*, laufendes Konto *n*, Scheckkonto *n*
~ **card** *(BE) (Bank)* Scheckkarte *f*
~ **clearing** *(BE) (Bank)* Scheckverrechnung *f*
~ **counterfoil** *(BE) (Bank)* Scheckabschnitt *m*
~ **embargo** *(BE) (Bank, Fin)* Schecksperre *f*
~ **forgery** *(BE) (Bank)* Scheckfälschung *f*
~ **form** *(BE) (Bank)* Scheckformular *n*, Scheckvordruck *m*
~ **issue** *(BE) (Bank, Fin)* Scheckausgabe *f*, Scheckausstellung *f*
~ **payment** *(BE) (Bank)* Scheckzahlung *f*
~ **payment system** *(BE) (Bank)* Scheckeinlösungssystem *n*
~ **requisition** *(BE) (RW, Bank)* Scheckanforderungsformular *n*
~ **to the amount of** *(BE) (Bank)* Scheck *m* in Höhe von
~ **without provision** *(BE) (Bank)* ungedeckter Scheck *m*
~ **without sufficient funds** *(BE) (Bank)* ungedeckter Scheck *m*
chequebook *(BE) (Bank)* Scheckbuch *n*, Scheckheft *n*
cherry-picking *(Bank, Bö)* Rosinenpicken *n*
chief *(Pers)* Vorgesetzte(r) *f(m)*
~ **accountant** *(RW)* erster Buchhalter *m*, erste Buchhalterin *f*, Hauptbuchhalter(in) *m(f)*, Bilanzbuchhalter(in) *m(f)*
~ **assets** *(Bö)* Hauptvermögenswerte *mpl*
~ **economist** *(Gesch)* Chefvolkswirt(in) *m(f)*
~ **editor** *(Med)* Redaktionschef(in) *m(f)*, Chefredakteur(in) *m(f)*
~ **executive** 1. *(Pers)* oberste Führungs- und Verwaltungsspitze *f* einer Kapitalgesellschaft, Vorstandsvorsitzende(r) *f(m)*; 2. *(Mgt)* Generaldirektor(in) *m(f)*, leitende(r) Direktor(in) *m(f)*, oberster Verwaltungsbeamter *m*, oberste Verwaltungsbeamtin *f*, Gemeindedirektor(in) *m(f) (of local authority)*; Vorstandsvorsitzende(r) *f(m)*, Generalbevollmächtigte(r) *f(m)*, Hauptgeschäftsführer(in) *m(f) (of business)*
~ **executive officer** *(AE) (Pers)* Chief Executive Officer *m*, Hauptgeschäftsführer(in) *m(f)*, Vorstandsvorsitzende(r) *f(m)*
~ **financial officer** *(Pers)* Finanzleiter(in) *m(f)*, Finanzchef(in) *m(f)*
~ **negotiator** *(Gesch)* Chefunterhändler(in) *m(f)*
~ **operating officer** 1. *(Pers)* oberste Führungskraft *f*; 2. *(Mgt)* Geschäftsführer(in) *m(f)*
child labo(u)r *(Soz)* Kinderarbeit *f*
Chinese walls *(Bank, Fin, Bö)* Informationsbarriere *f*, innere Abschottung *f (insider trading)*
chip-card *(Bank)* Chipkarte *f*
chip card reader *(EDV, Komm)* Kartenleser *m*
choose *v (Gesch)* (aus)wählen
choice *(Gesch)* Wahl *f (choosing, thing chosen)*; Auswahl *f*, Sortiment *n (assortment)*
~ **of field of study** *(Pers)* Studienfachwahl *f*, Wahl *f* des Studienfaches
~ **of field of subject** *(Pers)* Studienfachwahl *f*, Wahl *f* des Studienfaches
~ **of job** *(Pers)* Arbeitsplatzwahl *f*, Wahl *f* des Arbeitsplatzes
~ **variable** *(WiWi)* Entscheidungsvariable *f (decision theory)*
churning 1. *(Bö) (ugs.)* Provisionsschneiderei *f*; 2. *(Fin) (ugs.)* Gaunerei *f*, *(ugs.)* Provisionsschneiderei *f*
C.I. *s.* consular invoice
CI&F *s.* cost, insurance and freight
CIF *s.* cost, insurance, freight
~ **contract** *(AH)* cif-Vertrag *m*
~ **landed** *(AH)* cif einschließlich Löschen
cipher *(Komm)* Ziffer *f*, Code *m*, Chiffre *f (code)*; Zahl *f (number)*
circa *adv (Gesch)* ungefähr, ung., zirka, ca., rund, rd.

circuit 1. *(Komm)* Verbindung *f*, 2. *(Recht)* Gerichtsbezirk *m*
circular *(Komm)* Rundschreiben *n*
~ **flow** *(WiWi)* Wirtschaftskreislauf *m*
circulate *v* 1. *(Komm, Med)* verbreiten *(newspaper, magazine)*; 2. *(Komm)* im Umlauf sein, kursieren *(information, news)*
circulating capital *(WiWi)* Betriebskapital *n*
circulation 1. *(Komm)* Verbreitung *f*, 2. *(WiWi)* Umlauf *m (money)*; 3. *(Med)* Auflage *f*, Auflagenhöhe *f (of newspaper, magazine)*; 4. *(V&M)* Verbreitung *f*
circumstances *(Gesch)* Sachlage *f*, Sachverhalt *m*, Situation *f* • **under the** ~ *(Gesch, Recht)* nach Lage der Dinge, unter den gegebenen Umständen • **under no** ~ *(Gesch, Recht)* unter keinen Umständen
circumstantial evidence *(Recht)* Indizienbeweis *m*
CIS *s.* Commonwealth of Independent States
citation 1. *(Recht)* Vorladung *f*, 2. *(Pat)* Entgegenhaltung *f*
cite *v* 1. *(Gesch)* zitieren; 2. *(Recht)* vorladen; 3. *(Pat)* entgegenhalten
citizenship *(Pol)* Staatsangehörigkeit *f*, Staatsbürgerschaft *f*
city *(Pol)* Stadt *f*, Innenstadt *f*, Großstadt *f*
~ **states** *(Pol)* Stadtstaaten *mpl (Berlin, Bremen, Hamburg)*
City/the *(Fin)* Londoner City *f*
civil action *(Recht)* Zivilprozess *m*
~ **claim** *(Recht)* zivilrechtlicher Anspruch *m (contract)*
~ **commotion** *(Vers, Pol)* Aufruhr *m*, Bürgerunruhen *fpl*, innere Unruhe *f*
~ **law** *(Recht)* Zivilrecht *n*
~ **liability** *(Recht)* zivilrechtliche Haftung *f*
~ **penalty** *(AE) (Vers, Recht)* Bußgeld *n*
~ **rights** *(Recht)* Bürgerrechte *npl*
~ **servant** *(Pers)* Beamter *m*, Beamtin *f*
~ **service** *(Gesch)* öffentlicher Dienst *m*, Staatsdienst *m*, Zivilverwaltung *f*
~ **wrong** *(Recht)* unerlaubte Handlung *f*
civilian *(Pers)* bürgerlicher Beruf *m*
claim *v* 1. *(Gesch)* beanspruchen, behaupten, fordern, verlangen; 2. *(Recht, Pat)* beanspruchen, Anspruch stellen; 3. *(Soz)* beantragen; 4. *(Vers)* Ansprüche geltend machen; 5. *(Recht)* Schadenersatz verlangen
~ **benefit** *(Soz)* Antrag auf Leistungen stellen *(Unterstützungszahlungen usw.)*; Leistung beanspruchen, Leistungen beantragen
~ **compensation** *(Vers, Recht)* Schadensersatz fordern
~ **damages** *(Recht)* Schadensersatzansprüche stellen
claim 1. *(Gesch)* Beanspruchung *f*, Behauptung *f*, 2. *(Vers)* Anspruch *m*, Forderung *f*, Schaden *m*, Schadensfall *m*
~ **against third parties** *(Recht)* Anspruch gegen Dritte
~ **of compensation** *(Recht)* Entschädigungsanspruch *m*, Schadensersatzanspruch *m*
~ **for compensation** *(Vers)* Schadensersatzanspruch *m*
~ **for damages** *(Recht)* Schadensersatzanspruch *m*
~ **for indemnification** *(Vers)* Ersatzanspruch *m*
~ **for refund** *(St)* Erstattungsanspruch *m*
~ **of recourse** *(Vers)* Regressanspruch *m*
~ **settlement** *(Vers)* Schadenabwicklung *f*, Schadenregulierung *f*
~ **to an inheritance** *(Recht)* Erbanspruch *m*
~ **to ownership** *(Recht)* Eigentumsanspruch *m*
claimant 1. *(Pers)* Antragsteller(in) *m(f)*; 2. *(Vers)* Anspruchsberechtigte(r) *f(m)*, Geschädigte(r) *f(m)*; 3. *(Recht)* Forderungsberechtigte(r) *f(m)*
claims *(Vers)* Aufwendungen *fpl* für Versicherungsfälle
~ **adjuster** *(Vers)* Dispacheur *m*, Schadenregulierer *m*, Schadenssachbearbeiter(in) *m(f)*
~ **expenses** *(Vers)* Schadenbearbeitungskosten *pl*, Schadenregulierungskosten *pl*
~ **handling** *(Vers)* Schadensbearbeitung *f*
~ **and liabilities** *(BE) (RW, Fin)* Forderungen und Verbindlichkeiten *fpl*
~ **limit** *(Vers)* Höchstanspruch *m*, Anspruchsgrenze *f*
~ **procedure** *(Vers)* Behandlung *f* von Ansprüchen, Schadensbearbeitung *f*, Schadenbearbeitungsverfahren *n*
~ **settlement** *(Vers)* Schadenregulierung *f*
clandestine employment *(Pers)* Schwarzarbeit *f*
~ **worker** *(Pers)* Schwarzarbeiter *m*

clashing interests *(Gesch)* widerstreitende Interessen *fpl*
class 1. *(Gesch)* Klasse *f (category)*; Klasse *f (for education)*; Stil *m (quality, style)*; 2. *(Pat)* Klasse *f*, Kategorie *f (International Patent Classification, NICE Classification)*; 3. *(Pol)* Gesellschaftsschicht *f*, Klasse *f*, politische Klasse *f (in society)*; 4. *(St)* Kategorie *f*, Klasse *f*
~ **action** *(Recht)* Gruppenklage *f*
~ **of insurance** *(Vers)* Versicherungsbranche *f*, Versicherungssparte *f*, Versicherungszweig *m*
~ **savings theory** *(WiWi)* Klassenspartheorie *f (econometrics)*
classical dichotomy *(WiWi)* klassische Dichotomie *f*
~ **economics** *(WiWi)* klassische Nationalökonomie *f*
classifiable *(Gesch)* klassifizierbar
classification *(Verw, Gesch)* Einstufung *f*, Klassifikation *f*, Klassifizierung *f*; Aufgliederung *f*, Aufschlüsselung *f*, Einteilung *f (analysis)*; Gliederung *f*, Einstufung *f (arrangement)*
~ **by object** *(Gesch)* Einordnung *f* nach Objekt, Klassifikation *f* nach Objekt
~ **of accounts** *(RW)* Kontengliederung *f*
~ **of occupations** *(Pers)* Berufsgruppenklassifikation *f*
~ **of risks** *(Vers)* Gefahrenklassifikation *f*, Risikoeinstufung *f*
~ **scheme** *(WiWi)* Gliederung *f (BOP)*
classified ad *s.* classified advertisement
~ **advertisement** *(Gesch, Med, V&M)* Annonce *f*, Kleinanzeige *f*, Kleininserat *n*, Inserat *n*
~ **information** *(Pol)* Verschlusssache *f (document)*
~ **stock** *(Bö)* kategorisierte Aktie *f*
classify *v* 1. *(Verw)* einstufen, klassifizieren; 2. *(Gesch)* aufgliedern, eingliedern, einordnen, einteilen, sortieren; aufschlüsseln *(analysis)*; tarifieren *(customs)*
clause *(Gesch)* Klausel *f*, Bestimmung *f*
• **all or nothing ~** *(Bö)* Alles-oder-nichts-Klausel *f (tender)*
~ **of arbitration** *(Recht)* Arbitrageklausel *f*
clawback *(St)* Rückforderung *f* gewährter Steuervergünstigungen *(of tax relief)*
clean *adj* 1. *(RW)* schuldenfrei; 2. *(Fin)* schuldenfrei; 3. *(Gesch)* rein, schuldenfrei, *(ugs.)* sauber; 4. *(Bö)* vorbehaltlos, unbeschränkt
~ **acceptance** *(Bank)* uneingeschränktes Akzept *n*
~ **bill** *(WiWi, Fin)* Wechsel *m* ohne Dokumentensicherung
~ **bill of health** *(Gesch)* Attest *n* ohne gesundheitliche Einschränkungen
~ **bill of lading** *(AH)* echtes Konnossement *n*, Frachtbrief *m* ohne Vorbehalt, Konnossement *n* ohne Einschränkungen, reines Konnossement *n*, Konnossement *n* ohne Vorbehalt
~ **float** *(WiWi)* sauberes Floaten *n*
~ **payment** 1. *(Fin)* nicht-dokumentäre Zahlung *f*, ordnungsgemäße Zahlung *f*, Zahlung *f* gegen offene Rechnung; 2. *(Recht)* Zahlung *f* netto Kasse *(contracts)*
~ **record** *(Recht)* keine Vorstrafen *fpl*
~ **technology** *(Umw)* saubere Technologie *f*, umweltfreundliche Technologie *f*
clear *v* 1. *(Bank)* verrechnen *(cheque)*; abrechnen *(funds)*; 2. *(EDV)* löschen; 3. *(Gesch)* zahlen *(account, debt)*
~ **the market** *(Bank, WiWi)* Marktausgleich finden
~ **through customs** *(AH, Trans)* abfertigen, verzollen
clear-cut *adj (Gesch)* deutlich, klar umrissen
~ **loss** *(Fin)* Nettoverlust *m*
~ **of debts** *(RW, Fin, Gesch)* schuldenfrei
~ **profit** *(Fin)* Nettoeinkommen *n*, Reinertrag *m*
~ **title** *(AE) (Recht)* unbelastetes Eigentumsrecht *n*
clearance 1. *(Fin)* Abrechnung *f*, Tilgung *f*; 2. *(Gesch)* Zahlung *f (of account, debt)*; 3. *(AH)* Klarierung *f*, Verzollung *f*, Zollabfertigung *f (customs)*; 4. *(V&M)* Räumung *f*
~ **agent** *(Pers)* Zollagent *m*
~ **inwards** *(AH)* Einklarierung *f*, Einfuhrerklärung *f*, Eingangsdeklarierung *f*
~ **outwards** *(AH)* Ausfuhrerklärung *f*, Ausgangsdeklarierung *f*
~ **sale** *(V&M)* Räumungsverkauf *m*
cleared *adj (Bank)* abgerechnet, verrechnet
~ **check** *(AE) (Bank)* eingelöster Scheck *m*
~ **cheque** *(BE) (Bank)* eingelöster Scheck *m*
clearing 1. *(Bank)* Abrechnungsverfahren *m*, Abrechnungsverkehr *m*, Giroverkehr *m*, Abrechnung *f*, Clearing *n*, Verrech-

nung *f*; 2. *(WiWi)* Verzollung *f (customs)*; 3. *(Gesch)* Behebung *f*
~ **account** *(RW)* Verrechnungskonto *n*
~ **agent** *(AH)* Abfertigungsagent *m*, Klarierungsagent *m*
~ **agreement** *(Bank)* Verrechnungsabkommen *n*
~ **bank** *(Bank, Fin)* Abrechnungsbank *f*, Clearingbank *f*, Girobank *f*
~ **center** *(AE) (Bank)* Clearingstelle *f*, Clearingzentrale *f*
~ **centre** *(BE) (Bank)* Clearingstelle *f*, Clearingzentrale *f*
~ **day** *(Bank)* Verrechnungstag *m*
~ **house** *(Fin)* Abrechnungsstelle *f*, Clearinghaus *n*, Clearingstelle *f*
~ **system** *(Bank)* Verrechnungssystem *n*, Clearingsystem *n*
~ **the market** *(WiWi, Bö)* Abwicklung *f* aller Kauf- und Verkaufsaufträge
~ **transactions** *(Bank)* Clearingverkehr *m*
clerical error *(RW, Verw)* Schreibfehler *m*
~ **occupation** *(Pers)* Büroberuf *m*
~ **personnel** *(Pers)* Büropersonal *n*, Angestellte(n) *pl*, Büroangestellte(n) *pl*
~ **staff** *(Pers)* Büropersonal *n*, Angestellte(n) *pl*, Büroangestellte(n) *pl*
~ **work** *(Pers)* Büroarbeit *f*
clerk *(Pers)* Angestellte(r) *f(m)*, Büroangestellte(r) *f(m)*, Sachbearbeiter(in) *m(f)*
click-throughs *(EDV, Komm, Med, V&M)* AdClicks *fpl*, Anzahl *f* der Clicks
clicks and mortar *(EDV, Komm)* Internet-Ableger *m* etablierter Firmen *(internet spin-offs of established companies)*
client 1. *(Gesch)* Auftraggeber(in) *m(f)*, Klient(in) *m(f)*, Mandant(in) *m(f)*; 2. *(V&M)* Kunde *m*, Kundin *f*
~ **account** *(RW)* Anderkonto *n (advertising agency)*
~ **firm** *(V&M)* Kunde *m*
~**-led marketing policy** *(V&M)* kundenorientierte Marketingpolitik *f*
climate protection *(Umw)* Klimaschutz *m*
climb *v* **the promotion ladder** *(Pers)* die Karriereleiter erklimmen
clock card *(Pers, Ind)* Stechkarte *f*, Stempelkarte *f*
~ **frequency** *(EDV)* Taktfrequenz *f (processor speed)*
clock *v* **in** *(Pers, Ind)* Arbeitszeit registrieren, anstempeln, stempeln
~ **off** *(Pers, Ind)* abstempeln, Arbeitsende registrieren
~ **on** *(Pers, Ind)* Arbeitszeit registrieren, Arbeitsanfang registrieren, anstempeln, stempeln
~ **out** *(Pers, Ind)* (ab)stempeln, Arbeitsende registrieren
clocking *(Pers)* Stechen *n*, Arbeitszeiterfassung *f (hours of work)*
close *v* 1. *(RW)* abschließen *(books)*; 2. *(Fin)* auflösen; 3. *(V&M)* tätigen *(deal)*; einstellen *(sale)*
~ **down** 1. *(Gesch)* schließen, *(ugs.)* zumachen *(branch, company)*; 2. *(Ind)* stilllegen, stillgelegt werden *(permanently)*; 3. *(Med)* das Programm beenden *(radio, television)*
close *adj (Gesch)* eng *(cooperation, relationship)* • **in ~ competition** *(WiWi)* in scharfem Wettbewerb • **in ~ touch** *(Gesch)* in engem Kontakt
close 1. *(Fin)* Schlusskurs *m*; 2. *(Bö)* Börsenschluss *m*, amtlicher Börsenschluss *m*
~ **examination** *(Gesch)* eingehende Prüfung *f*
~**-out clause** *(Bank)* Liquidationsklausel *f*
closed *adj (Gesch)* geschlossen, abgeschlossen *(account)*; aufgehoben *(ended)*; nichtöffentlich *(not public)* • **~ to the public** *(Recht)* unter Ausschluss der Öffentlichkeit
~ **economy** *(WiWi)* geschlossene Volkswirtschaft *f*
~**-end fund** *(Fin)* geschlossener Investmentfonds *m*
~**-end investment fund** *(Fin)* geschlossener Investmentfonds *m*
~**-end management company** *(BE) (Fin)* geschlossene Investmentgesellschaft *f*
~**-out** *adj (Bö)* abgewickelt
~ **position** 1. *(Fin)* geschlossene Position *f*; 2. *(Bö)* glattgestellte Position *f*
~ **question** *(V&M)* Alternativfrage *f (market research)*
~ **shop** *(WiWi, Pers)* gewerkschaftspflichtiges Unternehmen *n*
closely-held corporation *(AE) (WiWi, Gesch)* Gesellschaft *f* mit beschränkter Mitgliederzahl
closing 1. *(Fin)* Auflösung *f*; 2. *(Gb)* Auflassung *f*

~ **agreement** *(AE) (St)* endgültige Vereinbarung *f*, schriftliche Abschlussvereinbarung *f*
~ **balance** *(Bank)* Endsaldo *m*
~ **bid** *(Gesch)* Höchstgebot *n*
~ **costs** 1. *(Fin)* Abschlusskosten; 2. *(Gb)* Auflassungskosten *pl (real estate)*
~ **date** 1. *(Gesch)* Abgabefrist *f*, Anmeldeschluss *m*, Schlusstermin *m*; 2. *(Med)* Einsendeschluss *m*; 3. *(Gb)* Auflassungsdatum *n*
~ **down** *(Gesch)* Schließung *f*, Stilllegung *f (of branch, company)*
~-**down sale** *(Gesch)* Ausverkauf *m* wegen Geschäftsaufgabe
~ **entry** *(RW)* Abschlussbuchung *f*, Schlusseintrag *m*
~ **inventory** *(RW)* Endbestand *m*, Schlussbestand *m*
~ **price** 1. *(Fin)* Schlusskurs *m*; 2. *(Bö)* Schlusskurs *m*, Schlussnotierung *f*
~ **purchase** *(BE) (Bö)* Kauf *m* zum Börsenschluss
~ **quotation** 1. *(Fin)* Schlusskurs *m*; 2. *(Bö)* Schlusskurs *m*, Schlussnotierung *f*
~ **statement** *(Gb)* Auflassungsurkunde *f*
~ **time** *(F&T)* Polizeistunde *f (in pub)*
closure *(Gesch)* Einstellung *f*, Schließung *f*, Stilllegung *f (of branch, company)*
~ **of a firm** *(Gesch, Pers)* Schließung *f* eines Unternehmens, Betriebsstilllegung *f*, Stilllegung *f* eines Betriebes
clothing 1. *(Gesch) (BE)* Kleidung *f*; 2. *(Ind)* Umhüllung *f*
~ **industry** *(BE) (Ind)* Bekleidungsindustrie *f*
club *(Gesch)* Klub *n*
~ **good** *(WiWi)* Klub-Gut *n*, Klubgut *n*
cluster *(Gesch)* Cluster *m*
~ **analysis** *(V&M)* Clusteranalyse *f*, Klumpenauswahlverfahren *n (market research)*
~ **sample** *(V&M)* Clustereinheit *f (market research)*
~ **sampling** *(V&M)* Clusteranalyse *f*, Klumpenauswahlverfahren *n (market research)*
clustering *(V&M)* Clustering *n*
co-op *s.* 1. cooperative; 2. consumers' cooperative; 3. cooperative society
co-owner 1. *(Bank, Gesch)* Mitinhaber(in) *m(f)*; 2. *(Recht, Gb)* Miteigentümer(in) *m(f)*
Co. *s.* company
coach *(V&M)* Berater(in) *m(f)*, Begleiter(in) *m(f)*, Trainer(in) *m(f)*
coaching *(V&M)* Beratung *f*, Training *n*
Cobb Douglas production function *(WiWi)* Cobb-Douglas-Funktion *f*, Cobb-Douglas-Produktionsfunktion *f*
cobweb theorem *(WiWi)* Cobweb-Theorem *n*, Spinnwebtheorem *n*
COD *s.* cash on delivery
code 1. *(Gesch)* Code *m*, Kode *m*; 2. *(Recht)* Kodex *m*
~ **of advertising practice** *(V&M)* Werbekodex *m*
~ **of arbitration** *(Bö)* Arbitragecode *m*
~ **of conduct** *(Gesch)* Verhaltenskodex *m*
~ **of ethics** *(Gesch)* Ehrenkodex *m*, Standesordnung *f*, Verhaltenskodex *m*
~ **of practice** *(Gesch)* Merkblatt *n*, Verhaltenskodex *m*, Verhaltensregeln *fpl*
~ **of procedure** *(Bö)* Verfahrenscode *m*
~ **of professional ethics** *(Recht)* Standesrecht *n*
coded data entry *(EDV)* verschlüsselte Dateneingabe *f*
codetermination *(Pers, Mgt)* Mitbestimmung *f*
~ **at plant level** *(Pers, Mgt)* betriebliche Mitbestimmung *f*
codified law *(Gesch)* kodifiziertes Recht *n*
codify *v (Recht)* kodifizieren
coding 1. *(RW)* Benennung *f (identification of account)*; 2. *(EDV)* Codieren *n*, Codierung *f (programming language)*
cofinance *v (Fin)* mitfinanzieren
coheir *(Recht)* Miterbe *m*, Miterbin *f*
coherence *(Gesch)* Einheitlichkeit *f*, Zusammenhalt *m*, Zusammenhang *m*, Verständlichkeit *f*
coherent *adj (Gesch)* einheitlich, klar, zusammenhängend, verständlich
cohesion *(Gesch)* Kohäsion *f*, Zusammenhalt *m*, Zusammenhang *m*
~ **fund** *(WiWi)* Kohäsionsfonds *m (EU)*
coin *v (WiWi)* ausprägen, prägen *(money)*
coin *(Gesch)* Geldstück *n*, Münze *f*
coinage *(WiWi)* Münzprägung *f*, Währung *f (currency)*; Hartgeld *n*, Münzen *fpl (coins)*
coincide *v* 1. *(Gesch)* gleich laufen; 2. *(Recht)* übereinstimmen
~ **with** *(Gesch)* übereinstimmen mit, sich decken mit, zusammenfallen mit

coincident indicator *(WiWi)* Präsensindikator *m*, synchroner Konjunkturindikator *m (econometrics)*
coins *(Gesch)* Hartgeld *n*, Metallgeld *n*
cold call *(V&M)* unangemeldeter Besuch *m (by sales representative)*
~ **calling** *(V&M)* unangemeldeter Besuch *m (by sales representative)*
~ **canvassing** *(V&M)* ungezielte Kundenwerbung *f*
~ **mailing** *(V&M)* ungezielter Versand *m*
~ **store** *(Ind)* Kühlhalle *f*, Kühlhaus *n*
collaborate *v* 1. *(Gesch)* mitarbeiten, zusammenarbeiten; 2. *(Pol)* kollaborieren
collapse *v* 1. *(WiWi)* zusammenbrechen *(market)*; stürzen, verfallen *(prices)*; 2. *(Gesch)* zusammenbrechen *(system)*; 3. *(Bö)* stürzen
collateral *adj* 1. *(Fin)* zusätzlich; 2. *(Gesch)* flankierend *(measure)*; begleitend *(phenomenon)*; seitlich
collateral 1. *(WiWi)* Sicherheit *f*, Sicherungsgegenstand *m*; 2. *(Fin)* Pfand *n* • **as** ~ *(Bank, Gesch)* zur Absicherung, als Sicherheit
~ **acceptance** *(Fin)* Avalakzept *n (by bank)*
~ **acceptor** *(Fin)* Wechselbürge *m*, Wechselbürgin *f*
~ **bill** *(Bank)* Vorschusswechsel *m*
~ **clauses** *(Recht)* Nebenbestimmungen *fpl*
~ **loan** *(Bank)* besichertes Darlehen *n*; Lombarddarlehen *n*, Lombardkredit *m (securities)*
~ **loan business** *(Bank)* Banklombardgeschäft *n*
~ **security** 1. *(WiWi)* Sicherheitsleistung *f*, Sicherungsgegenstand *m*; 2. *(Fin)* dingliche Sicherheit *f*; 3. *(Recht)* akzessorische Sicherheit *f*
collateralization *(Bank)* Besicherungsmöglichkeiten *fpl*
collateralize *v* 1. *(Bank)* lombardieren *(securities)*; 2. *(Fin)* besichern
collateralized securities *(Bank, Fin)* beliehene Wertpapiere *npl*, besicherte Wertpapiere *npl*
colleague 1. *(Gesch)* Arbeitskollege *m*, Arbeitskollegin *f*, Mitarbeiter(in) *m(f)*; 2. *(Pers)* Kollege *m*, Kollegin *f*, Mitarbeiter(in) *m(f)*
collect *v* 1. *(Gesch)* erfassen *(statistics, data)*; zusammentragen, beschaffen *(information)*; einziehen, eintreiben *(receivables, tax)*; kassieren *(cash)*; 2. *(Bö)* einlösen, einziehen *(premium)*
~ **a debt** *(Fin)* eine Forderung einziehen, eine Forderung liquidieren
~ **a payment** *(Fin)* eine Zahlung einziehen
~ **statistics** *(Gesch, V&M, St)* statistisch erfassen
~ **sums due** *(Fin)* fällige Beträge einziehen
~ **taxes** *(St)* Steuern erheben
~ **unemployment compensation** *(AE)* *(Soz)* Arbeitslosenunterstützung beziehen
collect call *(AE) (Komm)* R-Gespräch *n (telephone)*
collecting bank *(Fin)* einziehende Bank *f*, Inkassobank *f*
~ **commission** *(Bank, Vers)* Inkassoprovision *f*
collection 1. *(Gesch)* Einzug *m*, Einziehung *f*, Inkasso *n*, Erfassung *f*, Erhebung *f*, Beschaffung *f (of statistics, information)*; Eintreibung *f (tax, receivables)*; 2. *(Bö)* Einlösung *f*, Einziehung *f (of premium)*
~ **charge** *(Gesch)* Einzugsgebühr *f*, Inkassogebühr *f*
~ **costs** *(Gesch)* Einzugskosten *pl*, Inkassokosten *pl*
~ **department** *(Fin)* Inkassoabteilung *f*, Kreditorenabteilung *f*
~ **of accounts** *(RW)* Forderungseinziehung *f*
~ **of a bill** *(RW)* Einziehung *f* eines Rechnungsbetrages, Wechseleinzug *m*, Wechselinkasso *n (bill of exchange)*
~ **of commercial documents** *(Recht)* Dokumenteninkasso *n (contracts)*
collective *adj (Gesch)* gemeinsam, gemeinschaftlich, kollektiv, Kollektiv…, Sammel…
~ **accident insurance** *(Vers)* Gruppenunfallversicherung *f*
~ **agreement** *(Pers)* Kollektivvertrag *m*, Tarifvertrag *m*
~ **authorization** *(Pol, WiWi)* Sammelgenehmigung *f*
~ **bargaining** *(WiWi, Pers)* Lohnverhandlung *f*, Tarifverhandlung *f*
~ **bargaining policy** *(Pers)* Tarifpolitik *f*
~ **bargaining round** *(Pers)* Tarifrunde *f*, Lohnrunde *f*
~ **dismissal** *(Pers)* kollektive Entlassung *f*, Massenentlassung *f*

~ **good** *(WiWi)* öffentliches Gut *n*, Kollektivgut *n*
~ **insurance** *(Vers)* Gruppenversicherung *f*
~ **labo(u)r agreement** *(Pers)* Tarifvertrag *m*
~ **order** *(Gesch)* Sammelbestellung *f*
~ **ownership** *(WiWi, Pol)* Gemeineigentum *n*
~ **securities deposit** Bank Girosammeldepot *n*
collectively *adv (Gesch)* als Gesamtheit, gemeinsam, insgesamt
~ **agreed wage(s)** *(Pers)* Tariflohn *m*
college *(Pers) (BE)* Hochschule *f*, berufsbildende (Ober-)Schule *f*, höhere Schule *f (e.g. Eton College)*, Akademie *f*, *(AE)* Universität *f*, Hochschule *f*, berufsbildende (Ober-)Schule *f*, Fachbereich *m*, Universitätsinstitut *n*
~ **graduate** *(AE) (Pers)* Hochschulabsolvent(in) *m(f)*, Universitätsabsolvent(in) *m(f)*, Akademiker(in) *m(f)*
collusion 1. *(WiWi)* heimliche Absprache *f*, Kollusion *f*; 2. *(Recht)* Kolludieren *n*, Verdunkelung *f*
collusive bidding *(WiWi)* Anbieterabsprache *f*
~ **tendering** *(WiWi)* Anbieterabsprache *f*
column *(Med)* Kolumne *f*, Spalte *f*
~ **heading** *(RW)* Spaltenüberschrift *f*
columnar bookkeeping *(RW)* amerikanische Buchführung *f*
~ **journal** *(RW)* in Spalten angeordnetes Grundbuch *n*
com [*.com, "dot com"] *(EDV, Komm, V&M)* com *(commercial top-level domain)*
combat *v (Gesch)* bekämpfen *(unemployment, inflation)*
combination 1. *(Fin)* Verschmelzung *f*; 2. *(Gesch)* Kombination *f*, Zusammenschluss *m*
combine *v* 1. *(Gesch)* sich zusammenschließen, zusammenwirken; 2. *(Gesch)* zusammenfassen, kombinieren
combine *(WiWi)* Verbund *m*, Zusammenschluss *m*, Unternehmenszusammenschluss *m*, Kartell *n*, Kombinat *n (socialism)*
combined *adj (Gesch)* kombiniert
~ **advertising** *(V&M)* Verbundwerbung *f*
~ **balance sheet** *(Fin)* konsolidierte Bilanz *f*
~ **financial statement** *(RW, Fin)* konsolidierter Abschluss *m*, Konzernbilanz *f*
~ **statement of income** *(RW)* konsolidierte Gewinn- und Verlustrechnung *f*
come *v* **before court** *(Recht)* vor Gericht erscheinen
~ **into effect** *(Recht)* rechtswirksam werden
~ **into force** *(Recht)* in Kraft treten, wirksam werden *(regulations, legislation)*
~ **into operation** *(Recht)* wirksam werden
~ **on stream** *(Ind)* in Betrieb gehen
~ **onto the market** *(V&M)* auf den Markt kommen
~ **out** *(Med)* erscheinen *(book, magazine)*
~ **to** *(Gesch)* betragen, sich belaufen auf *(amount to)*
~ **to a standstill** 1. *(Gesch)* zum Stillstand kommen; 2. *(Ind)* zum Erliegen kommen
~ **to an agreement** *(Recht)* sich verständigen
~ **to an understanding** 1. *(Gesch)* sich einigen; 2. *(Recht)* sich verständigen
~ **to fruition** *(Gesch)* sich verwirklichen
~ **to terms with sb** *(Recht)* mit jmdm. handelseinig werden, sich mit jmdm. einigen *(contract law)*
~ **under pressure** *(Gesch)* unter Druck geraten *(to do sth)*
~ **under sb's jurisdiction** *(Verw)* unter eine Rechtsprechung fallen
~ **under scrutiny** *(Gesch)* einer genauen Prüfung unterzogen werden
~ **up to scratch** *(Gesch)* den Erwartungen entsprechen
comfort letter *(Bank, Gesch, Bö)* Patronatserklärung *f*
comm. *s.* 1. commission; 2. committee
command *v* **a certain price** *(WiWi)* einen bestimmten Preis fordern
command economy *(WiWi, Pol)* Befehlswirtschaft *f*, Planwirtschaft *f*
commence *v (Gesch)* beginnen
commencement 1. *(Gesch)* Beginn *m*, In-Kraft-Treten *n*; 2. *(Vers)* Versicherungsbeginn *m (of policy)*
~ **of contract** *(Recht)* Vertragsbeginn *m*
commensurate *adj* 1. *(RW)* angemessen; 2. *(Gesch)* angemessen, entsprechend
commentary *(Gesch)* Berichterstattung *f*, Erläuterung *f*, Kommentar *m*
commerce *(Gesch)* Handel *m*, Handelsverkehr *m*, Wirtschaftsverkehr *m*

commercial *adj (Gesch)* kaufmännisch, wirtschaftlich, kommerziell, gewerblich, geschäftsmäßig
commercial *(Med, V&M)* Werbespot *m (print, broadcast)*
~ **account** *(RW)* Geschäftskonto *n*
~ **activity** *(Ind)* gewerbliche Tätigkeit *f*
~ **agreement** *(Gesch, Recht)* Handelsabkommen *n*
~ **at** *(@, separator in E-Mail addresses, ASCII code 64)* 1. *(Komm)* at-Zeichen *n*, *(ugs.)* Klammeraffe *m*; 2. *(V&M)* zum Preis von *(at the specified price)*
~ **bank** *(Bank, WiWi, Fin)* Geschäftsbank *f*, Handelsbank *f*
~ **business** *(Gesch)* Handelsgeschäft *n*
~ **center** *(AE) (V&M)* Handelsmetropole *n*, Handelszentrum *n*
~ **centre** *(BE) (V&M)* Handelsmetropole *n*, Handelszentrum *n*
~ **contract** *(Recht)* Handelsvertrag *m (trade law)*
~ **credit risk** *(Bank, Fin)* kommerzielles Risiko *n*
~ **development** *(Gesch)* wirtschaftliche Entwicklung *f*
~ **director** *(Pers, Mgt)* kaufmännischer Direktor *m*, kaufmännische Direktorin *f*
~ **dock** *(Trans)* Handelskai *m (shipping)*
~ **hedgers** *(Bö)* gewerbliche Hedger *mpl*
~ **impracticability** *(Gesch)* wirtschaftliche Unmöglichkeit *f*
~ **invoice** *(RW)* Handelsrechnung *f*
~ **law** *(Gesch)* Handelsrecht *n*, Handelsgesetz *n*
~ **lending** *(Bank)* gewerbliche Ausleihungen *fpl*
~ **letting** *(BE) (Gb)* kommerzielle Vermietung *f*
~ **loan** *(Bank)* Gewerbekredit *m*
~ **manager** *(Pers, Mgt)* kaufmännische Leiterin *f*, kaufmännischer Leiter *m*
~ **marine** *(Trans)* Handelsmarine *f*
~ **occupancy** *(Gb)* geschäftliche [kommerzielle] Nutzung *f*
~ **occupation** *(Gesch)* kaufmännischer Beruf *m*
~ **paper** *(Bö)* Commercial Paper *n*, kommerzieller Wechsel *m*, kurzfristiges Handelspapier *n*
~ **policy** *(WiWi)* Handelspolitik *f*
~ **port** *(Trans)* Handelshafen *m*
~ **property** *(Gb)* Geschäftsgebäude *n*
~ **purpose** *(Gesch)* kommerzieller Zweck *m* • **not for ~ purposes** *(Recht)* nicht zu gewerblichen Zwecken
~**-quality available** *adj (Gesch, V&M)* handelsüblich
~ **registration** *(Gesch, Recht)* Handelsregister-Eintragung *f*, HR-Eintragung *f*
~ **register** *(Recht, V&M)* Handelsregister *n*
~ **representative** *(Gesch, Pers)* Handelsvertreter(in) *m(f)*
~ **risk** *(Gesch)* wirtschaftliches Risiko *n*
~ **stock** *(Gesch)* Handelsbestand *m*
~ **training** *(Pers)* kaufmännische Ausbildung *f*
~ **travel(l)er** *(Gesch)* Geschäftsreisende(r) *f(m)*, Handelsreisende(r) *f(m)*
~ **usage** *(Gesch, Recht)* Handelsbrauch *m (contracts)*
~ **use** *(Gesch, Gb)* gewerbliche Nutzung *f*
~ **value** *(Recht)* Handelswert *m (contracts)* • **no ~ value** *(Gesch)* ohne Handelswert
~ **vehicle** *(Trans)* Nutzfahrzeug *n*
Commercial Code *(Recht)* Handelsgesetzbuch *n*, HGB
commercialize *v (Gesch)* kommerzialisieren, auf den Markt bringen, marktfähig machen
commercially *adv (Gesch)* geschäftlich, kommerziell
~ **available** *adj (Gesch)* handelsüblich
~ **viable** *(Gesch)* rentabel
commingling *(Bö)* Mischung *f*, Zusammenlegung *f (securities, trust banking)*
commission *v* 1. *(WiWi)* bestellen, in Auftrag geben; 2. *(Gesch)* beauftragen, kommissionieren
commission 1. *(Bank)* Provision *f (payment)*; 2. *(WiWi)* Ausschuss *m (body)*; 3. *(Fin)* Maklergebühr *f (payment)*; Ausschuss *m (body)*; 4. *(Gesch)* Order *f (order)*; Kommission *f (body)*; Komm., Gremium *n*, Ausschuss *m*
~ **business** *(Bank, Gesch)* Auftragsgeschäft *n*
~ **margin** *(RW, Bank)* Provisionsspanne *f*
~ **on guaranty** *(Bank, Fin)* Avalprovision *f*
~ **rate** 1. *(Bank)* Courtage *f*, Provisionssatz *m*; 2. *(Bö)* Maklergebühr *f*
~ **salesman** *(Pers)* Verkaufskommissionär *m*

Commission of the European Community *(obs.) (WiWi)* Kommission *f* der Europäischen Gemeinschaft
~ **White Paper** *(Recht)* Europäische Gesetzesvorlage *f*
commissioner for oaths *(BE) (Recht)* Notar *m*
commitment 1. *(Fin, Gesch)* Zusage *f*, Verbundenheit *f*, 2. *(Recht)* Verbindlichkeit *f*, Verpflichtung *f*
committed *adj* 1. *(Fin)* zugesagt; 2. *(Gesch, Recht)* verpflichtet
~ **cost** *(RW)* fixe Kosten *pl*
~ **line of credit** *(Bank)* Kreditlinienzusage *f*
committee 1. *(Gesch)* Ausschuss *m*, Komitee *n*, Kommission *f*, Komm.; 2. *(Pol)* Ausschuss *m*, Gremium *n*
~ **of Governors of Central Banks** *(Bank, Pol)* Gouverneursausschuss *m* der Zentralbanken
~ **of Permanent Representatives of the EC** *(WiWi)* Ausschuss *m* der Ständigen Vertreter, AStV *(EU)*
commodities *(Bö)* Waren *fpl*, Wa., Rohstoffe *mpl*
commodity 1. *(WiWi)* Wirtschaftsgut *n*, Ware *f (article of commerce)*; Rohstoff *m (raw materials)*; 2. *(Gesch)* Handelsware *f*, Ware *f*
~ **agreement** *(WiWi)* Rohstoffabkommen *n*
~ **basket** *(Gesch)* statistischer Warenkorb *m*
~ **cartel** *(WiWi)* Rohstoffkartell *n*
~ **exchange** *(Bö)* Warenbörse *f*, Produktenbörse *f*
~ **future** *(BE) (Bö)* Warentermingeschäft *n*, Warenterminkontrakt *m*
~ **futures exchange** *(Bö)* Warenterminbörse *f*
~ **paper** *(Bö)* Warenpapier *n*
~ **price index** *(Bö)* Rohstoffpreisindex *m*
~ **reserve currency** *(WiWi)* Warenreservewährung *f*
~ **tax** *(St)* Verbrauchsteuer *f*, Warensteuer *f*
common *adj (Gesch)* gemeinsam *(decision)* • **by ~ consent** *(Gesch)* einstimmig
~ **access resources** *(WiWi)* Allmenderessourcen *fpl*
~ **costs** *(WiWi)* Gemeinkosten *pl*, Kosten *pl* der Kuppelproduktion
~ **currency** *(WiWi)* Gemeinschaftswährung *f*
~ **customs tariff** *(AH)* Gemeinsamer Zolltarif *m*, GZT
~ **denominator** *(Gesch)* gemeinsamer Nenner *m (of diverging interests)*
~ **directive** *(Recht)* allgemeine Richtlinie *f*
~ **external tariff** *(WiWi)* gemeinsamer Außenzoll *m*
~ **law** *(Pers, Recht)* Common Law *n*, gemeines Recht *n*
~ **pricing** *(Gesch)* Preisabsprache *f*
~ **share** *(AE) (Bö)* Stammaktie *f*
~ **stock** *(AE) (Bö)* Stammaktie *f*
~ **stock fund** *(Fin, Bö)* Aktieninvestmentfonds *m*
Common Market *(WiWi)* gemeinsamer Markt *m (EU)*
Commonwealth of Independent States *(Pol)* Gemeinschaft *f* Unabhängiger Staaten
communicate *v (Gesch)* mitteilen
communication 1. *(Komm, Gesch)* Kommunikation *f (communicating)*; Korrespondenz *f*, Korr. *(by letter exchange of views)*; Gedankenaustausch *m*, Meinungsaustausch *m*; Nachricht *f (piece of news)*; Mitteilung *f (message)*; 2. *(Pat)* Benachrichtigung *f*, Mitteilung *f*
~ **barrier** *(Pers, Mgt)* Kommunikationshemmnis *n*
~ **strategy** *(Komm)* Kommunikationsstrategie *f*
~ **to the public** *(Recht)* öffentliche Wiedergabe *f (copyright law)*
communications 1. *(Komm)* Nachrichtentechnik *f*, Nachrichtenwesen *n*, Verbindungen *fpl*, Verbindungsmöglichkeiten *fpl*, Verkehr *m*; 2. *(Trans)* Verkehrsverbindung *f*, Verkehrsnetz *n*
~ **network** *(Komm)* Datenübertragungsnetz *n*
community *(Gesch)* Gemeinde *f*, Gemeinschaft *f*, Gemeinwesen *n*
~ **of interests** *(Gesch)* Interessengemeinschaft *f*
~ **shopping** *(V&M)* Community Shopping *n (concentration of purchasing power, gemeinsamer Einkauf mehrerer Interessenten im Internet zur Kaufkraftverstärkung) (power shopping)*
Community Gemeinschaft *f (EU)*
~ **action** *(Gesch)* Gemeinschaftsmaßnahme *f*
~ **aid** *(WiWi)* Gemeinschaftshilfe *f*

~ **average** *(Pol)* Gemeinschaftsdurchschnitt *m (EU)*
~ **goods** *(AH)* EG-Waren *fpl*, Gemeinschaftswaren *fpl*
~ **imports** *(AH)* EG-Importe *mpl*, Gemeinschaftseinfuhren *fpl*
~ **institutions** *(Pol)* Gemeinschaftsorgane *npl (EU)*
~ **law** *(Recht)* Gemeinschaftsrecht *n (EU)*
~ **legislation** *(Recht)* Gemeinschaftsrecht *n*, gemeinschaftliche Gesetzgebung *f*, Gemeinschaftsgesetzgebung *f (catch-all legislation, EU)*
~ **transit** *(AH, Trans)* EG-Durchfuhr *f*, EG-Transit *m*
commutable *adj* 1. *(Komm, Fin)* umwandelbar; 2. *(Gesch)* ablösbar; 3. *(Recht)* abänderbar
commute *v* 1. *(Gesch)* ablösen, umwandeln; 2. *(Recht)* umwandeln *(sentence)*; abändern *(decision)*; 3. *(Gesch)* pendeln *(to work)*
commuter *(Gesch)* Pendler(in) *m(f)*
Companies Registration Office *(Gesch)* Gesellschafts-Registeramt *n*, Gesellschaftsregisterstelle *f*, Handelsregister *n (in Germany)*
compack *(complex package) (V&M)* Güter- und Dienstleistungspaket *n*
compact disc recordable *(EDV, Med)* CD-R, CD-Recordable *f*, beschreibbare CD *f*, ein Mal beschreibbare CD *f (write-once)*
~ **disc rewritable [read/write]** *(EDV, Med)* CD-RW *f*, CD-Rewritable *f*, wiederbeschreibbare CD *f (write more than once)*
company *(WiWi, Gesch, Recht)* Gesellschaft *f*, Firma *f*, Fa., Unternehmen *n* • **the ~ is rated triple-A** *(Fin)* die Firma ist erstklassig [mit AAA] bewertet worden
~ **accounts** *(RW)* Buchhaltung *f* der Unternehmung
~ **agreement** *(Pers)* Gesellschaftsvertrag *m*
~ **benefits** *(Pers)* betriebliche Sozialleistungen *fpl*
~ **capital** *(Gesch)* Gesellschaftskapital *n*
~ **goal** *(Gesch)* Unternehmensziel *n*
~ **headquarters** *(Gesch)* Zentrale *f*, Stammhaus *n*
~ **insolvency** *(BE) (Recht)* Versolvenz *f* der juristischen Personen
~ **law** *(Recht)* Gesellschaftsrecht *n*
~ **liquidity** *(Fin)* Unternehmensliquidität *f*
~ **logo** *(Gesch, V&M)* Firmenlogo *n*
~ **manpower planning** *(Pers)* betriebliche Personalplanung *f*
~ **meeting** *(Gesch)* Aktionärsversammlung *f*
~ **objective** *(Gesch)* Unternehmensziel *n*
~**-owned** *adj (Gesch)* firmeneigen
~ **pension** *(Pers)* Betriebsrente *f*
~ **pension scheme** *(Pers)* betriebliche Altersversorgung *f*
~ **planning** *(Gesch)* betriebliche Planung *f*, Unternehmensplanung *f*
~ **policy** *(Gesch)* Unternehmensphilosophie *f*
~ **purpose** *(Gesch)* Unternehmenszweck *m*
~ **results** *(Gesch)* Geschäftsergebnis *n*
~ **training centre** *(Pers)* betriebliche Ausbildungsstätte *f*
~ **training establishment** *(Pers)* betriebliche Ausbildungsstätte *f*
~ **strategy** *(WiWi, Gesch, Mgt)* Unternehmensstrategie *f*
~ **tax** *(St)* Körperschaftsteuer *f*
~**'s own field organization** *(Gesch)* firmeneigener Außendienst *m*
~**'s own shares** 1. *(RW)* eigene Anteile *mpl*; 2. *(Bö)* Vorratsaktien *fpl*
~**'s risk** *(Gesch, Trans)* auf Gefahr der Firma
comparative *adj* 1. *(WiWi)* komparativ; 2. *(Gesch)* vergleichend *(value)*
~ **advantage** *(WiWi)* komparativer Vorteil *m*
~ **advertising** *(V&M)* vergleichende Werbung *f*
~ **earnings analysis** *(Fin)* Erfolgsvergleichsrechnung *f (benchmarking)*
~ **evaluation sheet** *(Gesch)* Angebotsanalyse *f*
~ **statistics** *(WiWi)* komparative Analyse *f*
compare *v (Gesch)* vergleichen
comparison group *(Stat, Pers)* Vergleichsgruppe *f*
compartmentalize *v (Mgt)* Bereiche bilden
compatibility *(Gesch)* Verträglichkeit *f*, Vereinbarkeit *f*, Kompatibilität *f*
compatible *adj (Gesch)* vereinbar, verträglich, kompatibel
~ **with the environment** *(Umw)* umweltfreundlich
compensate *v* 1. *(Gesch)* kompensieren; 2. *(Pers)* abfinden, entschädigen *(pay)*

compensating *adj* **balance** *(Bank)* Ausgleichsbilanz *f*
compensation 1. *(WiWi)* Ausgleich *m*, Entschädigung *f*, Kompensation *f*, Abstandsgeld *n (indemnification)*; Entgelt *n*, Arbeitsentgelt *n*, Abfertigung *f (Österreich)*; 2. *(AH)* Kompensation *f*
~ **agreement** *(WiWi)* Entgeltvereinbarung *f*, Schadensersatzvereinbarung *f (international trade)*
~ **factor** *(Vers, Stat)* Ausgleichsfaktor *f*
~ **for damage** *(Recht)* Schadensersatz *m (contracts)*
~ **principle** *(WiWi)* Kompensationskriterium *n*
compensatory *adj (Gesch)* kompensatorisch
~ **amount** *(WiWi)* Entschädigungszahlung *f*, Entschädigungssumme *f*
~ **financing** 1. *(WiWi)* kompensatorische Finanzierung *f (international facilities for balance of payments)*; 2. *(Gesch)* Schadensersatzleistungen *fpl*, Schadenzahlungen *fpl*; Ausgleichsfinanzierung *f (facilities)*; Abfindung *f*, finanzielle Abfindung *f (for damage, dismissal)*
~ **fiscal policy** *(WiWi)* kompensatorische Fiskalpolitik *f*
~ **function** *(WiWi, Fin)* Ausgleichsfunktion *f*
~ **principle of taxation** *(Fin)* Äquivalenzprinzip *n*
~ **stock option** *(BE) (Bö)* kompensatorische Aktienoptionen *fpl*
~ **tax** *(St)* Ausgleichsabgabe *f*
compete *v (Gesch)* konkurrieren
~ **against sb** *(Gesch)* mit jmdm. im Wettbewerb stehen
competence *(Gesch)* Befugnis *f (authority)*; Zuständigkeit *f (responsibility)*; Fähigkeit *f (ability)*
competency of the court *(Recht)* Zuständigkeit *f* des Gerichts
competent authority *(Gesch)* zuständige Behörde *f*
competing product *(V&M)* Konkurrenzprodukt *n*
competition 1. *(WiWi)* Wettbewerb *m*; 2. *(Gesch)* Konkurrenz *f*
~ **laws** *(Pol, Recht)* Wettbewerbsrecht *n*, Kartellrecht *n*
~ **policy** *(Pol)* Wettbewerbspolitik *f*

competitive *adj* 1. *(WiWi)* wettbewerbsfähig; 2. *(Gesch)* konkurrierend, konkurrenzfähig
~ **advantage** *(WiWi)* Wettbewerbsvorsprung *m*, Wettbewerbsvorteil *m*
~ **bid** *(V&M)* Gegenangebot *n*
~ **bidding procedure** *(Gesch)* Submissionsverfahren *n*
~ **devaluation** *(WiWi)* Abwertung *f* aus Wettbewerbsgründen
~ **edge** *(WiWi)* Wettbewerbsvorsprung *m*
~ **market** *(WiWi)* Wettbewerbsmarkt *m*
~ **parity** *(V&M)* Wettbewerbsparität *f*
~ **position** *(WiWi)* Wettbewerbslage *f*, Wettbewerbsposition *f*
~ **price** 1. *(WiWi)* freier Marktpreis *m*, Wettbewerbspreis *m*, wettbewerbsfähiger Preis *m*; 2. *(V&M)* Konkurrenzpreis *m*
~ **pricing** *(Gesch)* Wettbewerbspreisbildung *f*
~ **tendering** 1. *(WiWi)* Mitabgabe *f* von Angeboten; 2. *(V&M)* Ausschreibung *f*
competitiveness *(Gesch)* Konkurrenzfähigkeit *f*, Wettbewerbsfähigkeit *f*
competitor *(WiWi, Gesch)* Konkurrent(in) *m(f) (country, product)*; Wettbewerber(in) *m(f)*
~ **analysis** *(V&M)* Konkurrenzanalyse *f*
compile *v* 1. *(RW)* sammeln, zusammenstellen; 2. *(Gesch)* zusammenstellen
complainant 1. *(Gesch, V&M)* Beschwerdeführer(in) *m(f)*; 2. *(Recht)* Kläger(in) *m(f)*
complainer *(Gesch, V&M)* Meckerer *m*, Nörgler *m*, Beschwerdeführer(in) *m(f)*
complaining party *(Recht)* beschwerdeführende Partei *f (contracts)*
complaint 1. *(Gesch)* Beschwerde *f*, Reklamation *f*; 2. *(Recht)* Klage *f (civil action)*; Strafanzeige *f (criminal law)*
complement *v (Gesch)* ergänzen
complementarity *(WiWi, V&M)* Komplementarität *f*, gegenseitige Ergänzung *f (market-place partners, goods or services)*
complementary *adj (Gesch)* ergänzend, komplementär
~ **demand** *(WiWi)* Komplementärnachfrage *f*, verbundene Nachfrage *f*
~ **goods** *(WiWi, V&M)* komplementäre Güter *npl*

~ **technology** *(Ind)* Komplementärtechnologie *f*

complete *v* 1. *(Fin)* abwickeln; 2. *(Gesch)* vollenden, vervollständigen, ergänzen; abschließen, beenden *(sale, order)*; 3. *(Recht)* erfüllen *(contract)*

complete *adj (Gesch)* komplett, vollständig, total, voll

~ **audit** *(RW)* Jahresrevision *f*

completed *adj (Gesch)* ergänzt, vervollständigt *(supplemented)*; vollendet, abgeschlossen *(finished)*

completion *(Gesch)* Abschluss *m*, Beenden *n*, Beendigung *f*, Fertigstellung *f*, Vollendung *f*

~ **deadline** *(Recht)* Erfüllungsfrist *f (contracts)*

compliance *(Gesch, Recht)* Einhaltung *f*, Erfüllung *f*, Übereinstimmung *f* • **in ~ with** *(Recht)* in Übereinstimmung mit

~ **audit** *(RW)* Erfüllungsprüfung *f*

~ **costs** 1. *(RW)* Erfüllungskosten *pl*; 2. *(Verw)* verwaltungsmäßige Verfügungskosten *pl*, Einhaltungskosten *pl*, *(ugs.)* Bürokratiekosten *pl*; 3. *(Umw)* Erfüllungskosten *pl*; 4. *(Gesch)* Wohlverhalten *n*; 5. *(St)* Kosten *pl* der Durchsetzung des Steueranspruchs *(inland revenue)*; durch Befolgung der Steuervorschriften verursachte Kosten *pl (companies' view)*; *(ugs.)* Bürokratiekosten *pl (esp. SMEs)*

comply *v (Gesch)* einwilligen

~ **with** 1. *(Gesch)* erfüllen *(conditions)*; entsprechen *(standards)*; 2. *(Recht)* einhalten *(rule)*; befolgen *(law)*

component *(Gesch)* Bestandteil *m*, Komponente *f*, Teil *n*, Werkstück *n*, Bauteil *n*

~ **factory** *(Ind)* Zulieferbetrieb *m*, Fertigungsbetrieb *m*

~ **part** *(Gesch)* (wesentlicher) Bestandteil *m*, Komponente *f*, Einzelteil *n (of system)*

composite *adj (Gesch)* gemischt, zusammengesetzt, synthetisch

~ **commodity** *(WiWi)* Güterbündel *n*

~ **currency** *(WiWi)* Korbwährung *f*

~ **demand** *(WiWi)* zusammengesetzte Nachfrage *f*

~ **index** *(WiWi, Fin)* zusammengesetzter Index *m*

~ **insurance** *(Vers)* Kompositversicherung *f*

~ **leading index** *(WiWi)* synthetischer Frühindikator *m*

~ **rate tax** *(St)* Pauschalsteuersatz *m*

composition *(Recht)* Beschaffenheit *f*, Vergleich *m*; Gesamtvergleich *m* mit Gläubigern *(with creditor)*

compound annual growth *(WiWi)* Gesamtjahreswachstum *n*

~ **annual rate** *(BE) (Bank)* kumulativer Jahressatz *m (of interest)*

~ **growth rate** *(WiWi)* Gesamtwachstumsrate *f*

~ **interest** *(Bank, Fin, Recht)* Zinseszins *m (contracts)*

comprehensive *adj (Gesch)* umfassend, Gesamt...

~ **insurance** *(Vers)* Kombination *f* verschiedener Versicherungsdeckungen, kombinierte Versicherung *f*

~ **personal liability insurance** *(Vers)* kombinierte Privathaftpflichtversicherung *f*

comprehensive responsibility *(Gesch)* Gesamtverantwortung *f*

comprehensively covered *adj (Vers)* vollkaskoversichert

compromise *v (Gesch)* einen Vergleich schließen, einen Kompromiss schließen

compulsive buying *(V&M)* Kaufzwang *m*

compulsory *adj (Gesch)* obligatorisch *(power)*; zwingend *(regulation)*

~ **deduction** *(Gesch)* Zwangsabzug *m*

~ **education** *(Pers)* Schulzwang *m*, Schulpflicht *f*

~ **insurance** *(Vers)* Pflichtversicherung *f*, Zwangsversicherung *f*

~ **intervention** *(WiWi)* Pflichtintervention *f (currency)*

~ **liquidation** *(Fin)* Zwangsliquidation *f*, Zwangsliquidierung *f*

~ **margin** *(BE) (Bö)* obligatorische Einschusssumme *f*, obligatorische Einschusszahlung *f*

~ **pension insurance scheme** *(Soz)* gesetzliche Rentenversicherung *f*

~ **purchase** 1. *(Gesch)* Zwangskauf *m*; 2. *(Gb)* Zwangsenteignung *f*, Enteignung *f*

~ **retirement** *(BE) (Verw, Pers)* Zwangspensionierung *f*

~ **saving** *(BE) (Fin)* Zwangssparen *n*

~ **third party insurance** *(Vers)* Zwangshaftpflichtversicherung *f*

~ **unemployment insurance** *(Soz)* Arbeitslosenpflichtversicherung *f*

computer *(EDV)* Computer *m*; Rechner *m* *(calculating machine)*
~-aided *adj (EDV)* computergestützt, computerunterstützt, PC-gestützt, rechnergestützt, rechnerunterstützt
~-aided crime *(Recht)* computerunterstützte Kriminalität *f*
~-aided design *(EDV, Ind)* computerunterstützte Entwicklung *f*, computerunterstützte Konstruktion *f*, CAD *(development)*
~-aided design and manufacturing *(EDV, Ind)* computerunterstützte Entwicklung und Fertigung *f*, CADM
~-aided learning *(EDV)* computerunterstütztes Lernen *n*, computergestütztes Lernen *n*, CAL
~-aided manufacturing *(Ind, EDV)* computerunterstützte Fertigung *f*, CAM
~-aided selling *(V&M)* computergestützter Verkauf *m*
~-assisted *adj (EDV)* computergestützt, computerunterstützt, PC-gestützt, rechnergestützt
~-based *adj (EDV)* computergestützt, computerunterstützt, PC-gestützt, rechnergestützt
~ **company** *(Gesch)* Computerhersteller *m*
~-controlled *adj (EDV)* computergesteuert, rechnergesteuert
~ **crime** *(EDV, Recht)* Computerkriminalität *f*
~-driven *adj (EDV)* computergesteuert, rechnergesteuert
~ **fraud** *(Recht)* Computerbetrug *m*
~-integrated manufacturing *(EDV, Ind)* computerintegrierte Fertigung *f*, CIM
~ **intruder** *(EDV, Komm, Recht)* Hacker *m*
~ **network** *(EDV)* Computernetzwerk *n*, Rechnerverbund *m*
~-operated *adj (EDV)* computergesteuert, rechnergesteuert
~ **output** *(EDV)* Ausgabe *f*, Ausg.
~ **programmer** *(EDV)* Programmierer(in) *m(f)*
~ **return** *(St)* Computersteuererklärung *f*
~ **science** *(EDV)* Informatik *f*
~ **scientist** *(EDV)* Computerwissenschaftler(in) *m(f)*, Informatiker(in) *m(f)*
~ **security** *(EDV)* Datensicherheit *f*
computerized *adj (EDV)* computerisiert
~ **accounting system** *(RW)* computergestütztes Buchungssystem *n*

concatenation of problems *(Pers)* Problemverflechtung *f*, Problemverkettung *f*
conceal *v* 1. *(Gesch)* verbergen, verdecken, verheimlichen, verschleiern; 2. *(Recht)* verschweigen, verstecken *(information)*
concealed assets *(RW)* verschleierte Vermögenswerte *mpl*
~ **surplus of labo(u)r** *(Verw)* versteckter Arbeitskräfteüberschuss *m*
~ **unemployment** *(WiWi)* latente Arbeitslosigkeit *f*, verdeckte [versteckte] Arbeitslosigkeit *f*
concealment 1. *(Recht)* Verschweigen *n* *(of information)*; 2. *(Bö)* Verschleierung *f* *(of losses)*
concentration *(Gesch)* Konzentration *f*, Unternehmenskonzentration *f (of companies)*
~ **of industry** *(WiWi, Ind)* industrielle Zusammenballung *f*
~ **ratio** *(WiWi)* Konzentrationsmaß *n*
concept 1. *(Gesch)* Begriff *m*; 2. *(V&M)* Konzept *n*
~ **of accrual** *(RW)* Konzept *n* der Rechnungsabgrenzung
~ **test** *(V&M)* Akzeptanztest *m* einer Produktidee
conceptual framework *(RW)* Buchungsplan *m*, Buchungsrichtlinien *fpl (basis of accounting standards)*
concern *v (Gesch)* angehen, betreffen
concern *(Gesch)* Problem *n (worry)*; Betrieb *m*, Unternehmen *n (business organization)*
concertation *(Pol, WiWi)* Konzertation *f*, Konzertierung *f*
concerted *(WiWi, Pol)* gebündelt, konzertiert
concession 1. *(Gesch)* Konzession *f (distribution right)*; 2. *(Pers)* Vergünstigung *f* *(privilege)*; 3. *(Recht)* Konzession *f (of grant, licence)*; 4. *(Gb)* Zugeständnis *n*; 5. *(Bö)* Bonifikation *f*, Preisnachlass *m*; 6. *(St)* behördliche Zulassung *f*, Konzession *f*
concessionary rate *(Gesch, V&M)* Sonderpreis *m*
concessions *(Gesch)* Konzessionen *fpl*, Vorzugskonditionen *fpl (special treatment)*
conciliate *v (Pers)* schlichten, versöhnen *(labour dispute)*

conciliation *(Pers, Recht)* Schlichtung *f* *(of labour dispute)*
conclusion *(Verw, Gesch, Recht)* Abschluss *m (of agreement, contract)*
conclusive *adj (Gesch)* endgültig
~ **evidence** *(Recht)* zwingender Beweis *m*
concrete evidence *(Recht)* konkreter Beweis *m*
concur *v (Recht)* übereinstimmen *(agree)*
condense *v (Med)* kürzen, komprimieren, zusammenfassen *(Text)*
condensed report *(Gesch)* Kurzbericht *m*
condition 1. *(Gesch)* Bedingung *f*, 2. *(Recht)* Auflage *f*, Bedingung *f*, Vertragsbedingung *f (of contract)* • **on ~ that** *(Gesch)* mit der Auflage, dass, unter der Voraussetzung, dass, unter der Bedingung, dass
~ **of admission** *(Pers)* Zulassungsbedingung *f*
conditional *adj (Recht)* bedingt
~ **acceptance** *(Recht)* bedingte Annahme *f* *(contracts)*
~ **clause** *(Recht)* Vorbehaltsklausel *f*
~ **employment contract** *(Pers)* bedingter Arbeitsvertrag *m*
~ **offer** *(Recht)* bedingtes Angebot *n (international contract law)*
conditionally *adv (Recht)* bedingt
conditions *(Recht)* Bedingungen *fpl*, Vertragsbedingungen *fpl (of contract)*
~ **for access** *(Pers)* Zugangsbedingungen *fpl*, Zugangsvoraussetzungen *fpl*
~ **for eligibility** *(Pers, Soz)* Anspruchsvoraussetzungen *fpl*
~ **for entry** *(Pers)* Zugangsbedingungen *fpl*, Zugangsvoraussetzungen *fpl*
~ **in a planned economy** *(Pol, WiWi)* planwirtschaftliche Bedingungen *fpl*
~ **of contract** *(Recht)* Vertragsbedingungen *fpl*
~ **of employment** *(Pers)* Arbeitsbedingungen *fpl*
~ **under a planned economy** *(Pol, WiWi)* planwirtschaftliche Bedingungen *fpl*
confer *v* 1. *(Gesch, Mgt)* sich beraten; 2. *(Recht)* übertragen, erteilen, verleihen *(right)*
~ **authority on sb** *(Recht)* jmdm. eine Vollmacht erteilen
~ **the right on sb to do sth** *(Gesch)* jmdn. ermächtigen, etw. zu tun
conference *(Gesch)* Konferenz *f*, Tagung *f*, Sitzung *f*
~ **call** *(Komm, Gesch)* Konferenzschaltung *f*
~ **delegate** *(Mgt)* Tagungsteilnehmer(in) *m(f)*, Konferenzteilnehmer(in) *m(f)*, Delegierte(r) *f(m)*
~ **proceedings** *(Verw)* Tagungsbericht *m*, Tagungsprotokoll *n*, Sitzungsprotokoll *n*
~ **report** *(Verw)* Tagungsbericht *m*
conferral 1. *(Gesch)* Erteilung *f*; 2. *(Recht)* Übertragung *f*, Verleihung *f (of right)*
confidence-boosting *adj (Pol)* vertrauensbildend, vertrauensfördernd
~**-building** *adj (Pol)* vertrauensbildend, vertrauensfördernd
confidential report *(Verw)* vertraulicher Bericht *m*
confidentiality agreement *(Recht)* Geheimhaltungsvertrag *m (intellectual property)*
confidentiality of banking operations *(Bank)* Bankgeheimnis *n*
confirm *v (Gesch)* bestätigen *(appointment)*
confirmation 1. *(RW)* Bestätigung *f*; 2. *(Gesch)* Bestätigung *f*, Billigung *f (of plans)*; 3. *(Recht)* Bekräftigung *f*, Bestätigung *f (decision)*
~ **notice** *(Gesch)* Bestätigungsmitteilung *f*
~ **of order** *(Komm, Gesch)* Auftragsbestätigung *f*
confirmed *adj (Gesch)* bestätigt
~ **copy** *(Recht)* bestätigte Kopie *f (of legal document)*
~ **irrevocable letter of credit** *(Bank)* bestätigtes unwiderrufliches Akkreditiv *n*
confirming bank *(Bank)* bstätigende Bank *f (international trade)*
confiscate *v* 1. *(Gesch)* konfiszieren; 2. *(AH)* beschlagnahmen
conflict avoidance *(V&M)* Konfliktvermeidung *f*
~ **of interest** *(Gesch)* Interessenkonflikt *m*
~ **prevention** *(Gesch, Pers, V&M)* Konfliktverhütung *f*
conflicting evidence *(Recht)* widersprüchliche Aussagen *fpl*, widersprüchliches Beweismaterial *n*
~ **interests** *(Gesch)* widerstreitende Interessen *fpl*
conform *v (Gesch)* entsprechen, übereinstimmen *(to rules, agree, comply with)*

~ **to a standard** *(Gesch)* einer Norm entsprechen
conformity *(Gesch)* Übereinstimmung *f* • **in ~ with** *(Gesch, Recht)* gemäß
confutable *adj (Recht)* widerlegbar
congestion 1. *(Komm)* Überlastung *f (telephone lines)*; 2. *(Gesch) (market)* Andrang *m*, Stauung *f*, Ansammlung *f*
conglomerate *(WiWi)* Mischkonzern *m*, Konglomerat *n*
congress *(Mgt)* Kongress *m*, Tagung *f*
connect time *(EDV, Komm, V&M)* Verbindungszeit *f (Internet)*
connection 1. *(Gesch)* Verbindung *f*; 2. *(Med, Pol)* Querverbindung *f*; 3. *(Trans)* Anschluss *m*, Verkehrsverbindung *f*
connection charge *(EDV, Komm)* Anschlussgebühr *f*
~ **fee** *(EDV, Komm)* Anschlussgebühr *f*
consensus 1. *(Gesch)* Konsens *m*, Übereinstimmung *f*; 2. *(Pol)* Konsens *m*
consent *v (Gesch)* zustimmen, einwilligen
conservatism principle *(RW)* Grundsatz *m* der Vorsicht
conservative *adj (Gesch)* vorsichtig *(spending, estimate)*
conservative estimate *(Gesch)* vorsichtige [konservative] Schätzung *f*
consideration 1. *(Verw)* Gegenleistung *f*; 2. *(Gesch)* Berücksichtigung *f*, Überlegung *f*; 3. *(Vers)* Rücksichtnahme *f*; 4. *(Recht)* Rechtspflicht *f (contracts)*; Gegenleistung *f (contract)*
consign *v (AH)* liefern, schicken, versenden
consignee *(AH, Trans)* Empfänger(in) *m(f)*
~ **of goods** *(Recht)* Warenempfänger(in) *m(f) (contracts)*
consignment 1. *(AH)* Konsignation *f*, Versendung *f*; 2. *(Trans)* Sendung *f*, Versand *m*, Konsignation *f* • **on ~** *(AH, Trans)* in Kommission, in Konsignation
~ **goods** *(V&M)* Kommissionsware *f*
~ **note** *(Trans)* Frachtbrief *m*, Ladeschein *m*, Versandanzeige *f*, Warenbegleitschein *m*
consignor *(AH, Trans)* Absender(in) *m(f)*, Konsignant *m*, Versender(in) *m(f)*
consistency 1. *(RW)* Kontinuität *f (of procedures)*; 2. *(Gesch)* Übereinstimmung *f*
consistent *adj* 1. *(Gesch)* beständig; 2. *(Recht)* vereinbar *(claims, statements)*; 3. *(Mgt)* konsequent *(in methods)*
~ **with** *(Recht)* übereinstimmend mit, vereinbar mit
~ **with price stability** *(WiWi)* preisstabilitätsgerecht
~ **with social welfare** *(Soz)* sozialverträglich
consolidate *v* 1. *(Fin)* konsolidieren, verschmelzen; 2. *(RW, Bank)* konsolidieren; 3. *(WiWi)* konsolidieren, zusammenfassen
consolidated *adj* 1. *(RW, Bank, Fin)* konsolidiert; 2. *(Gesch)* zusammengefasst, Sammel- • **on a ~ basis** *(RW, Fin)* auf konsolidierter Basis
~ **accounting** *(BE) (RW)* konsolidierte Rechnungslegung *f*
~ **accounts** *(RW)* konsolidierter Abschluss *m*, Konzernabschluss *m*
~ **assets** *(Fin)* konsolidiertes Konzernvermögen *n*
~ **audited accounts** *(RW)* geprüfter Konzernabschluss *m*
~ **balance sheet** *(RW)* Gemeinschaftsbilanz *f*, konsolidierte Bilanz *f*, Konzernbilanz *f*
~ **cash flow** *(RW)* konsolidierter Cashflow *m*
~ **financial statement** *(RW)* konsolidierter Abschluss *m*, Konzernabschluss *m*, Konzernbilanz *f*
~ **net profit** *(RW)* konsolidierter Reingewinn *m*
~ **sales** *(Fin)* Konzernumsatz *m*
~ **statement of condition** *(AE) (Fin)* konsolidierter Finanzstatus *m*
consolidation 1. *(RW, WiWi)* Konsolidierung *f*; 2. *(Fin)* Verschmelzung *f (of holdings, business)*
~ **method** *(RW)* Konsolidierungsgrundsätze *mpl (annual accounts)*
consortium 1. *(Bank, Fin)* Konsortium *n*; 2. *(Gesch)* Interessengemeinschaft *f*, Syndikat *n*; 3. *(Pers)* Arbeitsgemeinschaft *f (ad hoc)*; 4. *(Recht)* Konsortium *n*; eheliche Gemeinschaft *f (contracts)*
conspicuous consumption *(WiWi)* auffälliger Konsum *m*, Geltungskonsum *m*
constant *(Stat)* Konstante *f* • **at ~ prices** *(WiWi)* bei [zu] konstanten Preisen
~ **cost** *(Verw)* fixe Kosten *pl*
~ **elasticity of substitution production function** *(WiWi)* CES-Produktionsfunktion *f*
~ **price** *(WiWi)* konstanter Preis *m*

~ **returns to scale** *(WiWi)* konstanter Skalenertrag *m*
constituent company *(Bö)* verbundenes Unternehmen *n*
constituted *adj* 1. *(Gesch)* gegründet; 2. *(Recht)* ernannt *(a trust)*
constitution *(Recht)* Verfassung *f*, Statuten *npl*
constraining factor *(WiWi)* Engpassfaktor *m*
constraint 1. *(WiWi)* Nebenbedingung *f*, Restriktion *f*, Zwang *m*; 2. *(Recht)* Nötigung *f*
construction cost index *(BE)* *(Bö)* Baukostenindex *m*
~ **industry** *(Ind, Gb)* Baugewerbe *n*, Bauindustrie *f*, Bauwesen *n*
consular invoice *(RW, AH, Trans)* Konsulatsfaktura *f*
consult *v* *(Gesch)* befragen, konsultieren
consultancy *(Gesch)* Beratungsfirma *f*
~ **agreement** *(Gesch)* Beratervertrag *m*
~ **work** *(Gesch)* Beratungstätigkeit *f*
consultant 1. *(Gesch, Pers)* Berater(in) *m(f)*; 2. *(Mgt)* Berater(in) *m(f)*, Gutachter(in) *m(f)*
consume *v* *(WiWi)* konsumieren, verbrauchen
consumer *(WiWi, V&M)* Konsument(in) *m(f)*, Verbraucher(in) *m(f)*
~ **advertising** *(V&M)* Kundenwerbung *f*, Verbraucherwerbung *f*
~ **behavio(u)r** *(V&M)* Verbraucherverhalten *n*
~ **benefit** *(WiWi, V&M)* Verbrauchernutzen *m*
~ **buying power** *(V&M)* Konsumentenkaufkraft *f*
~ **demand** *(V&M)* Verbrauchernachfrage *f* *(market research)*
~ **durables** 1. *(WiWi)* dauerhafte Konsumgüter *npl*, Gebrauchsgüter *npl*; 2. *(V&M)* langlebige Gebrauchsgüter *npl* *(type of goods)*
~ **electronics** *(EDV, Komm, F&T, Med)* Unterhaltungselektronik *f*
~ **equilibrium** *(WiWi)* Ausgleich *m* der Grenznutzen
~ **expenditure** *(WiWi)* Konsumausgaben *fpl*, Verbrauchsausgaben *fpl*
~**-goods industry** *(Ind)* Konsumgüterindustrie *f*
~**-goods sector** *(WiWi)* verbrauchsnaher Bereich *m*
~ **loan** *(Bank)* Verbraucherkredit *m*
~ **market** *(V&M)* Konsumgütermarkt *m*
~ **organization** *(V&M)* Verbraucherorganisation *f*, Verbraucherverband *m*
~ **panel** *(V&M)* repräsentative Verbrauchergruppe *f* *(market research)*
~ **patterns** *(V&M)* Verbraucherverhalten *n*
~ **preference** *(V&M)* Konsumentenpräferenz *f*
~ **price index** *(WiWi)* Verbraucherpreisindex *m*, Index *m* der Verbraucherpreise
~ **products** *(V&M)* Konsumgüter *npl*, Verbrauchsgüter *npl*
~ **protection** *(Recht, V&M)* Verbraucherschutz *m*
~ **protection law** *(Recht, V&M)* Verbraucherschutzgesetz *n*, Verbraucherschutzrecht *n*
~ **protection laws** *(Recht, V&M)* Verbraucherschutzgesetze *npl*
~ **relations manager** *(Mgt)* Kundendienstleiter(in) *m(f)*
~ **research** *(V&M)* Konsumforschung *f*
~ **sovereignty** *(WiWi)* Konsumentensouveränität *f*
~ **spending** *(WiWi)* Verbraucherausgaben *fpl*
~ **survey** *(V&M)* Verbraucherbefragung *f*, Verbraucherumfrage *f*
~ **trend** *(V&M)* Verbrauchertrend *m*
~**'s surplus** *(WiWi)* Konsumentenrente *f*
consumers' cooperative *(Gesch)* Konsumgenossenschaft *f*
~**' panel** *(V&M)* Verbraucherpanel *n*
consumption 1. *(WiWi)* Konsum *m*, Verbrauch *m*; 2. *(Gesch)* Verzehr *m*
~ **function** *(WiWi)* Konsumfunktion *f*
~ **goods** *(WiWi, Umw, V&M)* Verbrauchsgüter *npl*
~ **pattern** *(WiWi)* Konsumverhalten *n*, Verbrauchsgewohnheiten *fpl*
~ **per capita** *(WiWi)* Pro-Kopf-Verbrauch *m*
contagion effect *(Bank, WiWi)* Dominoeffekt *m*
contain *v* *(Gesch)* eindämmen, eingrenzen *(demand, inflation)*
container *(Trans)* Behälter *m*, Container *m*, Transportbehälter *m*
containment 1. *(WiWi)* Eindämmung *f* *(demand, credit)*; 2. *(Gesch, Pol)* Be-

grenzung *f*, Beherrschung *f*, Eingrenzung *f*, Zügelung *f*, Zurückhaltung *f*
~ **of inflation** *(WiWi)* Eindämmung *f* der Inflation
contemporaneous performance *(Recht)* Zug-um-Zug-Erfüllung *(contracts)*
contempt of court *(Recht)* Missachtung *f* des Gerichts • **in contempt of court** *(Recht)* unter Missachtung des Gerichts
content authoring *(EDV, Komm, Med)* Inhaltserstellung *f*, Inhaltsherstellung *f*, Content Authoring *n*
~ **for cash** *(EDV, Komm)* Web-Inhalte *mpl* gegen Bezahlung, Bezahl-Content *m* *(internet business model)*
~ **provider** *(EDV, Komm)* Content-Provider *m*, Inhalts-Anbieter *m*, Anbieter *m* von Inhalten
contention *(Gesch)* Behauptung *f*
contents of contract *(Recht)* Vertragsinhalt *m*
contest *v (Recht)* anfechten *(will)*
contest *(Gesch)* Wettbewerb *m*, Wettstreit *m*
contestability *(WiWi)* Kontestierbarkeit *f*, Bestreitbarkeit *f*
contestable *adj* 1. *(Gesch)* bestreitbar; 2. *(Vers, Recht)* anfechtbar
~ **market** *(WiWi)* Markt *m* ohne Zutritts- und Austrittsschranken
contestation 1. *(Gesch)* Bestreiten *n*; 2. *(Recht)* Anfechtung *f*
contested claim *(Fin)* bestrittener Anspruch *m*
context-sensitive *adj (EDV)* kontextabhängig, kontextsensitiv
contingency *(RW)* Eventualverbindlichkeit *f*, ungewisses künftiges Ereignis *n*
~ **plan** 1. *(Fin)* Krisenplan *m*, Notstandsplan *m*; 2. *(Gesch)* Alternativplan *m*, *(ugs.)* Schubladenplan *m*
~ **provision** *(RW)* Rücklage *f* für ungewisse künftige Ereignisse
contingent *adj (Gesch)* bedingt, ungewiss *(liability)*
~ **asset** *(RW)* bedingtes Fremdkapital *n*
~ **claim** *(RW)* Eventualforderung *f*
~ **fee** *(Gesch)* Erfolgshonorar *n*
~ **liability** 1. *(RW, Fin)* Eventualverbindlichkeit *f*; 2. *(Recht)* Eventualverpflichtung *f*
~ **right** *(Recht)* Anwartschaftsrecht *n* *(contracts)*
continuing education *(Pers)* ständige Weiterbildung *f*, Fortbildung *f*
continuous *adj (Gesch)* durchgehend, fortlaufend
~ **audit** *(RW)* laufende Buchprüfung *f*
~ **flow production** *(Ind)* Fließarbeit *f*, Fließfabrikation *f*, Fließfertigung *f*
~ **forms** *(Gesch)* Endlosformulare *npl*
~ **interest** *(Bank)* tageweise Verzinsung *f*
~ **inventory** *(Gesch)* laufende Inventur *f*
~ **process** *(WiWi, Ind)* dynamischer Prozess *m*, Fließprozess *m*
contra *(RW)* Gegenposten *m*
~ **account** *(RW)* Gegenkonto *n*, Wertberichtigungskonto *n*
~ **entry** *(RW)* Gegenbuchung *f*, Storno *m*, Stornobuchung *f*
contract *v (Gesch)* kontrahieren *(agree, enter into)*; ansammeln *(debts)*; rekrutieren *(workers)*; abnehmen, schrumpfen *(diminish)*
~ **in** 1. *(Vers)* beitreten *(to pension scheme)*; 2. *(Recht)* sich anschließen
~ **out** 1. *(Pers)* außer Haus vergeben *(work)*; 2. *(Recht)* freizeichnen, vertraglich ausschließen; 3. *(Fin, Vers)* nicht beitreten *(of pension scheme)*; 4. *(Recht)* sich nicht anschließen, austreten
contract *(Gesch)* Vertrag *m*, Kontrakt *m*, Auftrag *m (order)* • **as stipulated in the ~** *(Gesch)* vereinbarungsgemäß *(Recht)* vertragsgemäß • **by ~** *(Recht)* vertraglich
~ **agreement** *(Recht)* vertragliche Vereinbarung *f*
~ **bargaining** *(Pers, Recht)* Vertragsverhandlungen *fpl*
~ **curve** *(WiWi)* Kontraktkurve *f*
~ **date** *(Recht)* Tag *m* des Vertragsabschlusses
~ **delivery date** *(BE) (Bö)* vertraglicher Liefertermin *m (currency futures)*
~ **law** *(Recht)* Vertragsrecht *n*
~ **negotiations** *(Pers, Recht)* Vertragsverhandlungen *fpl*
~ **of employment** *(Gesch, Pers)* Arbeitsvertrag *m*
~ **of labor** *(AE) (Pers)* Arbeitsvertrag *m*
~ **of sale** *(Recht)* Kaufvertrag *m*
~ **of service** *(BE) (Pers)* Dienstvertrag *m*
~ **party** *(Recht)* Vertragspartei *f*, Vertragspartner(in) *m(f)*
~ **period** *(Recht)* Vertragsdauer *f*

~ **size** *(Bö)* Kontrakteinheit *f*, Kontraktgröße *f (currency futures)*
~ **worker** *(Pers)* Vertragsarbeitnehmer(in) *m(f)*, Werkvertragsarbeitnehmer(in) *m (f)*
contracting *(WiWi)* Kontrahierung *f*
~ **away** *(V&M)* Abwerbung *f*
~ **out** 1. *(Pers)* Arbeiten vergeben; 2. *(Recht)* Freizeichnung *f*
~ **party** *(Recht)* Vertragspartei *f*
contraction *(WiWi)* Abschwung *m*
~ **of demand** *(V&M)* Nachfrageschrumpfung *f*
~ **of money supply** *(WiWi)* Geldverknappung *f*
contractionary open market policy *(WiWi)* kontraktive Offenmarktpolitik *f*
contractor 1. *(Gesch)* Lieferant(in) *m(f)*, Vertragsschließende(r) *f(m)*; 2. *(Pers)* Auftragnehmer(in) *m(f)*, Lieferant(in) *m(f)*, Unternehmer(in) *m(f)*; 3. *(Recht)* Vertragspartei *f (party to a contract)*
contractual *adj* 1. *(Pers)* tariflich *(wages)*; 2. *(Recht)* vertraglich • **in ~ relationships** *(Bank)* im Rahmen der Privatautonomie
~ **agreement** *(Recht, V&M)* vertragliche Vereinbarung *f*
~ **freedom** *(Recht)* Vertragsfreiheit *f*
~ **penalty** *(Recht)* Vertragsstrafe *f*
~ **use** *(Recht)* bestimmungsgemäßer Gebrauch *m*
contracyclical policy *(WiWi)* antizyklische Politik *f*
contradict *v (Recht)* widersprechen
contrary to the contract *(Recht)* vertragswidrig
contravene *v (Recht)* zuwiderlaufen
contribute *v* 1. *(WiWi)* einbringen; 2. *(Gesch)* beisteuern, beitragen; 3. *(St)* spenden
contributer *(Soz)* Beitragszahler(in) *m(f)*
contribution 1. *(WiWi)* Beitrag *m*; 2. *(Fin)* Mitwirkung *f*, Umlage *f*
~ **analysis** *(Fin)* Beitragsanalyse *f*, Deckungsbeitragsanalyse *f*
~ **costing** *(RW)* Deckungsbeitragsrechnung *f*
~ **income** *(Pers)* Beitragsaufkommen *n*
~ **margin** *(RW)* Bruttogewinn *m*, Deckungsbeitrag *m*
~ **profit** *(RW)* Kostenartenbeitrag *m (cost accounting)*
~ **rate** *(Pers, Soz)* Beitragssatz *m (social security)*
contributory *adj (Recht)* beitragend, mitwirkend
~ **negligence** *(Recht)* Mitverschulden *n*
control *v* 1. *(WiWi)* kontrollieren *(inflation)*; 2. *(Gesch)* beherrschen, kontrollieren, regulieren, steuern; 3. *(Trans, V&M)* überwachen
~ **a market** *(Fin)* einen Markt beherrschen
~ **costs** *(Gesch)* Kosten kontrollieren
~ **the purse strings** *(WiWi)* die Ausgaben kontrollieren
control 1. *(Verw)* Überwachung *f*; 2. *(WiWi)* Macht *f*, Aufsicht *f (supervision)*; Bewirtschaftung *f (economic planning)*; 3. *(Gesch)* Kontrolle *f*, Beherrschung *f*
~ **group** *(V&M)* Kontrollgruppe *f*
~ **of abusive practices** *(Komm, Recht)* Missbrauchsaufsicht *f*
~ **regulation** *(Recht)* Überwachungsverordnung *f*
~ **stock** *(Bö)* ausschlaggebender Aktienanteil *m*, wesentliche Beteiligung *f*
controlled *adj (Fin, Gesch)* reguliert
~ **company** *(WiWi, Bö)* abhängige Gesellschaft *f*, beherrschte Gesellschaft *f*
controller *(RW, Fin, Mgt)* Controller *m*, Leiter(in) *m(f)* des Rechnungswesens, Leiter(in) *m(f)* des Bereichs Rechnung und Finanzen, Prüfer(in) *m(f)*, Rechnungsprüfer(in) *m(f)*, Revisor(in) *m(f)*
controlling 1. *(RW)* Gegenrechnung *f*, Sammelkonto *n*, Hauptbuchsammelkonto *n*, Kontrollbuch *n*; 2. *(Mgt)* Kosten- und Leistungsverantwortung *f*
~ **company** *(WiWi, Bö)* beherrschende Gesellschaft *f*
~ **interest** 1. *(Verw, Fin)* Sperrminorität *f*, 2. *(Pers, Bö)* Mehrheitsbeteiligung *f*
convene *v (Mgt)* einberufen *(meeting)*
convenience flag *(Trans)* billige Flagge *f*, billige Handelsflagge *f (shipping)*
~ **foods** *(V&M)* Halbfertig- und Fertiggerichte *npl*
convention 1. *(Gesch)* Konvention *f*, Grundsatz *m*, Versammlung *f*, Konferenz *f (conference)*; 2. *(Recht)* Konvention *f*, 3. *(Mgt)* Konferenz *f*, Tagung *f*, Kongress *m*
convergence criteria *(WiWi, Pol)* Konvergenzkriterien *npl (ECB)*
~ **program(me)** Konvergenzprogramm *n*

conversion 1. *(WiWi)* Konversion *f*, Konvertierung *f*, Umtausch *m*; 2. *(Fin)* Konvertierung *f*, Umrechnung *f*, Umtausch *m*, Konversion *f*; 3. *(Gesch)* Umwandlung *f*; 4. *(Recht)* Umstellung *f*, Umwandlung *f* *(of sentence)*

~ **loan** *(Fin)* Konversionsanleihe *f*, Wandelanleihe *f*

~ **price** *(WiWi, Fin)* Umrechnungskurs *m*, Wandlungskurs *m*

~ **rate** 1. *(WiWi)* Umrechnungskurs *m*; 2. *(Fin)* Umrechnungskurs *m*, Umrechnungssatz *m*

~ **ratio** *(Bö)* Umtauschverhältnis *n*, Wandlungsverhältnis *n*

convert *v* 1. *(Bank)* umtauschen, wandeln *(money)*; 2. *(WiWi)* konvertieren, umtauschen *(currency)*; 3. *(Fin)* konvertieren, umrechnen, umtauschen, umwandeln, wandeln; 4. *(Gesch)* verwandeln, umwandeln; 5. *(Recht)* umwandeln *(sentence)*; 6. *(Gb)* umbauen

convertibility *(WiWi)* Konvertibilität *f*, Konvertierbarkeit *f*

convertible *adj* 1. *(Bank)* wandelbar; 2. *(Fin)* umwandelbar, wandlungsfähig; 3. *(Gesch, Recht)* umwandelbar

~ **bond** *(Fin)* Wandelobligation *f*, Wandelschuldverschreibung *f*, Wandelanleihe *f*

~ **currency** *(WiWi)* konvertierbare Währung *f*

~ **debenture** *(Fin, Bö)* Wandelschuldverschreibung *f*

convey *v* 1. *(Gesch)* befördern; 2. *(Recht)* übertragen; 3. *(Gb)* übertragen, übereignen, umschreiben; 4. *(Trans)* transportieren, übersenden *(goods)*

conveyance 1. *(Recht)* Grundstücksübertragung *f*, Übermittlung *f*; 2. *(Gb)* Grundstücksübertragung *f*, Umschreibung *f*; 3. *(Trans)* Spedition *f*, Versendung *f*, Transport *m*, Übersendung *f*

cooling-off period *(Gesch)* Bedenkzeit *f*, Denkpause *f (before signing a contract)*

cooperate *v (Gesch)* kooperieren, zusammenarbeiten

cooperative *adj* 1. *(WiWi)* kooperativ; auf Genossenschaftsbasis *(trade, society, agreement)*; 2. *(Gesch)* kooperativ *(compliant)*; hilfsbereit *(helpful)*

cooperative 1. *(WiWi)* Kooperative *f*; 2. *(Gesch)* Genossenschaft *f*

~ **advertising** *(V&M)* Gemeinschaftswerbung *f (retailing arrangement)*

~ **arrangement** *(Gesch)* Gemeinschaftsregelung *f*

~ **marketing** *(V&M)* genossenschaftliches Absatzwesen *n*

~ **society** *(Gesch)* Genossenschaft *f*

cooptition *(WiWi, Pol)* Wettbewerb-Kooperationslösung *f*, Mischung *f* aus Wettbewerb und Zusammenarbeit *(cooperation + competition)*

coordinate *v (Gesch)* aneinander angleichen, aufeinander abstimmen, gleichordnen, gleichschalten, in Übereinstimmung bringen, koordinieren

coordination 1. *(Gesch)* Abstimmung *f*, Koordinierung *f*; 2. *(Mgt)* Abstimmung *f*

copy *v (Gesch)* kopieren *(photocopy)*

copy 1. *(Gesch)* Abschrift *f*, Ausgabe *f* einer Zeitung, Kopie *f*, Exemplar *n*, Manuskript *n*, Artikelinhalt *m*, Ausfertigung *f*, Abdruck *m (reproduction)*; 2. *(V&M)* Text *m*

~ **date** *(V&M)* Anzeigenschluss *m*

~ **deadline** 1. *(Gesch)* Anzeigenschluss *m*; 2. *(Med)* Redaktionsschluss *m*

~ **writer** *(Gesch)* Werbetexter(in) *m(f)*

~ **writing** *(V&M)* Abfassung *f* eines Reklametextes

copyright *adj (Recht)* urheberrechtlich

copyright *(Recht)* Copyright *n*, Urheberrecht *n*

~ **fee** *(Recht, Med)* Urheberrechtsabgabe *f*, Urheberabgabe *f (on hardware sales)*

~ **owner** *(Recht, Med)* Urheberrechtsinhaber(in) *m(f)*, Rechtsinhaber(in) *m(f)*

~ **reserved** *(Recht)* urheberrechtlich geschützt

core business *(Gesch)* Kerngeschäft *n*

~ **hours** *(Verw)* Kernstunden *fpl*, Kernzeit *f*

~ **inflation** *(WiWi)* Kerninflation *f*

~ **operations** *(Gesch)* Kernbereich *m*, Kerngeschäft *n*

~ **product** *(V&M)* Kernprodukt *n*

~ **skills** *(Pers)* Schlüsselqualifikationen *fpl*

~ **workers** *(Pers)* Stammbelegschaft *f*, Kernbelegschaft *f*, Stammarbeitskräfte *fpl*

~ **workforce** *(Pers)* Stammbelegschaft *f*

COREPER *s.* Committee of Permanent Representatives of the EC

corner *v (Fin)* aufkaufen

~ **the market** *(V&M, Bö)* Waren zu Spekulationszwecken aufkaufen

corner shop *(BE) (V&M)* Nachbarschaftsladen *m*, *(ugs.)* Tante-Emma-Laden *m*
corporate *adj (Gesch)* gesellschaftlich, korporatistisch, Firmen…, Unternehmens…
~ **advertising** *(V&M)* Firmenwerbung *f*
~ **affiliate** *(WiWi)* Konzerngesellschaft *f*
~ **assets** *(Verw, Fin)* Gesellschaftsvermögen *n*
~ **banking** *(Bank)* Firmenkundengeschäft *n*
~ **body** *(Verw)* juristische Person *f*, Körperschaft *f*
~ **bonds and loans** *(Fin, Ind, Bö)* Industrieobligationen und -anleihen *fpl*
~ **client** *(Bank)* Firmenkunde *m*
~ **customer** *(Bank)* Firmenkunde *m*
~ **customers** *(Bank)* Firmenkundschaft *f*
~ **earning** *(RW)* Unternehmensertrag *m*, Unternehmergewinn *m*
~ **earning power** *(WiWi)* Ertragskraft *f* eines Unternehmens
~ **equivalent yield** *(St)* vergleichbare Unternehmensrendite *f*
~ **finance** *(Fin)* Unternehmensfinanzierung *f*
~ **funds** *(Verw)* Gesellschaftsmittel *npl*
~ **goal** *(Gesch)* Unternehmensziel *n*
~ **governance** *(Mgt)* wirksame Unternehmensführung *f* und -aufsicht *f*
~ **identity** *(V&M)* Corporate Identity *n*, CI
~ **image** *(Gesch, V&M)* Firmenimage *n*, Unternehmensimage *n*
~ **insolvencies** *(Bank, Gesch)* Firmeninsolvenzen *fpl*
~ **issue** *(Fin)* Emission *f* einer Aktiengesellschaft
~ **law** *(Recht)* Gesellschaftsrecht *n*
~ **lending** *(Bank)* Firmenkredite *mpl*
~ **mission** *(Gesch)* Unternehmenszweck *m*
~ **name** *(Gesch)* Firmenname *m*
~ **objective** *(Gesch)* Unternehmensziel *n*
~ **participating interests** *(Gesch, WiWi)* Unternehmensbeteiligungen *fpl*
~ **profit** *(RW)* Unternehmensgewinn *m*
~ **purchasing** *(V&M)* Firmeneinkauf *m*
~ **savings** *(Fin)* Unternehmensersparnisse *fpl*
~ **securities** *(Fin, Bö)* Dividendenwerte *mpl*
~ **spending** *(St)* betriebliche Ausgaben *fpl*
~ **strategic planning** *(Mgt)* strategische Unternehmensplanung *f*
~ **strategy** *(Gesch, Mgt)* Unternehmensstrategie *f*
~ **structure** 1. *(Gesch)* Firmenstruktur *f*; 2. *(Pers)* Betriebsstruktur *f*
~ **tax** *(St)* Körperschaftssteuer *f*
~ **treasurer** *(Pers)* Leiter(in) *m(f)* der Finanzabteilung
corporation 1. *(Gesch)* Kapitalgesellschaft *f*; 2. *(Bö)* Aktiengesellschaft *f*, AG
~ **(income) tax** *(St)* Körperschaftssteuer *f*
correct *v* 1. *(Gesch)* bereinigen, abändern, verbessern, berichtigen *(errors)*; 2. *(Med)* korrigieren
correcting entry *(RW)* Berichtigungsbuchung *f*, Berichtigungseintragung *f*, Korrekturposten *m*
correlation *(Stat)* Korrelation *f*
~ **coefficient** *(Stat)* Korrelationskoeffizient *m*
correspond *v (Gesch)* gleichkommen *(be similar)*
correspondence 1. *(Komm)* Briefwechsel *m*; 2. *(Gesch)* Korrespondenz *f*, Korr. *(letters)*
correspondent bank *(Bank)* Korrespondenzbank *f*
~ **banking** *(Bank)* Korrespondenzbankbeziehung *f*
corrupt *v (Gesch)* korrumpieren
cost *v (Gesch)* kosten
cost 1. *(RW)* Selbstkosten; 2. *(WiWi)* Anschaffungskosten *pl*, Aufwand *m*; 3. *(Gesch)* Kosten *pl*
~ **accounting** *(RW)* Betriebskalkulation *f*, Kostenrechnung *f*, Kosten- und Leistungsrechnung *f*
~ **allocation** *(RW)* Kostenaufteilung *f*, Kostenumlage *f*, Kostenverrechnung *f*
~ **analysis** *(RW, Fin)* Kostenanalyse *f*, Kostenauswertung *f*
~ **and freight** *(AH, Trans)* Kosten *pl* und Fracht *f (to named port of destination)*
~ **and insurance** *(AH, Trans)* Kosten *pl* und Versicherung *f*
~ **awareness** *(Gesch)* Kostenbewusstsein *n*
~ **behavio(u)r pattern** *(Fin)* Kostenverlauf *m*
~-**benefit analysis** *(RW, WiWi, Fin)* Kosten-Nutzen-Analyse *f*
~ **center** *(AE) (RW)* Kostenstelle *f*
~ **centre** *(BE) (RW)* Kostenstelle *f*
~ **consciousness** *(Gesch)* Kostendenken *n*
~ **containment** 1. *(WiWi)* Kosteneindämmung *f*; 2. *(Gesch)* Kostensenkung *f*
~ **control** *(RW)* Kostenüberwachung *f*, Kostenkontrolle *f*, Kostensteuerung *f*

~-effective *adj* 1. *(WiWi)* rationell; 2. *(Gesch)* kostendeckend, kostengünstig, kosteneffektiv
~-effectiveness *(Gesch)* Kostenwirksamkeit *f*
~-effectiveness analysis *(WiWi)* Kosten-Wirksamkeits-Analyse *f*
~-efficient *adj (Gesch)* kosteneffektiv, rentabel
~ estimate *(Gesch)* Voranschlag *m*
~ estimating *(Fin)* Kalkulation *f*
~ factor *(RW)* Kostenfaktor *m*
~ forecast *(RW)* Kostenvoranschlag *m*, Kostenprognose *f*
~-income ratio *(RW, Bank, WiWi)* Aufwand/Ertragsrelation *f*, Aufwand/Ertrag-Relation *f*
~, insurance and freight *(AH, Trans)* Kosten *pl*, Versicherung *f* und Fracht *f* *(cargo delivery)*
~ objective *(WiWi)* Kostenvorgabe *f*, Kostenziel *n*
~ of a loan *(Bank)* Darlehenskosten *pl (to lender)*
~ of borrowing *(Bank)* Kreditbeschaffungskosten *pl*
~ of funds 1. *(Bank)* Kapitalbeschaffungskosten; 2. *(Fin)* Kapitalbeschaffungskosten *pl*, Refinanzierungskosten *pl*
~ of goods manufactured *(RW)* Herstellungskosten *pl*, Produktionskosten *pl*
~ of goods sold 1. *(RW)* Umsatzaufwendungen *fpl*; 2. *(WiWi)* Umsatzkosten *pl*
~ of labo(u)r 1. *(Verw)* Arbeitskosten; 2. *(St)* Lohnkosten *pl*
~ of living *(WiWi)* Lebenshaltungskosten *pl*, Lebenshaltung *f*
~-of-living index *(WiWi)* Lebenshaltungsindex *m*, Preisindex *m* für die Lebenshaltung
~ of replacement *(Vers)* Wiederbeschaffungswert *m*
~ of sales 1. *(RW)* Selbstkosten *pl*, Umsatzaufwendungen *fpl*; 2. *(WiWi)* Einstandspreis *m* der verkauften Ware; 3. *(Fin)* Verkaufskosten *pl*
~-of-service principle *(Fin)* Äquivalenzprinzip *n*
~ per click *(EDV, Komm, Med, V&M)* Cost-per-Click *m*, Kosten *pl* pro Klick *(internet advertising)*
~ per unit *(RW)* Stückkosten *pl*
~ price *(RW)* Selbstkostenpreis *m*
~-push inflation *(WiWi)* kosteninduzierte Inflation *f*, Kosteninflation *f*
~ relief *(Bank, WiWi)* Kostenentlastung *f*
~-sensitive *adj* 1. *(WiWi)* kostenreagibel; 2. *(Gesch)* kostenempfindlich *(customer)*
~ trimming *(Gesch)* Kostensenkung *f*
costing *(Fin)* Kalkulation *f*
costs 1. *(WiWi, Gesch)* Kosten *pl*; 2. *(Recht)* Gerichtskosten *pl*, Prozesskosten *pl*
~ of production *(Ind)* Produktionskosten *pl*
Council Directive *(Pol)* Richtlinie *f* des Rates *(EU)*
counsel *v (Recht)* beraten *(advise)*; durch Rat Beihilfe leisten *(criminal law)*
counsel *(Recht)* Prozessanwalt *m*, Prozessanwältin *f (lawyer)*; Rechtsbeistand *m (legal advice)*
~ for the defence *(BE) (Recht)* Verteidiger(in) *m(f)*
counter *(Gesch)* Schalter *m*; Ladentisch *m*, Tisch *m (shop, supermarket)*
~ deal *(Bank)* Gegengeschäft *n*
~ entry *(RW)* Gegenbuchung *f*
~ trade *(WiWi)* Kompensationshandel *m*
counteract *v (Gesch)* Maßnahmen ergreifen gegen
counterbalance *v* 1. *(RW)* aufrechnen; 2. *(WiWi)* auffangen
counterclaim *(Recht)* Gegenanspruch *m*, Widerklage *f*
countercyclical fiscal policy *(WiWi)* antizyklische Finanzpolitik *f*
~ policy *(WiWi)* antizyklische Politik *f*
counterfeit 1. *(Ind)* Imitation *f*, Nachahmung *f (fashion industry)*; 2. *(Recht)* Fälschung *f (money)*
counterfeiting *(Bank)* Banknotenfälschung *f*
countermeasure *(Gesch)* Gegenmaßnahme *f*
counterpart 1. *(WiWi)* Kontrahent *m*; 2. *(Gesch)* Ausfertigung *f*
~ of *(RW, WiWi)* Gegenposten zu *(BOP)*
counterparty *(Bö)* Kontrahent *m*
~ risk *(Bank)* Adressenrisiko *n*, Adressenausfallrisiko *n*, Gegenparteirisiko *n*, Kontrahentenrisiko *n*

counterperformance *(Recht)* Gegenleistung *f (contract law)*
country *(Pol)* Land *n*
~ **code** *(Bank)* Ländercode *m*
~**-code Top-Level Domain** *(EDV, Komm, Recht)* ccTLD *(landesspezifische Top-Level Domain)*
~ **exposure** *(WiWi, Bö)* Länderrisiko *n*
~ **in transition** *(Pol)* Reformland *n*, Transformationsland *n*
~ **of origin** *(Gesch, AH)* Herkunftsland *n*, Ursprungsland *n*
~**-of-origin doctrine** *(Recht, St)* Herkunftslandprinzip *n (jurisdiction, taxation)*
~ **of residence** *(St)* Wohnsitzstaat *m*
~ **risk** *(Fin)* Länderrisiko *n (provisions)*
~ **with a low-wage economy** *(WiWi)* Niedriglohnland *n*
coupon 1. *(Gesch)* Bon *m*, Gutschein *m*, Anleihezins *m (on bond)*; 2. *(V&M)* Kupon *m (advertising)*; 3. *(Bö)* Zinsschein *m*, Kupon *m (money-off)*
~ **collection** *(Fin)* Einlösung *f* von Zinsscheinen
court *(Recht)* Gericht *n*, Gerichtshof *m*, Gerichtssaal *m (courtroom)* • **come before** ~ *(Recht)* vor Gericht erscheinen • **go to** ~ *(Recht)* prozessieren
~ **case** *(Recht)* Rechtsfall *m*, Prozess *m*
~ **decision** *(Recht)* Urteil *n*, Beschluss *m*, Entscheidung *f*
~ **of appeal** *(Recht)* Berufungsgericht *n*, Rechtsmittelinstanz *f*
~ **of competent jurisdiction** *(Recht)* zuständiges Gericht *n*
~ **of law** *(Recht)* ordentliches Gericht *n*
~ **of record** *(AE) (Recht)* Registergericht *n*
~ **rules** *(Recht)* Verfahrensregeln *fpl*
Court of Auditors *(RW)* Rechnungshof *m*
~ **of Justice** *(Recht)* Gerichtshof *m* der Europäischen Union *(EU)*
covenant 1. *(Verw)* Nebenvereinbarung *f*; 2. *(Recht)* förmliches rechtsverbindliches Versprechen *n*, Vertrag *m*
~ **not to compete** *(Recht)* vertragliches Wettbewerbsverbot *n*
cover *v* 1. *(Bank, Fin)* decken *(costs)*; 2. *(Ind)* verkleiden; 3. *(Bö)* decken • **be covered by insurance** *(Vers)* durch Versicherung gedeckt sein
~ **a loss** *(Fin)* einen Schaden decken, einen Verlust abdecken
~ **expenses** *(Fin)* Ausgaben decken
cover 1. *(Bank, Fin)* Deckung *f*, 2. *(Ind)* Verkleidung *f*, 3. *(Vers)* Versicherung *f*
coverage 1. *(Verw)* Erfassung *f*, Geltungsbereich *m*; 2. *(Gesch, Med)* Deckung *f*, Deckungsbereich *m*, Einzugsbereich *m*
covering *(Verw, Komm)* Begleitschreiben *n*, Begleitbrief *m*
~ **purchase** 1. *(Gesch, Recht)* Deckungskauf *m*; 2. *(Bö)* Deckung *f*
CPC *s.* cost per click
CPI *s.* consumer price index
C.R., C/R *s.* company's risk
craft 1. *(WiWi, Pers)* Handwerk *n*; 2. *(Trans)* Boot *n*, Schiff *n (shipping)*
~ **enterprise** *(WiWi, WiWi)* Handwerksbetrieb *m*
~ **sector** *(WiWi, Pers)* Handwerksektor *m*
crash 1. *(Gesch)* Aufprall *m*; 2. *(Bö)* Crash *m*
create *v* 1. *(Gesch)* schaffen *(opportunities)*; 2. *(Recht)* bestellen *(mortgage)*
~ **a market** *(V&M)* einen Markt schaffen
~ **demand** *(WiWi)* Nachfrage schaffen
~ **jobs** *(Verw)* Arbeitsplätze schaffen
creative accounting *(RW)* aktive Bilanzgestaltung *f*, *(ugs.)* kreative Buchführung *f*
~ **financing** *(Fin)* unorthodoxe Finanzierungsmethode *f*
~ **marketing** *(V&M)* schöpferisches Marketing *n*
~ **work** *(Recht, Med)* schöpferisches Werk *n (copyright law)*
creator *(Recht, Med)* Urheber(in) *m(f)*, Schöpfer(in) *m(f) (copyright law)*
credentials *(Pers)* Zeugnis *n*, Zeugnisse *npl (certificate)*; Nachweise *mpl*, Empfehlungsschreiben *n*, Referenzen *fpl (reference)*; Beglaubigungsschreiben *n (diplomacy)*
credibility *(V&M)* Glaubwürdigkeit *f*
credit *v (RW, Bank, Fin)* gutschreiben
~ **a sum to an account** *(Bank)* einem Konto einen Betrag gutschreiben
~ **interest** *(Bank)* Zinsen gutschreiben
credit *(RW, Bank, Fin)* Kredit *m*; Guthaben *n (amount possessed)* • **on** ~ *(Fin)* auf Kredit

~ **account** *(Bank)* Girokonto *n*, Kreditkonto *n*, Kontokorrentkonto *n*, Kreditkartenkonto *n*
~ **agreement** *(Fin)* Kreditvertrag *m*
~ **analysis** *(Bank)* Kreditprüfung *f*, Kreditwürdigkeitsprüfung *f*
~ **approval** *(Fin)* Kreditansage *f*
~ **balance** *(Bank)* Guthaben *n*
~ **card** *(Bank, Fin)* Kreditkarte *f*
~ **ceiling** *(Bank)* Kredithöchstgrenze *f*, Kreditplafond *m*
~ **conditions** *(WiWi)* Kreditbedingungen *fpl*
~ **creation multiplier** *(WiWi)* Kreditschöpfungsmultiplikator *m*
~ **crunch** *(Bank, WiWi, Fin)* Kreditknappheit *f*, Kreditrestriktion *f*, Kreditklemme *f*
~ **default option** *(Bank, WiWi, Fin)* Kreditverzugsoption *f*
~ **demand** *(Bank)* Kreditnachfrage *f*, Kreditbedarf *m*
~ **enhancement** *(Bank)* Bonitätsverbesserung *f*
~ **entry** *(RW)* Gutschrift *f*, Habenbuchung *f*
~ **facility** *(Bank, Fin)* Kreditfazilität *f*, Kreditmöglichkeit *f*, Kreditrahmen *m*
~ **information exchange** *(Bank)* Evidenzzentrale *f*
~ **institution** *(Fin)* Kreditinstitut *n*
~ **limit** *(Bank)* Kredithöchstgrenze *f*
~ **line** *(Bank)* Kreditlinie *f*
~ **multiplier** *(Fin)* Geldschöpfungsmultiplikator *m*
~ **note** *(Fin, Gesch)* Gutschein *m*, Gutschrift *f*, Gutschriftsanzeige *f*
~ **operations** *(Bank, WiWi)* Kreditverkehr *m (BOP)*
~ **rating** *(Fin)* Bonitätsbewertung *f*, Bonitätsbeurteilung *f*,
~ **rating agency** *(Fin)* Kreditratingagentur *f*, Ratingagentur *f*, Kreditbewertungsagentur *f*
~ **restriction** *(Bank, WiWi, Fin)* Kreditdrosselung *f*, Krediteinschränkung *f*, Kreditrestriktion *f*
~ **revolving** *(Fin)* Revolvingkredit *m*
~ **risk** *(Fin, V&M)* Kreditrisiko *n*
~ **sale** 1. *(Recht)* Abzahlungskauf *m* ohne Eigentumsvorbehalt; 2. *(V&M)* Kauf *m* auf Kredit, Kreditkauf *m*
~ **squeeze** *(Bank, WiWi, Fin)* Kreditdrosselung *f*, Kreditknappheit *f*, Kreditrestriktion *f*, Kreditverknappung *f*
~ **standing** 1. *(Bank)* Bonität *f*; 2. *(V&M)* Kreditwürdigkeit *f*
~ **sum** *(Bank, Fin)* Kreditbetrag *m*
~ **terms** *(Bank)* Kreditkonditionen *fpl*
~ **transactions** *(Bank, WiWi)* Kreditverkehr *m*
~ **transfer** *(Bank)* Banküberweisung *f*
credits outstanding *(RW, Bank)* herausgereichte Kredite *mpl*, Kreditvolumen *n*, Ausleihungen *f*
creditor *(Verw, Fin, Gesch)* Gläubiger(in) *m(f)*
~ **beneficiary** 1. *(Gesch)* Zahlungsempfänger(in) *m(f)*; 2. *(Vers)* Begünstigte(r) *f(m)*
~ **in bankruptcy** *(Vers, Recht)* Insolvenzgläubiger(in) *m(f)*
creditors *(BE) (RW)* Kreditoren *mpl*, Verbindlichkeiten *fpl*
credit worthiness 1. *(Bank)* Kreditfähigkeit *f*, Kreditwürdigkeit *f*; 2. *(Fin)* Bonität *f*
creeping inflation *(WiWi)* schleichende Inflation *f*
crisis-like proportions *(WiWi, Pol)* krisenhafte Zuspitzung *f*
~ **management** *(Mgt)* Krisenmanagement *n*
~ **of confidence** *(Pol)* Vertrauenskrise *f*
~-**resolution mechanism** *(Pol)* Krisenlösungsmechanismus *m*
criteria *(Gesch)* Maßstäbe *mpl*, Kriterien *npl*
~ **for entry** *(Pol)* Beitrittskriterien *npl (ESCB)*
~ **for selection** *(Gesch, Pers)* Auswahlkriterium *n*
critical *adj (Gesch)* anspruchsvoll, kritisch
~ **level** *(Gesch)* kritisches Niveau *n*
~ **path method** *(Mgt, WiWi)* CPM-Methode *f*, Methode *f* des kritischen Pfades
CRM *s.* 1. customer relations management; 2. customer relationship management
cross *v* **a check** *(AE) (Bank)* einen Scheck zur Verrechnung ausstellen
~ **a cheque** *(BE) (Bank)* einen Scheck zur Verrechnung ausstellen
cross-border *adj (Gesch)* grenzüberschreitend
~-**border demerger** *(WiWi)* grenzüberschreitende Entflechtung *f*

~-**border merger** *(WiWi)* grenzüberschreitende Fusion *f*
~-**border trade** *(WiWi)* grenzüberschreitender Handel *m*, internationaler Warenverkehr *m*
~ **cultural management** *(Mgt)* interkulturelles Management *n*, multikulturelles Management *n*
~-**currency** *adj (Bank)* währungsübergreifend • **on a ~-currency basis** währungsübergreifend
~ **default clause** *(Bank, Fin)* Cross Default-Klausel *f*, Drittverzugsklausel *f*
~-**market liquidity effects** *(Bank, WiWi)* marktübergreifende Liquiditätseffekte *mpl*
~-**party** *adj (Pol)* parteiübergreifend
~-**platform** *adj (EDV)* plattform-übergreifend, plattform-unabhängig, cross-plattform
~ **price elasticity of demand** *(WiWi)* Kreuzpreiselastizität *f* der Nachfrage
~ **rate** *(WiWi)* Cross Rate *f*, Kreuzparität *f*
~-**reference** *(Gesch)* Querverweis *m*
~ **selling** *(V&M)* Verbundabsatz *m*, Cross Selling *n*
crosscheck *(Bank)* Gegenprüfung *f*
crossed check *(AE) (Bank)* Verrechnungsscheck *m*
~ **cheque** *(BE) (Bank)* Verrechnungsscheck *m*
crowding out *(WiWi)* Crowding-Out *n*, Verdrängungswettbewerb *m*
crude oil *(Umw, Ind)* Rohöl *n*
crumbling of confidence *(Fin, Pol)* schwindendes Vertrauen *n*
crunch *(WiWi)* Verknappung *f*
culture shock *(Gesch)* Kulturschock *m*
cum *(Bö)* mit
~ **dividend** *(Bö)* einschließlich Dividende
~ **warrant** *(Bö)* mit Bezugsrecht, mit Optionsschein
cumulative *adj* 1. *(Fin)* kumulativ; 2. *(V&M)* erfasst
~ **preference shares** *(Bö) (BE)* kumulative Vorzugsaktien *fpl*
~ **preferred stock** *(Bö) (AE)* kumulative Vorzugsaktien *fpl*
~ **tax** *(St)* kumulative Steuer *f*
currency 1. *(RW)* Laufzeit *f*; 2. *(Bank)* gesetzliches Zahlungsmittel *n*, Valuta *f*, Währung *f*, 3. *(WiWi)* Währung *f*
~ **account** 1. *(Bank)* Währungskonto *n*; 2. *(WiWi)* Devisenkonto *n*
~ **appreciation** *(WiWi)* Währungsaufwertung *f*
~ **arbitrage** *(Bö)* Devisenarbitrage *f*, Valutenarbitrage *f*
~ **area** *(Bank, WiWi)* Währungsraum *m*, Währungsgebiet *n*
~ **band** *(Fin)* Bandbreite *f*
~ **basket** *(WiWi)* Währungskorb *m*
~ **board** *(WiWi)* Currency Board *n*, Währungsrat *m*
~ **code** *(Bank)* Währungscode *m*
~ **conversion** Geldumstellung *f (ECB)*
~ **deposits** *(Fin)* Währungseinlagen *fpl*
~ **depreciation** *(WiWi)* Währungsabwertung *f*
~ **devaluation** *(WiWi)* Abwertung *f*
~ **holding** *(Pol, WiWi)* Währungsbestand *m*
~ **in circulation** *(WiWi)* Bargeldumlauf *m*
~ **market** 1. *(WiWi)* Devisenbörse *f*, Devisenmarkt *m*; 2. *(Bö)* Devisenmarkt *m*
~ **of refuge** *(WiWi, Fin)* Zufluchtswährung *f*
~ **of settlement** *(Bank)* Abrechnungsvaluta *pl (BOP)*
~ **of the credit** *(Fin)* Akkreditivwährung *f*
~ **realignment** *(WiWi)* Neufestsetzung *f* der Währungsparitäten
~ **reserves** *(WiWi)* Währungsreserven *fpl*, Devisenreserven *fpl*
~ **restrictions** *(WiWi)* Devisenbeschränkungen *fpl*
~ **revaluation** *(WiWi)* Währungsaufwertung *f*
~ **risk** *(WiWi, Fin)* Währungsrisiko *n*
~ **speculation** *(WiWi)* Devisenspekulation *f*
~ **unit** *(WiWi)* Währungseinheit *f*
current *adj (Gesch)* aktuell • **in ~ dollar terms** in jeweiligen Dollar gerechnet
~ **account** *(BE)* 1. *(Bank)* Kreditkonto *n*, Girokonto *n*, Kontokorrentkonto *n*, laufendes Konto *n*, Scheckkonto *n*; 2. *(WiWi)* Leistungsbilanz *f (balance of payments)*
~ **account balance** *(BE) (Bank, Gesch)* aktueller Kontostand *m*
~ **account disequilibrium** *(WiWi)* Leistungsbilanzungleichgewicht *n (BOP)*
~ **account imbalance** *(WiWi)* Leistungsbilanzungleichgewicht *n (BOP)*

~ **account of the balance of payments** *(WiWi)* Bilanz *f* in laufender Rechnung *(BOP)*
~ **and financial transactions** *(WiWi)* Leistungs- und Kapitalverkehr *m (BOP)*
~ **cost** *(RW)* laufende Kosten *pl*
~ **demand** *(V&M)* laufende Nachfrage *f*
~ **expenditure** *(Fin)* Betriebskosten *pl*, laufende Ausgaben *fpl*, laufende Unkosten *pl*
~ **income** *(WiWi)* laufendes Einkommen *n*
~ **law** *(Recht)* geltendes Recht *n*
~ **liability** *(Bank)* kurzfristige Verbindlichkeit *f*
~ **market value** *(V&M)* aktueller Marktwert *m*
~ **price** 1. *(WiWi)* Marktpreis *m*; 2. *(Bö)* Tageskurs *m*
~ **rate** *(Gesch)* aktueller Satz *m*, derzeitiger Satz *m*
~ **ratio** *(AE) (Fin)* Liquidität *f* dritten Grades; 2:1-Regel *f*, Liquidität *f* dritten Grades von 200% *(banker's rule)*
~ **revenues** *(Fin)* laufende Einkünfte *pl*
~ **spending** *(WiWi)* laufende Ausgaben *fpl*
~ **transfers** *(WiWi)* laufende Übertragungen *fpl (BOP)*
~ **value** 1. *(RW)* beizulegender Wert *m*; 2. *(WiWi)* Marktwert *m*, Zeitwert *m*, Verkaufswert *m*
~ **year** *(Gesch)* laufendes Jahr *n*
curriculum vitae *(BE) (Verw, Pers)* Lebenslauf *m*
curtailment *(Gesch)* Beschränkung *f*, Verkürzung *f*
cushioning *(Pol, WiWi)* Abfederung *f*
custodial account *(Bank)* Depotkonto *n*, Treuhandkonto *n*
custodian *(Recht)* Verwahrer(in) *m(f)*
custody 1. *(Bank)* Verwahrung *f*; 2. *(Recht)* Haft *f*, Untersuchungshaft *f*; 3. *(Bö)* Aufbewahrung *f*
custom-made *adj (V&M)* kundenspezifisch
~ **and trade practices** *(Pers)* Handelsgepflogenheiten *fpl*, Handelspraktiken *fpl*
customer 1. *(Gesch)* Auftraggeber(in) *m(f)*; 2. *(V&M)* Kunde *m*, Kundin *f*
~ **accounting** *(RW)* Kundenabrechnung *f*
~ **awareness** *(V&M)* Bekanntheitsgrad *m*
~ **care** *(V&M)* Kundenbetreuung *f*
~ **needs** *(V&M)* Kundenbedürfnisse *npl*
~ **orientation** *(V&M)* Kundenorientierung *f*
~ **records** *(V&M)* Kundenkartei *f*
~ **relations management** *(V&M)* Kundenbetreuung *f*, Kundenbindung *f*
~ **relationship management** *(Mgt, V&M)* Kundenbindungsmanagement *n*, Management *n* der Kundenbeziehungen, Kundenbetreuung *f*, aktive Kundenbetreuung *f*, Kundenbindung *f*
~ **research** *(V&M)* Kundenforschung *f*
~ **service** *(V&M)* Kundenabteilung *f*, Kundenservice *m*, Kundendienst *m*
~ **service department** *(V&M)* Kundendienstabteilung *f*
~ **support** *(V&M)* Kundenunterstützung *f*
~ **value** *(V&M)* Kundennutzen *m*
~ **value strategy** *(Mgt, V&M)* Kundenorientierung *f*, Kundenfokussierung *f*
customized *adj* 1. *(Ind)* maßgeschneidert *(application)*; 2. *(Gesch, V&M)* kundenspezifisch *(solution)*
customs 1. *(Gesch)* Zoll *m*; 2. *(AH)* Tarif *m*; 3. *(St)* Einfuhrzölle *mpl*, *(agency)* Zollbehörde *f* • **no ~ value** *(AH)* ohne Zollwert
~ **agency** *(AH)* Zollagentur *f*
~ **barrier** *(Gesch)* Zollschranke *f*
~ **check** *(AH)* Zollkontrolle *f*
~ **clearance** *(AH)* Klarierung *f*, Verzollung *f*, Zolldurchlauf *m*, Zollabfertigung *f*
~ **code** *(Recht)* Zollgesetz *n*
~ **control** *(AH)* Zollkontrolle *f*, zollamtliche Überwachung *f*
~ **declaration** 1. *(Fin)* Zollbürgschaft *f*; 2. *(AH)* Zolldeklarierung *f*, Zollerklärung *f*, Zollinhaltserklärung *f*, Zollabfertigung *f*
~ **duty** *(AH)* Zoll *m*, Zollabgabe *f*, Zollgebühr *f*
~ **duty ad valorem** *(AH, St)* Wertzoll *m*
~ **entry** 1. *(Bank)* Zolldeklaration *f*, Zollerklärung *f*; 2. *(AH)* Zollangaben *fpl*, Zolldeklaration *f*, Zollerklärung *f*
~ **and excise duties** *(WiWi, AH, St)* Zölle und Abgaben *fpl*
~ **invoice** *(AH)* Zollfaktura *f*, Zollrechnung *f*
~ **regulations** *(AH)* Zollbestimmungen *fpl*, Zollordnung *f*, Zollvorschriften *fpl*
~ **tariff** *(AH)* Zolltarif *m*
~ **union** *(WiWi)* Zollunion *f*
~ **value** *(AH)* Zollwert *m*
Customs & Excise *(AH)* britische Zoll- und Steuerbehörde

cut *v (WiWi)* senken, kürzen, verringern *(rates)*
~ **back** 1. *(Fin)* einschränken; 2. *(Gesch)* beschneiden
~ **down** *(Pers, Mgt)* abbauen
~ **jobs** *(Pers)* Stellen abbauen
~ **oneself off** *(Gesch)* sich abschotten
~ **spending** *(WiWi)* Ausgaben kürzen
cut 1. *(WiWi)* Senkung *f (in rates)*; 2. *(Fin)* Herabsetzung *f*, Kürzung *f*, Verringerung *f*
~**-off rate** 1. *(Fin)* endogener Kalkulationszinsfuß *m*; 2. *(Gesch)* kritischer Satz *m*, Höchstsatz *m* einer Änderung
cutback of staff *(Pers)* Arbeitskräfteabbau *m*, Personalabbau *m*
cutoff time *(Bö)* Verfallzeit *f*
cutthroat competition *(WiWi)* ruinöse Konkurrenz *f*, Vernichtungswettbewerb *m*, Verdrängungswettbewerb *m*
cutting 1. *(Bank, Fin)* Herabsetzung *f (of rates)*; 2. *(Med)* Ausschnitt *m (from newspaper)*
CV *s.* curriculum vitae
cyber *(EDV, Komm)* cyber, im virtuellen Raum
cybercrime *(EDV, Komm, Recht)* Cyber-Crime *n*, Internet-Kriminalität *f*
cyberlaw *(EDV, Komm, Recht)* Online-Recht *n*, Cyber-Recht *n*
cybermall *(Komm, EDV, V&M)* virtueller Marktplatz *m*
cybernetic *adj (EDV)* kybernetisch
cybernetics *(EDV)* Kybernetik *f*
cyberpark *(EDV, Ind)* Cyberpark *m*, Gewerbepark *m* für Hochtechnologieunternehmen
cyberspace *(EDV, Komm, Med)* Cyberspace *m*; der virtuelle Raum *m (virtual space)*
cybersquatting *(EDV, Komm, Recht)* Cybersquatting *n*, Domain-Grabbing *n (bad faith registration of trademarked names)*
cycle 1. *(WiWi)* Kreislauf *m*, Wirtschaftskreislauf *m*; Konjunkturschwankung *f*, Zyklus *m (recurring period)*; 2. *(Ind)* Takt *m*; 3. *(Vers, Trans)* Fahrrad *n (bicycle)*
~ **insurance** *(Vers)* Fahrradversicherung *f*
~ **theft insurance** *(Vers)* Fahrraddiebstahlversicherung *f*
cyclical *adj (WiWi, Bö)* konjunkturabhängig, konjunkturempfindlich, konjunkturell, zyklisch
~ **demand** *(WiWi)* zyklische Nachfrage *f*
~ **fluctuation** *(Bö)* konjunkturelle Schwankung *f*
~ **shares** *(Bö)* zyklische Werte *mpl*, konjunkturempfindliche Aktien *fpl*
~ **unemployment** *(WiWi)* konjunkturelle Arbeitslosigkeit *f*
~ **variations** *(WiWi)* Konjunkturschwankungen *fpl*, zyklische Schwankungen *fpl*

D

daily *adj (Gesch)* täglich, Tages...
~ **allowance** *(Gesch)* Tagegeld *n*, Tagesentschädigung *f*
~ **balance interest calculation** *(Bank)* taggenaue Zinsabrechnung *f*
~ **closing balance** *(RW)* Kontostand *m*, täglicher Abschlusssaldo *m*
~ **deposit** *(Bank)* täglich verfügbare Einlage *f*
~ **interest** *(Bank)* Tageszins *m*
~ **interest savings account** *(Bank)* Sparkonto *n* mit Tageszinsen
~ **money** *(Bank, Fin)* Tagesgeld *n*, tägliches Geld *n*
~ **money rate** *(Bank)* Tagesgeldsatz *m*
~ **position statement** *(RW)* Tagesauszug *m*
~ **quotation** *(Bö)* Tageskurs *m*
~ **statement** *(Bank)* Tagesauszug *m*
~ **volume** *(Bö)* Tagesumsatz *m*
damage 1. *(Vers, Recht)* Schädigung *f*, Schaden *m*; 2. *(Pat)* Schaden *m*, Verlust *m*
~ **caused by default** *(Recht)* Verzugsschaden *m (contracts)*
~ **claim** *(Recht)* Schadensersatzanspruch *m (contracts)*
~ **done** *(Vers, Trans)* entstandener Schaden *m*
~ **in transit** *(Trans)* Transportschaden *m*
~ **limitation** *(Gesch)* Schadensbegrenzung *f*
~ **to health** *(Vers)* Gesundheitsschädigung *f*, Gesundheitsschaden *m*
~ **to property** *(Fin)* Vermögensschaden *m*

~ **to rented property** *(Vers)* Mietsachschaden *m*
damages 1. *(Recht)* Schadensersatz *m*; 2. *(Pat)* Abfindung *f*, Entschädigung *f*
danger money *(Pers)* Gefahrenzulage *f*
~ **pay** *(Pers)* Gefahrenzulage *f*
dangerous *adj (Gesch)* gefährlich
~ **cargo** *(Trans)* Gefahrgut *n*
~ **goods** *(Recht)* Gefahrgüter *npl*
~ **waste** *(Ind)* gefährliche Abfälle *mpl*
data *(Verw, EDV, WiWi)* Daten *pl*
~ **acquisition** *(WiWi)* Datenerfassung *f*, Datenerhebung *f*
~ **broadcasting** *(Komm)* Datenfunk *m*, Datenrundfunk *m*
~ **capture** *(EDV)* Datenerfassung *f*
~ **card** *(Gesch)* Datenkarte *f*, Karteikarte *f*
~ **carrier** *(EDV)* Datenträger *m*
~ **center** *(AE)* 1. *(EDV)* zentrale Datenbank *f*, Datenzentrum *n*, Data Center *n*; 2. *(Komm, Med)* Informations-Zentrum *n*
~ **centre** *(BE)* 1. *(EDV)* zentrale Datenbank *f*, Datenzentrum *n*, Data Center *n*; 2. *(Komm, Med)* Informations-Zentrum *n*
~ **collection** 1. *(EDV)* Datenerfassung *f*; 2. *(WiWi)* Datenerhebung *f*
~ **communications** *(Komm)* Datenübermittlung *f*, Datenkommunikation *f*
~ **control** *(Komm, EDV)* Datensteuerung *f*
~ **encryption** *(Komm, EDV, Recht)* Datenverschlüsselung *f*
~ **exchange** *(Komm, EDV)* Datenaustausch *m*
~ **file** *(EDV)* Datendatei *f*
~ **flow** *(EDV)* Datenfluss *m*
~ **garbage** *(AE) (jarg.) (EDV)* Datenmüll *m*, Datenschrott *m*
~ **input** *(EDV)* Dateneingabe *f*
~ **integrity** *(EDV)* Datenintegrität *f*
~ **management** *(EDV)* Datenverwaltung *f*
~ **network** *(EDV)* Datennetz *n*
~ **output** *(EDV)* Datenausgabe *f*
~ **post** *(BE) (Komm)* Datenpost *f*
~ **preparation** *(Gesch)* Datenaufbereitung *f*
~ **privacy** *(BE) (EDV)* Datensicherheit *f*
~ **processing** *(Verw, EDV)* Datenverarbeitung *f*, DV
~ **protection** *(EDV)* Datenschutz *m*
~ **protection officer** *(EDV, Pers)* Datenschutzbeauftragte(r) *f(m)*
~ **record** *(EDV)* Datensatz *m*
~ **security** *(AE) (EDV)* Datensicherheit *f*
~ **set** *(EDV)* Datensatz *m*
~ **sheet** *(V&M)* statistische Tabelle *f*
~ **structure** *(EDV)* Datenstruktur *f*
~ **subject's consent** *(EDV, Recht)* Einwilligung *f* der betroffenen Person
~ **transmission** *(Komm, EDV)* Datenübertragung *f*, Datenübermittlung *f*
Data Encryption Standard *(Komm, EDV)* Verschlüsselungsstandard *m*
database *(EDV)* Datenbank *f*
~ **management system** *(EDV)* Datenbankverwaltungssystem *n*, DMS *n*
date *(Gesch)* Datum *n* • **at a later** ~ *(Gesch)* zu einem späteren Termin • **out of** ~ *(Gesch)* überholt; *(ugs.)* passé • **to** ~ *(Gesch)* bis dato, bisher, bislang
~ **as postmarked** *(Komm)* Datum *n* des Poststempels
~ **marking** *(V&M)* Datumsangabe *f*
~ **of delivery** *(Fin)* Liefertermin *m*
~ **of expiry** *(Pers)* Verfallstag *m*, Fälligkeitstermin *m*, Verfallsdatum *n*
~ **of filing** *(Pat)* Antragsdatum *n*
~ **of invoice** 1. *(RW)* Rechnungsdatum *n*; 2. *(Gesch)* Fakturendatum *n*, Rechnungsdatum *n*
~ **of issue** *(Gesch)* Ausstellungstag *m*
~ **of maturity** 1. *(Bank)* Fälligkeitstermin *m*, Ablauftermin *m*; 2. *(Gesch)* Fälligkeitsdatum *n*; 3. *(Bö)* Verfallstag *m*
~ **of receipt** *(Gesch)* Empfangsdatum *n*, Eingangsdatum *n*
~ **of redemption** *(Fin)* Rückzahlungstermin *m*
~ **of repayment** *(Fin)* Rückzahlungstermin *m*
dated *adj (Gesch)* überholt, datiert • **be** ~ *(Gesch)* datiert sein
day *(Gesch)* Tag *m* • **every first** ~ **of the month** *(Gesch)* an jedem Ersten, jeden Ersten • **on a day-by-day basis** *(Gesch)* auf täglicher Basis
~ **bill** *(Fin)* Tagwechsel *m*
~**-count convention actual/360** *(Bank)* Eurozinsmethode *f* act/360, Zinstage-Berechnungsmethode *f* act/360
~ **loan** *(Bank)* Tagesgeld *n*, täglich fälliges Geld *n*
~ **of maturity** *(RW)* Fälligkeitstag *m*
~ **of posting** *(Gesch)* Aufgabetag *m*

~ **off** *(Pers)* arbeitsfreier Tag *m*, dienstfreier Tag *m*
~ **shift** *(Pers)* Morgenschicht *f*, Tagesschicht *f*
~**-to-day money** *(Bank)* tägliches Geld *n*
~ **trading** *(Bö)* Tagesspekulation *f*
days after acceptance *(Gesch)* Tage *mpl* nach Akzept
~ **after date** *(Gesch)* Verzugstage *mpl*
~ **to maturity** *(Bö)* Zeitraum *m* bis zur Fälligkeit
daywork *(Pers)* Zeitlohnarbeit *f*, Schichtarbeit *f*
D/B *s.* documentary bill
DC *s.* documents against cash
DCF *s.* discounted cash flow method
de minimis rule *(Recht)* De-minimis-Regel *f*
deactivate *v (Gesch, Komm)* deaktivieren
dead account *(Bank)* umsatzloses Konto *n*
~ **load** *(Gesch)* Auftragsüberhang *m*
~ **loss** *(Gesch)* Totalverlust *m*
~ **season** *(Med, V&M) (ugs.)* Saure-Gurken-Zeit *f*
~ **stock** 1. *(Verw)* totes Inventar *n*; 2. *(V&M)* unverkäufliche Ware *f*
~ **time** 1. *(EDV, Gesch)* Stillstandszeit *f*; 2. *(Pers, Ind)* Brachzeit *f*
deaden *v (Gesch)* abfedern, abfangen, auffangen
deadline *(Gesch)* letzter Termin *m*, Termin *m*, Stichtag *m*, Anmeldeschluss *m*
deadlock *(Gesch)* Sackgasse *f*
deadweight *(Gesch)* Leergewicht *n*
~ **cargo** 1. *(Gesch)* Eigengewichtsfracht *f*; 2. *(Trans)* Gewichtsfracht *f*, Schwergut *n*
~ **loss** *(WiWi)* Nettowohlfahrtsverlust *m*
deal *(Gesch)* Geschäft *n*, Geschäftsabschluss *m*, Abschluss *m*, Handel *m*
dealer *(Gesch, V&M, Bö)* Händler(in) *m(f)*
~ **audit** *(V&M)* Händlerprüfung *f*
~ **network** *(Bö)* Händlerorganisation *f*, Händlernetz *n*
dealing floor *(Bö)* Parkett *n*, Börsenparkett *n*
~ **line** *(Bank)* Handelslimit *n*
~ **restrictions** *(WiWi)* Geschäftsbeschränkungen *fpl*
dealings 1. *(Mgt)* Geschäfte *npl*, Geschäftsbeziehungen *fpl*; 2. *(Bö)* Abschlüsse *mpl*, Umsatz *m*
~ **for the account** *(Fin)* Termingeschäfte *n*
~ **in futures** *(Fin)* Futuregeschäfte *npl*
death *(Vers)* Todesfall *m*
~ **certificate** *(Gesch)* Sterbeurkunde *f*
~ **duty** *(BE) (St)* Erbschaftssteuern *fpl*, Erbschaftssteuer *f*
debasement *(WiWi)* Entwertung *f*, Verschlechterung *f*
debenture 1. *(Fin)* Schuldverschreibung *f*; 2. *(Bö)* Obligation *f*, Schuldverschreibung *f*
debit *v* 1. *(RW, Bank)* belasten, abbuchen *(account)*; 2. *(Gesch)* abbuchen, ausbuchen
debit *(RW, Fin)* Belastung *f*, Lastschrift *f*, Schuldposten *m*; Ausbuchung *f*, Anrechnung *f (subtraction)*; Soll *n*, Sollseite *f*
~ **balance** *(Fin) (obs.)* Debetsaldo *m*, Passivsaldo *m*, Sollsaldo *m*, Verlustabschluss *m*
~ **card** 1. *(Bank)* Debit-Karte *f*, Geldkarte *f*, Zahlungskarte *f*; 2. *(V&M)* Kundenkarte *f*
~**-card business** *(Bank)* Geldkartengeschäft *n*
~ **entry** *(RW, Bank)* Lastschrift *f*
~ **interest** *(Fin)* Schuldzinsen *mpl*, Sollzinsen *mpl*
~ **note** *(Gesch)* Belastungsanzeige *f*, Lastschriftanzeige *f*
~ **ratio** *(Fin)* Verschuldungsgrad *m*
~ **side** *(RW)* Sollseite *f*
debited to *adj (RW, Bank)* belastet, zu Lasten von
debriefing *(Mgt)* Abschlussbesprechung *f*, Nachbesprechung *f*
debt 1. *(WiWi, Fin)* Schulden *fpl*; 2. *(Gesch)* Schuld *f*, Schulden *fpl* • ~ **due by** *(RW)* die Schuld ist fällig am • ~ **due from** *(RW)* fällige Forderung von • ~ **due to** *(RW)* Schuld fällig an • ~ **owed by** *(RW)* Forderung an
~ **burden** *(WiWi)* Schuldenlast *f*
~ **collection agency** *(Fin)* Inkassobüro *n*
~ **collection order** *(Fin)* Inkassoauftrag *m*
~ **convergence** *(Bank, POL)* Konvergenz *f* der Schuldenstände
~ **discount** *(Bank)* Damnum *n*, Abgeld *n*, Disagio *n*
~ **equity ratio** *(RW, Verw, Fin)* Verschuldungsgrad *m*, Verschuldungskoeffizient *m*
~ **financing** *(RW, Fin)* Fremdfinanzierung *f*
~ **forgiveness** *(Fin, WiWi, Pol)* Schuldenerlass *m*

~-free *adj (RW, Fin, Gesch)* schuldenfrei
~ **instrument** *(Gesch)* Schuldurkunde *f*
~ **management** *(WiWi)* Schuldenmanagement *n*; Schuldenstrukturpolitik *f*
~ **redemption** *(Fin)* Schuldentilgung *f*
~ **reduction** *(Fin)* Schuldenreduzierung *f*
~ **refinancing** *(Fin)* Umschuldung *f*
~ **refunding** *(Fin)* Umschuldung *f*
~ **relief** *(WiWi)* Schuldenerlass *m*
~ **remission** *(WiWi, Fin, POL)* Schuldenstreichung *f*, Schuldenerlass *m*
~ **rescheduling** *(Fin)* Umschuldung *f*
~-**rescheduling procedure** *(Fin, Pol)* Umschuldungsverfahren *n*
~ **restructuring** *(Fin)* Umschuldung *f*
~ **retirement** 1. *(RW)* Schuldentilgung *f*; 2. *(Fin)* Tilgung *f*
~ **security** *(Fin, WiWi)* Schuldverschreibung *f*
~ **service** *(RW)* Annuität *f*, Schuldendienst *m*
~ **settlement** *(Bank, Fin)* Schuldenregulierung *f*
~ **swap** *(Fin)* Schuldenswap *m*, Umschuldung *f*, Schuldentausch *m*
debtor 1. *(RW)* Sollseite *f (debit side)*; Schuldner(in) *m(f) (person)*; 2. *(Gesch)* Schuldner(in) *m(f)*; 3. *(Recht)* Verpflichtete(r) *f(m)* • **give the ~ a notice of default** *(Recht)* den Schuldner in Verzug setzen
~ **bank** *(Bank, WiWi)* Pensionsgeber *m*
~**'s default** *(Fin)* Schuldnerverzug *m*
~**'s delay** *(Recht)* Schuldnerverzug *m*
decelerate *v (WiWi)* verlangsamen
deceleration *(WiWi)* Verlangsamung *f*
decentralization *(Mgt, Pol)* Dezentralisierung *f*
decentralized management *(Mgt)* dezentrale Leitung *f*, dezentralisiertes Management *n*
~ **planning** *(WiWi, Mgt)* dezentrale Planung *f*
deceptive advertising *(Gesch, V&M)* irreführende Werbung *f*
~ **packaging** *(V&M)* Mogelpackung *f*
decide *v (Gesch)* entscheiden
~ **on** *v (Gesch)* beschließen
decimal point *(EDV, Stat)* Dezimalpunkt *m*, Dezimalzeichen *n*; *(in Germany:)* Komma *n*
~ **to binary conversion** *(Stat)* dezimalbinäre Umwandlung *f*
decision 1. *(Gesch)* Entscheidung *f*; 2. *(Mgt)* Beschluss *m*
~ **maker** *(Mgt)* Entscheidungsträger(in) *m(f)*
~ **making** *(Mgt)* Entscheiden *n*, Entscheidungsfindung *f*
~-**making process** *(Mgt)* Entscheidungsprozess *m*
~ **model** *(Mgt)* Entscheidungsmodell *n*
~ **process** *(Mgt)* Entscheidungsprozess *m*
~ **support system** *(Mgt)* Entscheidungsunterstützungssystem *n*
~ **tree** *(Pers, Mgt)* Entscheidungsbaum *m*
~ **unit** *(Gesch)* Entscheidungsträger(in) *m(f)*
decisive *adj (Gesch)* entschlussfreudig; entscheidend
~ **factor** *(Gesch)* Ausschlag *m*
~ **vote** *(Pers)* ausschlaggebende Stimme *f*
declaration 1. *(Gesch)* Erklärung *f*; 2. *(Bö)* Festsetzung *f*
~ **of accession** *(Pol)* Beitrittserklärung *f*
~ **of assignment** *(Recht)* Abtretungserklärung *f*
~ **of estimated tax** *(AE) (St)* Erklärung *f* über geschätzte Steuereingänge, Erklärung *f* der eingeschätzten Steuereingänge
~ **of intent** *(Recht)* Absichtserklärung *f*, Willenserklärung *f*
~ **of invalidity** *(Recht)* Ungültigkeitserklärung *f*
~ **of origin** *(AH)* Ursprungserklärung *f*
~ **of value** *(AH)* Wertangabe *f*
declare *v* 1. *(EDV)* deklarieren; 2. *(Fin, RW)* beschließen, erklären; bekannt geben, ankündigen *(dividends)*; 3. *(AH, St)* deklarieren, erklären
~ **null and void** *(Recht)* für ungültig erklären, annullieren
~ **on oath** *(Recht)* an Eides statt erklären
declared dividend *(RW)* ausgewiesene Dividende *f*, beschlossene Dividende *f* *(Fin)* angekündigte Dividende *f*
~ **for home use** *adj (AH, V&M)* zur Überführung in den freien Verkehr angemeldet *(EU)*
~ **insolvent** *(Gesch)* für insolvent erklärt
~ **value for customs** *(AH)* erklärter Zollwert *m*
decline *v* 1. *(WiWi)* abnehmen, sinken, zurückgehen; 2. *(Gesch, Recht)* ablehnen

decline 1. *(WiWi)* Rückgang *m*, Niedergang *m*, Abnahme *f (employment)*; 2. *(Bö)* Kursabschwächung *f*, Kursrückgang *m*
~ **in employment** *(Pers)* Beschäftigungsabnahme *f*, Beschäftigungsrückgang *m*, Beschäftigungseinbuße *f*
~ **stage** *(V&M)* Degenerationsphase *f (product cycle)*
declining *adj (Gesch)* rückgängig, rückläufig
~-**balance method** *(RW)* degressive Abschreibung *f*
~ **economic activity** *(WiWi)* rückläufige Konjunktur *f*
~ **interest rates** *(WiWi)* sinkende Zinsen *mpl*
~ **population** *(Gesch, Pers)* rückläufige Bevölkerungsentwicklung *f*, abnehmende Bevölkerung *f*
~ **production** *(Ind)* Produktionsrückgang *m*
~ **trend** *(WiWi)* rückläufige Tendenz *f*
deconcentration *(Verw, Bank)* Dekartellisierung *f*, Entflechtung *f*
decrease *v (Gesch)* sinken
decrease in value *(RW, Fin)* Wertvorschlag *m*
decreasing order *(Gesch)* absteigende Folge *f*
~ **rate** *(Fin)* rückläufiger Kurs *m*
decree in bankruptcy *(RW, Recht)* Insolvenzeröffnungsbeschluss *m*
dedication *(Gesch, Med)* Widmung *f*, Zueignung *f*
~ **purpose** *(Komm, Recht)* Widmungszweck *m*
deductibility *(Bank)* Anrechenbarkeit *f*
~ **of employer contributions** *(St)* Abzugsfähigkeit *f* der Arbeitgeberbeiträge
deductible *adj (Fin, St)* abzugsfähig
~ **cash in hand** *(Bank)* anrechenbare Kassenbestände *mpl*
~ **clause** *(Vers)* Selbstbehaltsklausel *f*
deduction 1. *(Gesch, Vers)* Abzug *m*, Anrechnung *f*; 2. *(St)* abzugsfähiger Betrag *m*; Absetzung *f*, Abzug *m*
~ **at source** *(St)* Quellenabzug *m*
deed *(Recht)* Übertragungsurkunde *f*, Urkunde *f*, förmlicher Vertrag *m*
~ **of covenant** *(BE) (St)* Schenkungsurkunde *f*, Versprechensurkunde *f*
~ **of partnership** *(Recht)* Gesellschaftsvertrag *m*

deemed approval *(Recht)* stillschweigendes Einverständnis *n*
~ **employee** *(Gesch)* Scheinselbstständige(r) *f(m)*
deepening of the European Union *(Pol)* Vertiefung *f* der Europäischen Union *(harmonization etc.) (EU)*
defalcation *(Recht)* Unterschlagung *f* von Geldern, Veruntreuung *f*
defame *v (Recht)* jmdn. verleumden
~ **sb's reputation** *(Recht)* jmdn. verleumden
default 1. *(EDV)* Standard *m*; 2. *(Fin)* Säumnis *f*; 3. *(Gesch)* Verzug *m*; 4. *(Recht)* Versäumnis *n*, Verzug *m*, Leistungsstörung *f* • **in** ~ *(Fin, Gesch, Recht)* in Verzug *m*, säumig
~ **in acceptance** *(Recht)* Annahmeverzug *m*
~ **in delivery** *(Recht)* Lieferverzug *m*
~ **in payment** *(Fin)* Zahlungsverzug *m*
~ **interest** *(Bank)* Verzugszinsen *mpl*
~ **judgment** *(Recht)* Säumnisurteil *n*
~ **of the debtor** *(Recht)* Schuldnerverzug *m*
default rate *(Bank, Fin)* Ausfallrate *f*, Kreditausfallrate *f*
~ **risk** *(Bank*, Fin*)* Kreditausfallrisiko *n*
~ **surcharge** *(BE) (St)* Zuschlag *m* für Zahlungsverzug
defaulted bond *(Bö)* notleidende Anleihe *f*
defaulter *(Bank, WiWi)* säumiger Schuldner *m*
defaulting *adj (Fin, Gesch, Recht)* säumig
~ **debtor** *(Bank)* säumiger Schuldner *m*, in Verzug geratener Schuldner *m*
defeat *v (Recht)* vereiteln
defective *adj (Recht)* fehlerhaft, mangelhaft
~ **performance** *(Recht)* mangelhafte Erfüllung *f*, Schlechterfüllung *f*
~ **service** *(Gesch)* mangelhafte Leistung *f*
defectiveness *(Recht, V&M)* Mangelhaftigkeit *f*
defence based on warranty for a defect *(BE) (Recht)* Mängeleinrede *f*
defend *v (Gesch)* verteidigen
defendant *(Recht)* Beklagte(r) *f(m)*
defense attorney *(AE) (Recht)* Verteidiger(in) *m(f)*
~ **lawyer** *(AE) (Recht)* Verteidiger(in) *m(f)*

defensive conditions *(Gesch)* Abwehrkonditionen *fpl*
~ **securities** *(Bö)* risikoarme Wertpapiere *npl*
defer *v (Gesch)* aufschieben *(decision)*; stunden *(debt)*
~ **a debt** *(RW)* einen Kredit verlängern
~ **payment** *(RW)* eine [die] Zahlung aufschieben
deferment *(Gesch)* Aufschub *m*
deferral *(RW, Fin)* Stundung *f*, Abgrenzung *f*
~ **of payment** *(Bank)* Stundung *f*
deferred *adj* 1. *(RW)* aktivisch abgegrenzt *(balance sheet)*; 2. *(Gesch)* aufgeschoben; 3. *(Pers)* aufgeschoben
~ **balances** *(RW)* Abgrenzungsposten *mpl*
~ **billing** *(V&M)* Rechnungsaufschub *m*
~ **compensation** *(Pers)* nachträgliche Vergütung *f*
~ **credit** *(RW)* transitorische Passiva *mpl*
~ **income** *(RW)* transitorische Passiva *mpl*
~ **interest** *(RW)* antizipative Zinsabgrenzung *f*
~ **item** *(RW)* transitorischer Posten *m*
~ **payments** *(Fin)* aufgeschobene Zahlungen *fpl*
~ **revenue** *(Fin)* zurückgestellte Erträge *mpl*, zurückgestelltes Einkommen *n*
~ **tax** *(Fin, St)* aufgeschobene Steuer *f*, latente Steuer *f*
~ **taxation** *(Fin, St)* aufgeschobene Besteuerung *f*
~ **tax liabilities** *(Fin, St)* gestundete Steuerverbindlichkeiten *fpl*
deficiency 1. *(Gesch)* Ausfall *m*, Defizit *n*, Fehlbestand *m*; 2. *(St)* Fehlbetrag *m*, Minderbetrag *m*
deficit *(WiWi, Fin)* Defizit *n*, Fehlbetrag *m*
~ **financing** *(WiWi, Fin)* Defizit Spending *n*, Defizitfinanzierung *f*
~ **ratio** *(WiWi)* Defizitquote *f*
~ **spending** *(WiWi)* Defizitfinanzierung *f*, Defizit Spending *n*
~**-to-GDP ratio** *(WiWi)* Defizitquote *f*
definitional equation *(Stat)* Definitionsgleichung *f*
deflate *v (WiWi)* deflationieren
deflation *(WiWi)* Deflation *f*
deflationary *adj (WiWi)* deflationär
~ **gap** *(WiWi)* deflatorische Lücke *f*
deflator *(WiWi)* Deflator *m*
~ **of aggregate sales** *(WiWi)* Deflator *m* des Gesamtabsatzes, Preisindex *m* des Gesamtabsatzes
~ **of domestic demand** *(WiWi)* Deflator *m* der Inlandsnachfrage, Preisindex *m* der Inlandsnachfrage
~ **of total sales** *(WiWi)* Deflator *m* des Gesamtabsatzes, Preisindex *m* des Gesamtabsatzes
defrauder *(RW, Recht)* Steuerhinterzieher *m*, Betrüger(in) *m(f)*
defrauding *(BE) (St)* Steuerhinterziehung *f*
defray the expenses *(Gesch)* die Kosten übernehmen, für die Spesen aufkommen
degree 1. *(Gesch)* Grad *m (measure)*; 2. *(Pers, Soz)* Staatsprüfung *f*, Universitätsabschluss *m*, Hochschulabschluss *m*, Universitätsdiplom *n*
~ **of exposure** *(Bö)* Umfang *f* offener Positionen, Devisenengagement *n*, Kreditengagement *n*, Wertpapierengagement *n*, Risikograd *m*
~ **of fluctuation** *(Bö)* Schwankungsintensität *f*
~ **of maturity** *(WiWi)* Reifegrad *m*
~ **of moneyness** *(RW, Fin)* Geldnähe *f*; Geldgrad *m (ECB)*
~ **of risk** *(Gesch)* Gefahrenumfang *m*, Risikograd *m*
degressive tax *(St)* degressive Steuer *f*
dehiring *(AE) (Pers)* Nahelegen *n* der Kündigung
del credere *(Gesch)* Delkredere *n*
delay *v (Gesch)* aufschieben, verzögern
delay 1. *(EDV)* Verzögerung *f*; 2. *(Fin)* Säumnis *f*; 3. *(Gesch)* Verspätung *f*, Verzögerung *f*, Verzug *m*, Aufschub *m*; 4. *(Recht)* Verzug *m*
~ **of the creditor** *(Recht)* Gläubigerverzug *m*
delegate *v (Mgt)* übertragen, delegieren, erteilen
delegate 1. *(Pers)* Vertreter(in) *m(f)*; 2. *(Pol)* Abgeordnete(r) *f(m)*, Abg., Abgesandte(r) *f(m)*
delegation 1. *(Gesch)* Delegation *f (of people)*; 2. *(Mgt)* Erteilung *f*, Übertragung *f (of powers, authority)*
~ **of authority** *(Gesch)* Vollmachtsübertragung *f*, Delegation *f* von Kompetenzen
~ **of signing authority** *(Gesch)* Erteilung *f* von Zeichnungsvollmacht

delete *v* **a debt** *(Fin)* Schulden streichen
deletion of debts *(Gesch)* Schuldenstreichung *f*
deliberate *v (Recht)* beraten
deliberate act *(Recht)* bewusste Handlung *f*
delinquency 1. *(Fin)* Säumnis *f*; 2. *(Gesch)* Nichtzahlung *f* bei Fälligkeit
~ **ratio** *(RW)* Ausfallquote *f*
delinquent *adj (Fin, Gesch, Recht)* säumig
delist *v (Fin, Bö)* aus der Notierung streichen *(initiation by the stock exchange supervision)*; nicht mehr an der Börse notieren, sich von der Börse zurückziehen *(initiation by the listed company)*
delisting rules *(Bö)* Delisting-Regeln *fpl*
deliver *v (Gesch)* übergeben, liefern
deliverable *adj (Bö)* lieferbar
~ **security** *(Bö)* lieferbares Wertpapier *n*
delivered *adj (Gesch)* geliefert, übergeben
~ **domicile** *(Trans)* Lieferung *f* frei Haus
~ **duty paid** *(AH)* geliefert verzollt
~ **ex quay** *(AH)* geliefert ab Kai *(Incoterms)*
~ **free** *(Komm, Gesch)* franko
delivering carrier *(Trans)* Auslieferungsspediteur *m*
delivery 1. *(Komm)* Zustellung *f (of post)*; 2. *(Gesch)* Aushändigung *f*, Auslieferung *f*, Lieferung *f*, Übergabe *f*; 3. *(Recht)* Übermittlung *f*
~ **against payment system** *(Bank)* Lieferung *f* gegen Zahlung-System, L/Z-System *n (ECB)*
~ **charge** *(Trans)* Zustellgebühr *f*
~ **costs** *(RW)* Lieferkosten *pl*, Bezugskosten *pl*
~ **day** 1. *(Gesch)* Tag *m* der Zustellung; 2. *(Bö)* Liefertag *m*
~ **fee** *(V&M)* Zustellgebühr *f*
~ **of goods** *(Gesch)* Warenlieferung *f*
~ **month** *(Bö)* Liefermonat *m*
~ **performance** *(AH, Trans)* Liefererfüllung *f*
~ **period** 1. *(Gesch)* Lieferfrist *f*; 2. *(Bö)* Lieferzeitraum *m*
~ **receipt** *(AH, Trans)* Lieferbestätigung *f*, Warenempfangsschein *m*
~ **terms of sale** *(AH)* Lieferbedingungen *fpl*
~ **time** 1. *(Gesch)* Lieferzeit *f*; 2. *(Bö)* Lieferfrist *f*, 3. *(Trans)* Lieferzeit *f*
~ **versus payment** *(Bö)* Lieferung *f* gegen Zahlung
~ **versus payment system** *(Bank)* Lieferung gegen Zahlung-System *n*, L/Z-System *n (ECB)*
demand *v (Gesch)* fordern
demand 1. *(WiWi)* Bedarf *f*, Nachfrage *f*; 2. *(Gesch)* Aufforderung *f*, Bedarf *m* • **in** ~ *(Gesch, Pers)* gefragt • **on** ~ 1. *(Fin, RW)* bei Vorlage; bei Sicht, gegen Vorlage *(at sight)*; 2. *(Gesch)* auf Verlangen
~ **curve** *(WiWi)* Nachfragekurve *f*
~ **curve for labo(u)r** *(WiWi, Pers)* Nachfragekurve *f* nach Arbeit(skräften), *(jarg.)* Arbeitsnachfrage *f*
~ **deficient unemployment** *(WiWi)* nachfragebedingte Arbeitslosigkeit *f*
~ **deposit** *(Bank)* Sichteinlage *f*
~ **draft** *(Fin, Gesch)* Sichttratte *f*, Sichtwechsel *m*
~ **for currency** *(Bank)* Bargeldbedarf *m*
~ **for goods** *(WiWi)* Güternachfrage *f*
~ **for manpower** *(Pers)* Bedarf *m* an Arbeitskräften, Nachfrage *f* nach Arbeitskräften
~ **for money** *(WiWi)* Geldnachfrage *f*
~**-led growth** *(Gesch)* nachfragegesteuertes Wachstum *n*
~ **management** *(WiWi)* Nachfragesteuerung *f*
~ **note** *(Gesch)* Zahlungsaufforderung *f*
~**-oriented** *adj (V&M)* bedarfsgerecht
~ **pattern** *(WiWi)* Nachfragestruktur *f*
~ **price** *(WiWi)* Geldkurs *m*
~**-pull inflation** *(WiWi, Gesch)* Nachfrageinflation *f*
~**-shift inflation** *(WiWi)* Inflation *f* durch Nachfragestrukturveränderungen
~ **stimulus** *(WiWi)* Nachfrageimpuls *m*
demarcation dispute *(Pers, Mgt)* Kompetenzstreitigkeit *f*
demerger *(Mgt, WiWi)* Entflechtung *f*
demerit good *(WiWi)* demeritorisches Gut *n (R. A. Musgrave)*
demographic policy *(Pol)* Bevölkerungspolitik *f*
~ **statistics** *(WiWi, Stat)* Bevölkerungsstatistik *f*
~ **transition** *(WiWi)* demographischer Wandel *m*
demolition cost *(Gesch)* Abbruchkosten *pl*
demonetization *(WiWi)* Demonetisierung *f*
demotivate *v (Pers)* demotivieren
denationalize *v (WiWi)* reprivatisieren

denominate *v (WiWi)* denominieren, die Stückelung angeben von
~ **in** 1. *(Bank)* ausdrücken in; 2. *(WiWi)* als Rechengröße dienen
denomination 1. *(WiWi)* Wertbezeichnung *f*, Bezeichnung *f*, Stückelung *f*, Nennwert *m (coins)*; 2. *(Bö)* Stücke *npl*
denominator *(Gesch)* Nenner *m*
department 1. *(Pol, WiWi)* Abteilung *f*; Ministerium *n*; 2. *(Gesch)* Abteilung *f (in company)*; 3. *(Mgt)* Dezernat *n (civil service)*
~ **manager** *(V&M)* Abteilungsleiter(in) *m(f)*
~ **store** *(V&M)* Kaufhaus *n*, Warenhaus *n*
~ **store chain** *(V&M)* Warenhauskette *f*
departmental burden *(RW)* Abteilungsgemeinkosten *pl*
~ **costing** *(RW)* Abteilungskostenrechnung *f*
~ **expenses** *(RW)* Abteilungsgemeinkosten *pl*
~ **head** *(Gesch)* Abteilungsleiter(in) *m(f)*
~ **manager** *(Gesch)* Abteilungsleiter(in) *m(f)*
~ **minister** *(Pol)* Fachminister(in) *m(f) (EU)*
~ **overheads** *(RW)* Abteilungsgemeinkosten *pl*
~ **profit** *(RW)* Abteilungsgewinn *m*, Abteilungsspanne *f*
~ **profit margin** *(RW)* Abteilungsspanne *f*
~ **structure** *(Verw, Gesch)* Abteilungsgliederung *f*
departmentation *(Verw)* Abteilungsgliederung *f*, Abteilungsbildung *f*
dependency insurance *(Vers, Soz)* Pflegeversicherung *f (Germany)*
dependent employment *(Pers)* unselbstständige Beschäftigung *f*
~ **patent** *(Pat)* abhängiges Patent *n*
~ **variable** *(WiWi, Stat)* abhängige Variable *f*
depletable resource *(WiWi, Umw)* erschöpfbarer Rohstoff *m*
deposit *v (Gesch)* hinterlegen
deposit 1. *(RW)* Einzahlung *f (paying into a bank)*; Anzahlung *f (down-payment)*; 2. *(Bank)* Verwahrung *f*; 3. *(Umw)* Vorkommen *n*, Lagerstätte *f*; 4. *(Gesch)* Hinterlegung *f*, Anzahlung *f*; 5. *(Recht)* Verwahrung *f*, Hinterlegung *f*; 6. *(Gb)* Kaution *f*; 7. *(V&M)* Pfand *n (bottle)*; 8. *(Bö)* Einschusszahlung *f* • **for ~ only** *(Bank)* nur zur Verrechnung
~ **account** *(BE) (Bank)* Depositenkonto *n*, Einlagenkonto *n*, Sparkonto *n*
~ **balance** *(Bank)* Guthabensaldo *n*
~ **bank** *(Bank)* Depositenbank *f*, Girobank *f*
~ **certificate** 1. *(Bank)* Einlagenschein *m*, Einlagenzertifikat *n*; 2. *(Fin)* Depotbescheinigung *f*
~ **currency** *(Bank, WiWi)* Giralgeld *n*, Buchgeld *n*
~ **guarantee fund** *(Bank, Recht)* Einlagensicherungsfonds *m*
~ **institution** *(Verw)* Hinterlegungsstelle *f*
~ **interest** *(Bank)* Einlagenzins *m*
~ **liabilities** *(RW, Bank)* Einlagenverbindlichkeiten *fpl*
~ **margin** *(Bö)* Originaleinschuss *m*
~ **money** *(Bank, WiWi)* Buchgeld *n*
~ **multiplier** *(WiWi)* Geldschöpfungsmultiplikator *m*
~ **rate** *(Bank)* Einlagenzins *m*
~**-taking business** *(Bank)* Einlagengeschäft *n*, Passivgeschäft *n*
depositary 1. *(Verw)* Hinterlegungsstelle *f*, 2. *(Recht)* Treuhänder(in) *m(f)*, Verwahrer(in) *m(f)*
deposition *(Recht)* Hinterlegung *f*
depositor *(Bank, Gesch)* Einleger(in) *m(f)*, Einzahler(in) *m(f)*, Hinterleger(in) *m(f)*
depository bank *(Bank)* Depotbank *f*
deposits *(Bank)* Depositen *pl*, Einlagen *fpl*
depot *(Gesch)* Depot *n*, Warenlager *n*
~ **charge** *(Bank)* Depotgebühr *f*
depreciable amount *(RW)* Abschreibungsbetrag *m*
~ **asset** *(RW)* abnutzbares Vermögen *n*
~ **basis** *(RW)* Abschreibungsbasis *f*
~ **life** *(WiWi, St)* Nutzungsdauer *f*
~ **property** *(RW)* abnutzbares Vermögen *n*
~ **real estate** *(RW)* abnutzbares unbewegliches Vermögen *n*
depreciate *v* 1. *(RW, WiWi)* abwerten, entwerten *(currency)*; abschreiben *(investment, assets)*; 2. *(RW, WiWi)* an Kaufkraft verlieren *(currency)*; an Wert verlieren *(investment, assets)*
depreciation 1. *(RW)* Abschreibung *f*, Wertminderung *f*, Wertverlust *m (write-down)*; 2. *(Bank)* Wertverlust *m*; 3. *(WiWi)* Abwertung *f*, effektive Abwertung *f*, De-facto-Abwertung *f*, Entwertung *f*, Kursrückgang *m*, Wertverlust *f*, Wertminderung *f (cur-*

rency); 4. *(Gesch)* Verschlechterung *f*, 5. *(Gb)* Abschreibung *f*, Werteinbuße *f*, Wertminderung *f*, Wertverlust *f*
~ **allowance** *(RW)* zulässiger Abschreibungssatz *m*
~ **of fixed assets** *(Bank)* Abschreibung *f* auf Anlagevermögen
~**-prone** adj *(Bank, WiWi)* abwertungsverdächtig
~ **suspect** *(Bank, WiWi)* Abwertungskandidat *m*
depression *(WiWi)* Depression *f*, Wirtschaftskrise *f*
depth *(Gesch)* Tiefe • **in ~** *(Gesch)* ausführlich, gründlich
deputy 1. *(Gesch)* Stellvertreter(in) *m(f)*; 2. *(Pol)* Abgeordnete(r) *f(m)*, Abg.
deregulate *v (WiWi, Gesch)* deregulieren
dereliction of duty *(Recht)* Pflichtvernachlässigung *f*
derivative *adj (Bö)* derivativ, nachgeordnet
~ **instrument** *(Fin)* Derivat *n*, derivatives Instrument *n*
derivative market *(Bö)* Derivativmarkt *m*, Derivatemarkt *m*
~ **product** *(V&M)* Derivat *n*
derived demand *(WiWi)* abgeleitete Nachfrage *f*, derivative Nachfrage *f*
derogation *(Recht)* Beeinträchtigung *f*
DES *s.* Data Encryption Standard
describe *v* **in full detail** *(Gesch)* ausführlich beschreiben
descriptive statistics *(Stat)* deskriptive Statistik *f*
design *v (Gesch)* zeichnen, entwerfen
design 1. *(Gesch)* Entwurf *m*, Konstruktion *f*, Zeichnung *f (sketch)*; 2. *(Pat)* Ausführung *f*, Design *n*, Modell *n*, Muster *n*
~ **and layout** *(V&M)* Design und Lay-out *n*
~ **engineer** *(Ind)* Konstrukteur *m*
~ **engineering** *(Ind)* Konstruktionstechnik *f*
~ **law** *(Recht, Pat)* Geschmacksmustergesetz *n*
~ **right** *(Recht, Pat)* Recht *n* auf ein Geschmacksmuster
designation 1. *(Gesch)* Bezeichnung *f*, 2. *(Fin)* Designierung *f (funds, IWF)*
~ **of inventor** *(Pat)* Erfindernennung *f*
~ **of origin** *(AH)* Ursprungsbezeichnung *f*
designed *adj (Gesch)* entworfen
designer product *(V&M)* Designerprodukt *n*
desire 1. *(Gesch)* Begierde *f*, 2. *(V&M)* Verlangen *n*, Wunsch *m*
~ **to purchase** *(V&M)* Kaufwunsch *m*
desk 1. *(Gesch)* Schreibtisch *m*; 2. *(Bö)* Desk *n*, Handelsdesk *n*
~ **research** *(V&M)* Sekundärforschung *f*
deskilling *(Pers)* Herabstufung *f* von Arbeitsplätzen
despecialisation *(Gesch)* Generalisierung *f*
destructive competition *(WiWi)* Verdrängungswettbewerb *m*
detachable *adj (Gesch)* abtrennbar
detachment *(Pol)* Loslösung *f*
detail *v (Gesch)* ausführlich beschreiben
detailed *adj (Gesch)* ausführlich
~ **planning** *(Mgt)* Detailplanung *f*, Feinplanung *f*
~ **record** *(Recht, St)* Einzelnachweis *m*
details *(Gesch)* Angaben *fpl*, Einzelheiten *fpl*, Details *npl*
detain *v* 1. *(Recht)* inhaftieren; 2. *(Trans)* beschlagnahmen
detect *v (Gesch)* aufspüren
détente *(Pol)* Entspannung *f*
deter *v* **from** *(Gesch)* abhalten von
deteriorate *v (Gesch)* sich verschlechtern
deterioration 1. *(Gesch)* Verschlechterung *f*, 2. *(WiWi)* Passivierung *f (BOP)*
determinants *(Gesch)* Determinanten *fpl*, Bestimmungsfaktoren *mpl*, Einflussfaktoren *mpl*
determine *v* 1. *(WiWi)* bestimmen, festlegen *(price)*; 2. *(Gesch)* bemessen
detrended *adv (WiWi)* trendbereinigt
detriment *(Vers, Recht)* Schädigung *f* • **to the ~ of** *(Gesch)* zum Nachteil von, zum Schaden von
detrimental *adj (Gesch)* schädlich
~ **to effective competition** *(WiWi)* wettbewerbsfeindlich
~ **effect** *(Recht)* schädliche Auswirkung *f*
devaluate *v (WiWi)* abwerten
devaluation *(WiWi)* Abwertung *f*
devalue *v (WiWi)* abwerten, devaluieren
develop *v (Ind)* konstruieren, entwickeln, aufschließen
developed and undeveloped land *(Gb)* bebaute und unbebaute Grundstücke *npl*
~ **country** *(WiWi, Pol)* Industrieland *n*, Industriestaat *m*
~ **economy** *(WiWi)* entwickelte Volkswirtschaft *f*

~ **market** *(V&M)* entwickelter [reifer] Markt *m*
developer *(Gb)* Bebauer *m*, Bauherr *m*, Bauunternehmer(in) *m(f)*; Erschließungsunternehmen *n*
developing country *(WiWi)* Entwicklungsland *n*
development 1. *(EDV, WiWi)* Entwicklung *f*, 2. *(Ind)* Entwicklung *f*, Konstruktion *f*
~ **aid** *(WiWi)* Entwicklungshilfe *f*
~ **area** *(BE) (WiWi)* Fördergebiet *n*
~ **bank** *(Bank)* Entwicklungsbank *f*
~ **economics** *(WiWi)* Entwicklungsökonomie *f*
~ **expenditure** *(Fin)* Entwicklungskosten *pl*
~ **planning** *(WiWi)* Entwicklungsplanung *f*
~ **policy** *(Pol)* Entwicklungspolitik *f*
~ **potential** *(Gesch)* Entwicklungspotenzial *n*
~ **project** *(WiWi)* Entwicklungsprojekt *n*
~ **stage enterprise** *(AE) (WiWi)* junges Unternehmen *n*
~ **strategy** *(Mgt)* Entwicklungsstrategie *f*
deviation *(Recht)* Abweichung *f (in law)*
device *(Gesch)* Gerät *n*, Vorrichtung *f*
devise *v (Recht, Gb)* vermachen
devolution *(Recht)* Erbfall *m*
dial *v (Komm)* wählen *(telephone)*
~ **direct** *(Komm)* direkt wählen
dial-up *(Komm)* Anwahl *f*
dictionary *(Med)* Wörterbuch *n*; Lexikon *n*, Enzyklopädie *f*
die *v (Gesch)* auslaufen *(come to an end)*
~ **intestate** *(Bank, Recht)* ohne Hinterlassung eines Testaments sterben
difference equation *(WiWi)* Differenzengleichung *f*
~ **in timing** *(RW)* zeitliche Buchungsdifferenz *f*, zeitliche Diskrepanz *f*
different *adj (Gesch)* unterschiedlich • **be of a ~ opinion** *(Gesch)* anderer Meinung sein, eine andere Meinung vertreten
differential advantage *(WiWi)* marginaler Vorteil *m*, Vorteil *m* durch Preisdifferenz
~ **analysis** *(Mgt)* Differenzialanalyse *f*
~ **cost** *(WiWi)* Grenzkosten *pl*
~ **price** *(WiWi, V&M)* Preisdifferenzierung *f*, Preisgefälle *n*, Preisunterschied *m*
~ **pricing** *(WiWi, V&M)* Preisdifferenzierung *f*
~ **tax incidence** *(St)* Differenzialinzidenz *f* der Besteuerung
~ **theory of rent** *(WiWi)* Theorie *f* der Differenzialrente
differentials *(BE) (Pers)* Lohngefälle *n*
differentiate *v (Gesch)* differenzieren, unterscheiden
differentiated goods *(V&M)* differenzierte Ware *f*
~ **marketing** *(V&M)* differenziertes Marketing *n*
~ **product** *(V&M)* differenziertes Produkt *n*
differentiation 1. *(Gesch)* Unterscheidung *f*, 2. *(V&M)* Differenzierung *f*
~ **strategy** *(BE) (V&M)* Differenzierungsstrategie *f*
diffusion *(WiWi, Ind, V&M)* Diffusion *f*
~ **curve** *(V&M)* Diffusionskurve *f*
~ **index** *(WiWi)* Diffusionsindex *m*
~ **of innovations** *(V&M)* Verbreitung *f* von Innovationen
digit rate *(Komm, EDV)* Baud-Rate *f*, Schrittgeschwindigkeit *f (rate of digital transfer)*
digital exchanges *(Komm, EDV, Med)* digitale Tauschdienste *mpl*
~ **products** *(Komm, EDV)* digitale Produkte *npl*, digitale Angebote *npl*
~ **rights** *(EDV, Recht, Pat, V&M)* digitale Rechte *f*
~ **signature** *(EDV, Recht)* digitale Signatur *f*
Digital Rights Management *(EDV, Recht, Med, Pat)* Digital Rights Management *n*, DRM *n*, DRM-System *n*, Verwaltung *f* digitaler Rechte, Copyright-Verwaltung *f* und Abrechnung *f*
digitalize *v (Komm, EDV)* digitalisieren
digitalized music files *(Komm, EDV, V&M)* digitalisierte Musik-Files *npl*
digitize *v (Komm)* digital darstellen
digits deleted *(Bö)* gelöschte Dezimalstellen *fpl* auf dem Börsenticker
dilatory payer *(Fin)* säumiger Zahler *m*
diligence *(Gesch)* Sorge *f*
dilution of equity *(Bö)* Verwässerung *f* des Aktienkapitals
~ **protection** *(Fin, Bö)* Verwässerungsschutz *m*
diminishing-balance depreciation *(RW)* degressive Abschreibung *f*
~ **balance method** *(RW)* degressive Abschreibung *f*

~ **marginal rate of substitution** *(WiWi)* abnehmende Grenzrate *f* der Substitution
~ **returns** *(WiWi)* abnehmende Erträge *mpl*, Ertragsrückgang *m*
~ **returns to scale** *(WiWi)* abnehmende Skalenerträge *mpl***diminuation** *(Recht)* Preisminderung *f*
Dinks *(ugs.) s.* double income no kids
dip *v* **into savings** *(Gesch)* Ersparnisse *fpl* angreifen
direct *v* 1. *(Gesch)* dirigieren; 2. *(Mgt)* leiten
direct *adj* 1. *(Gesch)* direkt, unmittelbar; 2. *(Trans)* direkt *(route)*
~ **access** *(Gesch)* direkter Zugriff *m*, Direktzugriff *m*
~ **advertising** *(V&M)* Direktwerbung *f*
~ **and indirect taxation** *(WiWi, St)* direkte und indirekte Besteuerung *f*
~ **arbitrage** *(Fin)* einfache Devisenarbitrage *f*
~ **cost of sales** *(Gesch)* direkte Umsatzaufwendungen *fpl*, Sondereinzelkosten *pl* des Vertriebs
~ **costing** *(RW, WiWi, Fin)* Direct Costing *n*, Deckungsbeitragsrechnung *f*, Grenzplankostenrechnung *f*
~ **costs** *(RW, WiWi, Fin)* direkte Kosten *pl*
~ **crowding-out** *(WiWi)* direktes Crowding-out *n*
~ **crowding-out effect** *(WiWi)* direkter Verdrängungseffekt *m (of private investors)*
~ **debit** *(Bank, Fin)* Abbuchung *f* durch Einzugsermächtigung, Einzugsverfahren *n*
~ **debit authorization** *(Bank, Fin)* Einzugsermächtigung *f*
~ **debit order** *(Bank)* Abbuchungsauftrag *m*, Einzugsauftrag *m*
~ **deposit** *(Bank)* Direkteinlage, Sparen *f* im Abbuchungsverfahren *n*
~ **dial(l)ing** *(Komm)* Durchwahl *f*, Selbstwahl *f*
~ **exchange** *(WiWi)* direkter Warentausch *m*
~ **expenses** *(RW)* direkte Kosten *pl*, Einzelkosten *pl*
~ **export trading** *(AH)* direkter Exporthandel *m*, direktes Exportgeschäft *n*, Direktexport *m*
~ **foreign investment** *(WiWi, Fin)* ausländische Direktinvestition *f*
~ **fund transfer** *(Bank)* elektronischer Überweisungsverkehr *m*
~ **insurance** *(Vers)* Direktversicherung *f*, Erstversicherung *f*
~ **interbank trading** *(Bank)* Bankendirekthandel *m*
~ **labo(u)r** *(WiWi, Pers)* Fertigungslöhne *mpl*, Lohneinzelkosten *pl*
~ **labo(u)r costs** 1. *(RW) (BE)* direkte Lohnkosten; 2. *(Fin, Ind)* Fertigungslohnkosten *pl*
~ **lending** *(Bank)* Gewährung *f* gebundener Finanzkredite
~ **liability** *(Recht)* unmittelbare Haftung *f*
~ **mail** 1. *(Komm)* Postwurfsendung *f*; 2. *(V&M)* Direktversand *m*, Postversand *m*
~ **marketing** *(V&M)* Direktmarketing *n*
~ **offering** *(Bö)* Direktemission *f*, Direktplatzierung *f*
~ **operating cost** *(RW, Gesch)* betriebsbedingter Aufwand *m*, Betriebsaufwand *m*
~ **order** *(V&M)* Direkteinkauf *m*, Direktbezug *m*, unmittelbare Bestellmöglichkeit *f*,
~ **outward investment** *(WiWi, Fin)* Direktinvestionen *fpl* im Ausland
~ **payment** *(WiWi)* endgültige Zahlung *f*
~ **placement** *(Bank)* Direktplatzierung *f*
~ **product profitability** 1. *(WiWi)* Nettoproduktgewinn *m*; 2. *(V&M)* direkte Produktrentabilität *f*
~ **purchase** *(Gesch)* Beziehungskauf *m*, Direkteinkauf *m*
~ **quotation** *(Bank)* Preisnotierung *f*
~ **real income** *(WiWi)* reales verfügbares Einkommen *n*
~ **sales** *(V&M)* Direktverkauf *m*
~ **selling** *(V&M)* Direktverkauf *m*
~ **tax** *(St)* direkte Steuer *f*
~ **yield** *(Bank, Bö)* Direktertrag *m*, Direktrendite *f*
directed at *adj (Gesch)* ausgerichtet auf
~ **interview** *(V&M)* gelenktes Interview *n (market research)*
direction 1. *(WiWi)* Entwicklungsrichtung *f (of interest rates)*; 2. *(Recht)* Weisung *f*, 3. *(Mgt)* klare Linie *f*, 4. *(Pol)* Richtlinie *f*, Weisung *f*
directions for use *(Gesch)* Benutzungsanleitung *f*, Gebrauchsanweisung *f*
directive 1. *(WiWi, Fin)* Richtlinie *f*, 2. *(Recht)* Weisung *f*, 3. *(Pol)* Richtlinie *f*, Weisung *f*
~ **style of leadership** *(Pol)* autoritärer Führungsstil *m*

directly *adv (Gesch)* direkt • **be ~ responsible to sb** *(Gesch)* jmdm. direkt unterstellt sein
~ **related to** *(Gesch)* direkt bezogen auf
director 1. *(Pers)* Direktor(in) *m(f)*, Geschäftsführer(in) *m(f)*, Leiter(in) *m(f)*; 2. *(Mgt)* Vorstandsmitglied *n*
~ **general** *(Pers)* Generaldirektor(in) *m(f)*
directorate general *(Verw, Pol)* Generaldirektion *f (EU)*
directorship *(Pers)* Direktorat *n*, Verwaltungsratsposten *m*
directory 1. *(EDV)* Verzeichnis *n*; 2. *(Gesch)* Adressbuch *n*
~ **assistance** *(Komm)* Auskunft *f*
~ **enquiries** *(BE) (Komm)* Auskunft *f*
~ **information** *(AE) (Komm)* Auskunft *f*
dirty floating *(WiWi)* schmutziges Floaten *n*
~ **proof** *(Med, V&M)* unleserlicher Abzug *m*
disability 1. *(Pers)* Behinderung *f*, Arbeitsunfähigkeit *f (of employee)*; 2. *(Vers)* Erwerbsunfähigkeit *f*
~ **benefit** *(Vers)* Erwerbsunfähigkeitsrente *f*
~ **insurance** *(Vers)* Invaliditätsversicherung *f*
~ **pension** *(Fin, Vers)* Invaliditätsrente *f*
disabled *adj (Pers)* behindert
~ **person** *(Pers)* Behinderte(r) *f(m)*
~ **quota** *(Pers)* Behindertenquote *f*
disadvantage *(Gesch)* Nachteil *m* • **to the ~ of** *(Gesch)* zu Lasten von
disaffirm *v (Recht)* aufheben
disagio *(Gesch)* Disagio *n*
disagree *v (Gesch)* nicht einverstanden sein *(with plan)*; nicht übereinstimmen *(not tally)*
~ **with sb** *(Gesch)* mit jmdm. über etw. uneins sein
disallow *v* 1. *(Gesch)* verbieten; 2. *(Pers)* aberkennen
disallowable item *(BE) (St)* steuerlich nicht absetzbare Position *f*
disassemble *v (Ind)* zerlegen
disaster *(Vers)* Katastrophe *f*
disburse *v* 1. *(Fin)* auszahlen, verausgaben; 2. *(Gesch)* ausgeben
disbursement 1. *(RW)* Auszahlung *f*, 2. *(Fin)* Verausgabung *f*
~ **period** *(Vers)* Auszahlungsphase *f*
disc *(EDV)* Disc *f*, Disk *f*, Scheibe *f (CD, DVD)*; Diskette *f (floppy)*; Platte *f*, Festplatte *f (hard)*, *(jarg.)* Silberling *m*
discharge *v* 1. *(Fin)* befreien *(of debt)*; 2. *(Gesch)* begleichen, ausladen, befreien; 3. *(Pers)* entlassen; 4. *(Recht)* erlöschen, löschen *(legal duty)*; entlasten von *(obligations)*; 5. *(Trans)* löschen
discharge 1. *(Gesch)* Erlöschen *n*, Erledigung *f*, 2. *(Recht)* Löschung *f*, Befreiung *f* von Verbindlichkeiten *(debt)*; 3. *(Trans)* Löschung *f*
~ **in bankruptcy** *(Recht)* Insolvenzaufhebung *f*
~ **of a contract** *(Recht)* Vertragserfüllung *f*
~ **of debt** *(Fin)* Schuldbefreiung *f*
discharged *adj (Bank, Fin, Gesch)* beglichen
disciplinary *adj (Pers, Recht)* disziplinarisch, Disziplinar…
~ **code** *(Recht)* Disziplinarordnung *f*
~ **measures** *(Recht)* Disziplinarmaßnahmen *fpl*
~ **proceedings** *(Recht)* Disziplinarverfahren *n*
~ **rule** *(Pers)* Disziplinarbestimmung *f*, Disziplinarordnung *f*
discipline *(Gesch, Pers)* Disziplin *f*
disclaim *v (Recht)* freizeichnen, aufgeben
disclaimer 1. *(Vers)* Aufgabe *f* eines Anspruchs, Verzichtserklärung *f*, 2. *(Recht)* Aufgabe *f*, Verzicht *m*
~ **clause** *(Vers, Recht)* Haftungsausschlussklausel *f*
disclose *v (Gesch)* bekannt geben, bekannt machen
disclosed reserves *(RW)* offen gelegte Rücklagen *fpl*
disclosure 1. *(RW)* Berichterstattung *f*, 2. *(Recht)* Preisgabe *f*, 3. *(Fin, Bö)* Offenlegung *f*, Publizität *f*
~ **of an invention** *(Pat)* Bekanntgabe *f* [Offenlegung *f*] einer Erfindung
~ **of directors' dealings** *(Recht, Mgt, Bö)* Veröffentlichung *f* der Geschäfte von Organmitgliedern mit Wertpapieren der eigenen Gesellschaft, Offenlegung *f* [Ausweis *m*, Bekanntmachung *f*] der Geschäfte von Unternehmensinsidern mit Wertpapieren des eigenen Unternehmens
~ **of information** *(Pers)* Offenlegung *f* von Informationen

~ **practices** *(Bank, RW)* Ausweisgewohnheiten *fpl*
~ **requirement** 1. *(RW)* Angabepflicht *f*; 2. *(Fin, Bö)* Publizitätserfordernis *f*
~ **of revenue** *(Fin, Recht)* Umsatzmeldungen *fpl*
discontinuance 1. *(Gesch)* Wegfall *m*, Fortfall *m*; 2. *(Recht)* Aufgabe *f (business)*
discontinue *v (Ind)* einstellen
discontinued operations *(Ind)* eingestellter Betrieb *m*
discontinuous variable *(Stat, WiWi)* diskrete Variable *f*
discount *v* 1. *(RW)* abzinsen; 2. *(Bank)* diskontieren
discount 1. *(Bank)* Disagio *n*, Diskont *m*; 2. *(WiWi)* Diskont *m*; 3. *(Fin)* Diskont *m*, Preisnachlass *m*, Rabatt *m*, Skonto *m(n)*; 4. *(Gesch)* Rabatt *m* • **at a ~** *(V&M)* mit Rabatt, mit Skonto • **at a ~ of** *(Bö)* mit einem Disagio von
~ **bill** *(RW)* Diskontwechsel *m*
~ **business** *(Fin)* Diskontgeschäft *n*
~ **charges** *(RW)* Diskontspesen *pl*
~ **factor** *(Fin)* Abzinsungsfaktor *m*
~ **house** 1. *(Fin)* Diskontbank *f*, Diskonthaus *n*; 2. *(V&M)* Discounter *m*
~ **instrument** *(Bö)* Diskontinstrument *n*, Diskontierungsinstrument *n*
~ **rate** *(Bank)* Diskontsatz *m*
~ **rate differential** *(Fin)* Diskontgefälle *n*
~ **shop** *(BE) (V&M)* Discounter *m*
~ **table** *(Fin)* Abzinsungstabelle *f*
~ **window** *(Bank, Fin)* Lombardfenster *n*, Diskontfenster *n*, Rediskontfazilität *f*
~ **window lending** *(Bank)* Lombardfenster *n*
~ **yield** *(Bö)* Diskontertrag *m*
discountable *adj* 1. *(Bank)* diskontfähig, diskontierbar; 2. *(Fin, Bö)* diskontierbar
~ **bill** *(Fin)* diskontfähiger Wechsel *m*
discounted adj *(Fin, Bö)* eskomptiert, berücksichtigt, *(jarg.)* eingepreist
~ **bill** *(Bank)* diskontierter Wechsel *m*
~ **cash flow** *(RW, Fin)* abgezinster Cashflow *m*
~ **cash flow method** *(WiWi, Fin)* Interne Zinsfuß-Methode *f*
~ **paper** *(Fin)* Abzinsungspapier *n*
~ **present value** *(Fin)* diskontierter Barwert *m*
discounter 1. *(Fin)* Diskontgeber(in) *m(f)*; 2. *(V&M)* Discounter *m*
discounting *(RW, Fin)* Abzinsung *f*, Diskontgeschäft *n*, Diskontierung *f*
discounting *(RW, Fin)* Abzinsung *f*, Berechnung *f* des Gegenwartswerts; *(Bank)* Diskontgeschäft *n*, Diskontierung *f*
~ **bank** *(Bank, Fin)* Diskontbank *f*
~ **of bills** *(BE) (RW)* Wechseldiskontierung *f*
~ **of notes** *(AE) (RW)* Wechseldiskontierung *f*
~ **rate** *(Fin)* Kalkulationszinssatz *m*, Kapitalisierungszinsfuß *m*
discrepancy *(Gesch)* Abweichung *f*, Diskrepanz *f*
discretion *(Gesch)* Ermessen *n* • **at the ~ of** *(Gesch)* nach Ermessen von, nach Gutdünken von
discretionary *adj (WiWi, Gesch, St)* diskretionär
~ **buying power** *(V&M)* frei verfügbare Kaufkraft *f*
~ **cost** *(WiWi)* diskretionäre Kosten *pl*
~ **economic policy** *(WiWi)* diskretionäre Politik *f*
~ **fiscal policy** *(WiWi)* diskretionäre Fiskalpolitik *f*
~ **income** *(WiWi)* frei verfügbares Einkommen *n*
~ **order** *(Bö)* Bestens-Auftrag *m*, interessewahrender Auftrag *m*
discriminate *v (WiWi, Gesch, Recht)* diskriminieren
discriminatory taxation *(St)* diskriminierende Besteuerung *f*
discuss *v (Gesch)* besprechen, diskutieren, erörtern
~ **an item** *(Gesch)* einen Punkt erörtern
~ **at length** *(Gesch)* eingehend besprechen
discussion *(Gesch)* Besprechung *f*, Diskussion *f*, Erörterung *f* • **under ~** *(Gesch)* im Gespräch
diseconomies of scale *(WiWi)* Größennachteile *mpl*, Kostenprogression *f*
disembodied technical progress *(WiWi)* investitionsunabhängiger technischer Fortschritt *m*
disequilibrium *(WiWi)* Ungleichgewicht *n*
~ **economics** *(WiWi)* Ungleichgewichtstheorie *f*
~ **in the balance of trade** *(WiWi)* Ungleichgewicht *n* der Handelsbilanz

~ **on the labo(u)r market** *(WiWi, Pers)* Arbeitsmarktungleichgewicht *n*, Ungleichgewicht *n* auf dem Arbeitsmarkt
disguised unemployment *(Pers)* versteckte Arbeitslosigkeit *f*
dishonour *v (Bank)* nicht einlösen, nicht honorieren
~ **a cheque** *(BE) (Bank)* einen Scheck nicht einlösen
dishonour *(BE) (Bank)* Annahmeverweigerung *f*, Nichteinlösen *n*
dishonoured *adj (BE) (Bank)* nicht akzeptiert, nicht bezahlt, nicht honoriert
~ **bill of exchange** *(BE) (Bank)* nicht bezahlter Wechsel *m*, notleidender Wechsel *m*
~ **cheque** *(BE) (Bank)* nicht eingelöster Scheck *m*, uneingelöster Scheck *m*
disillusionment with politicians *(Pol)* Politikerverdrossenheit *f*
disincentive *(WiWi)* Leistungshemmnis *n*, leistungshemmender Einfluss *m*
disinflation *(WiWi)* Desinflation *f*
disinformation *(Gesch, Pol)* Falschinformation *f* zu Täuschungszwecken, Desinformation *f*
disintermediate *v (Bank, WiWi)* Einlagen abziehen
disintermediation *(Bank, WiWi)* Disintermediation *f*
disinvestment *(Fin)* Desinvestition *f*
dislocations *(WiWi)* Störungen *fpl*, Verwerfungen *fpl (capital markets)*
dismantle *v (Gesch)* abbauen, auseinander nehmen
dismantling *(WiWi)* Abbau *m (of barriers)*
~ **of a law** *(Recht)* Aushöhlung *f* eines Gesetzes
dismiss *v* 1. *(Pers)* entlassen, verabschieden; 2. *(Recht)* zurückweisen *(claim)*
~ **a notion** *(Recht)* einen Antrag ablehnen
~ **sb without notice** *(Pers)* jmdn. fristlos entlassen
dismissal 1. *(Pers)* Entlassung *f*, Kündigung *f*, Verabschiedung *f*; 2. *(Recht)* Zurückweisung *f*
~ **procedure** *(Pers)* Kündigungsverfahren *n*
~ **protection** *(Pers)* Kündigungsschutz *m*
~ **with due notice** *(Pers)* fristgerechte Kündigung *f*
~ **with timely notice** *(Pers)* fristgerechte Kündigung *f*
~ **without notice** *(Pers)* fristlose Entlassung *f*
dismissed *adj (Pers)* gekündigt, verabschiedet
disorderly market *(Bö)* ungeordnete Marktverhältnisse *npl*
disparage *v (Gesch)* herabsetzen, Ruf schädigen
dispatch *v* 1. *(Komm, Trans)* absenden, befördern, schicken; 2. *(Gesch)* erledigen, versenden *(execute)*
dispatch 1. *(Komm, Trans)* Abfertigung *f*, Versand *m*; 2. *(Gesch)* Erledigung *f*, Versendung *f (execution)*
~ **department** *(Komm, Trans)* Versandabteilung *f*
~ **note** *(Komm, Trans)* Frachtzettel *m*, Postbegleitschein *m*, Versandschein *m*
dispatching *(Komm)* Versand *m*, Versendung *f*
~ **charge** *(Komm)* Versandgebühr *f*
displace *v* **labo(u)r** *(Pers)* Arbeitskräfte freisetzen, Arbeitskräfte verdrängen
~ **workers** *(Pers)* Arbeitskräfte freisetzen, Arbeitskräfte verdrängen
displaced labo(u)r *(Pers)* freigesetzte Arbeitskräfte *fpl*
~ **workers** *(Pers)* freigesetzte Arbeitskräfte *fpl*
displacement *(Gesch)* Verlagerung *f*
~ **of jobs** *(Pers)* Arbeitsplatzverlagerung *f*, Verlagerung *f* von Arbeitsplätzen
~ **of labo(u)r** *(Pers)* Freisetzung *f* von Arbeitskräften, Verdrängung *f* von Arbeitskräften
display 1. *(Komm)* Auslage *f*, Ausstellung *f*, Warenauslage *f*; 2. *(V&M)* Schaufensterauslage *f*, Display *n*
~ **advertising** *(V&M)* Großanzeige *f*, Schlagzeilenwerbung *f*
~ **article** *(Gesch)* Ausstellungsstück *n*
~ **material** *(V&M)* Displaymaterial *n*
~ **pack** *(V&M)* Schaupackung *f*
~ **stand** *(Med, V&M)* Ausstellungsstand *m*
displayed price 1. *(WiWi)* angegebener Preis *m*; 2. *(Gesch)* Preisangabe *f*
disposable income *(WiWi, St)* verfügbares Einkommen *n*
~ **packaging** *(V&M)* Einwegverpackung *f*

disposal 1. *(Umw)* Entsorgung *f (waste)*; 2. *(Gesch)* Verfügung *f*, Veräußerung *f*
~ **system** *(Umw)* Entsorgungssystem *f*
dispose *v* **by will** *(Recht)* vermachen
~ **of** *(Bank, Bö)* verkaufen, verfügen über, *(ugs.)* aussteigen
~ **of stock** *(V&M)* Lagerbestände absetzen
disposition *(Recht)* Verfügungsgeschäft *n* *(transactions)* **dispute** *v* 1. *(Recht)* bestreiten *(claim)*; anfechten *(will)*; 2. *(V&M)* umkämpfen
dispute 1. *(Gesch)* Streit *m*; 2. *(Pers)* Auseinandersetzung *f*, Streitigkeit *f*
disregard *v (Mgt)* unberücksichtigt lassen
dissaving *(WiWi)* Entsparen *n*, negative Ersparnis *f*
dissemination *(Komm)* Verbreitung *f (of information)*
dissent *(Recht)* Dissens *m*, abweichende Meinung *f*
dissenting opinion *(Recht, Mgt)* abweichende Meinung *f*
~ **view** *(Mgt)* abweichende Meinung *f*
dissolution 1. *(WiWi)* Liquidation *f*; 2. *(Gesch)* Auflösung *f*, Zerstörung *f*; 3. *(Pers, Recht, Pol)* Auflösung *f*
dissolve *v (Gesch, Recht)* auflösen
distance 1. *(Gesch)* Strecke *f*; 2. *(Trans)* Entfernung *f*
distant *adj (Gesch)* distanziert
distinction *(Gesch)* Unterscheidung *f (difference)*; erste [beste] Qualität *f*
distinctive *adj (Pat)* unterscheidungsfähig
distinctiveness *(Pat)* Unterscheidung *f*, Verschiedenheit *f*
distort *v (WiWi)* verzerren
distorting factor *(WiWi)* Störfaktor *m*
distortion of competition *(WiWi)* Wettbewerbsverzerrung *f*
distortions *(WiWi)* Verwerfungen *fpl*
distress 1. *(Fin)* finanzielle Schieflage *f*; 2. *(Trans)* Seenot *f (shipping)* • **be in ~** *(Fin, Gesch)* in Schwierigkeiten sein
distressed property *(Gb)* gepfändetes Eigentum *n*
distributable profit *(RW, Fin)* ausschüttungsfähiger Gewinn *m*
distribute *v* 1. *(Fin)* ausschütten *(dividends)*; 2. *(Med)* verbreiten *(newspaper, magazine)*; 3. *(V&M)* vertreiben
distributed profit *(RW, Fin)* ausgeschütteter Gewinn *m*
distribution 1. *(Fin)* Verteilung *f*, Zuteilung *f*; 2. *(Gesch)* Vertrieb *m*; 3. *(Recht)* Aufteilung *f (estate law)*; 4. *(Med)* Verbreitung *f (of newspaper)*; 5. *(V&M)* Distribution *f*, Vertrieb *m (trade or manufacturer)*; 6. *(Bö)* Ausschüttung *f (of dividends)*, Streuung *f*, Verteilung *f*
~ **allowance** *(V&M)* Vertriebsprovision *f*
~ **area** 1. *(Gesch)* Absatzgebiet *n*; 2. *(Bö)* Ausschüttungsbereich *m*
~ **channel** *(Gesch)* Absatzkanal *m*, Absatzweg *m*
~ **network** *(Gesch)* Vertriebsnetz *n*
~ **of national income** *(WiWi)* Verteilung *f* des Volkseinkommens
~ **of net profit** *(RW)* Nettogewinnausschüttung *f*
~ **of risk** *(Recht)* Risikoverteilung *f*
~ **policy** *(Gesch)* Absatzpolitik *f*, Vertriebspolitik *f*
distributional weight *(WiWi)* Verteilungsgewicht *n*
distributive ability *(Trans)* Vertriebsleistung *f*
~ **trades** *(V&M)* Absatzwirtschaft *f*, Handel *m*
distributor *(AH)* Agent(in) *m(f)*, Verteiler(in) *m(f)*, Vertriebsfirma *f*, Vertriebshändler(in) *m(f)*, Vertriebsorganisation *f*, Vertriebsunternehmen *n*
distributors' brand *(V&M)* Händlermarke *f*, Gemeinschaftsmarke *f*
district 1. *(Gesch)* Bezirk *m*; 2. *(Pol)* Kreis *m*
~ **attorney** *(AE) (Recht)* Staatsanwältin *f*, Staatsanwalt *m*
~ **council** *(BE) (Pol)* Kreistag *m*
~ **court** *(AE) (Recht)* Amtsgericht *n*
~ **office** *(Gesch)* Bezirksbüro *n*, Bezirksverwaltung *f*, Bezirksgeschäftsstelle *f*
disturbance *(Gesch)* Störung *f*
disutility *(WiWi, V&M)* Nachteil *m*, negativer Nutzen *m*
diverge *v (Gesch)* abweichen
divergence *(Gesch)* Divergenz *f*
~ **indicator** *(WiWi)* Abweichungsindikator *m*
diversification 1. *(Gesch, Pers, Mgt)* Diversifizierung *f*, 2. *(V&M)* Diversifikation *f*, 3. *(Bö)* Streuung *f*
~ **strategy** *(V&M)* Diversifikationsstrategie *f*
diversified company *(WiWi)* breit gefächertes Unternehmen *n*

diversify *v (Gesch, Pers, Mgt)* diversifizieren
~ **risks** *(Bö)* das Risiko streuen
diverting custom *(Recht, V&M)* Abwerbung *f*
divest *v (Fin, Recht)* abstoßen, veräußern
~ **oneself of** *(Fin, Bö)* sich trennen, abstoßen, *(ugs.)* aussteigen
divestiture *(Fin, Recht)* Veräußerung *f* einer Tochtergesellschaft
dividend 1. *(Vers)* Dividende *f*, 2. *(Bö)* Dividende *f*, Gewinnanteil *m*
~ **coupon** *(Fin)* Dividendenschein *m*
~ **exclusion** *(St)* Dividendensteuerbefreiung *f*
~ **in arrears** *(Bö)* aufgelaufene [rückständige] Dividende *f*
~ **income** *(Bö)* Dividendeneinkommen *n*
~ **payable in kind** *(Fin)* Sachdividende *f*
~ **payment** *(WiWi)* Gewinnausschüttung *f*
~ **payout policy** *(Fin)* Dividendenpolitik *f*
~ **payout ratio** *(RW)* Ausschüttungssatz *m*
~ **per share** *(BE) (Fin)* Dividende *f* pro Aktie
~ **policy** 1. *(Fin)* Ausschüttungspolitik *f*, 2. *(Bö)* Dividendenpolitik *f*
~ **reserve fund** *(RW)* Dividendenrücklage *f*
~ **resolution** *(Fin)* Ausschüttungsbeschluss *m*
~ **stripping** *(Fin)* Dividenden-Stripping *n*
~ **tax** *(St)* Kapitalertragsteuer *f*
~ **warrant** *(Fin)* Dividendenanteilschein *m*, Dividendenschein *m*
~ **withholding tax** *(St)* Dividendenquellensteuer *f*, Kuponsteuer *f*
~ **yield** *(Bö)* Dividendenertrag *m*, Dividendenrendite *f*
dividends *(RW, Fin)* Dividenden *fpl*, Beträge *mpl*
~ **payable** *(RW)* auszuschüttende Dividenden *fpl*
division 1. *(RW)* Aufteilung *f*, 2. *(WiWi, Gesch)* Unternehmensbereich *m*, Abteilung *f*, Teilung *f*, 3. *(V&M)* Sparte *f*
~ **of labo(u)r** *(WiWi)* Arbeitsteilung *f*
divisional board of management *(Mgt)* Bereichsvorstand *m*
~ **director** *(BE) (Pers)* Bereichsleiter(in) *m(f)*
~ **management** *(Pers, Mgt)* Abteilungsleitung *f*, Bereichsleitung *f*
divisionalization *(Gesch)* Divisionalisierung *f*, Spartenorganisation *f*
DMS *s.* database management system
DO *s.* district office
DOC *s.* direct operating cost
do *v* **a bad job** *(Pers)* schlechte Arbeit leisten
~ **a good job** *(Pers)* gute Arbeit leisten
~ **business** *(Gesch)* Geschäfte tätigen
docker strike *(Gesch, Trans)* Hafenarbeiterstreik *m*
doctor's certificate *(Pers)* ärztliches Attest *n*, ärztliche Bescheinigung *f*
doctorate *(Pers, Soz)* Doktortitel *m*, Doktorgrad *m*
document 1. *(Gesch)* Beurkundung *f*, Dokument *n*; 2. *(Recht)* Dokument *n*; 3. *(St)* Beleg *m*
~ **holder** *(Gesch)* Dokumenteninhaber(in) *m(f)*
~ **of title** *(Recht)* Eigentumsurkunde *f*
documentary *adj (Gesch)* dokumentarisch
documentary *(V&M)* Dokumentarbericht *m (book)*; Dokumentarfilm *m (film)*; Dokumentarsendung *f*
~ **bill** *(Fin)* Dokumententratte *f*
~ **credit** *(Fin)* Dokumentenakkreditiv *n*
~ **draft** *(Verw, Gesch, AH)* Dokumententratte *f*
~ **evidence** *(Gesch)* dokumentärer Nachweis *m*
~ **fraud** *(Recht)* Urkundenbetrug *m*
~ **letter of credit** *(Bank)* Dokumentenakkreditiv *n*
~ **remittance** *(Bank)* Dokumentenrimesse *f*
documents against acceptance *(Gesch,* Fin*)* Dokumente *npl* gegen Akzept
~ **against cash** *(Bank, Fin)* Dokumente *npl* gegen Barzahlung *(DC)*
~ **against payment** *(Gesch)* Dokumente *npl* gegen Zahlung
dog *(V&M)* wenig erfolgreiches Produkt *n*, perspektivloses Produkt *n*
dogsbody *(Gesch)* Handlanger, *(ugs.)* Mädchen für alles
dole *(BE) (WiWi, Gesch, Soz)* Arbeitslosenunterstützung *f*, *(ugs.)* Stütze *f* • **be on the ~** *(Pers) (BE)* Arbeitslosenunterstüt-

zung empfangen [beziehen], *(ugs.)* stempeln
dollar bill *(AE) (WiWi)* Dollarschein *m*
~ **drain** *(WiWi)* Dollarabfluss *m*
~ **gap** *(WiWi)* Dollarzinsspanne *f*
~ **premium** *(Bö)* Dollarprämie *f (options)*
~ **price** 1. *(Gesch)* Dollarpreis *m (commodities)*; 2. *(Bö)* Dollarkurs *m*
~ **rate** *(Bö)* Dollarkurs *m*
~ **securities** *(Fin)* Dollartitel *mpl*
~ **shortage** *(Bö)* Dollarmangel *m*, Dollarverknappung *f*
~ **spot and forward** *(Fin, Bö)* Kassa- und Termin-Dollarkurs *m*
~ **terms/in current** *(Bank, WiWi)* in jeweiligen Dollar gerechnet
~ **value LIFO** *(St)* LIFO-Dollarwert *m*
domain 1. *(WiWi)* Bereich *m*, Grundbesitz *m*; 2. *(Gesch)* Bereich *m*; 3. *(Stat)* Definitionsbereich *m*
~ **address** *(Komm, EDV)* Domain-Adresse *f*, Domainadresse *f*
~ **grabbing** *(Komm, EDV, Recht)* Domain-Grabbing *n*, Cybersquatting *n*
~ **name** *(Komm, EDV)* Domain-Name *m*, Domainname *m*
~ **registration** *(Komm, EDV)* Domainregistrierung *f*
domestic *adj (WiWi)* einheimisch, inländisch, Binnen... *(trade)*; Inland..., Inlands... *(policy)*
~ **absorption** *(WiWi)* inländische Absorption *f*
~ **assets** *(Bank)* Inlandsguthaben *npl*
~ **banking system** *(Bank)* inländisches Bankensystem *n*
~ **business** *(Gesch)* Inlandsgeschäft *n*
~ **consumption** *(WiWi)* Inlandsverbrauch *m*
~ **corporation** *(WiWi)* inländische Kapitalgesellschaft *f*
~ **court** *(Recht)* heimisches Gericht *n*
~ **credit expansion** 1. *(WiWi)* inländische Kreditexpansion *f*; 2. *(Fin)* inländische Kreditausweitung *f*
~ **demand** *(WiWi)* Binnennachfrage *f*, Inlandsnachfrage *f*
~ **economy** *(WiWi)* Binnenwirtschaft *f*
~ **help** *(Pers)* Hausangestellte *f*
~ **industry** *(Ind)* inländische Industrie *f*, heimischer Wirtschaftszweig *m*
~ **investment** *(WiWi)* Inlandsinvestition *f*
~ **labo(u)r market** *(Pers)* heimischer Arbeitsmarkt *m*, inländischer Arbeitsmarkt *m*
~ **market** *(WiWi)* Binnenmarkt *m*, Inlandsmarkt *m*
~ **product** 1. *(WiWi)* Inlandsprodukt *n*; 2. *(Gesch)* inländisches Erzeugnis *n*
~ **resource cost** *(WiWi)* inländische Faktorkosten *pl*
~ **sales** *(V&M)* Inlandsabsatz *m*
~ **savings** *(WiWi)* inländische Ersparnis *f (national accounting)*
~ **situation** *(WiWi)* binnenwirtschaftliche Lage *f*
~ **subsidiary** *(WiWi)* inländische Tochtergesellschaft *f*
~ **system** *(WiWi)* Verlagssystem *n*, Heimarbeit *f*
~ **trade** *(WiWi)* Binnenhandel *m*
~ **waste** *(Umw)* Hausmüll *m*
~ **worker** *(Pers)* Hausangestellte(r) *f(m)*
domicile 1. *(Gesch)* Aufenthalt *m*; 2. *(Recht, St)* Wohnsitz *m (person)*; Sitz *m*, Gesellschaftssitz *m (firm)*
dominance *(Gesch)* Beherrschung *f*, Dominanz *f*
dominant *adj (Gesch)* dominant, beherrschend
~ **position** *(WiWi)* beherrschende Stellung *f*
dominate *v (Gesch)* beherrschen *(market)*
donation *(St, Soz)* Spende *f*
donor *(Gesch, Soz)* Geber *m*
~ **agency** *(Soz)* Gebereinrichtung *f*
~ **bank** *(Bank)* Geberbank *f*
~ **country** *(Pol, WiWi)* Geberland *n*
doorstep selling *(V&M)* Haustürverkauf *m*, Haustürgeschäft *n*
door-to-door sales *(V&M)* Haustürverkauf *m*
~**-to-door selling** *(V&M)* Direktverkauf *m* durch Vertreter, ambulanter Verkauf *m*
dormant account 1. *(Bank)* stillgelegtes Bankkonto *n*, umsatzloses Konto *n*; 2. *(V&M)* umsatzloses Konto *n*
dossier *(Verw)* urkundliche Unterlagen *fpl*, Dossier *n*
dot *(Gesch)* Punkt *m*
~ **com companies** *(EDV, WiWi)* Dotcom-Gesellschaften *fpl (New Economy)*
double *v (Stat)* verdoppeln; sich verdoppeln
double counting *(RW, Fin)* Doppelzählung *f*

~-declining balance *(Fin)* degressive Abschreibung *f*
~ digit *adj (WiWi)* zweistellig *(e.g. inflation)*
~-entry accounting *(RW)* doppelte Buchführung *f*
~-entry bookkeeping *(RW)* doppelte Buchführung *f*
~-entry method *(RW)* Methode *f* der doppelten Buchführung
~ figure inflation *(WiWi, Fin)* zweistellige Inflationsrate *f*
~ gearing *(Bank)* doppelte Kapitalausnutzung *f*
~ income household *(WiWi)* Doppelverdienerhaushalt *m*
~ income no kids *(ugs.) (Pol, WiWi)* kinderlose Doppelverdiener *mpl*
~ jobholders *(Pers)* Personen *fpl* mit Nebentätigkeit, Personen *f* mit einer zweiten Tätigkeit
~ page *(Med)* Doppelseite *f*
~ residency *(Recht, St)* Doppelwohnsitz *m*
~ tax agreement *(St)* Doppelbesteuerungsabkommen *n*, DBA
doubtful debt *(RW)* zweifelhafte Forderung *f*
~-debt provision *(RW)* Rückstellung *f* für zweifelhafte Forderungen
down *(Gesch)* stillstehend • **be ~** *(WiWi)* darnieder liegen, gefallen sein *(prices)* • **~ tools** *(Pers)* die Arbeit niederlegen *(strike, break from work)*
~ market 1. *(Gesch)* Abwärtstrend *m*; 2. *(V&M)* rückläufiger Markt *m*; unteres Marktsegment *n*; 3. *(Bö)* rückläufiger Aktienmarkt *m*
~-market product *(V&M)* Produkt *n* des unteren Marktsegments
~ payment *(RW, Verw, V&M)* Anzahlung *f*
~-the-line personnel *(Pers)* Untergebene *pl*
~-the-line staff *(Pers)* Untergebene *pl*
downgrade *v (Pers)* herunterstufen *(job)*
download *v (EDV)* herunterladen, runterladen, downloaden
download *(EDV, Komm)* Download *m*, Herunterladen *n*
downscale *v (Mgt)* auf eine niedrigere Ebene verlagern
downhill risk *(Bö)* Risiko *n* des Kursrückgangs
~ trend *(Fin)* Abwärtstrend *m*
downsize *v (Pers, Mgt)* abbauen, verkleinern, verringern
~ the workforce *(Pers)* den Personalbestand verringern
downstream *adv (Gesch)* nachgelagert
downstream *(Komm, EDV)* Datenempfang *m (direction of data flow)*
~ markets *(Gesch)* nachgelagerte Märkte *mpl*
downswing *(WiWi)* Abschwung *m*, Talfahrt *f*, Schrumpfung *f*
downtime 1. *(Gesch)* Stillstandszeit *f*; 2. *(Pers)* Brachzeit *f*; 3. *(Ind)* Brachzeit *f*, Ausfallzeit *f*
downtrend *(WiWi)* Abwärtstrend *m*, Konjunkturrückgang *m*
downturn *(WiWi, Gesch)* Abschwung *m*
~ phase *(Fin)* Baisse *f*
downward *adj (Gesch)* rückläufig *(trend)*
downward *adv (AE) (Gesch)* abwärts
~ communication *(Mgt)* Informationsfluss *m* von oben nach unten
~ movement *(Gesch)* Abwärtsbewegung *f*
~ pressure *(WiWi)* Abwertungsdruck *m (exchange rate)*; Druck *m (on currency, interest rates)*
~ realignment *(WiWi)* Abwertung *f*
~ slide *(Bank, Bö)* Talfahrt *f*
~ valuation adjustment *(Recht, St)* Bewertungsabschlag *m*
draft *v* 1. *(Gesch, Pers)* abfassen; 2. *(Recht)* entwerfen abfassen
draft 1. *(Bank)* Bankscheck *m*, gezogener Wechsel *m*, Tratte *f*, Wechsel *m*; 2. *(Gesch)* Ausarbeitung *f*; 3. *(Recht)* Entwurf *m* • **in ~ form** *(Recht)* als Entwurf
~ agreement *(Recht)* Vereinbarungsentwurf *m*, Vertragsentwurf *m*
~ budget *(RW)* Entwurf *m* des Haushaltsplans, Haushaltsentwurf *m*
~ contract *(Recht)* Vertragsentwurf *m*
~ letter *(Komm)* Briefentwurf *m*
~ resolution *(Recht)* Entschließungsentwurf *m*
drafter *(Bank)* Trassant *m*
drag *v* 1. *(EDV)* ziehen *(mouse, window)*; 2. *(Trans)* schleppen
~ and drop *(EDV)* ziehen und loslassen, ziehen und ablegen, ziehen und fallen lassen, ziehen und einfügen *(mouse control)*

drain *(WiWi)* Abfluss *m*, Abschöpfung *f*, Entzug *m*
drastic measures *(WiWi)* drastische Maßnahmen *fpl*
draw *v* 1. *(Bank)* abheben, entnehmen *(money)*; 2. *(Bö)* zeichnen, ziehen; 3. *(Recht)* aufsetzen *(legal document)*
~ **a check** *(AE) (Bank)* einen Scheck ausstellen
~ **a cheque** *(BE) (Bank)* einen Scheck ausstellen
~ **a sample** *(Stat)* eine Stichprobe ziehen
~ **benefit(s)** *(Soz)* Leistungen beziehen
~ **on one's savings** *(Fin)* auf seine Ersparnisse zurückgreifen
~ **retirement benefits** *(Pers)* eine Pension beziehen, Altersruhegeld beziehen
~ **unemployment benefit** *(Soz)* Arbeitslosenunterstützung beziehen
~ **up** 1. *(RW)* aufstellen; 2. *(Gesch)* aufstellen; ausarbeiten, anfertigen, ausstellen *(plan, will)*; erstellen *(report)*; 3. *(Recht)* aufsetzen, ausfertigen, verfassen
~ **up a shortlist** *(Pers)* eine Auswahlliste aufstellen
~ **up a statement of account** *(Bank)* einen Kontoauszug machen
~ **up an agenda** *(Verw, Mgt)* eine Tagesordnung aufstellen
draw *(Bank)* Kreditinanspruchnahme *f*
drawback 1. *(Gesch)* Nachteil *m*; 2. *(AH)* Zollrückschein *m*, Zollrückvergütung *f*
drawee *(Bank)* Akzeptant *m*, Bezogene(r) *f(m)*, Trassat *m*
drawer *(Bank)* Aussteller(in) *m(f)*, Trassant *m*
drawing account *(Bank)* Girokonto *n*
~ **board** *(Mgt)* Reißbrett *n*
~ **board/on the** *(Mgt)* im Entwurfsstadium
~ **up** 1. *(RW)* Aufstellung *f*; 2. *(Pat)* Abfassung *f*, Konzipierung *f*
~**-up of a balance sheet** *(RW)* Aufstellung *f* einer Bilanz
drawn bill *(WiWi)* gezogener Wechsel *m*
~ **bond** *(Bö)* ausgeloste Anleihe *f* [Obligation *f*]
drayage *(AE) (Trans)* Rollgeld *n*
dress *v* **up** *(RW) (ugs.)* frisieren *(balance sheet)*
drinking water *(Umw)* Trinkwasser *n*
drive *v (Gesch)* antreiben, vorantreiben • **driven by** *(Gesch)* angetrieben von
~ **a hard bargain** *(Gesch)* hart verhandeln
drive *(Gesch)* Antrieb *m*
driving force *(Gesch)* Antriebskraft *f*
drop *v* 1. *(WiWi)* abfallen, stürzen *(rate)*; 2. *(Bö)* abfallen, stürzen
~ **out**(*Gesch)* aussteigen
drop *(Gesch)* Rückgang *m (in spending)*; Abfall *m (rate)*
~ **in earnings** *(Fin)* Ertragsrückgang *m*
~ **in orders** *(WiWi)* Auftragsrückgang *m*
~ **in employment** *(Pers)* Beschäftigungseinbruch *m*, Einbruch *m* der Beschäftigung
drug *(Gesch)* Arzneimittel *n*, Droge *f*
~ **economy** *(WiWi)* Drogenwirtschaft *f*
~ **trade** *(Gesch)* Arzneimittelhandel *m*
~ **trafficking** *(Gesch)* Drogenhandel *m*, Rauschgifthandel *m*
dry run *(Gesch)* Probelauf *m*
dual banking *(AE) (Bank)* duales Bankensystem *n*
~ **capacity** *(Gesch, Bö)* Doppelfunktion *f*
~ **contract** *(Recht)* zweiseitiger Vertrag *m*
~ **economy** *(WiWi)* duale Volkswirtschaft *f*
~ **job holder** *(Pers)* Doppelverdiener(in) *m(f) (one person)*
~ **labo(u)r market** *(WiWi)* zweiter Arbeitsmarkt *m*
dubious *adj (Gesch)* fragwürdig, unreell, unseriös
dud check *(AE) (Bank)* ungedeckter Scheck *m*, *(ugs.)* fauler Scheck *m*
~ **cheque** *(BE) (Bank)* ungedeckter Scheck *m*, *(ugs.)* fauler Scheck *m*
due *adj* 1. *(Bank)* verfallen; 2. *(Fin, Gesch)* fällig, unbeglichen, zahlbar *(bill, debt)* • **at** ~ **date** *(Gesch)* zum Fälligkeitstermin • **become** ~ *(Bank)* fällig werden, verfallen • ~ **basis** *(RW)* auf Basis der Verpflichtungen • **when** ~ *(Fin, Bö)* bei Fälligkeit
~ **and payable** *(Gesch)* fällig, zahlbar
~ **bill** 1. *(Bank, Gesch) (AE)* Schuldanerkenntnis *f*; 2. *(Fin)* fälliger Wechsel *m*
~ **capital** *(Fin)* fälliges Kapital *n*
~ **date** 1. *(RW)* Fälligkeitstag *m*; 2. *(Verw)* Fälligkeitstermin *m*; 3. *(Bank)* Verfallsdatum *n*; 4. *(Fin)* Fälligkeit *f*; 5. *(Gesch)* Abgabefrist *f*, Fälligkeitsdatum *n*; 6. *(Recht)* Fälligkeitszeitpunkt *m*
~ **diligence** 1. *(Bö, Fin, Mgt)* Due Diligence *f*; 2. *(Gesch)* gebührende Sorgfalt *f*; 3. *(Recht)* verkehrsübliche Sorgfalt *f*

~ **diligence analysis** *(Fin)* Due-Diligence-Prüfung *f*, Sorgfältigkeitsprüfung *f*
~ **process of law** *(Recht)* rechtmäßiges Verfahren *n*, Rechtstaatlichkeit *f*
dummy *(Recht)* Strohmann *m*
~ **activity** *(Gesch)* Scheinvorgang *m*
~ **corporation** *(Recht)* Scheingesellschaft *f (trade law)*
dumping 1. *(Umw)* Ablagerung *f*, Lagerung *f (of waste)*; Verklappung *f (waste at sea)*; 2. *(Gesch)* Dumping *n (prices)*; 3. *(V&M)* Verkauf *m* zu Schleuderpreisen; 4. *(Bö)* Abstoßen *n*; 5. *(St)* Steuerdumping *n (tax haven)*
dun *v (Gesch)* mahnen
duopoly *(WiWi)* Duopol *n*
duplex copying *(EDV)* beidseitiges Kopieren *n*
~ **transmission** *(Komm, EDV)* Duplexübertragung *f*
duplicate *v (Gesch)* vervielfachen
durable *adj (Gesch)* dauerhaft, langlebig
durables *(V&M)* langlebige Gebrauchsgüter *npl*
duration 1. *(Fin)* Duration *f*; 2. *(Gesch)* Dauer *f* • **for the ~ of** *(Gesch)* für die Dauer von
~ **of contract** *(Recht)* Vertragsdauer *f*
~ **of contribution** *(Soz, Pers)* Beitragszeit *f*
~ **of employment** *(Pers)* Beschäftigungsdauer *f*, Beschäftigungszeit *f*, Dauer *f* der Beschäftigung, Dauer *f* des Beschäftigungsverhältnisses
~ **of guaranty** *(Gesch)* Garantiedauer *f*
~ **of service** *(Pers)* Beschäftigungsdauer *f*, Dauer *f* der Beschäftigung
~ **of unemployment** *(Pers)* Dauer *f* der Arbeitslosigkeit, Arbeitslosigkeitsperiode *f*
~ **of unemployment benefit(s)** *(Pers)* Zeit *f* des Leistungsbezugs bei Arbeitslosigkeit
during *(Recht)* während
~ **normal business hours** *(Gesch)* während der üblichen Betriebszeiten, während der üblichen Geschäftszeiten
dutiable *adj (AH, St)* abgabenpflichtig, zollpflichtig
duties under the employment contract *(Pers)* Pflichten *fpl* im Rahmen des Arbeitsvertrags
duty 1. *(Gesch)* Dienst *m*, Zoll *m*; 2. *(Pers)* Aufgabe *f*; 3. *(Recht)* Pflicht *f*; 4. *(St)* indirekte Steuer *f*, Steuer *f*, Zoll *m* • **on ~** *(Gesch)* Dienst tuend, Dienst habend
~-free *adj (AH, St)* nicht zollpflichtig, zollfrei
~-free allowance *(AH, St)* Freigrenze *f*, Zollfreibetrag *m*
~-free goods *(AH, St)* zollfreie Waren *fpl*
~-free warehousing *(St)* Zollager *n*
~ **of care** *(Recht)* Sorgfaltspflicht *f*
~-paid warehousing *(St)* Freilager *n*
~ **station** 1. *(Gesch)* Arbeitsplatz *m*; 2. *(Pers)* Dienstort *m*
~ **to assist** *(Recht, St)* Beistandspflicht *f*
~ **to disclose information** *(Gesch)* Auskunftspflicht *f*
~ **to warn** *(Recht)* Aufklärungspflicht *f*
~ **unpaid** *(AH, St)* unverzollt
DVD *(Komm, EDV)* DVD *(digital versatile disc; digitale vielseitige Scheibe)*
DVD-R *(Komm, EDV)* DVD-R *f*, DVD-Recordable *f*, beschreibbare DVD *f*, ein Mal beschreibbare DVD *f*
DVD-RW *(Komm, EDV)* DVD-RW *f*, DVD-Rewritable *f*, wiederbeschreibbare DVD *f (digital versatile disc rewritable, digital versatile disc read/write)*
dynamic *adj (Gesch)* dynamisch
~ **analysis** *(WiWi)* dynamische Analyse *f*
~ **evaluation** *(Gesch)* dynamische Bewertung *f*
~ **hedging** *(Fin)* dynamisches Absichern *n*, dynamische Absicherung *f*
~ **positioning** *(Gesch, V&M)* dynamische Positionierung *f*
~ **programming** 1. *(Stat)* dynamische Programmierung *f*, dynamisches Programmieren *n*; 2. *(Gesch)* dynamische Planung *f*

E

e-... *(EDV, Komm, Med)* E-..., e-... *(electronic)*
e-accounting *(RW)* E-Rechnungslegung *f*
e-business *(EDV, Gesch, V&M)* E-Business *n*, elektronischer Geschäftsverkehr *m*, elektronische Geschäfte *npl*, elektronisches Geschäft *n (internal and external transactions)*

e-card *(EDV, Komm, Med)* E-Card *f (electronic card)*
e-commerce *(EDV, Komm, Recht, V&M)* E-Commerce *n*, elektronischer Handel *m*, E-Handel *m*, Handel *m* durch elektronische Medien, elektronischer Geschäftsverkehr *m*, elektronische Geschäfte *npl (external transactions)*
e-law *(EDV, Recht)* E-Recht *n*
e-learning *(EDV, Komm, Med)* E-Learning *n*, internetgestützte Aus- und Weiterbildung *f*, netzbasiertes Lernen *n*
e-mail 1. *(Verw)* elektronische Datenübermittlung *f*; 2. *(EDV)* E-Mail *f*, elektronische Post *f*
e-mail filter *(EDV, Komm, V&M)* E-Mail-Filter *m*
e-mail marketing *(EDV, Komm, Med, V&M)* E-Mail-Marketing *n*
e-marketplaces *(EDV, Komm, V&M)* E-Marktplätze *mpl*
e-money *(Bank, EDV, WiWi)* E-Geld *n*, Netzgeld *n*, elektronisches Geld *n*
e-payment *(EDV, Komm, V&M)* E-Zahlung *f*, E-Bezahlung *f*
e-procurement *(Verw, EDV, Gesch)* elektronisches Beschaffungswesen *n*
e-recruiting *(EDV, Pers)* online-gestützte Personalsuche *f*, internet-gestützte Personalsuche *f*, E-Recruiting *n*
e-rights *(EDV, Komm, Med, Recht)* elektronische Rechte *npl (copyright law)*
e-signature *(EDV, Recht)* E-Signatur *f*
e-society *(EDV, Komm)* Informationsgesellschaft *f*, E-Society *f*
e-tourism *(EDV, F&T)* E-Tourismus *m*
e-voting *(EDV, Recht)* Online-Wahl *f*, E-Wahlen *fpl*
e-zine *s.* electronic magazine
EAD *s.* exposure at default
early edition *(Med)* Frühausgabe *f*
~ **retirement** *(Pers)* Vorruhestand *m*, vorgezogener Ruhestand *m*, vorzeitiger Ruhestand *m*, vorgezogene Pensionierung *f*, vorzeitige Pensionierung *f*
~**-retirement allowance** *(Pers)* Vorruhestandsgeld *n*
~**-retirement annuity** *(Fin)* Vorruhestandsrente *f*
~**-retirement benefit** 1. *(Fin)* Vorruhestandsrente *f*, vorzeitige Rente *f*; 2. *(Pers)* Frührente *f*
~**-retirement pension** *(Pers)* vorgezogenes Altersruhegeld *n*
~**-retirement scheme** *(Pers)* Vorruhestandsregelung *f*
~ **retirer** *(Pers)* Frührentner(in) *m(f)*, *(ugs.)* Vorruheständler(in) *m(f)*
~**-withdrawal penalty** *(Fin, Bö)* Vorschusszinsen *mpl*
earmark *v* 1. *(WiWi)* vorsehen, reservieren, bereitstellen, bestimmen *(finance)*; kennzeichnen *(funds, resources)*; 2. *(Gesch)* an einen bestimmten Zweck binden
earmarked *adj (F&T)* reserviert, zweckgebunden
~ **funds** *(Fin)* zweckgebundene Mittel *npl*
earn *v* 1. *(Verw)* ertragen; 2. *(Bank)* bringen; 3. *(WiWi)* einbringen; 4. *(Fin)* bringen *(interest)*; erwerben *(reputation)*; 5. *(Gesch)* erwerben *(reputation)*; 6. *(Pers)* verdienen
~ **a living** *(WiWi)* seinen Lebensunterhalt verdienen
~ **one's keep** *(Gesch)* seinen Lebensunterhalt verdienen
earned income *(Verw)* Erwerbseinkommen *n*
~ **interest** *(RW)* Zinseinkommen *n*
~ **surplus** *(RW, Vers)* Rücklagen *fpl*
earning capacity *(Gesch)* Ertragskapazität *f*
~ **performance** *(Gesch)* Ertragsleistung *f*
~ **potential** *(WiWi)* Ertragsmöglichkeiten *fpl*
~ **power** 1. *(RW, Gesch)* Ertragskraft *f (of a company)*; 2. *(Pers)* Erwerbsfähigkeit *f*
~ **reserves** *(RW)* Gewinnrücklagen *fpl*
earnings 1. *(Verw)* Ertrag *m*, Gewinn *m*; 2. *(Fin)* Einkünfte *pl*, Gewinn *m*, Liquidität *f*; 3. *(Pers)* Arbeitseinkommen *n*, Verdienst *m*; 4. *(St)* Einkommen *n*, Einkünfte *pl*
~ **before interest and tax(es)** *(EBIT, Ebit) (RW, Fin)* Ergebnis *n* vor Zinsen und Steuern, operatives Ergebnis *n* vor Zinsen und Ertragsteuern, Ergebnis *n* vor Ertragsteuern und Zinsen, Gewinn *m* vor Zinsen und Steuern, Gewinn *m* vor Ertragsteuern und Zinsaufwand, EBIT *n*
~ **before interest, tax(es) and amortization** *(EBITA, Ebita) (RW, Fin)* Gewinn *m* vor Zinsen, Steuern und Abschreibungen
~ **capacity** *(Fin)* Ertragskraft *f*
~ **differential** *(Pers)* Einkommensgefälle *n*
~ **drift** *(Pers)* Lohndrift *f*

~ **forecast** *(Fin)* Gewinnprognose *f*
~ **management** *(RW)* Bilanzkosmetik *f*, Frisieren *n* der Bilanz *(manipulation of profits)*
~ **per share** *(RW, Fin)* Gewinn *m* je Aktie
~ **performance** *(RW, Fin, Gesch)* Gewinnentwicklung *f*
~ **position** *(Fin)* Ertragslage *f*
~ **prospects** *(Pers)* Verdienstaussichten *fpl*
~-**related** *adj* 1. *(Pers)* verdienstabhängig, verdienstbezogen; 2. *(Soz)* einkommensabhängig
~ **yield** 1. *(Fin)* Gewinnrendite *f*, 2. *(Bö)* Gewinn *m* je Stammaktie nach Steuern zu Kurs der Stammaktie x 100, Gewinnrendite *f*
ease *v (WiWi)* erleichtern *(credit controls)*; lockern
~ **off** *(WiWi)* abflauen; leicht nachgeben
easing bias *(WiWi)* Neigung *f* zur Auflockerung, Neigung *f* zur Lockerung, Tendenz *f* zur Lockerung, weniger restriktiver Kurs *m (opposite: tightening bias) (e.g. Fed monetary policy)*
~ **of conditions** *(WiWi, Pol)* Auflockerung *f* der Bedingungen
eastward enlargement *(Pol)* Osterweiterung *f (EU)*
~ **expansion** *(Pol)* Osterweiterung *f (EU)*
easy *adj (Gesch)* leicht • **with ~ access to public transport** *(Gesch)* verkehrsgünstig
~ **monetary policy** *(Bank, WiWi)* laxe Geldpolitik *f*
~ **money** *(WiWi)* leichtes Geld *n*, leicht verdientes Geld *n*
~ **money policy** *(WiWi)* Niedrigzinspolitik *f*, Politik *f* des leichten Geldes
~ **option** *(Mgt)* leichte Wahl *f*
~ **terms of payments** *(Bank)* günstige Zahlungsbedingungen *fpl*
~ **to use** *(EDV)* anwenderfreundlich, benutzerfreundlich
eavesdropping *(Gesch, Komm, Recht)* Abhören *n (wiretapping)*
EBIT, Ebit *s.* earnings before interest and tax(es)
EBITA, Ebita *s.* earnings before interest, tax(es) and amortization
EC *s.* 1. European Community; 2. European Commission
ECB *s.* European Central Bank
ECB General Council *(Bank, WiWi)* Erweiterter Rat *m* der EZB *(third decision-making body of the ECB)*
ECE *s.* Economic Commission for Europe
Ecofin Council *(Council of Economics and Finance Ministers)* Ecofin-Rat *m (EU; Rat der Wirtschafts- und Finanzminister)*
ecolabel(l)ing 1. *(Umw)* Ökoetikettierung *f*, Ökokennzeichnung *f*; 2. *(Ind)* Umweltgütezeichen *n*
ecological *adj (Umw, Gesch)* ökologisch
~ **consequences** *(Umw)* ökologische Folgen *fpl*
~ **hazards** *(Umw)* ökologische Gefahren *fpl*
~ **indicator** *(Umw)* ökologischer Indikator *m*
ecology *(Umw, Gesch)* Ökologie *f*
~ **tax** *(Umw)* Ökosteuer *f*
econometric *adj (WiWi)* ökonometrisch
economic *adj* 1. *(Verw, Bank, WiWi, Fin, Gesch)* ökonomisch, volkswirtschaftlich, wirtschaftlich; 2. *(Pol)* volkswirtschaftlich
~ **agent** *(WiWi)* Geschäftsführer(in) *m(f)*, Wirtschaftsteilnehmer (in) *m(f)*, wirtschaftlicher Entscheidungsträger *m*, wirtschaftliche Entscheidungsträgerin *f*
~ **aid** *(WiWi)* Entwicklungshilfe *f*
~ **area** *(WiWi)* Wirtschaftsgebiet *n*
~ **batch quantity** *(WiWi, Ind, Mgt)* optimale Losgröße *f*, wirtschaftliche Losgröße *f*
~ **batch size** *(WiWi, Ind, Mgt)* optimale Losgröße *f*, wirtschaftliche Losgröße *f*
~ **boom** *(WiWi)* Konjunkturaufschwung *m*
~ **cheerleading** *(WiWi, Gesch)* ökonomische Aufmunterung *f*, ökonomisches Cheerleading *n*, ökonomische Stimmungsmache *f*, ökonomischer Zweckoptimismus *m (political brainwashing)*
~ **climate** *(WiWi, Gesch)* Konjunkturklima *n*, wirtschaftliches Klima *n*, Wirtschaftsklima *n*
~ **conditions** 1. *(WiWi)* Konjunkturlage *f*, Wirtschaftslage *f*; 2. *(Fin)* Wirtschaftslage *f*
~ **crime** *(WiWi)* Wirtschaftskriminalität *f*, Wirtschaftsverbrechen *n*
~ **cycle** *(WiWi)* Konjunkturzyklus *m*
~ **development** *(WiWi)* Konjunkturentwicklung *f*, wirtschaftliche Entwicklung *f*
~ **dimensions** *(WiWi, Pol)* wirtschaftliche Größenordnung *f*

~ **efficiency** *(WiWi, Gesch)* ökonomische Effizienz *f*, Wirtschaftlichkeit *f*
~ **entity** *(WiWi)* Wirtschaftseinheit *f*, Wirtschaftsgebilde *n*, wirtschaftliche Entscheidungseinheit *f (unit)*; Wirtschaftsteilnehmer(in) *m(f) (agent)*
~ **expansion** *(WiWi, Gesch)* Wirtschaftsaufschwung *m*, wirtschaftliche Ausdehnung *f*
~ **forecasting** *(WiWi)* Konjunkturprognose *f*, Wirtschaftsprognose *f*
~ **good** *(WiWi)* Wirtschaftsgut *n*, wirtschaftliches Gut *n*
~ **growth** *(WiWi)* Wirtschaftswachstum *n*
~ **incentive** *(WiWi)* wirtschaftlicher Anreiz *m*
~ **indicator** *(WiWi)* Konjunkturbarometer *n*; Konjunkturindikator *m*
~ **law** *(Recht)* Wirtschaftsrecht *n*
~ **laws** *(WiWi)* Wirtschaftsgesetzgebung *f*
~ **life** *(Fin, Gesch, V&M)* wirtschaftliche Lebensdauer *f*, wirtschaftliche Nutzungsdauer *f*
~ **manufacturing quantity** *(Gesch)* optimale Fertigungsmenge *f*, wirtschaftliche Losgröße *f*
~ **obsolescence** *(WiWi)* wirtschaftliches Veralten *n*
~ **order quantity** *(WiWi, Ind)* optimale Bestellmenge *f*, wirtschaftliche Losgröße *f*
~ **outlook** *(WiWi)* Konjunkturaussichten *fpl*
~ **output** *(WiWi)* Wirtschaftsleistung *f*, Output *m*
~ **policy** *(WiWi, Pol)* Wirtschaftspolitik *f*
~ **price** *(V&M)* wirtschaftlicher Preis *m*
~ **progress** *(WiWi)* wirtschaftlicher Fortschritt *m*
~ **prospects** *(WiWi)* Konjunkturaussichten *fpl*, Wirtschaftsaussichten *fpl*
~ **refugee** *(Gesch, Pers, Pol)* Wirtschaftsflüchtling *m*
~ **report** *(WiWi)* Konjunkturbericht *m*, Wirtschaftsbericht *m*
~ **research** *(WiWi, V&M)* Wirtschaftsforschung *f*
~ **resources** *(WiWi)* ökonomische Ressourcen *fpl*
~ **sector** *(WiWi)* Branche *m*, Wirtschaftszweig *m*
~ **slowdown** *(WiWi)* Konjunkturabschwächung *f*, konjunkturelle Abkühlung *f*
~ **summit** *(WiWi, Pol)* Wirtschaftsgipfel *m*
~ **theory** *(WiWi)* volkswirtschaftliche Theorie *f*
~ **trend** 1. *(WiWi)* Konjunkturentwicklung *f*, Konjunkturtrend *m*, Konjunkturverlauf *m*; 2. *(Gesch)* Geschäftstrend *m*
~ **upswing** *(WiWi)* Konjunkturaufschwung *m*
~ **viability** *(WiWi)* Rentabilität *f*, Eigenwirtschaftlichkeit *f*

Economic and Monetary Union *(WiWi)* Wirtschafts- und Währungsunion *f*

economical *adj* 1. *(Verw, Bank, WiWi, Fin)* ökonomisch; 2. *(Gesch)* sparsam, ökonomisch
~ **use of resources** *(Umw)* rationelle Nutzung *f* von Ressourcen, wirtschaftlicher Ressourceneinsatz *m*

economically *adv* 1. *(Verw, Bank, WiWi)* wirtschaftlich; 2. *(Fin, Gesch)* sparsam, ökonomisch, volkswirtschaftlich *(sparingly)*
~ **active** *adj (Pers)* erwerbstätig

economics *(WiWi)* Ökonomie *f*, Volkswirtschaftslehre *f*, Wirtschaftswissenschaft *f*, Nationalökonomie *f*

economies *(Verw)* Einsparungen *fpl*
~ **of scale** *(WiWi)* Größenkostenersparnisse *fpl*, Größenvorteile *mpl*, Skaleneffekte *mpl*, Skalenerträge *mpl*
~ **of scope** *(WiWi)* Verbundvorteile *mpl*, Diversifikationsvorteile *mpl*

economist *(WiWi)* Nationalökonom(in) *m(f)*, Ökonom(in) *m(f)*, Volkswirt(in) *m(f)*, Volkswirtschaftler(in) *m(f)*, Wirtschaftsexperte *m*, Wirtschaftsexpertin *f*, Wirtschaftswissenschaftler(in) *m(f)*

economy 1. *(Verw, WiWi)* Volkswirtschaft *f (of an area or a country)*; Wirtschaftlichkeit *f*, Wirtschaft *f*, Sparsamkeit *f (thrift of country)*; 2. *(Gesch)* Konjunktur *f*

ecosystem *(Umw)* Ökosystem *n*

edge *(Gesch)* Vorsprung *m*, Vorteil *m*
• **have the ~ over sb** *(Gesch)* jmdm. überlegen sein

edit *v* 1. *(EDV)* aufbereiten; bearbeiten, editieren *(data, document)*; 2. *(Med)* redigieren

edition *(EDV, Gesch, Med)* Ausgabe *f*, Ausg.

editor 1. *(EDV)* Editor *m (software)*; 2. *(Med)* Herausgeber(in) *m(f)*, Redakteur(in) *m(f)*

editorial *(Gesch, Med)* Leitartikel *m*
educational achievement *(Pers)* Bildungsabschluss *m*, Bildungsstand *m*, Bildungsniveau *n*
~ **attainment** *(Pers)* Bildungsabschluss *m*, Bildungsstand *m*, Bildungsniveau *n*
~ **background** *(Soz)* Ausbildung *f*, Bildungsweg *m*, Vorbildung *f*
~ **leave** *(Pers)* Bildungsurlaub *m*
~ **level** *(Pers, Pers)* Bildungsniveau *n*, Bildungsebene *f*, Bildungsabschluss *m*, Bildungsstand *m*
~ **opportunity** *(Pers)* Bildungschance *f*
~ **research** *(Pers)* Bildungsforschung *f*
~ **system** *(Pers)* Bildungssystem *n*, Ausbildungssystem *n*
~ **upgrading** *(Pers)* Verbesserung *f* des Ausbildungsstandes
edutainment *(EDV, Komm, Med)* Edutainment *n (education + entertainment)*
EEC *s.* European Economic Community
effect *v (Gesch)* erzielen *(agreement)*; tätigen *(sale, purchase)*; durchführen *(settlement)*
~ **a compromise** *(Gesch)* einen Vergleich schließen
effect *(Gesch)* Auswirkung *f*, Wirksamkeit *f*, Wirkung *f* • **come into ~** *(Recht)* rechtswirksam werden • **with ~ from** *(Gesch)* mit Wirkung vom
~ **of taxation** *(St)* Steuerwirkung *f*
effective *adj* 1. *(EDV)* tatsächlich; 2. *(WiWi)* effektiv; 3. *(Gesch)* wirksam, effektiv • **become ~** *(Recht)* (rechts)wirksam werden
~ **cost** *(Verw)* Ist-Kosten *pl*
~ **exchange rate** *(WiWi)* effektiver Wechselkurs *m*, effektiver nominaler Wechselkurs *m*, effektiver realer Wechselkurs *m*
~ **interest rate** *(Bank)* Effektivzins *m*, effektiver Zins *m*
~ **rate** *(Bank)* Effektivverzinsung *f*, Effektivzins *m*
~ **rate of interest** *(WiWi)* effektiver Zinssatz *m*
~ **yield** *(Bank)* Effektivverzinsung *f*, Effektivzins *m*
effectiveness *(Gesch)* Wirksamkeit *f*
efficiency 1. *(WiWi)* Leistungsfähigkeit *f (capacity)*; Leistungskraft *f*, Wirtschaftlichkeit *f (effectiveness)*; 2. *(Gesch)* Leistungsfähigkeit *f (of machine, factory)*; Fähigkeit *f*, Effizienz *f*, Wirksamkeit *f (of method)*; Tüchtigkeit *f (of person)*
~ **of labo(u)r** *(WiWi)* Arbeitsproduktivität *f*
~ **ratio** *(WiWi)* Arbeitsproduktivität *f*
efficient *adj* 1. *(Verw, Bank, WiWi, Fin)* effizient, wirtschaftlich *(effective)*; 2. *(Gesch)* fähig, effizient *(person)*; leistungsfähig *(machine, factory)*; rationell *(method, system)*; wirtschaftlich *(wirksam)*
~ **allocation** *(WiWi)* effiziente Allokation *f*
effluent fee *(WiWi)* Emissionsabgabe *f*
EFRAG *s.* European Financial Reporting Advisory Group
EFTA *s.* European Free Trade Association
elastic demand *(WiWi)* elastische Nachfrage *f*
~ **supply** *(WiWi)* elastisches Angebot *n*
elasticity of anticipation *(WiWi)* Erwartungselastizität *f*
~ **of demand** *(WiWi)* Elastizität *f* der Nachfrage, Nachfrageelastizität *f*
~ **of labo(u)r demand** *(Pers)* Elastizität *f* der Arbeitskräftenachfrage
~ **of labo(u)r supply** *(Pers)* Elastizität *f* des Arbeitskräfteangebots
~ **of substitution** *(WiWi)* Substitutionselastizität *f*
~ **of supply** *(WiWi)* Angebotselastizität *f*
election campaign *(Gesch, Pol)* Wahlcampagne *f*
~ **for chairman** *(Gesch)* Wahl *f* des Vorsitzenden
electricity *(Gesch, Ind)* Elektrizität *f*
~ **consumption** *(Ind)* Stromverbrauch *m*
~ **supply** *(Ind)* Elektrizitätsversorgung *f*, Stromlieferung *f*
electronic *adj (Gesch)* elektronisch
~ **banking** *(Bank)* elektronische Abwicklung *f* von Bankgeschäften
~ **banking service** *(Bank)* elektronische Bankleistung *f*
electronic business *(EDV, Komm, Med, V&M)* E-Business *n*, elektronische Geschäfte *npl*, Geschäft *n* durch elektronische Medien, elektronische Geschäftsabwicklung *f*, elektronisches Geschäft *n (interne und externe Geschäftsprozesse über elektronische Medien; anders: e-commerce)*
~ **commerce** *(EDV, Komm, V&M)* E-Commerce *n*, elektronischer Handel *m*, E-Handel *m*, Handel *m* durch elektronische

Medien, elektronischer Geschäftsverkehr *m*, elektronische Geschäfte *npl (external transactions)*

~ **data interchange** *(Komm, EDV)* elektronischer Datenaustausch *m*

~ **data processing** *(EDV)* elektronische Datenverarbeitung *f*, EDV

~ **form** *(EDV, Gesch, Komm, Recht)* elektronische Form *f (e.g. digital signature as writing)*

~ **funds transfer** 1. *(Verw, Bank)* elektronischer Zahlungsverkehr *m*; 2. *(Fin)* belegloser Überweisungsverkehr *m*

~ **home banking** *(Bank)* Homebanking *n*

~ **law** *(e-law) (EDV, Recht)* E-Recht *n*

~ **magazine** *(EDV, Komm, Med)* elektronische Zeitschrift *f*, elektronisches Magazin *n*, E-Zine *n*

~ **mail** 1. *(Verw)* elektronische Datenübermittlung *f*, elektronische Post *f*, E-Mail *f*; 2. *(EDV)* elektronische Post *f*, E-Mail *f (networks, op sys)*

~ **manufacturing services** *(EDV, Komm)* elektronische Fertigungsservices *mpl*, EMS

~ **media** *(V&M)* elektronische Medien *npl*

~ **paper** *(EDV, Komm, Med)* elektronisches Papier *n*, E-Papier *n*

~ **payment** *(Verw, Bank, EDV, V&M)* elektronische Zahlungsabwicklung *f*, elektronische Zahlung *f*

~ **payment terminal** *(Fin)* elektronisches Zahlungsterminal *n*, elektronisches Zahlungsverkehrsterminal *n*

~ **purse** *(Bank, EDV, Komm)* elektronische Geldbörse *f*

~ **signature** *(EDV, Komm, Recht)* elektronische Signatur *f*, elektronische Unterschrift *f*

~ **wallet** *(Bank, EDV, Komm)* elektronische Geldbörse *f (e.g. a smart card)*

electronically accessible *(EDV, Komm)* elektronisch abrufbar

eligibility criteria *(Pers, Soz)* Anspruchsvoraussetzungen *fpl*

~ **for benefits** *(Pers, Soz)* Anspruchsberechtigung *f* (auf Leistungen), Anspruch *m* auf Leistung, Leistungsberechtigung *f*

eligible *adj* 1. *(Bank, Pers)* förderfähig; 2. *(Gesch)* anrechnungsfähig • **be ~ for benefit** *(Soz)* leistungsberechtigt sein, Leistungsvoraussetzungen erfüllen, anspruchsberechtigt sein • **be ~ for sth** *(WiWi, Pers, Pol)* zu etw. berechtigt sein, für etw. geeignet sein, für etw. qualifiziert sein; für etw. anspruchsberechtigt sein *(for subsidies or grants)*

~ **as collateral** *(Fin)* beleihbar, lombardfähig

~ **assets** *(Bank, Fin)* refinanzierungsfähige Sicherheiten *fpl*, zentralbankfähige Aktiva *pl (ECB)*

~ **for discount** *(RW, Bank, Fin)* diskontfähig, rediskontfähig

~ **papers** *(Bank)* zentralbankfähige Wechsel *mpl*

~ **person** *(Pers)* Anwartschaftsberechtigte(r) *f(m)*

eliminate *v (Gesch)* entfernen, ausschalten, beseitigen *(error)*; ausschließen *(possibility)*

elimination of jobs *(Pers)* Arbeitsplatzvernichtung *f*, Vernichtung *f* von Arbeitsplätzen

embargo 1. *(AH)* Einfuhrsperre *f*, Einfuhrstopp *m (imports)*; 2. *(Med, Trans)* Embargo *n*; 3. *(Pol)* Sperre *f*

~ **on exports** *(AH)* Ausfuhrsperre *f*

embark on *(Gesch)* einschlagen

embezzle *v* 1. *(Gesch)* unterschlagen *(funds)*; 2. *(Recht)* veruntreuen; unterschlagen

embezzlement 1. *(Gesch)* Unterschlagung *f*, 2. *(Recht)* Unterschlagung *f*, Veruntreuung *f (of funds)*

embodied technical progress *(WiWi, Ind)* investitionsgebundener technischer Fortschritt *m*

emergency meeting *(Gesch, Pol)* Dringlichkeitssitzung *f*

emerging markets *(WiWi, Pol)* Schwellenländer *npl*

EMF *s.* European Monetary Fund

emissions reduction banking *(WiWi, Umw)* Umweltbankensystem *n*, Emissionsminderungsguthaben *n*

~ **trading** *(Umw)* Handel *m* mit Umweltverschmutzungszertifikaten

emolument 1. *(Gesch)* Bezüge *mpl*, Einkünfte; 2. *(St)* Gewinn *m*, Nutzen *m*, Vergütung *f*

emoticon *(EDV, Komm)* Emoticon *n (an icon designating emotions)*

empirical *adj (WiWi, Stat)* empirisch

employ *v* 1. *(Gesch)* anstellen, einstellen *(person)*; anwenden, verwenden *(method)*; 2. *(Pers)* beschäftigen
employability 1. *(Pers)* Beschäftigungsfähigkeit *f*; 2. *(Soz)* Vermittelbarkeit *f*
employable *adj* 1. *(Pers)* vermittelbar, arbeitsfähig; 2. *(Soz)* erwerbsfähig, arbeitsfähig
employee 1. *(Gesch, Pers)* Angestellte(r) *f(m)*, Arbeitnehmer(in) *m(f)*, Beschäftigte(r) *f(m)*, Mitarbeiter(in) *m(f)*; 2. *(Mgt)* Beschäftigte(r) *f(m)*
~ **benefits** *(Pers, Soz)* Sozialleistungen *fpl*
~ **contribution** *(Pers, St)* Arbeitnehmeranteil *m*, Arbeitnehmerbeitrag *m*
~ **development program(me)** *(Pers)* Fortbildungsprogramm *n*
~**-elected representation** *(Pers)* Arbeitnehmervertretung *f*
~ **participation scheme** *(Pers)* Arbeitnehmerbeteiligung *f*, Mitarbeiterbeteiligung *f*
~ **profile** *(Pers)* Mitarbeiterprofil *n*
~ **profit-sharing** *(Pers)* Gewinnbeteiligung *f* der Arbeitnehmer
~ **rate** *(BE) (St)* Arbeitnehmeranteil *m*, Arbeitnehmerbeitrag *m*
~ **selection** *(Pers)* Personalauswahl *f*
~ **shareholding scheme** *(Pers)* Belegschaftsaktienplan *m*, Belegschaftsaktien-Beteiligungsplan *m*
~ **turnover** *(WiWi, Gesch, Pers)* Arbeitskräftefluktuation *f*
~ **with experience** *(Recht)* erfahrener Mitarbeiter *m*, erfahrene Mitarbeiterin *f*
employees 1. *(Gesch)* Belegschaft *f*, 2. *(Pers, Mgt)* Beschäftigte *pl*
~**' committee** *(Pers)* Betriebsrat *m*
~**' rights** *(Pers)* Arbeitnehmerrechte *npl*
employer *(Fin, Gesch, Pers, St)* Arbeitgeber(in) *m(f)*, *(ugs.)* Brötchengeber *m*
~ **rate** *(BE) (St)* Arbeitgeberanteil *m*, Arbeitgeberbeitrag *m*
~**'s contribution** *(Fin, Pers, St)* Arbeitgeberanteil *m*, Arbeitgeberbeitrag *m*
~**'s liabilities** *(St)* Arbeitgeberhaftpflicht *f*, Unternehmerhaftpflicht *f*
~**'s pension commitment** *(Pers, Vers)* Direktzusage *f*
~**'s pension scheme** *(Soz, Pers)* Betriebsrente *f*, Firmenrente *f*
employers *(Pers)* Arbeitgeberschaft *f*, Arbeitgeber *mpl*, Unternehmer *mpl*
~**' association** *(Gesch, Pers)* Arbeitgeberverband *m*
employment *(Pers)* Arbeitsverhältnis *n*, Beschäftigung *f*, Dienstverhältnis *n*
~ **agency** *(Verw, Gesch, Pers)* Arbeitsvermittlung *f*, Personalvermittlungsbüro *n*, private Stellenvermittlung *f*
~ **and training measures** *(Soz)* arbeitsmarktpolitische Maßnahmen *fpl*, arbeitsmarktpolitische Instrumente *npl*
~ **and training schemes** (Soz) arbeitsmarktpolitische Maßnahmen fpl, arbeitsmarktpolitische Instrumente *npl*
~ **bottleneck** *(WiWi, Pers)* Beschäftigungsengpass *m*
~ **compensation** *(Pers, Ind, Recht)* Arbeitslohn *m*
~ **contract** *(Gesch, Pers)* Arbeitsvertrag *m*
~**-creation measure** *(Soz)* Arbeitsbeschaffungsmaßnahme *f*
~**-creation scheme** *(Soz)* Arbeitsbeschaffungsmaßnahme *f*
~ **effect** *(Pers)* Beschäftigungswirkung *f*, Auswirkung *f* auf die Beschäftigung
~ **expenses** *(Pers)* Personalkosten *pl*
~ **figures** 1. *(WiWi)* Beschäftigungszahlen *fpl*; 2. *(Gesch)* Beschäftigtenzahlen *fpl*
~ **growth** *(Pers)* Beschäftigungswachstum *n*, Beschäftigungszunahme *f*
~ **incentives** *(Pers, Soz)* Beschäftigungsanreize *mpl*, Maßnahmen *fpl* zur Stärkung der Beschäftigung über (finanzielle) Anreize
~ **income** *(St)* Arbeitslohn *m*
~ **intensity** *(Pers)* Beschäftigungsintensität *f*
~ **legislation** *(Pers, Soz)* Arbeitsgesetzgebung *f*
~ **liable for contributions** *(Soz)* beitragspflichtige Beschäftigung *f*
~ **office** *(Verw, Pers, Soz)* Arbeitsamt *n*
~ **opportunities** *(Pers)* Arbeitsmöglichkeiten *fpl*, Beschäftigungsmöglichkeiten *fpl*, Beschäftigungschancen *fpl*
~ **oriented wage policy** *(Pers)* beschäftigungsorientierte Lohnpolitik *f*
~ **protection** *(Pers)* Beschäftigungsschutz *m*, Arbeitsplatzschutz *m*, Beschäftigungsgarantie *f*
~ **security** *(Pers)* Arbeitsplatzsicherheit *f*
~ **service** *(AE) (Verw, Pers)* Arbeitsamt *n*, Arbeitsvermittlung *f*

~ **statistics** *(Stat, Pers)* Beschäftigtenstatistik *f*
~ **status** *(Pers)* Stellung *f* im Erwerbsleben
~ **subject to contributions** *(Soz)* beitragspflichtige Beschäftigung *f*
~ **ratio** *(WiWi, Soz)* Erwerbstätigenquote *f*
empower *v* 1. *(Gesch)* bevollmächtigen; 2. *(Recht)* beauftragen
~ **sb to do sth** *(Gesch)* jmdn. ermächtigen, etw. zu tun
empowerment 1. *(Recht)* Bevollmächtigung *f*, Ermächtigung *f*, 2. *(Soz)* Hilfe zur Selbsthilfe, Förderung *f* des Selbstbewusstseins, Befähigung *f* zum selbstständigen Handeln
EMS s. 1. European Monetary System; 2. electronic manufacturing services
EMU *s.* 1. Economic and Monetary Union; 2. European Monetary Union
enable *v* 1. *(EDV)* einschalten, aktivieren *(software)*; 2. *(Gesch, Pers)* befähigen
enabling clause *(Recht)* Ermächtigungsklausel *f*
enact *v (Recht)* erlassen *(legislation)*
encashment 1. *(RW)* Inkasso *n*; 2. *(Bank)* Einkassierung *f*, Inkasso *n*; 3. *(Bö)* Einlösung *f*
enclose *v* 1. *(Komm)* beifügen, beilegen; 2. *(Gesch)* beifügen, beiheften
enclosed *adj (Komm)* als Anlage, anbei *(in letter)*; beigeheftet • **please find ~** *(Komm)* anbei schicken wir Ihnen
encourage *v (Gesch)* ermutigen *(person)*; fördern, unterstützen *(trade)*
encroach *v (Recht)* beeinträchtigen, übergreifen
~ **on** *(Recht)* beeinträchtigen *(right)*
encryption method *(Komm)* Kryptoverfahren *n*, Verschlüsselungsverfahren *n* *(data protection)*
encumber *v (Recht)* belasten
encumbrance 1. *(Recht)* Belastung *f*, dingliche Belastung *f*, Grundstücksbelastung *f (property)*; 2. *(Gb)* Schuldenlast *f*
end consumer *(WiWi, V&M)* Endabnehmer(in) *m(f)*, Endverbraucher(in) *m(f)*
~-of-month account *(RW, Bank)* Ultimoabschluss *m*, Monatsabschluss *m*
~-of-pipe measures 1. *(WiWi, Gesch)* End-of-Pipe-Maßnahmen *fpl*; 2. *(Umw)* nachgeschaltete Umweltschutzmaßnahmen *fpl*
~-of-season sale 1. *(Gesch)* Schlussverkauf *m*; 2. *(V&M)* Saisonschlussverkauf *m*
~-of-year transactions *(RW, Bank)* Jahresultimodispositionen *fpl*
~ **of work** *(Verw, Pers)* Arbeitsschluss *m*
~-of-year 1. *(RW, Bank, Fin)* Jahresultimo *n*; 2. *(Gesch)* Jahresend..., Jahresultimo... *(in compounds)*
~ **product** *(Gesch)* Endprodukt *n*
~-use good *(AH, V&M)* Verwendungsgut *n*
~-user 1. *(EDV)* Benutzer(in) *m(f)*, Anwender(in) *m(f)*; 2. *(WiWi)* Endabnehmer(in) *m(f)*, Endverbraucher(in) *m(f)*, Endanwender(in) *m(f) (certificate)*; 3. *(Gesch)* Endempfänger(in) *m(f)*
ending inventory *(RW)* Abschlussinventar *n*, Schlussbestand *m*, Endbestand *m*
endogenous variable *(WiWi, Stat)* endogene Variable *f*
endorse *v* 1. *(Bank, Gesch)* indossieren; 2. *(Recht)* vermerken, billigen, zulassen; 3. *(V&M)* bestätigen
endorsement 1. *(Bank)* Indossament *n* *(bill, cheque)*; 2. *(Recht)* Indossament *n*, Vermerk *m*; 3. *(V&M)* Bestätigung *f*
~ **and delivery** *(Bank, Recht)* Indossament *n* und Übergabe *f*
endorser *(Bank, Recht, V&M)* Indossant *m*
endorsor *s.* endorser
endowment *(Recht)* Stiftung *f (gift)*
~ **assurance** *(Vers)* gemischte Lebensversicherung *f*, Versicherung *f* auf den Todes- und Erlebensfall
~ **insurance** *(Vers)* gemischte Lebensversicherung *f*, Versicherung *f* auf den Todes- und Erlebensfall
energy company 1. *(Gesch, Ind)* Energieunternehmen *n*; 2. *(Pol, Umw)* Energiekonzern *m*
~ **efficiency** *(Umw, Gesch)* Energieeinsparung *f*, Energienutzungsgrad *m*
~ **consumption** *(Gesch, Umw)* Energieverbrauch *m*
~ **intensity** *(WiWi, Umw)* spezifischer Energieverbrauch *m*, Primärenergieverbrauch *m* je BIP-Einheit
~ **reserves** *(Umw)* Energiereserven *fpl*, Energieressourcen *fpl*, Energievorräte *mpl*
~ **resources** *(Umw)* Energieressourcen *fpl*, Energiequellen *fpl*
~ **saving** *(Umw)* Energieeinsparung *f*

~ **supply** *(Gesch)* Energieversorgung *f*
enforce *v* 1. *(Gesch)* erzwingen, durchsetzen *(rights)*; 2. *(Recht)* vollstrecken, vollziehen, erzwingen
~ **a claim** *(Recht)* einen Anspruch durchsetzen
enforceability *(Recht)* Klagbarkeit *f*, Vollstreckbarkeit *f*
enforceable legal document *(Recht)* Schuldtitel *m*
enforcement *(Recht)* Durchsetzung *f*, Vollstreckung *f*, Vollziehung *f*, Geltendmachung *f*
~ **powers** *(Recht)* Eingriffsbefugnisse *fpl*
~ **procedure** *(Gesch)* Vollstreckungsverfahren *n*
enfranchise *v (Gesch)* konzessionieren, zulassen
engage *v* 1. *(Gesch)* beschäftigen; 2. *(Pers)* einstellen *(staff)*; 3. *(Recht)* verpflichten
~ **in political activity** *(Gesch, Pol)* sich politisch betätigen
engaged *adj* 1. *(Komm) (BE)* besetzt *(telephone line)*; 2. *(Gesch)* beschäftigt *(person)* • **be ~ in** *(Mgt)* arbeiten an, sich beschäftigen mit
~ **signal** *(BE) (Komm)* Besetztzeichen *n (telephone)*
~ **tone** *(BE) (Komm)* Besetztzeichen *n (telephone)*
engagement 1. *(Gesch)* Engagement *n*; 2. *(Recht)* Verpflichtung *f*
~ **to sell short** *(Bö)* Baisseengagement *n*
English Channel *(Trans)* der Ärmelkanal *m*, Kanal *m*
enhance *v* 1. *(EDV)* erweitern, verbessern; 2. *(WiWi)* erhöhen, steigern *(purchasing power)*; 3. *(Gesch)* verbessern
enhanced competition *(WiWi)* verschärfter Wettbewerb *m*
enlarge *v (Gesch)* vergrößern
enlargement *(Gesch)* Erweiterung *f*
~ **negotiations** *(Pol)* Beitrittsverhandlungen *fpl (EU)*
~ **of the European Union** *(Pol)* Erweiterung *f* der Europäischen Union *(EU)*
enquire *v* 1. *(EDV)* abfragen, anfragen; 2. *(Gesch)* anfragen; 3. *(Recht, Mgt)* untersuchen; 4. *(V&M)* erkundigen, umfragen, untersuchen
enquiry 1. *(EDV)* Abfrage *f*, Anfrage *f*; 2. *(Gesch)* Anfrage *f*; 3. *(V&M)* Erkundigung *f*, Umfrage *f (survey)*; Untersuchung *f (study)*; 4. *(Pers, Stat)* Erhebung *f*, Befragung *f*
~ **period** *(Pers, Stat)* Erhebungszeitraum *m*, Befragungszeitraum *m*
enrich *v* 1. *(Komm)* erweitern; 2. *(St)* erhöhen
enrichment 1. *(Gesch)* Ausweitung *f (of job)*; 2. *(Recht)* Bereicherung *f*
ensure *v (Recht)* sicherstellen
enter *v* 1. *(RW)* verbuchen; 2. *(EDV)* eingeben *(data)*; 3. *(Gesch)* etw. vermerken; 4. *(Pol)* beitreten
~ **into an agreement** *(Gesch)* eine Vereinbarung treffen
~ **into a contract with** *(Gesch)* einen Vertrag schließen mit
~ **employment** *(Pers)* ins Erwerbsleben eintreten
~ **into force** *(Recht)* in Kraft treten *(legislation)*
~ **on the books** *(RW)* buchen, verbuchen
~ **the labo(u)r force** *(Pers)* ins Erwerbsleben eintreten
~ **the labo(u)r market** *(WiWi, Pers)* auf den Arbeitsmarkt treten, in den Arbeitsmarkt eintreten
~ **the market** *(WiWi)* auf den Markt kommen
enterprise 1. *(Verw)* Unternehmen *n*, Unternehmung *f*, Wirtschaftsunternehmen *n*, Privatunternehmen *n (business firm)*; 2. *(Gesch)* Unternehmen *n*, Unternehmung *f (project)*; Unternehmungsgeist *m (entrepreneurial spirit)*, Initiative *f*
~ **zone** *(WiWi)* Industrie(förder)gebiet *n*, Wirtschaftsentwicklungsgebiet *n*, Fördergebiet *n*, Gewerbegebiet *n*
enterprising *adj (Gesch)* wagemutig, ideenreich, zupackend
entertainment 1. *(Gesch)* Bewirtung *f (of client)*; 2. *(F&T)* Unterhaltung *f*, Vergnügung *f*
~ **allowance** 1. *(Verw)* Aufwandsentschädigung *f*, 2. *(Gesch)* Bewirtungspauschale *f*
entitle *v* 1. *(Gesch)* ermächtigen; 2. *(Recht)* berechtigen
entitled to priority *adj (Recht)* bevorrechtigt
entitlement 1. *(Gesch, Pol)* Anspruchsdenken *n*; 2. *(Pers)* Anspruch *m*; 3. *(Recht,*

Soz) Berechtigung *f*, 4. *(St)* Steuerhoheit *f*, Besteuerungsrecht *n*, Besteuerungsanspruch *m*
~ **to benefits** *(Pers, Soz)* Anspruchsberechtigung *f* (auf Leistungen), Anspruch *m* auf Leistung, Leistungsberechtigung *f*
~ **to the goods** *(Recht)* Eigentumsrecht *n* an den Waren
entrance 1. *(Gesch)* Eingang *m*; Eintrittsgeld *n*, Eintritt *m*, Eintrittsgebühr *f (fee)*; 2. *(Pers, Soz)* Zugang *m* • **limit** ~ *(Pers)* Zugang beschränken • **restrict** ~ *(Gesch, Pers)* Zugang beschränken
~ **limitation** *(Gesch, Pers)* Zugangsbeschränkung *f*
~ **requirement** *(Gesch, Pers)* Zugangsvoraussetzung *f*, Zugangsbedingung *f*
~ **restriction** *(Gesch, Pers)* Zugangsbeschränkung *f*
entrants *(Pers)* Personen *fpl* in Einarbeitungsphase
entrepreneur 1. *(WiWi)* Unternehmer(in) *m(f)*, Privatunternehmer(in) *m(f)*; 2. *(Gesch)* Geschäftsfrau *f*, Geschäftsmann *m*, Unternehmer(in) *m(f)*; 3. *(Mgt)* Unternehmer(in) *m(f)*
entrepreneurial *adj (WiWi)* unternehmerisch, Unternehmer...
~ **risk** *(Gesch)* unternehmerisches Risiko *n*, Unternehmerrisiko *n*, Unternehmerwagnis *n*
entrust *v (Gesch)* anvertrauen
~ **sb with the management** *(Verw)* jmdn. mit der Geschäftsführung beauftragen
entry 1. *(RW)* Posten *m*, Verbuchung *f*; 2. *(Gesch)* Eintragung *f*, Vermerk *m*; 3. *(AH)* Einreise *f*, Zolldeklaration *f*; 4. *(Pol)* Beitreten *n*, Beitritt *m*; 5. *(Bö)* Eintritt *m*, Zutritt *m*, Markteintritt *m*, Marktzutritt *m (into market)*; 6. *(F&T)* Einreise *f*; 7. *(Pers)* Zugang *m*, Eintritt *m* • **limit** ~ *(Pers)* Zugang beschränken
~ **barrier** 1. *(WiWi)* Marktzutrittsschranke *f*, Markteiontrittsbarriere *f*, Marktzugangsbeschränkung *f*; 2. *(AH)* Zollschranke *f (customs)*
~ **into self-employment** *(Pers)* Aufnahme *f* einer selbstständigen Tätigkeit
~ **into the labo(u)r force** *(Pers)* Eintritt *m* ins Erwerbsleben
~ **into working life** *(Pers)* Eintritt *m* ins Erwerbsleben
~ **requirement** *(Gesch, Pers)* Zugangsvoraussetzung *f*, Zugangsbedingung *f*
~ **standards** *(Gesch, Pers)* Zugangsvoraussetzung *f*, Zugangsbedingung *f*
entry *v* **into force** *(Recht, Pat)* in Kraft treten, rechtswirksam werden, wirksam werden
enumerate *v (Gesch)* aufzählen
environment 1. *(EDV)* Umgebung *f*; 2. *(Umw)* Umwelt *f*; 3. *(Gesch)* Umfeld *n*, Rahmenbedingungen *fpl*
environmental analysis *(Umw, Mgt)* Umweltuntersuchung *f*, Umfeldanalyse *f*
~ **assessment** *(Umw)* strategische Frühaufklärung *f*, Umweltprüfung *f*
~ **audit** *(Umw)* Umweltschutz-Audit *n*, *(ugs.)* Umwelt-Audit *n*
~ **concerns** *(Umw)* Umweltfragen *fpl*
~ **conditions** *(Umw)* Umweltbedingungen *fpl*
~ **damage** *(Umw, Gesch, Pol)* Umweltschaden *m*
~ **expert** *(Umw)* Umweltschutzexperte *m*
~ **hazards** *(Umw)* Umweltgefahren *fpl*
~ **impact analysis** *(Gesch)* Umweltverträglichkeitsprüfung *f*
~ **impact assessment** *(Umw)* Bewertung *f* der Umweltbelastung, Umweltverträglichkeitsprüfung *f*
~ **protection** *(Umw, Pol)* Umweltschutz *m*
~ **protection measures** *(Umw)* Umweltschutzmaßnahmen *fpl*
~ **quality** *(Umw)* Umweltqualität *f*, Umweltgüte *f*
~ **report** *(Umw)* Umweltbericht *m*
environmentally aware *adj (Umw)* umweltbewusst
EPS *s.* earnings per share
equal *adj* 1. *(Gesch)* gleich und gegensätzlich; 2. *(Stat)* gleich • **all else being** ~ *(Gesch)* ceteris paribus, unter sonst gleichen Umständen • ~ **pay for work of** ~ **value** *(Pers)* gleicher Lohn für gleichwertige Arbeit • **on** ~ **terms** *(Gesch)* zu den gleichen Bedingungen
equal *(Pers)* Gleichgestellte(r) *f(m) (person)*
~ **educational opportunity** *(Pers)* gleiche Bildungschancen *fpl*
~ **footing** *(Gesch)* gleiche Basis *f*
~ **opportunity** *(BE) (Pers)* Chancengleichheit *f*

~ **opportunities in education** *(Pers)* gleiche Bildungschancen *fpl*
~ **pay** *(Pers, Pol)* Gleichheit *f* des Arbeitsentgelts, gleicher Lohn *m*
~ **pay for equal work** *(Pers)* gleicher Lohn *m* für gleiche Arbeit *(given equal productivity)*
~ **product curve** *(WiWi)* Isoquante *f*, Kurve *f* gleicher Produktion
~ **treatment of men and women** *(Pers)* Gleichbehandlung *f* von Frauen und Männern *(EU)*
equality of opportunity *(Pers)* Chancengleichheit *f*
equalization 1. *(Bank)* Nivellierung *f*; 2. *(Gesch)* Ausgleich *m*, Gleichsetzung *f*
~ **claim** *(Bank, Pol)* Ausgleichsforderung *f*
~ **fund** *(Vers)* Ausgleichsfonds *m*, Schwankungsfonds *m*, Schwankungsrückstellung *f*
~ **levy** *(AH)* Ausgleichsabgabe *f (on cross-border EU goods)*
equalize *v (Gesch)* gleichsetzen, ausgleichen
equation *(Stat)* Gleichung *f*
equilibrium *(WiWi)* Gleichgewicht *n*
~ **GNP** *(WiWi)* güterwirtschaftliches Gleichgewicht *n*
~ **on the labo(u)r market** *(Pers)* Arbeitsmarktgleichgewicht *n*
~ **output** *(WiWi)* Gleichgewichtsmenge *f*, Gleichgewichtsproduktion *f*
~ **price** *(WiWi)* Gleichgewichtspreis *m*
~ **unemployment** *(Soz)* Gleichgewichtsarbeitslosigkeit *f*, Sockelarbeitslosigkeit *f*
~ **wage rate** *(WiWi)* Lohngleichgewicht *n*, Tarifgleichgewicht *n*
equip *v* 1. *(EDV)* ausstatten; 2. *(Gesch)* ausrüsten, ausstatten; 3. *(Ind)* bestücken
equipment 1. *(EDV)* Ausstattung *f*; 2. *(Gesch)* Ausrüstung *f*, Ausstattung *f*; 3. *(Ind)* Bestückung *f*
~ **goods** *(WiWi)* Ausrüstungsgegenstände *mpl*, Investitionsgüter *npl*
~ **leasing** 1. *(WiWi)* Investitionsgüter-Leasing *n*; 2. *(Fin)* Ausrüstungsvermietung *f*; 3. *(Ind)* Geräteleasing *n*, Geräteverleih *m*; 4. *(Gb)* Geräteleasing *n*
equitable *adj* 1. *(Gesch)* gerecht, recht und billig *(fair)*; 2. *(Recht)* billigkeitsrechtlich
equities *(Bö)* Dividendenwerte *mpl*, Beteiligungspapiere *npl*, *(BE)* Stammaktien *fpl*
equity 1. *(RW)* Aktienkapital *n*, Eigenkapital *n*; 2. *(WiWi)* Billigkeit *f (fairness)*; 3. *(Recht)* Billigkeit *f* • **have an ~ stake** *(Bö)* eine Kapitalbeteiligung haben
~ **and debt capital** *(Recht)* Eigen- und Fremdkapital *n*
~ **borrowing** *(Fin)* Kapitalaufnahme *f*
~ **capital** *(RW, Fin)* Beteiligungskapital *n*, Eigenkapital *n*
~ **concept of profits** *(RW)* Finanzkonzept *n* des Gewinns
~ **financing** *(Fin)* Beteiligungsfinanzierung *f*, Eigenfinanzierung *f*
~ **holder** *(Bö)* Aktionär(in) *m(f)*, Anteilseigner(in) *m(f)*
~ **holding** 1. *(Fin)* Beteiligung *f*, Kapitalbeteiligung *f*; 2. *(Bö)* Aktienbesitz *m*
~ **issue** *(Bö)* Aktienemission *f*, Emission *f* von Stammaktien
~ **market** *(Bö)* Aktienmarkt *m*
~ **position** *(Fin)* Eigenkapitalausstattung *f*, Eigenkapitaldecke *f*
~ **return** *(Bö)* Eigenkapitalrentabilität *f*, EKR
~ **share** *(AE) (Bö)* Stammaktie *f*
~ **stake** *(Bö)* Aktienbeteiligung *f*
~ **turnover** 1. *(Verw)* Kapitalumschlag *m*, Umschlaghäufigkeit *f* des Eigenkapitals; 2. *(Bö)* Umsatz *m* in Aktien
equivalent *adj (Gesch)* äquivalent, gleichwertig
~ **amount** *(Gesch)* Gegenwert *m*
erect *v* **Chinese walls** *(Bank, Fin)* Vertraulichkeitsbereiche einrichten
ERM *s.* Exchange Rate Mechanism
ERP *s.* European Recovery Programme
erratic *adj* 1. *(Gesch)* heftig, sprunghaft; 2. *(Bö)* ungleichmäßig *(performance, work)*; heftig, sprunghaft, schwankend, erratisch *(price movements)*
error margin *(Stat)* Fehlerspanne *f*, Fehlerbereich *m*, Fehlergrenze *f*
errors and omissions *(WiWi)* Saldo *m* nicht aufgliederbarer Transaktionen, Restposten *m*, Restposten *mpl* der Zahlungsbilanz *(balance of payments)*
ESA 95 *s.* European System of Accounts 1995
ESCB *s.* European System of Central Banks
ESCB business day *(Bank, Bö)* ESZB-Geschäftstag *m*

ESF *s.* Exchange Stabilization Fund
essential commodities *(Gesch, V&M)* Güter *npl* des täglichen Bedarfs
~ **feature** *(Pat)* Wesensmerkmal *n*, wesentliche Eigenschaft *f*, wesentliches Merkmal *n*
~ **foodstuffs** *(Gesch)* Grundnahrungsmittel *npl*
~ **goods** *pl (WiWi)* unentbehrliche Güter *npl*
~ **industry** *(WiWi, Ind)* Schlüsselindustrie *f*
~ **operating capital** *(Bank, Fin)* betriebsnotwendiges Kapital *n*
essentials 1. *(WiWi)* Güter *npl* des Grundbedarfs, unentbehrliche Güter *npl*, Güter *npl* des täglichen Bedarfs *(essential goods)*; 2. *(Gesch)* das Wesentliche *n*; die wesentlichen Punkte *mpl (text, lecture)* • **the ~** *(Gesch)* das Wesentliche *n*, die wesentlichen Punkte *mpl*
establish *v (Gesch)* anerkennen; festlegen *(date)*; feststellen, ermitteln *(fact)*
~ **a company** *(Gesch)* Unternehmen gründen
established *adj (Gesch)* anerkannt, gegründet, gegr.
~ **brand** *(V&M)* bekannte [eingeführte] Marke *f*
~ **image** *(V&M)* Ansehen *n*, guter Ruf *m*
~ **market** *(V&M)* etablierter Markt *m*
establishment 1. *(Verw)* Unternehmung *f*; 2. *(Gesch)* Unternehmen *n*, Firma *f*, Fa.; 3. *(Pers)* Betrieb *m*; Gründung *f*, Geschäftsgründung *f*, Errichtung *f (new business)*
~ **census** *(Pers)* Betriebszählung *f*
estate agency *(BE) (Gb)* Immobilienbüro *n*
~ **agent** *(Gb)* Grundstücksmakler(in) *m(f)*, Immobilienmakler(in) *m(f)*, Wohnungsmakler(in) *m(f)*
~ **tax** *(AE) (St)* Erbschaftssteuer *f*
estimate *v* 1. *(RW)* veranschlagen; 2. *(Gesch)* taxieren; berechnen, schätzen, ansetzen, vorkalkulieren *(cost)*; 3. *(Mgt, Bö)* vorkalkulieren
estimate 1. *(Verw, Pol)* Haushaltsausgabenansatz *m*; 2. *(Fin)* Haushaltsansatz *m*, Haushaltsvoranschlag *m*; 3. *(Gesch)* Schätzung *f*, Schätzansatz *m*, Berechnung *f*, Taxe *f*; 4. *(V&M)* Angebot *n*; Kostenvoranschlag *m*, Voranschlag *m*, Vorkalkulation *f (of cost)*
~ **of current market value** *(Fin)* Verkehrswertschätzung *f*
estimated *adj* 1. *(RW)* veranschlagt, vorkalkuliert; 2. *(Gesch, Mgt, Bö)* geschätzt, vorkalkuliert
estimates 1. *(Fin)* Ausgabenansätze *mpl*, Etat *m*, Plan *m*, Budget *n*; 2. *(Gesch)* Schätzungen *fpl*, Schätzwerte *mpl*
estimating approach *(Bank)* Schätzansatz *m*
estimation 1. *(RW)* Veranschlagung *f*, Vorkalkulierung *f*; 2. *(Gesch)* Schätzung *f*, Vorkalkulierung *f* • **in one's own ~** *(Gesch)* in das Ermessen gestellt, nach eigenem Ermessen
ETF *s.* exchange-traded fund
ethics *(Recht, Mgt)* Ethik *f*, Standesethik *f*
~ **of the profession** *(Recht)* Standesrichtlinien *fpl*, Berufsethos *n*
EU *s.* European Union
EU directive *(Recht)* EU-Richtlinie *f*
EU Directive on Data Protection *(EDV, Recht)* EU-Datenschutzrichtlinie *f*
EU Directive on Distance Selling *(Recht, V&M)* EU-Fernabsatzrichtlinie *f*
EU Directive, EU directive *(Recht)* EU-Richtlinie *f (legally binding in EU Member States)*
EURIBOR *(Euro interbank offered rate) (Bank, Fin)* EURIBOR *m*, Euro Interbank-Angebotssatz *m (ECB; benchmark rate for the Euro-zone money market)*
euro *(Bank)* Euro *m*, *(plural: euros; ECB)*
~ **area** *(Bank)* Eurogebiet *n*, Eurowährungsgebiet *n (ECB)*
~**-area-wide** *adj (Bank)* im gesamten Euro-Raum (geltend) *(ECB)*
~ **overnight index average** *(EONIA) (Bank, WiWi, Fin)* durchschnittlicher Eurotagesgeldsatz *m*
~ **overnight-interest rate** *(Bank, WiWi)* Eurotagesgeldsatz *m*
Euro- *(Gesch, Pol)* Euro…
Euro oommercial paper *(Fin)* Euro-Commercial-Paper *n*
~ **Info Centre** *(Gesch)* Euro Info Center *n*, EU-Beratungsstelle *f* für KMU

~ **zone, eurozone** *(Bank, WiWi) (ugs.)* Euro-Zone *f*, *(ugs.)* Euroland *n*, Eurogebiet *n*, Euro-Währungsraum *m*, Euro-Währungsgebiet *n*, Eurowährungsgebiet *n (ECB)*

eurobond 1. *(Bank)* Euroanleihe *f*; 2. *(Fin)* am Euromarkt begebener Schuldtitel *m*; 3. *(Bö)* Euroanleihe *f*, Eurobond *m*

eurocurrency *(Bank, WiWi, Fin, Bö)* Eurowährung *f*

~ **loan** *(Bank)* Euroanleihe *f*, Eurowährungsanleihe *f*, Eurowährungskredit *m*

~ **market** 1. *(WiWi)* Fremdwährungsmarkt *m*, Euro(geld)markt *m*; 2. *(Bö)* Eurowährungsmarkt *m*

Eurodollar *(WiWi)* Eurodollar *m*

~ **bond** *(WiWi)* Eurodollaranleihe *f*

~ **deposit** *(Bank, WiWi)* Eurodollareinlage *f*

~ **time deposit** *(Bö)* Eurodollar-Termineinlage *f*

Euromarket *(WiWi)* Euromarkt *m*

European A4 *(Med)* DIN A4 *(paper size, 210 x 297 mm)*

~ **affairs** *(Gesch, Pol)* Europa betreffende Angelegenheiten *fpl*, europäische Angelegenheiten *fpl*

~ **Article Number** *(EDV, V&M)* Europäische Artikelnummer *f*, EAN

~ **Central Bank ECB** *(WiWi)* Europäische Zentralbank *f*, EZB

~ **Commission** *(WiWi)* Europäische Kommission *f*

~ **Community** *(Pol)* Europäische Gemeinschaft *f*, EG

~ **Community Budget** *(WiWi)* EG-Haushalt *m*

~ **Council** *(WiWi)* Europäischer Rat *m*

~ **Court of Justice** *(Recht)* Europäischer Gerichtshof *m*, EuGH, Gerichtshof *m* der Europäischen Union

~ **Currency Unit** *(WiWi, Fin)* Europäische Währungseinheit *f*

~ **Economic Area** *(WiWi)* Europäischer Wirtschaftsraum *m*, EWR

~ **Economic Community** *(WiWi)* Europäische Wirtschaftsgemeinschaft *f*, EWG

~ **Economic Interest Grouping** *(WiWi)* Europäische Wirtschaftliche Interessenvereinigung *f*, EWIV

~ **Energy Charter** *(Umw, Gesch)* Europäische Energiecharta *f*

~ **Environmental Bureau** *(Umw)* Europäisches Umweltbüro *n*, EEB

~ **Financial Reporting Advisory Group** *(RW, Fin)* Europäische Beratende Expertengruppe *f* für IAS-Bilanzierung

~ **Foundation** *(Gesch)* Europäische Stiftung *f*

~ **Free Trade Association** *(WiWi)* Europäische Freihandelszone *f*

~ **Member of Parliament** *(Pol)* Abgeordnete(r) *f(m)* des Europaparlaments, Mitglied *n* des Europaparlaments, MEP

~ **Monetary Fund** *(WiWi)* Europäischer Währungsfonds *m*, EWF

~ **Monetary Institute** *(WiWi, Pol)* Europäisches Währungsinstitut *n*, EWI

~ **Monetary System** *(WiWi)* Europäisches Währungssystem *n*, EWS

~ **Monetary Union** *(WiWi)* Europäische Währungsunion *f*, EWU

~ **Parliament** *(Pol)* Europäisches Parlament *n*, Europaparlament *n*

~ **patent** *(Pat)* europäisches Patent *n*, Europapatent *n*

~ **Recovery Program(me)** *(WiWi)* Marshall-Plan, Europäisches Wiederaufbauprogramm *n*, ERP

~ **Single Market** *(WiWi)* EU-Binnenmarkt *m*

~ **Social Charter** *(WiWi)* Europäische Sozialcharta *f*

~ **Social Fund** *(WiWi)* Europäischer Sozialfonds *m*, ESF

~ **Summit** *(Pol) (jarg.)* Europagipfel *m*, Europäischer Gipfel *m*, Europäisches Gipfeltreffen *n*, EU-Gipfel *m*, Treffen *n* des Europäischen Rats

~ **System of Accounts 1995** *(RW, WiWi)* Europäisches System *n* Volkswirtschaftlicher Gesamtrechnungen 1995 *(ESVG 95)*

~ **System of Central Banks** *(Bank, WiWi)* Europäisches System *n* der Zentralbanken, ESZB

~ **Union** *(WiWi, Pol)* Europäische Union *f*, EU

~ **Union Treaty** *(Gesch)* Vertrag *m* über die Europäische Union, VEU

evade *v (St)* hinterziehen

evaluate *v (Gesch)* auswerten, begutachten, bewerten, rechnerisch ermitteln

evaluation *(Gesch)* Auswertung *f*, Bewertung *f*

~ **of economic efficiency** *(WiWi)* Wirtschaftlichkeitsrechnung *f*
even-numbered *adj* 1. *(Gesch)* geradzahlig; 2. *(Stat)* ganzzahlig *(integer)*
even *v* **out** *(WiWi, Gesch)* ausgleichen, einpendeln; ausgleichen
evenly spread *adj (Gesch)* gleichmäßig verteilt
event of default *(Fin)* Verzugsfall *m*
~ **risks** *(Vers)* Eintrittswahrscheinlichkeiten *fpl*
evict *v (Recht, Gb, Soz)* räumen lassen, zur Räumung zwingen, *(ugs.)* hinauswerfen *(tenants)*
eviction 1. *(Recht)* Räumung *f*, Zwangsräumung *f (property)*; 2. *(Gb, Soz)* Räumung *f*
evidence *(Recht)* Beweis *m*, Zeugenaussage *f (lawsuit)* • **be in** ~ *(Gesch)* sichtbar sein • **give** ~ *(Recht)* vor Gericht aussagen • **give ~ as a witness** *(Recht)* als Zeuge aussagen • **give ~ on behalf of** *(Recht)* Zeugnis ablegen für • **give ~ on oath** *(Recht)* unter Eid aussagen • **give ~ under oath** *(Recht)* unter Eid aussagen • **in** ~ *(Gesch)* deutlich sichtbar
~ **of title** *(Recht)* Eigentumsnachweis *m (property)*
evidenced by certificates *(Bank, Fin, Bö)* verbrieft
ex ante coordination *(WiWi, Pol)* Vorabkoordinierung *f*
~**-ante variables** *(WiWi)* Ex-ante-Variablen *fpl*
~ **coupon** *adv (Gesch, Bö)* ex Gratisaktien, ex Kupon, ohne Kupon
~**-directory** *adj (BE) (Komm)* nicht im Telefonverzeichnis aufgeführt
~ **dividend** *adv (Fin)* ex Dividende, ohne Dividende
~ **factory** *adv (Gesch, AH, Trans)* ab Fabrik, ab Werk
~ **factory price** *(Ind)* Preis ab Werk *m*
~ **post** *adv (WiWi)* ex post, im Nachhinein
exact *v (Fin, Gesch, Soz)* eintreiben, fordern *(money)*
examination 1. *(RW)* Prüfung *f*, 2. *(Gesch)* Untersuchung *f*, 3. *(Pers)* Prüfung *f (of candidate)*; 4. *(AH)* Kontrolle *f*, Untersuchung *f (by customs)*; 5. *(Pat)* Prüfung *f*, Überprüfung *f* • **under** ~ *(Gesch)* in Bearbeitung *f*, wird noch geprüft
~ **certificate** *(Pers)* Prüfungszeugnis *n*
~ **of proposal** *(Vers)* Prüfung *f* des Antrags, Prüfung *f* des Vorschlags
~ **performance** *(Pers)* Abschneiden *n* in der Prüfung, Prüfungsergebnis *n*
~ **result** *(Pers)* Prüfungsergebnis *n*
examine *v* 1. *(Gesch)* befragen, untersuchen; prüfen *(application)*; 2. *(Pers)* prüfen *(candidate)*; 3. *(AH)* kontrollieren; 4. *(Pat)* überprüfen
~ **carefully** *(Gesch)* eingehend untersuchen, sorgfältig prüfen, studieren
exceed *v* 1. *(WiWi)* übersteigen; 2. *(Gesch)* übersteigen, übertreffen • **not exceeding** *(Gesch)* bis zu, höchstens
excellence *(Gesch)* Spitzenleistungen *fpl*
except *(Gesch)* außer, ausgenommen
excepted *adj (Gesch)* ausgenommen
~ **risks** *(Vers)* unversicherte Risiken *npl*
exception 1. *(Gesch)* Ausnahme *f (to rule)*; 2. *(Vers)* Risikoausschluss *m*, Vorbehalt *m*
exceptional *adj (Gesch)* außergewöhnlich
~ **expenses** *(RW)* außergewöhnliche Ausgaben *fpl*, einmalige Aufwendungen *fpl*, neutrale Aufwendungen *fpl*
~ **write-off** *(RW)* Sonderabschreibung *f*
excess *(BE)* 1. *(WiWi, Fin)* Mehrbetrag *m*; 2. *(Vers)* Abzugsfranchise *f*, Exzedent *m*, Mehrbetrag *m*, Selbstbehalt *m*; 3. *(Gesch)* Überhang *m*
~ **cash** 1. *(Bank, WiWi)* Überschussreserve *f*, 2. *(Fin)* Bargeldüberschuss *m*
~ **demand** *(WiWi)* Nachfrageüberschuss *m*
~ **demand for labo(u)r** *(Pers)* Übernachfrage *f* nach Arbeit(skräften), Nachfrageüberhang *m* nach Arbeit(skräften)
~ **liabilities** *(Vers)* Haftung *f* mit Selbstbeteiligung
~ **liquidity** *(WiWi)* Überschussliquidität *f*
~ **supply** *(WiWi)* Angebotsüberschuss *m*
excessive *adj (Gesch)* maßlos, überhöht, übermäßig, unverhältnismäßig hoch
~ **deficit procedure** *(Bank, Fin, Pol)* Verfahren *n* bei übermäßigem Defizit *(EU)*
~ **interest** *(Bank, Fin)* Wucherzinsen *mpl*, überhöhte Zinsen *mpl*
exchange *v* 1. *(Bank)* umtauschen; 2. *(Komm)* austauschen *(information)*; 3. *(WiWi)* umtauschen, wechseln *(currency)*; 4. *(Gesch)* austauschen *(letters)*; tauschen *(places, rooms)*

exchange 1. *(Komm)* Austausch *m*, Vermittlung *f (of views)*; 2. *(WiWi)* Tausch *m*, Austausch *m*, Tauschgeschäft *n*, Umtausch *m (goods)*; Devisen *fpl*, Währung *f (foreign currency)*; 3. *(Fin, Gesch)* Umtausch *m*, Austausch *m*, Tausch *m*; Tauschgeschäft *n (barter transaction)*; 4. *(Bö)* Börse *f*

~ **charge** *(Bank)* Wechselgebühr *f*, Wechselkursgebühr *f*

~ **controls** *(WiWi)* Devisenbewirtschaftung *f*, Devisenverkehrsvorschriften *fpl (BOP)*

~ **cross rate** *(WiWi)* Kreuzkurs *m*, Cross rate *f*, indirekte Parität *f*

~ **of shares** *(BE) (Fin)* Aktientausch *m*

~ **of stock** *(AE) (Fin)* Aktientausch *m*

~ **rate** *(WiWi, Fin)* Umrechnungskurs *m*, Wechselkurs *m*

~ **rate adjustment** *(WiWi)* Wechselkursanpassung *f*

~ **rate agreement** *(WiWi)* Währungsabkommen *n*, Wechselkursvereinbarung *f*

~-**rate band** *(Bank, WiWi)* Wechselkursband *n*

~-**rate fluctuations** *(WiWi)* Wechselkursentwicklung *f*

~-**rate management** *(Bank, WiWi)* Wechselkurssteuerung *f*

~ **rate movements** Wechselkursbewegungen *fpl*, Wechselkursentwicklung *f*

~ **rate parity** *(Bank)* Wechselkursparität *f*

~-**rate risk** *(WiWi, Fin, Pol)* Wechselkursrisiko *n*

~-**rate stability** *(WiWi, Pol)* Wechselkursstabilität *f*

~-**rate swings** *(WiWi)* Wechselkursausschläge *mpl*, Wechselkursschwankungen *fpl*

~-**rate target zone** *(WiWi)* Wechselkurszielzone *f*

~-**rate volatility** *(WiWi)* Wechselkursvolatilität *f*

~-**traded fund** *(Bö)* börsengehandelter Fonds *m*

Exchange Rate Mechanism *(WiWi)* Wechselkursmechanismus *m*, WKM

~ **Stabilization Fund** *(WiWi, AH)* Ausgleichsfonds *m*, Devisen-Stabilisierungsfonds *m (BOP)*

excise *(AH)* Verbrauchssteuer *f*, Warensteuer *f*

~ **duty** *(AH, St)* Verbrauchssteuer *f*

~ **taxes** *(Fin)* Verbrauch- und Aufwandsteuern *fpl*

exclusion *(Gesch)* Ausschließung *f*, Ausschluss *m* • **to the ~ of** *(Gesch)* unter Ausschluss von

~ **of liability** 1. *(Vers)* Haftungsausschluss *m*; 2. *(Recht)* Ausschluss *m* der Gewährleistung, Haftungsausschluss *m*

~ **principle** *(WiWi)* Ausschlussprinzip *n*, Preisausschlussprinzip *n*

exclusive *adj* 1. *(Gesch)* ausschließlich, ausschl., exklusive, exkl., Exklusiv... *(not including)*; 2. *(V&M)* exklusiv, exkl.

~ **agency** *(Gesch)* Alleinvertretung *f*

~ **contract** *(Gb, Gesch)* Alleinauftrag *m*

~ **dealer arrangement** *(V&M)* Ausschließlichkeitsvertrag *m*

~ **jurisdiction** *(Recht)* alleinige Zuständigkeit *f*, ausschließliche Zuständigkeit *f*

~ **licence** *(BE) (Pat)* Alleinlizenz *f*, Alleinverkaufsrecht *n*

~ **license** *(AE) (Pat)* Alleinlizenz *f*, Alleinverkaufsrecht *n*

~ **marketing** *(V&M)* Alleinvertrieb *m*

~ **of** *(Gesch)* ausgenommen, ausschließlich, ausschl.

~ **of tax** *(Verw, WiWi, St)* vor Steuern, ohne Steuern

~ **representation** *(Recht)* Alleinvertretungsrecht *n (contracts)*

~ **right** *(Recht)* Exklusivrecht *n*, Ausschlussrecht *n*

~ **sales contract** *(Recht)* Alleinvertriebsabkommen *n*

exculpate *v* 1. *(Bank)* entlasten; 2. *(Recht)* entlasten, freizeichnen

excuse *v (Recht)* befreien, freistellen

executable *(EDV)* ausführbar

~ **file** *(EDV)* ausführbare Datei *f (e.g. file extension *.exe)*

~ **program** *(EDV)* ausführbares Programm *n*

execute *v* 1. *(Verw)* erfüllen; 2. *(Gesch)* ausführen, durchführen, umsetzen; 3. *(Recht)* durchführen, vollziehen *(carry out)*; ausfertigen *(a document)*; erfüllen *(a contract)*; vollstrecken *(of a will)*

executed contract *(Recht)* erfüllter Vertrag *m*

execution 1. *(Verw)* Erfüllung *f (of contract)*; 2. *(Gesch)* Ausführung *f*, Umsetzung *f*; 3. *(Recht)* Ausfertigung *f (of a*

document); Erfüllung *f*, Vollziehung *f (of a contract)*; Vollstreckung *f (of a will)*
~ **proceedings** *(Recht)* Vollstreckungsverfahren *n*
executive *adj* 1. *(Gesch)* leitend *(position, director)*; 2. *(Recht, Pol)* ausführend, verfügend, vollziehend *(powers)*
executive 1. *(Pers)* Führungskraft *f*, leitende(r) Angestellte(r) *f(m)*; 2. *(Recht)* ausführende Gewalt *f*, Exekutive *f*, Sachbearbeiter(in) *m(f)*; 3. *(Mgt)* Führungskraft *f*, leitende(r) Angestellte(r) *f(m)*; 4. *(Pol)* ausführende Gewalt *f*, Exekutive *f*
~ **board** *(Mgt)* Vorstand *m*, Executive Board *n*
~ **competence** *(Mgt)* Leitungskompetenz *f*
~ **director** 1. *(Verw)* hauptberufliche(r) Direktor(in) *m(f)*; 2. *(Mgt)* Generaldirektor(in) *m(f)*, geschäftsführende(r) Direktor(in) *m(f)*, GD
~ **grade** *(Pers)* Position *f* auf Führungsebene
~ **manager** *(Pers)* Führungskraft *f*, leitende(r) Angestellte(r) *f(m)*
~ **perk** *(Pers)* Vergünstigung *f* für leitende Angestellte
~ **perquisite** *(Pers, Mgt)* Vergünstigung *f* für leitende Angestellte
~ **power** *(Recht, Pol)* Exekutivgewalt *f*, vollziehende Gewalt *f*, Exekutivmacht *f*, Macht *f* der Exekutive
~ **search consultant** *(Pers)* Headhunter *m*
~ **summary** *(Gesch)* zusammenfassende Darstellung *f*
~ **training** *(Pers, Mgt)* Ausbildung *f* [Weiterbildung *f*] von Führungskräften, Nachwuchsförderung *f*, Schulung *f* von Führungskräften
Executive Board of the ECB *(Bank)* EZB-Direktorium *n*
executor *(Recht)* Testamentsvollstrecker(in) *m(f) (of will)*; Nachlassverwalter(in) *m(f) (administrator of an estate)*
executory *adj (Recht)* noch zu vollziehen, unvollzogen
executrix *(Recht)* Testamentsvollstreckerin *f (of will)*; Nachlassverwalterin *f (administrator of an estate)*
exempt *v (Gesch)* befreien, freistellen
~ **sb from tax** *(St)* jmdn. von der Steuer freistellen
exempt *adj (Gesch, St)* befreit
~ **from minimum reserve requirements** *(Bank, WiWi)* reservefrei
~ **from taxation** *(St)* steuerfrei
~ **from VAT** *(BE) (St)* mehrwertsteuerfrei, von der Mehrwertsteuer befreit
exemption 1. *(Gesch)* Befreiung *f*; 2. *(St)* Nichtbesteuerung *f*
~ **clause** 1. *(Verw)* Freistellungsklausel *f*; 2. *(Recht)* Freizeichnungsklausel *f (contract)*
~ **from contributions** *(Soz)* Beitragsbefreiung *f*
~ **from tax** *(St)* Steuerbefreiung *f*
~ **from taxes** *(St)* Steuerfreiheit *f*
exercisable *adj (Bö)* ausübbar *(options)*
exercise *v* 1. *(Gesch)* anwenden, ausüben; üben; 2. *(Recht, V&M, Bö)* ausüben *(price restraint)*
~ **a right** *(Recht)* von einem Recht Gebrauch machen
exercise 1. *(Gesch)* Anwendung *f*, Ausübung *f*; 2. *(Recht, Bö)* Ausübung *f*
~ **deadline** *(Bö)* Ausübungsfrist *f*, Erklärungsfrist *f*
~ **of occupation** *(Gesch, Pers)* Berufsausübung *f*
~ **of profession** *(Gesch, Pers)* Berufsausübung *f*
~ **of the right of residence** *(Recht)* Ausübung *f* des Aufenthaltsrechts *(EU)*
~ **price** *(Bö)* Basispreis *m*
exert *v (Gesch)* anwenden; aufbieten *(authority)*
exhaust *v (Umw, Gesch)* erschöpfen *(resources)*
exhaust emission *(Umw)* Abgasemission *f*
exhaustible resources *(Umw)* erschöpfbare Ressourcen *fpl*, nicht erneuerbare Rohstoffe *mpl*
exhaustive *adj (Gesch)* erschöpfend
exhibit *v* 1. *(Gesch)* ausstellen *(goods)*; 2. *(Pat, V&M)* ausstellen *(at a fair)*
exhibition 1. *(Gesch)* Ausstellung *f*, Messe *f*; 2. *(Pat, V&M)* Ausstellung *f*
exit *(Gesch)* Ausgang *m*
~ **barrier** *(WiWi)* Marktaustrittsschranke *f*
exodus of capital *(Fin)* Abwanderung *f* von Kapital, Kapitalabfluss *m*
exogenous expectations *(WiWi)* exogene Erwartungen *fpl*
~ **shock** *(WiWi)* exogener Schock *m*

~ **variable** *(WiWi, Stat)* exogene Variable *f*, exogene Größe *f*
exonerate *v (Gesch)* befreien
exor *s.* executor, executrix
expand *v* 1. *(WiWi)* ausweiten, erweitern, expandieren; 2. *(Fin, Gesch)* ausdehnen, ausweiten *(activities)*
~ **output** *(Ind)* die Produktion ausweiten
expanded *adj (WiWi)* erweitert, expandiert, ausgeweitet
expansion 1. *(WiWi)* Ausweitung *f*, Erweiterung *f*, Expansion *f (of company)*; 2. *(Fin, Gesch)* Ausdehnung *f*, Ausweitung *f*, Erweiterung *f*, Expansion *f*
~ **demand** *(WiWi, Pers)* Expansionsbedarf *m*, Zusatzbedarf *m*
expansionary *adj (WiWi)* expansiv
expectancy 1. *(Recht)* Anwartschaftsrecht *n (sales contract)*; 2. *(Recht)* Erwartungswert *m*
expectations *(WiWi, Pol)* Erwartungshaltung *f*
expected *adj (Gesch)* erwartet
~ **actual capacity** *(WiWi)* erwartete Istkapazität *f*
~ **date** *(Gesch)* voraussichtliches Datum *n*
expediency *(Gesch)* Zweckdienlichkeit *f (of measures)*
expedient *adj (Gesch)* zweckdienlich
expedite *v* 1. *(Gesch)* beschleunigen, vorantreiben, beschleunigt abfertigen; 2. *(Pers)* vorantreiben
expend *v* 1. *(Umw)* verbrauchen *(resources)*; 2. *(Fin)* verausgaben; 3. *(Gesch)* ausgeben, aufwenden
expenditure *(Verw, WiWi, Fin, Gesch, St)* Aufwand *m*, Aufwendungen *fpl*, Ausgabe *f*, Ausgaben *fpl*, Kosten *pl*
~ **budget** *(WiWi, Fin, Gesch)* Ausgabenetat *m*
~ **estimates** *(Fin)* Ausgabenansätze *mpl*
~ **function** *(WiWi)* Ausgabenfunktion *f*
~ **multiplier** *(WiWi)* Ausgabenmultiplikator *m*
~ **tax** *(WiWi, St)* Ausgabensteuer *f*
expense *(RW, Fin, Gesch, St)* Ausgabe *f*, Ausg., Aufwand *m*, Kosten *pl* • **at one's own** ~ *(Gesch)* auf eigene Kosten, auf eigene Rechnung
~ **account** 1. *(RW)* Aufwandskonto *n*; 2. *(Pers)* Spesenkonto *n*
~ **allowance** 1. *(RW)* Spesenpauschale *f*, 2. *(Gesch)* Aufwandsentschädigung *f*
~ **budget** 1. *(RW)* Etat *m*; 2. *(Fin)* Kostenplan *m*
~ **center** *(AE) (RW)* Kostenstelle *f*
~ **centre** *(BE) (RW)* Kostenstelle *f*
~ **item** *(RW)* Aufwandsposten *m*
~ **ratio** *(Fin, WiWi)* Verhältnis *n* Aufwand zu Umsatzerlös
expenses 1. *(RW)* Spesen *pl*, Auslagen *fpl*; Aufwendungen *fpl*, Geschäftsausgaben *fpl (statement of income)*; 2. *(WiWi, Gesch)* Auslagen *fpl*, Kosten *pl* • **all ~ paid** *(Gesch)* auf Geschäftskosten, Spesen werden übernommen
experience *v (Gesch)* erfahren, erleben *(growth)*
~ **rapid growth** *(WiWi)* rasch anwachsen, schnelles Wachstum erfahren
experienced labo(u)r force *(Pers)* berufserfahrene Erwerbspersonen *fpl*, bereits erwerbstätig gewesene Erwerbspersonen *fpl*
~ **workers** *(Pers)* eingearbeitete Arbeitnehmer *mpl*, erfahrene Arbeitskräfte *fpl*, eingearbeitete Arbeitskräfte *fpl*
expert *adj* 1. *(EDV)* fachmännisch; 2. *(Gesch)* fachmännisch, sachkundig; 3. *(Pers)* erfahren, geschickt
expert 1. *(EDV)* Experte *m*, Expertin *f*, Fachmann *m*; 2. *(Gesch)* Autorität *f*, Experte *m*, Expertin *f*, Sachverständige(r) *f(m)*; 3. *(Pers)* Experte *m*, Expertin *f*, Fachmann *m*
~ **advice** *(Pers)* sachkundige Beratung *f*, fachmännische Beratung *f*
~ **body** *(Gesch)* Fachgremium *n*
~ **guidance** *(Pers)* sachkundige Beratung *f*, fachmännische Beratung *f*
~ **knowledge** *(Gesch, Pers)* Fachwissen *n*, Fachkenntnisse *fpl*
~ **opinion** *(Recht)* Gutachten *n*
~ **valuation** *(Gesch)* Begutachtung *f*
~ **witness** *(Recht)* sachverständige Zeugin *f*, sachverständiger Zeuge *m*
expertise 1. *(Gesch)* Sachkenntnis *f*, Sachverstand *m*; 2. *(Pers)* Erfahrung *f*
expiration 1. *(Bank)* Verfall *m*; 2. *(Gesch)* Ende *n*, Ablauf *m*; 3. *(Bö)* Fälligkeit *f*
~ **month** *(Bö)* Auslaufmonat *m*, Verfallsmonat *m (futures)*
~ **of time** *(Gesch)* Fristablauf *m*

~ **period** *(V&M)* Haltbarkeit *f*
expire *v* 1. *(Bank)* verfallen; 2. *(Gesch)* auslaufen, ablaufen, ungültig werden *(lapse)*
expire in-the-money *(Bö)* Substanzwert einer Option verfällt
expired *adj* 1. *(Bank)* verfallen; 2. *(Gesch)* abgelaufen, ausgelaufen, ungültig geworden
~ **bill** *(Bank)* fälliger Wechsel *m*
expiry 1. *(Bank)* Verfall *m*; 2. *(Gesch)* Ablauf *m*
~ **date** 1. *(Gesch) (BE)* Ablauftermin *m*, Verfallsdatum *n (of food etc)*; 2. *(Pers)* Datum *n* des Erlöschens
explain *v (Gesch)* erläutern, erklären, rechtfertigen; sich rechtfertigen
explanatory approach *(Bank, WiWi)* Erklärungsansatz *m*
~ **variable** *(Stat)* erklärende Variable *f*
explicit *adj (Gesch)* deutlich, explizit
~ **cost** *(WiWi)* ausgewiesene [pagatorische] Kosten *pl*
explicitly *adv (Gesch)* ausdrücklich
exploit *v* 1. *(WiWi, Umw)* verwerten, ausbeuten, abbauen *(natural resources)*; 2. *(Fin, Gesch)* ausnutzen, verwerten, nutzen, ausbeuten *(minerals, land, talent)*; 3. *(Pers)* ausnutzen, ausbeuten *(workers)*; 4. *(Ind)* verwerten; 5. *(Pat)* auswerten, (praktisch) verwerten
exploitation 1. *(WiWi, Umw)* Abbau *m*, Ausbeutung *f (of natural resource)*; Gewinnung *f (of raw material)*; Abbau *m (of natural resources)*; 2. *(Fin, Gesch, Ind)* Ausbeutung *f*, Ausnutzung *f*, Verwertung *f*; 3. *(Pat)* Auswertung *f*, Patentverwertung *f*, Verwertung *f*
~ **in industry** 1. *(Ind)* industrielle Verwertung *f*; 2. *(Pat)* industrielle Nutzung *f*
exploited *adj* 1. *(Fin, Gesch)* verwertet; 2. *(Pers)* ausgebeutet; 3. *(Ind, Pat)* verwertet
~ **resource** *(Umw)* genutzte Ressource *f*
~ **workers** *(Gesch, Pers)* ausgebeutete Arbeiter *mpl*
exponential smoothing *(Stat)* exponentielle Glättung *f*
export *v (WiWi, AH)* ausführen, exportieren
export *(WiWi, AH)* Ausfuhr *f*, Ausf., Warenausfuhr *f*, Export *m*, Exp.
~ **ban** *(Gesch, AH)* Ausfuhrverbot *n*
~ **business** *(AH)* Ausfuhrhandel *m*, Exportwirtschaft *f*, Exportgeschäft *n*
~ **control** *(AH)* Ausfuhrüberwachung *f*, Exportkontrolle *f*
~ **declaration** *(Gesch, AH)* Ausfuhrerklärung *f*
~ **documentation** *(AH)* Ausfuhrpapiere *npl*, Exportdokumente *npl*, Exportunterlagen *fpl*
~ **duties and taxes** *(AH, St)* Ausgangsabgaben *fpl*
~ **earnings** *(WiWi)* Exporterlöse *mpl*
~ **factoring** *(AH)* Exportfactoring *n*
~ **figures** *(AH)* Ausfuhrzahlen *fpl*, Exportziffern *fpl*
~ **finance** *(AH)* Exportfinanzierung *f*
~**-intensive industry** *(WiWi)* exportintensive Industrie *f*
~**-led** *adj (WiWi)* exportinduziert, exportgestützt
~**-led economic recovery** *(WiWi)* exportinduzierter Aufschwung *m*
~**-led growth** *(AH)* exportinduziertes Wachstum *n*
~ **letter of credit** *(Fin)* Exportakkreditiv *n*
~ **licence** *(BE) (AH)* Exportlizenz *f*, Ausfuhrbewilligung *f*, Ausfuhrgenehmigung *f*, Exportbewilligung *f*, Exportlizenz *f*
~ **license** *(AE) s.* export licence
~ **loan** *(Bank)* Exportkredit *m*
~ **lull** *(WiWi)* Exportflaute *f*
~ **marketing manager** *(Pers, AH)* Leiter(in) *m(f)* Exportmarketing, Leiter(in) *m(f)* Marketing Export
~**-oriented** *adj (AH)* ausfuhrgerecht, exportorientiert
~ **permit** *(AH)* Ausfuhrbewilligung *f*, Exportgenehmigung *f*
~ **prices** *(WiWi, AH)* Exportpreise *mpl*
~ **quota** *(WiWi)* Ausfuhrkontingent *n*, Ausfuhrquote *f*, Exportquote *f*
~ **rebate** *(St)* Ausfuhrvergütung *f*
~ **regulations** *(Gesch, AH)* Ausfuhrvorschriften *fpl*, Exportbestimmungen *fpl*
~ **subsidy** *(AH)* Ausfuhrbeihilfe *f*, Exportsubvention *f*
~ **surplus** *(WiWi, AH)* Ausfuhrüberschuss *m*, Exportüberschuss *m*
~ **trade** *(AH)* Ausfuhrhandel *m*
~ **turnover** *(AH)* Auslandsumsatz *m*, Exportumsatz *m*

exportation *(WiWi, AH)* Ausfuhr *f*, Ausfuhrhandel *m*, Export *m*
exporter *(Pers, AH)* Exporteur *m*
~ **credit** *(Bank)* Exportkredit *m*
~**'s acceptance credit** *(Bank)* Export-Rembourskredit *m*, Exportakzeptkredit *m*
exporters *(WiWi)* Exportwirtschaft *f*
exposed 1. *(Fin)* engagiert, gefährdet; 2. *(Gesch)* exponiert, ungeschützt • **be ~ to** 1. *(Fin)* gefährdet sein, im Risiko stehen; 2. *(Gesch)* exponiert sein, ungeschützt sein
~ **net asset position** *(Gesch)* offene Nettovermögensposition *f*
~ **sector** 1. *(Gesch)* exponierter Bereich *m*; 2. *(AH, Ind)* der Auslandskonkurrenz ausgesetzter Sektor *m*
exposition *(Gesch)* Ausstellung *f*
exposure 1. *(Bank)* Engagement *n*; 2. *(Fin)* Obligo *n*, offene Position *f*, Risiko *n*; 3. *(V&M)* Darbietung *f (advertising)*; 4. *(Gesch)* Gefährdung *f*
~ **at default** *(Bank)* erwartete ausstehende Forderungen *fpl* zum Zeitpunkt des Ausfalls, Kredithöhe *f* im Zeitpunkt des Ausfalls
express *v (Gesch)* ausdrücken, aussprechen, bekunden, zum Ausdruck bringen *(intention)*
express *adj (Gesch)* ausdrücklich *(unambiguous)*; Eil..., Express... *(delivery, activity)*
~ **authority** *(Recht)* ausdrückliche Genehmigung *f*, ausdrückliche Vollmacht *f (for transaction)*
~ **order** *(Gesch)* Eilauftrag *m*
~ **telegraphic money transfer** *(Bank, Fin)* telegrafische Eilüberweisung *f*
expressly *adv (Gesch)* ausdrücklich
expropriate *v (Verw, Recht)* enteignen
expropriation *(Verw, Recht)* Enteignung *f*
expunge *v (Gesch)* ausstreichen, durchstreichen; löschen *(from record)*
expunged *adj (Gesch)* ausgestrichen, durchgestrichen; gelöscht *(from record)*
exr. *s.* executor, executrix
extend *v* 1. *(Bank)* erweitern, prolongieren, verlängern; 2. *(EDV)* erweitern; 3. *(Fin)* ausdehnen; 4. *(Gesch)* verlängern *(deadline)*; ausdehnen *(clientele, knowledge)*; übertragen *(carry over)*; 5. *(Recht)* erweitern *(rules)*
~ **a loan** *(Bank)* ein Darlehen gewähren
~ **the time limit for sth** *(Gesch)* die Frist für etw. verlängern
extended *adj* 1. *(Bank)* erweitert, verlängert; 2. *(EDV)* erweitert; 3. *(Fin)* ausgedehnt; 4. *(Gesch)* verlängert *(deadline)*; ausgedehnt *(clientele, knowledge)*; 5. *(Recht)* erweitert
~ **deferment** *(RW)* verlängerter Aufschub *m*
~ **guarantee** *(V&M)* verlängerte Garantiezeit *f*
~ **payment** *(Bank)* Zahlungsverlängerung *f*
~ **reservation of title** *(Recht)* verlängerter Eigentumsvorbehalt *m (contracts)*
extension 1. *(Gesch)* Tilgungsaufschub *m (of repayments)*; 2. *(Bank)* Erweiterung *f*, Verlängerung *f*; 3. *(Komm)* Anschluss *m*; 4. *(Gesch)* Verlängerung *f*, Ausdehnung *f*
~ **for returns** *(St)* Abgabefristfristverlängerung *f*, Fristverlängerung *f*
~ **of original term** *(Recht)* Fristverlängerung *f*
~ **of time** *(Recht)* Fristverlängerung *f*
~ **of time for filing** *(St)* Abgabefristverlängerung *f*, Einreichungsfristverlängerung *f (tax return)*
~ **of time for payment** *(Recht)* Zahlungsfristverlängerung *f*, Stundung *f*
extensive farming *(WiWi)* extensive Bewirtschaftung *f (agricultural economics)*
extent *(Pat)* Maß *n*, Umfang *m (of protection)*
~ **of damage** *(Vers)* Schadenhöhe *f*, Schadenumfang *m*
extenuating circumstances *(Recht)* mildernde Umstände *mpl*
external *adj (Gesch)* extern, Außen..., Fremd...
~ **account** *(WiWi)* Ausländerkonto *n*, Auslandskonto *n*
~ **accounts** *(WiWi)* Zahlungsbilanz *f*
~ **asset position** *(WiWi)* Vermögensposition *f* gegenüber dem Ausland *(BOP)*
~ **assets and liabilities account** *(WiWi)* Vermögensposition *f* gegenüber dem Ausland *(BOP)*
~ **balance** *(WiWi)* Außenbilanz *f;* Außenbeitrag *m (BOP, balance of goods and*

services, Saldo der Handels- und Dienstleistungsbilanz)
~ **balance sheet comparison** *(RW)* externer Bilanzvergleich *m*
~ **bill** *(Bank)* Auslandswechsel *m*
~ **borrowings** *(Recht, WiWi, Fin)* Auslandsverschuldung *f*, Auslandsschulden *fpl*
~ **costs** *(WiWi)* volkswirtschaftliche Kosten *pl*
~ **customs duty** *(AH)* Außenzoll *m*
~ **debt** (WiWi, *Fin)* Auslandsverschuldung *f*
~ **debts** *(RW, WiWi, Fin)* Auslandsschulden *fpl*
~ **diseconomies** *(WiWi)* externe Kosten *pl*, externe Nachteile *mpl*, negative externe Effekte *mpl (pollution)*
~ **economy** *(AH)* Außenwirtschaft *f*
~ **economy of scale** *(WiWi)* externe Nutzen *mpl*, externe Skalenerträge *mpl*
~ **effects of consumption** *(WiWi)* Konsumexternalitäten *fpl*, externe Effekte *mpl* des Konsums
~ **financing** 1. *(WiWi, AH)* Auslandsfinanzierung *f*; 2. *(Fin)* Außenfinanzierung *f*
~ **liabilities** *(RW, WiWi, Fin)* Auslandsschulden *fpl*, Auslandsverbindlichkeiten *fpl*
~ **loan** *(Fin)* Auslandsanleihe *f*
~ **payments** *(Bank)* Zahlungen *fpl* mit dem Ausland, Auslandszahlungen *fpl*
~ **position** *(Fin)* Auslandsposition *f*
~ **reporting** *(Verw)* externes Berichtswesen *n*
~ **shock** *(WiWi)* exogener Schock *m*
~ **surplus** *(WiWi, AH)* Zahlungsbilanzüberschuss *m*
~ **tariff** 1. *(WiWi)* Außenzoll *m*; 2. *(AH)* Außentarif *m*
~ **trade** *(Gesch)* Außenhandel *m (export duty)*
~ **trade statistics** *(WiWi)* Außenhandelsstatistik *f*
~ **value** *(Bank, AH)* Außenhandelswert *m*
externality *(WiWi)* externe Effekte *mpl*, Externalität *f*
externalize *v (WiWi)* externalisieren
extinction 1. *(Umw)* Aussterben *n*, Umkippen *n*; 2. *(Gesch)* Tilgung *f*; 3. *(Recht)* Löschung *f*
~ **of a debt** *(Fin)* Rückzahlung *f* einer Schuld
extinguish *v* 1. *(Gesch)* löschen, tilgen; 2. *(Recht)* entlasten von *(debt)*; löschen *(legal duty)*
extort *v (Gesch)* erpressen *(money)*
extortion 1. *(Fin)* Wucher *m*; 2. *(Gesch)* Erpressung *f*
extra *(Bö)* Sonderdividende *f*
~-**budgetary outlay** *(Gesch)* außerplanmäßige Ausgaben *fpl*
~ **charge** 1. *(RW)* Aufpreis *m*, Zuschlag *m*; 2. *(Gesch)* Aufgeld *n*, Aufschlag *m*, Preisaufschlag *m*
~ **charges** *(RW)* Nebenkosten *pl*
~ **pay** *(Pers)* Gehaltszulage *f*
extract *v* 1. *(Gesch)* Auszug anfertigen über, herausziehen, gewinnen *(information)*; 2. *(Ind)* fördern *(minerals)*
extract *(Gesch, Recht)* Auszug *m (from document)*
~ **from the register** *(Recht, Pat)* Registerauszug *m*
extraction *(Ind)* Förderung *f*, Gewinnung *f (oil, gas)*
extractive industry *(WiWi, Ind)* Grundstoffindustrie *f*
extraordinary account *(Bank)* außerordentliche Rechnung *f*
~ **benefits** *(RW)* außerordentliche Erträge *mpl*
~ **charge** *(RW)* außerordentlicher Aufwand *m*
~ **depreciation** *(RW)* außerordentliche Abschreibung *f*
~ **expenditure** *(RW)* außerordentliche Aufwendungen *fpl*
~ **expenses** *(RW)* außerordentliche Aufwendungen *fpl*
~ **gain** *(RW)* außerordentlicher Ertrag *m*
~ **general meeting** *(Mgt)* außerordentliche Hauptversammlung *f*, außerordentliche Vollversammlung *f*
~ **income** *(RW)* außerordentlicher Ertrag *m*
~ **loss** *(RW)* außerordentlicher Verlust *m*
~ **meeting** *(Gesch, Mgt)* außerplanmäßige Sitzung *f* [Tagung *f*, Versammlung *f*]
extrapolate *v (WiWi)* hochrechnen
extrapolation *(Stat)* Extrapolation *f*, Hochrechnung *f*
extremum *(WiWi)* Extremwert *m*

extrinsic value *(Bö)* Option *f* ohne Substanzwert, äußerer Wert *m*
eye-catching *adj (V&M)* auffällig
eyewash *(V&M) (ugs.)* fauler Zauber *m*, *(ugs.)* Geschwätz *n*, *(ugs.)* Augenwischerei *f*

F

fabricate *v (Gesch)* herstellen, fertigen *(goods)*
face *v (Gesch)* sich stellen
~ **a problem** *(Mgt)* vor einem Problem stehen
face *(Gb)* Fassade *f (of building)* • **in the ~ of** *(Gesch)* angesichts
~ **interest rate** *(Bank)* Nominalzinssatz *m*
~ **of policy** *(Vers)* Versicherungssumme *f*
~**-to-face selling** *(V&M)* persönlicher Verkauf *m*
~ **value** 1. *(Fin)* Nennwert *m*, Nennbetrag *m*, Nominalwert *m*, Nominalbetrag *m*; 2. *(Ins)* Versicherungssumme *f (face amount)* • **at ~ value** *(Fin, Bö)* nominal, zu pari, zum Nennwert, zum Nominalwert
facilitate *(Gesch, Trans)* einrichten, erleichtern
facilities 1. *(Bank)* Fazilitäten *fpl*; 2. *(Pers)* Einrichtungen *fpl*
facility letter 1. *(Bank)* Kreditbestätigung *f*; 2. *(AH)* Bankbürgschaft *f*
facsimile *(Komm, Gesch)* Faksimile *n*, Fax *n (hardware)*
fact 1. *(Gesch)* Tatsache *f*; 2. *(Recht)* Umstand *m*
~**-finding** *(Gesch)* Tatsachenfeststellung *f*
factor 1. *(Gesch)* Faktor *m*; 2. *(Recht)* Umstand *m* • **at ~ cost** *(WiWi)* zu Faktorkosten
~ **analysis** *(Stat, WiWi)* Faktoranalyse *f*
~ **costs** *(WiWi, Ind)* Faktorkosten *pl*, Produktionskosten *pl (production)*
~ **endowment** *(WiWi)* Faktorausstattung *f*
~ **income** *(WiWi)* Faktoreinkommen *n*
~ **market** *(WiWi)* Faktormarkt *m*
~ **price equalization theorem** *(WiWi)* Faktorpreisausgleichstheorem *n*
~ **of location** *(WiWi, Ind)* Standortfaktor *m*
~ **of production** *(WiWi, Ind)* Produktionsfaktor *m*
~ **productivity** *(WiWi)* Faktorproduktivität *f*
factorage *(Fin)* Faktoringgebühr *f*, Faktoringentgelt *n*, Provision *f* des Kommissionärs
factorial terms of trade *(WiWi)* faktorielles Austauschverhältnis *n*
factoring *(RW, Fin)* Forderungsverkauf *m*, Factoring *n (of receivables)*
factory *(Ind)* Fabrik *f*, Fabrikanlage *f*, Fabrikgebäude *n*, Fertigungsanlage *f*, Betrieb *m*, Werk *n*
~ **management** *(Pers, Ind, Mgt)* Betriebsleitung *f*
~ **outlet** *(V&M)* Fabrikverkaufszentrum *n*
~ **overheads** *(RW, WiWi)* Fertigungsgemeinkosten *pl*
~**-owned apartment** *(Gb)* Betriebswohnung *f*, Werkswohnung *f*
~ **supplies** 1. *(RW)* Hilfs- und Betriebsstoffe *mpl*; 2. *(Ind)* Betriebsstoffe *mpl*
~ **worker** *(Pers)* Fabrikarbeiter(in) *m(f)*
facts and figures *(Gesch)* Daten *pl*, Fakten *mpl* und Zahlen *fpl*
fail *v* 1. *(Bank)* zusammenbrechen; 2. *(Gesch)* untergehen, insolvent werden, scheitern *(company)*; 3. *(Recht)* versäumen
~ **an examination** *(Pers)* eine Prüfung nicht bestehen, bei einer Prüfung durchfallen
~ **to comply (with an order)** *(Recht)* (einer Anordnung) zuwiderhandeln
~ **to disclose** *(Recht)* verschweigen
failed takeover bid *(Fin)* gescheiterte Übernahme *f*, gescheitertes Übernahmeangebot *n*
failure 1. *(Bank)* Insolvenz *f*, 2. *(Gesch)* Ausfall *m*; Insolvenz *f (of firm)*; 3. *(Recht)* Versäumnis *n*; 4. *(Mgt)* Misserfolg *m*
~ **rate** *(Gesch)* Ausfallquote *f*
~ **to comply** *(St)* Nichtbefolgung *f*
~ **to take advantage** *(Gesch)* Nichtinanspruchnahme *f*
fair *adj* 1. *(RW, Gesch, Pers)* angemessen; 2. *(Recht)* gerecht
fair *(Gesch)* Ausstellung *f*, Messe *f (trade fair)*
~ **business practices** *(Gesch)* angemessene Geschäftspraktiken *fpl*
~ **competition** *(WiWi, Recht)* lauterer Wettbewerb *m (commercial)*
~ **dismissal** *(Pers)* Entlassung *f* aus triftigem Grund

~ **market rent** *(Gb)* ortsübliche Miete *f*, übliche Miete *f*, übliche Pacht *f*
~ **presentation** *(AE) (RW)* Buchführung im Sinne der Grundsätze ordnungsgemäßer Buchführung
~ **price** *(Gesch)* angemessener Marktpreis *m*, fairer Preis *m*
~ **rate of return** *(RW, Fin)* angemessene Verzinsung *f*
~ **return** *(RW)* angemessene Verzinsung *f*, marktübliche Rendite *f*
~ **value** *(RW)* angemessener Wert *m*, Zeitwert *m*, Kapitalwert *m (of assets)*
~ **wear and tear** *(Gesch)* übliche Abnutzung *f*
fairness *(Gesch)* Kulanz *f (of conditions)*
faith/in good 1. *(Gesch)* in gutem Glauben; 2. *(Recht)* nach Treu und Glauben
fall *v (Gesch)* fallen, sinken, stürzen *(prices)*; abfallen *(rate)*
~ **apart** *(Gesch)* auseinander brechen; scheitern *(plan, negotiations)*
~ **back on** *(Gesch)* zurückgreifen auf, Hilfe suchen bei
~ **behind** *(Gesch)* zurückbleiben
~ **foul of the law** *(Recht)* ein Gesetz verletzen
~ **short of** *(Gesch)* nicht erfüllen *(expectations)*
fall *(Gesch) (rate)* Abfall *m*; Niedergang *m*, Sinken *n*, Rückgang *m (in price)*
~ **in supplies** *(WiWi)* Angebotsrückgang *m*
~ **in the bank rate** *(Bank)* Diskontsenkung *f*
fallback position 1. *(Gesch)* Mindestforderung *f*, 2. *(Pol)* Rückzugsposition *f*
fallible *adj (Gesch)* fehlbar
falling trend *(Bö)* fallende Tendenz *f*
fallout *(Gesch, Pol)* unerwartetes Nebenergebnis *n*
fallow *adj (Gesch, Gb)* brach, brachliegend
false *adj (Gesch)* falsch, unrichtig
~ **advertising** *(Gesch, V&M)* irreführende Werbung *f*
~ **economy** *(WiWi)* falsche Sparsamkeit *f*
~ **or misleading information** *(Recht)* falsche oder irreführende Information *f*
falsification of documents *(Recht)* Urkundenfälschung *f*
family benefits *(Soz)* Familienbeihilfen *fpl*
~ **brands** *(V&M)* Dachmarke *f*
~ **business** *(Gesch)* Familienbetrieb *m*, Familienunternehmen *n*
~**-owned business** *(Gesch)* Familienbetrieb *m*
~**-owned company** *(WiWi)* Familiengesellschaft *f*
~ **status** *(Pers, Soz)* Familienstand *m*
FAQ(s) *s.* Frequently Asked Question(s)
far-reaching *adj (Gesch)* weit reichend *(consequences)*
~**-seeing** *adj (Gesch)* weit blickend, weitsichtig
~**-sighted** *adj (Gesch)* weit blickend, weitsichtig
farm loan *(WiWi)* Agrarkredit *m*
~ **tenancy** *(Gb)* Landpacht *f*, landwirtschaftlicher Pachtvertrag *m*
farming *(WiWi)* Agrarwirtschaft *f*, Bewirtschaftung *f*
FAS *s.* free alongside ship
fashion *(Gesch, V&M)* Mode *f* • **in ~** *(Gesch, V&M)* hochmodisch, in Mode • **out of ~** *(Gesch)* altmodisch, unmodern
fast *adj (Gesch)* rasch, schnell • **be on the ~ track** *(Pers)* schnell Karriere machen
~**-growing** *(WiWi)* schnell wachsend
~ **lane** *(Trans)* Überholspur *f*
~**-moving article** *(Gesch, V&M) (ugs.)* Renner *m*
fatal error *(Gesch)* schwerer Fehler *m*, gravierender Fehler *m*
fault 1. *(EDV, Gesch)* Fehler *m*, Verschulden *n*, Versagen *n*; 2. *(Recht)* Schuld *f* • **be at ~** *(Recht)* Schuld haben • **no ~** *(Vers)* Schuldlosigkeit *f (damage insurance)*
faultless *adj (Gesch)* fehlerfrei, mängelfrei
faulty *adj (Gesch)* fehlerhaft
~ **goods** *(V&M)* fehlerhafte Waren *fpl*
favo(u)r *v (Gesch)* begünstigen, bevorzugen
favo(u)r *(Gesch)* Gefallen *m*, Gunst *f* • **be in ~ of** *(Gesch)* einverstanden sein mit • **in ~ of** *(Gesch)* zu Gunsten von *(project, suggestion)*
favo(u)rable *adj (Gesch)* attraktiv, günstig *(price, conditions)*
~ **balance of trade** *(WiWi, AH)* aktive Handelsbilanz *f*
~ **exchange rate** *(Bö)* günstiger Wechselkurs *m*

~ **rate** *(WiWi)* günstiger Tarif *m*
~ **trade balance** *(WiWi, AH)* aktive Handelsbilanz *f*
fax *v (Komm, EDV, Gesch)* faxen
fax *(Verw, Komm, Gesch)* Fax *n*, Faksimile *n*
~ **on demand** *(Komm)* Faxabruf *m (several documents possible)*
~ **polling** *(Komm)* Faxabruf *m (one document only)*
faxback *(Komm)* Faxabruf *m (several documents possible)*
fear of prejudice *(Recht)* Besorgnis *f* der Befangenheit
feasibility (Gesch) Durchführbarkeit *f*, Machbarkeit *f*, Realisierbarkeit *f*
~ **report** *(Gesch)* Durchführbarkeitsbericht *m*
~ **study** *(Gesch)* Durchführbarkeitsuntersuchung *f*, Vorstudie *f*, Projektstudie *f*
~ **survey** *(Gesch)* Projektstudie *f*
feasible *adj (Gesch)* durchführbar
feature 1. *(Med)* Feature *n (in newspaper)*; 2. *(Gesch, Pat)* Eigenschaft *f*, Merkmal *n*
~ **article** *(Med)* Dokumentarbericht *m*
fed funds *(AE) (Bank)* Tagesgeld *n*, Zentralbankgeld *n*
Fed/the *s.* Federal Reserve System
federal *adj (WiWi, Pol)* föderal, Bundes…, bundesstaatlich
~ **deficit** *(AE) (WiWi)* Staatsdefizit *n (central government)*
~ **finance** *(AE) (Fin)* bundesstaatliches Finanzwesen *n*
~ **funds** *(AE) (Bank)* Tagesgeld *n*, Zentralbankgeld *n (money market)*
~ **funds rate** *(AE) (Bank)* Tagesgeldsatz zwischen US-Banken
~**-level** *adj (WiWi, Pol)* auf Bundesebene
~ **reserve note** *(AE) (Bank) (jarg.)* Fed-Schuldverschreibung *f*
~ **tribunal** *(Recht)* Bundesgerichtshof *m (Germany)*
Federal Cartel Office *(AE) (WiWi)* Bundeskartellamt *n*, Bundeskartellbehörde *f*
~ **Open Market Committee** *(AE) (WiWi)* Offenmarktausschuss des Federal Reserve System
~ **Reserve Bank** *(AE) (Bank, WiWi)* amerikanische Zentralbank, ≈ Europäische Zentralbank *f*, EZB
~ **Reserve Board** *(AE) (Bank, WiWi)* Vorstand des Federal Reserve System
~ **Reserve System** *(AE) (Bank, WiWi, Fin)* Zentralbanksystem der Vereinigten Staaten
~ **Statistical Office** *(WiWi)* statistisches Bundesamt *m (Germany)*
feedback *(Gesch)* Feed-back *n*, Rückkopplung *f*
feel of the market *(Gesch, V&M)* Marktgespür *n*, Gespür *n* für den Markt, Marktsinn *m*
feel *v* **the pinch** *(WiWi)* die schlechte Lage zu spüren bekommen
fees and expenses *(Recht)* Gebühren *fpl* und Auslagen *fpl*
felonious *adj (Recht)* verbrecherisch
fend *v* **off** *(Gesch)* abwehren *(question)*
fibre optics *(BE)* 1. *(Komm)* Glasfaseroptik *f*, Lichtwellenleiter *m (communications technology)*; 2. *(EDV)* Lichtwellenleitertechnik *f*; 3. *(Ind)* Faseroptik *f*
fibreboard *(BE) (Ind)* Faserplatte *f*, Holzfaserplatte *f*, Pappe *f*
fibreglass *(BE) (Ind)* Fiberglas *n*, Glasseide *f (spun)*; Glasfasern *fpl (reinforced)*
fibreoptic cable *(BE) (Ind)* Glasfaserkabel *f*, Lichtleitfaserkabel *f*
fictitious *adj (Gesch)* fiktiv, vorgetäuscht
~ **invoice** *(Gesch)* fingierte Rechnung *f*
~ **transaction** *(Recht)* Scheingeschäft *n*
fiddle *v (RW) (ugs.)* frisieren *(a bill)*
~ **accounts** *(RW) (ugs.)* die Bücher frisieren
fidelity *(Gesch)* Treue *f*
~ **bonus** *(Pers)* Treueprämie *f*
~ **guarantee** *(Vers)* Kaution *f*
fiduciary *adj (Recht)* treuhänderisch, fiduziarisch
fiduciary *(Recht)* Treuhänder(in) *m(f)*
~ **account** *(Bank)* Treuhandkonto *n*
~ **banking** *(Bank)* Treuhandgeschäft *n*
~ **operation** *(Bank)* Treuhandgeschäft *n (investment banking)*
field 1. *(Ind)* Gebiet *n*, Datenfeld *n*, Gesichtsfeld *n* (of research); *2. (V&M)* Feld *n*
~ **force** *(V&M)* Außendienstmitarbeiter *mpl*
~ **of action** *(Gesch)* Tätigkeitsbereich *m*
~ **of activity** *(Pers)* Arbeitsbereich *m*

~ **organization** 1. *(Verw)* Außendienstorganisation *f*; 2. *(V&M)* Niederlassung *f* *(branch)*; Außendienst *m* *(sales team)*
~ **service** *(Gesch)* Außendienst *m*
~ **staff** *(Pers)* Außendienstmitarbeiter *mpl*
~ **survey** *(V&M)* Marktforschung *f* vor Ort, Absatzforschung *f*
~ **worker** *(Gesch, V&M)* Außendienstmitarbeiter(in) *m(f)*, Kundenkontakter(in) *m(f)*; Marktbefrager(in) *m(f)* *(market research)*
fierce *adj (Gesch)* heftig *(competition)*
FIFO *s.* first in first out
fight *v (Gesch)* kämpfen, bekämpfen
~ **a losing battle** *(Gesch)* eine verlorene Schlacht kämpfen
~ **back** *(Gesch)* zurückschlagen
figure 1. *(Stat)* Zahl *f*, Ziffer *f*; 2. *(Med)* Illustration *f*; 3. *(Pat)* Abbildung *f*, Illustration *f* *(of a drawing)* • **get the figures wrong** *(Gesch)* falsche Zahlen ermitteln
file *v* 1. *(Verw)* ablegen *(document)*; einreichen *(application)*; 2. *(Pat)* zu den Akten geben
~ **a claim** 1. *(Vers)* einen Antrag stellen; 2. *(Recht)* eine Forderung einreichen
~ **a lawsuit** *(Recht)* einen Zivilprozess anstrengen
~ **for bankruptcy** *(Fin)* Insolvenz anmelden
~ **one's tax return** *(St)* seine Steuererklärung einreichen
file 1. *(Verw)* Akte *f*, Aktenstück *n*; 2. *(EDV)* Datei *f*; 3. *(Gesch)* Vorgang *m*; 4. *(Pat)* Akte *f* • ~ **not found** *(EDV)* Datei nicht gefunden
~ **attachment** *(EDV, Komm)* angehängte Datei *f* *(E-Mail)*
~ **copy** *(Verw)* Ablagekopie *f*, Aktenkopie *f*
~ **protection** *(EDV)* Dateischutz *m*
filing 1. *(Verw)* Ablage *f*, Archivierung *f*; 2. *(Gesch)* Ablage *f* *(clerical duty)*
~ **date** *(Gesch)* Abgabefrist *f*
~ **system** *(Verw)* Ablagesystem *n*
fill *v (Pers)* innehaben *(occupy post)*; einnehmen *(take up post)*; besetzen *(recruit for post)*
~ **a gap** *(Gesch, V&M)* eine Marktlücke füllen, eine Marktlücke schließen *(in market)*
~ **a vacancy** *(Pers)* eine Stelle besetzen *(employer)*
~ **in** *(Gesch)* ausfüllen *(blanks, form)*; eintragen, eintragen in *(date)*
~**-or-kill** *(AE) (Bö)* Option ausüben oder aufgeben
fill-in *(Pers)* Aushilfe *f*, Aushilfskraft *f*
filling of a vacancy *(Pers)* Besetzung *f* einer offenen Stelle
final *adj* 1. *(Gesch)* endgültig, letzte, End...; 2. *(Recht)* rechtskräftig
~ **acceptance** *(Gesch)* Endabnahme *f* *(of goods)*
~ **accounts** *(RW)* Endabrechnung *f*
~ **balance** *(RW)* Endbestand *m*, Endsaldo *m*; Schlussbilanz *f* *(final balance sheet)*
~ **consumer** *(V&M)* Endverbraucher(in) *m(f)*
~ **date for acceptance** *(Gesch)* Abgabefrist *f*
~ **deadline** *(Recht)* Abgabetermin *m*, Endtermin *m* *(contract law)*
~ **demand** *(RW, WiWi)* Endnachfrage *f*
~ **good** *(WiWi)* Endprodukt *n*
~ **income** 1. *(WiWi)* verfügbares Einkommen *n*; 2. *(Fin, St)* versteuertes Einkommen *n*
~ **instal(l)ment** *(Fin)* Abschlusszahlung *f*, letzte Rate *f*
~ **notice** *(Gesch)* endgültiger Bescheid *m*
~ **trading day** *(Bö)* letzter Handelstag *m*
~ **warning** *(Pers)* letzte Warnung *f*
finalize *v (Gesch)* abschließen
finance *v (Fin)* finanzieren
finance *(Fin)* Finanzwesen *n*, Finanzierung *f*
~ **bill** *(Bank, Fin)* Finanzwechsel *m* *(bank draft)*
~ **house** *(BE)* 1. *(Bank)* Kundenkreditbank *f*, 2. *(Fin)* Finanzierungsinstitut *n*, Teilzahlungsbank *f*
~ **lease** *(Fin, Gesch)* Financial-Leasing *n* *(long term)*
~ **leasing** *(Fin, Gesch)* Financial-Leasing *n* *(long term)*
~ **sector** *(Fin)* Finanzsektor *m*
financial *adj (Fin, St)* finanziell, Finanz... • **in ~ surplus** *(WiWi) (ugs.)* finanziell im Plus, im Gewinnbereich
~ **account** *(WiWi)* Kapitalbilanz *f* *(BOP)*
~ **accounting** 1. *(RW)* Bilanzierung *f*, Rechnungslegung *f*; 2. *(Fin)* Finanzbuchhaltung *f*, Geschäftsbuchhaltung *f*
~ **assets** *(WiWi)* Finanzanlagen *fpl*

~ **balance** *(WiWi)* finanzielles Gleichgewicht *n*
~ **burden** *(Fin)* finanzielle Belastung *f*
~ **capital** *(Fin)* Finanzkapital *n*
~ **contribution** *(Fin)* Beitrag *m*
~ **control** *(RW, Fin)* Finanzkontrolle *f*
~ **damage** *(Fin)* Vermögensschaden *m*
~ **disclosure** *(Fin)* finanzielle Offenlegung *f*
~ **encumbrance** *(Fin)* finanzielle Belastung *f*
~ **engineering** *(Fin)* Finanzierungstechnik *f*, Financial Engineering *n*
~ **expenses** *(Fin)* Finanzierungskosten *pl*
~ **flow** *(WiWi)* Finanzierungsströme *mpl*
~ **forecasts** *(Fin)* Finanzprognosen *fpl*
~ **futures market** *(Fin, Bö)* Finanzterminmarkt *m*
~ **holding company** *(Fin)* Finanzholding *f*
~ **incentive** *(Fin)* finanzieller Anreiz *m*
~ **injection** *(Fin) (ugs.)* Finanzspritze *f*
~ **innovation** *(Bank, WiWi)* Finanzinnovation *f*
~ **institution** *(Fin)* Finanzinstitut *n*, Geldinstitut *n*, Kreditinstitut *n*
~ **journalism** *(Fin)* Finanzjournalismus *m*, Wirtschaftsjournalismus *m*
~ **leasing** *(Fin, Gesch)* Financial-Leasing *n (long term)*
~ **leverage ratio** *(Fin)* Leverage-Kennziffer *f*
~ **loss** *(Fin)* Vermögensschaden *m*, finanzieller Verlust *m*, Ausfall *m*
~ **management** 1. *(RW)* Finanzmanagement *n*, Finanzplanung *f*; 2. *(Fin)* Finanzplanung *f*; 3. *(Mgt)* Finanzmanagement *n*, Finanzverwaltung *f*, Finanzwesen *n*
~ **management report** *(Fin)* Finanzbericht *m*, Finanzplanungsbericht *m*
~ **manager** *(Pers)* Finanzvorstand *m*; Leiter(in) *m(f)* der Finanzen
~ **market** *(Fin)* Finanzmarkt *m*
~ **market players** *(Bank)* Finanzmarktkreise *mpl*
~ **muscle** *(Fin, V&M)* Finanzkraft *f*, finanzielle Macht *f*
~ **needs** *pl (Fin, Ind)* Finanzbedarf *m*
~ **news** *(Fin)* Börsenbericht *m*, Börsennachrichten *fpl*
~ **period** *(RW)* Geschäftsjahr *n*
~ **policy** *(Fin)* Finanzpolitik *f*
~ **position** *(RW)* Finanzlage *f*, Finanzstatus *m*
~ **ratio** *(Fin)* finanzwirtschaftliche Kennzahl *f*
~ **report** *(Fin)* Jahres(abschluss)bericht *m*, Lagebericht *m*, Bericht *m* über die Vermögenslage
~ **requirements** *(Fin)* Finanzbedarf *m*, Kapitalbedarf *m*
~ **restructuring** *(Fin)* Umschuldung *f*, Sanierung *f*
~ **risk** *(Bö)* finanzielles Risiko *n*
~ **services** *(Fin)* Finanzdienstleistungen *fpl*, finanzielle Dienstleistungen *fpl*
~ **situation** *(RW)* Finanzlage *f*, Finanzstatus *m*
~ **stability** *(Fin)* finanzielle Stabilität *f*
~ **standard** *(Fin)* finanzieller Standard *m*
~ **standing** *(Fin)* Bonität *f*, Kreditwürdigkeit *f*, Kreditfähigkeit *f*
~ **statement** 1. *(RW)* Finanzausweis *m*, Abschluss *m*, Jahresabschluss *m*; 2. *(Fin)* Bericht *m* über die Vermögenslage, Vermögensaufstellung *f*, Finanzstatus *m (liquidity)*
~ **straits** *(Verw)* finanzieller Engpass *m* • **be in ~ straits** *(Fin)* sich in finanziellen Schwierigkeiten befinden
~ **strength** *(Bank)* Finanzkraft *f*, Kapitalkraft *f*
~ **structure** *(RW, WiWi, Fin)* Finanzierungsstruktur *f*, Kapitalstruktur *f (balance sheet)*
~ **support** *(WiWi)* finanzielle Unterstützung *f*
~ **year** 1. *(RW)* Bilanzjahr *n*, Wirtschaftsjahr *n*; 2. *(WiWi)* Finanzjahr *n*, Geschäftsjahr *n*, Haushaltsjahr *n*; 3. *(Fin, St)* Bilanzjahr *n*

financially sound *adj (Gesch)* finanziell gesund

financing *(Fin)* finanzielle Mittel *npl*, Finanzierung *f*
~ **adjustment** *(Fin)* Finanzierungsanpassung *f*
~ **package** *(Fin)* Gesamtfinanzierung *f*, Finanzierung *f* aus einer Hand

find *v* **employment** *(Pers)* Arbeit finden, Beschäftigung finden
~ **work** *(Pers)* Arbeit finden, Beschäftigung finden

findings *(Recht)* festgestellter Sachverhalt *m (of fact)*; Feststellungen *fpl (of investigation, tribunal)*

fine 1. *(Pers)* Geldbuße *f*, 2. *(Recht)* Geldstrafe *f (pecuniary penalty)*
fine-tuning 1. *(EDV)* Feineinstellung *f*, 2. *(WiWi)* Feinabstimmung *f*, Feinsteuerung *f*
finish *v (Ind)* veredeln
finished goods *(Gesch)* Fertigwaren *fpl*
~ **product** *(Gesch)* Fertigprodukt *n*
~ **products** *(WiWi)* Enderzeugnisse *npl*
finishing *(Ind)* Endbearbeitung *f*, Nachbearbeitung *f*, Veredelung *f*
finite *adj (Umw)* begrenzt
fire *v (Pers)* entlassen, *(ugs.)* feuern *(staff)*
fire wall 1. *(Vers, Soz)* Brandmauer *f*, Feuerschutzmauer *f (in building)*; 2. *(EDV)* Zugangsschutzsystem *n*, Firewall *f (data security)*
firm *v (Bö)* anziehen, sich befestigen, fest tendieren
firm *adj* 1. *(WiWi)* stabil, fest *(currency)*; 2. *(Gesch)* verbindlich, stabil *(order)*; 3. *(V&M, Trans)* stabil
firm *(WiWi, Gesch)* Firma *f*, Unternehmen *n*
~ **commitment** *(Bö)* feste Übernahmeverpflichtung *f (securities underwriting)*
~ **offer** *(Gesch)* Festangebot *n*, festes Angebot *n*, verbindliche Offerte *f*, verbindliches Angebot *n*
~ **order** *(V&M)* Fixauftrag *m*
~ **quotation** *(WiWi)* verbindliche Kursnotierung *f*
first best economy *(WiWi)* pareto-optimale Volkswirtschaft *f*
~ **come, first served** *(Gesch)* wer zuerst kommt, mahlt zuerst *(principle of priority = Prioritätsprinzip; e.g. domain registration)*
~ **economy** *(WiWi, Pol)* offizielle Wirtschaft *f*
~ **in first out** *(RW)* nach Fifo-Methode *f*
~**-instance fiscal court** *(St)* Finanzgericht *n*
~ **lien** *(Gb)* erstrangiges Pfandrecht *n*
~ **mortgage** *(Bank)* erste Hypothek *f*
~ **quarter** *(Gesch)* erstes Quartal *n*
~**-rate** *adj (Gesch)* erstklassig
~ **reminder** *(RW)* erste Mahnung *f*
fiscal *adj (WiWi, St)* fiskalisch, Fiskal..., steuerlich, Steuer...
~ **authorities** *(Bank, Fin, St)* Finanzbehörden *fpl*, Steuerbehörden *fpl*, Fiskus *m*
~ **barrier** *(WiWi)* fiskalische Schranke *f (international trade)*
~ **deficit** *(RW)* Haushaltsdefizit *n*, Finanzdefizit *n*
~ **drag** *(WiWi, Fin, St)* fiskalische Bremse *f*, kalte Progression *f*, Entzugseffekt *m* der Steuerprogression, Fiscal Drag-Effekt *m*
~ **evasion** *(St)* Steuerhinterziehung *f*
~ **incidence** *(St)* Steuerinzidenz *f*, Steuer(belastungs)wirkung *f*
~ **inducement** *(St)* steuerlicher Anreiz *m*
~ **multiplier** *(WiWi)* Steuermultiplikator *m*
~ **neutrality** *(St)* Steuerneutralität *f*
~ **period** *(RW, St)* Abrechnungsperiode *f*, Buchungszeitraum *m*, Geschäftsperiode *f*, Rechnungsperiode *f*
~ **policy** *(WiWi)* Fiskalpolitik *f*
~ **year** (RW, *Fin*, St) Bilanzjahr *n*, Geschäftsjahr *n*, Rechnungsjahr *n*, Steuerjahr *n*, Wirtschaftsjahr *n*; Finanzjahr *n*, Haushaltsjahr *n (public accounting)*
~ **year ended** *(St)* abgeschlossenes Geschäftsjahr *n*, abgeschlossenes Haushaltsjahr *n*, abgeschlossenes Wirtschaftsjahr *n*
fit *v* 1. *(Gesch)* entsprechen *(requirements)*; 2. *(Gesch)* einbauen
~ **out** *(Gesch)* ausstatten
fit *adj (Bö)* passend
fix *(AE) (Fin)* Bestechung *f* • **be in a ~** *(Gesch) (ugs.)* in der Klemme sitzen
fix *v* **quotas** *(AH)* Quoten festlegen
fixed *adj* 1. *(Bank)* fest; 2. *(Gesch)* bestimmt, fixiert
~ **allowance** *(Gesch)* Fixum *n*
~ **asset** *(RW)* Anlagegegenstand *m*, Gegenstand *m* des Anlagevermögens
~ **asset account** *(RW)* Sachanlagenkonto *n*
~ **asset investment** *(RW)* Anlageinvestitionen *fpl*
~ **assets** 1. *(RW)* Anlagevermögen *n*; 2. *(WiWi)* Sachanlagen *fpl*
~ **capital** 1. *(WiWi)* Anlagevermögen *n*; 2. *(Fin)* Anlagekapital *n*
~ **charge** *(RW, WiWi)* feste Belastung *f*
~**-charge coverage** *(RW)* Fixkostendeckung *f*
~ **costs** *(RW, WiWi)* fixe Kosten *pl*, Fixkosten *pl*, Gemeinkosten *pl*

~ **demand** *(WiWi)* unelastische Nachfrage *f*
~ **deposit** *(Bank)* Festgeld *n*, Termineinlage *f*
~ **exchange rate** *(WiWi)* fester Wechselkurs *m*
~-**interest loan** *(Fin)* festverzinsliches Darlehen *n*
~ **loan** *(Bank)* langfristiges Darlehen *n*
~ **maturity** *(Bank)* feste Laufzeit *f*
~ **overheads** *(RW)* fixe Gemeinkosten *pl*
~-**rate mortgage** *(Bank)* Festsatzhypothek *f*, Festzinshypothek *f*
~ **salary** *(Pers)* Festgehalt *n*, Fixum *n*
~ **supply** *(WiWi)* unelastisches Angebot *n*
~-**term contract** *(Pers)* zeitlich befristeter Vertrag *m*
~-**term deposit** *(Bank)* Termingeld *n*, Festgeldanlage *f*
~-**term employment contract** *(Pers)* befristeter Arbeitsvertrag *m*
~ **terms** *(Verw)* Festkonditionen *fpl*
~ **working hours** *(Pers)* starre Arbeitszeit *f*
fixtures *(Gb)* Grundstücksbestandteile *mpl*, unbewegliches Inventar *n*
~ **and fittings** 1. *(RW)* Anschlüsse *mpl* und unbewegliches Inventar *n*; 2. *(Gesch)* Betriebs- und Geschäftseinrichtung *f*, Betriebs- und Geschäftsausstattung *f*
flagship site *(Gesch)* Hauptgeschäftsbereich *m*, Kernbereich *m*
~ **store** *(V&M)* Hauptgeschäft *n*
~ **display monitor** *(EDV)* Flachbildschirm *m (flat display screen)*
flat fee 1. *(Bank, Pat)* Pauschalgebühr *f*; 2. *(Fin)* Einheitstarif *m*, Grundgebühr *f*
~ **monitor** *s.* flat display monitor
~ **market** *(Bö)* lustloser Markt *m*
~ **organization** *(Mgt)* flache Organisation *f (lean organization)*
~ **pay** *(Verw)* Grundgehalt *n*
~ **price** *(Bö)* Erwerbskurs *m*
~-**rate** *adj (Gesch)* pauschal, Pauschal...
~ **rate** 1. *(V&M)* Einheitstarif *m*; 2. *(St)* Proportionalsatz *m*
~-**rate fee** *(Bank, Pat)* Pauschalgebühr *f*
~ **rate of pay** *(Pers)* Pauschalzahlung *f*
~-**rate payment** *(Gesch, Soz)* Pauschalzahlung *f*, Pauschalleistung *f*, Pauschalbetrag *m*
~-**rate tax** *(St)* Pauschalsteuer *f*
flatten *v (Stat)* abflachen *(curve)*

flawed *adj (Gesch)* fehlerhaft
fledgling commercial field *(Gesch)* junges Geschäftsfeld *n*, junger Wirtschaftsbereich *m*
flexibility *(Gesch)* Flexibilität *f*, Anpassungsfähigkeit *f*
flexible *adj (Gesch)* flexibel, anpassungsfähig, beweglich
~ **accelerator** *(WiWi)* flexibler Akzelerator *m*
~ **exchange rate** *(WiWi)* flexibler Wechselkurs *m*
~ **working hours** 1. *(Verw)* Gleitzeit *f*; 2. *(Pers)* flexible Arbeitszeit *f*, Gleitzeit *f*, gleitende Arbeitszeit *f*
flexitime *(Pers)* gleitende Arbeitszeit *f*, Gleitzeit(arbeit) *f*, flexible Arbeitszeit *f*
flight 1. *(Gesch)* Flucht *f*; 2. *(F&T, Trans)* Flug *m*
~ **of capital** 1. *(WiWi)* Kapitalflucht *f*; 2. *(Fin)* Abwanderung *f* von Kapital
float *v (Fin)* auflegen, begeben
~ **an issue** *(Bö)* eine Anleihe auflegen
float *(Bank)* Float *m*, Inkassi *npl*, Wertstellungsgewinn *m*, Valutierungsgewinn *m*; Wechselgeld *n (change)*
floater 1. *(Bank)* zinsvariable Anleihe *f*, Generalpolice *f*, Pauschalversicherung *f*; 2. *(Bö)* zinsvariabler Schuldtitel *m*
floating *(Fin)* Floaten *n*, Floating *n (of currency)*; Wechselkursfreigabe *f*
~ **assets** *(RW)* Umlaufvermögen *n*
~ **debt** *(Fin)* schwebende Schuld *f*, kurzfristige Verbindlichkeit *f*
~ **exchange rate** *(WiWi)* flexibler Wechselkurs *m*
~ **interest rate** *(Bank)* veränderlicher Zinssatz *m*
~ **rate** *(WiWi)* freier Wechselkurs *m (of exchange)*
~-**rate** *adj (Fin)* variabel verzinslich
~-**rate deposit** *(Bö)* zinsvariable Einlage *f (interest rate futures)*
~-**rate loan** *(Bank)* zinsvariables Darlehen *n*, Anleihe *f* mit variablem Zinssatz
~-**rate notes** *(Bö)* Emission *f* mit variablem Zinssatz
~-**rate regime** *(WiWi)* System *n* flexibler Wechselkurse
floor 1. *(WiWi)* Talsohle *f*, unterer Interventionspunkt *m (exchange rate)*; 2. *(Fin, Bö)*

Mindestpreis *m*; Parkett *n*, Börsenparkett *n (location of trading)*
~ **price** *(WiWi)* Mindestpreis *m*
~ **rate** *(Bö)* Mindestzinssatz *m*, Zinsuntergrenze *f*
~ **return** *(Bö)* Mindestertrag *m*, Mindestrendite *f*
flop *(Gesch) (ugs.)* Flop *m*, *(ugs.)* Reinfall *m*, *(ugs.)* Pleite *f*
flotation *(Bö)* Begebung *f* eines Schuld- oder Beteiligungstitels
flow 1. *(RW)* Kapitalfluss *m (of funds)*; 2. *(EDV)* Fluss *m (of data)*; Ablauf *m (operations)*; 3. *(WiWi)* Stromgröße *f*, Strömungsgröße *f*, Flow-Größe *f*
~ **of funds** 1. *(RW)* Geldstrom *m*, Geldmittelbewegung *f (balance)*; 2. *(WiWi)* Kapitalstrom *m*; 3. *(Fin)* Kapitalfluss *m*
~**-of-funds table** *(Fin)* Geldstromtabelle *f (national accounts)*
~ **production** *(Ind)* Bandproduktion *f*, Fließarbeit *f*, Fließbandarbeit *f*, Fließfertigung *f*
flowchart 1. *(EDV)* Flussdiagramm *n*; 2. *(Gesch)* Ablaufdiagramm *n*
fluctuating currency *(WiWi)* frei schwankender Wechselkurs *m*
~ **exchange rate** *(WiWi)* frei schwankender Wechselkurs *m*, freier Wechselkurs *m*
fluctuation 1. *(WiWi)* Schwankung *f*, 2. *(Gesch)* Fluktuation *f*
~ **band** *(WiWi)* Bandbreite *f*
fluctuations in employment *(Pers)* Beschäftigungsschwankungen *fpl*
fly-by-night worker *(Pers)* Schwarzarbeiter(in) *m(f)*
flyer *(Komm, Med, V&M)* Flugblatt *n (advertisement)*
focal point *(Gesch)* Kernpunkt *m (of discussion)*
focus *v (Gesch)* einstellen, fokussieren
focus *(Gesch)* Mittelpunkt *m*, Brennpunkt *m*, Zentrum *n*
~ **group** *(Gesch, V&M)* Zielgruppe *f (market research)*
follow *v* 1. *(Gesch)* befolgen, folgen, folgen auf; 2. *(Pers, Mgt, Soz)* verfolgen *(course)*
~ **through** 1. *(Gesch) (ugs.)* durchziehen *(project, scheme)*; 2. *(Mgt)* bis zum Ende führen, zu Ende verfolgen
~ **up** 1. *(Komm, Gesch)* nachfassen; 2. *(Mgt)* weiteruntersuchen *(plans, suggestions, proposals)*
follow-up 1. *(Gesch)* Überwachung *f*, Anschluss *m*, Folgeschritte *mpl*; 2. *(Stat)* nachfassende Untersuchung *f*, Nachfrageaktion *f*
~**-up letter** 1. *(Komm)* Erinnerungsschreiben *n*, Nachfassbrief *m*; 2. *(Gesch)* Nachfassbrief *m*; 3. *(V&M)* Erinnerungsbrief *m*, Folgebrief *m*
~**-up orders** *(Gesch)* Anschlussaufträge *mpl*
~**-up program(me)** *(Gesch)* Anschlussprogramm *n*
foodstuffs *(Gesch)* Lebensmittel *npl*, Nahrungsmittel *npl*
footloose industry *(Ind)* standortungebundene Industrie *f*
footnote disclosure *(RW)* gesonderter Ausweis *m* als Anmerkung zur Bilanz
Footsie *(Bö) (BE)* Aktienindex *m* der Financial Times
force *v (Gesch)* durchsetzen, zwingen
~ **down** *(WiWi)* drücken *(interest rates)*
force *(Gesch)* Kraft *f*, Stärke *f* • **come into** ~ *(Recht)* in Kraft treten, wirksam werden *(regulations, legislation)* • **in** ~ *(Recht)* in Kraft *(regulations, legislation)*
~ **majeure** *(Vers, Recht)* höhere Gewalt *f*
forced saving *(WiWi)* Zwangssparen *n*
forecast *v (Gesch)* vorhersagen, vorhersehen
forecast 1. *(Gesch)* Voraussage *f*, Vorhersage *f*, Prognose *f*; 2. *(F&T)* Vorschau *f*
foreclose *v (Fin)* kündigen
foredate *v (Gesch)* vordatieren
forefront/at the *(Ind)* bahnbrechend, im Vorfeld *(of research and development)*
foreign *adj (Gesch)* ausländisch, Außen…, auswärtig *(trade)*
~ **corporation** *(Recht)* ausländische Gesellschaft *f*
~ **currency** *(Bank, WiWi, Fin, Recht)* Fremdwährung *f*
~ **currency balances** *(Bank)* Devisen *fpl* und Sorten *fpl*
~ **currency conversion rate** *(Bank, Gesch)* Devisenumrechnungssatz *m*
~ **currency outflow** *(WiWi)* Devisenabfluss *m*
~ **currency position** *(WiWi)* Fremdwährungsposition *f (international trade)*

~ **currency unit** *(WiWi)* ausländische Währungseinheit *f*
~ **demand** *(WiWi)* Auslandsnachfrage *f*
~ **direct investment** *(WiWi, Fin)* ausländische Direktinvestition *f*
~ **exchange** *(Gesch)* Devisen *fpl*
~ **exchange market** 1. *(WiWi)* Devisenbörse *f*, Devisenmarkt *m*; 2. *(Bö)* Devisenmarkt *m*
~ **exchange rate** *(WiWi)* Devisenkurs *m*, Wechselkurs *m*
~ **exchange reserves** *(WiWi)* Währungsreserven *fpl*
~ **exchange restrictions** *(WiWi)* Devisenbeschränkungen *fpl*
~ **exchange risk** *(WiWi)* Währungsrisiko *n*
~ **labo(u)r** *(Pers)* ausländische Arbeitnehmer *mpl*, ausländische Arbeitskräfte *fpl*
~ **lending** 1. *(Bank, WiWi)* Auslandsfinanzierung *f (BOP)*; 2. *(Fin)* Auslandsfinanzierung *f*
~ **money order** *(Bank)* internationale Geldanweisung *f*
~ **notes and coins** *(Fin)* Sorten *fpl*
~**-owned** *(Bank, Gesch, Trans)* in ausländischem Besitz
~ **participation** *(Fin, Gesch)* Auslandsbeteiligung *f*
~ **trade** 1. *(WiWi)* Außenhandel *m*; 2. *(AH)* Aktivhandel *m (carried on by domestic firms)*
~ **trade multiplier** *(WiWi)* Außenhandelsmultiplikator *m*
~ **trade turnover** *(Bank, WiWi)* Außenhandelsumsatz *m*
~ **worker** *(WiWi, Pers)* Fremdarbeiter(in) *m(f)*, Gastarbeiter(in) *m(f)*, ausländischer Arbeitnehmer *m*, ausländische Arbeitnehmerin *f*
foreigner *(Gesch)* Ausländer(in) *m(f)*
foreman *(Pers)* Meister *m*, Vorarbeiter(in) *m(f)*
foreseeable *adj (Gesch)* vorraussagbar *(predictable)* • **in the ~ future** *(Gesch)* in nächster Zukunft
~ **risk** *(Bö)* vorhersehbares Risiko *n*
forex position (WiWi) Devisenlage *f* (BOP)
forfaiting *(WiWi)* Forfaitierung *f (method of international trade finance)*
forge *v (Gesch)* fälschen
forgery 1. *(Gesch)* Fälschung *f*, Verfälschung *f*; 2. *(Recht)* Herstellung *f* falschen Beweismaterials
form *v (Gesch)* bilden *(committee, alliance)*; gründen *(company)*
~ **a partnership** *(Gesch)* eine Gesellschaft gründen
~ **a quorum** *(Mgt)* beschlussfähig sein
form 1. *(Recht)* Ausgestaltungsform *f*; 2. *(Pat)* Form *f*, Gestalt *f*, Schema *n (of the abstract)*; Formblatt *n*, Formular *n*, Vordruck *m (printed)* • **in the ~ of** *(Gesch)* in Form von
~ **requirement** *(Recht)* Formvorschrift *f*
formal *adj (Gesch)* formal, förmlich
~ **agreement** *(Gesch)* formale Vereinbarung *f*
~ **defect** *(Recht)* Formfehler *m*
~ **economy** *(WiWi)* offizielle Wirtschaft *f*
~ **notice** *(Gesch)* förmliche Mitteilung *f*, formelle Mitteilung *f*
~ **receipt** *(Gesch)* formelle Empfangsbestätigung *f*
~ **submission date** *(Fin)* offizieller Einreichungstermin *m*
formless *adj (Gesch)* formlos
formulate *v* 1. *(Gesch)* formulieren; 2. *(Recht)* festlegen *(rules, guidelines, conditions)*; 3. *(WiWi, Stat)* modellieren
forthcoming *adj (Gesch)* bevorstehend
fortnight *(Gesch)* zwei Wochen *fpl*, vierzehn Tage *mpl*
forward *v* 1. *(Komm)* weiterleiten *(package, document)*; 2. *(Gesch)* befördern; 3. *(Trans)* übersenden, transportieren *(shipping)* • **please ~** *(Komm)* bitte weiterleiten
forward buying *(Bö)* Kauf *m* auf Lieferung, Terminkauf *m*
~ **commodity** *(Bö)* Terminware *f*
~ **contract** *(Fin, Bö)* Terminkontrakt *m*
~ **cover** *(Bö)* Terminsicherung *f*
~ **currency deal** *(WiWi, Bö)* Devisentermingeschäft *n (international trade)*
~ **exchange** *(WiWi)* Devisentermingeschäft *n*, Devisenterminhandel *m*
~ **indicator** *(WiWi)* Frühindikator *m*
~ **integration** *(WiWi)* Vorwärtsintegration *f*
~ **linkage** *(WiWi)* absatzorientierte Verflechtung *f*
~ **market** *(Bö)* Terminmarkt *m*
~ **operation** *(Bö)* Termingeschäft *n*

~ **rate** *(Bö)* Terminkurs *m*
~ **rate agreement** *(Fin, Bö)* FRA, Zinsterminkontrakt *m*
~**-thinking** *adj (Gesch)* vorausdenkend
found *v (Gesch)* gründen • **be founded on** *(Gesch)* beruhen auf • **if ~ correct** *(Gesch)* nach Richtigbefund
foundation *(WiWi)* Stiftung *f (charitable, educational)*
founder *v* 1. *(Gesch)* fehlschlagen, scheitern *(project)*; in die Brüche gehen *(alliance)*; 2. *(Trans)* sinken, untergehen *(shipping)*
~ **member** *(Gesch)* Gründungsmitglied *n*
fountain pen *(Gesch)* Füllfederhalter *m*
fragmentation 1. *(EDV)* Fragmentierung *f (disk)*; 2. *(WiWi)* Aufteilung *f*, Fragmentierung *f*, Zersplitterung *f (of market)*
framework *(Fin, Gesch)* Rahmen *m (institutional)*
franchise 1. *(Vers)* Franchise *f*; 2. *(V&M)* Franchise *n*, Franchising *n*, Alleinverkaufsrecht *n*
~ **agreement** *(Recht)* Konzessionsvertrag *m*, Lizenzvertrag *m*
franchised *adj (Gesch)* konzessioniert
~ **dealer** *(BE) (Gesch)* Vertragshändler(in) *m(f)*
franchisee 1. *(Gesch)* Konzessionsinhaber(in) *m(f)*; 2. *(V&M)* Franchisenehmer(in) *m(f)*
franchising *(V&M)* Franchising *n*
franchisor *(Gesch, V&M)* Franchisegeber(in) *m(f)*
fraud *(RW, Gesch, Recht)* arglistige Täuschung *f*, Betrug *m*
~ **squad** *(BE) (Gesch)* Betrugsdezernat *n*
free *adj* 1. *(EDV)* frei; 2. *(Gesch)* frei, gratis, kostenlos; 3. *(AH, Trans)* frei • **there's no such thing as a ~ lunch** *(Gesch)* alles Gute hat seinen Preis
~ **admission** *(F&T)* kostenloser Eintritt *m*
~ **and open market** *(WiWi)* Wettbewerbsmarkt *m*
~ **alongside ship** *(AH, Trans)* frei Längsseite Schiff *(FAS; Incoterms)*
~ **call** *(Komm)* kostenfreier Anruf *m*, kostenloses Anrufen *n*
~ **enterprise economy** *(WiWi)* freie Marktwirtschaft *f*
~ **float** *(Bö)* Streubesitz *m* von Aktien
~**-for-all** *adj (Gesch)* allgemein zugänglich
~ **market economy** *(WiWi)* freie Marktwirtschaft *f*
~ **movement of capital** *(WiWi)* freier Kapitalverkehr *m (EU)*
~ **movement of goods and services** *(WiWi)* freier Waren- und Dienstleistungsverkehr *m (EU)*
~ **movement of labo(u)r** *(WiWi, Recht)* Freizügigkeit *f* der Arbeitnehmer *(EU)*
~ **of charge** *(Gesch)* gebührenfrei, kostenlos, zum Nulltarif, gratis
~ **of charges** *(Bank, Gesch)* spesenfrei
~ **of income tax** *(St)* einkommenssteuerfrei
~ **rider** *(Gesch)* Trittbrettfahrer(in) *m(f)*, Schwarzfahrer(in) *m(f)*
~ **sample** *(V&M)* kostenloses Muster *n*, Gratismuster *n*
~ **trade** *(WiWi)* Freihandel *m*
~**-trade area** *(WiWi, AH)* Freihandelszone *f*
freedom *(Recht)* Freiheit *f*
~ **of access** *(EDV, WiWi, Recht)* Zugangsfreiheit *f (market, Internet)*
~ **of association** *(Pol)* Vereinigungsfreiheit *f*, Koalitionsfreiheit *f*
~ **of capital movements** *(WiWi)* Freiheit *f* des Kapitalverkehrs *(EU)*
~ **of choice** *(Gesch, Pol)* Entscheidungsfreiheit *f*, Wahlfreiheit *f*
~ **of competition** *(WiWi)* Wettbewerbsfreiheit *f*
~ **of contract** *(Recht)* Vertragsfreiheit *f*
~ **of establishment** *(WiWi, Gesch, Pol)* Niederlassungsfreiheit *f (EU)*
~ **of movement** 1. *(WiWi)* Freizügigkeit *f*; 2. *(Gesch)* Bewegungsfreiheit *f (of workers, employees in EU)*
~ **of movement of persons** *(WiWi)* Freizügigkeit *f* für Personen, Personenfreizügigkeit *f (EU)*
freehold 1. *(Verw)* Grundeigentum *n*; 2. *(Gb)* freies Grundeigentum *n*
freelance *(Pers)* Freiberufler(in) *m(f)*
~ **contract** *(Pers)* Honorarvertrag *m*
~ **work** *(Pers)* freiberufliche Arbeit *f*, freiberufliche Tätigkeit *f*
~ **worker** 1. *(Pers)* Freiberufler(in) *m(f)*, freier Mitarbeiter *m*, freie Mitarbeiterin *f*, Freischaffende(r) *f(m)*; 2. *(Recht, V&M)* freier Mitarbeiter *m*, freie Mitarbeiterin *f*
~ **writer** *(Med)* freiberuflicher Journalist *m*, freiberufliche Journalistin *f*

freeze *v* 1. *(Fin)* einfrieren, sperren *(account, prices)*; 2. *(St)* einfrieren
~ **out** *(Fin)* auskaufen, verdrängen *(minority shareholders)*
freight *(Trans)* Fracht *f*, Frachtkosten *pl*, Frachtgeld *n (charges for goods)*; Fracht *f*, Güter *npl*, Waren *fpl (goods)*
~ **futures contract** *(Fin, Bö)* Vertrag *m* über Frachttermingeschäfte, Frachtterminkontrakt *m*
~ **futures market** *(Bö)* Frachtterminmarkt *m*
frequency distribution *(Stat)* Häufigkeitsverteilung *f*
Frequently Asked Question(s) *(EDV, Komm)* FAQ(s), häufig gestellte Frage(n) *f(pl)*
fresh money *(Fin, Gesch)* zusätzliche Mittel *npl*, frisches Geld *n*, zusätzliche Kredite *mpl*
~ **water** *(Umw)* Frischwasser *n*, Süßwasser *n*
frictional unemployment *(WiWi)* friktionelle Arbeitslosigkeit *f*
friendly society *(BE) (Fin)* Bausparkasse *f*, Versicherungsverein *m* auf Gegenseitigkeit, VVaG
fringe benefit 1. *(Gesch)* Nebenleistung *f (salary)*; Lohnnebenleistung *f*; 2. *(Pers)* Lohnzusatzleistung *f*
~ **market** *(Bö)* Nebenmarkt *m*, Zusatzmarkt *m*, Randmarkt *m*
~ **meeting** *(Gesch)* Unterredung am Rand des Geschehens
front desk *(Verw)* Rezeption *f*
~**-end costs** *(WiWi)* hohe Anfangskosten *pl*, Anlaufkosten *pl*, Vorabkosten *pl (international trade)*
~**-end financing** *(Fin)* Zusatzfinanzierung *f*
~**-end load** *(Bö)* hohe Anfangskosten *pl*
~**-end money** *(Fin)* hoher Vorschuss *m*
~ **money** *(Fin)* Anfangskapital *n*
~ **office** *(Bank, Fin, Gesch)* Front Office *n*, Abteilung *f* mit Kundenkontakt
~ **runner** *(Gesch)* Spitzenreiter *m*
frontier worker *(Pers)* Grenzarbeitnehmer(in) *m(f)*, Grenzgänger(in) *m(f)*
frontman *(Fin, Gesch, Bö)* Strohmann *m*
frozen account *(Bank)* eingefrorenes Konto *n*, gesperrtes Konto *n*
~ **credits** *(Fin)* eingefrorene Kredite *mpl*
fruition/come *v* **to** *(Gesch)* sich verwirklichen
fruitless *adj (Gesch)* sinnlos, fruchtlos
frustrate *v (Recht)* vereiteln
frustration *(Recht)* Vereitelung *f*
~ **of contract** *(Recht)* Wegfall *m* der Geschäftsgrundlage
fuel *v* 1. *(WiWi)* anheizen, steigern *(inflation)*; 2. *(Gesch)* antreiben *(inflation)*
~ **oil tax** *(Pol, St, Umw)* Mineralölsteuer *f*
fulcrum *(Gesch)* Drehpunkt *m*, Angelpunkt *m*
fulfil(l) *v (Gesch)* erfüllen *(commitments)*; nachkommen *(obligations)*
~ **the expectations** *(BE) (Gesch)* den Anforderungen entsprechen, die Erwartungen erfüllen
fulfil(l)ment of contract *(BE) (Recht)* Vertragserfüllung *f (contract law)*
full *adj (Gesch)* ganz, umfassend, vollständig, voll • **be in ~ swing** *(Pol)* in vollem Gange sein, voll im Gang sein • **in ~** *(Gesch)* vollständig • **in ~ knowledge of the facts** *(Recht)* in voller Kenntnis der Sachlage • **in ~ settlement** *(RW)* zum vollen Ausgleich
~ **amount** *(Gesch)* ungekürzte Summe *f*
~**-cost basis** *(RW)* Vollkostenbasis *f*
~**-cost pricing** *(WiWi)* Vollkostenkalkulation *f*
~ **costing** 1. *(RW)* Vollkostenkalkulation *f*, Vollkostenprinzip *n*; 2. *(Fin)* Vollkostenrechnung *f*
~ **disclosure** *(Recht)* vollständige Offenlegung *f*
~ **employment** *(WiWi)* Vollbeschäftigung *f*
~**-employment budget** *(WiWi, Pol)* Vollbeschäftigungsbudget *n*
~**-employment objective** *(WiWi)* Vollbeschäftigungsziel *n*
~ **exemption** *(St)* vollständige Freistellung *f*
~ **liability** *(Gesch)* volle Haftung *f*
~ **particulars** *(Gesch)* sämtliche Einzelheiten *fpl*
~ **protection** *(Pat)* Vollschutz *m*
~ **text search** *(EDV, Komm)* Volltextsuche *f*
~**-time** *adj (Pers)* ganztägig, Vollzeit...
~**-time employment** *(Pers)* Ganztagsbeschäftigung *f*, Vollzeitbeschäftigung *f*
~**-time job** *(Pers)* Ganztagsbeschäftigung *f*, Vollzeitbeschäftigung *f*, Ganztagsarbeit *f*

~-time work *(Pers)* Ganztagsbeschäftigung *f*, Vollzeitbeschäftigung *f*, Ganztagsarbeit *f*
fully comprehensive insurance *(Vers)* Vollkaskoversicherungspolice *f*
~ funded *(Verw)* voll finanziert
~ paid *adj (Gesch)* voll bezahlt
~-paid share *(Bö)* voll eingezahlte Aktie *f*
function 1. *(EDV, Gesch)* Funktion *f*; 2. *(F&T)* Feierlichkeit *f*; 3. *(Stat)* Abbildung *f*, Funktion *f*
functional *adj (Gesch)* funktional
~ analysis *(Gesch)* Funktionsanalyse *f*
~ area *(WiWi)* Unternehmens(funktions)bereich *m*
~ depreciation *(Gb)* wirtschaftliche Abschreibung *f*
~ income distribution *(WiWi)* funktionelle Einkommensverteilung *f*
~ management *(Mgt)* Mehrliniensystem *n*, Funktionsmeistersystem *n*
~ obsolescence *(V&M)* funktionale Veralterung *f*
~ organization 1. *(Gesch)* funktionale Organisation *f*; 2. *(Mgt)* funktionsbezogene Organisation *f*
fund *v (Fin)* finanzieren, refinanzieren, konsolidieren, umschulden
~ a loan *(Bank)* eine Anleihe finanzieren, eine Anleihe konsolidieren
fund *(Fin)* Fonds *m*
~ appropriation *(WiWi, Fin, Mgt)* Mittelverteilung *f*, Mittelzuteilung *f*
~-raising *(Fin)* Geldbeschaffung *f*, Kapitalbeschaffung *f*, Mittelbeschaffung *f*
fundamental *adj (Gesch)* fundamental
~ analysis *(Fin)* fundamentale Aktienanalyse *f*, Fundamentalanalyse *f (financial statements, investments)*
~ data *(Bank)* Grundeinstellungen *fpl*
~ equilibrium *(WiWi)* fundamentales Gleichgewicht *n*
funded *adj (Fin, WiWi)* fundiert
~ debt 1. *(RW)* langfristige Verpflichtung *f*; 2. *(Fin)* fundierte Schuld *f*, konsolidierte Kredite *mpl*, langfristige Verbindlichkeit *f*, Staatsanleihe *f*
funding 1. *(Verw)* Finanzierung *f*; 2. *(Fin)* Refinanzierung *f*, Anlage *f* in Staatspapieren, Bildung *f* von Rückstellungen
~ scheme *(Verw)* Finanzierungsprogramm *n*
~ source *(Fin)* Refinanzierungsquelle *f*
funds 1. *(Bank)* Geldmittel *npl*; 2. *(Fin)* Kapital *n* • **no ~** *(Bank)* keine Deckung
~ abroad *(Bank)* Auslandsguthaben *npl*
~ flow 1. *(RW)* Geldstrom *m*, Kapitalfluss *m*, Geldmittelbewegung *f*; 2. *(WiWi)* Geldstrom *m*, Geldmittelbewegung *f*
~ statement *(RW)* Bewegungsbilanz *f*, Kapitalflussrechnung *f*
fungibility 1. *(Pers)* Marktgängigkeit *f*; 2. *(Recht)* Fungibilität *f*
fungible *adj* 1. *(Gesch)* vertretbar; 2. *(Recht)* fungibel
~ assets *(Fin)* fungible Vermögenswerte *mpl*
~ item *(Recht)* Gattungssache *f (sales contract)*
fungibles *(WiWi)* fungible Waren *fpl*, vertretbare Sachen *fpl*, Fungibilien *pl*
furnish *v* **a certificate** *(Verw)* eine Bescheinigung beibringen
furniture and fittings *(RW, Gesch)* Betriebs- und Geschäftsausstattung *f*, Betriebs- und Geschäftseinrichtung *f*
further education *(Pers, Soz)* Fortbildung *f*, Weiterbildung *f*
~ information *(Gesch)* weitere Informationen *fpl*
further to *(Gesch)* in Bezug auf, im Anschluss an
fuse *v* 1. *(WiWi)* fusionieren; 2. *(Fin)* fusionieren, verschmelzen; 3. *(Bö)* fusionieren
fusion *(Fin, Bö)* Fusion *f*, Verschmelzung *f*
future *adj (Gesch)* zukünftig • **at some ~ date** *(Gesch)* zu einem zukünftigen Termin
future *(Gesch)* Zukunft *f* • **at some time in the ~** *(Gesch)* irgendwann in der Zukunft • **in ~** *(Gesch)* zukünftig
~ commodity *(Bö)* Terminware *f*
~ delivery *(Gesch)* Terminlieferung *f*
~ order *(Gesch)* Terminorder *f*
~ rate agreement *(Fin, Bö)* Zinsterminkontrakt *m*
~ trends *(Gesch)* Zukunftstrends *mpl*
futures *(Fin, Bö)* Termingeschäfte *npl*, Terminkontrakte *mpl*, Terminwaren *fpl*
~ contract *(Fin, Bö)* Terminkontrakt *m*
~ expiration date *(AE) (Bö)* Verfallsdatum *n* des Termingeschäftes

~ **liquidation rate** *(Bö)* Veräußerungskurs *m* des Termingeschäftes
~ **market** *(Bö)* Terminmarkt *m*
~ **price** *(Bö)* Terminkontraktpreis *m*
~ **trading** *(Bö)* Terminkontrakthandel *m*
FY *s.* fiscal year

G

G7 *s.* Group of Seven
GAAP *s.* Generally Accepted Accounting Principles
GAAS *s.* Generally Accepted Auditing Standards
gain *v* 1. *(Bö)* gewinnen; 2. *(Gesch)* erlangen, verdienen, erhalten
~ **a toehold in the market** *(V&M)* auf dem Markt Fuß fassen
~ **entry to** *(Gesch)* sich Zugang verschaffen zu
~ **momentum** *(Gesch)* Schwungkraft gewinnen *(trend)*
~ **value** *(Bö)* an Wert gewinnen
gain 1. *(WiWi)* Wechselkursgewinne *mpl (on foreign exchange transactions)*; 2. *(Bö)* Kursgewinn *m*, Wertzuwachs *m (on position values)*
~ **on disposal** *(RW, St)* Veräußerungsgewinn *m*
gains and losses *(AE) (WiWi)* Gewinne und Verluste *mpl*
~ **from exchange** *(WiWi)* Außenhandelsgewinne *mpl*, Tauschgewinne *mpl*
~ **from trade** *(WiWi)* Außenhandelsgewinne *mpl*, Tauschgewinne *mpl*
galloping inflation *(WiWi)* galoppierende Inflation *f*
game theory *(WiWi, Mgt)* Spieltheorie *f*
gap *(Fin, Gesch)* Lücke *f*
garbage 1. *(EDV)* Datenmüll *m*, unbrauchbare Daten *f*; 2. *(Umw, Gesch)* Abfall *m*, Müll *m*
gateway 1. *(EDV)* Gateway *m*, Netzübergang *m*, Netzübergangsrechner *m (wide-area networks)*; 2. *(Trans)* Gateway *m (aviation)*
gather *v (Gesch)* gewinnen *(intelligence)*
gathering *(Gesch)* Versammlung *f*
GATT *s.* General Agreement on Tariffs and Trade
gauge *v (Gesch)* abmessen
gauge *(Gesch)* Eichmaß *n*, Messgerät *n*; Umfang *m (trends)*
GCC *s.* German Chamber of Commerce
GDP *s.* gross domestic product
GDP per capita *(WiWi)* BIP *n* pro Kopf der Bevölkerung
GDP per head *(WiWi)* BIP *n* pro Kopf der Bevölkerung
gear *v* **to** *(Gesch)* anpassen an
~ **towards** *(Gesch)* ausrichten auf
gearing *(BE)* 1. *(Fin)* Hebelwirkung *f*, Leverage *f*, Verschuldungsgrad *m*, Fremdkapitalaufnahme *f*; 2. *(Bö)* Fremdkapitalaufnahme *f*
~ **ratio** *(BE) (Fin)* Verschuldungsgrad *m*
gender discrimination *(Recht)* geschlechtsbezogene Diskriminierung *f*
~ **mainstreaming** *(Recht, Pol)* Grundsatz *m* der kontinuierlichen Beachtung des Geschlechteraspekts
general *adj (Gesch)* allgemein
~ **acceptance** *(Bank)* uneingeschränktes Akzept *n*
~ **accounting** *(RW)* allgemeines Rechnungswesen *n*
~ **authorization** *(Gesch)* Generalvollmacht *f*
~ **basis of assessment** *(St)* allgemeine Bemessungsgrundlage *f*
~ **consumption tax** *(St)* allgemeine Verbrauchssteuer *f*
~ **contractor** *(Gesch)* Generalunternehmer(in) *m(f)*
~ **cost** *(RW, Verw)* Gemeinkosten *pl*
~ **creditor** *(RW)* nicht bevorrechtigte(r) Gläubiger(in) *m(f)*
~ **equilibrium analysis** *(WiWi)* Theorie *f* des allgemeinen Gleichgewichts *(theoretical model)*
~ **executive** *(Mgt)* Generaldirektor(in) *m(f)*
~ **expenses** *(RW)* Gemeinkosten *pl*, Verwaltungsgemeinkosten *pl*
~ **fund** *(RW, Fin)* nicht zweckgebundene Haushaltsmittel *npl*
~ **government expenditure** *(BE) (WiWi)* öffentliche Ausgaben *fpl*
~ **holiday** *(Pers)* Betriebsferien *pl*, Betriebsurlaub *m*
~ **interest tendency** *(WiWi)* Zinsgrundtendenz *f*
~ **journal** *(RW)* Sammelbuch *n*, Sammeljournal *n*

~ **ledger** *(RW, Fin)* Hauptbuch *n*
~ **liability insurance** *(Vers)* allgemeine Haftpflichtversicherung *f*, Betriebshaftpflichtversicherung *f*
~ **lien** *(Gb)* allgemeines Zurückbehaltungsrecht *n*
~ **management** *(Mgt)* allgemeine Verwaltung *f (administration)*; Gesamtgeschäftsführung *f (managers)*
~ **market equilibrium** *(WiWi)* allgemeines Marktgleichgewicht *n*
~ **meeting of shareholders** *(Bö)* Hauptversammlung *f* der Aktionäre
~ **mortgage** *(Bank)* Gesamthypothek *f*, Pfandrecht *n* am Gesamtvermögen
~ **operating costs** *(RW)* allgemeine Betriebskosten *pl*
~ **partner** *(Gesch)* Vollhafter *m*, Komplementär *m*
~ **public** *(Gesch, Recht)* Allgemeinheit *f*
~-**purpose** *adj (Gesch)* Mehrzweck...
~ **sales tax** *(St)* allgemeine Umsatzsteuer *f*
~ **statement** *(RW, Gesch)* Gesamtbilanz *f*, allgemeiner Ausweis *m (accounts)*
~ **strike** *(Pers)* Generalstreik *m*
~ **terms and conditions** *(Gesch, Recht)* allgemeine Geschäftsbedingungen *fpl*, AGB
~ **terms and conditions of delivery** *(Gesch)* allgemeine Lieferbedingungen *fpl*
General Accounting Office *(AE) (RW)* Bundesrechnungshof *m*
~ **Agreement on Tariffs and Trade** *(WiWi, Pol) (obs.)* Allgemeines Zoll- und Handelsabkommen *n*
~ **Executive Manager** *(Pers)* Generaldirektor(in) *m(f)*
generalist *(Pers)* Generalist *m (person)*
generalized least squares *(WiWi, Stat)* Methode *f* der kleinsten Quadrate
Generally Accepted Accounting Principles *npl (AE) (RW)* allgemein anerkannte Rechnungslegungsgrundsätze *mpl, (in Germany)* Grundsätze *mpl* ordnungsgemäßer Buchführung
~ **Accepted Auditing Standards** *(AE) (RW)* allgemein anerkannte Buchprüfungsnormen *fpl*
generate *v* 1. *(WiWi)* erwirtschaften *(income)*; 2. *(Gesch)* hervorbringen *(ideas)*; erzeugen, generieren *(waste, power, profit)*
generation *(Gesch)* Erzeugung *f*, Generation *f (power, profits)*; Original *n*, Vervielfältigung *f*, Generierung *f (broadcast)*
generic *adj (Gesch, Pat)* nicht geschützt, markenlos gattungsbedingt
~ **brand** *(V&M)* Gattungsname *m*
~ **job titles** *(Pers)* generische Bezeichnungen *fpl* für Arbeitsplätze
~ **market** *(V&M)* Markt *m* für namenlose Produkte
~ **products** *(V&M)* markenlose Produkte *npl*
~ **term** *(Gesch)* Gattungsname *m*; Oberbegriff *m (generic name)*
genetic *adj (Gesch)* genetisch
~ **engineering** *(Gesch)* Gentechnik *f*
gentleman's agreement *(Recht)* Absprache *f* unter Ehrenmännern, Gentleman's Agreement *n*
geographical trade structure *(WiWi)* geographische Handelsstruktur *f*
geometric mean *(Stat)* geometrischer Mittelwert *m*, geometrisches Mittel *n*
~ **progression** *(Stat)* geometrische Folge *f*
German Chamber of Commerce *(Gesch)* Deutsche Handelskammer *f*
~ **Chamber of Industry and Commerce** *(Gesch)* Deutsche Industrie- und Handelskammer *f*
~ **Futures Exchange** *(Bö)* Deutsche Terminbörse *f*
~ **Telecommunications Act** *(EDV, Komm)* Telekommunikationsgesetz *n*, TKG *(Germany)*
gestation period *(WiWi)* Ausreifungszeit *f (of capital)*
get *v (Gesch)* anschaffen
~ **a toe in the market** *(Gesch)* auf dem Markt Fuß fassen
~ **down to work** *(Gesch)* sich an die Arbeit machen
~ **good value for one's money** *(Gesch, V&M)* reell bedient werden
~ **one's cards** *(BE) (Gesch)* gekündigt werden
~ **more than one bargains for** *(Gesch)* sein blaues Wunder erleben
~ **results** *(Gesch, Pers)* Ergebnisse erzielen
~ **rid of** *(Gesch)* loswerden

~ **the better of** *(Gesch)* übervorteilen
~ **the figures wrong** *(Gesch)* falsche Zahlen ermitteln
~ **the pink slip** *(Gesch) (AE)* gekündigt werden
~ **the sack** *(Pers)* gekündigt werden, *(ugs.)* rausgeschmissen werden
Giffen paradox *(WiWi)* Giffen-Paradoxon *n*
gift *(Recht)* Schenkung *f* von Todes wegen
~ **deed** *(Recht)* Schenkungsurkunde *f*
~ **in contemplation of death** *(St)* Schenkung *f* von Todes wegen
~ **inter vivos** *(Recht)* Schenkung *f* unter Lebenden
~ **tax** *(St)* Schenkungsteuer *f*
~ **voucher** *(Gesch)* Geschenkgutschein *m*
gilt *(BE) (Bank, Fin, Bö)* Staatspapier *n*, mündelsicheres Wertpapier *n*
~-**edged market makers** *(Bö)* Staatspapiermarktmacher *mpl*
~-**edged securities** *(Bank, Fin, Bö)* Staatspapiere *npl*, Staatstitel *mpl*
~-**edged stock** *(Bö)* mündelsicheres Wertpapier *n*, Staatsanleihepapiere *npl*
gist 1. *(Gesch)* das Wesentliche *n*, Hauptinhalt *m (of conversation)*; 2. *(Pat)* Kern *m*
give *v (Gesch)* geben; nachgeben *(material)* • **at a given time** *(Gesch)* zu einer angegebenen Zeit, zu einer bestimmten Zeit • **given the circumstances** *(Gesch)* unter den gegebenen Umständen
~ **a guarantee** *(Gesch)* garantieren
~ **a loose interpretation of sth** *(Gesch)* etw. weit interpretieren
~ **a ruling in favo(u)r of sb** *(Gesch)* eine Entscheidung zu Gunsten von jmdm. fällen
~ **an expert opinion on** *(Gesch)* begutachten
~ **away** *(V&M)* verschenken, weggeben
~ **evidence** *(Recht)* vor Gericht aussagen
~ **evidence as a witness** *(Recht)* als Zeuge aussagen
~ **evidence on behalf of** *(Recht)* Zeugnis ablegen für
~ **evidence on [under] oath** *(Recht)* unter Eid aussagen
~ **in** *(Gesch)* aufgeben, nachgeben; einreichen *(document)*
~ **in one's notice** *(Pers)* kündigen
~ **media coverage** *(Med)* in den Medien berichten
~ **notice** *(Pers)* kündigen *(employee or employer)*
~ **notice of** *(Gesch)* benachrichtigen
~ **notice of sth** *(Recht)* etw. zur Kenntnis bringen, Kenntnis von etw. geben
~ **sb a power of attorney** *(Recht)* jmdm. eine Vollmacht erteilen
~ **sb access to** *(Gesch)* jmdm. Zutritt erteilen zu
~ **sb his cards** *(BE) (Gesch)* jmdn. an die Luft setzen, jmdn. entlassen
~ **sb his notice** *(Pers)* jmdm. kündigen
~ **sb the sack** *(Pers) (ugs.)* jmdn. rausschmeißen
~ **the debtor a notice of default** *(Recht)* den Schuldner in Verzug setzen
~ **up** 1. *(Recht)* überlassen; verzichten auf *(claim)*; 2. *(Gesch)* aufgeben, nachgeben
giver *(Bö)* Reportnehmer *m*
~ **for a call** *(Bö)* Erwerber *m* einer Kaufoption
~ **for a put** *(Bö)* Verkäufer *m* einer Rückprämie
gliding shift *(Pers)* Gleitschicht *f*
global *adj (Gesch)* global *(comprehensive)*; weltumspannend *(worldwide)*
~ **balance** *(Umw)* globales Gleichgewicht *n*
~ **custody** *(Fin)* Globaldepot *n*, globale Aufbewahrung *f*
~ **market** *(WiWi)* Weltmarkt *m*
~ **marketing** *(V&M)* weltweites Marketing *n*
globalization *(Gesch)* Globalisierung *f*
globally *adv (Gesch)* weltumspannend, weltweit *(worldwide)*
gloom *(WiWi, Bö)* Pessimismus *m*
glut 1. *(WiWi)* Schwemme *f*, Überangebot *n*; 2. *(Gesch)* Überangebot *n*; Schwemme *f (economy, market)* • **a ~ of** *(Gesch)* ein Überangebot an
~ **of money** *(Gesch)* Geldschwemme *f*
~ **on the market** *(Gesch, V&M)* Marktschaffung *f*, Marktschwemme *f*
GNP *s.* gross national product
go *v* **a bull** *(Bö)* auf Hausse spekulieren
~ **down** *(Gesch)* sinken, fallen *(prices)*
~ **bankrupt** 1. *(Fin, Recht)* insolvent werden, zahlungsunfähig werden, in das Verbraucher-Insolvenzverfahren gehen;

2. *(Gesch) (ugs.)* Bankrott gehen, *(ugs.)* Bankrott machen, *(ugs.)* Pleite gehen, *(ugs.)* Pleite machen *(UK: firms become insolvent)*
~ **broke** *(ugs.) (Gesch)* Bankrott gehen, *(ugs.)* Pleite machen
~ **down in value** *(Bö)* im Wert sinken
~ **downhill** *(Gesch) (ugs.)* den Bach hinuntergehen *(business)*
~ **halves with sb** *(Gesch)* etw. mit jmdm. zu gleichen Teilen teilen
~ **into receivership** *(Recht)* die Zwangsverwaltung veranlassen
~ **long** *(Bö)* Terminkontrakte kaufen, Wertpapiere kaufen
~ **on strike against** *(Ind, Pers)* bestreiken *(industrial relations)*
~ **on vacation** *(Gesch, Pers, F&T)* Ferien machen, in Urlaub gehen
~ **out of business** *(Gesch)* die Geschäftstätigkeit einstellen
~ **out on strike** *(Pers)* in den Streik treten
~ **private** 1. *(Vers)* sich privat versichern *(health insurance)*; 2. *(Bö, Fin)* Aktien (vom Publikum) zurückkaufen; Börsenzulassung aufgeben, Börsennotierung aufgeben, sich von der Börse zurückziehen
~ **public** *(Fin)* an die Börse gehen, in eine Publikumsgesellschaft umwandeln
~ **to court** *(Recht)* prozessieren
~ **to press** *(Med)* in Druck gehen *(print)*
~ **toes up** *(ugs.) (Gesch)* Bankrott gehen, Bankrott machen
~ **under** *(Gesch)* untergehen *(company)*
~ **up** *(Gesch)* steigen *(prices)*
go-between *(Gesch)* Vermittler(in) *m(f)*
~**-go fund** *(Fin)* Investmentfonds, der raschen Wertzuwachs anstrebt
~**-slow** *(BE) (WiWi, Pers)* Bummelstreik *m*, Dienst *m* nach Vorschrift *(workers)*
goal *(Mgt)* Ziel *n*, Zweck *m*
~**-setting** 1. *(Gesch)* Zielsetzung *f*, 2. *(Mgt)* Zielbildung *f*, Zielsetzung *f*
~ **variable** *(Pol)* Zielvariable *f*
going business *(WiWi)* erfolgreiches Unternehmen *n*
~ **concern** *(Gesch)* arbeitendes Unternehmen *n*, aktiver Betrieb *m*, erfolgreiches Unternehmen *n*
~**-concern concept** *(RW)* Grundsatz der Unternehmensfortführung *f*
~**-concern principle** *(RW)* Grundsatz *m* der Unternehmensfortführung
~**-concern value** *(RW)* Teilwert *m*, Unternehmenswert *m*
~ **long** *(Bö)* Erwerb *m* von Options- oder Terminkontrakten, Haussespekulation *f*
~ **price** *(Bö)* Tageskurs *m*
~ **rate** 1. *(Verw, Fin)* Marktpreis *m*; 2. *(Gesch, Pers)* herrschender Lohnsatz *m*
~ **short** *(Bö)* Baissespekulation *f*, Leerverkauf *m*
gold *(Bö)* Gold *n*
~ **bullion standard** *(WiWi)* Goldkernwährung *f*
~ **cover** *(WiWi)* Golddeckung *f*
~ **currency** *(Bank)* Goldumlauf *m*, Goldwährung *f*
~ **exchange standard** *(WiWi)* Golddevisenwährung *f*
~ **export point** *(WiWi, Fin, AH)* Goldausfuhrpunkt *m*, oberer Goldpunkt *m*
~ **import point** *(WiWi, Fin, AH)* Goldeinfuhrpunkt *m*, unterer Goldpunkt *m*
~ **market** *(WiWi)* Goldmarkt *m*
~ **reserves** *(WiWi)* Goldreserven *fpl*
~ **rush** *(Gesch)* Goldrausch *m*
~ **standard** *(WiWi)* Goldstandard *m*
golden age path *(WiWi)* Golden-Age-Wachstumspfad *m*
~ **handcuffs** *(Pers, Mgt) (ugs.)* goldene Handschellen *fpl*
~ **handshake** *(Pers)* hohe Abfindung *f*
~ **share** *(Mgt, Bö)* Golden Share *f*, Goldene Aktie *f (government veto power in corporations)*
good *adj* 1. *(Bank)* sicher *(debt)*; 2. *(WiWi, Fin)* sicher; 3. *(Gesch)* gut
~ **commercial practice** *(Gesch)* nach guter kaufmännischer Sitte, nach Kaufmannssitte, nach guter Kaufmannssitte
~ **fair average** *(Gesch)* gute Durchschnittsqualität *f*, mittlere Qualität *f*
~ **faith** 1. *(Vers)* Redlichkeit *f*, 2. *(Recht)* auf Treu und Glauben • **in ~ faith** *(Gesch)* in gutem Glauben
~ **governance** 1. *(Verw)* verantwortliches Führungshandeln *n*; 2. *(WiWi)* Ordnungspolitik *f (Cormany)*; verantwortliches Handeln *n* in der Führung von Unternehmen und Verwaltungen; 3. *(Pol)* gute Regierungsführung *f*, verantwortungsvolles staatliches Handeln *n*, verantwortliches

Regierungshandeln *n*, überzeugende politische Führung *f*, demokratische und transparente Regierungsführung *f*, Staatskunst *f*; Ordnungspolitik *f (Germany)*
~ **risk** *(Bank, Vers)* gutes Risiko *n*
~ **title** 1. *(Recht)* rechtsgültiger Anspruch *m (transactions)*; 2. *(Gb)* gültiger Rechtsanspruch *m*, gültiger Rechtstitel *m*
~ **track record** *(Gesch)* nachweislicher Erfolg *m*
~ **value** *(Gesch)* günstig
~ **value for money** *(Gesch)* gutes Preis-Leistungs-Verhältnis *n*
goods *(BE)* 1. *(WiWi)* Waren *fpl*, Wa.; 2. *(Pat)* Artikel *mpl*, Art.; 3. *(Trans)* Güter *npl*, Fracht *f*
~ **on approval** *(Gesch)* Ware *f* zur Ansicht
~ **on hand** *(Gesch)* Lagerbestand *m*
~ **and services** *(WiWi)* Waren und Dienstleistungen *fpl*
goodwill 1. *(RW)* Firmenwert *m*, Geschäftswert *m*, Goodwill *m*; 2. *(Gesch)* Firmenwert *m*
~ **amortization** *(RW)* Firmenwert-Abschreibung *f*, Goodwill-Abschreibung *f*
~ **on consolidation** *(RW)* Konzerngoodwill *m*
govern *v (Recht)* regeln
governance 1. *(Verw)* Entscheidungsstrukturen *fpl*; 2. *(Mgt)* Governance *f*, Kontrolle *f*, Leitung *f*, verantwortliches Handeln *n* (in der Führung von Unternehmen und Behörden); 3. *(Gesch)* Herrschaft *f*, Gewalt *f*, Kontrolle *f*, Leitung *f*; 4. *(Pol)* Regieren *n*, modernes Regieren *n*, Governance *f*, Staatsführung *f*, Regierungsgewalt *f*, Regierungsform *f*
governing body *(Mgt)* Entscheidungsgremium *n*, Verwaltungsrat *m*
Governing Council of the ECB *(ECB Governing Council) (Bank, WiWi)* EZB-Rat *m*, Rat *m* der Europäischen Zentralbank
~ **principle** *(Gesch)* Leitsatz *m*
government *(Gesch, Pol)* Regierung *f*, Reg.
~ **accounting** *(RW)* kameralistische Buchführung *f*, Verwaltungsbuchführung *f (principles and procedures)*
~ **agency** *(Verw)* Behörde *f*
~ **annuity** *(Fin)* Rentenpapier *n*, Staatsanleihe *f*
~**-backed** *adj (Fin)* staatlich unterstützt
~ **benefit** *(Soz)* Beihilfe *f*
~ **bond** *(WiWi)* Staatsanleihe *f*
~ **budget** *(WiWi)* Staatshaushalt *m*, öffentlicher Haushalt *m*
~ **contract** 1. *(Gesch)* Staatsauftrag *m*; 2. *(Recht)* öffentlicher Auftrag *m*, Staatsauftrag *m*
~**-controlled corporation** *(Verw, WiWi, Fin, Gesch)* staatliches Unternehmen *n*
~ **debt-to-GDP ratio** *(Bank, WiWi, Pol)* Schuldenquote *f (Stabilitätskriterium des EU-Stabilitätspakts)*
~ **department** *(Verw, Pol)* Ministerium *n*, Ressort *n*
~ **expenditure** *(WiWi, Fin)* Ausgaben *fpl* der öffentlichen Hand, öffentliche Ausgaben *fpl*, Staatsausgaben *fpl*
~**-financed** *adj (Fin)* staatlich finanziert
~ **funds** *(Verw)* öffentliche Mittel *npl*
~ **grant** 1. *(WiWi)* staatliche Zuweisung *f*, 2. *(Fin)* Staatszuschuss *m*, staatliche Subvention *f*
~ **intervention** *(Verw, WiWi, Pol)* Regierungseingriff *m*, staatliche Intervention *f*, Vermittlung *f (mediation)*; staatlicher Eingriff *m (public order)*
~ **loan** *(Fin)* Regierungsanleihe *f*, Staatsanleihe *f*
~**-owned** *adj (Gesch)* staatseigen *(company)*
~ **procurement** *(WiWi)* öffentliches Vergabewesen *n*, Beschaffungswesen *f*
~**-regulated** *adj (Pol)* staatlich gelenkt
~ **relations** *(Pol)* zwischenstaatliche Beziehungen *fpl*
~ **report** *(Gesch)* Regierungsbericht *m*
~ **revenue** *(WiWi)* öffentliche Einnahme *f*, öffentliche Einnahmen *fpl*
~ **securities** *(WiWi)* öffentliche Anleihen *fpl*, Wertpapiere *npl* der öffentlichen Hand
~**-sponsored** *adj (Fin)* staatlich gefördert *(project)*
~ **stock** *(Bö)* Staatsanleihe *f*
~ **subsidy** *(Fin)* Staatszuschuss *m*, Subvention *f*
~**-to-government** *adj (Gesch)* zwischenstaatlich
~ **transfer payment** *(WiWi)* staatliche Transferzahlung *f*
governmental *adj (Gesch)* staatlich, staatl.

~ **level** *(Pol)* staatliche Ebene *f*, Hoheitsebene *f*
governments *(AE) (WiWi)* Staatsobligationen *fpl, (ugs.)* Öffentliche *pl*
Governors of the national central banks *(Bank)* Präsidenten *mpl* der Zentralbanken *(ECB)*
grace days *(RW)* Gnadenfrist *f*, Nachfrist *f*
~ **period** 1. *(RW)* Nachfrist *f*, Respektfrist *f*; 2. *(Fin)* tilgungsfreie Zeit *f*
grade *v (Gesch)* sortieren; einteilen *(calibrate)*; einstufen *(classify)*
grade 1. *(Gesch)* Sorte *f*; 2. *(Pers)* Lohngruppe *f (of pay scale)*
graded by size *(Gesch)* nach Größe geordnet *(produce)*
grading back *(Pers)* Rückstufung *f*
gradual *adj (Gesch)* graduell, sukzessiv, schrittweise
graduate unemployment *(Pers)* Akademikerarbeitslosigkeit *f*
graduated interest *(Fin)* Staffelzinsen *fpl*
~ **payment mortgage** *(Bank)* Hypothek *f* mit gestaffelten, aber steigenden Tilgungsleistungen
graft *(Pol)* Bestechungsgeld *n*, Schmiergeld *n*
grammar school *(Pers)* Gymnasium *n*, Oberschule *f*
grand jury *(AE) (Recht)* Anklagejury *f*
~ **larceny** *(AE) (Recht)* schwerer Diebstahl *m*
~ **total** *(Gesch)* Gesamtsumme *f*
grandfather clause (AE) *(Pol)* Besitzstandsklausel *f*
grandfathering *(AE) (WiWi, Pol)* Bestandsschutz *m*, Vertrauensschutz *m*
grant *v* 1. *(Fin)* bewilligen, erteilen, gewähren *(credit)*; 2. *(Gesch)* gewähren *(concessions)*; 3. *(Pat)* bewilligen, erteilen *(licence)*; stattgeben *(to request, suggestion, wish)*
~ **a delay** *(Recht)* Aufschub gewähren *(contract)*
~ **a loan** *(Bank)* ein Darlehen geben
~ **administrative relief** *(St)* staatliche Ansprüche erlassen
~ **extended credit** *(Fin)* einen erweiterten Kredit gewähren
~ **respite** *(Recht)* Aufschub gewähren
~ **sb a power of attorney** *(Recht)* jmdm. eine Vollmacht erteilen
grant 1. *(Verw)* Beihilfe *f*, Zuschuss *m*, Stipendium *n (to student)*; 2. *(WiWi)* Zuschuss *m*; 3. *(Fin)* Kapitalzuschuss *m*, Subvention *f*; 4. *(Recht)* Bewilligung *f (agreement)*; Erteilung *f (loan)*; Übertragung *f (property conveyance)*; Zuschuss *m (subsidy)*
granted *adj* 1. *(Fin)* bewilligt, erteilt; 2. *(Gesch)* zugestanden; 3. *(Pat)* erteilt, bewilligt
granting of credit *(Bank)* Kreditgewährung *f*
~ **of a patent** *(Recht, Pat)* Patenterteilung *f*
~ **of licence** *(BE) (Recht)* Lizenzvergabe *f*
~ **of license** *(AE) (Recht)* Lizenzvergabe *f*
grantor *(Recht)* Veräußerer *m (property)*; Übertragende(r) *f(m)*
grants economics *(WiWi)* Übertragungswirtschaft *f*
~ **expenditures** *(Fin)* Ausgaben *fpl* für Kapitalzuschüsse, Ausgaben *fpl* für Subventionen
grassroots *(Pol)* Basis *f (support)*
~ **business** *(Gesch)* Kerngeschäft *n*
gratuitous *adj (Gesch)* kostenlos *(loan)*
gratuity *(Gesch)* Geldzuweisung *f*
grease sb's palm *v (Gesch)* jmdn. bestechen, *(ugs.)* jmdn. schmieren
green *adj (Umw)* grün, umweltbewusst, Umwelt…
~ **belt** *(Umw)* Grüngürtel *m*
~ **light** *(Gesch)* grünes Licht *n (authorization)*
~ **product** *(Umw)* umweltfreundliches Produkt *n*
~ **tax** *(WiWi)* Ökosteuer *f*
~ **technology** *(Umw)* umweltfreundliche Technologie *f*
greenback *(AE) (WiWi)* Dollarschein *m*
greenfield *adj (Umw)* ländlich und unerschlossen
~ **investment** *(Gesch)* Gewerbeansiedlung *f* auf der grünen Wiese
~ **site company** *(BE) (Pers)* Unternehmen *n* auf der grünen Wiese
greening *(jarg.) (Umw)* zunehmende ökologische Orientierung *f (of public opinion)*
greenshoe *(Bö)* Mehrzuteilungsoption *f*, Platzierungsreserve *f (increase of capital stock)*
grid structure 1. *(Fin)* Gitterstruktur *f*; 2. *(Gesch, Mgt)* Matrixstruktur *f*

grievance *(Pers)* Beschwerde *f*
~ **arbitration** *(Pers)* Schlichtung *f* von Auseinandersetzungen
gross *adj (Gesch)* brutto
gross *(Stat) (obs.)* Gros *n (12 dozen)*
~ **amount** *(RW)* Bruttobetrag *m*, Gesamtbetrag *m*
~ **billing** *(AE) (V&M)* Bruttofakturierung *f*
~ **book value** *(RW)* Bruttobuchwert *m*, Buchwert *m* vor Abschreibungen
~ **cash flow** *(Fin)* Bruttocashflow *m*, Cashflow *m* vor Steuern
~ **circulation** *(V&M)* Bruttoauflagenhöhe *f*
~ **cross-border transactions** *(Bank)* Brutto-Auslandstransaktionen *fpl (BOP)*
~ **debt** *(Fin)* Gesamtschulden *fpl*
~ **dividend** *(RW, Fin)* Bruttodividende *f*
~ **domestic product** *(WiWi)* Bruttoinlandsprodukt *n*, BIP
~ **earnings** *(Pers)* Bruttoeinkommen *n*, Bruttoverdienst *m*, Bruttoerlös *m*
~ **fault** *(Recht)* grobes Verschulden *n*
~ **fixed capital formation** *(RW)* Bruttoanlageinvestitionen *fpl*
~ **income** *(RW)* Bruttoeinkommen *n*
~ **investment** *(RW)* Bruttoinvestitionen *fpl*
~ **lease** *(Gb)* Bruttomiete *f*, Bruttopacht *f*
~ **margin** 1. *(RW)* Bruttogewinn *m*, Bruttospanne *f*; 2. *(WiWi, Fin)* Bruttohandelsspanne *f*, Bruttomarge *f*
~ **national expenditure** *(WiWi)* staatliche Bruttoausgaben *fpl*
~ **national income** *(WiWi)* Bruttonationaleinkommen *n*
~ **national product** *(WiWi)* Bruttosozialprodukt *n*, BSP
~ **operating revenue** *(RW)* betrieblicher Bruttoertrag *m*
~ **pay** *(Pers)* Bruttolohn *m*
~ **profit** *(RW, Verw, WiWi, Fin)* Bruttogewinn *m*
~ **profit margin** *(RW)* Betriebshandelsspanne *f*, Bruttogewinnspanne *f*, Rohgewinn *m*
~ **profit ratio** *(RW)* Bruttogewinnverhältnis *n*
~ **redemption yield** *(Fin, Bö)* Bruttoertrag *m* bis zur Rückzahlung, Rückzahlungsertrag *m* vor Steuern *(redemption yield before tax)*
~ **retail price** *(V&M)* Bruttoeinzelhandelspreis *m*
~ **return** *(Verw)* Bruttorendite *f*
~ **sales** *(RW)* Bruttoerlös *m*, Bruttoumsatz *m*
~ **sales revenue** *(RW)* Bruttoumsatzerlöse *mpl*
~ **spread** *(Fin, Bö)* Bruttospanne *f*
~ **state product** *(WiWi)* Bruttoinlandsprodukt *n* eines US-Bundesstaates
~ **trading profit** *(RW)* Bruttowarengewinn *m*
~ **turnover** *(RW)* Bruttoumsatz *m*
~ **wage** *(Pers)* Bruttolohn *m*
~ **weight** *(Gesch)* Bruttogewicht *n*
Gross National Debt *(AE) (WiWi)* Staatsschuld *f*
~ **National Income** Bruttonationaleinkommen *n*, BNE
groundless *adj (Gesch)* unbegründet
grounds *(Pat)* Begründung *f (for opposition, for revocation)* • **on ~ of expediency** *(Gesch)* aus Zweckmäßigkeitsgründen • **on the ~ of ill health** *(Pers)* aus Gesundheitsgründen *(retirement or leave)*
~ **for dismissal** *(Pers)* Entlassungsgrund *m*, Kündigungsgrund *m*
group *v (Gesch)* gruppieren
group 1. *(RW)* Gruppe *f*, Unternehmensgruppe *f*; 2. *(Gesch)* Konzern *m*
~ **accounts** *(RW)* konsolidierter Abschluss *m*, Konzernabschluss *m*
~ **incentive scheme** *(Pers)* Anreizsystem *n* auf Gruppenebene, Gruppenanreizsystem *n*
~ **of affiliated companies** *(Gesch)* Unternehmens(beteiligungs)gruppe *f*
~ **of companies** *(Gesch)* Unternehmensgruppe *f*, Gruppe *f*, Konzern *m*
~ **profit** *(RW)* Konzerngewinn *m*
~ **working** *(Pers)* Gruppenarbeit *f*, Gruppenarbeitssystem *n*
Group Executive Board *(Pers)* Konzerndirektion *f*
~ **of Seven** *(WiWi)* Siebener-Gruppe *f*, G7 *(international trade)*
grouping *(Gesch)* Gruppierung *f*, Vereinigung *f (of companies)*; Eingruppierung *f (classification)*
grow *v (WiWi, Gesch)* wachsen *(funds, business)*
growth 1. *(Bank, WiWi)* Wachstum *n*; 2. *(Gesch)* Wachstum *n*, Zuwachs *m*
~ **in value** *(Bö)* Wertzuwachs *m*

~ **industry** 1. *(WiWi)* Wachstumsbranche *f*; 2. *(Ind)* Wachstumsindustrie *f*
~ **path** *(Gesch)* Wachstumspfad *m*
~ **rate** 1. *(EDV, WiWi)* Wachstumsrate *f*; 2. *(Bö)* Wachstumsrate *f*, Zuwachsrate *f*
~ **stock** *(Bö)* Wachstumsaktie *f*, Wuchsaktie *f*
~ **strategy** *(WiWi, Gesch)* Wachstumsstrategie *f*
~ **theory of the firm** *(WiWi)* Wachstumstheorie *f* des Unternehmens
guarantee *v (Gesch)* garantieren, zusichern *(loan)*
guarantee 1. *(Bank)* Bürgschaft *f*, Garantie *f*; 2. *(Gesch)* Gewährleistung *f* • **give a ~** *(Gesch)* garantieren
~ **letter** *(Bö)* Garantieschreiben *n*
~ **liability** *(RW)* Verbindlichkeiten aus Garantien, Bürgschaften und Avalen, Bürgschaftsverpflichtung *f*, Garantieverpflichtung *f*
guaranteed *adj (Gesch)* garantiert
~ **bill of exchange** *(Bö)* avalierter Wechsel *m*
~ **facility** *(Fin)* garantierter Kredit *m*
~ **income** *(Fin)* garantiertes Einkommen *n*, Mindesteinkommen *n*
~ **letter of credit** *(Bank)* avaliertes Akkreditiv *n*
~ **minimum wage** *(Pers)* Garantielohn *m*, garantierter Mindestlohn *m*
~ **wage** *(Pers)* Garantielohn *m*
guarantor 1. *(Bank, Fin)* Bürge *m*, Bürgin *f*; 2. *(Gesch)* Garant *m*
~ **of a bill** *(Fin)* Wechselbürge *m*, Wechselbürgin *f*
guaranty *v (Gesch)* garantieren *(to undertake obligation)*
guaranty 1. *(Bank)* Bürgschaft *f (debt)*; 2. *(Gesch)* Garantie *f*, Gewährleistung *f*, Sicherheit *f (to undertake obligation)*
guardian of the Community Treaties *(Pol)* Hüterin *f* des Gemeinschaftsrechts *(the European Commission)*
guardianship *(Soz)* Vormundschaft *f*
guesstimate *(Gesch) (ugs.)* Daumenschätzung *f*, Schätzung *f*
guestworker *(WiWi, Pers)* Gastarbeiter(in) *m(f)*, Fremdarbeiter(in) *m(f)*
guidance *(Gesch)* Führung *f*
guiding principle *(Gesch)* Grundprinzip *n*
guilty *adj (Recht)* schuldig • **be ~ of gross negligence** *(Recht)* grob fahrlässig handeln
gut feeling *(V&M)* instinktives Gefühl *n*
gutter press *(Med)* Boulevardpresse *f*, Regenbogenpresse *f*, Skandalpresse *f*

H

half-time employment *(Pers)* Halbtagsbeschäftigung *f*, Teilzeitbeschäftigung *f*, Teilzeitarbeit *f*
hand *v* **in** *(Gesch)* einreichen *(document)*
~ **in one's notice** *(Pers)* kündigen
~ **in one's resignation** *(Pers)* sein Rücktrittsgesuch einreichen
hand-out *(V&M)* Broschüre *f*, Werbeprospekt *m*
handheld *(EDV, Komm, Med, V&M)* Handheld-Gerät *n*, Handgerät *n*, Handheld *m*
handle *v (Gesch)* abwickeln, bearbeiten, sich befassen mit
handling 1. *(Gesch)* Abwicklung *f*, Bearbeitung *f*; 2. *(Trans)* Handling *n*, Umschlag *m (of goods)*
~ **charge** *(Gesch, V&M)* Bearbeitungsgebühr *f*
~ **costs** *(Bank)* Bearbeitungskosten *pl*
handover *(Gesch)* Übergabe *f*
hands-on experience *(Pers)* praktische Erfahrung *f*
~**-on training** *(Pers)* praktische Ausbildung *f*
handset *(Komm)* Mobilfunkgerät *n (mobile phones)*
handsfree car kit (Komm, Trans) Freisprecheinrichtung f (mobile phones)
handyman *(Pers)* Handwerker *m*
hard *adj (Gesch)* hart *(data, facts)*; schwer, schwierig *(difficult)*
~ **bargaining** *(Gesch)* unnachgiebiges Verhandeln *n*
~ **cash** *(WiWi)* Hartgeld *n*, Metallgeld *n*
~ **copy** *(EDV)* Ausdruck *m*
~**-core unemployed** *(WiWi)* schwer oder nicht vermittelbare Personen *fpl*
~ **currency** *(WiWi, Pol)* harte Währung *f*, konvertierbare Währung *f*
~ **goods** *(Gesch)* langlebige Wirtschaftsgüter *npl*

~ **landing** *(WiWi) (ugs.)* harte Landung *f*, Rezession *f*
~ **money** 1. *(WiWi)* Münzgeld *n (coins)*; harte Währung *f*, Hartgeld *n (currency)*; 2. *(Gesch)* Bargeld *n (non-credit)*
~ **selling** *(V&M)* energische Verkaufstechnik *f*
~**-to-place unemployed** *(Pers)* schwer vermittelbare Arbeitslose *pl*
hardship clause *(Recht)* Härteklausel *f*
harmful effect *(Recht)* schädliche Auswirkung *f*
harmonization *(Gesch)* Angleichung *f*, Harmonisierung *f*
Harmonized Index of Consumer Prices *(HICP) (WiWi, Stat)* harmonisierter Verbraucherpreisindex *m (HVPI)*
harsh competition *(WiWi)* harter Konkurrenzkampf *m*, harter Wettbewerb *m*
haulage *(Trans)* Beförderung *f*, Transport *m*, Rollgeld *n (freight charges)*
~ **company** *(Trans)* Fuhrunternehmen *n*, Fuhrunternehmer *m*, Transportunternehmen *n*
~ **contractor** *(Trans)* Fernspediteur *m*, Rollfuhrunternehmen *n*, Transportunternehmen *n*
hauler *(AE)* 1. *(AH)* Spediteur *m*; 2. *(Trans)* Fuhrunternehmer *m*, Spediteur *m*, Transportunternehmer *m*, Rollfuhrunternehmen *n*, Fuhrunternehmen *n*
haulier *(BE)* 1. *(AH)* Spediteur *m*; 2. *(Trans)* Fuhrunternehmer *m*, Spediteur *m*, Transportunternehmer *m*, Rollfuhrunternehmen *n*, Fuhrunternehmen *n*
haven *(Fin, Gesch, St)* Oase *f*, Zufluchtsort *m (tax)*
hazard *(Gesch)* Gefahr *f*, Risiko *n*
hazardous *adj (Gesch)* gefährlich
~ **waste** *(Umw)* Sondermüll *m*
head *v (Recht)* leiten *(inquiry)*
head 1. *(Gesch)* Chef(in) *m(f) (of department)*; 2. *(Ind)* Stück *n (livestock)*; 3. *(Med)* Schlagzeile *f (of newspaper)*; Kopf *m (of document)* • **per** ~ *(Gesch)* pro Kopf
~ **of household** *(St)* Haushaltsvorstand *m*
~ **of state** *(Pol)* Staatsoberhaupt *n*
~ **office** *(Gesch)* Hauptsitz *m*, Hauptverwaltung *f*, HV, Hauptgeschäftssitz *m*, Stammhaus *n*
headhunter *(Pers)* Abwerber(in) *m(f)*, Kopfjäger(in) *m(f)*
headhunting *(Pers)* Abwerbung *f*
heading 1. *(RW)* Überschrift *f (of balance sheet)*; 2. *(Med)* Rubrik *f*, Titel *m*
~ **into surplus** *(WiWi)* Aktivierung *f (balance of payments)*
headline inflation *(WiWi)* maßgebliche Inflationsrate *f*, statistisch ausgewiesene Inflationsrate *f*
headquarters 1. *(Bank, Gesch, Pers)* Hauptbüro *n*, Hauptsitz *m*, Hauptverwaltung *f*, HV; 2. *(Mgt)* Hauptverwaltung *f*, HV, Zentrale *f*
health *(Gesch)* Gesundheit *f*
~ **benefits** *(Vers, Soz)* Kassenleistungen *fpl*, Krankenversicherungsleistungen *fpl*
~ **economics** *(WiWi)* Gesundheitsökonomik *f*
~ **hazard** *(Soz)* Gesundheitsrisiko *n*
~ **insurance** *(Pers, Vers, Soz)* Gesundheitsversicherung *f*, Krankenversicherung *f*
~ **record** *(Soz)* Anamnese *f*, Krankengeschichte *f*
~ **risk** *(Soz)* Gesundheitsgefährdung *f*, Gesundheitsrisiko *n*
~ **sector** *(WiWi)* Gesundheitswesen *n*
healthy *adj (Gesch)* gesund *(competition)*
hear *v (Recht)* anhören, verhandeln *(case)*
hearing *(Recht)* Anhörung *f*
heavily in debt *(RW, Bank, WiWi)* überschuldet
~ **mortgaged** *(RW, Bank, WiWi)* hoch belastet, überschuldet
~ **traded** *(Bö)* lebhaft gehandelt
heavy *adj (Bö)* gedrückt *(market)*
~ **demand** *(WiWi)* starke Nachfrage *f*
~ **duties** *(St)* hohe Steuern *fpl*
~ **industry** *(Ind)* Schwerindustrie *f*
~ **mortgaging** *(RW, Bank, WiWi)* hohe Belastung *f*, Überschuldung *f*
hedge against inflation *(Vers)* Absicherung *f* gegen Inflation
~ **fund** *(Bö)* hochspekulativer Investmentfonds *m*
~ **period** *(Bö)* Sicherungszeitraum *m*
~ **trading** *(Bö)* Sicherungshandel *m*
hedged asset *(RW)* abgesichertes Vermögen *n*
~ **liability** *(RW)* abgesicherte Verbindlichkeit *f*
hedging operation 1. *(Fin)* Sicherungsoperation *f*; 2. *(Bö)* Kurssicherungsgeschäft *n*

~ **strategy** *(Bö)* Sicherungsstrategie *f*
heir *(Recht)* Erbe *m*
heiress *(Recht)* Erbin *f*
heirs and assigns *(Recht)* Rechtsnachfolger *mpl (deeds and wills)*
heuristic *adj (EDV, Gesch, Mgt)* heuristisch *(problem-solving)*
HICP *s.* Harmonized Index of Consumer Prices
hidden asset *(RW)* versteckter Vermögenswert *m*, verstecktes Vermögen *n*
~ **defect** *(Recht)* verborgener Mangel *m*, versteckter Mangel *m*
~ **economy** *(WiWi)* Schattenwirtschaft *f*, Untergrundwirtschaft *f*
~ **inflation** *(WiWi)* verdeckte Inflation *f*
~ **message** *(EDV, Komm, F&T)* versteckte Botschaft *f*, *(ugs.)* Osterei *n (Software)*
~ **persuaders** *(V&M)* geheime Verführer *mpl*
~ **price increase** *(V&M)* versteckter Preisanstieg *m*, versteckte Preiserhöhung *f*
~ **profit distribution** (RW, St) verdeckte Gewinnausschüttung f
~ **reserves** *(Bank)* stille Rücklagen *fpl*
~ **unemployment** *(WiWi)* unsichtbare Arbeitslosigkeit *f*
hierarchy *(Pers)* Hierarchie *f*
~ **of needs** *(Pers)* Bedürfnishierarchie *f*
~ **of objectives** *(Gesch)* Zielhierarchie *f*
high *(Gesch, Bö)* Höchstkurs *m*, Höchststand *m*
~ **achiever** *(Gesch, Pers)* Spitzenkraft *f*, *(ugs.)* Spitzenmann *m*
~ **added-value product** *(WiWi)* Produkt *n* mit hoher Wertschöpfung
~**-cost labo(u)r** *(Pers)* Hochlohn-Arbeitskräfte *fpl*
~ **flier** 1. *(Gesch)* Spitzenunternehmen *n (company)*; 2. *(Pers)* Hochbegabte(r) *f(m)*, Erfolgsmensch *m (personnel)*; 3. *(Mgt) (ugs.)* Ehrgeizling *m*, *(ugs.)* Senkrechtstarter *m (person)*; 4. *(Bö)* Spitzenwert *m*
~**-grade bond** *(Bö)* erstklassige Schuldverschreibung *f*
~**-level decision** *(Gesch)* Entscheidung *f* auf höchster Ebene
~ **leverage** *(AE) (Fin)* hohe Fremdfinanzierung *f*
~**-pollution area** *(Umw)* Belastungsgebiet *n*, hoch belastetes Gebiet *n*
~ **potentials** (Pers) viel versprechende Nachwuchskräfte fpl
~**-powered** *adj (Gesch)* hochrangig, leistungsstark *(person)*
~**-pressure selling** *(V&M)* aggressive Verkaufspolitik *f*
~**-profile company** *(V&M)* hoch angesehenes Unternehmen *n*
~**-quality product** 1. *(Gesch)* hochwertiges Produkt *n*; 2. *(V&M)* Qualitätsprodukt *n*
~**-risk** *adj (Bö)* risikoreich *(market)*
~**-speed data access** *(Komm)* Hochgeschwindigkeits-Datenzugriff *m*, High-Speed-Daten-Zugriff *m*
~ **standard of living** *(Soz)* hoher Lebensstandard *m*
~ **standards** *(Gesch)* hohe Standards *mpl*
~**-stream** *adj (Ind)* hoch entwickelt
~**-street spending** *(BE) (WiWi)* Ausgaben *fpl*, Konsumausgaben *fpl*
~**-tech** *adj (EDV, Gesch, Ind)* hochtechnologisch, technisch ausgereift, Hightech...
~ **technology** *(EDV, Gesch, Ind)* Hochtechnologie *f*
~ **technology industry** *(Ind)* Spitzenindustrie *f*, Hightechindustrie *f*
~**-yield** *(Gesch)* ertragreich
~**-yield financing** *(Fin)* Hochzinsfinanzierung *f*
higher income bracket *(WiWi)* hohe Einkommensgruppe *f*, hohe Einkommensstufe *f*
highest bid *(Bö)* Höchstgebot *n*
~ **price** 1. *(Gesch)* Bestpreis *m*; 2. *(Bö)* Höchstkurs *m*, Höchstpreis *m*
~ **tender** *(Gesch)* Höchstgebot *n*
highlight *v (Gesch)* hervorheben *(differences)*
highlights *(Gesch)* Glanzlichter *npl*, Highlights *npl*
highly competitive *(Gesch)* wettbewerbsfähig *(company)*; wettbewerbsintensiv, wettbewerbsorientiert *(market, strategy)*
~ **geared** *adj* 1. *(Bö)* überkapitalisiert; 2. *(Fin)* mit hohem Fremdkapitalanteil
~ **gifted** *(Gesch, Pers)* hochbegabt
~ **indebted poor countries** *(HIPC) (WiWi, Fin)* hoch verschuldete arme Länder *npl*
~ **skilled** *adj (Pers)* hoch qualifiziert
HIPC *s.* highly indebted poor countries
hire *v* 1. *(Gesch)* mieten; 2. *(Pers)* chartern, einstellen *(staff)*

~ **and fire** *(Pers)* einstellen und entlassen, *(ugs.)* heuern und feuern
~ **out** *(Gesch)* verleihen
hire *(Gesch)* Mieten *n*, Leihen *n*, Lohn *m* *(wages)*
~ **car** *(BE) (Gesch)* Mietwagen *m*
~ **purchase** *(BE)* 1. *(V&M)* Ratenkauf *m*; 2. *(Recht)* Abzahlungskauf *m*, Mietkauf *m*
~**-purchase agreement** 1. *(Fin)* Ratenkaufvertrag *m*, Teilzahlungsvertrag *m; 2. (Recht)* Mietkaufvertrag *m*
~**-purchase contract** *(BE) (Fin)* Abzahlungsvertrag *m*
~**-purchase transaction** *(BE) (Gesch)* Abzahlungsgeschäft *n*
hired *adj (Pers)* eingestellt *(person)*
~ **car** *(BE) (F&T)* Mietwagen *m*
hiring out *(Gesch)* Verleihung *f*
historic burden *(Gesch, Pol)* Erblast *f*
historical *adj (WiWi, Gesch, Gb, Trans)* historisch
~ **cost** *(RW)* Anschaffungskosten *npl*, AK, Herstellungskosten, HK *(costs)*
~ **cost concept** *(RW)* Anschaffungswertprinzip *n*
~ **loss** *(RW)* Verlustvortrag *m*
hit v a low *(Gesch)* einen Tiefstand erreichen
~ **the market** *(V&M)* einschlagen *(product)*
hit-and-run strike *(Pers)* kurzer Warnstreik *m*
hit-or-miss *adj (Gesch)* aufs Geratewohl *(decision)*
hit rate *(V&M)* Trefferquote *f*
hive *v* **off** 1. *(WiWi)* abstoßen, ausgründen *(shares)*; 2. *(Gesch)* ausgliedern *(department, section)*
hive-off *(Gesch)* Ausgliederung *f* von Betriebsteilen *(department, section)*
hoarding *(V&M)* Anschlagtafel *f*, Plakatwand *f*, Reklamefläche *f*
~ **site** *(V&M)* Standort *m* von Plakatwand
hog cycle *(WiWi)* Schweinezyklus *m*
hold *v* 1. *(Gesch)* durchführen *(enquiry)*; abhalten *(referendum)*; 2. *(Mgt)* veranstalten, abhalten, durchführen *(conference)*; 3. *(Pol)* vertreten *(opinion)*; innehaben *(post)*
~ **a job** *(Pers)* einen Arbeitsplatz haben, beschäftigt sein, erwerbstätig sein, eine Stelle innehaben
~ **a position** *(Bö)* eine Wertpapierposition halten
~ **a call** *(Komm)* makeln, eine Verbindung parken
~ **in check** *(WiWi)* in Schach halten *(prices)*
~ **in custody** *(Recht)* verwahren
~ **one's ground** *(Gesch)* sich behaupten
~ **the line!** *(Komm)* bleiben Sie am Apparat!
holdback *(Gb)* einbehaltener Teil *m* der Vertragssumme, Zurückbehaltung *f*
holder in due course *(Recht)* rechtmäßiger Inhaber *m*, rechtmäßige Inhaberin *f*
~ **of an office** *(Pers)* Amtsinhaber(in) *m(f)*
holding 1. *(Recht)* Besitzen *n*; 2. *(Fin)* Paket *n*; 3. *(Bö)* Besitz *m*, Paket *n (of shares and stock)*
~ **company** 1. *(RW)* Dachgesellschaft *f*; 2. *(Bank, Fin, Gesch, Recht)* Holdinggesellschaft *f*, Muttergesellschaft *f*
~ **in a bank** *(Bank)* Anteil *m* an einer Bank
~ **of securities** *(Bank)* Wertpapierbestand *m*
~ **period** *(Bö)* Besitzdauer *f*, Verwahrzeitraum *m*
holiday allowance *(BE) (Pers)* Urlaubsgeld *n*
~ **bonus** *(BE) (Pers)* Urlaubsgeld *n*
~ **entitlement** *(Pers)* Urlaubsanspruch *m*
~ **pay** *(BE) (Pers)* Urlaubsgeld *n*
home *(Soz)* Heim *n (institution)* • **at ~ and abroad** *(Gesch)* im In- und Ausland
~ **affairs** *(Pol)* Inlandsangelegenheiten *fpl*, innere Angelegenheiten *fpl*, Innenpolitik *f*, innenpolitische Fragen *fpl (domestic policy)*
~ **banking** *(Bank)* Home Banking *n*
~ **contents insurance** *(Vers)* Hausratversicherung *f*
~ **country** *(Fin, Gesch)* Mutterland *n*
~ **economics** *(WiWi)* Hauswirtschaft(slehre) *f*
~ **equity loan** *(Bank)* Wohnungsbaudarlehen *n*
~ **loan** *(Bank)* Hypothek *f*, Wohnungsbaudarlehen *n*
~**-made** *adj (Gesch)* aus Eigenproduktion
~ **market** *(WiWi)* Binnenmarkt *m*, Inlandsmarkt *m*
~ **ownership** *(Gb)* Eigenheimbesitz *m*, Hausbesitz *m*, Wohneigentum *n*, Wohnungseigentum *n*

~ **page** *(EDV, Komm)* Homepage *f*, Hauptseite *f*, Startseite *f*
~ **product** *(Gesch)* Inlandsprodukt *n*
~ **sales** 1. *(Verw)* Inlandsumsatz *m; 2. (V&M)* Inlandsverkäufe *mpl*
Home Office *(BE) (Pol)* Innenministerium *n*
homestead tax exemption *(AE) (St)* Steuerermäßigung *f* für Eigenheime
homework (on contract) *(WiWi, Pers)* Heimarbeit *f*
homeworker *(Pers)* Heimarbeiter(in) *m(f)*
homogeneous good *(WiWi)* homogenes Gut *n*
~ **market** *(V&M)* homogener Markt *m*
honorary chairman *(Pers)* Ehrenvorsitzende(r) *f(m)*
honour *v (BE)* 1. *(Bank)* einlösen, honorieren *(debt, bill)*; bezahlen *(cheque)*; 2. *(Gesch)* erfüllen *(commitment)*
~ **a bill** *(BE) (Fin)* einen Wechsel honorieren
horizontal *adj (Gesch)* horizontal
~ **amalgamation** *(WiWi, Gesch)* horizontale Fusion *f*, horizontaler Zusammenschluss *m*, Unternehmenszusammenschluss *m*
~ **channel integration** *(Mgt)* horizontale Integration *f*
~ **combination** *(WiWi, Gesch)* horizontaler Zusammenschluss *m*, Unternehmenszusammenschluss *m*
~ **equity** *(St)* horizontale Steuergerechtigkeit *f*
~ **expansion** *(WiWi)* horizontales Wachstum *n*
~ **integration** *(WiWi)* horizontale Integration *f*
~ **merger** *(WiWi, Gesch)* horizontaler Zusammenschluss *m*, Unternehmenszusammenschluss *m*
horse trading *(Pers, Pol) (ugs.)* Kuhhandel *m*
hospital daily rate *(Soz)* Krankenhauspflegesatz *m*
host country *(WiWi, Gesch, F&T)* Gastland *n*
hot money *(Verw, Gesch)* Fluchtgelder *npl*, heißes Geld *n*
~**-selling line** *(V&M)* Verkaufsschlager *m*
~ **stock** 1. *(Gesch) (ugs.)* heiße Ware *f*; 2. *(Bö)* neu emittierte Aktien, die stark im Preis steigen
hotline 1. *(Komm)* heißer Draht *m*; 2. *(EDV)* Hotline *f*, Schnellberatung *f* am Telefon; 3. *(Pol)* heißer Draht *m*, Bürgertelefon *n*
hour *(Gesch)* Stunde *f*, Std.
~ **compensation** *(Pers)* Stundenvergütung *f*
~ **paid employee** *(Pers)* Stundenlohnempfänger(in) *m(f)*
~ **wage** *(Pers)* Stundenlohn *m*
~ **worker** *(Pers)* Stundenlohnempfänger(in) *m(f)*
hours of business *(Gesch)* Geschäftszeiten *fpl*
~ **of work** *(Gesch, Pers)* Arbeitszeit *f*
house prices *(Gb)* Hauspreise *mpl*
~ **search** *(Recht)* Hausdurchsuchung *f*
~**-to-house** *(AH)* von Haus zu Haus
~**-to-house sampling** *(V&M)* Probenverteilung *f* an Haushalte
~**-to-house selling** *(V&M)* Haustürverkauf *m*
housebuilding *(Gb)* Wohnungsbau *m*
household *(Gesch)* Haushalt *m*
~ **behavio(u)r** *(WiWi)* Haushaltsverhalten *n*
~ **commodities** *(Gesch)* Haushaltswaren *fpl*
~ **durables** *(V&M)* dauerhafte Konsumgüter *npl*
~ **effects** *(Vers)* Hausrat *m*
housing *(Gesch)* Wohnungsbau *m*
~ **allowance** *(Pers, Soz)* Mietzuschuss *m*, Wohngeld *n*
~ **construction** *(Gb)* Wohnungsbau *m* *(new houses)*
~ **development** *(Gb)* Neubaugebiet *n*
~ **estate** *(Gb)* Wohnsiedlung *f*
~ **industry** *(Ind)* Wohnungswirtschaft *f*
~ **loan** *(Bank)* Wohnungsbaudarlehen *n*
html *(EDV, Komm)* Dateierweiterung *f* für HTML-Seiten *(HyperText Markup Language, file extension *.html)*
HTML *s.* HyperText Markup Language
hub *(Trans)* Verkehrskreuz *n*, Luftverkehrskreuz *n*
~ **branch** *(Bank)* zentrale Zweigstelle *f*
~ **of activity** *(Gesch)* Geschäftsmittelpunkt *m*
human asset accounting *(Pers)* Humanvermögensrechnung *f*
~ **capital** *(WiWi)* Arbeitsvermögen *n*, Humankapital *n*

~ **engineering** 1. *(Verw)* Arbeitsplatzgestaltung *f*, 2. *(Pers)* Ergonomie *f*
~ **factors** *(Pers)* Humanfaktoren *mpl (industrial psychology)*
~ **relations** *(Gesch, Pers)* Human Relations *pl*, zwischenmenschliche Beziehungen *fpl (management theory)*
~ **resource administration** *(Pers)* Personalverwaltung *f*
~ **resource development** *(Verw, Pers)* Personalentwicklung *f*
~ **resource management** *(Pers)* Personalmanagement *n*
~ **resource planning** *(Pers)* Personalplanung *f*
~ **resources** *(Verw, Pers)* Arbeitskräfte *fpl*, Humankapital *n*, Humanvermögen *n*
~ **resources management** *(Pers)* Personalmanagement *n*
~ **rights** *(Recht)* Menschenrechte *npl*
~**-scale economics** *(WiWi)* humane Skaleneffekte *mpl*
hurdle rate *(WiWi)* erwartete Mindestrendite *f (budgeting capital expenditures)*
~ **rate of return** *(Fin)* erwartete Mindestrendite *f*
hush money *(Gesch)* Bestechungsgeld *n*, Schweigegeld *n*
hydroelectric power *(Umw)* Strom *m* aus Wasserkraftwerk, Wasserkraftstrom *m*
hydropower *(Ind, Umw)* Wasserkraft *f*
~ **station** *(Ind, Umw)* Wasserkraftwerk *n*
hype *v (Gesch)* täuschen
hype 1. *(Komm, Med) (ugs.)* Rummel *m*, *(ugs.)* Medienrummel *m*; 2. *(Gesch)* Täuschungsmanöver *n*, übertriebene Werbung *f (action)*; Täuscher *m*, *(ugs.)* Hype *m (person)*; 3. *(V&M)* Reklametrick *m*, übertriebene Werbung *f*
hyperinflation *(WiWi)* Hyperinflation *f*
hyperlink *(EDV, Komm)* Hyperlink *m*, Link *m*
hypermarket *(V&M)* Verbrauchergroßmarkt *m*
hypertext *(EDV, Komm)* Hypertext *m*, Hypertext-Link *m*, Link *m (clickable text linked with other text locations)*
HyperText Markup Language *(EDV, Komm)* Hypertext-Auszeichnungssprache *f (HTML)*
hypothecation *(Gb)* Verpfändung *f (expenditure)*
hypothesis *(WiWi, Gesch)* Hypothese *f*
~ **testing** *(Stat)* Hypothesentest *m*, Überprüfung *f* einer Hypothese

I

I owe you *(Gesch)* Schuldschein *m*, Zahlungsversprechen *n*
IAS *s.* International Accounting Standards
IBAN *s.* International Bank Account Number
ICT *s.* information and communication technology
ID number *s.* identification number
ideal capacity *(WiWi)* Betriebsoptimum *n*
~ **standard cost** *(RW, Verw)* Sollkosten *pl*, Normkosten *pl*
identification card *(EDV, Gesch, Recht)* Identifikationskarte *f*, Ausweis *m*, Ausweiskarte *f*, Personalausweis *m (issued by the government)*
~ **number** *(Gesch)* Identifikationsnummer *f*, ID-Nummer *f*
identified reserves *(Bank)* statistisch erfasste Reserven *fpl*
idle *adj* 1. *(Verw)* frei; 2. *(Bank)* unrentabel; 3. *(Gesch)* stillstehend; 4. *(Pers)* frei, ungenutzt; 5. *(Ind, Mgt)* unproduktiv
~ **balance** 1. *(WiWi)* Spekulationskasse *f*, 2. *(Fin)* brachliegende Guthaben *npl*, anlagebereite Mittel *npl*; *(jarg.)* Kriegskasse *f (for takeover purposes)*
~ **capacity** 1. *(WiWi)* freie Kapazität *f*, ungenutzte Kapazität *f*; 2. *(Gesch)* Kapazitätsreserve *f*; 3. *(Ind)* freie Kapazität *f*, Leerlaufkapazität *f*
~ **money** 1. *(WiWi)* brachliegendes Geld *n*, Spekulationskasse *f*; 2. *(Fin)* Überschussreserven *fpl*
~ **time** 1. *(Verw)* Leerzeit *f*; 2. *(Gesch)* Stillstandszeit *f*; 3. *(Pers)* ungenutzte Zeit *f*
IFRS *s.* International Financial Reporting Standards
ill-paid *(Pers)* schlecht bezahlt
illegal *adj (Recht)* gesetzwidrig, illegal, unrechtmäßig, unzulässig
~ **content** *(Komm, Recht)* strafbare Inhalte *fpl*
~ **strike** *(Pers)* wilder Streik *m*
illiquid *adj (Bank, Fin)* fest angelegt, illiquide, nicht flüssig
~ **assets** *(Fin)* illiquides Aktivvermögen *n*

illusory profit *(Fin)* Scheingewinn *m*
imbalance *(Fin)* Ungleichgewicht *n*, gestörtes Gleichgewicht *n*
~ **of orders** *(Bö)* Auftragsmissverhältnis *n*
~ **of trade** *(WiWi, AH, Pol)* Handelsbilanzungleichgewicht *n*
~ **on the labo(u)r market** *(Pers)* Arbeitsmarktungleichgewicht *n*, Ungleichgewicht *n* auf dem Arbeitsmarkt
IMF *s.* International Monetary Fund
immediate *adj (Gesch)* augenblicklich, unverzüglich • **for ~ attention** *(Gesch)* zur sofortigen Kenntnisnahme • **for ~ delivery** *(Gesch)* zur unverzüglichen Lieferung
~**-or-cancel order** *(Bö)* Auftrag *m* zur sofortigen Ausführung
immigration country *(Pers)* Einwanderungsland *n*, Zuwanderungsland *n*
imminent danger *(Vers)* drohende Gefahr *f*, akute Gefahr *f*, unmittelbare Gefahr *f*
immobilize *v (Fin)* stilllegen
immovable estate *(Gb)* Liegenschaft *f*
~ **property** *(Gb)* unbewegliches Vermögen *n*
immunity from taxes *(St)* Steuerfreiheit *f*
IMO *s.* international money order
impact *(Gesch)* Anstoß *m*, Auswirkung *f*, Stoßwirkung *f* • **have an ~ on** *(Gesch)* sich auswirken auf
~ **effect** *(WiWi)* Anstoßwirkung *f*
~ **multiplier** *(WiWi)* Impaktmultiplikator *m*, Wirkungsmultiplikator *m*
impair *v (WiWi, Gesch)* beeinträchtigen, schädigen
impairment of performance *(Recht)* Leistungsminderung *f*, Leistungsstörung *f*
impartial *adj (Gesch)* unparteiisch
impede *v (Gesch)* behindern
imperfect competition *(WiWi)* unvollständiger Wettbewerb *m*
~ **market** *(WiWi)* unvollkommener Markt *m*
impetus *(Gesch)* Anstoß *m*, Impuls *m*
impinge *v* **on sb's rights** *(Recht)* auf die Rechte eines anderen übergreifen, in die Rechte eines anderen eingreifen
implement *v* 1. *(EDV)* implementieren *(system)*; 2. *(Gesch)* ausführen, durchsetzen *(plans)*
implementation *(Gesch)* Ausführung *f*, Durchführung *f*, Realisierung *f*
~ **lag** *(WiWi)* Durchführungsverzögerung *f*
~ **package** *(Bank)* Implementierungspaket *n (ECB)*
implicated *adj (Recht)* mitschuldig
implicit *adj* 1. *(Gesch)* implizit; 2. *(Recht)* stillschweigend
~ **basis of contract** *(Recht)* Geschäftsgrundlage *f*
~ **price deflator** *(WiWi)* impliziter Deflator *m*
implied *adj (Recht)* stillschweigend *(acceptance)*
~ **condition** *(Gesch)* stillschweigende Bedingung *f*
~ **contract** *(Recht)* konkludent geschlossener Vertrag *m*
~ **price index** *(WiWi)* impliziter Preisindex *m*
~ **repo rate** *(Fin)* implizite Repo-Rate *f*, geltende Rückkaufrate *f*
~ **warranty** *(Recht)* gesetzliche Gewährleistung *f*, stillschweigende Mängelhaftung *f*
imply *v (Gesch)* beinhalten, implizieren
import *v (WiWi, AH, St)* einführen, importieren
import *(WiWi, AH)* Einfuhr *f*, Import *m*, Imp.
~ **admission** *(AH)* Einfuhrerlaubnis *f*
~ **allowance** *(AH)* zollfreie Einfuhrmenge *f*
~**-demand function** *(WiWi)* Importnachfragefunktion *f*
~ **duty** *(AH, St)* Einfuhrzoll *m*, Importabgabe *f*, Importzoll *m*
~ **letter of credit** *(Fin, AH)* Importakkreditiv *n*
~ **licence** *(BE) (AH)* Einfuhrbewilligung *f*, Einfuhrgenehmigung *f*, Importbewilligung *f*, Importgenehmigung *f*, Importlizenz *f*
~ **license** *(AE) (AH)* Einfuhrbewilligung *f*, Einfuhrgenehmigung *f*, Importbewilligung *f*, Importgenehmigung *f*, Importlizenz *f*
~ **penetration ratio** *(AH)* Importanteil *m*, Importquote *f*
~ **permit** *(AH)* Importerlaubnis *f*
~ **pull** *(WiWi)* Importsog *m (BOP)*
~ **quota** *(WiWi, AH)* Einfuhrkontingent *n*, Importquote *f*
~ **surplus** *(WiWi, AH)* Importüberschuss *m*
~ **tariff** *(AH, St)* Einfuhrzoll *m*, Importabgabe *f*, Importzoll *m*
~ **trade** *(AH)* Importgeschäft *n*, Importhandel *m*
~ **value-added tax** *(Recht)* Einfuhrumsatzsteuer *f*

import/export company *(BE) (AH)* Außenhandelsunternehmen *n*
importation *(WiWi, AH)* Einfuhr *f*, Einf., Einführung *f*, Import *m*, Imp.
imported goods 1. *(WiWi)* Importwaren *fpl*; 2. *(AH)* Importgüter *npl*, Importwaren *fpl*
~ **inflation** *(WiWi)* importierte Inflation *f*
~ **services** *(WiWi, St)* importierte Dienstleistungen *fpl*
imports into free circulation *(WiWi, AH)* Einfuhren *fpl* in den freien Verkehr
impose *v (Gesch, Recht)* auferlegen, verhängen *(limits)*
~ **a fine on** *(Recht)* zu einer Geldstrafe verurteilen
~ **a tax on sb** *(St)* jmdm. eine Steuer auferlegen
imposition 1. *(WiWi)* Besteuerung *f*; 2. *(Gesch)* Auferlegung *f (burden, request)*; 3. *(Recht)* Verhängung *f*; 4. *(St)* Abgabe *f*, Besteuerung *f*, Steuer *f*
~ **of a fine** *(Recht)* Verhängung *f* einer Geldbuße
impound *v (Recht)* beschlagnahmen, pfänden, sicherstellen, verwahren
imprest *(Fin)* Vorschuss *m*
~ **account** *(RW)* Vorschusskonto *n*
~ **fund** *(RW)* Spesenkasse *f*, kleine Kasse *f*, Vorschusskasse *f*
~ **system** *(RW)* Kassenvorschusssystem *n*
imprint 1. *(Med)* Impressum *n (of book, newspaper)*; 2. *(V&M)* Abdruck *m*, Aufdruck *m*
improve *v* 1. *(Gesch)* verbessern; 2. *(WiWi)* sich aktivieren *(BOP)*
~ **profitability** *(Fin)* die Ertragskraft verbessern
improvement *(Gesch)* Verbesserung *f*
~ **in balance of trade** *(WiWi)* Verbesserung *f* der Handelsbilanz
impulse *adj (Gesch, V&M)* spontan
~ **buy** *(V&M)* Spontankauf *m*
~ **buying** *(Gesch, V&M)* Impulskauf *m*
~ **purchase** *(V&M)* Spontankauf *m*
impure public good *(WiWi)* Mischgut *n*
imputation 1. *(WiWi)* fiktive Buchung *f*, unterstellte Transaktion *f*; 2. *(St)* Anrechnung *f*
~ **credit** *(St)* Anrechnungsguthaben *n*
imputed costs *(Fin)* kalkulatorische Kosten *pl*
~ **income** 1. *(RW)* unterstelltes Einkommen *n*, fiktives Einkommen *n*; 2. *(WiWi)* zugerechnetes Einkommen *n*, zurechenbares Einkommen *n*
~ **interest** *(St)* fiktive Zinsen *mpl*, zugerechnete Zinsen *mpl*
~ **interest charge** *(RW)* kalkulatorische Zinsen *mpl*
~ **profit** *(RW)* kalkulatorischer Gewinn *m*
~ **risks** *(Fin)* kalkulatorische Wagnisse *npl*
in-balance budget *(Fin)* ausgeglichener Haushalt *m*, ausgeglichenes Budget *n*
~**-company** *adj (WiWi, Pers, Gesch)* innerbetrieblich
~**-company training** *(Pers)* betriebsinterne Schulung *f*, firmeninterne Schulung *f*
~**-depth analysis** *(Gesch)* gründliche Analyse *f*
~**-depth discussion** *(Gesch)* tief greifende, umfassende Diskussion *f*
~**-house** *adj (Gesch)* innerbetrieblich, firmeneigen, hauseigen, intern, Innen...
~**-house audit** *(Verw)* Innenrevision *f*
~**-house training** *(Pers)* betriebliche Schulung *f*, innerbetriebliche Schulung *f*
~**-line** *adj (Gesch)* ausgeglichen
~**-line budget** *(Fin)* ausgeglichener Haushalt *m*, ausgeglichenes Budget *n*
~ **personam** *(Recht)* persönlich, schuldrechtlich
~**-plant training** *(Pers)* betriebliche Ausbildung *f*
~**-service training** *(Pers, Ind)* innerbetriebliche Schulung *f*
~**-the-money call** *(Bö)* Kaufoption, deren Abschlusspreis unter dem Marktpreis des Wertpapiers liegt
~**-the-money put** *(Bö)* Verkaufsoption, deren Abschlusspreis über dem Marktpreis des Wertpapiers liegt
inability *(Gesch)* Unfähigkeit *f*
~ **to pay** *(Recht)* Zahlungsunfähigkeit *f*
~ **to perform** *(Recht)* subjektive Unmöglichkeit *f* der Leistung
~ **to work** *(Pers)* Arbeitsunfähigkeit *f*
inaccuracy *(Gesch)* Ungenauigkeit *f*, Unkorrektheit *f*
inactive *adj* 1. *(Gesch)* inaktiv; 2. *(Bö)* umsatzlos
~ **account** *(Bank)* umsatzloses Konto *n*
~ **bond** *(Bö)* Obligation *f* mit geringem Umsatzvolumen

~ **stock** *(Bö)* Aktien *fpl* mit geringem Umsatzvolumen, unregelmäßig gehandelte Aktien *fpl*
inadmissable *adj (Recht)* unzulässig
inalienable *adj (Recht)* unveräußerlich *(right)*
inappropriate *adj (Gesch)* unangebracht, unangemessen, ungeeignet
inbound investor *(WiWi)* inländischer Investor *m*
incalculable *adj (Gesch)* unberechenbar
incapacitated *adj (Recht)* geschäftsunfähig
incapacity for work *(Pers, Soz)* Erwerbsunfähigkeit *f*, Arbeitsunfähigkeit *f*, Invalidität *f*
~ **to work** *(Pers, Soz)* Erwerbsunfähigkeit *f*, Arbeitsunfähigkeit *f*, Invalidität *f*
incapable *adj (Gesch, Pers, Recht)* unfähig
incentive 1. *(Gesch)* Anreiz *m*, Antrieb *m*; 2. *(Pers)* Leistungsanreiz *m*
~ **bonus** *(Pers)* Leistungszulage *f*
~ **commission** *(V&M)* Leistungsprovision *f*, Verkaufsprovision *f* als Anreiz
~ **fee** 1. *(Verw)* Erfolgshonorar *n*; 2. *(V&M)* Prämie *f*
~ **for work** *(Pers)* Arbeitsanreiz *n*
~ **pay** 1. *(Verw)* Leistungslohn *m*; 2. *(Pers)* Leistungszahlung *f*
~ **period** *(Ind)* Förderphase *f*
~ **scheme** *(Pers)* Leistungssystem *n*, Anreizsystem *n*
~ **system** *(WiWi)* Anreizsystem *n*
~ **to work** *(Pers)* Arbeitsanreiz *m*
~ **wage** *(Pers)* gewinnbezogene Bezahlung *f*
~ **wage plan** *(Pers)* Leistungslohnprogramm *n*
incidence *(Pers)* Häufigkeit *f (rate of occurrence)*
~ **of taxation** *(St)* Steuerinzidenz *f*
incidental *adj (Gesch)* zufällig
~ **charge** *(Fin)* Nebenkosten *pl*
~ **damages** *(Recht)* Schadensersatz für Kosten, die bei der Vertragserfüllung entstanden sind
~ **expenses** *(Fin, Pers)* Nebenkosten *pl*
incidentals allowance *(Fin)* Rückstellung *f* für Nebenkosten
incipient processing *(V&M)* Verarbeitungsansatz *m*
include *v (Gesch)* einbeziehen, einschließen
inclusive rate *(Verw)* Pauschaltarif *m*
~ **terms** *(Gesch)* Inklusivpreise *mpl*
income 1. *(WiWi)* Einkommen *n*, Einnahmen *fpl*; 2. *(Fin, Gesch)* Gewinn *m*, Ertrag *m*, Erträge *mpl*, Einkünfte *pl*; 3. *(Pers)* Verdienst *m*
~ **accounts** *(RW)* Aufwands- und Ertragskonten *npl*
~ **accruing to capital** *(WiWi)* Einkommen *n* aus Unternehmertätigkeit und Vermögen *(national accounting)*
~ **after tax** *(St, Soz)* Einkommen *n* nach Steuern, Einkommen *n* nach Abzug der Steuern
~ **and expenditure account** *(RW)* Gewinn- und Verlustrechnung *f*
~ **and expenses** *(AE) (RW)* Erträge *mpl* und Aufwendungen *fpl*; Einnahmen und Ausgaben *fpl*
~ **bracket** *(Verw)* Einkommensgruppe *f*
~**-consumption curve** *(WiWi)* Einkommenskonsumkurve *f*
~ **differential** *(WiWi, Pers)* Einkommensdifferenz *f*, Einkommensgefälle *n*, Einkommensabstand *m*
~ **distribution** *(WiWi)* Distribution *f*, Einkommensverteilung *f*
~**-elasticity of demand** *(jarg.) (WiWi)* Einkommenselastizität *f* der Nachfrage
~ **from investments** *(RW)* Ertrag *m* aus Beteiligungen, Beteiligungserträge *mpl*
~ **from trade or business** *(St)* Einkünfte *pl* aus Gewerbebetrieb *(income taxation)*
~ **from trades and professions** *(St)* Einkünfte *pl* aus Gewerbebetrieb und selbstständiger Arbeit
~ **gap** *(Pers)* Einkommensabstand *m*, Einkommensdifferenz *f*, Einkommensgefälle *n*, Einkommensschere *f*, Einkommenslücke *f*
~ **level** *(Verw)* Einkommensniveau *n*
~ **maintenance** *(Pers, Soz)* Einkommenssicherung *f*, Sicherung *f* der Einkommen, Erhaltung *f* des Einkommens, Einkommensgarantie *f*
~ **per capita** *(WiWi)* Pro-Kopf-Einkommen *n*
~ **received** *(St)* zugeflossene Einkünfte *pl*
~ **received under deduction of tax** *(St)* quellenbesteuerte Erträge *mpl*

~-**related** *(Pers, Soz)* einkommensabhängig
~ **spread** *(Fin)* Einkommensspanne *f*
~ **statement** *(BE) (RW)* Gewinn- und Verlustrechnung *f*, Erfolgsrechnung *f*, Aufwands- und Ertragsrechnung *f*
~ **tax** *(St)* Einkommenssteuer *f*
~ **tax law** *(Recht)* Einkommensteuergesetz *n*
~ **tax repayment claim** *(St)* Einkommenssteuerrückzahlungsanspruch *m*
~ **tax return** *(RW)* Einkommenssteuererklärung *f*
~ **transfer** *(Soz)* Einkommensübertragung *f*, Einkommenstransfer *m*
~ **year** *(Recht, St)* Veranlagungszeitraum *m*, Vz.
incoming business *(Gesch)* Auftragseingang *m*
~ **order** *(V&M)* hereinkommender Auftrag *m*
incompatibility *(EDV, Gesch)* Inkompatibilität *f*, Unverträglichkeit *f*
inconsistency *(Gesch)* Inkonsistenz *f*, Unvereinbarkeit *f*, Widersprüchlichkeit *f*
inconsistent quartet *(WiWi)* magisches Viereck *n*
~ **trinity** *(WiWi)* magisches Dreieck *n*
incontestable *adj* 1. *(Gesch)* unbestreitbar; 2. *(Pat)* unanfechtbar
incorporate *v* 1. *(Gesch)* eingliedern *(include)*; einschließen *(company)*; gründen *(establish)*; 2. *(Recht)* gründen *(company)*; 3. *(Med)* einbauen
incorporated *adj (AE) (Gesch, Recht)* (amtlich) als Aktiengesellschaft eingetragen; verbunden
~ **company** *(Gesch) (AE)* Aktiengesellschaft *f*, *(BE)* rechtsfähige Gesellschaft *f*
incorporation *(AE) (Recht)* Eintragung *f* als Aktiengesellschaft, Gründung *f (of a company)*
Incoterms *s.* international commercial terms
increase *(Gesch)* Anstieg *m*, Aufstockung *f*, Erhöhung *f*, Steigerung *f*, Vergrößerung *f*, Zunahme *f*, Zuwachs *m*
~ **in employment** *(Pers)* Zunahme *f* der Beschäftigung, Beschäftigungsausweitung *f*, Ausweitung *f* der Beschäftigung, Beschäftigungsanstieg *m*, Beschäftigungszunahme *f*
increasing *(Gesch)* Anheben *n*, Anwachsen *n*
~ **opportunity costs law** *(WiWi)* Gesetz *n* der steigenden Opportunitätskosten
~ **returns to scale** *(WiWi)* zunehmende Skalenerträge *mpl*
increment *(Gesch)* Wertzuwachs *m*, Zuwachs *m*
incremental *adj* 1. *(EDV)* anwachsend, inkremental; 2. *(Gesch)* inkremental *(cost)*; 3. *(St)* inkremental
~ **cost** *(WiWi)* Grenzkosten *pl*
incur *v (Gesch)* verursachen
incurred *adj (RW)* entstanden *(expenses)*
indebted *adj (WiWi)* verschuldet
indemnification 1. *(Vers)* Schadloshaltung *f*, 2. *(Recht)* Wiedergutmachung *f*
~ **payments** *(Pol)* Wiedergutmachungsleistungen *fpl*
indemnify *v* 1. *(Fin, Gesch)* abfinden; 2. *(Vers)* entschädigen, Schadensersatz leisten, sichern, sicherstellen
indemnity 1. *(Vers)* Entschädigung *f*, Haftungsfreistellung *f*; 2. *(Recht)* Abfindung *f*, Schadloshaltung *f*, Haftungsausschluss *m*
~ **payment** *(Vers)* Zahlung *f* der Versicherungssumme
indenture *(Bö)* Anleihevertrag *m*
independent auditor *(RW)* außerbetriebliche(r) Revisor(in) *m(f)*, außerbetriebliche(r) Wirtschaftsprüfer(in) *m(f)*
~ **inquiry** *(Recht)* unabhängige Untersuchung *f*
~ **taxation** *(BE) (St)* selbstständige Besteuerung *f*
~ **variable** *(Stat)* unabhängige Variable *f*
indeterminate obligation *(Recht)* Gattungsschuld *f*
index *v* 1. *(EDV, WiWi, St)* indexieren; 2. *(Stat)* indizieren
index 1. *(EDV)* Index *m*, Verzeichnis *n*; 2. *(WiWi, Bö)* Index *m*
~-**card file** *(Verw)* Kartei *f*
~ **figure** *(WiWi)* Messziffer *f*
~ **linking** *(WiWi, Pers)* Indexbindung *f*
~ **of lagging indicators** *(Fin)* Index *m* der Spätindikatoren
~ **of leading indicators** 1. *(Fin)* Index *m* führender Indikatoren, Index *m* der Frühindikatoren; 2. *(Bö)* Trendbarometer *n* der US-Wirtschaft

~ **point** *(Bö)* Indexpunkt *m*
~ **price** *(Bö)* Indexpreis *m*
indexation 1. *(WiWi)* Indexierung *f*; 2. *(Pers)* Indexbindung *f*
indexed *adj (Stat)* indiziert
indexing 1. *(WiWi)* Indexbindung *f*; 2. *(Bö)* Indexierung *f*
indicative exchange rate *(Bank, WiWi)* Referenzkurs *m*
indicator *(WiWi)* Indikator *m*
~ **of economic sentiment** *(WiWi)* Indikator *m* der wirtschaftlichen Einschätzung
~ **of industrial confidence** *(WiWi, Ind)* Indikator *m* für das Vertrauen der Wirtschaft
indifference curve *(WiWi)* Indifferenzkurve *f*
indigenous worker *(Pers)* einheimischer Arbeitnehmer *m*, einheimische Arbeitnehmerin *f*, einheimische Arbeitskraft *f*
indirect *adj (Gesch)* indirekt
~ **costs** *(RW, WiWi, Fin)* indirekte Kosten *pl*
~ **demand** *(WiWi)* abgeleitete Nachfrage *f*
~ **financing** *(Fin)* Umwegfinanzierung *f*
~ **labo(u)r costs** 1. *(RW)* indirekte Lohnkosten *pl*, Lohngemeinkosten *pl*; 2. *(WiWi)* Fertigungsgemeinkosten *pl*
~ **production** *(WiWi)* Umwegproduktion *f*
~ **taxation** *(St)* indirekte Besteuerung *f*
individual *(Gesch)* Einzelperson *f*
~ **assessment** *(Verw)* Einzelbewertung *f*
~ **insolvency** *(BE) (Recht)* Insolvenz *f* der natürlichen Personen, Insolvenz *f* privater Haushalte, Insolvenz *f* von Privatpersonen; Privatkonkurs *m*
~ **safe custody of securities** *(Fin)* Streifbanddepot *n*
indivisibility *(WiWi)* Unteilbarkeit *f*
indorse *s.* endorse
induce *v (WiWi, Fin)* induzieren
induced draft *(Fin)* induzierter Wechsel *m*
inducement 1. *(Gesch)* Anreiz *m*; 2. *(Recht)* Verleitung *f*
~ **mechanism** *(WiWi)* Leistungsanreizmechanismus *m*
~ **to circumvent the regulations** *(Bank, Recht)* Umgehungsanreiz *m*
induct *v (Pers)* einführen
induction 1. *(Gesch)* Induktion *f*, Einarbeitung *f*; 2. *(Pers)* Einführung *f*
inductive reasoning *(Mgt)* induktives Denken *n*
industrial *adj* 1. *(Gesch)* gewerblich, industriell; 2. *(Ind, Bö)* industriell
~ **accident** *(Pers)* Arbeitsunfall *m*, Betriebsunfall *m*
~ **action** 1. *(WiWi)* Arbeitskampf *m*; 2. *(Gesch, Pers, Ind)* Arbeitskampf *m*, Streik *m*
~ **classification** *(WiWi)* Wirtschaftszweigsystematik *f*
~ **conflict** *(Pers)* Arbeitskonflikt *m*
~ **disease** *(Pers)* Berufskrankheit *f*
~ **engineering** *(Ind)* Betriebstechnik *f*, Fertigungsorganisation *f*, Industrial Engineering *n*, Fertigungsvorbereitung *f* *(production planning)*; Industriebetriebslehre *f (theory)*
~ **espionage** 1. *(Gesch)* Betriebsspionage *f*; 2. *(Ind)* Industrie…, Werks…, Wirtschaftsspionage *f*
~ **estate** 1. *(Ind)* Industriegebiet *n*, Industriegelände *n*, Industriezone *f*; 2. *(Gb)* Gewerbefläche *f*, Gewerbegebiet *n*, Gewerbepark *m*, Industriepark *m*
~ **inertia** *(Ind)* industrielle Flaute *f*
~ **injury** *(Pers)* Berufsunfall *m*, Arbeitsunfall *m*, Unfall *m* am Arbeitsplatz
~ **law** *(BE) (Pers, Recht)* Arbeitsrecht *n*
~ **marketing** *(V&M)* Investitionsgüter-Marketing *n*
~ **peace** *(Pers)* Arbeitsfrieden *m*
~ **product** 1. *(Gesch)* Zwischenprodukt *n*; 2. *(Ind)* gewerbliches Erzeugnis *n*, Industrieerzeugnis *n*
~ **property** *(Gesch, Pat)* gewerbliches Eigentum *n*, gewerbliche Schutzrechte *npl*
~ **property protection** *(Recht, Pat)* gewerblicher Rechtsschutz *m*
~ **safety** 1. *(Verw)* Arbeitssicherheit *f*; 2. *(Pers)* Arbeitsschutz *m*, Betriebssicherheit *f*, 3. *(Ind)* Betriebssicherheit *f*
~ **security** 1. *(Fin)* Industriewert *m* *(shares)*; 2. *(Pers)* Betriebssicherheit *f* *(safety)*
~ **settlement** *(WiWi)* Industrieansiedlung *f*, Ansiedlung *f* von Industrien
~ **statistics** *(WiWi)* Industriebericht *m*
~ **tribunal** *(BE) (Pers, Recht)* Arbeitsgericht *n*, gewerbliches Schiedsgericht *n*
industrialized country *(WiWi, Ind)* Industrieland *n*, Industriestaat *m*
industry 1. *(WiWi)* Industrie *f*, Wirtschaftszweig *m*; 2. *(Gesch)* Tüchtigkeit *f (effi-*

ciency); 3. *(Ind)* Industrie *f*, Branche *f*, Gewerbe *n (sector)*
~ **leader** *(V&M)* Branchenführer *m*
~-**wide wage agreement** *(Pers)* Branchentarifvertrag *m*
inefficiency *(WiWi)* Ineffizienz *f*, Unwirtschaftlichkeit *f*
inelastic demand *(WiWi)* unelastische Nachfrage *f*
~ **supply** *(WiWi)* unelastisches Angebot *n*
inertia *(V&M)* Trägheit *f*
inexhaustible *adj (Umw)* unerschöpflich *(natural resources)*
inexpedient *adj (Gesch)* unzweckmäßig
infant industry *(Ind, WiWi)* junger Wirtschaftszweig *m*, schutzzollbedürftige Industrie *f*
inferior *adj (Gesch)* untergeordnet
~ **goods** *(WiWi)* inferiore Güter *npl*
inflate *v* 1. *(WiWi)* hoch treiben, inflationieren, steigern, aufblähen, übermäßig steigern; 2. *(Gesch)* überhöhen
inflation *(WiWi)* Geldentwertung *f*, Inflation *f*
~-**adjusted income** *(WiWi)* inflationsbereinigtes Einkommen *n*
~ **illusion** *(WiWi)* Geldillusion *f*
~ **rate** *(WiWi)* Inflationsrate *f*
~ **targeting** *(WiWi)* Inflationssteuerung *f*, direkte Inflationssteuerung *f*
~ **tax** 1. *(WiWi)* Inflationsgewinn *m* des Staates, inflationsinduzierter Gewinn *m* des Staates; 2. *(St)* Inflationssteuer *f*
inflationary *adj (WiWi)* inflationär
~ **gains** *(WiWi)* Inflationsgewinne *mpl*
inflexible price *(WiWi)* starrer Preis *m*
inflow of ethnic Germans *(Pol)* Übersiedlerstrom *m*
~ **of orders** *(Gesch)* Auftragseingang *m*
~ **of unemployed** *(Pers)* Zugang *m* an Arbeitslosen
influence *v (Gesch)* einwirken auf, beeinflussen
influx of ethnic Germans *(Pol)* Übersiedlerstrom *m*
info 1. *(*.info, top-level domain for information sites) (EDV, Komm)* info *(Top-Level Domain für Informationsangebote)*; 2. *(information) (Gesch) (ugs.)* Info *(Information)*, *(ugs.)* Infos *(Informationen)*; Benachrichtigung *f*, Verständigung *f*
informal *adj (Gesch)* formlos, informell *(unstructured)*; inoffiziell, nicht förmlich *(unofficial)*; zwanglos, ungezwungen *(casual)*
~ **economy** *(WiWi)* Schattenwirtschaft *f*, informelle Wirtschaft *f*
~ **sector** *(WiWi)* informeller Sektor *m*, Schattenwirtschaft *f*
informatics *(EDV)* Informatik *f*
information *(Gesch)* Information *f*, Info, Informationen, Infos, Benachrichtigung *f*, Verständigung *f*
~ **and communication technology** *(Komm, WiWi)* Informations- und Kommunikationstechnologie *f (IKT)*
~ **highway** *(EDV) (jarg.)* Datenautobahn *f*
~ **processing** *(EDV)* Informationsbearbeitung *f*, Informationsverarbeitung *f*
~ **society** *(Gesch, Komm)* Informationsgesellschaft *f*, E-Society *f*
~ **technology** *(EDV, Ind)* Informationstechnik *f*, IT, Informationstechnologie *f*
informative label(l)ing *(V&M)* Herkunftsbezeichnung *f*, Ursprungsauszeichnung *f (country of origin)*
informed decision *(Mgt)* sachkundige Entscheidung *f*
infringe *v* 1. *(Recht)* vergehen gegen, verstoßen gegen, verletzen *(rule)*; 2. *(Pat)* verletzen *(copyright)*
inherent strength *(Gesch, Pers)* innere Stärke *f*
inheritance 1. *(Fin)* Erbschaft *f*; 2. *(Recht)* Erbfall *m*, Erbe *n*
~, **legacies or donations** *(Recht)* Erbschaft *f*, Vermächtnis *n* oder Schenkung *f*
~ **tax return** *(St)* Erbschaftssteuererklärung *f*
inherited burden *(Gesch, Recht)* Erblast *f*, Altlast *f*
~ **burdens** *(WiWi)* Altlasten *fpl*
inhibit *v (Gesch)* behindern, hemmen, sperren, unterbinden
initial *adj (Gesch)* anfänglich
~ **deposit** *(Bö)* Einschuss *m*
~ **investment** *(Fin)* Anfangsauszahlung *f*
~ **outlay** *(RW)* Anschaffungskosten *pl*
~ **placing of securities** *(Bö)* Erstplatzierung *f*
~ **stages** *(Ind, WiWi)* Anlaufzeit *f*
~ **vocational training** *(Pers)* berufliche Erstausbildung *f*

Initial public offering of shares *(Fin, Bö)* Börsengang *m*, Aktienerstemission *f*, Börsenerstemission *f*, öffentliches Erstzeichnungsangebot *n*
injection *(WiWi)* Geldzuschuss *m*, Injektion *f*
injection of funds *(Fin, Gesch)* Zuführung *f* von Mitteln, *(jarg.)* Finanzspritze *f*, zusätzliche Mittel *npl*, *(jarg.)* frisches Geld *n*
~ **of new capital** *(WiWi)* *(ugs.)* Kapitalspritze *f*, Kapitalzuführung *f*
injured party *(Recht)* Geschädigte(r) *f(m)*, Verletzte(r) *f(m)*
inland *adj (AH, Trans)* inländisch, Binnen…, Inland…
~ **postage** *(Komm)* Inlandsporto *n*
Inland Revenue *(BE) (St)* Steuerbehörde *f*
~ **Revenue Office** *(BE) (St)* Finanzamt *n*
innovation *(Ind, Pat, V&M)* Innovation *f*, Neuentwicklung *f*, Neuerung *f*
input *v (EDV, Komm)* eingeben *(data, text)*
input 1. *(EDV, Komm)* Eingabe *f (of data, text)*; Eingabefeld *n (field, box)*; 2. *(Gesch)* Einsatz *m*, Eingabe *f*, Input *m*; 3. *(St)* Eingangsumsatz *m*, Eingangsleistung *f*
~ **cost** *(RW)* Eingabekosten *pl*
~ **market** *(WiWi)* Faktormarkt *m*
~ **tax** *(St)* Vorsteuer *f*
inputs *(WiWi)* Einsatzgüter *npl*, Produktionsfaktoren *mpl*
inquiry *(Stat, Pers)* Erhebung *f*, Befragung *f*
~ **committee** *(Pers, Recht)* Untersuchungsausschuss *m*
~ **period** *(Stat, Pers)* Erhebungszeitraum *m*, Befragungszeitraum *m*
insertion *(V&M)* Platzierung *f*
inside *(Gesch)* innerhalb
~ **information** *(Gesch)* Informationen *fpl* aus erster Hand, Insiderinformation *f*, Interna *pl (confidential)*
insider dealing *(Fin, Bö)* Insidergeschäfte *npl*, Insiderhandel *m*
insolvency *(RW, Bank, Fin, Recht)* Überschuldung *f*, Zahlungsunfähigkeit *f*, Insolvenz *f*
~ **of individuals***(BE) (Recht)* Insolvenz *f* der natürlichen Personen, Insolvenz *f* privater Haushalte
Insolvency Act *(Recht)* Insolvenzgesetz *n*
~ **Code** *(WiWi)* Insolvenzordnung *f*
insolvent *adj (RW, Bank, Fin, Recht)* zahlungsunfähig, insolvent
inspection *(Gesch)* Inspektion *f*, Prüfung *f*
instal(l)ment *(Bank, Fin)* Rate *f*, Teilzahlung *f* • **in instal(l)ments** *(Bank, Fin)* in Raten • **on the ~ plan** *(Fin)* auf Abzahlungsbasis, auf Raten
instance/in the first *(Gesch)* an erster Stelle
instant dismissal *(Pers)* fristlose Entlassung *f*
~ **messenger** *(Komm)* Programm *n* für Sofort-Nachrichten, Instant-Messenger *m*
institution *(Gesch)* Institution *f*
~ **incorporated under public law** *(Recht)* Anstalt *f* des öffentlichen Rechts
~ **of higher education** *(Pers)* höhere Lehranstalt *f*, Hochschule *f*
institutional economics *(WiWi)* Institutionenökonomik *f*
instruct *v* 1. *(Gesch)* beauftragen, anweisen; 2. *(Recht)* instruieren, belehren *(jury)*
instruction 1. *(EDV)* Befehl *m (program)*; 2. *(Gesch)* Anweisung *f*, Instruktion *f*; 3. *(Pers)* Ausbildung *f (training)*; 4. *(Recht)* Instruktion *f*, Belehrung *f (jury)*; 5. *(Pol)* Weisung *f (directive)*
~ **to pay***(BE) (RW, Bank)* Zahlungsanweisung *f*
instructive *(Gesch)* aussagekräftig
instructor *(Pers)* Ausbilder(in) *m(f)*
instrument 1. *(Bank)* Handelspapier *n*; 2. *(Fin)* Dokument *n*; 3. *(Gesch)* Instrument *n*; 4. *(Ind)* Instrument *n*
~ **variable** *(WiWi)* Instrumentenvariable *f*
instrumentality *(Fin)* Zweckdienlichkeit *f*
insufficient funds *(Fin)* ungenügende Deckung *f*
insurable *adj (Vers)* versicherbar, versicherungsfähig
insurance *(RW, Vers)* Versicherung *f*, Vers.
~ **benefit** *(Vers)* Versicherungsleistung *f*
~ **charge** *(Vers)* Versicherungskosten *pl*
~ **claim** *(Vers)* Versicherungsanspruch *m*
~ **company** *(Vers)* Versicherer *m*, Versicherungsgesellschaft *f*
~ **cover** *(BE) (Vers)* Deckung *f*, Deckungsumfang *m*, Versicherungsschutz *m*
~ **coverage** *(AE) (Vers)* Deckung *f*, Deckungsumfang *m*, Versicherungsschutz *m*

~ **payable at death** *(AE) (Vers)* Lebensversicherung *f* auf den Todesfall, Todesfallversicherung *f*
~ **regulator** *(Vers)* Versicherungsaufseher *m*, Versicherungsaufsicht *f*
~ **supervisor** *(Vers)* Versicherungsaufseher *m*, Versicherungsaufsicht *f*
insured *adj (Vers)* versichert • **the ~** *(Vers)* die versicherte Person *f*, der Versicherte *m*, die Versicherte *f*
insurer *(Vers)* Versicherer *m*, Assekurant *m*
intake 1. *(Gesch)* Eingang *m (of new orders)*; 2. *(Soz)* Zugang *m (of students)*
~ **capacity** *(Pers)* Aufnahmekapazität *f*
intangible *adj (RW, WiWi, Fin, Recht)* immateriell
~ **fixed assets** *(RW, Fin)* immaterielles Anlagevermögen *n*
~ **property** *(RW)* immaterielles Vermögen *n*
~ **value** *(RW)* immaterieller Wert *m*
integral part *(Gesch)* wesentlicher Bestandteil *m*
integrate *v (Gesch)* eingliedern, integrieren, verflechten
integrated circuit *(EDV)* integrierter Schaltkreis *m*, IS
integration into employment *(Pers, Soz)* berufliche Eingliederung *f*
~ **into working life** *(Pers, Soz)* Eingliederung *f* in das Erwerbsleben
intellectual property rights *(Recht, Pat)* gewerblicher Rechtsschutz *m*, gewerbliche Schutz- und Urheberrechte *npl*, Schutz *m* geistigen Eigentums
~ **work** *(Pers)* geistige Arbeit *f*
intended *adj (Recht)* beabsichtigt; vorsätzlich *(by design, planned)*
intensify *v (Gesch)* intensivieren, verschärfen
intent *(Recht)* Absicht *f*
intention *(Recht)* Absicht *f*
~ **of the contracting parties** *(Recht)* Vertragswille *m* der Parteien
~ **to deceive** *(Recht)* Arglist *f*, arglistige Täuschung *f*
intentional *adj (Recht)* beabsichtigt; vorsätzlich
intentionally *adv (Recht)* vorsätzlich
inter-bank *adj (Bank)* institutsübergreifend
~**-company** *(Gesch, WiWi)* zwischenbetrieblich
~**-firm comparison** *(Mgt)* zwischenbetrieblicher Vergleich *m*
interaction *(Pol, WiWi)* Wirkungszusammenhang *m*, Wechselwirkung *f*
interactive *adj (EDV, Gesch)* interaktiv
~ **access** *(Komm)* interaktiver Zugriff *m*
~ **system** *(EDV)* Dialogsystem *n*
~ **television** *(Komm, Med)* interaktives Fernsehen *n (iTV)*
interbank business *(Bank, WiWi, Fin)* Interbankengeschäft *n*
~ **market** *(Bank, WiWi)* Interbankenmarkt *m*
~ **money market** *(Bank)* Interbank-Geldmarkt *m*
~ **offered rate** *(Bank, WiWi)* Interbankenangebotssatz *m*
~ **operations** *(Bank)* Interbankenhandel *m*
~ **rate** *(Bank, WiWi)* Interbankenrate *f*, Refinanzierungszins *m* einer Bank, Tagesgeldsatz *m*
interchange *(Gesch)* Austausch *m*
~ **of know-how** *(Gesch)* Erfahrungsaustausch *m*
interchangeable *adj (Gesch)* austauschbar
intercompany clearing account *(RW)* Konzern-Verrechnungskonto *n*
interdepartmental *adj (Verw)* abteilungsübergreifend
~ **settlement** *(Recht)* interministerielle Regelung *f*
interdependence *(Gesch)* gegenseitige Abhängigkeit *f*, Interdependenz *f*, Verflechtung *f*
interdependent economy *(WiWi)* interdependente Volkswirtschaft *f*, offene Volkswirtschaft *f*
interest 1. *(RW, Bank)* Zinsen *mpl*; 2. *(WiWi)* Zins *m*; 3. *(Fin)* Zins *m*, Beteiligung *f (holding)*; 4. *(Gesch)* Interesse *n*, Anteil *m*, Zins *m*, Zinsen *mpl (on borrowings)* • **and ~** *(Bö)* plus Stückzinsen *(bond prices)*
~ **accrued** *(Bank)* Stückzinsen *mpl*
~ **and similar receipts** *(RW, Bank)* Zinsen *mpl* und zinsähnliche Erträge *mpl*, zinsähnliche Erträge *mpl*
~**-bearing** *adj (RW, Bank, Fin)* zinsbringend, zinstragend
~**-bearing bond** *(Bö)* verzinsliche Schuldverschreibung *f*

~-**bearing eligible liabilities** *(BE) (Bank)* verzinsliche mindestreservepflichtige Einlagen *fpl*
~ **burden** *(RW)* Zinslast *f*
~ **charge** 1. *(RW)* Sollzinsen *mpl (on loan)*; 2. *(Fin)* Zinsbelastung *f*
~ **coupon** *(Fin)* Zinskupon *m*, Zinsschein *m*
~ **earned** *(Bank)* Habenzinsen *mpl*, Zinsertrag *m*
~ **formula** *(Bank)* Zinsformel *f*
~-**free** *adj (Bank, Fin)* zinsfrei
~ **income** *(Bank, Fin)* Zinseinkommen *n*, Zinseinkünfte *pl*
~-**induced** *adj (Bank, WiWi)* zinsbedingt
~ **paid** *(RW)* Zinsaufwand *m*
~ **penalty** *(Bank)* Negativzins *m*, Strafzins *m*
~ **rate** *(RW, Bank, WiWi, Fin, Bö)* Zinsfuß *m*, Zinssatz *m*
~ **rate ceiling** *(Bank)* Höchstzins *m*
~ **rate differential** *(Bank)* Zinsgefälle *n*
~ **rate future** *(Bö)* Zinsterminkontrakt *mpl*
~ **rate gap** *(WiWi, Fin)* Zinsdifferenz *f*, Zinsschere *f*
~ **rate instrument** *(Bö)* Zinsinstrument *n*
~ **rate range** *(RW, Bank, WiWi, Fin, Bö)* Zinsspanne *f*
~ **rate risk** *(Bank)* Zinsrisiko *n*
~ **rate terms** *(WiWi, Fin, Bö)* Zinsbedingungen *fpl*
~ **received** *(RW, Bank)* Ertragszinsen *mpl*, Habenzinsen *mpl*, Zinsertrag *m*, Zinserträge *mpl*
~-**related product** *(Bank, Fin)* Zinsprodukt *n*
~ **roll-over date** *(Bank)* Zinsanpassungsdatum *n*
~ **spread** *(Bank)* Zinsdifferenz *f*, Zinsspanne *f*
interested party 1. *(Gesch)* beteiligte Partei *f*; 2. *(Recht)* Beteiligte(r) *f(m)*
interface 1. *(EDV)* Interface *n*, Schnittstelle *f*; 2. *(Gesch)* Schnittstelle *f*
interfere *v* **with** *(Recht)* beeinträchtigen, verletzen
interfirm pricing *(WiWi)* Verrechnung *f* von Konzernumlagen, System *n* der Konzernverrechnungspreise
intergenerational *(WiWi)* intergenerativ
~ **distribution of income** *(WiWi)* intergenerative Einkommensverteilung *f*
~ **equity** *(WiWi)* Generationenvertrag *m*
intergovernmental agreement *(Pol)* Regierungsabkommen *n*
intergroup *adj (Pers)* konzernintern
interim *adj (Gesch)* einstweilig, vorläufig
interim *(Gesch, Pol)* Interim *n*, Zwischenzeit *f* • **in the** ~ *(Gesch)* einstweilig
~ **audit** *(Verw)* Zwischenaudit *n*
~ **dividend** *(Bö)* Abschlagsdividende *f*, Interimsdividende *f*, Zwischendividende *f*
~ **financial statements** *(RW)* Zwischenabschluss *m*
~ **injunction** *(Pat)* einstweilige Verfügung *f*
~ **loan** *(Bank)* Überbrückungskredit *m*, Zwischenkredit *m*
~ **profit** *(RW, Bank)* Zwischengewinn *m*
~ **storage** *(Umw)* Zwischenlagerung *f*
interindustry competition *(WiWi, Ind)* Inter-Branchen-Wettbewerb *m*
interlace *v (Gesch)* verflechten
interlinked transaction *(WiWi)* Kopplungsgeschäft *n*
interlinking of capital *(WiWi)* Kapitalverflechtung *f*
interlocking *(Gesch)* Verflechtung *f*
intermediary 1. *(Bank)* Durchleitungsbank *f*; 2. *(Gesch)* Intermediär *m*, zwischengeschaltete Vertragspartei *f*, Mittelsmann *m*, Mittler *m*, Vermittler(in) *m(f)*
~ **bank** *(Bank)* zwischengeschaltete Bank *f*, Durchleitungsbank *f*
~ **financing** *(Bank, Fin)* Zwischenfinanzierung *f*
~ **good** *(Ind)* Vorprodukt *n*, Zwischenerzeugnis *n*
~ **target** *(WiWi, Pol)* Etappenziel *n*, mittelfristiges Ziel *n*
~ **technology** *(Ind)* weiche Technologie *f*
intermediate goods industry *(WiWi)* Vorleistungsgüterindustrie *f*
~ **input** *(WiWi)* Vorleistung *f (BOP)*
~ **money** *(Bank)* mittlere Geldmenge *f* M2 *(ECB)*
intermediation *(Fin)* Geldanlage *f* über Banken und Finanzinstitute
intern *(Pers)* Praktikant(in) *m(f)*
internal *adj (Gesch)* Binnen..., Inland..., Inlands... *(within country)*; innerbetrieblich, intern, Innen... *(within organization)*
~ **audit** *(RW)* Innenrevision *f*, interne Revision *f*
~ **border** *(Pol)* Binnengrenze *f (EU)*

~ **clock rate** *(EDV)* interne Taktrate *f*, Systemtakt *m (system clock rate)*
~ **consumption** *(WiWi, Umw)* Inlandsverbrauch *m*
~ **debt** *(WiWi)* Inlandsschuld *f*, interne Schuld *f*
~ **economy** *(WiWi)* Binnenwirtschaft *f*
~ **expansion** *(WiWi)* internes Wachstum *n*
~ **financing** *(Fin)* Innenfinanzierung *f*, interne Finanzierung *f*, Selbstfinanzierung *f*
~ **funds** *(Bank, Fin)* Eigenfinanzierungsmittel *npl*
~ **growth** *(WiWi)* internes Wachstum *n*
~ **labo(u)r market** *(WiWi)* (ein)heimischer Arbeitsmarkt *m*
~ **lines of communication** *(Mgt)* innerbetriebliche Kommunikationswege *mpl*
~ **market** *(WiWi)* Binnenmarkt *m*
~ **rate of discount** *(RW)* Kalkulationszinsfuß *m*
~ **rate of return** *(RW, WiWi, Fin)* interner Zinsfuß *m*
~ **rate of return method** *(WiWi, Fin)* Interne Zinsfuß-Methode *f*
~ **rating-based approach** *(Bank)* Interner Rating-Ansatz *m*, IRB-Ansatz *m*
~ **resources** *(WiWi, Fin)* Eigenfinanzierungsmittel *npl*
~ **revenue** *(AE) (St)* Steueraufkommen *n*, Steuereinnahmen *fpl*
~ **trade** *(WiWi)* Binnenhandel *m*
~ **transactions** *(RW)* Buchungsvorfälle *mpl*
Internal Revenue Authority *(AE) (St)* Steuerbehörde *f*
internalization *(WiWi)* Internalisierung *f*
internalize *v (WiWi)* internalisieren
internally funded pensions *(Fin, Pers)* selbstfinanzierte Renten *fpl*
~ **generated funds** *(RW, Fin)* eigenerwirtschaftete Mittel *npl*, intern erwirtschaftete Geldmittel *npl*, selbsterwirtschaftete Mittel *npl*
international *adj (Gesch)* international, int. • **at an ~ level** *(Gesch)* auf internationaler Ebene • **on an ~ scale** *(Gesch)* auf internationaler Ebene, weltweit
~ **auditing standards** *(RW)* internationale Grundsätze *mpl* der betriebsinternen Revision, internationale Prüfungsrichtlinien *fpl*
~ **business** *(Gesch)* Auslandsgeschäft *n*
~ **business law** *(Recht)* internationales Wirtschaftsrecht *n*
~ **commercial terms** *(WiWi)* Incoterms *pl*, internationale Regeln *fpl* für die Auslegung von Handelsklauseln
~ **department** *(Fin, Pers)* Auslandsabteilung *f*
~ **division of labo(u)r** *(Pers)* internationale Arbeitsteilung *f*
~ **driver's license** *(AE) (Verw, Trans)* internationaler Führerschein *m*
~ **driving licence** *(BE) (Verw, Trans)* internationaler Führerschein *m*
~ **law** *(Recht)* Völkerrecht *n*
~ **law firms** *(Recht)* internationale Anwaltskanzleien *fpl*
~ **liquidity** *(WiWi)* internationale Liquidität *f*, Weltwährungsreserven *fpl*
~ **monetary system** *(WiWi)* Weltwährungssystem *n*
~ **money draft** *(Bank)* Auslandsgeldanweisung *f*
~ **money order** *(Bank, Komm)* Auslandspostanweisung *f*
~ **payment order** *(Bank)* internationaler Zahlungsauftrag *m*
~ **payments** *(Bank, WiWi)* internationaler Zahlungsverkehr *m*
~ **registration** *(Pat)* internationale Eintragung *f*
~ **reply coupon** *(Komm)* internationaler Antwortschein *m* für Postsendungen
~ **sales contract** *(Recht)* Auslandsliefervertrag *m*
~ **securities identification number** *(Bank, Bö)* Internationale Wertpapier-Identifikationsnummer *f*
~ **standard** *(Umw, Gesch, Ind)* internationale Norm *f*
~ **trade** *(Gesch)* Außenhandel *m*, Welthandel *m*
~ **trade organization** *(Gesch)* internationale Außenhandelsorganisation *f*
~ **trade policy** *(WiWi)* internationale Handelspolitik *f*
~ **treaty** *(Recht)* internationales Abkommen *n*, Staatsvertrag *m*
International Accounting Standards *(RW, Recht)* International Accounting Standards *pl*, *IAS*, Internationale Rechnungslegungsgrundsätze *mpl* nach IAS

- ~ **Bank Account Number** *(Bank)* internationale Bankkontonummer *f*
- ~ **Bank for Reconstruction and Development** *(Bank)* Internationale Bank *f* für Wiederaufbau und Entwicklung, IBWE, Weltbank *f*
- ~ **Court of Justice** *(Recht)* Internationaler Gerichtshof *m*, IGH
- ~ **Financial Reporting Standards** *(Bank, Fin, RW) Internationale Standards der Abschlussberichterstattung (successor of IAS in the banking and assurance business)*
- ~ **Labour Office** *(Pers)* Internationales Arbeitsamt *n*, IAA *(UN)*
- ~ **Labour Organization** *(Ind)* Internationale Arbeitsorganisation *f*, IAO *(UN)*
- ~ **Monetary Fund** *(WiWi)* Internationaler Währungsfonds *m*, IWF
- ~ **Organization for Standardization** *(Gesch)* Internationale Organisation *f* für Normung, ISO
- ~ **Standard Book Number** *(Med)* internationale Standardbuchnummer *f*, ISBN
- ~ **Standard Industrial Classification of all Economic Activities** *(AE) (Ind)* Internationale Systematik *f* der Wirtschaftszweige

internet, Internet *(EDV, Komm)* Internet *n* *(worldwide connected computer networks)*
- ~ **access** *(EDV, Komm)* Internet-Zugang *m*
- ~ **advertising** *(EDV, Komm)* Internet-Werbung *f*
- ~ **applications** *(EDV, Komm)* Internet-Anwendungen *fpl*
- ~ **broadcast** *(EDV, Komm)* Internet-Sendung *f*, Webcast *m*
- ~**-capable services** *(EDV, Komm)* internetfähige Dienstleistungen *fpl*
- ~ **community** *(Komm)* Netzgemeinde *f*
- ~ **content** *(EDV, Komm)* Internet-Inhalte *mpl*
- ~ **crime** *(EDV, Recht)* Internet-Kriminalität *f*, Netz-Kriminalität *f*, Computer-Kriminalität *f*, Cybercrime *n*
- ~ **economy** *(Komm, V&M)* Internet-Wirtschaft *f*, Netzwirtschaft *f*
- ~ **home** *(EDV, Komm)* Internet-Haus *n*
- ~ **house** *(EDV, Komm)* Internet-Haus *n*
- ~ **page** *(EDV, Komm, V&M)* Webseite *f* *(web page)*, Internet-Seite *f*
- ~**-positive** *adj (Komm)* Netz-affin
- ~ **presence** *(Komm, F&T, Med)* Internetpräsenz *f*, Internet-Auftritt *m*, Web-Auftritt *m*
- ~ **ready** *adj (Komm)* Internet-ready, Internet-tauglich *(suitable for Internet use)*
- ~ **services** *(Komm, V&M)* Internet-Dienste *mpl*
- ~ **site** *(Komm, V&M)* Website *f*, Internet-Standort *m (website)*
- ~ **telephony** *(Komm)* Internet-Telefonie *f*
- ~ **user** *(EDV, Komm)* Internetanwender(in) *m(f)*, Internet-Nutzer(in) *m(f)*

internship *(Pers)* Praktikum *n*, Praktikumsplatz *m*

interoffice dealings *(Bö)* Telefonhandel *m*, Telefonverkehr *m*
- ~ **trading** *(Bö)* Telefonhandel *m*, Telefonverkehr *m*

interpersonal utility comparison *(WiWi)* interpersoneller Nutzenvergleich *m*

interpolation *(Stat)* Interpolation *f*

interpret *v* 1. *(Komm)* dolmetschen *(translate language)*; interpretieren, auslegen *(understand)*; 2. *(EDV)* auswerten *(programming)*; 3. *(Gesch)* auswerten *(evaluate)*; 4. *(Recht)* auslegen

interpretation 1. *(EDV)* Auswertung *f*; 2. *(Gesch)* Interpretation *f*; 3. *(Recht)* Auslegung *f* • **give a loose ~ of sth** *(Gesch)* etw. weit interpretieren

interpretative regulations *(Recht)* Auslegungsrichtlinien *fpl*

interpreter *(Komm)* Dolmetscher(in) *m(f)* *(of languages)*

interpretive regulations *(Recht)* Auslegungsrichtlinien *fpl*

interrelationship *(WiWi, Pol)* Wirkungszusammenhang *m*, Wechselwirkung *f*

interservice *adj (Verw, Gesch)* dienststellenübergreifend

interstate highway *(F&T)* Autobahn *f (toll-free)*

interurban *adj (WiWi)* städteverbindend

intervene *v (WiWi, Fin, Pers, Pol)* eingreifen, intervenieren

intervention *(WiWi, Fin, Pers, Pol)* Intervention *f*
- ~ **currency** *(WiWi, Fin)* Interventionswährung *f*

intervention obligation *(WiWi, Pol)* Interventionsverpflichtung *f*
- ~ **rate** *(WiWi, Fin)* Interventionskurs *m*

interview *(Pers)* Einstellungsgespräch *n*, Interview *n*
interviewee *(Pers)* Befragte(r) *f(m)*, Proband(in) *m(f)*
interviewer bias *(V&M)* Vorurteil *n* des Interviewers
intestate *adj (Recht)* testamentslos, ohne Testament
intra-Community trade *(WiWi)* innergemeinschaftlicher Handel *m*
~-day *adj (Bank)* gleichtägig
~-EU trade *(WiWi)* Binnenhandel *m*, innergemeinschaftlicher Handel *m*
~-industry trade *(Ind)* brancheninterner Handel *m*
intraday credit *(Bank)* Innertageskredit *m*
intradepartmental *adj (Verw)* abteilungsintern
intragenerational *adj (WiWi, Soz)* generationengerecht
intragovernmental *adj (Verw, Pol)* regierungsintern
intragroup *adj (Pers)* konzernintern
intraindustrial *adj (Ind)* branchenintern
intrinsic motivation *(Pers)* innere Motivation *f*
~ stability *(Bank, WiWi)* innere Stabilität *f*
~ strength *(WiWi, Pol)* innere Stärke *f*
~ value *(WiWi, Fin)* innerer Wert *m*, Substanzwert *m*, Sachwert *m*
introduce *v* 1. *(Gesch)* einführen; 2. *(Recht, Pol)* vorlegen *(draft bill)*; einbringen *(legislation)*
~ a motion *(Pol)* einen Antrag stellen
introductory offer *(V&M)* Einführungsangebot *n (advertising)*
invalid *adj (Gesch)* ungültig
invalidate *v* 1. *(Gesch)* ungültig machen; 2. *(Recht)* außer Kraft setzen, für ungültig erklären *(judgment)*
invalidity 1. *(Gesch)* Ungültigkeit *f*; 2. *(Vers)* Invalidität *f (disability)*; 3. *(Recht)* Ungültigkeit *f*
~ pension *(Pers, Vers)* Erwerbsunfähigkeitsrente *f*
invariant *adj (Gesch)* konstant
invasion of privacy *(Recht, Komm)* Verletzung *f* der Privatsphäre
invent *v (Ind, Pat)* erfinden
inventive *adj (Ind, Pat)* erfinderisch
~ step *(Pat)* Erfindungshöhe *f*
inventor *(Ind, Pat)* Erfinder(in) *m(f)*
inventories *(Gesch)* Vorratsvermögen *n*, Warenbestand *m*, Warenvorräte *mpl*
inventory 1. *(RW)* Inventar *f*, Lagerbestände *mpl (list of stocks)*; Inventur *f*, Bestandsaufnahme *f (stocktaking)*; 2. *(Ind)* Bestandsnachweis *m*, Inventarliste *f*, Inventarverzeichnis *n*, Lagerbestandsverzeichnis *n*, Inventarliste *f*; 3. *(Vers)* Bestandsverzeichnis *n (list of goods)*
~ adjustments *(RW)* Bestandsberichtigungen *fpl*, Abwertung *f* auf Fertigerzeugnisse *(finished goods)*; Abwertung *f* auf Roh-, Hilfs- und Betriebsstoffe *(raw materials and supplies)*
~ book *(RW)* Inventarbuch *n*, Lagerbestandsbuch *n*
~ control *(RW)* Lagerwirtschaft *f*, Lager(bestands)kontrolle *f*
~ cycle *(WiWi)* Lager(haltungs)zyklus *m*
~ item *(RW)* Bestandsposten *m*
~ shrinkage *(WiWi)* Beständeschwund *m*
~ turnover *(RW)* Lagerumschlag *m*
~ valuation *(RW)* Vorratsbewertung *f*
~ valuation adjustment *(RW)* Berichtigung *f* des Inventarwerts, Wertberichtigung *f* auf Vorratsvermögen
inverse sign *(Stat)* umgekehrtes Vorzeichen *n*
invert *v (Stat)* invertieren, umkehren
inverted market *(Bö)* umgekehrter Markt *m*
~ yield curve *(WiWi)* inverse Zinsstrukturkurve *f*
invest *v* 1. *(Bank, WiWi, Fin)* investieren *(capital)*; 2. *(Gesch)* investieren *(time, money)*; 3. *(Bö)* anlegen, investieren *(capital)*
~ in property *(Gb)* in Eigentum investieren
~ with *(Pol)* ausstatten mit *(powers)*
invested with power of attorney *(RW, Recht)* bevollmächtigt
investigate *v* 1. *(Gesch)* recherchieren, aufklären, ermitteln, untersuchen, nachforschen *(evaluate)*; 2. *(Recht, Mgt, V&M)* untersuchen
investigation *(Recht)* Untersuchung *f*, Aufklärung *f*
investigatory powers *(Recht)* Ermittlungsbefugnisse *fpl*
investment *(Bank, WiWi, Fin, Bö)* Anlage *f*, Investition *f*, Investment *n*
~ activity *(WiWi)* Investitionstätigkeit *f*

~ **analysis** *(Fin, Bö, WiWi)* Investitionsrechnung *f (method)*; Analyse *f* von Kapitalanlagen, Wertpapieranalyse *f*
~ **appraisal** *(Fin, Bö)* Bewertung *f* einer Kapitalanlage, Wirtschaftlichkeitsrechnung *f*
~ **bank** *(Bank)* Investmentbank *f*, Emissionsbank *f*
~ **banking** *(Bank)* Investment Banking *n*, Wertpapier- und Emissionsgeschäft *n*
~ **climate** *(WiWi)* Investitionsklima *n*
~ **company** *(Fin, Bö)* Kapitalanlagegesellschaft *f*, Investmentgesellschaft *f*
~ **consultant** *(Fin, Bö)* Anlageberater(in) *m(f)*
~ **contract** *(Fin)* Verwaltungsvertrag *m*
~ **counsel(l)ing** *(Fin, Bö)* Anlageberatung *f*
~ **counsel(l)or** *(Fin, Bö)* Anlageberater(in) *m(f)*
~ **criteria** *(Fin)* Investitionskriterien *fpl*
~ **curb** *(Fin)* Investitionsdrosselung *f*
~ **currency** *(Fin)* Anlagewährung *f*
~ **demand** *(WiWi)* Investitionsnachfrage *f*
~ **department** *(Fin)* Effektenabteilung *f*
~ **financing** *(Bank, Fin)* Anlagefinanzierung *f*, Investitionsfinanzierung *f*
~ **firm** *(Fin)* Investmentgesellschaft *f*
~ **fund** *(Bank, Fin)* Investitionsfonds *m*
~ **fund for shares** *(Bö)* Aktienfonds *m*
~ **goal** *(Fin)* Anlageziel *n*
~ **goods** *(Fin)* Investitionsgüter *npl*, Kapitalgüter *npl*
~ **holdings** *(Fin)* Anteilsbesitz *m*
~ **incentive** *(Bank)* Investitionsanreiz *m*
~ **income** *(Fin)* Anlageerträge *mpl*, Vermögenserträge *mpl*
~ **management** 1. *(Bank)* Vermögensverwaltung *f*; 2. *(Fin)* Anlageverwaltung *f*, Abwicklung *f* von Investitionen, Verwaltung *f* von Kapitalanlagen
~ **multiplier** *(WiWi)* Investitionsmultiplikator *m*
~ **objective** *(Fin)* Anlageziel *n*
~ **opportunity** *(Bank)* Investitionsmöglichkeit *f*
~ **outlet** *(Bank, Fin, Bö)* Anlagemöglichkeit *f*
~ **portfolio** *(Bank, Fin, Bö)* Beteiligungsportefeuille *n*, Effektenportefeuille *n*, Wertpapierbestand *m*
~ **project** *(Fin)* Investitionsprojekt *n*
~ **property** *(Gb)* Investitionsgrundstück *n*
~ **rate of interest** *(Fin)* Anlagezinsfuß *m*
~ **reserve system** *(Fin)* Wertberichtigungen *fpl* auf Beteiligungen
~ **risk** *(Fin)* Anlagerisiko *n*
~ **services** *(Fin)* Effektenberatungstätigkeit *f*
~ **trust** *(BE) (Fin)* Investmentgesellschaft *f*
~ **vehicle** *(Bank, Fin)* Anlagemöglichkeit *f (BOP)*
~ **yield** *(Bank)* Anlagenverzinsung *f*
investments *(Bank, WiWi, Fin, Bö)* Anlagen *fpl*, Beteiligungen *fpl*, Finanzanlagen *fpl*, Wertpapiere *npl*
investor *(Bank, WiWi, Fin, Bö)* Anleger(in) *m(f)*, Investor *m*
~ **group** *(Bank, Fin)* Investorengruppe *f*, Kapitalanlegergruppe *f*
~ **protection** *(Bö)* Anlegerschutz *m*
invisible balance *(WiWi, Fin)* Bilanz *f* der unsichtbaren Transaktionen [Leistungen]
~ **exports** *(WiWi, AH)* Dienstleistungsexporte *mpl*, unsichtbare Exporte *mpl (BOP)*
~ **hand** *(WiWi)* unsichtbare Hand *f (Adam Smith)*
~ **imports** *(WiWi, AH)* Dienstleistungsimporte *mpl*, unsichtbare Importe *mpl (BOP)*
~ **trade** *(WiWi)* Dienstleistungsverkehr *m*, unsichtbarer Handel *m*
invisibles *(WiWi, AH, Fin)* unsichtbarer Handel *m*, unsichtbare Ein- und Ausfuhren *fpl (BOP)*; (unsichtbare) Leistungen *fpl*, unsichtbare Transaktionen *fpl*
invitation to bid *(Recht)* Ausschreibung *f*
~ **to make an offer** *(Recht)* öffentliche Angebotseinholung *f*, öffentliche Ausschreibung *f (tender)*
invite *v* **subscriptions** *(Fin)* auflegen
~ **subscriptions for** *(Fin)* ein Zeichnungsangebot machen
~ **subscriptions to shares** *(Bö)* Aktien zur Zeichnung auflegen
~ **tenders** *(Gesch)* zur Abgabe von Angeboten auffordern, Ausschreibung vornehmen
invoice *v (Gesch)* in Rechnung stellen
invoice *(Gesch)* Rechnung *f*, Rechn., Faktur *f*, *(obs.)* Faktura *f*, Verkaufsrechnung *f*
~ **amount** *(Fin)* Rechnungsbetrag *m*
~ **outstanding** *(Gesch)* fällige Rechnung *f*, offene Rechnung *f*
~ **price** *(Bö)* Rechnungspreis *m*

invoices not yet received *(RW)* ausstehende Rechnungen *fpl*
invoicing 1. *(RW)* Abrechnung *f*, 2. *(Gesch)* Fakturierung *f*, Rechnungsschreibung *f*
~ **amount** *(Fin)* Rechnungsbetrag *m*
~ **currency** *(RW, Gesch)* Fakturierungswährung *f*
invoke *v (Recht)* sich berufen auf
involuntary bankruptcy *(Recht)* Insolvenz *f* auf Antrag eines Gläubigers
~ **investment** *(Fin)* Zwangsinvestition *f*
~ **liquidation** *(Fin)* unfreiwillige Liquidation *f*, Zwangsliquidation *f*
~ **unemployment** *(WiWi)* unfreiwillige Arbeitslosigkeit *f*
involve *v (Gesch, Pol)* einbinden
involved party *(Recht)* Beteiligte(r) *f(m)*
inward flow *(WiWi)* Zufluss *m (BOP)*
~ **or outward processing** *(Ind)* aktive oder passive Veredelung *f*
inwards mission *(V&M)* Auslandsdelegation *f*
IOU *s.* I owe you
IPO-trading *(Bank, Bö)* IPO-Handel *m*, Handel *m* per Erscheinen, vorbörslicher Handel *m*
IRC *s.* international reply coupon
iron *(Ind)* Eisen *n*
~ **law of wages** *(WiWi)* ehernes Lohngesetz *n*, eisernes Lohngesetz *n*, Existenzminimumtheorie *f* des Lohnes
~ **ore** *(Ind)* Eisenerz *n*
ironworks *(Ind)* Eisenhütte *f*
irrecoverable *adj (Fin)* unersetzbar, unersetzlich *(loss)*
irredeemable *adj (Bö)* nicht rückzahlbar, unkündbar, untilgbar
irrefutable *adj (Recht)* unwiderlegbar
irregularity *(Gesch)* Unregelmäßigkeit *f*
irreparable *adj (Gesch)* irreparabel, unersetzlich *(damage)*
irreplaceable *adj (Gesch)* unersetzbar, unersetzlich
irreversible *adj (Gesch)* irreversibel, unwiderruflich
irrevocable *adj (Bank, Recht)* unwiderruflich
~ **credit** *(Bank)* unwiderruflicher Kredit *m*
~ **credit line** *(Bank)* unwiderruflicher Kreditrahmen *m*
~ **letter of credit** *(Bank)* unwiderrufliches Akkreditiv *n*
~ **trust** *(Recht)* unwiderrufliches Treuhandverhältnis *n*
ISBN *s.* International Standard Book Number
ISIN *s.* international securities identification number
ISO *s.* International Organization for Standardization
isoquant *(WiWi)* Isoquante *f*
issue *v* 1. *(Bank, Fin)* ausgeben, in Umlauf setzen, emittieren *(bills, money)*; ausstellen, ausfertigen *(cheque)*; auflegen *(loan)*; 2. *(Gesch)* ausstellen *(documents, certificate)*; 3. *(Med)* herausgeben, veröffentlichen *(magazine, newspaper, book)*; 4. *(Bö)* ausgeben, emittieren *(shares)*
issue 1. *(Bank, Fin)* Ausgabe *f*, Ausg., Emission *f (bills, money)*; Ausstellung *f*, Ausfertigung *f (cheque)*; Auflegung *f (loan)*; 2. *(Gesch)* Gegenstand *m* des Interesses *(of documents, problem)*; 3. *(Recht)* Streitfrage *f*, Streitpunkt *m (dispute)*; 4. *(Med)* Herausgabe *f*, Ausgabe *f (of magazine, newspaper, book)*; 5. *(Bö)* Ausgabe *f*, Emission *f*, Begebungszeit *f (of shares)* • **be at ~** *(Gesch)* streitig sein • **the ~ at stake** *(Gesch)* das zur Diskussion stehende Problem *n*
~ **date** *(Bö)* Ausgabetermin *m*, Emissionsdatum *n*
~ **of a loan** *(Fin)* Begebung *f* einer Anleihe
issued *adj (Bank, Fin, Bö)* ausgegeben, emittiert
~ **and floating shares** *(Bö)* emittierte Aktien *fpl*
issuing bank *(Bank)* Akkreditivbank *f*, Emissionsbank *f*
~ **house** *(Bö)* Emissionshaus *n*
~ **price** *(Bö)* Ausgabepreis *m*, Erstausgabepreis *m*
IT *s.* information technology
item 1. *(RW)* Eintrag *m*, Posten *m (entry)*; 2. *(Verw)* Punkt *m*, Posten *m*; 3. *(EDV)* Element *n*; 4. *(Gesch)* Stück *n*; 5. *(V&M)* Artikel *m*
~ **mark-up** *(V&M)* Artikelaufschlag *m*
~ **number** *(V&M)* Artikelnummer *f*
~ **on the agenda** *(Pol)* Tagesordnungspunkt *m (TOP)*
itemize *v (Gesch)* aufgliedern, einzeln aufführen, einzeln nennen
itemized *adj (Gesch)* aufgegliedert

~ **deductions** *(St)* einzeln aufgeführte Abzüge *mpl*
~ **pay statement** *(Pers)* Lohnstreifen *m*
itinerant selling *(V&M)* ambulanter Handel *m*
itinerary *(Trans)* Fahrstrecke *f*
iTV *s.* interactive television

J

J curve *(WiWi, Stat)* J-Kurve *f*
jingle *(Med, V&M)* Erkennungsmelodie *f*, Jingle *m (advertising)*
JIT *s.* just-in-time, just-in-time production
job 1. *(EDV)* Auftrag *m*, Job *m*; 2. *(Gesch)* Beruf *m (profession)*; Arbeitsplatz *m (employment)*; Aufgabe *f (specific project)*; 3. *(Pers)* Beruf *m*, Posten *m*, Stellung *f (position)*; Arbeitsplatz *m (employment)*; Job *m*, Arbeitsaufgabe *f*, Aufgabe *f (task)* • **do a bad** ~ (Pers) schlechte Arbeit leisten • **do a good** ~ *(Pers)* gute Arbeit leisten
~ **advertisement** *(Pers)* Stellenausschreibung *f*
~ **analysis** *(Pers)* Arbeitsanalyse *f*, Arbeitsplatzanalyse *f*
~ **application** *(Pers)* Bewerbung *f*, Stellengesuch *n*
~ **appraisal** *(Pers)* Arbeitsplatzbewertung *f*
~ **assignment** *(Gesch, Pers, Mgt)* Aufgabenverteilung *f*
~ **bank** *(Pers)* Arbeitsplatz-Datenbank *f*
~ **breakdown** *(Pers)* Arbeitsunterteilung *f*
~ **candidate** *(Pers)* Bewerber(in) *m(f)*
~ **change** *(Pers)* Arbeitsplatzwechsel *m*
~ **classification** *(Pers)* Berufsklassifizierung *f*
~ **competence** *(Pers)* berufliche Kompetenz *f*
~ **cost system** *(RW)* Kostenartenrechnung *f*, Zuschlagskalkulation *f*
~ **costing** *(Pers)* Zuschlagskalkulation *f*
~-**creating measures** *(Pers)* Arbeitsbeschaffungsmaßnahmen *fpl*, ABM
~ **creation** *(Pers)* Schaffung *f* von Arbeitsplätzen
~ **creation program(me)** *(WiWi)* Arbeitsbeschaffungsprogramm *n*
~ **database** *(Pers)* Arbeitsplatz-Datenbank *f*
~ **description** *(Pers)* Arbeitsplatzbeschreibung *f*, Stellenbeschreibung *f*
~ **enlargement** 1. *(Pers)* Job Enlargement *n*; 2. *(Mgt)* Erweiterung *f* des Aufgabengebietes, Erweiterung *f* des Tätigkeitsbereiches
~ **enrichment** 1. *(Pers)* Arbeits(platz)bereicherung *f*, Job Enrichment *n*; 2. *(Mgt)* Bereicherung *f* des Aufgabengebietes, Bereicherung *f* des Tätigkeitsbereiches
~ **evaluation** *(Pers)* Arbeitsplatzbewertung *f*
~ **flexibility** *(Pers)* Arbeitsplatzflexibilität *f*
~ **for life** *(Pers)* lebenslange Anstellung *f*
~ **freeze** *(Pers)* Einstellungsstopp *m*
~ **hopper** *(Pers)* Person *f*, die häufig die Arbeitsstelle wechselt, Job Hopper *m*
~ **hunting** *(Pers)* Stellensuche *f*, private Stellenvermittlung *f*
~ **improvement** *(Pers)* Arbeitsplatzverbesserung *f*
~ **lot** *(Gesch)* Restposten *m*
~ **market** *(Pers)* Arbeitsmarkt *m*
~ **mobility** *(Pers)* berufliche Mobilität *f*
~ **opportunity** *(Pers)* Arbeitsmöglichkeit *f*, Beschäftigungschance *f*
~ **order** *(Gesch, Ind)* Arbeitsauftrag *m*
~ **order costing** *(Ind)* Zuschlagskalkulation *f*
~ **performance** *(Pers)* Arbeitsleistung *f*
~ **placement** *(Pers)* Arbeitsvermittlung *f*, Stellenvermittlung *f*
~ **profile** *(Pers)* Tätigkeitsprofil *n*
~-**related accommodation** *(Gb)* Betriebswohnung *f*, Werkswohnung *f*
~-**related injury** 1. *(Pers)* arbeitsplatzbezogene Verletzung *f*, Betriebsunfall *m*; 2. *(Vers)* Betriebsunfall *m*
~ **requirement** *(Pers)* Stellenanforderung *f*
~ **satisfaction** 1. *(Pers)* Arbeitszufriedenheit *f*; 2. *(Mgt)* Befriedigung *f* im Beruf, Zufriedenheit *f* mit der beruflichen Tätigkeit
~ **security** *(Pers)* Sicherheit *f* des Arbeitsplatzes, Arbeitsplatzsicherheit *f*
~ **sharing** *(Pers)* Arbeitsplatzteilung *f*, Job Sharing *n*
~ **shop production** *(Ind)* Werkstattfertigung *f*
~ **site** *(Gesch)* Arbeitsplatz *m*
~ **skills** *(Pers)* berufliche Fähigkeiten *fpl*

~ **specialization** *(Pers)* berufliche Spezialisierung *f*
~ **specification** *(Pers)* Anforderungsprofil *n*
~ **splitting** *(Pers)* Arbeitsplatzteilung *f*
~ **title** *(Pers, Mgt)* Berufsbezeichnung *f*
~ **vacancy** *(Pers)* offene Stelle *f*
jobber 1. *(Gesch)* Großhändler(in) *m(f)*, *(ugs.)* Schieber(in) *m(f)*; 2. *(Bö)* Jobber *m*, Wertpapierhändler(in) *m(f)*
jobbing 1. *(Gesch)* Gelegenheitsarbeit *f*; 2. *(Pers)* Jobben *n*; 3. *(Ind)* Stücklohnarbeit *f*, Akkordarbeit *f (job work)*; Akzidenzarbeit *f (graphic)*; 4. *(Bö)* Großhandel *m*, Wertpapier-Eigen- und Großhandel *m*
Jobcentre *(BE) (Verw, Pers, Soz)* Arbeitsamt *n*, Arbeitsvermittlung *f*
jobless *adj (WiWi, Pers, Soz)* arbeitslos
• **the jobless** *(WiWi, Pers, Soz)* die Arbeitslosen *pl*
~ **person** *(WiWi, Pers, Soz)* Arbeitslose(r) *f(m)*
~ **rate** *(WiWi, Pers)* Arbeitslosenquote *f*
jobseeker *(Pers)* Arbeitssuchende(r) *f(m)*
jockey *(Fin)* Handlanger *m*
join *v* 1. *(Pers)* beitreten *(union)*; 2. *(Recht)* beitreten *(profession)*
~ **together** *(Gesch)* sich zusammenschließen *(companies)*
joining of the EU *(WiWi)* EU-Beitritt *m*
joint *adj (Gesch)* gemeinsam *(communiqué)*
~ **account** *(Bank)* gemeinsames Konto *n*, Gemeinschaftskonto *n*
~ **and several liability** *(Recht)* gesamtschuldnerische Haftung *f*
~ **and several obligation** *(Recht)* gesamtverbindliche Verpflichtung *f*
~ **auditors** *(RW)* gemeinsame Prüfer *mpl (auditing)*
~ **costs** *(WiWi)* Kosten *pl* der Kuppelproduktion
~ **demand** *(WiWi)* Komplementärnachfrage *f*, verbundene Nachfrage *f*
~ **floating** *(WiWi)* Gruppenfloating *n*
~ **goods** *(WiWi, V&M)* komplementäre Güter *npl*
~ **heir** *(Recht)* Miterbe *m*, Miterbin *f*
~ **heirs** *(Recht)* Erbengemeinschaft *f*
~ **liability** *(Bank, Recht)* gemeinsame Haftung *f*, gemeinsame Verbindlichkeit *f*
~ **negotiations** *(Gesch, Pers)* gemeinsame Verhandlungen *fpl*, Gemeinschaftsverhandlung *f (industrial relations)*
~ **owner** 1. *(Bank, Recht)* Miteigentümer(in) *m(f)*; 2. *(Gb)* gemeinsamer Eigentümer *m*, gemeinsame Eigentümerin *f*
~ **ownership** *(Bank, Recht, Gb)* Miteigentum *n*
~ **partnership** *(Gesch)* Personengesellschaft *f*
~ **product cost** *(RW)* Kosten *pl* der Kuppelprodukte
~ **products** *(WiWi)* Kuppelprodukte *npl*
~ **return** *(St)* gemeinsame Steuererklärung *f*
~ **tenancy** *(Recht)* Gesamteigentum *n*
~ **tenant** *(Recht, Gb)* Miteigentümer(in) *m(f)*
~ **use** *(Komm)* Mitbenutzung *f*
~ **venture** 1. *(RW, WiWi, Gesch)* Gemeinschaftsunternehmen *n*, Joint Venture *n*; 2. *(Pers)* Arbeitsgemeinschaft *f*; 3. *(Mgt, Bö)* Beteiligungsgeschäft *n*
jointly liable *(Recht)* gesamtschuldnerisch haftbar
~ **and severally** *(Recht)* gesamtschuldnerisch *(liability)*
journal 1. *(RW)* Tagebuch *n*, Journal *n (bookkeeping)*; 2. *(Gesch)* Journal *n (academic, professional periodical)*; 3. *(Med)* Zeitschrift *f (periodical)*
~ **entry** *(RW)* Journalbuchung *f*, Journaleintrag *m*
~ **voucher** *(RW)* Buchungsbeleg *m*
judge *v (Gesch)* beurteilen
judgment 1. *(Gesch)* Beurteilung *f (assessing)*; Urteilsvermögen *n (faculty)*; 2. *(Recht)* Urteilsvermögen *n (faculty)*; Urteil *n (verdict)*; Beurteilung *f (assessing)*
~ **proof** *(Recht)* unpfändbar
judicial *adj (Recht)* gerichtlich
~ **arbitrator** *(Recht)* gerichtlicher Schiedsrichter *m*
~ **foreclosure** *(Recht)* Zwangsvollstreckung *f*
~ **proceedings** *(Recht)* Gerichtsverfahren *npl*
junior *(Gesch, Recht)* Junior *m*, Jr.
~ **creditor** *(Bank)* nachrangiger Gläubiger *m*
~ **debt** *(Fin)* nachrangige Schuld *f*
~ **management** *(Mgt)* Führungsnachwuchs *m*, untergeordnete Führungsebene *f*

~ **market** *(Fin)* nachrangiges Marktsegment *n*
junk bonds *(Fin, Bö)* Risikoanleihen *fpl, (jarg.)* Ramschanleihen *fpl, (jarg.)* Schrottanleihen *fpl*, Junk Bonds *mpl,* Hochzinsanleihen *fpl (high yield bonds, speculative grade bonds)*
~ **mail** *(Komm)* Papierkorbpost *f*
juridical person *(Recht, Pat)* juristische Person *f*
~ **personality** *(Recht)* Rechtspersönlichkeit *f*
jurisdiction *(Recht)* Gerichtsbezirk *m (physical area)*; Zuständigkeit *f (range of authority)*; Gerichtsbarkeit *f (responsibility)* • **come under sb's ~** *(Verw)* unter eine Rechtsprechung fallen
juror *(Recht)* Geschworene(r) *f(m)*, Schöffe *m*, Schöffin *f*
jury *(Recht)* Geschworenengericht *n*, Schöffengericht *n*
~ **trial** *(Recht)* Geschworenenprozess *m*
just *adj (Recht)* angemessen *(appropriate)*; gerecht *(fair)*
~ **cause dismissal** *(Pers)* Entlassung *f* aus triftigem Grund
~ **compensation** *(Recht)* angemessene Entschädigung *f*
~-in-time *(Pers, Ind)* Just-in-Time-Produktion *f*, JIT
~-in-time procurement *(Ind)* einsatzsynchrone Beschaffung *f*
~-in-time production *(Pers, Ind)* Just-in-Time-Produktion *f*
~-in-time purchasing *(Ind)* fertigungssynchrone Materialwirtschaft *f*
~ **price** *(WiWi)* gerechter, angemessener Preis *m*
justice *(Recht)* Gerechtigkeit *f (fairness)*; Gerichtsbarkeit *f*, Justiz *f (judicial system)*; Richter(in) *m(f) (judge)*
justifiable *adj* 1. *(Gesch)* berechtigt, vertretbar; 2. *(Recht)* berechtigt, rechtlich vertretbar
justification *(Gesch)* Rechtfertigung *f (reason)*
justified *adj (Gesch)* gerechtfertigt *(reason)*
~ **price** *(Bö)* gerechtfertigter [angemessener] Preis *m*
justify *v (Gesch)* rechtfertigen *(reason)*
juvenile *(Recht)* Minderjährige(r) *f(m)*

K

kB *s.* kilobyte
KBS *s.* knowledge-based system
keen price *(V&M)* extrem niedriger Preis *m*, scharf kalkulierter Preis *m*
keep *v* 1. *(RW, EDV)* führen *(records)*; 2. *(Gesch)* führen *(maintain)*; einhalten *(appointment)*; 3. *(Ind)* sich halten *(food, goods)*
~ **a low profile** *(Gesch)* sich zurückhalten
~ **abreast of** *(Gesch)* Schritt halten mit *(changing conditions and legislation)*
~ **an appointment** *(Gesch)* eine Verabredung einhalten
~ **in custody** *(Recht)* verwahren
~ **in touch with sb** *(Komm)* in Verbindung mit jmdm. bleiben
~ **sb informed** *(Komm, Gesch)* jmdn. auf dem Laufenden halten
~ **up with** *(Gesch)* nachkommen *(payments)*; Schritt halten mit *(developments)*
key 1. *(Gesch)* Schlüssel *m*; 2. *(EDV)* Taste *f (on keyboard)*
~ **currency** *(WiWi)* Leitwährung *f*
~ **data** *(Gesch)* Schlüsseldaten *pl*
~ **in** *(EDV)* eingeben
~ **industry** *(WiWi, Ind)* Schlüsselindustrie *f*
~ **position** *(Gesch)* Schlüsselposition *f*
keyboarder *(Verw, EDV)* Datentypist(in) *m(f)*
keyed advertisment *(V&M)* Chiffreanzeige *f*
Keynesian *adj (WiWi)* keynesianisch
~ **economics** *(WiWi)* keynessche Lehre *f*, keynesianische Wirtschaftstheorie *f*
kilobyte *(EDV)* Kilobyte *n*, kB, KByte
kilogram(me) *(Gesch)* Kilogramm *n*, kg, Kilo
kilometer *(AE) (Gesch)* Kilometer *m*, km
kilometre *(BE) (Gesch)* Kilometer *m*, km
kind/in *(Gesch)* in natura, in Sachwerten *(payment)*
kinked demand curve *(WiWi)* geknickte Preis-Absatz-Kurve *f*
kite 1. *(Bank)* ungedeckter Scheck *m*; 2. *(Fin)* Gefälligkeitswechsel *m*; 3. *(Bö)* Kellerwechsel *m*
kiting *(Bö)* Wechselreiterei *f*
km *s.* kilometer, kilometre

knock *v* **down** 1. *(Gesch, V&M)* herunterhandeln *(price)*; 2. *(Ind)* zerlegen *(machinery)*
knock-on effect *(Gesch, WiWi)* Anstoßwirkung *f*
~-on financing *(Fin)* Anschubfinanzierung *f*
knockdown price *(Gesch)* Schleuderpreis *m*, Spottpreis *m*, Werbepreis *m*, äußerster Preis *m (auction)*; Mindestpreis *m*
know-how 1. *(Gesch) (ugs.)* Know-how *n*; 2. *(Pat)* Fachkenntnisse *fpl*, *(ugs.)* Know-how *n*
~-how agreement *(Recht)* Know-how-Vertrag *m (intellectual property)*
knowledge *(Gesch)* Bekanntheit *f (of subject)*; Wissen *n*, Kenntnis *f (awareness)*
~ base *(Mgt)* Wissensbasis *f (artificial intelligence)*
~-based goods *pl (Ind, V&M)* wissensintensive Güter *npl*
~-based system *(EDV, Mgt)* Expertensystem *n*, wissensbasiertes System *n*
~ management *(EDV, Mgt)* Knowledge-Management *n*, Wissensmanagement *n*
knowledgeable *adj (Gesch)* gebildet, kenntnisreich, bewandert, klug
known by name/be *v (Gesch)* mit Namen bekannt sein, namentlich bekannt sein
known loss *(Vers)* bekannter [erkannter] Verlust *m*
kursmakler *(WiWi)* amtlicher Kursmakler *m*

L

label 1. *(EDV)* Etikett *n*, Kennung *f*; 2. *(Gesch)* Schild *n*, Aufschrift *f*
labor *(AE) s.* labo(u)r
~ representative *(AE) (Pers)* Arbeitnehmervertreter(in) *m(f)*
labo(u)r 1. *(WiWi)* Arbeit *f*; 2. *(Pers)* Arbeit *f*, Arbeitnehmer *mpl*
~ contract *(Gesch, Pers)* Arbeitsvertrag *m*
~ costs *(WiWi)* Arbeitsaufwand *m*, Arbeitskosten *pl*, Arbeitslöhne *mpl*, Lohnkosten *pl*
~ court *(Pers, Soz)* Arbeitsgericht *n* (der ersten Instanz)
~ dispute *(Pers, Ind, WiWi)* Arbeitskampf *m*
~ efficiency *(Pers)* Arbeitsproduktivität *f*
~ exchange *(Verw, Pers)* Arbeitsamt *n*
~ force 1. *(WiWi)* Erwerbsbevölkerung *f*, Erwerbstätige *pl*, Arbeitskräfte *fpl*, Belegschaft *f (within a firm)*; Beschäftigtenanzahl *f (of a country)*; 2. *(Pers)* Personalbestand *m*, Belegschaft *f*; 3. *(Ind)* Arbeitskraft *f*, Arbeitskräftereserven *fpl*; 4. *(Mgt)* Personalbestand *m*
~ force behavio(u)r *(Pers)* Erwerbsverhalten *n*
~ force participation rate *(WiWi, Pers)* Erwerbsquote *f*
~ hoarding 1. *(WiWi)* verdeckte Arbeitslosigkeit *f*; 2. *(Pers)* Hortung *f* von Arbeitskräften
~ input *(Pers)* Personaleinsatz *m*
~-intensive *adj (WiWi, Pers, Ind)* arbeitsintensiv
~ law *(Pers, Recht)* Arbeitsgesetz *n*, Arbeitsrecht *n*
~ legislation *(Pers, Recht)* arbeitsrechtliche Vorschriften *fpl*
~ market *(WiWi, Gesch, Pers)* Arbeitsmarkt *m*
~ market disequilibrium *(Pers)* Arbeitsmarktungleichgewicht *n*
~ market imbalance *(Pers)* Arbeitsmarktungleichgewicht *n*
~-market policy *(WiWi, Pol)* Arbeitsmarktpolitik *f*
~-market situation *(Gesch)* Beschäftigungssituation *f*
~ productivity *(Pers)* Arbeitsproduktivität *f*
~ regulations *(Pers, Recht)* arbeitsrechtliche Vorschriften *f*, arbeitsrechtliche Regelungen *fpl*
~ relations *(WiWi, Pers)* Arbeitsbeziehungen *fpl*, Arbeitgeber-Arbeitnehmer-Beziehungen *fpl*
~ requirements *(Pers)* Arbeitskräftebedarf *m*
~ resources *(Pers)* verfügbare Arbeitskräfte *fpl*, Arbeitskräftereserven *fpl*, Arbeitskräftepotenzial *n*
~-saving *adj (Pers)* arbeitssparend
~ shortage *(Pers)* Arbeitskräftemangel *m*

~ **supply** *(WiWi)* Arbeitsangebot *n*, Arbeitskräfteangebot *n*
~ **turnover** *(WiWi)* Arbeitskräftefluktuation *f*
~**'s share of national income** *(WiWi)* Lohnquote *f*
labo(u)rer *(Pers)* Hilfsarbeiter(in) *m(f)*, ungelernter Arbeiter *m*, ungelernte Arbeiterin *f*
lack 1. *(Fin)* Fehlen; 2. *(Gesch)* Mangel *m*, Fehlen *n*
~ **of experience** *(Pers)* Erfahrungsmangel *m*, Mangel *m* an Erfahrung
~ **of forex** *(Bank)* Devisenknappheit *f*, Devisenmangel *m*
~ **of skilled labo(u)r** *(Pers)* Qualifikationsdefizit *n*, Fachkräftemangel *m*
~ **of skilled manpower** *(Pers)* Qualifikationsdefizit *n*, Fachkräftemangel *m*
lag *v (Gesch)* zurückbleiben, nachhinken
lag 1. *(WiWi)* Lag *m*, Verzögerung *f*; 2. *(Gesch)* Verzögerung *f*
~ **response** 1. *(WiWi)* Lag-Reaktion *f*, 2. *(Gesch)* verzögerte Reaktion *f*
laggard *(jarg.) (V&M, Bö)* Nachzügler *m*
lagged variable *(Stat)* verzögerte Variable *f*
laisser-faire economy *(WiWi)* Wirtschaftsliberalismus *m*
lame duck *(Gesch)* nicht lebensfähiges Unternehmen *(company)*
land 1. *(WiWi)* Boden *m*; 2. *(Gesch)* Land *n*, Grundbesitz *m*
~ **certificate** *(Gb)* Grundbuchauszug *m*, Grundstücksbescheinigung *f*
~ **development** *(Umw, Ind, Gb, Soz)* Erschließung *f* von Bauland
~ **lease** *(Gb)* Landpacht *f*
~ **mortgage bank** *(Bank)* Bodenkreditanstalt *f*
~ **office** *(AE) (Verw)* Grundbuchamt *n*, Liegenschaftsamt *n*
~ **ownership** *(WiWi)* Grundbesitz *m*
~ **registration** *(Gb)* Grundbucheintragung *f*
~ **registry** 1. *(Verw)* Grundbuchamt; 2. *(Gb)* Katasteramt *n*
~ **rent** *(Gb)* Grundstücksmiete *f*, Grundstückspacht *f*
~ **tax** *(St)* Grundsteuer *f*
~ **use** *(Umw)* Flächennutzung *f (local level)*; Bodennutzung *f (national level)*
~**-use planning** *(WiWi)* Flächennutzungsplanung *f*
~ **value tax** *(St)* Bodenwertzuwachssteuer *f*
landed property *(Gb)* Grundbesitz *m*
landmark 1. *(Gesch)* Wahrzeichen *n*, Meilenstein *m*; 2. *(Gb)* Grenzstein *m*
lapse *v* 1. *(RW, Gesch)* auslaufen, erlöschen, verstreichen; zurückverfallen in; 2. *(Vers)* ablaufen; 3. *(Recht)* verfallen
lapse 1. *(RW, Gesch)* Auslaufen *n*, Erlöschen *n*, Verstreichen *n*; 2. *(Vers)* Policenablauf *m*, Versicherungsende *(policy termination)*; 3. *(Recht)* Verfall *m*
~ **of time** *(Gesch)* Fristablauf *m*
lapsed *adj (Recht)* abgelaufen, verfallen
~ **option** *(Bö)* abgelaufene Option *f*
large *adj (Gesch)* groß • **to a ~ extent** *(Gesch)* in großem Umfang, in hohem Maße • **on a ~ scale** *(Gesch)* in großem Maßstab
~**-scale** *adj (WiWi, Gesch)* groß angelegt, umfassend, umfangreich, Massen..., Groß... *(project)*
~**-scale industry** *(Ind)* Großindustrie *f*
~**-scale production** *(Ind)* Großserie(nfertigung) *f*
~**-scale unemployment** *(Pers)* Massenarbeitslosigkeit *f*
last *v (Gesch)* andauern
last *adj (Gesch)* letzte • ~ **in position** *(Gesch)* auf letzter Position • ~ **in first out** *(RW)* last-in-first-out, LIFO-Methode *f*
~ **trading day** *(Bö)* letzter Handelstag *m*
~ **will and testament** *(Recht)* letzter Wille *m* und Testament *n*
late *adj (Gesch)* verspätet
~ **acceptance** *(Recht)* verspätete Annahme *f (goods, contract of delivery)*
~**-night opening** *(Gesch)* Dienstleistungsabend *m*
latent defect *(Recht)* versteckter Mangel *m (property)*
~ **demand** *(V&M)* latente Nachfrage *f*
~ **tax** *(St)* latente Steuer *f*
lateral *adj (Gesch)* seitlich *(movement)*
~ **integration** *(WiWi)* horizontale Integration *f*
~ **thinker** *(Med, Pol)* Querdenker *m*
latest *adj (V&M)* jüngst *(development)* • **at the** ~ *(Gesch)* spätestens

~ **estimate** *(Gesch)* jüngste [letzte] Schätzung *f*
launch *v* 1. *(Fin)* auflegen, begeben *(share issue)*; 2. *(Pers)* beginnen, starten *(career)*; 3. *(V&M)* einführen, starten, in Gang setzen, herausbringen *(product)*
~ **a bond issue** *(Bö)* eine Anleihe(emission) auflegen
~ **a new model** *(V&M)* ein neues Modell auf den Markt bringen *(marketing)*
launching costs *(RW, Fin)* Anlaufkosten *pl*
launching of a loan *(Fin)* Begebung *f* einer Anleihe
launder *v (Fin, Gesch)* waschen *(money)*
law *(Recht)* Gesetzgebung *f (legislation)*; Gesetz *n (rule)*; Recht *n (system)* • **by ~** *(Recht)* von Rechts wegen • **in the eyes of the ~** *(Recht)* vor dem Gesetz
~**-based state** *(Recht)* Rechtsstaat *m*
~ **firm** *(Recht)* Anwaltskanzlei *f*
~ **governing contractual obligations** *(Recht)* Recht *n* der Schuldverhältnisse, Vertragsrecht *n*, Schuldrecht *n*
~ **of contract** *(Recht)* Vertragsrecht *n*
~ **of diminishing marginal utility** *(WiWi)* Gesetz *n* vom abnehmenden Grenznutzen
~ **of diminishing returns** *(WiWi)* Ertragsgesetz *n*, Gesetz vom abnehmenden Ertragszuwachs
~ **of equi-marginal returns** *(WiWi)* Gesetz *n* vom Ausgleich der Grenznutzen, Grenznutzenausgleichsgesetz *n*
~ **of large numbers** *(Stat)* Gesetz *n* der großen Zahl
~ **of supply and demand** *(WiWi)* Gesetz *n* von Angebot und Nachfrage
~ **of variable proportions** *(WiWi)* Ertragsgesetz *n*, Gesetz *n* vom abnehmenden Ertragszuwachs
~ **office** *(Recht)* Anwaltskanzlei *f*, Kanzlei *f*
lawful *adj (Recht)* gesetzmäßig, rechtlich
~ **means** *(Recht)* rechtmäßige Mittel *npl*
laws and regulations *(Recht)* Rechtsvorschriften *fpl*
lawsuit *(Recht)* Klage *f*
lawyer *(AE) (Recht)* Anwalt *m*, Anwältin *f*, Rechtsanwalt *m*, Rechtsanwältin *f (attorney; cf BE barrister)*
~**-client privilege** *(Recht)* anwaltliche Schweigepflicht *f*, Verschwiegenheitspflicht *f* (des Anwalts)
lay *v* **claim to** *(Gesch, Recht, Pat)* Anspruch erheben, beanspruchen
~ **down** *(Recht)* niederlegen, verankern, festlegen *(in contract, in constitution)*; aufstellen *(principle, rule, norm)*
~ **off** *(Pers)* entlassen *(workers)*
~ **off staff** *(Pers)* Personal freisetzen
lay-off pay *(Pers)* Abfindung *f*, Entlassungsgeld *n*
lead bank 1. *(Bank)* führende Bank *f*, Konsortialführer(in) *m(f)*; 2. *(Fin)* Konsortialführer(in) *m(f)*
~**-free** *adj (Umw, Trans)* bleifrei *(petrol)*
~ **management** *(Fin)* Federführung *f*
~ **time** 1. *(Verw, Gesch)* Bearbeitungszeit *f*, 2. *(Ind)* Vorlaufzeit *f (plan)*; 3. *(V&M)* Einführungszeit *f (of new product)*; Realisierungszeit *f (plan)*; Beschaffungszeit *f (stock)*
leader 1. *(Gesch)* Geschäftsführer(in) *m (f)*, Anführer(in) *m(f)*; 2. *(Pers)* Vorsitzende(r) *f(m)*; 3. *(Vers)* führender Versicherer *m*, Erstversicherer *m*; 4. *(Recht)* erster, leitender Anwalt in einem Verfahren; 5. *(Med)* Leitartikel *m (editorial)*; 6. *(Pol)* Vorsitzende(r) *f(m)*; 7. *(V&M)* Lockartikel *m*, Zugartikel *m (to attract consumers)*; Marktführer *m (most successful)*; 8. *(Bö)* Standardwert *m*
leaders and laggards *(Bö)* Spitzenwerte und Nachzügler *mpl*
leading indicator *(WiWi)* Frühindikator *m (econometrics)*
~ **stock** *(Bö)* Standardwert *m*
~ **underwriter** *(Bank, Fin)* Erstversicherer *m*, Konsortialführer(in) *m(f) (organization)*
leads and lags 1. *(WiWi)* Leads *pl* und Lags *pl*, vorauseilende und nachhinkende Indikatoren *mpl*; 2. *(Bö)* Vorauszahlungen *fpl* und Stundungen *fpl* im Auslandszahlungsverkehr
leaflet *(V&M)* Werbeblatt *n*, Zettel *m*
leak *v (Med, Pol)* zuspielen *(information)*
~ **to the press** *(Med, Pol)* der Presse zuspielen
~ **out** *(Med, Pol)* bekannt werden, durchsickern *(information)*
leakage 1. *(WiWi)* Schwund *m*, Verlust *m*; 2. *(Fin)* Kapitalverlust *m (of capital)*; 3. *(Med, Pol)* Durchsickern *n (of information)*

lean production *(Ind)* schlanke Produktion *f*, straffe Produktion *f*, *(jarg.)* abgespeckte Produktion *f*, geringe Fertigungstiefe *f*
~ **year** *(WiWi)* mageres Jahr *n*
leapfrog *v (Pers)* überspringen
learn *v* **the ropes** *(Pers)* sich einarbeiten
learning-by-doing *(WiWi)* Learning by doing *n*
lease *v (Gb)* mieten, pachten *(from sb)*; verpachten *(to sb)*
lease 1. *(Bank)* Mietvertrag *m*; 2. *(Recht)* Pachtvertrag *m (usually commercial)*; Mietvertrag *m*; 3. *(Gb)* Miete *f*, Pacht *f (renting an object)*
~ **agreement** *(Bank, Recht)* Mietvertrag *m*
~ **asset** *(Fin, Gesch)* Leasingobjekt *n*, Mietsache *f*, Vermögenswert *m*
~ **company** *(Gesch)* Leasinggesellschaft *f*
~ **financing** *(Bank)* Mietfinanzierung *f*, Leasing-Finanzierung *f*
leased asset *(Fin, Gesch)* Leasingobjekt *n*, Mietsache *f*, Vermögenswert *m*
~ **property** *(Fin, Gesch)* Leasingobjekt *n*, Mietsache *f*
leasehold 1. *(RW)* Pachtbesitz *m*; 2. *(Gb)* Pachtgrundstück *n*
~ **improvements** *(Fin)* Werterhöhungen *fpl* während der Pacht
~ **property** *(Recht, Gb)* Pachtgrundstück *n*
leaseholder *(Gesch)* Pächter(in) *m(f)*
leaselend *(Gb)* Pacht- und Leihvertrag *m*
~ **with option to purchase** *(Gb)* Pacht *f* mit Vorkaufsrecht, Mietvertrag *m* mit Vorkaufsrecht
leasing agreement *(Fin, Gesch)* Leasingvertrag *m*
~ **charges** *(Bank, Fin)* Leasing-Zahlungen *fpl*
~ **company** *(Gesch, Gb)* Leasinggesellschaft *f*
least cost *(RW)* Mindestkosten *pl*
~ **squares method** *(Stat)* Methode *f* der kleinsten Quadrate
leave *v* 1. *(Gesch)* austreten aus, verlassen; 2. *(Recht)* überlassen
~ **a telephone message** *(Komm)* eine telefonische Nachricht hinterlassen
~ **the matter open** *(Gesch)* die Angelegenheit offen lassen
leave *(Pers, F&T)* Urlaub *m*, Ferien *pl* • **on** ~ *(Pers)* in Urlaub
~ **of absence** *(Pers)* Beurlaubung *f*
~ **pay** *(Pers)* Urlaubsgeld *n*
ledger *(Fin)* Hauptbuch *n*
~ **account** *(RW, Fin)* Hauptbuchkonto *n*
~ **balance** *(RW, Fin)* Hauptbuchkontenstand *m*, Hauptbuchsaldo *m*
ledgerless accounting *(RW)* Belegbuchhaltung *f*
left 1. *(Gesch)* linke Seite *f*; 2. *(Pol)* Linke *f*, linker Flügel *m* • **on the** ~ *(Gesch, Pol)* links
~ **column** *(RW)* Sollseite *f*
~**-wing** *adj (Pol)* links, linksgerichtet, linksorientiert
legacy *(Recht)* Vermächtnis *n*
~ **duty** *(BE) (St)* Erbschaftssteuer *f*
~ **tax** *(AE) (St)* Erbschaftssteuer *f*
legal *adj (Recht)* rechtlich, juristisch *(concerning law)*; gesetzmäßig *(lawful)* • **be under a ~ obligation to do sth** *(Recht)* rechtlich verpflichtet sein, etw. zu tun
~ **action** *(Recht)* gerichtliche Schritte *mpl*, Klage *f* im ordentlichen Zivilprozess • **take ~ action** *(Recht)* gerichtlich vorgehen
~ **advice** *(Recht)* Rechtsberatung *f*
~ **aid** *(Recht, Soz)* Prozesskostenhilfe *f*
~ **case** *(Recht)* Rechtsfall *m*
~ **claim** *(Recht)* Rechtsanspruch *m*
~ **counsel** *(Recht)* Anwalt *m*, Anwältin *f*
~ **eagle** *(Recht, Pol) (ugs.)* Rechtsverdreher *m*
~ **enactment** *(Recht)* Rechtsverordnung *f*
~ **entity** 1. *(Recht)* juristische Person *f*; 2. *(Pat)* Rechtspersönlichkeit *f*, Rechtsträger *m*
~ **expense insurance** *(Vers)* Rechtsschutzversicherung *f (personal)*
~ **fees** *(Recht)* Anwaltsgebühren *fpl*
~ **framework** *(Recht)* rechtlicher Rahmen *m*, rechtliche Rahmenbedingungen *fpl*, rechtliche Rahmenrichtlinien *fpl*
~ **heir** *(Recht)* gesetzlicher Erbe *m*
~ **holiday** *s.* bank holiday
~ **immunity** *(Recht)* gesetzliche Immunität *f*
~ **incapacity** *(WiWi)* Rechts- und Geschäftsunfähigkeit *f*
~ **insurance** *(Recht)* Rechtsschutz *m*
~ **investment** *(WiWi, Bö)* mündelsichere Kapitalanlage *f*, mündelsicheres Wertpapier *n*

~ **issue** *(Gesch)* Rechtsfrage *f*
~ **liability** *(Recht)* gesetzliche Haftpflicht *f*
~ **name** *(Recht)* rechtmäßiger Name *m (administrative)*; Firmenname *m*, Firmenbezeichnung *f (company)*
~ **notice** *(Recht)* Gerichtsbekanntmachung *f (anouncement)*; gesetzliche Kündigungsfrist *f (period of notification)*
~ **obligation** *(Recht)* rechtliche Verpflichtung *f*
~ **opinion** *(Recht)* Rechtsgutachten *n*, Rechtsauffassung *f (commercial)*
~ **person** *(Recht, Pat)* juristische Person *f*
~ **proceedings** *(Recht)* Gerichtsverfahren *pl*
~ **protection** *(RW)* Rechtsschutz *m*
~ **recognition** *(Recht)* gesetzliche Anerkennung *f*
~ **redress** *(Recht)* Rechtsbehelf *m (breach of contract)*
~ **requirement** *(Recht)* gesetzliche Verpflichtung *f (obligation)*; Rechtsvorschrift *f (regulation)*
~ **reserves** *(RW)* Barreserve *f*, gesetzliche Rücklagen *fpl*
~ **residence** *(Recht)* gesetzlicher Wohnsitz *m*
~ **right** *(Recht)* subjektives Recht *n (entitlement)*
~ **section** *(Recht)* Rechtsabteilung *f (of a company)*
~ **settlement** *(Recht)* Zwangsvergleich *m*
~ **suit** *(Recht)* Zivilprozess *m*
~ **tender** *(Fin, Gesch)* gesetzliches Zahlungsmittel *n (money)*
~ **transaction** *(Recht)* Rechtsgeschäft *n*
~ **wrong** *(Recht)* Rechtsverletzung *f*
legality *(Gesch)* Rechtmäßigkeit *f*, Legalität *f*, Gesetzlichkeit *f*
legalized *adj (Recht)* amtlich beglaubigt, notariell beglaubigt, öffentlich beglaubigt
legally binding *(Recht)* rechtsverbindlich
~ **bound** *(Recht)* rechtlich verpflichtet
~ **effective** *(Recht)* rechtswirksam
~ **enforceable** *(Recht)* rechtlich durchsetzbar
legatee *(Recht)* Vermächtnisnehmer(in) *m(f) (property)*
legislate *v (Recht)* erlassen
legislation *(Recht)* Gesetzgebung *f*
legislative *adj (Recht)* gesetzgebend, legislativ
~ **power** *(Recht)* gesetzgebende Gewalt *f*
legitimacy *(Gesch, Recht)* Rechtmäßigkeit *f*
legitimate *adj (Gesch, Recht)* legitim, berechtigt
~ **claim** *(Recht)* berechtigter Anspruch *m*
~ **portion** *(Recht)* Pflichtteil *m*
industry *(F&T)* Freizeitindustrie *f*
leisure activity *(Pers)* Freizeitgestaltung *f*, Freizeitaktivitäten *fpl*
lend *v* 1. *(Bank)* verleihen, ausleihen; 2. *(Fin)* ausleihen; 3. *(Bö)* Kredit gewähren
~ **money** *(Fin)* Geld leihen
~ **against security** *(Bank, Gesch)* gegen eine Sicherheit ausleihen
lender *(Bank)* Kreditgeber(in) *m(f)*, Darlehensgeber(in) *m(f)*, Kapitalgeber(in) *m(f)*
~ **of last resort** *(Bank)* Lender *m* of last resort, letztinstanzliche Kapitalgeber *mpl*, Refinanzierungsinstitut *n* der letzten Instanz
lending *(Bank)* Ausleihung *f*, Darlehensvergabe *f*, Kreditgewährung *f*, Kreditvergabe *f*, Verleihung *f*
~ **business** 1. *(Bank)* Kreditgeschäft; 2. *(Fin)* Aktivgeschäft *n*
~ **ceiling** *(Gesch)* Beleihungsgrenze *f*
~ **facility** *(Bank)* Kreditfazilität *f*
~ **limit** *(Gesch)* Beleihungsgrenze *f*
~ **power** *(Bank)* Kreditpotenzial *n*
~ **rate** *(Bank)* Kreditzins *m*, Zinssatz *m* für Ausleihungen
length of employment *(Pers)* Beschäftigungsdauer *f*
~ **of service** *(Pers)* Beschäftigungsdauer *f*, Dienstalter *n*, Dienstzeit *f*
~ **of time to maturity** *(WiWi)* Laufzeit *f*
~ **of unemployment** (Pers) Dauer *f* der Arbeitslosigkeit, Arbeitslosigkeitsperiode *f*
less-developed country *(WiWi)* Entwicklungsland *n*
let *v (Gb)* vermieten • **to ~** *(Gb)* zu vermieten
~ **on lease** *(Gb)* verpachten
~ **out a contract to sb** *(Gesch)* an jmdn. einen Auftrag vergeben
let *(Gb)* Vermietung *f*
letter 1. *(Komm)* Brief *m*, Schreiben; 2. *(EDV, Med)* Buchstabe *m*
~ **of advice** *(Komm)* Ankündigungsschreiben *n*, Benachrichtigungsschreiben *n*

~ **of allotment** *(Komm)* Zuteilungsbenachrichtigung *f*, Zuteilungsschein *m (stock exchange)*
~ **of application** *(Komm)* Bewerbungsschreiben *n (candidate)*; Zeichnungserklärung *f (investor)*
~ **of appointment** *(Pers)* Anstellungsschreiben *n*
~ **of attorney** *(Recht)* Vollmachtsurkunde *f*
~ **of authority** *(Gesch)* Ermächtigungsschreiben *n*, Genehmigungsschreiben *n*
~ **of comfort** *(Fin, Gesch)* Patronatserklärung *f*
~ **of confirmation** *(Recht)* Bestätigungsschreiben *n (trade)*
~ **of credit** *(Bank)* Akkreditiv *n*
~ **of intent** 1. *(Gesch)* vorläufige Auftragserteilung *f*; 2. *(Mgt)* schriftliche Absichtserklärung *f*; 3. *(Bö)* Absichtserklärung *f*
~ **of introduction** *(Komm)* Empfehlungsschreiben *n*
~ **of recommendation** *(Pers)* Empfehlungsschreiben *n*
~ **of renunciation** *(Bö)* Abtretungsformular für Bezugsrechte *(rights issue)*
~ **of resignation** *(Pers)* Rücktrittsschreiben *n*, Rücktrittsgesuch *n*
~ **of subrogation** *(BE) (Komm)* Abtretungserklärung *f*
~ **of transmittal** *(Verw)* Anschreiben *n*, Begleitschreiben *n*
~ **of understanding** *(Gesch)* Vorvertrag *m*
letterfoot *(Komm)* Briefende *n*
letterhead *(Komm)* Briefkopf *m*
level 1. *(EDV)* Ebene *f*; 2. *(Gesch)* Höhe *f*, Niveau *n*, Stand *m (of interest rates)*; 3. *(Ind)* Pegel *m (of noise)*
~ **of contributions** *(Pers, Soz)* Beitragshöhe *f*
~ **of debt** *(Fin)* Schuldenstand *m*, Verschuldung *f*
~ **of employment** *(WiWi)* Beschäftigungsstand *m*
~ **of expenditure** *(WiWi)* Ausgabenniveau *n*, Ausgabenhöhe *f*
~ **of management** *(Pers)* Leitungsebene *f*
~ **of orders** *(V&M)* Auftragsbestand *m*
~ **of return** *(St)* Renditeniveau *n*
~ **of support** *(WiWi)* Subventionsniveau *n*, Höhe *f* der finanziellen Unterstützung *(subsidies)*
~ **of training** *(Pers)* Ausbildungsniveau *n*, Ausbildungsstand *m*
~ **out** *(Gesch)* sich ausgleichen
~**-payment mortgage** *(AE) (Fin)* Tilgungshypothek *f*, Annuitätenhypothek *f*
~ **repayment** *(Bank)* Tilgungszahlung *f*
level(l)ing out *(WiWi)* Nivellierung *f*
leverage *(AE)* 1. *(Fin)* Hebelwirkung *f*, Verhältnis von Fremd- zu Eigenkapital, Fremdkapitalaufnahme *f*, Einfluss *m (influence)*; 2. *(Pol)* Macht *f*, politischer Hebel *m*; 3. *(Bö)* Fremdkapitalaufnahme *f*, Verhältnis *n* von Obligationen und Vorzugsaktien zu Stammaktien
~ **adjustment** *(AE) (Fin)* Anpassung *f* [Neuanpassung *f*] zwischen Fremd- und Eigenkapital
~ **effect** *(WiWi)* Hebelwirkung *f* der Kapitalstruktur
~ **ratio** *(AE)* 1. *(RW, Bank)* Verschuldungsgrad *m*; 2. *(Fin)* Verhältnis zwischen Fremd- und Eigenkapital, Kapitalstrukturkennziffer *f*
~ **up** *(Fin)* den Fremdkapitalanteil erhöhen
leveraged bid *(Bö)* fremdfinanziertes Submissionsangebot *n*
~ **buyout** 1. *(Fin)* fremdfinanziertes Übernahmeangebot *n*, Leveraged-Buy-out *n*, LBO; 2. *(Gesch)* Übernahme *f* durch Fremdfinanzierung
~ **company** *(RW)* verschuldetes Unternehmen *n*
levy *v* 1. *(Gesch)* erheben *(raise, collect)*; 2. *(Recht)* pfänden *(seize)*; auferlegen *(impose)*; 3. *(St)* eintreiben, erheben
levy 1. *(Fin)* Erhebung *f*, Umlage *f (action)*; Abgabe *f (tax)*; 2. *(AH)* Erhebung *f*, Steuer *f (action)*; 3. *(Recht)* Auferlegung *f*, Beschlagnahme *f*, Eintreibung *f (seizure of tax)*
~ **on property** *(WiWi)* Vermögensabgabe *f*
liability 1. *(RW)* Verbindlichkeit *f*; 2. *(Verw, Fin)* Obligo; 3. *(Gesch)* Haftung *f*, Verpflichtung *f (responsibility)*; 4. *(Recht)* Haftbarkeit *f*, Haftpflicht *f*, Schuld *f*, Verbindlichkeit *f*
~ **for breach of warranty** *(Gesch)* Gewährleistungshaftung *f*
~ **for damage** *(Recht)* Schadenhaftung *f*
~ **for material defects** *(Recht)* Sachmängelhaftung *f*

~ **insurance** *(Verw)* Haftpflichtversicherung *f*
~ **item** *(RW)* Schuldposten *m*
~ **limitation clause** *(Vers, Recht)* Haftungsbeschränkungsklausel *f*
~ **management** *(Fin, Bö)* Verschuldungspolitik *f*, Debt Management *n*, Umschichtung *f* von Verbindlichkeiten *(public finance)*
~ **to be discharged at the domicile of the debtor** *(Recht)* Holschuld *f*
~ **under a guarantee** *(Recht)* Garantiehaftung *f*
~ **under a letter of credit** *(Fin)* Akkreditivverpflichtung *f*
liable *adj (Gesch, Recht)* haftbar, haftpflichtig • **be ~ for** *(Vers, Recht)* haften für
~ **to pay taxes** *(Recht, St)* steuerpflichtig, abgabenpflichtig
~ **to prosecution** *(Recht)* strafbar
~ **to tax** *(Recht, St)* steuerpflichtig, abgabenpflichtig
libel *v (Recht)* verleumden
libel *(Recht)* üble Nachrede *f*, Beleidigung *f*, Verleumdung *f*
~ **proceedings** *(Recht)* Verleumdungsverfahren *n*
libel(l)ous *adj (Recht)* beleidigend, verleumderisch
liberal profession *(Pers)* freier Beruf *m*
~ **trade policy** *(WiWi)* liberale Handelspolitik *f*
liberalization *(WiWi, Gesch, Recht)* Liberalisierung *f*
~ **of trade** *(WiWi, Gesch, Recht)* Handelsliberalisierung *f*, Liberalisierung *f* des Handels
LIBOR *s.* London Interbank Offered Rate
licence *(BE)* 1. *(Bank)* Lizenz *f*; 2. *(AH)* Genehmigung *f*, Lizenz *f*; 3. *(Recht)* Lizenz *f*, Konzession *f*, Zulassung *f*, Genehmigung *f*, Erlaubnis *f (permit)*; 4. *(Pat)* Patentausnützung *f*, Zulassung *f*
~ **fee** *(BE) (Gesch)* Lizenzgebühr *f*
~ **holder** *(BE) (Gesch)* Lizenzinhaber(in) *m(f)*
~ **laws** *(BE) (Recht)* Konzessionsrecht *n (commercial)*
licensable *adj (AH)* genehmigungspflichtig, lizenzfähig
license *v* 1. *(Gesch)* erlauben; 2. *(Recht)* lizenzieren, konzessionieren, zulassen, genehmigen
license *s.* licence
licensed *adj* 1. *(Fin)* zugelassen; 2. *(Gesch)* erlaubt; 3. *(Recht)* konzessioniert, geschützt, lizenziert *(intellectual property)*
~ **construction** *(Gesch)* Lizenzbau *m*
~ **premises** *(BE) (Recht)* Schankwirtschaft *f*
licensee *(Recht)* Konzessionär(in) *m(f)*, Benutzungsberechtigte(r) *f(m)*, Lizenzinhaber(in) *m(f)*, Konzessionsinhaber(in) *m(f) (intellectual property)*
licensing *(WiWi, Pat)* Lizenzerteilung *f*
~ **agreement** *(Recht, Pat)* Lizenzabkommen *n*
~ **laws** *(Recht)* Schankgesetze *pl*
~ **procedure** *(WiWi)* Genehmigungsverfahren *n*
licensor 1. *(Gesch)* Lizenzgeber(in) *m(f)*; 2. *(Recht)* Konzessionserteiler(in) *m(f)*; 3. *(Pat)* Konzessionserteiler(in) *m(f)*
lie *v* **idle** *(Bank)* nicht arbeiten, brachliegen *(money)*
lien 1. *(WiWi)* Zurückbehaltungsrecht; 2. *(Fin, Recht)* Pfandrecht *n*
lieu days *(Pers)* Freizeitausgleich *m*, Freizeitausgleichstage *mpl*
life 1. *(Gesch)* Lebensdauer *f*; 2. *(Vers)* Leben; 3. *(Bö)* Laufzeit *f (of an option)*
~ **annuity** *(Pers)* Leibrente *f*, Lebensrente *f*
~ **assurance** *(BE) (Vers)* Lebensversicherung *f (personal)*
~ **cycle** *(WiWi, Umw, V&M)* Lebenszyklus *m (of company or product)*
~**-cycle hypothesis** *(WiWi)* Lebenszyklushypothese *f*
~ **expectancy** 1. *(Gesch)* erwartete Nutzungsdauer *f (object)*; 2. *(Vers)* Lebenserwartung *f (person)*
~ **insurance** *(Vers)* Lebensversicherung *f*
~ **insurance policy** *(Vers)* Lebensversicherungspolice *f*, Versicherung *f* auf den Todesfall
~ **interest** 1. *(Fin)* lebenslänglicher Nießbrauch *m*; 2. *(Recht)* dingliches Recht *n* auf Lebenszeit
~ **tenancy** *(Gb)* lebenslängliches Pachtrecht *n*, Pacht *f* auf Lebenszeit
~ **tenure** *(Pers)* lebenslange Anstellung *f*, Anstellung *f* auf Lebenszeit
lifeless *adj (Bö)* flau, lustlos
lifetime *(Gesch, Bö)* Lebenszeit *f*

~ **gift** *(BE) (St)* Schenkung *f* unter Lebenden, Schenkung *f* zu Lebzeiten
lifted *adj* 1. *(WiWi)* aufgehoben *(price controls)*; 2. *(Gesch)* aufgehoben *(restrictions)*
lifting 1. *(Gesch)* Aufhebung *f (of restrictions, laws)*; 2. *(Recht)* Aufhebung *f*
lightning rise *(Pers, Mgt)* rasanter Aufstieg *m*
~ **strike** *(Pers)* Blitzstreik *m*
likely *adj (Gesch)* wahrscheinlich
limit 1. *(WiWi)* Grenze *f*; 2. *(Bö)* Limit *n*
~ **order** *(Bö)* Limitauftrag *m*, limitierte Order *f*
limit *v* **access** *(Pers)* Zugang beschränken
~ **entrance** *(Pers)* Zugang beschränken
~ **entry** *(Pers)* Zugang beschränken
limitation 1. *(Gesch)* Begrenzung *f*, Beschränkung *f*; 2. *(Recht)* Verjährung *f (of liability)*
~ **on access** *(Pers, Soz)* Zugangsbeschränkung *f*
~ **on entrance** *(Pers, Soz)* Zugangsbeschränkung *f*
~ **on entry** *(Pers, Soz)* Zugangsbeschränkung *f*
~ **on profit distribution** *(Recht)* Ausschüttungssperre *f*
~ **of actions** *(Recht)* Verjährung *f*
~ **of liability** *(Vers, Recht)* Haftungsbeschränkung *f*
~ **of time** *(Recht)* Verjährung *f (sentencing)*
limitations *(EDV, Recht)* Schranken *fpl*
limited *adj (Gesch)* begrenzt, eingeschränkt • **for a ~ period of time** *(Gesch)* zeitlich begrenzt • ~ **in time** *(Recht)* befristet
~ **audit** *(RW)* beschränkte Prüfung *f*
~ **authorization** *(AH)* befristete Genehmigung *f*, befristete Zulassung *f*
~ **company** *(BE) (Gesch)* Gesellschaft *f* mit beschränkter Haftung; GmbH *(Germany)*; Ges.m.b.H. *(Austria)*; Personengesellschaft *f (US)*
~ **discretion** *(Bö)* begrenzte Entscheidungsfreiheit *f*
~ **jurisdiction** *(Recht)* begrenzte Zuständigkeit *f*
~ **liability company** *(BE) (Gesch)* Gesellschaft *f* mit beschränkter Haftung; GmbH *(Germany)*; Ges.m.b.H. *(Austria)*
~**-life asset** *(RW, WiWi)* abnutzbares Wirtschaftsgut *n*
~ **partner** 1. *(Gesch)* Teilhafter(in) *m(f)*; 2. *(Recht)* Kommanditist(in) *m(f)*
~ **partnership** *(Recht, Bö)* Kommanditgesellschaft *f*, KG *(company)*
~ **risk** *(Bö)* begrenztes Risiko *n*
line 1. *(Gesch) (AE)* Warteschlange *f (of people)*; 2. *(Pers)* Linie *f*; 3. *(Mgt)* Marschroute *f (policy)*; 4. *(V&M)* Zeile *f (advertising)*; Sortiment *(products)*; 5. *(Bö)* Aktienpaket *(of shares)*; 6. *(Trans)* Strecke *f (railway)* • **in ~ with** *(Gesch)* entsprechend *(inflation, expectations)*
~ **and staff organization** *(Mgt)* Stablinienorganisation *f*
~ **manager** *(Pers, Ind, Mgt)* Linienmanager(in) *m(f)*, Produktionsleiter(in) *m(f)*
~ **of business** *(WiWi)* Sparte *f*
~ **of command** 1. *(Pers)* Leitungsstruktur *f*; 2. *(Mgt)* Führungshierarchie *f*
~ **of credit** *(Fin)* Kreditlinie *f*
~ **of duty** *(Gesch)* Aufgabenbereich *m*
~ **of occupation** *(Pers)* Berufszweig *m*
~ **production** *(Ind)* Produktion *f* am Fließband
~ **rate** *(Med)* Zeilenpreis *m (print)*
~**-up** *(WiWi)* Warteschlange *f*
linear programming 1. *(EDV, WiWi)* lineare Programmierung *f*; 2. *(Stat)* lineare Optimierung *f*, lineare Planungsrechnung *f*
~ **relationship** *(Stat)* lineare Beziehung *f*
link *v* 1. *(EDV)* verbinden *(peripherals, connections)*; 2. *(Gesch)* verbinden
link 1. *(EDV, Gesch)* Verbindung *f*; 2. *(Med, Pol)* Querverbindung *f*
linkage *(Gesch)* Verflechtung *f*
~ **model** *(BE) (WiWi)* Verknüpfungsmodell *n (econometrics)*
liquid *adj* 1. *(RW)* liquid; 2. *(Bank, Fin)* flüssig, liquid *(funds)*
liquid assets *(RW, Fin)* flüssige Mittel *pl*
~ **assets ratio** *(Fin)* Liquiditätskennziffer *f*
~ **cash resources** *(Fin)* Barliquidität *f*
~ **debt** *(Fin)* kurzfristige Verbindlichkeit *f*
~ **funds** *(RW, Fin)* flüssige Mittel *pl*, Barmittel *pl*, liquide Mittel *pl*
~ **market** *(Bö)* liquider Markt *m*
~ **ratio** *(RW)* Liquidität *f* ersten Grades
~ **savings** *(Fin)* sofort auszahlbare Ersparnisse *fpl*

liquidate *v* 1. *(RW)* abwickeln, tilgen; 2. *(Fin)* tilgen, verwerten; 3. *(Gesch)* liquidieren
~ **a position** *(Bö)* eine Position liquidieren, eine Position abwickeln
~ **inventory** *(WiWi)* Lager abbauen
liquidated *adj (Fin)* getilgt *(debt)*; verwertet *(options)*
~ **damage** *(Recht)* Vertragsstrafe *f*
~ **damages** *(Recht)* bezifferter Schadensersatz *m*
~ **debt** *(RW)* beglichene Schulden *fpl*, getilgte Schulden *fpl*
liquidating dividend *(Fin)* Kapitalrückzahlung *f*
~ **value** *(RW)* Liquidationswert *m*, Veräußerungswert *m (of an asset)*
liquidation 1. *(RW)* Auflösung *f*, Konkurs *m*, Liquidation *f*, Tilgung *f*; 2. *(Fin)* Konkurs *m*, Liquidation *f*, Verwertung *f (of option)*; 3. *(Gesch, Recht)* Abwicklung *f*, Liquidation *f*; 4. *(Mgt)* Abwicklung *f*; 5. *(Bö)* Ablösung *f*, Realisierung *f*
~ **period** *(Recht)* Abwicklungszeitraum *m*
~ **sale** *(WiWi)* Räumungsverkauf *m*
liquidity *(Fin)* Zahlungsfähigkeit *f*, Liquidität *f*
~ **diversification** *(Bö)* Liquiditätsstreuung *f*
~ **preference** *(WiWi)* Liquiditätspräferenz *f*
~ **ratio** *(Fin)* Liquiditätsgrad *m*, Liquiditätsquote *f*
~ **shortfall** *(Bank, Fin)* Liquiditätsengpass *m*, Liquiditätsdefizit *n*
~ **squeeze** *(Fin)* Liquiditätsengpass *m*, Liquiditätsklemme *f*
~ **strain** *(Bank)* Liquiditätsengpass *m*, Liquiditätsdefizit *n*
~ **trap** *(WiWi)* Liquiditätsfalle *f*
liquidization *(Bö)* Glattstellung *f*
list *v* 1. *(Bö)* an der Börse notieren [zulassen]; 2. *(EDV, Gesch)* aufführen, auflisten
list *(Gesch)* Aufstellung *f*
~ **of tax assessments** *(St)* Steuerliste *f*
~ **price** 1. *(V&M)* Katalogpreis *m*, Listenpreis *m (sales, retail)*; 2. *(Bö)* Börsenkurs *m (shares, securities)*
listable *adj* 1. *(Bö)* börsenfähig, kursfähig *(shares)*; 2. *(St)* steuerpflichtig
listed bank *(Bank)* börsennotierte Bank *f*
~ **company** *(WiWi, Gesch, Bö)* börsennotierte Gesellschaft *f*, börsennotiertes Unternehmen *n*
~ **on the stock exchange** *(RW, Bö)* an der Börse notiert, börsennotiert
~ **option** *(Bö)* börsennotierte Option *f*
~ **securities** *(WiWi, Bö)* börsennotierte Wertpapiere *pl*
~ **share** *(Bö)* börsennotierte Aktie *f*
listing 1. *(EDV)* Auflistung *f*, Liste *f*; 2. *(Recht)* Beauftragung *f (property)*; 3. *(Bö)* Börsenzulassung *f*
~ **agent** *(AE) (Gb)* Grundstücksmakler(in) *m(f)*
~ **committee** *(Bö)* Börsenzulassungsausschuss *m*
~ **particulars** *(Bö)* Angaben *fpl* zur Börsenzulassung
~ **procedure** *(Bö)* Börsenzulassungsverfahren *n*
~ **requirements** *(Bö)* Zulassungsvorschriften *fpl*
listless *adj (Gesch)* lustlos *(market, trading)*
litigate *v (Recht)* prozessieren
litigation *(Recht)* Prozess *m*, Rechtstreit *m*
little board *(WiWi)* American Stock Exchange
~ **dragons** *(WiWi) (ugs.)* kleine Tiger *mpl*, Tigerstaaten *mpl (South-East Asian countries)*
live *v* **on the dole** *(BE) (Soz)* von Arbeitslosenunterstützung leben, *(ugs.)* stempeln gehen, *(ugs.)* von der Stütze leben
~ **on unemployment benefit** *(Soz)* von Arbeitslosenunterstützung leben
livestock *(WiWi, Gesch)* lebendes Inventar *n*
living accommodation *(St)* Wohnraum *m*, Wohnung *f*
~ **costs** *(Gesch, Soz)* Lebenshaltungskosten *pl*
~ **expenses** *(Gesch, Soz)* Lebenshaltungskosten *pl*
LM curve *(WiWi)* LM-Kurve *f*
load time *(EDV, Komm, Med)* Ladezeit *f*
loading port *(AH, Trans)* Ladehafen *m*; Verladehafen *m (cargo)*
loan 1. *(Bank)* Darlehen *n*, Kredit *m*; 2. *(WiWi, Fin)* Anleihe *f*
~ **account** *(Bank)* Darlehenskonto *n*
~ **agreement** 1. *(Bank)* Darlehensvertrag *m*; 2. *(Bö)* Anleihevertrag *m*
~ **approval** *(Bank)* Kreditzusage *f*
~ **authorization** *(Bank)* Kreditzusage *f*

~ **capital** *(RW, WiWi, Fin)* festverzinsliche Wertpapiere *pl*, Fremdkapital *n*
~ **charges** *(Bank)* Darlehenskosten *pl*
~ **commitment** *(Bank)* Darlehenszusage *f*
~ **default** *(Bank)* Kreditausfall *m*
~ **demand** *(Bank)* Kreditnachfrage *f*
~ **discount** *(Bank)* Damnum *n*, Abgeld *n*, Disagio *n*
~ **exposure** *(Fin)* Gesamtausleihungen *fpl*, Kreditengagement *n*
~ **fee** *(Bank)* Kreditbearbeitungsgebühr *f*
~ **financing** *(Bank, Fin)* Kreditfinanzierung *f*
~ **guarantee** *(Fin)* Kreditbürgschaft *f*
~ **insurance** *(Fin)* Kreditversicherung *f*
~ **issue** *(Fin)* Anleiheemission *f*
~ **liabilities** *(Bank)* Darlehensverbindlichkeiten *fpl*
~ **loss** *(Bank)* Kreditausfall *m*
~ **loss provision** *(Bank)* Kreditausfallrückstellung *f*
~ **portfolio** *(Bank)* Anleiheportefeuille *n*, Darlehensbestand *m*, Kreditvolumen *n*
~ **recipient** *(Bank)* Darlehensempfänger(in) *m(f)*
~ **repayment** *(Bank, Fin)* Darlehenstilgung *f*, Kreditrückzahlung *f*
~ **shark** *(Fin) (ugs.)* Kredithai *m*
~ **stock** 1. *(RW, WiWi)* festverzinsliche Wertpapiere *pl*; 2. *(Fin)* Schuldverschreibung *f*; 3. *(Bö)* Schuldverschreibung *f*, festverzinslicher Schuldtitel *m*
~ **value** *(Fin, Vers)* Beleihungswert *m*
~ **write-off** *(Bank)* Debitorenausfall *m*
~ **yield** *(Bö)* Anleiherendite *f*
loans in transit *(Bank, Fin)* durchlaufende Kredite *mpl*
~ **to related companies** *(RW)* Forderungen *fpl* gegen verbundene Unternehmen *(annual accounts)*
lobby *(Pol)* Interessengruppe *f*, Interessenvertretung *f*, Lobby *f*
lobbyist *(Recht)* Lobbyist(in) *m(f)*
local *adj (Gesch)* einheimisch, örtlich, vor Ort, lokal, Lokal…
local authority *(Verw)* örtliche Behörde *f*, Kommunalbehörde *f*
~ **authority loan** *(DE) (Fin)* Kommunalanleihe *f*, städtische Anleihe *f (issued by local government)*
~ **businesses** *(Gesch)* ortsansässige Unternehmen *npl*
~ **call** *(Komm)* Ortsgespräch *n*
~ **firm** *(Gesch)* ortsansässige Firma *f*, örtliches Unternehmen *n*
~ **government** 1. *(Verw)* örtliche Verwaltung *f*, Kommunalverwaltung *f*, Kommunalregierung *f*; 2. *(Pol)* örtliche Behörden *fpl*, örtliche Gebietskörperschaft *f*
~ **labo(u)r** *(WiWi, Pers)* einheimische Arbeitskräfte *fpl*, ortsansässige Arbeitskräfte *fpl*
~ **produce** *(Gesch)* heimisches Erzeugnis *n*
~ **rent** *(WiWi)* ortsübliche Miete *f*
~ **tax** *(St)* Gemeindesteuer *f*, Kommunalsteuer *f*
~ **trade** *(WiWi)* Platzhandel *m*
~ **workers** *(WiWi)* einheimische [ortsansässige] Arbeitskräfte *fpl*
localize *v (EDV)* lokalisieren *(software)*
locally *(Gesch)* örtlich, vor Ort
located *adj (Gesch)* gelegen, stationiert
location *(Gesch)* Standort *m*
~ **factor** *(WiWi, Pers)* Standortfaktor *m*
locational conditions *(WiWi)* Standortbedingungen *fpl*
lock *v* **in** *(Bö)* festlegen, festschreiben
~ **out** 1. *(Bö)* ausschließen; 2. *(Pers)* aussperren *(strike)*
~ **up** *(Fin)* binden *(funds)*
lock-out *(Gesch, Pers)* Aussperrung *f (strike)*
~**-up period** *(Mgt, Bö, St)* Lock-up-Frist *f*, Pflichthaltefrist *f* für Altaktionäre
~**-up time limit** *(Mgt, Bö, St)* Lock-up-Frist *f*, Pflichthaltefrist *f* für Altaktionäre
locked-in knowledge 1. *(WiWi)* gebundenes Fachwissen; 2. *(Ind)* standortgebundenes Wissen *n*
lockout *(Pers)* Aussperrung *f (bei Streik)*
lodge *v* **a complaint with sb** *(Gesch)* Beschwerde bei jmdm. einlegen
~ **an appeal** *(St)* Rechtsmittel einlegen
log-in, login *(EDV, Komm)* Einloggen *n*, Anmeldung *f*
~**-off, logoff** *(Komm)* Ausloggen *n*, Abmeldung *f*
~**-on, logon** *(EDV, Komm)* Einloggen *n*, Anmeldung *f*
~**-out, logout** *(EDV, Komm)* Ausloggen *n*, Abmeldung *f*
logistics *(Gesch, Ind, Stat, Trans)* Logistik *f*

logo 1. *(Gesch)* Firmenzeichen *n*, Logo; 2. *(V&M)* Firmenschriftzug *m*, Signum *n*
lombard loan *(Bank, Fin)* Lombardkredit *m*
Lombard rate *(Bank)* Lombardsatz *m*
~ **Interbank Offered Rate** *(Bank, Bö)* Londoner Interbankangebotssatz *m*
long *adj (Gesch)* lang • **be ~ in a currency** *(WiWi)* mit Devisen versorgt sein *(international trade)* • **go ~** *(Bö)* Terminkontrakte kaufen, Wertpapiere kaufen • **in the ~ run** 1. *(Bank)* langfristig gesehen; 2. *(Gesch)* auf lange Sicht • **in the ~ term** *(Bank, Gesch, Vers)* langfristig • **over the ~ term** *(Gesch)* auf lange Sicht
~ **bond** *(Bö)* langfristige Schuldverschreibung *f*, Langläufer *m*
~ **butterfly call** *(Bö)* Terminkaufoption *f (options)*
~ **butterfly put** *(Bö)* Terminverkaufsoption *f (options)*
~ **calls** *(Bö)* Terminkontraktkaufoptionen *fpl*
~-distance call *(Komm)* Ferngespräch *n*
~ **filename** *(EDV)* langer Dateiname *m*
~-lasting *adj (Gesch)* dauerhaft
~ **lease** *(Fin, Gb)* langjähriger Mietvertrag *m*, langjähriger Pachtvertrag *m*
~ **position** *(Fin)* Hausseposition *f*
~-range forecast *(Gesch)* Langzeitprognose *f*
~-range planning *(Gesch)* Langfristplanung *f*
~ **straddle** *(Bö)* langfristiger Straddle *m (options)*
~ **tail risk** *(Vers)* Langfristrisiko *n*, langfristiges Risiko *n*
~-term *adj (Gesch)* langfristig, mit langer Laufzeit, Langzeit...
~-term debt *(Fin)* langfristige Schuld *f*
~-term financing *(Fin)* langfristige Finanzierung *f*
~-term liability 1. *(RW)* langfristige Verbindlichkeit *f*, langfristige Verpflichtung *f (balance sheets)*; 2. *(Fin)* fundierte Schuld *f*
~-term loan *(Bank)* langfristiges Darlehen *n*
~-term planning *(Gesch)* langfristige Planung *f*, Langfristplanung *f*
~-term trend 1. *(WiWi)* Langzeittrend *m*; 2. *(Gesch)* langfristiger Trend *m*
~-term unemployed *(WiWi, Pers)* Langzeitarbeitslose *pl*
~-term unemployment *(WiWi, Pers)* langfristige Arbeitslosigkeit *f*
~ **wave** *(WiWi)* langer Zyklus *m (Kondratieff cycle)*
longevity pay *(Pers)* Gehaltserhöhung *f* nach Dauer der Betriebszugehörigkeit
longs *(Bö)* Langläufer *mpl*, langfristige Schuldtitel *mpl*
loophole *(Recht)* Gesetzeslücke *f*, *(ugs.)* Hintertürchen *n*
loose oligopoly *(WiWi)* weites Oligopol *n*
lose *v (Recht)* verlieren *(protection)*
~ **ground** *(Gesch)* an Boden verlieren *(in competition)*
~ **one's job** *(Pers)* den Arbeitsplatz verlieren, seine Stelle verlieren
losing bargain *(WiWi)* Verlustgeschäft *n*
loss 1. *(Bank)* Verlust *m (capital)*; 2. *(Recht)* Verlust *m*
~ **carry-back** *(St, RW)* Verlustrücktrag *m (taxation)*
~ **carry-forward** *(St, RW)* Verlustvortrag *m (taxation)*
~ **compensation** *(St, RW)* Verlustausgleich *m*
~ **contingency** *(St, RW)* Verlustrücklage *f (balance sheets)*
~ **deduction** *(St)* Verlustabzug *m*
~ **leader** *(V&M)* Lockartikel *m*, Lockvogel *m (marketing)*
~ **of job** *(Pers)* Verlust *m* des Arbeitsplatzes, Arbeitsplatzverlust *m*, Wegfall *m* des Arbeitsplatzes
~ **on exchange** *(WiWi)* Wechselkursverlust *m*, Kurseinbuße *f*
~ **on takeover** *(WiWi)* Übernahmeverlust *m*
~ **of custom** *(V&M)* Kundenverlust *m*
~ **of earnings** *(Fin)* Ertragsausfall *m*
~ **of pay** *(Pers)* Lohnausfall *m*
~ **of production** *(Ind)* Produktionsausfall *m*
~-pricing *(V&M)* Verkauf *m* unter Einstandspreis, Verlustpreissystem *n (marketing)*
~ **provision** *(RW)* Verlustrückstellung *f*
~ **suffered** *(Recht)* eingetretener Verlust *m*
losses carried forward *(RW)* Verlustvortrag *m*
lossmaker *(V&M)* Verlustbringer *m*
low *adj (Gesch)* tief, niedrig • **be ~ on sth** *(Gesch)* knapp sein an etw. • **with a ~ margin** *(V&M)* scharf kalkuliert
low *(WiWi)* Tiefstand *m*, Tiefstkurs *m*

~ **achiever** *(Pers)* leistungsschwache Person *f*
~**-cost** *adj* 1. *(Gesch)* kostengünstig; 2. *(Gesch)* billig
~**-cost housing** *(Soz)* sozialer Wohnungsbau *m*, Sozialwohnung *f*
~ **end of the market** *(V&M)* Markt *m* der unteren Preisklasse, unterer Marktbereich *m*
~ **for the year** *(Bank, Bö, Fin)* Jahrestiefstkurs *m*
~**-geared** *adj (Fin)* unterkapitalisiert
~**-geared capital** *(Fin)* zu kurze Kapitaldecke *f*
~**-income** *(Pers)* einkommensschwach
~**-income household** *(Soz, V&M)* Haushalt *m* mit geringem Einkommen
~**-key** *adj (Gesch, V&M)* zurückhaltend, unaufdringlich
~**-paid** *adj (Pers)* gering bezahlt, weniger gut bezahlt • **the ~-paid** *(Pers, Soz)* Geringverdiener *mpl*, Einkommensschwache *pl*
~ **pay** *(Pers)* Niedriglohn *m*
~**-pay sector** *(Pers)* Niedriglohnsektor *m*, Niedriglohnbereich *m*
~ **profile** 1. *(Gesch)* schwaches Geschäftsprofil *n*; 2. *(V&M)* Zurückhaltung *f*
~**-risk securities** *(Bö)* risikoarme Wertpapiere *pl*
~ **season** *(Gesch)* Nebensaison *f*
~**-tech** *adj (Ind)* niedertechnologisch, mit weicher Technologie *(production)*
~**-wage earner** *(Pers)* Niedriglohnbezieher(in) *m(f)*
~**-wage job** *(Pers)* Niedriglohnarbeitsplatz *m*
~**-wage worker** *(Gesch)* Niedriglohnarbeiter(in) *m(f)*, Hilfsarbeiter(in) *m(f)*
~**-yielding** *adj (Bö)* niedrig verzinslich
lower *v (Gesch)* herabsetzen, senken
~ **the value** *(Gesch)* den Wert mindern
lower income bracket *(WiWi, St)* untere Einkommensteuergruppe *f*, untere Einkommensstufe *f*
~ **limit** *(Soz, Pers)* Untergrenze *f*
~ **quartile** *(Stat)* unteres Quartil *n*
~ **than average** *(WiWi)* unterdurchschnittlich
lowest bidder *(Bö)* niedrigster Bieter *m*
~ **common denominator** *(Gesch)* kleinster gemeinsamer Nenner *m*
~ **price** 1. *(WiWi)* Tiefstpreis *m*; 2. *(Gesch)* äußerster Preis *m*; 3. *(Bö)* niedrigster Preis *m*, Tiefstkurs *m*
~ **tender** *(Gesch)* preisgünstigstes Angebot *n*
loyalty *(Gesch, V&M)* Loyalität *f (of customer, employee)*
~ **discount** *(V&M)* Treuerabatt *m*
Ltd. *s.* limited company
lucrative *adj (Gesch)* lukrativ
lull *(Gesch)* Flaute *f*
lumber industry *(AE) (Ind)* Holzindustrie *f*
lump *(Pers)* Masse *f*
~ **sum** 1. *(Fin, Gesch, Pers)* Pauschalsumme *f*, Pauschalbetrag *m*; 2. *(Vers)* Depotzahlung *f*, Einmalzahlung *f*, Pauschale *f*
~ **sum price** *(Gesch)* Pauschalpreis *m*
~ **sum tax** *(St)* Pauschalsteuer *f*
lure *(V&M)* Lockartikel *m*
luxury tax *(St)* Luxussteuer *f*

M

M1 *(BE) (WiWi)* enge Geldmengendefinition *f*, Geldvolumen *n* M1
M2 *(BE) (WiWi)* Geldvolumen *n* M2
M3 *(BE) (WiWi)* weitgefasste Geldmengendefinition, Geldvolumen *n* M3
machine-based *adj (EDV)* maschinell
~ **idle time** *(Ind)* Brachzeit *f*
~**-readable code** *(EDV)* maschinenlesbarer Code *m*
machinery 1. *(Ind, WiWi)* Maschinen *fpl*, Apparat *m*, Maschinenpark *m*, maschinelle Anlagen *fpl (in factory)*; 2. *(Recht)* Apparat *m (of law)*
macro virus *(Komm, EDV)* Makrovirus *n (infects documents)*
macroeconomic *adj (WiWi)* makroökonomisch
~ **accounting** *(RW, WiWi)* volkswirtschaftliche Gesamtrechnung *f*
~ **policy** *(WiWi)* Wirtschaftspolitik *f*
macroeconomics *(WiWi)* Makroökonomik *f*
made out in *(Bank)* ausgestellt in *(dollars)*
~**-to-bearer instrument** *(WiWi)* Inhaberpapier *n*
~**-to-measure** *adj (Ind)* maßgearbeitet, maßgeschneidert, nach Kundenangaben gefertigt *(tailoring)*

~-to-order *adj (V&M)* kundenspezifisch
magic quadrilateral *(WiWi)* magisches Viereck *n*
mail order *(Komm)* Mailorder *f*, Versandbestellung *f*, Versandhandel *m*
~ **processing** *(Verw, Komm)* Postbearbeitung *f*
~ **transfer** *(WiWi)* briefliche Auszahlung *f*, Postüberweisung *f*
mailbox *(AE)* 1. *(Verw, Komm)* Briefkasten *m*, Briefeinwurf *m*; 2. *(EDV, Komm)* Mail-Box *f*, elektronischer Briefkasten *m*
mailing 1. *(Komm)* Posteinlieferung; 2. *(V&M)* Postversand *m*, Mailing *n (advertising)*
~ **list** *(Komm)* Adressenliste *f*, Postliste *f*, Verteiler *m*
main branch *(Gesch)* Hauptstelle *f*
~ **business** *(Gesch)* Kerngeschäft *n*, Hauptgeschäft *n*
~ **earner** *(Pers)* Hauptverdiener(in) *m(f)*
~ **residence** *(Gb)* Hauptwohnsitz *m*
~ **rival** *(Bank, V&M)* Hauptkonkurrent(in) *m(f)*
~ **road** *(BE) (Trans)* Hauptstraße *f*
~ **street** *(AE) (V&M)* Haupteinkaufsstraße *f*, Hauptstraße *f*
~ **wage earner** *(Pers)* Hauptverdiener(in) *m(f)*
maintain *v* 1. *(Verw)* unterhalten *(office)*; 2. *(Gesch)* behaupten *(assert)*; 3. *(Recht)* unterhalten
maintaining jobs *(Pers)* Erhaltung *f* von Arbeitsplätzen, Sicherung *f* von Arbeitsplätzen
maintenance 1. *(EDV)* Wartung *f*, 2. *(Recht)* Unterhalt *m*; 3. *(Trans)* Wartung *f*
~ **and repair work** *(Gesch)* Ausbesserungen *fpl*
~ **costs** *(Gb)* laufende Instandhaltungskosten *pl*
~ **department** *(Ind)* Instandsetzungsabteilung *f*, Wartungsabteilung *f*, Kundendienstabteilung *f*, Serviceabteilung *f (servicing)*
~ **fee** *(Bank)* Kontoführungsgebühr *f*
~ **margin** *(Bö)* Mindestsaldo *m* eines Nachschusskontos *(futures)*
~ **of price stability** *(WiWi)* Gewährleistung *f* der Preisstabilität
Majesty's Treasury/Her *(BE) (Pol)* Schatzamt *n*, Finanzministerium *n*
major *adj (Gesch)* führend
~ **currency** *(WiWi)* Leitwährung *f*, wichtige Währung *f*
~ **customer** *(Gesch)* Großkunde *m*, Großkundin *f*
majority 1. *(Gesch, Pers, Pol)* Mehrheit *f*; 2. *(Recht)* Volljährigkeit *f (age)*; Mehrheit *f (greater number)*
~ **decision** *(Pol)* Mehrheitsentscheidung *f*
~ **interest** *(Gesch, Bö)* Mehrheitsbeteiligung *f*
~ **stake** *(Gesch)* Mehrheitsbeteiligung *f*, Mehrheitsanteil *m*
make *v* 1. *(Gesch)* machen, erzielen; 2. (Pat) *machen* (invention)
~ **a bid** *(Gesch)* bieten
~ **a check payable to sb** *(AE) (Bank)* einen Scheck auf jmdn. ausstellen
~ **a cheque payable to sb** *(BE) (Bank)* einen Scheck auf jmdn. ausstellen
~ **a deal** *(WiWi)* sich arrangieren
~ **a decision** *(Gesch, Mgt)* eine Entscheidung fällen, eine Entscheidung treffen
~ **a donation** *(St, Soz)* spenden
~ **a down payment** *(Bank, WiWi)* Anzahlung leisten
~ **a living** *(WiWi)* seinen Lebensunterhalt verdienen
~ **a market** *(Bö)* Geld- und Briefkurse stellen, einen Markt *m* machen
~ **a profit** *(RW)* Gewinn erzielen, Gewinn machen
~ **allowances for** *(Gesch)* Zugeständnisse machen *(exceptional occurrences)*
~ **amends** *(Recht)* wieder gutmachen
~ **an advance** *(Gesch)* einen Vorschuss zahlen
~ **an advance payment** *(Gesch)* Anzahlung leisten, eine Vorauszahlung leisten
~ **an application for** 1. *(Gesch)* einen Antrag stellen auf; 2. *(Pers)* sich bewerben um
~ **an arrangement** *(Gesch)* eine Vereinbarung treffen
~ **an offer** *(Gesch)* Angebot unterbreiten
~ **available** *(Gesch)* bereitstellen *(money)*
~ **enquiries** *(Mgt, V&M)* Erkundungen einziehen
~ **full use of sth** *(Gesch)* etw. auslasten, etw. voll nutzen
~ **further enquiries** *(Gesch)* nachhaken
~ **gains** *(Bö)* Gewinne erzielen

~ **out** *(Gesch)* ausstellen *(invoice, cheque, receipt)*
~ **payable to** *(Bank)* ausstellen auf
~ **profits** *(RW)* Gewinn machen
~ **public** *(Gesch)* bekannt machen
~ **redundant** *(Pers)* entlassen, freisetzen
~ **sense** *(Gesch)* sinnvoll sein, Sinn machen
~ **up** 1. *(Bank)* abschließen, aufstellen *(account)*; 2. *(WiWi)* ausgleichen, decken *(deficit)*; 3. *(Gesch)* anfertigen, ausgleichen *(list)*; aufholen *(lost time)*
~ **up for** *(Gesch)* kompensieren *(compensate)*
~ **use of** *(Gesch)* benutzen, verwenden
~ **work pay** *(WiWi, Pol)* Arbeit muss sich lohnen *(strategic approach to unemployment)*
make *(Gesch)* Fabrikat *n*, Sorte *f (of machine)*
~**-or-buy decision** *(Gesch)* Entscheidung *f* über Eigenfertigung oder Kauf
~**-work** *(AE) (WiWi)* Arbeitsbeschaffung *f*
maker 1. *(Gesch)* Hersteller(in) *m(f)*; 2. *(Ind)* Erzeuger(in) *m(f)*, Fabrikant(in) *m(f)*, Produzent(in) *m(f)*; 3. *(Recht)* Aussteller(in) *m(f) (of a note)*
makeshift *adj (Gesch)* behelfsmäßig
~ **solution** *(Gesch)* Notlösung *f*
making 1. *(Pers)* Schaffung *f (of a position)*; 2. *(Ind)* Fabrikation *f (of product)* • **have the makings of** *(Gesch)* das Zeug haben für
~ **up** *(Bank)* Aufstellung *f*, Abschluss *m (of accounts)*
~ **up for losses** *(RW)* Verlustausgleich *m*
mala fide *adj (Recht)* bösgläubig, in böser Absicht, malafide
maliciously *adv (Recht)* böswillig
malingerer *(Pers)* Simulant(in) *m(f)*, Scheinkranke(r) *f(m)*
malperformance *(Recht)* Schlechterfüllung *f (contracts)*
malpractice *(Recht)* Verletzung *f* der Berufspflicht *(doctor, lawyer)*
mammoth *adj (Gesch)* riesengroß • **on a ~ scale** *(Gesch)* auf breitester Basis
man *v (Pers)* bemannen, mit Personal besetzen
man-hour *(Mgt)* Arbeitsstunde *f*, Mannstunde *f*
~**-made** *adj (Ind)* künstlich, nachgemacht, synthetisch
~**-made material** *(Umw, Ind)* Kunststoff *m*
manage *v* 1. *(Gesch)* verwalten, bewerkstelligen, leiten *(supervise)*; *(ugs.)* manipulieren *(manipulate)*; 2. *(Recht)* verwalten; 3. *(Mgt)* leiten, führen, managen
managed account *(RW)* treuhänderisch verwaltetes Konto *n*
~ **economy** *(WiWi, Pol)* Planwirtschaft *f*
~ **floating system** *(WiWi)* schmutziges Floating *n*, schmutziges Floaten *n*
management 1. *(Verw)* Management *n*, Verwaltung *f*; 2. *(Fin)* Gewinn *m*, Liquidität *f*, Management *n*; 3. *(Gesch)* Unternehmensführung *f*, Leitung *f*; 4. *(Mgt)* Führung *f*, Unternehmensführung *f*, Unternehmensleitung *f*, Verwaltung *f*, Bewirtschaftung *f*
~ **audit** *(RW, Pers)* Leistungsbeurteilung *f* und -bewertung *f* von Führungskräften
~ **board** 1. *(Gesch)* Vorstand *m*; 2. *(Pers)* Vorstandsgremium *n*, Leitungsgremium *n*, Board *n*
~ **buy-in** *(WiWi, Fin, Bö)* Management-Buy-in *n*
~ **buy-out** *(WiWi, Fin)* Management-Buy-out *n*
~ **by exception** *(Mgt)* Management *n* nach dem Ausnahmeprinzip, Management *n* by Exception
~ **by objectives** *(Verw, Mgt)* Führung *f* durch Zielvereinbarung, Management *n* by objectives
~ **consultant** *(EDV, Mgt)* Unternehmensberater(in) *m(f)*
~ **fee** 1. *(Bank)* Führungsprovision *f*, Vermögensverwaltungsgebühr *f*, Verwaltungsgebühr *f*; 2. *(Bö)* Konsortialgebühr *f (managing portfolio)*
~ **game** *(Mgt)* Planspiel *n*
~ **information system** *(EDV, Mgt)* Führungsinformationssystem *n*, Management-Informationssystem *n*, MIS
~ **level** *(Pers)* Leitungsebene *f*, Führungsebene *f*
~ **ratio** 1. *(Pers)* Verhältnis *n* der leitenden Angestellten zur Belegschaft; 2. *(Mgt)* Leitungsverhältnis *n*
~ **reshuffle** *(Mgt)* Leitungsumbildung *f*
~ **skills** *(Mgt)* Führungsqualitäten *fpl*
~ **staff** 1. *(Pers)* Führungskräfte *fpl*; 2. *(Mgt)* Führungskräfte *fpl*, Führungspersonal *n*

~ **technique** *(Mgt)* Führungsinstrument *n*, Leitungsmethode *f*, Managementtechnik *f*
manager 1. *(Gesch)* Direktor(in) *m(f)*, Verwalter(in) *m(f)*; 2. *(Pers)* Leiter(in) *m(f)*, Manager(in) *m(f)*; 3. *(Recht)* Verwalter(in) *m(f)*; 4. *(Mgt)* Betriebsleiter(in) *m(f)*, Geschäftsführer(in) *m(f)*
manageress 1. *(Gesch)* Direktorin *f*, Verwalterin *f*; 2. *(Pers)* Leiterin *f*, Managerin *f*; 3. *(Recht)* Verwalterin *f*; 4. *(Mgt)* Betriebsleiterin *f*, Geschäftsführerin *f*
managerial *adj (Mgt)* betrieblich, geschäftlich, leitend
~ **accounting** *(RW)* entscheidungsorientiertes Rechnungswesen *n*
~ **level** *(Pers)* Leitungsebene *f*, Führungsebene *f*
~ **staff** *(Pers, Mgt)* Führungskräfte *fpl*
managing *adj* 1. *(Verw)* geschäftsführend, leitend; 2. *(Gesch)* verwaltend
~ **director** 1. *(Gesch)* Geschäftsführer(in) *m(f)*; 2. *(Pers)* Generaldirektor(in) *m(f)*, Vorsitzende(r) *f(m)* des Vorstandsgremiums; 3. *(Mgt)* Hauptgeschäftsführer(in) *m(f)*
~ **partner** *(Pers)* geschäftsführender Gesellschafter *m*, geschäftsführende Gesellschafterin *f*
mandant *(RW)* Auftraggeber(in) *m(f)*
mandarin *(Pol)* (ugs.) Apparatschik *m*, (ugs.) Bonze *m (government)*
mandate 1. *(Gesch)* Vollmacht *f*, Geschäftsbesorgungsvertrag *m*; 2. *(Recht)* Mandat *n*, Vollstreckungsbeschluss *m*
mandatory *adj (Recht)* zwingend, obligatorisch *(obligatory)*
mandatory *(Recht)* Beauftragte(r) *f(m)*
~ **provision** *(Vers)* Mussvorschrift *f*, unabdingbare Bestimmung *f*
~ **retirement** *(AE) (Pers)* Zwangspensionierung *f*
manipulate accounts *(RW) (ugs.)* die Bücher frisieren
~ **the market** *(Bö)* Börsenkurse manipulieren
manpower *(Gesch, Pers, Mgt)* Mitarbeiter *mpl*, Personalbestand *m*
~ **audit** *(RW, Pers)* Beurteilung *f* von Personal
~ **costs** *(RW)* Lohnkosten *pl*
~**-hour** *(Pers)* Arbeiterstunde *f*, Arbeitskräftestunde *f*
~ **management** 1. *(Pers)* Personalverwaltung *f*, Personalwirtschaft *f*; 2. *(Mgt)* Arbeitskräfteeinsatz *m*
~ **supply** *(Pers)* Arbeitskräfteangebot *n*, Angebot *n* an Arbeit(skräften)
manual *adj (Gesch, Pers)* manuell
manual *(Gesch)* Handbuch *n (reference)*
~ **skill** *(Pers)* manuelle Fertigkeit *f*
~ **work** *(Pers)* körperliche Arbeit *f*
~ **worker** *(Pers)* Arbeiter(in) *m(f)*
manufacture *v (Ind)* erzeugen, herstellen, fertigen, produzieren
manufacture *(Ind)* Erzeugnis *n*, Produkt *n (product)*; Erzeugung *f*, Fertigung *f*, Herstellung *f (production)*
manufactured *adj* 1. *(Gesch)* hergestellt; 2. *(Ind)* produziert, prod.
~ **goods** *(WiWi)* Industriegüter *npl*
manufacturer 1. *(Gesch)* Hersteller(in) *m(f)*; 2. *(Ind)* Erzeuger(in) *m(f)*, Fabrikant(in) *m(f)*, Herstellerfirma *f*, Produzent(in) *m(f)*
~**'s recommended price** *(V&M)* Herstellerrichtpreis *m (sales)*
manufactures *(WiWi)* Industriegüter *npl*
manufacturing *(Ind)* Fabrikation *f*, Herstellung *f*, Verarbeitung *f*
~ **capacity** *(Ind)* Fabrikationskapazität *f*, Fertigungskapazität *f*, Produktion(skapazität) *f*
~ **cost** *(RW)* Fertigungskosten *pl*, Produktionskosten *pl (profit and loss account)*
~ **costs** 1. *(WiWi)* Fertigungskosten; 2. *(Ind)* Erzeugungskosten *pl*
~ **expenses** *(RW)* Herstellungskosten *pl*
~ **industry** *(Ind)* Fertigungsindustrie *f*, (weiter)verarbeitende Industrie *f*
~ **overheads** 1. *(RW)* Herstellungskosten; 2. *(WiWi)* Fertigungsgemeinkosten *pl*, Fertigungskosten *pl*
~ **price** *(Gesch)* Herstellerpreis *m*
~ **sector** 1. *(WiWi)* Fertigungsbereich *m*; 2. *(Ind)* Produktionssektor *m*, Produktionszweig *m*
margin 1. *(RW)* Gewinnspanne *f*, Margenaufschlag *m*, Handelsspanne *f*; 2. *(Verw)* Marge *f*, Spanne *f*, 3. *(EDV)* Seitenrand *m (printed page)*; 4. *(Med)* Papierrand *m*, Rand *m*, Satzrand *m*, Satzkante *f*, Seitenrand *m (printed page)*; 5. *(V&M)* Rand *m (printed page)*; Handelsspanne *f*, Gewinnspanne *f*, Verdienstspanne *f (difference)*; 6. *(Bö)* Marge *f*, Einschuss *m*,

Einschusszahlung *f*, Sicherheitsleistung *f*, Eigenleistung *f (futures)* • **on ~** *(Fin, Bö)* kreditfinanziert *(purchase)*
~ **account** *(Bö)* Effektenkreditkonto *n*, Einschusskonto *n*
~ **between the rates of interest** *(WiWi)* Zinsspanne *f*, Differenz *f* zwischen Zinssätzen
~ **call** *(Bö)* Nachschussforderung *f*
~ **of error** 1. *(RW)* Sicherheitsspanne *f*, Spielraum *m*; 2. *(Verw)* Fehlergrenze *f*
~ **of fluctuation** *(Fin)* Bandbreite *f*, Schwankungsbreite *f*
~ **of profit** *(RW)* Gewinnspanne *f*
~ **of safety** *(Fin, Pers)* Sicherheitszuschlag *m*
marginal *adj (Gesch)* marginal, Grenz...
~ **accounts** *(WiWi)* schlechte Adressen *fpl*
~ **analysis** 1. *(RW)* Grenzwertanalyse *f*; 2. *(Fin)* Grenzbetrachtung *f*, Marginalanalyse *f*
~ **cost** *(WiWi)* Grenzkosten *pl*, marginale Kosten *pl*
~ **cost curve** *(WiWi)* Grenzkostenkurve *f*
~ **cost pricing** *(WiWi)* Grenzplankostenkalkulation *f*
~ **costing** 1. *(RW)* Deckungsbeitragsrechnung *f*, Grenzkostenrechnung *f*; 2. *(WiWi)* Grenzplankostenrechnung *f*
~ **efficiency of capital** *(WiWi)* Grenzleistungsfähigkeit *f* des Kapitals
~ **firm** *(WiWi)* Grenzbetrieb *m*, Grenzproduzent *m*
~ **income tax rates** *(St)* marginale Einkommenssteuersätze *mpl*
~ **lending rate** *(Bank)* Spitzenrefinanzierungssatz *m (ECB)*
~ **physical product** *(WiWi)* physisches Grenzprodukt *n*
~ **pricing** 1. *(RW)* Grenzkostenrechnung *f*, marginale Preisfestsetzung *f*; 2. *(WiWi)* Grenzpreisbildung *f*; 3. *(V&M)* kostendeckende Preisfestsetzung *f*
~ **product** *(Ind)* Grenzprodukt *n*
~ **productivity** *(WiWi)* Grenzproduktivität *f*
~ **product of labo(u)r** *(WiWi)* Grenzprodukt *n* der Arbeit
~ **profit** *(WiWi)* Grenzerlös *m*, Grenzumsatz *m*
~ **propensity to consume** *(WiWi)* marginale Konsumquote *f*
~ **propensity to invest** *(WiWi)* marginale Investitionsquote *f*
~ **propensity to save** *(WiWi)* marginale Sparquote *f*
~ **rate** *(WiWi)* Grenzkurs *m*
~ **rate of substitution** *(WiWi)* Grenzrate *f* der Substitution
~ **rate of transformation** *(WiWi)* Grenzrate *f* der Transformation
~ **return on capital** *(Fin)* Grenzertrag *m* des investierten Kapitals
~ **revenue** *(WiWi)* Grenzerlös *m*
~ **tax rate** *(St)* Grenzsteuersatz *m*
~ **utility** *(WiWi)* Grenznutzen *m*
mark *v (Gesch)* bezeichnen
~ **down** *(V&M)* herabsetzen, reduzieren *(price)*
~ **to the market***(RW)* zum aktuellen Preis [Kurs] bewerten
~ **up** *(V&M)* höher auszeichnen, heraufsetzen *(price)*
mark *(Pat)* Eigentumszeichen *n*, Fabrikmarke *f*, Fabrikzeichen *n*, Handelsmarke *f*, Handelszeichen *n*, Marke *f*, Schutzmarke *f*, Schutzzeichen *n*, Warenmarke *f*, Warenzeichen *n*
~**-up** 1. *(Fin)* Preiserhöhung *f*; 2. *(V&M)* Preisaufschlag *m*, Aufschlag *m (price)*; Preisheraufsetzung *f*, Preiserhöhung *f (sales, margin)*
~**-up pricing** 1. *(WiWi)* Vollkostenkalkulation *f*; 2. *(V&M)* Zuschlagskalkulation *f*
marked to market *adj (WiWi, Bö)* zum letzen Börsenkurs bewertet
market *v (Gesch, V&M)* vertreiben, auf den Markt bringen
market 1. *(WiWi, V&M)* Markt *m*; 2. *(Bö)* Börse *f* • **at ~** *(Bö)* zum letzten Kurs, bestens *(price)* • **at the ~ call** *(Bö)* zur Börsenkursnotierung • **at the ~ price** 1. *(Fin)* zu Marktpreisen; 2. *(Bö)* zum Börsenkurs • **away from the ~** *(Bö)* außerhalb der Börse • **come onto the ~** *(V&M)* auf den Markt kommen • **on the ~** *(Gb)* auf dem Markt
~ **anticipation** *(V&M)* Markterwartung *f*
~ **area** *(V&M)* Absatzgebiet *n*, Marktbereich *m*
~ **basket** *(WiWi)* Warenkorb *m (commodities)*
~ **capitalization** *(Bö)* Börsenkapitalisierung *f*, Marktkapitalisierung *f*

~ **coverage** *(V&M)* Marktanteil *m*, Absatzbereich *m*
~ **day** *(Bö)* Börsentag *m*
~ **dealing** *(Fin)* Börsenhandel *m*
~ **demand** *(WiWi)* Gesamtnachfrage *f*, Marktnachfrage *f*
~ **distortion** *(WiWi)* Marktverzerrung *f*
~ **domination** *(V&M)* Marktbeherrschung *f*
~**-driven** *adj (Gesch, V&M)* marktbestimmt
~ **economy** *(WiWi)* Marktwirtschaft *f*
~ **entry** *(V&M)* Marktzugang *m*, Markteinstieg *m*
~ **failure** *(WiWi)* Marktmängel *mpl*, Marktversagen *n*
~ **forces** *(WiWi, V&M)* Marktkräfte *fpl*
~ **gap** *(V&M)* Marktlücke *f*
~ **leader** *(Gesch, V&M)* Marktführer *m*
~ **maker** *(Bö)* Marktmacher *m*, Market Maker *m*, Primärhändler *m*
~ **niche** *(V&M)* Marktlücke *f*
~**-oriented** *adj (WiWi, V&M)* marktorientiert
~ **outperformer** *(Bö)* Marktführer *m*
~ **penetration** *(V&M)* Marktdurchdringung *f*, Marktpenetration *f*
~ **power** *(WiWi)* Marktmacht *f*
~ **price** *(WiWi, Gesch, V&M)* Marktpreis *m*, Marktwert *m*, Tageskurs *m* • **at the ~ price** 1. *(Fin)* zu Marktpreisen; 2. *(Bö)* zum Börsenkurs
~ **pull** *(WiWi)* Markt-Nachfrageimpulse *mpl*, Nachfrageimpuls *m*
~ **rate** *(Bö)* Effektivverzinsung *f*
~ **rate of interest** *(WiWi)* Marktzins *m*, Effektivzins *m*
~ **regulation** *(Bank, Bö)* Marktpflege *f*, *(WiWi, POL)* Marktregulierung *f*
~**-related valuation** *(Bank, WiWi, Bö)* marktnahe Bewertung *f*
~ **research** *(V&M)* Marktforschung *f*
~ **risk premium** *(Bö)* Marktrisikoprämie *f*
~ **saturation** *(Gesch, V&M)* Marktsättigung *f*
~**-sensitive** *adj* 1. *(V&M)* marktempfindlich; 2. *(Bö)* marktreagibel
~ **share** *(Gesch, V&M)* Marktanteil *m*
~ **system** *(WiWi)* Marktwirtschaft *f*
~ **target selection** *(V&M)* Zielgruppenauswahl *f*
~ **transparency** *(Gesch, V&M)* Markttransparenz *f*
~ **trend** 1. *(WiWi)* Preistendenz *f*, 2. *(Gesch)* Markttrend *m*
~ **value** 1. *(RW)* Tageswert *m*, Zeitwert *m*, Marktwert *m (balance sheets)*; 2. *(Fin)* Verkehrswert *m*, Börsenwert *m*, Kurswert *m*; 3. *(V&M)* Marktwert *m*

marketable *adj* 1. *(Gesch)* verkäuflich; 2. *(V&M)* marktfähig; 3. *(Bö)* börsenfähig *(shares)*
~ **equities** *(Bö)* börsengängige Dividendenwerte *mpl*
~ **title** *(Gb)* Eigentumsrecht *n*, rechtsmängelfreier Grundbesitz *m*

marketing *(V&M)* Absatzlehre *f*, Marketing *n*
~ **and sales** *(V&M)* Marketing *n* und Vertrieb *m*
~ **authorization** *(V&M)* Marktzulassung *f (for pharmaceuticals)*
~ **channel** *(V&M)* Absatzkanal *m*
~ **costs** *(V&M)* Vertriebskosten *pl*
~ **department** *(V&M)* Vertriebsabteilung *f*
~ **manager** 1. *(Pers)* Absatzleiter(in) *m(f)*, Marketingdirektor(in) *m(f)*; 2. *(Mgt)* Marketingdirektor(in) *m(f)*
~ **mix** *(V&M)* Marketingmix *m*
~ **objective** *(V&M)* Absatzziel *n*
~ **research** *(V&M)* Marktforschung *f*, Absatzanalyse *f*

marketplace 1. *(Gesch)* Marktplatz *m*; 2. *(V&M)* Markt *m*

marking 1. *(Fin)* Kennzeichnung *f*, Kursfeststellung *f*, Kurskennzeichen *n*, Notierung *f*; 2. *(Gesch)* Beschriftung *f*
~ **down** *(V&M)* Preisherabsetzung *f*, Preissenkung *f*, Reduzierung *f*
~ **up** *(Bö)* Preisanhebung *f*, Anheben *n*

markup language *(EDV)* Markierungssprache *f*, Bezeichnersprache *f*, Textauszeichnungssprache *f*

Marshall Plan *(POL, WiWi)* Marshall-Plan *m (European Recovery Program, ERP)*

Maslow's hierarchy of needs *(Mgt)* maslowsche Bedürfnispyramide *f (motivation theory)*

mass *(V&M)* Masse *f*
~**-produced** *adj (Ind)* in Großserie hergestellt, serienmäßig hergestellt
~**-produced goods** *pl (Ind)* Massengüter *npl*
~ **production** *(Ind)* fabrikmäßige Herstellung *f*, Massenfertigung *f*, Massenproduktion *f*, Mengenfertigung *f*,

Großserienanfertigung *f*, Serienproduktion *f*, serienmäßige Herstellung *f*
~ **redundancy** *(Pers)* Massenentlassung *f*
~ **unemployment** *(WiWi)* Massenarbeitslosigkeit *f*
massage *v* 1. *(RW) (ugs.)* frisieren; 2. *(Fin)* manipulieren *(figures)*
massive *adj (Gesch)* groß
master budget *(RW)* Gesamtbudget *n*
~ **document** *(EDV)* Ursprungsbeleg *m*
~ **file** 1. *(EDV)* Stammdatei *f*; 2. *(Gesch)* Hauptdatei *f*
~ **plan** *(WiWi, Mgt)* Gesamtplan *m*, Rahmenplan *m*
Master of Business Administration *(Pers, Mgt, Soz)* Magister *m* der Betriebswirtschaft
match *v* 1. *(Gesch)* entsprechen, übereinstimmen, sich decken *(results of previous year)*; 2. *(V&M)* mithalten können mit *(contend with)*
matching *adj (V&M)* zusammenpassend
~ **principle** *(AE) (RW)* Grundsatz *m* der Periodenabgrenzung, Kongruenzprinzip *n (costs with revenues)*
~ **supply and demand** *(WiWi)* Ausgleich *m* von Angebot und Nachfrage
material *adj* 1. *(Gesch)* materiell *(significant)*; 2. *(Recht)* wesentlich
material 1. *(Gesch)* Material *n (information)*; 2. *(Ind)* Werkstoff *m*
~ **alteration** *(Recht)* wesentliche Änderung *f* des Inhalts [Vertragsinhalts] *(of contract)*
~ **barrier** *(WiWi)* materielles Handelshemmnis *n*
~ **circumstances** *(Vers, Recht)* rechtserhebliche Umstände *mpl*, wesentliche Umstände *mpl*
~ **good** *(WiWi)* materielles Gut *n*
~ **interest** *(WiWi, St)* wesentliche Beteiligung *f (in a company)*
materiality *(RW)* Bilanzierungsgrundsatz *m* der Wesentlichkeit, Erheblichkeit *f*, Wesentlichkeit *f (accounting reports)*
~ **flow system** *(WiWi)* Materialflusssystem *n*
~ **handling** *(Gesch)* Materialtransport *m*
maternity allowance *(Pers)* Mutterschaftsgeld *n*
matrix organization *(Stat, Mgt)* Matrixmanagement *n*, Matrixorganisation *f*
matter *(Gesch)* Angelegenheit *f* • **the ~ is sub judice** *(Recht)* die Angelegenheit ist rechts(an)hängig
~ **at hand** *(Gesch)* vorliegende Sache *f*
~ **in dispute** *(Recht)* Streitgegenstand *m*
mature *adj* 1. *(Bank, Fin)* abgelaufen, verfallen; 2. *(Gesch)* fällig *(debt)*; reif *(person)*
~ **market** *(V&M)* gesättigter Markt *m*
matured *adj (Bö)* fällig
~ **bonds** *(Bö)* fällige Obligationen *fpl*, fällige Schuldverschreibungen *fpl*
maturing security *(Bö)* Wertpapier *n* mit kurzer Restlaufzeit
maturity 1. *(Bank)* Fälligkeit *f*, Verfall *m*; 2. *(Fin)* Fristigkeit *f*, Laufzeit *f* • **at ~** *(Fin, Bö)* bei Fälligkeit, zum Fälligkeitstermin • **on ~** *(Fin, Bö)* bei Fälligkeit
~ **transformation** *(Fin)* Fristentransformation *f*
~ **value** *(Bank, WiWi)* Fälligkeitswert *m*
~ **yield** *(Bö)* langfristige Rendite *f (bond)*
maximize *v (RW, Fin, Gesch)* maximieren
maximum *adj (Gesch, Stat)* höchstzulässig, maximal, max.
maximum *(Gesch, Stat)* Maximum *n* • **up to a ~ of** *(Gesch)* bis höchstens
MBA *s.* Master of Business Administration
me-too-product *(WiWi)* Eigenentwicklung *f (imitation)*
mean *(Stat)* Mittelwert *m*
~ **deviation** *(Stat)* mittlere Abweichung *f*
~ **value** *(Stat)* Mittelwert *m*
means *(WiWi, Gesch)* Mittel *npl* • **have the ~ to do sth** *(Gesch)* über die Mittel verfügen, etw. zu tun • **live beyond one's ~** *(Gesch)* über seine Verhältnisse leben
~ **of exchange** *(WiWi)* Tauschwährung *f*
~ **of payment** *(Bank)* Zahlungsmittel *n*
~ **test** *(Soz)* Bedürftigkeitsprüfung *f*
measure 1. *(WiWi)* Messung *f*, 2. *(Gesch)* Messung *f*, Maß *n (measuring)*; Maßnahme *f (step)*; 3. *(Recht)* Bemessungsgrundlage *f*, 4. *(Stat)* Messung *f*, 5. *(St)* Bemessungsgrundlage *f*, Maßeinheit *f (standard unit)*
~ **of economic welfare** *(WiWi)* Maß *n* des wirtschaftlichen Wohlstands
~ **of performance** *(WiWi)* Erfolgskriterium *n*, Leistungskennzahl *f*
measure *v* **sb's performance** *(Pers)* jmds. Leistung messen

measurement 1. *(WiWi, Gesch)* Messung *f*, Messen *n*; 2. *(Stat)* Maß *n (measure)*; Messung *f*, Messen *n (measuring)*; Maßeinheit *f (unit)*; Messwert *m (value)*; 3. *(Trans)* Tonnengehalt *m (nautical)*

~ **of ordinal utility** *(WiWi)* ordinale Nutzenmessung *f*

measures to enhance [improve] competitiveness *(WiWi)* wettbewerbsstärkende Maßnahmen *fpl*

mechanical engineering *(Ind)* Maschinenbau *m*

mechanize *v (Gesch, Ind, Trans)* mechanisieren, auf mechanischen Betrieb umstellen

media *(Gesch, Med, V&M)* Medien *npl (mass media, collectively)*

~ **coverage** *(Med, V&M)* Medienberichterstattung *f* • **give ~ coverage** *(Med)* in den Medien berichten

~ **mix** *(V&M)* Medienmischung *f*, Medienmix *m*

median income *(WiWi)* mittleres Einkommen *n*

mediate *v (Pers)* vermitteln

mediation 1. *(WiWi)* Schlichtung *f*; 2. *(Pers)* Vermittlung *f*

~ **procedure** *(Pers, Pol)* Vermittlungsverfahren *n*

mediator's proposal *(Pers, Pol)* Schlichtungsvorschlag *m*

~**'s suggestion** *(Pers, Pol)* Schlichtungsvorschlag *m*

medical *adj (Gesch, Soz)* medizinisch, ärztlich

~ **certificate** *(Pers)* Arbeitsunfähigkeitsbescheinigung *f*

~ **grounds** *(Pers)* gesundheitliche Gründe *mpl*, medizinische Gründe *mpl*

~ **insurance** *(Pers, Vers, Soz)* Krankenversicherung *f*

medium *adj (Gesch)* mittelmäßig • **in the ~ term** *(Gesch)* mittelfristig

medium 1. *(Gesch)* Medium *n (communication)*; 2. *(Med, V&M)* Medium *n (radio, television)*

~ **account** *(WiWi)* mittlerer Betrieb *m*

~**-dated** *adj (Bö)* mittelfristig

~**-sized enterprise** *(Gesch)* mittelständischer Betrieb *m*

~**-term** *adj (Fin, Gesch)* mittelfristig

~**-term instrument** *(Bö)* mittelfristiges Handelspapier *n*

meet *v* 1. *(WiWi)* befriedigen; 2. *(Fin)* begleichen *(costs)*; 3. *(Gesch)* treffen, erfüllen, einhalten *(conditions)*; erreichen, bestreiten *(costs, targets)*; nachkommen *(obligations)*; 4. *(Mgt)* erreichen *(goal)*

~ **a deadline** *(Gesch)* einen Termin einhalten

meeting 1. *(Gesch)* Treffen *n*, Zusammenkunft *f*; 2. *(Mgt)* Beratung *f*, Sitzung *f*, Versammlung *f*, Meeting *n*

member *(Pers)* Mitglied *n (of a union)*; Aktionär(in) *m(f) (of company)*

~ **of the board** *(Pers, Mgt)* Board-Mitglied *n*, Vorstandsmitglied *n*

~ **of the staff** *(Pers)* Mitarbeiter(in) *m(f)*, Belegschaftsangehörige(r) *f(m)*, Betriebsangehörige(r) *f(m)*

Member of the European Parliament *(Pol)* Abgeordnete(r) *f(m)* des Europaparlaments, Mitglied *n* des Europaparlaments, MEP

membership *(Gesch)* Mitgliedschaft *f*, Zugehörigkeit *f*

~ **fee** *(Gesch)* Beitragssatz *m*, Mitgliedsbeitrag *m*

memorandum *(Verw)* kurzer Vermerk *m*, Memorandum *n*, Memo

~ **of association** *(Recht)* Gründungsvertrag *m (corporation)*

~ **of intent** *(Gesch)* Absichtserklärung *f*

mention *v (Gesch)* erwähnen, zur Sprache bringen

mentioned above *(Gesch)* oben erwähnt

~ **below** *(Gesch)* unten erwähnt

MEP *s.* Member of the European Parliament

mercantile agency *(V&M)* Auskunftei *f*

~ **exchange** *(Bö)* Produktenbörse *f*

~ **law** *(Recht)* Handelsgesetz *n*

merchandise *(V&M)* Waren *fpl*

~ **inventory** *(RW)* Bestände *mpl* an Handelswaren

~ **samples** *(WiWi)* Warenproben *fpl*

~ **trade** *(WiWi)* Warenhandel *m*

merchandising *(V&M)* Merchandising *n*, Steuerung *f* von Vertrieb und Verkauf

merchant bank *(Bank)* Merchantbank *f*

~ **navy** *(Trans)* Handelsmarine *f*

merchantable *adj* 1. *(WiWi, Gesch)* handelsfähig; 2. *(V&M)* lieferbar

~ **quality** 1. *(WiWi)* handelsübliche Qualität *f*; 2. *(V&M)* marktgängige Ware *f (legal)*
merge *v* 1. *(Fin)* verschmelzen; 2. *(Bö)* fusionieren, sich zusammenschließen
merger *(Bö, Fin)* Fusion *f*, Unternehmenszusammenschluss *m*, Verschmelzung *f*
~ **company** *(Fin)* fusionierende Gesellschaft *f*
mergers and acquisitions 1. *(WiWi)* Fusionen und Akquisitionen *fpl*, Fusionen und Übernahmen *fpl*; 2. *(Bank)* Beteiligungs- und Fusionsberatungsservice *m*
merit bad *(WiWi)* meritorisches Ungut *n*
~ **good** *(WiWi)* meritorisches Gut *n*
~ **pay** *(Pers)* Leistungslohn *m*
~ **wants** *(WiWi)* meritorische Bedürfnisse *npl*
message 1. *(Komm, EDV)* Meldung *f*; 2. *(Gesch)* Mitteilung *f*; 3. *(V&M)* Botschaft *f*
~ **box** *(Komm)* Nachrichtenbox *f (unified messaging)*
metalworking industry *(WiWi, Ind)* Metall verarbeitende Industrie *f*, Metall verarbeitendes Gewerbe *n*
meteoric *adj (Gesch)* rasant
~ **rise** *(Pers, Mgt)* rasanter Aufstieg *m*
method *(Mgt)* Arbeitsweise *f*, Methode *f*, Verfahren *n*
~ **of calculation** 1. *(Bank)* Bemessungsverfahren *n*; 2. *(Gesch)* Berechnungsmethode *f*; 3. *(Stat)* Berechnungsmethode *f*, Berechnungsverfahren *n*
~ **of payment** *(Fin)* Zahlungsmodus *m*, Zahlungsweise *f*
methods of depreciation *(WiWi)* Abschreibungsmethoden *fpl*, Abschreibungsarten *fpl*
metrication *(Gesch)* metrische Messung *f*
metropolitan *adj (Gesch)* großstädtisch
microeconomics *(WiWi)* Mikroökonomie *f*, Mikroökonomik *f*
mid-point rate *(Bank, WiWi, Fin)* Devisenmittelkurs *m*, Mittelkurs *m*
~ **price** *(Bö)* Mittelkurs *m*
middle income bracket *(WiWi)* mittlere Einkommens(steuer)gruppe *f*
~ **management** *(Pers)* Mittelmanagement *n*, mittlere Führungsebene *f*
~ **rate** *(WiWi, Fin)* Devisenmittelkurs *m*
middling quality *(WiWi)* Mittelsorte *f*
migrant labo(u)r *(WiWi, Pers)* Wanderarbeiter *mpl*, Gastarbeiter *mpl*
~ **worker** *(WiWi, Pers)* ausländischer Arbeitnehmer *m*, ausländische Arbeitnehmerin *f*, Wanderarbeiter *m (mobile within country)*
migration 1. *(EDV)* Systemumstellung *f (data)*; 2. *(WiWi, Pol)* Wanderung *f*
~ **movement** *(Pers)* Wanderungsbewegung *f*
~ **of workers** *(Pers)* Wanderung *f* von Arbeitskräften
migratory movement *(Pers)* Wanderungsbewegung *f*
~ **worker** *(WiWi, Pers)* Wanderarbeiter *m*
mileage allowence *(St)* Kilometergeld *n*
milk *v* 1. *(Gesch) (ugs.)* ausnehmen, *(ugs.)* melken; 2. *(V&M)* ausbeuten *(opportunity)*
mineral right *(Recht, Gb)* Abbaurecht *n*
minimax *(WiWi)* Minimax-Regel *f (games theory)*
minimize *v (RW, Fin, Gesch)* minimieren
minimum *adj (Gesch, Stat)* minimal, Mindest…
~ **acceptable rate of return** *(Fin)* erstrebte Mindestverzinsung *f*
~ **charge** *(Trans)* Mindestgebühr *f*
~ **lending rate** *(BE) (Bank)* Mindestzins *m*, Mindestzinssatz *m*
~ **level** *(Gesch,* Soz) Untergrenze *f*
~ **reserve requirement** *(WiWi)* Mindestreservesoll *n*
~ **standards** *(Bank, Gesch, Ind)* Mindeststandards *mpl*, Mindestanforderungen *fpl (EU)*
~ **wage** 1. *(WiWi)* garantierter Mindestlohn *m*; 2. *(Pers)* (gesetzlicher) Mindestlohn *m*
~ **yield** *(WiWi)* Mindestrendite *f*
minor *adj (Gesch)* gering
~ **defect** *(Recht)* geringfügiger Mangel *m (contracts)*
minority *(RW, Gesch, Bö)* Minderheit *f*
~ **holding** *(Gesch)* Minderheitsbeteiligung *f*
~ **interest** 1. *(RW)* Minderheitsbeteiligung *f*, 2. *(Gesch)* Minderheitsanteil *m*, Fremdbeteiligung *f*
~ **investment** *(Bö)* Minderheitsbeteiligung *f*
~ **stake** *(Bö)* Minderheitsbeteiligung *f*
mint *v (WiWi)* ausprägen, prägen *(coins)*

minutes *(Verw)* Niederschrift *f*, Protokoll *n* *(legal)*
mirror contract *(WiWi)* Gegengeschäft *n*
MIS *s.* management information system
misallocation *(WiWi)* Fehlleitung *f*, Fehlallokation *f* *(resources)*
misappropriation *(Fin)* Unterschlagung *f*, Veruntreuung *f*, Zweckentfremdung *f*, widerrechtliche Verwendung *f*
miscarriage of justice *(Recht)* Fehlurteil *n*, Rechtsbeugung *f* *(false judgment)*
miscellaneous *adj (Gesch)* Verschiedenes *n*, Versch.
~ **expenses** *(RW)* verschiedene Kosten *pl*
misfile *v (Gesch)* falsch ablegen
misleading advertising *(Gesch, V&M)* irreführende Werbung *f*
mismanagement *(Mgt)* Missmanagement *n*, Misswirtschaft *f*
mismatch *(Fin)* Inkongruenz *m*
mismatched maturity *(Bank, WiWi)* divergierende Laufzeiten *fpl*, Fristeninkongruenz *f*
misperformance *(Recht)* Schlechterfüllung *f* *(contract law)*
misrepresentation *(Recht)* falsche Angaben *fpl* *(transaction)*
~ **intended to deceive** *(Recht)* arglistige Täuschung *f*
mission *(V&M)* Auftrag *m*, Ziel *n*
~ **budgets** *(V&M)* aufgabenorientierte Budgets *npl*
mistake *(Gesch)* Fehler *m*, Irrtum *m*
~ **of law** *(Recht)* Rechtsirrtum *m*
mistaken *adj (Gesch, Vers)* irrtümlich
misused funds *(WiWi)* zweckentfremdete Mittel *npl*
mitigating circumstances *(Recht)* mildernde Umstände *mpl*
mix 1. *(Gesch)* Mix *m*, Zusammensetzung *f*, 2. *(Med)* Mischung *f*, 3. *(V&M)* Gemischtwaren *fpl*, Mischung *f* *(recording)*
mixed bundling *(V&M)* Mischbündelung *f* *(sales)*
~ **cost** *(RW)* Mischkosten *pl*
~ **economy** *(WiWi)* Mischwirtschaft *f*
mobile *(Komm) (ugs.)* Handy *n*, mobiles Telefon *n*, Mobiltelefon *n*, schnurloses Telefon *n* *(telephone)*
~ **communication(s)** *(Komm)* Mobilfunk *m*
~ **payment** *(Komm)* Bezahlung *f* per Handy, Mobile-Payment *n*
~ **phone** *s.* mobile
mobility *(Pers, WiWi)* Mobilität *f*, Arbeitsmobilität *f*
mobilize *v (WiWi)* flüssig machen, mobilisieren
model articles of association *(WiWi)* Mustersatzung *f*
model(l)ing *(Stat)* Modellbildung *f*
modest *adj* 1. *(WiWi)* gemäßigt, moderat; 2. *(Gesch)* bescheiden *(increase)*
modify *v* 1. *(RW, WiWi)* modifizieren; 2. *(Gesch)* anpassen, modifizieren, verändern, abändern *(product)*; 3. *(Stat, V&M)* modifizieren
modular *adj (Ind)* erweiterbar
~ **concept** *(Ind)* Baukastenprinzip *n*
~ **production** *(Ind)* Modularproduktion *f*, Produktion *f* nach dem Baukastensystem
modus *(Recht)* Auflage *f*
~ **operandi** *(Gesch)* Vorgehensweise *f*, Arbeitsweise *f*
mom-and-pop store *(AE) (V&M)* Tante-Emma-Laden *m*, Nachbarschaftsladen *m*
monetary *adj (WiWi, Fin, Gesch)* monetär, Geld..., Währungs...
~ **aggregate** *(BE) (WiWi)* Geldmengenaggregat *n*
~ **and foreign exchange policy** *(Bank)* Geld- und Währungspolitik *f* *(ECB)*
~ **area** *(WiWi, Pol)* Währungsgebiet *n*
~ **assets** *(RW)* Geldvermögen *n*
~ **authorities** *(Bank)* Währungsbehörden *fpl*
~ **economics** *(WiWi)* Geldtheorie *f* und -politik *f*, Geldwirtschaft *f*
~ **growth** *(WiWi)* Geldmengenwachstum *n*
~ **issues** *(WiWi)* Geld- und Währungsfragen *fpl*
~ **item** *(RW)* Geldposten *m* *(balance sheets)*
~ **overhang** *(WiWi)* Geldüberhang *m*
~ **policy** *(WiWi)* Geldpolitik *f*, Währungspolitik *f*
~ **policy stance** *(Bank, WiWi)* geldpolitischer Kurs *m*
~ **reserves** *(WiWi)* Währungsreserven *fpl*
~ **target** *(WiWi)* Geldmengenziel *n*
~ **tightness** *(WiWi)* Geldknappheit *f*
~ **turbulence** *(Pol, WiWi)* Währungsunruhe *f*
~ **turmoil** *(Pol, WiWi)* Währungsunruhe *f*
~ **unit** *(Fin)* Geldeinheit *f*, Währungseinheit *f*

~ **veil** *(WiWi)* Geldschleier *m*
money 1. *(WiWi)* Geld *n*, Münze *f*, Geldbetrag *m (wealth, amount)*; 2. *(Fin, Gesch)* Geld *n*, *(ugs.)* Kohle *f*
~ **at call** *(Bank, Fin)* Tagesgeld *n*
~ **compensation** *(Fin)* Abfindung *f*, Barabfindung *f*
~ **illusion** *(WiWi)* Geldillusion *f*
~ **income** *(WiWi)* Geldeinkommen *n*
~ **launderer** *(Bank, Gesch)* Geldwäscher *m*
~ **laundering** *(Fin)* Geldwäscherei *f*
~ **market** *(Bank)* Geldmarkt *m*
~ **market certificate** *(AE) (Fin)* Geldmarktzertifikat *n*
~ **market instrument** *(Bö)* Geldmarktdokument *n*, Geldmarkturkunde *f*
~ **market rate** *(Bö)* Geldmarktsatz *m*
~ **multiplier** *(WiWi)* Geldmultiplikator *m*
~ **squeeze** *(WiWi)* Geldverknappung *f*
~ **stock** *(Bank, WiWi)* Geldvolumen *n*, Geldmenge *f*, Geldversorgung *f*
~ **supply** *(WiWi)* Geldangebot *n*, Geldmenge *f*
~ **transactions** *(Fin)* Zahlungsverkehr *m*
~ **up front** *(Gesch)* Vorauszahlung *f*, Vorauskasse *f*, Vorausgebühren *fpl*, Vorabgebühren *fpl*
monies in *(Fin)* Einzahlungen *fpl*, Geldeingänge *mpl*
~ **received** *(Fin)* Einzahlungen *fpl*, Geldeingänge *mpl*
monitor *v* 1. *(Gesch, Pers, Mgt)* überwachen *(performance)*; 2. *(V&M)* überwachen *(market, rates)*
monitoring *(Fin)* Überwachung *f*
monopolistic competition *(WiWi)* monopolistische Konkurrenz *f*
monopoly 1. *(WiWi)* Monopol *n*, Monopolstellung *f*; 2. *(Ind)* Alleinherstellungsrecht *n*
monthly *adj (Gesch)* monatlich • **in ~ instal(l)ments** *(RW)* in Monatsraten
monthly *adv (Gesch)* monatlich
~ **average** *(Gesch)* Monatsdurchschnitt *m*
~ **compounding of interest** *(Bank)* monatliche Zinsberechnung *f*, monatliche Aufzinsung *f*
~ **sales** *(V&M)* monatliche Verkäufe *mpl*
moonlight economy *(WiWi)* Schattenwirtschaft *f*
moonlighter *(Pers)* Doppelverdiener(in) *m(f)*, Schwarzarbeiter(in) *m(f)*
moral hazard *(Vers)* moralisches Risiko *n*
morale *(Pers)* Arbeitsmoral *f*
moratorium *(Fin)* Moratorium *n*, Zahlungsaufschub *m*
~ **on interest payments** *(Bank, WiWi, Pol)* Zinsmoratorium *n*
mortgage *v (Bank, Gb)* hypothekarisch belasten, verpfänden
~ **out** *(Bank, Fin, Gb)* voll finanzieren
mortgage *(Bank, Gb)* Hypothek *f*, Hyp.
~**-backed security** *(AE) (Fin)* hypothekarisch gesichertes Wertpapier *n*, hypothekengesicherter Pfandbrief *m*
~ **bond** *(RW, Fin, Bö)* Pfandbrief *m*
~ **ceiling** *(Gb)* Beleihungsplafond *m*, Hypothekenobergrenze *f*
~ **commitment** *(Fin)* Hypothekenkreditzusage *f*
~ **lendings** *(Fin)* Aktivhypotheken *fpl*
~ **lien** *(Recht, Gb)* Grundpfandrecht *n*
~ **loan** *(Bank)* Hypothekendarlehen *n*
~ **loan company** *(Bank)* Hypothekenbank *f*
~ **rate** *(Bank)* Hypothekenkonditionen *fpl*, Hypothekenzins *m*
mortgaged *adj (Gb)* verpfändet
mortgagee *(Bank)* Hypothekengläubiger(in) *m(f)*
mortgager *(Bank)* Hypothekenschuldner(in) *m(f)*
mortgaging *(Gb)* Verpfändung *f*
most active list *(Bö)* Liste *f* der umsatzstärksten Aktien
~ **favoured nation clause** *(BE) (WiWi, Recht)* Meistbegünstigungsklausel *f*
motif *(Gesch)* Firmenzeichen *n*, Motiv *n*, Leitidee *f (idea)*
motivation *(Gesch, Pers, Mgt, V&M)* Motivation *f*, Motivierung *f*
~ **to work** *(Pers)* Arbeitsmotivation *f*
motivational *adj (Gesch, Pers, Mgt, V&M)* motivierend
motor mileage allowance *(BE) (St)* Kilometergeld *n*
mould *v (BE) (Med)* bilden, formen *(public opinion)*
mounting competition *(WiWi)* zunehmender Wettbewerb *m*
mouse-controlled interface *(EDV)* mausgesteuerte Oberfläche *f*
move 1. *(WiWi)* Schwankung *f (in currency)*; 2. *(Gesch)* Umzug *m (to new*

premises); Maßnahme *f (measure)*; 3. *(Trans)* Umzug *m*
move *v* **into the money** *(Bö)* Gewinn erzielen *(short calls, short puts)*
moveable *adj (Gesch)* beweglich *(goods, objects)*
~ **property** *(Recht)* bewegliches Eigentum *n*, bewegliches Vermögen *n*
moveables *(Recht)* bewegliche Sachen *fpl*
movement 1. *(Gesch)* Bewegung *f (market)*; 2. *(Pol)* Bewegung *f*
~ **of operations** *(WiWi)* Betriebsverlegung *f*
movements on shareholders' equity *(RW)* Eigenkapitalentwicklung *f*
mover and shaker *(Mgt)* bewegende Kraft *f*
moving average *(Stat)* gleitender Durchschnitt *m*
~**-average method** *(Stat)* Methode *f* der gleitenden Mittelwerte
~ **into surplus** 1. *(WiWi)* Aktivierung *f (balance of payments)*; 2. *(AH)* Aktivierung *f*
multi-accident *(Trans)* Großunfall *m*
~**-year operational plan** *(Fin)* operativer Mehrjahresplan *m*
~**-year restructuring agreement** *(Fin)* mehrjährige Umschuldungsvereinbarung *f*
multibrand strategy *(V&M)* Mehrmarkenstrategie *f*
multicurrency rate *(WiWi)* gespaltener Wechselkurs *m*, multiple Wechselkurse *mpl*
multilateral agency *(WiWi)* multilaterale Behörde *f*
~ **aid** *(WiWi)* multilaterale Hilfe *f*
~ **donor** *(WiWi)* multilaterale Geberorganisation *f*
~ **trade negotiations** *(WiWi)* multilaterale Handelsgespräche *npl*
multilevel *(V&M)* Multilevel-Marketing *n*, mehrschichtiges Marketing *n*
multimodal transport *(Trans)* kombinierter Transport *m*, multimodaler Verkehr *m*, kombinierter Verkehr *m*
multinational *adj (Bank, Gesch, AH, Trans)* multinational
~ **company** *(Gesch)* multinationales Unternehmen *n*
multiple *adj (Gesch)* mehrfach, Mehrfach…
multiple *(Stat)* Vielfache(s) *n*
~**-choice question** *(V&M)* Mehrfachauswahlfrage *f*, Multiplechoicefrage *f*
~ **exchange rate** *(WiWi)* multipler Wechselkurs *m*
~ **jobholder** *(Pers)* Person *f* mit mehreren Beschäftigungsverhältnissen, Person *f* mit Nebentätigkeiten
~ **risk insurance** *(Vers)* kombinierte Versicherung *f*
multiplier *(WiWi)* Multiplikator *m*
~ **accelerator model** *(WiWi)* Multiplikator-Akzelerator-Modell *n*
~ **effect** *(WiWi)* Multiplikatoreffekt *m*
multiply *v (Stat)* vervielfachen, multiplizieren
multipurpose *adj (Gesch)* Mehrzweck…, Vielzweck…
~ **card** *(Bank)* multifunktionale Karte *f*, Multifunktionskarte *f*, multifunktionale Chipkarte *f*
~ **tax** *(St)* Mehrphasen(umsatz)steuer *f*
multistor(e)y *(Gb, Soz)* Hochhaus *n*
~ **car park** *(Gb, Trans)* mehrgeschossiges Parkhaus *n*
municipal *adj (Gesch)* kommunal, Kommunal…
~ **administration** *(Verw, Pol)* Stadtverwaltung *f*
~ **authority** *(Verw)* Kommunalbehörde *f*
~ **bond** *(Bö)* Kommunalobligation *f*, Kommunalschuldverschreibung *f*
~ **corporation** *(BE) (Verw, Pol)* Kommunalregierung *f*, Kommunalverwaltung *f*, Stadtverwaltung *f*
~ **government** *(AE) (Verw, Pol)* Kommunalregierung *f*, Kommunalverwaltung *f*, Stadtverwaltung *f*
~ **loan** *(AE) (Fin)* Kommunalanleihe *f*
municipality 1. *(Verw)* örtliche Gebietskörperschaft *f*, Kommunalverwaltung *f*; 2. *(Pol)* Kommune *f*, Kreis *m (area)*; Kommunalverwaltung *f*, Magistrat *m (governing body)*
mutatis mutandis *(WiWi, Recht)* analog, sinngemäß, entsprechend, mit den nötigen Abänderungen, mutatis mutandis
mutual *adj (Gesch)* beiderseitig, wechselseitig, gemeinschaftlich • **by ~ agreement** *(Gesch, Recht)* in gegenseitigem Einvernehmen, in gegenseitigem Einverständnis • **by ~ consent** 1. *(Gesch)* in gegenseitigem Einvernehmen *(private*

agreement); 2. *(Recht)* in gegenseitigem Einvernehmen
~ **benefit** *(Gesch)* beiderseitiger Vorteil *m*
~ **benefit society** *(Vers)* Versicherungsverein *m* auf Gegenseitigkeit, VVaG
~ **consent** *(Recht)* Willenserklärung *f*
~ **contract** *(Recht)* gegenseitiger Vertrag *m*
~ **fund** *(AE) (Fin)* (offener) Investmentfonds *m*
~ **insurance** *(Vers)* Versicherung *f* auf Gegenseitigkeit
~ **recognition** *(Recht)* gegenseitige Anerkennung *f (EU)*
~ **recognition of qualifications** *(Pers)* gegenseitige Anerkennung *f* der Bildungsabschlüsse, gegenseitige Anerkennung *f* der Berufsbefähigungsnachweise *(EU)*
~ **savings bank** *(Bank, WiWi)* genossenschaftsähnliche Bank *f*, genossenschaftsähnliche Sparkasse *f*
mutually *adv (Gesch)* wechselseitig
~ **exclusive** *(Gesch)* beiderseitig ausgeschlossen, sich gegenseitig ausschließend

N

naked call *(Bö)* ungedeckte Kaufoption *f*
~ **option** *(Bö)* Nacktoption *f*, ungedeckte Option *f*
~ **position** *(Bö)* ungesicherte Long- oder Short-Position *f*
~ **put** *(Bö)* ungedeckte Verkaufsoption *f*
name 1. *(EDV, Komm)* name *(e.g. *.name)*; 2. *(Gesch)* Firma *f*, Fa.; Handelsname *m*, Name *m*, N *(company)*
~ **and shame list** *(Fin, Gesch)* Name-and-Shame-Liste *f*
~ **brand** *(V&M)* Markenname *m*
~ **of an account** *(RW)* Kontobezeichnung *f*
~ **of business** *(Gesch)* Firmenname *m*, Firmenschild *n*
named *adj (Gesch)* bezeichnet
nanny state *(WiWi)* Bevormundungsstaat *m*
narcodollars *(WiWi)* Drogengeld *n*
narrow *adj (Bö)* begrenzt
~ **market** *(Bö)* begrenzter [enger, flauer] Markt *m*
narrowly defined money supply *(WiWi)* eng definierte Geldmenge *f*, Geldmenge *f* in der engen Definition, M1
nation-wide *adj (WiWi)* überregional; bundesweit
national *adj (Gesch)* staatlich, inländisch, überregional, Bundes..., einzelstaatlich *(EU)*
national *(Verw)* Staatsbürger(in) *m(f)*
~ **accounting** *(RW, WiWi)* volkswirtschaftliche Gesamtrechnung *f*
~ **agency** *(Verw)* nationale Behörde *f*
~ **average** *(WiWi)* nationaler Durchschnitt *m*
~ **balance sheet** *(WiWi)* Volksvermögensrechnung *f*
~ **brand** *(V&M)* überregionale Herstellermarke *f*
~ **currency** *(WiWi)* Landeswährung *f*
~ **debt** *(WiWi)* öffentliche Verschuldung *f*, Staatsschuld *f*
~ **economy** *(WiWi)* Gesamtwirtschaft *f*, Volkswirtschaft *f*
~ **expenditure** *(WiWi)* Staatsausgaben *fpl*
~ **income** *(WiWi)* Volkseinkommen *n*
~ **labo(u)r market** *(Pers)* inländischer Arbeitsmarkt *m*
~ **law** *(Recht)* Bundesgesetz *n (in US, Germany)*; einzelstaatliches Gesetz *n (in EU)*
~ **legislation** *(Recht)* nationale Gesetzgebung *f*, Bundesgesetzgebung *f (in US, Germany)*; einzelstaatliche Rechtsvorschriften *fpl (in EU)*
~ **patent** *(Pat)* Inlandspatent *n*
~ **product** *(WiWi)* Sozialprodukt *n*
~ **trend** *(WiWi)* Inlandstrend *m*
~ **wealth** *(WiWi)* Volksvermögen *n*
nationality *(Pol)* Staatsangehörigkeit *f*
nationalization *(WiWi)* Verstaatlichung *f*
nationalize *v* 1. *(Gesch)* verstaatlichen; 2. *(Pol)* in Gemeineigentum überführen
nationalized industry *(WiWi, Ind)* verstaatlichter Industriezweig *m*
nationwide *adj (Gesch)* landesweit
native industry *(Ind)* einheimische Industrie *f*
natural gas *(Umw)* Erdgas *n*
~ **monopoly** *(WiWi)* natürliches Monopol *n*
~ **person** *(Recht)* natürliche Person *f*
~ **population movement** *(Pers, Stat)* natürliche Bevölkerungsbewegung *f*
~ **price** *(WiWi)* natürlicher Preis *m*

~ **rate of growth** *(WiWi)* natürliche Wachstumsrate *f*
~ **rate of unemployment** *(WiWi)* natürliche Arbeitslosigkeit *f*
~ **resources** *(WiWi, Umw)* Bodenschätze *mpl*, natürliche Ressourcen *fpl*, Naturressourcen *fpl*
~ **rights** *(Recht)* natürliche Rechte *npl*, naturrechtliche Ansprüche *mpl*
~ **wastage** 1. *(WiWi)* natürlicher Verschleiß *m*; 2. *(Umw)* Naturverschwendung *f*; 3. *(Pers)* natürlicher Arbeitskräfteabgang *m*
~ **wear and tear** *(WiWi)* natürlicher Verschleiß *m*
nature 1. *(Gesch)* Art *f (character)*; 2. *(Pat)* Art *f*
~ **of the invention** *(Pat)* Art *f* [Zweck *m*] der Erfindung
NC *s.* numerical control
NCBs *s.* national central banks
near bank *(WiWi)* bankähnliches Institut *n*, Near Bank *f*, Quasibank *f*
~ **cash** 1. *(WiWi)* kurzfristige Anlagen *fpl*; 2. *(Bö)* kurzfristige, hochliquide Anlagen *fpl*
~ **completion** *(Gesch)* fast fertig
~ **money** *(RW, WiWi)* geldähnliche Forderungen *fpl*, Geldsurrogat *n*, leicht liquidierbare Einlagen *fpl*, Quasigeld *n*
necessitate *v (Gesch)* erfordern
necessities *(V&M)* lebensnotwendige Güter *npl (home comforts)*
need *(Gesch)* Bedarf *m*, Bedürfnis *n (of client)*
~ **satisfaction** *(Mgt)* Bedürfnisbefriedigung *f*
needs analysis *(V&M)* Bedarfsanalyse *f*
needy/the *(Soz)* die Bedürftigen *pl*
negative cash flow *(RW, Fin)* negativer Cashflow *m*
~ **feedback** *(EDV)* negative Rückkopplung *f*
~ **income tax** *(St)* negative Einkommenssteuer *f*
~ **interest** *(Bank)* Negativzins *m*, Strafzins *m*
~ **investment** *(Fin)* Desinvestition *f*, Verkauf *m* von Anlagen
~ **net worth** *(WiWi)* negatives Eigenkapital *n*
~ **prescription** *(Recht)* Verjährung *f*
~ **saving** *(WiWi)* Entsparen *n*, negative Ersparnis *n*
~ **yield curve** *(WiWi)* negative Zinsstrukturkurve *f*
neglect clause *(Vers)* Fahrlässigkeitsklausel *f*, Versäumnisklausel *f*
negligence *(Recht)* Fahrlässigkeit *f*
negligent *adj (Recht)* fahrlässig
negligible *adj (Gesch)* geringfügig, unbedeutend, zu vernachlässigen
negotiable *adj* 1. *(Bank, Fin)* begebbar, negoziierbar; 2. *(Gesch)* übertragbar, verhandelbar; 3. *(Bö)* bankfähig, börsenfähig • **not** ~ *(Bank)* nicht übertragbar, nur zur Verrechnung
~ **bill** *(Bank)* durch Indossament übertragbarer Wechsel *m*
~ **instrument** 1. *(Bank)* übertragbares Wertpapier *n*; 2. *(WiWi)* begebbares Instrument *n*; 3. *(Recht)* umlauffähiges Wertpapier *n (transactions)*; 4. *(Bö)* umlauffähiges Wertpapier *n*
~ **securities** *(Bö)* (frei) begebbare Wertpapiere *npl*
negotiate *v* 1. *(Bank)* aushandeln, begeben *(loan)*; 2. *(Fin)* begeben; 3. *(Gesch, Pers)* aushandeln; 4. *(Bö)* aushandeln, begeben
negotiated wage [wages *pl***]** *(Pers)* Tariflohn *m*
negotiating bank *(Bank)* einlösende Bank *f*, negoziierende Bank *f*
~ **partner** *(Gesch)* Verhandlungspartner(in) *m(f)*
~ **range** *(Pers)* Verhandlungsspielraum *m*
negotiation *(Gesch)* Negoziierung *f*, Verhandlung *f*
~ **fee** *(Bank)* Konsortialprovision *f*
negotiations on joining *(Pol)* Beitrittsverhandlungen *fpl (EU)*
neighbo(u)rhood effect *(WiWi)* externe Effekte *mpl*, Externalität *f*
~ **store** *(V&M)* Nachbarschaftsladen *m*, Tante-Emma-Laden *m*
neighbo(u)ring country *(Gesch)* Nachbarland *n*, Nachbarstaat *m*
nepotism *(Pers)* Vetternwirtschaft *f*
nerd *(AE) (jarg.) (EDV, Komm)* Internet-Freak *m*
nest egg *(WiWi, Gesch)* Notgroschen *m*
net *v* 1. *(Bank)* verrechnen; 2. *(Fin)* netto erbringen, netto verdienen; aufrechnen, ausgleichen
net *adj (Gesch)* per saldo, netto

~ **of taxes** *(RW, WiWi, Gesch, St)* nach Steuern, versteuert
~ **amount** *(WiWi)* Nettobetrag *m*
~ **assets** *(RW)* Nettovermögen *n*, Reinvermögen *n*
~ **asset value** *(RW, Fin)* Liquidationswert *m*, Nettoinventarwert *m*, Inventarwert *m*, Substanzwert *m*
~ **book value** *(Fin)* Buchwert *m* nach Abschreibungen, Nettobuchwert *m*
~ **capital requirement** *(Bö)* Nettokapitalbedarf *m*
~ **capital spending** *(WiWi)* Nettoinvestitionsaufwand *m*
~ **cash** *(RW, Gesch)* Barzahlung *f* ohne Abzug
~ **cash flow** *(RW)* Netto-Cashflow *m*
~ **current assets** 1. *(RW)* Nettoumlaufvermögen *n*; 2. *(Fin)* Betriebskapital *n*, Nettoumlaufvermögen *n*
~ **domestic investment** *(WiWi)* Nettoinlandsinvestition *f*
~ **earnings** *(RW)* Nettoverdienst *m*
~ **equity** 1. *(RW)* Nettoeigenkapital *n*; 2. *(Fin)* Nettovermögen *n*
~ **foreign investment** *(RW)* Nettoauslandsinvestition *f*
~ **income** 1. *(RW)* Nettogewinn *m*, Reingewinn *m*; 2. *(WiWi, Fin)* Reingewinn *m*
~ **income per share of common stock** *(RW)* Nettogewinn *m* je Stammaktie
~ **income to net worth ratio** *(Verw, Gesch)* Eigenkapitalrendite *f*, Verhältnis *n* von Reingewinn zum Eigenkapital
~ **inflow** *(WiWi)* Netto-Zufluss *m (BOP)*
~ **lending** *(Bank)* Nettoausleihung *f*
~ **loss** *(RW)* Nettoverlust *m*
~ **loss for the year** *(RW)* Jahresfehlbetrag *m*, Bilanzverlust *m*
~ **margin** *(RW, WiWi, Fin)* Nettogewinnspanne *f*, Reingewinn *m*
~ **national income** *(WiWi)* Volkseinkommen *n*, Nettosozialprodukt *n* zu Faktorkosten
~ **national product** *(WiWi)* Nettosozialprodukt *n*
~ **operating income** *(RW)* Nettobetriebseinkommen *n*
~ **operating loss** *(RW)* Nettobetriebsverlust *m*
~ **operating profit** *(RW)* Nettobetriebsgewinn *m*, Reingewinn *m* vor Steuern
~ **police** *(EDV, Recht)* Netzpolizei *f*
~ **present value** *(RW, WiWi, Fin)* Barwert *m*, Kapitalwert *m*
~ **proceeds** *(Gb)* Reinertrag *m*
~ **profit** 1. *(RW, WiWi)* Reingewinn *m*; 2. *(Fin)* Nettogewinn *m*, Reinerlös *m*, Reingewinn *m*
~ **profit for the year** *(RW)* Bilanzgewinn *m*, Jahresüberschuss *m*
~ **profit margin** *(RW)* Nettoumsatzrendite *f*
~ **quick assets** *(RW)* Betriebskapital *n*, Nettoumlaufvermögen *n*
~ **quick ratio** *(Fin)* Liquidität *f* 2. Grades
~ **rate of return after tax** *(RW, St)* Nettorendite *f* nach Steuern
~ **realizable value** 1. *(RW)* Nettorealisationswert *m*, realisierbarer Nettowert *m*; 2. *(Fin)* realisierbarer Verkaufserlös *m*
~ **receipts** *(RW)* Nettoeinnahmen *fpl*
~ **result** *(Gesch)* Endergebnis *n*
~ **return** *(Fin)* Nettoverzinsung *f*, Nettorendite *f*
~ **sales** *(RW)* Nettoabsatz *m*, Nettoauftragseingang *m*
~ **total assets** *(WiWi)* Eigenkapital *n*
~ **trading surplus** *(RW)* Nettobetriebsgewinn *m*
~ **value** *(RW)* Nettowert *m*
~ **wage** *(Pers)* Nettolohn *m*, Nettogehalt *n*, Nettoverdienst *m*
~ **wealth** *(RW)* Nettovermögen *n*, Reinvermögen *n*
~ **weight** *(Gesch)* Nettogewicht *n*
~ **working capital** *(RW, WiWi)* Nettobetriebskapital *n*, Nettoumlaufvermögen *n*, Working Capital *n*
~ **worth** *(RW)* Eigenkapital *n*, Nettowert *m*, Reinvermögen *n*
~ **yield** *(RW)* Nettorendite *f*, Reinertrag *m* *(of a share)*

netiquette *(EDV, Komm)* Netiquette *f* *(from net + etiquette, code of internet manners)*
netto netto *(Gesch, AH, Trans)* frei von Abzügen, netto netto *(terms of payment)*
network marketing *(V&M)* Absatz *m* über Händlernetz
~ **of sales outlets** *(V&M)* Verkaufsstellennetz *n*
networking 1. *(EDV)* Netzwerkbetrieb *m*, vernetztes Arbeiten *n*; 2. *(Gesch)* Nutzung *f* von Geschäftskontakten; 3. *(Med)* Sendernetz *n (broadcasting)*

neutral budget *(WiWi, Pol)* ausgeglichenes Budget *n*, neutraler Haushaltsplan *m*
~ **technical progress** *(WiWi)* neutraler technischer Fortschritt *m*
neutrality of goals *(WiWi)* Zielindifferenz *f*, Zielneutralität *f*
~ **of money** *(WiWi)* Geldneutralität *f*
new *adj (Gesch)* neu
~ **orders** *(WiWi, Gesch)* Auftragseingang *m*
~ **plant and equipment** *(WiWi)* Anlageninvestitionen *fpl*
~ **staff members** *(Pers)* Neuzugang *m* an Mitarbeitern, Neuzugang *m* an Arbeitskräften
~ **technologies** *(Gesch)* neue Technologien *fpl*
New Earnings Survey *(BE) (WiWi)* Einkommens- und Verbrauchsstichprobe *f*
~ **Economy** *(WiWi, Komm, V&M)* New Economy *f*, Neue Wirtschaft *f*, neue Ökonomie *f*; Internet-Wirtschaft *f*, Internet-Ökonomie *f*, Web-Wirtschaft *f*, Netzwirtschaft *f*, Netzökonomie *f*; Informationsökonomie *f*
newbie *(EDV, Komm)* Anfänger *m*, Newbie *m*, Neuling *m (Internet)*
newly industrialized country *(WiWi, Ind)* Schwellenland *n*
news blackout *(Med)* Nachrichtensperre *f*
~ **item** *(Med)* Pressemeldung *f*, Pressenotiz *f*
newsflash *(Med)* Kurznachricht *f*
newsgroup *(Komm, Med)* Newsgroup *f*, Diskussionsgruppe *f*, Forum *n*
newsletter *(Gesch, Med)* Mitteilungsblatt *n*
newspaper 1. *(Komm)* Blatt *n*; 2. *(Gesch)* Zeitung *f*; 3. *(Med)* Blatt *n*
~ **advertisement** *(Med, V&M)* Zeitungsanzeige *f*, Zeitungsannonce *f*
~ **advertising** *(V&M)* Zeitungsanzeige *f*, Zeitungswerbung *f*
~ **announcement** *(V&M, Med)* Zeitungsannonce *f*
newsroom *(Med)* Nachrichtenredaktion *f*
NGO *s.* nongovernmental organization
niche 1. *(Pers)* Niche *f*; 2. *(V&M)* Marktlücke *f*, Nische *f*
~ **market** *(V&M)* Nischenmarkt *m*, Marktlücke *f*
night depository *(Bank)* Nachtschalter *m*, Nachttresor *m*
~ **shift** *(Pers)* Nachtschicht *f*
~ **watchman state** *(WiWi)* Nachtwächterstaat *m*
nil *(Gesch)* Null *f*
NIMBY principle *(Pol, Umw)* Sankt-Florians-Prinzip *n*
n.n. *s.* netto netto
no. *s.* number
no-account *adj (Bank)* keine Deckung, kein Konto
~**-growth** *adj (WiWi)* statisch
~**-lien affidavit** *(Recht)* eidesstattliche Versicherung *f*
~**-name brands** *(Gesch, V&M)* No-Name-Produkte *npl*, weiße Produkte *npl*, Gattungsmarken *fpl*
~**-name product** *(V&M)* markenfreies Produkt *n*, No-Name-Produkt *n*
~**-par stock** *(Bö)* nennwertlose Aktie *f*, Quotenaktie *f*
~**-par-value share** *(Bö)* nennwertlose Aktie *f*
noise *(Ind)* Geräusch *n*, Verzerrung *f*
~ **abatement** *(Umw)* Lärmbekämpfung *f*, Lärmschutz *m*
~ **emission** *(Umw)* Lärmemission *f*, Schallabgabe *f*
~ **insulation** *(Umw)* Lärmisolierung *f*
~ **level** *(Umw)* Geräuschpegel *m*, Lärmpegel *m*
~ **prevention** *(Umw)* Schallschutz *m*
~ **protection** *(Umw)* Lärmschutz *m*
nominal *adj (Gesch)* unbedeutend *(negligible)*; *(WiWi)* nominal, nominell, Nenn… *(theoretical)*
~ **assets** *(RW)* Nominalvermögen *n*
~ **capital** 1. *(RW)* Nominalkapital *n*; 2. *(Fin)* Stammkapital *n*
~ **GDP** *(WiWi)* nominales BIP *n*
~ **growth** *(WiWi)* Nominalwachstum *n*
~ **pay** *(Gesch)* Nominalgehalt *n*
~ **tax rate** *(St)* Nominalsteuersatz *m*
~ **value** *(RW)* Nennwert *m*
~ **wage** *(Pers)* Nominallohn *m*
~ **yield** *(Fin)* Nominalverzinsung *f*, Rendite *f*, Ertrag *f* aus der Normalverzinsung
nominally *adj (Gesch)* nur dem Namen nach *(in name only)*
nominate *v (Gesch)* nominieren, ernennen
nomination 1. *(Gesch)* Ernennung *f*; 2. *(Pol)* Kandidatur *f*
nominee 1. *(Pol)* Kandidat *m*; 2. *(Bö)* Strohmann *m*

~ **account** *(Bö)* Strohmannkonto *n*
~ **company** *(Bö)* Briefkastengesellschaft *f*, Strohmanngesellschaft *f*
~ **shareholder** *(Bö)* als Aktionär vorgeschobener Strohmann *m*
non-aligned *adj (Pol)* neutral, ungebunden
~**-appealability** *(Gesch, Recht)* Unanfechtbarkeit *f*
~**-business day** *(Bank, V&M)* geschäftsfreier Tag *m*
~**-committed** *adj (Pol)* blockfrei, ungebunden
~**-defective** *adj (Recht)* mängelfrei
~**-earning deposit** *(Bank)* unverzinsliche Einlage *f*
~**-EU national** *(Gesch)* Nicht-EU-Bürger(in) *m(f)*
~**-fulfil(l)ment of obligations** *(Recht)* Nichterfüllung *f* der Pflichten
~**-interest-bearing deposit** *(Bank)* unverzinsliche Einlage *f*
~**-interest earning** *adj (Bank)* unverzinslich
~**-member country** *(Pol)* Drittstaat *m*, Drittland *n (EU)*
~**-negotiable** *adj (Gesch)* nicht begebbar, nicht übertragbar
~**-negotiable cheque** *(Bank)* Verrechnungsscheck *m*
~**-negotiable instrument** *(Bank)* nicht übertragbares Wertpapier *n*
~**-profit-making** *adj (RW, Fin, Gesch, St)* gemeinnützig
~**-profit-making company** *(Gesch)* gemeinnützige Gesellschaft *f*
~**-viable enterprise** *(Gesch)* nicht lebensfähiges Unternehmen *n*
~**-wage labo(u)r costs** *(Pers)* Lohnnebenkosten *pl*
~**-zero-sum game** *(WiWi)* Nichtnullsummenspiel *n*
nonacceptance *(Gesch)* Annahmeverweigerung *f*
~ **of delivery** *(Recht)* Annahmeverweigerung *f*
nonappearance *(Recht)* Nichterscheinen *n*
nonbank bank *(Bank)* Nonbank *f*
~ **financial institution** *(WiWi, Fin)* intermediäres Finanzinstitut *n*
~ **sector** *(Fin)* bankfremder Sektor *m*, Nichtbankensektor *m*
noncallable securities *(Bö)* unkündbare Wertpapiere *npl*
noncash benefit *(WiWi)* Sachleistung *f*
~ **contribution** *(WiWi)* Sachleistung *f*
~ **payment** *(Bank)* bargeldlose Zahlung *f*
~ **payment system** *(Bank)* bargeldloser Zahlungsverkehr *m*
noncompetitive bid *(Bö)* nicht wettbewerbsfähiges Angebot *n*
noncompulsory contribution *(Vers)* freiwillige Leistung *f*
nonconforming *adj* 1. *(WiWi, Gesch)* nicht vertragsgemäß; 2. *(Ind)* fehlerhaft
~ **use** *(Recht, Gb)* nicht vorschriftsmäßige Benutzung *f*
noncontribution clause *(Vers)* Klausel *f* zur Beitragsbefreiung
noncontributory pension fund *(Pers)* Pensionsplan *m* ohne Beitragsleistungen der Arbeitnehmer
~ **pension scheme** 1. *(Fin)* beitragsfreie Betriebspension *f*, beitragsfreier Pensionsplan *m*; 2. *(Pers)* nicht beitragspflichtiger Rentenplan *m*
noncumulative preferred stock *(AE) (Bö)* nichtkumulative Vorzugsaktie *f*, Vorzugsaktie *f* ohne Nachbezugsrecht
noncurrent asset *(RW)* Anlagevermögen *n*
nondeductibility of employer contributions *(Pers)* Nichtabzugsfähigkeit *f* der Arbeitgeberbeiträge
nondeductible *adj (Gesch, St)* nicht abzugsfähig *(expenditures)*
nondefaulting party *(Fin, Recht)* vertragstreue Partei *f*
nondisclosure *(Vers)* Unterlassen *n* einer Mitteilung, Verschweigen *n*
nondurable goods *(V&M)* kurzlebige Verbrauchsgüter *npl*
nondurables *(V&M)* kurzlebige Verbrauchsgüter *npl*
nonemployment *(Pers)* Beschäftigungslosigkeit *f*
nonexecution *(Recht)* Nichtausführung *f*, Nichterfüllung *f*
nonfactor income *(WiWi)* Transfereinkommen *n*
nonfinancial assets *(WiWi)* Sachvermögen *n*

nonforfeitable *adj (WiWi, Recht)* nicht verfallbar
nonforfeiture *(WiWi, Recht)* Nichtverfallbarkeit *f*
nonfulfil(l)ment *(Recht)* Nichterfüllung *f*
nonfungible goods *(RW)* nichtfungible Waren *fpl*, nichtvertretbare Waren *fpl*
nongovernmental organization *(Gesch)* Nichtregierungsorganisation *f*
nonintervention *(WiWi)* Nichteinmischung *f*
nonleviable *adj (Fin)* unpfändbar
nonliability *(Vers, Recht)* Haftungsausschluss *m*
nonlinear programming *(EDV, Stat)* nichtlineare Programmierung *f*
nonmarket sector *(WiWi)* Nichtmarkt-Sektor *m*
nonmember bank *(AE) (Bank)* nicht dem Zentralbanksystem angeschlossene Bank *f (Federal Reserve)*
nonmonetary capital *(WiWi)* Sachkapital *n*
~ **compensation** *(Gesch, Pers)* Sachbezug *m*
~ **economy** *(WiWi)* Tauschwirtschaft *f*
nonobservance of conditions *(Gesch, Recht)* Missachtung *f* von Bedingungen
nonoccupying owner *(Gb)* nicht im Eigentum wohnender Eigentümer
nonoperating expense *(RW)* betriebsfremder Aufwand *m*, neutrale Kosten *pl*, nichtbetriebliche Kosten *pl*
~ **result** *(WiWi)* neutrales Ergebnis *n*
~ **revenue** *(RW)* neutrale Einnahmen *fpl*, nichtbetriebliche Einnahmen *fpl*
nonpar share *(WiWi)* nennwertlose Aktie *f*
nonpartisan expert *(WiWi)* unparteiischer Gutachter *m*, unparteiische Gutachterin *f*
nonpayment *(Gesch)* Nichtbezahlung *f*
nonpecuniary returns *(Pers)* nichtmaterieller Lohn *m*, Sachbezüge *mpl*
nonperformance *(Recht)* Nichterfüllung *f*
nonperforming credit *(Bank)* notleidender Kredit *m*, notleidendes Darlehen *n*
nonprice competition *(WiWi, V&M)* außerpreislicher Wettbewerb *m*
nonprofit enterprise *(WiWi)* gemeinnütziges Unternehmen *n*, nicht-erwerbswirtschaftlich ausgerichtetes Unternehmen *n*
~ **organization** *(AE) (WiWi)* gemeinnützige Organisation *f*, Organisation *f* ohne Erwerbscharakter
nonrecourse *adj (Fin)* regresslos
~ **export financing** *(Fin)* Forfaitierung *f*, regresslose Exportfinanzierung *f*
nonrecurrent income 1. *(RW)* außerordentlicher Ertrag *m*; 2. *(WiWi)* einmalige Erträge *fpl*
nonrecurring charge *(RW, Fin)* außerordentlicher Aufwand *m (annual accounts)*
~ **expenditure** *(RW)* einmalige Aufwendungen *fpl*, einmalige Ausgabe *f*
nonrecyclable *adj (Umw)* nicht recycelfähig, nicht wiederverwertbar
nonrefundable *adj (St)* nicht erstattungsfähig
nonrenewable natural resources *(Umw)* nicht erneuerbare Bodenschätze *mpl*
~ **resource** *(WiWi, Umw)* nicht erneuerbarer Rohstoff *m*, nicht nachwachsender Rohstoff *m*
nonresident 1. *(Gesch)* Devisenausländer(in) *m(f)*; 2. *(Recht)* Gebietsfremde(r) *f(m)*
~ **deposits** *(Bank)* Auslandsguthaben *npl*
~ **issuer** *(Fin)* ausländische Emittentin *f*, ausländischer Emittent *m*
~**'s holding** *(WiWi)* Auslandsbesitz *m*
nonreturnable packaging *(V&M)* Einwegverpackung *f*
nonstatutory *adj (Recht)* nicht satzungsgemäß
nonstore retailing *(V&M)* Einzelhandel *m* ohne Ladengeschäft
nontariff barrier *(WiWi, Gesch, AH)* nichttarifäres Handelshemmnis *n (international trade)*
~ **trade barrier** *(WiWi)* nichttarifäres Handelshemmnis *n*
nontax income *(St)* steuerfreies Einkommen *n*
nontaxable transactions *(Fin)* nicht steuerpflichtige Umsätze *mpl*
nonterminable *adj (Recht)* unkündbar
nontrading partnership *(Recht)* Dienstleistungsgesellschaft *f*
nonutilized *adj (Gesch)* nicht in Anspruch genommen
nonvariable *adj (RW)* fest, fix *(cost)*
nonverbal communication *(V&M, Mgt)* nonverbale Kommunikation *f*
nonvoting share *(Bö)* stimmrechtslose Aktie *f*

nonwarranty clause *(Recht)* Freizeichnungsklausel *f*
normal *adj (Gesch)* üblich, normal
~ **capacity** *(WiWi)* Normalkapazität *f*
~ **distribution** *(Stat)* gaußsche Normalverteilung *f*, Normalverteilung *f*
~ **rate** 1. *(Gesch)* Normaltarif *m*; 2. *(St)* Regelsteuersatz *m*
~ **sustainable capacity** *(WiWi)* normale Kapazität *f*
~ **wear and tear** *(RW)* gewöhnliche Abnutzung *f*
~ **working hours** *(Pers)* übliche Arbeitszeit *f*
~ **working time** *(Pers)* übliche Arbeitszeit *f*
normalcy *(AE) (Gesch)* Normalität *f*
normality *(BE) (Gesch)* Normalität *f*
normative *adj (WiWi)* normativ
~ **economics** *(WiWi)* normative Wirtschaftswissenschaft *f*
North American Free Trade Agreement *(WiWi)* Nordamerikanische Freihandelsvereinbarung *f*
nosedive *(WiWi)* Kursverfall *m*, Preissturz *m*
not-for-profit *adj (Gesch)* gemeinnützig
notarial *adj (Recht)* notariell
~ **authentication** *(Recht)* notarielle Beglaubigung *f*, notarielle Beurkundung *f*
notarize *v (Recht)* notariell beglaubigen, notariell beurkunden
notary public *(Recht)* Notar *m*
note *v (Gesch)* aufzeichnen, vermerken
note 1. *(Bank, Fin)* Wechsel *m (payable, receivable draft)*; *(BE)* Banknote *f*, Schein *m (money)*; 2. *(Gesch)* Aufzeichnung *f*, Vermerk *m*
~ **receivable** *(RW, Fin)* ausstehender Schuldschein *m*, Besitzwechsel *m*, Schuldscheinforderung *f*, Wechselforderung *f*
notes 1. *(RW)* Abschlusserläuterungen *fpl*; 2. *(Fin, Bö)* Notes *fpl*; 3. *(Gesch)* Aufzeichnungen *fpl*; 4. *(Med)* Notizen *fpl*; 5. *(Pat)* Merkblatt *n*
~ **payable** *(RW, Fin)* Schuldwechsel *mpl*, Wechselverbindlichkeiten *fpl*
~ **receivable** *(AE) (RW, Fin)* Besitzwechsel *mpl*, Wechselforderungen *fpl*
~ **to the accounts** *(RW)* Anmerkungen *fpl*
~ **to the financial statements** *(RW)* Anhang *m* zur Bilanz

notice 1. *(Gesch)* Avis *m(n)*, Benachrichtigung *f*; 2. *(Recht)* Unfallmeldung *f (of accident)* • **at two days' ~** *(Gesch)* mit einer Frist von zwei Tagen • **give ~ of** *(Gesch)* benachrichtigen • **give ~ of sth** *(Recht)* etw. zur Kenntnis bringen, Kenntnis von etw. geben • **give sb his ~** *(Pers)* jmdm. kündigen
~ **of appeal** *(Pat)* Berufungseinlegung *f*
~ **board** *(BE)* 1. *(Komm)* Anschlagbrett *n*, Nachrichtentafel *f*; 2. *(Pers)* schwarzes Brett *n*
~ **of default** *(Fin)* Anzeige *f* der Nichterfüllung, Inverzugsetzung *f*
~ **of defect** *(Recht)* Mängelrüge *f*
~ **of opposition** *(Pat)* Einspruchseinlegung *f*
~ **period** *(Pers)* Kündigungsfrist *f*
~ **to quit** *(Gb)* Kündigung *f*, Pacht- und Mietkündigung *f*
notification 1. *(Gesch)* Avis *m(n)*; 2. *(Recht)* Benachrichtigung *f (transactions)*; 3. *(Pat)* Anzeige *f*, Mitteilung *f*, Notifikation *f*
~ **of illness [sickness]** *(Pers)* Krankmeldung *f*
notifier *(Recht)* Übermittler *m*
notify *v* 1. *(Gesch)* avisieren, informieren, in Kenntnis setzen, unterrichten, verständigen; 2. *(Pat, Pol)* mitteilen
notional *adj (Fin)* fiktiv, imaginär, nominell, rechnerisch
~ **rent** *(Gb)* fiktive Miete *f*
notwithstanding *adv (Gesch)* ungeachtet
nought *(Gesch)* Nichts *n*
novation *(Recht)* Novation *f (commercial)*
novelty *(Pat)* Neuheit *f*
~ **value** *(V&M)* Neuheitswert *m*
NOW account *(AE) (Bank, Fin)* NOW-Konto *n*, verzinsliches Kontokorrentkonto *n*, verzinstes Sparkonto *n*
NPV *s.* net present value
nuclear *adj (Umw, Ind)* Atom…, Kern…
~**-based industry** *(Ind)* Atomwirtschaft *f*
~ **energy** *(Umw, Ind)* Kernkraft *f*
~ **plant** *(Ind)* Kernreaktoranlage *f*
~ **power** *(Umw, Ind)* Kernkraft *f*
~ **reactor** *(Ind)* Atommeiler *m*, Kernreaktor *m*, Reaktor *m*
~ **waste** *(Umw, Ind)* Atommüll *m*
nugatory payment *(Fin, Recht)* rechtsunwirksame Zahlung *f*
nuisance 1. *(Gesch)* Ärgernis *n*; 2. *(Recht)* besitzstörende Tätigkeit *f*

null and void *(Recht)* null und nichtig
nullify *v (Recht)* aufheben
nullity *(Recht)* Ungültigkeit *f*
~ **suit** *(Recht)* Nichtigkeitsklage *f*
number *v (Gesch)* nummerieren
~ **consecutively** *(Med, Pat)* fortlaufend nummerieren
number 1. *(Gesch)* Anzahl *f*, Ausgabe *f (of magazine)*; 2. *(Stat)* Nummer *f*, Anzahl *f*, Zahl *f*
~ **crunching** *(RW)* Zahlenverarbeitung *f*
~ **one priority** *(Gesch)* höchste Priorität *f*
~ **processing** *(RW, WiWi, Fin)* Zahlenverarbeitung *f*
numbered account *(Bank)* Nummernkonto *n*
numéraire *(WiWi)* Bezugsgröße *f* des Währungssystems
numeric *adj (EDV)* numerisch
~ **character** *(Stat)* numerisches Zeichen *n*
~ **keypad** *(EDV)* Zifferntastatur *f (keyboard)*
numerical control 1. *(Fin)* numerische Kontrolle *f*; 2. *(Stat)* numerische Steuerung *f*
~ **filing** *(Gesch)* numerische Ablage *f*
nurse a business *(WiWi)* ein Unternehmen wieder hochbringen
nursing home daily rate *(Soz)* Pflegesatz *m*

O

oath *(Recht)* Eid *m* • **under ~** *(Recht)* unter Eid
obey *v (Recht)* befolgen *(ruling)*; nachkommen *(summons)*
object *v (Recht)* Einwände erheben *(make objections)*
~ **to** 1. *(Gesch)* ablehnen *(proposal)*; 2. *(Recht)* einwenden gegen
object *(Gesch)* Objekt *n*, Ziel *n (aim)*
objection 1. *(Gesch)* Einwand *m*; 2. *(Recht)* Einspruch *m*; 3. *(Pat)* Widerspruch *m* • **have no ~** *(Gesch)* keinen Einwand haben
objective *adj (Gesch)* objektiv, sachlich
objective *(Gesch)* Ziel *n*, Zielvorstellung *f*, Zweck *m*
~ **indicators** *(Gesch)* Zielindikatoren *mpl*
~**-setting** *(Mgt)* Zielsetzung *f*

obligation 1. *(Gesch)* Verpflichtung *f*; 2. *(Recht)* Pflicht *f*, Schuldverhältnis *n*, Verbindlichkeit *f* • **no ~ to buy** *(V&M)* ohne Kaufverpflichtung
~ **bond** *(Fin)* Anleiheschuld *f*
~ **to accept** *(Recht)* Annahmepflicht *f*
~ **to pay** *(Bank, Fin)* Zahlungsverpflichtung *f*
~ **under a contract** *(Recht)* Vertragspflicht *f*
obligatory *adj (Gesch)* verbindlich, verpflichtend
oblige *v (Gesch)* verpflichten, zwingen
obliged *adj (Gesch)* verpflichtet *(compelled)*; dankbar, verbunden *(grateful)* • **be ~ to** *(Gesch)* verpflichtet sein zu
obligee *(Recht)* Gläubiger(in) *m(f)*, Berechtigte(r) *f(m)*
obligor *(Recht)* Schuldner(in) *m(f)*, Verpflichtete(r) *f(m)*
observance *(Recht)* Einhaltung *f (of rule)*
~ **of contract** *(Recht)* Vertragseinhaltung *f*
observe *v* 1. *(Gesch)* beobachten *(watch)*; 2. *(Recht)* einhalten *(rules)*
obsolescence *(Gesch)* Veralterung *f*, Obsoleszenz *f*
obsolescent product *(V&M)* veraltetes Produkt *n*
obsolete *adj (Gesch)* überaltert, veraltet • **become ~** *(Gesch)* veralten
obstacle *(Gesch)* Hindernis *n*
obstruct *v* 1. *(Gesch)* hindern, behindern *(growth)*; 2. *(Recht)* vereiteln
obtain *v* 1. *(Bank, Fin)* aufnehmen *(loan, funds)*; 2. *(Gesch)* erzielen, erhalten, erlangen; 3. *(Recht, Pat)* erhalten *(permission, consent)*
~ **a loan** *(Bank)* ein Darlehen aufnehmen
occasion *(Gesch)* Gelegenheit *f (point in time)*; Fall *m (circumstance)*; Veranlassung *f (reason)*
occasional *adj (Gesch)* gelegentlich
~ **worker** *(Pers)* Gelegenheitsarbeiter(in) *m(f)*
occupancy *(Gb)* Belegung *f*, Besitz *m*
occupant 1. *(Pers)* Inhaber(in) *m(f)*; 2. *(Gb)* Bewohner(in) *m(f) (of a position, post)*
occupation 1. *(Gesch)* Beruf *m*, Tätigkeit *f (employment)*; 2. *(Pers)* Beset-

zung *f (union action)*; 3. *(Recht)* Besitz *m*; 4. *(Gb)* Besetzung *f*
occupational accident *(Pers, Vers, Soz)* Betriebsunfall *m*, Berufsunfall *m*
~ **aptitude** *(Pers)* berufliche Eignung *f*
~ **classification** *(Pers)* Berufssystematik *f*, Berufsklassifikation *f*
~ **duties** *(Pers)* Berufsaufgaben *fpl*, berufliche Aufgaben *fpl*
~ **hazard** *(Pers, Soz)* Berufsrisiko *n*, Arbeitsplatzrisiko *n*
~ **mobility** *(Pers)* berufliche Mobilität *f*
~ **outlook** *(Pers)* Berufsaussichten *fpl*, berufliche Aussichten *fpl*, Berufsvorausschau *f*, Laufbahnaussichten *fpl*
~ **prospects** *(Pers)* Berufsaussichten *fpl*, berufliche Aussichten *fpl*, Berufsvorausschau *f*, Laufbahnaussichten *fpl*
~ **qualification** *(Pers)* beruflicher Bildungsabschluss *m*, Berufsabschluss *m*, abgeschlossene Berufsausbildung *f*, berufliches Bildungszeugnis *n*
~ **retraining** *(Pers)* Umschulung *f*
~ **title** *(Pers)* Berufsbezeichnung *f*, Berufsbenennung *f*, Tätigkeitsbezeichnung *f*
occupied *adj (Gesch)* belegt
occupy *v* 1. *(Gesch)* innehaben *(position, post)*; beschäftigen *(person)*; 2. *(Gb)* besitzen, bewohnen
odd *adj (EDV, Stat)* ungerade, restlich *(number)*
~ **jobs** *(Pers)* Gelegenheitsarbeit *f*
~ **sizes** *(Ind)* ausgefallene Größen *fpl*, nicht gängige Größen *fpl*
OECD *s.* Organization for Economic Cooperation and Development
OEM *s.* original equipment manufacturer
off-balance-sheet *adj* bilanzunwirksam
~**-balance-sheet financing** *(RW, Fin)* bilanzunwirksame Finanzierung *f*
~**-board trading** *(Bö)* außerbörslicher Handel *m*, ungeregelter Freiverkehr *m*
~**-line** *adj (EDV)* offline, systemunabhängig, Offline…
~**-peak** *adj (Komm, Trans)* außerhalb der Haupt(verkehrs)zeit(en)
~**-the-job training** *(BE) (Pers)* außerbetriebliche Weiterbildung *f*
~**-the-peg** *adj (Gesch)* von der Stange *(clothing)*
offence *(BE)* 1. *(Recht)* strafbare Handlung *f*, Vergehen *n*, Verstoß *m*; 2. *(Pat)* Verstoß *m*
~ **against property** *(BE) (Recht)* Eigentumsdelikt *n*
offend *v (Recht)* verstoßen gegen
offense *(AE)* 1. *(Recht)* strafbare Handlung *f*, Vergehen *n*, Verstoß *m*; 2. *(Pat)* Verstoß *m*
offer *v* 1. *(Gesch)* anbieten, bieten *(scope)*; 2. *(Pers)* anbieten *(job)*
~ **for subscription** *(Bö, Fin)* auflegen
offer 1. *(Gesch)* Angebot *n*; 2. *(Bö)* Briefkurs *m (selling rate)*
~ **and acceptance** *(Recht)* Angebot *n* und Annahme *f (commercial)*
~ **price** 1. *(Gesch)* Angebotspreis *m*; 2. *(Bö)* Brief(kurs) *m*
offering date *(Bö)* Emissionsdatum *n (new issue)*
~ **price** *(Bö)* Emissionskurs *m*, Zeichnungskurs *m*
office 1. *(Gesch)* Büro *n*, Amt *n (public position)*; 2. *(Recht)* Kanzlei *f* • **be in** ~ 1. *(Pers)* im Amt sein *(person)*; 2. *(Pol)* an der Regierung sein • **for ~ use only** *(Verw)* nur zum Dienstgebrauch *m*
~ **employees** *(Pers)* Büropersonal *n*, Büroangestellte *pl*, Bürokräfte *fpl*
~ **equipment** *(Verw)* Büroausstattung *f*, Büromaschinen *fpl*
~ **hours** *(Gesch)* Bürostunden *fpl*, Bürozeiten *fpl*, Geschäftszeiten *fpl*, Arbeitsstunden *fpl*
~ **premises** *(Gb)* Büroräume *mpl*, Geschäftsräume *mpl*
~ **stationery** *(Verw)* Büromaterial *n*, Bürobedarf *m*
~ **supplies** *(Verw)* Bürobedarfsartikel *mpl*
officer *(Pers)* Vorstandsmitglied *n*, Beamter *m*, Beamtin *f*
official *adj (Gesch)* amtlich, offiziell, Dienst… • **for ~ use only** *(Gesch)* nur für den Dienstgebrauch • **not** ~ *(Gesch, Recht)* nicht amtlich
official *(Pers)* Beamter *m*, Beamtin *f*, Funktionär(in) *m(f)*
~ **approval** *(Recht)* amtliche Genehmigung *f*
~ **broker** *(Bö)* amtlicher Kursmakler *m*, amtliche Kursmaklerin *f*
~ **channels** *(Gesch)* Dienstweg *m*
~ **document** *(Verw)* amtliches Dokument *n*

~ **duties** *(Pers)* Amtsgeschäfte *npl*, Amtspflichten *fpl*
~ **exchange rate** *(WiWi, Fin)* offizieller Wechselkurs *m*, amtlicher Wechselkurs *m*
~ **quotation** *(Bö)* amtliche Börsennotiz *f*
~ **rate** *(Bank)* amtlicher Kurs *m*
Official Journal *(Verw, Pol)* Amtsblatt *n*, ABl., Amtsblatt *n* der Europäischen Union
officially *(Gesch)* offiziell, amtlich
~ **attested** *(Recht)* amtlich beglaubigt
~ **authenticated** *(Recht)* amtlich beglaubigt
~ **listed** *(Bö)* amtlich zugelassen
~ **quoted** *(Bö)* amtlich zugelassen
offline *adj (EDV)* offline *(not connected to the network)*
offset *v (RW, Fin)* verrechnen, aufrechnen *(counterbalance)*; ausgleichen, kompensieren *(compensate)*; neutralisieren
offset *adj (RW, WiWi, Fin)* aufgerechnet, ausgeglichen, verrechnet *(counterbalancing)*; kompensiert *(compensatory)*
offset 1. *(RW, Fin)* Ausgleich *f*, Kompensation *f (compensation)*; Verrechnung *f*, Aufrechnung *f (counterbalancing)*; 2. *(Med)* Offsetdruck *m (printing)*; 3. *(Bö)* Glattstellung *f*
offsetting *(RW, Fin)* Aufrechnung *f*, Ausgleich *m*, Kompensation *f*, Verrechnung *f*
~ **entry** *(RW)* Ausgleichsbuchung *f*, Gegenbuchung *f*
~ **item** *(RW)* Ausgleichsposten *m*
offshore *adj (Bank, Fin)* ausländisch, auswärtig, exterritorial
~ **banking** *(Bank)* Offshore-Banking *n*, Offshore-Bankgeschäfte *npl*
oil-exporting country *(WiWi, Umw, Ind)* ölexportierendes Land *n*
~ **glut** *(Umw)* Ölschwemme *f*
~ **pollution** *(Umw)* Ölverschmutzung *f*, Ölverseuchung *f*
~**-producing country** *(WiWi, Umw, Ind)* Erdöl produzierendes Land *n*, Ölförderland *n*, Ölproduzent *m*
oil *v* **sb's palm** *(Gesch)* jmdn. bestechen, *(ugs.)* jmdn. schmieren
OJ *s.* Official Journal
old-age allowance *(BE) (St)* Altersfreibetrag *m*
~**-age pension** *(Pers, Soz)* Altersrente *f*, Rente *f*
~**-age pensioner** *(BE) (Pers, Soz)* Pensionär(in) *m(f)*, Rentner(in) *m(f)*
oligopoly *(WiWi)* Oligopol *n*
OMC *s.* Open Market Committee
omission 1. *(Gesch)* Auslassen *n (omitting)*; Auslassung *f (thing omitted)*; 2. *(Recht)* Unterlassung *f*, Versäumnis *n (lapse)*
omit *v* 1. *(Gesch)* auslassen, weglassen *(leave out)*; 2. *(Recht)* versäumen *(lapse)*
~ **to do** *(Recht)* unterlassen
on average *(Gesch)* durchschnittlich, im Durchschnitt
~ **balance** *(RW, Gesch)* per Saldo, unter dem Strich
~ **balance sheet** *(RW)* bilanzwirksam
~**-line** *adj (EDV)* online, rechnerabhängig, Online...
~ **maturity** *(Fin, Bö)* bei Fälligkeit
~**-the-job training** *(Pers)* innerbetriebliche Weiterbildung *f*
one-man business *(Gesch)* Einmannbetrieb *m*, Einzelunternehmen *n*
~ **month's notice** *(Gesch)* Monatsfrist *f*
~**-off** *adj (Gesch)* einzeln (an)gefertigt
~**-off payment** *(Fin)* einmalige Zahlung *f*
~**-off production** *(Ind)* Einmalfertigung *f*
~**-stop financing** *(WiWi, Fin)* Allfinanz *f*, Finanzierung *f* aus einer Hand
ongoing *adj (Gesch)* andauernd, im Gang befindlich, laufend, fortbestehend
~ **concern** *(Gesch)* Daueranliegen *n*, laufende Angelegenheit *f*
online *adj (EDV, Komm)* online *(connected to a network; seldom: on-line)*
~ **application** 1. *(EDV, Komm)* Online-Anwendung *f (software)*; 2. *(Pers)* Online-Bewerbung *f (career)*
~ **business** *(Komm, V&M)* Online-Geschäft *n*
~ **counsel** 1. *(V&M)* Online-Berater(in) *m(f)*; 2. *(Recht)* Online-Rechtsberatung *f (attorney)*
~ **counsel(l)ing** *(V&M)* Online-Beratung *f*
~ **dictionary** *(Med)* Online-Wörterbuch *n*
~ **form** *(Recht, Komm, Recht)* Online-Formular *n*
~ **music exchange** *(Komm, Med, V&M)* Online-Musiktauschbörse *f*
~ **retailer** *(Komm, V&M)* Online-Händler(in) *m(f)*

~ **service** *(Komm, V&M)* Online-Dienst *m*, Onlinedienst *m*
~ **shopping** *(Komm, V&M)* Online-Shopping *n*, Online-Einkauf *m*
~ **store** *(Komm, V&M)* Online-Laden *m*
OPEC *s.* Organization of Petroleum-Exporting Countries
open *v* 1. *(Bank)* eröffnen *(account)*; 2. *(EDV)* öffnen *(file)*
~ **a business** *(Gesch)* ein Geschäft aufmachen
~ **an account with** *(Bank)* ein Konto eröffnen bei *(a particular bank)*
~ **up** *(Gesch, V&M)* erschließen *(market)*; sich öffnen, sich auftun *(opportunities)*
open for subscription *(Bö, Fin)* aufgelegt
~ **bid** *(Mgt)* offenes Angebot *n*
~ **check** *(AE) (Bank, Fin)* Barscheck *m*
~ **cheque** *(BE) (Bank, Fin)* Barscheck *m*
~ **competition** *(WiWi)* offener Wettbewerb *m*
~ **dating** *(AE) (V&M)* Haltbarkeitsangabe *f*
~ **economy** *(WiWi)* offene Volkswirtschaft *f*
~**-end contract** *(Recht)* Vertrag *m* auf unbestimmte Dauer
~**-ended** *adj* 1. *(EDV)* ausbaufähig, offen; 2. *(Gesch)* ohne feste Grenze
~**-ended contract** *(Recht)* Vertrag *m* auf unbestimmte Dauer
~**-end(ed) fund** *(Fin)* offener Investmentfonds *m*
~**-ended investment company** *(Fin)* offene Investmentgesellschaft *f*
~ **market** *(WiWi)* freier Markt *m*, Freiverkehr *m*, offener Markt *m*, Offenmarkt *m*
~**-market operation** *(WiWi)* Offenmarktgeschäft *n*
~**-market rate** *(Bank)* Offenmarktsatz *m*
~ **outcry** *(Bö)* offener Zuruf *m (on the floor)*
~ **position** *(Bö)* offene Position *f*
~ **tendering** *(Gesch)* offene Ausschreibung *f*
~ **university** *(Soz)* Fernuniversität *f*
Open Market Committee *(AE) (Bank, WiWi)* Offenmarktausschuss *m (Federal Reserve)*
opening *(Bö)* Eröffnung *f*, Beginn *m (of day's trading)*
~ **balance** *(RW)* Anfangsbestand *m*, Eröffnungsbilanz *f*
~ **bank** *(Bank)* Akkreditivbank *f*, akkreditiveröffnende Bank *f*
~ **hours** *(Verw, Gesch)* Öffnungszeiten *fpl*, Parteienverkehr *m*
~ **inventory** *(RW)* Anfangsbestand *m*
~ **of a business** *(Gesch, Recht, St)* Geschäftseröffnung *f*, Betriebseröffnung *f*
~ **of tenders** *(Gesch)* Ausschreibung *f* von Angeboten, Angebotseröffnung *f*
operate *v* 1. *(Gesch)* betreiben; 2. *(Recht)* gelten; 3. *(Gesch)* funktionieren
operating *(Gesch)* Arbeits…, Betriebs… *(in compounds)*; laufend
~ **account** 1. *(Bank)* Kontokorrentkonto *n*; 2. *(RW)* Erfolgskonto *n*
~ **capacity** *(WiWi, Ind)* Betriebskapazität *f*
~ **capital** *(WiWi)* Betriebskapital *n*
~ **capital requirements** *(Fin)* betriebsnotwendiger Kapitalbedarf *m*
~ **costs** *(RW)* Betriebsaufwand *m*, betriebliche Aufwendungen *fpl*
~ **efficiency** *(WiWi)* Gesamtrentabilität *f*
~ **expenditure** *(RW)* Betriebsaufwand *m*, betriebliche Aufwendungen *fpl*
~ **expenses** *(RW)* Betriebsaufwand *m*, Betriebskosten *pl*, betriebliche Aufwendungen *fpl*
~ **income** *(RW)* Betriebsertrag *m*, betriebliche Erträge *mpl*
~ **instructions** *(Ind)* Bedienungsanleitung *f*
~ **hours** *(Pers)* Betriebszeiten *fpl*, Betriebslaufzeiten *fpl*
~ **lease** *(Fin)* kurzfristiger Leasingvertrag *m*
~ **leasing** *(Fin)* Operating-Leasing *n*
~ **loss** *(RW)* Betriebsverlust *m*
~ **manager** *(Pers)* Betriebsleiter(in) *m(f)*
~ **profit** *(RW)* Betriebsgewinn *m*
~ **rate** *(Ind)* Ausnutzungsgrad *m*, Auslastung *f*
~ **results** *(RW)* Betriebsergebnis *n*
~ **revenue** *(RW)* betriebliche Erträge *mpl*
~ **statement** *(RW)* Ergebnisrechnung *f*, Betriebsergebnisrechnung *f*, Gewinn- und Verlustrechnung *f*
operation *(Gesch)* Vorgang *m*, Arbeitsvorgang *m*, Betrieb *m (process)*; Geschäftsbereich *m*, Unternehmen *n*, Konzernunternehmen *n*, Operation *f*, Unternehmensbereich *m*, Zweigwerk *n (enterprise)*
• **come into ~** *(Recht)* wirksam werden
~ **time** *(Gesch)* Laufzeit *f*
operational *adj (Gesch)* betrieblich
~ **data** *(RW, Pers)* Betriebsunterlagen *fpl*

~ **objectives** *(Bank, Gesch)* Betriebsziele *npl*
~ **plan framework** *(Mgt)* operativer Rahmenplan *m*
~ **planning** *(Mgt)* Ablaufplanung *f*, betriebliche Planung *f*
~ **profit** *(Fin)* operativer Gewinn *m*, Betriebsgewinn *m*
~ **research** *(Mgt, V&M)* Operations-Research *n*, OR
operations *(Gesch)* Geschäftsprozesse *mpl*, betriebliche Prozesse *mpl (business transactions)*; Geschäftsbereich *m (division)*
~ **management** *(Mgt)* Betriebsleitung *f*, Unternehmensleitung *f*
~ **research** *(Mgt, V&M)* Operations-Research *n*, OR, Unternehmensforschung *f*
operative adj 1. *(Gesch)* Arbeits..., Betriebs..., betrieblich; 2. *(Recht)* wirksam, rechtswirksam
operator 1. *(EDV)* Operator *m*; 2. *(Gesch)* Unternehmer *m (company)*; 3. *(Ind)* Bediener *m (of electrical equipment)*; Maschinenarbeiter(in) *m(f) (of machinery)*
opinion 1. *(Gesch)* Meinung *f*, Ansicht *f (judgment, belief)*; Stellungnahme *f*, Gutachten *n (stance)*; 2. *(Pol)* Anschauung *f* • **give an expert ~ on** *(Gesch)* begutachten
~ **leader** *(V&M)* Meinungsführer *f*
~ **poll** *(V&M)* Meinungsumfrage *f*
~ **survey** *(V&M)* Meinungsumfrag
opportunity *(WiWi, Fin, Gesch, Pol)* Chance *f*, Gelegenheit *f*, Möglichkeit *f*, Opportunität *f*
~ **costs** *(RW, WiWi, Fin)* Alternativkosten *pl*, Opportunitätskosten *pl*
oppose *v* 1. *(Gesch)* ablehnen, Einspruch erheben gegen, sich widersetzen; 2. *(Recht)* widersprechen
opposite number *(Pers)* Gegenspieler(in) *m(f) (in organization)*
opposition 1. *(Gesch)* Widerstand *m*, Opposition *f (resistance)*; 2. *(Recht)* Anfechtung *f*, Widerspruch *m*; 3. *(Pat)* Patentanfechtung *f*
oppress *v (Pol)* unterdrücken
oppression *(Recht)* Druckausübung *f (contract law)*
opt *v (Mgt)* optieren, sich entscheiden, wählen
~ **for** *(Mgt)* optieren für, sich entscheiden für, wählen
~ **in** *(Mgt)* optieren für
~ **out** 1. *(Mgt)* optieren gegen; 2. *(WiWi)* auf sein Optionsrecht verzichten; 3. *(Gesch)* auf die Teilnahme verzichten, abspringen, sich dagegen entscheiden, *(ugs.)* aussteigen
optical card *(EDV)* optische Speicherkarte *f*, optische Karte *f*
~ **disc [disk]** *(EDV)* optische Speicherplatte *f*, Bildplatte *f*
~ **memory** *(EDV)* optischer Speicher *m*
~ **storage** *(EDV)* optischer Speicher *m*
optimal *adj (Gesch)* optimal, günstigst
~ **rate of pollution** *(WiWi, Umw)* optimale Verschmutzungsrate *f*
optimization *(Gesch)* Optimierung *f*
optimize *v* **the objective function** *(Gesch)* die Zielfunktion optimieren
optimum *adj (Gesch)* optimal, günstigst
~ **allocation of resources** *(WiWi)* optimale Ressourcenallokation *f*
~ **capacity** 1. *(WiWi)* Optimalkapazität *f*; 2. *(Ind)* optimales Fassungsvermögen *n*, optimales Leistungsvermögen *n*
~ **currency area** *(WiWi)* optimaler Währungsraum *m*
option 1. *(Fin)* Option *f*; 2. *(Gesch)* Entscheidungsfreiheit *f*, freie Wahl *f (ability to choose)*; Alternative *f*, Wahlmöglichkeit *f (alternative)*; Vorkaufsrecht *n (right to buy)*; 3. *(Bö)* Option *f*
~ **on actuals** *(Bö)* Option *f* auf Kassakontrakte
~ **on futures** *(Bö)* Option *f* auf Terminkontrakte
OR *s.* 1. operational research; 2. operations research
oral contract *(Recht)* mündliche Vereinbarung *f*
~ **proceedings** *(Recht)* mündliche Verhandlung *f*
order *v (Gesch)* bestellen
order 1. *(Gesch)* Auftrag *m*, Order *f*, Reihenfolge *f (sequence)*; 2. *(Recht)* Weisung *f*, Anordnung *f*, Verfügung *f*, Beschluss *m (courts)* • **as per ~** *(Gesch)* auftragsgemäß • **in ascending ~** *(Gesch)* in aufsteigender Reihenfolge • **in ~ of priority** *(Gesch)* nach Priorität • **out of ~** *(Gesch)* außer Betrieb

~ **book** *(Gesch)* Auftragsbuch *n*
~ **by mail** *(AE) (Komm, V&M)* Versandbestellung *f*
~ **by post** *(BE) (Komm, V&M)* Versandbestellung *f*
~ **driven** *adj (V&M, Bö)* auftragsgesteuert, auftragsgetrieben *(trading system)*
~ **entry** *(V&M)* Auftragseingang *m*
~ **for relief** *(WiWi)* Insolvenzbeschluss *m*, Vergleichsbeschluss *m*
~ **handling** *(Gesch)* Auftragsabwicklung *f*
~ **intake** *(Gesch)* Auftragseingang *m*
~ **of preference** *(WiWi)* Präferenzstruktur *f*
~ **processing** *(Gesch)* Auftragsabwicklung *f*
~ **to pay** *(RW, Fin)* Zahlungsauftrag *m*, Zahlungsanweisung *f*
ordering procedure *(V&M)* Bestellverfahren *n*
orders on hand *(Gesch)* Auftragsbestand *m*
ordinal utility *(WiWi)* ordinaler Nutzen *m*
ordinarily resident *adj (Recht)* wohnhaft
ordinary account *(Bank)* normalverzinsliches Sparkonto *n*
~ **and necessary business expenses** *(St)* gewöhnliche und notwendige Geschäftsausgaben *fpl*
~ **diligence** *(Recht)* verkehrsübliche Sorgfalt *f*
~ **income** *(St)* gewöhnliches Einkommen *n*
~ **interest** *(Fin)* gewöhnlicher Zins *m*
~ **profit before taxation** *(RW)* ordentlicher Gewinn *m* vor Steuern
~ **share** *(BE) (Bö)* Stammaktie *f*
organic *adj (WiWi)* organisch *(structure, growth)*
organization *(Gesch)* Organisation *f (enterprise, arrangement)*; Unternehmen *n*, Gründungs… *(enterprise)*
~ **and methods** *(Mgt)* Organisation und Methoden, O&M
~ **chart** *(Mgt)* Organigramm *n*, Organisationsplan *m*, Geschäftsverteilungsplan *m*
~ **cost** *(RW, Fin)* Gründungsaufwand *m*, Gründungskosten *pl*
~ **expense** *(RW, Fin)* Gründungsaufwand *m*, Gründungskosten *pl*
~ **meeting** *(Mgt)* Gründungsversammlung *f*
Organization for Economic Cooperation and Development *(WiWi)* Organisation *f* für wirtschaftliche Zusammenarbeit und Entwicklung
~ **of Petroleum-Exporting Countries** *(WiWi, Umw, Pol)* Organisation *f* erdölexportierender Länder *(OPEC)*
organizational behavio(u)r *(Mgt, V&M)* Organisationsverhalten *n*
~ **change** *(Mgt)* organisatorische Veränderung *f*
~ **chart** *(Mgt)* Organigramm *n*, Organisationsplan *m*, Geschäftsverteilungsplan *m*
~ **economics** *(WiWi)* Organisationstheorie *f*
~ **environment** *(WiWi)* Betriebsumfeld *n*
~ **skills** *(Mgt)* Organisationstalent *n*
~ **symbol** *(Gesch)* Firmenlogo *n (logo)*
organize *v (Gesch)* organisieren, veranstalten
organized crime *(Recht)* organisiertes Verbrechen *n*
~ **stock market** *(WiWi)* geregelter Wertpapiermarkt *m*
original *adj (Gesch)* original *(not copy)*
original *(Verw)* Erstausfertigung *f*, Original *n*
~ **capital** *(Fin)* Anfangskapital *n*, Gründungskapital *n*, Grundkapital *n*
~ **cost** *(RW)* Herstellungskosten *pl*, Anschaffungskosten *pl*, Gestehungskosten *pl*
~ **document** *(Verw, Recht)* Originalurkunde *f*
~ **entry** *(RW)* Eingangsbuchung *f*, Grundbuchung *f*
~ **equipment manufacturer** *(Gesch)* Originalgerätehersteller *m*, Wiederverkäufer *m*, OEM
~ **impossibility** *(Recht)* anfängliche Unmöglichkeit *f*
~ **invoice** *(Gesch)* Originalfaktura *f*, Originalrechnung *f*
~ **issue discount** *(Fin, Bö)* Abzinsungsbetrag *m*, Emissionsdisagio *n*
~ **maturity** *(Bö)* ursprüngliche Laufzeit *f*
~ **slip** *(Vers)* Originalbeleg *m*
~ **subscriber** *(Bö)* Erstzeichner(in) *m(f)*
originate *v (Gesch)* herstammen, seinen Ursprung haben
ostensible company *(WiWi)* Scheingesellschaft *f*
OTC *s.* over-the-counter
other assets *(Fin)* sonstige Aktiva *pl*

~ **business/any** *(Gesch)* Sonstiges *n (agenda)*
~ **income** *(RW)* betriebsfremde Erträge *mpl*, sonstige Erträge *mpl*
~ **liabilities** *(RW)* sonstige Verbindlichkeiten *fpl*
~ **receivables** *(RW)* sonstige Forderungen *fpl (assets)*
~ **revenue** *(RW)* betriebsfremde Erträge *mpl*, neutrale Erträge *mpl*
out-of-court settlement *(Recht)* außergerichtlicher Vergleich *m*
~-of-the-money call *(Bö)* Call *m* aus dem Geld, *(jarg.)* Call *m* out of the money
~-of-the-money put *(Bö)* Put *m* aus dem Geld, *(jarg.)* Put *m* out of the money
~-of-town center *(AE) (V&M)* Geschäftszentrum *n* auf der grünen Wiese
~-of-town centre *(BE) (V&M)* Geschäftszentrum *n* auf der grünen Wiese
outage time *(Ind)* Ausfallzeit *f*
outbid *v (V&M)* überbieten *(auction)*
outcome *(Gesch)* Ausgang *m*, Ergebnis *n*, Folge *f*, Resultat *n*
outcry market *(Bö)* Auktionsmarkt *m*
outdated *adj (Gesch)* überholt, veraltet *(idea, product)*
outflow *(RW, WiWi, Fin)* Abfluss *m*, Kapitalabfluss *m (of funds)*
~ **of funds** *(Bank, WiWi)* Mittelabfluss *m (BOP)*
outflows *(Fin)* Ausgaben *fpl (in pre-investment analysis)*
outgoing goods *(Gesch)* Warenausgang *m*
~ **mail** *(Komm)* ausgehende Post *f*, Ausgangspost *f*
outgoings *(Fin)* Ausgang *m*, Ausgaben *fpl*
outlay *(RW, Fin)* Ausgaben *fpl*, Auslagen *fpl*, Barausgaben *fpl (cash)*
~ **tax** *(St)* indirekte Steuer *f*, Ausgabensteuer *f*
outlet *(V&M)* Absatzgebiet *n*, Verkaufsstelle *f*, Händler *m (shop)*
outline *v (Gesch)* umreißen, grob umreißen, entwerfen
outline *(Gesch)* Grundriss *m*, Entwurf *m*, Übersicht *f*, Rohskizze *f (summary)*
outpaced *adj (Gesch)* überholt
outperform *v* 1. *(WiWi)* übertreffen *(growth, trade volume)*; 2. *(Bö)* sich überdurchschnittlich entwickeln *(price)*
~ **the market** *(Bö)* über dem Marktdurchschnitt liegen
outplacement *(Pers)* Outplacement *n*
~ **agency** *(Pers)* Outplacement-Beratung *f*
output *v* 1. *(EDV)* ausgeben *(data, text)*; 2. *(Ind)* produzieren
output 1. *(RW)* Ertrag *m*, Output *m (amount)*; 2. *(EDV)* Ausgabe *f*, Output *m (data, text)*; 3. *(WiWi)* Ausstoß *m (quantity)*; 4. *(Pers)* Arbeitsleistung *f (work)*; 5. *(Ind)* Produktion(smenge) *f (process, amount)*
~ **gap** *(WiWi)* Produktionslücke *f*
~ **per head** *(Ind)* Leistung *f* pro Kopf
~ **per hour** *(Ind)* Stundenleistung *f*
outright *adj (Gesch)* direkt, bedingungslos, vollständig *(ownership)*
~ **consolidation** *(WiWi)* Fusion *f*
~ **forward transaction** *(Bö)* einfaches Termingeschäft *n*
~ **gift** *(St)* bedingungslose Zuwendung *f*
outside capital *(Bank, WiWi, Fin)* Fremdmittel *npl*, Fremdkapital *n*
~ **facilities** *(Ind)* Außenanlagen *fpl*
~ **finance** *(RW, Fin)* Außenfinanzierung *f*
~ **lag** *(WiWi)* äußere Verzögerung *f*, Wirkungsverzögerung *f*
~ **production** *(WiWi)* Fremdproduktion *f*
outsider 1. *(Gesch)* Außenseiter(in) *m(f)*; 2. *(Pers)* Nichtmitglied *n*, Außenstehende(r) *f(m)*
outsourcing 1. *(Ind)* Produktionsverlagerung *f*; 2. *(Mgt)* Outsourcing *n*
outstanding *adj (Gesch)* ausstehend, unbeglichen *(debt, amount, obligation)*; unerledigt *(affairs)*
~ **amount** *(Gesch)* ausstehender Betrag *m*
~ **amounts** *(RW)* Forderungen *fpl*, Buchforderungen *fpl*
~ **capital stock** *(Bö)* ausstehende Aktien *fpl*, ausstehende Einlagen *fpl*
~ **contributions** *(RW)* ausstehende Einlagen *fpl*
~ **debts** *(RW)* Außenstände *mpl*
~ **orders** *(Gesch)* unerledigte Aufträge *mpl*
~ **shares** *(Bö)* ausgegebene Aktien *fpl*
outturn *(WiWi, Ind)* Ist-Zahlen *fpl*
over-achiever *(Soz)* leistungsorientierte Person *f*
~-the-counter *adj* 1. *(Bö)* im Freiverkehr; 2. *(Soz)* rezeptfrei, frei verkäuflich

~-**the-counter derivative instrument** *(AE) (Bö)* OTC-Derivat *n*, derivatives OTC-Instrument *n*
~-**the-counter market** *(AE) (WiWi, Bö)* OTC-Markt *m*, Freiverkehr *m*
overall *(Gesch)* insgesamt, insg.
~ **development** *(WiWi)* Gesamtentwicklung *f*
~ **economic plan** *(WiWi)* gesamtwirtschaftlicher Rahmenplan *m*
~ **expenses method** *(RW)* Gesamtkostenmethode *f*
overbid *v (V&M)* überbieten
overbooked *adj (Verw, F&T, Trans)* überbucht *(flight, hotel)*
overcapacity *(Gesch)* Überkapazität *f*
overcapitalized *adj (Gesch)* überkapitalisiert
overcharge *(V&M)* zu viel berechneter Betrag *m*
overcharged *adj (WiWi)* überhöht
overcome *v (Gesch)* überwinden *(prejudice)*
overdraft *(Bank)* Kontoüberziehung *f*, Überziehung *f*
~ **facility** *(Bank)* Dispo(sitions)kredit *m*, Kreditlinie *f*, Überziehungskredit *m*
~ **rate** *(Bank)* Überziehungskreditsatz *m*
overdraw *v (Bank)* überziehen *(bank account)*
overdrawn *adj (Bank)* überzogen
overdue *adj* 1. *(RW)* überfällig; 2. *(Verw, Fin, Gesch)* rückständig
~ **claim** *(RW)* überfällige Forderung *f*
overemployment *(WiWi)* Überbeschäftigung *f*
overestimate *v (RW, WiWi, Fin)* überschätzen, überbewerten
overexploitation *(Umw)* Raubbau *m*
overextended credit *(Bank)* ungenügend gedeckter Kredit *m*
overfund *v (Fin)* überfinanzieren
overhang *(Gesch, WiWi)* Überhang *m*
overhaul 1. *(Gesch)* Überholung *f*, 2. *(Mgt)* gründliche Überprüfung *f*, Revision *f (of system)*
overhead capital *(WiWi)* Infrastruktur *f*
~ **charge** *(RW)* Gemeinkosten *pl*, indirekte Kooton *pl*
~ **costs** *(RW)* Gemeinkosten *pl*
overheads *(RW, Fin)* Gemeinkosten *pl*
~ **recovery** *(RW, Fin)* Gemeinkostendeckung *f*
overheated economy *(WiWi)* überhitzte Volkswirtschaft *f*
overindebtedness *(Bank, WiWi)* Überschuldung *f*
overinsured *adj (Vers)* überversichert
overlap *v (Gesch, Pers)* sich überschneiden, überlappen *(dates, holidays, responsibilities)*
overly aged population *(WiWi)* überalterte Gesellschaft *f*
overmanned *adj (Pers)* überbesetzt
overnight *(Gesch)* über Nacht
~ **interest rate** *(Bank)* Tagesgeldsatz *m (ECB)*
~ **loan** *(Bank, Fin)* Überlassung *f* von Tagesgeld, Tagesgeldausleihung *f*, Übernachtkredit *m (ECB)*
~ **money** *(Bank, Fin)* Tagesgeld *n*
~ **rate** *(Bank, Fin)* Tagesgeldsatz *m*
overpaid *adj (Pers)* überbezahlt
overprice *v (V&M)* den Preis zu hoch ansetzen für
overpriced *adj (V&M)* überteuert
overproduction *(WiWi)* Überproduktion *f*
overprovision *(WiWi)* Überversorgung *f*
overrated *adj (RW, WiWi, Fin)* überbewertet, überschätzt
overrepresent *v (V&M)* überrepräsentieren *(on the market)*
overriding *adj* 1. *(Gesch)* überragend *(importance)*; vorrangig, vordringlich *(trend, factor, consideration)*; 2. *(Pol)* überragend *(importance)*
overrule *v (Gesch, Pol)* aufheben *(decision)*; überstimmen *(person)*
overrun *v* 1. *(WiWi)* überschreiten; 2. *(Ind)* überlaufen
overseas *adj (Gesch)* ausländisch
~ **assets** *(WiWi)* Auslandsaktiva *pl*
~ **branch** *(Bank, AH)* Auslandsniederlassung *f*
~ **company** *(Gesch)* ausländisches Unternehmen *n*, Auslandsunternehmen *n*
~ **countries and territories** *(Pol)* überseeische Gebiete *npl (of EU member states)*
oversee *v (Gesch, Pers, Mgt)* beaufsichtigen
overshoot *v (Gesch)* hinausschießen über, übertreiben

overshooting *(WiWi, Stat)* überschnelle Reaktion *f*, überstarke Reaktion *f*, übermäßige Reaktion *f*
~ **price** *(Bö, WiWi)* überschießender Kurs *m*
overspend *v (RW, WiWi, Fin)* überschreiten
~ **a target** *(Fin)* Ausgabengrenze überschreiten
overstaffed *adj (Pers)* überbesetzt
overstate *v (WiWi, Fin)* überbewerten
overstrain *v (Pers)* überlasten
overstress *(Pers)* Überlastung *f*
overstretch *v* **oneself** *(Fin)* sich finanziell übernehmen
oversupply *(WiWi, Gesch)* Überangebot *n*
~ **of labo(u)r** *(Pers)* Arbeitskräfteüberangebot *n*, Überangebot *n* an Arbeitskräften, Arbeitskräfteüberschuss *m*, Überschuss *m* an Arbeitskräften
~ **of manpower** *(Pers)* Arbeitskräfteüberangebot *n*, Überangebot *n* an Arbeitskräften, Arbeitskräfteüberschuss m, Überschuss m an Arbeitskräften
overtime *(Pers)* Überstunden *fpl*
~ **pay** *(Pers)* Überstundenvergütung *f*
~ **premium** *(Pers)* Überstundenzuschlag *m*
overtrading *(Bö)* Überspekulation *f*
overvaluation *(RW, WiWi, Fin)* Überbewertung *f*, Überschätzung *f*
overvalued currency *(WiWi)* überbewertete Währung *f*
overview *(Gesch)* Überblick *m*
overwork *v (Pers)* überanstrengen
overwork *(Pers)* Überarbeitung *f*
owe *v (Gesch)* verdanken *(under obligation)*; schulden, schuldig sein *(money)* • **I owe you** *(Gesch)* Schuldschein *m*; Zahlungsversprechen *n*
owing *adj (Gesch)* unbezahlt
own *v (Gesch)* besitzen
own *adj (Gesch)* eigen
~ **account trading** *(WiWi)* Eigenhandel *m*
~ **label** *(V&M)* eigene Marke *f*, Hausmarke *f*
~ **shares** *(BE) (RW, Bö)* eigene Aktien *fpl*
owner 1. *(Gesch)* Besitzer(in) *m(f)*, Eigentümer(in) *m(f)*, Inhaber(in) *m(f) (of enterprise)*; 2. *(Gb)* Bewohner(in) *m(f)*, Eigentümer(in) *m(f)*; 3. *(Trans)* Eigner *m (of ship)*
~**-manager** *(Mgt)* Eigentümer-Unternehmer(in) *m(f)*, Leiter(in) *m(f)* im eigenen Betrieb
~**-occupation** *(Gb)* Eigennutzung *f*
~**-occupied apartment** *(AE) (Gb)* selbst genutzte Eigentumswohnung *f*
~**-occupied flat** *(BE) (Gb)* selbst genutzte Eigentumswohnung *f*
~**-operator** *(Gesch)* Eigenbetrieb *m*
ownership *(Gesch)* Eigentum *n*, Eigentumsrecht *n*, Besitz *m* • **under new ~** *(Gesch)* unter neuer Leitung

P

pace of work *(Pers)* Arbeitstempo *n*
pacesetter *(Gesch)* Schrittmacher *m (company)*
pack *v* 1. *(Komm, EDV)* packen *(data)*; 2. *(Gesch)* einpacken, verpacken; 3. *(Trans)* packen
package 1. *(Komm)* Päckchen *n*, Paket *n*, Bündel *n*, Packung *f*, 2. *(Fin)* Paket *n*; 3. *(V&M)* Packstück *n*, Bündel *n*
~ **deal** 1. *(Gesch)* Gesamtvereinbarung, die mehrere Verhandlungspunkte regelt; 2. *(Pers)* Verhandlungspaket *n*; 3. *(Recht)* Kopplungsgeschäft *n*; 4. *(F&T)* Inklusivangebot *n*, Pauschalangebot *n*
~ **offer** *(WiWi)* Pauschalangebot *n*
~ **pay** *(WiWi)* Lohn *m* mit Nebenleistungen
packaging 1. *(Ind)* Packmaterial *n*, Verpackung *f*; 2. *(Trans)* Emballagen *fpl*
~ **cost** *(Ind, V&M)* Verpackungskosten *pl*
~ **credit** *(AH, Bank)* Akkreditivbevorschussung *f*, Versandbereitstellungskredit *m*
packet *(Komm, Trans)* Päckchen *n*, Paket *n*
page impressions *(EDV, Komm, Med, V&M)* Seitenabrufe *fpl (Internet)*
~ **load(ing)** *(EDV, Komm, Med)* Seitenaufbau *m*
~ **views** *(EDV, Komm, Med, V&M)* Seitenabrufe *mpl (Internet)*
paginate *v (EDV, Med)* paginieren, umbrechen
paid *adj* 1. *(Bank, Fin)* beglichen; 2. *(Gesch)* beglichen, bezahlt • **be ~ by the hour** *(Pers)* stundenweise bezahlt werden
~ **by the piece** *(Pers)* bezahlt pro Stück
~ **in advance** *(Gesch)* im Voraus bezahlt

~ **in cash** *(Gesch)* in bar bezahlt
~ **leave** *(BE) (Pers)* bezahlter Urlaub *m*
~ **on delivery** *(Trans)* bezahlt bei Lieferung
~ **piece rate** *(Pers)* nach Akkord bezahlt
~**-up capital** *(Fin)* eingezahltes Grundkapital *n*, voll eingezahltes Kapital *n*
~ **vacation** *(AE) (Pers)* bezahlter Urlaub *m*
painstaking *adj (Gesch)* gewissenhaft
palletize *v (Ind, Trans)* auf Paletten packen, palettisieren, palettieren
palm *v* **off** *(Gesch)* andrehen
panel 1. *(Gesch)* Ausschuss *m*; 2. *(Pol)* Gremium *n*, Sondergruppe *f*, Fachgruppe *f*, 3. *(V&M)* Panel *n*, Fachgruppe *f*
~ **data** *(V&M)* Paneldaten *pl*
~ **envelope** *(Verw)* Fensterbriefumschlag *m*
~ **of experts** *(Mgt)* Expertengruppe *f*
~ **testing** *(V&M)* Panelerhebung *f*
paper 1. *(Komm)* Blatt *n*; 2. *(Fin)* Wechsel *m*, Schuldtitel *m*; 3. *(Gesch)* Ausarbeitung *f*, Papier *n*; 4. *(Med)* Schrift *f*, Blatt *n*
~ **company** *(Gesch)* Scheinfirma *f*, Übungsfirma *f*
~ **currency** *(WiWi)* Papierwährung *f*
~ **eligible for discount** *(Bank)* rediskont- und lombardfähiges Papier *n*, bankfähiges Papier *n*
~ **feed** *(EDV)* Papiereinzug *m*
~ **loss** *(Bö)* nicht realisierter Kursverlust *m*
~ **money** *(Bank)* Banknoten *fpl*, Papiergeld *n*
~ **shredder** *(Verw, EDV)* Reißwolf *m*
~ **size** *(Med)* Papierformat *n*
paperless entry *(Bank)* beleglose Buchung *f*
par *(Fin, Bö)* Parikurs *m*, Pariwert *m* • **at ~** *(Fin, Bö)* zu pari, zum Nennwert
~ **value** *(RW)* Nennwert *m*, Wert *m* al pari
~ **value of currency** *(Bö)* Währungsparität *f*
~ **value share** *(Bö)* Nennwertaktie *f*
~ **value share/no** *(Bö)* Quotenaktie *f*
paragraph 1. *(Verw)* Absatz *m*, Abschnitt *m*; 2. *(Recht)* Paragraph *m (law)*
paralegal *adj (Recht)* rechtskundig
parallel *(Gesch)* Parallele *f*
~ **currency** *(WiWi)* Parallelwährung *f*
~ **import** *(AH)* Parallelimport *m*
~ **loan** *(Bank, Fin)* Parallelanleihe *f*, Paralleldarlehen *n*, Parallelkredit *m*
~ **port** *(EDV, Komm)* parallele Schnittstelle *f (e.g. printer connection)*
parameter *(EDV, Stat, WiWi)* Parameter *m*
parametric programming 1. *(EDV)* parametrisches Programmieren *n*; 2. *(Stat)* parametrische Programmierung *f*
parcel 1. *(Komm)* Bündel *n*, Päckchen *n*, Paket *n*; 2. *(Gb)* Grundstück *n*, Parzelle *f* *(of land)*; 3. *(Bö)* Aktienpaket *n (of shares)*
~ **post** *(Komm)* Paketpost *f*, Paketsendung *f*
parent company *(RW, Gesch)* Dachgesellschaft *f*, Muttergesellschaft *f*, Stammhaus *n*
~ **population** *(Stat)* Grundgesamtheit *f*
Pareto analysis *(WiWi)* Pareto-Analyse *f*
~ **efficiency** *(WiWi)* Pareto-Effizienz *f*
~ **improvement** *(WiWi)* Pareto-Verbesserung *f*
pari passu *(Gesch)* gleichberechtigt, gleichrangig
paring down 1. *(Gesch)* Kürzung *f*, 2. *(WiWi)* Beschneidung *f*
parity *(Bank, EDV, WiWi, Recht, Pol)* Parität *f (amtlicher Wechselkurs)* • **at ~** *(Bank)* zum Parikurs
~ **of exchange** *(Bank)* Kursparität *f*, Wechselkursparität *f*
~ **rate** *(Bank)* Paritätskurs *m*
~ **realignment** *(WiWi)* Realignment *n*, Wechselkursanpassung *f*
parliamentary appropriation 1. *(RW)* Mittelbewilligung *f* aus dem Nachtragshaushalt; 2. *(Fin)* parlamentarische Haushaltsmittelbereitstellung *f*
part 1. *(Gesch)* Teil *m (portion, share)*; 2. *(Ind)* Teil *n (component, piece of equipment)*
~ **payment** *(Fin)* Abschlagszahlung *f*, Ratenzahlung *f*, Teilzahlung *f* • **as ~ payment** *(Gesch)* als Teilzahlung • **in ~ payment** *(Pers)* auf Abschlag
~**-time** *adj (Pers)* Teilzeit...
~**-time employment** *(Pers)* Teilzeitbeschäftigung *f*
~**-time work** *(Pers)* Teilzeitarbeit *f*
part *v* **with** *(Recht, Gb)* aufgeben
partial *adj (Gesch)* teilweise
~ **acceptance** *(Gesch)* Teilakzept *n*, teilweise Annahme *f*
~ **consideration** *(RW)* Teilentschädigung *f*

~ **delivery** *(Bö)* Teillieferung *f*
~ **equilibrium** *(WiWi)* partielles Gleichgewicht *n*
~ **invalidity** *(Recht)* Teilunwirksamkeitsklausel *f (trade contract)*
~ **write-off** *(RW)* Teilausbuchung *f*
participate *v (Gesch)* teilnehmen
participation *(RW)* Beteiligung *f*
~ **rate** 1. *(WiWi, Soz)* Erwerbsquote *f*, Erwerbsbeteiligung *f*; 2. *(Gesch)* Beteiligungsverhältnis *n*; 3. *(Pers)* Erwerbsquote *f*
particulars *(Gesch)* Angaben *fpl*, Einzelheiten *fpl*
parties to a collective agreement *(Pers)* Tarifpartner *mpl*
partition *v (V&M)* aufteilen
partly finished goods *(RW, WiWi, Gesch)* Halbfabrikate *npl*, unfertige Erzeugnisse *npl*
partner *(Gesch, Pers)* Gesellschafter(in) *m(f)*, Partner(in) *m(f)*, Teilhaber(in) *m(f)*, Beteiligte(r) *f(m) (in a business)*
partnership 1. *(WiWi)* Gesellschaftsvertrag *m*; 2. *(Gesch)* Gesellschaft *f* bürgerlichen Rechts, offene Handelsgesellschaft *f*, Personengesellschaft *f*, Partnerschaft *f*
~ **agreement** *(WiWi)* Gesellschaftsvertrag *m*
party 1. *(Recht)* Partei *f*, Teil *m (in a contract)*; 2. *(Pol)* Partei *f*
~ **autonomy** *(Recht)* Parteiautonomie *f (contracts)*
~ **in default** *(Recht)* in Verzug befindliche Partei *f*, säumige Partei *f (contract law)*
~ **to a contract** *(Recht)* Vertragspartei *f*
~ **to a negotiation** *(Gesch)* Verhandlungspartner(in) *m(f)*
~ **to an agreement** *(Pers)* Vertragspartei *f*
~**'s intention** *(Recht)* Parteiwille *m (contracts)*
pass *v* 1. verabschieden; 2. *(Recht)* verabschieden *(act)*; annehmen, beschließen *(a bill)*
~ **a dividend** *(Fin)* eine Dividende ausfallen lassen
~ **a resolution** *(Recht)* eine Resolution verabschieden
~ **along** *(WiWi, Fin)* abwälzen, überwälzen *(costs)*
~ **an exam(ination)** *(Pers)* eine Prüfung bestehen
~ **sentence on sb** *(Recht)* Strafe über jmdn. verhängen
~ **into the ownership of** *(Recht)* übergehen auf
~ **on** 1. *(WiWi, Fin)* abwälzen, überwälzen *(costs)*; 2. *(Gesch)* weitergeben, weiterleiten *(information)*
~ **on costs** *(Bank, WiWi)* Kosten weiterwälzen
pass *(Verw)* Passierschein *m (permit)*
~**-along** *(WiWi)* Abwälzung *f*, Überwälzung *f*
passed *adj* 1. *(Gesch)* mit Erfolg geprüft; 2. *(Recht)* verabschiedet
~ **dividend** *(Fin)* nicht ausgeschüttete Dividende *f*, rückständige Dividende *f*
passenger *(F&T, Trans)* Insasse *m*, Insassin *f*, Passagier *m*
passer-by *(Gesch, V&M)* Passant(in) *m(f)*
passing 1. *(Gesch)* Übergang *m*; 2. *(Recht)* Verabschiedung *f (of law)*
~ **of risk** *(Vers)* Gefahrübergang *m*, Risikoabwälzung *f*
~**-on** *(WiWi)* Überwälzung *f*, Weiterwälzung *f*, Weitergabe *f*
passive *adj (Gesch)* passiv *(advertising)*
~ **trade** *(WiWi)* Einfuhrhandel *m*
patent *v (Pat)* patentieren
patent 1. *(Recht)* Patent *n*; 2. *(Pat)* Freibrief *m*, Konzession *f*, Patent *n* • ~ **pending** *(Pat)* Patent angemeldet
~ **agent** *(Pat)* technische Patentanwältin *f*, technischer Patentanwalt *m*
~ **application proceedings** *(Pat)* Anmeldeverfahren *n*
~ **certificate** *(Pat)* Patenturkunde *f*
~ **infringement** *(Recht, Pat)* Patentverletzung *f*
~ **life** *(Recht)* Dauer *f* des Patentschutzes, Patentdauer *f*
~ **of invention** *(Recht)* Erfindungspatent *n*
~ **office** *(Pat, Recht)* Patentamt *n*
~ **proprietor** *(Pat)* Patentinhaber(in) *m(f)*
~ **protection** *(Recht, Pat)* Patentschutz *m*
~ **register** *(Pat)* Patentregister *n*
~ **right** *(Recht, Pat)* Patentrecht *n*
~ **specification** 1. *(Recht)* Patentschrift *f*, 2. *(Pat)* Beschreibung *f*, Patentbeschreibung *f*, Patentschrift *f (printed)*
~ **trading** *(Pat)* Patenthandel *m*

patentability *(Recht, Pat)* Patentfähigkeit *f*, Patentierbarkeit *f*
patentable *adj (Recht, Pat)* patentfähig, patentierbar
~ **invention** *(Pat)* patentfähige Erfindung *f*
patented *adj (Pat)* patentiert
patentee *(Pat)* Patentinhaber(in) *m(f)*
pattern 1. *(EDV)* Muster *n*; 2. *(Gesch)* Probe *f*, Muster *n*, Musterkarte *f*, Modell *n*, Struktur *f (of consumption)*; 3. *(V&M)* Muster *n*
~ **of economic activity** *(WiWi)* Muster *n* der Wirtschaftsaktivität
paucity of information *(Gesch)* Informationsdefizit *n*
pave *v* **the way for** *(Gesch)* den Weg bahnen für
pawn *v (Recht)* verpfänden
pawn *(Fin)* Pfand *n*, Pfandsache *f* • **in** ~ *(Fin)* verpfändet
pawnbroker *(Fin)* Pfandleiher *m*
pawnshop *(Fin)* Leihhaus *n*, Pfandhaus *n*, Pfandleihanstalt *f*
pay *v (Gesch)* begleichen, bezahlen *(invoice, debt)*; zahlen *(make financial settlement)* • **it does not** ~ *(Gesch)* das rechnet sich nicht
~ **a dividend** *(Fin)* eine Dividende ausschütten
~ **an instal(l)ment** *(Fin)* eine Rate zahlen
~ **back** 1. *(RW)* abtragen, zurückzahlen; 2. *(Bank)* tilgen, zurückzahlen
~ **by the year** *(Gesch)* jährlich entlohnen, jährlich zahlen
~ **cash** *(Gesch)* bar zahlen
~ **in** *(Bank)* einzahlen
~ **in cash** *(Gesch)* bar zahlen
~ **in full** *(Fin)* restlos bezahlen
~ **in kind** *(Fin)* in Sachwerten bezahlen
~ **in specie** *(Gesch)* in barer [klingender] Münze zahlen
~ **interest on** *(Bank)* verzinsen
~ **off** 1. *(RW)* abtragen, zurückzahlen; 2. *(Bank)* tilgen, zurückzahlen; 3. *(Fin)* abfinden, auszahlen; 4. *(Gesch)* amortisieren; 5. *(Recht)* befriedigen
~ **off in instal(l)ments** *(Fin)* abzahlen
~ **the bill** *(Gesch)* die Rechnung zahlen
pay *(Pers)* Lohn *m*
~ **as paid** *(Gesch)* Zug-um-Zug-Zahlung *f*
~**-as-you-earn** 1. *(RW)* Quellenabzugsverfahren *n (deductions at source)*; 2. *(Pers)* Quellenabzugsverfahren *n*; 3. *(St)* Abzüge *mpl* vom Lohn oder Gehalt, Quellenabzug *m*
~ **as-you-go** *(AE) (Pers)* Quellenbesteuerung *f*
~ **and conditions** *(Pers)* Arbeits- und Gehaltsbedingungen *fpl*
~ **bill** *(AE) (RW, Pers)* Gehaltsliste *f*, Lohnliste *f*
~ **differentials** *(BE) (Pers)* Lohngefälle *n*
~ **freeze** *(WiWi, Pers)* Lohnpause *f*, Lohnstopp *m*, Lohn- und Gehaltsstopp *m*
~**-in slip** *(AE) (Bank)* Einzahlungsbeleg *m*, Einzahlungsschein *m*
~ **increase** *(Pers)* Lohnzunahme *f*, Lohnsteigerung *f*, Lohnzuwachs *m*, Lohnerhöhung *f*
~**-off method** *(Fin)* Kapitalwertmethode *f*, Diskontierungsmethode *f*, Barwertmethode *f*
~ **pause** *(WiWi, Pers)* Lohn- und Gehaltsstopp *m*, Lohnpause *f*, Lohnstopp *m*
~ **phone** *(BE) (Komm)* Münztelefon *n*
~ **rise** *(Pers)* Lohnerhöhung *f*, Lohnzunahme *f*, Lohnsteigerung *f*, Lohnzuwachs *m*
~ **round** *(Pers)* Lohnrunde *f*, Tarifrunde *f*
~ **slip** *(Pers)* Lohnstreifen *m*
payable *adj* 1. *(Bank)* einlösbar; 2. *(WiWi, Gesch)* fällig, zahlbar *(due)* • **make** ~ **to** *(Bank)* ausstellen auf
~ **at sight** *(Fin, Gesch)* zahlbar bei Sicht
~ **in advance** *(Gesch)* im Voraus zahlbar
~ **on demand** *(Gesch)* zahlbar bei Sicht
~ **three months after date** *(Gesch)* zahlbar drei Monate ab dato
payables *(AE) (RW)* Verbindlichkeiten *fpl*
~ **at year-end** *(AE) (RW)* Verbindlichkeiten *fpl* beim Jahresabschluss
payback *(Fin)* Amortisation *f*, Rückzahlung *f*
~ **method** *(Fin)* Amortisationsrechnung *f*, Kapitalrückflussrechnung *f*
~ **period** 1. *(Fin)* Amortisationsdauer *f*, Pay-off-Periode *f*, Kapitalrückflussdauer *f*; 2. *(Pers)* Amortisationszeit *f*, Rückzahlungszeitraum *m*
PAYE *s.* pay-as-you-earn
payee *(Bank, Gesch)* Zahlungsempfänger(in) *m(f)*, Zahlungspartner(in) *m(f)*
payer *(Bank, Gesch)* Zahlungspartner(in) *m(f)*

paying agent 1. *(Fin)* Einlösungsstelle *f*, 2. *(St)* Zahlstelle *f*
~ **bank** *(Bank)* beauftragte Bank *f*, einlösende Bank *f*, Zahlstellenbank *f*, auszahlende Bank *f*
payment 1. *(Fin)* Abgeltung *f*, Entrichtung *f*; 2. *(Gesch)* Auszahlung *f*, Bezahlung *f*, Entlohnung *f*, Zahlung *f*
~ **before due date** *(Gesch)* vorzeitige Zahlung *f*
~ **by instal(l)ment** *(RW)* Zahlung *f* in Raten
~ **by results** *(Pers)* Leistungslohn *m*
~ **due** *(Fin)* fällige Zahlung *f*
~ **guarantee** *(RW)* Zahlungsgarantie *f*
~ **guaranty** *(Recht)* Zahlungsgarantie *f*
~ **in advance** *(RW)* Vorauszahlung *f*
~ **in arrears** *(RW)* rückständige Zahlung *f*
~ **in kind** 1. *(WiWi)* Sachbezug *m*, Sachleistung *f*; 2. *(Pers)* Deputat *n*
~ **method** *(V&M)* Zahlungsmethode *f*
~ **of annuity** *(St)* Rentenzahlung *f*
~ **of debts** *(WiWi, Fin, Recht)* Tilgung *f* von Verbindlichkeiten
~ **of interest** *(Bank)* Verzinsung *f*
~ **on account** *(Bank)* Abschlagszahlung *f*, Akontozahlung *f*, Anzahlung *f*, Teilzahlung *f*
~ **order** *(RW, Bank, Fin)* Zahlungsauftrag *m*
~ **risk** *(WiWi)* Ausfallrisiko *n*
~ **system** *(WiWi)* Zahlungs(verkehrs)system *n*
~ **transactions** *(Fin)* Zahlungsverkehr *m*
~ **transfer** *(Bank)* Überweisung *f*, Umbuchung *f*
payoff 1. *(Fin)* Auszahlung *f*, Amortisation *f*; 2. *(Gesch)* Bestechung *f*, Bestechungsgeld *n*, Schmiergeld *n (bribe)*; 3. *(Pers)* Abfindung *f*
payout *(Fin, V&M)* Amortisation *f*
payroll *(BE) (RW, Pers)* Lohnliste *f*, Gehaltsliste *f* • **off the** ~ *(Pers)* arbeitslos • **on the** ~ *(Pers)* zur Belegschaft gehörend, auf der Lohn- oder Gehaltsliste stehend
~ **costs** *(Pers)* Personalkosten *pl*
~ **deductions** *(RW)* Lohn- und Gehaltsabzüge *mpl*
~ **tax** *(St)* Sozialversicherungssteuer *f*
PC-based *adj (EDV)* computergestützt, computerunterstützt, PC-gestützt, rechnergestützt
peak *v (WiWi)* einen Höchststand erreichen
peak *(WiWi)* Höchststand *m*, Spitze *f*
~ **period** *(Umw, Trans)* Spitzenzeit *f*
~ **rate** *(Gesch)* Spitzentarif *m*, Hochtarif *m*
~ **season** *(WiWi)* Hauptsaison *f*
~ **time** *(V&M)* Spitzenzeit *f (television viewing)*
peculation *(Fin, Recht)* Veruntreuung *f (public money)*
pecuniary *adj* 1. *(Gesch)* finanziell, geldlich; 2. *(Fin)* vermögensrechtlich
~ **damage** *(Fin)* Vermögensschaden *m*
~ **external economy** *(WiWi)* pekuniäre externe Ersparnisse *fpl*
~ **spillover** *(WiWi)* monetärer externer Effekt *m*
pedlar *(Gesch)* fliegender Händler *m*, Hausierer *m*, Straßenhändler(in) *m(f)*, Straßenverkäufer(in) *m(f)*
peer 1. *(EDV, Komm)* gleichrangiges Gerät *n*; 2. *(Pers)* gleichrangiger Mitarbeiter *m*, gleichrangige Mitarbeiterin *f*, 3. *(Mgt, Pol, V&M)* Gleiche(r) *f(m)*, Gleichrangige(r) *f(m)*, Ebenbürtige(r) *f(m)*
peg *v* 1. *(WiWi)* binden *(price of a currency)*; 2. *(Gesch)* stützen, fixieren, festschreiben
peg point *(WiWi)* Interventionspunkt *m*
pegged *adj (WiWi, Gesch)* fixiert, gestützt, fest
~ **exchange rate** *(WiWi)* fester Wechselkurs *m*
~ **price** *(WiWi)* gestützter Kurs *m (currency)*
pegging system *(WiWi)* Interventionssystem *n*, Stützsystem *n*
penal provisions *(Recht)* Strafvorschriften *fpl*
penalize *v (Recht)* mit einer Strafe belegen
penalty *(Recht)* Strafe *f*, Vertragsstrafe *f*, Pönale *f*, Konventionalstrafe *f*, Strafgeld *n (contracts)*
~ **clause** *(Recht)* Konventionalstrafklausel *f*
~ **for breach of contract** *(Recht)* Konventionalstrafe *f* wegen Vertragsbruch
~ **for noncompliance** *(Recht)* Konventionalstrafe *f*
~ **interest** *(Bank)* Strafzins *m*
~ **notice** *(Recht)* Bußgeldbescheid *m*
pending *adj* 1. *(Gesch)* noch nicht entschieden, schwebend; 2. *(Recht)* unentschieden, unerledigt
~ **business** *(WiWi, Gesch)* schwebende Geschäfte *npl*

~ **tray** *(Verw)* Ablagekorb *m* für Unerledigtes
penetrate *v* 1. *(Gesch)* eindringen in; 2. *(V&M)* durchdringen
~ **a market** *(WiWi, V&M)* in einen Markt eindringen, einen Markt erobern
penetration pricing 1. *(Gesch)* Niedrigpreisstrategie *f*; 2. *(V&M)* Penetrationspreispolitik *f*
penny shares *(BE) (Bö)* Billigaktien *fpl*, Kleinaktien *fpl*
~ **stock** *(AE) (Bö)* Billigaktien *fpl*, Kleinaktien *fpl*
pension *(Fin, Pers, Soz)* Pension *f*, Ruhegehalt *n*, Rente *f*
~ **contributions** *(St)* Beiträge *mpl* zur Altersversorgung
~ **costs** *(RW)* Rentenbeitrag *m*
~ **for occupational invalidity** *(Soz)* Berufsunfähigkeitsrente *f*
~ **fund** *(RW, Fin, Vers)* Pensionsfonds *m*, Pensionskasse *f*
~ **payment** *(St)* Pensionszahlung *f*
~ **scheme** *(Vers)* Alterssicherungssystem *n*
pensionable *adj (Pers, Vers, Soz)* pensionsberechtigt; pensionsfähig, ruhegehaltsfähig
~ **age** *(Pers, Soz)* Pensionsalter *n*, Rentenalter *n*
pent-up demand *(WiWi)* aufgestaute Nachfrage *f*, Nachholbedarf *m*
per annum *(Gesch)* per annum, p.a., pro Jahr
~ **capita** *(Gesch)* pro Kopf
~ **capita GDP** *(WiWi)* Pro-Kopf-BIP *n*
~ **capita income** *(WiWi)* Pro-Kopf-Einkommen *n*
~**-kilometer rate** *(AE) (Trans)* Kilometersatz *m (taxis)*
~**-kilometre rate** *(BE) (Trans)* Kilometersatz *m (taxis)*
~ **pro** *(Gesch)* per procura, pp., ppa.
~**-unit tax** *(St)* Stücksteuer *f*
PER *s.* price-earnings ratio
percentage 1. *(Gesch)* Prozent *n*; 2. *(Stat)* Prozentsatz *m*
~ **change** *(Fin)* prozentuale Änderung *f*
~ **of depreciation** *(Fin)* Abschreibungssatz *m*, Prozentsatz *m* der Wertminderung
~**-of-completion basis** *(RW)* Prorata-temporis-Basis *f*
~**-of-sales method** *(V&M)* Umsatzprovisionsmethode *f*
~ **return on sales** *(Fin)* Umsatzrendite *f*, Umsatzrentabilität *f*
perception 1. *(RW, Bank)* Bewertung *f*; 2. *(Gesch)* Auffassung *f*, Wahrnehmung *f*
perfect *adj (Gesch)* vollkommen • **in ~ condition** *(Gesch)* makellos
~ **competition** *(WiWi)* vollständige Konkurrenz *f*, vollständiger Wettbewerb *m*
~ **market** *(WiWi)* vollkommener Markt *m*
~ **monopoly** *(WiWi)* reines Monopol *n*
perform *v* 1. *(Gesch)* erfüllen, Leistung erbringen, verrichten, darbieten, vorführen; 2. *(St)* ausüben
~ **a service** *(Pers)* Dienstleistung erbringen
performance 1. *(RW)* Leistung *f (of company)*; 2. *(Gesch)* Ist-Ergebnis *n*; Vorführung *f*, Erfüllung *f*, Ausführung *f*, Durchführung *f*, Verrichtung *f (of services)*; Leistung *f (planning)*; 3. *(Recht)* Erfüllung *f (of contractual duty)*; 4. *(V&M)* Leistung *f*; 5. *(Bö)* Entwicklung *f*, Wertentwicklung *f*, Anlageerfolg *m*, Performance *f*, Performanz *f (securities)*; 6. *(St)* Ausübung *f*
~ **analysis** *(WiWi)* Ergebnisanalyse *f*
~ **appraisal** *(Pers, Mgt)* Leistungsbewertung *f*, Leistungseinschätzung *f*, Leistungsbeurteilung *f*
~ **appraisal interview** *(Pers)* Leistungsbeurteilungsgespräch *n (work)*
~ **bonus** *(Fin)* Leistungsbonus *m*, Leistungsprämie *f*
~ **by a third party** *(Gesch)* Leistung *f* durch Dritte
~ **characteristics** *(Ind)* Arbeitskenngrößen *fpl*
~ **contract** *(Gesch)* Leistungsvertrag *m*
~ **evaluation** *(Pers, Mgt)* Leistungsbewertung *f*, Leistungsbeurteilung *f*
~ **indicator** *(Pers)* Leistungsindikator *m*
~ **in kind** *(Gesch)* Sachlieferung *f*
~ **measurement** *(Pers, Mgt)* Leistungsmessung *f*
~ **monitoring** 1. *(Gesch, Pers)* Leistungsüberwachung *f*; 2. *(Ind)* Betriebskontrolle *f*, Fertigungsüberwachung *f*; 3. *(Mgt)* Leistungskontrolle *f*
~ **of contract** *(Recht)* Vertragserfüllung *f*
~**-oriented** *adj (Pers)* leistungsorientiert

~ **rating** 1. *(Fin)* Leistungsbewertung *f*, Leistungseinstufung *f (investment)*; 2. *(Pers, Ind)* Leistungsgradschätzen *n*

~**-related pay** *(Pers)* gewinnbezogene [leistungsbezogene] Bezahlung *f*, Leistungslohn *m*

~ **review** 1. *(RW)* Leistungsüberprüfung *f*; 2. *(Pers)* Leistungsbewertung *f*, Leistungsbeurteilung *f*

~ **standard** 1. *(RW)* Leistungsstandard *m*; 2. *(Pers)* Leistungsmaßstab *m*

~ **target** 1. *(WiWi)* Ertragsziel *n*; 2. *(Mgt)* Leistungsziel *n*, Vorgabe *f*

~ **testing** *(Ind)* Funktionsprüfung *f*, Leistungsprüfung *f (packaging term)*; Eignungsprüfung *f (staff psychology)*

performer *(WiWi)* Umsatzträger *m*

period 1. *(WiWi)* Zeitdauer *f*, Dauer *m*, Zeitraum *m*; 2. *(Gesch)* Frist *f*, Laufzeit *f*, Periode *f (of time)*; 3. *(Med) (AE)* Punkt *m* • **for the ~** *(RW)* für den Zeitraum • **over a ~ of time** *(Gesch)* über eine Zeitdauer, über einen längeren Zeitraum • **over the ~ of** *(Gesch)* in der Zeit von

~ **cost** *(RW)* wiederkehrende Aufwendungen *fpl*

~ **of extension** *(St)* Stundungsfrist *f*

~ **of grace** 1. *(Fin)* tilgungsfreie Zeit *f*; 2. *(Recht)* Gnadenfrist *f*; 3. *(Pat)* Aufschub *m*

~ **of notice** *(Pers)* Kündigungsfrist *f*

~ **of payment** 1. *(WiWi)* Zahlungsfrist *f*; 2. *(Gesch)* Zahlungsziel *n*

~ **of probation** *(Pers)* Probezeit *f*

~ **of redemption** *(Fin)* Laufzeit *f*, Tilgungsfrist *f*, Amortisationszeit *f*

~ **of time** *(Gesch)* Zeitspanne *f*

~ **under review** *(WiWi, Gesch)* Berichtszeitraum *m*

peripheral *adj* 1. *(EDV, WiWi)* peripher; 2. *(Gesch)* nebensächlich

~ **matter** *(Gesch)* Nebensache *f*

perishable goods *(WiWi, Gesch)* leicht verderbliche Güter *npl* [Waren *fpl*]

perishables 1. *(WiWi, Gesch)* leicht verderbliche Waren *fpl*; 2. *(V&M)* kurzlebige Konsumgüter *npl*

perjury *(Recht)* Meineid *m*

perk 1. *(Pers)* Nebenleistung *f*; 2. *(Mgt)* Vergünstigung *f*

perks of the job *(Pers)* Nebeneinkünfte *pl* der Tätigkeit

permanent *adj (Gesch)* beständig, fest, fortlaufend, dauerhaft, langfristig

~ **address** *(Komm)* ständige Adresse *f*

~ **appointment** *(Pers)* Festanstellung *f*

~ **contract** *(Pers)* unbefristeter Vertrag *m*, Dauervertrag *m*

~ **employment** *(Pers)* Dauerbeschäftigung *f*

~ **establishment abroad** *(St)* ausländische Betriebsstätte *f*

~ **labo(u)r** *(Pers)* feste Arbeitskräfte *fpl*, fest beschäftigte Arbeitskräfte *fpl*, fest angestellte Arbeitskräfte *n*

~ **residence** *(Recht)* ständiger Wohnsitz *m*

~ **resident** *(Recht)* Person *f* mit ständigem Wohnsitz

permanently *adv (Gesch)* fest

permissible error *(Gesch)* zulässiger Fehler *m*

permission *(EDV)* Berechtigung *f*

permit *v (Recht)* erlauben, genehmigen

permit *(Recht)* Erlaubnis *f*, Genehmigung *f*, Lizenz *f*

perpetual inventory *(RW)* Buchinventur *f*, laufende Inventur *f*, permanente Inventur *f (accounting)*

perquisite 1. *(Pers)* Nebenleistung *f*, Vergünstigung *f*; 2. *(Mgt)* Vergünstigung *f*

persistent demand *(V&M)* anhaltende Nachfrage *f*

person *(Gesch)* Person *f (administrative)* • **in ~** *(Gesch)* persönlich • **the persons concerned** *(Gesch)* die betreffenden Personen *fpl*, die Betreffenden *pl*

~ **of independent means** *(Gesch)* finanziell Unabhängige(r) *f(m)*, Rentier *m*

~ **on fixed income** *(Fin, Pers)* Bezieher(in) *m(f)* eines festen Einkommens

~ **receiving benefit** *(BE) (Pers)* Wohlfahrtsempfänger(in) *m(f)*

~ **with full capacity to contract** *(Recht)* Geschäftsfähige(r) *f(m)*

personal assistant 1. *(Verw, Pers)* Chefsekretär(in) *m(f)*, Privatsekretär(in) *m(f)*; 2. *(Mgt)* Chefsekretär(in) *m(f)*, persönlicher Mitarbeiter *m*, persönliche Mitarbeiterin *f*

~ **credit line** *(Bank)* Dispokredit *m*, Dispositionskredit *m*

~ **data** *(Recht)* personenbezogene Daten *pl*

~ **data sheet** *(Verw)* Personalbogen *m*, Bogen *m* mit Personalangaben, tabellarischer Lebenslauf *m*

~ **disposable income** *(WiWi)* persönliches verfügbares Einkommen *n* (nach Steuern), persönliches Nettoeinkommen *n*
~ **dossier** *(Gesch)* Personalakte *f*
~ **effects** *(Verw)* persönliche Gegenstände *mpl*
~ **file** *(Verw)* Personalakte *f*
~ **income distribution** *(WiWi)* persönliche [personelle] Einkommensverteilung *f*
~ **particulars** *(Verw)* Personalangaben *fpl*
~ **pension scheme** *(BE) (Fin, Soz)* private Rentenversicherung *f (tax)*
~ **property** *(Gb)* (bewegliches) Privateigentum *n*
~ **record** *(Pers)* Personalakte *f*, Personalbogen *m*
~ **requirements** *(RW)* Eigenbedarf *m*
~ **sector** *(WiWi)* Haushaltssektor *m*
~ **sector liquid assets** *(Fin)* verfügbare Mittel *npl* des Haushaltssektors
~ **share** *(Bö)* Namensaktie *f*
personality *(Mgt)* Persönlichkeit *f*
personalization *(V&M)* Personalisierung *f (advertising)*
personally liable *(Recht)* persönlich haftbar
~ **responsible** *(Recht)* persönlich haftbar
personalty *(St)* bewegliches Vermögen *n*
personam/in *(Recht)* persönlich, schuldrechtlich
personnel 1. *(Gesch)* Belegschaft *f*; 2. *(Pers, Mgt)* Personal *n*
~ **administration** *(Pers)* Personalverwaltung *f*
~ **expenses** *(Pers)* Personalkosten *pl*
~**-intensive** *adj (Pers)* personalintensiv *(industry)*
~ **manager** *(Pers, Mgt)* Personalchef(in) *m(f)*, Personalleiter(in) *m(f)*
~ **overheads** *(Pers)* Personalgemeinkosten *pl*
~ **rating** *(Pers)* Leistungsbewertung *f*, Leistungsbeurteilung *f*
pertaining to *adj (Gesch)* betreffend *(a document)*
pertinent *adj (Gesch, Recht)* sachdienlich, sachlich
petition 1. *(Gesch)* Eingabe *f*, Ersuchen *n*, Gesuch *n*, Bittschrift *f*; 2. *(Recht)* Petition *f*, Verfahrensantrag *m*
~ **for relief** *(AE) (Fin)* Insolvenzantrag *m*
~ **in bankruptcy** *(BE) (Fin)* Insolvenzantrag *m*
petty *adj (RW, Fin, Gesch)* klein
~ **cash** *(RW)* Handkasse *f*, kleine Kasse *f*, Nebenkasse *f*, Portokasse *f (book-keeping)*
~ **cash book** *(RW, Verw)* Kassenbuch *n*
~ **expenses** 1. *(RW)* kleine Ausgaben *fpl*; 2. *(Fin)* kleine Ausgaben *fpl*, kleine Spesen *fpl*
pharmaceutical industry *(Ind)* Arzneimittelindustrie *f*, Pharmaindustrie *f*
phase *(Gesch)* Etappe *f*, Phase *f*, Stadium *n*, Stufe *f (of project)*
phase *v* **in** *(Gesch)* einlaufen lassen, schrittweise anheben, schrittweise einführen *(technology, service, system)*
~ **out** *(Gesch)* auslaufen lassen, schrittweise abbauen, schrittweise aufheben *(technology, service, system)*
phone card *(Komm)* Telefonkarte *f*
~ **number** *(Komm)* Anschluss *m*, Anschlussnummer *f*, Telefonnummer *f*
physical *adj (Gesch)* materiell, Sach...
~ **asset** *(Gesch)* Sachwert *m*
~ **assets** *(WiWi)* materielle Güter *npl*, Wirtschaftsgüter *npl*, Sachanlagevermögen *n*
~ **commodity** *(Bö)* Effektivware *f*, physische Ware *f*
~ **depreciation** *(RW)* verbrauchsbedingte Wertminderung *f (annual accounts)*
~ **distribution** *(V&M)* Verteilung *f (merchandise)*
~ **impossibility of performance** *(Recht)* objektive Unmöglichkeit *f* der Leistung *(contracts)*
~ **inventory** *(RW)* effektive Bestandsaufnahme *f*, körperliche Inventur *f*
pick *v* **up** 1. *(WiWi)* sich erholen *(recover)*; 2. *(Gesch)* aufholen *(prices)*; abholen
pick-up service *(Trans)* Abholdienst *m*, Abholungsservice *m*
picket *(Gesch, Pers, Ind)* Streikposten *m*
picture 1. *(Gesch)* Bild *n*, Erscheinungsbild *n*; 2. *(F&T, Med)* Kinofilm *m (outlook, prospects)*
piddling sum *(ugs.) (WiWi, Fin)* Bagatellbetrag *m*
piece *(Gesch)* Stück *n*, Teil *m*
~ **rate** *(Ind, Pers)* Akkordlohnsatz *m*, Akkordlohn *m* • **at ~ rate** *(Pers)* zum Akkordlohnsatz

~ **wage** *(Pers)* Stücklohn *m*
~ **work** 1. *(Gesch, Pers)* Akkordarbeit *f*; 2. *(Vers)* Akkord *m*
piercing the corporate veil *(Recht)* Durchgriffshaftung *f*
pigeonhole *v (Gesch)* einstufen
piggyback loan *(Fin)* Huckepackanleihe *f*
~ **selling** *(V&M)* Huckepackverkauf *m*
pilot order *(Gesch)* Erstauftrag *m*
~ **project** *(Mgt)* Pilotprojekt *n*
pink sheets *(AE) (Bö)* Kursblatt *n*
~ **slip** *(AE)* 1. *(WiWi)* Entlassungsschreiben *n*; 2. *(Pers)* Begleitnotiz *f*, Entlassungspapiere *pl* • **get the ~ slip** *(Gesch) (AE)* gekündigt werden
pioneer *(Gesch, Ind)* Bahnbrecher(in) *m(f)*, Pionier(in) *m(f)*, Vorkämpfer(in) *m(f)*, Vorreiter(in) *m(f)*, Wegbereiter(in) *m(f)*
pioneering *adj (Gesch)* bahnbrechend, einführend
~ **advertising** *(WiWi, V&M)* Einführungswerbung *f*
pipeline 1. *(Komm)* Rohrleitung *f*; 2. *(Ind, Trans)* Haupt(rohr)leitung *f*, Pipeline *f* • **be in the ~** *(Gesch)* in Vorbereitung sein *(orders)*; geplant sein, in Bearbeitung sein *(project)*
piracy 1. *(EDV, Ind, V&M)* Plagiat *n; 2. (WiWi)* Raubkopieren *n; 3. (Gesch)* Raubdruck *m (book)*; Raubpressung *f (record)*; 4. *(Recht)* unzulässiger Nachdruck *m*; 5. *(Med)* Raubkopieren *n*
pirate *v (EDV, Recht, Med)* illegal kopieren
pit *(Bö)* Bieterraum *m*, Maklerstand *m*
pitfall *(Gesch)* Fallstrick *m*, Falle *f*
pittance *(Gesch)* Hungerlohn *m*
place *v* 1. *(Fin)* unterbringen; 2. *(Gesch)* vergeben, erteilen *(order)*; 3. *(Bö)* platzieren
~ **emphasis on** *(Gesch)* betonen
~ **on record** *(Gesch)* beurkunden
place *(Gesch)* Ort *m*, Örtlichkeit *f*, Platz *m*
~ **of abode** *(Recht)* Aufenthaltsort *m*
~ **of delivery** *(Trans)* Erfüllungsort *m*, Lieferort *m*
~ **of destination** *(Gesch)* Bestimmungsort *m*, Zielort *m*
~ **of offer** *(Recht, V&M, St)* Ort *m* des Leistungsangebots
~ **of origin** *(Trans)* Herkunftsland *n*, Herkunftsort *m*
~ **of performance** *(Recht)* Erfüllungsort *m*
~ **of residence** *(Recht)* Aufenthaltsort *m*
~ **of work** 1. *(Gesch, Pers)* Arbeitsort *m*, Arbeitsplatz *m*, Betrieb *m*; 2. *(Ind, St)* Arbeitsstätte *f*
placed *adj (Gesch)* erteilt *(order)*
placement 1. *(Komm)* Vemittlung *f (job)*; 2. *(Pers)* Volontärstelle *f*; 3. *(Bö)* Platzierung *f*, Unterbringung *f (bonds)*
~ **service** *(Pers)* Arbeitsvermittlung *f*, Stellenvermittlung *f*
placing *(Bö)* Platzierung *f*, Unterbringung *f*
~ **of orders** *(Gesch)* Auftragsvergabe *f*
~ **service** *(Pers)* Arbeitsvermittlung *f*, Stellenvermittlung *f*
plain/be *v (Gesch)* eine deutliche Sprache sprechen
plain language/in *(Gesch)* mit deutlichen Worten
~ **vanilla model** *(WiWi)* Basismodell *n*
plan *v (Gesch)* entwerfen, planen, vorhaben
plan *(Gesch)* Konzept *n*, Plan *m*, Programm *n*, Projekt *n*, Vorhaben *n* • **the ~ does not hold water** *(Gesch)* der Plan ist nicht wasserdicht, der Plan ist nicht hieb- und stichfest • **the ~ has no substance** *(Gesch)* der Plan hat weder Hand noch Fuß
~ **targets** *(Mgt)* Planvorgaben *fpl*
planned economy *(WiWi, Pol)* Planwirtschaft *f*
~ **obsolescence** *(WiWi, V&M)* geplanter Verschleiß *m*, geplantes Veralten *n*
planning *(Gesch)* Einteilung *f*, Planung *f*
~ **approval** *(Gb)* Baugenehmigung *f*
~ **authority** *(Verw, Umw)* Baubehörde *f*, Planungsbehörde *f*
~ **committee** *(Gesch)* Planungsausschuss *m*
~ **horizon** *(WiWi)* Planungshorizont *m*
~ **permission** *(Verw, Recht, Gb)* Baugenehmigung *f*
~, programming and budgeting system *(RW, WiWi, Fin, Mgt)* Planungs-, Programmierungs- und Budgetierungssystem *n*, PPBS
~ **programming budget** *(Pol)* Programmbudget *n*, outputorientiertes Budget *n*
plant *(Ind)* Anlage *f*, Betriebsanlage *f*, Einrichtung *f*, Fabrikgrundstück *n*, Installation *f*

- ~ **and machinery** *(Ind)* technische Anlagen und Maschinen *fpl*
- ~ **capacity** *(Gesch, Ind)* Betriebskapazität *f*
- ~ **closure** *(Ind)* Betriebsschließung *f*, Betriebsstilllegung *f*
- ~ **incentive scheme** *(Pers)* betriebliches Anreizsystem *n*
- ~ **location** *(Gesch)* Betriebsstandort *m*, Standort *m*
- ~ **management** *(Ind, Mgt)* Betriebsleitung *f*, Werksleitung *f*
- ~ **manager** *(Ind, Mgt)* Betriebsführer(in) *m(f)*, Betriebsleiter(in) *m(f)*
- ~ **utilization rate** *(Ind)* Ausnutzungsgrad *m*

plastic waste *(Umw, Ind)* Kunststoffmüll *m*

plat book *(AE) (Verw, Gb)* Grundbuch *n*, Kataster *m*

play *v (Bö)* spekulieren

- ~ **down** *(Gesch, Pol)* herunterspielen
- ~ **it by ear** *(Gesch)* improvisieren
- ~ **safe** *(Gesch)* auf Nummer sicher gehen

plead *v (Recht)* plädieren

- ~ **guilty** *(Recht)* sich schuldig bekennen
- ~ **ignorance** *(Recht)* sich auf Unwissenheit berufen

pleasure shopping *(V&M)* Vergnügungseinkauf *m*, Erlebniseinkauf *m*

pledge *v (Recht)* verpfänden

pledged *adj (Recht)* verpfändet

plenary powers *(Fin)* unbeschränkte Vollmachten *fpl*

plot *v (Stat)* auftragen *(graph)*

plot 1. *(Gesch)* Anschlag *m*, Gelände *n*, Grundriss *m*, Grundstück *n*, Intrige *f*; 2. *(Recht)* Verschwörung *f*; 3. *(Gb)* Baugrundstück *n (of land)*

plough *v* **back** *(BE)* 1. *(Fin)* reinvestieren; 2. *(Gesch)* einbehalten, nicht ausschütten, thesaurieren

ploughback *(BE) (RW)* reinvestierter Gewinn *m*

ploughed-back profits *(BE) (RW)* thesaurierte Gewinne *mpl*

plowback *(AE) (RW)* reinvestierter Gewinn *m*

plug *(Med, V&M)* Gratiswerbesendung *f*, Schleichwerbung *f (advertising)*

plunge *(Fin, Bö)* Kurssturz *n*, Reinfall *m*

plus or minus signs *(Gesch, Stat)* Vorzeichen *npl*

- ~ **tick** *(Bö)* Mindestkursschwankung *f* aufwärts

PO *s.* 1. postal order; 2. post office

PO box *s.* post office box

poach *v* 1. *(Pers)* abwerben *(employees)*; 2. *(V&M)* abwerben *(customers)*

point 1. *(Fin)* ein Prozentpunkt *m*; 1 % *(e.g. of nominal value)*; 2. *(Gesch)* Punkt *m (for discussion)*; Standpunkt *m (stance, position)*; 3. *(Bö)* Einheit *f* bei Kursschwankungen, Punkt *m*, 1 %

- ~ **elasticity** *(WiWi)* Punktelastizität *f*
- ~ **of entry** 1. *(Gesch)* Grenzübergangsstelle *f*, Zollhafen *m*; 2. *(Trans)* Zollhafen *m*
- ~ **of origin** *(Trans)* Herkunftsland *n*, Herkunftsort *m*
- ~ **of purchase** *(V&M)* Verkaufsstelle *f*
- ~**-of-sale** *(V&M)* Ort *m* des Verkaufs, Point-of-Sale *m* (POS), Verkaufsort *m*, Verkaufspunkt *m*, Verkaufsstelle *f*, POS-Terminal *m*, computergesteuerte Kasse *f*
- ~**-of-sale promotion** *(V&M)* Werbung *f* am Verkaufspunkt
- ~ **of view** *(Gesch)* Gesichtspunkt *m*, Standpunkt *m*, Meinung *f*

points rating *(Pers, Vers, Mgt)* Punktbewertung *f*

policy 1. *(Vers)* Police *f*; 2. *(Mgt)* Marschroute *f*, Methode *f*, Verfahrensweise *f*; 3. *(Pol)* Politik *f*

- ~ **holder** *(Vers)* Versicherungsnehmer(in) *m(f)*
- ~ **lag** *(Pol)* politische Zeitverzögerung *f*
- ~ **loan** *(Vers)* Beleihung *f* einer Versicherungspolice, Policendarlehen *n*
- ~ **mix** 1. *(WiWi)* Methodenvielfalt *f*; 2. *(Mgt)* Policy Mix *m*, Kombination *f* wirtschaftspolitischer Instrumente *(normally not translated)*; 3. *(Pol)* Kombination *f* politischer Mittel
- ~ **strictly oriented to stability** *(WiWi, Pol)* stabilitätsorientierte Politik *f (ECB)*

political *adj (Pol)* politisch, staatspolitisch

- ~ **affairs** *(Pol)* Politik *f*, politische Angelegenheiten *fpl*, politische Beziehungen *fpl*
- ~ **economy** *(WiWi, Pol)* Nationalökonomie *f*, politische Ökonomie *f*, politische Ökonomik *f*, Volkswirtschaft *f*
- ~ **risk** *(Pol)* politisches Risiko *n*

poll *(V&M)* Stichprobenerhebung *f*, Umfrage *f*

polling *(EDV)* Polling *n*, Sendeaufruf *m*, Umfragebetrieb *m (network, modem)*
polluter *(Umw)* Verschmutzer *m*, Umweltverschmutzer *m*
~ **(pays) principle** *(Umw)* Verursacherprinzip *n (international and EU legislation)*
pollution 1. *(Umw)* Belastung *f*, Umweltbelastung *f*, Verschmutzung *f*; 2. *(Ind)* Verunreinigung *f (of a product)*
~ **monitoring** *(Umw, Ind)* Umwelt(verschmutzungs)überwachung *f*
~ **tax** *(Umw, Pol, St)* Umweltsteuer *f*
pool 1. *(WiWi)* Kartell *n* höherer Ordnung; 2. *(Fin, Gesch)* gemeinsamer Fonds *m*; 3. *(Vers)* Pool *m*, Konsortium *n*, Interessengemeinschaft *f*
pool *v* **resources** *(WiWi)* Mittel vereinen, Mittel zusammenfassen
pooling *(Gesch)* Zusammenlegung *f*, Poolung *f*, Bündelung *f*
~ **arrangements** *(Gesch)* Gewinnpoolungsvertrag *m*
~ **of interests** *(AE) (RW)* Interessenzusammenführung *f*
poor market *(WiWi)* schleppender Absatz *m*
~ **service** *(V&M)* schlechter Service *m*
popular request/by *(Gesch)* auf allgemeinen Wunsch
population 1. *(WiWi)* Bevölkerung *f*; 2. *(V&M)* Grundgesamtheit *f*, statistische Menge *f (marketing, statistics)*
~ **census** *(Gesch, Stat)* Volkszählung *f*
porcupine provisions *(Fin)* Übernahmeabwehr-Klausel *f (takeovers)*
port 1. *(EDV)* Anschluss *m*, Port *m*; 2. *(Trans)* Hafen *m*
~ **charges** *(St, Trans)* Hafengebühren *fpl*
portfolio 1. *(Bank, Fin, WiWi)* Portefeuille *n*, Wertpapierbestand *m*, Portfolio *n*; 2. (Gesch) *Aktenmappe* f; 3. (Pol) *Geschäftsbereich* m, *Referat* n, *Portefeuille n*, Ressort *n (of government activity)*
~ **analysis** *(V&M)* Portfolio-Analyse *f*
~ **investment** 1. *(Fin)* Portfolio-Investition *f*, 2. *(Bö)* Direktinvestitionen *fpl*
~ **investments** *(WiWi, Fin)* Wertpapieranlagen *fpl*
~ **management** 1. *(Bank)* Vermögensverwaltung *f*; 2. *(Fin)* Effektenverwaltung *f*
~ **management theory** *(Fin, Bö)* Portfolio-Managementtheorie *f*, Vermögensverwaltungstheorie *f*
~ **selection** *(Fin)* Anlagenauswahl *f*, optimales Depotmanagement *n*, Portfolio-Selektion *f*
~ **turnover** *(Fin)* Portefeuille-Umschichtung *f*
POS s. point-of-sale
pose *v (Gesch)* aufwerfen *(question, problem)*
~ **a threat** *(Gesch)* eine Bedrohung darstellen
position *v* 1. *(Gesch)* positionieren; 2. *(Bö)* auf eigene Rechnung kaufen, eine Position eröffnen
~ **a product** *(Gesch, V&M)* ein Produkt positionieren
position 1. *(RW)* Finanzlage *f*; 2. *(Verw)* Stellung *f*; 3. *(Bank)* Bestand *m*; 4. *(Gesch)* Standpunkt *m (point of view)*; Arbeitsplatz *m*, Lage *f (situation)*; 5. *(Pers)* Position *f*, Stelle *f*, Stellung *f*, Wertpapierposition *f*, Position *f* • **be in a ~ to** *(Gesch)* in der Lage sein zu
~**-keeping** *(Bö)* Positionsführung *f*
positioning 1. *(Fin)* Positionierung *f*; 2. *(V&M)* Platzierung *f*
~ **of advertising** *(V&M)* Anzeigenplatzierung *f*
positive *adj (Gesch)* konstruktiv, positiv *(favourable)*
~ **confirmation** *(RW)* positive Bestätigung *f*, vorbehaltslose Bestätigung *f (auditing)*
~ **economics** *(WiWi)* positive Wirtschaftswissenschaften *fpl*
~ **feedback** *(WiWi)* positive Rückmeldung *f*, positive Reaktion *f*
possession *(Recht)* Besitz *m (property)*
possessor *(Recht)* Besitzer(in) *m(f)*
possessory claim *(Recht)* Besitzanspruch *m*
possibility *(Gesch)* Möglichkeit *f*, Chance *f*
post *v* 1. *(RW)* ausweisen, buchen, eintragen, verbuchen; 2. *(Verw)* anschlagen; 3. *(Gesch)* aufgeben, abschicken, einstecken, einwerfen *(through letterbox)*
~ **an entry** *(RW)* einen Eintrag verbuchen, einen Posten einbuchen
post *(Gesch)* nach • ~ **meridiem** *(Gesch)* nachmittags

post 1. *(Komm)* Post *f*; 2. *(Gesch)* Arbeitsplatz *m*; 3. *(Pers)* Posten *m*, Stelle *f*, Stellung *f*; 4. *(Bö)* Stand *m* • **by ~** *(Komm)* auf dem Postweg • **by the same ~** *(Gesch)* mit gleicher Post

~-balance-sheet event *(RW)* Ereignis *f* nach dem Bilanzstichtag

~-free *adj (Komm)* gebührenfrei

~-industrial society *(WiWi)* nachindustrielle Gesellschaft *f*

~ office *(Komm)* Post *f*, Postamt *n*

~ office box *(Komm)* Postfach *n*, Schließfach *n*

~-purchase remorse *(V&M)* Reue *f* nach dem Kauf

~-sales service *(V&M)* Kundendienst *m*

postage *(Komm)* Frankierung *f*, Porto *n*, Portospesen *pl*

~ and packing *(Komm)* Porto *n* und Verpackung *f*

~ paid *(Komm)* franko, Gebühr bezahlt, Porto bezahlt, portofrei, postfrei, gebührenfrei

~ due *(Komm)* Nachporto *n*, Nachgebühr *f*

~ stamp *(Komm)* Briefmarke *f*

postal address *(Komm)* Post(zustell)-adresse *f*

~ money order *(AE) (Bank, Fin, Gesch)* Postanweisung *f*

~ order *(BE) (Bank, Fin, Gesch)* Postanweisung *f*

~ remittance *(RW)* Postüberweisung *f*

~ zone *(Komm)* Postleitzone *f*, Postzustellbereich *m*

postbox *(BE) (Verw, Komm)* Briefeinwurf *m*, Briefkasten *m*

postcode *(BE) (Komm, Gesch)* Postleitzahl *f*, PLZ

postdate *v* 1. *(Komm)* nachdatieren, später datieren; 2. *(Gesch)* vordatieren *(cheque, document)*

postdated *adj* 1. *(Komm)* nachdatiert; 2. *(Gesch)* vordatiert

poste restante *adj (Komm)* postlagernd

posthedging transaction *(WiWi)* Sicherungsgeschäft *n*

posting 1. *(Komm)* Posteinlieferung *f*; 2. *(RW)* Verbuchung *f*; 3. *(Gesch, Pers)* Versetzung *f (job)*; 4. *(Recht)* Aufstellen *n*, Buchungsverfahren *n*, Eintragungsverfahren *n*; öffentliche Bekanntmachung *f (civil procedure)*

~ error *(RW)* Fehlbuchung *f*

postmark *(Komm)* Datumsstempel *m*, Poststempel *m*, Tagesstempel *m*

postpaid *adj (Komm)* im Voraus bezahlt, Porto bezahlt, portofrei

postpone *v (Gesch)* aufschieben, verschieben, vertagen, zurückstellen

postponement *(Gesch)* Aufschub *m*, Verschiebung *f*, Vertagung *f*, Zurückstellung *f*

postscript 1. *(Komm)* Nachschrift *f*, Nachtrag *m*, Postscriptum *n*, P.S.; 2. *(Gesch)* Nachsatz *m*

potential *adj (Gesch)* möglich, potenziell

potential *(Gesch)* Möglichkeit(en) *f(pl)*; Leistungsvermögen *n*, Potenzial *n*, Leistungskraft *f*, Hilfsquelle *f*, Kapazität *f* • **have ~** *(Gesch)* über Potenzial verfügen

~ buyer *(V&M)* potenzielle Käuferin *f*, potenzieller Käufer *m*

~ customer *(WiWi)* Interessent(in) *m(f)*

~ income *(WiWi)* potenzielles Einkommen *n*

~ investor *(Bö)* potenzielle Anlegerin *f*, potenzieller Anleger *m*

~ output *(WiWi)* potenzieller Ausstoß *m* einer Volkwirtschaft

pour *v* **money into** *(WiWi)* investieren in

power *v (EDV, Ind)* betreiben

power 1. *(EDV)* Strom *m*, Spannung *f (electricity)*; 2. *(Gesch)* Macht *f*, Vermögen *n (capability)*; Befugnis *f*, Ermächtigung *f (authorization)*; 3. *(Ind)* Energie *f*, Kraft *f*, Leistung *f*, Netzstrom *m*, Starkstrom *m*, Spannung *f (electrical)* • **give sb a ~ of attorney** *(Recht)* jmdm. eine Vollmacht erteilen

~ consumption *(Ind, Umw)* Energieverbrauch *m*, Stromverbrauch *m*

~ generation *(Ind)* Energieerzeugung *f*

~ industries *(Ind)* Energiewirtschaft *f*

~ of attorney *(Recht)* Bevollmächtigung *f*, (schriftliche) Vollmacht *f*, Vollmachtsurkunde *f*

~ supply *(Ind, Umw)* Energieversorgung *f*

~ to sign *(Verw)* Zeichnungsberechtigung *f*

powerful *adj (Gesch)* überzeugend, bedeutend, kraftvoll, leistungsstark, einflussreich

p&p *s.* postage and packing

pp *s.* per pro
PPB *s.* planning, programming and budgeting
PPBS *s.* planning, programming and budgeting system
PR agency *(V&M)* PR-Agentur *f*, Werbeagentur *f*
practice *v (AE)* 1. *(Gesch)* üben *(exercise)*; 2. *(Recht)* praktizieren
practice *(Recht)* Praxis *f* • **in ~** *(Gesch)* in der Praxis
practise *v (BE)* 1. *(Gesch)* üben *(exercise)*; 2. *(Recht)* praktizieren
~ **a profession** *(BE) (WiWi)* einen freien Beruf ausüben
~ **as** *(BE) (Recht)* tätig sein als
pre-arranged *adj (Gesch)* fixiert, im Voraus vereinbart
~**-eminent** *adj (Gesch)* überragend, herausragend, hervorragend
~**-emptive bid** *(Bö)* großzügiges Übernahmeangebot, das mögliche Mitbieter abschreckt
~**-emptive right** *(AE) (Recht)* Vorkaufsrecht *n*
~**-operating expenses** *(RW, Fin)* Anlaufkosten *pl*
~**-tax** *adj (St)* vor Steuern
~**-tax earnings** *(St)* Gewinn *m* vor Steuern
~**-test** *(V&M)* Pretest *m*
~**-treat** *v (Umw)* vorbehandeln
preamble 1. *(Gesch)* Einleitungsformeln *fpl*, Vorrede *f (to agreement, contract)*; 2. *(Mgt, Recht)* Präambel *f*, 3. *(Pat)* Einleitung *f*, Vorbemerkung *f*
prebill *v (V&M)* vorfakturieren
precautionary demand for money *(WiWi)* Vorsorgemotiv *n* der Geldnachfrage
precedence rating *(WiWi)* Dringlichkeitsstufe *f*
precedent *(Recht)* Präzedenzfall *m (case law)*
precise *adj (Gesch)* präzise, genau, pünktlich
precision engineering *(Ind)* Feinmechanik *f*, Feintechnik *f*, Präzisionstechnik *f*
preclusive buying *(V&M)* Ausschlusskauf *m*
precondition *(Gesch)* Vorbedingung *f*, Bedingung *f*
predate *v (Gesch)* vorausgehen, (zu)rückdatieren *(document)*
predatory competition *(Gesch)* Verdrängungswettbewerb *m*
~ **pricing policy** *(WiWi)* Verdrängungswettbewerb *m*
predetermine *v (Gesch, Mgt, Bö)* vorausbestimmen, vorher ermitteln, vorgeben
predict *v (Gesch)* prognostizieren, vorausberechnen
predictable *adj (Gesch)* berechenbar, voraussagbar, vorhersehbar
predicted costs *(WiWi, Gesch)* Plankosten *pl*, Sollkosten *pl*
prediction *(Gesch)* Voraussage *f*, Prognose *f*
predictive power [quality] *(WiWi, Stat)* Prognosequalität *f*
prefabricated *adj (Gb)* vorgefertigt
~ **house** *(Gb)* Fertighaus *n*
prefer *v (RW, Fin, Gesch, V&M)* bevorzugen
preference *(Gesch)* Bevorzugung *f*, Vorrang *m*; Neigung *f (inclination)*
~ **system** *(WiWi)* Bedarfsstruktur *f*
preferential interest rates *(Bank)* Vorzugszinsen *mpl*
~ **price** *(WiWi)* Vorzugspreis *m*
~ **terms** *(Gesch)* Vorzugskonditionen *fpl*
~ **treatment** *(Gesch)* Bevorzugung *f*, Vorzugsbehandlung *f*
preferred *adj (RW, Fin, Gesch, V&M)* bevorzugt
~ **dividend** *(AE) (RW)* Vorzugsdividende *f*
~ **stock** *(AE) (Fin, Bö)* Vorzugsaktie *f*
prejudice *v (Recht)* beeinflussen
prejudice *(Gesch)* Befangenheit *f*, Voreingenommenheit *f*, Vorurteil *n (damage)*
prejudicial *adj (Gesch)* nachteilig, schädlich • **be ~ to** *(Gesch)* sich nachteilig auswirken auf
preliminary *(Gesch)* vorbereitende Maßnahme *f*
~ **agreement** *(Recht)* Vorvertrag *m (contract)*
~ **calculation** *(RW)* Vorkalkulation *f*
~ **draft** *(Fin)* Vorentwurf *m*
~ **estimate** *(Gesch)* Vorausschätzung *f*
~ **investigation** *(Recht)* vorläufige Untersuchung *f*
~ **VAT return** *(BE) (St)* USt-Voranmeldung *f*
premature *adj (Gesch)* verfrüht, voreilig, vorzeitig

premerger notification duty *(Recht)* Anzeigepflicht *f* bei Fusionen
premise *(Gesch)* Voraussetzung *f* • **on the ~ that** *(Gesch)* unter der Voraussetzung, dass
premises 1. *(Ind)* Grund und Boden; 2. *(Gb)* Anwesen *n*, Räumlichkeiten *fpl*, Geschäftsräume *mpl (commercial building)*
premium 1. *(Fin)* Agio *n*; 2. *(Gesch)* Aufschlag *m*, Bonifikation *f*; 3. *(Pers)* Zulage *f*, Bonus *m*; 4. *(Vers)* Prämie *f*, Versicherungsprämie *f*; 5. *(V&M)* Vorzugsangebot *n (advertising)*; 6. *(Bö)* Aufgeld *n*, Report *m* • **at a ~** *(Fin, Bö)* mit einem Agio
~ **default** *(Fin, Vers)* Prämienverzug *m*
~ **price** *(V&M)* Höchstpreis *m*
~ **rate** *(Vers)* Prämiensatz *m*, Tarifbeitrag *m*
prenuptial agreement *(Recht)* Ehevertrag *m*, vorehelicher Vertrag *m*
prepackaging *(V&M)* Vorverpackung *f*
prepaid *adj (Fin, Gesch, V&M, Trans)* vorausbezahlt
~ **costs** *(V&M)* vorausbezahlte Kosten *pl*
~ **expenses** *(RW)* transitorischer Posten *mpl*
preparation of a balance sheet *(RW)* Bilanzaufstellung *f*
preparatory work *(Gesch)* Vorarbeit *f*, vorbereitende Arbeiten *fpl*
prepare *v* 1. *(RW)* aufstellen; 2. *(Gesch)* erstellen, vorbereiten, ausarbeiten, erarbeiten
prepay *v (RW, Bank, Fin, St)* vorauszahlen
prepayment 1. *(RW)* Vorauszahlung *f*; 2. *(Bank)* Vorfälligkeit *f*; 3. *(Gesch)* Anzahlung *f*
~ **penalty** *(Bank)* Vorfälligkeitsentschädigung *f*
preproduction cost *(RW)* Vorlaufkosten *pl*
prerequisite *(Gesch)* Bedingung *f*, Erfordernis *n*, Voraussetzung *f*, Vorbedingung *f*
~ **for accession** *(WiWi, Recht, Pol)* Eintrittsvoraussetzung *f*
~ **for entry** *(WiWi, Recht, Pol)* Eintrittsvoraussetzung *f*
prerogative *(Recht)* Vorrecht *n*
presale service *(V&M)* Dienst *m* am Kunden vor dem Verkauf, Vorverkaufskundendienst *m*
prescribe *v (Recht)* vorschreiben *(requirements)*
prescribed price *(Gesch)* vorgeschriebener Preis *m*
preselection *(Komm)* Voreinstellung *f*
present *v* 1. *(Bank)* einreichen; 2. *(Gesch)* vorlegen *(report, bill)*; 3. *(Recht)* vorlegen *(evidence)*; 4. *(V&M)* vorführen
~ **a draft for acceptance** *(Bank, Fin, Gesch)* eine Tratte zur Annahme vorlegen
~ **in an easy format** *(Gesch)* leicht verständlich darlegen
~ **fairly** *(RW)* ordnungsgemäß darstellen, wirtschaftlich angemessen darstellen *(auditing)*
present *adj (Gesch)* präsent, anwesend, gegenwärtig, augenblicklich *(current)*
present *(Med, V&M)* Präsent *n*
~ **value** 1. *(RW)* Barwert *m*; 2. *(Fin)* Barwert *m*, Gegenwartswert *m*
~ **value factor** *(Fin)* Barwertfaktor *m*
~ **value method** 1. *(WiWi)* Kapitalwertmethode *f*; 2. *(Fin, RW)* Zeitwertmethode *f*
presentation 1. *(Bank)* Einreichung *f*; 2. *(Gesch)* Vorlage *f*; 3. *(Recht)* Vorlegung *f*; 4. *(Mgt)* Darstellung *f*; 5. *(V&M)* Präsentation *f*, Vorführung *f* • **on ~** *(RW, Fin, Gesch, Recht)* bei Vorlage, gegen Vorlage
preservatives *(Ind, V&M)* Konservierungsmittel *npl* • **no ~ or additives** *(Ind, V&M)* ohne Konservierungs- oder Zusatzstoffe
preside *v (Gesch)* den Vorsitz haben *(at meeting)*
~ **over** *(Gesch)* vorsitzen *(meeting, commission)*
presidency *(Mgt, Pol)* Präsidentschaft *f*, Vorsitz *m*
president 1. *(Pers)* Präsident(in) *m(f)*, Vorsitzende(r) *f(m)*, Vorstandsvorsitzende(r) *f(m)*; 2. *(Mgt)* Generaldirektor(in) *m(f) (of business)*
President *(Gesch, Pol)* Präsident(in) *m(f)*, Präs.
~ **of the Treasury Board** *(AE) (Fin)* Präsident(in) *m(f)* des Schatzamtes
press *(Med, Pol, V&M)* Presse *f* • **go to ~** *(Med)* in Druck gehen *(print)* • **have a bad ~** *(Gesch)* eine schlechte Presse haben • **have a good ~** *(Gesch)* eine gute Presse haben
~ **campaign** *(Med)* Pressecampagne *f (print)*

~ **conference** *(Med)* Pressekonferenz *f (print)*
~ **coverage** *(Med)* Presseberichterstattung *f (print)*
~ **office** 1. *(Med)* Presseamt *n*, Pressestelle *f*; 2. *(Pol)* Presseamt *n*
~ **release** *(Med)* freigegebene Pressemitteilung *f*, freigegebene Presseverlautbarung *n*
~ **report** *(Med)* Pressebericht *m*
~ **statement** *(Med)* Pressemitteilung *f*
pressure *(Gesch)* Beanspruchung *f*, Belastung *f*, Druck *m* • **come under** ~ *(Gesch)* unter Druck geraten *(to do sth)*
~ **group** *(Pol)* Interessengruppe *f*, Lobby *f*, Interessenverband *m*, Interessenvereinigung *f*, Interessenvertretung *f*
pressurize *v (WiWi, Pers)* unter Druck setzen *(person)*
prestigious *adj (Gesch)* angesehen, repräsentativ, vornehm, renommiert, einflussreich *(influential)*
presumable *adj (Gesch)* voraussichtlich
presumption of ownership *(Gesch)* Eigentumsvermutung *f*
pretence *(Recht)* Vortäuschung *f*
prevail *v* **against** *(Gesch)* sich durchsetzen gegen
prevailing *adj (Gesch)* gängig, handelsüblich, herrschend, maßgeblich
prevention *(Gesch)* Verhütung *f*, Verhinderung *f*, Vermeidung *f*, Vorbeugung *f*
preventive measure *(Gesch)* vorbeugende Maßnahme *f*
previous *adj (Gesch)* vorherig
~ **application** *(Pat)* Voranmeldung *f*
~ **year** *(Gesch)* vorhergehendes Jahr *n*, Vorjahr *n*
price *v* 1. *(Fin)* berechnen; 2. *(Gesch, V&M)* auszeichnen
price 1. *(WiWi, Fin)* Kurs *m*; 2. *(Gesch)* Preis *m*; 3. *(Gb)* Angebotspreis *m*; 4. *(V&M)* Kaufpreis *m*, Marktpreis *m*; 5. *(Bö)* Briefkurs *m*, Kurs *m* • ~ **on application** *(Gesch)* Preis *m* auf Anfrage • **at ruling prices** *(Fin, Bö)* zu gegenwärtigen Börsenkursen, zu Tagespreisen, zu Tageskursen
~ **behavio(u)r** *(Bö)* Preisverhalten *n (of options)*
~ **bid** *(Bö)* Geldkurs *m*, Preisangebot *n*
~ **control** *(WiWi)* Preiskontrolle *f*
~ **cut** *(WiWi, Fin, V&M)* Preisreduzierung *f*, Preissenkung *f*
~**-demand elasticity** *(V&M)* Preisnachfrageelastizität *f*
~**-demand function** *(WiWi)* Preisabsatzfunktion *f*
~ **determinant** *(V&M)* Preisbildungsfaktor *m*
~ **differential** 1. *(WiWi, Pers)* Preisgefälle *n*, Preisunterschied *m*; 2. *(V&M)* Preisdifferenzierung *f*; 3. *(Bö)* Kursgefälle *n*
~ **discrimination** *(V&M)* Preisdiskriminierung *f*
~**-earnings ratio [multiple]** *(Fin)* Kurs/Gewinn-Verhältnis *n*, KGV
~ **effect** *(WiWi)* Preiseffekt *m*
~ **elasticity of demand** *(WiWi)* Preiselastizität *f* der Nachfrage
~**-fixing** *(Recht, V&M)* Preisabsprache *f*, Preisbindung *f*, Preisfestsetzung *f*, illegale Preisabsprache *f*
~ **formation** *(WiWi, V&M)* Preisbildung *f*
~ **freeze** *(WiWi, Gesch, V&M)* Preisstopp *m*
~ **guarantee** *(V&M)* Preisgarantie *f*
~ **incentive** *(V&M)* Preisanreiz *m*
~ **increase** 1. *(WiWi)* Preissteigerung *f*; 2. *(Fin, V&M)* Preisanstieg *m*, Preiserhöhung *f*
~ **index** *(RW, WiWi, Fin, Bö)* Preisindex *m*
~ **label** *(V&M)* Preisetikett *n*, Preisschild *n*
~ **leader** *(WiWi, V&M)* Lockvogel *m (low-priced article)*; Preisführer *m (firm)*
~ **level** 1. *(Gesch)* Kursniveau *n*; 2. *(WiWi, V&M)* Preisniveau *n*
~ **list** *(Recht, V&M)* Preisverzeichnis *n*, Preisliste *f*
~ **maintenance** *(Fin, Recht, V&M)* Preisbindung *f*, Preisbindung *f* der zweiten Hand
~ **maintenance scheme** *(V&M)* Preisbindungsregelung *f*
~ **maker** *(WiWi)* Preisfixierer *m*
~ **mechanism** *(WiWi)* Marktpreismechanismus *m*
~ **nosedive** *(Bö)* Kurssturz *m*, Kursrutsch *m*
~ **of delivery** *(Gesch)* Bezugspreis *m*
~ **offered** *(Bö)* Brief *m*, Briefkurs *m*
~**-performance ratio** *(Gesch)* Preis-Leistungs-Verhältnis *n*
~**-quality ratio** *(V&M)* Preis-Qualitätsverhältnis *n*

~ **range** 1. *(WiWi)* Preisbereich *m*; 2. *(Gesch)* Preislage *f*; 3. *(V&M)* Preisskala *f*, Preisspanne *f*, Preisspektrum *n*
~ **reduction** *(V&M)* Preisnachlass *m*
~ **rigidity** *(WiWi)* Preisstarrheit *f*
~**-sensitive** *adj (WiWi, V&M)* preisempfindlich
~ **spread** *(V&M)* Preisspanne *f*
~ **stability** *(WiWi, V&M)* Preisstabilität *f*
~ **tag** *(V&M)* Preisschild *n*
~ **taker** *(WiWi)* Mengenanpasser *m*
~ **volatility** *(Bö)* Kursvolatilität *f*, Kursvariabilität *f*
~ **war** *(WiWi, V&M)* Preiskrieg *m*
pricey *adj (Gesch) (ugs.)* happig, kostspielig, teuer
pricing 1. *(RW)* Preiskalkulation *f*; 2. *(V&M)* Preisfestlegung *f*, Preissetzung *f*, Preisverhalten *n*; 3. *(Fin)* Ermittlung *f* des Fair Value, Fair-Value-Ermittlung *f (Bonds, Options, Futures)*; 4. *(Bö)* Preisfestlegung *f*, Preisgestaltung *f*
~ **policy** *(V&M)* Preis(bildungs)politik *f*
pricy *adj s.* pricey
prima facie *(Gesch)* nach dem ersten Anschein
primarily *adv (Gesch)* hauptsächlich, in der Hauptsache, in erster Linie, primär, vor allem
primary *adj (Gesch)* hauptsächlich, primär, Primär...
~ **activities** *(Gesch)* Kerngeschäft *n*, Primärgeschäft *n*
~ **capital** *(Bank, Fin)* primäres Eigenkapital *n*
~ **commodity** *(WiWi)* Grundstoff *m*, Rohstoff *m*
~ **data** *(V&M)* Primärdaten *pl*
~ **dealer** *(WiWi)* Primärhändler *m*
~ **deficit** *(WiWi)* Primärdefizit *n*
~ **industry** *(WiWi)* Grundstoffindustrie *f*
~ **labo(u)r market** *(WiWi, Pers)* Hauptarbeitsmarkt *m*, Primärarbeitsmarkt *m*, primärer Arbeitsmarkt *m*
~ **liquidity** *(Bank)* Primärliquidität *f*
~ **market** *(Bö)* Markt *m* für Neuemissionen, Primärmarkt *m*
~ **resource** *(Umw)* Primärressource *f*
~ **sector** *(WiWi)* primärer Sektor *m*
prime *adj (Gesch)* erstklassig, Haupt...
~ **bill** *(Bö)* erstklassiger Wechsel *m*
~ **costs** *(WiWi)* Fertigungseinzelkosten *pl*, Gestehungskosten
~ **lending rate** *(Fin)* Bankzinssatz *m* für erste Adressen, Leitzinssatz *m*
~ **location** *(Gb)* bevorzugte Lage *f*
~ **quality** *(Gesch)* erste Wahl *f*
~ **rate of interest** *(Bank)* Kreditzins *m* für erste Adressen, Prime-Rate *f*
~ **time** *(Med)* Hauptsendezeit *f*, Haupteinschaltzeit *f*
~ **viewing time** *(Med)* Hauptfernsehzeit *f (TV)*
~ **working age** *(Pers)* im besten Erwerbsalter *n*
principal *adj (Gesch)* hauptsächlich, Haupt...
principal 1. *(RW)* Auftraggeber(in) *m(f)*; 2. *(Bank)* Erstverpflichtete(r) *f(m)*; 3. *(Fin)* Auftraggeber(in) *m(f)*
~ **agent relation** *(WiWi)* Principal-Agent-Beziehung *f*
~ **agent theory** *(WiWi)* Principal-Agent-Theorie *f*
~ **customer** *(Gesch)* Hauptkunde *m*, Hauptkundin *f*
~ **debtor** *(Fin, V&M)* Hauptschuldner(in) *m(f)*
~ **establishment** *(Gesch)* Hauptniederlassung *f*
~ **place of business** *(Gesch, Mgt)* Hauptniederlassung *f*, Hauptsitz *m*
~ **stockholder** *(Bö)* Großaktionär(in) *m(f)*, Hauptaktionär(in) *m(f)*
~ **sum** *(Fin)* Kapitalbetrag *m (insurance)*
~ **value** *(Bö)* Kapitalwert *m*, Nennwert *m*
~ **wage earner** *(Pers)* Hauptverdiener(in) *m(f)*
principle *(Gesch)* Grundsatz *m*, Leitsatz *m*, Prinzip *n*
~ **of accrual** *(RW)* Prinzip *n* der Periodenabgrenzung
~ **of equivalence** *(Vers)* Äquivalenzprinzip *n*
print quality *(EDV, Med)* Druckqualität *f*
~ **resolution** *(EDV)* Druckauflösung *f (e.g. 600 dpi)*
~ **settings** *(EDV)* Druckeinstellungen *fpl*
printed form *(Gesch)* Vordruck *m*, vorgedrucktes Formular *n*
~ **matter** *(Gesch, Med)* Drucksache *f*
printer resolution *(EDV)* Druckerauflösung *f (e.g. 1200 dpi)*

printing house *(EDV, Med)* Druckerei *f*
~ **plant** *(EDV, Med)* Druckerei *f*
printout *(Verw, EDV)* Ausdruck *m*
prior *adj (Gesch)* früher, vorherig, vorrangig • ~ **to** *(Gesch)* vor
~ **art** *(Pat)* Stand *m* der Technik
~ **consent** *(Gesch)* vorherige Zusage *f*
~ **debt** *(Fin)* Altschulden *fpl*
~ **mortgage** *(Gb)* vorrangige Hypothek *f*
~ **patent** *(Pat)* älteres Patent *n*, Vorzugspatent *n*
priority *adj (Gesch)* vorrangig
priority 1. *(Gesch)* Hauptziel *n*, Priorität *f* *(goal, target)*; Vorrang *m (precedence)*; Rangfolge *f (order of preference)*; Dringlichkeit *f (urgency)*; 2. *(Pat)* Vorrang *m*, Vorrecht *n*
~ **date** *(Recht, Pat)* Prioritätsdatum *n*
~ **right** *(Recht, Pat)* Vorzugsrecht *n*
privacy *(Komm, Recht)* Privatsphäre *f*, Privatleben *n (civil rights)*
~ **policy** *(Komm, Recht)* Datenschutzrichtlinie *f (Internet)*
private *adj (Gesch)* persönlich, privat, vertraulich • **by ~ contract** 1. *(Gesch)* freihändig; 2. *(Recht)* durch privatschriftlichen Vertrag • ~ **and confidential** *(Gesch)* streng vertraulich, vertraulich
~ **brand** *(V&M)* Hausmarke *f*
~ **call** *(Komm)* Privatgespräch *n*
~ **company** 1. *(Gesch)* personenbezogene Kapitalgesellschaft *f*, Privatunternehmen *n*; 2. *(Recht)* privatrechtliches Unternehmen *n*
~ **consumption** 1. *(WiWi)* privater Konsum *m*; 2. *(Gesch)* Eigenverbrauch *m*
~ **employment agency** *(Pers)* private Arbeitsvermittlung *f*, private Stellenvermittlung *f*
~ **employment service** *(Pers)* private Arbeitsvermittlung *f*, private Stellenvermittlung *f*
~ **enterprise** 1. *(WiWi)* Privatwirtschaft *f*, (freie) Marktwirtschaft *f (economic system)*; 2. *(Gesch)* Privatbetrieb *m*, Privatunternehmen *n (firm)*
~ **good** *(WiWi)* Individualgut *n*
~ **household** *(Gesch)* Privathaushalt *m*
~ **individual** *(Gesch)* Privatperson *f*
~ **institution** *(Gb)* private Anstalt *f*, private Einrichtung *f*, private Institution *f*, privates Institut *n*
~ **job placement [placing] agency** *(Pers)* private Arbeitsvermittlung *f*
~ **law** *(Recht)* Privatrecht *n (civil law)*
~ **limited company** *(Gesch)* Gesellschaft *f* mit beschränkter Haftung; GmbH *(Germany)*; Ges.m.b.H. *(Austria)*
~ **limited partnership** *(Recht, Bö)* Kommanditgesellschaft *f*, KG
~ **ownership** *(Gesch, Gb)* Privatbesitz *m*, Privateigentum *n*
~ **patient** *(Soz)* Privatpatient(in) *m(f)*
~ **placing service** *(Pers)* private Arbeitsvermittlung *f*, private Stellenvermittlung *f*
~ **sector** *(WiWi)* privater Sektor *m*, Privatwirtschaft *f*
~ **sector company** *(WiWi, Gesch)* privates Unternehmen *n*
privately-owned company *(WiWi)* Privatunternehmen *n*, Unternehmen *n* in Privatbesitz
privatization *(WiWi, Gesch, Pol)* Entstaatlichung *f*, Privatisierung *f*
privatize *v (WiWi)* entstaatlichen, privatisieren
privilege 1. *(Gesch)* Privileg *n*, Vorrecht *n*; 2. *(Pers, Mgt)* Vergünstigung *f*; 3. *(Bö)* Option *f*
pro forma *adj (Verw, Gesch, AH)* pro forma
~ **forma balance sheet** *(RW)* Probebilanz *f*
~ **forma invoice** *(Verw, RW, Gesch, AH, V&M)* Proformarechnung *f*, vorläufige Rechnung *f*
~ **rata** *(Gesch)* verhältnismäßig
proactive *adj (Mgt)* proaktiv
probability *(Stat)* Wahrscheinlichkeit *f*
probable *adj* 1. *(Gesch)* glaubhaft, mutmaßlich, voraussichtlich, wahrscheinlich; 2. *(Stat)* wahrscheinlich
probate duty *(Recht)* Erbschaftssteuer *f*
probation period *(Pers)* Probezeit *f*
problem *(Gesch)* Problem *n*
~ **analysis** *(Stat, Mgt)* Problemanalyse *f*
~ **loan** *(Bank, Fin)* Problemkredit *m*, Risikokredit *m*, *(ugs.)* fauler Kredit *m*
~ **solving** *(Gesch)* Problemlösung *f*
procedural *adj (Verw, Gesch, Recht, Mgt)* verfahrensrechtlich
procedure 1. *(Gesch, Verw)* Ablauf *m*, Arbeitsweise *f*, Verfahren *n*, Vorgehen *n*, Verfahrensweise *f*; 2. *(Pol)* Geschäftsordnung *f*

proceedings *(Recht)* Verfahren *n*, Verhandlung *f*
proceeds *(Gesch)* Erlös *m*
~ **in cash** *(Gesch)* Barerlös *m*
~ **of an issue** *(Fin)* Emissionserlös *m*
~ **of sales** *(Gesch)* Verkaufserlös *m*
process *v* 1. *(EDV)* abarbeiten, abfertigen, verarbeiten *(data)*; 2. *(Gesch)* abfertigen, abwickeln, bearbeiten *(incoming mail)*; 3. *(Ind)* bearbeiten *(machining)*; aufbereiten, verarbeiten *(production)*
~ **an order** *(Verw)* einen Auftrag bearbeiten
process 1. *(EDV)* Prozess *m*; 2. *(Gesch)* Verfahren *n*; 3. *(Pers)* Arbeitsablauf *m*; 4. *(Ind)* Prozess *m*, Verarbeitung *f*, Vorgang *m*, Arbeitsweise *f (method)*
~ **chart** *(EDV)* Ablaufdiagramm *n*
~ **control** 1. *(Gesch)* Fertigungskontrolle *f*; 2. *(Ind)* Prozessleitsystem *n*, Prozesssteuersystem *n (by computer)*; Prozessführung *f*, Prozessleitung *f*, Prozesslenkung *f (progress)*; Fertigungskontrolle *f (of production)*; Qualitätskontrolle *f (of quality)*
~ **costing** 1. *(RW)* Divisionskakulation *f*; 2. *(Ind)* Kostenrechnung *f* für Serienfertigung
~ **engineering** *(Ind)* Fertigungsplanung *f*, Verfahrenstechnik *f*
~ **of adjustment** 1. *(WiWi)* Ausgleichsprozess *m (BOP)*; 2. *(Gesch)* Anpassungsprozess *m*
~ **planning** *(Ind, Mgt)* Arbeitsvorbereitung *f*
processed product *(Ind)* Veredelungserzeugnis *n*
processing 1. *(Bank)* Bearbeitung *f (of cheques)*; 2. *(EDV)* Verarbeitung *f*; 3. *(Gesch)* Bearbeitung *f*, Abwicklung *f*; 4. *(Ind)* Zubereitung *f*, Verarbeitung *f*
~ **industry** *(Ind)* (weiter)verarbeitende Industrie *f*
~ **time** 1. *(Verw, EDV)* Bearbeitungszeit *f*; 2. *(Gesch)* Abwicklungszeit *f*
procuration *(Recht)* Vollmacht *f*
procurement 1. *(Fin)* Anschaffung *f*; 2. *(Gesch)* Beschaffung *f*, Bezug *m*, Vermittlung *f*
~ **contract** *(Fin)* Beschaffungsvertrag *m*
~ **of outside capital** *(Fin)* Fremdkapitalaufnahme *f*
produce *v* 1. *(WiWi)* erzeugen, herstellen; abwerfen *(yield)*; 2. *(Gesch)* vorführen; 3. *(Ind)* produzieren; 4. *(Recht)* vorlegen *(evidence)*
produce *(WiWi, Gesch)* landwirtschaftliche Produkte *npl*
producer 1. *(WiWi)* Erzeuger(in) *m(f)*; 2. *(Gesch, Ind, V&M)* Hersteller(in) *m(f)*
~ **goods** *(WiWi)* Produktionsgüter *npl*
~ **price index** *(WiWi)* Erzeugerpreisindex *m*
~**'s risk** *(WiWi)* Lieferantenrisiko *n*, Produzentenrisiko *n*
~**'s surplus** *(WiWi)* Produzentenrente *f*
product 1. *(WiWi)* Produkt *n*, Ware *f*; 2. *(Gesch, Ind)* Artikel *m*, Fabrikat *n*, Erzeugnis *n*
~ **awareness** *(V&M)* Produktbekanntheit *f*
~ **benefit** *(V&M)* Produktnutzen *m*, Produktvorteil *m*
~ **costing** 1. *(RW)* Produktkostenberechnung *f*; 2. *(V&M)* Herstellungsaufwand *m*
~ **cycle** *(V&M)* Produktzyklus *m*
~ **defectiveness** *(Recht, V&M)* Mangelhaftigkeit *f* der Sache
~ **development cycle** *(V&M)* Produktentwicklungszyklus *m*
~ **differentiation** *(V&M)* Produktdifferenzierung *f*
~ **engineering** *(V&M)* Fertigungstechnik *f*
~ **introduction** *(V&M)* Produkteinführung *f*
~ **launch** *(V&M)* Produkteinführung *f (marketing)*
~ **liability** *(Vers)* Produkthaftung *f*
~ **life cycle** *(V&M)* Lebenszyklus *m* eines Produktes
~ **life expectancy** *(V&M)* Lebenserwartung *f* eines Produktes
~ **markets** *(WiWi)* Produktmärkte *npl (including services)*
~ **mix** *(V&M)* Produktmix *n*
~ **performance** *(V&M)* Produktleistung *f*
~ **placement** *(Med, V&M)* Produktplatzierung *f*
~**-plus** *(V&M)* Produktvorteil *m*
~ **portfolio** 1. *(Fin)* Produktbestand *m*; 2. *(V&M)* Produktinvestitionen *fpl*; 3. *(Bö)* Produktportfolio *n*
~ **positioning** *(V&M)* Produktpositionierung *f*
~ **range** *(V&M)* Produktpalette *f*
~ **standard** *(Recht)* Warennorm *f*, Produktnorm *f*
~ **strategy** *(V&M)* Produktstrategie *f*

production 1. *(Gesch)* Erzeugung *f*, Vorlage *f*, Vorführung *f*; 2. *(Ind)* Fabrikation *f*, Fertigung *f*, Herstellung *f*, Produktion *f*, Gewinnung *f (extract, mine)*; Zubereitung *f (preparation)*; 3. *(Recht)* Vorlegung *f*
~ **area** *(Gesch)* Erzeugungsgebiet *n*
~ **capacity** *(Ind)* Produktionskapazität *f*
~ **changeover** *(Ind)* Produktionsumstellung *f*
~ **costs** 1. *(RW)* Herstellungskosten *pl*; 2. *(WiWi)* Fertigungskosten *pl*, Produktionskosten; 3. *(Ind)* Erzeugungskosten *pl*, Fertigungsaufwand *m*, Produktionsaufwand *m*
~ **cutback** *(Ind)* Produktionseinschränkung *f*, Produktionskürzung *f*
~ **engineering** *(Ind, Mgt)* Betriebstechnik *f*, Produktionstechnik *f*, Fertigungstechnik *f*
~ **function** *(WiWi)* Ertragsfunktion *f*, Produktionsfunktion *f*
~ **incentive** *(Pers)* Akkordprämie *f*
~ **line** *(Ind)* Förderband *n*
~ **management** *(Ind, Mgt)* Produktionssteuerung *f*
~ **manager** 1. *(Pers, Ind)* Fertigungsleiter(in) *m(f)*, Betriebsleiter(in) *m(f)*; 2. *(Mgt)* Produktionsleiter(in) *m(f)*
~ **method** *(Ind)* Produktionsmethode *f*, Produktionsverfahren *n*
~ **planning and control** *(Ind, Mgt)* Fertigungsplanung und -kontrolle *f*, Produktionsplanung und -steuerung *f*
~ **plant** *(Gesch, Ind)* Produktionsanlage *f*, Produktionsstätte *f*
~ **possibility frontier** *(WiWi)* Produktionsmöglichkeitenkurve *f*
~ **scheduling** *(Ind, Mgt)* Fertigungsplanung *f*, Fertigungsvorbereitung *f*, Produktionsplanung *f*, Terminplanung *f*, Arbeitsvorbereitung *f (work)*
~ **technology** *(Ind)* Fertigungstechnik *f*, Herstellungstechnik *f*
productive *adj* 1. *(WiWi)* gewinnbringend *(profitable)*; 2. *(Gesch)* ertragreich; 3. *(Pers, Ind)* produktiv *(workforce)*
~ **capital** *(WiWi)* produktiv eingesetztes Kapital *n*
~ **potential** *(WiWi)* Produktionspotenzial *n*
productivity *(Pers, Ind)* Produktivität *f*, Leistungsfähigkeit *f*, Ergiebigkeit *f*, Ertragsfähigkeit *f*
~ **drive** *(Ind)* Produktivitätsfeldzug *m*
~ **gains** *(Ind)* Produktivitätszuwachs *m*
profession *(Gesch, Pers)* (freier) Beruf *m*
professional *adj (Gesch)* beruflich, professionell, Fach…
professional *(Gesch)* Professional *m*, Profi *m (sport)*
~ **association** *(WiWi, Gesch)* Fachverband *m*, Berufsverband *m*
~ **body** *(Gesch)* Berufsverband *m*, Fachgremium *n*
~ **experience** *(Pers)* Berufserfahrung *f*
~ **fee** *(Verw, Gesch)* Honorar *n*
~ **indemnity insurance** *(Vers)* Berufshaftpflichtversicherung *f*
~ **liability** *(Recht)* Berufshaftung *f*
~ **misconduct** *(Recht)* standeswidriges Verhalten *n*
~ **secrecy** *(Gesch)* Berufsgeheimnis *n*
~ **services** *(Gesch)* (frei)berufliche Dienstleistungen *fpl*
professionalism *(Gesch)* Professionalismus *m*, Fachwissen *n*, Spezialistentum *n*
proficiency pay *(WiWi)* Leistungszulage *f*
profit *v (Gesch)* profitieren
profit *(Gesch)* Gewinn, Profit *m*
~ **and loss** *(RW)* Gewinn und Verlust *m*
~ **and loss account** *(RW)* Gewinn- und Verlustrechnung *f*, GuV *f*, GuV-Rechnung *f*, Ertragsrechnung *f*
~ **and loss statement** *(RW)* Gewinn- und Verlustrechnung *f*
~ **before taxes** *(RW)* Gewinn *m* vor Steuern
~ **carried forward** *(RW)* Gewinnvortrag *m*
~ **center** *(AE)* 1. *(RW)* Profit-Center *n*; 2. *(Fin)* Ergebniseinheit *f*
~ **centre** *(BE)* 1. *(RW)* Profit-Center *n*; 2. *(Fin)* Ergebniseinheit *f*
~ **for the financial year** *(RW)* Jahresgewinn *m*
~ **improvement** 1. *(Fin)* Gewinnverbesserung *f*; 2. *(Gesch)* Gewinnsteigerung *f*, Gewinnverbesserung *f*
~**-making enterprise** *(Gesch)* gewinnbringendes Unternehmen *n*
~ **margin** *(WiWi, Fin)* Gewinnmarge *f*, Gewinnspanne *f*, Umsatzrendite *f*, Umsatzrentabilität *f*
~ **performance** 1. *(Fin)* Ergebnis *n*, Unternehmenserfolg *m*; 2. *(Gesch)* Unternehmenserfolg *m*

~ **planning** 1. *(Fin, Gesch)* Erfolgsplanung *f*, Gewinnplanung *f*, Ergebnisplanung *f*; 2. *(Mgt)* Gewinnplanung *f*
~ **potential** *(Bö)* Gewinnpotenzial *n*
~ **retentions** *(RW)* thesaurierte Gewinne *mpl*
~ **share** *(Fin)* Gewinnquote *f*, Beteiligung *f* am Gewinn
~**-sharing** *(RW, WiWi, Pers)* Erfolgsbeteiligung *f*, Gewinnbeteiligung *f*
~**-sharing plan** *(AE) (RW)* Gewinnbeteiligungsplan *m*, Gewinnbeteiligungssystem *n*
~**-sharing scheme** *(BE) (RW)* Gewinnbeteiligungsplan *m*, Gewinnbeteiligungssystem *n*
~ **situation** *(Fin)* Ertragslage *f*
~ **taking** *(WiWi)* Gewinnmitnahme *f*
~**-turnover ratio** *(RW, Fin)* Umsatzrendite *f*, Umsatzrentabilität *f*
profitability *(RW, WiWi, Fin)* Rentabilität *f*, Wirtschaftlichkeit *f*, Ertragslage *f*
~ **ratio** *(Fin)* Erfolgskennzahl *f*, Rentabilitätskennzahl *f*
profitable *adj* 1. *(RW)* gewinnbringend, rentabel; 2. *(Gesch)* nutzbringend
profits tax *(RW, St)* Ertragssteuer *f*, Gewinnsteuer *f*
prognosticate *v (Gesch)* vorhersagen
program(me) *v (Gesch)* programmieren
program(me) 1. *(Gesch)* Plan *m*, Programm *n (plan)*; 2. *(Med)* Programm *n (broadcast)*
programmed instruction *(EDV)* programmierte Unterweisung *f*
~ **learning** *(Soz)* programmierter Unterricht *m*
progress *v (Gesch)* fortschreiten
progress *(Gesch)* Fortschritt *m*
~ **control** 1. *(Gesch)* Arbeitskontrolle *f*, Fertigungskontrolle *f*; 2. *(Ind)* Entwicklungskontrolle *f*, Fortschrittsüberwachung *f*; 3. *(Mgt)* Ablaufkontrolle *f*, Terminkontrolle *f*
~ **of the arts** *(Pat)* technischer Fortschritt *m*
~ **payments** *(Fin)* Abschlagszahlungen *fpl*, Anzahlungen *fpl*
~ **report** *(Gesch)* Arbeitsfortschrittsbericht *m*, Tätigkeitsbericht *m*, Sachstandbericht *m*, Sachstandsbericht *m*
progressive *adj (Gesch)* fortschreitend, progressiv
prohibit *v (Recht)* (gesetzlich) verbieten
project *v (Gesch)* vorhersagen *(forecast)*
project *(EDV, WiWi, Fin, Gesch, Pers, Mgt, Trans)* Projekt *n*
~ **appraisal** *(Mgt)* Projektabschätzung *f*
~ **approval** *(Gesch)* Projektbewilligung *f*
~ **assessment** *(Fin, Mgt)* Projektbewertung *f*
~ **management** *(Pers, Mgt)* Projektleitung *f*, Projektmanagement *n*
projection 1. *(Gesch)* Planung *f*, Prognose *f*, Vorhersage *f (prediction)*; Schätzung *f*, Projektion *f (estimate)*; 2. *(F&T)* Vorschau *f*
proliferation 1. *(WiWi)* Ausbreitung *f*, Vordringen *n*; 2. *(Pol)* Verbreitung *f (nuclear weapons)*
prolonged *adj (Gesch)* gestundet, verlängert
promise 1. *(Gesch)* Versprechen *n*; 2. *(Recht)* bindendes Versprechen *n (contract)*
~ **to pay** 1. *(Fin)* Wechsel *m*, Zahlungsversprechen *n*; 2. *(Gesch)* Zahlungszusicherung *f*
~ **to sell** *(V&M)* Verkaufszusage *f*
promising *adj (Gesch)* viel versprechend *(prospects)*
promissory note *(Bank, Fin)* Eigenwechsel *m*, Schuldanerkenntnis *f*, Schuldschein *m*, Solawechsel *m*
promoter *(Gesch)* Projektentwickler(in) *m(f)*, Bauherr *m*, Auftraggeber(in) *m(f)*
promotion 1. *(WiWi)* Arbeitsförderung *f (employment, work)*; 2. *(Gesch)* Unterstützung *f*; 3. *(Pers)* Beförderung *f (personnel)*; 4. *(V&M)* Reklame *f*, Förderung *f*, Verkaufsförderung *f (of product, service)*
~ **ladder** *(Pers)* Karriereleiter *f*
prompt *v (Gesch)* veranlassen
prompt note *(RW, Fin)* Zahlungserinnerung *f*
~ **payment** *(Fin)* prompte Zahlung *f*
proof 1. *(Recht)* Beweis *m*; 2. *(Med)* Kontrollabzug *m*, Probeabzug *m (printing, photography)*
~ **of ability** *(Gesch)* Befähigungsnachweis *m*
~ **of delivery** *(Trans)* Liefernachweis *m*
~ **of identity** *(Recht)* Ausweis *m*
~ **of loss** *(Vers, Recht)* Schadenbeweis *m*, Schadennachweis *m*

~ **of ownership** *(Bö)* Eigentumsnachweis *m*, Eigentumsurkunde *f*
~ **of title** *(Recht)* Eigentumsnachweis *m*
prop *v* **up** *(WiWi)* stützen *(currency)*
propensity to consume *(WiWi)* Konsumbereitschaft *f*, Konsumneigung *f*
~ **to invest** *(WiWi)* Investitionsneigung *f*
~ **to save** *(WiWi)* Sparneigung *f*, Sparquote *f*
proper law of the contract *(Recht)* anwendbares Recht *n*
property 1. *(RW)* Vermögen *n*, Vermögensgegenstand *m*, Vermögensgut *n*; 2. *(Gesch)* Besitz *m*, Eigentum *n*; 3. *(Gb)* Grundeigentum *n*, Grundstück *n*, Objekt *n*, Immobilien *fpl*, Anlageobjekt *n (advertising)*; 4. *(V&M)* Merkmal *m*, Ausprägung *f (survey, product)*
~ **damage** *(Gb)* Sachschaden *m*
~ **developer** *(Gb)* Bauträger *m*
~ **held in joint names** *(Gb)* gemeinsames Eigentum *n*
~ **market** *(Gb)* Grundstücksmarkt *m*
~ **owner** *(Gb)* Immobilieneigentümer(in) *m(f)*
~ **rights** *(Recht)* Eigentumsrechte *npl*
~ **tax** *(WiWi, Fin, St)* Vermögensteuer *f*
proportion *(Stat)* Anteil *m*, Verhältnis *n* • **as a ~ of** *(Gesch)* als ein Anteil von, als ein Teil von • **in ~ to** *(Stat)* im Verhältnis zu
proportional *adj (Gesch)* proportional, verhältnismäßig
~ **rate** *(St)* Proportionaltarif *m*
proportionality *(Gesch)* Verhältnismäßigkeit *f*
proposal *(Gesch)* Angebot *n*, Vorschlag *m* • **the ~ still stands** *(Gesch)* der Vorschlag gilt noch immer
propose *v* 1. *(Gesch)* planen; 2. *(Mgt)* vorhaben, vorschlagen *(meeting)*
~ **a motion** *(Pol)* einen Antrag stellen
proposition 1. *(Gesch)* Angebot *n*, Vorhaben *n*; 2. *(Recht)* Leitsatz *m*
proprietary *adj (Gesch)* urheberrechtlich geschützt
~ **brand** *(Gesch)* Handelsname *m*, Markenname *m*
~ **goods** 1. *(Gesch)* Markenartikel *mpl*, Markenwaren *fpl*; 2. *(V&M)* Markenartikel *mpl*
~ **rights** *(Bö)* Eigentumsrechte *npl*
proprietor 1. *(Gesch)* Einzelunternehmer(in) *m(f) (sole trader)*; Eigentümer(in) *m(f)*, Inhaber(in) *m(f)*, Besitzer(in) *m(f) (of a business)*; 2. *(Recht, Pat)* Inhaber(in) *m(f) (intellectual property)*
prorate *v (Gesch)* anteilmäßig aufteilen, umlegen
prorated cost *(RW)* anteilige Kosten *pl*
pros and cons *(Gesch)* Für *n* und Wider *n*, Vor- und Nachteile *mpl*
prosecute *v* 1. *(Recht)* strafrechtlich verfolgen, verfolgen; 2. *(Pat)* durchführen *(application)*
prosecution *(Recht)* Verfolgung *f*
prospect *(Gesch)* Aussicht *f*
prospective *adj* 1. *(Gesch)* voraussichtlich; 2. *(V&M)* zukünftig *(customer)*
~ **buyer** *(V&M)* Kaufinteressent(in) *m(f)*
~ **customer** *(V&M, V&M)* Interessent(in) *m(f) (potential buyer)*
prospectus *(Fin, Bö)* Emissionsprospekt *m*, Gründungsprospekt *m*
prosperity *(WiWi)* Reichtum *m*, Wohlstand *m*
prosperous *adj (WiWi)* reich, wohlhabend
protected *adj (Recht)* protegiert, geschützt
~ **by copyright** *(Recht)* urheberrechtlich geschützt
protection 1. *(WiWi)* Protektion *f*, Schutz *m*; 2. *(Gesch)* Abwehr *f*; 3. *(Recht)* Schutz *m (intellectual property)*
~ **against wrongful dismissal** *(Pers, Recht)* Kündigungsschutz *m*
~ **by copyright** *(WiWi)* Urheberrechtsschutz *m*
~ **of the environment** *(Umw, Pol)* Umweltschutz *m*
protectionist policy *(WiWi)* protektionistische Politik *f*
protective covenant *(Fin)* Schutzbestimmung *f*
~ **quota** *(WiWi)* Abwehrquote *f*
~ **tariff** *(WiWi)* Abwehrzoll *m*, Schutzzoll *m*
protest 1. *(Gesch)* Protest *m*; 2. *(Pat)* Widerspruch *m*
~ **charges** *(Recht)* Protestkosten *pl*
~ **strike** *(Pers)* Proteststreik *m*
prove *v* 1. *(Gesch)* belegen, Beweis erbringen, beweisen; 2. *(Recht)* antreten, beweisen
~ **a debt** *(RW)* eine Schuld nachweisen
~ **an assertion** *(Gesch)* eine Behauptung beweisen
proven *adj (Gesch)* bewährt

provenance *(Gesch)* Herkunft *f*, Ursprung *m*, Provenienz *f*
provide *v* 1. *(Fin)* anschaffen *(cover)*; bereitstellen *(funds)*; 2. *(Gesch)* leisten *(assistance)*; versorgen mit, bereitstellen, beschaffen *(goods and services)*; 3. *(Recht)* vorschreiben • **not provided for** *(Bank)* keine ausreichende Deckung • **provided that** 1. *(Gesch)* vorausgesetzt, dass; 2. *(Recht)* vorbehaltlich
~ **access** *(Recht, EDV, Komm)* Zugang zur Nutzung vermitteln *(service provider)*
~ **against** *(Gesch)* Maßnahmen treffen gegen, verhindern
~ **the base for sth** *(Bank)* die Grundlage für etw. bilden *(market)*
provider *(Gesch)* Lieferant(in) *m(f)*, Lieferer *m;* Provider *m (internet access)*
provision 1. *(RW)* Wertberichtigung *f*, Rückstellung *f*; 2. *(Bank)* Vorkehrung *f*; 3. *(Fin)* Rückstellung *f*; 4. *(Gesch)* Bereitstellung *f*; 5. *(Recht)* Bereitstellen *n (data)*; Bestimmung *f*, Vorschrift *f*, Paragraph *m (of a law)*; Vertragsbestimmung *f (contract)*; 6. *(F&T)* Versorgung *f*, 7. *(St)* Rückstellung *f*
~ **for bad debts** *(RW)* Wertberichtigung *f* auf uneinbringliche Forderungen
~ **for contingent losses** *(RW)* Delkredererückstellung *f*
~ **for depreciation** *(RW)* Rückstellung *f* für Abschreibungen
provisional *adj (Gesch, Vers, Pat)* einstweilig, vorläufig, vorübergehend *(temporary)*
~ **deposit** *(WiWi)* Bietungsgarantie *f*
~ **invoice** *(Gesch, AH)* vorläufige Rechnung *f*
proviso clause *(Recht)* Vorbehaltsklausel *f* • **with the proviso that** *(Recht)* vorbehaltlich
proxy 1. *(Gesch)* Stellvertreter(in) *m(f)*; 2. *(Bö)* Vollmacht *f*; 3. *(EDV, Komm)* Proxy *m (proxy server)*; 4. *(Recht)* Vollmachtsurkunde *f*, Vollmacht *f*, Stimmrechtsvollmacht *f*; Beauftragte(r) *f(m)*; 5. *(Stat)* Näherungsgröße *f*
prudent *adj (Gesch)* sorgfältig, umsichtig, vorsichtig
pruning *(Gesch)* Kürzung *f*, Reduzierung *f*, Zusammenstreichen *n*

public *adj (Gesch)* öffentlich • **go** ~ *(Fin)* an die Börse gehen
public 1. *(Gesch)* Publikum *n*, Öffentlichkeit *f*; 2. *(Recht)* Allgemeinheit *f*
~ **administration** *(Verw)* behördliche Verwaltung *f*
~ **at large** 1. *(Gesch)* breite Öffentlichkeit *f*, Allgemeinheit *f*; 2. *(Recht)* Allgemeinheit *f*
~ **authorities** *(WiWi)* Behörden *fpl*
~ **authority** *(Gesch)* öffentliche Hand *f*, Behörde *f*, Staatsgewalt *f*
~ **body** 1. *(Verw)* öffentlicher Rechtsträger *m*, Anstalt *f* des öffentlichen Rechts; 2. *(Gesch)* Körperschaft *f* des öffentlichen Rechts
~ **company** *(Gesch)* Publikumsgesellschaft *f*, Aktiengesellschaft *f*
~ **consumption** *(WiWi)* öffentlicher Verbrauch *m*
~ **contract** 1. *(Gesch)* öffentlicher Auftrag *m*, Staatsauftrag *m*; 2. *(Recht)* Staatsauftrag *m*
~ **corporation** *(Verw)* Körperschaft *f* des öffentlichen Rechts
~ **debt** *(WiWi, Fin)* öffentliche Schuld *f*, öffentliche Verschuldung *f*, Schulden *fpl* der öffentlichen Hand, Verschuldung *f* der öffentlichen Hand, Staatsverschuldung *f*
~ **domain** *(Recht)* Staatseigentum *n*
~ **employment** *(Pers)* Beschäftigung *f* im öffentlichen Dienst, Beschäftigung *f* im öffentlichen Sektor
~ **expenditure** 1. *(WiWi)* Ausgaben *fpl* der öffentlichen Hand, Staatsausgaben *fpl*; 2. *(Fin)* Ausgaben *fpl* der öffentlichen Hand
~ **finance** *(WiWi)* Finanzwissenschaft *f*, öffentliches Finanzwesen *n*
~ **finances** *(Fin, WiWi)* öffentliche Finanzen *fpl*, öffentliche Finanzwirtschaft *f*, Staatsfinanzen *fpl*
~ **financial policy** *(Fin, Pol)* staatliche Finanzpolitik *f*
~ **fiscal policy** *(Fin, Pol)* staatliche Finanzpolitik *f*
~ **GDP ratio** *(WiWi, Pol)* öffentliche Schuldenquote *f*, öffentliche Verschuldungsquote *f*, öffentliche Schuldenstandsquote *f*
~ **good** *(WiWi)* öffentliches Gut *n*

~ **health system** *(Pers)* öffentliches Gesundheitswesen *n*
~ **invitation to bid** *(Gesch)* öffentliche Angebotseinholung *f*, öffentliche Ausschreibung *f*
~ **law** *(Recht)* öffentliches Recht *n*
~ **order** *(Recht)* öffentliche Ordnung *f*
~ **ownership** *(WiWi, Fin, Pol)* Staatseigentum *n*, Gemeineigentum *n* • **be under ~ ownership** *(WiWi, Pol)* in öffentlichem Eigentum sein
~ **procurement** *(WiWi)* öffentliches Vergabewesen *n*, öffentliches Auftragswesen *n*
~ **prosecutor** *(Recht)* Staatsanwältin *f*, Staatsanwalt *m*
~ **purse** *(WiWi, Pol)* Staatskasse *f*, Staatssäckel *m*
~ **records** *(Verw)* Staatsurkunden *fpl*
~ **relations** *(Pers, V&M)* Öffentlichkeitsarbeit *f*, Publicrelations *pl*
~ **relations agency** *(V&M)* Werbeagentur *f*, PR-Agentur *f*
~ **school** *(Soz) (AE)* öffentliche Schule *f*, staatliche Schule *f*, städtische Schule *f*, *(BE)* Privatschule *f*
~ **sector** *(WiWi)* öffentlicher Sektor *m*, staatlicher Sektor *m*
~ **sector employment** *(Pers)* Beschäftigung *f* im öffentlichen Dienst, Beschäftigung *f* im öffentlichen Sektor
~ **service** 1. *(Verw)* Staatsdienst *m*; 2. *(Gesch)* Verwaltungsdienst *m*
~ **service employment** *(Pers)* Beschäftigung *f* im öffentlichen Dienst, Beschäftigung *f* im öffentlichen Sektor
~ **spending** *(WiWi)* öffentliche Ausgaben *fpl*, Staatsausgaben *fpl*
~ **spending ratio** *(WiWi)* Staatsquote *f*
~ **utility company** *(WiWi, Gesch)* (öffentliches) Versorgungsunternehmen *n*
~ **wants** *(WiWi)* öffentliche Bedürfnisse *fpl*
~ **welfare** *(Soz)* öffentliche Wohlfahrt *f*, Sozialfürsorge *f*
~ **works** *(WiWi, Gesch)* öffentliche Bauarbeiten *fpl*, staatliche Bauvorhaben *npl*
publication *(Med)* Herausgabe *f*, Publikation *f*, Schrift *f*, Veröffentlichung *f*
publicity 1. *(Med)* Publizität *f*; 2. *(V&M)* Werbewesen *n*, Werbung *f*
~ **department** *(V&M)* Werbeabteilung *f*
publicly assisted housing *(Soz)* sozialer Wohnungsbau *m*
~ **funded** *(Gesch)* öffentlich gefördert
~ **owned company** *(WiWi)* Staatsbetrieb *m*
publish *v* 1. *(Gesch)* bekannt geben, herausgeben, publizieren; 2. *(Med)* veröffentlichen, verlegen
~ **in loose-leaf form** *(Med)* als Loseblattsammlung herausgeben
published *adj* 1. *(Gesch)* herausgegeben, publiziert; 2. *(Med)* veröffentlicht
publisher *(Med)* Verlag *m (organization)*; Herausgeber(in) *m(f)*, Verleger(in) *m(f) (person)*
publishing house *(Med)* Verlag *m*
~ **industry** *(Med)* Verlagswesen *n*
~ **trade** *(Med)* Verlagswesen *n*
pull *v* **strings** *(BE) (Gesch)* Beziehungen spielen lassen, Einfluss geltend machen
~ **in sales** *(V&M)* Umsatz bringen
~ **off a deal** *(Gesch)* einen Handel erfolgreich abschließen
~ **wires** *(AE) (Gesch)* Beziehungen spielen lassen, Einfluss geltend machen
pump *v* **funds into sth** *(Fin)* in etw. Kapital stecken
punctuality *(Gesch)* Pünktlichkeit *f*
punishable *adj (Recht)* strafbar
purchase *v (Gesch)* anschaffen, kaufen
~ **forward** *(Bö)* auf Termin kaufen
purchase 1. *(WiWi)* Erwerb *m*; 2. *(Gesch)* Ankauf *m*, Kauf *m*
~ **acquisition** *(Fin)* käuflicher Erwerb *m*
~ **commitment** *(Recht)* Abnahmeverpflichtung *f (contract law)*
~ **invoice** *(Gesch)* Eingangsrechnung *f*, Einkaufsrechnung *f*
~ **order** 1. *(RW)* Auftrag *m*, Bestellung *f*; 2. *(Gesch)* Auftrag *m*
~ **price** *(WiWi, V&M)* Einkaufspreis *m*, Kaufpreis *m* Anschaffungspreis *m*
~ **returns and allowances** *(V&M)* Warenrücksendungen und Gutschriften *fpl*
~ **tax** *(AH, St)* Verbrauchssteuer *f*
purchaser *(Gesch, V&M)* Aufkäufer(in) *m(f)*, Erwerber(in) *m(f)*, Käufer(in) *m(f)*
purchasing 1. *(RW)* Anschaffung *f; 2. (Gesch)* Anschaffung *f*, Einkauf *m; 3. (V&M)* Einkauf *m (procurement)*
~ **power** *(WiWi, Gesch)* Kaufkraft *f*
~ **power parity** *(WiWi)* Kaufkraftparität *f*
pure competition *(WiWi)* vollständige Konkurrenz *f*, vollständiger Wettbewerb *m*
purification *(Umw)* Klärung *f*, Reinigung *f*

purpose *(Gesch)* Zweck *m*
~-built *adj (Gb, Trans)* speziell gebaut
~-built vehicle *(Trans)* Zweckfahrzeug *n*
~ **loan** *(Bö)* zweckgebundenes Darlehen *n*
purposes *(Recht)* Zwecke *mpl*, Zweckbestimmungen *fpl*
pursuant to article *(Recht)* gemäß Artikel
pursue *v* 1. *(Gesch)* verfolgen; 2. *(Soz)* betreiben
push *v* **up prices** *(V&M)* Preise hochschleusen
put *v* **a call through** *(Verw, Gesch)* ein Gespräch durchstellen
~ **a cap on** *(Gesch)* begrenzen
~ **a house on the market** *(Gb)* ein Haus auf den Markt bringen
~ **a plan into action** *(Gesch)* einen Plan realisieren, einen Plan umsetzen
~ **away** *(Bank)* sparen, zurücklegen *(money)*
~ **forward proposals** *(Mgt)* Vorschläge einbringen
~ **in a claim** *(Recht)* einen Anspruch erheben
~ **into effect** *(Gesch)* realisieren *(policies)*
~ **into force** *(Recht)* in Kraft setzen *(ruling, act)*
~ **into operation** *(Gesch)* in Kraft setzen
~ **money down** *(Fin)* Geld investieren, Geld anlegen
~ **off** *(Gesch)* aufschieben *(postpone)*
~ **out for tender** *(Gesch, V&M, Bö)* ausschreiben
~ **pressure on sb** *(Gesch)* auf jmdn. Druck ausüben
~ **sb in the picture** *(Gesch)* jmdn. ins Bild setzen
~ **sth on the agenda** *(Verw, Mgt)* etw. auf die Tagesordnung setzen
~ **sth off** *(Gesch)* etw. auf die lange Bank schieben, etw. auf Eis legen
~ **the final touch to sth** *(Gesch)* einer Sache den letzten Schliff geben
~ **up** 1. *(Fin)* aufnehmen *(capital)*; aufbringen *(money)*; 2. *(Gesch)* anschlagen
put and call *(Bö)* Rück- und Vorprämiengeschäft *n*, Stollago *f*
~ **option** *(Bö)* Rückprämie *f*
~ **premium** *(Bö)* Rückprämie *f*
~ **strike** *(Bö)* Basispreis *m* einer Verkaufsoption *(options)*

Q

qualification 1. *(RW)* Einschränkung *f*, Vorbehalt *m*; 2. *(Gesch)* Qualifikation *f*, Eignung *f (suitability)*; Qualifizierung *f (academic)*; 3. *(Pers)* Befähigung *f*, Qualifikation *f*, 4. *(Soz)* Abschluss *m (act of qualifying)*; Befähigungsnachweis *m (certificate)*; Eignung *f (aptitude)*
~ **pattern** *(WiWi)* Qualifikationsstruktur *f*
~ **shares** *(Bö)* Pflichtaktien *fpl*
qualified *adj (Gesch)* geeignet, qualifiziert
~ **approval** *(Gesch)* eingeschränkte Genehmigung *f*
~ **endorsement** *(Bank)* eingeschränktes Indossament *n*, Indossament *n* ohne Obligo
~ **opinion** *(RW)* eingeschränkter Bestätigungsvermerk *m*
~ **report** *(RW)* eingeschränkter Bestätigungsvermerk *m*; Annahme *f* unter Vorbehalt
~ **staff** *(Pers)* geschultes Personal *n*, qualifiziertes Personal *n*
qualify *v* 1. *(Gesch, Pers)* befähigen, qualifizieren; 2. *(Gesch)* sich qualifizieren; 3. einschränken
~ **for** *(Pers)* berechtigt sein (für), Anspruch haben (auf), anspruchsberechtigt sein
qualifying holding *(Fin)* maßgeblicher Anteil *m*
qualitative *adj (Gesch, V&M)* der Güte nach, qualitativ
~ **analysis** *(Gesch, WiWi)* qualitative Analyse *f*
~ **characteristic** *(Ind)* Attribut *n*
quality *(Gesch)* Ausführung *f*, Qualität *f*, Sorte *f*, Güte *f*
~ **assessment** *(Gesch, Ind, Mgt, V&M)* Qualitätsurteil *n*, Qualitätsbewertung *f*
~ **assurance** *(Gesch, Ind, Mgt, V&M)* Qualitätssicherung *f*
~ **circle** *(Pers, Ind, Mgt)* Qualitätszirkel *m*
~ **control** *(Gesch, Ind, V&M)* Qualitätsüberwachung *f*, Qualitätskontrolle *f*
~ **goods** *pl (Gesch)* Qualitätserzeugnisse *npl*
~ **label** *(Gesch)* Gütezeichen *n*
~ **management** 1. *(Ind)* Qualitätsmanagement *n*, QM; 2. *(Mgt)* Qualitätsüberwachung *f*
~ **of life** *(WiWi, Pers)* Lebensqualität *f*

~-**price ratio** *(Gesch)* Verhältnis *n* Preis-Qualität
~ **requirement** *(Ind)* Qualitätsanforderung *f*
~ **specification** *(Ind)* Qualitätsvorschrift *f*
quantify *v (Verw, Stat)* quantifizieren
quantitative *adj* 1. *(WiWi)* quantitativ; 2. *(Gesch)* mengenmäßig
~ **analysis** *(Gesch)* quantitative Analyse *f*
~ **controls** *(Bank)* Mengenbeschränkungen *fpl*
~ **target** *(WiWi)* quantitative Zielvorgabe *f*
quantity 1. *(Gesch)* Menge *f*, Quantität *f*, Quant.; 2. *(Stat)* Anteil *m*
~ **buyer** *(Gesch)* Großabnehmer *m*
~ **discount** *(RW, Gesch, V&M)* Mengenrabatt *m*
~ **theory of money** *(WiWi)* Quantitätstheorie *f*
quarter *(Gesch)* Quartal *n*, Viertel *n*
~-**end accounts** *(RW)* Quartalsabschluss *m*
quarterly *adv (Gesch)* quartalsweise, vierteljährlich
quasi *adv (Gesch)* gewissermaßen, gleichsam, quasi, Quasi...
~-**autonomous nongovernmental organization** *(BE) (Pol)* quasi-autonome nichtstaatliche Organisation *f*
~-**money** 1. *(WiWi)* Beinahgeld *n*; 2. *(Gesch)* Beinahgeld *n*, Quasigeld *n*
query *v (Gesch)* infrage stellen
query 1. *(EDV)* Abfrage *f*; 2. *(Gesch)* Monitum *n*, Rückfrage *f*
question *v (Gesch)* befragen, bezweifeln
questionable *adj (Gesch)* fraglich, fragwürdig
questionnaire *(Gesch, V&M)* Fragebogen *m*
queue *(BE) (Gesch)* Warteschlange *f*
queue (up) *v (BE) (Gesch)* Schlange stehen, sich anstellen
queueing system *(WiWi)* Warteschlangenmodell *n*
quick *adj (Gesch)* aktiv, gewandt, prompt, schnell
~ **assets** *(RW, Fin)* flüssige Mittel *npl* und (kurzfristige) Forderungen *fpl*
~ **assets ratio** *(RW, Fin)* Liquidität *f* ersten Grades
~ **ratio** *(RW)* Liquidität *f* zweiten Grades
~ **tender** *(Bank, WiWi)* Schnelltender *m* *(ECB)*
quid pro quo *(Gesch, Recht)* Gegenleistung *f*
quiet *adj (Gesch)* flau, ruhig *(market, business)*
~ **possession** *(Recht, Gb)* ungestörter Besitz *m*
quitting *(Pers)* Kündigung *f* (durch Arbeitnehmer)
quorate/be *v (Mgt)* beschlussfähig sein
quorum *(Gesch)* Beschlussfähigkeit *f*, Quorum *n* • **have a ~** *(Mgt)* beschlussfähig sein
quota 1. *(Gesch)* Kontingent *n*; 2. *(AH)* Quote *f*; 3. *(Mgt)* Pensum *n*
~ **agreement** *(WiWi)* Quotenkartell *n*
~ **fixing** *(Gesch)* Kontingentierung *f*
~ **sample** *(V&M)* Quotenauswahl *f*, Quotenstichprobe *f*
~ **sampling** *(Gesch, V&M)* Quotenauswahlverfahren *n*
~ **system** *(AH, Gesch)* Kontingentierungssystem *n*, Quotensystem *n*
quotable *adj (Bö)* notierbar
quotation 1. *(Gesch)* Angebot *n (offer)*; Zitat *n (from book)*; 2. *(Bö)* Notierung *f*
quote *v* 1. *(Gesch)* notieren, zitieren *(from book)*; 2. *(Bö)* notieren
~ **a reference number** *(Komm)* ein Geschäftszeichen angeben
~ **in the official list** *(Bö)* amtlich notieren
quote *(Gesch)* Angebot *n*
quoted company *(WiWi, Gesch, Bö)* börsennotierte Gesellschaft *f*
~ **on the stock exchange** *(RW, Bö)* börsennotiert
~ **price** 1. *(WiWi)* Angebotspreis *m*, Kursnotierung *f*; 2. *(Bö)* Kurs *m*
~ **securities** *(WiWi, Bö)* börsennotierte Wertpapiere *npl*
quoted share *(Bö)* börsennotierte Aktie *f*

R

R&D *s.* research and development
raid *v* 1. *(Gesch)* ausnehmen, plündern; 2. *(Bö)* Kurse drücken
~ **the market** *(Bö)* den Kurs einer Aktie durch Verkäufe drücken
rail *(Trans)* Bahn *f*, Eisenbahn *f*
~ **shipment** *(Trans)* Bahnversand *m*

raise *v* 1. *(Umw)* steigern *(awareness)*; 2. *(Fin)* aufbringen, beschaffen *(money)*; aufnehmen *(loan)*; 3. *(Gesch)* aufheben, erhöhen, steigern *(value)*; 4. *(Pers)* aufbessern *(staff salary)*; 5. *(Bö)* beschaffen *(capital)*
~ **an objection** *(Gesch)* einen Einwand erheben
~ **external funds** *(Gesch)* Fremdkapital aufnehmen
~ **funds** *(Fin)* Geldmittel beschaffen
~ **money on sth** *(Gesch)* Geld auf etw. aufnehmen
~ **the alarm** *(Mgt)* Alarm geben
raise *(AE) (Pers)* Erhöhung *f*, Gehaltserhöhung *f*, Gehaltssteigerung *f*
rake *v* **in** *(Gesch) (ugs.)* scheffeln
~ **in profits** *(Gesch) (ugs.)* Gewinne einheimsen
~ **it in** *(Gesch) (ugs.)* Geld scheffeln
rake-off *(Gesch) (ugs.)* Absahnen *n*; Gewinnanteil *m*
rally *v* 1. *(Bö)* aufholen; 2. *(Bö)* anziehen, sich erholen
random/at *(Gesch)* aufs Geratewohl, willkürlich, ziellos
random access *(EDV)* Direktzugriff *m*
~ **error** *(Verw, Stat)* Zufallsfehler *m*
~ **factor** *(WiWi)* Zufallseinfluss *m*, Zufallsfaktor *m*
~ **number generator** *(Stat)* Zufallszahlengenerator *m*
~ **sample** *(WiWi, Stat, V&M)* Zufallsstichprobe *f*
~ **test** *(Gesch, V&M)* Stichprobe *f*
~ **variable** *(Stat)* stochastische Zufallsvariable *f*
~ **variation** *(WiWi, Stat)* Zufallsabweichung *f*
range 1. *(Gesch)* Bereich *m*, Serie *f (of products)*; 2. *(Bö)* Schwankungsbreite *f (futures market)*
~ **of activity** *(Gesch)* Tätigkeitsbereich *m*
~ **of goods** *(Gesch)* Auswahl *f*, Sortiment *n*
~ **of products** *(V&M)* Produktpalette *f*
~ **of services** *(Gesch)* Dienstleistungspalette *f*
rank 1. *(Gesch)* Stand *m*; 2. *(Bö)* Stellung *f*
~**-and-file** 1. *(Gesch)* Fußvolk *n*; 2. *(Pers)* Belegschaft *f*
~ **order** *(Stat)* Rangordnung *f*
rank *v* **above** *(Gesch)* bedeutender sein als, einen höheren Rang einnehmen als
~ **after** *(Bö)* im Rang nachgehen
ranking 1. *(Gesch)* Rangfolge *f*, Rang *m*, Rangordnung *f (listing in order)*; 2. *(Bank)* Beurteilung *f* unter dem Aspekt der Wertentwicklung, (rein) quantitative Beurteilung *f* von Investmentfonds; 3. *(Pers)* Rangordnung *f*
rapid *adj (Gesch)* rasant, schnell, stürmisch
~ **growth** *(WiWi)* starkes Wachstum *n*
~ **technological progress** *(WiWi)* rasanter technischer Fortschritt *m*
rat race *(Gesch)* (ständiger) Konkurrenzkampf *m*
ratchet effect *(WiWi)* Sperrklinkeneffekt *m*
rate *v (Gesch)* tarifieren, taxieren
rate 1. *(EDV)* Geschwindigkeit *f*, Rate *f*; 2. *(WiWi)* Geschwindigkeit *f*, Satz *m*, Tempo *n (speed)*; 3. *(Fin)* Satz *m (of pay, tax)*; 4. *(Gesch)* Rate *f*, Tarif *m*; 5. *(Bö)* Notierung *f*, Kurs *m (currencies)* • **at the going** ~ *(Gesch)* zu Marktpreisen
~ **below cost** *(Trans)* nicht kostendeckender Tarif *m*
~ **fixing** 1. *(Fin)* Kursfestsetzung *f*; 2. *(Pers)* Festlegung *f* von Akkordsätzen; 3. *(St)* Tariffestsetzung *f*
~ **of capacity utilization** *(Ind)* Ausnutzungsgrad *m*
~ **of contribution** *(Soz)* Beitragssatz *m*
~ **of depreciation** *(RW)* Abschreibungssatz *m*
~ **of exchange** *(WiWi)* Devisenkurs *m*, Wechselkurs *m*
~ **of increase** *(WiWi)* Expansionsrate *f*, Zuwachsrate *f*
~ **of interest** *(Bank, WiWi, Fin, Gesch)* Zinsfuß *m*, Zinssatz *m*
~ **of inflation** *(WiWi)* Inflationsrate *f*
~ **of pay** *(WiWi, Pers)* Lohnsatz *m*, Lohn *m*
~ **of relief** *(St)* Freibetragsatz *m*
~ **of return** 1. *(RW)* Kapitalverzinsung *f*, Rendite *f*; 2. *(WiWi, Fin)* Kapitalverzinsung *f*, 3. *(St)* Rendite *f*
~ **of return on capital employed** *(WiWi)* Rentabilität *f* des eingesetzten Kapitals
~ **of taxation** *(St)* Steuersatz *m*
~ **of the day** *(Bank)* Tageskurs *m*
~ **of turnover** *(Bö)* Umsatzgeschwindigkeit *f*

rateable *adj* 1. *(WiWi)* anteilig; 2. *(Gesch)* bewertbar, schätzbar; 3. *(St)* steuerpflichtig
~ **value** *(BE) (St, Gb)* Einheitswert *m*
rated/not *adj (Fin)* nicht klassifiziert, *(ugs.)* nicht geratet
ratepayer *(St)* Grundsteuerzahler *m*
rates 1. *(WiWi, Fin, Gesch)* Gebühren *fpl*, Tarif *m*; 2. *(St)* Gemeindegrundsteuern *fpl*, Gemeindesteuer *f* auf Grundbesitz
ratify *v (Gesch)* genehmigen, ratifizieren *(treaty)*
rating 1. *(Bank, Fin, Bö)* Bonitätsbewertung *f*, Rating *n*, Bonitätsbewertung *f* nach qualitativen Kriterien, qualitative Bewertung *f* *(credit rating)*; Bewertung *f*, Klassifizierung *f* von Emittenten, Klassifizierung *f* von Schuldtiteln, Rating *n*; Tariffestsetzung *f (setting of rates)*; 2. *(V&M)* Klassifizierung *f*; 3. *(St)* Tariffestsetzung *f* • **have an "outperform"** ~ *(Bank, Fin, Bö)* mit überdurchschnittlichem Rating
~ **agency** *(Bank, Fin, Bö)* Bewertungsagentur *f*, Ratingagentur *f*, Rating-Agentur *f*, Bonitätsbewertungsinstitut *n*, Kreditrating-Agentur *f (credit rating agency)*; Kreditsauskunftei *f (obs.)*
~ **scale** *(Gesch)* Beurteilungsskala *f*, Bewertungsskala *f*
ratio *(RW)* Kennziffer *f*, Verhältnis *n*, Verhältniszahl *f*
~ **analysis** *(Verw, Stat)* Kennziffernanalyse *f*
~ **scale** *(Stat)* einfach-logarithmischer Maßstab *m*
rational *adj (Gesch)* rational, vernünftig, zweckmäßig
~ **decision** *(Gesch)* rationale Entscheidung *f*
~ **expectations** *(WiWi)* rationale Erwartungen *fpl*
~ **management** *(Mgt)* rationaler Führungsstil *m*
rationale *(Gesch)* Begründung *f*, Beweggrund *m*, Grund *m*, Grundsatzerklärung *f* *(principles)*
rationalization 1. *(WiWi, Fin, Mgt)* Rationalisierung *f*; 2. *(Ind)* Wirtschaftlichkeit *f*
~ **investment** *(Fin)* Rationalisierungsinvestition *f*
rationalize *v* 1. *(Gesch)* zweckmäßiger gestalten, wirtschaftlich gestalten; 2. *(Ind, Mgt)* rationalisieren
rationally *adv (Gesch)* vernünftig
rationing *(WiWi)* Rationierung *f*
raw *adj (EDV)* roh, unbearbeitet
~ **data** 1. *(EDV)* Ausgangsdaten *pl*, Rohdaten; 2. *(Stat)* Rohdaten *pl*
~ **material** *(Ind)* Ausgangsmaterial *n*, Rohmaterial *n*, Rohstoff *m*
re *(Komm)* Betr., Betreff *m*, betreffs
re-admission *(Gesch, Soz)* Wiederaufnahme *f*
~**-enactment** *(Recht)* Wiederinkraftsetzung *f*
~**-engage** *v (Gesch, Pers)* wieder einstellen
~**-establishment** *(Gesch)* Neugründung *f*, Wiedereinsetzung *f*, Wiederherstellung *f*
~**-examine** *v (Gesch)* erneut überprüfen
~**-exportation** *(AH)* Reexport *m*, Wiederausfuhr *f*
reach *v (Gesch, Recht)* erzielen
~ **a deal** *(Gesch)* einen Abschluss erreichen, einen Abschluss tätigen
~ **a stalemate** *(Gesch)* ein Patt erreichen
~ **an all-time high** *(Bö)* einen historischen Höchststand erreichen
~ **an impasse** *(Gesch)* einen toten Punkt erreichen
~ **saturation point** *(Gesch)* den Sättigungspunkt erreichen
~ **the age limit** *(Gesch)* die Altersgrenze erreichen
reach *(V&M)* Einflussbereich *m*, Reichweite *f*
~ **and frequency** *(Med, V&M)* Reichweite *f* und Häufigkeit *f*
reaction function *(WiWi)* Reaktionsfunktion *f*
reactive response *(Gesch)* Gegenreaktion *f*
~ **strategy** *(Gesch)* Gegenstrategie *f*
read *v* 1. *(EDV)* einlesen, lesen; 2. *(Med, V&M)* lesen
~ **for a university degree** *(Pers)* studieren
reader involvement *(V&M)* Leserbeteiligung *f*
readership *(Med)* Leserschaft *f*
~ **profile** *(V&M)* Leserprofil *n*
ready *adj (Gesch)* bereit, präsent
~ **to move into** *(Gb)* bezugsfertig
~ **to operate** *(Ind)* betriebsbereit
~**, willing and able** *(Bö, Gesch)* handlungsbereit und verfügungsberechtigt

ready cash *(BE) (Gesch)* Bargeld *n*
reafforestation *(Umw)* Wiederaufforstung *f*
real agreement *(Recht)* dinglicher Vertrag *m (contract)*; Liegenschaftsvertrag *m (real estate)*
~ **assets** *(WiWi)* Sachvermögen *n*, reale Vermögenswerte *mpl*
~ **capital** *(WiWi)* Sachkapital *n*
~ **cost** *(RW)* Realkosten *pl*
~ **earnings** *(Pers)* Realeinkommen *n*
~ **economy** *(WiWi)* güterwirtschaftliche Seite *f* der Wirtschaft, reale Wirtschaft *f*, Realwirtschaft *f*
~ **economy of scale** *(WiWi)* realer Größenvorteil *m*, realer Skaleneffekt *m*
~ **estate** *(WiWi, Gb)* Immobilien *fpl*
~-**estate industry** *(Gb)* Immobilienbranche *f*
~-**estate investment trust** *(AE) (RW, Bank)* Immobilienfonds *m*
~-**estate market** *(Gb)* Immobilienmarkt *m*
~ **exchange rate** *(Bö)* realer Wechselkurs *m*
~ **GDP growth** *(WiWi)* reales Wachstum *n* des BIP [Bruttoinlandsprodukt]
~ **growth** *(WiWi)* reales Wachstum *n*
~ **income** *(RW)* Realeinkommen *n*
~ **investment** *(WiWi)* Sachinvestition *f*
~ **net national product** *(WiWi)* reales Nettosozialprodukt *n*
~ **price** *(WiWi)* Realpreis *m*
~ **property** *(Gb)* unbewegliches Vermögen *n*
~ **property tax** *(St)* Grundsteuer *f*
~ **security** *(Recht)* dingliche Sicherheit *f*
~ **time** *(RW, EDV, WiWi)* Echtzeit *f*, Realzeit *f*
~ **time transfer** *(EDV, Komm)* Echtzeit-Übertragung *f*
~ **wage** *(RW, WiWi, Pers)* Reallohn *m*
realizable *adj* 1. *(RW)* realisierbar; 2. *(Fin)* kapitalisierbar, verkäuflich; 3. *(Bö)* realisierbar
~ **assets** *(RW, Fin)* flüssige Mittel *npl* und Forderungen *fpl*
realization of assets *(RW)* Veräußerung *f* von Vermögen
realize *v* 1. *(RW)* realisieren *(profit)*; 2. *(Fin)* kapitalisieren, verkaufen *(profit)*; 3. *(Gesch)* verwirklichen *(goal)*; 4. *(Bö)* realisieren *(profit)*
~ **assets** *(Bö)* Vermögenswerte flüssig machen
~ **gains** *(RW, Fin)* realisierte Gewinne *mpl*
~ **losses** *(Fin)* realisierte Verluste *mpl*
reallocate *v (RW)* umschichten *(funds)*
reallocation 1. *(RW)* Umschichtung *f*; 2. *(Fin)* Neuverteilung *f*, Neuzuteilung *f*; 3. *(WiWi)* Reallokation *f*
reallowance *(Bö)* Wiederverkäuferrabatt *f*
reap *v* **rewards** *(Gesch)* Belohnungen erhalten
reason *(Gesch)* Begründung *f*, Beweggrund *m*, Motiv *n*
reasonable *adj (Gesch)* angemessen, tragbar, vernünftig
~ **compensation** *(Gesch)* angemessene Entschädigung *f* [Vergütung *f*]
~ **price** *(Gesch)* angemessener Preis *m*, vernünftiger Preis *m*
~ **time** *(RW)* angemessene Frist *f*
rebate 1. *(Fin)* Rabatt *m*, Preisnachlass *m*, Nachlass *m (discount)*; Rückvergütung *f (of money paid)*; 2. *(Gesch, Bö)* Rabatt *m*
~ **law** *(Recht, V&M)* Rabattgesetz *n (Germany)*
rebateable *adj (Gesch)* nachlassfähig
rebuilding *(WiWi)* Wiederaufbau *m*
recall *v (Bö)* zurückrufen *(option)*
recall *(Bö)* Rückruf *m (of option)*
recapitalization *(WiWi, Fin)* Kapitalumschichtung *f*, Sanierung *f*
~ **balance sheet** *(WiWi)* Sanierungsbilanz *f*
~ **gains** *(WiWi)* Sanierungsgewinne *mpl*
receipt *v (Gesch)* Empfang bestätigen, quittieren *(payment)*; den Empfang bescheinigen
receipt 1. *(Gesch)* Annahme *f*, Erhalt *m (of goods)*; Bon *m*, Quittung *f*, Empfangsbescheinigung *f (for goods, payment)*; 2. *(V&M)* Annahme *f* • **be in ~ of** *(Gesch)* erhalten haben • **on ~ of** *(Gesch)* bei Erhalt von
~ **book** *(Gesch)* Quittungsblock *m*
~ **for payment** *(Gesch)* Quittung *f*
~ **stamp** *(Komm)* Eingangsstempel *m*
receipts *(Gesch)* Einnahmen *fpl*, Quittungen *fpl*
~ **and payments account** *(RW)* Einnahmen-Ausgaben-Rechnung *f*
receivables *(RW)* Forderungen *fpl*
~ **turnover** *(Fin)* Debitorenumschlag *m*, Forderungsumschlag *m*

receive *v (Gesch)* empfangen, erhalten, *(ugs.)* kassieren
received *adj (Gesch)* empfangen, bezahlt *(payment)*
receiver 1. *(Pers)* Empfänger(in) *m(f)*; 2. *(Recht)* Insolvenzverwalter(in) *m(f)*, Zwangsverwalter(in) *m(f) (bankruptcy)*
receivership *(BE)* 1. *(RW)* Insolvenzverwaltung *f*, Konkursverwaltung *f*, 2. *(Fin, Recht)* Zwangsverwaltung *f* • **go into ~** *(Recht)* die Zwangsverwaltung veranlassen
receiving country *(WiWi)* Aufnahmeland *n*, Bestimmungsland *n*
~ **office** *(Gesch, Pat)* Anmeldeamt *n*, Annahmestelle *f*
reception 1. *(Verw, Gesch)* Empfang *m*; 2. *(F&T)* Empfang *m*, Rezeption *f*
receptionist 1. *(Fin, Gesch)* Rezeptionist(in) *m(f)*; 2. *(Pers)* Empfangschef(in) *m(f) (in hotel)*; Empfangssekretär(in) *m(f) (in office)*
recession *(WiWi)* Konjunkturrückgang *m*, Rezession *f*
recessionary *adj (WiWi)* rezessiv
~ **phase** *(WiWi)* Rezessionsphase *f*, rezessive Phase *f*
recipient *(Gesch, Recht)* Empfänger(in) *m(f)*
~ **of an allowance** *(Pers)* Empfänger(in) *m(f)* eines Zuschusses
reciprocal *adj (Gesch)* gegenseitig, reziprok, wechselseitig
reciprocal *(Stat)* reziproker Wert *m*
~ **agreement** *(Pers)* Gegenseitigkeitsabkommen *n*
~ **buying** *(V&M)* wechselseitige Lieferbeziehungen *fpl*
~ **principle** *(WiWi)* Reziprozitätsprinzip *n*
~ **ratio** *(Stat)* reziprokes Verhältnis *n*
reciprocity *(Bank)* Gegenseitigkeit *f*
reckoning *(RW)* Abrechnung *f*, Rechnen *n*
recognition *(Gesch, Recht)* Anerkennung *f (of claim)*
~ **lag** *(WiWi)* Erkennungsverzögerung *f*
recognize *v* 1. *(RW)* ausweisen, verbuchen; 2. *(Gesch)* anerkennen *(acknowledge)*; wieder erkennen
recognized *adj (Gesch)* anerkannt
~ **professional body** *(Fin)* anerkannter Berufsverband *m*

~ **profit** *(St)* ausgewiesener Gewinn *m*
recommend *v (Gesch)* empfehlen
recommended retail price *(V&M)* Preisempfehlung *f*, unverbindliche Preisempfehlung *f*
reconcile *v* 1. *(RW)* abstimmen, ausgleichen, berichtigen *(account, figures)*; 2. *(Fin)* aussöhnen, versöhnen *(people)*
~ **an account** *(RW, Bank, Fin)* ein Konto abstimmen
reconciliation of cash *(WiWi)* Kassenabstimmung *f*
recondition *v (Gesch)* aufarbeiten, überholen
reconsider *v (Gesch)* neu bedenken, nochmals erwägen
reconstruction 1. *(WiWi)* Reorganisation *f*, Umbau *m (of company)*; Wiederaufbau *m*; 2. *(Gesch)* Rekonstruktion *f*
reconveyance *(Gb)* Rückübereignung *f*
record *v* 1. *(RW)* aufzeichnen, eintragen *(accounts, register)*; 2. *(Verw)* protokollieren; 3. *(Gesch)* erfassen, registrieren, beurkunden *(contract)*; aufnehmen, aufzeichnen *(meeting)*
record 1. *(Verw)* Niederschrift *f*, 2. *(EDV)* Datensatz *m*; 3. *(Gesch)* Aufzeichnung *f*, Vorgang *m (written)*; 4. *(St)* Beleg *m (bookkeeping)*
~ **date** *(Fin)* Bezugsrechtsstichtag *m*
~ **high** *(WiWi)* historischer Höchststand *m*, Rekordhöhe *f*, Spitzenwert *m (profits, unemployment)*
recorded *adj* 1. *(Gesch)* erfasst, eingetragen; 2. *(F&T, Med)* aufgezeichnet
~ **by a notary** *(Recht)* notariell beglaubigt, notariell beurkundet
~ **economy** *(WiWi)* offizielle Wirtschaft *f*
recording 1. *(Verw)* Registrierung *f*; 2. *(EDV)* Aufzeichnung *f*
~ **of business transactions** *(WiWi)* Erfassung *f* von Geschäftsvorfällen
records 1. *(RW, Verw)* Aufzeichnungen *fpl*; 2. *(Gesch)* Unterlagen *fpl*
~ **management** *(Mgt)* Aktenverwaltung *f*
recoup *v (Gesch)* ausgleichen, wettmachen *(loss)*
recourse 1. *(Gesch)* Rückgriff *m*, Regress *m*; 2. *(Vers)* Rückgriff *m* • **with ~** *(Gesch)* mit Rückgriff, mit Regress
recover *v* 1. *(EDV)* wiederherstellen; 2. *(WiWi)* eintreiben, wiedererlangen, zu-

rückerhalten; 3. *(Umw)* rückgewinnen *(for recycling)*; 4. *(Gesch)* wiedereinbringen *(expenditure)*; einholen, eintreiben *(debts)*; wiederhereinholen *(assets)*; 5. *(WiWi)* sich erholen

recoverable debt *(RW)* beitreibbare Forderung *f*

~ **input tax** *(St)* anrechenbare Vorsteuer *f*

~ **reserves** *(Umw)* abbauwürdige Vorräte *mpl*, förderwürdige Reserve *f (of raw materials)*

recovered bad debt *(RW)* eingetriebene Forderung *f*

recovery 1. *(WiWi)* Belebung *f*; 2. *(Umw)* Rückgewinnung *f*; 3. *(Fin)* Eintreibung *f*

~ **CD** *(EDV)* Recovery-CD *f (after system crash)*

~ **of losses** *(RW)* Wiederausgleich *m* von Verlusten

~ **program(me)** *(WiWi)* Programm *n* zur Belebung der Konjunktur, Wiederaufbauprogramm *n*

recruit *v (Pers)* einstellen

~ **labo(u)r** *(Pers)* Arbeitskräfte einstellen, Personal einstellen

recruitment *(Pers)* Anwerbung *f*, Einstellung *f*, Personalbeschaffung *f*

~ **fee** *(Pers)* Anwerbegebühr *f*

rectified *adj (Gesch)* berichtigt

rectify *v (Gesch)* beheben, berichtigen, abändern *(amend)*; entzerren, richtig stellen *(situation)*

recto *(Med)* Vorderseite *f (front of page)*

recyclable *adj (Umw)* recycelfähig, wiederverwertbar

recycle *v (Umw)* rückgewinnen, recyceln, wieder verwenden, wieder verwerten, zurückführen *(re-use)*

recycled paper *(Umw)* Recyclingpapier *n*, Umweltschutzpapier *n*

recycling of waste *(Umw)* Abfallwiederaufbereitung *f*

red/in the *(Bank, Gesch)* in den roten Zahlen, *(ugs.)* in den Roten

~-**herring prospectus** *(Bö)* vorläufiger Börseneinführungsprospekt *m*

redeem *v* 1. *(Bank, Fin, Gesch)* rückzahlen; 2. *(Bö)* rückzahlen, tilgen

redeemable bonds *(RW)* ablösbare Schuldverschreibungen *fpl*

redeemed share *(Bö)* eingezogene Aktie *f*

redelivery *(Gesch, Trans)* Rücklieferung *f*

redemption 1. *(RW)* Tilgung *f*; 2. *(Bank)* Auslösung *f*; 3. *(Fin)* Tilgung *f*; 4. *(Gesch)* Einlösung *f (of token, pawned object)*

~ **before due date** *(Fin)* vorzeitige Tilgung *f*

redemption bond *(Bö)* Amortisationsanleihe *f*, Tilgungsanleihe *f*

~ **commitments** *(Fin)* Tilgungsverpflichtungen *fpl*

~ **date** *(Bö)* Rückzahlungstermin *m*

~-**free year** *(Fin)* tilgungsfreies Jahr *n*

~ **instal(l)ment** *(Fin)* Tilgungsrate *f*

~ **of a loan** *(Fin)* Tilgung *f* einer Anleihe

~ **mortgage** *(Fin)* Tilgungshypothek *f*, Annuitätenhypothek *f*

~ **period** *(Fin)* Einlösungsfrist *f*

~ **rate** 1. *(Bank)* Grundtilgung *f*; 2. *(Fin)* Tilgungsquote *f*, Tilgungssatz *m*

~ **yield** *(Bank, Gesch, Bö)* Effektivverzinsung *f*

redeploy *v* 1. *(Verw)* versetzen; 2. *(Gesch)* versetzen, umgruppieren *(restructure)*; 3. *(Pers)* versetzen *(transfer)*

redevelopment *(WiWi, Gb)* Sanierung *f*

redhibition *(Recht)* Gewährsmangel *m*

redhibitory defect *(Recht)* Sachmangel *m*

rediscount rate *(RW)* Rediskontsatz *m*

redistribution *(Bank)* Umverteilung *f* (der Liquidität)

redistributive effect *(WiWi)* Umverteilungseffekt *m*

redraft *v (Verw)* umformulieren

redress *v* 1. *(Gesch)* wiederherstellen *(balance)*; bereinigen *(situation)*; 2. *(Recht)* abhelfen *(grievance)*

redress *(Recht)* Abhilfe *f*, Entschädigung *f*, Wiedergutmachung *f*

reduce *v* 1. *(WiWi)* verringern, herabsetzen, reduzieren, zurückführen *(prices, investment)*; 2. (Gesch) *ausdünnen, nachlassen, abbauen, verringern, ermäßigen,* verbilligen *(prices)*; ermäßigen *(inflation rate)*

~ **in size** *(Gesch)* verkleinern

~ **staff** *(Pers)* Personal abbauen

~ **the workforce** *(Pers)* Personal abbauen, Arbeitskräfte abbauen

reduced *adj* 1. *(WiWi)* herabgesetzt, verringert *(price, price support)*; 2. *(Gesch)* reduziert, verbilligt

~ **price** *(V&M)* herabgesetzter Preis *m*
~ **tax** *(St)* ermäßigte Steuer *f*
reducing balance method *(RW)* degressive Abschreibung *f (depreciation)*
~-**instal(l)ment system** *(WiWi)* degressive Abschreibung *f*
reduction 1. *(WiWi)* Herabsetzung *f*, Verringerung *f*, Reduzierung *f*; 2. *(Gesch)* Ermäßigung *f*, Nachlass *m*, Verkürzung *f*, Rabatt *m (discount)*; 3. *(Recht)* Minderung *f*
~ **in size** *(Gesch)* Verkleinerung *f*, Verringerung *f*
~ **in value** *(Fin)* Wertminderung *f*, Wertverlust *m*
~ **in working hours** *(Pers)* Arbeitszeitverkürzung *f*
~ **of liability** *(Vers, Recht)* Haftungsminderung *f (contracts)*
reductions in profit *(Fin)* Ertragseinbußen *fpl*
redundancy 1. *(EDV)* Redundanz *f*; 2. *(Pers)* Entlassung *f*
~ **letter** *(BE) (Pers, Mgt)* Kündigungsschreiben *n (notice in writing)*
~ **payment** 1. *(Gesch)* Entlassungsabfindung *f*; 2. *(Pers)* Abfindungszahlung *f*
redundant *adj (Gesch)* überflüssig *(unneeded)* • **be made** ~ *(Pers)* den Arbeitsplatz verlieren • **make** ~ *(Pers)* entlassen
refer *v (Gesch)* sich beziehen auf, verweisen
~ **to** 1. *(Gesch)* verweisen (auf), sprechen von, erwähnen *(mention)*; sich wenden an *(consult person)*; sich beziehen auf *(relate to)*; 2. *(Recht)* verweisen, weiterleiten *(case)*; 3. *(Pat)* verweisen auf, Bezug nehmen auf *(previous, single claim)*
reference 1. *(Komm)* Bezugnahme *f (in document)*; 2. *(Gesch)* Verweis *m*, Aktenzeichen *n*, Geschäftszeichen *n*; 3. *(Pers)* Zeugnis *n*, Referenz *f (testimonial)*; 4. *(Med)* Quellenangabe *f* • ~ **to** *(Pat)* Bezugnahme auf • **our** ~ *(Gesch)* unser Zeichen • **with** ~ **to** 1. *(Komm)* Bezug nehmend auf; 2. *(Gesch)* unter Bezugnahme auf • **with** ~ **to your enquiry** *(Komm)* Bezug nehmend auf Ihre Anfrage
~ **benchmark** *(Bank)* Referenzwert *m (ECB)*
~ **currency** *(WiWi)* Referenzwährung *f*
~ **exchange rate** *(Bank)* Referenzkurs *m*
~ **number** 1. *(Gesch)* Kennziffer *f*; 2. *(Pers)* Chiffrenummer *f*
referring to *(Gesch)* Bezug nehmend auf, unter Bezugnahme auf
refinance *v (Fin)* umschulden
refinancing *(Fin)* Refinanzierung *f*
reflation 1. *(WiWi)* Reflation *f*; 2. *(Gesch, Pol)* Ankurbelung *f*
refloat *v* 1. *(Bank)* umstrukturieren; 2. *(WiWi)* sanieren
reflotation *(Bank)* Umstrukturierung *f*
refocusing *(Gesch)* Umorientierung *f*
reform *v (Gesch)* reformieren; neu gestalten
refresher training *(Gesch)* auffrischende Ausbildung *f*
refrigerated *adj (Ind)* kühl aufbewahrt, tiefgekühlt, Kühl…
refuel inflation *(WiWi)* die Inflation anheizen
refund *v* 1. *(Bank, Fin)* rückzahlen; 2. *(Gesch)* erstatten
refund 1. *(Bank, WiWi, Fin, Gesch)* Rückerstattung *f*, Rückzahlung *f*; 2. *(St)* Rückerstattung *f*
~ **of premium** *(Vers)* Beitragsrückerstattung *f*
refundable expenses *(Gesch)* erstattungsfähige Kosten *pl*
refusal *(Gesch)* Ablehnung *f*, Absage *f*, Verweigerung *f*, abschlägige Antwort *f (negative response)*
~ **to accept** *(Recht)* Annahmeverweigerung *f (contracts)*
~ **to fulfil(l) an obligation** *(Recht)* Erfüllungsverweigerung *f*, Leistungsverweigerung *f*
refuse *v (Gesch)* verweigern
refutable *adj (Stat)* anfechtbar
regard to/with *(Gesch)* in Bezug auf
regarding *adv* 1. *(Komm)* betreffs, bezüglich; 2. *(Gesch)* in Bezug auf
region 1. *(EDV)* Bereich *m*; 2. *(WiWi)* Region *f*; 3. *(Gesch)* Bereich *m*, Gebiet *n*
regional *adj (Gesch)* räumlich begrenzt, regional, Regional…
~ **development** *(WiWi)* Regionalentwicklung *f*
~ **planning policy** *(WiWi)* Raumordnungspolitik *f*
~ **policy** *(WiWi)* Regionalpolitik *f*
register *v* 1. *(Verw)* eintragen *(in book, file)*; registrieren *(fact, figure)*; 2. *(Gesch)* registrieren, beurkunden, anmelden, ein-

tragen lassen *(change of name)*; 3. *(Recht)* eintragen *(business name)*
~ **a high** *(Gesch)* ein Hoch verzeichnen *(on stock market)*
~ **as unemployed** *(Pers)* sich arbeitslos melden
register *(Pat)* Patentrolle *f*, Register *n*, Verzeichnis *n*
~ **of bills payable** *(RW)* Akzeptebuch *n*
~ **of companies** *(Verw)* Gesellschaftsregister *n*
Register of Members *(Recht)* Aktienbuch *n*, Aktionärsregister *m (of corporation, public limited company)*
registered *adj* 1. *(Komm)* eingeschrieben, per Einschreiben; 2. *(Gesch)* registriert, eingetragen
~ **company** *(Verw, Recht)* eingetragene Gesellschaft *f*
~ **design** *(Recht)* eingetragenes Gebrauchsmuster *n*
~ **equity market maker** *(Bö)* eingetragener Aktienmarktmacher *m*
~ **job-seekers** *(Soz)* registrierte Arbeitssuchende *pl*, gemeldete Arbeitssuchende *pl*
~ **letter** *(Komm)* eingeschriebener Brief *m*, Einschreiben *n*
~ **mark** *(Pat)* eingetragenes Firmenzeichen *n*, eingetragenes Warenzeichen *n*
~ **market maker** *(Bö)* eingetragener Marktmacher *m*
~ **office** *(Verw, Recht)* eingetragener Sitz *m*
~ **parcel** *(Komm)* Wertpaket *n*
~ **post** *(BE) (Komm)* Einschreiben *n* • **by ~ post** *(Komm)* per Einschreiben
~ **proprietor** *(Gb)* eingetragener Eigentümer *m*, eingetragene Eigentümerin *f*
~ **representative** *(Bö)* registrierter Vertreter *m*, registrierte Vertreterin *f*, registrierte(r) Bevollmächtigte(r) *f(m)*
~ **share** *(RW, Bö)* Namensaktie *f*
~ **shareholder** *(BE) (Bö)* eingetragener Aktionär, eingetragene Aktionärin *f*
~ **society** *(Gesch, Pol, Bö)* eingetragener Verein *m*
~ **stockholder** *(AE) (Bö)* eingetragener Aktionär *m*, eingetragene Aktionärin *f*
~ **title** *(Recht)* eingetragener Rechtsanspruch *m*
~ **trademark** 1. *(Gesch, Recht)* eingetragenes Warenzeichen *n*; 2. *(Pat)* eingetragenes Firmenzeichen *n*, eingetragenes Warenzeichen *n*
~ **trademark symbol** *(® symbol) (Komm, Recht, Pat)* Registriermarke-Zeichen *n*, registrierte Marke *f (keyboard ALT+0174, used only for registered trademarks)*
~ **unemployed** *(Gesch)* als arbeitslos gemeldet
~ **unemployed** *(Soz)* gemeldete Arbeitslose *pl*, registrierte Arbeitslose *pl*; registrierte(r) Arbeitslose(r) *f(m)*
registration 1. *(Verw, Gesch)* Eintragung *f*, Registrierung *f*; 2. *(Recht)* Anmeldung *f*, Zulassung *f (of car)*
~ **fee** *(Gesch)* Anmeldegebühr *f*, Registrierungsgebühr *f*
~ **office** *(Verw)* Anmeldestelle *f*, Einwohnermeldeamt *n*
registry of deeds *(Recht, Gb)* Grundbuchamt *n*
~ **office** *(Verw)* amtliches Register *n*, Standesamt *n*
regression analysis *(WiWi, Stat)* Regressionsanalyse *f*
regressive tax *(St)* regressive Steuer *f (indirect)*
regroup *v (Gesch)* umgruppieren, umschichten
regular accounting practices *(WiWi)* übliche Rechnungslegungsverfahren *npl*
~ **annual payment** *(Fin)* Annuität *f*
~ **hours** 1. *(Gesch)* normale Zeiten *fpl*; 2. *(Pers)* normale Arbeitszeiten *fpl*
~ **income** *(Fin)* regelmäßige Einnahmen *fpl*
regulate *v* 1. *(WiWi, Fin)* lenken, ordnen, regeln, regulieren *(industry, market)*; 2. *(Recht)* regulieren
regulated *adj (WiWi, Fin)* reguliert
~ **investment company** 1. *(WiWi)* steuerbegünstigte Investmentgesellschaft *f*; 2. *(Fin)* regulierter Investmentfonds *m*
~ **market** *(Fin)* regulierter Markt *m*
~ **prices** *(POL, WiWi)* regulierte Preise *mpl*, geregelte Preise *mpl*
regulation 1. *(WiWi)* Bestimmung *f*, Richtlinie *f*, Regulierung *f*, Regelung *f*, Vorschrift *f (directive)*; 2. *(Gesch)* Ausführungsverordnung *f*, Durchführungsverordnung *f*, Verordnung *f (rules)*
~ **on abuse [misuse]** *(Recht, Pol)* Missbrauchsregelung *f*

regulatory constraints *(Recht)* Auflagen *fpl*

~ policy *(WiWi, Pol)* Ordnungspolitik *f (no precise English equivalent to the German term)*

rehabilitate *v* 1. *(Umw)* sanieren *(dumping site)*; 2. *(Gesch)* rehabilitieren *(reputation, company)*; 3. *(Recht)* wieder eingliedern

reimbursable *adj (Bank, Fin, Gesch, Bö)* rückzahlbar

reimburse *v* 1. *(Bank, Fin)* rückzahlen; 2. *(Gesch)* entschädigen *(person)*; 3. *(Pat)* abgelten, entschädigen; 4. *(St)* erstatten

reimbursement of travel expenses *(Gesch)* Reisekostenerstattung *f*

reinforce *v* 1. *(WiWi)* stützen; 2. *(Gesch)* stützen, untermauern, verstärken

~ capital *(WiWi)* Kapital erhöhen

reinforcement *(Gesch)* Stärkung *f*, Verstärkung *f*

reinstatement 1. *(Gesch)* Wiedereinsetzung *f (of employee)*; 2. *(Pers)* Wiedereinstellung *f*, 3. *(Recht)* Wiederherstellung *f*

reinsurance company *(Vers)* Rückversicherungsgesellschaft *f*

reintegration *(Recht)* Wiedereingliederung *f*

reintermediation *(Bank)* Mittelrückfluss *m* ins Banksystem

reinvest *v (Fin, Bö)* reinvestieren, wiederanlegen

reinvested earnings *(WiWi)* einbehaltene Gewinne *mpl*

reinvestment 1. *(RW)* Ersatzinvestition *f*, reinvestierter Gewinn *m*; 2. *(Bö)* Reinvestition *f*

REIT *s.* real-estate investment trust

reiterate *v (Gesch)* wiederholen

reject *v* 1. *(Gesch)* verweigern; 2. *(Recht)* zurückweisen *(contract)*; 3. *(Pat)* ablehnen, zurückweisen

rejects *(Ind)* Ausschuss *m*

related *adj (Recht)* verwandt

~ company *(Gesch)* verbundenes Unternehmen *n*

relationship *(Gesch)* Beziehung *f*, Verhältnis *n*

~ management *(Bank, Mgt)* Beziehungsmanagement *n*, Kundenbetreuung *f*

relative *adj (Gesch)* bezüglich, relativ, verhältnismäßig

~ concentration *(Stat)* relative Konzentration *f*

~ price *(WiWi)* relativer Preis *m*

relaunch *v* 1. *(Gesch)* wieder auflegen, wieder einführen *(programme, product)*; 2. *(V&M)* erneut einführen

relax *v* 1. *(Gesch, Mgt)* lockern *(control, restrictions)*; nachlassen *(efforts)*; 2. *(F&T)* sich entspannen

release *v* 1. *(RW)* auflösen; 2. *(EDV)* freigeben *(software, product)*; 3. *(Fin)* erlassen; 4. *(Gesch)* freigeben *(publish)*

release 1. *(RW)* Auflösung *f*, 2. *(EDV)* Freigabe *f (of software, product)*; 3. *(Recht)* Erlass *m*

~ from liability *(Vers, Recht)* Haftungsfreistellung *f*

~ from obligations *(Recht)* Befreiung *f* von Verbindlichkeiten

~ of debt *(Recht)* Schulderlass *m*

relevant cost approach *(Mgt)* Differenzkostenmethode *f*, Methode *f* der relevanten Kosten

~ documents *(Verw, Recht)* sachdienliche Unterlagen *fpl*

reliability *(Gesch)* Zuverlässigkeit *f*, Kreditwürdigkeit *f*, Bonität *f (financial)*; Vertrauenswürdigkeit *f (personal)*

reliable *adj (Gesch)* verlässlich, vertrauenswürdig, zuverlässig

~ source *(Gesch)* zuverlässige Quelle *f*

relief *(St)* Entlastung *f*

~ on business assets *(RW)* Sonderabschreibung *f* auf das Anlagevermögen

~ shift *(Pers)* zusätzliche Schicht *f*

relieve *v* 1. *(Gesch)* ablösen; 2. *(Recht)* befreien; 3. *(St)* entlasten

religious discrimination *(Pers)* religiöse Diskriminierung *f*

relinquish *v (Gesch, Recht)* verzichten auf, aufgeben, überlassen

relocate *v* 1. *(WiWi)* umsiedeln; 2. *(Gesch)* versetzen *(employee)*; verlegen *(company, headquarters)*; 3. *(Ind)* umsiedeln *(company, headquarters)*; 4. *(Gesch)* umsiedeln; 5. *(Gb, Trans)* umziehen

relocated *adj (Verw, Pers)* versetzt

rely *v* **on** 1. *(Gesch)* sich verlassen auf, vertrauen *(person)*; 2. *(Recht)* vertrauen

remaining *adj (Gesch)* restlich

~ stock *(Gesch)* Restposten *m*

remargining *(Fin)* Nachschießen *n*, Nachschuss *m*
remind *v (RW, Fin, Recht)* mahnen
reminder 1. *(RW, Fin)* Mahnung *f*, Anmahnung *f*; 2. *(Gesch)* Erinnerung *f*; 3. *(Recht)* Mahnbescheid *m*
~ **advertising** *(V&M)* Erinnerungswerbung *f*
remission 1. *(WiWi)* Rückerstattung *f*; 2. *(Recht)* Erlass *m (of sentence)*; 3. *(St)* Rückerstattung *f*, Rückzahlung *f*
~ **of charges** *(St)* Gebührenerlass *m*
~ **of debt** *(Recht)* Schulderlass *m*
remit *v* 1. *(WiWi)* überweisen; 2. *(Fin)* anschaffen
remittance *(Fin)* Überweisung *f*, Überweisungsanzeige *f*
~ **for collection** *(Bank)* Inkassoüberweisung *f*, Überweisung *f* zum Inkasso
removal 1. *(Gesch)* Behebung *f*, Beseitigung *f (of problem)*; Umzug *m (new home)*; Entfernung *f (of attachment, cover, office)*; Aufhebung *f (of tariff barriers, restrictions)*; 2. *(Trans)* Umzug *m*
remove *v* 1. *(EDV)* entfernen; 2. *(WiWi)* abbauen; 3. *(Gesch)* beseitigen *(obstacle, problem)*; aufheben, beheben
remuneration 1. *(Verw)* Honorar *n*; 2. *(Gesch)* Bezahlung *f*, Dienstbezüge *mpl*, Entlohnung *f*, Vergütung *f*; 3. *(Pers)* Arbeitsentgelt *n*
render *v (Gesch)* vorlegen *(report)*
~ **a service** *(Pers)* Dienstleistung erbringen, Leistung erbringen
~ **null and void** *(Recht)* null und nichtig machen
rendering of services *(Gesch)* Erbringung *f* von Dienstleistungen
renegotiate *v (Gesch)* erneut verhandeln, neu aushandeln
renew *v (Gesch)* erneuern, prolongieren, verlängern
renewable energy *(Umw)* erneuerbare Energien *fpl*
~ **resource** *(WiWi)* erneuerbarer Rohstoff *m*, nachwachsender Rohstoff *m*
renewal *(Gesch)* Verlängerung *f*
~ **coupon** *(Bö)* Talon *m*
renounce *v* 1. *(Gesch)* aufgeben, ausschlagen, verzichten auf; 2. *(Recht)* aufgeben
~ **an inheritance** *(Recht)* eine Erbschaft ausschlagen
renovate *v (Gb)* renovieren
renowned *adj (Gesch)* angesehen, namhaft, renommiert
rent *v* 1. *(Gesch)* mieten; 2. *(Gb)* mieten, verpachten
~ **out** *(AE) (Gb)* vermieten
rent *(WiWi)* Miete *f* • **for** ~ *(Gb) (AE)* zu vermieten
~ **allowance** *(Soz)* Mietbeihilfe *f*, Mietzuschuss *m*
~**-free** *adj (Pers, Gb, Soz)* mietfrei
~ **rebate** *(Soz)* Mietbeihilfe *f*, Mietnachlass *m*, Mietzuschuss *m*
~ **subsidy** *(Pers, Soz)* Wohngeld *n*
rentable area *(Gb)* vermietbare Fläche *f*
rental 1. *(AH)* Miete *f*; 2. *(Gb)* Mieteinnahme *f*, Pachteinnahme *f*, Miete *f*; 3. *(Trans, Soz)* Miete *f*
~ **agreement** *(Gesch)* Mietvertrag *m*
~ **rate** *(Gb)* Mietpreis *m*
~ **term** *(Gb)* Mietdauer *f*
renunciation *(Recht)* Verzicht *m*
renvoi *(Recht)* Renvoi *n (conflict of laws)*
reopen *v (Recht)* wieder aufnehmen *(case, proceedings)*
reorder *v (Gesch)* nachbestellen
reorder point *(RW)* kritischer Lagerbestand *m*
reorganization 1. *(WiWi)* Sanierung *f*; 2. *(Gesch)* Umorganisation *f*; 3. *(Pers)* Umbesetzung *f*; 4. *(Mgt)* Reorganisation *f*, Umgestaltung *f*, Umstrukturierung *f*
reorganize *v* 1. *(WiWi, Fin)* umstrukturieren; 2. *(Gesch)* umorganisieren, umbesetzen; 3. *(Mgt)* reorganisieren, umgestalten
rep. *s.* representative
repackaging of risks *(Fin)* Risikoumstrukturierung *f*, Risikoumbündelung *f*
reparation for damage *(Vers)* Schadensersatz *m*, Schadensersatzzahlung *f*
repatriate *v (WiWi)* repatriieren *(profits)*
repatriation of profits *(WiWi)* Gewinnrückführung *f*
repay *v* 1. *(RW)* abtragen, zurückzahlen *(debt, mortgage)*; 2. *(Bank)* tilgen, rückzahlen *(debt, mortgage)*; 3. *(Fin)* abbauen, einlösen; 4. *(Gesch)* einlösen
repayable *adj (Bank)* rückzahlbar, tilgbar
~ **on demand** *(Bank, Fin)* auf Verlangen rückzahlbar
repayment 1. *(RW)* Tilgung *f; 2. (Bank, Fin, Gesch)* Rückerstattung *f*, Rückzahlung *f*

~ **conditions** *(Bank, WiWi)* Rückzahlungsmodalitäten *fpl*
~ **period** *(Fin)* Tilgungsperiode *f*, Abzahlungsperiode *f*
~ **term** *(Fin)* Rückzahlungszeitraum *m*
repeal *v (Recht)* aufheben *(regulations)*
~ **a law** *(Recht)* ein Gesetz abschaffen, ein Gesetz aufheben
repeating audit *(WiWi)* periodische Prüfung *f*
repercussion *(Gesch)* Auswirkung *f*, Rückwirkung *f*
replace *v* 1. *(Gesch)* ersetzen *(stolen or lost goods)*; auswechseln *(machine part)*; austauschen, verdrängen *(exchange)*; 2. *(Recht)* wiederherstellen
replaced asset *(St)* Ersatzinvestition *f*
replacement 1. *(Gesch)* Anlageerneuerung *f*, Ersatzbeschaffung *f (purchase of substitute)*; Wiederbeschaffung *f (repurchase)*; Ersatzlieferung *f (delivery of substitute)*; Ersatzmann *m*, Nachfolger(in) *m(f) (person)*; Ersatz *m (substitute, substitution)*; 2. *(Recht)* Wiederherstellung *f*
~ **capital** *(Fin)* Ersatzinvestition *f*
~ **costing** *(RW)* Buchführung *f* zu Wiederbeschaffungskosten
~ **costs** *(RW)* Wiederbeschaffungskosten *pl*, Wiederherstellungskosten *pl*
~ **need** *(Pers)* Ersatzbedarf *m*
~ **part** *(Gesch)* Ersatzteil *n*
~ **requirement** *(Pers)* Ersatzbedarf *m*
~ **value** *(RW)* Wiederbeschaffungswert *m*
replenishment of inventories *(Mgt)* Auffüllung *f* von Lagerbeständen
reply 1. *(Gesch)* Beantwortung *f*; 2. *(Recht)* Erwiderung *f* • **in ~ to your letter** *(Komm)* in Beantwortung Ihres Schreibens
~ **paid** *(Komm)* bezahlte Rückantwort *f*
~-paid envelope *(Verw, Komm)* Freiumschlag *m*
répondez s'il vous plaît *(RSVP) (Komm)* um Antwort wird gebeten, u.A.w.g.
report *v* 1. *(RW)* ansetzen, ausweisen; 2. *(Gesch)* melden *(accident, crime)*; 3. *(Gesch)* berichten, Bericht erstatten
~ **a loss** *(RW)* einen Verlust ausweisen
~ **a profit** *(RW)* einen Gewinn ausweisen
~ **to sb** *(Gesch)* jmdm. unterstehen *(be answerable to)*
report 1. *(Verw)* Rechenschaftsbericht *m*; 2. *(EDV, Gesch)* Bericht *m*
reported *adj (Gesch)* ausgewiesen
~ **earnings** *(RW)* ausgewiesener Gewinn *m*
~ **equity** *(RW)* ausgewiesene Eigenmittel *npl*
~ **equity capital** *(RW)* ausgewiesenes Eigenkapital *n*
reporting 1. *(RW)* Rechenschaftslegung *f (rendering an account)*; 2. *(Gesch)* Berichtswesen *n*, Berichterstattung *f*
~ **company** *(Gesch)* berichtende Gesellschaft *f*
~ **corporation** *(Gesch)* berichtende Gesellschaft *f*
~ **date** 1. *(RW)* Stichtag *m*; 2. *(Gesch)* Berichtszeitpunkt *m*
~ **period** *(WiWi, Gesch)* Berichtszeitraum *m*
repositioning *(V&M)* Neupositionierung *f*
repossession 1. *(Fin)* Rückkaufvereinbarung *f*; 2. *(Recht, Gb)* Wiederinbesitznahme *f*
repost *v (RW)* umbuchen
represent *v (Gesch)* darstellen *(depict)*; vertreten
representation 1. *(Gesch)* Darstellung *f*, Repräsentation *f*; Stellvertretung *f (by deputy)*; Agentur *f*, Vertretung *f (of a firm by an agent)*; 2. *(Recht)* Schilderung *f*
representative *adj (Gesch)* repräsentativ
representative 1. *(Gesch)* Repräsentant(in) *m(f)*, Vertreter(in) *m(f)*, Beauftragte(r) *f(m)*, Bevollmächtigte(r) *f(m)*; 2. *(Pat)* Beauftragte(r) *f(m)*; 3. *(V&M)* Vertreter(in) *m(f)*
~ **firm** *(WiWi)* Durchschnittsfirma *f*, repräsentatives Unternehmen *n*
~ **sample** *(Stat)* repräsentative Stichprobe *f*
reprimand *(Pers)* Verweis *m*
reprivatize *v (WiWi)* reprivatisieren
reproduction 1. *(WiWi)* Nachbildung *f*, Reproduktion *f*, Vervielfältigung *f*; 2. *(Gesch)* Abdruck *m*
~ **costs** *(RW)* Wiederherstellungskosten *pl*
~ **right** *(Recht, Med)* Vervielfältigungsrecht *n*
repudiate *v* 1. *(Gesch)* zurückweisen; 2. *(Pers)* ablehnen *(industrial action)*; 3. *(Recht)* zurückweisen *(claim)*
repurchase agreement *(Fin, Gesch)* Wertpapierpensionsgeschäft *n*, Rückkaufvereinbarung *f*
~ **rate** *(Bank, Fin)* Pensionssatz *n*, Rücknahmekurs *m*

reputation *(Gesch)* Ansehen *n*, guter Name *m*, Leumund *m*, Ruf *m*, Renommee *n (renown)*
request *v (Gesch)* anfordern, nachsuchen um, verlangen
request 1. *(Gesch)* Anforderung *f*, Aufforderung *f*, Verlangen *n*, Bitte *f*, Wunsch *m (desire)*; 2. *(Pat)* Anfrage *f*, Antrag *m* • **at the ~ of** *(Gesch)* auf Bitte von
~ **for information** *(Recht)* Auskunftsersuchen *n*
~ **for payment** *(Fin, Gesch)* Zahlungsaufforderung *f*
~ **to pay** *(WiWi)* Zahlungsaufforderung *f*
require *v (Gesch)* Bedarf haben an, brauchen, erfordern, verlangen, fordern *(demand)*
~ **sth of sb** *(Gesch)* etw. von jmdm. verlangen
required action *(Gesch)* erforderliches Handeln *n*
~ **rate of return** *(Fin)* angestrebte Mindestverzinsung *f*
~ **reserves** *(Bank)* Mindestreserven *fpl*
requirement 1. *(Gesch)* Anforderung *f*, Bedürfnis *n*, Bedarf *m*, Erfordernis *n*, Forderung *f (condition)*; 2. *(Recht)* Auflage *f*
resale *(Gesch, Bö)* Weiterverkauf *m*, Wiederverkauf *m*
~ **price** *(V&M)* Wiederverkaufspreis *m*
~ **price maintenance** *(Fin, Recht, V&M)* Preisbindung *f* der zweiten Hand, vertikale Preisbindung *f*
reschedule *v (Fin)* umschulden *(loan)*
rescind *v* 1. *(Recht)* aufheben, annullieren, rückgängig machen, für ungültig erklären, wandeln, anfechten, widerrufen; 2. *(Pat)* anfechten *(dispute, claim)*
~ **a contract** *(Recht)* einen Vertrag aufheben
rescission *(Recht)* Ungültigkeitserklärung *f*, Widerruf *m*, Rückgängigmachung *f*, Anfechtung *f*, Rücktritt *m* vom Vertrag, Annullierung *f*, Aufhebung *f (of contract)*
~ **of sale** *(Recht)* Wandlung *f*
rescue company *(Pers)* Auffanggesellschaft *f*
research *v (Gesch)* forschen
research *(Gesch)* Forschung *f*
~ **and development** *(Ind)* Forschung *f* und Entwicklung *f*, F&E
~**-intensive** *adj (Ind)* forschungsintensiv
~**-oriented** *adj (Ind)* forschungsorientiert
reseller *(Gesch, Bö)* Wiederverkäufer(in) *m(f)*
reservation 1. *(Gesch)* Buchung *f*, Vorbehaltsklausel *f (of company name)*; 2. *(F&T)* Vorbestellung *f*, Reservierung *f (booking)*
~ **of title** *(Recht)* Eigentumsvorbehalt *m (contracts)*
reserve *v* 1. *(Gesch)* buchen, reservieren, sich vorbehalten *(room, seat)*; 2. *(F&T)* reservieren *(room, seat)*
reserve 1. *(RW)* Wertberichtigung *f*; 2. *(Fin)* Reserve *f*, Rücklage *f*
~**-assets ratio** *(Fin)* Mindestreservesatz *m*
~ **balances** *(WiWi)* Währungsreserven *fpl*
~ **base** *(Bank)* Basisgeldreserven *fpl*
~ **currency** *(Fin, Gesch)* Reservewährung *f*
~ **for doubtful accounts** *(WiWi)* Rückstellung *f* für zweifelhafte Forderungen
~ **price** *(Gesch)* Preislimit *n*, Vorbehaltspreis *m (auction)*
~ **requirement** *(Bank)* Mindestreserve *f*
~**-stock control** *(Gesch)* Lagerhaltungssteuerung *f*
reserves 1. *(RW)* Rücklagen *fpl*, Reserven *fpl*; 2. *(Vers)* Rücklagen *fpl*
resettlement 1. *(WiWi)* Umsiedlung *f*; 2. *(Gesch)* Neubesiedlung *f*, Umsiedlung *f*, Wiedereingliederung *f*; 3. *(Pol)* Wiedereingliederung *f*
reshape *v (WiWi, Fin, Mgt)* umstrukturieren
reshuffle 1. *(WiWi, Fin, Mgt)* Umstrukturierung *f*; 2. *(Pol)* Umbesetzung *f* des Kabinetts *(cabinet)*
residence *(Gesch)* Aufenthalt *m*
~ **for tax purposes** *(St)* steuerlicher Wohnsitz *m*
resident *adj (Gesch)* wohnhaft, (gebiets)-ansässig
~ **account** *(Bank)* Deviseninländerkonto *n*
~ **alien** *(Verw)* Ausländer(in) *m(f)* mit Aufenthaltsgenehmigung
~ **for tax purposes** *(St)* Steuerinländer(in) *m(f)*
~ **population** *(WiWi)* Wohnbevölkerung *f*
~ **taxpayer** *(St)* Steuerinländer(in) *m(f)*
residential *adj (Gb)* Wohn...
~ **accommodation** *(Gesch)* Wohngebäude *n*, Wohnraum *m*
~ **area** *(Gb)* Wohngebiet *n*
~ **suburb** *(Pers)* Wohnvorort *m*

residual error *(WiWi)* Restfehler *m*
~ **financing** 1. *(Bank)* Spitzenausgleich *m*; 2. *(Fin)* Restfinanzierung *f*
~ **value** *(Fin)* Altwert *m*, Restwert *m*, Veräußerungswert *m*
residue *(Umw, Ind)* Rückstand *m*, Rest *m*
residuum *(Gesch)* Rückstand *m*, Rest *m*, Residuum *n*
resign *v* 1. *(Gesch)* zurücktreten; 2. *(Pers)* kündigen
resignation 1. *(Verw)* Rücktritt *m (action)*; 2. *(Pers)* Kündigung *f (action)*; Rücktrittsgesuch *n (letter)*
resolution 1. *(Gesch)* Beschlussfassung *f*, Entschluss *m*; 2. *(Recht)* Resolution *f*; 3. *(Mgt)* Beschluss *m*, Lösung *f*
resolve *v* 1. *(Gesch)* beheben, beilegen, beseitigen *(differences)*; 2. *(Mgt)* lösen
resolve *(Gesch)* Entschluss *m*
resource 1. *(Verw)* Lieferant(in) *m(f)*, Bezugsquelle *f (office supplies)*; 2. *(Gesch, Ind)* Rohstoff *m*, Betriebsmittel *n*; 3. *(WiWi)* Produktionsfaktor *m*, Ressource *f*
~ **allocation** *(WiWi, Fin, Mgt)* Mittelbewilligung *f*, Mittelverteilung *f*, Mittelzuteilung *f*, Mittelzuweisung *f*, Allokation *f* der Ressourcen
~ **availability** *(Fin)* Mittelverfügbarkeit *f*
~ **economics** *(WiWi)* Ressourcentheorie *f*
~ **market** *(WiWi)* Faktormarkt *m*
resources *(WiWi, Fin)* Mittel *npl*, Vermögenswerte *mpl*, Ressourcen *fpl*
respect *v (Gesch)* achten, respektieren *(person, customs)*
respect *(Recht)* Achtung *f* • **in other respects** *(Gesch)* in sonstiger Hinsicht • **in ~ of** *(Gesch)* hinsichtlich • **in this ~** *(Gesch)* in dieser Hinsicht
respond *v (Gesch)* antworten
~ **to** *(Gesch)* antworten auf *(invitation, advertisement)*
respondent bank *(Bank)* Korrespondenzbank *f*
response 1. *(WiWi)* Reaktion *f*; 2. *(Gesch)* Antwort *f* • **in ~ to** *(Gesch)* als Antwort auf
responsibility 1. *(Gesch)* Verantwortung *f*, Verantwortlichkeit *f*; 2. *(Recht)* Haftbarkeit *f*, Haftpflicht *f*, Haftung *f*
~ **center** *(AE) (Fin, Mgt)* Verantwortungszentrum *n*
~ **centre** *(BE) (Fin, Mgt)* Verantwortungszentrum *n*
responsible *adj* 1. *(Gesch)* haftbar, verantwortlich, verantwortungsvoll; 2. *(Pers)* zuständig; 3. *(Recht)* haftbar • **be ~ for** 1. *(Recht)* haften für; 2. *(Vers)* haften für
~ **for** *(Gesch)* verantwortlich für
restart 1. *(WiWi)* Wiederanlauf *m*, Wiederbelebung *f (economic recovery)*; 2. *(Gesch)* Wiederbelebung *f*
restitution *(Recht)* Rückerstattung *f (of price)*
restock *v* 1. *(WiWi)* Lager auffüllen; 2. *(V&M)* wieder auf Lager nehmen
restore *v (Gesch)* wiederherstellen *(confidence)*; rehabilitieren *(reputation)*
~ **law and order** *(Recht)* Recht und öffentliche Ordnung wiederherstellen
restrain *v (Gesch)* zurückhalten
restraint *(Gesch, Pol)* Zurückhaltung *f*
~ **on trade** 1. *(WiWi)* Wettbewerbsbeschränkung *f*; 2. *(Recht)* wettbewerbsbeschränkendes Verhalten *n*
restrict *v* 1. *(Gesch)* begrenzen, beschränken; 2. *(Recht)* beeinträchtigen, eingrenzen, einschränken *(rights)*
~ **access** *(Pers)* Zugang beschränken
~ **entrance** *(Gesch, Pers)* Zugang beschränken
~ **entry** *(Pers)* Zugang beschränken
restricted *adj (Gesch)* begrenzt, eingeschränkt
~ **list** *(Bank, Fin)* Verbotsliste *f*, Sperrliste *f*
~ **market** *(WiWi)* beschränkter Markt *m*
~ **trading** *(Bö)* beschränkter Handel *m*
restriction *(Gesch)* Begrenzung *f*, Beschränkung *f*
~ **of credit** *(Bank, WiWi, Fin)* Kreditverknappung *f*
~ **to entry** *(WiWi, AH)* Zugangsbeschränkung *f*, Eintrittssperre *f*
restrictions on capital movements *(WiWi, AH)* Kapitalverkehrskontrollen *fpl*
restrictive *adj (WiWi, Gesch)* restriktiv, kontraktiv, beschränkend
~ **monetary policy** *(WiWi)* restriktive Geldpolitik *f*
~ **practices** 1. *(WiWi)* Kartelle *npl*, wettbewerbsbeschränkende Praktiken *fpl*, wettbewerbsbeschränkende Verhaltenswiesen *fpl*; 2. *(Gesch, Recht)* wettbewerbsbeschränkendes Verhalten *n*

~ **trade practices** *(WiWi, Recht)* wettbewerbsbeschränkende Praktiken *fpl*
restructure *v* 1. *(WiWi)* umstrukturieren, sanieren *(company)*; 2. *(Fin)* umschulden; 3. *(Mgt)* reorganisieren
restructuring 1. *(WiWi)* Restrukturierung *f*, 2. *(Fin)* Sanierung *f*, Umschuldung *f*, Umstrukturierung *f*, 3. *(Mgt)* Neuordnung *f*
result *(Gesch)* Ausgang *m*, Ergebnis *n*, Resultat *n* • **as a** ~ *(Gesch)* als Ergebnis, als Resultat, infolgedessen • **with the ~ that** *(Gesch)* mit dem Ergebnis, dass, mit der Folge, dass
results *(Gesch)* Ergebnisse *npl (trading figures)* • **get** ~ *(Gesch, Pers)* Ergebnisse erzielen
résumé 1. *(Verw) (AE)* Lebenslauf *m (career outline)*; 2. *(Gesch)* zusammengefasste Darstellung *f (summary)*
resumption *(EDV, Recht, Pol)* Wiederaufnahme *f*
retail *(V&M)* Einzel..., Einzelhandels..., Detail...
~ **bank** *(Bank)* Retail-Bank *f*
~ **business** 1. *(WiWi)* Einzelhandelsbetrieb *m*; 2. *(V&M)* Einzelhandel *m*, Einzelhandelsunternehmen *n*
~ **cooperative** *(V&M)* Einzelhandelsgenossenschaft *f*
~ **margin** *(V&M)* Einzelhandelsspanne *f*
~ **price maintenance** *(V&M)* Preisbindung *f* der zweiten Hand
~ **sale** *(V&M)* Ladenverkauf *m*
~ **sales** *(Fin)* Einzelhandelsumsätze *mpl*
~ **store** *(V&M)* Einzelhandelsgeschäft *n*
~ **trade** *(Ind)* Einzelhandel *m*, Einzelhandelsgewerbe *n*
~ **trader** *(V&M)* Einzelhändler(in) *m(f)*
retailer 1. *(Gesch)* Wiederverkäufer(in) *m(f)*; 2. *(V&M)* Einzelhändler(in) *m(f)*; 3. *(Bö)* Wiederverkäufer(in) *m(f)*
retained earnings *(RW)* einbehaltener Gewinn *m*, thesaurierte Gewinne *mpl*
~ **income** *(RW)* nicht ausgeschüttete Gewinne *mpl*, Rücklagen *fpl*
~ **profits** 1. *(RW)* einbehaltener Gewinn *m*, Rücklagen *fpl*; 2. *(Fin)* Gewinnvortrag *m*
retainer *(Recht)* Vorschuss *m*, Honorarvorschuss *m*
retaliation *(Gesch, Recht)* Vergeltung *f* • **in ~ for** *(Recht)* als Vergeltung für
retaliatory measure *(Gesch)* Repressalie *f*, Vergeltungsmaßnahme *f*
retention 1. *(Vers)* Selbstbehalt *m*, Zurückbehaltung *f*, 2. *(St)* Einbehaltung *f*
~ **money** 1. *(Gesch)* Sicherheitssumme *f*; 2. *(Gb)* einbehaltene Garantiesumme *f*
retire *v (Gesch, Pers)* in den Ruhestand treten
~ **on a pension** *(Pers)* sich pensionieren lassen
retired *adj* 1. *(Pers)* pensioniert; 2. *(Vers)* pensioniert
retiree *(AE) (Fin, Gesch)* Pensionär(in) *m(f)*, Rentner(in) *m(f)*
retirement 1. *(Verw)* Rücktritt *m*; 2. *(Fin, Pers, Vers, Soz)* Pensionierung *f*, 3. *(Pers)* Ausscheiden *n*, Ruhestand *m*
~ **age** *(Pers)* Pensionierungsalter *n*, Rentenalter *n*
~ **pay** *(Fin, Soz)* Ruhegehalt *n*, Altersrente *f*, Pension *f*
~ **plan** *(Pers)* Pensionssystem *n*
~ **scheme** *(Fin, Pers)* Pensionsplan *m*
retiring age *(Pers, Soz)* pensionsfähiges Alter *n*
~ **allowance** *(Fin, Soz)* Altersrente *f*, Altersversorgung *f*, Pension *f*, Ruhegehalt *n*
retortion *(Recht)* Vergeltung *f*
retrain *v (Pers)* umschulen
retraining course *(Pers)* Umschulungslehrgang *m*
~ **scheme** *(Pers)* Umschulungsmaßnahme *f*
retranslation *(WiWi)* Rücktausch *m (of foreign currency)*
retribution *(Recht)* Vergeltung *f*
retroactive *adj (Gesch)* rückwirkend
~ **law** *(Recht)* rückwirkendes Gesetz *n*
retroactively *adv (Gesch)* rückwirkend
retrogress *v (WiWi)* sich verschlechtern, zurückgehen
retrospective *adj (Gesch)* rückblickend, retrospektiv, rückwirkend
return *v* 1. *(Komm)* rückliefern *(package)*; 2. *(Fin)* abwerfen *(interest)*; 3. *(Gesch)* zurückgeben, zurückbringen *(borrowed article)*; zurückkehren, zurückkommen; 4. *(V&M)* zurücksenden *(goods sold to supplier)*
~ **to sender** *(Komm)* zurück an Absender
return 1. *(RW, Fin)* Ertrag *m*; Rendite *f*, Rentabilität *f (on investment)*; Ertrag *m*, Verzinsung *f*, Gewinn *m (yield)*; 2.

(Gesch) Herausgabe *f*, Rückgabe *f*, Rücksendung *f* 3. Rückkehr *f* *(giving back)*; Rückfahrt *f*, Rückreise *f* *(journey)*; Wiederkehr *f* *(arrival)*; 4. Bericht *m* *(report)*; 5. *(St)* Steuererklärung *f* • **by ~ of post** *(Komm)* postwendend • **in ~ for** *(Recht)* als Gegenleistung
~ **address** *(Komm)* Adresse *f* des Absenders
~ **on (total) assets** *(RW)* Gesamtkapitalrentabilität *f*
~ **on capital (employed)** *(RW, WiWi, Fin)* Kapitalverzinsung *f*, Rendite *f* des eingesetzten [investierten] Kapitals
~ **on equity** *(RW, WiWi, Fin, Bö)* Eigenkapitalrentabilität *f*
~ **on investment** 1. *(RW)* Kapitalrendite *f*; 2. *(WiWi, Fin)* Ertrag *m* des investierten Kapitals, Kapitalrendite *f*
~ **on net assets (employed)** *(RW)* Eigenkapitalrendite *f*
~ **on sales** *(RW, Fin)* Umsatzrendite *f*, Umsatzrentabilität *f*
returned goods *(Gesch)* Rückwaren *fpl*, Retouren *fpl*
~ **mail** *(EDV, Komm)* zurückgeschickte E-Mail *f* *(bounced mail)*
returns *(Gesch)* Rückwaren *fpl*
~ **to scale** *(WiWi)* Niveaugrenzerträge *mpl*, Skalenerträge *mpl*
reusable *adj* *(Umw, Gesch)* wiederverwendbar, wiederverwertbar, Mehrweg...
revaluation 1. *(RW)* Zuschreibung *f*; 2. *(WiWi, Fin)* Aufwertung *f* *(of currency)*
~ **of assets** *(Fin)* Neubewertung *f* von Vermögenswerten
~ **rate** *(WiWi)* Aufwertungssatz *m*
revalue *v* *(RW, WiWi)* aufwerten, neu bewerten
revamp *v* *(Gesch)* auf Vordermann bringen *(improve)*; umorganisieren *(reorganize)*; *(ugs.)* aufpolieren
revealed preference *(WiWi)* offenbarte Präferenz *f*
revenue 1. *(RW, WiWi)* Einkünfte *pl*, Einkommen *n*, Einnahme *f*; 2. *(Fin)* Einnahmen *fpl*; 3. *(Gesch)* Erlös *m*, Umsatzerlös *m*; 4. *(Pol)* Steueraufkommen *f*
~ **and expenses** *(RW)* Aufwand *m* und Ertrag *m*
~ **dilution** *(Gesch)* Ertragsverwässerung *f*
~**-enhancing** *adj* *(Gesch, WiWi)* ertragssteigernd
~ **office** *(St)* Finanzamt *n*
reversal 1. *(RW)* Rückbuchung *f*, Stornierung *f* *(bookkeeping)*; 2. *(Recht)* Aufhebung *f*
reverse *v* 1. *(RW)* stornieren; 2. *(WiWi)* umkehren; 3. *(Recht)* aufheben
~ **the charges** *(BE)* *(Komm)* R-Gespräch anmelden
reverse *adj* 1. *(Stat)* invers; 2. *(Gesch)* umgekehrt
~ **charge call** *(BE)* *(Komm)* R-Gespräch *n*
~ **entry** *(RW)* Rückbuchung *f*
~ **income tax** *(St)* negative Einkommenssteuer *f*
~ **leverage** *(AE)* *(RW)* negative Hebelwirkung *f*
~ **repurchase agreement** *(Fin)* Wertpapierpensionsgeschäft *n*
~ **yield gap** *(Bö)* inverses Renditegefälle *n*
reversibility *(Gesch)* Umkehrbarkeit *f*, Korrekturmöglichkeit *f*
reversible *adj* *(Gesch)* reversibel
reversing *(Gesch)* Stornierung *f*, Rückbuchung *f*
~ **entry** *(RW)* Gegenbuchung *f*, Gegeneintrag *m*, Storno *m(n)*
review *v* *(Gesch, Mgt)* überprüfen, durchsehen
review *(Gesch)* Überprüfung *f*, Überblick *m*
revise *v* 1. *(Gesch)* überarbeiten, verbessern; 2. *(Recht)* abändern
revised *adj* *(Gesch, Med)* überarbeitet, verbessert
~ **figures** *(Gesch)* bereinigte Zahlen *fpl*, berichtigte Zahlen *fpl*
revision 1. *(Verw)* Überarbeitung *f*; 2. *(Gesch)* Durchsicht *f*, Neuregelung *f*, Revision *f* *(of guidelines)*; 3. *(Recht, Pol)* Abänderung *f*
revival of sales *(WiWi)* Absatzbelebung *f*
revocable *adj* *(Gesch)* widerruflich, zurücknehmbar
revoke *v* *(Fin)* aufheben, widerrufen, zurückziehen
revolving *adj* *(WiWi, Fin)* revolvierend
reward *(Gesch, V&M)* Anerkennung *f*, Belohnung *f*
rewarding *adj* 1. *(Gesch)* einträglich *(financially)*; 2. *(Pers)* lohnend *(job)*
rewritable *adj* *(EDV)* wieder beschreibbar

~ **DVD** *f (EDV)* DVD-RW *f*
rich oil strike *(Umw)* reiches Ölvorkommen *n*
ride *v* **the clock** *(AE) (Pers)* die Stempeluhr umgehen
right *(Recht)* Recht *n* • **in its own ~** *(Gesch)* in eigenem Recht
~ **column** *(RW, Fin)* Habenseite *f*
~ **of disposal** *(Recht)* Verfügungsrecht *n*
~ **of establishment** *(Recht)* Niederlassungsrecht *n*
~ **of first refusal** *(WiWi, Recht)* Vorkaufsrecht *n*
~**-hand column** 1. *(RW)* Habenseite *f*, 2. *(Gesch)* rechte Spalte *f*
~ **of ownership** *(WiWi)* Eigentumsrecht *n*
~ **of preemption** *(Bö)* Vorkaufsrecht *n*
~ **of recourse** *(Fin)* Regressanspruch *m*
~ **of rescission** *(Recht)* Aufhebungsrecht *n*, Rücktrittsrecht *n*
~ **of residence** *(Gesch, Pol)* Aufenthaltsgenehmigung *f*, Aufenthaltsrecht *m (EU)*
~ **of resumption** *(Recht)* Recht *n* zur Wiederaufnahme
~ **to capitalize** *(RW)* Aktivierungsrecht *n*
~ **to dispose of** *(Recht)* Verfügungsrecht *n*
~ **to free movement** *(Recht, Pol)* Recht *n* auf Freizügigkeit *(EU)*
~ **to know** *(Pol)* Auskunftsrecht *n*
~ **to manage** *(Pers)* Leitungsrecht *n*, Vorrecht *n* der Unternehmensleitung
~ **to withdraw from performance** *(Recht)* Leistungsverweigerungsrecht *n*
rightful *adj (Gesch, Recht)* berechtigt
~ **claim** *(Recht)* berechtigter Anspruch *m*
~ **heir** *(Recht)* berechtigter Erbe *m*
~ **owner** *(Recht)* rechtmäßiger Besitzer *m*, rechtmäßige Besitzerin *f*, rechtmäßiger Eigentümer *m*, rechtmäßige Eigentümerin *f*
rights *(Recht)* Recht *n* am geistigen Eigentum *(intellectual property)* • **all ~ reserved** *(Recht)* alle Rechte vorbehalten
rip-off merchant *(V&M) (ugs.)* Nepper *m*
rise *v* 1. *(WiWi)* ansteigen; 2. *(Fin)* anziehen *(income, earnings)*; 3. *(Gesch)* anziehen, steigen
rise 1. *(WiWi)* Hausse *f*, 2. *(Gesch)* Anstieg *m*, Zunahme *f*, Aufwärtsbewegung *f*, Steigen *n*, Steigerung *f (in prices)*; 3. *(Pers) (BE)* Erhöhung *f*, Gehaltserhöhung *f (in salary)*; 4. *(Bö)* Aufwärtsbewegung *f*, Hausse *f*
~ **in employment** *(Pers)* Zunahme *f* der Beschäftigung, Beschäftigungszunahme *f*
rising *adj* 1. *(WiWi)* anziehend, steigend; 2. *(Gesch)* anziehend
risk *v (Gesch)* wagen
risk 1. *(WiWi)* Wagnis *n*; 2. *(Vers, Stat)* Risiko *n* • **all risks** *(Vers)* alle Gefahren, jedes Risiko *n* • **at buyer's ~** *(Bö)* auf Risiko des Käufers • **at owner's ~** 1. *(Gesch)* auf eigenes Risiko; 2. *(Vers)* auf eigene Gefahr • **at ~** 1. *(Gesch)* gefährdet, in Gefahr; 2. *(Bö)* auf Risiko • **~ passes with property** *(Recht)* Risiko geht mit Eigentum über
~ **adjusted** *(Fin)* risikoangepasst, risikoadjustiert
~**-adjusted discount rate** *(Fin)* risikoangepasster Diskontsatz *m*
~ **assessment** 1. *(Fin, Vers)* Risikobewertung *f*, 2. *(Mgt)* Risikobeurteilung *f*
~**-averse** *adj (Gesch)* risikoscheu
~**-avoiding** *adj (Fin)* risikomeidend
~**-bearing capital** *(Fin)* risikotragendes Kapital *n*, Spekulationskapital *n*
~ **capital** 1. *(Bank, WiWi, Fin)* Risikokapital *n*, risikotragendes Kapital *n*, Wagniskapital *n*; 2. *(Gesch)* Risikokapital *n*
~ **exposure** *(RW)* Kreditrisiko *n*
~**-free debt instrument** *(Bö)* risikolose Schuldurkunde *f*, risikoloser Schuldtitel *m (Treasury bills)*
~ **management** 1. *(Fin)* Risikomanagement *n*; 2. *(Mgt, Bö)* Risikostreuung *f*
~ **monitoring** *(Mgt)* Risikoüberwachung *f*, Risikokontrolle *f*
~ **of financial reliability** *(Vers, Recht)* Bonitätsrisiko *n (contracts)*
~ **of liability** *(Vers, Recht)* Haftungsrisiko *n (contracts)*
~**-oriented** *adj (Gesch)* risikoorientiert
~ **premium** *(Bank, Fin, Vers)* Risikozuschlag *m*
risky *adj* 1. *(Bank)* risikobehaftet; 2. *(Gesch)* gewagt, risikofreudig
rival product *(Gesch, V&M)* Konkurrenzprodukt *n*
roadshow 1. *(Fin, Gesch, V&M)* Roadshow *f*, 2. *(F&T)* Wanderkino *n*
robotics *(Ind)* Robotertechnik *f*, Robotik *f*

rock-bottom price 1. *(WiWi)* Tiefstpreis *m*; 2. *(Gesch)* niedrigster Kurs *m*, Tiefstpreis *mpl*
roll-back *(WiWi)* Preisherabsetzung *f*
~-over *(Fin, Bö)* Erneuerung *f* einer Optionsposition
rollover loan *(Bank)* Rollover-Kredit *m*
rotating shift *(Pers)* Wechselschicht *f*
rotation principle *(Pers)* Rotationsprinzip *n*
rough draft *(Recht)* erster Entwurf *m*, Vorentwurf *m*
~ **estimate** *(Gesch)* grobe Schätzung *f*
~ **guide** *(Gesch)* Faustregel *f*
round *adj (Gesch)* rund • **in ~ figures** *(Gesch)* in runden Zahlen
round *v* **down** *(Stat)* abrunden
~ **off** *(Gesch)* abschließen, beschließen *(meeting)*
~ **up** *(Stat)* aufrunden
round table discussion *(Gesch, V&M)* Round-Table Gespräch *n*
~-the-clock service *(Gesch)* Dienstbereitschaft *f* rund um die Uhr, Tag- und Nachtdienst *m*
~-trip trade *(Bö)* Durchhandeln *n*
roundabout production *(WiWi)* Umwegproduktion *f*
rounding error *(Stat)* Rundungsfehler *m*
routine *adj (Gesch)* gewohnheitsmäßig, routinemäßig
routine *(Gesch)* Formsache *f*, Gewohnheit *f*, Routine *f* • **as a matter of ~** *(Gesch)* gewohnheitsmäßig, routinemäßig
~ **check** *(Gesch)* laufende Kontrolle *f*
~ **symbol** *(Fin)* Bankleitzahl *f*
royalty 1. *(WiWi)* Abgabe *f*; 2. *(Gesch)* Lizenzgebühr *f (to author, composer)*; Abgabe *f (to landowner)*; 3. *(Pat)* Patentgebühr *f*, Tantieme *f*
rub *v* **out** *(Gesch)* ausradieren
rubber stamp *(Gesch)* Gummistempel *m*
rubbish *(BE) (Umw, Gesch)* Abfall *m*, Müll *m*
rule 1. *(Mgt)* Norm *f*, Regel *f*, Vorschrift *f*; 2. *(Pat)* Richtlinie *f*, Verfügung *f*, Vorschrift *f*
~ **of thumb** *(Gesch)* Faustregel *f*
rule *v* **off** *(RW)* die Bücher abschließen, das Konto abschließen
rules *(Recht)* Statuten *npl*
~ **of competition** *(WiWi, Gesch, Recht)* Wettbewerbsregeln *fpl*
~ **of fair practice** *(Bö)* Regeln *fpl* über faires [angemessenes] Geschäftsgebaren
~ **of procedure** *(Recht)* Verfahrensordnung *f*, Verfahrensregeln *fpl*
~ **of professional conduct** *(Recht)* berufsrechtliche Regeln *fpl*, Berufsordnung *f*
ruling *(Recht)* Entscheidung *f* • **give a ~ in favo(u)r of sb** *(Gesch)* eine Entscheidung zu Gunsten von jmdm. fällen
~ **price** 1. *(V&M)* geltender Preis *m*; 2. *(Bö)* Tageskurs *m*, Tagespreis *m*
run *v* 1. *(EDV)* laufen lassen *(program)*; 2. *(Gesch)* betreiben *(manage)*
~ **a business** *(Gesch)* ein Geschäft betreiben
~ **a deficit** *(WiWi)* Verlust machen
~ **a surplus** *(WiWi)* Gewinn erwirtschaften, Gewinn machen
~ **down** *(WiWi)* abbauen, verringern *(liquid assets)*
~ **into debt** *(Bank)* in Schulden geraten, verschulden
~ **short** *(Gesch)* knapp werden
~ **the risk of** *(Gesch)* Gefahr laufen, das Risiko eingehen
~ **up a debt** *(Bank)* Schulden machen, in Schulden geraten, Schulden anhäufen
~ **up a deficit** *(Fin)* ein Defizit auflaufen lassen
run *(Ind)* Durchgang *m*, Durchlauf *m* • **be out of the running** *(Gesch)* aus dem Rennen sein • **in the short ~** *(Gesch)* kurzfristig
~-of-the-mill *adj (Gesch)* gewöhnlich, durchschnittlich, Routine…, Standard…
runaway capital *(Gesch)* Fluchtkapital *n*
~ **inflation** *(WiWi)* galoppierende Inflation *f*
runner 1. *(Komm)* Bote *m*, Botin *f*; 2. *(Gesch)* Bote *m*, Botin *f (messenger)*; Geschäftsführer(in) *m(f) (manager)*
running costs *(Fin)* Betriebskosten *pl*
~ **interest** *(Fin)* Stückzinsen *mpl*
~ **order/in** *(Gesch)* funktionstüchtig
~ **total** *(RW)* laufende Summe *f*
rush *(V&M)* Andrang *m*
~ **hour** *(Gesch)* Feierabendverkehr *m*
~ **on the dollar** *(Bank)* lebhafte Dollarnachfrage *f*

S

S-Commerce *(street commerce) (V&M)* Straßenhandel *m*
sack *v (BE) (Pers)* entlassen, *(ugs.)* rausschmeißen, *(ugs.)* feuern, *(ugs.)* hinauswerfen
sack *(BE) (Pers)* Entlassung *f*, *(ugs.)* Rausschmiss *m* • **get the ~** *(Pers)* gekündigt werden, *(ugs.)* rausgeschmissen werden • **give sb the ~** *(Pers) (ugs.)* jmdn. rausschmeißen
sacrifice *v (Vers)* aufgeben, verzichten auf
safe *adj (Bank, WiWi, Fin)* sicher • **be on the ~ side** *(Gesch)* auf Nummer Sicher gehen
safe *(Bank)* Tresor *m*, Panzerschrank *m*, Safe *m(n)*
~-deposit box *(Bank)* Schließfach *n*
~-deposit fee 1. *(Bank)* Safemiete *f*; 2. *(Fin)* Aufbewahrungsgebühr *f*
~-deposit vault *(Bank)* Tresor *m*
~ functioning 1. *(Bank)* Funktionssicherheit *f (ECB)*; 2. *(Gesch)* Funktionssicherheit *f*
safeguard *v (Gesch)* sichern *(assets)*; schützen *(secret)*
safeguard *(Recht)* Schutzklausel *f (clause)*
safeguarding *(Gesch)* Sicherung *f*
~ of a location *(WiWi, Ind, Pol)* Standortsicherung *f*
~ of employment *(Pers)* Beschäftigungssicherung *f*, Sicherung *f* der Beschäftigung
~ of jobs *(Pers)* Arbeitsplatzsicherung *f*, Sicherung von Arbeitsplätzen, Erhaltung *f* von Arbeitsplätzen, Beschäftigungssicherung *f*, Sicherung *f* der Beschäftigung
safekeeping of assets *(Bank)* Depotverwahrung *f* von Vermögenswerten
safety *(Gesch)* Sicherheit *f*
~ and health protection at work *(Pers)* Sicherheit *f* und Gesundheitsschutz *m* am Arbeitsplatz *(EU)*
~ deposit box *(Bank)* Bankschließfach *n*, Safe *m(n)*, Tresorfach *n*
~ regulations *(Gesch)* Sicherheitsbestimmungen *fpl*, Sicherheitsvorschriften *fpl*
~ vault *(Bank)* Stahlkammer *f*
sag *v (Bank, V&M, Bö)* abschwächen, nachgeben, sinken
sagging *adj (Bank, V&M, Bö)* nachgebend *(prices, rates)*
salable *adj (AE)* 1. *(Gesch)* veräußerlich; 2. *(V&M)* verkäuflich *(fit for selling)*; marktfähig *(marketable)*
salaried person *(Pers)* Gehaltsempfänger(in) *m(f)*
salaries, wages and fringe benefits *(WiWi, Pers)* Löhne *mpl (paid by employer)*; Gehälter *npl* und Nebenleistungen *fpl*
salary *(Gesch, Pers)* Gehalt *n (monthly)*; Jahresgehalt *n (yearly)*
~ adjustment *(Pers)* Gehaltsanpassung *f*
~ advance *(Pers)* Gehaltsvorschuss *m*
~ bracket *(Pers)* Gehaltsgruppe *f*
~ deduction *(RW, Pers)* Gehaltsabzug *m*
~ demands *(Pers)* Gehaltsforderung *f*
~ review *(Pers)* Gehaltsüberprüfung *f*, Gehaltsrevision *f*
~ sacrifice scheme *(BE) (St)* Gehaltsverzichtplan *m*
~ to be negotiated *(Pers)* Gehalt *n* nach Vereinbarung
sale 1. *(Recht, Gb)* Veräußerung *f (alienation)*; 2. *(V&M)* Verkauf *m (act of selling)*; Geschäft *n*, Abschluss *m (transaction)*; Ausverkauf *m (at reduced prices)* • **for ~** *(V&M)* zu verkaufen • **not for ~** *(V&M)* unverkäuflich • **~ as is** *(Gesch)* tel quel
~ and leaseback *(Fin, Gesch)* Verkauf *m* mit anschließender Rückmiete [Rückvermietung]
~ and purchase agreement *(Bö)* Pensionsgeschäft *n*
~ and repurchase agreement *(repo) (Bank)* Pensionsgeschäft *n (ECB)*
~ by court order *(Recht)* Zwangsversteigerung *f*
~ by tender *(V&M)* Submissionsverkauf *m*
~ commission *(V&M)* Verkaufsprämie *f*, Verkaufsprovision *f*
~ on approval *(V&M)* Kauf *m* auf Probe
~ on commission *(V&M)* Kommissionsgeschäft *n*
~ or return *(V&M)* Kauf *m* mit Rückgaberecht • **on ~ or return** *(V&M)* Kauf *m* mit Rückgaberecht
~ price *(V&M)* Ausverkaufspreis *m*
saleable *adj (BE)* 1. *(Gesch)* veräußerlich; 2. *(V&M)* verkäuflich *(fit for selling)*; marktfähig *(marketable)*

sales *(V&M)* Absatz *m*, Umsatz *m (turnover)*
~ **account** *(V&M)* Verkaufskonto *n*, Warenausgangskonto *n*
~ **appeal** *(V&M)* Kaufanreiz *m*
~ **area** *(V&M)* Verkaufsbereich *m (in store)*; Verkaufsgebiet *n (territory)*
~ **charge** 1. *(V&M)* Abschlussgebühr *f*; 2. *(Bö)* Abschlussgebühr *f*, Ankaufgebühren *fpl*
~ **contract** *(V&M)* Kaufvertrag *m*
~ **coverage** *(V&M)* Verkaufsreichweite *f*
~ **discount** *(V&M)* Kundenrabatt *m*
~ **executive** *(Pers, Mgt, V&M)* Verkaufsdirektor(in) *m(f)*, Vertriebsdirektor(in) *m(f)*, Verkaufsleiter(in) *m(f)*
~ **figures** *(V&M)* Absatzzahlen *fpl*
~ **force** *(V&M)* Absatzorganisation *f*, Verkaufsaußendienst *m*, Außendienst *m*
~ **forecast** *(V&M)* Absatzprognose *f*, Verkaufsvoraussage *f*
~ **goal** *(V&M)* Absatzziel *n*
~ **incentive** *(V&M)* Kaufanreiz *m*
~ **literature** *(V&M)* Verkaufsprospekt *m*, Werbematerial *n*
~ **management** *(V&M)* Absatzleitung *f*, Vertriebsleitung *f*, Verkaufsmanagement *n*
~ **manager** *(Pers, Mgt, V&M)* Verkaufschef(in) *m(f)*, Vertriebsdirektor(in) *m(f)*, Vertriebsleiter(in) *m(f)*
~ **manual** *(V&M)* Verkaufshandbuch *n*
~ **meeting** *(V&M)* Vertretertagung *f*
~ **order** *(Gesch)* Auftrag *m*
~ **organization** *(V&M)* Verkaufsorganisation *f*
~ **orientation** *(V&M)* Verkaufsorientierung *f*
~ **outlet** *(V&M)* Verkaufsstelle *f*
~ **personnel** *(V&M)* Verkaufspersonal *n*
~ **pitch** *(V&M)* Verkaufsargument *n*
~ **promotion** *(V&M)* Verkaufsförderung *f*
~ **prospects** *(V&M)* Verkaufsaussichten *fpl*, Absatzchancen *fpl*
~ **push** *(V&M)* Verkaufsanstrengungen *fpl*
~ **receipt** *(V&M)* Verkaufserlös *m*
~ **rep** *s.* sales representative
~ **representative** *(Pers, V&M)* Handelsvertreter(in) *m(f)*, Vertreter(in) *m(f)*, Reisende(r) *f(m)*
~ **resistance** *(V&M)* Kaufunlust *f*, Verkaufswiderstand *m*
~ **returns** *(V&M)* Retouren *fpl*, Rücksendungen *fpl*, Rückwaren *fpl (unsold items)*; Verkaufserlöse *mpl*, Erträge *mpl (profits)*
~ **revenue** 1. *(RW)* Umsatzertrag *m*; 2. *(V&M)* Umsatzerlös *m*
~ **service** *(V&M)* Kundendienst *m*
~ **slump** *(V&M)* rückläufige Verkaufsergebnisse *npl*
~ **talk** *(V&M)* Verkaufsgespräch *n*
~ **training** *(V&M)* Verkaufsschulung *f*
~ **turnover** *(V&M)* Warenumsatz *m*
~ **volume** *(V&M)* Verkaufsvolumen *n*, Absatz *m*
salesman 1. *(Gesch)* Kaufmann; 2. *(Pers, V&M)* Verkäufer *m*, Vertreter *m*
salvage costs *(Trans)* Bergungskosten *pl*
~ **value** *(WiWi)* Restwert *m*, Schrottwert *m*, Veräußerungswert *m*
same-day *adj (AH, Trans)* taggleich *(courier service)*
~-**day delivery** *(Komm, Trans)* Lieferung *f* am gleichen Tage, Sofortlieferung *f*
~-**day service** *(Komm, Trans)* 24-Stunden-Service *m*
~ **size** *(V&M)* gleiche Größe *f*
sample 1. *(EDV)* Probe *f*; 2. *(Gesch)* Muster *n*, Musterkarte *f*, Handelsmuster *n*; 3. *(Stat)* Sample *n*, Stichprobe *f*
~ **case** *(V&M)* Musterkoffer *m*
~ **consignment** *(V&M)* Mustersendung *f*
~ **drawing** *(Stat)* Stichprobenentnahme *f*
~ **mean** *(Stat)* Stichprobendurchschnitt *m*
~ **of households** *(WiWi, Stat)* Haushaltsstichprobe *f*
~ **size** *(Stat)* Stichprobenumfang *m*
~ **survey** 1. *(Stat)* Stichprobenerhebung *f*; 2. *(V&M)* Teilerhebung *f*, repräsentative Erhebung *f*, Stichprobenerhebung *f* *(market research)*
sampling by attributes *(Ind)* Attributenkontrolle *f*
sanction *v (Gesch)* sanktionieren *(approve)*
sanction 1. *(WiWi)* Sanktion *f (measure taken)*; 2. *(Gesch)* Zustimmung *f*, Billigung *f (approval)*
satellite communications *(Komm)* Satellitenkommunikation *f*, Satellitenverkehr *m*
satisfaction 1. *(Fin)* Tilgung *f*, Zahlung *f* *(of debt)*; 2. *(Gesch)* Befriedigung *f*, Nutzen *m*, Zufriedenheit *f*
~ **level** *(WiWi)* Nutzenniveau *n*
~ **of wants** *(WiWi)* Bedürfnisbefriedigung *f*

satisfactory *adj (Gesch)* befriedigend, zufrieden stellend
satisfy *v* 1. *(Fin)* tilgen *(debt)*; 2. *(Gesch)* zufrieden stellen, befriedigen, abgelten *(requirement)*
~ **the demand for sth** *(Gesch)* den Bedarf an etw. decken
saturate *v (WiWi, V&M)* sättigen *(market)*
saturated market *(V&M)* gesättigter Markt *m*
saturation *(WiWi, V&M)* Sättigung *f (of market)*
save *v* 1. *(EDV)* sichern *(data)*; 2. *(Gesch)* sparen *(money)*; einsparen *(materials, costs)*
~ **as** *(EDV)* speichern unter, speichern als *(data)*
~ **for a rainy day** *(Gesch) (ugs.)* etw. auf die hohe Kante legen, *(ugs.)* einen Notgroschen zurücklegen
~ **jobs** *(Pers)* Arbeitsplätze erhalten
~ **up** *(Gesch)* sparen
saving *(Gesch)* Sparen *n (of money)*; Einsparung *f (of materials, costs)*; Ersparnis *n (amount saved)*
~ **energy** *(Umw)* Energiesparen *n*
~ **period** *(Bank, Vers)* Ansparphase *f*
savings *(Bank)* Spareinlagen *fpl*
~ **bank** *(Bank)* Sparkasse *f*
~ **bond** *(AE) (Bank)* Sparbrief *m*
~ **function** *(WiWi)* Sparfunktion *f*
~ **premium** *(Bank, Vers)* Sparbeitrag *m*
~**-to-income ratio** *(WiWi)* Sparquote *f*
say in sth/have *v* **a** *(Gesch)* bei etw. Mitspracherecht haben, bei etw. ein Wörtchen mitzureden haben
say/that is to *(Gesch)* das heißt, d.h.
scalable *adj (EDV)* skalierbar
scale *v (Gesch)* stufenweise anordnen
~ **down** 1. *(Gesch)* (maßstäblich) verkleinern, verringern; 2. *(Bö)* repartieren, zuteilen
~ **down production** 1. *(Ind)* Produktion herunterfahren; 2. *(Gesch)* Produktion einschränken
~ **down securities** *(Bank, Bö)* Wertpapiere repartieren
~ **up** *(Gesch)* aufstocken, maßstäblich vergrößern
scale 1. *(Gesch)* Maßstab *m*, Leiter *f*; 2. *(Gesch)* Umfang *m*, Ausmaß *n*; 3. *(Pers)* Skala *f*, Tabelle *f (wages)*
~ **of charges** *(Gesch)* Gebührenordnung *f*, Gebührentabelle *f*, Tarif *m*
~ **of commission** *(Bö)* Provisionstabelle *f*
~ **of fees** *(Bank, Vers)* Gebührenordnung *f*
~ **economies** *(WiWi)* Größenvorteile *mpl*
scalping *(Bö)* Scalping *n*, Arbitragehandel *m (trading for small gains over a short period)*; Vorkaufen *n*
scan *v (EDV)* abtasten, scannen
scanner *(Gesch)* Scanner *m*, elektronischer Belegleser *m*
scanning 1. *(Gesch)* Abtasten *n*, Scannen *n*; 2. *(WiWi)* Frühaufklärung *f*
~ **cash register** *(EDV, V&M)* Scanner-Kasse *f*
scant coverage *(Med)* knappe Deckung *f* [Abdeckung *f*]
~ **funds** *(Fin)* knappe Mittel *npl*
scarce *adj (WiWi)* knapp *(resources)* • **in ~ supply** *(Gesch)* bei geringem Angebot
~ **resources** *(WiWi, Umw)* knappe Mittel *npl*, knappe Ressourcen *fpl*
scarcity *(WiWi)* Knappheit *f*, Mangel *m*
~ **of jobs** *(Pers)* Arbeitsplatzmangel *m*, Knappheit *f* an Arbeitsplätzen
scaremongering *(Fin, Med, Bö) (ugs.)* Panikmache *f*
scatter diagram *(Stat, Mgt)* Streudiagramm *n*
scenario 1. *(Med)* Drehbuch *n (of film)*; 2. *(Mgt, WiWi)* Szenario *n (method)*
~**-writing** *(Mgt)* Verfassen *n* eines Szenarios
schedule *v (Gesch)* planen, festlegen *(programme)*; auflisten, tabellarisch zusammenstellen *(list)*
schedule 1. *(Gesch)* Plan *m*, Programm *n*, Zeitplan *m (programme of events)*; Liste *f*, Verzeichnis *n*, Aufstellung *f (list)*; 2. *(Trans)* Fahrplan *m (timetable)* • **be on ~** *(Gesch)* im Plan liegen, im Zeitplan liegen • **on ~** *(Gesch)* planmäßig, termingerecht
~ **of assets** *(AE) (RW)* Vermögensaufstellung *f*
scheduled *adj (Gesch)* planmäßig, zeitlich geplant • **as ~** *(Gesch)* nach Plan, plangemäß • **be ~ for** *(Gesch)* anberaumt sein für *(meeting)*
~ **arrival** *(Trans)* planmäßige Ankunft *f*
~ **service** *(F&T, Trans)* Liniendienst *m*
~ **start** *(Gesch)* vorgesehener Beginn *m*

scheduling *(Gesch)* Ablaufplanung *f*, Planung *f (programming)*; Auflistung *f*, Terminierung *f*, Zeitplanung *f*
school achievement [performance] *(Pers)* schulische Leistung *f*, schulische Leistungen *fpl*, Schulleistungen *fpl*, Leistung *f* in der Schule, Leistungen *fpl* in der Schule, Abschneiden *n* in der Schule
~ **failure** *(Pers)* Schulversagen *n*
~**-leaving age** *(Pers)* Schulabgangsalter *n*, Schulentlassungsalter *n*
~ **leaving certificate** *(Pers)* Schulentlassungszeugnis *n*, Schulabgangszeugnis *n*
~ **performance** *(Pers)* schulische Leistung *f*, schulische Leistungen *fpl*, Schulleistungen *fpl*, Leistung *f* in der Schule, Leistungen *fpl* in der Schule, Abschneiden *n* in der Schule
schooling *(Pers)* Schulausbildung *f*, schulische Ausbildung *f*
science *(Recht)* Wissenschaft *f*
scientific *adj (Gesch)* wissenschaftlich
~ **management** *(Gesch, Mgt)* wissenschaftliche Betriebsführung *f*
scope 1. *(Gesch)* Spielraum *m*; 2. *(Pat)* Bereich *m*, Gültigkeitsbereich *m*, Umfang *m (of claims)*
~ **for advancement** *(Pers)* Aufstiegschancen *fpl*
~ **for borrowing** *(WiWi, Fin)* Verschuldungsmöglichkeiten *fpl*
~ **for raising funds** *(WiWi, Fin)* Verschuldungsmöglichkeiten *fpl*
~ **for valuation** *(Bank, WiWi)* Bewertungsspielräume *mpl*
~ **of application** *(Gesch)* Anwendungsbereich *m*, Geltungsbereich *m*, Wirkungskreis *m*
~ **of bargaining** *(Pers)* Verhandlungsrahmen *m*
~ **of coverage** 1. *(Gesch)* Erfassungsbereich *m*; 2. *(Vers)* Deckungsbereich *m*
score *(WiWi, Stat)* Punktwert *m*, Punktzahl *f*
scrap *v* 1. *(Gesch)* fallen lassen; 2. *(Ind)* verschrotten
scrap 1. *(Gesch)* Stück, Fetzen *m (paper)* 2. *(Ind)* Schrott *m*, Abfall *m*, Ausschuss *m*
~ **metal** *(Ind)* Altmetall *n*
~ **of evidence** *(Gesch)* Spur *f* eines Beweises
~ **paper** *(Umw, Gesch)* Altpapier *n*
~ **value** *(Gesch)* Restwert *m*
scrapping *(Ind)* Verschrottung *f*
scratch card *(V&M)* Rubbelkarte *f*
screen *v (Gesch)* (gründlich) überprüfen *(applicants)*; abschirmen, schützen *(protect)*
~ **out** *(Pers)* aussieben
screen *(EDV)* Bildschirm *m*, Raster *m*
~ **advertising** *(V&M)* Bildschirmwerbung *f*
~**-based system** *(EDV, Bö)* Bildschirmhandel *m*
~ **resolution** *(EDV)* Bildschirmauflösung *f*
~ **trading system** *(EDV, Bö)* Computerbörse *f*
screened *adj (Gesch)* abgeschirmt, geschützt *(protected)*
screening 1. *(Gesch)* Überprüfung *f*; 2. *(Pers)* Auswahl *f (of candidates for a job)*; Vorauswahl *f*, Screening *n (preliminary)*
screensaver *(EDV)* Bildschirmschoner *m*
screenshot *(EDV)* Bildschirmkopie *f*, Abbild *n*
scrip *(Fin, Bö)* Interimsschein *m*, vorläufiges Zertifikat *n*
~ **issue** *(Fin, Bö)* Emission *f* von Berichtigungsaktien
scrutiny/come *v* **under** *(Gesch)* einer genauen Prüfung unterzogen werden
SDR *s.* special drawing rights
SEA *s.* Single European Act
seafarming *(WiWi)* Hochseefischerei *f*
seal *v* 1. *(Komm)* versiegeln *(letter, parcel)*; 2. *(Gesch)* besiegeln *(deal)*; 3. *(Recht)* versiegeln, siegeln *(document)*
seal 1. *(Gesch, Recht)* Siegel *n*; 2. *(AH, Ind)* Plombe *f* • **under** ~ *(Komm, Recht)* verplombt, versiegelt
~ **of quality** *(Gesch)* Qualitätssiegel *n*
sealed *adj (Komm, Recht)* verplombt, versiegelt • **in a ~ envelope** *(Gesch)* in versiegeltem Umschlag
~ **tender** *(Gesch)* versiegeltes Angebot *n*
search *v* 1. *(Gesch)* suchen, prüfen, durchsuchen *(examine)*; forschen, recherchieren *(research)*; 2. *(Pat)* prüfen
search 1. *(EDV)* Suchen *n*; 2. *(Gesch)* Suche *f*, Suchen *n*, Durchsuchung *f*, Überprüfung *f (examination)*; Nachforschung *f*, Recherche *f (research)*

~ **engine** *(EDV, Komm)* Suchmaschine *f* *(Internet)*
~ **report** *(Pat)* Nachforschungsbericht *m*, Prüfbericht *m*
~ **unemployment** *(Pers)* Sucharbeitslosigkeit *f*
seasonal *adj (Gesch)* saisonal, saisonbedingt, Saison...
~ **adjustment** *(WiWi, Fin, Gesch, Pers)* Saisonbereinigung *f*
~ **concentration** *(V&M)* saisonbedingte Konzentration *f*
~ **discount** *(V&M)* Nachlass *m* außerhalb der Saison
~ **fluctuation** *(WiWi)* Saisonbewegung *f*, Saisonschwankung *f*
~ **labo(u)r** *(Pers)* Saisonarbeitskräfte *pl*, Saisonbelegschaft *f*
~ **level** *(Gesch, Ind)* saisonübliches Ausmaß *n*
~ **unemployment** *(Pers)* saisonbedingte Arbeitslosigkeit *f*
~ **variation** *(WiWi)* Saisonschwankung *f*
seasonally adjusted *adj (WiWi, Fin, Gesch, Pers)* saisonbereinigt
~**-adjusted figure** *(Fin)* saisonbereinigte Zahl *f*
seat 1. *(Gesch)* Firmensitz *m*, Sitz *m (principal place of business)*; 2. *(F&T)* Platz *m*; 3. *(Pol)* Amtssitz *m*, Regierungssitz *m*, Sitz *m (in Parliament)*
SEC *s.* Securities and Exchange Commission
second-best *adj (WiWi)* zweitbeste *(Pareto optimum)*
~**-class mail** *(Komm)* langsamere [billigere] Postzustellung *f*
~ **economy** *(WiWi)* Schattenwirtschaft *f*
~ **half of the year** *(Gesch)* zweites Halbjahr *n*
~**-hand** *adj (Gesch)* gebraucht, aus zweiter Hand
~ **home** *(Gb)* Zweitwohnung *f*
~ **job** *(Pers)* Nebenbeschäftigung *f*
~ **market** *(Bank, WiWi)* Sekundärmarkt *m*
~ **mortgage** *(Bank, Fin)* nachrangige Hypothek *f*, zweite Hypothek *f*
~ **offence** *(BE) (Recht)* Rückfalltat *f*
~ **offense** *(AE) (Recht)* Rückfalltat *f*
~ **quarter** *(Gesch)* zweites Quartal *n*
~ **residence** *(Recht)* Zweitwohnsitz *m*
~ **round effect** *(WiWi)* Zweitrundeneffekt *m* *(on prices)*
secondary *adj (Gesch)* sekundär, zweitrangig, nebensächlich, subsidiär
~ **claim** *(RW)* Nebenforderung *f*
~ **education** *(Soz)* höhere Schulbildung *f*
~ **employment** *(Pers)* Nebenerwerb *m*, Zweitbeschäftigung *f*
~ **income** *(Fin)* Sekundäreinkommen *n*
~ **labo(u)r market** *(Pers)* Sekundärarbeitsmarkt *m*, zweiter Arbeitsmarkt *m*
~ **need** *(V&M)* sekundäres Bedürfnis *n*
~ **workers** *(Pers)* Beschäftigte *fpl* mit instabilen Beschäftigungsverhältnissen
secrecy of telecommunications *(Recht)* Fernmeldegeheimnis *n*
Secretary of State *(Pol) (AE)* Außenminister(in) *m(f)*, *(BE)* Kabinettsminister(in) *m(f)*
~ **of the Treasury** *(AE) (WiWi, Fin)* Finanzminister(in) *m(f)*, Schatzkanzler(in) *m(f)*
section 1. *(Gesch)* Abschnitt *m*, Abteilung *f (department)*; 2. *(Recht)* Artikel *m*, Kapitel *n*, Paragraph *m (of act)*
~ **sign** *(§ symbol) (Recht, Pat)* Paragraph-Zeichen *n (Keyboard ALT+0167, in Europe)*
sector 1. *(WiWi)* Branche *f*, Sektor *m*; 2. *(Gesch)* Bereich *m*
~ **analysis** *(Fin, Gesch)* Branchenanalyse *f*
~**-specific** *adj (WiWi)* branchenspezifisch
sectoral *adj (WiWi, Mgt)* sektoral *(interests)*
~ **unemployment** *(WiWi, Mgt)* sektorale Arbeitslosigkeit *f*
secular trend *(WiWi)* säkularer Trend *m*
secure *v* 1. *(Bank)* besichern; 2. *(Gesch)* befestigen; 3. *(Bö)* absichern, sichern *(price in futures contract)*
~ **new orders** *(Gesch)* Aufträge beschaffen, Aufträge hereinholen
secure *adj* 1. *(Bank)* sicher; 2. *(WiWi)* gesichert, sicher
secured advance *(Bank)* besichertes Darlehen *n*
~ **debt** *(Fin)* gesicherte Verbindlichkeit *f*
~ **personal loan** *(Bank)* besicherter Personalkredit *m*
securities *(Bö)* Effekten *pl*, Wertpapiere *npl*
~ **dealer** *(Bö)* Wertpapierhändler(in) *m(f)*
~ **deposited under wrapper** *(Fin)* Streifbanddepot *n*

~ **held in trust** *(Bö)* treuhänderisch verwaltete Wertpapiere *npl*
~ **holdings** *(Bank, Bö)* Wertpapierbestand *m*
~ **of short maturity date** *(Bö) (jarg.)* Kurzläufer *mpl*
~ **portfolio** *(Bank, Bö)* Wertpapierbestand *m*, Wertpapierportefeuille *n*
~**-repurchase agreement** *(repo) (Bank, WiWi)* Wertpapierpensionsgeschäft *n*, Repo *(ECB)*
~ **trade** *(Bö)* Effektenhandel *m*, Wertpapierhandel *m*
~ **transactions** *(Bank)* Wertpapierverkehr *m (BOP)*
Securities and Exchange Commission *(AE) (Bö)* US-Börsenaufsichtsbehörde *f*
securitization *(Bank, Fin, Bö)* Verbriefung *f* (von Kredit- und Einlagepositionen)
securitized *(Bank, Fin, Bö)* verbrieft
security 1. *(Verw)* Sicherheit *f (safety, protection)*; 2. *(Bank)* Wertpapier *n*; 3. *(Fin)* Wertpapier *n (share)*; Bürgschaft *f*, Garantie *f*, Sicherheit *f*, Kaution *f (pledge)*; 4. *(Pers)* Sicherheit *f (of job)*; 5. *(Bö)* Titel *m*, Wertpapier *n (certificate, asset)*
~ **analyst** *(Bö)* Wertpapieranalyst *m*
~ **borrowing** *(Fin)* Wertpapierlombardierung *f*
~ **flotation** *(Bö)* Wertpapieremission *f*
~ **issue** *(Bö)* Wertpapieremission *f*
~ **label** *(V&M)* Sicherheitsetikett *n*
~ **leak** *(Gesch)* Sicherheitsleck *n*
~ **lending** *(Fin)* Lombardkredit *m*, Wertpapierleihe *f*
~ **loan** *(Fin)* Effektenkredit *m*
~ **price** *(Bö)* Wertpapierkurs *m*
~ **risk** *(Vers)* Sicherheitsrisiko *n*
seed capital *(Fin)* Gründungskapital *n*, Startkapital *n*
~ **money** *(Fin)* Gründungskapital *n*, Startkapital *n*
seek *v (Gesch)* fragen um *(advice)*; erbitten *(approval, help)*; suchen, sich bewerben um *(employment)*
~ **employment** *(Pers)* Arbeit suchen, Beschäftigung suchen
~ **legal advice** *(Recht)* sich anwaltlich beraten lassen
~ **work** *(Pers)* Arbeit suchen, Beschäftigung suchen
segment *v (EDV, Mgt, V&M)* segmentieren
segment 1. *(Gesch)* Segment *n*; 2. *(V&M)* Bereich *m*, Segment *n (of the market)*
~ **reporting** *(RW, Gesch)* Segmentberichterstattung *f*, segmentorientierte Berichterstattung *f*
segmental reporting *(Mgt, RW)* Segmentberichterstattung *f*
segmentation *(Gesch)* Segmentierung *f*
segregate *v* 1. *(Gesch)* trennen; 2. *(Recht)* aussondern
seigniorage *(Fin)* Münzgewinn *m*
seize *v (AH)* beschlagnahmen
seizure *(AH)* Beschlagnahme *f*, Beschlagnahmung *f*
select *adj (Gesch)* auserwählt, auserlesen *(chosen)*; exklusiv *(exclusive)*
selected *adj (Gesch)* auserlesen, exklusiv
~ **dealer agreement** *(Bö)* Exklusivhandelsvertrag *m*
selection *(Gesch)* Auswahl *f*, Wahl *f*, Auslese *f (choosing)*
~ **board** *(Pers)* Auswahlkommission *f*
~ **function** *(Bank, WiWi)* Auslesefunktion *f*
selective *adj (Gesch)* selektiv
~ **attention** *(V&M)* selektive Aufmerksamkeit *f*
self-addressed envelope *(Komm)* Rückumschlag *m*
~**-appraisal** *(Pers)* Eigenbeurteilung *f*
~**-assessment** *(Pers)* Selbsteinschätzung *f*, Selbstevaluation *f*
~**-catering** *(F&T)* Selbstverpflegung *f*
~**-dealing** *(Fin, Recht)* Selbstkontrahierung *f (contracts)*
~**-employed** *adj (Pers, St)* selbstständig, freiberuflich
~**-employment** *(Pers, St)* selbstständige Tätigkeit *f*
~**-evaluation** *(Pers)* Selbsteinschätzung *f*, Selbstevaluation *f*
~**-financing** *(RW, Fin)* Eigenfinanzierung *f*, Selbstfinanzierung *f*
~**-financing ratio** *(Fin, Bö)* Eigenfinanzierungsquote *f*, Selbstfinanzierungsquote *f*
~**-fulfilling prophecy** *(Gesch)* eine sich selbst bewahrheitende Voraussage *f*
~**-generated funds** *(RW, Fin)* Eigenmittel *npl*
~**-governing** *adj (Pol)* autonom, selbstständig, souverän
~**-government** *(Pol)* Selbstverwaltung *f*
~**-help** *(Gesch, Pers)* Selbsthilfe *f*

~-managed *adj (Pers, Mgt)* autonom
~-management *(Pers, Mgt)* Selbstmanagement *n*, Selbstverwaltung *f*
~-motivation *(Pers, Mgt)* Selbstmotivation *f*
~ **perception** *(V&M)* selektive Wahrnehmung *f*
~-perpetuating process *(WiWi, Mgt, V&M)* (sich) selbstverstärkender Prozess *m*
~-sufficiency *(WiWi, Gesch)* Autarkie *f*, Selbstversorgung *f*
~-sufficient economy *(WiWi)* autarke Wirtschaft *f*
~-supporting *adj (Gesch)* selbsttragend, wirtschaftlich unabhängig
~-sustaining process *(WiWi)* sich selbst verstärkender Prozess *m*, selbsttragender Prozess *m*
sell *v* 1. *(Fin)* begeben; 2. *(Gesch)* verkaufen, absetzen, veräußern *(goods)*; umsetzen *(turn over)*; vertreiben *(deal in)*; verkaufen *(person)*; sich verkaufen *(product)*
~ **a bear** *(Bö)* Leerverkäufe abschließen
~ **by** *(Gesch)* haltbar bis, verwendbar bis *(best before)*
~ **for future delivery** *(Gesch)* auf Termin verkaufen
~ **forward** *(Bö)* auf Termin verkaufen
~ **on credit** *(V&M)* auf Kredit verkaufen
~ **short** *(Bö)* fixen, Leerverkäufe abschließen
~ **spot** *(Bö)* per Kasse verkaufen, am Kassamarkt verkaufen
~ **sth for scrap** *(Gesch)* etw. zum Schrottwert verkaufen
sell-by date *(V&M)* Mindesthaltbarkeitsdatum *n (food)*
~-off *(Bö)* Glattstellungsverkauf *m*
seller *(Gesch)* Verkäufer(in) *m(f)*, Veräußerer *m*
~'s liability *(Recht, V&M)* Haftung *f* des Verkäufers
~'s market *(WiWi, Gb, Bö)* Verkäufermarkt *m*
sellers over *(Bö)* Angebotsüberhang *m*
selling *(Gesch, V&M, Bö)* Verkauf *m*
~ **and repurchase agreement** *(Bank)* Pensionsgeschäft *n*
~ **commission** *(Fin, V&M)* Bonifikation *f*, Verkaufsprovision *f*
~ **expenses** 1. *(RW)* Vertriebsgemeinkosten *pl*; 2. *(Gesch)* Verkaufskosten *pl*
~ **price** *(V&M)* Verkaufspreis *m*
~ **proposition** *(V&M)* Verkaufsvorschlag *m*
~ **rate** 1. *(Bank)* Briefkurs *m*, Briefsatz *m*; 2. *(Bö)* Emissionsrate *f*
~ **stop order** *(Bö)* Stop-Loss-Auftrag *m*
semantic differential *(V&M)* semantischer Unterschied *m*
semi-black market *(WiWi)* grauer Markt *m*
~-detached house *(BE) (Gb)* Doppelhaushälfte *f*
~-finished product *(Ind)* Halberzeugnis *n*, Halbfabrikat *n*, Halbfertigprodukt *n*
~-fixed costs *(RW, WiWi, Fin)* teilvariable Kosten *pl*
~-skilled *adj (Pers)* angelernt
~-variable costs *(RW, WiWi, Fin)* teilvariable Kosten *pl*
send *v (Komm)* senden, übersenden, (ver)schicken, übermitteln *(electronically)*
~ **in** *(Gesch)* einsenden, schicken *(order)*; einreichen *(request)*
~ **out** *(Gesch)* verschicken, versenden *(mail)*; hinausschicken *(person)*
~ **under plain cover** *(Komm)* in neutralem Umschlag versenden, in neutraler Verpackung versenden
sender *(Komm)* Absender(in) *m(f)*, Versender(in) *m(f)*
senior *adj (Gesch)* senior, vorgesetzt, übergeordnet *(in rank)*; älter *(in age)*; leitend *(leading)*
senior *(Gesch)* Vorgesetzte(r) *f(m)*
~ **creditor** *(WiWi, Fin)* bevorrechtigter Gläubiger *m*, bevorrechtigte Gläubigerin *f*
~ **debt** *(Bank)* vorrangige Verbindlichkeit *f*, vorrangiger Schuldtitel *m*
~ **executive** *(Pers, Mgt)* leitende(r) Angestellte(r) *f(m)*, gehobene Führungskraft *f*
~ **loan** *(Bank)* erststelliges Darlehen *n*, im Rang vorgehendes Darlehen *n*, vorrangiges Darlehen *n*
~ **management** *(Pers, Mgt)* Führungskräfte *fpl*, obere Leitungsebene *f*, oberes Management *n*, Unternehmensspitze *f*
~ **management level** *(Pers, Mgt)* obere Leitungsebene *f*
~ **mortgage** *(Bank, Fin, Gb)* erstrangige Hypothek *f*, erststellige Hypothek *f*

~ **officer** *(Pers)* höherer Beamter *m*, höhere Beamtin *f*, leitende(r) Angestellte(r) *(f)m*
seniority *(Pers)* Dienstalter *n (length of service)*; Seniorität *f (rank)*
~ **bonus** *(Pers)* Dienstalterszulage *f*
~ **principle** *(Pers)* Dienstaltersprinzip *n*
sense of responsibility *(Gesch)* Verantwortungsgefühl *n*
sensible *adj (Gesch)* vernünftig
sensitive *adj (Bö)* empfindlich, marktreagibel, sensibel
sensitivity *(Gesch)* Feingefühl *n*, Sensibilität *f*, Sensitivität *f*, Empfindlichkeit *f*
~ **analysis** *(WiWi, Fin, Stat)* Sensibilitätsanalyse *f*, Sensitivitätsanalyse *f*, Empfindlichkeitsanalyse *f*
sentence *(Recht)* Strafurteil *n*
sentiment 1. *(Gesch)* Empfindung *f*, Gefühl *f*, Haltung *f*, Meinung *f*; 2. *(Bö)* Stimmung *f*, Marktstimmung *f*, Marktklima *n*, Meinung *f*, Haltung *f*
~ **index** *(Bö, Stat, V&M)* Sentiment-Index *m*, Erwartungsindex *m*, Index *m* der Erwartungen
sentimental value *(Gesch)* Erinnerungswert *m* • **price paid for sth of sentimental value** *(V&M)* Liebhaberpreis *m*
separable costs *(WiWi)* zurechenbare Kosten *pl*
separate *v (Gesch)* trennen
separate trading of registered interest and principal *(AE) (Bö)* getrennter Handel *m* von Zins- und Kapitalanspruch
separately disclosed *(RW)* getrennt ausgewiesen
separation *(Gesch)* Abtrennung *f*, Teilung *f*, Trennung *f*
sequence *(Gesch)* Aufeinanderfolge *f*, Reihenfolge *f*, Folge *f*
~ **orders** *(Gesch)* Anschlussaufträge *mpl*
sequencing number *(Gesch)* fortlaufende Nummer *f*
sequency *(Gesch)* Sequenz *f*, Zeitprofil *n*, Abfolge *f* von Schritten
sequential *adj* 1. *(EDV)* sequentiell; 2. *(Gesch)* aufeinander folgend, der Reihe nach, in regelmäßiger Folge
sequestrate *v (Recht)* sequestrieren, konfiszieren, beschlagnahmen
sequestrator *(Recht)* Zwangsverwalter(in) *m(f)*
series *(Bö)* Reihe *f*
~**-produced goods** *(WiWi)* in Serie *f* gefertigte Produkte, Serienprodukte *npl*
serve *v* 1. *(Gesch)* dienen *(community)*; abfertigen, bedienen *(customer)*; 2. *(Recht)* zustellen *(order)*
~ **a purpose** *(Gesch)* einem Zweck dienen
service *v (Gesch)* bedienen, pflegen *(market)*
~ **a loan** *(Fin)* ein Darlehen bedienen
service *(Gesch)* Dienst *m*, Dienstleistung *f*, Service *m*, Leistung *f*, Wartung *f* • ~ **not included** *(Gesch)* Bedienung nicht inbegriffen *(restaurant)*
~ **agreement** *(Gesch)* Dienstvereinbarung *f*, Dienstvertrag *m*, Wartungsvertrag *m*
~ **charge** 1. *(Verw)* Bearbeitungsgebühr *f*, 2. *(Gesch)* Bedienungsaufschlag *m (restaurant)*
~ **company** *(Gesch)* Dienstleistungsbetrieb *m*, Wartungsfirma *f (firm)*; Dienstleistungsgewerbe *n (service industry)*
~ **contract** *(Gesch)* Dienstvertrag *m*, Wartungsvertrag *m*, Werkvertrag *m*
~ **department** *(V&M)* Kundendienstabteilung *f*
~ **economy** *(WiWi)* Dienstleistungsgesellschaft *f*
~ **engineer** *(Pers)* Kundendiensttechniker(in) *m(f)*
~ **enterprise** *(Gesch)* Dienstleistungsbetrieb *m*, Dienstleistungsunternehmen *n*
~ **fee** *(Gesch)* Bearbeitungsgebühr *f*, Grundgebühr *f*
~ **firm** *(WiWi)* Dienstleistungsunternehmen *n*
~ **industry** *(WiWi, Ind)* Dienstleistungsgewerbe *n*, Dienstleistungssektor *m*
~ **life** *(RW, WiWi)* Nutzungsdauer *f*
~ **occupation** *(Pers)* Dienstleistungsberuf *f*
~ **provider** *(EDV, Komm)* Dienstanbieter *m*
~ **sector** *(WiWi)* Dienstleistungssektor *m*
services *(Gesch)* Dienstleistungen *fpl* • **for ~ rendered** *(Gesch)* für erbrachte Leistungen
~ **account** *(WiWi)* Dienstleistungsbilanz *f (BOP)*
servicing 1. *(EDV)* Wartung *f*, 2. *(Fin)* Bedienung *f (of debt)*; 3. *(Ind)* Wartung *f*
session 1. *(Verw)* Tagung *f*, 2. *(EDV)* Arbeitssitzung *f*, Sitzung *f*, 3. *(Mgt)* Tagung *f*

set *v* 1. *(WiWi)* festlegen, festsetzen *(value)*; 2. *(Gesch)* setzen *(record)*
~ **a date** *(Gesch)* ein Datum festsetzen
~ **a trend** *(Gesch)* die Richtung geben, richtungsweisend sein
~ **against** *(RW, Fin)* aufrechnen, verrechnen
~ **in motion** *(Gesch)* in Bewegung setzen
~ **off** 1. *(RW, Fin)* saldieren, verrechnen; 2. *(Gesch)* auslösen *(panic, reaction, dispute)*; 3. *(Recht)* aufrechnen
~ **out** *(Gesch)* aufstellen, darlegen *(conditions)*
~ **the pace** *(Gesch)* das Tempo angeben
~ **up** 1. *(EDV)* einstellen, einrichten; 2. *(Gesch)* errichten, geltend machen, eröffnen, gründen, sich niederlassen *(business)*
~ **up a liability reserve** *(RW)* Rückstellung bilden
set 1. *(EDV)* Set *n (data, values)*; 2. *(Fin)* Reihe *f*, 3. *(Gesch)* Satz *m*
~ **of chattels** *(Recht)* bewegliche Sachen *fpl*, Mobiliar *n*
~**-off** 1. *(RW, Fin)* Verrechnung *f*, 2. *(Recht)* Aufrechnung *f*
~ **rules** *(Gesch)* festgelegte Regeln *fpl*, Vorschriften *fpl*
setback 1. *(Gesch)* Rückschlag *m*, Verschlechterung *f*, 2. *(Bö)* Einbruch *m*
setting-up costs *(RW, Fin)* Gründungskosten *pl*
~ **of a time limit** *(Gesch, Recht)* Fristsetzung *f*
settle *v* 1. *(RW, Bank)* saldieren; Saldenausgleich vornehmen, begleichen, ausgleichen *(account)*; glattstellen *(transactions)*; 2. *(Fin)* abwickeln; ausgleichen *(account)*; 3. *(Gesch)* begleichen; sich vergleichen mit, schlichten, beilegen *(dispute)*; ausgleichen *(sum, figures)*; klären, bereinigen *(question)*; 4. *(Gesch)* sich niederlassen *(in job, residence, country)*; bezahlen *(pay)*
~ **a dispute** *(Pers)* Streitigkeiten schlichten
~ **amicably** *(Pers)* sich gütlich einigen
~ **an account** *(RW, Bank, Fin)* ein Konto abschließen, ein Konto ausgleichen
~ **in cash** *(Gesch)* bar abrechnen
settled *adj* 1. *(Bank, Fin)* beglichen; 2. *(Gesch)* bereinigt, bezahlt *(debt)*; sesshaft *(resident)*
settlement 1. *(Bank, Bö)* Abrechnung *f*, Erfüllung *f*, 2. *(Gesch)* Beilegung *f*, Ausgleich *m*, Zahlung *f*, Bereinigung *f (of dispute)*; 3. *(Pers)* Abfindung *f* • **in full** ~ *(RW)* zum vollen Ausgleich • **in ~ of** *(Bank, Fin)* zum Ausgleich von, zur Tilgung von *(debt)*
~ **account** *(Bank)* Verrechnungskonto *n*
~ **day** *(Bö)* Abrechnungstag *m*, Erfüllungstag *m*, Liquidationstermin
~ **of account** *(Bank)* Kontoausgleich *m*
~ **price** *(Bö)* Abrechnungskurs *m*, Schlusswert *m*
~ **procedure** *(Bank)* Abrechnungsverfahren *n*
~ **process** *(Bank)* Abrechnungsverfahren *n*
~ **risk** *(Bank, Bö)* Erfüllungsrisiko *n*, Abwicklungsrisiko *n*
settling of inter-bank transactions *(Bank)* Bankenabrechnung *f*, Interbanken-Clearing *n*
severance 1. *(Recht)* Abtrennung *f*, 2. *(Gb)* Trennung *f*
~ **pay** *(Pers)* Abfindungszahlung *f*, Entlassungsabfindung *f*
~ **payment** *(Pers)* Abfindungszahlung *f*
severely *adv (Gesch)* streng
~**-disabled worker** *(Pers)* schwerbehinderter Arbeitnehmer *m*, schwerbehinderte Arbeitnehmerin *f*
sewage disposal *(Umw)* Abwasserbeseitigung *f*
sex discrimination *(Pers, Recht)* sexuelle Diskriminierung *f*
sexual discrimination *(Recht)* geschlechtsbezogene Diskriminierung *f*
~ **harassment** *(Pers, Recht)* sexuelle Belästigung *f (at work)*
shadow economy *(WiWi)* Untergrundwirtschaft *f*, Parallelwirtschaft *f*, Schattenwirtschaft *f*
~ **price** *(RW, WiWi)* Schattenpreis *m*
shadowing *(Bank, Bö)* Nachbildung *f (of indices)*
shady practices *(Recht)* unsaubere Geschäftsmethoden *fpl*
shake *v* **off** *(Gesch)* abschütteln, loswerden
~ **up** *(Gesch)* umbesetzen, umorganisieren
shake-out 1. *(Gesch, Ind, Bö)* Gesundschrumpfen *n*; 2. *(Pers)* Personalabbau *m*
~**-up** *(Fin, Gesch)* Umbesetzung *f*, Umorganisation *f*

shakedown *(AE) (Gesch)* Angleichung *f*, Anpassung *f*, Umstrukturierung *f*
sham transaction *(Fin)* Scheingeschäft *n*
shape 1. *(WiWi)* Zustand *m (of economy)*; 2. *(Stat)* Form *f*
shape *v* **up** *(Gesch)* sich entwickeln
share *v* 1. *(EDV)* gemeinsam benutzen; 2. *(Gesch)* teilen
~ **in the cost** *(Gesch)* Kosten mittragen, sich an den Kosten beteiligen
share *(Bö, Fin, RW)* Anteil *m*, Fondsanteil *m*, Wertpapier *n*, Aktie *f*, Beteiligung *f (of profits)* • **have a ~ in a business** *(Gesch)* einen Geschäftsanteil an einem Unternehmen besitzen
~ **acquisition** *(Fin, Bö)* Aktienübernahme *f*
~ **buyback** *(Bö)* Aktienrückkauf *m*
~ **capital** *(BE) (WiWi)* Aktienkapital *n*, Betriebskapital *n*, Grundkapital *n*, Geschäftskapital *n*, Stammkapital *n*
~ **certificate** *(BE) (Bö)* Aktienurkunde *f*, Aktienzertifikat *n*, Anteilschein *m*
~ **dividend** *(Bö)* Aktiendividende *f*
~ **incentive scheme** *(Bö)* Aktienerwerb *m* durch leitende Angestellte *(options)*
~ **investments in other companies** *(RW)* Beteiligungen *fpl* an anderen Gesellschaften *(annual accounts)*
~ **of market** *(V&M)* Marktanteil *m*
~ **option right** *(Bö)* Aktienbezugsrecht *n*
~ **portfolio** *(BE) (Bö)* Aktienbestand *m*, Aktienportefeuille *n*
~ **premium reserve** *(BE) (RW)* Agiorücklage *f*, Kapitalrücklage *f*
~ **price performance** *(Fin, Bö)* Aktienkursentwicklung *f*
~ **prices** *(BE) (Bö)* Aktienkurse *mpl*
~ **purchase warrant** *(Bö)* Aktienbezugsrecht *n*
~ **quotation** *(Bö)* Kursnotierung *f*
~ **register** *(Bö)* Aktienregister *n*, Aktionärsbuch *n*
~ **repurchase plan** *(Bö)* Aktienrückkaufplan *m*
shared-cost *(Gesch)* Kostenbeteiligung *f*
shareholder *(Gesch)* Aktionär(in) *m(f)*, Anteilseigner(in) *m(f)*; Aktieninhaber(in) *m(f)*
~ **employee** *(Bö)* Belegschaftsaktionär(in) *m(f)*
~ **value** 1. *(WiWi)* Shareholder Value *m*, Marktwert *m* des Eigenkapitals, Marktwert *m* einer Beteiligung *(sum of future discounted net cash flows)*; 2. Reinvermögenswert *m*, Netto-Unternehmenswert *m*; 3. *(Gesch, Mgt)* Shareholder Value *m*, Unternehmenswert *m* für Aktionäre, Unternehmenswert *m* aus Aktionärssicht; 4. *(Pol)* Berücksichtigung *f* der Aktionärsinteressen
~ **value approach** 1. *(WiWi)* Shareholder Value-Ansatz *m*; 2. *(Mgt)* (markt)wertorientierte Unternehmensführung *f (discounted cash-flow method)*
~ **value concept** 1. *(WiWi)* Shareholder Value-Konzept *n*; 2. *(Mgt)* marktwertorientierte Unternehmensführung *f*, wertorientierte Unternehmensführung *f*
shareholders' annual meeting *(Bö)* Hauptversammlung *f*, HV
~**' equity** *(AE) (Bö)* Reinvermögen *n*
~**' general meeting** *(Bö)* Aktionärshauptversammlung *f*
~**' meeting** *(Bö)* Aktionärsversammlung *f*
shareholding *(Bö)* Aktienbesitz *m*, Aktienbeteiligung *f*
shares authorized *(Bö)* autorisierte Aktien *fpl*
~ **outstanding** *(Bö)* im Umlauf befindliche Aktien *fpl*
shark repellant *(Fin, Mgt)* Übernahme-Abwehrmaßnahme *f*, Abwehrmaßnahme *f* gegen feindliche Übernahmen
~ **repellant strategy** *(Fin, Mgt)* Übernahme-Abwehrstrategie *f*, Abwehrstrategie *f* gegen feindliche Übernahmen
sharp drop 1. *(Gesch, WiWi)* drastischer Rückgang *m*; 2. *(Bö)* Baissebewegung *f*
~ **rise** *(Gesch, WiWi)* drastischer Anstieg *m*
shattered finance *(WiWi)* zerrüttete Finanzen *fpl*
shed *v* **labo(u)r** *(Pers)* Personal abbauen, Personal freisetzen, Arbeitskräfte abbauen, Arbeitskräfte freisetzen
shedding of labo(u)r *(Pers)* Abbau *m* von Arbeitskräften, Abbau *m* von Personal, Freisetzung *f* von Arbeitskräften, Freisetzung *f* von Personal
shelf display *(V&M)* Regalauslage *f*
~ **price** *(V&M)* Regalauszeichnung *f*
~ **space** *(V&M)* Lagerfläche *f*, Regalfläche *f*
shell company 1. *(Gesch, Recht)* Firmenmantel *m*; 2. *(St)* Strohfirma *f*

~ **corporation** *(Gesch, Recht)* Firmenmantel *m*
~ **operation** *(Bö)* Übernahme *f* eines Unternehmens
shelve *v (Gesch)* aufschieben, zurückstellen
shield *v (Gesch)* abschirmen, absichern, schützen vor
shift *v* 1. *(Fin)* umschichten; 2. *(Gesch)* verschieben *(emphasis)*; 3. *(Pers)* umsetzen *(redeploy)*; 4. *(St)* überwälzen
~ **on to** *(Gesch)* abwälzen auf *(responsibility)*
shift *(Pers)* Schicht *f (working hours)*
~ **in consumption** *(V&M)* Konsumverlagerung *f*
~ **in demand** *(V&M)* Nachfrageverschiebung *f*
~ **in demand curve** *(WiWi)* Verschiebung *f* der Nachfragekurve
~ **in reserves** 1. *(Bank)* Reserveumschichtung *f*; 2. *(Fin, RW)* Reservenumschichtung *f*
~ **in supply curve** *(WiWi)* Verschiebung *f* der Angebotskurve
~ **of the burden of proof** *(Recht)* Umkehr *f* der Beweislast, Beweislastumkehr *f*
~ **rotation** *(Pers)* Schichtwechsel *m*
shiftability *(RW, Fin)* Liquidierbarkeit *f*, Liquiditätsgrad *m*, Abtretbarkeit *f*, Geldnähe *f* von Vermögensgütern
shifting 1. *(Fin)* Umschichtung *f*; 2. *(Gesch)* Verlagerung *f*; 3. *(St)* Steuerüberwälzung *f*, Überwälzung *f*
~ **of target dates** *(WiWi)* Terminverlagerung *f*
shiftwork *(Pers)* Schichtarbeit *f*
ship *v (AH, Komm, Trans)* befördern, übersenden, verschicken, versenden
shipment *(Komm, AH, Trans)* Beförderung *f*, Übersendung *f*, Verladen *n*, Verladung *f*, Versand *m*, Verschiffung *f* • **on** ~ *(Komm, AH, Trans)* bei Versand
shipping business *(Gesch)* Reederei *f*
~ **company** *(Trans)* Reederei *f*
~ **office** *(AH, Trans)* Reederei *f*
shirker *(Pers) (ugs.)* Drückeberger *m*
shock treatment *(WiWi, Pol)* Schocktherapie *f*
shocks *(WiWi)* Schocks *mpl*, Störeinflüsse *mpl*, Störimpulse *mpl*, Störeinwirkungen *fpl*
shoestring majority *(Pol)* hauchdünne Mehrheit *f*
shop *v (V&M)* einkaufen, Einkäufe machen
~ **around** *(V&M)* sich umsehen
shop *(BE) (V&M)* Laden *m*, kleines Unternehmen *n*
~ **assistant** *(BE) (Pers, V&M)* Verkäufer(in) *m(f)*
~ **closing times** *(BE) (Gesch)* Ladenschlusszeiten *fpl*
~ **floor** 1. *(Gesch)* Werkstatt *f*; 2. *(Ind)* Produktion *f*, Werkstatt *f (place)*; Fabrikarbeiter *mpl (staff)*; 3. *(V&M)* Verkaufsfläche *f*
~ **front** *(V&M)* Ladenfront *f*, Schaufenster *n*, Auslage *f*
~ **stewards** *(Pers)* gewerkschaftliche Vertrauensleute *pl*
~ **window** *(V&M)* Schaufenster *n*, Schaufensterscheibe *f*
shopkeeper *(BE) (V&M)* Ladeninhaber(in) *m(f)*
shoplifting *(V&M)* Ladendiebstahl *m*, Warenhausdiebstahl *m*
shopper *(V&M)* Käufer(in) *m(f)*
shopping *(Gesch)* Einkäufe *mpl (items purchased)*; Einkaufen *n (act)*
~ **center** *(AE) (Gesch)* Einkaufszentrum *n*, Geschäftszentrum *n*
~ **centre** *(BE) (Gesch)* Einkaufszentrum *n*, Geschäftszentrum *n*
~ **mall** *(AE) (Gesch)* Einkaufszentrum *n*, Geschäftszentrum *n*
~ **precinct** *(BE) (Gesch)* Einkaufszentrum *n*
short *adj (Gesch)* kurz • **be in ~ supply** *(Gesch)* nur beschränkt lieferbar sein • **be on ~ time** *(Pers)* Kurzarbeit leisten • **in the ~ run** *(Gesch)* kurzfristig
short *(Bö)* Leerverkauf *m*, Baisseposition *f*
~ **bill** *(Fin)* kurzfristig fälliger Wechsel *m*
~ **call position** *(Bö)* Baisse-Kauf-Optionsposition *f*
~**-circuit** *(Ind)* Kurzschluss *m*
~**-dated** *adj (Bö)* kurzfristig
~ **filename** *(EDV)* kurzer Dateiname *m*, 8.3 Dateiname *m*
~ **futures position** *(Bö)* Verkaufsposition *f* am Terminkontraktmarkt
~**-handed/be** *v (Pers)* unter Personalmangel leiden
~ **hedge** *(Bö)* Verkaufssicherungsgeschäft *n*

~ **notice** *(Gesch)* kurze Frist *f*
~ **option position** *(Bö)* Verkaufsposition *f* am Optionsmarkt
~ **position** *(Bö)* Baisseposition *f*, Baisse-engagement *n*, Leerverkaufsposition *f*
~**-range** *adj (Gesch)* kurzfristig
~**-range planning** *(Fin, Mgt)* kurzfristige Planung *f*
~ **run** *(Ind)* Kleinauflage *f*
~ **seller** *(Bö)* Blankoverkäufer(in) *m(f)*
~**-sighted** *adj (Gesch, Mgt)* kurzsichtig
~**-staffed/be** *v (Pers)* unter Personalmangel leiden
~**-term** *adj (Gesch)* kurzfristig
~ **term** *(Bö)* kurzfristige Laufzeit *f* • **in the ~ term** *(Gesch)* kurzfristig
~**-term deposit** *(Bö)* kurzfristige Einlage *f*
~**-term interest rate** *(WiWi)* Zinssatz *m* für kurzfristige Kredite
~**-term interest rate futures contract** *(Bö)* kurzfristiger Zinsterminkontrakt *m*
~**-term liability** *(RW, Bö)* kurzfristige Verbindlichkeit *f*
~**-term monetary support** *(Pol, WiWi)* kurzfristiger Währungsbeistand *m*
~**-term objective** *(Gesch)* kurzfristiges Ziel *n*
~**-term planning** *(Fin, Mgt)* Kurzfristplanung *f*
~**-term security** *(Bö)* kurzfristiges Wertpapier *n*
~**-time work** *(Pers)* Kurzarbeit *f*, Teilbeschäftigung *f*
~**-time worker** *(Pers)* Kurzarbeiter(in) *m(f)*
~**-time working** *(Pers)* Kurzarbeit *f*
shortage 1. *(WiWi)* Knappheit *f*, Mangel *m*; 2. *(Gesch)* Defizit *n*; Fehlbetrag *m* *(cash, stock)*
~ **of forex** *(WiWi)* Devisenknappheit *f*, Devisenmangel *m*
~ **of jobs** *(Pers)* Arbeitsplatzmangel *m*, Knappheit *f* an Arbeitsplätzen
~ **of labo(u)r** *(Pers)* Arbeitskräftemangel *m*
~ **of skilled labo(u)r** *(Pers)* Qualifikationsdefizit *n*, Fachkräftemangel *m*
~ **of skilled manpower** *(Pers)* Qualifikationsdefizit *n*, Fachkräftemangel *m*
~ **of skilled workers** *(Pers)* Facharbeitermangel *m*
~ **of staff** *(Pers)* Personalmangel *m*, Personalknappheit *f*, Arbeitskräftemangel *m*
~ **of work** *(Pers)* Arbeitsmangel *m*
shortcut *(EDV, Komm)* Abkürzung *f*, Tastenkürzel *n*; abgekürztes Tastaturkommando *n*, abgekürzter Tastaturbefehl *m* *(abbreviated keyboard command)*
shorten *v* 1. *(Gesch)* verkürzen; 2. *(Vers)* abkürzen; 3. *(Bö)* kürzen, reduzieren, verkürzen
shortening 1. *(Gesch)* Verkürzung *f*, 2. *(Bö)* Kürzung *f*, Verkürzung *f*
shortfall *(RW)* Fehlmenge *f (goods)*; Fehlbetrag *m (money)*
~ **in demand** *(WiWi)* Nachfrageausfall *m*
~ **in earnings** *(Gesch)* Gewinnausfall *m*, Gewinndefizit *n*
shortfalls of cash *(Bank, WiWi)* Liquiditätsanspannungen *fpl*
shorthand *(Verw)* Kurzschrift *f*, Stenografie *f*
shortlist *v (Gesch, Pers)* eine Vorauswahl treffen, in die engere Auswahl nehmen • **be shortlisted** *(Gesch, Pers)* in die engere Wahl [Auswahl] kommen
shortlist *(Gesch, Pers)* Auswahlliste *f*, Vorauswahl *f*, Kandidatenliste *f*
shorts *(Bö)* kurzfristige Staatspapiere *npl*, Kurzläufer *mpl*
shorttermism *(Bank, Fin, Bö)* Kurzfristorientierung *f*
shoulder *v (Gesch)* übernehmen, tragen *(burden)*
show *v* 1. *(RW)* ansetzen; 2. *(Gesch)* bekunden, anzeigen, zeigen
~ **a balance of sth** *(RW)* einen Saldo von etw. ausweisen
~ **a loss** *(RW)* einen Verlust ausweisen
~ **a surplus** *(RW)* einen Überschuss aufweisen *(profit)*
~ **good performance** *(Gesch, Pers)* gute Ergebnisse erzielen
~ **on the books** *(RW)* ausweisen
show business *(F&T, Med)* Show Business *n*, Vergnügungsindustrie *f*, Unterhaltungsindustrie *f*
showdown *(Gesch)* Kraftprobe *f*
showpiece *(Gesch)* Ausstellungsstück *n*, Glanzstück *n*
shredder *(Verw)* Dokumentenvernichter *m*, Papiervernichter *m*, Aktenvernichter *m*, Reißwolf *m*
shrink *v (WiWi)* abnehmen, sinken, schwinden

shrinkage 1. *(WiWi)* Rückgang *m*, Schwund *m*; 2. *(V&M)* Ladendiebstahl *m (shoplifting)*
shrinking *adj (Bö)* rückläufig
~ **profits** *(Gesch)* schrumpfende Gewinne *mpl*
shunt *v* **to the sidelines** *(WiWi)* vom Markt verdrängen
shunter *(BE) (Fin, Pers, Bö)* Arbitrageur *m*
shut *adj (Gesch)* stillgelegt
shut *v* **down** 1. *(Gesch)* schließen, *(ugs.)* zumachen *(branch, company)*; 2. *(Ind)* stilllegen *(factory)*
~ **off** *(Gesch)* abschalten, abstellen, ausschalten
~ **up shop** *(Gesch)* das Geschäft schließen
shutdown *(Gesch)* Betriebsschließung *f*, Schließung *f*, Stillegung *f (factory)*
sick/be *v* **off** *(Pers)* aus Krankheitsgründen abwesend sein, aus gesundheitlichen Gründen abwesend sein, krankheitsbedingt fehlen
sick leave *(Pers)* Fehlen *n* wegen Krankheit, Krankheitsperiode *f* • **be on sick leave** *(Pers)* wegen Krankheit fehlen, krankgeschrieben sein
~ **pay** *(Pers)* Krankengeld *n*
sickness *(Pers, Vers, Soz)* Krankheit *f*
~ **benefit** *(Pers)* Krankengeld *n*
~ **insurance** *(Pers, Vers, Soz)* Krankenversicherung *f*
side/on the *(Gesch)* nebenher
~ **deal** *(WiWi)* Nebenabsprache *f*
~ **effects** *(Gesch)* Nebenwirkungen *fpl*
~ **payments** *(Fin, Gesch)* Kompensationszahlungen *fpl*
sideline job *(Pers)* Nebenbeschäftigung *f*
sideways market *(Bö)* uneinheitlich tendierender Markt *m*
sight *(Fin)* Sicht *f* • **at** ~ *(Fin)* bei Sicht, bei Vorlage
~ **bill** *(Bank, Fin)* Sichtwechsel *m*
~ **deposit** *(Bank)* Sichteinlage *f*, Giroeinlage *f*
sight deposits *(Bank)* Sichtgelder *npl*
~ **draft** *(Bank)* Sichttratte *f*, Sichtwechsel *m*
~ **liabilities** *(Bank)* Sichtverbindlichkeiten *fpl*
sign *v (Gesch)* zeichnen, unterschreiben, unterzeichnen
~ **on the dotted line** *(Verw)* auf der punktierten Linie unterschreiben *(on form)*
~ **in** *(Pers)* registrieren *(seminar, hotel)*
~ **off** *(Pers)* kündigen
~ **on** *(Soz)* sich als arbeitslos registrieren lassen
~ **up** *(Gesch)* sich verpflichten
sign 1. *(Gesch)* Anzeichen *n*, Spur *f (indication)*; Schild *n (plate)*; 2. *(Stat)* Zeichen *n (symbol)*
signatory *(Recht, Pol)* Unterzeichner(in) *m(f) (of contract, of treaty)* • **be a** ~ **to sth** *(Recht, Pol)* Unterzeichner von etw. sein *(agreement, convention)*
signature *(Verw, Komm, EDV, Gesch, Recht)* Unterschrift *f*, Unterzeichnung *f*, Zeichnung *f* • **for** ~ *(Verw, Gesch)* zur Unterzeichnung
signed *adj (Gesch)* gezeichnet, gez., unterschrieben
significance *(Gesch)* Bedeutung *f*, Belang *m*, Signifikanz *f*
~ **test** *(Stat)* Signifikanztest *m*
significant *adj (Gesch)* bedeutsam, wichtig, bedeutend
signify *v (Gesch)* bedeuten, erkennen lassen, mitteilen, zum Ausdruck bringen *(indicate)*
signing *(Gesch)* Zeichnung *f*
~ **authority** *(WiWi)* Zeichnungsvollmacht *f* • **have** ~ **authority** *(Bank)* unterschriftsberechtigt sein
silent partner *(AE) (WiWi, Fin, Gesch, Recht)* stiller Gesellschafter *m*, stille Gesellschafterin *f*
similar *adj (Gesch)* ähnlich, gleichartig • **of a** ~ **kind** *(Gesch)* ähnlicher Art
similarity *(Pat)* Ähnlichkeit *f*, Gleichartigkeit *f*
simplification *(Gesch)* Vereinfachung *f*
simplify *v (Gesch)* vereinfachen
simulate *v (Gesch)* simulieren *(artificially recreate)*; vorgeben, vortäuschen *(feign)*
simulation 1. *(Gesch)* Simulation *f (recreation)*; Vortäuschung *f (feigning)*; 2. *(WiWi)* Modellrechnung *f*
simultaneous *adj (Gesch)* gleichzeitig, simultan
sincere *adj (Gesch)* aufrichtig
sincerity *(Gesch)* Aufrichtigkeit *f*
single *adj* 1. *(Gesch)* einzeln, einzige; 2. *(Recht, St)* ledig, unverheiratet *(unmarried)*

~ **capacity** *(BE) (Bö)* strikte Trennung der Broker- und Jobberfunktion
~ **currency** *(Gesch)* einheitliche Währung *f*
~-**currency area** *(Bank)* einheitlicher Währungsraum *m*, Euro-Währungsgebiet *n (ECB)*
~-**currency zone** *(Bank, Pol)* gemeinsame Währungszone *f*, gemeinsames Währungsgebiet *n*, einheitliches Währungsgebiet *n*
~-**entity financial statements** *(RW)* Einzelabschluss *m*
~-**entry bookkeeping** *(RW)* einfache Buchführung *f*
~ **European currency** *(WiWi)* einheitliche europäische Währung *f*
~ **European market** *(WiWi)* einheitlicher Binnenmarkt *m*
~ **finance** *(Fin)* Finanzierung *f* aus einer Hand
~ **monetary policy** *(Bank)* einheitliche Geldpolitik *f (ECB)*
~-**person household** *(V&M)* Einpersonenhaushalt *m*
single *v* **out** *(Gesch)* auswählen
Single European Act *(Recht)* Einheitliche Europäische Akte *f*, EEA
sink *v (Fin)* anlegen *(money, funds)*; amortisieren, tilgen
sinking fund *(Fin)* Amortisationsfonds *m*, Tilgungsfonds *m*
~-**fund bond issue** *(Fin)* Tilgungsanleihe *f*
~-**fund loan** *(Fin)* Tilgungsanleihe *f*
~-**fund method** *(Fin)* Rücklagentilgung *f*
siphon *v* **off** *(Gesch)* abschöpfen *(funds)*
sit *v (Pol)* tagen *(parliament)*
~ **an exam(ination)** *(Pers)* eine Prüfung machen, eine Prüfung ablegen
~ **for an exam(ination)** *(Pers)* eine Prüfung machen, eine Prüfung ablegen
~ **in judgment** *(Recht)* zu Gericht sitzen
~ **on the fence** *(Gesch)* das Ergebnis abwarten, neutral bleiben, sich neutral verhalten
sit-in strike *(Pers)* Sitzstreik *m*
site *(Gesch)* Platz *m*, Standort *m*, örtliche Lage *f*, Bau *m*, Bauplatz *m*, Baustelle *f (building work)*
~ **advantage** *(V&M)* Standortvorteil *m (local, regional)*
~ **development** *(Umw, Ind, Gb, Soz)* Erschließung *f* von Bauland
siting *(Ind)* Aufstellung *f*, Standortwahl *f*, Standortbestimmung *f*
sits. vac. *s.* situations vacant
situation 1. *(Gesch)* Lage *f*, Situation *f (profile)*; 2. *(Pers)* Stellung *f (job)*
~ **report** *(Gesch)* Lagebericht *m*
situations vacant *(BE) (Pers)* offene Stellen *fpl*
six-month moving average *(WiWi)* gleitender 6-Monatsdurchschnitt *m*
size 1. *(EDV)* Format *n*, Größe *f*; 2. *(WiWi)* Größe *f*, Umfang *m (of economy, population)*
size *v* **up** *(Gesch)* abschätzen, einschätzen
sizeable *adj (WiWi)* beträchtlich, erheblich
skeleton contract *(Gesch)* Rahmenvertrag *m*
~ **service** *(Trans)* Notdienst *m*
~ **staff** *(Pers)* Stammbelegschaft *f*
skill *(Gesch, Pers)* Fähigkeit *f*, Fertigkeit *f*, geistige Fähigkeit *f*, Geschicklichkeit *f*
~ **level** *(Pers)* Qualifikationsniveau *n*
~ **shortage** *(Pers)* Qualifikationsdefizit *n*, Fachkräftemangel *m*
skilled *adj (WiWi, Pers)* gelernt, Fach…
~ **labo(u)r** *(WiWi, Pers)* Facharbeiter(in) *m(f)*, gelernte Arbeitskräfte *fpl*
~ **staff** *(Pers)* geschultes Personal *n*, ausgebildetes Personal *n*
~ **worker** *(Pers)* Facharbeiter(in) *m(f)*
skills *(Gesch, Pers)* Qualifikationen *fpl*
skimming policy *(V&M)* Abschöpfungspolitik *f*
skip *v (EDV)* übergehen, überlesen, überspringen
~ **the details** *(Gesch)* die Einzelheiten übergehen
~ **work** *(Pers) (ugs.)* blaumachen
skyrocket *v (Gesch)* sprunghaft ansteigen, scharf ansteigen
slack *adj (WiWi, Gesch)* flau, schwach *(trade)* • **be** ~ *(Pers)* nachlässig sein *(neglect one's duties)*
slack *(Gesch)* Nachlassen *n*
~ **labo(u)r market** *(WiWi, Pers)* wenig aufnahmefähiger Arbeitsmarkt *m*
~ **period** *(Gesch)* Flaute *f*, stille Saison *f*
~ **season** *(Gesch) (ugs.)* Saure-Gurken-Zeit *f*
slack *v* **off** *(Gesch)* nachlassen

slacken *v (WiWi)* abflauen, nachgeben, nachlassen
~ **off** *(Gesch)* nachlassen
slander *v (Recht)* verleumden *(person)*
slander *(Recht)* Beleidigung *f*, Verleumdung *f*
~ **action** *(Recht)* Verleumdungsverfahren *n*
sleeper *(V&M)* potenzieller Verkaufsschlager *m*
sleeping beauty *(Bö)* potenzielles Übernahmeobjekt *n*
~ **partner** *(BE) (WiWi, Fin, Gesch, Recht)* stiller Gesellschafter *m*, stille Gesellschafterin *f*
slice of the market *(V&M)* Marktanteil *m*
slide *(Bö)* Nachgeben *n (in prices)*
sliding-price clause *(Recht)* Preisgleitklausel *f*
~ **wage scale** *(Pers)* gleitende Lohnskala *f*, gleitender Lohntarif *m*
slight *adj (Gesch)* geringfügig, leicht, unbedeutend
slim *v (Pers, Mgt)* abbauen *(workforce)*
~ **down** *(Pers, Mgt)* verkleinern, *(ugs.)* abspecken
slip *v (Bö)* fallen, zurückgehen
slip *(St)* Beleg *m*
slope *(Gesch)* Gefälle *n*, Richtungskoeffizient *m*
slot 1. *(EDV)* Steckplatz *m*, *(jarg.)* Slot *m (for expansion card)*; 2. *(Gesch)* Platz *m*, Zeitnische *f (time)*; Slot *m*, Start- und Landerecht *n*, Schlitz *m*, Einschnitt *m (airport)*
slow *v (WiWi)* sich verlangsamen
~ **down** *(WiWi, Gesch)* abflauen, sich abschwächen, sich verlangsamen
slow payer *(Fin)* säumiger Zahler *m*
~ **rise** *(Bö)* langsamer Anstieg *m (currency expectation)*
slowdown 1. *(WiWi)* Abschwächung *f*, Konjunkturrückgang *m (of the economy)*; 2. *(Pers) (AE)* Bummelstreik *m*
~ **in the trend** *(WiWi)* trendmäßige Verlangsamung *f*
slump *v (WiWi, Bö)* stürzen *(market)*
~ **in sales** *(V&M)* Absatzeinbruch *m*, Absatzrückgang *m*
small *adj (Gesch)* gering, klein *(purchase, amount)* • **on a ~ scale** *(Gesch)* in geringem Maße
~ **and medium-sized enterprises** *(SME) (Gesch)* kleine und mittelständische Unternehmen *npl*, KMU
~ **business** *(Gesch)* Kleinbetrieb *m*, Kleinunternehmen *n*, kleines Unternehmen *n*, Kleinfirma *f*
~ **change** *(Komm, Gesch)* Kleingeld *n (coins)*; Lappalie *f*
~**-claims court** *(Recht)* Amtsgericht *n*
~ **earnings** *(BE) (St)* niedrige Einkommen *npl*
~ **employer** *(Pers)* Kleinbetrieb *m*
~ **enterprise** *(Gesch)* Kleinbetrieb *m*, Kleinunternehmen *n*
~ **firm** *(Gesch)* Kleinbetrieb *m*, Kleinfirma *f*, Kleinunternehmen *n*
~ **industry** *(Ind)* Kleinindustrie *f*
~ **investor** *(Fin)* Kleinanleger(in) *m(f)*
~ **manufacturers and traders** *(Gesch)* Kleingewerbe *n*
~ **parcel** *(Komm, Trans)* Päckchen *n*
~ **print/in** *(Recht)* Kleingedrucktes *n (in contract)*
~**-scale technology** *(WiWi)* sanfte Technologie *f*, weiche Technologie *f*
smart card *(Bank, EDV)* Chipkarte *f*, Computerkarte *f*, Smartcard *f*
~ **clothing** 1. *(Gesch)* elegante Kleidung *f*; 2. *(V&M)* intelligente Kleidung *f*
~ **money** *(Fin)* rentable Anlage *f*
smooth *adj (Gesch)* glatt, reibungslos, störungsfrei
smooth *v* **out** 1. *(WiWi)* ausgleichen, verstetigen *(fluctuations)*; 2. *(Gesch)* ausräumen, glätten
smooth running *(Gesch)* reibungsloser Ablauf *m*
smoothly *adv (Gesch)* reibungslos
SNA *s.* System of National Accounts
snail mail *(Komm)* normale Briefpost *f*, Schneckenpost *f*
snip *(V&M)* günstiger Kauf *m*, Schnäppchen *n*
so-called *adj (Gesch)* angeblich, so genannt
soar *v (Gesch)* in die Höhe schnellen, sprunghaft ansteigen
soaring *adj (Gesch)* rasch aufsteigend, schnell zunehmend
social *adj (Gesch)* gesellschaftlich, sozial

~ **acceptability** *(Soz)* Sozialverträglichkeit *f*
~ **accounting** *(Soz, WiWi)* Sozialberichterstattung *f*
~ **capital** *(WiWi, Fin)* Sozialkapital *n*
~ **compatibility** *(Soz, WiWi)* Sozialverträglichkeit *f*
~ **cost** *(WiWi, Soz)* gesellschaftliche Kosten *pl*, soziale Kosten *pl*
~ **cost of unemployment** *(WiWi, Pers)* soziale Kosten *pl* der Arbeitslosigkeit
~ **good** *(WiWi)* öffentliches Gut *n*, Kollektivgut *n*
~ **insurance** *(Pers, Soz, WiWi)* Sozialversicherung *f*
~ **legislation** *(Recht, Soz)* Sozialgesetzgebung *f*
~ **market economy** *(WiWi)* soziale Marktwirtschaft *f*
~ **origin** *(Soz)* soziale Herkunft *f*
~ **overhead capital** *(WiWi, Fin)* Infrastruktur *f*
~ **partners** *(Pers)* Sozialpartner *mpl*, Tarifpartner *mpl*, Tarifvertragsparteien *fpl*
~ **product** *(WiWi)* Sozialprodukt *n*
~ **protection** *(Soz)* sozialer Schutz *m*, Sozialschutz *m*
~ **rate of discount** *(WiWi, Fin)* soziale Zinsrate *f*,
~ **security** *(Soz, WiWi)* Sozialversicherung *f* • **be on ~ security** *(Soz)* Sozialhilfe beziehen, *(ugs.)* auf Stütze leben, *(ugs.)* auf Stütze sein, *(ugs.)* von der Stütze leben, *(ugs.)* Stütze haben
~ **security benefits** *(Soz)* Sozialversicherungsunterstützung *f*, Sozialversicherungsleistungen *fpl*
~ **security benefits in cash** *(Soz)* Geldleistungen *fpl* der Sozialversicherung
~ **security contributions** *(Pers, Soz)* Sozialversicherungsbeitrag *m*
~ **security funds** *(Soz)* Sozialversicherung *f*, Sozialversicherungsträger *m*
~ **security tribunal** *(Soz)* Sozialgericht *n*
~ **spending** *(Fin)* Sozialausgaben *fpl*
~ **wants** *(WiWi, Soz)* Kollektivbedürfnissse *npl*
~ **welfare** *(Soz)* öffentliche Wohlfahrt *f*, soziales Wohl *n*, Sozialfürsorge *f*, Sozialhilfe *f*
~ **welfare function** *(WiWi)* gesellschaftliche Wohlfahrtsfunktion *f*
~ **worker** *(Pers, Soz)* Sozialarbeiter(in) *m(f)*
Social Charter *(Gesch)* Sozialcharta *f*
society *(Gesch)* Gesellschaft *f (social community)*; Gesellschaft *f (company)*; Verein *m*, Gesellschaft *f*
Society for Worldwide Interbank Financial Telecommunications *(SWIFT)* *(Bank)* SWIFT *internationales Datenfernübertragungsnetz für Auslandszahlungen*
socioeconomic *adj (WiWi, V&M, Soz)* sozioökonomisch
soft currency *(WiWi, Gesch)* weiche Währung *f*
~ **landing** *(WiWi)* weiche Landung *f*, sanfte Landung *f*
~ **loan** *(WiWi, Fin)* zinsbegünstigte Anlage *f*, zinsgünstiger Kredit *m*
~ **money** *(Fin)* Papiergeld *n*
~**-pedal** *(Gesch)* dämpfen, herunterschrauben, herunterspielen
~ **technology** *(WiWi, Umw)* sanfte Technologie *f*, weiche Technologie *f*
software *(EDV)* Software *f*
~ **company** *(EDV)* Software-Haus *n*, Software-Unternehmen *n*, Software-Firma *f*
~ **compatibility** *(EDV)* Softwarekompatibilität *f*
~**-driven** *adj (EDV)* softwaregesteuert
~ **house** *(EDV)* Software-Haus *n*, Software-Unternehmen *n*
~ **liability** *(EDV, Recht)* Softwarehaftung *f*
solar energy *(Umw)* Sonnenenergie *f*, Solarenergie *f*, Sonnenkraft *f*
~ **power** *(Umw)* Solarenergie *f*, Sonnenenergie *f*
~ **technology** *(Umw)* Solartechnik *f*
sold ledger *(V&M)* Verkaufsjournal *n*, Verkaufsbuch *n*
~ **note** *(Bö)* Effektenverkaufsabrechnung *f*
sole agency *(WiWi, V&M)* Alleinvertretung *f*
~ **buyer** *(Gesch)* Alleinabnehmer(in) *m(f)*
~ **heir** *(Recht)* Alleinerbe *m*, Alleinerbin *f*
~ **owner** 1. *(Recht)* Alleineigentümer(in) *m(f)*; 2. *(Gb)* Alleinbesitzer(in) *m(f)*
~ **ownership** *(Recht)* alleiniges Eigentumsrecht *n*
~ **proprietor** *(Mgt)* Alleineigentümer(in) *m(f)*, Alleininhaber(in) *m(f)*
~ **proprietorship** 1. *(Gesch)* Einzelfirma *f* *(type of firm)*; 2. *(Recht)* alleiniges Eigentumsrecht *n (ownership)*

solicit *v (Gesch)* erbitten, sich bemühen um, sich bewerben um
~ **new business** *(Gesch)* Aufträge beschaffen, Aufträge hereinholen
solicitor *(Recht)* Anwalt *m*, Anwältin *f*, Rechtsanwalt *m*, Rechtsanwältin *f*
solidarity pact *(Pol)* Solidarpakt *m (West and East Germany)*
solution *(Gesch)* Behebung *f*, Lösung *f*
solve *v (Gesch)* aufklären, lösen
solvency *(RW, Bank, Fin)* Solvenz *f*, Zahlungsfähigkeit *f*, Liquidität *f*
~ **ratio** *(RW, Fin)* Liquiditätskennzahl *f*, Liquiditätsgrad *m*
solvent *adj (RW, Bank, Fin)* solvent, zahlungsfähig, liquide
~ **debtor** *(Bank)* solventer Schuldner *m*, zahlungsfähiger Schuldner *m*
sophisticated *adj (Gesch)* auf hohem Niveau stehend, hoch differenziert, hoch technisiert, ausgeklügelt, technisch ausgereift
sophistication 1. *(Gesch)* Differenziertheit *f*, hohes Niveau *n*, hoher Entwicklungsstand *m*; 2. *(V&M)* Differenzierung *f*
sought *adj (Gesch)* gefragt, gesucht
sound *adj* 1. *(Bank)* gesund, kreditfähig, solide; 2. *(Gesch)* einwandfrei, fehlerfrei, unversehrt, kreditwürdig • **on a ~ footing** *(Gesch)* auf solider Grundlage
sound 1. *(Komm)* Ton *m*; 2. *(EDV, Med)* Klang *m*, Ton *m*
~ **carrier** *(Komm, Med)* Tonträger *m*
~ **recording** *(Komm, Med)* Tonträger *m*
~ **recording manufacturer** *(Ind, Med)* Tonträgerhersteller *m*
~ **recording royalties** *(Recht, Komm, Med)* Tonträgervergütungen *fpl*
soundness *(Recht, Pol)* Unbedenklichkeit *f*
source *(Fin, Gesch)* Herkunft *f*, Quelle *f*, Ursprung *m (of funds, information)*
~ **and application of funds** *(RW, Fin)* Mittelherkunft und -verwendung *f*
~ **and application of funds statement** *(RW, Fin)* Bewegungsbilanz *f*
~ **and disposition of funds** *(RW, Fin)* Mittelherkunft und -verwendung *f*
~ **language** 1. *(Komm)* Ausgangssprache *f (translation)*; 2. *(EDV)* Quellensprache *f*, Ursprungssprache *f*, Quellsprache *f*
~ **of capital** *(Fin)* Kapitalherkunft *f*
~ **of forex revenue** *(Bank)* Deviseneinnahmequelle *f*
~ **of funds** *(RW, Fin)* Mittelherkunft *f*
~ **of revenue** *(Gesch)* Einnahmequelle *f*
sourcing *(V&M)* Akquisition *f*, Einkaufspolitik *f*
sovereign 1. *(Bank) britische Goldmünze (obs., coin)*; 2. *(Pol)* Herrscher(in) *m(f)*, Souverän *m (person)*
~ **entities** *(Bank, Bö, Fin)* staatliche Emittenten *mpl*, Staatsadressen *fpl*
~ **loan** *(Bö, Fin)* staatliche Anleihe *f*, staatliches Darlehen *n*
~ **risk** *(Bö, Fin)* Länderrisiko *n*, staatliches Risiko *n*
spam *(Komm, Med)* Spam *f (unsolicited e-mail advertising)*
spamming *(V&M)* Überflutung *f* mit unerwünschter Werbung
span of control *(Gesch)* Kontrollspanne *f*
spare *(Ind)* Ersatzteil *n*
~ **cash** *(Gesch)* Bargeldreserve *f*
~ **time** *(F&T)* Freizeit *f*
special account *(RW)* Sonderkonto *n*
~ **arrangement** *(Gesch)* Sondervereinbarung *f*
~ **delivery** *(Komm)* Eilzustellungsdienst *m*
~ **drawing rights** *(Bank)* Sonderziehungsrechte *npl*, SZR
~ **employment measures** *(WiWi, Pers)* Arbeitsbeschaffungsmaßnahmen *fpl*, ABM
~ **feature** *(V&M)* Besonderheit *f*
~ **offer** *(V&M)* Sonderangebot *n (advertising)*
~ **purpose vehicle** *(Mgt, Recht)* Zweckgesellschaft *f*, Projektgesellschaft *f*, Objektgesellschaft *f* mit Sonderaufgaben
~ **terms for the trade** *(Gesch)* Sonderkonditionen *fpl* für den Handel
Special Economic Zone *(WiWi)* Sonderwirtschaftszone *f (China)*
specialist *adj (Gesch)* fachmännisch
specialist 1. *(Gesch)* Fachmann *m*, Fachfrau *f*, Experte *m* Expertin *f*, Facharzt *m*, Fachärztin *f*; 2. *(Bö)* amtlicher Kursmakler *m*, amtliche Kursmaklerin *f*
~ **consulting** *(Recht, Komm)* wissenschaftliche Beratung *f*
~ **field** *(Gesch)* Fachgebiet *n*
~ **knowledge** *(Gesch)* Fachkenntnisse *fpl*, Fachwissen *n*
~ **shop** *(Bö)* Fachgeschäft *n*

speciality *(Gesch)* besonderes Merkmal *n*, Spezialität *f*, Besonderheit *f (selling point)*; Spezialgebiet *n (field)*
~ **retailer** *(V&M)* Facheinzelhändler(in) *m(f)*
~ **store** *(Bö)* Fachgeschäft *n*
specialization *(Gesch)* Fachgebiet *n*, Spezialisierung *f*
specialize in *(Gesch)* sich spezialisieren auf
specialized *adj (Gesch, Ind)* spezialisiert
~ **dictionary** *(Med)* Fachwörterbuch *n*
~ **knowledge** *(Gesch)* Fachkenntnisse *fpl*, Fachwissen *n*
specific *adj (Gesch)* bestimmt, deutlich, kennzeichnend, spezifisch
~ **amount** *(Gesch)* bestimmter Betrag *m*
~ **duty** *(AH, St)* spezifischer Zoll *m*
~ **offer** *(V&M)* spezielles Angebot *n*
~ **training** *(Pers)* Spezialausbildung *f*
specifically *adv (Gesch)* speziell
specification of goods *(Pat)* Warenverzeichnis *n*
~ **of services** *(Pat)* Dienstleistungsverzeichnis *n*
specifications technische Daten *pl (COMP hardware)*
specified *adj* 1. *(RW)* spezifiziert; 2. *(Gesch)* einzeln aufgeführt
~ **rate** *(Trans)* spezifizierter Tarif *m*
specify *v (Gesch, Pat)* beschreiben, festsetzen
specimen invoice *(Gesch)* Musterrechnung *f*
speculate *v (Gesch, Bö)* spekulieren
~ **for a fall in prices** *(Bö)* auf Baisse spekulieren
speculation *(Gesch)* Spekulation *f* • **on ~** *(Gesch)* auf Verdacht
speculative *adj (Gesch)* spekulativ
~ **application** *(Pers)* Blindbewerbung *f*, Initiativbewerbung *f*
~ **bubble** *(Bö)* spekulative Blase *f*, Spekulationsblase *f (cf asset price bubble, bubble economy)*
~ **buyer** *(Gesch)* Aufkäufer(in) *m(f)*
~ **demand for money** *(WiWi)* spekulative Geldnachfrage *f*
~ **trading** *(Bö)* Spekulationshandel *m*
speed *(Gesch)* Geschwindigkeit *f*
speed-up *(Gesch, Pers)* Beschleunigung *f*, Steigerung *f*, Vorantreiben *n*
speed *v* **up** *(Gesch)* beschleunigen, vorantreiben *(work)*
speedily *adv (Gesch)* schnell
speedy *adj (Gesch)* prompt, zügig
spell *v* **out** *(Gesch)* darlegen, klarmachen, verdeutlichen
spend *v (Gesch)* (Geld) ausgeben, verausgaben
spending authority 1. *(Fin)* Ausgabeermächtigung *f*; 2. *(Pol)* Ausgabenbefugnis *f*
~ **limitation** *(Bank, WiWi, Pers)* Ausgabenbegrenzung *f*
~ **money** *(Gesch)* Taschengeld *n*
~ **power** *(Gesch)* Kaufkraft *f*
sphere *(Gesch)* Bereich *m*
~ **of action** *(Gesch)* Tätigkeitsbereich *m*
~ **of activity** *(Gesch)* Aufgabenbereich *m*, Geschäftsbereich *m*, Wirkungskreis *m*
~ **of influence** *(Gesch, Pol, V&M)* Einflussbereich *m*
spill *v* **over** *(Gesch, WiWi)* überschwappen, sich ausbreiten *(effects)*; sich hinziehen *(meeting)*
spillover *(WiWi)* externe Wirkung *f*, Nebenwirkungen *fpl*
~ **effect** *(WiWi)* externer Effekt *m*
spin-off 1. *(WiWi, Fin, Gesch)* Ausgliederung *f*, Abspaltung *f (separation)*; Ableger *m*, Firmenableger *m*, Firmenausgründung *f*, Unternehmensabspaltung *f*, Unternehmensentflechtung *f (company)*; 2. *(Ind)* Nebenentwicklung *f (development)*; 3. *(V&M)* Nebenprodukt *n (product)*
~**-off-effect** *(WiWi)* Ausstrahlungseffekt *m*
spiralling inflation *(WiWi)* Inflationsspirale *f*
split *v (Bank)* aufspalten, aufteilen
~ **the difference** *(Gesch)* sich auf einen Kompromiss einigen
~ **up** 1. *(Verw, Gesch)* aufteilen, spalten; sich spalten; 2. *(Pol)* spalten
split *(Bank)* Aufteilung *f*
~ **rating** *(Fin)* gespaltene Einstufung *f*
spoil *v (Gesch)* beeinträchtigen, verderben
spokesman *(Med, Pol)* Sprecher *m*, Pressesprecher *m*
spokesperson *(Med, Pol)* Sprecher(in) *m(f)*, Pressesprecher(in) *m(f)*

spokeswoman *(Med, Pol)* Sprecherin *f*, Pressesprecherin *f*
sponsor *v* 1. *(Gesch)* fördern, unterstützen; 2. *(F&T)* die Schirmherrschaft übernehmen *(event)*; 3. *(V&M)* sponsern
sponsor 1. *(Gesch)* Förderer *m*, Förderin *f*; 2. *(F&T)* Schirmherr(in) *m(f)* *(of event)*; 3. *(V&M)* Sponsor *m*, Geldgeber(in) *m(f)*
sponsorship 1. *(Gesch)* Förderung *f*, Unterstützung *f*; 2. *(F&T)* Schirmherrschaft *f* *(of event)*; 3. *(Pol)* Befürwortung *f* *(of bill)*; 4. *(V&M)* Sponsern *n*, Sponsoring *n*
spontaneous *adj (Gesch, V&M)* spontan
~ **combustion** *(Ind)* Selbstentzündung *f*, Selbstverbrennung *f*
sporadic *adj (Gesch)* sporadisch, vereinzelt
~ **maintenance** *(Gesch)* unregelmäßige Wartung *f*
sporting event *(Gesch, F&T)* Sportveranstaltung *f*
spot *(Med, V&M)* Werbespot *m* *(advertising)* • **on the ~** *(Gesch)* an Ort und Stelle, sofort
~ **business** *(Gesch)* Lokogeschäft *n*
~ **check** *(Gesch)* Prüfung *f* an Ort und Stelle
~ **commodity** *(Bö)* Effektivware *f*, Kassaware *f*
~ **currency market** *(WiWi)* Devisenkassamarkt *m*
~ **deal** *(Bank, Bö)* Spotgeschäft *n*, Lokogeschäft *n*, Kassageschäft *n*
~ **delivery** *(Bö)* Lieferung *f* zwei Tage nach Geschäftsabschluss *(currency futures)*
~ **delivery month** *(Bö)* sofortiger Lieferungsmonat *m*
~ **exchange rate** *(Bank, WiWi, Bö)* Kassakurs *m*, Devisenkassakurs *m*
~ **market** *(Bö)* Kassamarkt *m*
~ **market transaction** *(Bö)* Effektivgeschäft *n*
~ **quotation** *(Bö)* Kassanotierung *f*
~ **rate** *(Bö)* 1. Kassakurs *m*, Devisenkassakurs *m*; 2. Loko-Preis *m* *(commodities)*
~ **terms** *(Bö)* Kassakonditionen *fpl*
~ **trading** *(Bö)* Kassahandel *m*
~ **transaction** *(Bö)* Kassageschäft *n*
spread *v* 1. *(RW)* verteilen *(costs)*; 2. *(Komm)* verbreiten; 3. *(Gesch)* ausbreiten
~ **risks** *(Vers)* Risiken mischen, Risiken streuen
spread 1. *(WiWi)* Bandbreite *f*, Spanne *f*, Marge *m*; 2. *(V&M)* Streuung *f* *(of stores in particular area)*; 3. *(Bö, Fin)* Stellage *f*, Spread *m*, Renditeabstand *m*, Risikoaufschlag *m*
~ **of interest rates** *(Bank)* Spreizung *f* der Zinssätze
~ **trading** *(Bö)* Arbitrage *f*, Spreading *n*, gleichzeitige Eröffnung *f* von Kauf- und Verkaufspositionen
spreading *(Bö)* Spreading *n*
spreadsheet *(Gesch)* Abschlussblatt *n*, Tabellenkalkulation *f*, Arbeitsblatt *n*, Spreadsheet *n*
spur *v (Gesch)* treiben, vorantreiben
spur *(Gesch)* Anreiz *m*
SPV *s.* special purpose vehicle
squandering *(Gesch)* Vergeudung *f*, Verschwendung *f*
square *v* 1. *(RW)* abstimmen; 2. *(Gesch)* begleichen *(an account)*; 3. *(Bö)* glattstellen
squeeze *v (WiWi)* unter Druck setzen *(prices)*
~ **the bears** *(Bö)* die Baissiers unter Druck setzen
~ **the shorts** *(Bö)* die Baissiers zu Deckungskäufen zwingen
squeeze-out *(Fin)* Zwangsausschluss *m* *(of minority shareholders)*
stability 1. *(Bank)* Wertbeständigkeit *f*; 2. *(WiWi)* Stabilität *f*
~ **abroad** *(WiWi, Pol)* äußere Stabilität *f*
~ **at home** *(WiWi, Pol)* innere Stabilität *f*
Stability and Growth Pact *(WiWi, Pol)* Stabilitäts- und Wachstumspakt *m* *(EU, Maastricht Treaty)*
stabilization *(WiWi)* Stabilisierung *f* *(of exchange rates)*
stabilize *v (WiWi)* festigen, stabil halten, stabilisieren
stabilized currency *(Fin)* stabilisierter Wechselkurs *m*
stabilizer *(WiWi)* Stabilisator *m*
stable *adj* 1. *(WiWi)* stabil; 2. *(Gesch)* beständig *(constant)*; dauerhaft, fest *(permanent, durable)*; haltbar, stabil *(tenable)*; 3. *(V&M, Trans)* stabil
~ **equilibrium** *(WiWi)* stabiles Gleichgewicht *n*
~-rate funds *(Bank)* Festzinsmittel *npl*
staff *v (Gesch, Pers, Mgt)* (mit Personal) besetzen *(office)*

~ **up** *(Gesch, Pers, Mgt)* den Personalbestand erhöhen

staff *(Gesch, Pers, Mgt)* Belegschaft *f*, Mitarbeiter *mpl*, Personal *n*, Stab *m (workforce)*

~ **assistant** *(Pers)* Bürogehilfe *m*, Bürogehilfin *f*

~ **association** *(Pers)* Personalvertretung *f*

~ **audit** *(Pers, Mgt)* innerbetriebliche Prüfung *f*, Personalbeurteilung *f*

~ **cost** *(Fin, Pers)* Personalaufwand *m*

~ **council** *(Verw, Pers, Mgt)* Personalrat *m*

~ **cut(s)** *(Pers)* Personalkürzung *f*, Personalreduzierung *f*, Personalverringerung *f*, Verringerung *f* des Personals, Verringerung *f* der Belegschaft, Reduzierung *f* der Belegschaft, Personalabbau *m*, Abbau *m* des Personals

~ **cutback** *(Pers)* Personalabbau *m*

~ **development** *(Pers, Mgt)* Personalentwicklung *f*, Mitarbeiterförderung *f*

~ **manager** *(Pers, Mgt)* Personalchef(in) *m(f)*, Personalleiter(in) *m(f)*, Stabsleiter(in) *m(f)*

~ **meeting** *(Pers)* Mitarbeiterversammlung *f*, Personalversammlung *f*, Betriebsversammlung *f*, Belegschaftsversammlung *f*

~ **member** *(Pers)* Mitarbeiter(in) *m(f)*, Belegschaftsangehörige(r) *f(m)*, Betriebsangehörige(r) *f(m)*

~ **mobility** *(Pers)* Personalmobilität *f*

~ **reduction** *(Pers)* Personalkürzung *f*, Personalreduzierung *f*, Personalverringerung *f*, Verringerung *f* des Personals, Verringerung *f* der Belegschaft, Reduzierung *f* der Belegschaft, Personalabbau *m*, Abbau *m* des Personals

~ **representation** *(Pers, Mgt)* Personalvertretung *f*

~ **representative** *(Pers, Mgt)* Personalvertreter(in) *m(f)*

~ **resourcing** *(Pers, Mgt)* Personalbeschaffung *f*

~ **selection** *(Pers)* Personalauswahl *f*, Auswahl *f* des Personals

~ **training** *(Pers, Mgt)* Mitarbeiterschulung *f*, Personalschulung *f*, Weiterbildung *f* der Mitarbeiter, Weiterbildung *f* des Personals, Personalfortbildung *f*, Fortbildung *f* des Personals

~ **turnover** *(WiWi, Gesch, Pers)* Fluktuationsrate *f*

staffing *(Gesch, Pers, Mgt)* Personalbeschaffung *f*, Stellenbesetzung *f*

stage *(Gesch)* Etappe *f*, Stufe *f (of a project)*; Stand *m*, Stadium *n*, Phase *f (state)* • **at an early** ~ *(Gesch)* zu einem frühen Zeitpunkt • **by stages** *(Gesch)* in Stufen, stufenweise • **in stages** *(Gesch)* in Stufen, phasenweise

stagflation *(WiWi)* Stagflation *f*

stagger *v (Gesch)* staffeln *(costs)*

staggered *adj* 1. *(Fin)* gestaffelt; 2. *(Gesch)* erschüttert, gestaffelt

~ **working hours** *(Pers)* Gleitzeit *f*, gestaffelte Arbeitszeit *f*

staggering *adj (Gesch)* Schwindel erregend *(prices)*

staggering *(Gesch)* Staffelung *f (action)*

~ **maturities** *(Bö)* gestaffelte Fälligkeiten *fpl*

stagnate *v (WiWi)* stagnieren, stocken

stagnation *(WiWi)* Stagnation *f*, Stillstand *m*

stake *v (Gesch)* unterstützen

stake 1. *(Fin)* Beteiligung *f*, Kapitalanlage *f (in company)*; 2. *(Gesch)* Einsatz *m*; Anteil *m (financial interest)* • **the stakes are high** *(Gesch)* der Einsatz ist hoch

~ **in a bank** *(Bank)* Beteiligung an einer Bank *f*

stakeholder approach *(WiWi, Mgt)* Stakeholder-Ansatz *m*, interessengruppenorientierter Ansatz *m*

~ **management** *(WiWi, Mgt)* Anspruchsgruppenmanagement *n*

~**-oriented policy** *(WiWi, Gesch, Mgt)* stakeholderorientierte Politik *f*, stakeholderorientierte Unternehmenspolitik *f*

~ **value** *(WiWi, Gesch)* Unternehmenswert *m* aus Sicht der Anspruchsgruppen [Interessengruppen]

stakeholders *(Gesch)* Interessengruppen *f*

stale market *(WiWi, Gesch)* flauer Markt *m*, lustloser Markt *m*

stalemate *(Gesch, Pol)* Flaute *f*, Sackgasse *f*

stalemated *adj (Gesch, Pol)* festgefahren *(talks)*

stall *v (Gesch)* hinauszögern, hinhalten, abwürgen *(motor)*

stamp *v* 1. *(Komm)* stempeln; 2. *(Gesch)* abstempeln
~ **out** 1. *(WiWi)* beseitigen, unterdrücken *(inflation)*; 2. *(Gesch)* ausmerzen, niederschlagen; 3. *(Ind)* ausstanzen
stamped addressed envelope *(BE)* *(Komm)* frankierter Rückumschlag *m*
stand *v* **a loss** *(Fin)* einen Verlust tragen
~ **as guarantor for sb** *(Fin)* als Bürge für jmdn. agieren
~ **at** *(Gesch)* sich belaufen auf, liegen bei, stehen bei
~ **in for sb** *(Pers)* für jmdn. einspringen
~ **in line** *(AE)* *(Gesch)* Schlange stehen, sich anstellen
~ **one's ground** *(Gesch, Mgt)* seine Position halten, seinen Mann stehen, sich behaupten, sich durchsetzen
stand-alone *(EDV)* autonom, unvernetzt, eigenständig
~**-by arrangement** *(WiWi, Pol)* Bereitschaftskreditvereinbarung *f (BOP)*
standard *adj (Gesch)* einheitlich, regulär, normal, üblich
standard 1. *(Bank)* Feingehalt *m (precious metal)*; 2. *(Gesch)* Standard *m*, Norm *f* • **be up to ~** *(Pers)* den Anforderungen genügen
~ **agreement** *(Gesch, Recht)* Einheitsvertrag *m*, Standardvertrag *m (contract)*
~ **business rounding** *(Gesch)* kaufmännische Rundung *f*
~ **commodity** *(Bö)* Standardware *f*
~ **conditions** *(Recht)* Einheitsbedingungen *fpl (contracts)*
~ **contract** *(Gesch, Recht)* Einheitsvertrag *m*
~ **cost** *(RW)* Plankosten *pl*, Richtkosten *pl*
~ **cost accounting** *(RW)* Plankostenrechnung *f*
~ **costing** *(RW)* Plankostenrechnung *f*, Normalkostenrechnung *f*
~ **costs** *(RW, Fin)* Standardkosten *pl*, Normalkosten *pl*
~ **cost system** *(RW, Fin)* Plankostenrechnung *f*
~ **deviation** *(Stat)* Standardabweichung *f*
~ **error of estimate** *(Stat)* Standardschätzfehler *m*
~ **form** *(Gesch)* Einheitsformular *n*
~ **grade** *(Gesch)* Einheitssorte *f*, Standard *m*, standardisierte Qualität *f*
~ **industrial classification** *(Ind)* amtliche Branchenklassifikation *f*
~ **international trade classification** *(Gesch)* internationales Warenverzeichnis *n* für den Außenhandel
~ **legal contract** *(Recht)* Standardvertrag *m*
~ **letter** *(Gesch, V&M)* Standardbrief *m*
~ **of living** *(WiWi, Soz)* Lebensstandard *m*
~ **of valuation** *(RW)* Bewertungsgrundsatz *m*
~ **of value** *(Recht, St)* Bewertungsgrundsatz *m*
~ **performance** *(Gesch, Pers)* Normalleistung *f*
~ **portfolio** *(Bank, Bö)* Musterportfolio *n*
~ **portfolio analysis of risk** *(Fin)* Standard-Portfeuille-Risikoanalyse *f*
~ **practice** 1. *(Gesch)* übliche Praxis *f*; 2. *(Recht)* Gepflogenheiten *fpl*
~ **price** 1. *(Fin)* Einheitspreis *m*, fester Verrechnungspreis *m*; 2. *(V&M)* Standardpreis *m*
~**-rated** *adj (St)* zum Einheitssatz, zum Einheitssteuersatz, zum Normalsatz
~**-rate tax** *(St)* proportionale Steuer *f*
~ **setting** *(Gesch)* Standardsetzung *f*, Standardfestlegung *f*
~ **tender** *(Bank, WiWi)* Standardtender *m (ECB)*
~ **terms and conditions** *(Pers, Recht)* allgemeine Geschäftsbedingungen *fpl*
~ **time** 1. *(Gesch)* Einheitszeit *f*, Vorgabezeit *f*; 2. *(Pers)* Normal(arbeits)zeit *f*
~ **weekly hours** *(Pers)* tarifliche Wochenarbeitszeit *f*
~ **working week** *(Pers)* tarifliche Wochenarbeitszeit *f*
standardization *(Gesch)* Standardisierung *f*, Vereinheitlichung *f*
~ **agreement** *(Gesch, Recht)* Standardisierungsabkommen *n*
standardize *v* 1. *(Bank)* regulieren; 2. *(Gesch, Recht, V&M)* standardisieren, typisieren, vereinheitlichen, normen
standardized *adj* 1. *(Bank)* reguliert; 2. *(Gesch, Recht, V&M)* genormt, standardisiert, vereinheitlicht, typisiert
~ **deduction** *(Gesch)* pauschaler Abzug *m*
standby *adj (EDV, Fin)* Bereitschafts…, Standby…

~ **credit** *(Bank, Fin)* Beistandskredit *m*, Bereitschaftskredit *m*, Stützungskredit *m*, Standby-Kredit *m*
~ **facility** *(Bank, Fin)* Standby-Fazilität *f* über Bereitstellungskredit, Beistandskredit *m*
~ **fees** *(Bank, Fin)* Bereitstellungsgebühren *fpl*
standing *adj* 1. *(Bank)* laufend; 2. *(Gesch)* beständig
standing 1. *(Gesch)* Ansehen *n*, Ruf *m*, Bonität *f (reputation)*; 2. *(Bö)* Stellung *f*
~ **advance** *(Bank)* laufender Kredit *m*
~ **authorization** *(AH)* Dauergenehmigung *f*
~ **facility** 1. *(Bank)* ständige Fazilität *f*; 2. *(Fin)* Dauerrefinanzierungsfazilität *f*
~ **of the debtor** *(Bank)* Bonität *f* des Schuldners
~ **order** *(Bank)* Dauerauftrag *m*
~ **travel advance** *(Gesch)* Dauerreisekostenvorschuss *m*
standstill *(WiWi, Gesch)* Stillstand *m* • **come to a ~** 1. *(Gesch)* zum Stillstand kommen; 2. *(Ind)* zum Erliegen kommen
~ **agreement** *(Gesch)* Moratorium *n*, Stillhalteabkommen *n*
staple commodities *(Gesch)* Stapelwaren *fpl*
star product *(V&M)* wachstumsstarkes Produkt *n* mit großem Marktanteil
start *v (Gesch) (ugs.)* aufmachen *(firm, company)*; beginnen, gründen
~ **from scratch** *(Gesch)* ganz neu beginnen, ganz von vorne anfangen
~ **up** 1. *(WiWi)* gründen; 2. *(Gesch)* anfangen, aufnehmen, eröffnen *(business)*; 3. *(Ind)* in Betrieb nehmen
~ **work** *(Pers)* Arbeit beginnen, Beschäftigung beginnen, Arbeit aufnehmen, Beschäftigung aufnehmen
start *(Gesch)* Anfang *m*, Beginn *m (commencement)*
~**-up** 1. *(WiWi)* Neugründung *f*, Unternehmensgründung *f*, Existenzgründung *f*, Start-up *n (business)*; 2. *(Gesch)* Anfang *m*, Anlauf *m*, Inbetriebnahme *f*; 3. *(Ind)* Inbetriebnahme *f*
~**-up capital** *(Fin)* Gründungskapital *n*, Startkapital *n*
~**-up costs** *(RW, Fin)* Anlaufkosten *pl*, Startkosten *pl*
~**-up funding** *(RW, Fin)* Anfangskapital *n*; Anlauffinanzierung *f*, Gründungsfinanzierung *f*
~**-up losses** *(RW, Fin)* Anlaufverluste *mpl*
starting salary *(Pers)* Anfangsgehalt *n*
~ **wage** *(Pers)* Anfangslohn *m*
startup *s.* start-up
state *v* 1. *(RW)* ansetzen; 2. *(Gesch)* angeben, bekunden, nennen *(account)*
state 1. *(Gesch)* Status *m*; 2. *(Pol)* Staat *m* • **in a ~ of neglect** *(Gesch)* in verwahrlostem Zustand
~ **intervention** *(WiWi, Gesch, Pol)* staatlicher Eingriff *m*, staatliche Intervention *f*
~ **law** 1. *(Recht)* Landesrecht *n*; 2. *(Recht)* *n* einzelstaatliches Recht *n*
~ **of the art** *(Gesch)* neuester Entwicklungsstand *m*, Stand *m* der Technik
~ **of the economy** *(WiWi, Pol)* Konjunkturlage *f*
~**-owned enterprise** 1. *(Verw)* staatliches Unternehmen *n*; 2. *(WiWi)* Staatsbetrieb *m*, Staatsunternehmen *n*
~ **ownership** *(WiWi, Fin)* Staatseigentum *n*
~ **pension** *(Fin, Soz)* Pension *f*, Rente *f*, Ruhegehalt *n*
~**-run enterprise** *(Gesch, Pol)* staatliches Unternehmen *n*
State Department *(AE) (Pol)* Außenministerium *n*
stated *adj* 1. *(RW)* angegeben; 2. *(Gesch)* ausgewiesen, erwähnt
~ **capital** *(RW)* ausgewiesenes Kapital *n*, Grundkapital *n*
statement 1. *(RW)* Bilanz *f*; 2. *(Bank)* Kontoauszug *m*; 3. *(EDV)* Anweisung *f*; 4. *(Gesch)* Angabe *f*, Aussage *f*, Erklärung *f (written)*; 5. *(Pers)* Angabe *f*; 6. *(Recht)* Behauptung *f*, Protokoll *f (claim)* • **as per ~** *(Bank)* laut Kontoauszug
~ **for the press** *(Med)* Presseerklärung *f*
~ **of account** 1. *(RW)* Rechnungsauszug *m*; 2. *(Bank)* Auszug *m*
~ **of affairs** 1. *(Bank)* Insolvenzbilanz *f*, Vermögensaufstellung *f* des Insolvenzschuldners; 2. *(Recht)* Vermögensaufstellung *f*, Sachverhalt *m (of case facts)*
~ **of assets and liabilities** *(RW)* Aufstellung *f* der Aktiva und Passiva, Bilanzstatus *m*, Status *m*; Vermögensaufstellung *f*

~ **of condition** *(Bank, Fin)* Finanzstatus *m*, Bilanzaufstellung *f*
~ **of earnings** *(RW)* Gewinn- und Verlustrechnung *f*
~ **of financial position** *(RW)* Bilanz *f*, Finanzbericht *m*
~ **of income** *(RW)* Gewinn- und Verlustrechnung *f*
~ **of net assets** *(RW)* Nettovermögensaufstellung *f*
~ **of revenue and expense** 1. *(RW)* Aufwands- und Ertragsrechnung *f*; 2. *(St)* Einnahmen-Ausgaben-Rechnung *f*
~ **of terms and conditions** *(Pers)* Geschäftsbedingungen *fpl*
static *adj (WiWi)* statisch
stationary economy *(WiWi)* stationäre Volkswirtschaft *f*
~ **equilibrium** *(WiWi)* stationäres Gleichgewicht *n*
stationery *(Gesch)* Büromaterial *n*, Schreibwaren *fpl*
statistical *adj (WiWi, Gesch, Stat)* statistisch
~ **population** *(Stat)* statistische Grundgesamtheit *f*
~ **quality control** *(Stat)* statistische Qualitätskontrolle *f*
statistically significant *adj (Stat, WiWi)* statistisch signifikant
status 1. *(RW)* Status *m*, Finanzlage *f*; 2. *(Verw)* Stellung *f*; 3. *(Gesch)* Lage *f*, Zustand *m*
~ **report** *(Gesch, Mgt)* Bericht *m* einer Auskunftei, Lagebericht *m*
~ **symbol** *(Gesch)* Statussymbol *n*
statute *(Recht)* Gesetz *n*, Satzung *f*, Statut *n* • **by** ~ *(Recht)* durch Gesetz, gesetzlich, satzungsgemäß
~**-barred** *adj (Recht)* verjährt
~ **law** *(Recht, Pat)* kodifiziertes Recht *n*
statutory *adj* 1. *(Gesch, Vers, Recht)* gesetzlich; 2. *(Pol)* rechtskräftig • **have ~ effect** *(Recht)* Gesetzeskraft haben
~ **accounts** *(RW)* gesetzlicher Jahresabschluss *m*
~ **appropriation** *(RW)* satzungsmäßige Rücklage *f*, satzungsmäßige Gewinnverteilung *f*
~ **audit** *(RW)* Pflichtprüfung *f*
~ **authority** *(Pol)* gesetzliche Vollmacht *f*, gesetzliche Ermächtigung *f*
~ **body** *(Recht)* öffentlich-rechtliche Anstalt *f*
~ **deductions** *(Pers, RW)* gesetzliche Abzüge *mpl*
~ **exemption** *(Recht)* gesetzliche Ausnahme *f*
~ **expenditure** 1. *(Gesch)* satzungsmäßige Ausgabe *f*, 2. *(Pol, WiWi)* gesetzlich festgelegte Ausgaben *fpl*
~ **foreclosure** *(Recht)* gesetzliches Hindernis *n*
~ **health insurance** *(Vers)* gesetzliche Krankenversicherung *f (GKV)*
~ **health insurance fund** *(Vers)* gesetzliche Krankenversicherung *f (GKV)*
~ **holiday** *(AE) (Gesch, Pers, Recht)* gesetzlicher Feiertag *m*, Bankfeiertag *m*
~ **instrument** *(Recht)* Rechtsverordnung *f*
~ **insurance** *(Soz, Pers)* Pflichtversicherung *f*, Zwangsversicherung *f*, gesetzliche Versicherung *f*
~ **meeting** *(Recht)* (gesetzlich vorgeschriebene) Gründungsversammlung *f (corporation)*
~ **merger** *(Recht)* gesetzliche Fusion *f*
~ **notice** *(Recht)* gesetzliche Kündigungsfrist *f*
~ **notice of termination** *(Pers)* ordentliche Kündigung *f*
~ **obligation** *(Recht)* gesetzliche Verpflichtung *f*
~ **pension fund** *(Soz)* gesetzliche Rentenversicherung *f*
~ **pension scheme** *(Soz)* gesetzliche Rentenversicherung *f*
~ **provision** 1. *(Bank)* gesetzliche Bestimmung *f (ECB)*; 2. *(Recht)* Vorschrift *f*, Gesetz *n*
~ **(tax) rate** *(St)* Regelsatz *m (e.g. VAT)*
~ **regulation** *(Bank)* gesetzliche Bestimmung *f (ECB)*
~ **requirement** *(Pol)* gesetzliche Vorschrift *f*, gesetzliche Voraussetzungen *fpl*
~ **retirement age** *(Pers, Soz)* gesetzliches Rentenalter *n*
~ **right** *(BE) (Recht)* Gesetzesrecht *n*
~ **school-leaving age** *(Pers, Soz)* gesetzliches Schulentlassungsalter *n*
stave *v* **off** *(Gesch)* abwehren, abwenden, hinhalten *(defer)*
staying power 1. *(Fin)* Standfestigkeit *f*; 2. *(Mgt)* Stehvermögen *n*

steadily *adv (Gesch)* fest, stetig
steady *adj* 1. *(WiWi)* beständig; 2. *(Gesch)* fest, stetig
~-as-she-goes policy *(Pol)* Politik *f* der ruhigen Hand
~ state economy *(WiWi)* stationäre Volkswirtschaft *f*
~-state growth *(WiWi)* Wachstumsgleichgewicht *n*
~-state inflation *(WiWi)* antizipierte Inflation *f*
steel securities *(Bö)* Stahlwerte *mpl*
~ shares *(BE) (Bö)* Stahlaktien *fpl*, Stahlwerte *mpl*
~ stocks *(AE) (Bö)* Stahlaktien *fpl*, Stahlwerte *mpl*
steer *v (Recht)* lenken
steering *(Recht, Gb)* Lenkung *f*
~ committee *(Bank, Fin)* Lenkungsausschuss *m*
stem *v (Gesch)* eindämmen, einer Sache Einhalt gebieten
~ from *(Gesch)* herrühren von, stammen aus
step *(Gesch)* Schritt *m*, Maßnahme *f*, Stufe *f*
~ by step *(Gesch)* schrittweise
~-variable cost *(RW)* Sprungkosten *pl*
step *v* **in** *(Gesch)* eingreifen, sich einschalten
~ up *(Gesch)* erhöhen
sterling *(Bank, Fin, Bö)* Sterling *m*
~ area *(Gesch)* Sterlinggebiet *n*
~ balance *(Fin)* Sterlingguthaben *n*, Sterlingsaldo *m*
sticky *adj (Gesch)* starr, stabil *(prices)*; heikel, schwierig *(situation, person)*
stiff competition *(WiWi, Gesch)* scharfer Wettbewerb *m*
stiffen *v (Gesch)* enger fassen, verschärfen
stimulate *v (WiWi)* beleben, stimulieren, ankurbeln, anregen
stimulated *adj (WiWi)* belebt
stimulating *adj (WiWi, Pers)* stimulierend
~ forces *(WiWi)* Antriebskräfte *fpl*
stimulative *adj (WiWi, Pers)* stimulierend
stimulus *(Gesch)* Anreiz *m*, Ansporn *m*, Anstoß *m*, Impuls *m*
stipulate *v (Gesch)* sich ausbedingen, vereinbaren, festsetzen, vertraglich festlegen • **as stipulated in the contract** 1. *(Gesch)* vereinbarungsgemäß; 2. *(Recht)* vertragsgemäß
stipulation 1. *(Gesch)* Vereinbarung *f*, Festsetzung *f*; 2. *(Recht)* Bedingung *f*, Vertragsbestimmung *f*, Vertragsklausel *f* *(contract law)* • **by ~** *(Recht)* einverständlich *(contract law)* • **on [with] the ~ that** *(Gesch)* mit der Auflage, dass, unter der Bedingung, dass
stochastic process *(Gesch)* stochastischer Prozess *m*
stock 1. *(Bö, RW, Fin)* Aktie *f*, Anteil *m*, Wertpapier *n*, Aktienkapital *n*, Schuldverschreibung *f*; 2. *(Gesch)* Vorräte *mpl*, Lager *n*; 3. *(V&M)* Bestand *m (in shop)* • **in ~** *(WiWi, Gesch, V&M)* vorrätig • **out of ~** *(WiWi, Gesch, V&M)* ausverkauft, nicht vorrätig
~ and flows of fixed capital *(RW, Gesch)* Bestand *m* und Entwicklung *f* des Sachkapitals
~ of bullion *(Gesch)* Edelmetallvorräte *mpl*
~ certificate *(AE) (Bö)* Aktienurkunde *f*, Aktienzertifikat *n*, Aktiensammelurkunde *f*
~ control *(RW)* Bestandsführung *f*, Lagerkontrolle *f*, Lagerwirtschaft *f*
~ corporation *(Gesch)* Aktiengesellschaft *f*, AG
~ corporation law *(Recht)* Aktienrecht *n*, Gesellschaftsrecht *n*
~ data 1. *(Bank, Ind)* Bestandszahlen *fpl*; 2. *(WiWi)* Bestandsdaten *pl*, Bestandsgrößen *fpl*
~ dividend *(AE) (RW)* Stockdividende *f*
~ exchange *(WiWi, Fin, Bö)* Aktienbörse *f*, Effektenbörse *f*, Wertpapierbörse *f*
~ exchange quotation *(Bö)* Börsenkurs *m*
~ figure *(WiWi, Stat)* Bestandszahl *f*, Bestandsgröße *f*
~ index arbitrage *(Bö)* Aktienindex-Arbitrage *f*
~ index futures market *(Bö)* Markt *m* für Terminkontrakte auf Börsenindizes
~ in hand *(Gesch)* verfügbare Ware *f*, Vorratslager *n*, Vorratsvermögen *n*, Warenbestand *m*
~ inventory *(RW, Gesch, V&M)* Bestandsaufnahme *f*
~ issue premium *(AE) (Bö)* Aktienemissionsagio *n*

~ **list** 1. *(Gesch)* Bestandsliste *f*, Inventar *n*; 2. *(Bö)* Kursblatt *n*
~ **market** *(WiWi, Fin, Bö)* Aktienbörse *f*, Börse *f*
~ **market listing** *(Bö)* Börsenkursnotierung *f*
~ **market prices** *(Bö)* Aktienkurse *mpl*, Effektennotierung *f*, Börsenpreise *mpl*
~ **market slump** *(Bö)* Baisse *f*
~ **market supervisory authority** *(Bö)* Börsenaufsichtsbehörde *f*
~ **market tier** *(Bö)* Börsensegment *n*
~ **option** *(Bö)* Aktienoption *f*
~ **option plan** *(Bö, Mgt)* Aktienoptionsplan *m*
~ **portfolio** *(Fin, Bö)* Aktienbestand *m*, Aktienportefeuille *n*
~ **prices** *(Bö)* Aktienkurse *mpl*
~ **purchase warrant** *(Bö)* Aktienbezugsrecht *n*, Bezugsrecht *n*
~ **quotation** *(Bö)* Aktiennotierung *f*
~ **record** *(Bö)* Aktienregister *n*, Aktionärsverzeichnis *n*
~ **register** 1. *(Gesch)* Inventarbuch *n*, Lagerbuch *n*; 2. *(Bö)* Aktienbuch *n*, Aktienverzeichnis *n*
~ **rotation** *(V&M)* Lagerumschlag *m*
~ **sheet** *(Gesch)* Bestandsliste *f*, Lagerliste *f*
~ **split** *(AE) (RW)* Aktiensplit *m*
~ **splitdown** *(Gesch)* Aktienzusammenlegung *f*
~ **takeover** *(Fin, Bö)* Aktienübernahme *f*
~ **trading** 1. *(Fin)* Effektenhandel *m*; 2. *(Bö)* Aktienhandel *m*
~ **turn** *(Gesch)* Warenumschlag *m*
~ **turnover** 1. *(RW, WiWi)* Lagerumsatz *m*, Lagerumschlag *m*; 2. *(Gesch)* Lagerumschlag *m*
~ **valuation** 1. *(RW)* Bewertung *f* von Aktien; 2. *(Gesch)* Lagerbestandsbewertung *f*, Vorratsbewertung *f*
~ **yield** *(Bö)* Aktienrendite *f*
stockbroker *(Fin, Bö)* Börsenmakler(in) *m(f)*, Effektenmakler(in) *m(f)*, Wertpapierhändler(in) *m(f)*
stockbroking *(Fin, Bö)* Aktienhandel *m*
stockholder 1. *(Mgt)* Gesellschaftor(in) *m(f)*, Anteilseigner(in) *m(f)*; 2. *(Bö, Gesch)* Aktionär(in) *m(f)*, Aktieninhaber(in) *m(f)*
sockholders' equity *(RW, Bö)* Eigenkapital *n*, Aktienkapital *n*
stockholding 1. *(WiWi)* Lagerhaltung *f*; 2. *(Bö, Fin)* Aktienbestand *m*
stockist *(BE) (Gesch)* einschlägiges Geschäft *n*, Fachgeschäft *n*
stockpiling *(Gesch)* Bevorratung *f*, Vorratshaltung *f*, Vorratswirtschaft *f*
stocks *(RW)* Vorräte *mpl*, Lagerbestände *mpl* • **while ~ last** *(V&M)* solange vorrätig, solange der Vorrat reicht
~ **and bonds** *(Fin, Bö)* Effekten *pl*
~ **reported** *(Bank)* Bestandsmeldung *f*
stocktaking *(WiWi, Gesch)* Bestandsaufnahme *f*, Inventur *f*
~ **value** *(RW)* Inventurwert *m*
stop-and-go *(WiWi, Pol)* Zickzackkurs *m*
~**-go policy** *(BE) (WiWi)* Stop-and-go-Politik *f*
~ **limit order** *(Bö)* Stop-Limit-Order *f*
stop loss order *(Bö)* Stop-Loss-Order *f*
~ **order** 1. *(Fin)* Schecksperre *f*; 2. *(Bö)* Stop-Order *f*
~**-payment order** *(Bank)* Auszahlungssperre *f*
stopover 1. *(F&T)* Flug *m* mit Umsteigen, Zwischenstopp *m (air travel)*; 2. *(Trans)* Reiseunterbrechung *f*, Zwischenlandung *f*, Zwischenstation *f*
stoppage of trade *(Gesch)* Einstellung des Handels *f*, Handelssperre *f*
~ **of work** *(BE) (Pers)* Arbeitsniederlegung *f*
stopping of a cheque *(BE) (Fin)* Schecksperre *f*
stopwatch studies *(Mgt)* Zeitnahme *f*, Arbeitszeitstudien *fpl*
storage 1. *(EDV)* Speicher *m (place)*; Speichern *n*, Speicherung *f (action)*; 2. *(Gesch, Ind, Trans)* Lagerung *f*, Einlagerung *f (action)*; Lager *n (place)*
~ **capacity** *(Gesch)* Lagerkapazität *f*, Speicherkapazität *f*
~ **charges** *(Gesch, Trans)* Lagerspesen *pl*, Lagergebühren *fpl*, Lagergeld *n*
store *v (Gesch, Ind, Trans)* lagern *(goods)*
store *(AE) (V&M)* Laden *m*
~ **accounting** *(RW)* Lagerbuchhaltung *f*
~ **closing hours** *(Recht)* Ladenschlusszeiten *fpl*
~ **closing times** *(Gesch)* Ladenschlusszeiten *fpl*
~ **group** *(V&M)* Einzelhandelskette *f*, Einzelhandelskonzern *m*

- ~ **of value** *(WiWi)* Wertaufbewahrungsmittel *n (money)*
- ~ **promotion** *(V&M)* Verkaufsförderung *f* im Laden

storehouse *(Gesch)* Depot *n*, Dep., Lager *n*, Lag., Lagergebäude *n*, Lagerhaus *n*, Speicher *m*

storekeeper *(AE)* 1. *(Gesch)* Lagerhalter(in) *m(f)*, Lagerverwalter(in) *m(f)*; 2. *(V&M)* Ladeninhaber(in) *m(f)*

storeroom *(Gesch, AH, Trans)* Speicher *m*, Lager *n*, Vorratskammer *f*, Vorratsraum *m (food)*

straight bond 1. *(Fin)* konventionelle Anleihe *f*, festverzinsliche Anleihe *f*; 2. *(Bö)* Festsatzbond *m*, Festzinsanleihe *f*

- ~ **fixed rate bond** *(Bö)* klassische festverzinsliche Anleihe *f*
- ~ **investment** *(Bank)* klassische Anlage *f*
- ~**-line depreciation** *(RW)* lineare Abschreibung *f*
- ~ **loan** 1. *(Bank)* ungesichertes Darlehen *n*; 2. *(Fin)* Festzinskredit *m*, ungesichertes Darlehen *n*

stranded assets *(RW, WiWi)* Fehlinvestitionen *fpl*, *(ugs.)* in den Sand gesetzte Investitionen *fpl*, entwertete Investitionen *fpl*, entwertete Vermögenswerte *mpl*, gescheiterte Investitionen *fpl*, verlustreiche Vermögenswerte *mpl*

- ~ **costs** *(WiWi)* verlorene Kosten *pl*

strategic *adj (WiWi, Gesch, Mgt)* strategisch

- ~ **alliance** *(Mgt)* strategisches Bündnis *n*
- ~ **interdependence** *(Mgt)* strategische Verflechtung *f*
- ~ **plan** *(Gesch, Mgt)* strategischer Plan *m*, langfristiger Geschäftsplan *m*

strategy *(WiWi, Gesch)* Strategie *f*

- ~ **formulation** 1. *(WiWi)* Strategiebestimmung *f*; 2. *(Gesch, Mgt)* Entwicklung *f* einer Strategie
- ~ **implementation** *(Gesch, Mgt)* Durchsetzung *f* einer Strategie, Realisierung *f* einer Strategie

stratification *(V&M)* Schichtung *f*

stratifying the market *(V&M)* Aufteilung *f* des Marktes in Schichten

stream/be *v* **on** *(Ind)* in Betrieb sein *(go into operation)*

stream/come *v* **on** *(Ind)* in Betrieb gehen

stream of data *(EDV, Komm, Med)* Datenfluss *m*

streamline *v* 1. *(WiWi)* rationalisieren; 2. *(Ind, Mgt)* modernisieren, straffen *(company)*

street commerce *(V&M)* Straßenhandel *m*

street dealings *(Bö)* Nachbörse *f*

strength *(Bö)* Stärke *f (of currency)*

- ~ **of materials** *(Ind)* Materialfestigkeit *f*, Werkstofffestigkeit *f*

strengthen *v (Gesch)* festigen *(relations)*; verstärken *(material, building)*; steigern *(efforts)*

strengthening 1. *(WiWi)* Stärkung *f (of currency)*; 2. *(Gesch)* Festigung *f*, Verstärkung *f*

strengths, weaknesses, opportunities and threats analysis *(V&M)* Analyse *f* von Stärken, Schwächen, Chancen und Risiken, SWOT-Analyse *f*

stress *v (Gesch)* hervorheben

stress 1. *(Gesch)* Hervorhebung *f (emphasis)*; 2. *(Pers)* Stress *m (strain)*

- ~ **interview** *(Pers)* Stress-Interview *n*
- ~ **test** *(WiWi, Mgt)* Härtetest *m*, Stresstest *m*

strict *adj (Gesch)* streng

- ~ **adherence to the contract** *(Recht)* strikte Vertragseinhaltung *f*
- ~ **liability** *(Recht)* verschuldensunabhängige Haftung *f (e.g. product liability)*
- ~ **time limit** *(Gesch)* fester Fristablauf *m*, fester Schlusstermin *m*

strictly *adv (Gesch)* streng

- ~ **confidential** *(Gesch)* streng vertraulich

strike *v* 1. *(Pers, Ind)* streiken; 2. *(Gesch)* sich einigen auf *(agreement)*

- ~ **a balance** *(Gesch)* (die) Bilanz ziehen
- ~ **a bargain** 1. *(Gesch)* ein Geschäft abschließen; 2. *(Recht)* handelseinig werden
- ~ **a deal** *(Gesch)* ein Geschäft abschließen
- ~ **off the list** *(Gesch)* aus der Liste streichen

strike *(Gesch, Pers, Ind)* Streik *m*, Ausstand *m* • **on** ~ *(Gesch, Pers, Ind)* im Streik • **go on** ~ **against** *(Ind, Pers)* bestreiken *(industrial relations)*

- ~ **action** *(Pers)* Streik *m*
- ~ **call** *(Gesch, Pers, Ind)* Streikaufruf *m*

~ **price** *(Bö)* Basispreis *m*, Ausübungspreis *m*
~ **vote** *(Pers)* Urabstimmung *f*
strikebound *adj (Pers)* bestreikt
strikebreaker *(Gesch, Pers, Ind)* Streikbrecher(in) *m(f)*
striker *(Gesch, Pers, Ind)* Streikende(r) *f(m)*
strikes, riots and civil commotions *(Recht)* Streik *m*, Aufruhr *m* und innere Unruhen *fpl*
striking price *(Bö)* Bezugspreis *m*, Basiskurs *m*, Basispreis *m*, Ausübungspreis *m*
stringent *adj (Gesch)* streng, zwingend, energisch
~ **money market** *(Fin)* angespannter Geldmarkt *m*
strings attached/no *(Gesch)* ohne Klauseln, ohne Nebenklauseln, ohne Bedingungen
STRIP *s.* separate trading of registered interest and principal
strip *v* **a bond** *(Fin, Bö)* Zinskupon vom Mantel einer Anleihe trennen
stripped security *(Bö)* leeres Wertpapier *n*, gestripptes Papier *n (bond without interest coupons)*
stripping *(Bö, Fin)* Trennung *f* (und getrennter Handel) von Wertpapierzins- und Kapitalanspruch *(bonds)*
strong *adj (Gesch)* stark *(indication)*; gut *(reputation)*
~ **equilibrium** *(WiWi)* stabiles Gleichgewicht *n*
strongroom *(Bank)* Tresor *m*
structural adjustment *(Mgt)* Strukturanpassung *f*
~ **adjustment facility** *(Fin)* Strukturanpassungsfazilität *f (IMF)*
~ **change** *(Mgt)* Strukturwandel *m*
~ **deficit** *(WiWi)* strukturelles Defizit *n*, Strukturdefizit *n*
~ **fund** *(WiWi)* Strukturfonds *m (EU)*
~ **inflation** *(WiWi)* strukturelle Inflation *f*
~ **transformation** *(WiWi, Fin, Mgt)* Umstrukturierung *f*
~ **unemployment** *(WiWi, Pers)* strukturelle Arbeitslosigkeit *f*
structure *v (Gesch)* gliedern, strukturieren, zusammenstellen
structure 1. *(Fin)* Ausstattung *f*, 2. *(Gesch)* Aufbau *m*, Struktur *f*, Gliederung *f*, Gefüge *n*, Zusammenstellung *f*, Anordnung *f* *(arrangement)*; 3. *(Gb)* Bauwerk *n*
structured *adj (Gesch)* gegliedert, strukturiert, zusammengestellt
stub equity *(Bö)* Restkapitallaufzeit *f*
study *v* 1. *(Gesch)* studieren, untersuchen; 2. *(Pers)* studieren
~ **for a law degree** *(Recht)* Jura studieren
study 1. *(Gesch, Pers)* Studie *f*, Studium *n*, Untersuchung *f*, 2. *(Soz)* Studie *f*
stump *v* **up** *(BE) (Gesch) (ugs.)* berappen, aufbringen
style *(Mgt)* Führungsstil *m*, Stil *m (of management)*
sub-branch *(Gesch)* Zweigstelle *f*
~**-index** *(Bank)* Teilindex *m*
~**-item** *(RW, WiWi)* Unterposition *f (statistics)*
~**-period** *(Gesch)* Teilzeitraum *m*
~**-sector** *(WiWi, Ind)* Teilsektor *m*, Teilbereich *m*
~**-total** *(RW)* Zwischensumme *f*
subaccount *(RW)* Unterkonto *n*, Teilbilanz *f*
subagreement *(Recht)* Nebenabrede *f*
subchapter *(Med, St)* Unterkapitel *n*
subclassify *v (Gesch)* aufschlüsseln
subcontract *v (Gesch, Pers, Ind, Recht)* einen Untervertrag abschließen für, einen Unterauftrag vergeben für, Unteraufträge vergeben für *(order)*
subcontract *(Gesch, Pers, Ind, Recht)* Nebenabrede *f*, Untervertrag *m*, Unterauftrag *m*, Zuliefervertrag *m*, Werkvertrag *m*
subcontracting 1. *(WiWi)* Auswärtsvergabe *f*, Untervergabe *f*, 2. *(Gesch)* Untervergabe *f*, Vergabe *f* von Zulieferverträgen
subcontractor *(Pers)* Subunternehmer(in) *m(f)*, Unterlieferant(in) *m(f)*
subdivide *v* 1. *(Gesch)* aufschlüsseln, untergliedern, unterteilen; 2. *(Mgt)* untergliedern, unterteilen
subdivision 1. *(Gesch)* Aufschlüsselung *f*, 2. *(Mgt)* Unterabteilung *f*, Untergliederung *f*, Unterteilung *f*
subdued *adj (Gesch, Bö)* gedämpft, verhalten, lustlos
subject *(Gesch)* Gegenstand *m*, Thema *n* *(of agreement, of speech)*
~ **area** *(Gesch)* Sachgebiet *n*, Themenbereich *m*, Materie *f*

~ **index** *(Verw)* Sachregister *n*
~ **choice** *(Pers)* Wahl *f* des (Lehr-, Unterrichts-)Fachs, Fachwahl *f*
~ **item** Sachposition *f*
~ **line** *(Komm)* Subject-Zeile *f*, Subjekt-Zeile *f*, Betreff-Zeile *f (e-mail)*
~ **matter** *(Gesch)* behandelter Gegenstand *m*, Inhalt *m*, Stoff *m*, Thema *n*
~ **matter of contract** *(Recht)* Vertragsgegenstand *m*
~ **of discussion** *(Gesch)* Beratungsgegenstand *m*
~ **to** *(Gesch, Vers, Recht)* vorbehaltlich • **be ~ to** *(Recht)* unterliegen
~ **to approval** *(Gesch, V&M)* genehmigungspflichtig
~ **to change without notice** *(Gesch)* Änderungen vorbehalten
~ **to collection** *(Bank)* Eingang vorbehalten
~ **to confirmation** *(Gesch)* freibleibend
~ **to limited tax liability** *(Recht, St)* beschränkt steuerpflichtig
~ **to pay tax** *(St)* abgabenpflichtig
~ **to taxation** *(St)* steuerpflichtig
subjective *adj (Gesch, V&M)* einseitig, subjektiv
sublease *(Gesch)* Untermiete *f*, Unterpacht *f*, Untervermietung *f*, Unterverpachtung *f*
subloan *(Fin)* Teildarlehen *n*
submission 1. *(WiWi)* Unterbreitung *f*; 2. *(Gesch)* Vorlage *f*; 3. *(Recht, Pat)* Einreichung *f*, Vorlegung *f*; 4. *(Pol)* Unterwerfung *f*
~ **of bids** *(Gesch, Mgt)* Abgabe *f* von Angeboten, Angebotsabgabe *f*
submit *v* 1. *(Gesch)* unterbreiten, abgeben *(bid)*; 2. *(Recht)* stellen, einreichen, erheben, vorlegen, vorbringen *(claim, application)*; 3. *(Mgt)* einbringen *(proposal)*
~ **a certificate** *(WiWi)* eine Bescheinigung beibringen
~ **a proposal** *(Mgt)* einen Vorschlag unterbreiten
~ **a report** *(Gesch)* einen Bericht vorlegen
~ **for approval** *(Gesch)* zur Bestätigung einreichen, zur Bestätigung vorlegen
suboffice *(Gesch)* Filiale *f*, Nebenstelle *f*, Zweigbüro *n*, Zweigstelle *f*
suboptimization *(WiWi, Fin, Gesch)* Suboptimierung *f*
suboptimize *v (WiWi, Gesch)* suboptimieren
subordinate *v (Gesch)* nachstellen, unterordnen, unterstellen
subordinate *adj* 1. *(Gesch)* untergeordnet; 2. *(Bö)* nachgeordnet
~ **debt** *(Fin, Gesch, Ind)* nachrangige Verbindlichkeiten *fpl*
~ **assets** *(RW)* nachrangiges Vermögen *n*
~ **bond** *(Bö)* nachrangige Schuldverschreibung *f*
subordinated capital *(Fin)* nachrangiges Haftkapital *n*, nachrangig haftendes Kapital *n*
~ **debenture** *(Bö)* nachrangige Schuldverschreibung *f*
~ **interest** 1. *(Bank)* nachrangiges Eigentumsrecht *n*; 2. *(Fin)* nachrangiger Zins *m*
~ **liabilities** *(RW)* nachrangige Verbindlichkeiten *fpl*
~ **loan** *(Fin)* nachrangiges Darlehen *n*
subordinates *(Pers)* Untergebene *pl*
subordination *(WiWi, Pol)* Unterordnung *f*
~ **agreement** *(Recht, Verw)* Beherrschungsvertrag *m*
subparagraph *(Verw)* Unterparagraph *m*
subscribe *v (Bö)* zeichnen *(for shares)*
~ **for a loan** *(Bank)* Anleihe zeichnen
~ **for shares** *(Bank)* Aktien zeichnen
~ **to** *(Gesch)* abonnieren *(magazine)*
~ **to an issue** *(Fin)* eine Emission zeichnen
subscribed capital *(Gesch)* gezeichnetes Kapital *n*
subscriber 1. *(Med)* Abonnent(in) *m(f)*, Bezieher(in) *m(f)*; 2. *(Bö)* Zeichner(in) *m(f)*
subscription 1. *(RW)* Zeichnung *f (of shares)*; 2. *(Fin)* Beitrag *m*, Subskription *f*, 3. *(Gesch)* Abonnement *n*, Abo, Mitgliedsbeitrag *m*, Bezug *m*; 4. *(Med)* Vorbestellung *f (print)*; 5. *(Bö)* Bezug *m*
~ **charges** *(Bank)* Zeichnungsgebühr *f*
~ **day** *(Fin)* Zeichnungstermin *m*
~ **fee** *(Gesch, Med)* Abonnementsgebühr *f*
~ **for shares** *(Bö)* Aktienzeichnung *f*
~ **price** 1. *(Fin)* Emissionskurs *m*, Zeichnungskurs *m*; 2. *(Gesch)* Abonnementspreis *m*, Subskriptionspreis *m*
~ **ratio** *(Bö)* Bezugsverhältnis *n*
~ **right** *(Bö)* Bezugsrecht *n*, Zeichnungsrecht *n*
subsequent *adj (Gesch)* folgend, nachfolgend, nachträglich, anschließend *(in time)* • **at a ~ date** *(Gesch)* zu einem späteren Termin

subsidiarity *(WiWi, Gesch)* Subsidiarität *f* *(EU)*
subsidiary *adj* 1. *(Gesch)* subsidiär, Tochter..., Hilfs...; 2. *(Pers)* untergeordnet
subsidiary *(Verw, Fin, Gesch)* Tochtergesellschaft *f*
~ **account** *(RW)* Nebenkonto *n*, Unterkonto *n*
~ **budget** *(Fin, Pol)* Nebenhaushalt *m*
~ **company** *(BE)* *(Gesch)* Tochtergesellschaft *f*
~ **corporation** *(AE)* *(Gesch)* Tochtergesellschaft *f*
~ **costs** *(Bank, Fin)* Nebenkosten *pl*
~ **firm** *(Gesch)* Tochterfirma *f*, Tochterunternehmen *n*
subsidization *(WiWi)* Subventionierung *f*
subsidize *v* *(WiWi)* subventionieren
subsidized *adj* *(WiWi)* subventioniert
~ **housing** *(Soz)* sozialer Wohnungsbau *m*, Sozialwohnungen *fpl*
subsidizing *(Gesch)* Bezuschussung *f*
subsidy *(Fin, Gesch)* Subvention *f*, Zuschuss *m*
~ **mentality** *(Pol, WiWi)* Subventionsmentalität *f*
subsistence *(Soz)* Lebensunterhalt *m*
~ **allowance** *(Pers, Soz)* Unterhaltszuschuss *m*
~ **level** *(Soz)* Existenzminimum *n*
~ **payment** *(Soz)* Unterhaltszuschuss *m*, Unterhaltsgeld *n*, Unterhaltszahlung *f*
substance 1. *(WiWi)* Substanz *f* *(intrinsic value)*; 2. *(Ind)* Masse *f*, Materie *f*
~ **over form** *(RW)* Inhalt vor Form *(accounting principles)*
substandard *adj* *(Gesch, Ind)* unterdurchschnittlich, unter der Norm (liegend), unzulänglich *(work, quality, knowledge)*
substantial *adj* *(Gesch)* beträchtlich, erheblich, namhaft *(amount of money)*; kapitalkräftig, solide, wesentlich *(financial standing)*
~ **investment** *(WiWi, St)* wesentliche Beteiligung *f*
~ **risk** *(Fin, Bö)* erhebliches Risiko *n*
substantially *adv* *(Gesch)* beträchtlich, im Wesentlichen
substantiate *v* **sth** *(Gesch)* etw. begründen
substantive law *(Recht)* materiell rechtliches Gesetz *n*
substitute *v* *(WiWi)* substituieren
substitute 1. *(Gesch)* Vertreter(in) *m(f)* *(person)*; 2. *(Recht, V&M)* Ersatz *m*
~ **delivery** *(Recht)* Ersatzlieferung *f*
~ **goods** *(WiWi)* Substitutionsgut *n*
substitution *(WiWi)* Ersetzung *f*, Substitution *f*
~ **coefficient** *(WiWi)* Substitutionskoeffizient *m*
~ **effect** *(WiWi)* Substitutionseffekt *m*
subtotal *(RW)* Zwischensumme *f*
subtract *v* *(Stat)* subtrahieren
suburb *(Gesch, Gb)* Vorort *m*
succeed *v* 1. *(Gesch)* Erfolg haben, gelingen *(achieve success)*; 2. *(Recht)* erben; 3. *(Gesch)* folgen, folgen auf, nachfolgen *(follow)*
success *(Gesch)* Erfolg *m*
~ **story** *(V&M)* Erfolgsgeschichte *f*
successful outcome *(Gesch)* erfolgreiches Ergebnis *n*
~ **venture** *(WiWi)* erfolgreiches Unternehmen *n*
succession 1. *(Gesch)* Reihenfolge *f*; 2. *(Recht)* Erbfolge *f*
successive *adj* *(Gesch)* aufeinander folgend, sukzessiv
successors in title *(Pat, Recht)* Rechtsnachfolger *mpl*
sudden exchange-rate fluctuations *(WiWi)* hektische Wechselkursausschläge *mpl*
sue *v* *(Recht)* klagen, prozessieren, belangen, verklagen
~ **sb for libel** *(Recht)* jmdn. wegen übler Nachrede verklagen
suffer *v* 1. *(WiWi, Gesch)* erleiden, leiden; 2. *(Pat)* erleiden
~ **a loss** *(Gesch)* eine Einbuße erleiden
~ **damage** *(WiWi)* Schaden erleiden, Schaden nehmen
~ **loss** *(Recht)* einen Verlust erleiden
~ **the consequences** *(Gesch)* die Folgen tragen
sufficient *adj* *(Gesch)* auskömmlich, ausreichend, genügend, hinreichend
suffix *(EDV)* Erweiterung *f*, Suffix *n* *(filename, e.g. *.doc)*
suggest *v* *(Gesch)* vorschlagen
suggestion *(Gesch)* Vorschlag *m*
~ **scheme** *(Gesch, Pers)* (betriebliches) Vorschlagswesen *n*

suit *(Recht)* Klage *f*, Verfahren *n*
suitable *adj (Gesch)* geeignet, passend, sachdienlich
sum *(Gesch)* Summe *f*
~ **advanced** *(Gesch)* Vorschusssumme *f*
~ **assured [insured]** *(Vers)* Versicherungssumme *f*
sum *v* **up** *(Gesch, Recht)* zusammenfassen, resümieren *(give summary)*
summarize *v (Gesch)* kurz zusammenfassen, resümieren
summary 1. *(Gesch)* Abriss *m*, Kurzbericht *m*, kurze Übersicht *f*, Kurzfassung *f*, Zusammenfassung *f*, zusammengefasste Darstellung *f*, Resümee *n*, Übersicht *f*; 2. *(Gesch, Med)* Kurzfassung *f*
~ **dismissal** *(Pers)* fristlose Entlassung *f*
~ **proceedings** 1. *(Gesch)* Schnellverfahren *n*; 2. *(Recht)* abgekürztes Verfahren *n*
summing up *(Recht)* Plädoyer *n*, Resümee *n*
summon *v (Recht)* vorladen
sundries *(RW)* Verschiedenes *pl*, Versch.
sundry expenses *(RW)* sonstige Aufwendungen *fpl*
sunk costs *(RW)* versunkene Kosten *pl*, Sunk Costs *pl*
sunrise industry *(Ind)* aufstrebende Industrie *f*, Hochtechnologieindustrie *f*
~ **industries** *(WiWi, Ind)* neue Technologien *fpl*
sunset act [law] *(AE) (Pol)* Gesetz *n* mit begrenzter Geltungsdauer
~ **clause** *(Recht)* Überprüfungsvorbehalt *m*, Überprüfungsvorbehaltsklausel *f*
~ **industry** *(Ind)* Altindustrie *f*
superabundant *adj (Gesch)* überreichlich
superannuation *(Fin, Pers, Vers, Soz)* Pension *f*, Ruhegehalt *n*
superdividend *(Fin)* außerordentliche Dividende *f*, Superdividende *f*
superintendence *(Gesch)* Betriebsleitung *f*, Oberaufsicht *f*
superior *adj (Gesch)* überlegen
superior *(Pers)* Vorgesetzte(r) *f(m)*, Chef(in) *m(f) (manager)*
~ **knowledge** *(Gesch)* Informationsvorsprung *m*
supermarket *(V&M)* Supermarkt *m*
supersede *v* 1. *(Gesch)* ablösen, abschaffen, einstellen; 2. *(Recht)* aufheben, an die Stelle treten von
supervise *v (Gesch, Pers, Mgt)* beaufsichtigen, überwachen, kontrollieren
supervision *(Gesch, Pers, Mgt)* Aufsicht *f*, Beaufsichtigung *f*, Kontrolle *f*, Überwachung *f*
~ **of credit institutions** *(Fin)* Bankenaufsicht *f*
supervisor *(Pers, Mgt, V&M)* Aufseher(in) *m(f)*, Kontrolleur(in) *m(f)*
supervisory *adj (Gesch)* überwachend, beaufsichtigend
~ **board** *(RW, Gesch, Pers, Mgt)* Aufsichtsrat *m*
~ **body** *(Bank, WiWi, Vers)* Aufsichtsorgan *n*
~ **law** *(Recht)* Überwachungsverordnung *f*
~ **personnel** *(Pers)* Aufsichtspersonal *n*
supplement *v* 1. *(Gesch)* ergänzen, vervollständigen; 2. *(V&M)* beilegen
supplement 1. *(Gesch)* Ergänzung *f*, Supplement *n*; 2. *(Recht)* Vertragsergänzung *f (to contract)*; 3. *(V&M)* Beilage *f*
supplemental agreement *(Gesch)* Zusatzabkommen *n*, Zusatzvereinbarung *f*
~ **budget** *(Fin)* Nachtragshaushalt *m*
supplementary *adj (Gesch)* ergänzend, nachträglich
~ **agreement** *(Recht)* Nebenabrede *f*
~ **capital** *(Bank, WiWi, Fin)* Ergänzungskapital *n*
~ **charge** *(Vers)* Zuzahlung *f*
~ **company pension scheme** *(Fin)* Betriebszusatzrente *f*, Betriebsrentensystem *n*
~ **cost** *(RW, Fin)* Zusatzkosten *pl*, direkte und indirekte Gemeinkosten *pl*
~ **entry** *(RW)* Nachbuchung *f*
~ **pension scheme** *(Fin)* Zusatzrente *f*
supplemented *adj (Gesch)* vervollständigt, ergänzt
supplier *(WiWi, Gesch)* Lieferant(in) *m(f)*, Anbieter(in) *m(f)*
~ **credit** *(Fin, Gesch)* Lieferkredit *m*, Lieferantenkredit *m*
supplies *(WiWi, Gesch)* Lieferungen *fpl*, Betriebsstoffe *mpl*
supply *v (Gesch)* bereitstellen, (be)liefern *(information)*

~ **security for** *(Fin)* besichern
supply 1. *(Gesch)* Versorgung *f (power, mains)*; 2. *(WiWi)* Angebot *n*; 3. *(Gesch)* Bereitstellung *f*
~ **and demand** *(WiWi, Gesch)* Angebot *n* und Nachfrage *f*
~ **chain** *(Gesch)* Versorgungskette *f (procurement system)*
~ **committee** *(Pol)* Haushalts-Bewilligungsausschuss *m*
~ **control** *(WiWi)* Steuerung *f* des Angebots
~ **curve** *(WiWi)* Angebotskurve *f*
~ **function** *(WiWi)* Angebotsfunktion *f*
~ **industry** *(Gesch)* Zulieferindustrie *f*, Ausrüstungsindustrie *f*
~ **of goods** *(WiWi)* Güterangebot *n*
~ **of jobs** *(Pers)* Stellenangebot *n*, Angebot *n* an Arbeit(splätzen), Arbeitsplatzangebot *n*
~ **of labo(u)r** *(Pers)* Arbeitskräfteangebot *n*, Angebot *n* an Arbeit(skräften)
~ **of services** *(WiWi)* Erbringung *f* von Dienstleistungen
~**-oriented economic policy** *(WiWi)* angebotsorientierte Wirtschaftspolitik *f*
~ **price** *(WiWi)* Angebotspreis *m*, Lieferpreis *m*
~ **shock** *(WiWi)* Angebotsschock *m*
~**-side economics** *(WiWi)* angebotsorientierte Wirtschaftspolitik *f*
~ **side of the labo(u)r market** *(WiWi, Pers)* Angebotsseite *f* des Arbeitsmarktes
~**-side shock** *(WiWi)* Angebotsschock *m*
~ **source** *(Gesch)* Bezugsquelle *f*
support *v* 1. *(WiWi)* (unter)stützen *(currency)*; 2. *(Gesch)* begünstigen, verfechten; 3. *(Recht)* unterhalten
support 1. *(EDV, WiWi)* Unterstützung *f*, 2. *(Gesch)* Beistand *m*, Stützung *f (financial, moral)*; 3. *(Recht)* Unterhalt *m*
~ **buying** *(Fin)* Stützungskäufe *mpl*
~ **operations** *(Fin)* Stützungskäufe *mpl*
~ **points** *(Fin)* Interventionspunkte *mpl*
supported price *(Gesch)* Stütz(ungs)preis *m*, gestützter Preis *m*
supporter *(Gesch)* Anhänger(in) *m(f)*, Befürworter(in) *m(f)*, Verfechter(in) *m(f)*
supporting book entry *(RW)* Buchungsbeleg *m*
~ **data** *(RW)* Belege *mpl*
~ **documents** 1. *(Verw)* sachdienliche Unterlagen *fpl*; 2. *(Gesch)* Unterlagen *fpl*; 3. *(Recht)* Belegdokumente *npl*
~ **receipt** *(Gesch)* Quittungsbeleg *m*
suppose *v (Gesch)* annehmen, voraussetzen
suppressed inflation *(WiWi)* zurückgestaute Inflation *f*
supranational *adj (WiWi, Gesch, Pol)* überstaatlich, supranational
Supreme Court *(Recht)* Oberster Gerichtshof *m*
surcharge *(Gesch)* Aufschlag *m*, Ergänzungsabgabe *f*, Zuschlag *m*
surety *(Fin)* Bürgschaftsleistung *f*, Sicherheit *f*
~ **liability** *(Bank)* Bürgenhaftung *f*
suretyship *(Recht)* Bürgschaft *f*
surplus *adj (Gesch)* überschüssig
surplus *(Gesch)* Überhang *m*, Überschuss *m*, Gewinn *m (profit)*
~ **country** *(WiWi)* Überschussland *n*
~ **of assets over liabilities** *(RW)* Überschuss *m* des Vermögens über die Schulden
~ **of selling orders** *(Bö)* Angebotsüberhang *m*
~ **on current account** *(WiWi, AH)* Leistungsbilanzüberschuss *m*
~ **reserve** *(RW)* Gewinnrücklage *f*
~ **reserves** *(Fin)* Gewinnrücklagen *fpl*
~ **value** *(Fin)* Mehrwert *m*
surrender of export proceeds *(Bank)* Ablieferung *f* von Exporterlösen *(BOP)*
surrender *v* **foreign exchange** *(Bank)* Devisen andienen *(BOP)*
surveillance *(Recht)* Überwachung *f*
survey *v* 1. *(Gesch)* erheben, begutachten *(examine)*; prüfen, untersuchen *(investigate)*; befragen *(question)*; überwachen *(monitor)*; 2. *(Gb)* vermessen *(land)*
survey 1. *(Gesch)* Untersuchung *f (investigation)*; Gutachten *n*, Prüfung *f (expert opinion)*; Umfrage *f*, Erhebung *f (questionnaire)*; Übersicht *f (overview)*; Vermessung *f*, Überblick *m*; 2. *(Gb)* Vermessung *f (of land)*
~ **research** *(V&M)* Marktuntersuchung *f*, Erhebungsforschung *f*
survival strategy *(WiWi, Gesch)* Überlebensstrategie *f*
survive *v (Gesch)* überleben, überstehen

survivorship insurance *(Vers)* Hinterbliebenenversicherung *f*, Überlebensversicherung *f*
suspend *v* 1. *(Bank)* einstellen *(halt)*; 2. *(Gesch)* unterbrechen, zeitweilig aufheben *(trading, authorization)*; 3. *(Pers)* suspendieren *(from job)*; 4. *(Recht)* zeitweilig aussetzen, aussetzen; 5. *(Bö, St)* aussetzen *(quotation of shares)* • **be suspended** *(Gesch)* ruhen
~ **payments** *(Fin, Gesch)* Zahlungen einstellen
suspended sentence *(Recht)* ausgesetzte Strafe *f*
suspense/in *(Gesch)* in der Schwebe, schwebend
suspension 1. *(Bank)* Einstellung *f*; 2. *(Gesch)* zeitweilige Aufhebung *f*, Aussetzung *f*, Unterbrechung *f*; 3. *(Pers)* Suspension *f*; 4. *(Recht)* zeitweilige Aussetzung *f*
~ **from office** *(Pers)* Beurlaubung *f*
~ **of convertibility** *(Bank, WiWi)* Aussetzung *f* der Konvertierbarkeit, Aussetzung *f* der Konvertibilität
~ **of payments** *(Bank, Gesch)* Zahlungseinstellung *f*
suspensive condition *(BE) (Recht)* auflösende Bedingung *f*, aufschiebende Bedingung *f*
sustain *v* 1. *(RW)* erleiden *(loss)*; 2. *(WiWi)* aufrechterhalten *(economic growth)*; 3. *(Gesch)* stattgeben, bewahren *(confidence)*; 4. *(Recht)* ertragen *(loss, injury)*
sustainability 1. *(WiWi)* Tragfähigkeit *f*, Zukunftsfähigkeit *f*, Nachhaltigkeit *f*; 2. *(Umw)* Nachhaltigkeit *f*
sustainable *adj (WiWi, Umw)* tragfähig, zukunftsfähig, auf Dauer tragbar, auf Dauer vertretbar, verkraftbar, nachhaltig
~ **development** *(WiWi)* nachhaltige Entwicklung *f*
~ **economic growth rate** *(WiWi)* nachhaltige Wachstumsrate *f*
~ **growth** *(WiWi)* nachhaltiges Wachstum *n*, stetiges Wachstum *n*
sustained *adj (Gesch)* dauernd, andauernd, stetig
~ **non inflationary growth** *(WiWi)* stetiges inflationsfreies Wachstum *n*
~ **rally** *(Bö)* anhaltende Kurserholung *f*
swap *(Gesch)* tauschen
swap 1. *(Gesch)* Tausch *m*; 2. *(WiWi)* Tauschgeschäft *n*; 3. *(Bö)* Swap *m*, Swapgeschäft *n*
~ **contract** *(Recht)* Devisentauschgeschäft *n*
~ **market** *(Bö)* Swapmarkt *m*
swaprate *(WiWi)* Swapsatz *m*
swaption *(Fin)* Optionsswap *m*, Swaption *f*
swear *v (Recht)* schwören
~ **an affidavit that** *(Recht)* eine eidesstattliche Erklärung abgeben, dass
~ **on affidavit that** *(Recht)* eine schriftliche Aussage beschwören
sweeping *adj (Gesch, Pol)* drastisch, grundlegend, radikal
SWIFT *s.* Society for Worldwide Interbank Financial Telecommunications
swindle *(Gesch)* Betrug *m*, Schwindel *m*, Schwindelgeschäft *n*
swing 1. *(Bank)* Swing *m*; 2. *(WiWi)* Fluktuation *f*; 3. *(Gesch)* Bewegung *f*, Schwankung *f*, Umschwung *m (of market)*
~ **line** *(Fin)* Bedarfs-Kreditlinie *f*
~ **loan** *(Bank)* zinsloser Überziehungskredit *m*
~ **to the left** *(Pol)* Linksruck *m*
~ **to the right** *(Pol)* Rechtsruck *m*
~ **voter** *(Pol)* Wechselwähler *m*
switch *v* 1. *(Fin)* einwechseln, umschichten; 2. *(Gesch)* umstellen, tauschen
~ **off** *(Gesch)* ausschalten
~ **on** *(Gesch)* einschalten, anschalten
~ **over to** *(Gesch)* sich umstellen auf, wechseln zu
~ **production** *(Ind)* die Produktion umstellen
switch 1. *(WiWi)* Kompensations(gegen)-geschäft *n*, Switch-Geschäft *n*; 2. *(Gesch)* Umstellung *f*, Tausch *m (exchange)*; 3. *(Pol)* Änderung *f (in policy)*
switching 1. *(EDV)* Schalten *n*; 2. *(Fin)* Umschichtung *f*; 3. *(Gesch)* Tausch *m*, Umstellung *f*
switchover *(Gesch)* plötzlicher Wandel *m*, Umstellung *f*
~ **to** *(Gesch)* Umstellung *f* auf
SWOT *s.* strengths, weaknesses, opportunities and threats analysis
symbol *(EDV, Gesch, Pat, V&M)* Kennzeichen *n*, Symbol *n*
symmetry *(Stat, Bö)* Symmetrie *f*

symposium *(Gesch)* Symposium *n*, wissenschaftlicher Meinungsaustausch *m*
synchronized *adj (Gesch)* aufeinander abgestimmt, synchronisiert
synchronous *adj (EDV)* synchron
syndicate 1. *(Bank)* Bankenkonsortium *n*, Konsortium *n*; 2. *(Fin)* Syndikat *n*; 3. *(Gesch)* Finanzgruppe *f*, Versicherungsgruppe *f*, Interessengemeinschaft *f*, Konsortium *n*; 4. *(Pers, Recht, Gb, Bö)* Konsortium *n*
~ **agreement** *(Bö)* Konsortialvertrag *m*
~ **leader** *(Gesch)* Konsortialführer(in) *m(f)*
~ **member** *(Bank)* Konsortialmitglied *n*
syndicated loan 1. *(Bank)* Konsortialkredit *m*; 2. *(Fin)* Gemeinschaftskredit *m*, Konsortialkredit *m*, syndizierte Anleihe *f*
~ **swap** *(Fin)* syndizierter Swap *m*
synergy *(WiWi, Gesch)* Synergie *f*, Zusammenwirken *n*
synopsis *(Gesch, Med, V&M)* Übersicht *f*, Synopse *f*, Zusammenfassung *f*
synoptic table *(Gesch)* Übersichtstabelle *f*
synthetic bond *(Bö)* synthetische Anleihe *f*
system *(Gesch)* System *n*, Methode *f*
~ **administrator** *(EDV)* Systemverwalter(in) *m(f)*
~ **clock rate** *(EDV)* Systemtakt *m (internal clock rate)*
~ **of accounts** *(RW)* Kontensystem *n*
~ **of taxation** *(WiWi)* Steuersystem *n*
~-**provider** *(EDV)* Systemanbieter *m*
~ **of peaceful co-existence** *(Pol)* Friedensordnung *f*
~ **uptime** *(Bank)* Betriebszeit *f (ECB)*
System of National Accounts *(obs.) (WiWi)* System *n* Volkswirtschaftlicher Gesamtrechnungen *(SVGR) (national accounting) (EU)*
systematic *adj (Gesch)* planmäßig, systematisch
systemic *(Bank, WiWi)* systembedingt, systemisch, System…
~ **credit risk** *(Bank)* systembedingtes Bonitätsrisiko *n*, systemisches Bonitätsrisiko *n (banking supervision)*
~ **effects** *(WiWi)* Auswirkungen *fpl* auf das ganze System, Systemwirkungen *fpl*
~ **risk** *(Bö)* systematisches Risiko *n*, Systemrisiko *n*
systems analyst *(EDV)* Systemanalytiker(in) *m(f)*
~ **analysis** *(EDV)* Systemanalyse *f*
~ **approach** *(Mgt, WiWi)* Systemansatz *m*
~ **engineering** *(EDV)* Systementwicklung *f*
~ **programmer** *(EDV)* Systemprogrammierer(in) *m(f)*
~ **theory** *(Mgt)* Systemtheorie *f*

T

T-bill *s.* Treasury bill
table *v (Gesch, Pol) (BE)* vorlegen *(draft bill)*; *(ugs.) (AE)* auf die lange Bank schieben, zurückstellen
~ **a motion** *(BE) (Pol) (ugs.)* einen Antrag einbringen
~ **an amendment** *(BE) (Recht)* eine Abänderung vorlegen
table heading *(Gesch, Stat)* Tabellenüberschrift *f*
tabloid *(Med)* Boulevardzeitung *f*
~ **press** *(Med)* Boulevardpresse *f*, Regenbogenpresse *f*
tabular *adj (Gesch)* tabellarisch
~ **bookkeeping** *(RW)* amerikanische Buchführung *f*
tabulate *v (EDV, Stat, Med)* tabellarisch anordnen • **in tabulated form** *(EDV, Stat, Med)* tabellarisch angeordnet
tabulation 1. *(EDV)* Aufstellung *f*, tabellarische Anordnung *f*; 2. *(Stat, Med)* Tabellierung *f*
tacit *adj (Recht)* stillschweigend *(acceptance)*
~ **agreement** *(Recht)* stillschweigendes Übereinkommen • **by ~ agreement** *(Recht)* nach stillschweigender Vereinbarung
~ **renewal** *(Gesch)* stillschweigende Verlängerung *f*
tackle *v* 1. *(Gesch)* behandeln *(treat)*; 2. *(Mgt)* anpacken, in Angriff nehmen *(problem)*
tactical planning *(Gesch)* taktische Planung *f*
tag *(EDV, V&M, Trans)* Anhänger *m*, Etikett *n*, Kennzeichen *n (for identification of cargo)*
tagboard *(AE) (Gesch)* Anschlagtafel *f*

tail 1. *(Gesch)* Ende *n*, Schluss *m (of list)*; 2. *(Bö)* Kursdifferenz *f (insurance, treasury auctions, underwriting)*
tailor-made *adj* 1. *(Gesch)* maßgeschneidert *(package)*; 2. *(V&M)* kundenspezifisch, zugeschnitten *(advertising)*
tailor *v* **to** *(Gesch)* abstimmen mit, ausrichten auf, zuschneiden auf
tailored *adj (Gesch, V&M)* zugeschnitten, ausgerichtet
take *v* 1. *(Gesch)* abnehmen, einnehmen; 2. *(Bö)* mitnehmen *(profit)* • **be taken in** *(Gesch)* getäuscht werden, hereinfallen
~ **a bath** *(jarg.) (Bö) (ugs.)* baden gehen *(speculation)*
~ **a break** *(Gesch)* Pause machen
~ **a cleaning** *(Fin)* einen hohen finanziellen Verlust erleiden
~ **a day off** *(Pers)* einen Tag freinehmen
~ **a holiday** *(BE) (Gesch, Pers, F&T)* Ferien machen, in die Ferien gehen, Urlaub nehmen
~ **a job** *(Pers)* Arbeit aufnehmen
~ **a loss** *(Bö)* einen Verlust in Kauf nehmen
~ **a reading** *(Gesch, Ind)* ablesen *(from equipment)*
~ **a risk** *(Gesch)* ein Risiko eingehen
~ **a turn** *(Gesch)* eine Wendung nehmen *(for the better, worse)*
~ **a vacation** *(AE) (Gesch, Pers, F&T)* Ferien machen, in die Ferien gehen, Urlaub nehmen
~ **account of** *(Gesch)* berücksichtigen, einkalkulieren, in Betracht ziehen
~ **action** *(Gesch, Mgt)* Maßnahmen ergreifen, Schritte unternehmen, tätig werden
~ **advantage of** *(Gesch)* ausnutzen, sich zu Nutze machen *(situation, person)*
~ **an equity stake in** *(Bö)* eine Kapitalbeteiligung erwerben in
~ **an exam(ination)** *(Pers)* eine Prüfung machen, eine Prüfung ablegen
~ **an extra day off** *(Pers)* einen Tag Sonderurlaub nehmen
~ **apart** *(Gesch)* auseinander nehmen
~ **at face value** *(Gesch)* für bare Münze nehmen
~ **away** *(Gesch)* wegnehmen, abnehmen *(licence, passport)*
~ **back** *(Gesch)* wieder einstellen *(former employee)*; zurücknehmen *(returned goods)*
~ **bribes** *(Gesch, Pol)* sich bestechen lassen
~ **control** *(Gesch)* die Kontrolle übernehmen
~ **down** *(Gesch)* aufzeichnen, notieren *(in writing)*
~ **drastic action** *(Mgt, Pol)* eisern durchgreifen
~ **effect** 1. *(Gesch)* wirksam werden *(date)*; 2. *(Recht)* in Kraft treten *(enter into force)*; wirksam werden *(date)*
~ **effect from** *(Gesch, Recht, Pol)* wirksam werden ab
~ **in** *(Gesch)* übernehmen *(work)*; in Zahlung nehmen *(car)*
~ **in stock** 1. *(Gesch)* Lager *n* aufstocken; 2. *(Bö)* Aktien hereinnehmen
~ **into account** *(Gesch)* anrechnen, in Betracht ziehen, einkalkulieren, in die Rechnung einbeziehen, berücksichtigen
~ **into consideration** 1. *(Bank)* berücksichtigen *(problems)*; 2. *(Gesch)* berücksichtigen, in Betracht ziehen, in Erwägung ziehen
~ **into custody** *(Recht)* verhaften
~ **inventory** *(RW)* Inventur machen, Bestände aufnehmen
~ **legal action** *(Recht)* gerichtlich vorgehen
~ **measures** *(Gesch, Recht)* Maßnahmen ergreifen
~ **off the market** *(Gesch, V&M)* vom Markt nehmen
~ **on** 1. *(Gesch)* übernehmen *(responsibility)*; 2. *(Pers)* einstellen *(staff)*
~ **on employees [workers]** *(Pers)* Arbeitskräfte einstellen, Personal einstellen
~ **one's pick** *(ugs.) (Gesch)* seine Auswahl treffen, wählen
~ **orders** *(Gesch)* Bestellungen annehmen
~ **out** 1. *(Bank)* abschließen, aufnehmen *(loan)*; 2. *(Vers)* abschließen
~ **over** *(Gesch)* aufkaufen *(buy)*; übernehmen *(company, business, debts, issue, liabilities, stock)*; die Leitung übernehmen *(take control)*
~ **over from sb** *(Gesch)* jmdn. ablösen
~ **part in sth** *(Gesch)* an etw. teilnehmen, sich an etw. beteiligen
~ **place** *(Gesch)* stattfinden
~ **possession of** *(Gb)* Besitz ergreifen von
~ **shape** *(Gesch)* Gestalt annehmen, sich herauskristallieren *(idea)*
~ **steps** *(Gesch)* Schritte unternehmen

~ **stock** 1. *(RW)* Bestände aufnehmen; 2. *(Gesch)* den Bestand aufnehmen, inventarisieren, Inventur machen
~ **the initiative** *(Mgt)* die Initiative ergreifen
~ **the minutes of** *(Gesch)* protokollieren *(a meeting)*
~ **the risk of** *(Gesch)* wagen
~ **up** 1. *(Bank)* aufnehmen *(loan)*; 2. *(Gesch)* annehmen *(challenge)*; beziehen, einnehmen *(stance)*; Gebrauch machen von *(offer)*
~ **up a loan** *(Fin)* eine Darlehen aufnehmen
~ **up legal residence** *(Verw, Gesch)* Wohnsitz nehmen *(person)*; Gesellschaftssitz nehmen *(corporate domicile)*
take-home pay *(Pers)* Nettolohn *m*, Nettogehalt *n*, Nettoverdienst *m*
takeoff 1. *(WiWi)* Anstieg *m*, Aufstieg *m*; 2. *(Gesch)* wirtschaftlicher Aufschwung *m*; 3. *(Trans)* Start *m (of aircraft)*
takeover *(WiWi, Gesch)* Geschäftsübernahme *f*, Übernahme *f*, Aufkauf *m*
~ **bid** *(RW, Fin, Bö)* Übernahmeangebot *n*
taker for a put and call *(Bö)* Optionsgeber *m* für eine Verkaufs- und Kaufoption
taking delivery *(Bö)* Abnahme *f (of commodities, securities)*
talk *v* **business** *(Gesch)* über das Geschäft reden, zur Sache kommen *(get to the point)*
talon *(Bö)* Erneuerungsschein *m*, Talon *m*
tamper-proof *adj (Gesch, Ind)* fälschungssicher *(machinery)*
tandem account *(Bank)* Gemeinschaftskonto *n*
tangible *adj* 1. *(RW)* materiell, greifbar; 2. *(Gesch)* Sach...
~ **assets** 1. *(RW)* Sachanlagen *fpl*; 2. *(WiWi)* materielles Vermögen *n*
~ **capital property** *(RW)* Sachanlage(vermögen *n*) *f*
~ **fixed assets** *(RW, Fin)* Sachanlage(vermögen *n*) *f*
~ **net worth** *(RW)* materielles Unternehmensvermögen *n*, Betriebsvermögen *n* abzüglich immaterieller Anlagewerte
~ **wealth** *(RW, Gesch)* Sachvermögen *n*
tantième *(Pers, Mgt)* Tantieme *f (share of profits)*
tap *v* 1. *(Komm)* abhören, mithören *(telephone line)*; 2. *(Umw)* ausbeuten *(resources)*; 3. *(Gesch)* ausbeuten, erschließen *(resources)*; erschließen, *(ugs.)* anzapfen *(market)*
~ **the market for** *(V&M)* den Markt erschließen für
tap *(Bank, Bö)* Daueremission *f*
~ **issue** *(Bank, Bö)* Daueremission *f*
tape *(Komm, EDV, Med)* Band *n* • **on ~** *(Med)* auf Band
taper *v* **off** *(St, WiWi)* auslaufen, zu Ende gehen *(tax relief, subsidies)*
tapping *(Gesch)* Anzapfen *n (resources)*; Mithören *n (telephone)*
tare *(Ind, Trans)* Tara *f (packaging)*
~ **weight** 1. *(Gesch)* Verpackungsgewicht *n*; 2. *(Trans)* Eigengewicht *n*, Leergewicht *n*, Tara *f*
target *v* 1. *(Gesch)* abzielen auf, als Zielgruppe haben *(customer)*; zum Ziel bestimmen, anpeilen, anvisieren *(goal)*; 2. *(V&M)* anstreben
~ **at** *(Gesch, V&M)* abzielen auf
target 1. *(Gesch)* Sollvorgabe *f*, Ziel *n*; 2. *(V&M)* Zielgruppe *f (customers)*
~ **audience** *(Gesch)* Interessentenkreis *m*, Zielkundenkreis *m*, Zielpublikum *n*
~ **buyer** *(Gesch, V&M)* Zielkäufer(in) *m(f)*
~ **company** *(Gesch, Bö)* Zielgesellschaft *f (takeover bid)*
~ **cost** *(RW, Verw)* Sollkosten *pl*, Vorgabekosten *pl*
~ **date** *(Gesch)* angestrebter Termin *m*, Endtermin *m*, Fertigstellungstermin *m*, Zieltermin *m*, Stichtag *m*
~ **figure** *(Verw, Mgt)* Zielgröße *f*
~ **group** *(V&M)* Zielgruppe *f*
~ **market** *(Gesch, V&M)* Zielmarkt *m*
~ **marketing** *(V&M)* zielorientiertes Marketing *n*
~ **price** 1. *(WiWi)* Richtpreis *m*, Übernahmepreis *m*, Vertragspreis *m*; 2. *(Gesch, V&M)* angestrebter Preis *m*, Orientierungspreis *m*
~ **pricing** *(Gesch)* Zielpreisfestsetzung *f*
~ **range** *(WiWi)* Zielkorridor *m*
~ **rate of return** *(Fin)* Rentabilitätsziel *n*, angestrebte Kapitalverzinsung *f*
~ **segment** *(V&M)* Zielsegment *n (marketing)*
~ **setting** 1. *(Gesch)* Zielstellung *f*, 2. *(V&M)* Zielsetzung *f*
~ **variable** *(WiWi)* Zielvariable *f*

targeted campaign *(V&M)* gezielte Campagne *f*
targeting 1. *(WiWi)* gezielter Einsatz *m*; 2. *(Gesch)* Zielbestimmung *f*; 3. *(V&M)* Abzielen *n*
tariff 1. *(WiWi)* Preisliste *f*, Preisverzeichnis *n*; 2. *(Gesch)* Tarif *m*, Preisliste *f (price list)*; 3. *(AH)* Zoll(tarif) *m*, Zollgebühr *f*
~ **barrier** *(WiWi, AH)* Zollschranke *f*
~**-free** *adj (AH)* zollfrei
~ **legislation** *(Recht)* Zollgesetzgebung *f*
~ **protection** *(WiWi, AH)* Zollschutz *m*
~ **quota** *(WiWi, Gesch, AH)* Zollkontingent *n*
~ **rate** *(AH)* Zollsatz *m*
~ **schedule** *(AH)* Zolltarif *m*
tariffication *(Fin, St)* Tariffestsetzung *f*, Tarifierung *f (EU)*
task 1. *(EDV)* Aufgabe *f*; 2. *(Gesch)* Arbeit *f*, Aufgabe *f*, Auftrag *m*; 3. *(Pers)* Aufgabe *f*
~ **force** *(Pers, Mgt)* Arbeitsstab *m*, Projektgruppe *f*, Arbeitsgruppe *f*, Ausschuss *m*, Sondereinheit *f*
~ **work** *(Gesch)* Akkordarbeit *f*
taste 1. *(WiWi)* Bedürfnis *n*, Bedarf *m*; 2. *(V&M)* Geschmack *m (customer preferences)*
tax *(WiWi, St)* Abgabe *f*, Steuer *f*, Taxe *f (fee)*; Beitrag *m*, Gebühr *f (contribution)*
• ~ **paid** *(RW, WiWi, Gesch, St)* versteuert
~ **abatement** *(St)* Steuernachlass *m*
~ **anticipation note** *(AE) (St)* Steuergutschein *m*
~ **appeal** *(St)* Einspruch *m* gegen einen Steuerbescheid
~ **arrears** *(St)* Steuerrückstände *mpl*
~ **assessment** *(St)* Steuerveranlagung *f*
~ **authority** *(St)* Finanzbehörde *f*, Steuerbehörde *f*
~ **avoidance** *(WiWi, Gesch, St)* Steuerausweichung *f*, Steuervermeidung *f*
~ **base** *(WiWi)* Steuerbasis *f*
~ **basis** *(WiWi, St)* Steuerbemessungsgrundlage *f*
~**-bracket creep** *(WiWi)* schleichende Steuererhöhung *f*
~ **burden** *(St)* Steuerbelastung *f*, Steuerlast *f*
~ **capitalization** *(WiWi, St)* Steueramortisation *f*, Steuertilgung *f*
~ **category** *(St)* Steuerklasse *f*
~ **code** *(Recht)* Abgabenordnung *f*
~ **collector** *(Gesch, St)* Steuerbeamter *m*, Finanzamt *n*, Steuerbehörde *f (person)*
~ **concession** *(St)* Steuererleichterung *f*, Steuervergünstigung *f*
~ **consultant** *(St)* Steuerberater(in) *m(f)*
~ **court** *(St)* Finanzgericht *n*
~ **credit** 1. *(WiWi)* Steuergutschrift *f*; 2. *(St)* Steueranrechnung *f*
~ **credit certificate** *(BE) (St)* Steuergutschein *m*
~ **declaration** *(St)* Steuererklärung *f*
~**-deductible** *adj (RW, St)* (steuerlich) abzugsfähig
~**-deductible expenditure** *(AE) (St)* steuerlich abzugsfähige Ausgaben *fpl*
~**-deductible expenses** *(BE) (St)* steuerlich abzugsfähige Ausgaben *fpl*
~ **deduction** *(St)* Steuerabzug *m*, steuerliche Absetzung *f*
~ **dodger** *(ugs.) (St)* Steuerumgeher *m*
~ **domicile** *(St)* steuerlicher Wohnsitz *m*
~ **erosion** *(St)* Aushöhlung *f* der Steuerbasis
~ **evasion** *(St)* Steuerhinterziehung *f*
~**-exempt** *adj (St)* steuerfrei
~ **exemption** *(St)* Steuerbefreiung *f*, Befreiung *f*, Steuerfreiheit *f*
~**-exempt security** *(St)* steuerfreies Wertpapier *n*
~**-free** *adj* 1. *(AH)* nicht zollpflichtig, zollfrei *(goods)*; 2. *(St)* steuerfrei
~**-free allowance** *(St)* steuerfreier Betrag *m*
~**-free amount** *(St)* Steuerfreibetrag *m*, Freibetrag *m*
~**-free income** *(St)* steuerfreies Einkommen *n*
~ **harmonization** *(WiWi, St)* Steuerharmonisierung *f (EU)*
~ **haven** *(WiWi, St)* Steueroase *f*
~ **incentive** *(WiWi, St)* steuerlicher Anreiz *m*, Steueranreiz *m*
~ **incidence** *(WiWi, St)* Steuerinzidenz *f*
~ **instal(l)ment** *(St)* Steuerrate *f*
~ **law** *(Recht)* Steuerrecht *n*
~ **loophole** *(ugs.) (St)* Steuerschlupfloch *n*
~ **loss carryback** *(RW, St)* steuerlicher Verlustrücktrag *m*
~ **loss carryforward** *(St)* steuerlicher Verlustvortrag *m*
~ **on speculative profits** *(St)* Spekulationssteuer *f*
~**-privileged** *adj (St)* steuerbegünstigt

~ **provision** *(RW, St)* Steuerrückstellung *f*
~ **purpose** *(RW)* Steuerzweck *f*
~ **rate** *(St)* Steuersatz *m*
~ **receipts** *npl (St)* Steueraufkommen *n*
~ **reform** *(WiWi, Pol, St)* Steuerreform *f*
~ **refund** *(St)* Steuerrückzahlung *f*
~ **relief** *(St)* Steuererleichterung *f*, Steuervergünstigung *f*
~-**reserve certificate** *(St)* Steuergutschein *m*
~ **return** *(St)* Steuererklärung *f*
~ **schedule** *(St)* Steuertarif *m*
~-**sheltered** *adj (St)* steuerbegünstigt
~ **stamp** *(St)* Steuermarke *f*
~ **stimuli** *(St)* Steueranreize *mpl*
~ **threshold** *(St)* Steuereingangsstufe *f*
~ **transparency** *(St)* Steuertransparenz *f*
~ **unit** *(WiWi, St)* Besteuerungseinheit *f*
~ **voucher** *(Bö, St)* Steuergutschein *m*, Steuergutschrift *f*
~ **write-off** *(RW, St)* steuerliche Abschreibung *f*
~ **year** *(RW, Fin, Gesch, St)* Haushaltsjahr *n*, Steuerjahr *n*, Veranlagungszeitraum *m*
~ **yield** *(St)* Steueraufkommen *n*
taxable *adj (Recht, St)* abgabenpflichtig, steuerpflichtig
~ **base** *(St)* Bemessungsgrundlage *f*
~ **capacity** *(WiWi, St)* Steuerkraft *f*, steuerliche Leistungsfähigkeit *f (taxation principle)*
~ **event** *(Recht, St)* Steuertatbestand *m*
~ **income** *(RW, WiWi, Gesch, St)* steuerpflichtiges Einkommen *n*, zu versteuerndes Einkommen *n*, versteuerbares Einkommen *n*
~ **profit** *(RW)* steuerpflichtiger Gewinn *m*
taxation *(WiWi, St)* Besteuerung *f*
taxed at source *adj (RW, Fin, St)* quellenbesteuert
taxes due *(RW)* fällige Steuern *fpl*
~ **withheld** *(RW, St)* einbehaltene Steuern *fpl*
taxman *(St)* Finanzamt *n*, Steuerbehörde *f*
taxpayer *(RW, Gesch, St)* Steuerzahler *m*
~**'s reference number** *(St)* Steuernummer *f*
team *(Pers, Mgt)* Team *n*, Mannschaft *f*
~ **briefing** *(Mgt)* Gruppenbesprechung *f*, Gruppeneinweisung *f*, Teambesprechung *f*
~ **spirit** *(Pers)* Gemeinschaftssinn *m*
teamwork *(Pers, Mgt)* Teamarbeit *f*
tech bubble *(WiWi, Fin, Bö)* Technologie-Blase *f*
technical *adj (Gesch)* fachlich, fachmännisch, fachspezifisch, technisch
~ **analysis** *(Bö)* technische Analyse *f (shares)*
~ **analyst** *(Bö)* Wertpapieranalyst *m*
~ **assistance** *(EDV, Ind)* technische Hilfe *f*
~ **barrier** *(Pol)* technische Handelsschranke *f (to trade in EU)*
~ **barrier to trade** *(WiWi, AH)* technisches Handelshemmnis *n*
~ **college** *(BE) (Soz)* Fachhochschule *f*
~ **cooperation** *(Ind)* technische Zusammenarbeit *f (overseas development)*
~ **data** 1. *(Gesch)* technische Daten *pl*; 2. *(Ind)* technische Unterlagen *fpl*
~ **efficiency** 1. *(WiWi)* physischer Wirkungsgrad *m*; 2. *(Ind)* Produktivität *f*
~ **field** *(Pat)* technischer Bereich *m*
~ **hitch** *(Gesch, Ind)* technische Schwierigkeit *f*, technische Störung *f*
~ **knowledge** *(Gesch, Pers)* Fachkenntnisse *fpl*
~ **language** *(Gesch)* Fachsprache *f*
~ **press** *(V&M)* Fachpresse *f*
~ **standards** *(EDV, Ind)* technische Normen *fpl (EU)*
~ **support** *(EDV, Ind)* technische Betreuung *f*, technische Hilfe *(for developing countries)*
~ **university** *(Soz)* Technische Hochschule *f*, TH
technicality *(Gesch, Ind)* technische Einzelheit *f*, Formsache *f (formality)*
technically *adv (Gesch)* technisch, fachlich
technician *(Pers)* Techniker(in) *m(f)*
technique *(Ind)* Methode *f*, Verfahren *n*
technological *adj (Ind)* technologisch
~ **advance** *(Ind)* technischer Fortschritt *m*
~ **change** *(Ind)* technologischer Wandel *m*
~ **edge** *(Ind)* technologischer Vorsprung *m*
~ **gap** *(Ind)* technische Lücke *f*, technischer Rückstand *m*
~ **innovation** *(Ind)* technische Neuerung *f*, technologische Innovation *f*
~ **obsolescence** *(Ind)* technische Veralterung *f (product)*
~ **progress** *(Ind)* technischer Fortschritt *m*
technologically advanced *adj (WiWi, Ind)* mit modernster Technologie, technisch fortgeschritten

technology *(Ind)* Technik *f*, Technologie *f*
~-based *adj (Ind)* technologieintensiv, technologieorientiert
~-based industry *(Ind)* Hightechindustrie *f*
~ **park** *(Ind)* Technologiepark *m*, Technologiezentrum *n*
~ **transfer** *(WiWi, Ind)* Technologietransfer *m*
tel quel *(Gesch)* Tel quel
telcon *s.* telephone conversation
tele... *(Komm, EDV, WiWi)* Tele...
telebanking *(Bank)* Telebanking *n*
telecommunication *(Komm)* Telekommunikation *f*, Datenfernübertragung *f*, DFü
~ **links** *(Komm)* Telekommunikationsverbindungen *fpl*
~ **network** *(Komm)* Fernmeldenetz *n*
~ **technology** *(Komm)* Fernmeldetechnik *f*
telecommunications *(Komm)* Telekommunikation *f*, Fernmeldetechnik *f*, Fernmeldewesen *n*
~ **privacy [secrecy]** *(Komm, EDV, Recht)* Fernmeldegeheimnis *n*
telecommuter *(EDV, Pers)* Telearbeitnehmer(in) *m(f)*, Telebeschäftigte(r) *f(m)*
telecommuting *(EDV, Pers)* Telearbeit *f* *(teleworking)*
teleconference *(Komm, EDV, V&M)* Telekonferenz *f*
telegraphic address *(Komm)* Telegrammadresse *f*
~ **money order** *(Bank, Fin)* telegrafische Geldanweisung *f*
~ **transfer** *(Bank, Fin)* telegrafische Überweisung *f*
telelearning *(Komm, EDV, Soz)* Telelearning *n (IT & multimedia)*
telemarketing *(Komm, Fin, V&M)* Telemarketing *n*
telematics *(Komm, EDV)* Telematik *f*
telemessage *(Komm)* Telegramm *n*
teleordering *(EDV, V&M)* elektronische Bestellung *f*
telephone *(Komm, Gesch)* Fernsprecher *m*, Telefon *n*, Tel. • **over the ~** *(Komm)* am Telefon, per Telefon, telefonisch *(talk, negotiate)*
~ **answering service** *(Komm, V&M)* Anrufbeantwortungsdienst *m*
~ **book** *(Komm)* Telefonbuch *n*
~ **booth** *(Komm)* Telefonzelle *f*
~ **box** *(Komm)* Telefonzelle *f*
~ **charges** *(Komm)* Fernsprechgebühren *fpl*
~ **conversation** *(Komm)* Telefongespräch *n*
~ **dealing** *(Bö)* Telefonhandel *m*
~ **directory** *(Komm)* Telefonbuch *n*
~ **extension** *(Komm)* Nebenstelle *f*
~ **operator** *(Komm)* Auskunft *f*
~ **rates** *(AE) (Komm)* Fernsprechgebühren *fpl*
~ **receiver** *(Komm)* Telefonhörer *m*
~ **sales** *(V&M)* Telefonverkauf *m*
~ **subscriber** *(Komm)* Fernsprechteilnehmer(in) *m(f)*
~ **tapping** *(Komm, EDV, Gesch)* Abhören *n* [Anzapfen *n*] der Telefonleitung
~ **traffic** *(Komm, Bö)* Telefonverkehr *m*
teleprocessing 1. *(Verw)* Datenfernverarbeitung *f*; 2. *(EDV)* Fernverarbeitung *f*
telesales *(V&M)* Televerkauf *m (division)*; Telefonverkauf *m (transactions)*
teleservices *(Komm, V&M)* Teledienste *mpl*
teleshopping *(Fin)* Teleshopping *n*
teletex *(EDV, Med)* nicht dialogfähiges Videotextsystem *n*, Bildschirmtext *m*, Btx *(broadcast)*
teletyper *(AE) (Verw, Komm)* Fernschreiber *m (machine)*
television *(Med)* Fernsehen *n*, FS, Television *f*, TV
~ **law** *(Recht, Med)* Fernsehrecht *n*
televisual audience data *(Med, V&M)* TV-Media-Daten *npl*
telework *(EDV, Pers)* Telearbeit *f*
teleworker *(EDV, Pers)* Telearbeiter(in) *m(f)*
teleworking *(Pers)* Telearbeit *f*
telewriter *(Verw, Komm)* Fernschreiber *m (machine)*
telex *(Verw, Komm)* Telex *n*, Fernschreiber *m (machine)*; Fernschreiben *n*, Telex *n (message)*
teller *(Bank)* Kassierer(in) *m(f)*
temp *v (Gesch, Pers)* Zeitarbeit machen
temp *(Gesch, Pers)* Aushilfskraft *f*, Zeitarbeitskraft *f*
temping agency *(Gesch, Pers)* Stellenvermittlung *f* für Aushilfskräfte
temporarily *adv (Gesch)* provisorisch, zeitweilig

temporary *adj (Gesch)* behelfsmäßig, einstweilig, temporär, vorübergehend, vorläufig, zeitweilig, provisorisch
~ **employment** *(Gesch, Pers)* Aushilfsarbeit *f*
~ **employment agency [bureau, business]** *(Pers)* Zeitarbeitsfirma *f*, Zeitarbeitsunternehmen *n*, Leiharbeitsunternehmen *n*, Leiharbeitsfirma *f*, Arbeitnehmerüberlassungsfirma *f*, Arbeitnehmerüberlassungsunternehmen *n*, Verleiher *m* (von Arbeitskräften)
~ **equilibrium** *(WiWi)* temporäres Gleichgewicht *n*
~ **injunction** *(Recht)* gerichtliche einstweilige Verfügung *f*
~ **measure** *(Gesch)* Provisorium *n*
~ **residence permit** *(Soz)* zeitlich beschränkte Aufenthaltsgenehmigung *f*
~ **resident** *(Soz)* vorübergehend Ansässige(r) *f(m)*
~ **secretary** *(Pers)* Aushilfssekretär *m*
~ **staff** *(Pers)* Zeitpersonal *n*, Zeitarbeitskräfte *fpl*
~ **unemployment** *(Pers)* vorübergehende Arbeitslosigkeit *f*
~ **worker** *(Gesch, Pers)* Aushilfe *f*, Aushilfskraft *f*, Aushilfsarbeiter(in) *m(f)*
tenancy *(Recht, Gb)* Mietverhältnis *n*, Pachtverhältnis *n*
~ **in common** *(Recht, Gb)* Immobilie *f* als Bruchteilseigentum, Bruchteilseigentum *n*
tenant *(Gesch, Gb)* Pächter(in) *m(f) (of farm, shop)*; Mieter(in) *m(f) (of house, flat)*
tend *v (Fin, Bö)* tendieren *(in certain direction)*
tendency *(Gesch, V&M)* Trend *m*, Entwicklungstendenz *f (direction of trend)*; allgemeine Richtung *f (general trend)*; Neigung *f (inclination)*
tender *v* 1. *(Gesch)* ein Angebot unterbreiten [abgeben], sich an einer Ausschreibung beteiligen; anbieten, bieten; 2. *(Bö)* einreichen, vorlegen
~ **for** *(Gesch)* sich bewerben um *(project)*
tender 1. *(Fin)* Ausschreibungsverfahren *n*; 2. *(Gesch)* Angebot *n*, Offerte *f*, Tender *m*, Submissionsangebot *n (buying)*; 3. *(Bö)* Tender *m*, Zeichnungsangebot *n (of exercise notice)* • **by** ~ *(Verw, V&M)* durch Ausschreibung, auf dem Submissionsweg
~ **by private contract** *(V&M)* freihändige Angebotsabgabe *f*
~ **price** *(Gesch)* Angebotspreis *m*
~ **rate** *(Fin)* Emissionssatz *m*
~ **system** *(Bö)* Tenderverfahren *n*
~ **to contract** 1. *(Gesch)* Ausschreibung *f*, 2. *(Recht)* Auftragsangebot *n*
tenderer *(Gesch)* Anbieter(in) *m(f)*
tendering procedure *(Gesch)* Ausschreibungsverfahren *n*
tenor bill *(Gesch)* Laufzeitwechsel *m*
tentative agenda *(Gesch)* vorläufige Tagesordnung *f*
~ **agreement** *(Recht)* Vorvertrag *m*
~ **estimate** *(Gesch)* vorläufige Schätzung *f*
tenure 1. *(Gesch)* Besitz *m*; 2. *(Pers, Pol)* Amtszeit *f (of office)*
tenured post *(Pers)* Lebensstellung *f*
term 1. *(Bank)* Laufzeit *f*; 2. *(Gesch)* Begriff *m*, Bezeichnung *f*, Wort *n*; 3. *(Pol)* Amtsperiode *f (of government, office)*; Dauer *f (of treaty)*
~ **account** *(Fin)* Festgeldkonto *n*
~ **bill** *(Fin)* Nachsichtwechsel *m*
~ **deposit** *(Bank)* Festgeld *n*, Termineinlage *f*
~ **draft** *(Bank)* Nachsichtwechsel *m*, Zeitsichtwechsel *m*
~ **loan** *(Fin)* mittelfristiger Kredit *m*
~ **of a loan** *(Fin)* Anleihelaufzeit *f*
~ **of limitation** *(Gesch, Recht)* Ausschlussfrist *f*, Verjährungsfrist *f*
~ **of office** *(Gesch, Pers, Pol)* Amtsperiode *f*, Amtszeit *f*, Dienstzeit *f*
~ **of patent** *(Pat)* Patentdauer *f*, Schutzfrist *f*
~ **of payment** *(Bank)* Zahlungsziel *n*
~ **purchase** *(Gesch)* Terminkauf *m*
~ **structure** *(Fin)* Laufzeitstruktur *f*
~ **structure of interest rates** *(WiWi)* Zinsstruktur *f*
~ **to maturity** *(Bö)* Restlaufzeit *f*
terminable *adj (Recht)* befristet, kündbar
terminal payment *(Fin)* letzte Ratenzahlung *f*
~ **value** *(Fin)* Restwert *m*
terminate *v* 1. *(Gesch)* beenden *(meeting)*; lösen, kündigen *(contract, lease)*; 2. *(Recht)* aufheben, beenden

~ **sb's employment** *(Pers)* jmds. Arbeitsvertrag auflösen

terminated *adj* 1. *(Gesch)* aufgehoben, gelöst; 2. *(Pers)* aufgelöst, beendet *(employment)*; 3. *(Recht)* beendet, aufgehoben *(contract)*

termination 1. *(Pers)* Auflösung *f*, Beendigung *f*, Kündigung *f*, Lösung *f (of employment)*; 2. *(Recht)* Beenden *n*, Aufhebung *f*, Beendigung *f*, Kündigung *f*, Vertragsbeendigung *f (of contract)*; 3. *(Gb)* Mietkündigung *f*, Pachtkündigung *f (of lease)*

~ **benefits** *(Pers)* Entlassungsabfindung *f*

~ **of employment** *(Pers)* Beendigung *f* des Beschäftigungsverhältnisses, Beendigung *f* des Arbeitsverhältnisses

~ **of the employment contract** *(Soz, Pers)* Beendigung *f* des Beschäftigungsverhältnisses, Beendigung *f* des Arbeitsverhältnisses,

~ **papers** *(Pers)* Entlassungspapiere *fpl (dismissal)*

~ **pay** *(Pers)* Abfindungszahlung *f*

terms 1. *(Bank)* Bedingungen *fpl*, Konditionen *fpl*, Modalitäten *fpl (provisos)*; Ausstattung *f (of loan)*; 2. *(Fin)* Konditionen *fpl*; 3. *(Gesch, Recht)* Wortlaut *m (of agreement)*; Bedingungen *fpl (contract)* • **come to ~ with sb** *(Recht)* mit jmdm. handelseinig werden, sich mit jmdm. einigen *(contract law)* • **in real ~** *(WiWi)* real • **in ~ of** *(Gesch)* in Form von, als, im Sinne, ausgedrückt in, hinsichtlich • **under the ~ of the contract** *(Recht)* gemäß den vertraglichen Bedingungen

~ **and conditions** 1. *(Gesch)* Verkaufs- und Lieferbedingungen *fpl*; 2. *(Vers)* Versicherungsbedingungen *fpl*

~ **and conditions of employment** *(Pers)* Anstellungsbedingungen *fpl*

~ **and conditions of an issue** *(Bö)* Emissionsbedingungen *fpl*, Ausstattung *f* einer Emission

~ **of acceptance** *(Fin)* Annahmebedingungen *fpl*

~ **of contract** *(Recht)* Vertragsbedingungen *fpl*

~ **of credit** *(Bank)* Kreditkonditionen *fpl*

~ **of employment** *(Pers)* Anstellungsbedingungen *fpl*, Beschäftigungsbedingungen *fpl*

~ **of issue** *(Fin)* Emissionskonditionen *fpl*, Ausstattung *f*

~ **of payment** *(Bank)* Zahlungsbedingungen *fpl*

~ **of redemption** *(Fin)* Tilgungsmodalitäten *fpl*

~ **of reference** *(Gesch)* Zuständigkeitsbereich *m*, Aufgabenstellung *f (of committee)*

~ **of sale** *(AH, V&M)* Verkaufsbedingungen *fpl*

~ **of shipment** *(AH)* Versandbedingungen *fpl*

~ **of tender** *(Gesch)* Ausschreibungsbedingungen *fpl*

~ **of trade** *(WiWi)* reales Austauschverhältnis *n*

territory 1. *(Gesch)* Bezirk *m (of agent)*; Gebiet *n*, Hoheitsgebiet *n*, Territorium *n (of state)*; 2. *(Pers, Mgt)* Bezirk *m*, Gebiet *n*

~ **manager** 1. *(Pers)* Bezirksleiter(in) *m(f)*; 2. *(Mgt)* Gebietsleiter(in) *m(f)*

tertiary activities *(Gesch)* Tertiärgeschäft *n*

~ **sector** *(WiWi)* Dienstleistungssektor *m*, tertiärer Sektor *m*

test *v (Gesch)* (aus)probieren, prüfen, (aus)testen

test *(EDV, Gesch, V&M)* Erprobung *f*, Prüfung *f*, Test *m*

~ **area** *(V&M)* Testgebiet *n (marketing)*

~ **equipment** *(EDV, Ind)* Messgerät *n*, Prüfeinrichtung *f*, Prüfgerät *n*, Testgerät *n*

~ **marketing** *(V&M)* Durchführung *f* eines Markttests

~ **run** *(Gesch)* Probelauf *m (system, machine)*

~ **statistic** 1. *(WiWi)* Prüfmaß *n*; 2. *(Stat)* Prüfgröße *f*

testamentary gift *(Recht)* Vermächtnis *n*

testee *(Gesch)* Testperson *f*

testify *v (Recht)* bekunden, bezeugen

testimony *(Recht)* Zeugenaussage *f*

testing *(Ind)* Prüfung *f (for products)*

~ **procedure** *(Ind)* Prüfverfahren *n*, Prüfung *f*

text *(EDV, Gesch, V&M)* Text *m*

~ **in full** *(Gesch)* voller Wortlaut *m*, vollständiger Text *m*

~ **of a law** *(Recht)* Gesetzestext *m*

~ **processing** *(EDV)* Textverarbeitung *f*

textbook case *(Gesch)* Musterbeispiel *n*, Paradefall *m*
~ **operation** *(Gesch)* Musterbetrieb *m*
thank-you letter *(Gesch)* Dankschreiben *n*
theft *(Gesch, Vers, Trans)* Diebstahl *m*
~ **risk** *(Vers)* Diebstahlrisiko *n*
theme advertising *(V&M)* thematische Werbung *f*
theory *(Gesch)* Theorie *f* • **in ~** *(Gesch)* theoretisch
~ **of clubs** *(WiWi)* Klubtheorie *f*
~ **of comparative costs** *(WiWi)* Theorie *f* der komparativen Kosten
~ **of property rights** *(WiWi)* Theorie *f* der Eigentumsrechte
thin capitalization *(Gesch)* knappe Eigenkapitalausstattung *f*, *(ugs.)* kurze Kapitaldecke *f*
~ **market** *(Bö)* enger Markt *m*, begrenzter Markt *m*
think-tank *(ugs.) (Gesch)* Denkfabrik *f*
thinking *(Gesch)* Gesinnung *f (attitude)*; Meinung *f (opinion)*; Gedankengang *m (reasoning)*
third-class mail *(AE) (Komm)* Drucksache *f*
~ **country** *(WiWi)* Drittland *n (EU)*
~**-country cooperation** *(WiWi)* Einbeziehung *f* von Drittländern, Zusammenarbeit *f* mit Drittländern *(international trade)*
~ **market** *(WiWi, Fin, Bö)* ungeregelter Freiverkehr *m*
~ **party** *(Vers, Recht, Pat)* Dritte(r) *f(m)*
~**-party account** *(Fin)* Anderkonto *n*
~**-party beneficiary** *(Fin, Recht)* Drittbegünstigte(r) *f(m)*
~**-party claim** *(Recht)* Anspruch *m* eines Dritten
~**-party damage** *(Recht)* Drittschaden *m (contracts)*
~**-party insurance cover** *(Vers)* Haftpflichtdeckung *f*, Haftpflichtversicherungsschutz *m*
~**-party liability** *(Recht)* gesetzliche Haftpflicht *(insurance)*
~**-party motor vehicle insurance** *(Vers, Trans)* Kfz-Haftpflichtversicherung *f*
~ **person** *(Gesch)* Dritte(r) *f(m)*
~ **quarter** *(Gesch)* drittes Quartal *n*
~**-rate** *adj (Gesch)* drittklassig, minderwertig
~ **way** *(WiWi)* dritter Weg *m*
thrash *v* **out** *(ugs.) (Gesch)* ausdiskutieren *(problem)*
thread *(Komm)* Faden *m (in newsgroup postings)*
threat effect *(WiWi)* Droheffekt *m*
threatened with unemployment *(Pers)* von Arbeitslosigkeit bedroht
three-month call *(Bö)* dreimonatige Kündigungsfrist *f (money repayable)*
~**-month funds** *(Fin)* Dreimonatsgeld *n*
~**-month rate** *(Fin)* Dreimonatsrate *f*
~**-way switch deal** *(AH)* Dreiecksgeschäft *n*
threshold agreement *(Pers)* Schwellenvereinbarung *f*
~ **level** *(Gesch)* Schwellenwert *m*, Meldeschwelle *f (reporting)*
~ **point** *(Bö)* Schwellenpunkt *m*
~ **price** *(Gesch)* Eingangspreis *m*, Schwellenpreis *m*
~ **rate** *(Pers)* Schwellentarif *f*
~ **worker** *(AE)* 1. *(WiWi)* Auszubildende(r) *f(m)*, Azubi; 2. *(Pers)* Auszubildende(r) *f(m)*, Azubi, Praktikant(in) *m(f)*, Anlernling *m*
thrift *(AE) (Bank)* Sparkasse *f*
~ **account** *(AE) (Fin)* Sparkonto *n*
~ **bank** *(AE) (Bank)* Sparkasse *f*
~ **price** *(AE) (Gesch)* Niedrigpreis *m*
~ **shop** *(AE) (Gesch)* Gebrauchtwarengeschäft *n*
Thrift Institutions *(AE) (Bank)* Sparkassen *fpl (US)*
thrive *v (Gesch)* florieren, gedeihen
thriving *adj (WiWi, Gesch)* blühend, florierend, gut gehend
through fare *(Trans)* Durchgangsfahrpreis *m*
~ **flight** *(Trans)* Direktflug *m*
throughput *(Fin)* Durchlauf *m*, Durchsatz *m*
~ **rate** *(Ind)* Durchsatzleistung *f*, Mengenleistung *f*
throwaway society *(WiWi, Umw, Gesch)* Wegwerfgesellschaft *f*
tick *v (BE) (Gesch)* abhaken *(mark)*
tick *(BE)* 1. *(Gesch)* Haken *m*, Häkchen *n*, Kontrollzeichen *n (mark)*; 2. *(Bö)* Mindestkursschwankung *f (rate deviation)*
~ **size** *(Bö)* Umfang *m* der Mindestkursschwankung
ticker *(Bö)* Börsenticker *m*

ticket day *(BE) (Bö)* Aufgabetag *m*, Skontrierungstag *m*
~ **tout** *(F&T)* Kartenschwarzhändler *m*
tide *v* **over** *(Gesch)* überbrücken
tie *(Gesch)* Band *n (bond)*
~-**in advertising** *(V&M)* Verbundwerbung *f*
~-**in sale** *(V&M)* Kopplungsverkauf *m*
~-**on label** *(Gesch)* Anhänger *m*
tie *v* **up** *(Fin)* festlegen, binden *(funds)*
tied up *adj* 1. *(Fin)* fest angelegt; 2. *(Gesch, Mgt, Bö)* festgelegt
~-**up capital** *(RW)* festgelegtes Kapital *n*
Tier One assets *(BE) (Bö)* erstklassige Anlagen *fpl*
tiger economies *(WiWi, Pol)* Tigerstaaten *mpl*, südostasiatische Volkswirtschaften *fpl (South Korea, Taiwan, Hongkong, Singapur; sometimes including the Celtic Tiger, Ireland)*
tight *adj* 1. *(Gesch)* straff, rigoros; 2. *(WiWi)* restriktiv *(monetary policy)*; 3. *(Pol)* gespannt *(situation)*; 4. *(Bö)* begrenzt *(market)* • **be in a ~ spot** *(Gesch) (ugs.)* in der Klemme sitzen • **be on a ~ budget** *(Fin)* über ein knappes Budget verfügen
~ **control** *(Recht)* strenge Kontrolle *f*
~ **fiscal policy** *(WiWi, St)* restriktive Finanzpolitik *f*
~ **labo(u)r market** *(WiWi, Pers)* angespannter Arbeitsmarkt *m*
~ **liquidity position** *(Fin)* angespannte Liquiditätslage *f*
~ **market** *(Bö)* enger Markt *m*
~ **monetary policy** *(WiWi)* kontraktive Geldpolitik *f*
~ **money** *(Fin)* Geldknappheit *f*
~ **money policy** *(WiWi)* Politik *f* des teuren Geldes
~ **ship** *(ugs.) (Mgt)* straffe Betriebsführung *f*
tighten *v (WiWi, Gesch)* verschärfen, straffen *(credit controls)*
~ **one's belt** *(WiWi, Gesch)* den Gürtel enger schnallen
tightening *(WiWi, Gesch)* Verschärfung *f*, Straffung *f (of credit controls)*
~ **bias** *(WiWi, Fin)* Neigung *f* [Tendenz *f*] zur geldpolitischen Straffung [Versteifung]
till cancel(l)ed *(V&M)* bis auf Widerruf, b. a. W., bis zur Stornierung
~ **money** *(WiWi)* Kassenhaltung *f*
~ **receipt** *(Bank)* Kassenstreifen *m*
tilt *v* **the balance** *(Gesch)* den Ausschlag geben
time *(Gesch)* Zeit *f* • **be on half-~** *(Gesch)* halbtags arbeiten • **for the ~ being** *(Gesch)* vorläufig • **~ is of the essence** *(Recht)* Fristeinhaltung ist Vertragsgrundlage
~ **agreement** *(Gesch)* Zeitvertrag *m*
~ **and motion study** *(Gesch, Mgt)* Arbeitsplatzstudie *f*, Bewegungs-Zeit-Studie *f (efficiency in workplace)*
~ **arbitrage** *(Gesch)* Zeitarbitrage *f*
~-**barred** *adj (Recht)* verjährt
~ **bill** *(BE) (Bank)* Nachsichtwechsel *m*, Zielwechsel *m*
~ **budget** *(WiWi, Mgt)* Zeitbudget *n*, verfügbare Zeit *f*
~ **card** *(Pers, Ind)* Stechkarte *f*
~ **clock** *(Pers, Ind)* Kontrolluhr *f*, Stechuhr *f*, Stempeluhr *f*
~ **constraint** *(Gesch, Pers, Ind)* Zeitbegrenzung *f*
~-**consuming** *adj (Gesch)* zeitaufwendig, zeitraubend
~ **deposit** *(AE) (Bank)* Festgeld *n*, Termineinlage *f*
~ **draft** *(AE) (Bank)* Nachsichtwechsel *m*
~ **frame** *(Gesch)* Zeitrahmen *m*
~ **of going to press** *(Med)* Redaktionsschluss *m*
~ **horizon** *(Mgt)* Zeithorizont *m*
~ **lag** 1. *(WiWi)* Wirkungsverzögerung *f*; 2. *(St)* zeitliche Verzögerung *f*
~ **limit** 1. *(Gesch)* Frist *f*, Termin *m*, Zeitlimit *n*; 2. *(Recht)* Ausschlussfrist *f*
~ **off** *(Pers, F&T)* Freizeit *f*
~ **rate** *(WiWi)* Zeitlohn *m*
~ **series analysis** *(WiWi)* Zeitreihenanalyse *f*
~-**sharing** 1. *(EDV)* Gemeinschaftsbetrieb *m*, Timesharing *n*; 2. *(Pers, Gb)* Timesharing *n*
~ **sheet** *(Pers)* Arbeitszeitnachweis *m*
~ **span of discretion** *(Gesch)* Ermessenszeitraum *m*
~ **study** 1. *(Gesch)* Arbeitszeitstudie *f*; 2. *(Ind, Stat)* Zeitstudie *f*
~ **value** *(Bö)* Aufgeld *n*, Zeitwert *m (options)*
timed sequence *(Ind)* Takt *m*

timely *adj (Gesch)* fristgemäß, rechtzeitig, zeitgemäß
~ **objection** *(Recht)* fristgemäßer Widerspruch *m (contracts)*
timescale *(WiWi, Fin, Gesch, Mgt)* Zeitplan *m*, zeitlicher Rahmen *m*
timetable 1. *(F&T, Trans)* Flugplan *m (of airline)*; Kursbuch *n*, Fahrplan *m (of bus, boat, train service)*; 2. *(Mgt)* Programm *n*, Zeitplan *m (for project)*
timewise *adv (Gesch)* zeitlich
timing *(Gesch)* Timing *n*, Bestimmung *f* der (richtigen) Zeitstrukur *(of repayments)*
tip *(Gesch)* Tipp *m (advice)*; Trinkgeld *n (gratuity)*
tip *v* **the scales** *(Gesch)* den Ausschlag geben
tips and gratuities *(RW, Gesch)* Bedienungsgelder *npl*
TIPS *s.* Treasury Inflation Protection Securities
title 1. *(Gesch)* Anspruch *m (to goods)*; 2. *(Recht)* Rechtsanspruch *m*, Titel *m*
~ **deed** *(Recht, Gb)* Besitzurkunde *f*, Eigentumsurkunde *f*
~ **under a right** *(Recht)* Anspruch *m* aus einem Recht
titular head of an organization *(Pers, Mgt)* Galionsfigur *f*
TKG *s.* German Telecommunications Act
today's rate *(Bank, Fin)* Tageskurs *m (of exchange)*
toe in the market/get *v* **a** *(Gesch)* auf dem Markt Fuß fassen
toes up/go *v (ugs.) (Gesch)* Bankrott gehen, Bankrott machen
token coin *(Bank)* Scheidemünze *f*
~ **money** *(Fin)* Ersatzgeld *n*, Geldsurrogat *n*
~ **payment** *(Bank, Gesch)* symbolische Bezahlung *f*
~ **strike** *(Pers)* Warnstreik *m*
toll call *(AE) (Komm)* Ferngespräch *n*
~**-free call** *(AE) (Komm, V&M)* kostenloser Anruf *m*
~**-free number** *(AE) (Komm, V&M)* gebührenfreie Rufnummer *f*
~ **model** *(WiWi)* Gebührenmodell *n*
tombstone *(WiWi)* Finanzanzeige *f*
tool 1. *(EDV) (jarg.)* Tool *n*; Werkzeug *n*; 2. *(Gesch, Ind)* Instrument *n*, Werkzeug *n*; 3. *(Med)* Mittel *n (of reference)*
tools of the trade *(Gesch)* Handwerkszeug *n*
top *v (Gesch)* übertreffen *(surpass)*
~ **out** *(Gesch)* einen Höchststand erreichen *(rate, price, cost)*
~ **up** *(Gesch)* aufstocken *(savings)*
top *(Gesch)* Spitze *f* • **at the ~ end** *(Gesch)* am oberen Ende *(of a scale)* • **at the ~ rate** *(St)* zum Spitzensteuersatz • **be on ~ of one's job** *(Pers)* die Arbeit im Griff haben • **~ wages paid** *(Pers)* wir zahlen Spitzenlöhne *(job offers, recruitments)*
~**-down** *(Gesch, Mgt)* retrograd, Top-Down... *(planning)*
~**-down principle** *(Gesch, Mgt)* hierarchisches Prinzip *n*
~ **copy** *(Gesch)* Original *n*
~ **end of the market** *(V&M)* Markt *m* für Qualitätsprodukte, ober(st)er Marktbereich *m*
~ **end of the range** *(V&M)* ober(st)er Bereich *m* der Skala *(marketing)*
~ **hand** *(AE) (Gesch, Pers)* Spitzenkraft *f*, *(ugs.)* Spitzenmann *m*
~**-heavy** *adj* 1. *(Verw)* kopflastig *(organization)*; 2. *(Fin, Gesch)* überbewertet, überkapitalisiert *(structure, organization, price)*
~ **of the line** *(Gesch)* Markenführer *m*, Spitzenmarke *f*
~ **of the range** *(Gesch)* Spitzenstellung *f*
~ **management** *(Mgt)* oberste Unternehmensführung *f*, oberste Leitungsebene *f*, Top-Management *n*
~ **price** *(Gesch, Bö)* Spitzenpreis *m*, Höchstkurs *m*
~ **quality** *(Gesch)* beste Qualität *f*, Spitzenqualität *f*
~**-ranking** *adj (Gesch)* hoch gestellt, hochrangig
~**-rank product** *(Gesch, V&M)* erstklassiges Erzeugnis *n*, Spitzenprodukt *n*
~ **rate of tax** *(St)* Spitzensteuersatz *m*
~ **salary** *(Pers)* Spitzengehalt *n*
~**-selling article** *(V&M)* Verkaufsschlager *m*
topic *(Gesch)* Thema *n*
tort *(Recht)* Delikt *n (England and Wales)*
~ **feasor** *(Recht)* Gesetzesübertreter(in) *m(f)*, Missetäter(in) *m(f)*
~ **liability** *(Recht)* Haftung *f* aus unerlaubter Handlung *(civil law)*
total *(Gesch)* Gesamtbetrag *m*, Summe *f*

~ **assets** *(RW)* Gesamtvermögen *n*
~ **capitalization** *(Fin)* Gesamtkapitalisierung *f*
~ **costs** *(WiWi, Gesch)* Gesamtkosten *pl*
~ **domestic expenditure** *(WiWi)* Absorption *f*
~ **productivity** *(WiWi)* Gesamtproduktivität *f*
~ **public debt** *(WiWi, Pol)* öffentliche Verschuldung *f*
~ **public spending** *(WiWi, Pol)* öffentliche Gesamtausgaben *fpl*
~ **revenue** 1. *(St, WiWi)* Gesamtsteueraufkommen *n*; 2. *(RW)* Gesamtumsatz *m*, Gesamterlös *m*, Gesamtertrag *m*
~ **wages and salaries** *(RW, Pers)* Lohn- und Gehaltssumme *f*
~ **yield** *(WiWi, Ind, V&M)* Gesamtrendite *f*
totalize *v (Gesch)* zusammenzählen
touch-and-go *adj (WiWi)* gefährlich, riskant, offen *(uncertain)*
touch-tone phone *(Komm)* Tastentelefon *n*
tough *adj (Gesch)* hart, schwierig *(conditions)*
~ **competition** *(Gesch)* harter Wettbewerb *m*, scharfe Konkurrenz *f*
~ **competitor** *(Gesch)* harter Konkurrent *m*, harte Konkurrentin *f*
tourist information office *(F&T)* Fremdenverkehrsbüro *n*, Touristeninformation *f*
~ **visa** *(Verw)* Touristenvisum *n*
tourists' rate *(Bank, WiWi)* Touristenkurs *m*
tout *v (F&T)* anbieten *(tickets)* • ~ **for business** *(Gesch) (ugs.)* Käufer anreißen • ~ **for custom** *(Gesch)* auf Kundenfang sein
tout *(Gesch, F&T)* Schwarzhändler(in) *m(f)*
town administration *(Verw, Pol)* Stadtverwaltung *f*
~ **bill** *(Bank)* Platzwechsel *m*
~ **center** *(AE) (Gesch)* Stadtmitte *f*, Stadtzentrum *n*
~ **centre** *(BE) (Gesch)* Stadtmitte *f*, Stadtzentrum *n*
~ **council** *(Verw, Pol)* Stadtrat *m*
~ **hall** *(Verw, Gesch, Pol)* Rathaus *n*
toxic waste *(Umw)* Giftmüll *m*
trace *v* 1. *(Gesch)* lokalisieren, nachfolgen *(follow trail of)*; 2. *(Trans)* verfolgen
~ **a payment** *(Bank)* eine Zahlung zurückverfolgen
~ **back** *(Gesch)* zurückverfolgen
track *v (Gesch)* kontrollieren, verfolgen *(spending)*
track record 1. *(Gesch)* bisherig gezeigte Leistungen *fpl*; 2. *(Pers)* nachweisbarer Berufsverlauf *m*; 3. *(V&M)* Verkaufserfolg *m*
tracking *(Gesch)* Kontrolle *f (sales, costs, expenses)*
~ **system** *(Gesch)* Kontrollsystem *n*, Überwachungssystem *n*
tradables *(WiWi)* handelbare Güter *npl*, international gehandelte Güter *npl*, Außenhandelsgüter *npl*, Handelsgüter *npl*
trade *v (WiWi, Gesch)* Handel treiben, handeln; handeln mit *(deal in)*; austauschen *(exchange)*
~ **as** *(Gesch)* ein Gewerbe betreiben als, tätig sein als
~ **at** 1. *(Bank, WiWi)* notieren bei *(currency rate)*; 2. *(Bö)* handeln an; einen Kurs haben von, liegen bei *(shares)*
~ **in** *(Gesch, Bö)* eintauschen, in Zahlung geben
~ **off** *(WiWi)* ausgleichen, eintauschen
~ **off market share against profit margins** *(WiWi)* Marktanteile gegen Gewinnmargen eintauschen
~ **for one's account** *(Bö)* auf eigene Rechnung handeln
trade *adj (Gesch)* gewerblich
trade 1. *(WiWi, Gesch)* Wirtschaftszweig *m*, Branche *f (sector of economy)*; Handel *m*, Handelsverkehr *m*, Geschäft *n (commerce)*; Güteraustausch *m (exchange)*; 2. *(Pers)* Beruf *m (job, profession)*
~ **account receivables** *(AE) (RW)* Forderungen *fpl* aus Lieferungen und Leistungen
~ **account payables** *(AE) (RW)* Verbindlichkeiten *fpl* aus Lieferungen und Leistungen
~ **agreement** *(WiWi, Recht)* Handelsabkommen *n*, Handelsvereinbarung *f*
~ **allowance** *(Gesch)* Großhandelsrabatt *m*, Rabatt *m* für Wiederverkäufer
~ **and industry** *(WiWi)* gewerbliche Wirtschaft *f*

~ **association** *(WiWi, Gesch)* Fachverband *m*, Berufsvereinigung *f*, Gewerbeverband *m*, Handelsverband *m*, Unternehmerverband *m*
~ **balance** *(AH, WiWi)* Handelsbilanz *f*
~ **barrier** *(WiWi, Gesch, AH)* Handelsschranke *f*
~ **bill** *(Bank)* Handelswechsel *m*, Warenwechsel *m*
~ **channel** *(Gesch)* Absatzkanal *m*, Beschaffungsweg *m*
~ **credit** 1. *(RW)* Handelskredit *m*; 2. *(Bank)* Warenkredit *m*
~ **creditors** *(RW, Gesch)* Verbindlichkeiten aus Lieferungen und Leistungen *fpl*
~ **cycle** *(WiWi)* Konjunkturphase *f*, Konjunkturzyklus *m*
~ **debtors** *(RW)* Forderungen *fpl* aus Lieferungen und Leistungen
~ **deficit** *(WiWi, AH, Pol)* Handelsdefizit *n*, Außenhandelsdefizit *n*, passive Handelsbilanz *f*
~ **discount** *(RW, Gesch, V&M)* Nachlass *m*, Skonto *m(n)*
~ **distortion** *(WiWi)* Handelsverzerrung *f*
~ **entrance** *(Gesch)* Lieferanteneingang *m*
~ **fair** 1. *(Gesch)* Messe *f*; 2. *(V&M)* Gewerbeausstellung *f (advertising)*; Fachmesse *f (professionals only)*
~ **figures** *(WiWi, Gesch, Pol)* Außenwirtschaftszahlen *fpl*, Handelsziffern *fpl*
~ **flow** *(WiWi)* Handelsstrom *m*
~ **gap** *(WiWi, AH, Pol)* Außenhandelsdefizit *n*, Handelsbilanzdefizit *n*
~ **journal** *(Gesch, Med)* Fachblatt *n*, Fachorgan *n*, Fachzeitschrift *f*, Verbandszeitung *f*
~ **liberalization** *(WiWi, Gesch, Recht)* Handelsliberalisierung *f*
~ **mart** *(Gesch, V&M)* Handelszentrum *m*, Großhandelszentrum *n*
~ **name** *(Gesch, V&M)* Firmenname *m*, Handelsbezeichnung *f*, Markenname *m (of product)*
~-**off** *(WiWi)* Austauschbeziehung *f*, Tradeoff *m*, Ausgleich *m (between growth and profitability)*; Abwägungszusammenhang *m*, Kompromiss *m (unemployment, inflation)*
~ **organization** *(Gesch)* Fachorganisation *f*
~ **park** *(AE) (Gb)* Gewerbegebiet *n*, Gewerbepark *m*
~ **policy** *(WiWi, AH)* Außenhandelspolitik *f*, Handelspolitik *f*
~ **practice rules** *(WiWi, Gesch, Recht)* Wettbewerbsregeln *fpl*
~ **practices** *(Gesch)* Handelspraktiken *fpl*
~ **press** *(Med)* Fachpresse *f (print)*
~ **protectionism** *(WiWi, AH)* Handelsprotektionismus *m (international trade)*
~ **restriction** *(WiWi, AH)* Handelsbeschränkung *f*, Handelsrestriktion *f (quotas)*
~ **sanctions** *(WiWi, Pol)* Wirtschaftssanktionen *fpl*
~ **secret** *(Gesch)* Berufsgeheimnis *n*, Geschäftsgeheimnis *n*
~ **show** *(V&M)* Fachausstellung *f*, Fachmesse *f*
~ **sign** *(Gesch)* Firmenzeichen *n*, Gewerbezeichen *n*
~ **strategy** *(WiWi, Gesch)* Handelsstrategie *f*
~ **surplus** *(WiWi, AH)* Außenhandelsüberschuss *m*
~ **tax** *(St)* Gewerbesteuer *f (local tax)*
~ **terms** *(Gesch, Recht)* Handelsbedingungen *fpl*, handelsübliche Vertragsformeln *fpl (trade agreements)*
~ **union** *(BE) (Gesch, Pers, Pol)* Gewerkschaft *f*
~ **volume** *(WiWi, Gesch)* Handelsvolumen *n*
~ **war** *(WiWi)* Handelskrieg *m*
~-**weighted** *adj (Bank, WiWi)* mit den Außenhandelsanteilen gewogen
~-**weighted exchange rate** *(WiWi)* gewogener Außenwert *m* einer Währung
~-**weighted external value** *(WiWi)* gewogener Außenwert *m (of currency)*
~ **within the EU** *(WiWi, Gesch, Pol, V&M)* Binnenhandel *m*, EU-Handel *m*
tradeability *(WiWi, Gesch)* Handelsfähigkeit *f*, Negoziierbarkeit *f*
trad(e)able *adj (WiWi, Gesch)* gängig, handelbar
~ **discharge permit** *(WiWi, Umw)* handelbares Emissionszertifikat *n*
~ **emission permit** *(WiWi, Umw)* handelbares Emissionszertifikat *n*
traded option *(Bö)* handelbare Option *f*
trademark *v (Pat, Recht)* eine Marke registrieren
trademark 1. *(Recht)* Marke *f*; 2. *(RW, Gesch)* Handelszeichen *n*, Schutzmarke *f*, Warenzeichen *n*; 3. *(Pat, V&M)* Wa-

renzeichen *n*, Schutzmarke *f*, Markenzeichen *n*, Handelsmarke *f*
trader *(Gesch, V&M)* Händler(in) *m(f)*, Wertpapierhändler(in) *m(f)*, Unternehmer(in) *m(f)*, Geschäftsmann *m*, Geschäftsfrau *f*
tradesman *(Pers)* Handwerker *m (z.B. Bauhandwerker)*; Händler *m*, Einzelhändler *m*
trading *(Bö)* Verkehr *m*, Handel *m*
~ **account** *(RW, Bank)* Erfolgskonto *n*
~ **area** 1. *(Gesch)* Absatzgebiet *n*; 2. *(V&M)* Verkaufsgebiet *n (shop territory)*
~ **authorization** *(Gesch)* Gewerbeerlaubnis *f*
~ **company** *(Gesch, AH)* gewerbliches Unternehmen *n*, Handelsgesellschaft *f*
~ **estate** 1. *(Ind)* Industriegebiet *n*; 2. *(Gb)* Gewerbegebiet *n*, Gewerbepark *m*, Industriegebiet *n*; 3. *(Gesch)* Geschäftszentrum *n*
~ **floor** *(Bö)* Parkett *n*
~ **halt** *(Bö)* Aussetzen *n* der Notierung
~ **limit** *(Bö)* Kurslimit *n*, maximale Preisfluktuation *f (futures)*
~ **links** *(Gesch, AH, Pol)* Handelsbeziehungen *fpl*
~ **loss** *(RW)* Betriebsverlust *m*
~ **name** *(Gesch, Recht, Pat)* Handelsname *m*
~ **on the equity** *(WiWi)* Ausdehnung *f* der Fremdfinanzierung, Variation *f* der Finanzierungsquoten *(company capital structure)*
~ **partner** *(WiWi, Pol)* Handelspartner *m*
~ **pattern** *(Bö)* Handelsstruktur *f*
~ **portfolio** *(Bank, Fin)* Handelsbestand *m*
~ **range** *(Bö)* Kursspanne *f (commodities, securities)*
~ **result** *(RW, Fin, Gesch)* Betriebsergebnis *n*, Handelsergebnis *n*
~ **rules** *(Bö)* Aktienhandelsbestimmungen *fpl*
~ **stamp** *(Komm, Pat)* Rabattmarke *f*
~ **standards** *(Gesch)* Handelsnormen *fpl*
~ **unit** *(Bö)* Kontraktgröße *f*
~ **up** *(V&M)* Handel *m* mit Waren höherer Preislage und Gewinnspanne
~ **variation** *(Bö)* Abschlussspanne *f*
~ **volume** *(Gesch)* Handelsumfang *m*, Umsatzvolumen *n*
~ **year** *(RW, Gesch)* Berichtsjahr *n*, Geschäftsjahr *n*
Trading Standards Office *(AE) (WiWi)* Gewerbeaufsichtsamt *n*
traditional *adj (Gesch)* herkömmlich, traditionell
traffic 1. *(Gesch)* Handel *m*, Handelsverkehr *m (trade)*; 2. *(Trans)* Verkehr *m*
trafficker *(Gesch)* Dealer(in) *m(f)*, Schieber(in) *m(f)*, Schwarzhändler(in) *m(f)*
trailblazing *adj (Gesch, Ind, Med)* bahnbrechend *(campaign)*
train *v (Pers)* sich ausbilden lassen *(as chemist, nurse)*
~ **for sth** *(Pers)* sich zu etwas ausbilden lassen *(as chemist, nurse etc.)*
trained staff *(Pers)* geschultes Personal *n*, qualifiziertes Personal *n*
trainee *(Pers)* Auszubildende(r) *f(m)*, *(ugs.)* Azubi *m*; Praktikant(in) *m(f)*, Anlernling *m*
traineeship *(Pers)* Praktikum *n*, Volontariat *n*
trainer *(Gesch, Pers, Mgt)* Ausbilder(in) *m(f)*
training *(Gesch, Pers)* Ausbildung *f*, Einarbeitung *f*, Schulung *f*
~ **and education system** *(Pers)* Bildungswesen *n*
~ **center** *(AE) (Pers)* Ausbildungsstätte *f*, Schulungszentrum *n*
~ **centre** *(BE) (Pers)* Ausbildungsstätte *f*, Schulungszentrum *n*
~ **course** *(Pers)* Ausbildungslehrgang *m*
~ **facility** *(Pers)* Schulungszentrum *n*, Schulungsstätte *f*
~ **manager** *(Gesch, Pers, Mgt)* Ausbildungsleiter(in) *m(f)*, Schulungsleiter(in) *m(f)*
~ **needs** *(Gesch, Pers, V&M)* Ausbildungsbedarf *m*
~ **of trainers** *(Pers)* Ausbildung *f* der Ausbilder, AdA
~ **program(me)** *(Pers)* Fortbildungsprogramm *n*, Ausbildungsprogramm *n*, Schulungsprogramm *n*
~ **scheme** *(BE) (Pers)* Ausbildungsprogramm *n*
~ **within industry** *(Pers, Ind)* innerbetriebliche Weiterbildung *f*
~ **workshop** *(Pers)* Lehrwerkstätte *f*, Lehrwerkstatt *f*
transact *v* 1. *(RW)* abschließen; 2. *(Gesch)* abschließen, durchführen, handeln, umsetzen, vorgehen *(business)*; 3. *(V&M)* tätigen

transaction 1. *(RW)* Abschluss *m*; 2. *(Gesch)* Handel *m*, Transaktion *f*, Umsatz *m*, Vorgang *m*, Durchführung *f*, Abschluss *m*
~ **charge** *(Fin)* Buchungsgebühr *f*
~ **cost economics** *(WiWi)* Transaktionskostenökonomie *f*
~ **exposure** *(Bö)* Abschlussrisiko *n*, Transaktionsrisiko *n*
~ **file** *(EDV)* Änderungsdatei *f*, Bewegungsdatei *f*
~ **risk** *(Bö)* Abschlussrisiko *n*, Transaktionsrisiko *n*
~ **slip** *(Bö)* Abschlussbestätigung *f*
~ **tax** *(Bö)* Umsatzsteuer *f*, USt
~ **volume** *(Bank, Bö)* Geschäftsvolumen *n*
transactional analysis *(Fin, Mgt)* Transaktionsanalyse *f*
transactions balance *(WiWi)* Transaktionskasse *f*
~ **costs** *(WiWi)* Transaktionskosten *pl*
~ **holdings** *(WiWi)* Transaktionskasse *f*
~ **in goods** *(WiWi)* Warenverkehr *m (BOP; not: merchandise transactions)*
~ **in services** 1. *(Bank)* Dienstleistungsgeschäfte *npl*; 2. *(WiWi)* Dienstleistungsverkehr *m*
transcribe *v* 1. *(EDV)* transkribieren, umschreiben; 2. *(Gesch)* abschreiben *(copy)*; übertragen *(from shorthand)*; mitschreiben *(speech)*; aufzeichnen *(meeting)*
transcript *(Recht)* Protokoll *n*
transcription 1. *(EDV)* Umschreibung *f*, Transkription *f*; 2. *(Gesch)* Aufzeichnung *f (of meeting)*; Übertragung *f (from shorthand)*; Mitschreibung *f (of speech)*
transfer *v* 1. *(RW)* umbuchen; 2. *(Verw)* versetzen; 3. *(Bank)* überweisen; 4. *(WiWi, Fin)* übertragen, überweisen *(funds)*; 5. *(Gesch)* versetzen; 6. *(Pers)* versetzen, umsetzen *(person)*; 7. *(Vers)* zedieren; 8. *(Recht)* abtreten, veräußern, übereignen, überschreiben; 9. *(Gb)* übertragen; 10. *(Bö)* umschreiben, übertragen; 11. *(St)* abführen; 12. *(Trans)* umsteigen *(change train, bus)*
~ **by endorsement** *(Bank)* durch Indossament übertragen
~ **ownership of sth** 1. *(Recht)* etw. übereignen; 2. *(Gb)* das Eigentum einer Sache übertragen

transfer 1. *(RW)* Umbuchung *f*; 2. *(Verw)* Versetzung *f*; 3. *(Bank)* Überweisung *f*, Umbuchung *f (of funds)*; 4. *(EDV, Fin)* Transfer *m*; 5. *(Gesch)* Übertragung *f*, Versetzung *f (of responsibilities, liabilities)*; 6. *(Pers)* Umsetzung *f*, Versetzung *f*, Transfer *m*; 7. *(Recht)* Abtretung *f*, Übereignung *f*, Veräußerung *f*; 8. *(Gb)* Übertragung *f (of property)*; 9. *(Bö)* Umschreibung *f*, Übertragung *f*; 10. *(St)* Abführung *f (of money)*; 11. *(Trans)* Transfer *m*
~ **income** *(WiWi)* Transfereinkommen *n*
~ **of assets** *(RW)* Vermögensübertragung *f*
~ **of funds voucher** *(Bank)* Überweisungsbeleg *m*
~ **of ownership** *(Recht)* Eigentumsübertragung *f*, Übertragung *f* der Eigentumsrechte
~ **of property inter vivos** *(Recht, St)* Schenkung *f* unter Lebenden
~ **of stock** *(Gesch)* Bestandsübertragung *f*
~ **of technology** *(WiWi, Ind)* Technologietransfer *m*
~ **payment** *(WiWi)* Transferzahlung *f*
~ **payments** *(WiWi)* Übertragungen *fpl*
~ **price** *(Gesch)* Verrechnungspreis *m*
transferability *(Bö)* Abtretbarkeit *f*, Transferierbarkeit *f (of registered shares)*
transferable *adj (Bö)* abtretbar, übertragbar *(options)*
~ **loan instruments** *(Fin)* übertragbare Kreditinstrumente *npl*
transferee 1. *(Bank)* Erwerber(in) *m(f)*; 2. *(Recht)* Abtretungsempfänger(in) *m(f)*, Zessionar *m*
~ **company** *(Fin, Gesch)* übernehmende Gesellschaft *f*
transferor *s.* transferrer
transferral *(Pers)* Umsetzung *f*
transferred *adj (Verw, Pers)* versetzt
transferrer 1. *(Bank)* Übergeber *m*; 2. *(Vers)* Abtretende(r) *f(m)*; 3. *(Recht)* Abtretende(r) *f(m)*, Übertragende(r) *f(m)*, Treugeber *m*, Veräußerer *m*, Zedent *m*; 4. *(St)* Zedent *m (inheritance tax)*
~ **company** *(Gesch)* übertragende Gesellschaft *f*
transform *v* 1. *(WiWi)* transformieren, umgestalten, umwandeln *(economy)*; 2.

(Vers) umformen; 3. *(Stat)* abbilden, transformieren

transformation 1. *(EDV)* Umwandlung *f*; 2. *(WiWi)* Transformation *f*; 3. *(Gesch)* Übergang *m*, Umgestaltung *f*, Umwandlung *f*; 4. *(Stat)* Abbildung *f*, Transformation *f*

~ **curve** *(WiWi)* Kapazitätslinie *f*, Transformationskurve *f*

~ **industries** *(Ind)* Transformationsindustrien *fpl (in transition)*

transfrontier *adj (Gesch, AH, V&M)* grenzüberschreitend

transient *adj (Gesch)* kurzlebig, vorübergehend

transit *(AH, F&T, Trans)* Transit *m*, Transport *m*

~ **credit** *(Bank)* Transitkredit *m*

~ **document** *(AH, Trans)* Transitdokument *n*, Transitpapier *n*

~ **number** *(Fin)* Bankleitzahl *f (BLZ)*

~ **time** *(AH, Trans)* Transportzeit *f*

~ **trade** 1. *(WiWi)* Zwischenhandel *m*; 2. *(AH, Trans)* Transithandel *m*

transition period *(Gesch)* Übergangsperiode *f*, Übergangszeit *f*

transitional *adj (Gesch)* übergangsweise

~ **economy** *(WiWi)* Transformationswirtschaft *f*, Übergangswirtschaft *f (Central and Eastern Europe)*

~ **provisions** *(St)* Übergangsbestimmungen *fpl*

transitory income *(RW, WiWi)* durchlaufende Einnahmen *fpl*, transitorische Einnahmen *fpl*

translate *v* 1. *(Komm)* übersetzen; 2. *(WiWi)* umrechnen *(currency)*

translated *adj (Gesch)* übersetzt; umgerechnet *(currency)*

translation difference *(RW)* Umrechnungsdifferenz *f (from consolidation of foreign subsidiaries)*

~ **differential** *(WiWi, Fin)* Umrechnungsdifferenz *f*

~ **loss** *(WiWi, Fin)* Umrechnungsverlust *m (international trade)*

~ **profit** *(WiWi, Fin)* Umrechnungsgewinn *m (international trade)*

~ **risk** *(WiWi, Fin)* Währungsrisiko *n*

transmission mechanism *(WiWi)* Transmissionsmechanismus *m (monetary policy)*

transmit *v* 1. *(Komm)* senden *(broadcast, signal)*; übermitteln *(information)*; 2. *(EDV)* übertragen; 3. *(Gesch)* überliefern, weiterleiten

transmitted credit *(Fin)* Durchlaufkredit *m*

transnational *adj (Gesch, AH)* grenzüberschreitend, transnational

~ **corporation** *(WiWi, Gesch)* transnationale Gesellschaft *f*, multinationales Unternehmen *n*

transnationally *adv (Gesch)* multinational

transparent *adj (WiWi, Recht, Pol, V&M)* transparent, durchschaubar

transport *v (Gesch, Trans)* befördern, transportieren

transport *(Trans)* Beförderung *f*, Transport *m*, Verkehr *m*, Transportwesen *n*

~ **agent** *(AH, Trans)* Spediteur *m*

~ **company** 1. *(AH)* Speditionsunternehmen *n*; 2. *(Trans)* Beförderungsunternehmen *n*, Speditionsunternehmen *n*

~ **expenses** *(Trans)* Beförderungskoste *pl*

~ **facilities** 1. *(Gesch, Trans)* Beförderungsmittel *npl*; 2. *(Trans)* Transportmöglichkeiten *fpl*; 3. *(Trans)* Verkehrseinrichtungen *fpl*

~ **link** *(Trans)* Verkehrsanbindung *f*, Verkehrsverbindung *f*

transportable *adj (Trans)* transportabel, transportfähig, transportierbar, versandfähig

transportation *(Trans)* Beförderung *f*, Transport *m*, Transportwesen *n*, Verkehr *m*

~ **contract** *(Recht)* Beförderungsvertrag *m*

~ **expenses** *(Trans)* Transportkosten *pl*

transposal *(Recht)* Umstellung *f (EU)*

transship *v (Trans)* umladen, umschlagen

trash *(AE) (Umw, Gesch)* Abfall *m*

trashy goods *(AE) (Gesch)* Kitsch *m*, minderwertige Waren *fpl*, Schund *m*

travel accident insurance *(F&T)* Reise-Unfallversicherung *f*

~ **advance** *(WiWi, Gesch)* Reisekostenvorschuss *m*

~ **agent** *(F&T)* Reisebüroangestellte(r) *f(m) (person)*; Reisebüro *n (agency)*

~ **allowance** *(Gesch)* Reisekostenzuschuss *m*, Reisespesen *pl*

~ **cancellation insurance** *(F&T)* Reiserücktrittskosten-Versicherung *f*

~ **costs** *(Pers)* Reisekosten *pl*
~ **document** *(F&T)* Reisedokument *n*, Reisepapier *m*
~ **expenses** *(RW, Gesch, St, Trans)* Reisekosten *pl*
~ **health insurance** *(F&T)* Reise-Krankenversicherung *f*
~ **insurance** *(F&T)* Reiseversicherung *f*
travel(l)er *(F&T)* Reisende(r) *f(m)*
~**'s cheque** *(Bank)* Reisescheck *m*
travel(l)ing allowance *(Gesch)* Reisekostenzuschuss *m*, Reisespesen *fpl*
treasure *(Gesch)* Schatz *m*
treasurer *(Fin, Pers, Mgt)* Finanzdirektor(in) *m(f)*
~ **check** *(AE) (Bank)* Bankscheck *m*
~ **cheque** *(BE) (Bank)* Bankscheck *m*
treasury 1. *(Gesch)* Fiskus *m*; 2. *(WiWi)* Staatskasse *f*, *(jarg.)* Staat *m*
~ **note** *(AE) (Fin, Bö)* Schatzanweisung *f*
~ **stock** *(AE)* 1. *(RW)* eigene Aktien *fpl*; 2. *(Bö)* Vorratsaktien *fpl*
Treasury *(WiWi)* Schatzamt *n*, Finanzministerium *n*
~ **bill** *(AE) (Fin)* Schatzwechsel *m*, Schatzwechsel *m* mit dreimonatiger Laufzeit
~ **bond** *(AE) (Fin)* Schatzobligation *f*
~ **Inflation Protection Securities** *(AE) (WiWi, Bö)* (durch Indexierung) inflationsgeschützte US-Staatsanleihen, TIPS *pl*
~ **stock** *(BE) (Bö)* langfristige Staatspapiere *npl*
treat *v* 1. *(Umw)* behandeln *(sewage, waste)*; 2. *(Gesch)* abhandeln; 3. *(Ind)* behandeln, bearbeiten
~ **unfavo(u)rably** *(Recht)* diskriminieren
treating 1. *(Umw)* Behandlung *f*; 2. *(Ind)* Bearbeitung *f*, Behandlung *f (material)*
treaty *(Gesch, Pol)* Vertrag *m*, Staatsvertrag *m*, völkerrechtliches Abkommen *n*
Treaty of Rome *(WiWi, Pol)* Römische Verträge *mpl (EC)*
tree structure *(EDV)* Baumstruktur *f*
trend *(Gesch)* Trend *m*, Tendenz *f*
~ **analysis** *(WiWi)* Trendanalyse *f*
~ **of profits** *(Fin)* Ertragsentwicklung *f*
~ **reversal** *(Gesch)* Trendwende *f*
trendsetter *(Gesch)* Schrittmacher *m*, Trendsetter *m*
trendsetting *adj (Gesch)* richtungswiesend
trendy *adj (Gesch, V&M)* in Mode, hochmodisch
trial 1. *(Gesch)* Probe *f*, Versuch *m (testing)*; 2. *(Recht)* Prozess *m* • **on a ~ basis** *(Gesch)* probeweise
~ **and error method** *(WiWi)* Versuch-und-Irrtum-Methode *f*
~ **balance** *(RW)* Probebilanz *f*, Rohbilanz *f*
~ **court** *(Recht)* Gericht *n* der ersten Instanz
~ **jury/the** *(Recht)* die Geschworenen *pl*
~ **lawyer** *(AE) (Recht)* Prozessanwalt *m*, Prozessanwältin *f*
~ **offer** *(Gesch, V&M)* Probeangebot *n*
~ **period** *(Gesch, Pers)* Probezeit *f*
~ **purchase** *(V&M)* Probekauf *m*
~ **run** *(Gesch)* Probefahrt *f*, Probelauf *m*
~ **subscription** *(V&M, Med)* Probeabonnement *n*, Probeabo *n*
triangular *adj (Gesch, Stat)* dreieckig
~ **operation** *(WiWi)* Dreiecksgeschäft *n*
triangulation *(AH)* Dreieckshandel *m*
tribunal *(Recht)* Tribunal *n*
trickle *v* **in** *(Gesch)* in kleinen Gruppen kommen
tricks of the trade *(Gesch)* Branchenkenntnisse *fpl*, Handelskniffe *mpl*
tricky *adj (Gesch)* heikel
~ **situation** *(Gesch)* kniffliges Problem *n*, schwierige Situation *f*
tried and tested *adj (Gesch)* bewährt
trifle *(WiWi, Fin)* Bagatellbetrag *m (small sum of money)*
trifling amount *(WiWi, Fin)* Bagatellbetrag *m*
trigger *v (Gesch)* verursachen *(cost increases)*; auslösen *(panic, reaction, dispute)*
trigger mechanism *(Gesch)* Auslösemechanismus *m*
~ **point** *(Bank, Fin)* Schwellenwert *m*
~ **price** *(AH)* Schwellenpreis *m*
~ **pricing** *(Gesch)* Mindestpreissystem *n*
trimmings *(Gesch)* Zubehör *n*, Extras *npl* • **with no ~** *(Gesch)* ohne Extras, ohne Zubehör
triple *adj (Gesch)* dreifach
~**-A** *adj (Fin, Gesch, Bö)* höchstklassifiziert
~**-A bond** *(Bö)* höchstklassifizierte Schuldverschreibung, AAA-Anleihe *f*, Triple-A-Anleihe *f*
~**-A rating** *(Bö, Gesch)* AAA-Rating *n*, Triple-A-Rating *n*, Spitzenrating *n*, Höchsteinstufung
trouble-free *adj (Gesch)* problemlos *(machine)*

~ **spot** *(Gesch, Pol)* Gefahrenherd *m*, Krisenzentrum *n*, Unruheherd *m*
troubleshooter *(EDV, Gesch)* Krisenmanager *m*, Schlichter *m*
trough *(WiWi)* Talsohle *f*, Konjunkturtief *n*, Tief *n*, Tiefpunkt *n (of graph, curve)*
trucking company *(AE) (Trans)* Güterkraftverkehrsunternehmen *n*
true and fair *adj (RW)* den tatsächlichen Verhältnissen entsprechend *(audit, view)*
~ **and fair view** *(BE) (RW)* Ausweis *m* im Sinne der Grundsätze ordnungsmäßiger Buchführung, Rechnungslegung entsprechend den Grundsätzen ordnungsmäßiger Buchführung und Bilanzierung
~ **owner** *(Recht)* rechtmäßiger Eigentümer *m*, rechtmäßige Eigentümerin *f*, rechtmäßiger Besitzer *m*, rechtmäßige Besitzerin *f*
~ **rate of return** *(Bank)* Effektivverzinsung *f*, Effektivzins *m*
truncate *v* 1. *(EDV)* abbrechen, abschneiden; 2. *(Gesch)* beschneiden, kürzen
truncation 1. *(Bank)* belegloses Verfahren *n (cheque)*; 2. *(EDV)* Abbruch *m*; 3. *(Gesch)* Beschneidung *f*, Kürzung *f*
trunk *(Trans)* Überseekoffer *m*, Schrankkoffer *m*, *(AE)* Kofferraum *m (of car)*
~ **road** *(BE) (Trans)* ≈ Bundesstraße *f*, Fernstraße *f*
trust *v (Gesch, Recht)* vertrauen
trust 1. *(Bank)* Treuhand *f*; 2. *(WiWi)* Treuhandvermögen *n*; 3. *(Recht)* Treuhandverwaltung *f*, Trust *m*
~ **agreement** *(Recht)* Treuhandvereinbarung *f*, Treuhandvertrag *m*
~ **bank** *(Bank)* Treuhandbank *f*
~ **banking** *(Bank)* Treuhandbankgeschäft *n*
~ **fund** *(WiWi)* Treuhandfonds *m*, Treuhandvermögen *n*
trustbusting *(AE) (Gesch)* Trust-Entflechtung *f*
trustee 1. *(Bank, Fin)* Vermögensverwalter(in) *m(f)*; 2. *(Recht)* Treuhänder(in) *m(f)*
~ **in bankruptcy** *(Bank)* Insolvenzverwalter(in) *m(f)*
trustor *(AE) (Recht)* Treugeber *m*
trustworthy *adj (Gesch)* glaubwürdig, vertrauenswürdig
try *v (Gesch)* probieren, versuchen
tube *(BE) (Trans)* U-Bahn *f*, Untergrundbahn *f*
tuition fee *(Soz)* Studiengebühr *f*
~ **fees** *(Soz)* Schulgeld *n*
tumble *v* 1. *(WiWi)* stürzen *(prices)*; 2. *(Gesch)* plötzlich fallen, stark fallen *(prices, rate)*; 3. *(Bö)* stürzen *(prices)*
turf accountant *(F&T)* Buchmacher *m (sport)*
turn *(Bö)* Provision *f* eines Wertpapierhändlers
turn *v* **around** 1. *(Fin)* wenden; 2. *(Ind)* fertig stellen *(goods)*
~ **away** *(Gesch)* ablehnen, zurückweisen *(business)*
~ **down a job** *(Pers)* Stelle ablehnen *(task)*
~ **out to vote** *(Pol)* zur Wahl gehen
~ **over** 1. *(Gesch, V&M)* umsetzen; 2. *(Trans)* umschlagen
~ **round** *(Fin)* wenden
turnabout 1. *(Fin)* Tendenzwende *f*, Umschwung *m (financing established)*; 2. *(Gesch)* Kurswechsel *m*, Wende *f*
turnaround *(AE) (Gesch)* Umschwung *m*, Wende *f*, Tendenzwende *f*, Turnaround *m (of company)*
turning point *(Gesch)* Wendepunkt *m*
turnkey *adj* 1. *(Gesch)* bezugsfertig, schlüsselfertig *(system, project)*; 2. *(Gb)* bezugsfertig
turnout 1. *(Gesch)* Teilnehmerzahl *f*; 2. *(AH)* Inspektion *f*; 3. *(Pol)* Beteiligung *f (in election)*
turnover 1. *(RW)* Lagerumschlag *m (inventory)*; 2. *(Gesch)* Umsatz *m*, Volumen *n*; 3. *(Pers)* Fluktuation *f (of staff)*; 4. *(Bö)* Volumen *n*, Umsatz *m*
~ **of labo(u)r** *(Pers)* Arbeitskräfteumschlag *m*, Fluktuation *f*, Arbeitsplatzwechsel *m*
~ **rate** 1. *(Gesch)* Umsatzhäufigkeit *f*; 2. *(Bö)* Umsatzgeschwindigkeit *f*
~ **ratio** *(Pers)* Fluktuationsquote *f*
~ **tax** *(St)* Umsatzsteuer *f*, USt
turnround *(BE) (Gesch)* Umschwung *m*, Wende *f*, Tendenzwende *f*, Turnaround *m*
~ **time** *(BE)* 1. *(WiWi)* Umschlagszeit *f*; 2. *(Gesch)* Postlaufzeit *f*, Umlaufzeit

twenty-four-hour trading *(Bö)* Handel *m* rund um die Uhr, Rund-um-die-Uhr-Handel *m*
two-digit inflation *(WiWi, Fin)* zweistellige Inflationsrate *f*
~-pillar strategy *(WiWi)* Zwei-Säulen-Strategie *f (ECB)*
~-rate system *(St)* System *n* mit gespaltenem Steuersatz
~-sided printing *(EDV, Med)* beidseitiges Drucken *n*
~-tier system *(Gesch)* zweischichtiges System *n*, Zweistufensystem *n*
tycoon *(Gesch, Pers)* Großindustrielle(r) *f(m)*, Tycoon *m*, Magnat *m*
tying arrangement *(WiWi)* Kopplungsvertrag *m*
~ contract *(WiWi)* Kopplungsvertrag *m*
type *v (Verw, EDV)* mit der Maschine schreiben, *(ugs.)* tippen
~ in *(EDV)* eingeben
type of costs *(Fin)* Kostenart *f*
~ of work *(Pers)* Art *f* der Arbeit, Art *f* der Tätigkeit
typed *adj (Verw, Gesch, Pat)* maschinegeschrieben
typewrite *v (Verw, Gesch)* mit der Maschine schreiben, *(ugs.)* tippen
typewritten *adj (Verw, Gesch, Pat)* maschinegeschrieben, *(ugs.)* getippt
typical *adj (Gesch)* bezeichnend, typisch
typing error 1. *(Gesch)* Druckfehler *m*, Schreibfehler *m*, Tippfehler *m*; 2. *(Med)* Druckfehler *m*, Schreibfehler *m (misprint)*; *(jarg.)* Setzfehler *m (print)*
~ pool *(Pers)* Schreibzimmer *n*
typist *(Verw)* Schreibkraft *f*, Typist(in) *m(f)*
typo *s.* typographical error
typographical error *(Gesch)* Druckfehler *m*, Schreibfehler *m*, Tippfehler *m (misprint)*

U

UK *(Pol)* VK *(Vereinigtes Königreich von Großbritannien und Nordirland)*; *(ugs.)* UK *(United Kingdom of Great Britain and Northern Ireland)*
ultimate consumer *(Gesch, V&M)* Endverbraucher *m*
ultimately *adv (Gesch)* letztlich
ultra vires *(Recht)* in Überschreitung der satzungsgemäßen Befugnisse, vollmachtsüberschreitend
umbrella brand name *(Pat)* Dachmarke *f*
~ fund *(Fin)* zentraler Dachfonds *m*
~ project *(Gesch)* Rahmenprojekt *n*
~ of/under the *(Gesch)* unter dem Schutz von, unter der Kontrolle von
unable *adj (Gesch, Pers, Recht)* unfähig
~ to pay *(RW)* zahlungsunfähig
~ to work *(Pers, Soz)* erwerbsunfähig, arbeitsunfähig
unaccounted for *adj (Gesch)* nicht ausgewiesen, ungeklärt
unacknowledged *adj (Gesch)* nicht anerkannt, unbestätigt, unbeantwortet *(letter)*
unadjusted *adj (Stat)* unbereinigt • **in ~ figures** *(Gesch)* in unbereinigten Zahlen
unadvisable *adj (Gesch)* nicht empfehlenswert
unaffiliated *adj (WiWi)* selbstständig, unabhängig
unallocated *adj (EDV)* nicht zugeteilt, nicht zugewiesen
unaltered *adj (Gesch, Bö)* unverändert *(share prices)*
unambiguous *adj (Recht)* eindeutig
unamortized *adj (RW)* nicht abgeschrieben
~ premium *(Bö)* nicht abgeschriebenes Agio *n*
unanimous resolution *(Gesch)* einstimmiger Beschluss *m*
unanimously accepted *(Gesch)* einstimmig angenommen
unappropriated profit *(RW)* nicht zweckgebundener Gewinn *m*, freie Rücklage *f*
~ surplus *(Gesch)* Bilanzgewinn *m*
unassignable *adj (Recht)* nicht übertragbar
unattainable *adj (Komm, Gesch)* unerreichbar *(objective)*
unauthenticated *adj (Recht)* unverbürgt, unbeglaubigt
~ signature *(Recht)* unbeglaubigte Unterschrift *f*
unauthorized *adj* 1. *(Gesch)* unbefugt; 2. *(Recht)* unberechtigt
~ use *(Gesch, V&M)* missbräuchliche Verwendung *f*
unavailable *adj (Gesch)* nicht erhältlich, nicht verfügbar, nicht vorhanden, nicht zu erreichen *(person)*

unbalanced growth *(WiWi)* ungleichgewichtiges Wachstum *n*
unbiased *adj (Gesch)* unparteiisch, unvoreingenommen
unblock *v (Fin)* entsperren, freigeben
unbranded goods *(Gesch)* markenfreie Waren *fpl*, Waren *fpl* ohne Markenzeichen
unbundle *v* 1. *(Bank)* zerlegen *(risks)*; 2. *(Gesch)* entflechten
uncalled capital *(Fin)* nicht eingefordertes Kapital *n*
uncertain *adj* 1. *(WiWi)* unsicher; 2. *(Gesch)* ungewiss; 3. *(Recht)* unklar
uncertified *adj (Recht)* unbeglaubigt
unchecked *adj (Gesch)* nicht überprüft, unkontrolliert *(figures)*
unclear *adj* 1. *(Gesch)* undeutlich; 2. *(Recht)* unklar
uncollateralized loan *(Fin)* unbesichertes Darlehen *n*
uncollectable *adj (St)* uneinbringlich *(revenue, claim)*
~ **account** *(RW)* uneinbringliche Forderung *f*
uncollected receivables *(RW)* Außenstände *mpl*
uncompromising *adj (Gesch)* kompromisslos, unnachgiebig
unconditional *adj* 1. *(Fin)* bedingungslos; 2. *(Gesch)* unbedingt, uneingeschränkt
~ **acceptance** *(Gesch)* uneingeschränktes Akzept *n*
~ **grant** *(Fin)* uneingeschränkte Beihilfe *f*
unconfirmed *adj (Gesch)* unbestätigt
unconscionable contract *(Recht)* sittenwidriger Vertrag *m*
unconsolidated basis/on an *(RW, Fin)* nicht konsolidiert, unfundiert *(debts)*
uncontrollable *adj (WiWi, Fin, Gesch)* nicht beeinflussbar, unkontrollierbar *(inflation, costs, increase)*
uncontrolled *adj (Gesch)* unkontrolliert, unbeeinflusst
unconverted *adj (Bank)* nicht gewandelt
uncorrected *adj (Gesch)* unberichtigt, nicht korrigiert
uncovered *adj (Fin)* ungedeckt
~ **balance** *(Fin)* ungedeckter Saldo *m*
~ **call** *(Bö)* ungesicherte Kaufoption *f*
~ **check** *(AE) (Bank)* Scheck *m* ohne Deckung, ungedeckter Scheck *m*
~ **cheque** *(BE) (Bank)* Scheck *m* ohne Deckung, ungedeckter Scheck *m*
~ **option** *(Bö)* ungedecktes Optionsgeschäft *n*
~ **put** *(Bö)* ungedeckte Verkaufsoption *f*
undamaged *adj (Gesch)* unbeschädigt, unversehrt makellos *(reputation)*
undated *adj (Gesch)* undatiert
undecided *adj (Gesch)* unentschieden, unentschlossen
undeliverable *adj (Komm)* unzustellbar
undelivered please return to sender/if *(Komm)* falls unzustellbar, bitte an Absender zurück
under law *(Recht)* rechtsstaatlich *(subject to laws)*
~**-the-counter sale** *(V&M) (ugs.)* Verkauf *m* unter dem Ladentisch
underassess *v (St)* steuerlich unterbewerten
underbid *v (Gesch)* unterbieten
undercapitalized *adj (Fin, Gesch)* unterkapitalisiert
undercut *v* 1. *(WiWi)* unterbieten *(competitor)*; 2. *(Gesch)* unterschreiten *(competitor)*; 3. *(V&M)* unter Preis verkaufen *(goods)*
underemployed *(Pers)* unterbeschäftigt, unausgelastet, nicht ausgelastet
underemployment *(WiWi, Pers)* Unterbeschäftigung *f*
underestimate *v (Gesch)* unterbewerten, unterschätzen
underestimation *(Gesch)* Unterbewertung *f*, Unterschätzung *f*
underfunded *adj (Fin)* unterkapitalisiert
underground economy *(WiWi)* Schattenwirtschaft *f*, Untergrundwirtschaft *f*
underinvestment *(Bank)* Unterinvestition *f*
underline *v (EDV, Med)* unterstreichen *(text)*
underlying *adj (Fin)* fundamental, Kern..., tendenziell
~ **assets** 1. *(Fin)* zugrunde liegende Vermögen *npl*; 2. *(Bö)* Basiswerte *mpl*, Basisobjekte *npl*, Basisprodukte *npl*, Kassawerte *mpl*, Kontraktgegenstände *mpl*
~ **futures** *(Bö)* zugrunde liegende Termingeschäfte *npl*, zugrunde liegende Terminkontrakte *mpl*
~ **futures contract** *(Bö)* zugrunde liegender Terminkontrakt *m*

~ **inflation rate** *(WiWi)* Inflationssockel *m*
~ **instrument** *(Fin)* Basiswert *m*, Basisprodukt *n*
~ **net assets** *(Fin)* zugrunde liegende Nettovermögen *npl*
~ **rate** *(WiWi)* Trendrate *f*, grundlegende Rate *f (cost, inflation)*
~ **security** *(Bö)* zugrunde liegendes Wertpapier *n*, Basiswert *m*, Basisprodukt *n*
~ **tendency** *(WiWi, Gesch)* Grundtendenz *f*
~ **trend** *(WiWi, Gesch)* zugrunde liegender Trend *m*
undermanning *(Pers)* Unterbesetzung *f*
undermentioned *adj (Gesch)* unten erwähnt
undermine *v (Gesch)* schwächen, untergraben *(influence, power)*
underpay *v (Gesch, Pers)* schlecht entlohnen, unterbezahlen
underperform *v* 1. *(WiWi)* sich unterdurchschnittlich entwickeln; 2. *(Gesch)* hinter den Erwartungen zurückbleiben
underperforming *(Pers)* leistungsschwach
underpin *v (WiWi, Gesch)* stützen *(currency)*
underprice *v* 1. *(WiWi)* unterbieten *(competitor)*; 2. *(V&M)* unter Preis anbieten; 3. *(Bö)* unterbewerten
underprivileged *adj (Gesch)* benachteiligt, unterprivilegiert
underrate *v (Gesch)* unterschätzen
underreporting *(Gesch)* zu niedriges Ausweisen *n*
underrepresent *v (Gesch)* unterrepräsentieren, zu wenig vertreten
underscore *v* 1. *(EDV)* unterstreichen *(text)*; 2. *(Gesch)* hervorheben; 3. *(Med)* unterstreichen
underselling *(V&M)* Preisunterbietung *f (prices)*
undershoot *v (WiWi)* unterschreiten *(exchange rates)*
undersign *v (Gesch)* unterschreiben, unterzeichnen
underspend *v (WiWi, Fin, Pol)* zu wenig ausgeben
~ **the budget** *(RW)* das Budget nicht voll ausschöpfen
understaffing *(Pers)* Unterbesetzung *f*
understand *v (Gesch)* verstehen *(language)*; begreifen *(concept, difficulty)*
understanding 1. *(Gesch)* Übereinkommen *n*; 2. *(Recht)* Verständigung *f* • **come to an ~** 1. *(Gesch)* sich einigen; 2. *(Recht)* sich verständigen • **on the ~ that** *(Gesch)* unter der Voraussetzung, dass
understated *adj (RW)* unterbewertet
undertake *v* 1. *(WiWi)* unternehmen; 2. *(Gesch)* eingehen *(risk)*; versprechen *(promise)*; übernehmen *(task, responsibility)*
undertaking 1. *(Gesch)* Projekt *n*, Unterfangen *n*, Betrieb *m*, Versprechen *n (promise)*; Unternehmen *n*, Ausführung *f (venture)*; 2. *(Recht)* Verpflichtung *f*, Zusicherung *f*
undertax *v (St)* zu niedrig besteuern
undervalue *v* 1. *(RW, Fin)* unterbewerten; 2. *(Gesch)* unterbewerten, unterschätzen, zu niedrig bewerten
undervalued currency *(WiWi, Fin)* unterbewertete Währung *f*
underwrite *v (Vers)* versichern, zeichnen
underwriter 1. *(Fin)* Konsortialmitglied *n*; 2. *(Vers)* Versicherer *m*, Versicherungsgeber(in) *m(f)*
underwriting *(Vers)* Zeichnung *f*, Risikoübernahme *f*
~ **agreement** *(Bö)* Konsortialvertrag *m*
~ **business** *(Fin, Bö)* Effektenemissionsgeschäft *n*
~ **commission** *(Fin)* Übernahmeprovision *f*
~ **fee** *(Bank)* Übernahmeprovision *f*
~ **group** *(Bank, Fin)* Emissionskonsortium *n*
~ **profit** *(Fin)* Emissionsgewinn *m*
~ **prospectus** *(Fin)* Emissionsprospekt *m*
~ **spread** *(Bö)* Konsortialspanne *f*
~ **syndicate** 1. *(Fin)* Emissionskonsortium *n*, Übernahmekonsortium *n*; 2. *(Vers)* Garantiekonsortium *n*
undetermined *adj (Gesch)* unbestimmt
undeveloped *adj (Gb)* unerschlossen
undifferentiated *adj (Gesch)* undifferenziert
undischarged commitment *(RW)* unbezahlte Verpflichtung *f*
undisclosed *adj (Gesch)* ungenannt
~ **sum** *(Fin, Gesch)* nicht offen gelegter Betrag *m*
undistributable reserves *(RW)* nicht zweckgebundene Rücklage *f*
undistributed income *(RW)* einbehaltener Gewinn *m*

~ **profit** 1. *(RW)* unverteilter Gewinn *m*; 2. *(Fin)* nicht ausgeschütteter Gewinn *m*
undivided *adj (Gesch)* ungeteilt *(profits)*
~ **interest** *(Fin)* Nutznießung *f* zur gesamten Hand
~ **property** *(Gb)* ungeteilter Besitz *m*
undue influence *(Gesch)* unzulässige Beeinflussung *f*
unearned *adj (RW, Gesch, St)* unverdient
~ **income** *(RW, Fin, St)* Besitzeinkommen *n*, Einkommen *n* aus Vermögen, Kapitaleinkommen *n*
~ **increment** *(Fin, Gb)* unverdienter Wertzuwachs *m*
~ **premium reserve** *(Vers)* Deckungskapital *n*, Deckungsrückstellung *f*
uneasy quadrangle *(WiWi)* magisches Viereck *n*
uneconomic *adj (WiWi, Gesch)* unrentabel, unwirtschaftlich, unökonomisch
uneconomical *adj (Gesch)* unökonomisch, unrentabel, unwirtschaftlich
unemployable *adj (Pers)* beschäftigungsunfähig
unemployed *adj (WiWi, Pers, Soz)* arbeitslos
unemployed/the *(WiWi, Pers, Soz)* die Arbeitslosen *pl*
~ **labo(u)r force** *(WiWi, Pers, Soz)* arbeitslose Arbeitskräfte *fpl*
~ **person** *(WiWi, Pers, Soz)* Arbeitslose(r) *f(m)*
unemployment *(WiWi, Pers, Soz)* Arbeitslosigkeit *f*
~ **assistance** *(Soz, Pers)* Arbeitslosenhilfe *f*
~ **benefit** *(BE) (WiWi, Pers, Soz)* Arbeitslosengeld *n*, Arbeitslosenunterstützung *f*
~ **figures** *(WiWi, Pers)* Arbeitslosenzahlen *fpl*
~ **insurance** *(WiWi, Pers, Vers)* Arbeitslosenversicherung *f*
~ **pay** *(WiWi, Pers, Soz)* Arbeitslosenunterstützung *f*
~ **rate** *(WiWi, Pers)* Arbeitslosenquote *f*
~ **relief** *(Soz, Pers)* Arbeitslosenhilfe *f*
unencumbered *adj (Gb)* unbelastet
~ **property** *(Gb)* schuldenfreies Eigentum *n*
unenforceable contract *(Recht)* nicht einklagbarer Vertrag *m*, nicht erzwingbarer Vertrag *m*, nicht klagbarer Vertrag *m*
uneven *adj (Gesch)* ungleichmäßig *(trend)*; ungerade *(odd figure)*
unexcused absence from work *(Pers)* *(ugs.)* Blaumachen *n*
unexpended *adj (Fin)* nicht ausgegeben
unexpired cost *(WiWi)* nicht erfolgswirksame Kosten *pl*
unexploited *adj (WiWi)* unerschlossen
unfair *adj (Gesch)* ungerecht
~ **competition** *(Recht)* unlauterer Wettbewerb *m*
~ **dismissal** *(Pers)* grundlose Entlassung *f*, ungerechtfertigte Entlassung *f*
~ **trading practices** *(Gesch)* unlauterer Wettbewerb *m*, unlauteres Geschäftsgebaren *n*
unfavo(u)rable *adj (Gesch)* ungünstig, unvorteilhaft *(price, conditions)*
~ **balance of trade** *(WiWi, AH, Pol)* passive Handelsbilanz *f*
~ **rate of exchange** *(Fin)* ungünstiger Wechselkurs *m*
unfeasible *adj (Gesch)* undurchführbar
unfilled orders *(Gesch)* Auftragsrückstand *m*, unerledigte Aufträge *mpl*
~ **vacancy** *(Pers)* freie Stelle *f*
unfinished *adj (Ind)* unbearbeitet
unfit *adj (Pers)* untauglich
~ **for consumption** *(Gesch)* nicht zum Verzehr geeignet
unforeseeable *adj (Gesch)* unabsehbar, unvorhersehbar
~ **expenditure** *(RW)* unvorhergesehene Ausgaben *fpl*
unforeseen circumstances *(Gesch)* unvorhergesehene Umstände *mpl*
unfounded *adj (Gesch)* leer, unbegründet *(rumour, allegation)*
unfriendly takeover *(Fin, Gesch, Mgt)* feindliche Übernahme *f*, unfreundliche Übernahme *f*
~ **takeover attempt** *(Fin, Gesch)* feindlicher Übernahmeversuch *m*
unfunded debt *(Fin)* nicht konsolidierte Schuld *f*, schwebende Schuld *f*
unhedged *adj (Bö)* ungesichert
unidentified *adj (Gesch)* unerkannt
unification *(Gesch)* Vereinheitlichung *f*, Wiedervereinigung *f*, Vereinigung *f (of Germany)*
unified *adj (Gesch)* vereinheitlicht, wieder vereinigt, vereinigt *(Germany)*

~ **form** *(Gesch)* Einheitsformular *n*
uniform *adj (Gesch)* einheitlich, konstant
~ **accounting** *(RW)* einheitliche Buchführung *f*
~ **price** *(Fin)* Einheitspreis *m*
~ **rules for collections** *(Bank)* einheitliche Inkassorichtlinien *fpl*
uniformity *(Gesch)* Einheitlichkeit *f*
unify *v (Gesch)* einigen, vereinheitlichen
unilateral *adj (WiWi, Pers, Pol)* einseitig
~ **agreement** *(WiWi)* einseitiges Abkommen *n*, unilaterales Abkommen *n*
~ **measure** *(Umw, Pol)* einseitige Maßnahme *f*
unilaterally *adv (Gesch)* einseitig
uninsurable *adj (Vers)* unversicherbar
uninsured *adj (Vers)* nicht versichert, unversichert
unintended *adj (Gesch)* unbeabsichtigt
union 1. *(Gesch, Pers)* Gewerkschaft *f (workers)*; 2. *(Pol)* Gewerkschaft *f*, Vereinigung *f (workers)*
~ **affiliation** *(Pers)* Gewerkschaftszugehörigkeit *f*
~ **agreement** *(AE) (Pers)* Tarifvertrag *m*
~ **contract negotiations** *(AE) (WiWi, Pers)* Tarifverhandlung *f*
~ **membership** *(Pers)* Gewerkschaftsmitgliedschaft *f*
~ **rate** *(Pers)* Mindestlohnsatz *m*, Tariflohn *m*
~ **structure** *(Pers)* Gewerkschaftsstruktur *f*
~ **wage policy** *(Pers)* gewerkschaftliche Tarifpolitik *f*
unique *adj (Gesch)* außergewöhnlich, einmalig, einzigartig, unvergleichlich
~ **opportunity** *(V&M)* einmalige Gelegenheit *f*
~ **position** *(Pat)* Alleinstellung *f*
~ **selling point** *(V&M)* einmaliges Verkaufsargument *n*
~ **selling proposition** *(V&M)* einmaliges Verkaufsargument *n*, einzigartiges Verkaufsversprechen *n*
unissued capital *(Bö)* nicht gezeichnetes Kapital *n*
~ **capital stock** *(Bö)* nicht ausgegebenes Aktionkapital *n*
~ **shares** *(BE) (Bö)* zur Ausgabe genehmigte, aber noch nicht emittierte Aktien *fpl*
~ **stock** *(AE) (Bö)* zur Ausgabe genehmigte, aber noch nicht emittierte Aktien *fpl*
unit *(Gesch)* Stück *n*
~ **cost** *(RW)* Stückkosten *pl*
~ **labo(u)r costs** *(RW, WiWi, Pers)* Lohnstückkosten *pl*
~ **of account** *(RW)* Rechnungseinheit *f*
~ **of measure** *(Gesch)* Maßeinheit *f*
~ **of output** *(WiWi)* Produkteinheit *f*
~ **of trading** *(Bö)* Kontrakteinheit *f*, Schlusseinheit *f*
~ **price** 1. *(Gesch)* Stückpreis *m*; 2. *(V&M)* Einzelpreis *m*
~ **trust** *(Fin, Bö)* Investmentgesellschaft *f*
~ **value** *(Gesch)* Einheitswert *m*, Wert *m* pro Einheit
unite *v (Gesch)* zusammenschließen, zusammenfassen
~ **with** *(Gesch)* sich verbinden mit, sich vereinigen mit
united *adj (Gesch)* vereinigt
United Kingdom of Great Britain and Northern Ireland *(Pol)* Vereinigtes Königreich von Großbritannien und Nordirland *(UK)*
unity *(Pat)* Einheit *f*, Übereinstimmung *f*
universal *adj (Fin)* universal
~ **bank** *(Bank)* Universalbank *f*
university degree *(Pers)* Hochschulabschluss *m*, Universitätsabschluss *m*
~ **graduate** *(Pers)* Akademiker(in) *m(f)*, Hochschulabsolvent(in) *m(f)*, Universitätsabsolvent(in) *m(f)*
unjust *adj (Gesch)* unbillig, ungerecht
unknown *adj (Gesch)* unbekannt • **of ~ origin** *(Gesch)* unbekannten Ursprungs
~ **at this address** *(Komm)* Adressat unbekannt
unlawful *adj (Recht)* gesetzwidrig, rechtswidrig, unrechtmäßig
~ **act** *(Recht)* Delikt *n*, unerlaubte Handlung *f*
unless otherwise agreed *(Gesch, Recht)* sofern nicht anders vereinbart
~ **otherwise specified** *(Gesch, Recht)* sofern nicht anders angegeben
unlicensed broker *(Bö)* nicht zugelassener Broker *m*
unlimited 1. *(Gesch)* unbefristet, unbegrenzt, unbeschränkt; 2. *(Bö)* unlimitiert
~ **company** *(Gesch)* Kapitalgesellschaft *f* mit unbeschränkter Haftung

~ **letter of credit** *(Bank)* unbeschränktes Akkreditiv *n*
~ **liability** *(Gesch, Recht)* unbegrenzte Haftung *f*, unbeschränkte Haftung *f*
unlisted company *(Bö)* nicht börsennotierte Gesellschaft *f*
~ **market** *(Bö)* Freiverkehr *m*
~ **security** 1. *(Fin)* amtlich nicht notierter Wert *m*; 2. *(Bö)* Freiverkehrswert *m*
~ **trading** *(Bö)* Handel *m* in Freiverkehrswerten
Unlisted Securities Market *(BE) (Bö)* Freiverkehrsbörse *f*, geregelter Freiverkehr *m*
unload *v* 1. *(Fin)* abstoßen; 2. *(Gesch, Ind)* abladen, ausladen
~ **stocks on the market** *(Bö)* Aktien auf dem Markt abstoßen
unmanageable *adj (Gesch)* schwer zu handhaben *(object)*; unkontrollierbar *(situation)*
unmanufactured material *(Ind)* Rohmaterial *n*
unmarketable *adj (Gesch)* nicht marktfähig
unmatched *adj (Bö)* konkurrenzlos
unmortgaged *adj (Bank)* nicht hypothekarisch belastet
unnegotiable *adj* 1. *(Bank)* nur zur Verrechnung; 2. *(Gesch)* nicht begebbar
unoccupied *adj (Gb)* unbewohnt
unofficial *adj (Verw, Gesch, Pol)* inoffiziell
• **in an ~ capacity** *(Gesch)* in nichtoffizieller Eigenschaft
unpack *v (Gesch)* auspacken
unpaid *adj (RW, Fin, Gesch)* unbeglichen, unbezahlt *(bill, debt)*
~ **call on capital** *(BE) (RW)* ausstehende Einlagen *fpl*
~ **dividend** *(Fin)* zur Ausschüttung vorgesehene, aber noch nicht ausgezahlte Dividende *f*
~ **family workers** *(Pers)* unbezahlt mithelfende Familienangehörige *mpl(fpl)*, mithelfende Familienangehörige *mpl(fpl)*
~ **trainee** *(Pers)* Volontär(in) *m(f)*
unpatented *adj (Pat)* nicht patentiert
unplug *v (Gesch)* den Stecker herausziehen von
unpopular *adj (Gesch)* unbeliebt, unpopulär
unprecedented *adj (Gesch)* beispiellos, noch nicht abgelaufen
unpredictable *adj (Gesch)* unberechenbar, unvorhersehbar
unprejudiced *adj (Gesch)* unparteiisch, unvoreingenommen
unpriced *adj (Gesch)* nicht ausgepreist, ohne Preisangabe
unproductive *adj* 1. *(Ind, Mgt)* unproduktiv; 2. *(Bö)* unergiebig
~ **labo(u)r** *(Pers)* nicht produktive Arbeitskräfte *fpl*, unproduktive Arbeitskräfte *fpl*
unprofessional behavio(u)r *(Pers)* unprofessionelles Verhalten *n*
~ **conduct** *(Gesch)* berufsstandswidriges Verhalten *n*
unprofitable *adj* 1. *(WiWi, Fin)* unrentabel; 2. *(Gesch)* unrentabel
~ **investment** *(Bank)* Fehlinvestition *f*
unproven *adj (Gesch)* unbewiesen
unqualified *adj* 1. *(Gesch)* uneingeschränkt *(agreement, approval)*; 2. *(Pers)* unqualifiziert *(worker)*
~ **acceptance** *(Fin)* uneingeschränktes Akzept *n*
~ **opinion** *(RW)* uneingeschränkter Bestätigungsvermerk *m*
unquestionable *adj (Gesch)* unbestreitbar, unzweifelhaft
unquoted shares *(Bö)* nicht amtlich notierte Aktien *fpl*
unrealized gains *(Fin, St)* nicht realisierte Gewinne *mpl*
unreasonable *adj (Gesch)* unangemessen, ungerechtfertigt, unpassend *(demand, price, behaviour)*
unreceipted *adj (Gesch)* unquittiert *(invoice)*
unrecorded *adj (Gesch)* nicht eingetragen
~ **employment** *(Pers)* Schwarzarbeit *f*
unrecoverable *adj (Fin, Gesch)* nicht eintreibbar, uneinbringlich *(debt)*
~ **loans** *(RW, Fin)* uneinbringliche Forderungen *fpl*
unregistered *adj (Recht)* auf den Inhaber lautend, Inhaber...
~ **stock** *(Bö)* Inhaberaktie *f*
~ **trademark** *(Gesch)* nicht eingetragenes Warenzeichen *n*
unreliable *adj (Gesch, Pers)* unzuverlässig *(information, estimate)*
unresolved *adj (Mgt)* ungeklärt, ungelöst *(problem, question)*
unrestricted *adj (Gesch)* unbeschränkt, uneingeschränkt
~ **access** *(Gesch)* uneingeschränkter Zugang *m*

unrewarding *adj (Gesch)* nicht lohnend
unrival(l)ed *adj (Gesch)* konkurrenzlos, unerreicht, unübertroffen
unsal(e)able *adj (V&M)* nicht marktfähig
unsatisfactory *adj (Gesch)* unbefriedigend, ungenügend
unscreened *adj (Gesch)* nicht überprüft *(unchecked)*; nicht abgeschirmt, ungeschützt *(unprotected)*
unscrupulous *adj (Gesch)* bedenkenlos, gewissenlos, skrupellos
unsecured creditor *(RW)* nicht gesicherter Gläubiger *m*, nicht gesicherte Gläubigerin *f*
~ **debt** *(Fin)* unbesicherte Forderung *f*
~ **loan** *(RW)* nicht gesichertes Darlehen *n*
unsettled *adj (Fin, Gesch)* unbeglichen, unbezahlt *(bill, debt)*
~ **times** *(Gesch)* unruhige Zeiten *fpl*
unskilled *adj (Pers, Soz)* unausgebildet, ungelernt
~ **labo(u)r** 1. *(WiWi)* ungelernte Arbeitskräfte *mpl*; 2. *(Pers)* ungelernte Hilfskräfte *mpl*
~ **worker** *(Pers)* Hilfsarbeiter(in) *m(f)*
unsold goods *(V&M)* unverkaufte Ware *f*
unsolicited *adj (Gesch)* freiwillig, unaufgefordert
~ **application** *(Pers)* unaufgeforderte Bewerbung *f*
unspent *adj (Fin)* nicht verbraucht
unstructured interview *(V&M)* unstrukturiertes Interview *n*
unsubscribe *v* 1. *(Med, V&M)* abbestellen; 2. *(Komm, EDV) (jarg.)* ababonnieren *(Newsletter)*
unsubsidized *adj (Gesch)* unsubventioniert
unsubstantiated *adj (Gesch) (ugs.)* aus der Luft gegriffen, unbegründet
unsuitable *adj* 1. *(Gesch)* unangemessen, ungeeignet, unzulässig, unzweckmäßig, zweckwidrig; 2. *(Pers)* untauglich
unsustainable adj *(Gesch)* auf Dauer untragbar, auf Dauer inakzeptabel
untapped *adj (Gesch)* unerschlossen, ungenutzt *(resources, market)*
untargeted *adj (V&M)* ungezielt *(consumer base)*
until further notice *(Gesch)* bis auf weitere Nachricht, bis auf weiteres
untrained *adj (Pers, Soz)* unausgebildet, ungelernt, ungeschult
untransferable *adj (Bö)* nicht übertragbar
unused *adj (Gesch)* brachliegend, nicht beansprucht, ungenutzt, unbenutzt *(new)*
unwarranted *adj (Gesch)* ohne Gewähr, ungerechtfertigt, unverbürgt
unweighted *adj (WiWi)* ungewogen *(index, figures)*
unwritten agreement *(Gesch)* mündliche Abmachung *f*, mündliche Vereinbarung *f*
up *v (Gesch)* hinaufsetzen *(bid, offer)*
up-and-coming *adj (Gesch)* aufstrebend, viel versprechend
~ **front** *(Gesch)* im Voraus *(in advance)*
~**-front cost** *(Gesch)* Investitionskosten *pl*, Anschaffungskosten *pl*
~**-market** *adj (V&M)* anspruchsvoll *(clientele)*; exklusiv *(product)*
~**-market segment** *(Gesch)* gehobene Preisklasse *f*, oberes Marktsegment *n*
~**-to-date** *adj (Gesch)* aktuell, auf dem Laufenden, modern, zeitgemäß
~**-to-date information** *(Gesch)* aktuelle Information *f*
update *v (Gesch)* aktualisieren, auf den neuesten Stand bringen, modernisieren
update *(Gesch)* letzte Information *f*, neueste Information *f*
upgrade *v* 1. *(EDV)* verbessern, ausbauen, erweitern *(memory)*; 2. *(Gesch)* aufwerten *(in quality)*; 3. *(F&T)* Angebot verbessern
upgrading 1. *(EDV)* Ausbau *m*, Erweiterung *f*; 2. *(Gesch, Pers)* Beförderung *f*, Höherstufung *f (of post)*
upload *v (Komm, EDV)* übermitteln, *(ugs.)* hochladen *(data)*, heraufladen, *(ugs.)* uploaden
upload *(Komm, EDV)* Heraufladen *n*, Uploaden *n*
upon application *(Gesch)* auf Antrag
~ **request** *(Gesch)* auf Antrag
upright *adj (Trans)* aufrecht, senkrecht, stehend
upscale product *(AE) (Gesch)* hochwertiges Produkt *n*
upside breakeven point *(Bö)* oberer Break-Even-Punkt *m*
~ **potential** *(Fin)* Kursspielraum *m* nach oben
~ **profit potential** *(Bö)* Gewinnpotenzial *n* nach oben *(options)*
upstream *adj (WiWi, Gesch)* vorgeordnet; vorgelagert *(markets)*

upstream *adv (Gesch)* vorgelagert
upswing *(WiWi)* Aufschwung *m*
upturn 1. *(WiWi)* Aufschwung *f*, Belebung *f*, Besserung *f*; 2. *(Gesch)* Aufschwung *m*, Aufwärtsbewegung *f*
upvaluation *(Gesch)* Aufwertung *f*, Höherbewertung *f*
upward *adv (Gesch)* aufwärts *(move)*
~ **movement** *(Gesch)* Aufwärtsbewegung *f*
~ **pressure** *(WiWi)* Aufwertungsdruck *m (on budget)*
~ **spiral** *(Gesch)* Aufwärtsspirale *f (in wages, prices)*
upwards *adv (Gesch)* aufwärts *(move)*
urban area 1. *(Verw)* Stadtgebiet *n*; 2. *(Gesch)* geschlossene Ortschaft *f*; 3. *(Pol)* Stadtgebiet *n*
~ **renewal** 1. *(Verw)* Stadterneuerung *f*; 2. *(WiWi, Gesch)* Stadtsanierung *f*; 3. *(Pol)* Stadterneuerung *f*
urbanize *v (WiWi)* urbanisieren, verstädtern
urgent *adj (Gesch)* akut, dringend • **be in ~ need of** *(Gesch)* dringend brauchen, dringend nötig haben
~ **order** *(Gesch)* Eilauftrag *m*, Eilbestellung *f*
urgently *adv (Gesch)* dringend
US Treasury bond *(Bö)* US-Schatzanleihe *f (T-Bond)*
usable *adj (Gesch)* verwendbar
usance *(Bank, Fin)* Laufzeit *f*, Usance *f* • **at thirty days' ~** *(Fin)* zu einer Laufzeit von dreißig Tagen, zu einer Wechselfrist von dreißig Tagen
use *v* 1. *(Umw)* verbrauchen *(natural resources)*; 2. *(Gesch)* benutzen, verwenden
~ **to capacity** *(Gesch)* auslasten
use 1. *(Gesch)* Benutzung *f*; 2. *(Pat)* Gebrauch *m*, Nutzung *f*
~ **as intended** *(Recht, V&M)* bestimmungsgemäßer Gebrauch *m*
~ **of funds** *(RW)* Verwendung *f* von Mitteln
~ **value** *(WiWi)* Gebrauchswert *m*
useable floor space *(Gb)* Nutzfläche *f*
useful *adj (Gesch)* nützlich, zweckmäßig
~ **economic life** *(RW, WiWi)* wirtschaftliche Nutzungsdauer *f*
~ **life** *(RW, WiWi, Gesch)* Nutzungsdauer *f (of asset, machine)*
user 1. *(EDV)* Auftraggeber(in) *m(f)*, Benutzer(in) m(f), User *m*; 2. *(Gesch)* Benutzer(in) m(f), Nutzer(in) m(f), Anwender(in) *m(f)*
~ **costs** *(RW, Fin)* kalkulatorische Abschreibungen *fpl*
~**-friendly** *adj (EDV, V&M)* anwenderfreundlich, benutzerfreundlich
~ **guidance** *(Komm, EDV, Med)* Benutzerführung *f*
~**-oriented** *adj* 1. *(EDV)* anwenderorientiert; 2. *(V&M)* benutzerorientiert
~**-unfriendly** *adj (EDV, V&M)* anwenderfeindlich, benutzerfeindlich, benutzerunfreundlich
USP *s.* unique selling proposition
usual *adj (Gesch)* üblich
~ **conditions** *(Gesch)* übliche Bedingungen *fpl*
~ **terms** *(Gesch)* übliche Bedingungen *fpl*
usufruct *(Recht)* Nießbrauch *m (right to utilize)*
usurer *(Fin)* Wucherer *m*
usurious *adj (Bank, Fin)* wucherisch
~ **interest** *(Bank, Fin)* Wucherzinsen *mpl*
util *(WiWi)* Nutzeneinheit *f*
utilities *(Bö)* Energiewerte *mpl*
~ **sector** *(Ind)* Versorgungsbereich *m*
utility 1. *(WiWi)* Nützlichkeit *f*, Nutzen *m*; 2. *(Ind)* Versorgungsbetrieb *m*
~ **function** *(WiWi)* Nutzenfunktion *f*
~ **maximization** *(WiWi)* Nutzenmaximierung *f*
~ **possibility frontier** *(WiWi)* Nutzenmöglichkeitskurve *f*
utilization *(Gesch)* Nutzung *f*, Verwendung *f*, Einsatz *m (of natural resources)*
~ **percent** *(Gesch)* Ausnutzungsgrad *m*
utilize *v* 1. *(Umw)* einsetzen, nutzen; 2. *(Gesch)* ausnutzen, verwenden, verwerten, wahrnehmen *(opportunity)*
utilized *adj (Fin, Gesch, Ind, Pat)* verwertet
~ **capacity** *(Ind)* benutzte Kapazität *f*, verwertete Kapazität *f*
utmost good faith 1. *(Vers)* höchste Gutgläubigkeit *f*, unbedingte Beachtung *f* von Treu und Glauben; 2. *(Recht)* höchste Gutgläubigkeit *f*
utter *v* 1. *(WiWi, Recht)* in Umlauf setzen, verbreiten *(notes, especially counterfeit)*; 2. *(Gesch)* zum Ausdruck bringen

V

v *s.* versus
vacancy *(Pers)* freie Stelle *f*
vacancies registered *(Pers)* registrierte offene Stellen *fpl*
vacant *adj (Gb)* unbewohnt, frei
~ **lot** *(AE) (Gb)* unbebautes Grundstück *n*
vacate *v (Gb)* verlassen
vacation *(AE) (Gesch, Pers, F&T)* Ferien *pl*, Urlaub *m* • **go on ~** *(Gesch, Pers, F&T)* Ferien machen, in Urlaub gehen
~ **allowance** *(AE) (Pers)* Urlaubsgeld *n*
~ **job** *(AE) (Pers)* Ferienarbeit *f*, Ferientätigkeit *f*, Ferien(arbeits)stelle *f*
~ **pay** *(AE) (Pers)* Urlaubsgeld *n*
~ **period** *(AE) (F&T)* Urlaubszeit *f*
~ **work** *(BE) (Pers)* Ferienarbeit *f*, Ferientätigkeit *f*, Ferien(arbeits)stelle *f*
val. *s.* valuta
valid *adj* 1. *(Verw)* (rechts)gültig; 2. *(Gesch)* stichhaltig *(argument, excuse)* • **no longer ~** *(Gesch)* abgelaufen
~ **claim** *(Recht)* berechtigter Anspruch *m*
~ **law** *(Recht)* geltendes Recht *n*
~ **passport** *(Verw)* gültiger Reisepass *m*
~ **reason** *(Gesch)* triftiger Grund *m*
validate *v* 1. *(EDV)* validieren; 2. *(Gesch)* bestätigen, für gültig erklären *(document, claim)*
validity 1. *(Gesch)* Geltung *f*, Berechtigung *f (of claim)*; 2. *(Pat)* Gültigkeit(sdauer) *f*, Rechtswirksamkeit *f*
valorization 1. *(WiWi)* Valorisation *f*, Preisregelung *f*, Valorisierung *f (by state)*; 2. *(Gesch)* behördliche Preisfestsetzung *f* [Preisregelung *f*]
valorize *v (Gesch)* valorisieren
valuable consideration *(Gesch)* geldwerte Gegenleistung *f*
valuables *(Gesch)* Valoren *fpl*, Wertgegenstände *mpl*, Wertsachen *fpl*
valuation 1. *(Gesch)* Bewertung *f*, Begutachtung *f*, Taxe *f*; 2. *(Gb)* Schätzung *f (of property)*
~ **adjustment** *(RW)* Wertanpassung *f*, Wertberichtigung *f (correction)*
~ **allowance** *(RW)* Wertberichtigung *f (bonds)*
~ **criteria** *(RW)* Bewertungskriterien *npl*, Bewertungsgrundlagen *fpl*
~ **losses** *(RW, Bank)* Bewertungsverluste *mpl*
~ **of stock** *(RW)* Lagerbewertung *f*
~ **principles** *(RW)* Bewertungsgrundlagen *fpl*
~ **report** *(Gesch)* Wertgutachten *n*, Gutachten *n*
value *v (Gesch)* schätzen, bewerten, taxieren *(estimate value)*
value 1. *(Bank, Fin)* Wertstellung *f*, Valuta *f*; 2. *(WiWi)* Wert *m*, Tauschwert *m*, Nutzen *m (usefulness)* • **be good ~ for money** *(Gesch, V&M)* sein Geld Wert sein, preisgünstig sein
~ **added** *(WiWi)* Mehrwert *m*, Wertschöpfung *f*
~**-added** *adj (EDV, WiWi, Fin, St)* Mehrwert...
~**-added services** *(Gesch)* Mehrwertdienste *mpl*
~**-added tax** *(BE) (Gesch, St)* Mehrwertsteuer *f*, MwSt.
~ **analysis** *(Fin, Gesch)* Wertanalyse *f (marketing)*
~ **at border** *(AH)* Grenzwert *m*
~ **at cost** *(RW)* Herstellungswert *m*
~ **chain** *(Fin)* Wertkette *f*
~**-creating activity** *(WiWi)* Wertschöpfung *f*
~ **date** *(Bank)* Valuta *f*
~ **engineering** 1. *(RW)* Wertanalyse *f*; 2. *(Fin)* Konzeptwertanalyse *f*
~ **for collection** *(RW)* Inkassowert *m*
~ **for money** *(Gesch)* Geldwert *m*, Preis-Leistungs-Verhältnis *n*
~ **in exchange** *(WiWi)* Tauschwert *m*
~ **in use** *(WiWi)* Gebrauchswert *m*
~ **of an enterprise as a whole** *(RW, Gesch)* Unternehmenswert *m*
~ **of money** *(WiWi)* Geldwert *m*
~ **of the contract** *(Bö)* Vertragswert *m (futures)*
~ **share** *(Bö)* Nennwertaktie *f*
~ **share/no par** *(Bö)* Quotenaktie *f*
valued *(Bö)* bewertet sein mit
valuta *(Bank)* Wertstellung *f*, Valutierung *f*
variability *(WiWi, Gesch, Stat)* Schwankung *f*, Variabilität *f*
variable *(EDV, Gesch, Stat)* Variable *f*
~ **budget** *(WiWi)* flexibles Budget *n*
~ **charge** *(Gesch)* variable Gebühr *f*
~ **cost** *(RW, WiWi, Fin)* variable Kosten *pl*

~ **expense** *(RW, WiWi, Fin)* variable Kosten *pl*
~ **gross margin** *(RW)* Deckungsbeitrag *m*
~ **interest rates** *(Bank)* Gleitzinsen *mpl*, variable Zinsen *mpl*
~ **lending rate** *(Fin)* variabler Zinssatz *m* für Ausleihungen
~ **overhead cost** *(Fin)* variable Gemeinkosten *pl*
~**-rate** *adj (Fin)* variabel verzinslich
~ **rate** 1. *(Bank, WiWi)* variabler Zins *m*; 2. *(Fin)* variabler Kurs *m*
~**-rate mortgage** *(Bank, Gb)* variabel verzinsliche Hypothek *f*
~ **rates of interest** *(Bank, WiWi, Fin)* variable Zinsen *mpl*
variance 1. *(RW)* Uneinigkeit *f (disagreement)*; 2. *(Fin)* Abweichung *f*, Unvereinbarkeit *f (discrepancy)*; 3. *(Gesch)* Veränderung *f*; 4. *(Recht)* Unvereinbarkeit *f (discordance)*; 5. *(Stat)* Varianz *f*
~ **analysis** *(RW)* Abweichungsanalyse *f*
variation 1. *(WiWi)* Schwankung *f (revenue, expenditure)*; 2. *(Gesch)* Abweichung *f*, Variation *f*, Veränderung *f*
~ **margin** *(Bö)* Nachschusszahlung *f*
variety reduction *(WiWi, Gesch)* Sortimentseinschränkung *f*
vary *v (Gesch)* variieren, wechseln, (sich) ändern *(change)*
VAT *s.* value-added tax
VAT paid *(BE) (St)* Mehrwertsteuer bezahlt
VAT registration number *(BE) (St)* USt.-Identifikationsnummer *f*
vault cash *(Bank)* Barreserve *f*
~ **reserve** *(AE) (Bank)* Barreserve *f*
velocity *(Gesch)* Geschwindigkeit *f*, Tempo *n*
~ **of circulation of money** *(WiWi)* Umlaufgeschwindigkeit *f* des Geldes
vendee *(AE) (Gesch)* Erwerber(in) *m(f)*
vendor 1. *(Gesch, Pers, Recht, V&M)* Verkäufer(in) *m(f)*; 2. *(Gb)* Veräußerer *m*
~ **company** *(Gesch)* veräußernde Gesellschaft *f*
venture *v (Gesch)* wagen, riskieren
~ **on** *(Gesch)* sich einlassen auf, sich wagen an *(project)*
venture 1. *(WiWi)* Risiko *n*, Unternehmung *f*, Wagnis *n*; 2. *(Gesch)* risikoreiches Unternehmen *n*
~ **capital** *(Bank, WiWi, Fin, Gesch)* Risikokapital *n*, Wagniskapital *n*
~ **capital company** *(Bank, WiWi, Fin, Gesch)* Wagniskapital-Beteiligungsgesellschaft *f*
~ **financing** *(Fin)* Wagniskapitalfinanzierung *f*, Wagnisfinanzierung *f*, Bereitstellung *f* von Wagniskapital
venue *(Gesch)* Treffpunkt *m (for meeting, conference)*
verbal *adj (Gesch)* mündlich *(offer, promise)*
~ **agreement** *(Gesch)* mündliche Absprache *f*, mündliche Vereinbarung *f*
~ **offer** *(Gesch)* mündliches Angebot *n*
verdict *(Recht)* Urteil *n*, Strafurteil *n (jury trial)*
verification 1. *(RW, Gesch)* Beurkundung *f*, Bestätigung *f*, Prüfung *f*, Verifizierung *f*; 2. *(Recht)* Beglaubigung *f*
verify *v (RW, Gesch)* auf Richtigkeit prüfen, beglaubigen, bestätigen, beurkunden, verifizieren • **if verified** *(Gesch)* nach Richtigbefund
versatility *(Gesch, V&M)* Vielseitigkeit *f (of product)*
versed in the law *(Gesch, Recht)* rechtskundig
version *(Gesch)* Fassung *f*, Variante *f*, Version *f*
verso *(Med)* Rückseite *f (back of page)*
versus *(Gesch)* gegen, versus, vs.
vertical *adj (Gesch)* vertikal
~ **amalgamation** *(WiWi, Gesch)* vertikaler Zusammenschluss *m*
~ **business combination** *(WiWi, Gesch)* vertikaler Unternehmenszusammenschluss *m*
~ **communication** *(Gesch)* vertikale Kommunikation *f*
~ **expansion** *(Gesch)* vertikale Expansion *f*
~ **integration** *(WiWi, Gesch)* vertikale Integration *f*
~ **merger** *(WiWi, Gesch)* vertikale Fusion *f*
~ **mobility** *(Pers, Soz)* vertikale Mobilität *f*
~ **profit and loss account format** *(RW)* Gewinn- und Verlustrechnung *f* in Staffelform
~ **specialization** *(Gesch)* vertikale Spezialisierung *f*
vest *v* 1. *(Gesch)* übergeben; 2. *(Recht)* verleihen
~ **with** *(Gesch, Pol)* ausstatten mit

vested interest *(Gesch)* gesichertes Recht *n* • **have a vested interest in sth** *(Gesch)* ein begründetes Anrecht auf etw. besitzen
~ **rights** *(Gesch)* Besitzstand *m*
vet *v (Gesch)* auf Herz und Nieren prüfen, genauestens überprüfen
vetting *(Gesch, Pol)* Sicherheitsüberprüfung *f*
via *(Komm)* per, via
viability 1. *(Fin)* finanzielle Leistungsfähigkeit *f*, 2. *(Gesch)* Erfolgsaussicht *f*, Lebensfähigkeit *f*, Realisierbarkeit *f*, Durchführbarkeit *f (of project)*
viable *adj (Fin, Gesch)* entwicklungsfähig, lebensfähig, realisierbar
vicarious liability *(Recht)* Haftung *f* für Verschulden Dritter
vice-chairman *(Pers, Mgt)* stellvertretende(r) Vorsitzende(r) *f(m)*
vice president finance *(AE) (Pers)* Finanzvorstand *m*
vicious circle [cycle] *(WiWi)* Teufelskreis *m*
video conference *(Komm, EDV, V&M)* Videokonferenz *f*
~ **surveillance** (Gesch) Monitorüberwachung *f*
vie *v (Gesch)* konkurrieren
~ **with** *(Gesch)* wetteifern mit
view *v (EDV)* lesen *(word processed document)*
view *(Gesch)* Anschauung *f*, Ansicht *f*, Meinung *f (opinion)*
viewer *(EDV, Komm)* Viewer *m*, Datei-Betrachtungsprogramm *n*
viewing *(Gb)* Besichtigung *f (of house, business premises)*
~ **by appointment only** *(Gb)* Besichtigung nur nach Voranmeldung
viewpoint *(Gesch)* Sicht *f*, Standpunkt *m (opinion)*
vindicate *v* 1. *(Gesch)* rehabilitieren *(person)*; rechtfertigen *(opinion, action)*; bestätigen *(right)*; 2. *(Recht)* verteidigen
violate *v (Recht)* verletzen, verstoßen gegen *(law, regulations)*; brechen *(contract, law)*
violation 1. *(Recht)* Bruch *m*, Verletzung *f*, Verstoß *m*; 2. *(Pat)* Verletzung *f*, Verstoß *m*
~ **of contract** *(Recht)* Vertragsverletzung *f*
~ **of the law** *(Recht)* Gesetzesübertretung *f*
virtual *adj (EDV)* virtuell
visible *adj (Fin, Gesch, AH)* sichtbar
~ **balance** *(WiWi, Gesch)* Handelsbilanz *f*
~ **export** *(WiWi, AH)* sichtbarer Export *m*
~ **import** *(WiWi, AH)* sichtbarer Import *m*
visibles *(WiWi)* sichtbare Ein- und Ausfuhren *fpl (commodities)*
vision *(Gesch, Mgt)* Vision *f*, Vorstellung *f*
visit *v (Gesch)* besuchen
visits *(Komm, Med, V&M)* Zahl *f* der Besucher *(Internet website, number of visitors)*
visiting card *(Gesch)* Visitenkarte *f*
~ **professor** *(Pers)* Gastprofessor *m*, außerordentlicher Professor *m (at university)*
visual aid *(Med, V&M)* Anschauungsmaterial *n*
~ **demonstration material** *(V&M)* Anschauungsmaterial *n*
~ **telephone** *(Komm)* Bildtelefon *n*
visuals *(Gesch, V&M)* Anschauungsmaterial *n (for presentation)*
vital interest *(Recht)* berechtigtes Interesse *n*
vocation *(Gesch, Pers)* Beruf *m*
vocational counsel(l)ing *(Pers, Soz)* Berufsberatung *f*
~ **education** *(Pers)* Berufsausbildung *f*, berufliche (Aus-)Bildung *f*
~ **experience** *(Pers)* Berufserfahrung *f*
~ **guidance** *(Pers)* Berufsberatung *f*
~ **qualifications** *(Pers)* berufliche Qualifikationen *fpl*
~ **retraining** *(Pers)* Umschulung *f*
~ **skills** *(Pers)* berufliche Qualifikation *f*, Berufsqualifikation *f*
~ **training** *(Pers, Soz)* Berufsausbildung *f*, berufliche Bildung *f*
voice-activated *adj (EDV)* sprachaktiviert
~**-actuated** *adj (EDV)* sprachgesteuert
~ **mail** *(EDV)* Sprachpost *f*
~ **recognition** *(EDV)* Spracherkennung *f*
void *adj (Gesch)* ungültig
volatile *adj* 1. *(EDV)* flüchtig; 2. *(WiWi)* schwankend, unstetig; 3. *(Pol)* brisant *(situation)*; 4. *(Bö)* volatil *(prices)*
~ **memory** *(EDV)* flüchtiger Speicher *m*
volatility *(WiWi, Bö)* Volatilität *f*, Schwankungsanfälligkeit *f*, Schwankungsintensität *f*
volume 1. *(WiWi)* Volumen *n*, Vol.; 2. *(Gesch)* Umsatz *m*, Umsatzvolumen *n*, Vol. *(of trade)*; Umfang *m (extent)*; 3. *(Med)* Band *m (book)*; 4. *(Bö)* Volumen *n*

~ **discount** *(Gesch)* Mengenrabatt *m*
~ **index** *(Gesch)* Mengenindex *m*
~ **of deposits** *(Bank)* Einlagenbestand *m*
~ **of exports** *(WiWi, AH)* Exportvolumen *n*, Ausfuhrvolumen *n*
~ **of foreign trade** *(WiWi, AH)* Außenhandelsvolumen *n*
~ **of orders** *(Gesch)* Auftragsumfang *m*
~ **of trading** 1. *(WiWi)* Handelsvolumen *n*; 2. *(Gesch)* Geschäftsumfang *m*
~ **of work** *(Pers)* Arbeitsvolumen *n*, Arbeitsanfall *m*
voluntary *adj (Gesch, Soz)* freiwillig
~ **arrangement** *(Recht)* freiwillige Vereinbarung *f*
~ **contribution** *(St, Soz)* Spende *f*
~ **controls** *(V&M)* freiwillige Kontrollen *fpl*
~ **export restraint** *(AH)* freiwillige Ausfuhrbeschränkung *f*, freiwillige Exportbeschränkung *f*
~ **liquidation** *(Fin)* freiwillige Liquidation *f*
~ **settlement** *(Recht)* außergerichtlicher Vergleich *m*
~ **winding up** *(Gesch, Fin)* freiwillige Liquidation *f (of company)*
volunteer *v (Gesch)* sich anbieten, sich (freiwillig) melden
volunteer *(Pers)* Freiwillige(r) *f(m)*, Volontär(in) *m(f)*
vote *v (Pers, Pol)* abstimmen, wählen *(elections)*
vote *(Pers, Pol)* Stimme *f*, Wahl *f*, Abstimmung *f*, Votum *n*, Bewilligung *f* durch Abstimmung *(act of voting)*; Wahlergebnis *n (result)*
voter turnout *(Pol)* Wahlbeteiligung *f*
voting 1. *(Pers, Mgt)* Abstimmung *f*, Beschlussfassung *f*, Stimmabgabe *f (at board meetings)*; 2. *(Pol)* Wahl *f*
~ **capital** *(Bö)* stimmberechtigtes Kapital *n*
~ **right** *(Pers, Pol)* Stimmrecht *n*
~ **share [stock]** *(Fin, Bö)* stimmberechtigte Aktie *f*
voucher 1. *(RW)* Buchungsbeleg *m*; 2. *(Gesch)* Beleg *m*, Bon *m*, Gutschein *m (coupon)*
~ **system** *(RW)* Belegsystem *n*, Belegbuchhaltung *f*
voyage *(F&T, Trans)* Reise *f*, Seereise *f (by sea)*
vulnerable *adj* 1. *(WiWi)* wehrlos; 2. *(Gesch)* verletzlich; 3. *(Pers)* ungeschützt

W

wad 1. *(Bank)* Banknotenbündel *n (of notes)*; 2. *(Gesch) (ugs.)* Packen *m*
wage 1. *(WiWi)* Arbeitslohn *m*; 2. *(Gesch, Pers)* Lohn *m*; 3. *(Trans)* Heuer *f (shipping)*
~ **agreement** *(Pers)* Lohnvereinbarung *f*
~ **and salary survey** *(Pers)* Lohn- und Gehaltsrevision *f*
~ **bargaining** *(Pers)* tarifliche Lohnverhandlungen *fpl*
~ **bargaining round** *(Pers)* Tarifrunde *f*
~ **bracket** *(Pers)* Lohnstufe *f*
~ **claim** *(Pers)* Lohnforderung *f*
~ **costs** *(Pers)* Lohnkosten *pl*
~ **differentials** *(WiWi, Pers)* Lohngefälle *n*
~ **dispute** *(Pers)* Tarifstreit *m*, Lohnauseinandersetzung *f*
~ **drift** *(WiWi, Pers)* Lohndrift *f*
~ **flexibility** *(WiWi, Pers)* Lohnflexibilität *f*
~ **floor** *(Pers)* Grundlohn *m*
~ **freeze** *(Pers)* Lohn- und Gehaltsstopp *m*, Lohnstopp *m*
~ **incentive** *(Pers)* gewinnbezogene Bezahlung *f*, gewinnbezogenes Arbeitsentgelt *n*
~ **increase** *(Pers)* Lohnerhöhung *f*
~ **indexation** *(Pers)* Lohnindexbindung *f*
~ **inflation** *(WiWi)* Lohninflation *f*
~ **negotiations** *(Pers, Mgt)* Lohnverhandlungen *fpl*
~ **per hour** *(Pers)* Stundenlohn *m*
~ **pressure** *(Pers)* Lohndruck *m*
~**-price spiral** *(WiWi)* Lohn-Preis-Spirale *f*
~ **push** *(Pers)* Lohndruck *m*
~ **push inflation** *(WiWi)* Lohndruckinflation *f*
~ **rate** *(WiWi)* Lohnsatz *m*, Arbeitslohn *m*
~ **restraint** *(WiWi, Pers, Pol)* Selbstbeschränkung *f* bei Lohnforderungen
~ **rigidity** *(WiWi)* Starrheit *f* der Löhne
~ **scale** *(Pers)* Lohntarif *m*, Lohnskala *f*
~ **settlement** *(Pers)* Lohnabschluss *m*, Tarifabschluss *m*
~ **supplement** *(Pers)* Lohnzulage *f*
~ **stop** *(Pers)* Lohnstopp *m*
~ **structure** *(Pers)* Lohngefüge *f*
~ **talks** *(Pers, Mgt)* Lohnverhandlungen *fpl*
wait-and see policy *(WiWi)* abwartende Haltung *f*, Politik *f* des Abwartens
waiting list *(Gesch)* Vormerkliste *f*, Warteliste *f*

~ **period** *(Bö)* Sperrfrist *f*
waive *v* 1. *(Fin)* erlassen; 2. *(Recht, Pat, St)* aufgeben, verzichten auf *(claim)*
waiving 1. *(Fin)* Erlassung *f (debt)*; 2. *(Recht, Pat, St)* Aufgeben *n*, Verzicht *m (claim)*
walk *v* **out** *(Pers, Ind)* in den Streik treten, streiken
walkout *(Gesch, Pers, Ind)* Arbeitsniederlegung *f*, Ausstand *m*, Streik *m*
wane *v (Gesch)* nachlassen
want *(Gesch)* Bedürfnis *n (requirement)*
ward *(Recht)* Mündel *n (under a guardian)*
warehouse *v (Gesch, AH, Trans)* lagern, speichern
warehouse *(Gesch)* Depot *n*, Dep., Lager(gebäude) *n*, Magazin *n*, Mag., Speicher *m*, Warenlager *n*
~ **receipt** *(AH, Ind, Recht, Trans)* Einlagerungsschein *m*, Lagerschein *m*
~ **supervisor** *(Gesch, AH, Trans)* Lageraufseher(in) *m(f)*
~ **warrant** 1. *(Recht)* Lagerschein *m*, Orderlagerschein *m (commercial)*; 2. *(V&M)* Lagerschein *m*
warehousing 1. *(Gesch, AH)* Lagerhaltung *f*, Magazinverwaltung *f (storekeeping)*; 2. *(Ind, Trans)* Einlagerung *f*, Lagerhaltung *f*, Lagerung *f (storage)*
warning *(Pers)* Abmahnung *f (prior to disciplinary action)*
~ **strike** *(Pers)* Warnstreik *m*
warrant *v (Gesch)* zusichern
warrant 1. *(Fin)* Garant *m*, Optionsschein *m (certificate)*; 2. *(Recht)* Gerichtsbefehl *m*, Haftbefehl *m (for arrest)*; 3. *(Pol)* Berechtigung *f*, Befugnis *f (authority)*; Vollmacht *f (mandate)*; 4. *(Bö)* Optionsschein *m*
~ **bond** *(Bank)* Optionsanleihe *f*
~ **issue** *(Fin)* Optionsanleihe *f*
warranted *adj (Vers)* garantiert, gerechtfertigt, zugesichert
~ **rate of growth** *(WiWi)* Gleichgewichtswachstumsrate *f*
warrantee *(Gesch, Recht)* Garantieinhaber(in) *m(f)*
warranter *(Gesch, Recht)* Zusichernde(r) *f(m)*
warranty 1. *(Gesch)* Garantie *f*; 2. *(Vers)* Gewährleistung *f*; 3. *(Recht)* Zusicherung *f*
~ **card** *(Bank)* Garantiekarte *f*
~ **obligation** *(Gesch)* Gewährleistungspflicht *f*
~ **of quality** *(Recht)* Sachmängelhaftung *f*
~ **of title** *(Gesch)* Rechtsmängelgewähr *f*
wash sale *(Bö)* Scheingeschäft *n (securities)*
wastage *(Gesch)* Verschwendung *f*, Vergeudung *f*, Verlust *m*, Materialverlust *m*
waste *v (Gesch)* vergeuden *(time, money)*; verschwenden *(resources)*
waste *(Umw, Gesch)* Abfall *m*
~ **bin** *(Umw)* Abfalleimer *m*
~ **disposal** *(Umw, Gesch)* Abfallbeseitigung *f*
~ **disposal industry** *(Umw, Gesch)* Abfallwirtschaft *f*
~ **disposal systems** *(Umw)* Entsorgungssysteme *fpl*
~ **dumping** *(Umw)* Lagerung *f* von Abfall
~ **management** *(Umw)* Abfallwirtschaft *f*
~ **product** *(Umw)* Abfallprodukt *n (recyclage)*
~ **recycling** *(Umw)* Abfallaufbereitung *f*, Abfallrecycling *n*
~ **treatment** *(Umw, Gesch)* Müllbehandlung *f*
wastepaper *(Umw, Gesch)* Altpapier *n*
wastewater disposal *(Umw)* Abwasserbeseitigung *f*
watch *v (Fin, Gesch, Bö)* beobachten *(markets, performance, value)*
watchdog *(Gesch)* Überwachungsorganisation *f*, Aufsichtsbehörde *f (consumer interests)*
water damage *(Gesch, Vers)* Wasserschaden *m*
~ **pollution** *(Umw, Ind)* Gewässerverschmutzung *f*
~ **supply** *(Umw, Ind)* Wasserversorgung *f*
~ **system** *(Umw, Ind)* Wasserversorgung *f*
watered capital *(Fin)* verwässertes Kapital *n*
watermark *(Gesch, WiWi)* Wasserzeichen *n*
waterproof *adj (Gesch, Ind, Trans)* wasserdicht
watertight *adj (Gesch)* einwandfrei, wasserdicht, unanfechtbar
way of life *(Gesch)* Lebensart *f*, Lebensgewohnheit *f*
waybill *(AH, Trans)* Frachtbrief *m (detailing route, cost)*
ways and means *(WiWi)* Mittel *npl* und Wege *mpl*

weak *adj (WiWi, Recht)* schwach *(protection)*
~ **market** *(Bö)* schwacher Markt *m*
weaken *v (WiWi, Gesch)* (ab)schwächen *(currency value)*
wealth *(WiWi)* Reichtum *m*, Wohlstand *m*
~ **distribution** *(WiWi)* Wohlstandsverteilung *f*
~ **effect** *(WiWi)* Realkasseneffekt *m*, Vermögenseffekt *m*
~ **of opportunities** *(Gesch, Pers)* Fülle *f* von Möglichkeiten
~ **tax** *(WiWi, Fin, St)* Vermögensteuer *f*
wealthy *adj* 1. *(WiWi)* reich, wohlhabend; 2. *(Gesch)* wohlhabend
wear and tear *(Gesch)* Gebrauchsabnutzung *f*, Verschleiß *m*
weather *v (WiWi)* überstehen *(recession)*
web content *(EDV, Komm, V&M, Med)* Web-Inhalt *m*, Webinhalt *m*
~ **counter** *(Komm, V&M)* Webcounter *m*, Webzähler *m*
~ **economy** *(WiWi, V&M)* Web-Wirtschaft *f*, Netzwirtschaft *f*, Internet-Wirtschaft *f*
~ **page** *(Komm, V&M, Med)* Webseite *f* *(Internet page)*
~ **page address** *(EDV, Komm, Med)* Webpage-Adresse *f*, URL *(Uniform Resource Locator, e.g. http://www.w3c.org)*
~ **television** *(EDV, Komm, Med)* Web-TV *n*, Web-Television *n*, Web-Fernsehen *n*
~ **TV** *(EDV, Komm, Med)* Web-TV *n*, Web-Television *n*, Web-Fernsehen *n*
~ **washer** *(EDV, Komm, Med, V&M)* Werbungsfilter *m*
website *(EDV, Komm, V&M, Med)* Website *f (Internet site)*
~ **address** *(Komm, Med)* Website-Adresse *f*, URL *(Uniform Resource Locator, e.g. http://www.w3c.org)*
weed *v* **out** *(Gesch)* auskämmen, aussondern
week *(Gesch)* Woche *f*
weekdays/on *(Gesch)* an Werktagen
weekly hours of work *(Pers)* Wochenarbeitszeit *f*, wöchentliche Arbeitszeit *f*, Arbeitswoche *f*
~ **pay** *(Pers)* wöchentliche Bezahlung *f*
weigh *v (Gesch)* abwägen *(idea, proposal)*; wiegen *(object)*
~ **the pros and cons** *(Gesch)* Vor- und Nachteile abwägen
weight *v (Bö)* gewichten *(option positions)*
weight *(Gesch, Stat, Trans)* Gewicht *n*, Gw.
weighted *adj* 1. *(WiWi, Stat)* gewogen; 2. *(St)* gewichtet
~ **average** 1. *(WiWi)* gewogener Mittelwert m; 2. (Gesch) *gewogenes Mittel* n; 3. (Stat) *gewichtetes Mittel* n
~ **average cost** *(RW)* gewogene Durchschnittskosten *pl*
~ **index** *(Gesch)* gewichteter Index *m*, gewogener Index *m*
weights and measures *(Gesch)* Maße und Gewichte *npl*
welcome *v (Gesch)* begrüßen, willkommen heißen
welfare 1. *(Pers)* Wohlfahrt *f (of employee)*; 2. *(Soz)* Sozialhilfe *f (assistance)* • **be on** ~ *(Pers, Soz)* Sozialhilfe beziehen
~ **agency** *(Pers, Soz)* Sozialamt *n*
~ **benefits** *(Soz)* Sozialhilfe *f*
~ **department** *(Pers, Soz)* Sozialabteilung *f*
~ **economics** *(WiWi)* Wohlfahrtsökonomik *f*
~ **facility** *(Soz)* Sozialeinrichtung *f*
~ **institution** *(Soz)* Sozialeinrichtung *f*
~ **recipient** *(AE) (Pers, Soz)* Wohlfahrtsempfänger(in) *m(f)*
~ **state** *(WiWi, Pol, Soz)* Bevormundungsstaat *m*, Wohlfahrtsstaat *m*
~ **trap** *(Soz)* Wohlfahrtsfalle *f*
well *adv (Gesch)* gut
~**-balanced** *adj (Gesch)* (gut) ausgewogen
~**-educated** *adj (Gesch)* gut ausgebildet
~**-established** *adj (Gesch)* (gut) eingeführt, (gut) etabliert *(business)*
~**-known mark** *(Pat, V&M)* vertrautes Markenzeichen *n* [Warenzeichen *n*]
~**-motivated** *adj (Pers)* gut motiviert
~**-placed** *adj (Gesch)* in guter Position • **be** ~**-placed** *(Gesch)* gut im Rennen liegen
~**-positioned** *adj (Gesch)* am rechten Platz
~**-to-do** *adj (Gesch)* wohlhabend
wellhead prices *(Gesch)* Preis *m* ab Bohrturm, Quellenpreis *m (oil industry)*
wheeler-dealer *(ugs.) (Gesch)* (gerissener) Geschäftemacher *m*, Schlitzohr *n*
wheeling and dealing 1. *(Gesch)* intensives Verhandeln *n*; 2. *(Bö)* intensive Verhandlung *f*
white coal *(Umw)* Wasserkraft *f*
~**-collar crime** *(Recht)* Wirtschaftsverbrechen *n*
~**-collar job** *(Pers)* Bürotätigkeit *f*

~-collar worker *(Pers)* Angestellte(r) *f(m)*
~ **goods** *(Gesch, V&M)* weiße Ware *f (large domestic appliances)*
~ **knight** *(Fin) (ugs.)* Retter *m* in der Not *(takeovers)*
White Paper *(BE) (Recht)* Gesetzesvorlage *f*
whitewash *v (Gesch)* rehabilitieren, rein waschen, schönfärben, wieder zahlungsfähig erklären
whittle *v* **down** *(Gesch)* beschneiden, kürzen *(costs, commissions)*
whiz kid 1. *(Gesch)* Genie *n*, *(ugs.)* kluger Kopf *m*, Wunderkind *n*; 2. *(Mgt) (ugs.)* Senkrechtstarter *m*
wholesale *adj (V&M)* Großhandels-...
wholesale *(Gesch)* Großhandel *m*
~ **business** *(Gesch)* Großhandel *m*, Großhandelsgeschäft *n*
~ **dealer** *(WiWi, Gesch, V&M)* Großhandelsbetrieb *(firm)*; Großhändler(in) *m(f)*, Grossist *m (person)*
~ **deposits** *(Bank, Fin)* Geldanlage *f* im Interbankgeschäft, Geldmarktanlagen *fpl*
~ **goods** *(WiWi, Gesch, Ind)* Großhandelserzeugnisse *npl*
~ **market** *(Gesch)* Großmarkt *m*, Großhandelsmarkt *m*
~ **money market** *(Fin)* Interbankengeldmarkt *m*
~ **price index** *(Stat)* Großhandelspreisindex *m*
~ **trade** *(WiWi, V&M)* Großhandel *m*
~ **trader** *(WiWi, Gesch, V&M)* Großhandelsbetrieb *m (firm)*; Großhändler(in) *m(f)*, Grossist *m (person)*
wholesaler *(WiWi, V&M)* Großhandelsbetrieb *m (firm)*; Großhändler(in) *m(f)*, Grossist *m (person)*
wholesaling *(WiWi, V&M)* Großhandel *m*
wide *adj (Gesch)* breit
~-margin *adj (Bank, Gesch)* margenstark
~ **range** *(Gesch, V&M)* breites Sortiment *n*
widely recognized *(Gesch)* allgemein anerkannt
widen *v* 1. *(Gesch)* ausdehnen, erweitern, vertiefen; 2. *(St)* erweitern *(tax base)*
widespread *adj (Gesch)* üblich, weit verbreitet
widow-and-orphan stock *(Bö)* sichere Aktien *fpl* mit hoher Dividende, mündelsichere Wertpapiere *npl*
wildcat strike *(Pers)* wilder Streik *m*
~ **venture** *(Gesch)* gewagte [riskante] Sache *f*
will *(Recht)* Testament *n*
willing to work *(Soz, Pers)* arbeitswillig
win *v (Gesch, V&M)* werben *(customers)*
~ **over** *(Gesch)* überreden, herumkriegen, für sich gewinnen
wind *v* **down** *(Gesch)* reduzieren *(activities)*; zurückfahren *(production)*
~ **up** 1. *(RW)* abwickeln; 2. *(Gesch)* auslaufen lassen *(meeting)*; liquidieren *(company, firm)*; 3. *(Mgt)* beenden *(meeting)*
wind power *(Ind, Umw)* Windenergie *f*, Windkraft *f*
~ **power plant** *(Ind, Umw)* Windkraftwerk *n*
windfall gain *(WiWi, Gesch)* Zufallsgewinn *m*
~ **loss** *(WiWi)* unerwarteter Verlust *m*
~ **profit** *(WiWi, Gesch)* Zufallsgewinn *m*
~ **tax** *(St)* Spekulationssteuer *f*
winding down *(Gesch)* Reduzierung *f*
~ **up** 1. *(Gesch, Recht)* Auflösung *f*, Liquidation *f*; 2. *(Mgt)* Abwicklung *f (of company)*; Beenden *n (of meeting)*
~-up procedure *(Recht)* Abwicklungsverfahren *n*
~-up sale *(Gesch)* Ausverkauf *m* wegen Geschäftsaufgabe
~-up value *(RW)* Liquidationswert *m (final value liquidation)*
window 1. *(EDV)* Fenster *n*; 2. *(Gesch)* Schalter *m (for tickets)*; Schaufenster *n (in shop)*; Gelegenheit *f (opportunity)*
~ **display** *(Gesch, V&M)* Schaufensterauslage *f*, Auslage *f*
~-dressing 1. *(RW)* Window-Dressing *n*, Bilanzkosmetik *f (annual accounts)*; 2. *(Gesch, V&M)* Schaufensterdekoration *f*, Dekoration *f (shop display)*
~ **envelope** *(Verw)* Fensterbriefumschlag *m*
~-shopping *(Gesch)* Schaufensterbummel *m*
winner 1. *(Gesch)* Sieger(in) *m(f)*; 2. *(Bö)* Gewinner *m*, Kursgewinner *m*; 3. *(V&M)* Renner *m (product)*
winning *adj (Gesch)* siegreich
winter sales *(V&M)* Winterschlussverkauf *m*
wipe *v* **off** *(Fin)* zurückzahlen *(debt)*
~ **out** *(Gesch)* ausradieren, ausrotten

wiretapping *(Komm)* Abhören *n*
withdraw *v* 1. *(Bank)* abheben *(money)*; 2. *(WiWi, Fin, Gesch)* abheben, entziehen, zurücknehmen *(offer)*; zurückziehen *(charge)*; 3. *(Gesch)* sich zurückziehen
~ **from** *(Gesch)* austreten aus, zurücktreten von *(contract)*
withdrawal 1. *(Bank)* Abhebung *f (money)*; 2. *(WiWi, Fin, Gesch)* Abhebung *f*, Entziehung *f*, Rückzug *m*, Ausscheiden *n*, Rücknahme *f*, Zurückziehung *f (charge)*
~ **from stock** *(RW, Verw)* Lagerentnahme *f*
~ **from working life** *(Soz, Pers)* Ausscheiden *n* aus dem Erwerbsleben, Zurückziehen *n* aus dem Berufsleben
~ **of capital** *(Bank)* Kapitalentnahme *f*
~ **plan** *(Bank, Bö)* Entnahmeplan *m*
withhold *v (Gesch)* einbehalten, zurückhalten *(information)*
withholding *(Bö)* Abzug *m*, Einbehaltung *f (securities, taxes)*
~ **tax** *(St)* Quellensteuer *f*
within *(Gesch)* innerhalb
~ **reach** *(Gesch)* in Reichweite
~ **the framework of** *(Gesch)* im Rahmen von
~ **the prescribed time** *(Gesch)* innerhalb der vorgeschriebenen Zeit
without *(Gesch)* exklusive, ohne
~ **any liability on our part** *(Gesch, Recht)* ohne jegliche Haftung unsererseits
~ **authorization** *(Gesch)* unbefugt
~ **charge** *(Gesch)* gebührenfrei, kostenlos
~ **delay** *(Gesch)* unverzüglich
~ **engagement [obligation]** *(Gesch)* freibleibend, unverbindlich
~ **just cause** *(Recht)* unbegründet
~ **notice** *(Gesch)* fristlos
~ **permanent residence** *(Recht)* ohne festen Wohnsitz
~ **prejudice** 1. *(Gesch)* ohne Verbindlichkeit, unvoreingenommen *(unprejudiced)*; 2. *(Recht)* unbeschadet
~ **qualification** 1. *(RW)* uneingeschränkt, ohne Vorbehalt *m (auditing)*; 2. *(Recht)* bedingungslos *(contracts)*
witness *v (Gesch)* bestätigen *(signature)*
~ **sth** *(Recht)* Zeuge von etw. sein *(observe)*; bezeugen *(in court)*
witness *(Gesch, Recht)* Zeuge *m*, Zeugin *f*
wood *(Ind)* Holz *n* • **be out of the woods** *(Gesch)* über den Berg sein
word *(Gesch)* Wort *n*
~ **of advice** *(Gesch, Mgt)* Hinweis *m*, Rat(-schlag) *m*
~**-of-mouth advertising** *(V&M)* Mund-zu-Mund-Werbung *f*
~ **of warning** *(Gesch)* mahnendes Wort *n*, Warnung *f*
~**-perfect** *adj (AE) (Verw)* textsicher, sicher in Textbeherrschung
~ **processing** *(EDV)* Textverarbeitung *f*
wording *(Gesch, Recht)* Formulierung *f*, Wortlaut *m (of contract)*
work *v* 1. *(Gesch)* funktionieren *(machine)*; arbeiten *(person)*; 2. *(Pat)* ausnutzen, auswerten, praktisch verwerten
~ **as part of a team** *(Pers)* im Team arbeiten
~ **flat out** *(Gesch) (ugs.)* auf Hochtouren arbeiten, sich voll verausgaben
~ **for a living** *(Pers, Soz)* seinen Lebensunterhalt verdienen
~ **full-time** *(Pers, Soz)* ganztags arbeiten
~ **half-time** *(Gesch)* halbtags arbeiten
~ **in partnership with** *(Gesch, Mgt)* sich assoziieren mit, zusammenarbeiten mit
~ **in shifts** *(Pers)* Schichtarbeit machen
~ **off** 1. *(Fin)* abarbeiten *(debts)*; 2. *(Gesch)* abarbeiten, abbauen
~ **out** *(Gesch)* herbeiführen *(settlement)*; festlegen *(terms, details)*; berechnen, ausrechnen *(total, interest)*
~ **overtime** *(Pers)* Überstunden machen, Überstunden arbeiten
~ **short-time** *(Pers)* Kurzarbeit leisten, kurzarbeiten
~ **through** *(Pers)* durcharbeiten
~ **to a very tight schedule** *(Gesch)* ein volles Programm haben, nach knapp bemessenem Zeitplan arbeiten
~ **to rule** *(WiWi, Pers, Mgt)* Arbeit nach Vorschrift machen, Dienst nach Vorschrift machen
work *(Gesch)* Arbeit *f* • **be out of** ~ *(Pers)* arbeitslos sein • **be up to one's neck in** ~ *(Pers)* mit Arbeit eingedeckt sein • **get down to** ~ *(Gesch)* sich an die Arbeit machen • **"make ~ pay"** *(WiWi, Pol)* „Arbeit muss sich lohnen" *(strategic approach to unemployment)*
~ **area** *(Gesch)* Arbeitsbereich *m*, Arbeitsplatz *m*
~ **attitude** *(Pers)* Arbeitsmoral *f*

~ **backlog** *(Gesch, Ind)* Angebotsüberhang *m*, Rückstand *m*, unerledigte Aufträge *mpl*
~ **cycle** 1. *(Gesch)* Arbeitstakt *m*; 2. *(Pers)* Arbeitsgang *m*; 3. *(Ind)* Produktionszyklus *m*
~ **environment** *(Pers)* Arbeitsumfeld *n*, Arbeitsumgebung *f*
~ **ethic** *(Pers, Mgt)* Arbeitsethos *n*
~ **experience** *(Gesch, Pers, Mgt)* Arbeitserfahrung *f*
~ **flow planning** *(Gesch, Mgt)* Arbeitsablaufplanung *f*
~ **in process** *(AE) (RW, WiWi, Gesch)* laufende Arbeit *f*, unfertige Erzeugnisse *npl*
~ **in progress** *(BE) (RW, WiWi, Gesch)* laufende Arbeit *f*, unfertige Erzeugnisse *npl*
~ **incentive** *(Pers)* Arbeitsanreiz *m*
~ **permit** *(Pers)* Arbeitserlaubnis *f*
~ **program(me)** *(Pers)* Arbeitsprogramm *n*
~ **prospects** *(Pers)* Berufsaussichten *fpl*
~**-sharing** *(Pers)* Arbeitsaufteilung *f*
~**-shy** *adj (Gesch, Pers, Mgt)* arbeitsscheu *(disinclined to work)*
~ **station** 1. *(Verw)* Dienstort *m*; 2. *(EDV)* Datenstation *f*, Workstation *f*; 3. *(Gesch)* Arbeitsplatz *m*; 4. *(Pers)* Datenstation *f*
~ **structuring** *(Gesch, Pers)* Arbeitsgestaltung *f*
~ **time study** *(Gesch, Pers, Ind, Mgt)* Arbeitszeitermittlung *f*, Arbeitszeitstudie *f*
~ **title** *(Recht, Med)* Werktitel *m*
~ **to rule** *(Verw, Pers, Mgt)* Dienst *m* nach Vorschrift; Bummelstreik *m (go-slow)*
workable *adj (Gesch)* funktionsfähig
~ **competition** *(WiWi)* effektiver Wettbewerb *m*, funktionsfähiger Wettbewerb *m*
workaholic *(Pers)* Arbeitsbesessene(r) *f(m)*, Workaholic *m*
workday *(AE) (Gesch, Pers, Ind)* Arbeitstag *m*
worker *(Pers)* Arbeiter(in) *m(f)*, Arbeitskraft *f*
~ **participation** *(Pers)* Arbeitspartizipation *f*
~ **representative** *(Pers)* Arbeitnehmervertreter(in) *m(f)*
workers' representation *(Pers)* Arbeitnehmervertretung *f*
workfare *(WiWi)* Sozialleistungen *fpl* mit Gegenleistung
workforce *(Gesch, Pers, Ind)* Arbeiterschaft *f*, Belegschaft *f*, Beschäftigte *pl*, Personalbestand *m (staff)*
working *adj (Gesch)* arbeitend • **have a ~ knowledge of sth** *(Gesch, Pers)* Grundkenntnisse von etw. haben • **in ~ order** *(Gesch, Ind)* funktionstüchtig *(equipment)*
working 1. *(Gesch)* Verwertung *f (utilization of resources)*; 2. *(Ind, Pat)* Auswertung *f*, Patentauswortung *f*, Verwertung *f*
~ **age** *(Pers, Soz)* arbeitsfähiges Alter *n*, erwerbsfähiges Alter *n*
~ **area** *(Pers)* Arbeitsbereich *m (in office)*
~ **atmosphere** *(Pers, Pol)* Arbeitsklima *n*
~ **capital** *(Fin, Gesch)* Betriebskapital *n*
~ **class** *(Pers)* Arbeiterklasse *f*
~ **conditions** *(Pers)* Arbeitsbedingungen *fpl*
~ **environment** *(Pers)* Arbeitsumfeld *n*, Arbeitsumgebung *f*, Arbeitsumwelt *f*
~ **group [party]** *(Gesch, Pol)* Arbeitsgruppe *f*
~ **hours** *(Gesch, Pers)* Arbeitszeit *f*
~ **hypothesis** *(Gesch, WiWi)* Arbeitshypothese *f*
~ **life** *(Pers)* Berufsleben *n*
~ **meeting** *(RW)* Arbeitssitzung *f*
~ **paper** *(Verw, Pol)* Arbeitspapier *n*
~ **population** *(Pers)* Erwerbsbevölkerung *f*
~ **program(me)** *(Pers)* Arbeitsprogramm *n*
~ **pressure** *(Ind)* Arbeitsdruck *m*
~ **session** *(Gesch)* Arbeitssitzung *f*
~ **week** *(BE) (Pers)* Arbeitswoche *f*
workload *(Gesch, Pers, Ind, Mgt)* Arbeitsbelastung *f*
workmanship *(Gesch)* Arbeitsqualität *f*
workplace *(Verw, Gesch, Pers)* Arbeitsplatz *m*, Betrieb *m*
works *(Ind)* Fabrik *f*, Betrieb *m*, Werk *n*
~ **committee [council]** *(BE) (Pers)* Betriebsrat *m*
~ **contract** *(Gesch, Recht)* Werkvertrag *m*
~ **rules** *(Pers)* Betriebsordnung *f*, Betriebsregelungen *fpl*, Arbeitsordnung *f*
workshop 1. *(Gesch)* Werkstatt *f*, Arbeitskreis *m (for training)*; 2. *(Ind)* kleiner Betrieb *m*, Werkstatt *f*, 3. *(Pers)* Arbeitstagung *f*, Arbeitstreffen *n*
world *(Gesch)* Welt *f* • **all over the ~** *(Gesch)* in der ganzen Welt, weltweit

~ **consumption** *(WiWi, Umw)* Weltverbrauch *m*
~ **economy** *(WiWi)* Weltwirtschaft *f*
~ **market** *(WiWi)* Weltmarkt *m*
~ **monetary reserve assets** *(Fin)* Weltwährungsreserven *fpl*
~ **monetary system** *(Fin)* Weltwährungssystem *n*
~ **of finance** *(Fin)* Finanzwelt *f*
~ **trade** *(WiWi)* Welthandel *m*
worldwide *adj (Gesch)* global, weltumspannend, weltweit
worn out *adj* 1. *(Gesch)* ausgedient; 2. *(Pers)* erschöpft *(person)*
worry *v (Gesch)* beunruhigen
worse off *adj (Gesch)* schlechtergestellt
worsen *v (Gesch)* sich verschlechtern
worst-case case scenario *(WiWi, Gesch)* Szenario *n* für den ungünstigsten Fall
worth *adj (Bö)* wert sein
worthless *adj (Gesch)* wertlos
wrap up *v (Gesch)* zu Ende bringen *(meeting, discussion)*; einwickeln *(package)*
wrap-up *(AE) (Pol)* Abschlussrede *f*
writ *(Recht)* Verfügung *f*
~ **of summons** *(Recht)* Ladung *f*
~ **of sequestration** *(Recht)* gerichtliche Einsetzung *f* eines Zwangsverwalters
writable *adj (EDV)* beschreibbar
write *v (EDV, Gesch)* schreiben *(to disk, memory)*
~ **a stock option** *(Bö)* eine Aktienoption verkaufen
~ **back** *(RW)* auflösen *(reserves)*
~ **down** 1. *(RW)* abschreiben; 2. *(Gesch)* aufschreiben *(make note of)*
~ **off** 1. *(RW)* abbuchen, ausbuchen; 2. *(Fin)* abschreiben
~ **out** 1. *(Gesch)* ausstellen *(cheque, receipt)*; 2. *(Recht)* ausfertigen
~ **up** *(RW)* zuschreiben *(as an asset)*
write-off 1. *(RW, Fin)* Ausbuchung *f*, 2. *(Gesch)* Abschreibung *f*, Reinfall *m* *(event)*; 3. *(Vers)* Totalschaden *m (vehicle)*
~**-up** 1. *(RW)* Zuschreibung *f*, 2. *(Gesch)* Höherbewertung *f*, 3. *(Med)* Bericht *m*, Pressebericht *m (in press)*
writing *(Komm, Gesch)* Schrift *f* • **in ~** *(Komm, Gesch)* schriftlich
~ **back** *(RW)* Rückbuchung *f*, Auflösung *f* *(reserves)*
~**-down allowance** *(St)* Abschreibungsbetrag *m*
~ **naked** *(Bö)* ungedeckter Verkauf *m*
~**-off** *(RW)* Abschreibung *f*
written agreement *(Gesch, Recht)* schriftliche Vereinbarung *f*
~ **declaration** *(Gesch, Recht)* schriftliche Erklärung *f*
~**-down value** *(RW)* Restwert *m*
~ **evidence** *(Recht)* schriftlicher Beweis *m*
~ **off** *adj (RW)* abgeschrieben
~ **offer** *(Gesch)* schriftliches Angebot *n*
wrong *adj (Gesch)* falsch, unrichtig *(answer)* • **be in the ~ job** *(Pers)* im falschen Job sein • **be on the ~ track** *(Gesch)* auf der falschen Fährte sein, auf der falschen Spur sein
~ **connection** *(Komm)* falsche Verbindung *f (telephone)*
wronged party *(Recht)* Geschädigte(r) *f(m)*, Verletzte(r) *f(m)*
wrongful *adj (Recht)* unrechtmäßig
~ **dismissal** *(Pers, Recht)* ungerechtfertigte Entlassung *f*
wrongly *adv (Gesch)* fälschlicherweise, zu Unrecht

X

X-efficiency *(WiWi)* X-Effizienz *f*
x-ship *(AH, Trans)* ex Schiff *(shipping)*
X-Y plotter 1. *(Verw)* XY-Plotter *m*; 2. *(EDV)* Kurvenschreiber *m*
xerox *(Verw)* Fotokopie *f*
xerox *v (Verw)* fotokopieren

Y

Yankee bond *(AE) (Bö)* Yankee Bond *m*
Yankees *(jarg.) (Bö)* amerikanische Wertpapiere *npl*
yardstick *(Gesch)* Kriterium *n*, Maßstab *m*
year of acquisition *(RW)* Zugangsjahr *n*
~**-end adjustment** *(RW)* Jahresendberichtigung *f*
~**-end audit** *(RW)* Jahresabschlussprüfung *f*
~ **ended** *(RW)* Geschäftsjahrende *n*
~**-end procedures** *(RW)* Jahresabschlussarbeiten *fpl*

- ~ **of assessment** *(RW)* Veranlagungsjahr *n*
- ~ **of contribution** *(Pers)* Beitragsjahr *n*
- ~ **of issue** *(Bö)* Emissionsjahr *n (bonds)*
- ~**-over-year** *adj (RW, Mgt)* gegenüber Vorjahr *(comparison)*
- ~ **under review** *(RW)* Berichtsjahr *n*

yearly *adv (Gesch)* jährlich
- ~ **salary** *(Gesch, Pers)* Jahresgehalt *n*

Yellow Pages® *(Komm)* Gelbe Seiten® *fpl (telephone directory)*

yield *v* 1. *(Fin)* einbringen *(interest)*; 2. *(Gesch)* abwerfen

yield 1. *(WiWi)* Ernte *f*, Ertrag *m (agriculture)*; 2. *(Fin)* Effektivverzinsung *f*, Rendite *f*, Nominalverzinsung *f (bonds)*
- ~ **comparison** *(Bö)* Zinsertragsvergleich *m*
- ~ **curve** *(Bank, Fin)* Zinsstruktur(kurve) *f*
- ~ **gap** *(WiWi)* Renditegefälle *n*
- ~ **spread** *(Fin)* Renditedifferenz *f*
- ~ **to call** *(Gesch)* Rendite *f* einer kündbaren Anleihe
- ~ **to maturity** *(Bank, Bö)* Rendite *f* auf die Endfälligkeit
- ~ **variance** *(Gesch)* Ertragsabweichung *f*

young upwardly mobile professional *(AE) (Gesch, V&M) (ugs.)* Yumpie *m*
- ~ **urban professional** *(BE) (Gesch, V&M) (ugs.)* Yuppy *m*

youth unemployment *(Pers)* Jugendarbeitslosigkeit *f*

yumpie *s.* young upwardly mobile professional

yuppy *s.* young urban professional

Z

zero *v (EDV)* auf null setzen

zero *(Gesch)* Null *f*
- ~**-base budget** *(RW, Fin)* Nullbasis-Budget *n*
- ~**-base budgeting** *(RW, Fin)* Nullbasis-Budgetierung *f*, Zero-Base-Budgeting *n*
- ~**-coupon bond** *(Bö)* Nullkuponanleihe *f*, Zero-Bond *m*
- ~**-coupon security** *(Bö)* Nullkuponwertpapier *n*
- ~ **growth** *(WiWi)* Nullwachstum *n*
- ~ **option** *(Pol)* Nulllösung *f*
- ~ **profit** *(Fin)* Nullgewinn *m*
- ~**-rated** *adj (St)* von der Mehrwertsteuer befreit *(for sales)*
- ~**-rated goods** *(St)* von der Mehrwertsteuer befreite Ware *f*
- ~**-rating** *(St)* Mehrwertsteuerbefreiung *f (for sales)*
- ~ **short-time working** *(Pers)* Kurzarbeit *f* „Null"
- ~**-sum game** *(WiWi, Mgt, Pol)* Nullsummenspiel *n*

zip code *(AE) (Komm)* Postleitzahl *f*, PLZ

zone *(Gesch)* Bereich *m*, Gebiet *n*, Zone *f*
- ~ **of monetary stability** *(WiWi, Pol)* stabile Währungszone *f*
- ~ **pricing** *(V&M)* Preisfestsetzung *f* nach Zonen

zoning *(Gb)* Flächenaufteilung *f*

Deutsch–Englisch

A

abänderbar *adj (Recht)* commutable
abändern *v* 1. *(Gesch)* amend *(Bedingungen)*; correct, rectify *(verbessern)*; modify, change *(Produkt)*; 2. *(Recht)* commute *(Urteil)*; revise *(Entscheidung)*; amend *(Gesetz)*
Abänderung *f* 1. *(Gesch)* change, rectification; 2. *(Pol, Recht)* amendment
Abänderungsantrag *m (Pol, Recht)* proposed amendment
Abandon *m (Recht, Vers)* abandonment
abandonnieren *v (Bö, Vers)* abandon *(Optionsaufgabe)*
abarbeiten *v* 1. *(EDV)* execute, process; 2. *(Gesch)* work down *(Liste)*; work off *(Schuld, Vorschuss)*
Abbau *m* 1. *(Gesch, Mgt, Pers)* scaling-down, downsizing *(von Personal)*; 2. *(WiWi)* downsizing *(von Personal)*; 3. *(Umw)* exploitation, degradation *(von natürlichen Ressourcen)*; 4. *(WiWi)* exploitation *(von Mineralien, Kohle)*; dismantling *(von Restriktionen)*
~ **von Arbeitskräften** *(Pers)* shedding of labo(u)r
~ **von Personal** (Pers) staff cut, staff cuts, staff reduction, reduction in staff, reduction in staffing levels, shedding of labo(u)r
abbaubarer Rohstoff *m (WiWi)* depletable resource
abbauen *v* 1. *(Fin)* repay *(Schulden)*; 2. *(Gesch)* abolish gradually, dismantle, cut down, reduce *(System)*; work off, abolish (Schulden); 3. *(Mgt, Pers)* cut down, downsize, slim *(Personalstand, Belegschaft)*; 4. *(Umw)* exploit *(natürliche Ressourcen)*; 5. *(WiWi)* cut down, run down, remove, dismantle, abolish *(Handelsschranken)*
abbestellen *v (Med, V&M)* unsubscribe *(Zeitschrift)*
Abbildung *f* 1. *(EDV)* map; 2. *(Stat)* transformation *(von Koordinaten, Variablen)*; mapping, function *(Logik)*; 3. *(Pat)* figure
abbrechen *v* 1. *(EDV)* abort, truncate, cancel *(Programm)*; 2. *(Gesch)* abort *(Versuch, Kampagne)*; break off *(Verhandlungen, Gespräche)*; 3. *(Gb)* demolish, pull down *(Gebäude)*
Abbrecherquote *f (Pers)* dropout rate, drop-out rate *(Schule, Ausbildung)*
abbuchen *v* 1. *(Bank)* debit; 2. *(Gesch)* debit, charge off; 3. *(RW)* write off, charge off, debit
Abbuchung *f* 1. *(Bank)* payment by standing order; 2. *(RW)* charge off
~ **durch Einzugsermächtigung** *(Bank, Fin)* direct debit, DD
ABC-Verfahren *n (Verw)* ABC method *(Lagerwirtschaft)*
Abdruck *m* 1. *(Gesch)* copy, reprint, reproduction; 2. *(V&M)* imprint, stamp *(eines Stempels, Siegels)*
Abendschule *f (Pers)* evening school, night school
aberkennen *v (Pers)* deprive, disallow
Abfall *m* 1. *(Gesch)* refuse, waste, *(AE)* garbage, *(BE)* rubbish, *(AE)* trash; 2. *(WiWi)* drop, fall *(Kurs)*
Abfallaufbereitung *f (Umw)* waste recycling
Abfallbeseitigung *f (Gesch, Umw)* waste disposal
Abfallbilanz *f (Recht, Umw)* waste report
Abfallentsorgung *f (Gesch, Umw)* waste disposal
Abfallprodukt *n (Umw)* waste product
Abfallvermeidung *f (Umw)* waste prevention
Abfallverminderung *f (Umw)* waste reduction
Abfallwiederaufbereitung *f (Umw)* recycling of waste
Abfallwirtschaft *f* 1. *(Gesch)* waste disposal industry; 2. *(Umw)* waste management
abfangen *v (Gesch)* absorb; deaden *(negative Wirkung)*
abfassen *v (Gesch, Recht, V&M)* draft *(Reklametext)*
abfedern *v (Gesch)* smooth; deaden *(negative Wirkung)*
Abfederung *f (Pol, Soz)* cushioning
abfertigen *v (Gesch)* attend to, process, serve
abfinden *v* 1. *(Fin)* buy out, pay off, indemnify *(Aktionäre)*; 2. *(Gesch)* compensate, indemnify
Abfindung *f* 1. *(Fin)* compensation; 2. *(Gesch, Pat)* damages; 3. *(Pers)* ex gratia payment *(Arbeit)*; payoff *(Entlassung)*;

4. *(Recht)* indemnity; 5. *(St)* termination payments
Abfindungszahlung *f (Pers)* severance pay, severance payment, termination pay, *(BE)* redundancy pay
Abflachen *n* **der Unternehmenshierarchien** *(Pers, Verw)* flattening of hierarchies
abflauen *v (Gesch, WiWi)* ease off, flag, slacken, slow down, tail away *(Wachstum)*
Abfluss *m* 1. *(Fin)* outflow; 2. *(Umw)* effluent, efflux; 3. *(WiWi)* drain *(Geldabfluss)*
Abfolge *f* **von Schritten** *(Gesch)* sequency
Abfrage *f (Gesch)* enquiry, query
Abführung *f (St)* transfer
Abgabe *f* 1. *(Fin)* levy; 2. *(Gesch)* royalty, charge, tax; 3. *(AH)* levy; 4. *(St)* imposition; 5. *(WiWi)* charge, tax, royalty *(Förderabgabe)* • **zur ~ von Angeboten auffordern** *(Gesch)* invite tenders
~ von Angeboten *(Gesch)* bidding, submission of bids
~ von Geboten *(Gesch)* bidding
Abgabefrist *f (Gesch)* closing date, due date, filing date, final date for acceptance *(Annahmeschluss)*
Abgabekurs *m (Bö)* issue price
Abgabenordnung *f (Recht)* German Tax Code
abgabenpflichtig *adj* 1. *(AH, St)* dutiable; 2. *(Recht, St)* liable to tax, taxable
abgabenpflichtige Waren *fpl (AH, St)* chargeable goods, dutiable goods
Abgabepreis *m (Gesch)* selling price
Abgabetermin *m (Recht)* final deadline
Abgang *m* **von flüssigen Mitteln** *(Fin)* cash drain
Abgänge *mpl (Pers)* persons leaving, people leaving, workers leaving, leavers
Abgangsquote *f (Pers)* rate of outflow
~ aus Arbeitslosigkeit *(Soz)* escape rate
Abgangswahrscheinlichkeiten *fpl (Stat, Pers)* outflow probabilities
Abgangszeugnis *n* 1. *(Pers)* leaving certificate, certificate of successful completion *(of a stage of education)*; *(AE)* diploma; 2. *(Soz)* school leaving certificate
abgeändert *adj (Gesch)* amended
abgeben *v* 1. *(Gesch)* submit *(Angebot)*; 2. *(Vers)* cede
abgebende Gesellschaft *f (Gesch)* ceding company
abgeführte Mehrwertsteuer *f (St) (BE)* value-added tax paid, *(BE)* VAT paid
abgekürzt *adj (Vers)* deferred
abgekürzter Tastaturbefehl *m (EDV)* keyboard shortcut
abgekürztes Tastaturkommando *n (EDV)* keyboard shortcut
abgelaufen *adj* 1. *(Bank)* mature; 2. *(Bö)* lapsed; 3. *(Fin)* mature; 4. *(Gesch)* expired, no longer valid
abgeleitete Nachfrage *f (WiWi)* derived demand, indirect demand
abgelten *v (Gesch)* compensate, satisfy
abgemacht *adj (Gesch)* agreed
abgerechnet *adj (Bank, Fin)* cleared, cld
abgerufenene Ware *f (Gesch)* goods called forward
abgeschlossen *adj (Gesch)* completed, closed
abgeschlossene Berufsausbildung *f (Pers)* occupational qualification, vocational qualification
~ Hypothek *f (Bank)* closed-end mortgage
abgeschlossenes Geschäftsjahr *n* **[Haushaltsjahr** *n*, **Wirtschaftsjahr** *n***]** 1. *(RW)* accounting year ended; 2. *(St)* fiscal year ended
abgeschrieben *adj (RW)* written off
abgeschriebene Forderungen *fpl (Fin)* written-off receivables
abgeschriebener Betrag *m (RW)* depreciated amount
abgesicherte Verbindlichkeit *f (RW)* hedged liability
abgesicherter Kredit *m (Fin)* secured credit
abgestimmt *adj (Gesch)* concerted, fine-tuned • **aufeinander ~** *(Gesch)* coordinated, synchronized
abgestimmtes Verhalten *n (WiWi)* concerted action *(Kartellbildung)*
abgewickelt *adj (Bö)* closed-out
abgezeichnet *adj (Gesch)* acknowledged
abgezielt sein auf *(Gesch)* be aimed at
abgezinst *adj (Fin, RW)* discounted
abgezinster Cash-Flow *m (Fin, RW)* discounted cash flow, DCF
Abgleich *m (Fin, RW)* balancing
abgrenzen *v (RW)* adjust, accrue
Abgrenzung *f (RW)* adjustment

abhängen *v* **von** *(Gesch)* depend on *(Ereignis)*
abhängig Beschäftigte *pl (Pers)* employees, persons in dependent employment, wage earners and salaried employees, wage and salary earners, *(AE)* wage and salary workers, *(BE)* employees in employment, workers *(gesamtwirtschaftlich als Sammelbegriff für Arbeitnehmer)*; labo(u)r *(im volkswirtschaftlichen Sinn als Sammelbegriff für die Arbeitnehmer)*
abhängige Beschäftigung *f (WiWi)* dependent employment
~ **Gesellschaft** *f (Fin, RW)* controlled company
~ **Variable** *f (Stat)* dependent variable
Abhängigkeit *f (Gesch)* dependence, dependency
abheben *v (Bank, Fin, Gesch, WiWi)* draw, withdraw *(Geld)*
Abhebung *f (Bank, Fin, Gesch, WiWi)* withdrawal
abhelfen *v* 1. *(Gesch)* remedy; 2. *(Recht)* redress
abhören *v (Komm)* tap, tap into *(Telefon)*
Abhören *n (EDV, Gesch, Komm)* telephone tapping, wiretapping
Abkommen *n (Gesch)* agreement
Abkömmling *m (Recht)* descendant, issue *(Erben)*
Abkühlungszeit *f (Bö, Pers, Vers)* cooling-off period
abkürzen *v* 1. *(Gesch)* abbreviate, shorten; 2. *(Komm)* abridge *(Inhalt)*
Abkürzung *f* 1. *(Gesch)* abbreviation; 2. *(Komm)* abridgement *(Inhalt)*
ABl. *s.* Amtsblatt
abladen *v (Gesch, Ind, Trans)* offload, unload
Abladen *n (Gesch, Ind, Trans)* offloading, unloading
Ablauf *m (Gesch)* procedure, expiry, expiration
Ablaufdiagramm *n (Gesch)* flowchart
ablaufen *v* 1. *(Gesch)* come to an end *(Ereignis)*; expire *(Frist)*; 2. *(Vers)* lapse
Ablaufleistungen *fpl (Vers)* outpayments on expiration of contracts
Ablaufplanung *f* 1. *(Gesch)* scheduling; 2. *(Mgt)* operational planning
Ablauftermin *m* 1. *(Bank)* date of maturity, DOM; 2. *(Gesch)* expiry date
ablegen *v (Verw)* file *(Dokumente)*
ablehnen *v* 1. *(Gesch)* decline, turn away, oppose, object to *(Vorschlag)*; 2. *(Pers)* repudiate *(Streik)*; 3. *(Recht)* decline, reject
Ablehnung *f* 1. *(Gesch)* refusal; 2. *(Pat)* refusal, rejection; 3. *(Recht)* repudiation
ablesen *v (Gesch)* take a reading
Ablieferungspflicht *f (Bank, AH, Pol)* surrender requirement
ablösbar *adj (Gesch)* redeemable
ablösbare Schuldverschreibungen *fpl (RW)* redeemable bonds
ablösen *v (Gesch)* relieve, redeem, commute *(Verpflichtung)*; supersede *(Vorgänger)*
Ablösung *f* 1. *(Bö)* liquidation *(Verbindlichkeiten)*; 2. *(Fin)* anticipated redemption
ABM *s.* Arbeitsbeschaffungsmaßnahmen
abmachen *v (Gesch)* make arrangements
Abmachung *f (Pol)* memorandum of understanding
abmelden *v/sich* 1. *(EDV)* log off, log out *(Benutzer)*; 2. *(F&T)* check out
Abmessungen *fpl (Gesch)* dimensions
Abnahme *f* 1. *(Bö)* taking delivery; 2. *(Med)* acceptance *(von Manuskripten)*; 3. *(Trans, V&M, Vers)* acceptance; 4. *(WiWi)* decline *(Wachstum)*
Abnahmeverpflichtung *f (Recht)* guarantee to purchase, purchase commitment *(Vertragsrecht)*
abnehmen *v* 1. *(Gesch)* take away, accept, buy, take *(Waren)*; 2. *(Gesch)* dwindle, tail away *(Nachfrage)*; 3. *(WiWi)* contract, decline, shrink
abnehmende Bevölkerung *f (Pers, WiWi)* declining population
~ **Erträge** *mpl (WiWi)* diminishing returns
~ **Grenzrate** *f* **der Substitution** *(WiWi)* diminishing marginal rate of substitution
~ **Skalenerträge** *mpl (WiWi)* diminishing returns to scale
abnehmender Anteil *m (WiWi)* declining share
abnutzbares unbewegliches Vermögen *n (RW)* depreciable real estate
~ **Vermögen** *n (RW)* depreciable asset, depreciable property
~ **Wirtschaftsgut** *n (RW) (AE)* wasting asset

abnutzen *v (WiWi)* erode
Abnutzung *f* 1. *(Gesch)* wear and tear; 2. *(WiWi)* erosion
~ durch Gebrauch *(Gesch)* wear and tear
Abo *n (Bö, Med) (BE)* sub
Abonnement *n (Bö, Med)* subscription, sub
Abonnementsgebühr *f (Med)* subscription fee, subscription charge
Abonnementspreis *m (Gesch)* subscription price
Abonnent(in) *m(f) (Med, V&M)* subscriber
abonnieren *v* 1. *(Gesch)* subscribe to *(Zeitungen, Bücher)*; 2. *(Med, V&M)* take out a subscription
abordnen *v (Pers)* second
abrechnen *v* 1. *(Bank)* clear, account for; 2. *(Gesch)* cash up; 3. *(RW)* make up one's accounts
Abrechnung *f* 1. *(Bank)* clearing; 2. *(Gesch)* billing; 3. *(RW)* invoicing
Abrechnungskurse *mpl (Bö)* strike price
Abrechnungsperiode *f* 1. *(Bö)* settlement period; 2. *(RW)* accounting period, accounting year; 3. *(St)* fiscal period
Abrechnungssaldo *m (Bank, WiWi)* clearing balance
Abrechnungsstelle *f (Bank, Fin)* clearing house
Abrechnungstag *m (Bö)* settlement day
Abrechnungsverkehr *m (Bank)* clearing system
Abrufauftrag *m (Gesch)* blanket order
Abrufdienst *m (Komm, V&M)* on-demand service
abrufen *v (EDV)* retrieve
abrunden *v (Stat)* round down *(Zahl)*
Absage *f (Gesch)* cancellation
Absatz *m* 1. *(RW, V&M)* sales, *(BE)* turnover; 2. *(Verw)* paragraph
~ über Händlernetz *(V&M)* network marketing
Absatzaktivität *f (V&M)* sales activity
Absatzbelebung *f (WiWi)* revival of sales
Absatzbereich *m (V&M)* market coverage
Absatzeinbruch *m (V&M)* slump in sales
Absatzfeld *n (V&M)* outlet
Absatzgebiet *n* 1. *(Gesch)* trading area, distribution area; 2. *(V&M)* sales territory, outlet, market area
Absatzkanal *m* 1. *(Gesch)* distribution channel; 2. *(V&M)* channel of sales
Absatzkette *f (V&M)* marketing chain
Absatzmodalitäten *fpl (AH)* terms of sale
Absatzmöglichkeit *f (V&M)* sales opportunity, market opportunity
Absatznetz *n (V&M)* sales network
Absatzorganisation *f (V&M)* sales force
absatzorientierte Verflechtung *f (WiWi)* forward linkage
Absatzpolitik *f* 1. *(Gesch, Trans)* distribution policy; 2. *(V&M)* marketing policy, sales policy
Absatzprognose *f (V&M)* sales forecast
Absatzrückgang *m (V&M)* slump in sales
Absatzweg *m (V&M)* trade channel, distribution channel
Absatzwirtschaft *f (V&M)* marketing, distributive trade
Absatzzahlen *fpl (V&M)* sales figures
Absatzziel *n (V&M)* sales target, marketing objective
abschaffen *v (Gesch)* abolish, supersede
abschalten *v* 1. *(EDV)* turn off; 2. *(Gesch)* shut off
abschicken *v (Gesch)* post
Abschiebung *f (Pol)* deportation
abschirmen *v (Gesch)* insulate, screen, shield
Abschlag/auf *(Pers)* in part payment
abschlägige Antwort *f (Gesch)* refusal, negative reply
Abschlagsdividende *f (RW)* interim dividend
Abschlagszahlung *f* 1. *(Bank)* payment on account; 2. *(Fin)* part payment
Abschlagszahlungen *fpl (Fin)* progress payments
abschließen *v* 1. *(Bank)* make up, take out, balance; 2. *(Fin)* balance; 3. *(Gesch)* complete, finalize, transact *(Vertrag)*; conclude *(beenden)*; 4. *(RW)* transact, balance, close *(Bücher)*; 5. *(Recht)* complete, conclude; 6. *(Vers)* take out; 7. *(Verw)* conclude • **die Bücher ~** *(RW)* balance the books
Abschluss *m* 1. *(Bank)* making up; 2. *(Bö, Fin)* bargain; 3. *(Gesch)* bargain, completion, deal, conclusion, transaction; 4. *(RW)* transaction, financial statement *(Vertrag)*; 5. *(Recht)* conclusion *(Vertrag)*; 6. *(Soz)* qualification; 7. *(Verw)* conclusion *(Vertrag)*; 8. *(V&M)* sale • **einen ~ erreichen [tätigen]** *(Gesch)* reach a deal

~ **auf Basis von Marktpreisen** *(Gesch, St, V&M)* arm's-length transaction
~ **mit Bestätigungsvermerk** *(RW)* certified financial statement
Abschlussalter *n (Vers)* age at entry
Abschlussbesprechung *f (Mgt)* debriefing • **eine ~ durchführen** *(Mgt)* debrief
Abschlussbestätigung *f (Bö)* transaction slip
Abschlussbilanz *f (Bank, Fin, RW)* ending balance
Abschlussblatt *n (Bö, EDV, Fin, RW, Verw)* balance sheet, spreadsheet, work sheet
Abschlussbuchung *f (RW)* closing entry
Abschlussdividende *f (Bö)* final dividend
Abschlüsse *mpl (Bö)* dealings
Abschlusserläuterungen *fpl (RW)* notes, notes to the financial statements
Abschlussgebühr *f (Bö, V&M)* sales charge
Abschlusskosten *pl (Fin)* closing costs
Abschlussprovision *f (Vers)* acquisition commission
Abschlussprüfung *f* 1. *(RW)* audit; 2. *(Soz)* finals, final examination *(Hochschule)*
Abschlussrechnung *f (RW)* accounting report
Abschlusswert *m (RW)* winding-up value
Abschlusszahlen *fpl (RW)* accounting data
Abschlusszahlung *f (Fin)* final instal(l)ment
Abschnitt *m* 1. *(Bö)* apron; 2. *(Gesch)* chapter, section; 3. *(Med)* leg; 4. *(Verw)* paragraph
abschöpfen *v* 1. *(Gesch)* cream off, siphon off; 2. *(WiWi)* absorb
Abschöpfung *f* 1. *(Gesch)* skimming; 2. *(WiWi)* absorption, drain *(Liquidität)*
~ **im Rahmen der gemeinsamen Agrarpolitik** *(WiWi)* CAP levy, Common Agricultural Policy levy
abschotten *v (Gesch)* compartmentalize, insulate
Abschreckungsmittel *n (Gesch)* deterrent
abschreibbar *adj (RW)* amortizable
abschreiben *v* 1. *(Bank)* amortize *(Vermögenswerte, Aktiva)*; 2. *(Fin)* write off; 3. *(Gesch)* write off *(Forderung, Verlust)*; transcribe *(Text)*; 4. *(RW)* write down, amortize, depreciate *(Vermögenswerte, Aktiva)*; 5. *(Vers)* write off; 6. *(WiWi)* depreciate *(Vermögenswerte, Aktiva)*
Abschreibung *f* 1. *(Gesch)* write-off; 2. *(Gb)* depreciation; 3. *(RW)* amortizement, writing-off, amortization, *(BE)* capital allowance, *(AE)* allowance for depreciation; 4. *(WiWi)* capital consumption allowance
~ **auf Anlagevermögen** *(Bank)* depreciation of fixed assets
Abschreibungsarten *fpl (WiWi)* methods of depreciation
Abschreibungsbetrag *m* 1. *(RW) (AE)* allowance for depreciation, *(BE)* capital allowance; 2. *(St)* writing-down allowance
Abschreibungssatz *m (RW)* rate of depreciation
Abschreibungszeitraum *m (St, WiWi)* depreciable life
abschwächen *v* 1. *(Bank, Bö)* sag; 2. *(Gesch)* water down, weaken *(Idee, Politik, Aussage)*; 3. *(WiWi)* level off, weaken *(Kurse, Andrang)*
Abschwächung *f (WiWi)* slowdown
Abschwung *m* 1. *(Gesch)* downturn; 2. *(WiWi)* contraction, downswing, downturn
absenden *v (Komm, Trans)* dispatch
absetzbar *adj (St)* allowable
absetzen *v (Gesch)* sell
Absetzung *f (St)* deduction *(Einkommensteuer)*
~ **für Abnutzung** *(RW)* allowance for depreciation
absichern *v* 1. *(Bö)* secure; 2. *(Gesch)* shield
Absicherung *f (Bö)* safe hedge
~ **gegen Inflation** *(Vers)* hedge against inflation
Absicherungsklausel *f (Bö)* hedge clause
Absicht *f (Recht)* intention, intent • **in der ~ etw. zu tun** *(Gesch)* with a view to doing sth
Absichtserklärung *f* 1. *(Bö)* letter of intent; 2. *(Gesch)* memorandum of intent; 3. *(Recht)* declaration of intent *(Vertragsrecht)*
absolut *adv (WiWi)* in absolute terms
absolute Abweichung *f (Stat)* absolute deviation
~ **Klassenhäufigkeit** *f (Stat)* absolute class frequency
~ **Konzentration** *f (WiWi)* absolute concentration
absoluter Fehler *m (Stat)* absolute error

~ **Höchststand** *m (Bö, Gesch)* all-time high
absorbieren *v (Gesch)* absorb
Absorption *f* 1. *(Gesch)* absorption; 2. *(WiWi)* absorption, total domestic expenditure
Absprache *f (Gesch)* accord • **nur nach** ~ *(Gesch)* by appointment only *(Termin)*
~ **treffen** *(Gesch)* agree
absprechen *v/sich (Gesch)* agree
abspringen *v (Gesch)* opt out
Abstandsgeld *n (WiWi)* compensation
absteigende Folge *f* **[Reihenfolge** *f***]** *(EDV)* decreasing order *(Ordnung)*
abstellen *v* 1. *(Gesch)* shut off; 2. *(Pers)* second; 3. *(Umw)* abate
Abstellung *f (Pers)* secondment, temporary transfer
abstempeln *v (Gesch)* stamp
Abstiegsmobilität *f (Pers)* downward mobility
abstimmen *v* 1. *(Gesch)* agree; 2. *(RW)* agree, balance, reconcile; 3. *(Pers, Pol)* vote • **aufeinander** ~ *(Gesch)* coordinate
Abstimmung *f* 1. *(Fin)* reconciliation; 2. *(Gesch)* tuning, coordination *(Maßnahmen, Listen)*; 3. *(Mgt)* voting, coordination *(von Plänen)*; 4. *(Pers, Pol)* voting, vote; 5. *(RW)* reconciliation
~ **von Konten** *(RW)* account matching, account reconciliation
~ **von Positionen** *(Bank, RW)* matching
Abstimmungsvorgang *m (Bank, RW)* matching process
abstoßen *v* 1. *(Bö)* sell off; 2. *(Fin)* divest, unload; 3. *(Gesch)* sell off, shed; 4. *(Recht)* divest; 5. *(WiWi)* hive off *(Beteiligung)*
Abstoßen *n (Bö)* dumping, unloading
abstufen *v (Bank)* downgrade
Abstufung *f (Bank, Fin)* downgrading *(Rating)*
Absturz *m* 1. *(EDV)* system crash, abnormal system end, breakdown, crash *(Programme)*; 2. *(Trans)* crash *(Flugzeug)*
abstürzen *v* 1. *(EDV)* crash *(Programm, Computer)*; 2. *(Trans)* crash *(Flugzeug)*
Abteilung *f* 1. *(Gesch)* department, dept., division, section; 2. *(WiWi)* department, dept.
Abteilungsgliederung *f (Verw)* departmental structure
abteilungsintern *adj (Verw)* intradepartmental
Abteilungskostenrechnung *f (RW)* departmental costing
Abteilungsleiter(in) *m(f) (Gesch)* departmental head, departmental manager
abteilungsübergreifend *adj (Verw)* interdepartmental
abtragen *v* 1. *(Bank, RW)* repay, amortize, pay off, pay back *(Schulden, Hypothek)*; 2. *(Fin)* acquit
Abtrennung *f* 1. *(Gesch)* separation; 2. *(Recht)* severance
abtretbar *adj* 1. *(Bö)* transferable; 2. *(Recht)* assignable *(Vertragsrecht)*
Abtretbarkeit *f* 1. *(Bö)* transferability; 2. *(Recht)* assignability
abtreten *v (Recht, RW, Vers)* assign, cede, make over, transfer
Abtretende(r) *f(m)* 1. *(Gesch)* assignor; 2. *(Recht, Vers)* assignor, transferor, transferrer, cedent *(Zedent)*
Abtretung *f* 1. *(Gesch)* cession; 2. *(RW)* assignment; 3. *(Recht, Vers)* assignment, cession, transfer
Abtretungsempfänger(in) *m(f) (Recht)* assignee, transferee
Abtretungserklärung *f* 1. *(Komm) (BE)* letter of subrogation; 2. *(Recht)* assignment document, declaration of assignment *(Vertragsrecht)*
Abtretungsurkunde *f (Gesch)* deed of assignation
Abtretungsvertrag *m* 1. *(Gb)* bargain and sale; 2. *(Recht)* contract of assignment *(Vertragsrecht)*
Abverkauf *m (V&M)* sale, selling-off
abwägen *v (Gesch)* weigh up *(Vorschlag)*
abwälzen *v (Fin, WiWi)* pass along, pass on
~ **auf** 1. *(Gesch)* shift on to *(Verantwortlichkeit)*; 2. *(WiWi)* pass on to *(Kosten)*
Abwanderung *f (Pers)* drift, outward migration
~ **von Kapital** *(Fin)* exodus of capital
~ **von Wissenschaftlern** *(Pers) (ugs.)* brain drain
Abwärtsbewegung *f (Gesch)* downstream float, downward movement
Abwärtstrend *m* 1. *(Fin)* downside trend; 2. *(WiWi)* downtrend; 3. *(Gesch)* down market

Abwasser *n (Umw)* effluent, wastewater
Abwasserabgabe *f (Umw)* sewage levy
Abwasseraufbereitung *f (Umw)* wastewater treatment
abwechselnd *adj (Gesch)* alternate
Abwehrargumente *npl (Gesch, Pol)* defensive points
abwehren *v (Gesch)* fend off *(Frage)*; stave off *(Gefahr)*
Abwehrkonditionen *fpl (Gesch)* defensive conditions
Abwehrpreis *m (V&M)* keep-out price
Abwehrzoll *m (WiWi)* protective tariff
abweichen *v (Gesch)* depart (from), diverge *(Wechselkurs)*
abweichend *adj (Gesch)* differing
abweichende Meinung *f* 1. *(Mgt)* dissenting view, divergent thinking; 2. *(Recht)* dissenting opinion, dissenting vote, dissent
Abweichung *f* 1. *(Fin)* variance; 2. *(Gesch)* anomaly, discrepancy, variance, variation *(Variation)*; 3. *(RW)* variance; 4. *(Recht)* deviation, nonconformity *(vom Gesetz)*
Abweichungsanalyse *f (RW)* cost variance analysis
Abweichungsindikator *m (WiWi)* divergence indicator
Abweichungsschwelle *f (Fin, WiWi)* divergence threshold
abweisen *v (Recht)* reject, refuse
abwenden *v (Gesch)* stave off *(Unheil)*
abwerben *v* 1. *(Pers)* bid away, contract away, entice away, poach *(Arbeitskräfte)*; headhunt *(Führungskräfte)*; 2. *(Recht)* alienate, contract away, divert custom
Abwerben *n* **von Arbeitskräften** *(Pers)* poaching
Abwerber(in) *m(f) (Pers)* headhunter *(Führungskräfte)*
Abwerbung *f* 1. *(Pers)* labo(u)r piracy, poaching, headhunting *(von Führungskräften)*; 2. *(Recht)* diverting custom; 3. *(V&M)* alienation, contracting away, diverting custom, poaching
abwerfen *v* 1. *(Fin)* return; 2. *(Gesch)* yield *(Ertrag, Gewinn)*; 3. *(WiWi)* produce
abwerten *v* 1. *(RW)* depreciate; 2. *(WiWi)* depreciate, devaluate, devalue *(Währung)*
Abwertung *f* 1. *(Gb)* depreciation; 2. *(WiWi)* currency devaluation, devalorization, devaluation
Abwertungsdruck *m (Bank, WiWi)* downward pressure *(Wechselkurs)*
Abwertungstendenz *f (Bank, WiWi)* tendency to depreciate
Abwertungswettlauf *m (Bank, V&M, WiWi)* competitive devaluation
abwesend *adj (Gesch)* absent
Abwesenheit *f (Gesch)* absence
abwickeln *v* 1. *(Fin)* complete, settle; 2. *(Gesch)* carry out, handle, process; 3. *(RW)* liquidate, wind up
Abwickler *m (RW, Recht)* liquidating authority, liquidator
Abwicklung *f* 1. *(Gesch)* processing, winding up, handling, liquidation *(einer Firma)*; 2. *(Mgt, Recht)* winding up, liquidation; 3. *(Vers)* run-off
~ **aller Kauf- und Verkaufsaufträge** *(Bö)* clearing the market
Abwicklungsgebühr *f (Bank)* agency fee
Abwicklungsgesellschaft *f (Recht)* company in liquidation
Abwicklungssystem *n (Bank)* settlement system
Abwicklungstermin *m (Bö)* settlement date
Abwicklungsverfahren *n (Recht)* liquidation procedure, winding-up procedure
Abwicklungszeitraum *m (Recht)* liquidation period, winding-up period
abzahlen *v (Fin)* pay off in instal(l)ments
Abzahlung kaufen/auf *(V&M) (BE)* buy on hire purchase, *(AE)* buy on the installment plan
Abzahlungsbasis kaufen/auf *(Fin) (BE)* buy on hire purchase, *(AE)* buy on the installment plan
Abzahlungshypothek *f (Fin)* constant payment mortgage, instal(l)ment mortgage
Abzahlungskauf *m (Recht) (BE)* hire purchase, instal(l)ment sale *(Vertragsrecht)*
Abzahlungskredit *m (Fin)* instal(l)ment credit
Abzahlungsperiode *f (Fin)* repayment period
Abzahlungspreis *m (Gesch) (BE)* hire-purchase price, instal(l)ment price
Abzahlungsvertrag *m (Fin) (BE)* hire-purchase contract, instal(l)ment contract
Abzahlungszeitraum *m (Fin, V&M) (BE)* hire-purchase period, instal(l)ment sale period

abzeichnen *v (Gesch)* acknowledge
Abzeichnen *n (Recht)* initialling
abziehen *v* 1. *(Fin)* alienate *(Kapital)*; 2. *(Stat)* deduct; 3. *(Recht)* alienate
abzielen *v* **(auf)** *(Gesch, V&M)* target at
abzinsen *v (Fin, RW)* discount
Abzinsung *f (Fin, RW)* discounting
Abzinsungsbetrag *m (Bö, Fin)* original issue discount, OID
Abzinsungsfaktor *m (Fin)* discount factor
Abzinsungspapier *n (Fin)* discounted paper
Abzinsungstabelle *f (Fin)* discount table
Abzug *m* 1. *(Bö)* withholding, discount; 2. *(Fin)* alienation *(Kapital)*; 3. *(Gesch)* deduction; 4. *(St)* deduction *(Gehalt)*; 5. *(Vers)* deduction; 6. *(V&M)* allowance • **nach ~ von Steuern** *(RW, St)* after-tax basis • **vor ~ der Steuern** *(RW, St)* before tax, pre-tax
~ an der Quelle *(St)* deduction at source
Abzüge *mpl (Soz, St)* deductions from salary
abzüglich *(Gesch)* less
abzugsfähig *adj* 1. *(Fin)* deductible; 2. *(St)* allowable, tax-deductible
Abzugsfähigkeit *f (Gesch, St)* deductibility
~ des Arbeitgeberanteils *(St)* deductibility of employer contributions
Abzugssteuer *f (St)* withholding tax
adaptive Erwartungen *fpl (WiWi)* adaptive expectations
addieren *v* 1. *(Gesch)* add up, *(AE)* foot up, *(BE)* tot up; 2. *(Stat)* cast up; 3. *(RW)* cast up
Addieren *n (Gesch)* adding, *(AE)* footing
Addition *f* 1. *(Gesch)* addition, summation, *(AE)* footing; 2. *(Stat)* addition, *(AE)* footing
Ad-hoc-Ausschuss *m (Gesch)* ad hoc committee
Ad-hoc-Meldung *f (Bö, Gesch)* ad hoc information, ad hoc publication
Ad-hoc-Verband *m (Recht)* single-purpose association
administrativ *adj (Gesch, AH, RW)* administrative
administrative Handelshemmnisse *npl (AH, WiWi)* administrative barriers to trade
administrierte Inflation *f (WiWi)* administered inflation
~ Preisfestsetzung *f (WiWi)* administered pricing
Adressat *m (Komm)* addressee • **~ unbekannt** *(Komm)* unknown at this address
Adresse *f (Gesch)* address
~ des Absenders *(Komm)* return address
Adressenausfallrisiko *n (Bank)* counterparty risk
Adressenliste *f* 1. *(Komm)* mailing list; 2. *(Pers)* list of addresses
Adressenrisiko *n (Bank)* counterparty risk
AfA *s.* Absetzung für Abnutzung
AG *s.* Aktiengesellschaft
AGB *s.* allgemeine Geschäftsbedingungen
Agenda stehen/auf der *(Mgt, Verw)* be on the agenda
Agent(in) *m(f)* 1. *(Gesch)* commercial agent; 2. *(AH, Trans)* distributor; 3. *(V&M)* representative selling agent
Agentur *f (Gesch)* agency, agcy
Agenturgeschäft *n (Gesch)* agency business
Agenturhandel *m (Gesch)* agency trade
Agenturvergütung *f (Gesch)* agency commission
Agglomeration *f (WiWi)* agglomeration
Aggregation *f (Fin, Stat, WiWi)* aggregation
Aggregationsmethode *f (Fin, Stat)* bottom-up approach, bottom-up method
Aggregationsproblem *n (WiWi)* aggregation problem
aggregierte Zahlen *fpl (WiWi)* aggregate data
aggressive Preispolitik *f (V&M)* aggressive pricing
~ Verkaufspolitik *f (V&M)* high-pressure selling
~ Werbung *f (V&M)* aggressive advertising
agieren *v (Gesch)* act
Agio *n (Bö, Fin)* agio, premium • **mit einem ~** *(Bö, Fin)* at a premium
Agioanleihe *f (Bö)* premium bond
Agrareinkommen *n (WiWi)* farm income
Agrarerzeugnis *n (WiWi)* agricultural product, farm produce
Agrarmarktordnung *f (Pol, WiWi)* agricultural market organization *(EU)*
Agrarpolitik *f (WiWi)* agricultural policy, farm policy
Agrarproduktion *f (WiWi)* agricultural production

Agrarsektor *m (WiWi)* agricultural sector
Agrarstruktur *f (WiWi)* farm structure
Agrarsubventionen *fpl (WiWi)* agricultural subsidy, farm subsidy
Agrarüberschuss *m (WiWi)* farm surplus
Agroindustrie *f (Ind)* agroindustry
ähnlich *adj (Gesch)* analogous, similar
Akademikerarbeitslosigkeit *f (Pers)* graduate unemployment, unemployment amongst graduates
akademischer Beruf *m (Pers)* graduate occupation, graduate profession, professional occupation
~ **Grad** *m (Pers)* degree, academic qualification, university degree
akkommodierende Geldpolitik *f (Pol, WiWi)* accommodative policy
Akkord *m* 1. *(Gesch)* amicable settlement of dispute; 2. *(Ind)* breakeven quantity, piecework *(Arbeit)*; 3. *(Recht)* composition proceedings • **nach ~ bezahlt** *(Pers)* paid piece rate
Akkordarbeit *f* 1. *(Gesch)* piecework; 2. *(Pers)* piecework
Akkordlohn *m (Ind)* piecework rate, piecework wage
Akkordlohnsatz *m (Pers)* piecework rate
Akkordprämie *f (Pers)* production incentive
Akkordzuschlag *m (Ind)* bonus increment
akkreditiert *adj (V&M)* accredited
Akkreditierung *f (Soz)* accreditation *(Institutionen, Personen)*
Akkreditiv *n (Bank)* letter of credit, L/C
Akkreditivbank *f (Bank)* issuing bank, opening bank
akkreditiveröffnende Bank *f (Bank)* issuing bank, opening bank
akkumulierte Abschreibung *f (RW)* accumulated depreciation
Akontozahlung *f (Bank)* payment on account
Akquisiteur *m (Gesch)* canvasser
Akquisitionskosten *pl (Gesch, RW, V&M, Vers)* acquisition costs, canvassing costs
Akte *f* 1. *(Gesch)* case papers; 2. *(Pat, Verw)* file; 3. *(Pol)* act • **zu den Akten geben** *(Pat)* file • **zu den Akten legen** 1. *(Gesch)* file away; 2. *(Pat)* file
Aktenteil *m (Pat, Recht)* part of the file, part of the record
Aktenvernichter *m (Verw)* shredder
Aktenverwaltung *f (Mgt)* records management
Aktenzeichen *n (Gesch)* file number, reference
Aktie *f (Bö, Fin, RW) (BE)* share, *(AE)* stock
~ **mit überdurchschnittlicher Entwicklung** *(Bö, Fin)* overperformer
~ **mit unterdurchschnittlicher Entwicklung** *(Bö, Fin)* underperformer
Aktien *fpl (Bö, Fin, RW) (BE)* shares, *(AE)* stock • ~ **hereinnehmen** *(Bö)* take in stock • **in ~ investieren** *(Bö)* invest in shares • ~ **übernehmen** *(Bö)* take up stocks • ~ **(vom Publikum) zurückkaufen** *(Bö)* go private • ~ **zeichnen** *(Bö)* apply for shares, subscribe for shares • ~ **zur Zeichnung auflegen** *(Bö)* invite subscriptions to shares • ~ **zuteilen** *(Bö)* allot shares
~ **konjunkturreagibler Unternehmen** 1. *(Bö)* cyclical shares; 2. *(WiWi)* cyclical stock
~ **mit geringen Umsatzvolumen** *(Bö)* inactive stock
Aktienagio *n (Bö, Fin, RW) (BE)* share premium
aktienähnliche Obligationen *fpl (Bö)* equity-related bonds
~ **Termingeschäfte** *npl (Bö)* equity-related futures
Aktienarten *fpl (Bö)* types of shares
Aktienaustausch *m (Fin)* exchange of shares, exchange of stock
Aktienbesitz *m (Bö)* equity holding, shareholding
Aktienbestand *m (Bö, Fin)* share portfolio, stock portfolio
Aktienbesteuerung *f (St)* equity taxation
Aktienbeteiligung *f (Bö)* equity interest, equity stake, shareholding
Aktienbeteiligungsplan *m (Bö)* share scheme
Aktienbewertung *f (Bö)* stock valuation
Aktienbezugsplan *m (Bö)* stock purchase plan
Aktienbezugsrecht *n (Bö)* share [stock] option right, share [stock] purchase warrant
Aktienbörse *f (Bö, Fin, WiWi)* stock exchange, stock market
Aktienbuch *n* 1. *(Bö)* stock register; 2. *(Recht)* Register of Members *(Verzeichnis der Aktionäre)*

Aktiendividende *f (Bö)* share dividend
Aktienemission *f (Bö, Fin, RW)* equity issue, share [stock] issue
Aktienemissionsagio *n (Bö, Fin, RW) (BE)* share premium, *(AE)* stock issue premium
Aktienemissionsaufgeld *f (RW)* stock issue bonus
Aktienerwerbsplan *m* **für Arbeitnehmer** *(Bö)* employee share [stock] ownership plan
Aktienfinanzierung *f (Fin)* equity financing
Aktienfonds *m (Bö)* equity fund, investment fund for shares
Aktiengesellschaft *f (Gesch)* public company, *(AE)* Incorporated, Inc., *(BE)* limited company, Ltd, *(BE)* limited liability company
Aktiengesetz *n (Recht) (BE)* Companies Act, *(Deutschland)* German Stock Corporation Act
Aktienhandel *m (Bö, Fin)* stockbroking
Aktienindex *m (Bö)* share index
Aktieninhaber(in) *m(f) (Bö)* shareholder, stockholder
Aktieninvestmentfonds *m (Bö, Fin)* common stock fund
Aktienkapital *n* 1. *(Bö, Fin)* share capital, stockholders' equity; 2. *(RW)* equity; 3. *(WiWi)* share capital
Aktienkurse *mpl (Bö)* share prices, stock market prices
Aktienkursentwicklung *f (Bö, Fin)* share price performance
Aktienmakler(in) *m(f) (Bö, Fin)* stockbroker
Aktienmarkt *m (Bö)* share market, equity market
Aktiennotierung *f (Bö)* stock quotation
Aktienoption *f (Bö)* stock option • **eine ~ verkaufen** *(Bö)* write a stock option
Aktienpaket *n (Bö)* block, line, *(ugs.)* chunk of stock
Aktienportefeuille *n (Bö, Fin)* share portfolio, stock portfolio
Aktienrecht *n (Recht)* stock corporation law
Aktienregister *n (Bö)* share register, stock record
Aktienrendite *f (Bö)* stock yield
Aktienrückkaufplan *m (Bö)* share repurchase plan
Aktiensplit *m* 1. *(Bö)* share split, *(AE)* stock split; 2. *(Fin) (BE)* share bonus
Aktiensplitting *n* **fünf zu eins** *(Bö) (BE)* five-for-one split
Aktienübernahme *f (Bö, Fin)* share acquisition, stock takeover
Aktienübertragung *f (Bö)* share transfer
Aktien- und Kursindizes *mpl (Bö)* stock indexes and averages
Aktienurkunde *f (Bö) (BE)* share certificate, *(AE)* stock certificate
Aktienverhältnis *n (RW)* stock ratio
Aktienverzeichnis *n (Bö)* stock register
Aktienzeichner(in) *m(f) (Bö, Fin)* applicant (for shares)
Aktienzeichnung *f (Bö)* application for shares, subscription for shares
Aktienzertifikat *n (Bö) (BE)* share certificate, *(AE)* stock certificate
Aktienzusammenlegung *f* 1. *(Fin)* reverse split, share consolidation; 2. *(Gesch)* stock splitdown
Aktienzuteilung *f (Bö)* share [stock] allotment
Aktionär(in) *m(f) (Pers)* member, equity holder, shareholder, stockholder
Aktionärsbuch *n (Bö)* share register
Aktionärshauptversammlung *f (Bö)* shareholders' general meeting
Aktionärsinformation *f (Recht)* proxy statement
Aktionärsregister *m (Recht)* Register of Members
Aktionärsversammlung *f* 1. *(Bö)* shareholders' meeting; 2. *(Gesch)* company meeting
Aktionärsverzeichnis *n (Bö)* stock record
aktiv *adj* 1. *(Gesch)* active; 2. *(WiWi)* buoyant
~ **tätig** *(Pers)* in active employment
Aktiv... 1. *(Bank, Fin)* asset; 2. *(Gesch)* active; 3. *(RW)* asset
Aktiva *npl (RW)* assets
aktive Arbeitsmarktpolitik *f (Pers, Pol)* active employment policy, active labo(u)r market policy, active manpower policy
~ **Bevölkerung** *f (Pers)* active population *(Arbeit)*
~ **Handelsbilanz** *f (AH, WiWi)* active trade balance, favo(u)rable balance of trade, favo(u)rable trade balance

~ **Leistungsbilanz** *f (Fin, AH)* surplus on current account
~ **Rechnungsabgrenzung** *f (RW)* accruals
~ **Rechnungsabgrenzungposten** *mpl (Recht)* accrued income, accrued revenue
~ **Zahlungsbilanz** *f (Fin, WiWi)* active balance of payments
aktiver Gesellschafter *m (Mgt)* acting partner, active partner
Aktivgeschäft *n (Fin)* lending business
Aktivhandel *m (AH)* foreign trade
aktivieren *v* 1. *(Gesch)* activate; 2. *(RW)* capitalize, charge to capital
Aktivierung *f* 1. *(EDV)* enablement; 2. *(Fin, RW)* capitalization, carrying as assets; 3. *(WiWi)* heading into surplus, moving into surplus
aktivierungspflichtiger Aufwand *m (Fin, RW)* capital expenditure
~ **Leasingvertrag** *m (Fin, Gesch)* capital lease
Aktivierungsrecht *n (RW)* right to capitalize
Aktivierungsverbot *n (RW)* legal prohibition to capitalize
aktivisch abgegrenzt *adj (RW)* deferred
Aktivkonto *n (RW)* asset account
Aktiv-Passiv-Management *n (Bank, Fin)* asset and liability management, assets and liabilities management
Aktivposten *m* 1. *(Gesch)* asset; 2. *(RW)* asset item
Aktivseite *f (RW)* asset side
Aktivtausch *m (RW)* asset swap
Aktivüberhang *m (Bö)* long position
Aktivum *n (RW)* asset
Aktiv- und Passivsteuerung *f (Bank, Fin)* asset and liability management, assets and liabilities management
Aktivvermögen *n (Fin)* actual assets
aktualisieren *v (Fin)* actualize, bring sth up to date
Aktualisierung *f* 1. *(EDV)* update; 2. *(Gesch)* updating
aktuell *adj* 1. *(Fin)* actual; 2. *(Gesch)* current, up-to-date, up-to-the-minute
aktuell verfügbar *adj (Gesch)* available on a current basis
aktuelle Bewertungsgrundlagen *fpl* **für die Kostenrechnung** *(RW)* current cost basis
~ **Ertragslage** *f (Fin)* current profitability
~ **Information** *f (Gesch)* up-to-date information
aktueller Betriebsgewinn *m (RW)* current operating profit
~ **Kontostand** *m (Gesch) (BE)* current account balance
aktuelles Vermögen *n (RW)* current asset
akute Gefahr *f (Vers)* imminent danger, imminent peril
Akzelerationskoeffizient *m (WiWi)* acceleration coefficient
Akzelerationsprinzip *n (WiWi)* acceleration principle
Akzelerator *m (WiWi)* accelerator
Akzept *n (Bank, Fin)* acceptance • **zum ~ vorgelegter Wechsel** *(Bank)* acceptance bill • **mit ~ versehen** *(Gesch)* accepted
Akzept-Akkreditiv *n (Fin, AH)* acceptance credit
Akzeptant *m (Bank)* drawee, acceptor *(eines Wechsels)*
Akzeptanz *f* 1. *(Fin)* approval; 2. *(Pol)* acceptance; 3. *(V&M)* (consumer) acceptance, market acceptance
Akzeptbank *f (Bank, Fin)* acceptance bank, accepting house
Akzeptebuch *n* 1. *(Bank, Fin)* acceptance ledger; 2. *(RW)* register of bills payable
akzeptgebende Bank *f (Bank, Fin)* accepting bank
Akzeptgebühr *f (Bank)* acceptance fee
Akzepthaus *n (Bank)* acceptance house
akzeptierende Bank *f (Bank, Fin)* acceptance bank, accepting banker, accepting house
akzeptiert *adj* 1. *(Bank, EDV)* accepted; 2. *(Gesch)* accepted, approved of
~/nicht 1. *(Bank)* dishono(u)red; 2. *(Gesch, RW)* unaccepted
akzeptierter Wechsel *m (Bank)* accepted draft, acceptance
Akzeptierung *f (Fin)* acceptance
Akzeptkonto *n (Bank)* acceptance account
Akzeptkredit *n (Bank)* acceptance facility, acceptance credit
Akzeptlinie *f (Bank) (AE)* acceptance line
Akzeptobligo *n (RW)* bills payable
Akzeptverbindlichkeiten *fpl (Fin)* acceptance commitments, acceptance liabilities
Akzeptverweigerung *f (Fin)* dishono(u)r by non-acceptance

akzessorisch *adj (Recht)* accessory
akzessorische Sicherheit *f* 1. *(RW)* asset coverage; 2. *(Recht)* collateral security
aleatorischer Vertrag *m* 1. *(Recht)* aleatory contract, hazardous contract; *2. (Vers)* aleatory contract
Aliasname *m (EDV, Komm)* alias *(Ersatz für die E-Mail-Adresse)*
alle Rechte vorbehalten *(Med, Recht)* all rights reserved
Allein... *(Gesch)* exclusive, sole
Alleinauftrag *m (Gesch)* exclusive contract
Alleinbetrieb *m (Gesch)* one-man business, sole trader
Alleineigentümer(in) *m(f)* 1. *(Gesch)* sole proprietor; 2. *(Gb, Recht)* sole owner
Alleinherstellungsrecht *n (Ind)* monopoly
alleinige Zuständigkeit *f (Recht)* exclusive jurisdiction
alleiniger Inhaber *m (Gesch)* sole trader
alleiniges Eigentumsrecht *n (Recht)* sole ownership, sole proprietorship
~ **Vertriebsrecht** *n (V&M)* sole selling right
Alleinrecht *n (Pat)* exclusive right
Alleinstellungsmerkmal *n (V&M)* unique selling proposition *(USP)*
Alleinvertreter(in) *m(f) (V&M, WiWi)* sole agent
Alleinvertretung *f (Gesch)* sole agency, exclusive agency • **die ~ haben für** *(Gesch)* have exclusive agency for *(Firma)*
Alleinvertretungsrecht *n (Recht)* exclusive representation *(Vertragsrecht)*
Alleinvertretungsvertrag *m (Recht)* exclusive agency agreement *(Handelsrecht)*
Alleinvertriebsvertrag *m (Recht)* agreement for exclusiveness
Allfinanz *f (Bank, V&M, Vers)* bancassurance
Allfinanzaufsicht *f (Bank, Bö, Vers)* integrated financial supervision
Allfinanz-Konzern *m (Bank, Fin, Vers)* financial conglomerate, integrated financial conglomerate
allgemein anerkannt *(Gesch)* widely recognized
allgemeine Bedingungen *fpl (Recht)* general terms, general terms and conditions
~ **Bemessungsgrundlage** *f (St)* general basis of assessment
~ **Betriebskosten** *pl (RW)* general operating costs
~ **Exportförderung** *f (Pol, WiWi)* across-the-board export promotion
~ **Geschäftsbedingungen** *fpl (Recht)* general terms and conditions, standard terms and conditions *(Vertragsrecht)*
~ **Geschäftskosten** *pl (Fin)* indirect expenses
~ **Hochschulreife** *f (Pers)* general certificate of aptitude for higher education, upper secondary leaving certificate *(general)*
~ **Kapitalgesellschaft** *f (Gesch)* public corporation, publicly held company
~ **Kosten** *pl (Ind, RW)* oncost
~ **Lieferbedingungen** *fpl (Gesch)* general terms and conditions of delivery
~ **Nutzungsbedingungen** *fpl (Gesch, Komm, Recht)* general terms and conditions of use
~ **Rückstellungen** *fpl (RW)* general provisions
~ **Steuermittel** *npl (St)* (AE) general revenue
~ **Verbrauchssteuer** *f (St)* general consumption tax
~ **Verwaltungskosten** *pl (Verw)* administrative expenses
~ **Vollmacht** *f (Pat, Recht) (AE)* general authorization, *(BE)* general authorisation
allgemeiner Feiertag *m (Gesch, Pers, Recht) (BE)* bank holiday, *(AE)* legal holiday
~ **Verhaltenscodex** *m (Gesch)* common code of practice
allgemeines Lohnniveau *n (WiWi)* general wage level
~ **Zoll- und Präferenzsystem** *n (AH)* generalized system of tariffs and preferences
Allgemeinheit *f (Gesch, Recht)* (general) public, public at large
Allgemeinwohl *n (Pol, Soz)* general good
allmähliche Abschaffung *f (Gesch)* phasing-out
Allokation *f* **externer Kosten** *(WiWi)* allocation of social costs
~ **von Ressourcen** *(WiWi)* allocation of resources
Allokationseffizienz *f (WiWi)* allocative efficiency
Allround... *(Gesch)* all-round
Allzweck... *(Gesch)* all-purpose, general-purpose

Altaktionär(in) *m(f) (Bö)* existing shareholder
Altbausanierung *f (Gesch)* area rehabilitation, modernizing and refitting older buildings
alte Ausgabe *f (Med)* back issue, back number
älter *adj (Gesch, Recht)* senior
ältere Arbeitskraft *f (Pers)* older worker, elderly worker, elderly employee
älterer Arbeitnehmer *m (Pers)* older worker, elderly worker, elderly employee
älteres Patent *n (Pat)* prior patent
Alternative *f (Gesch)* alternative, option
alternative Energie *f (Umw)* alternative energy
~ **Kosten** *pl (WiWi)* opportunity costs
~ **Technologie** *f (Ind, Umw)* alternative technology
Alternativkosten *pl* 1. *(Fin)* alternative costs; 2. *(WiWi)* alternative [opportunity] costs
Alternativplan *m (Gesch)* contingency plan
alternde Bevölkerung *f (WiWi)* ageing population
~ **Gesellschaft** *f (Soz)* ageing population
alternieren *v (Gesch)* alternate
Altersaufbau *m* 1. *(Pers, Pol, WiWi)* age distribution *(der Bevölkerung)*; 2. *(Fin)* age ranking *(Anlagevermögen)*
Altersfreibetrag *m (St) (BE)* old-age allowance
Altersgrenze *f (Gesch)* age limit
Altersgruppe *f (Gesch, V&M)* age bracket, age group *(Marktforschung)*
Altersjahrgang *m (Pers)* age cohort, one-year age group
Altersrente *f (Fin)* old-age pension, retirement pension
Altersruhegeld *n (Pers)* retirement benefit • ~ **beziehen** *(Pers)* draw an old-age pension, draw a retirement pension, draw a pension
Alterssicherungssystem *n (Soz, Vers)* pension scheme
altersspezifisch *adj (Verw)* age-specific
Altersteilzeit *f (Pers, Soz, Vers)* partial retirement, part-time work for older employees
Altersversorgung *f (Fin)* retirement pension
Altindustrie *f (Ind) (AE)* sunset industry
Altlast *f (Umw, Gesch)* inherited burden
Altlasten *fpl* 1. *(Umw)* contaminated site; 2. *(WiWi)* inherited burdens
Altlastensanierung *f (Umw)* cleanup operation
Altöl *n (Umw)* waste oils
Altschulden *fpl (Fin)* prior debt
ambulante Versorgung *f (Soz)* medical care to out-patients
ambulanter Handel *m (V&M)* itinerant selling
~ **Verkauf** *m (V&M)* door-to-door selling
amerikanische Buchführung *f (RW)* columnar bookkeeping, tabular bookkeeping
~ **Parität** *f (WiWi)* American parity, American terms
~ **Tonne** *f (Gesch)* American short ton
amerikanischer Zinstender *m (Fin)* US-style variable tender
Amortisation *f* 1. *(Fin)* payback, payout; 2. *(RW)* amortization; 3. *(V&M)* payback, payout
Amortisationsanleihe *f* 1. *(Bö)* redemption bond; 2. *(Fin)* amortization loan
Amortisationsdauer *f (Fin)* pay-off time, pay-back period
Amortisationsfonds *m (Fin)* amortization fund, sinking fund
Amortisationszeit *f* 1. *(Fin)* period of redemption; 2. *(Pers)* payback period *(Finanzwesen)*
amortisierbar *adj (Bank, Fin)* amortizable
amortisieren *v* 1. *(Gesch)* pay off; 2. *(RW)* amortize *(Vermögenswerte, Aktiva)*
amortisierter Wert *m (RW)* amortized value
Amortisierung *f (Bank, RW)* amortization
Amt *n* 1. *(Gesch)* office; 2. *(Pat)* authority; 3. *(Pers)* position; 4. *(Recht)* agency; 5. *(Verw) (AE)* bureau • **ein ~ antreten** *(Pers)* take office • **im ~ sein** 1.*(Pers)* be in office; 2. *(Pol)* hold office • **ein ~ antreten** *(Pol)* accede to an office • **ein ~ innehaben** *(Pers)* hold an office, hold a position • **von Amts wegen** *(Pers)* ex officio *(Arbeit)*
amtlich *adj (Gesch)* official
amtlich anerkannt *adj (Recht)* officially recognized
~ **beglaubigt** *adj (Recht, Verw)* certified, legalized, officially attested, officially authenticated

~ **beglaubigte Kopie** *f (Verw)* certified copy
~ **nicht notierter Wert** *m (Bö, Fin)* unlisted security
~ **notieren** *v (Bö)* quote in the official list
~ **notierte Aktien** *fpl (Bö)* shares [stock] quoted officially
~ **zugelassen** *adj (Bö)* officially listed, officially quoted
amtliche Bekanntmachung *f (Recht)* official announcement
~ **Börsennotiz** *f (Bö)* official quotation
~ **Genehmigung** *f (Recht)* official approval
~ **Statistik** *f (Stat)* official statistics
~ **Systematik** *f* **der Betriebsstätten** *(Ind)* standard industrial classification, SIC
~ **Währungsreserven** *fpl (Fin)* official reserves
~ **Zahlen** *fpl (Gesch)* official figures
amtlicher Devisenkurs *m (Fin)* official foreign exchange quotation
~ **Kurs** *m (Bank)* official rate
~ **Markt** *m (WiWi)* official market [trading]
~ **Wechselkurs** *m (Fin)* official exchange rate
Amtsbezeichnung *f (Pers)* title, job title, official designation
Amtsblatt *n (Pol, Verw)* Official Journal, OJ
Amtseid *m (Pol, Recht)* oath of office
Amtsgericht *n* 1. *(Recht)* county court, small-claims court, *(AE)* district court; 2. *(Verw)* registrar of companies
Amtsgewalt *f (Gesch)* authority
Amtshilfe *f (Recht)* administrative cooperation, administrative assistance, official assistance • ~ **leisten** *(Pers, Recht)* give official assistance, give administrative assistance
Amtsmissbrauch *m (Gesch)* abuse of administrative authority
Amtsniederlegung *f (Pers)* resignation
Amtsperiode *f (Gesch)* term of office
Amtsrichter(in) *m(f) (Recht)* magistrate
Amtszeit *f* 1. *(Gesch)* term of office; 2. *(Pers)* tenure
Analyse *f (Gesch)* analysis
~ **der Umweltwirkungen** *(Umw)* environmental impact analysis
~ **von Stärken, Schwächen, Chancen und Risiken** *(V&M)* strengths, weaknesses, opportunities and threats analysis, SWOT
analysieren *v (Gesch) (BE)* analyse, *(AE)* analyze
anbauen *v (WiWi)* cultivate *(Landwirtschaft)*
anbei *adv (Komm)* enclosed • ~ **schicken wir Ihnen** *(Komm)* please find enclosed
anberaumt sein für *(Gesch)* be arranged for, be scheduled for
anbieten *v* 1. *(Gesch)* bid for, offer, tender, *(AE)* bid on; 2. *(Pers)* offer *(Stellung)*
~/sich *(Gesch)* volunteer
Anbieter(in) *m(f) (Gesch)* bidder, offerer, tenderer, supplier *(Lieferant)*
~ **von Dienstleistungen** *(Gesch)* purveyor of services
~ **von Inhalten** *m (Komm, V&M)* content provider
Anbieterabsprache *f (WiWi)* collusive bidding, collusive tendering
andauernd *adj (Gesch)* ongoing
Anderkonto *n* 1. *(Bank)* escrow account; 2. *(Fin)* third-party account; 3. *(RW)* client account
ändern *v* 1. *(Gesch)* alter, change, vary; 2. *(Pol)* switch; 3. *(Vers)* adjust
Änderung *f* 1. *(Gesch)* alteration, altering, change, modification *(von Daten)*; 2. *(Pat)* amendment; 3. *(Recht)* amendment; 4. *(WiWi)* change *(Angebot und Nachfrage)*
~ **der Rechtsform des Unternehmens** *(Recht)* transformation of legal form of business organization
Änderungen *fpl* **und Verbesserungen** *fpl (Gesch)* alterations and improvements
~ **von Rechtsvorschriften** *(Recht)* amendments to legal provisions
~ **vorbehalten** *(Gesch)* subject to change without notice
Änderungsanfrage *f (Trans)* change request
Änderungsdatei *f (EDV)* change file
Änderungsentwurf *m (Recht)* draft amendment
Änderungsgesetz *n (Recht)* amending statute
anderweitig spezifiziert/nicht *(Gesch)* not elsewhere specified, not otherwise specified
andrehen *v (Gesch) (ugs.)* palm off • **jmdm. etw.** ~ *(Gesch)* palm sth off on sb, fob sth off on sb
aneignen v/sich 1. *(Gesch)* acquire; 2. *(Recht)* appropriate

anerkannt *adj* 1. *(Gesch)* accepted, acknowledged, recognized; 2. *(V&M)* accredited

anerkannter Ausbildungsbetrieb *m (Pers)* approved training company, firm authorized to provide training, firm authorized to provide apprenticeship training

~ **beruflicher Abschluss** *m (Pers)* recognized vocational qualification

~ **Berufsabschluss** *m (Pers)* recognized vocational qualification

~ **Praxiscode** *m (Gesch)* approved code of practice

~ **Verhaltenscodex** *m (Gesch)* approved code of practice

anerkennen *v (Gesch)* recognize, accept, acknowledge, establish *(Rechte)*; allow, admit *(Forderung)*

Anerkenntnis *f (Bank, Fin, Gesch, Recht)* acknowledgement

Anerkennung *f* 1. *(Gesch)* acceptance, acknowledgement, recognition, reward; 2. *(Recht)* recognition *(eines Anspruchs)*; 3. *(V&M)* reward

~ **der Bildungsabschlüsse** *(Pers)* recognition of qualifications, recognition of educational qualifications

Anfang *m (Gesch)* outset, start, start-up

anfangen *v (Gesch)* begin, start, start up

anfänglich *adj (Gesch)* initial, start-up

Anfangsausgabe *fpl (Fin)* initial outlay

Anfangsauszahlung *f (Fin)* initial investment

Anfangsbestand *m (RW)* opening balance, opening inventory

Anfangsbilanz *f (RW)* opening balance sheet

Anfangsdividende *f (Fin)* initial dividend

Anfangsgehalt *n (Pers)* starting salary

Anfangskapital *n (Fin)* initial capital, original capital, start-up capital

Anfangswert *m (Gesch)* initial value

anfechtbar *adj* 1. *(Stat)* refutable; 2. *(Recht, Vers)* contestable, voidable

anfechten *v (Recht)* rescind, avoid, dispute, contest, challenge *(Testament)*; appeal against *(Urteil)*

Anfechtung *f* 1. *(Recht)* appeal, avoidance, challenge, contestation, opposition, rescission; 2. *(Vers)* avoidance

anfordern *v (EDV, Gesch, Komm)* ask for, request

Anforderung *f* 1. *(Gesch)* requirement, request; 2. *(Komm)* request • **den Anforderungen entsprechen** *(Gesch)* to meet the demands, fulfil(l) the expectations • **den Anforderungen genügen** *(Pers)* be up to standard *(Arbeit)*

Anforderungsprofil *n (Pers) (ugs.)* job spec, job specification

Anfrage *f* 1. *(EDV)* enquiry; 2. *(Pat)* request

anfragen *v (EDV, Gesch)* enquire

Angabe *f (Gesch, Pers)* statement

~ **der Bedingungen** *(Pers)* statement of terms and conditions

Angaben *fpl (Gesch)* details, particulars • **absichtlich falsche ~ machen** *(Recht)* wilfully misrepresent the facts *(bei Vertragsschluss)*

Angabepflicht *f (RW)* disclosure requirement

angeben *v (Gesch)* indicate, state

angeblich *adj* 1. *(Gesch)* alleged, so-called; 2. *(Recht)* alleged *(behauptet, mutmaßlich)*

Angebot *n* 1. *(Bö)* offer; 2. *(Gesch)* tender, proposition, offer, proposal, quotation, quote, bid; 3. *(Recht)* offer; 4. *(WiWi)* supply • **im ~** 1. *(Gb) (BE)* under offer *(Haus)*; 2. *(V&M)* on offer • **ein ~ abgeben** *(Mgt)* tender *(Ausschreibung)* • **das ~ ablehnen** *(Recht)* decline the offer *(Vertragsrecht)* • **~ und Annahme stimmen überein** *(Recht)* offer and acceptance correspond *(Vertragsrecht)* • **das ~ erhöhen** *(WiWi)* increase the supply • **um Angebote ersuchen** *(Gesch)* appeal for tenders • **~ liegt vor** *(Gesch)* bid is received • **~ machen** *(Gesch)* bid • **oder ~** *(V&M)* or near offer, or nearest offer • **~ unterbreiten** *(Gesch)* make an offer, tender • **~ verbessern** *(Gesch)* upgrade

~ **an Arbeitskräften** *(Pers)* labo(u)r supply, supply of labo(u)r, manpower supply

~ **an Arbeitsplätzen** *(Pers)* supply of jobs, job supply

~ **an Stellen** *(Pers)* supply of jobs, job supply

~ **und Annahme** *f (Recht)* offer and acceptance

~ **und Nachfrage** *f (Gesch, WiWi)* supply and demand

Angebotsabgabe *f (Gesch, Mgt)* submission of bids, tendering

Angebotsbreite *f (V&M)* breadth of offer
Angebotselastizität *f (WiWi)* elasticity of supply
Angebotsempfänger(in) *m(f) (Gesch)* offeree
Angebotsfunktion *f (WiWi)* supply function
angebotsinduziert *(WiWi)* supply-induced
Angebotskurs *m* 1. *(Bank)* bid rate; 2. *(Bö)* asked price
Angebotskurve *f (WiWi)* supply curve
angebotsorientierte Wirtschaftspolitik *f (WiWi)* supply-oriented economic policy, supply-side economics
Angebotspreis *m* 1. *(Gesch)* tender price; 2. *(Gb)* asked price; 3. *(WiWi)* bid price, offer price, quoted price, supply price
Angebotsschock *m (WiWi)* supply shock, supply-side shock
Angebotsüberhang *m (Bö)* sellers over, surplus of selling orders
Angebotsüberschuss *m (WiWi)* excess supply, surplus offers
angegeben *adj (RW)* stated • **alles ~** *(Gesch)* all told • **sofern nicht anders ~** *(Gesch, Recht)* unless otherwise specified
angegebene Verzinsung *f (Bö)* indicated yield
angegebener Wert *m (RW)* stated value
angegliedert *adj (Bank, Gesch, Pers)* affiliated
angegliederte Gesellschaft *f (Gesch)* associated company
angehängte Datei *f (EDV, Komm)* attached file, file attachment, attachment
angehen *v (Gesch)* affect, address, concern *(Problem)*
Angeklagte(r) *f(m) (Recht)* defendant, accused *(Strafrecht)*
Angelegenheit *f (Gesch)* affair, business, matter
angelegter Betrag *m (RW)* amount invested
angelernte Arbeitskraft *f (Pers, WiWi)* semi-skilled labo(u)r
angemessen *adj (Gesch)* fair, reasonable, proportionate, commensurate, adequate *(entsprechend)*
angemessene Entschädigung *f* 1. *(Gesch)* reasonable compensation; 2. *(Recht)* just compensation
~ **Finanzierung** *f (Gesch)* adequate funding
~ **Frist** *f (RW)* reasonable time
~ **Geschäftspraktiken** *fpl (Gesch)* fair business practices
~ **Kapitalausstattung** *f (Bank)* capital adequacy
~ **Vergütung** *f (Gesch)* reasonable compensation
~ **Verzinsung** *f (Fin, RW)* fair rate of return, fair return
angemessener Anteil *m (Gesch)* fair share
~ **Marktpreis** *m (Gesch)* fair price
~ **Marktwert** *m (Gesch)* fair market value
~ **Preis** *m (Gesch)* bona fide price, reasonable price
~ **Wert** *m (RW)* fair value
Angemessenheit *f (Gesch)* adequacy
angepasst *adj* 1. *(Bö, RW)* adjusted; 2. *(V&M)* upgraded *(an höheres Niveau)*
angeschlagene Branche *f (WiWi)* ailing industry
~ **Industrie** *f (WiWi)* ailing industry
~ **Volkswirtschaft** *f (WiWi)* ailing economy
angeschlossen an *(Gesch)* affiliated to
angesehen *adj (Gesch)* renowned, prestigious
angespannte Liquiditätslage *f (Fin)* tight liquidity position
angespannter Arbeitsmarkt *m (WiWi)* tight labo(u)r market
~ **Geldmarkt** *m (Fin)* stringent money market
Angestellte(r) *f(m) (Gesch, Pers)* employee, salaried employee *(Gehaltsempfänger)*; clerical worker, white-collar worker *(in einem Büro)*
angestrebte Kapitalverzinsung *f (Fin)* target rate of return
~ **Mindestverzinsung** *f (Fin)* required rate of return *(Investitionsrechnung)*
angestrebter Preis *m (Gesch, V&M)* target price
~ **Zinssatz** *m (Bö)* target rate
angetrieben von *(Gesch)* driven by
angewandte Forschung *f (Mgt)* applied research
angleichen *v* 1. *(Gesch)* align, harmonize; 2. *(Recht, RW)* assimilate; 3. *(Vers)* adjust; 4. *(WiWi)* align, harmonize • **aneinander ~** *(Gesch)* coordinate • **nach oben ~** *(WiWi)* adjust upwards *(Preise)* • **nach unten ~** *(WiWi)* adjust downwards *(Preise)*
Angleichung *f* 1. *(Gesch)* adaptation, adjustment, alignment; *(ugs.) (AE)* shake-

down; 2. *(Recht)* harmonization *(des EU-Rechts)*
~ **der Gesetze** *(Recht)* legal harmonization *(EU)*
Angleichungsprozess *m (Gesch)* harmonization process
angliedern *v (Gesch)* affiliate
angreifen *v (Gesch)* affect, attack, break into, draw on *(Reserven)*
angrenzend *adj (Gesch)* adjoining, neighbo(u)ring
Angstkäufe *mpl* 1. *(Gesch)* panic buying; 2. *(V&M)* scare buying
anhaltend *adj (Gesch)* continuing, sustained
anhaltende Kurserholung *f (Bö)* sustained rally
~ **Nachfrage** *f (V&M)* persistent demand
anhaltender Erfolg *m (Gesch)* continued success
Anhang *(RW)* notes to the financial statements
~ **zum Jahresabschluss** *(RW)* notes to the accounts, notes to the financial statements
anhängig *adj (Recht)* pending
anhängiger Rechtsstreit *m (Recht)* lis pendens, proceeding pending before a court
anhäufen *v* 1. *(Fin)* accrue, accumulate; 2. *(Gesch)* accumulate, amass *(Besitz, Waren, Geld)*
anheben *v* 1. *(Bö)* mark up; 2. *(Gesch)* increase, raise; 3. *(Trans)* lift
Anheben *n* 1. *(Bö)* marking up; 2. *(Gesch)* increasing, raising; 3. *(Trans)* lifting
anheizen *v* 1. *(Gesch, V&M)* whip up *(Interesse, Zuhörer)*; 2. *(WiWi)* fuel *(Inflation)*
Anhörung *f* 1. *(Gesch)* consultation; 2. *(Recht)* hearing *(mündliche Verhandlung)*
Ankauf *m (Gesch)* acquisition, purchase
Ankaufkurs *m (Fin)* buying rate
Ankaufskurs *m (Bank)* buying rate of exchange
Ankerwährungsfunktion *f (Bank, WiWi)* anchor-currency function
Anklage *f (Recht)* accusation, charge
anklagen *v (Recht)* accuse, charge
Ankündigung *f (Gesch)* announcement, notice
Ankündigungseffekt *m (WiWi)* announcement effect
Ankunft *f (Gesch, Trans)* arrival
ankurbeln *v* 1. *(Gesch)* stimulate *(Nachfrage)*; 2. *(WiWi)* boost, *(ugs.)* pep up
Ankurbelungspolitik *f (WiWi)* reflationary policy
Anlage *f* 1. *(Bank, Bö)* investment; 2. *(EDV)* system, attachment *(E-Mail)*; 3. *(Fin)* investment; 4. *(Gesch)* appendix, enclosure, enclosed *(am Ende eines Schreibens)*; 5. *(Ind)* plant; 6. *(Recht) (AE)* annex, *(BE)* annexe; 7. *(WiWi)* investment • **als ~** *(Komm)* enclosed
Anlageberater(in) *m(f) (Bö, Fin)* investment consultant
Anlageberatungsservice *m (Bö) (AE)* Investment Advisory Service
Anlageerfolg *m (Bank, Bö)* performance
Anlagegegenstand *m (RW)* fixed asset
Anlagegut *n (Fin)* capital asset
Anlagegüter *npl* 1. *(Gesch)* capital goods; 2. *(St)* capital assets
Anlageinvestitionen *fpl* 1. *(RW)* fixed asset investment; 2. *(WiWi)* business capital spending, new plant and equipment
Anlagekapital *n* 1. *(Fin)* fixed capital, capital employed; 2. *(RW)* capital employed; 3. *(St)* capital assets
Anlagemöglichkeit *f (Fin)* investment outlet, investment vehicle
Anlagen *fpl* 1. *(Bank, Bö)* investments; 2. *(Fin)* assets, investments
Anlagenintensität *f (Gesch)* capitalization ratio
anlagenintensiv *adj (WiWi)* capital-intensive
Anlageninvestition *f (WiWi)* capital investment
Anlagenrendite *f (Fin)* return on assets
Anlagenstreuung *f (Fin)* asset diversification
Anlagen-Umsatzrendite *f (RW)* net resource income
Anlagenverwaltung *f (Fin, Mgt, RW)* asset management
Anlagenverzinsung *f* 1. *(Bank)* investment yield; 2. *(Bö)* asset return
Anlagenwirtschaft *f (Mgt, RW)* (fixed) asset management
Anlagenzugang *m (RW)* addition of fixed asset units, addition to plant and equipment
Anlagepolitik *f (Fin, Pol, WiWi)* investment policy
Anlagerisiko *n (Fin)* investment risk

Anlagevermögen *n* 1. *(RW)* fixed assets; 2. *(St)* capital assets; 3. *(WiWi)* fixed capital
Anlagewährung *f (Fin)* investment currency
Anlageziel *n (Fin)* investment goal, investment objective
Anlagezinsfuß *m (Fin)* investment rate of interest
Anlaufen *n (Gesch)* start-up *(Betriebsgründung)*
Anlaufkosten *pl (Fin, RW)* launching costs, pre-operating expenses, start-up costs, starting-load costs, front-end costs
Anlaufphase *f* 1. *(Gesch)* start-up phase; 2. *(WiWi)* phase-in period
Anlaufverluste *mpl (Fin, RW)* start-up losses
Anlaufzeit *f (Fin, Gesch)* initial stages
anlegen *v* 1. *(Bank, Bö)* invest, sink *(Kapital)*; 2. *(Fin, WiWi)* invest, sink *(Geld)*; 3. *(Gesch)* invest *(Zeit)*
Anleger(in) *m(f) (Bö, Fin)* investor
Anlegerschutz *m (Bö)* investor protection
Anleihe *f (Fin, WiWi)* bond, loan • **eine ~ auflegen** 1. *(Fin)* launch a bond offering; 2. *(Bö)* float a loan, float an issue • **eine ~ aufnehmen** *(Fin)* contract a loan, raise a loan, take up a loan • **~ zeichnen** *(Bank)* subscribe for a loan
~ mit beigehefteten Optionsscheinen *(Bö)* bond with warrants attached
~ mit Endfälligkeit *(Bank)* bullet loan
~ mit Optionsschein *(Bö)* bond cum warrant
~ mit variablem Zinssatz *(Bank)* floating-rate loan
~ ohne laufende Tilgung *(Bank)* bullet
~ ohne Optionsscheine *(Bö)* bond ex warrants
Anleiheausstattung *f (Bö)* bond features, bond terms
Anleihebewertung *f (Bö)* bond rating, bond valuation
Anleihedisagio *n (Bö, Fin)* discount on bond-issue
Anleiheemission *f* 1. *(Bö)* bond flotation, bond issue; 2. *(Fin)* loan issue • **eine ~ auflegen** *(Bö)* launch a bond issue
Anleiheerlös *m (Fin)* bond proceeds
Anleihefinanzierung *f (Fin)* bond financing
Anleihekapital *n (Bö)* bond capital, bond principal
Anleihekündigung *f (Fin)* call-in of a loan
Anleihekupon *m (Bö)* bond coupon
Anleihelaufzeit *f (Fin)* term of a loan
Anleihen *fpl* **geringer Bonität** *(Bö, Fin) (ugs.)* junk bonds
~ guter Bonität *(Bö, Fin)* investment grade bonds, investment grade debt
Anleiheninhaber(in) *m(f) (Bö, Fin)* bond holder
Anleiherating *n (Bö, Fin)* bond rating
Anleiherendite *f* **nach Steuern** *(RW, St)* after-tax bond yield
Anleiheschuld *f* 1. *(Bö)* bond debt, bonded debt, funded debt; 2. *(Fin)* obligation bond
Anleihestückelung *f (Bö)* bond denomination
Anleiheumlauf *m (Bö)* bonds outstanding
Anleiheverbindlichkeit *f (Bö)* bonded debt, bonded indebtedness
Anleihevolumen *n (Fin)* bond volume
Anleihewährung *f (Bank)* bond-issue currency
Anleihezins *m (Gesch)* coupon
Anliegerstaat *m (Recht)* bordering state
anmelden *v* 1. *(Gesch)* register; 2. *(Pat)* apply for
~/sich 1. *(EDV)* log in, log on *(Benutzer)*; 2. *(F&T)* book in, check in *(Hotel)*; 3. *(Gesch)* register
Anmeldeverfahren *n* 1. *(Gesch)* application procedure; 2. *(Pat)* patent application proceedings
Anmeldungsschwelle *f (St)* registration threshold
Anmerkungen *fpl (RW)* notes to the accounts
annähern *v (Gesch, Stat)* approximate
Annahme *f* 1. *(Bank)* acceptance; 2. *(Fin)* approval *(eines Vorschlags)*; 3. *(Gesch)* assumption *(Vermutung)*; acceptance, presumption *(von Waren, Vertrag)*; receipt *(von Waren)*; 4. *(Ind, Med)* acceptance; 5. *(Pat)* presumption; 6. *(Recht)* acceptance, passage *(Vertrag)*; 7. *(V&M)* receipt *(von Waren)*; 8. *(Vers)* acceptance; 9. *(WiWi)* adoption • **die ~ einer Tratte verweigern** *(Bank)* refuse acceptance of a draft
~ einer Abfindung *(Fin, Pers)* acceptance of lump sum settlement
~ unter Vorbehalt *(RW)* qualified report
Annahmebedingungen *fpl (Fin)* terms of acceptance

Annahmebestätigung *f (Gesch)* acknowledgement of receipt
Annahmepflicht *f* 1. *(Bank)* acceptance duty; 2. *(Recht)* obligation to accept *(Vertrag)*
Annahmestelle *f* 1. *(Gesch)* receiving office, point of acceptance; 2. *(Pat)* receiving office
Annahmeunterlassung *f (Gesch)* failure to accept
Annahmeverweigerung *f* 1. *(Bank)* dishono(u)r *(Wechsel)*; 2. *(Gesch)* nonacceptance; 3. *(Recht)* refusal to accept, nonacceptance of delivery *(Vertrag)*
Annahmeverzug *m (Recht)* default in acceptance, default in accepting the delivery of goods
annehmbar *adj (Gesch, Trans, WiWi)* acceptable
annehmen *v* 1. *(Bank)* accept *(Kreditkarte)*; 2. *(Gesch)* presume, suppose, proceed on the assumption, take up *(Herausforderung)*; agree to, assume *(Aufgabe)*; 3. *(Komm)* accept *(Anruf)*; 4. *(Med)* presume; 5. *(Recht)* pass
Annonce *f (Med, V&M) (ugs.)* ad, *(ugs.)* advert, advertisement, classified advertisement
annoncieren *v (V&M)* advertise
Annuität *f* 1. *(Fin)* annuity, regular annual payment, annual instal(l)ment; 2. *(RW)* debt service
annullieren *v* 1. *(Bank, Gesch)* cancel, annul; 2. *(Recht)* declare null and void, avoid, rescind, annul *(Vertrag)*; set aside *(Urteil)*
Annullierung *f* 1. *(Bank, Gesch)* annulment, cancellation; 2. *(Recht)* avoidance, setting aside *(Urteil)*; rescission, annulment *(Vertrag)*
anomale Angebotskurve *f (WiWi)* backward-bending supply curve
anonym *adj (Gesch)* anonymous, anonymously
anonymisieren *v (Stat, V&M)* render anonymous
anordnen *v (Gesch)* command, arrange *(arrangieren)*
Anordnung *f* 1. *(Gesch)* arrangement, structuring, structure; 2. *(Recht)* order
• einer ~ zuwiderhandeln *(Recht)* fail to comply with an order
~ zur Zwangsenteignung *(Gb) (BE)* compulsory purchase order
anpacken *v (Mgt)* tackle
anpassen *v* 1. *(Gesch)* align, modify; 2. *(RW)* assimilate; 3. *(Vers)* adjust; 4. *(WiWi)* align
~ an 1. *(Gesch)* adjust to, gear to; 2. *(Recht)* align with; 3. *(Vers)* adjust to
~ an Kundenspezifikationen *(EDV)* customize *(Hardware, Software)*
~/sich *(Gesch)* adapt
anpassende Politik *f (Pol, WiWi)* accommodative policy
Anpassung *f* 1. *(Gesch)* accommodation, adaptation, adjustment, alignment; *(ugs.) (AE)* shakedown; 2. *(RW)* assimilation
~ der Gesetzgebung *(Recht)* adjustment of the laws, amendment of the laws, reform of the laws
anpassungsfähig *adj (Gesch)* adaptable, flexible, tailorable
Anpassungsfähigkeit *f (Gesch, Pers)* adaptability, flexibility
Anpassungsfaktor *m (Gesch)* adjustment factor
Anpassungsgeschwindigkeit *f (WiWi)* adjustment speed
anpeilen *v (ugs.) (Gesch)* target
anrechenbare Vermögenswerte *mpl (St)* chargeable assets, creditable assets
~ Vorsteuer *f (St)* recoverable input tax
anrechenbarer Betrag *m (St)* creditable amount
Anrechenbarkeit *f (Bank)* deductibility
anrechnen *v (Gesch)* charge against, take into account
Anrechnung *f* 1. *(Gesch)* charge, debit *(Belastung)*; deduction, allowance *(Abzug)*; credit *(Kreditposten)*; 2. *(WiWi)* imputation
anrechnungsfähig *adj (Gesch)* eligible
anrechnungsfähige Versicherungsjahre *npl (Pers)* eligible insured years
Anrecht *n* 1. *(Gesch)* entitlement, claim; 2. *(Recht)* title
anregen *v (Gesch)* stimulate *(Nachfrage)*
Anreiz *m* 1. *(Gesch)* stimulus, inducement, spur, appeal; 2. *(V&M)* incentive; 3. *(WiWi)* stimulation
Anreizmaßnahme *f (Pers)* incentive scheme
Anreizprovision *f (V&M)* incentive commission

Anreizsystem *n* 1. *(Pers)* incentive scheme; 2. *(WiWi)* incentive system
~ **für Mitarbeiter** *(Pers)* staff incentives *(Arbeit, Produktivität, Motivation)*
Anrufbeantworter *m (EDV, Gesch, Komm)* answering machine, answerphone
Anrufumleitung *f (Komm)* call forwarding
Anrufweiterleitung *f (Komm)* call forwarding
Ansammlung *f* 1. *(Bank)* accrual *(Zinsen)*; 2. *(Gesch)* concentration, build-up, congestion, accumulation; 3. *(WiWi)* accrual *(Zinsen)*
ansässig sein in *(Gesch)* be based in
ansässige Industrie *f (Ind)* local industry
Ansatz *m (Gesch, Mgt, Verw, WiWi)* approach
Ansatzpunkt *m (Gesch)* starting point
anschaffen *v* 1. *(Fin)* procure, provide *(Deckung)*; remit *(einzahlen)*; 2. *(Gesch, RW)* acquire, purchase; 3. *(WiWi)* buy
Anschaffung *f* 1. *(Fin)* procurement; 2. *(Gesch)* purchasing, acquisition; 3. *(RW)* acquisition; 4. *(Recht)* acquisition
Anschaffungs- oder Herstellungskosten *pl (RW)* costs of acquisition or production
Anschaffungskosten *pl* 1. *(Gesch)* acquisition costs; 2. *(RW)* historical cost, initial outlay, original cost; 3. *(WiWi)* cost
Anschaffungspreis *m (Gesch, RW)* purchase price
Anschaffungswert *m* 1. *(Fin)* net cash outflow; 2. *(Gesch, RW, Recht)* acquisition value
Anschauung *f (Gesch)* opinion, view
Anschauungsmaterial *n* 1. *(Gesch)* visuals; 2. *(Med)* visual aid; 3. *(V&M)* visual aid, visual demonstration material, visuals
Anschlagbrett *n (Komm)* bulletin board, BB, *(BE)* notice board
anschlagen *v* 1. *(Gesch)* put up; 2. *(Verw)* post
anschließen *v (EDV, Komm)* connect
~/sich 1. *(Gesch)* affiliate oneself; 2. *(Recht)* contract in
~/sich nicht *(Recht)* contract out
anschließend *adj (Gesch)* subsequent
Anschluss *m* 1. *(EDV)* port; 2. *(Gesch)* follow-up; 3. *(Komm)* phone number, extension *(Nebenstelle)*; 4. *(Trans)* connection • **im ~ an** *(Gesch)* in the aftermath of, further to
Anschlussaufträge *mpl* 1. *(Bö)* backup support; 2. *(Gesch)* follow-up orders, renewal orders
Anschlüsse *mpl* **und unbewegliches Inventar** *n (RW)* fixtures and fittings
Anschlussgebühr *f (EDV, Komm)* connection fee, connection charge
Anschlussprogramm *n (Gesch)* follow-up program(me)
Anschlusswerbung *f (V&M)* follow-up advertising
Anschreiben *n (Verw)* letter of transmittal *(Begleitschreiben)*
Anschrift *f (Gesch, Komm)* address
Anschriftfeld *n (EDV)* address field
Anschubfinanzierung *f (Fin)* knock-on financing
Ansehen *n* 1. *(Gesch)* standing, reputation; 2. *(V&M)* established image
ansetzen *v* 1. *(Gesch)* calculate, estimate *(Kosten)*; fix *(Preis)*; arrange *(Treffen)*; 2. *(RW)* show, state
Ansicht *f* 1. *(Gesch)* view; 2. *(V&M)* belief • **zur ~** *(Gesch)* on approval, on appro, on inspection • **seine Ansichten äußern** *(Gesch)* air one's views, state one's opinions
Ansichtsexemplar *n (Gesch)* inspection specimen
Ansparphase *f (Bank, Vers)* saving period
Ansporn *m (Gesch)* stimulus
ansprechen *v (Gesch)* address
Anspruch *m* 1. *(Gesch)* title *(auf Sachen)*; 2. *(Pat)* claim; 3. *(Pers)* entitlement; 4. *(Soz)* claim *(Sozialfürsorge)*; 5. *(St, Vers)* claim • **~ haben auf** *(Pers, Soz)* be eligible for, be entitled to, qualify for • **seinen ~ aufrechterhalten** *(Recht)* sustain one's claim • **einen ~ begründen** *(Recht)* substantiate a claim • **einen ~ durchsetzen** *(Recht)* enforce a claim *(Vertragsrecht)* • **~ erheben auf** *(Recht)* lay claim to • **einen ~ erheben** *(Recht)* put in a claim, set up a claim • **einen ~ geltend machen** *(Recht)* advance a claim, assert a claim, bring forward a claim *(Vertragsrecht)* • **jeglichen ~ fallen lassen** *(Recht)* abandon any claim • **~ zurückweisen** *(Recht)* reject a claim
~ **auf Abfindung** *(Soz, Pers)* entitlement to redundancy pay, redundancy pay entitlement *(bei Entlassungen)*
~ **eines Dritten** *(Recht)* third-party claim

~ **gegen Dritte** *(Recht)* claim against third parties
Ansprüche *mpl* **derselben Kategorie [Klasse]** *(Pat)* claims of the same category
anspruchminderndes Mitverschulden *n (Recht)* comparative negligence
anspruchsberechtigt sein 1. *(Pers)* be eligible, be eligible for, be entitled to, qualify, qualify for; 2. *(Soz)* be eligible for benefit, be entitled to benefit, qualify for benefit • **für etw. ~ sein** *(Gesch)* be eligible for sth
Anspruchsberechtigte(r) *f(m) (Recht, Vers)* beneficiary, claimant
Anspruchsberechtigung *f* 1. *(Pers)* entitlement to benefits, benefit entitlement, eligibility for benefits *(auf Leistungen)*; 2. *(Soz)* entitlement to benefits, benefit entitlement, eligibility *(auf Sozialleistungen usw.)*
Anspruchsgruppen *fpl (Mgt, WiWi)* stakeholders
Anspruchsniveau *n (V&M, WiWi)* aspiration level
Anspruchsteller(in) *m(f) (Vers)* claimant
anspruchsvoll *adj* 1. *(Gesch)* critical, demanding, exacting; 2. *(V&M)* up-market
Anspruchsvoraussetzungen *fpl (Pers, Soz)* qualifying conditions, eligibility criteria, conditions of entitlement, eligibility requirements, conditions for eligibility • **~ erfüllen** *(Pers, Soz)* be eligible for benefit, be entitled to benefit, be entitled to claim benefit
Anstalt *f (Gesch)* institution, institute
~ **des öffentlichen Rechts** 1. *(Gesch)* public body; 2. *(Med)* institution incorporated under public law
ansteigen *v (WiWi)* increase, rise, climb *(Zinsen, Gewinne)*
anstellen *v (Gesch)* employ
Anstellung *f (Pers)* employment, appointment
~ **auf Lebenszeit** *(Pers)* life tenure, permanent tenure
Anstellungsschreiben *n (Pers)* letter of appointment
Anstieg *m* 1. *(Bank, Bö)* advance; 2. *(Gesch)* increase, rise; 3. *(RW)* advance; 4. *(WiWi)* takeoff *(der Preise)*
~ **der Lebenserwartung** *(Soz)* rising life expectancy *(Individuum)*; ageing population *(Gesellschaft)*
Anstoßwirkung *f* 1. *(Gesch)* knock-on effect; 2. *(WiWi)* impact effect
anstreben *v (V&M)* aim, aspire to, target
Ansturm *m* 1. *(Bank)* run; 2. *(V&M)* rush
Anteil *m* 1. *(Bö, Fin) (BE)* share, *(AE)* stock; 2. *(Gesch)* stake, interest, share *(an einem Unternehmen)* • **dem ~ entsprechend** *(Gesch, Pers)* pro rata • **~ an etw. erwerben** *(Gesch)* acquire an interest in sth
~ **an einer Bank** *(Bank)* holding in a bank, interest in a bank
~ **investiver Ausgaben** *(WiWi)* capital-outlay ratio
anteilig *adj (Gesch)* pro rata, proportionate
anteilige Kosten *pl (RW)* prorated cost
~ **Zinsen** *mpl (St)* interest accrued
anteiliger Bilanzverlust *m (RW)* proportionate share in loss
Anteilsbesitz *m (Fin)* investment holdings
Anteilseigner(in) *m(f) (Mgt, Pers) (BE)* shareholder, *(AE)* stockholder
Anteilsschein *m (Bö)* certificate
anti-inflationär *adj (WiWi)* anti-inflationary
Antitrustrecht *n (Recht)* antitrust acts, antitrust law
Anti-Übernahme-Strategie *f (WiWi)* poison pill
antizipativ *adj (Bank, RW)* accrued
antizipative Aktiva *pl (RW)* accrued income
~ **Passiva** *pl (RW)* accruals, accrued expense
antizipativer Aktivposten *m (RW)* accrued asset, accrued revenue
antizipieren *v (Gesch)* anticipate
antizipierte Inflation *f (WiWi)* steady-state inflation
antizyklisch *adj (WiWi)* anticyclical
antizyklische Finanzpolitik *f (WiWi)* compensatory finance
~ **Fiskalpolitik** *f (WiWi)* anticyclical fiscal policy
Antrag *m* 1. *(Gesch)* application; 2. *(Pat)* request • **auf ~** *(Gesch)* upon application, upon request • **einen ~ ablehnen** 1. *(Gesch)* reject a request; 2. *(Recht)* dismiss a notion • **einen ~ stellen** 1. *(Pol) (BE)* table a motion; 2. *(Vers)* file a claim

• **einen ~ stellen auf** *(Gesch)* make an application for
~ **auf Börsennotierung** *(Bö)* application for quotation
~ **auf Börsenzulassung** *(Bö)* application for listing
~ **auf Erteilung eines Patents** *(Pat)* patent application, request for a grant of a patent
~ **auf Reisekostenerstattung** *(Gesch)* travel expense claim
Antragsfrist *f (Recht)* filing application deadline
Antragsrecht *n (Pol)* right to propose motions
Antragsteller(in) *m(f)* 1. *(Gesch)* applicant, proposer; 2. *(Pat)* applicant; 3. *(Pers)* claimant; 4. *(Recht)* applicant
antreiben *v (Gesch)* whip up, drive, fuel *(Inflation)*
antreten *v* 1. *(Gesch)* begin; 2. *(Recht)* adduce, prove *(Beweis)*
Antrieb *m* 1. *(Gesch)* drive, incentive; 2. *(WiWi)* stimulation
Antriebskraft *f (Gesch)* driving force
Antriebskräfte *fpl (WiWi)* propellant forces, stimulating forces
Antwort *f* 1. *(Gesch)* response; 2. *(Recht)* answer *(Bescheid)* • **als ~ auf** *(Gesch)* in response to • **die ~ hinausschieben** *(Gesch)* be slow to respond • **um ~ wird gebeten** *(Komm)* répondez s'il vous plaît, RSVP
antworten *v* **auf** *(Gesch)* answer, respond to, reply to
Antwortquote *f (Pers)* response rate
anvertrauen *v (Gesch)* entrust
anvisieren *v (Gesch)* target
anwachsend *adj (Gesch)* growing, increasing
Anwahl *f (Komm)* dial-up, dial(l)ing
Anwalt *m*, **Anwältin** *f* 1. *(Gesch)* advocate; 2. *(Recht) (AE)* attorney, *(BE)* barrister, legal counsel, *(AE)* practicing lawyer, *(BE)* practising lawyer, *(BE)* solicitor *(Bevollmächtigter)* • **jmdn. als ~ zulassen** *(Recht) (AE)* admit sb to the bar, *(BE)* call sb to the bar
Anwaltschaft *f (Recht)* bar, legal profession
Anwaltsgebühren *fpl (Recht)* legal fees
Anwaltskanzlei *f (Recht)* law firm
Anwaltskosten *pl (Recht)* attorney's fees, attorneys' fees
Anwalts- und Gerichtskosten *pl (Recht)* legal expenses, attorneys' and court fees
Anwartschaft *f* 1. *(Pers)* legal right to future pension payments; 2. *(Recht)* right in course of acquisition
Anwartschaftsrecht *n* 1. *(Pers)* reversionary interest; 2. *(Recht)* contingent right *(Vertragsrecht)*
Anwartschaftszeit *f (Soz)* qualifying period
anweisen *v (Gesch)* instruct
Anweisung *f (Gesch)* instruction
Anweisungen *fpl (Gesch)* briefing
anwendbar auf *adj (Gesch)* applicable to
anwendbares einzelstaatliches Recht *n (Recht)* applicable national law
Anwendbarkeit *f (Pat, Recht)* appropriability
~ **des Gemeinschaftsrechts** *(Recht)* applicability of Community law *(EU)*
anwenden *v* 1. *(Gesch)* apply, exert, exercise *(legal)*; employ *(Methode)*; 2. *(Recht)* apply *(Gesetz)*
Anwender(in) *m(f)* 1. *(EDV)* end-user; 2. *(Gesch)* user
anwenderfreundlich *adj* 1. *(EDV)* easy to use, user-friendly; 2. *(V&M)* user-friendly
anwenderunfreundlich *adj (EDV)* user-unfriendly
Anwendung *f* 1. *(EDV)* application *(Programme)*; 2. *(Gesch)* application, appliance, exercise; 3. *(Mgt)* adoption *(einer Methode)*
Anwendungsbereich *m (Gesch)* area of application, scope of application
anwendungsbezogene Forschung *f (Mgt)* applied research
Anwerbung *f (Pers)* recruitment
Anwesen *n (Gb)* premises
anwesend *adj (Gesch)* present
Anwesenheit *f (Gesch)* presence
Anzahl *f (Gesch)* amount, number, no.
~ **der Arbeitslosen** *(Soz)* number of unemployed
anzahlen *v (Gesch)* make a down payment
Anzahlung *f* 1. *(Bank)* advance, payment on account; 2. *(Gesch)* deposit; 3. *(RW)* advance, deposit, down payment; 4. *(V&M)* cash deposit, down payment • **~ leisten** *(Bank)* make a down payment, make an advance payment
anzapfen *v (Gesch)* tap *(Ressourcen)*

Anzapfen *n* **der Telefonleitung** *(Komm)* telephone tapping
Anzeichen *n (Gesch)* sign
Anzeige *f* 1. *(EDV)* display; 2. *(Gesch, Komm)* advice; 3. *(Med)* advertisement, ad; 4. *(Pat)* notification; 5. *(V&M)* advertisement, ad
anzeigen *v* 1. *(EDV)* display; 2. *(Gesch)* indicate, show
Anzeigenbrett *n (Komm)* bulletin board, BB, *(BE)* notice board
Anzeigenkauf *m (V&M)* space buying
Anzeigenkunde *m (Med, V&M)* advertiser
Anzeigenpreis *m (V&M)* ad rate
Anzeigenwerbung *f (V&M)* press advertising
Anzeigepflicht *f* **bei Fusionen** *(Recht)* premerger notification duty
anziehen *v* 1. *(Bö)* firm, rally, advance; 2. *(Fin)* rise *(Einkünfte, Gewinne)*; 3. *(Gesch)* rise, advance *(Preise)*
anziehend *adj* 1. *(Bö)* advancing, firming, moving up; 2. *(Gesch)* advancing; 3. *(WiWi)* rising
Anziehungskraft *f (V&M)* appeal *(Signalreiz)*
anzuwendendes Recht *n (Recht)* governing law
AO *s.* Abgabenordnung
Apparat *m* 1. *(Gesch)* gadget; 2. *(Ind)* apparatus; 3. *(Recht)* claim *(Gesetze)*; 4. *(WiWi)* machinery *(Verwaltung)*
äquivalent *adj (Gesch)* equivalent
Äquivalenzprinzip *n* 1. *(Fin)* compensatory principle of taxation; 2. *(St, WiWi)* benefit principle, benefit-received principle; 3. *(Vers)* principle of equivalence
Arbeit *f* 1. *(Gesch)* task, work, workmanship; 2. *(Pers, WiWi)* labo(u)r • **~ annehmen** *(Pers)* take employment, take a job, accept a job • **~ aufgeben** *(Pers)* give up work • **~ aufnehmen** *(Pers)* take a job • **~ beginnen** *(Pers)* start a job, start work, begin work • **die ~ beenden** 1. *(Gesch)* finish work; 2. *(Pers)* cease work, stop working • **sich an die ~ machen** *(Gesch)* get down to work
arbeiten *v (Gesch)* work • **~ an** *(Mgt)* be engaged in
~/nicht *(Bank) (ugs.)* lie idle *(Geld)*
arbeitendes Kapital *n (Fin)* active capital
Arbeiter(in) *m(f)* 1. *(Pers)* working man, workman, manual worker; 2. *(WiWi)* blue-collar worker
Arbeiterbewegung *f (Pers)* labo(u)r movement
Arbeiterklasse *f (Pers)* labo(u)ring class, working class
Arbeiterschaft *f (Gesch)* workforce
Arbeiterstunde *f (Pers)* man-hour
Arbeitgeber *m (Fin, Gesch, Pers, St)* employer
Arbeitgeberanteil *m (Fin, Pers)* employer's contribution
Arbeitgeber-Arbeitnehmer-Beziehungen *fpl (Pers, WiWi)* industrial relations, labo(u)r relations
Arbeitgeberbeitrag *m (Fin, Pers)* employer's contribution
Arbeitgeberhaftpflicht *f (St)* employer's liabilities
Arbeitgeberorganisation *f (Mgt, Pers)* employers' organization
Arbeitnehmer(in) *m(f) (Gesch, Pers)* employee
Arbeitnehmeranteil *m (Pers)* employee contribution
Arbeitnehmerbeitrag *m (Pers)* employee contribution
Arbeitnehmerbeteiligung *f (Pers)* employee participation scheme
Arbeitnehmerrechte *npl (Pers)* workers' rights, employees' rights
Arbeitnehmer-Sparzulage *f (Pers)* employee savings premium
Arbeitnehmerüberlassung *f (Pers)* temporary work; temporary employment, supply of temporary workers *(by employment businesses/agencies)*; hiring-out of labo(u)r
Arbeitnehmerverband *m (Pers)* employee association
Arbeitnehmervertretung *f (Pers)* employee-elected representation
Arbeitsablauf *m* 1. *(Gesch)* work flow; 2. *(Pers)* operational sequence, process
Arbeitsablaufplanung *f (Gesch)* task scheduling, work flow planning
arbeitsadditiver technischer Fortschritt *m (WiWi)* labo(u)r-augmenting technical progress
Arbeitsamt *n (Pers, Soz, Verw) (BE)* employment office, *(AE)* employment service, *(BE)* Job Centre

Arbeitsanfall *m (Pers)* work load, volume of work
Arbeitsangebotskurve *f (Pers)* labo(u)r supply curve
Arbeitsanreiz *m (Pers)* work incentive, incentive to work
Arbeitsanweisung *f (Pers)* job instruction, work assignment, work order *(an den Arbeitnehmer)*
Arbeitsauftrag *m (Gesch, Ind)* job order, labo(u)r voucher, work order
Arbeitsaufwand *m (WiWi)* labo(u)r cost(s)
~ **je Produkteinheit** *(WiWi)* unit labo(u)r cost
Arbeitsausfall *m (Pers)* loss of work, loss of working time, loss of working hours, stoppage of work
Arbeitsbedingungen *fpl (Pers)* conditions of employment, working conditions
Arbeitsbefreiung *f (Pers)* release from work
Arbeitsbelastung *f (Gesch, Pers)* workload
Arbeitsbereich *m* 1. *(Ind)* work area, work space; 2. *(Pers)* area of operations, working area
Arbeitsbereicherung *f (Pers)* job enrichment
Arbeitsbeschaffungsmaßnahme *f (ABM) (Pers, Soz)* job-creation measure, job-creation scheme, employment-creation measure, employment-creation scheme, community program(me)
Arbeitsbeziehungen *fpl (Pers, WiWi)* industrial relations, labo(u)r relations
Arbeitseinkommen *n* 1. *(Pers)* earnings; 2. *(WiWi)* service income
Arbeitseinstellung *f (Pers)* attitude to work, work habits
Arbeitseinteilung *f (Mgt, Pers)* work management
Arbeitsentgelt *n (Pers)* compensation, remuneration
Arbeitserfahrung *f (Gesch, Mgt, Pers)* work experience
Arbeitserlaubnis *f (Pers)* work permit
Arbeitsethik *f (Pers)* work ethic
arbeitsfähig *adj (Pers, WiWi)* able to work, employable, fit for work
Arbeitsfähigkeit *f* 1. *(Gesch)* capacity to work; 2. *(Pers, WiWi)* ability to work, employability
Arbeitsförderung *f (Pers)* promotion of work, promotion of employment, employment promotion, work promotion
arbeitsfreier Tag *m (Pers)* day off
Arbeitsgemeinschaft *f* 1. *(Gesch)* study group; 2. *(Pers)* consortium, joint venture; 3. *(Recht)* de facto corporation, special partnership
Arbeitsgericht *n (Pers, Recht) (BE)* industrial tribunal, *(AE)* labor court
Arbeitsgesetz *n (Pers, Recht)* labo(u)r law, *(BE)* employment law
Arbeitsgesetzgebung *f (Recht)* job legislation
Arbeitsgruppe *f (Gesch, Pers, Pol)* study group, working group, working party, task force
arbeitsintensiv *adj (Ind, Pers, WiWi)* labo(u)r-intensive
Arbeitskampf *m (Ind, Pers, WiWi)* industrial action, industrial dispute, labo(u)r dispute
Arbeitskonflikt *m (Pers)* industrial conflict, industrial dispute
Arbeitskosten *pl* 1. *(Verw)* cost of labo(u)r; 2. *(WiWi)* labo(u)r costs
Arbeitskraft *f (Ind)* labo(u)r force, worker *(Arbeiter)*; workforce *(Arbeiterschaft)*
Arbeitskräfte *fpl* 1. *(Gesch, Ind)* workforce; 2. *(Pers, Verw)* human resources; 3. *(WiWi)* labo(u)r force • ~ **abbauen** *(Pers)* reduce the workforce, reduce staff, shed labo(u)r • ~ **einstellen** *(Pers)* recruit labo(u)r, recruit workers, hire workers, hire labo(u)r, take on workers, take on new workers, take on employees • ~ **freisetzen** *(Pers)* shed labo(u)r • ~ **verleihen** *(Pers)* hire out workers
~ **auf Zeit** *(Pers)* contract labo(u)r
Arbeitskräfteabbau *m (Pers)* reduction of the workforce, labo(u)r shedding
Arbeitskräfteabgang *m (Pers)* attrition, labo(u)r wastage
Arbeitskräfteangebot *n (WiWi)* labo(u)r supply
Arbeitskräftebedarf *m (Pers)* manpower requirements, manpower needs, labo(u)r requirements, labo(u)r needs, demand for manpower
Arbeitskräfteeinsatz *m (Mgt)* manpower management
Arbeitskräfteengpass *m (Pers)* labo(u)r bottleneck, manpower bottleneck
Arbeitskräfteknappheit *f (Pers, WiWi)* labo(u)r shortage, manpower shortage,

shortage of labo(u)r, shortage of manpower, lack of labo(u)r, lack of manpower, scarcity of labo(u)r, labo(u)r scarcity; staff shortage *(innerhalb des Unternehmens)*

Arbeitskräftemangel *m (Pers, WiWi)* labo(u)r shortage, manpower shortage, shortage of labo(u)r, shortage of manpower, lack of labo(u)r, lack of manpower, scarcity of labo(u)r, labo(u)r scarcity; staff shortage *(innerhalb des Unternehmens)*

Arbeitskräftenachfrage *f (WiWi)* labo(u)r demand

Arbeitskräftereserve *f (Pers)* labo(u)r reserve, manpower reserve, reserve of labo(u)r, reserve of manpower, manpower resources, labo(u)r resources

Arbeitskräfteüberangebot *n (Pers)* labo(u)r surplus, manpower surplus, excess supply of labo(u)r, excess supply of manpower, oversupply of labo(u)r, oversupply of manpower

Arbeitskräfteüberschuss *m (Pers)* labo(u)r surplus, manpower surplus, excess supply of labo(u)r, excess supply of manpower, oversupply of labo(u)r, oversupply of manpower

Arbeitskräftewanderung *f (Pers, WiWi)* labo(u)r migration, migration of labo(u)r, manpower migration

Arbeitskreis *m (Pers)* working party, working group, workshop

Arbeitsleistung *f* 1. *(Pers)* job performance; 2. *(Verw, WiWi)* output

Arbeitslohn *m* 1. *(Ind)* employment compensation; 2. *(St)* employment income; 3. *(WiWi)* wage, wage rate

Arbeitslöhne *mpl (Pers, WiWi)* wages, labo(u)r costs

arbeitslos *adj (Pers, Soz, WiWi)* unemployed, jobless, off the payroll, be out of work, workless, *(AE)* at liberty • **~ sein** *(Pers)* be out of work • **als ~ gemeldet** *(Gesch)* registered unemployed • **sich ~ melden** *(Pers)* register as unemployed, *(BE)* sign on

Arbeitslose(r) *f(m) (Pers, WiWi)* unemployed person, jobless person

Arbeitslosengeld *n (Gesch, Soz, WiWi) (BE)* unemployment benefit, *(AE)* unemployment compensation

Arbeitslosenhilfe *f (Soz)* unemployment assistance, *(AE)* unemployment relief

Arbeitslosenquote *f (Pers, WiWi)* unemployment rate, jobless rate

Arbeitslosenunterstützung *f (Gesch, Pers, Soz, WiWi) (BE)* unemployment benefit; *(ugs.) (BE)* dole, *(AE)* unemployment compensation, unemployment pay • **~ beziehen** *(Soz)* draw unemployment benefit, *(AE)* collect unemployment compensation

Arbeitslosenversicherung *f (Pers, Vers, WiWi)* unemployment insurance

Arbeitslosenzahl *f (Pers, Soz, WiWi)* unemployment figure

Arbeitslosigkeit *f (Pers, Soz, WiWi)* unemployment, unemployment rate

Arbeitslosigkeitsdauer *f (Pers, WiWi)* duration of unemployment, length of unemployment, spell of unemployment

Arbeitslosigkeitssockel *m (WiWi, Soz)* hard-core unemployment

Arbeitsmarkt *m (Gesch, Pers, WiWi)* job market, labo(u)r market • **in den ~ eintreten** *(Pers, WiWi)* enter the labo(u)r market • **was den ~ angeht** *(Pers, Pol, WiWi)* on the employment front

Arbeitsmarktentwicklung *f (Pers, WiWi)* labo(u)r market trend, job market trend, employment (market) trend, development of the labo(u)r market, development of the job market, development of the employment market

Arbeitsmarktlage *f (Pers, WiWi)* labo(u)r market situation, job situation, employment situation, manpower situation, situation on the labo(u)r market

Arbeitsmarktstatistik *f (Stat, Pers)* labo(u)r market statistics, labo(u)r statistics

Arbeitsmarktungleichgewicht *n (Pers, WiWi)* imbalance on the labo(u)r market, disequilibrium on the labo(u)r market, labo(u)r market imbalance, labo(u)r market disequilibrium, labo(u)r market maladjustment, job market imbalance, job market disequilibrium, job market maladjustment, imbalanced labo(u)r market

Arbeitsmobilität *f (Pers, WiWi)* mobility, mobility of labo(u)r, labo(u)r mobility

Arbeitsmöglichkeit *f (Pers)* job opportunity

Arbeitsmotivation *f (Pers)* motivation to work

Arbeitsniederlegung *f* 1. *(Gesch) (ugs.)* walkout; 2. *(Pers) (BE)* stoppage of work, *(ugs.)* walkout
Arbeitsökonomik *f (WiWi)* labo(u)r economics
Arbeitsorganisation *f (Gesch)* work organization
Arbeitspapier *n (Pol, Verw)* working paper
Arbeitspapiere *npl (Pers)* employment documents
Arbeitspartizipation *f (Pers)* employee involvement, *(BE)* employee involvement and participation, worker involvement
Arbeitspensum *n (Mgt, Pers)* workload, amount of work
Arbeitsplatz *m* 1. *(Gesch)* duty station, work station, post, *(AE)* work center, *(BE)* work centre, place of work, workplace, job site, position *(Platz)*; job *(Arbeit)*; 2. *(Ind)* work area, works; 3. *(Pers)* working area, work location *(Stelle)*; job *(Arbeit)*; 4. *(Verw)* workplace • **den ~ verlieren** *(Pers)* be made redundant, lose one's job
Arbeitsplatzabbau *m (Pers)* job cuts, reduction of jobs
Arbeitsplatzanalyse *f (Pers)* job analysis, job description, occupational analysis
Arbeitsplatzangebot *n* 1. *(Pers)* job offer; 2. *(WiWi)* availability of jobs, supply of jobs
Arbeitsplatzbeschreibung *f (Pers)* job description
Arbeitsplatzbewertung *f (Pers)* job appraisal, job evaluation
Arbeitsplätze schaffen *(Verw)* create jobs
Arbeitsplatzerwartungen *fpl (Pers)* job expectations
Arbeitsplatzgarantie *f (Pers)* job guarantee
Arbeitsplatzgestaltung *f* 1. *(Pers)* job engineering, workplace layout; 2. *(Verw)* human engineering *(Ergonomie)*
Arbeitsplatzmangel *m (Pers)* job shortage, shortage of jobs, job scarcity, scarcity of jobs, lack of jobs
Arbeitsplatzrechner *m (EDV, Komm)* work station
Arbeitsplatzrisiko *n (Pers)* occupational hazard
Arbeitsplatzsicherung *f (Pers)* safeguarding of jobs
Arbeitsplatzverlagerung *f (Pers)* job displacement, displacement of jobs
Arbeitsplatzverlust *m (Pers, Soz)* loss of job, job loss, redundancy
Arbeitsplatzvernichtung *f (Pers)* job destruction, destruction of jobs, elimination of jobs
Arbeitsplatzwechsel *m* 1. *(Pers)* job change, job shift; 2. *(WiWi)* labo(u)r turnover
Arbeitsproduktivität *f* 1. *(Pers)* labo(u)r efficiency; 2. *(WiWi)* productivity [efficiency] of labo(u)r
Arbeitsqualität *f (Gesch)* workmanship
Arbeitsrecht *n (Pers)* labo(u)r law, *(BE)* industrial law
arbeitsrechtliche Regelungen *fpl (Pers, Recht)* labo(u)r regulations
~ Vorschriften *fpl (Pers, Recht)* labo(u)r legislation [rules]
Arbeitsrückstand *m (Gesch)* backlog (of work)
arbeitsscheu *adj (Pers)* work-shy; disinclined to work *(der Arbeit abgeneigt)*
Arbeitsschutz *m (Pers)* industrial safety
Arbeitsschutzrechte *npl (Pers)* employment protection rights *(des Arbeitnehmers)*
Arbeitssicherheit *f* 1. *(Pers)* on-the-job safety; 2. *(Verw)* industrial safety
arbeitssparend *adj (Pers)* labo(u)r-saving
Arbeitsstätte *f (Ind)* place of work
Arbeitsstunden *fpl (Pers)* hours of work, working hours, hours worked, man hours
Arbeitssuche *f (Pers)* job search, job seeking, work seeking
Arbeitsteilung *f* 1. *(Pers)* work-sharing; 2. *(WiWi)* division of labo(u)r
Arbeitsstelle *f (Pers)* job *(general everyday usage)*; position *(employee's place or rank within an undertaking)*; post *(higher level work, Position)*
Arbeitstempo *n (Pers)* pace of work
Arbeitsumfeld *f (Pers)* working environment
Arbeits- und Gehaltsbedingungen *fpl (Pers)* pay and conditions *(Arbeitsvertrag)*
arbeitsunfähig *(Pers)* unable to work, not able to work, not employable, not capable of work
Arbeitsunfähige(r) *f(m) (Pers, Soz)* person unable to work, unemployable person
Arbeitsunfähigkeit *f (Pers)* inability to work

Arbeitsunfall *m* 1. *(Ind)* industrial injury; 2. *(Pers)* industrial [occupational] accident
Arbeitsunterbrechung *f (Pers)* interruption of work
Arbeitsverhältnis *n (Pers)* employment relationship • **ein ~ kündigen** *(Pers)* terminate a contract of employment
arbeitsvermehrender technischer Fortschritt *m (WiWi)* labo(u)r-augmenting technical progress
Arbeitsvermittlung *f (Pers)* job placement, placement of employees, employment agency *(Stelle)*; *(BE)* Job Centre, *(AE)* employment service *(staatlich)*
Arbeitsvertrag *m (Pers)* contract of employment, employment contract, labo(u)r contract • **jmds. ~ auflösen** *(Pers)* terminate sb's employment
Arbeitsverwaltung *f (Pers, Soz)* (public) employment service, labo(u)r administration, *(AE)* manpower service, *(AE)* manpower administration
Arbeitsvorbereitung *f (Ind)* planning of process layout, process planning, work scheduling, production scheduling *(Einteilung)*
arbeitswillig *adj (Pers)* willing to work
Arbeitszeit *f (Gesch, Pers)* hours of work, working hours, working time
Arbeitszeitausfall *m (Pers)* loss of working hours
Arbeitszeitermittlung *f (Gesch, Ind, Pers)* work time study
Arbeitszeitkonto *n (Pers)* working time account
Arbeitszeitmodell *n (Pers)* working hours scheme, working time scheme
Arbeitszeitnachweis *m (Pers)* time sheet
Arbeitszeitregelung *f (Pers)* working time regulations, working hours code
Arbeitszeitstudie *f (Gesch)* time study, work time study
Arbeitszeitverkürzung *f (Pers)* reduction in working hours
Arbeitszeugnis *n (Pers)* certificate of employment
Arbeitszufriedenheit *f (Pers)* job satisfaction
Arbitrage *f* 1. *(Bank)* arbitrage; 2. *(Bö)* spread trading; 3. *(Recht)* arbitration
Arbitragegeschäft *n* 1. *(Bö)* arbitrage dealing, arbitrage transaction; 2. *(Gesch)* arbitraging
Arbitragehandel *m (Bö)* arbitrage trading
Arbitragespanne *f (Bö) (BE)* arbitrage margin
Arbitrage-Transaktion *f (Bö)* arbitrage dealing [operation, transaction]
Arbitrageur *m (Bö, Fin, Pers)* arbitrager, arbitrageur, *(BE)* shunter
arbitrieren *v (Bö, Fin)* arbitrate
Archiv *n (Verw)* archive storage *(Dokumentensammlung)*
Archivbestände *mpl (Verw)* archive *(Registratur)*
Arglist *f (Gesch, RW, Recht)* fraudulence, intention to deceive *(Betrug)*
arglistig *adj (Recht)* fraudulent *(betrügerisch)*
arglistige Täuschung *f (Recht)* fraud, intention to deceive
arithmetische degressive Abschreibung *f (RW)* sum-of-the-year's digit method of depreciation
arithmetisches Mittel *n (Stat)* arithmetic mean
Armenrecht *f (Recht)* right to cost exemption, legal aid *(Rechtshilfe)*
Armut *f (Soz)* poverty
Armutsgrenze *f (Soz)* poverty line
Arrangeur *m (Fin)* arranger *(Kreditsyndizierungen und Emissionen)*
arrangieren *v/sich (Gesch, WiWi)* make a deal, come to an arrangement
Art *f (Gesch)* nature, type
~ der Tätigkeit *(Pers)* kind of activity, type of activity, kind of job, type of job
Artikel *m* 1. *(Gesch)* article, product; 2. *(Pat) (BE)* goods; 3. *(Recht)* article, section *(Teil des Gesetzes)*; 4. *(V&M)* item
~ des persönlichen Bedarfs *(Gesch)* article for personal use
Artikelnummer *f (V&M)* item number
Arzneimittel *n (Gesch)* drug
Arzneimittelindustrie *f (Gesch)* pharmaceutical industry
ärztliche Bescheinigung *f (Umw)* doctor's certificate, medical certificate
ärztliches Attest *n (Pers)* doctor's certificate, medical certificate
Asset Swap *m (Bank)* asset swap
Assimilation *f* 1. *(Gesch)* adjustment, assimilation; 2. *(RW)* assimilation
Assistent(in) *m(f)* **der Geschäftsleitung** *(Pers)* executive assistant

assortieren *v (V&M)* assort
~ **mit/sich** *(Gesch, Mgt)* work in partnership with
assoziiertes Unternehmen *n (Gesch)* associated company, associated enterprise
AStV *s.* Ausschuss der Ständigen Vertreter
atomistische Konkurrenz *f (WiWi)* atomistic competition
Atomkraftwerk *n (Ind)* nuclear power station
Atommüll *m (Ind, Umw)* nuclear waste
Atomwirtschaft *f (Gesch)* nuclear-based industry
Attest *n (Gesch)* bill of health *(Gesundheit)*
~ **ohne gesundheitliche Einschränkungen** *(Gesch)* clean bill of health *(Gesundheit)*
attraktiv *adj* 1. *(Bö)* attractive; 2. *(Gesch)* favo(u)rable
attraktive Ausstattung *f (Gesch)* attractive terms *(Emission)*
audio-visuelle Ausrüstung *f (V&M)* audio-visual equipment
Audit *n (Fin, RW)* audit
auf Antrag *(Pers, Soz)* on application
auf Betriebsebene *(Pers)* at plant level, at establishment level, on the shop floor
auf Sicht *(Fin)* at sight, on demand *(Wechsel)*
aufarbeiten *v (Gesch)* recondition
Aufbau *m (Gesch)* structure
~ **eines Unternehmens** *(Gesch)* company structure
aufbauen *v* 1. *(Gesch)* build up *(Firma)*; 2. *(Ind)* erect
aufbereiten *v* 1. *(EDV)* edit; 2. *(Gesch)* recycle; 3. *(Ind)* process; 4. *(WiWi)* organize
Aufbereitung *f* **von Daten** 1. *(EDV)* data editing; 2. *(Gesch)* data organization
Aufbereitungsanlage *f (Ind)* processing plant
aufbessern *v* 1. *(Gesch)* brush up; 2. *(Pers)* raise *(Gehalt)*
Aufbewahrung *f* 1. *(Bank)* safekeeping; 2. *(Bö)* custody, retention
Aufbewahrungsfrist *f (Bö)* retention period
Aufbewahrungsgebühr *f (Fin)* safe deposit fee
aufbieten *v (Gesch)* bring into play
aufblähen *v (WiWi)* inflate
aufbrauchen *v (Gesch)* use up
aufbringen *v (Fin) (ugs.)* cough up, put up, raise; *(ugs.) (BE)* stump up
aufeinander abstimmen *v (Gesch)* coordinate
aufeinander abgestimmt *adj (Gesch)* coordinated, synchronized
aufeinander folgend *adj (Gesch)* consecutive, successive, sequential
Aufenthalt *m (Gesch)* domicile, residence *(Wohnsitz)*
Aufenthaltserlaubnis *f (Pers)* residence permit
Aufenthaltsgenehmigung *f* 1. *(Pol) (AE)* green card; 2. *(Verw)* residence permit
Aufenthaltsort *m (Recht)* abode, (place of) residence *(Wohnort)*
Aufenthaltsrecht *n* right of residence *(EU)*
auferlegen *v* 1. *(Gesch)* impose *(Restriktionen)*; 2. *(Recht, St)* impose, levy, inflict *(Beschränkungen, Vorschriften, Geldstrafe)*
Auferlegung *f* 1. *(Gesch)* imposition; 2. *(Recht)* levy
auffällig *adj (V&M)* eye-catching
Auffang... *(Bank, Fin)* backing, backup
auffangen *v* 1. *(Gesch)* absorb, cushion; 2. *(WiWi)* counterbalance
Auffanggesellschaft *f (Pers)* rescue company
Auffanglinie *f (Bank, Fin)* backup line *(Kredit)*
auffordern v *(Gesch)* demand, urge, request
Aufforderung *f* 1. *(Gesch)* calling, demand, request; 2. *(Recht)* invitation
~ **zur Angebotsabgabe** 1. *(Fin)* appeal for tenders, request for proposals; 2. *(Recht)* invitation to make an offer *(Vertragsrecht)*
auffrischen *v* 1. *(EDV)* refresh; 2. *(Gesch)* brush up *(Kenntnisse)*
Auffüllung *f* **von Lagerbeständen** *(RW)* inventory build-up, replenishment of inventories, stockbuilding, addition to stock *(Material)*
Aufgabe *f* 1. *(EDV)* task; 2. *(Gesch)* job, task, abandonment *(Preisgabe)*; 3. *(Pat)* abandonment; 4. *(Pers)* duty, job, task *(Arbeit, Pflicht)*; 5. *(Recht)* disclaimer, discontinuance *(Anspruch)*
~ **der Börsennotierung** *(Bö, Fin)* going private, delisting *(durch das Unternehmen veranlasst)*

Aufgabenbereich *m (Gesch)* area of responsibility, line of duty, sphere of activity, terms of reference *(eines Ausschusses)*
aufgabenorientierte Kostenerfassung *f (V&M)* mission costing
Aufgabenstellung *f (Gesch)* task setting, terms of reference
Aufgabenverteilung *f (Gesch, Mgt, Pers)* allocation, job assignment, allocation of responsibilities *(Arbeitsvorbereitung, Produktionsplanung)*
aufgearbeitet *adj (Gesch)* reconditioned
aufgeben *v* 1. *(Bö)* abandon *(Option)*; 2. *(Gesch)* abandon, relinquish, renounce, post *(Plan)*; 3. *(Pat)* waive; 4. *(Recht)* waive *(Gebühr)*; part with *(Besitz)*; renounce, give up, abandon, disclaim *(Anspruch)*; 5. *(St)* waive
aufgehen *v (Gesch, Stat)* add up *(Zahlen, Ergebnisse)*
aufgelaufen *adj* 1. *(Bank)* accrued; 2. *(Bö, Fin, RW)* accrued, accumulated
aufgelaufene Dividende *f* 1. *(Bö)* dividend in arrears; 2. *(RW)* accrued dividend
~ **Zinsen** *mpl* 1. *(Fin)* accrued interest; 2. *(RW)* accrual, accumulated interest
~ **Zinseszinsen** *mpl (Bank)* accrued compound interest
aufgelaufener Gewinn *m (RW)* accumulated surplus
Aufgeld *n* 1. *(Bö)* agio, premium; 2. *(Fin)* agio; 3. *(Gesch)* surcharge
aufgenommene Kredite *mpl (Bank)* borrowings
~ **Mittel** *npl (Fin)* borrowed funds
aufgeschlüsselt *adj (Gesch)* broken down
aufgeschoben *adj (Gesch)* deferred
aufgeschobene Zahlungen *fpl (Fin)* deferred payments
aufgestaute Nachfrage *f (WiWi)* pent-up demand
aufgeteilter Markt *m (Gesch)* fragmented market
aufgliedern *v* 1. *(Gesch)* break down, classify, itemize; 2. *(RW)* break down
Aufgliederung *f* 1. *(Gesch)* breakdown, classification, itemization; 2. *(RW)* breakdown
~ **der Bilanz** *(RW)* account format
~ **eines Gesamtbetrages** *(Bö, Gesch)* break-out
aufheben *v* 1. *(Fin)* revoke; 2. *(Gesch)* abolish, remove *(Restriktionen)*; annul *(Urteil)*; overrule, make void *(Entscheidung)*; lift, override, raise *(Embargo, Sanktionen)*; 3. *(Stat)* cancel; 4. *(RW)* lift, abolish, cancel; 5. *(Recht)* abrogate, disaffirm, nullify, rescind, terminate *(Vertrag)*; annul, repeal, reverse, strike down *(Gesetz)*; lift *(Beschränkungen)*; avoid, cancel *(Vorschriften)*
~/sich *(Stat, RW)* cancel out
Aufhebung *f* 1. *(Gesch)* removal, abolition, annulment, avoidance, lifting *(von Beschränkungen)*; 2. *(RW)* abolition; 3. *(Recht)* abrogation, disaffirmance, disaffirmation, nullification, rescission, termination *(eines Vertrags)*; annulment, repeal, reversal, striking down *(eines Gesetzes)*; lifting *(Beschränkungen)*; avoidance, cancellation *(Vorschriften)*
~ **der Börsennotierung** *(Bö)* delisting
~ **der Börsenzulassung** *(Bö, Fin)* delisting *(durch die Börsenaufsicht)*
Aufhebungsverfahren *n (Recht)* action for cancellation *(Vertrag)*
aufholen *v* 1. *(Bö)* rally; 2. *(Gesch)* catch up, gain ground, pick up, make up *(verlorene Zeit)* • **verlorene Zeit ~** *(Gesch)* make up for lost time
Aufkauf *m* 1. *(Bö, Fin)* buyout, acquisition *(Übernahme)*; 2. *(Gesch)* buying up, takeover; 3. *(WiWi)* acquisition
aufkaufen *v (Fin)* corner, acquire, buy out, buy up *(Unternehmen)*
aufklären *v (Gesch)* solve, investigate
Aufklärung *f (Recht)* investigation
aufkleben *v (Gesch, Komm, V&M)* affix
Aufkleber *m (Gesch)* adhesive label, sticker
Aufkommen *n (Fin, St)* yield, revenue, proceeds
Auflage *f* 1. *(Gesch, Med)* print run *(Druck)*; circulation *(Zeitungen oder Zeitschriften)*; 2. *(Recht)* condition, requirement *(Bedingung)*; 3. *(WiWi)* burden • **mit der ~, dass** *(Gesch)* on condition that, with the stipulation that
Auflassung *f* 1. *(Gb)* closing *(Eigentumsübertragung beim Grunderwerb)*; 2. *(Recht)* conveyance by agreement
Auflassungsdatum *n (Gb)* closing date

auflaufen *v* 1. *(Gesch)* accrue, accumulate, run on *(Zinsen)*; 2. *(Trans)* run aground, run ashore *(Schiff)*

auflegen *v* 1. *(Bank)* issue; 2. *(Fin)* float, invite subscriptions, issue, launch; 3. *(Gesch)* announce; 4. *(Komm)* put down, hang up *(Telefonhörer)*

Auflockerung *f (WiWi)* easing, relaxation *(Geld- und Kapitalmarkt)*

auflösen *v* 1. *(Fin)* close, unlock; 2. *(Gesch)* break up; 3. *(Pol)* dissolve *(Parlament, Partnerschaft)*; 4. *(RW)* release, withdraw, return to source, retransfer, write back; 5. *(Recht)* cancel, dissolve; 6. *(Pers)* terminate *(Arbeitsvertrag)*

auflösende Bedingung *f (Recht) (AE)* condition subsequent, *(BE)* suspensive condition *(Vertrag)*

Auflösung *f* 1. *(EDV)* resolution *(Bildschirm, Drucker)*; 2. *(Fin)* absorption, closing; 3. *(Gesch)* break-up, disintegration, dissolution, winding up; 4. *(Pers)* termination, dissolution *(eines Vertrags)*; 5. *(RW)* liquidation, retransfer, writing back, release, withdrawal, *(AE)* reversal; 6. *(Recht)* dissolution *(Gesellschaftsrecht)*

~ **stiller Reserven** *(Bank, RW)* release of undisclosed reserves

~ **von Anlagen** *(Bank, RW)* liquidation of investment

aufmachen *v (Gesch)* start *(Firma)*

Aufmacher *m (Med)* splash, lead *(Druck)*

Aufmerksamkeit *f (Gesch, V&M)* attention *(für ein Produkt)* • **jmds. ~ erregen** *(Gesch)* attract sb's attention

Aufmerksamkeit, Interesse, Wunsch, Aktion *(Gesch, V&M)* attention, interest, desire, action, AIDA

Aufnahme *f* 1. *(Bö)* take-up *(einer neuen Emission)*; assimilation *(von Wertpapieren)*; 2. *(Gesch)* absorption, admission

~ **einer Beschäftigung** *(Pers)* entry into employment, taking up a job, taking up work, taking up employment

~ **einer selbstständigen Tätigkeit** *(Pers)* taking up self-employment, entry into self-employment

~ **von Fremdmitteln** *(Gesch)* borrowing external funds

Aufnahmeantrag *m (Bö) (BE)* application for admission

aufnahmefähiger Markt *m (Bö)* broad market, ready market *(Wertpapiere und Waren)*

Aufnahmefähigkeit *f* 1. *(Bö)* absorbing capacity *(des Marktes)*; 2. *(Gesch, WiWi)* absorptive capacity, absorption capacity *(des Marktes)*

Aufnahmegebühr *m (Gesch)* admission fee

aufnehmen *v* 1. *(Bank)* obtain, borrow, take out, take up *(Kredit, Darlehen)*; 2. *(Bö)* assimilate *(Wertpapiere)*; 3. *(Fin)* obtain, put up, raise; 4. *(Gesch)* absorb *(Warenbestand)*; start up *(den Betrieb)*; record *(Sitzung)*; 5. *(Pers)* admit *(neue Geschäftspartner)* • **Bankkredit ~** *(Bank, Fin)* arrange a loan, borrow from a bank

Aufpasser *m (Bö, Gesch)* watchdog

Aufpreis *m (RW)* extra charge

aufrechnen *v* 1. *(Fin)* offset; 2. *(RW)* counterbalance, offset, set against; 3. *(Recht)* set off • **etw. gegen etw. ~** *(RW)* balance sth against sth

Aufrechnung *f* 1. *(Fin)* offset, offsetting; 2. *(RW)* balancing against, counterbalancing, offset, offsetting; 3. *(Recht)* set-off

aufrechterhalten *v* 1. *(Gesch)* preserve; 2. *(Recht)* uphold; 3. *(WiWi)* sustain

aufrufen *v* 1. *(EDV)* call; 2. *(Fin)* call in, call up; 3. *(Gesch)* appeal *(Öffentlichkeit)*

aufrunden *v* 1. *(Gesch)* even up; 2. *(Stat)* round up *(Zahl)*

aufsaugen *v (Gesch)* absorb *(Unternehmen)*

aufschieben *v* 1. *(Gesch)* put off, defer *(Entscheidung)*; delay *(Plan)*; postpone *(Treffen)*; 2. *(Mgt)* adjourn

aufschiebende Bedingung *f (Recht) (AE)* condition precedent, *(BE)* suspensive condition

Aufschiebung *f* 1. *(Gesch)* delay, deferral, postponement; 2. *(Mgt)* adjournment *(einer Entscheidung)*

Aufschlag *m* 1. *(Bö)* mark-up; 2. *(Fin)* load; 3. *(Gesch)* surcharge, extra charge, premium *(Fracht, Gebühren, Preis, Tarif)*; 4. *(V&M)* mark-up

aufschlüsseln *v* 1. *(Gesch)* allocate, apportion, break down, subdivide, classify, subclassify *(Klassifizierung)*; 2. *(RW)* break down

Aufschrift *f (Gesch)* address, label *(Etikett)*

Aufschub *m* 1. *(Gesch)* deferment, delay, postponement; 2. *(Pat)* period of grace • **ohne ~** *(Komm)* without respite • **~ gewähren** *(Recht)* grant a delay, grant respite *(internationales Vertragsrecht)*

Aufschwung *m* 1. *(Gesch)* boom, upturn; 2. *(WiWi)* upswing, upturn *(der Wirtschaft)* • **rapiden ~ nehmen** *(WiWi)* boom

Aufseher(in) *m(f)* 1. *(Fin)* comptroller, controller; 2. *(Mgt, Pers)* supervisor, overseer

aufsetzen *v (Recht)* draw, draw up *(Urkunde, Vertrag)*

Aufsicht *f* 1. *(Gesch)* care, supervision; 2. *(Mgt, Pers)* supervision; 3. *(WiWi)* control • **unter ~ der Behörden** *(Pol)* government-regulated

Aufsichtsbehörde *f* 1. *(Gesch)* regulatory agency, watchdog *(Durchführung)*; inspectorate *(Aufsichtsamt)*; 2. *(Recht)* regulatory authority *(zuständig)*

Aufsichtsorgan *n (Pol)* supervisory body, regulator

Aufsichtsrat *m (Deutschland)* 1. *(Gesch)* supervisory board; 2. *(Mgt)* board of directors, supervisory board

Aufsichtsratmitglied *n (Deutschland) (Mgt)* top executive, board member

Aufsichtsratsvorsitzende(r) *f(m) (Deutschland) (Mgt)* chairman of the (supervisory) board

aufsichtsrechtlich *adj (Bank, Pol)* regulatory, prudential

aufsteigen *v (Pers)* be promoted, rise

aufstellen *v* 1. *(Bank)* make up *(Konto)*; 2. *(Gesch)* set out, draw up, prepare *(Bedingungen)*; make up *(Liste)*; 3. *(Ind)* install, erect; 4. *(Pers)* post; 5. *(RW)* draw up, prepare *(Bilanz)*; 6. *(Recht)* lay down *(Grundsätze, Regeln, Norm)*

Aufstellung *f* 1. *(Bank)* making up; 2. *(Gesch)* breakdown, list, *(AE)* schedule *(Aufschlüsslung)*; 3. *(Ind)* siting, installation; 4. *(RW)* drawing up, preparation

~ einer Bilanz *(RW)* drawing-up of a balance sheet, making-up of a balance sheet

Aufstieg *m (Pers)* advancement, career development

Aufstiegschancen *fpl (Pers)* career development prospects, scope for advancement • **mit ~** *(Pers)* upgradable *(Stellung)*

Aufstiegsleiter *f (Soz)* mobility chain

Aufstiegsmobilität *f (Pers)* upward mobility

Aufstiegsmöglichkeit *f (Pers)* opportunity for advancement

aufstocken *v (Gesch)* increase, scale up, build up, *(BE)* top up *(Ersparnisse)*

aufstrebend *adj (Gesch, Soz)* up-and-coming, upwardly mobile

aufstrebende Wirtschaftsnationen *fpl (WiWi)* newly industrializing economies *(Südostasien)*

aufteilen *v* 1. *(Bank)* split; 2. *(Fin)* apportion; 3. *(Gesch)* split up *(Bereiche, Unternehmen)*; apportion *(anteilig festlegen)*; allocate *(zuteilen)*; 4. *(Gb)* apportion *(anteilig festlegen)*; 5. *(Pat)* apportion; 6. *(RW)* divide; 7. *(V&M)* partition, divide split up *(Bereiche, Unternehmen)*; 8. *(WiWi)* allocate *(Mittel)*

Aufteilung *f* 1. *(Bank)* split; 2. *(Fin)* apportionment; 3. *(Gesch)* break-up, apportionment *(anteilige Festlegung)*; allocation *(Zuteilung)*; 4. *(Gb)* apportionment; 5. *(Mgt)* subdivision; 6. *(Pat)* apportionment; 7. *(RW)* division; 8. *(Recht)* distribution *(Grundbesitz)*; 9. *(V&M)* partition, carving-up, division; 10. *(WiWi)* fragmentation *(eines Marktes)*

~ der Kosten *(RW)* allocation of costs

Auftrag *m* 1. *(Bö)* order; 2. *(EDV)* job; 3. *(Gesch)* task, order *(Aufgabe)*; sales order, purchase order *(Bestellung)*; brief, contract *(Anweisung)*; 4. *(RW)* purchase order; 5. *(Recht)* mandate; 6. *(V&M)* order, mission • **im ~ von** *(Gesch)* order of • **im ~ Dritter handeln** *(Recht)* act on sb's behalf • **Aufträge hereinholen** 1. *(Gesch)* solicit new business, secure new orders; 2. *(WiWi)* attract new business • **in ~ geben** *(WiWi)* commission

auftraggebende Bank *f (Bank)* principal bank *(im internationalen Zahlungsverkehr oder Wertpapiergeschäft)*

Auftraggeber(in) *m(f)* 1. *(Bank)* originator; 2. *(EDV)* user; 3. *(Fin)* principal; 4. *(Gesch)* customer, client; 5. *(RW)* mandant, principal

Auftragnehmer(in) *m(f) (Pers)* contractor

Auftragsabwicklung *f* 1. *(EDV)* job handling; 2. *(Gesch)* order filling, order handling, order processing

Auftragsbestand *m* 1. *(Gesch)* backlog of orders, orders on hand; 2. *(V&M)* level of orders

Auftragsbestätigung *f (Gesch, Komm)* acknowledgement of order, order confirmation
Auftragsbuch *n (Gesch)* order book
Auftragseingang *m (Gesch)* incoming business, inflow of orders, new orders, orders received, orders taken, order intake
auftragsgemäß *adj (Gesch)* as per order
Auftragsrückgang *m (WiWi)* drop in orders
Auftragsrückstand *m (Gesch)* backlog of orders, unfilled orders
Auftragswert *m (Bö)* contract value
Auftrieb *m (Gesch, WiWi)* boost
Auftriebskräfte *fpl (WiWi)* buoyant forces
Aufwand *m* 1. *(Fin, Gesch, RW, St)* expense *(GuV)*; 2. *(WiWi)* cost, expenditure • **als ~ verbucht** *(RW)* expensed
Aufwandsentschädigung *f (Gesch)* expense allowance, reimbursement, representation allowance
Aufwandskonto *n (RW)* expense account
Aufwands- und Ertragsrechnung *f (RW)* income statement *(GuV)*
Aufwärtsbewegung *f* 1. *(Gesch)* rise, upturn, upward movement; 2. *(WiWi)* upside trend, uptrend *(Entwicklung)*
aufwenden *v (Gesch)* expend, spend
Aufwendungen *fpl* 1. *(Fin)* expenditure, outgoings; 2. *(Gesch)* expenditure; 3. *(RW)* charges, expenses
aufwerten *v* 1. *(Gesch)* upgrade, valorize *(Waren)*; 2. *(RW)* revalue; 3. *(WiWi)* revalue, appreciate *(Währung)*
Aufwertung *f* 1. *(Fin)* revaluation; 2. *(Gesch)* valorization, revaluation, upvaluation *(Währung)*; 3. *(WiWi)* revalorization
~ des Vermögens *(RW)* revaluation of assets
Aufwertungsdruck *m (WiWi)* upward pressure
Aufwertungsgewinn *m (Bank, Fin)* appreciation gain
Aufwertungssatz *m (WiWi)* revaluation rate
aufzählen *v (Gesch)* enumerate
aufzeichnen *v* 1. *(Gesch)* record, transcribe, note, take down, put down *(notieren)*; 2. *(Med, RW)* record
Aufzeichnungen *fpl* 1. *(RW)* records *(Rechnungsprüfung)*; 2. *(Verw)* records
Aufzinsung *f (Fin)* accumulation, act of compounding
Aufzinsungsanleihe *f (Bö, Fin)* capital growth bond
Aufzinsungsfaktor *m (Fin)* accumulation factor
Auktion *f* 1. *(Gesch, RW)* auction, sale at [by] auction; 2. *(V&M)* public sale, auction *(öffentliche Versteigerung)*
ausarbeiten *v (Gesch)* draw up, prepare
Ausbau *m* 1. *(EDV)* upgrade, upgrading *(System)*; 2. *(Gesch)* completion, extension, improvement
ausbaufähig *adj* 1. *(EDV)* open-ended; 2. *(Mgt)* extensible
Ausbesserungen *fpl (Gesch)* maintenance and repair work
ausbeuten *v* 1. *(Gesch)* exploit, tap *(Ressourcen)*; 2. *(Pers) (jarg.)* exploit; 3. *(Umw, WiWi)* exploit, tap *(Ressourcen)*; 4. *(V&M)* milk
ausbeutend *(Pol, Recht, WiWi)* exploitative *(EU-Wettbewerbsrecht)*
Ausbeutung *f* 1. *(Gesch, Umw, WiWi)* exploitation *(von Ressourcen)*; 2. *(V&M)* milking strategy *(eines Unternehmens)*
Ausbildende(r) *f(m) (Pers)* training officer
Ausbilder(in) *m(f) (Pers)* trainer *(von Berufsanfängern)*
Ausbildung *f (Pers)* education, instruction, training
~ am Arbeitsplatz *(Pers)* on-the-job training, training on-the-job
~ der Ausbilder *(Pers)* training of trainers
~ von Führungskräften *(Gesch, Mgt, Pers)* executive development, executive training
Ausbildungsbetrieb *m (Pers)* firm providing (apprenticeship) training, training company, training establishment
Ausbildungsdauer *f (Pers)* duration of training, duration of education, length of training, length of education
Ausbildungseinrichtung *f (Pers)* educational establishment, training establishment
Ausbildungslehrgang *m (Pers)* training course
Ausbildungsplatzangebot *n (Pers)* supply of training places
Ausbildungsstand *m (Pers)* level of training
Ausbildungsstätte *f (Pers) (AE)* training center, *(BE)* training centre, teaching company, educational establishment, training establishment

Ausbildungsvergütung *f (Pers)* training pay, training allowance
Ausbildungsverhältnis *n (Pers)* training relationship, traineeship, training agreement, apprenticeship
Ausbildungsvertrag *m (Pers)* training contract, apprenticeship contract
Ausbildungsvorschriften *fpl (Pers)* training rules, training guidelines, rules for training, guidelines for training
Ausbildungszeit *f (Pers)* training period, period of training, training, period of education, education
ausbreiten *v (Gesch)* spread
~/sich *(Gesch)* spill over
Ausbreitungseffekt *m (WiWi)* spread effect, spill over effect
ausbuchen *v* 1. *(Fin)* balance; 2. *(Gesch)* charge off, debit, enter a debit against; 3. *(RW)* close out, write off, charge off
Ausbuchung *f* 1. *(Fin)* balancing, debit; 2. *(RW)* charge off, closing out, write-off, balancing, debit
ausdehnen *v (Gesch)* expand, extend, widen *(Befugnisse)*
ausdrücken *v (Gesch)* express
ausdrückliche Bedingungen *fpl (Recht)* express conditions, express terms
~ Einwilligung *f (Recht)* explicit consent
~ Genehmigung *f (Recht)* express authority
ausdrücklicher Vertrag *m (Recht)* explicit contract, express contract
ausdünnen *v (Gesch)* thin (out), reduce
Ausfall *m* 1. *(EDV)* breakdown; 2. *(Fin)* deficiency, financial loss; 3. *(Gesch)* failure
~ des Einkommens *(Pers)* loss of income, income loss
Ausfallbürgschaft *f (Recht, Verw) (BE)* indemnity bond
Ausfallquote *f* 1. *(Gesch)* failure rate; 2. *(RW)* delinquency ratio
Ausfallrate *f (Bank, WiWi)* default rate
Ausfallrisiko *n (WiWi)* non-payment risk, risk of default
Ausfallwahrscheinlichkeit *f (Bank, Fin)* probability of default, PD, expected default frequency, EDF *(von Risikoanleihen z.B.)*
ausfertigen *v* 1. *(Bank, Fin)* issue *(Scheck)*; 2. *(Gesch)* copy; 3. *(Recht)* draw up, write out *(Urkunde)*
Ausfertigung *f* 1. *(Bank, Fin)* issue *(Scheck)*; 2. *(Gesch)* copy, counterpart
Ausfuhr *f (AH, WiWi)* exportation, exporting, export
ausführbares Programm *n (EDV, Komm) (AE)* executable program
ausführen *v* 1. *(Bö)* execute; 2. *(Gesch)* carry out, put into execution, accomplish, execute, implement *(Entscheidung)*; 3. *(AH)* export
Ausfuhrerklärung *f* 1. *(Gesch)* export declaration; 2. *(AH)* clearance outwards
Ausfuhrhandel *m (AH)* export trade, export business
ausführlich *adj (Gesch)* in depth, detailed
ausführliche Berichterstattung *f (Med)* full coverage
Ausfuhrpapiere *npl (AH)* export documentation
Ausfuhrüberschuss *m (WiWi)* export surplus
Ausfuhrüberwachung *f (AH)* export control
Ausführung *f* 1. *(Bö)* execution; 2. *(Gesch)* undertaking, carrying out, accomplishment, achievement *(einer Aufgabe)*; execution, implementation *(einer Anordnung)*; quality *(Qualität)*; 3. *(Pat)* carrying out, design; 4. *(Recht, WiWi)* implementation *(des EU-Gemeinschaftsrechts)*
Ausführungsbestimmungen *fpl (Recht)* implementing regulations
Ausgabe *f* 1. *(Bank)* issue *(Geld)*; 2. *(Bö)* issue *(Aktien)*; output *(Daten)*; computer output; 3. *(Gesch)* edition, outlay, expense, expenditure *(Kosten)*; 4. *(Med)* copy number, edition, issue
~ einer Zeitung 1. *(Gesch)* copy; 2. *(V&M)* run of paper
~ von Gratisaktien 1. *(Bö)* cap(italization) issue; 2. *(Fin) (BE)* bonus issue
Ausgabeautomat *m (Bank)* cash dispenser, automated teller machine *(ATM)*
Ausgabeermächtigung *f (Fin)* spending authority, *(AE)* budget authority, *(BE)* total obligational authority
Ausgabekurs *m (Bö)* issuing price, initial offering price
Ausgaben *fpl* 1. *(Fin, Gesch)* expenditure, outflows, outgoings, outlays; 2. *(WiWi)* expenditure, *(BE)* high-street spending, outlay • **~ (auf einen bestimmten Zeit-**

raum) abgrenzen *(RW)* apply expenses to a period • **~ kürzen** *(WiWi)* cut spending, make cuts in spending
~ der öffentlichen Hand *(Fin, WiWi)* government expenditure, public expenditure
Ausgabenbefugnis *f (Pol)* spending authority
Ausgabenbewilligung *f* 1. *(Fin)* budget(ary) appropriation; 2. *(RW)* authorization for expenditure
Ausgabenkompetenz *f (Gesch)* spending power
Ausgabenkurve *f (WiWi)* outlay curve
Ausgabenreste *mpl (WiWi)* unspent budget balances
Ausgabensteuer *f (St, WiWi)* expenditure tax
Ausgabepreis *m* 1. *(Fin)* issue price; 2. *(RW)* asked price
Ausgänge *mpl (Fin)* outgoings
Ausgangsabgaben *fpl (St)* export duties and taxes
Ausgangskapital *n (Fin)* initial capital
Ausgangszahl *f (Gesch)* benchmark figure
ausgeben *v* 1. *(Bank, Bö)* issue; 2. *(Fin)* issue; 3. *(Gesch)* expend, spend, lay out, pay out, disburse
ausgebildetes Personal *n (Pers)* skilled staff, qualified staff, trained staff
ausgedehnt *adj* 1. *(Fin)* extended; 2. *(Gesch)* extended, widened
ausgefallene Dividende *f (RW)* omitted dividend
ausgegebene Aktien *fpl (Bö)* outstanding shares, issued shares
ausgegebenes Aktienkapital *n* 1. *(Bö)* outstanding capital stock, issued share capital; 2. *(Fin, RW)* capital stock issued
ausgeglichen *adj* 1. *(Fin)* offset; 2. *(Gesch)* in-balance, in-line; 3. *(RW)* balanced, offset • **~ abschließen** *(RW, WiWi)* break even *(ZB)*
ausgeglichener Haushalt *m* 1. *(Fin)* balanced budget, in-balance budget, in-line budget; 2. *(WiWi)* balanced budget
ausgeglichenes Konto *n (RW)* account in balance, closed account
ausgelaufen *adj (Gesch)* expired
ausgeloste Anleihe *f (Bö)* drawn bond
ausgerichtet *adj (Gesch)* directed at, tailored
ausgeschiedenes Wirtschaftsgut *n (St)* retired asset
ausgeschüttete Dividende *f (Fin)* cash dividend
ausgeschütteter Gewinn *m (Fin, RW)* distributed profit
ausgesetzter Handel *m (Bö)* suspended trading
ausgesperrt *adj (Pers)* locked-out
ausgeweitet *adj (WiWi)* expanded
ausgewiesen *adj (Gesch)* accounted for, reported, stated *(Gewinn)*
ausgewiesene Dividende *f* declared dividend
~ eigene Mittel *npl (RW)* reported equity
~ Kosten *pl (WiWi)* explicit cost
ausgewiesener Gewinn *m (RW)* reported earnings, reported income
ausgewogener Wertpapierbestand *m (Bö)* balanced portfolio
ausgezeichnet *adj (Pers)* excellent • **über ausgezeichnete Referenzen [Zeugnisse] verfügen** *(Pers)* have excellent references
Ausgleich *m* 1. *(Fin)* offset, offsetting; 2. *(Gesch)* adjustment, balance *(eines Kontos)*; compensation, equalization *(eines Mangels)*; settlement, squaring *(einer Summe)*; 3. *(RW)* offset, offsetting, balance, reconciliation *(eines Kontos)*; 4. *(WiWi)* compensation
~ der Grenznutzen *(WiWi)* consumer equilibrium
~ von Einnahmen und Ausgaben *(Fin)* equalization of revenue and expenditure
Ausgleichsfunktion *f (WiWi)* compensatory function *(ZB)*
Ausgleichsprozess *m (WiWi)* process of adjustment *(ZB)*
ausgleichen *v* 1. *(Fin)* average out, offset, balance, balance out, settle *(Konto)*; 2. *(Gesch)* balance, balance out, cancel out, compensate, equalize, even out, level out, make up, recoup, settle *(Summe, Zahlen)*; 3. *(RW)* balance, offset, reconcile *(Konto)*; 4. *(WiWi)* make up, trade off, smooth out *(Fluktuationen)*
~/sich 1. *(Gesch)* level up; 2. *(RW)* balance out
Ausgleichsabgabe *f* 1. *(AH)* compensatory levy, equalization levy; 2. *(St)* compensatory tax, compensation tax
Ausgleichsbuchung *f* 1. *(Bank)* charge back; 2. *(RW)* offsetting entry

Ausgleichslager *n (WiWi)* buffer stock, buffer store
Ausgleichsposten *m* 1. *(RW)* per contra item, offsetting item; 2. *(WiWi)* balancing item
Ausgleichsverlust *m (Bö) (BE)* compensating loss
Ausgleichszahlung *f* 1. *(Fin)* deficiency payment, equalization payment; 2. *(AH)* compensatory levy *(EU)*; 3. *(St)* compensatory payment
ausgliedern *v (Gesch)* hive off
Ausgliederung *f (Gesch, WiWi)* spin-off *(eines Unternehmensbereichs)*
ausgründen *v (WiWi)* hive off
aushandeln *v* 1. *(Bank)* arrange, negotiate *(Kredit)*; 2. *(Bö, Gesch, Pers)* negotiate
Aushändigung *f (Gesch)* delivery, handing-over
Aushilfe *f (Pers)* fill-in, temporary worker, *(ugs.)* temp
aushöhlen *v (Gesch, WiWi)* erode *(Kaufkraft)*
Aushöhlung *f* **der Steuerbasis** *(WiWi)* tax erosion
auskalkulieren *v (Gesch)* make a complete estimate of
auskaufen *v (Fin)* buy out
Auskunftspflicht *f (Gesch)* duty to disclose information
Auskunftsrecht *n (Pol)* right to information, right to know
Auslage *f* 1. *(Komm)* display; 2. *(V&M)* shop front, window display
Auslagen *fpl (Gesch, RW)* expenses, outlays
Auslagenersatz *m (Gesch)* reimbursement (of expenses)
Ausland *n (Gesch)* foreign country • **im ~** *(Gesch)* abroad • **im In- und ~** *(Gesch)* at home and abroad
ausländisch *adj* 1. *(Bank, Fin)* offshore; 2. *(Gesch)* foreign, from abroad, overseas • **in ausländischem Besitz** *(Bank, Gesch, Trans)* foreign-owned
ausländische Arbeitskräfte *fpl (Pers)* foreign labo(u)r, foreign workers, migrant workers
~ **Betriebsstätte** *f (St)* permanent establishment abroad
~ **Direktinvestition** *f (Fin, WiWi)* direct foreign investment, direct outward investment, foreign direct investment
~ **Einkünfte** *pl (St)* foreign-source income
~ **Tochtergesellschaft** *f (Gesch, Recht, St)* foreign subsidiary
ausländischer Bankplatz *m (Bank)* offshore place
~ **Emittent** *m (Fin)* nonresident issuer
ausländisches Recht *n (Pat, Recht)* foreign law
~ **Unternehmen** *n (Gesch)* foreign company
Auslandsaktiva *npl* 1. *(Gesch)* assets held abroad; 2. *(WiWi)* overseas assets
Auslandsanleihe *f (Fin)* external loan, foreign bond, foreign loan
Auslandsgeschäft *n (Gesch)* international business
Auslandsguthaben *npl (Bank)* foreign assets, funds abroad, nonresident deposits
Auslandsinvestition *f (WiWi)* foreign investment
Auslandsmarkt *m (Gesch, WiWi)* foreign market, external market
Auslandsnachfrage *f (WiWi)* foreign demand
Auslandsniederlassung *f (Bank, Gesch)* foreign branch, overseas branch
Auslandsposition *f (Bank, Fin)* external position
Auslandsschulden *fpl (Fin, RW, WiWi)* external borrowings, external debts, external liabilities
Auslandsumsatz *m (AH)* export turnover
Auslandsunternehmung *f (Gesch)* foreign venture
Auslandsvermögen *n (Gesch)* assets held abroad
Auslandsverschuldung *f (Fin, WiWi)* external debt, external borrowings
auslasten *v (Gesch)* make full use of, use to capacity *(Maschinen)*
auslaufen *v* 1. *(Gesch)* die, expire, run out; 2. *(St)* taper *(Steuervergünstigung)*; 3. *(WiWi)* taper off • **~ lassen** *(Gesch)* phase out, wind up *(Produktion)*
Auslaufmonat *m (Bö)* expiration month
Auslaufsphase *f (WiWi)* phase-out period
auslegen *v* 1. *(Gesch, Gb, Ind)* construct, design; 2. *(Komm, Recht)* interpret
Auslegungsrichtlinien *fpl (Recht)* interpret(at)ive regulations

ausleihen *v (Bö, Fin)* lend
Ausleihungen *fpl* 1. *(Bank)* asset exposure, bank lending; 2. *(Fin)* assets, lendings
Auslieferung *f (Gesch, Trans)* delivery
auslösen *v (Gesch)* ignite, set off, trigger, spark off *(Panik, Streit)*; set off, expunge *(Reaktion)*
Auslösung *f* 1. *(Bank)* redemption; 2. *(Pers)* severance payment, termination payment; 3. *(Recht)* bail
ausmachender Betrag *m (Fin)* actual amount
Ausnahme *f (Gesch)* exception • **mit ~ von** *(Gesch)* with the exception of
Ausnahmebestimmung *f (Recht)* derogation
Ausnahmeregelung *f* 1. *(Gesch)* exemption; 2. *(Pol)* opt-out *(EU, Nichtbeteiligung)*
ausnehmen *v (Gesch)* milk, *(ugs.)* raid
~ von make an exception of
ausnutzen *v* 1. *(Gesch)* exploit, utilize, take advantage of; 2. *(Pat)* work; 3. *(Pers)* exploit
Ausnutzungsgrad *m (Ind)* operating rate, plant utilization rate
ausreichend *adj* 1. *(Fin)* adequate; 2. *(Gesch)* adequate, sufficient; 3. *(Recht, Vers)* adequate
ausreichende Kapitalausstattung *f (Fin)* capital adequacy
~ Sorgfalt *f (Recht)* adequate care
Ausreißer *m (Stat, WiWi)* outlier
ausrichten *v (Gesch)* align, aim
~ auf *(Gesch)* gear towards, tailor to *(anpassen)*
ausrüsten *v* 1. *(Gesch)* equip; 2. *(Trans)* fit out
Ausrüstungsgegenstände *mpl (WiWi)* equipment goods
Ausrüstungsindustrie *f (Gesch)* supply industry
Aussage *f (Gesch)* statement
ausschalten *v (Gesch)* eliminate *(Fehlerquelle)*; switch off, turn off, shut off *(Gerät)*
ausscheiden *v (Gesch, Pers)* retire
Ausscheiden *n (Gesch, Pers)* retirement
Ausschlachten *n* **von Unternehmen** *(ugs.) (RW, WiWi)* asset stripping
Ausschlag *m (Gesch)* decisive factor • **den ~ geben** *(Gesch)* tip the scales
ausschlagen *v (Gesch)* renounce *(Angebot)*
ausschlaggebende Stimme *f (Pers)* decisive vote, tiebreaking vote
ausschlaggebender Aktienanteil *m (Bö)* control stock
ausschließen *v* 1. *(Bö)* lock out; 2. *(Gesch)* bar, exclude, expel, preclude, crowd out, eliminate, rule out, *(ugs.)* boot off; 3. *(Recht)* bar
ausschließend *adj (Pol, Recht, WiWi)* exclusionary *(EU-Wettbewerbsrecht, missbräuchliche Verhaltensweise)*
ausschließlich Dividende *(Fin)* ex dividend
ausschließliche Zuständigkeit *f (Recht)* exclusive jurisdiction
Ausschließlichkeitsvertrag *m* 1. *(Pat)* exclusive licensing arrangement; 2. *(V&M)* exclusive dealer arrangement
Ausschluss *m* 1. *(Bank) (jarg.)* redlining, bar *(Kreditgewährung)*; 2. *(Fin)* foreclosure *(Markt)*; 3. *(Gesch)* elimination, exclusion • **unter ~ von** *(Gesch)* to the exclusion of, with the exception of • **unter ~ der Öffentlichkeit** *(Recht)* closed to the public, in camera
~ der Gewährleistung *(Recht)* exclusion of liability *(Vertragsrecht)*
Ausschlussfrist *f* 1. *(Gesch)* term of limitation; 2. *(Recht)* time bar, time limit
Ausschlussprinzip *n (WiWi)* exclusion principle *(öffentliches Gut)*
Ausschlussrecht *n (Pat, Recht)* exclusive right
ausschreiben *v (Bö, Gesch, V&M)* put out for tender
Ausschreibung *f* 1. *(Gesch)* advertised bidding, tender to contract; 2. *(Recht)* invitation to bid; 3. *(V&M)* competitive tendering • **durch ~** *(V&M)* by tender • **sich an einer ~ beteiligen** *(Gesch)* tender • **~ vornehmen** *(Gesch)* invite tenders
Ausschreibungsbedingungen *fpl* 1. *(Gesch)* bidding requirements, conditions [terms] of tender; 2. *(Recht)* contract specifications
Ausschreibungsfrist *f (Gesch)* bidding period
Ausschreibungsverfahren *n* 1. *(Fin)* tender; 2. *(Gesch)* bidding procedure, tendering procedure
Ausschuss *m* 1. *(Gesch)* commission, committee, wastage, spoilage *(industriell)*; bad work *(fehlerhafte Arbeit)*; 2. *(Ind)*

rejects, defective units, lost units *(fehlerhafte Arbeit)*
~ **der Regionen** *(Recht)* Committee of the Regions *(EU)*
~ **der Ständigen Vertreter** 1. *(Recht)* Standing Representatives Committee *(EU)*; 2. *(WiWi)* Committee of Permanent Representatives of the EU, COREPER
~ **zur Bekämpfung des unlauteren Wettbewerbs** *(Pol, WiWi) (AE)* Federal Trade Commission
Ausschussvorsitzende(r) *f(m) (Gesch)* committee chairman [chairwoman]
ausschütten *v (Fin)* distribute
Ausschüttung *f (Bö)* distribution *(der Dividenden)*
~ **in einer Summe** *(Bö)* lump sum distribution
~ **realisierter Kursgewinne** *(Bö)* capital gains distribution
Ausschüttungspolitik *f (Bö, Fin)* dividend policy
Ausschüttungssatz *m* 1. *(Fin)* payout rate; 2. *(RW)* dividend payout ratio
Außen... *(Gesch, Mgt, Pers, Pol, WiWi)* outer, external, foreign
Außenbeitrag *m (AH, WiWi)* external balance, foreign balance *(ZB)*; external component of GDP *(VGR)*
Außenbilanz *f (WiWi)* external balance
aussenden *v (Komm)* send, push *(Daten)*
Außendienst *m* 1. *(Gesch)* field service, field organization; 2. *(V&M)* field sales force
Außendienstmitarbeiter *mpl* 1. *(Gesch, Pers, V&M)* field workers, field operators, field force, field staff; 2. *(WiWi)* outdoor staff
Außenfinanzierung *f (Fin, RW)* external financing, outside finance
Außenhandel *m* 1. *(Gesch)* external trade, international trade; 2. *(WiWi)* foreign trade
Außenhandels(bilanz)defizit *n (AH, Pol, WiWi)* trade deficit
Außenhandelsgewinne *mpl (WiWi)* gains from trade
Außenhandelsgüter *npl (WiWi)* tradables
Außenhandelsüberschuss *m (WiWi)* (foreign) trade surplus
Außenhandelsumsatz *m (WiWi)* foreign trade turnover *(ZB)*
Außenhandelsverflechtung *f (WiWi)* foreign trade links
Außenhandelsvolumen *n (AH, WiWi)* volume of foreign trade
Außenhandelswert *m (WiWi)* external value
Außenminister(in) *m(f) (Pol)* foreign minister, *(AE)* Secretary of State, *(BE)* Foreign Secretary
Außenministerium *n (Pol)* foreign ministry, *(BE)* Foreign and Commonwealth Office, FCO, *(AE)* State Department
Außenmitarbeiter(in) *m(f) (Pers, V&M)* field associate
Außenstände *mpl (RW)* outstanding, accounts receivable, uncollected receivables, outstanding debts *(Schulden)*
Außenwirtschaft *f (Gesch)* external economy
außenwirtschaftliche Daten *npl (WiWi)* balance-of-payments figures *(ZB)*
Außenwirtschaftsrecht *n (Recht)* foreign trade law
Außenzoll *m (AH, WiWi)* external tariff
außerbetriebliche Weiterbildung *f (Pers) (BE)* off-the-job training *(Bildung, Ausbildung)*
außerbilanziell *adj (RW)* off-balance sheet
außerbörsliche Geschäfte *npl (Bank, Bö)* over-the-counter transactions
außerbörslicher Handel *m (Bö)* off-board trading
~ **Handel** *m* **mit börsennotierten Aktien** *(WiWi)* third market
außerbörsliches sekundäres Handelspapier *n (Bö) (AE)* over-the-counter derivative instrument
äußere Stabilität *f (Pol, WiWi)* stability abroad
~ **Verschuldung** *f (Gesch)* borrowing abroad
außereuropäisch *adj (Pol)* non-European *(EU)*
außergerichtlicher Vergleich *m (Recht)* out-of-court settlement, amicable settlement, voluntary settlement *(freiwillig)*
außergewöhnliche Aufwendungen *fpl (RW)* extraordinary expenditure
Außerkraftsetzung *f* 1. *(Recht)* abrogation *(eines Gesetzes)*; 2. *(Verw)* abrogation
außerordentliche Abschreibung *f (RW)* extraordinary depreciation

~ **Aufwendungen** *fpl (RW)* extraordinary expenditure, extraordinary expenses, nonrecurring charges
~ **Kündigung** *f (Pers)* summary dismissal, dismissal without notice *(employer)*; termination without notice, resignation without notice *(worker)*
außerordentlicher Ertrag *m* 1. *(Fin)* extraordinary item; 2. *(RW)* extraordinary gain, extraordinary income
~ **Verlust** *m (RW)* extraordinary loss
außerplanmäßig *adj* 1. *(Gesch)* unscheduled *(Sitzung)*; 2. *(Pers)* nonscheduled
äußerster Preis *m (Gesch)* bottom price, knockdown price
außertarifliche Angestellte *pl (Pers)* salaried employees exempt from collectively agreed terms
aussetzen *v (Bö, Gesch, Recht, St)* suspend
Aussetzen *n* **der Notierung** *(Bö)* trading halt
Aussetzung *f (Bö, Gesch, St)* suspension
aussortieren *v (Gesch)* sort out
Aussperrung *f (Gesch, Pers)* lock-out *(bei Streik)*
ausstatten *v (Gesch)* fit out, equip
~ **mit** 1. *(Gesch)* vest with *(Befugnissen)*; 2. *(Pol)* invest with, vest with *(Vollmacht)*
Ausstattung *f* 1. *(Bank)* terms *(eines Kredits)*; 2. *(Fin)* provision of funds, structure, terms of issue; 3. *(Gesch)* equipment
~ **mit Barmitteln** *(Fin)* cash resources
ausstehend *adj* 1. *(Gesch)* outstanding; 2. *(RW)* active
ausstehende Aktien *fpl (Bö)* outstanding capital stock
~ **Einlagen** *fpl (Bö)* outstanding capital stock, *(BE)* unpaid call on capital
ausstehender Betrag *m (Gesch, RW)* amount outstanding, outstanding amount
aussteigen *v* 1. *(Gesch)* back out, drop out, bail out, bale out; 2. *(WiWi)* opt out
Aussteigen *n (ugs.) (Bö)* bailing out
ausstellen *v* 1. *(Bank, Fin)* issue *(Scheck)*; 2. *(Gesch, RW)* make out, write out, issue *(Scheck, Quittung)*; accredit *(Garantie)*; exhibit *(Ware)*; draw up, exhibit *(Vertrag, Dokumente)*; issue *(Zeugnisse)*; 3. *(Pat, V&M)* exhibit
~ **auf** *(Bank, Fin)* make payable to *(Scheck)*
Ausstellen *n* 1. *(Bank, Fin)* issue; 2. *(RW)* billing
ausstellende Behörde *f (Verw)* issuing authority
Aussteller(in) *m(f)* 1. *(Bank)* drawer, issuer; 2. *(Bank, Fin)* issuer; 3. *(Recht)* maker *(einer Urkunde)*
Ausstellung *f* 1. *(Bank)* issue *(Scheck)*; 2. *(Bö)* exposition; 3. *(Fin)* issue; 4. *(Gesch)* exhibition, fair, show, issue; 5. *(Komm)* display *(Dokumente, Zeugnisse)*; 6. *(Pat)* exhibition; 7. *(V&M)* exhibition, show
Ausstellungsraum *m (Gesch)* exhibition room
Ausstellungstag *m (Gesch)* issuing date, date of issue
Ausstiegsklausel *f (Pol)* let-out clause
Ausstoß *m (WiWi)* output
Austausch *m* 1. *(Gesch)* exchange, interchange; 2. *(Ind)* replacement; 3. *(Komm)* exchange *(Informationen, Meinungen)*; 4. *(WiWi)* exchange
austauschbar *adj* 1. *(Gesch)* exchangeable, interchangeable, replaceable; 2. *(Komm, WiWi)* exchangeable, replaceable
Austauschbeziehung *f (WiWi)* trade-off
Ausstiegsklausel *f (Pol)* let-out clause
Austauschrelationen *fpl (AH, WiWi)* terms of trade
Austauschverhältnis *n (Bank, Pol, WiWi)* parity, exchange ratio
austauschen *v* 1. *(Gesch)* exchange, interchange, replace, trade; 2. *(Komm)* exchange; 3. *(WiWi)* trade
austreten *v* 1. *(Gesch)* leave, opt out, resign *(kündigen)*; 2. *(Recht)* withdraw, contract out
Austritt *m (Recht, Vers)* withdrawal
ausüben *v* 1. *(Bö)* exercise; tender notice; 2. *(Gesch, Recht)* exercise, *(AE)* practice, *(BE)* practise; 3. *(St)* perform; 4. *(V&M)* exercise *(Privileg)*
Ausübung *f* 1. *(Bö, Gesch, Recht)* exercise; 2. *(St)* performance
~ **von Rechten** *(Bö)* exercise of rights
Ausübungsfrist *f (Bö)* exercise deadline
Ausübungspreis *m (Bö)* striking price
Ausverkauf *m (Gesch, V&M)* sale
~ **wegen Geschäftsaufgabe** *(Gesch)* closing-down sale, winding-up sale
ausverkaufter Markt *m (Bö)* sold-out market
Auswahl *f* 1. *(Gesch)* assortment, choice, range of goods, selection; 2. *(Pers)*

screening *(unter Stellenbewerbern)* • **in die engere ~ kommen** *(Gesch, Pers)* be shortlisted *(Bewerbung)* • **in die engere ~ nehmen** *(Gesch, Pers)* shortlist • **seine ~ treffen** *(Gesch) (ugs.)* take one's pick

auswählen *v (Gesch)* select, single out

Auswahlkriterium *n (Pers)* selection criterion, eligibility criterion

Auswahlliste *f (Gesch, Pers)* shortlist • **eine ~ aufstellen** *(Pers)* draw up a shortlist *(Selektion)*

Auswahlverfahren *n (Pers)* screening technique

auswärtig *adj* 1. *(Bank, Fin)* offshore; 2. *(Pol)* foreign

Auswärtsvergabe *f (WiWi)* subcontracting

auswechseln *v (Gesch)* replace

Ausweis *m* 1. *(Bank, RW)* statement (of account); 2. *(Verw)* identity card, identification card, proof of identity, pass

~ **der Kapitalverwendung** *(RW)* application-of-funds statement

ausweisen *v (RW)* post, report, show on the books

~/sich *(Recht)* prove one's identity

Ausweisgewohnheiten *fpl (Bank, RW, WiWi)* disclosure practices

ausweiten *v (Gesch, WiWi)* expand

Ausweitung *f* 1. *(Fin)* expansion; 2. *(Gesch)* expansion *(Produktion)*; enrichment *(Tätigkeit)*

~ **der Beschäftigung** *(Pers)* increase in the number of jobs

auswerfen *v (Gesch)* eject, produce *(Zahlen)*

auswerten *v* 1. *(Gesch)* appraise, evaluate, interpret; 2. *(Mgt) (BE)* analyse, *(AE)* analyze *(Daten)*

Auswertung *f* 1. *(EDV)* interpretation; 2. *(Gesch)* appraisal, evaluation; 3. *(Ind)* working; 4. *(Mgt)* analysis *(von Daten)*; 5. *(Pat)* exploitation, working; 6. *(Stat, Pers)* analysis, evaluation; 7. *(Recht)* exploitation *(of rights)*

~ **der Rechnungslegung** *(RW)* accounting analysis

Auswirkung *f (Gesch)* consequence, effect, impact, implication

~ **auf den Gewinn** *(Gesch)* profit implication

auszahlbar *adj (Fin)* disbursable, payable

auszahlen *v* 1. *(Fin)* buy out, disburse, pay off, pay out; 2. *(Gesch)* buy out *(Teilhaber, Aktionär)*; 3. *(Pers)* pay off *(Arbeitnehmer)*

Auszahler *m (Fin)* disburser, payer

Auszahlung *f* 1. *(Fin)* payback; 2. *(Gesch)* payment; 3. *(Pers)* payoff *(Entlassung)*; 4. *(RW)* amount paid out, disbursement *(Kreditbetrag)*; 5. *(WiWi)* payoff

~ **in bar** *(Bank)* cash payment

Auszahlungsprovision *f (Gesch)* disbursement commission

Auszahlungssperre *f (Bank)* stop-payment order

Auszahlungsstelle *f (Bank)* paying agent

auszeichnen *v (Gesch, V&M)* price, label

Auszeichnung *f* 1. *(Gesch)* hono(u)r *(für Leistung)*; 2. *(V&M)* label(l)ing, price marking

Auszubildende(r) *f(m) (Pers, WiWi)* apprentice, trainee

Auszug *m* 1. *(Bank)* statement of account; 2. *(Gesch)* abstract *(Zusammenfassung)*; extract *(Auszug)*; 3. *(Pat)* abstract • **einen ~ anfertigen über** *(Gesch)* extract *(Informationen)*

~ **aus dem Register** *(Pat)* extract from the register

autark *adj (Gesch, WiWi)* autarchic, self-reliant, self-sufficient *(Wirtschaft)*

Autarkie *f (Gesch, WiWi)* autarky, self-sufficiency

Autarkiebestrebungen *fpl (WiWi)* efforts to achieve self-sufficiency *(ZB)*

Auto... 1. *(Gesch)* self..., automatic; 2. *(Ind)* automotive, auto...

Autodidakt *m (Soz)* self-educated person, self-taught person

Automat *m (Gesch)* automatic vending machine, slot machine, vending machine

Automatenverkauf *m (V&M)* automatic merchandising

Automation *f (EDV)* automation

automatisch *adj (Gesch, Ind)* automatic

automatische Überweisung *f (Bank)* automatic transfer

~ **Wahlwiederholung** *f (Komm)* automatic redial(l)ing *(Telefon)*

~ **Wiederanlage** *f (Bö)* automatic reinvestment

~ **Worterkennung** *f (Komm)* automatic word recognition *(Handy SMS)*

automatischer Bankschalter *m (Bank, Fin)* automated teller (machine)
~ fiskalpolitischer Konjunkturstabilisator *m (WiWi)* automatic fiscal stabilizer, built-in stabilizer
~ Inflationsverstärker *m (WiWi)* built-in inflator
~ Konjunkturstabilisator *m (WiWi)* built-in flexibility
~ Stabilisator *m (WiWi)* automatic stabilizer, built-in stabilizer *(Konjunktur)*
~ Überweisungsverkehr *m (Bank) (BE)* automatic transfer service
~ Zahlungsverkehr *m (Bank, Fin, RW)* automatic funds transfer
automatisches Clearingsystem *n (Bank)* Automated Clearing Settlement System
~ Verrechnungssystem *n (Bank)* Automated Clearing Settlement System
automatisieren *v (Ind)* automate, robotize
automatisierte Abrechnungsstelle *f (Bank, Fin)* Automated Clearing House, ACH
~ Datenverarbeitung *f (EDV)* automatic data processing, ADP
automatisierter Überweisungsverkehr *m (Bank, Fin, RW)* automatic funds transfer
automatisiertes Banken-Clearing-System *n (Bank)* Banks Automated Clearing Services
~ Banküberweisungssystem *n (Bank) (BE)* bank giro credit system
~ Clearinghaus *n (Bank, Fin)* Automated Clearing House, ACH
Automatisiertes Zahlungssystem *n* **der Clearinghouses** *(Bank) (BE)* Clearing House Automated Payments System
Automobilindustrie *f (Ind, Trans)* car industry, motor industry
Automobilwerte *mpl* 1. *(Bö)* automotive stock; 2. *(WiWi)* motors
Automobilwirtschaft *f (WiWi)* autoeconomy
autonom *adj* 1. *(EDV)* stand-alone; 2. *(Gesch)* autonomous; 3. *(Mgt)* self-managed; 4. *(Pers)* self-managed, autonomous; 5. *(Pol)* self-governing
autonome Ausgaben *fpl (WiWi)* autonomous expenditure
~ Investition *f (WiWi)* autonomous investment
autonomer Konsum *m (WiWi)* autonomous consumption
Autorenhonorar *n (Med, Recht)* author's royalties
Autorenrechte *npl (Med, Recht)* author's rights *(Urheberrecht)*
Autorisation *f (Bank, Gesch)* authorization
autorisieren *v (Bank, Gesch)* authorize
autorisierte Übersetzung *f (Gesch)* authorized translation
autorisiertes Aktienkapital *n* 1. *(Fin, RW)* authorized share capital; 2. *(WiWi)* authorized capital
~ Grundkapital *n (WiWi)* authorized capital (stock)
Autorisierungsszentrale *f (Bank) (AE)* authorization center, *(BE)* authorization centre
autoritärer Führungsstil *m (Pol)* directive style of leadership
autoritäres Management *n (Pers)* authoritarian management
Autorität *f* 1. *(Gesch)* authority, expert; 2. *(Pers)* authority *(von Führungskräften)*
Autosteuer *f (St)* car tax
Autotelefon *n (Komm)* car phone
Autovermietung *f (F&T, Trans) (BE)* car hire, *(AE)* car rental
Autoversicherung *f (Vers) (BE)* motor insurance, *(AE)* automobile insurance
autovervollständigen *v (EDV, Komm)* autocomplete
Aval *m (Bank, Fin)* credit by way of bank guaranty
Avalakzept *n (Bank, Fin)* collateral acceptance
avalierter Wechsel *m (Bank)* guaranteed bill of exchange
avaliertes Akkreditiv *n (Bank)* guaranteed letter of credit
Avalprovision *f (Fin)* commission on guaranty
Avis *m(n) (Gesch)* advice, notice, notification • **kein** ~ *(Gesch)* no advice, N/A • **ohne** ~ *(Gesch)* no advice, N/A
avisieren *v (Gesch)* advise, advise on, give advice to, inform, notify
avisierter Wechsel *m (Bank)* advised bill
Azubi *s.* Auszubildender

B

BA *s.* Berufsakademie
BAFin, Bafin, BaFin s.*Bundesanstalt für Finanzdienstleistungsaufsicht*
Bagatellbetrag *m (Fin, WiWi)* trifle, trifling amount, *(ugs.)* piddling sum
Bagatellfall *m (Fin)* de minimis case
Bahn *f (Trans)* rail, *(BE)* railway, *(AE)* railroad
bahnbrechend *adj (Gesch, Ind)* epoch-making, pioneering, *(ugs.)* trailblazing, at the forefront
Bahnbrecher(in) *m(f) (Gesch, Ind)* pioneer
Baisse *f* 1. *(Bö)* falling prices, sharp drop, stock market slump; 2. *(Fin)* downturn phase • **auf ~ spekulieren** *(Bö)* bear, speculate for a fall in prices
Baissebewegung *f (Bö)* bearish downward movement
Baisseengagement *n (Bö)* bear position, engagement to sell short, short account, short position
Baissegeschäft *n (Bö)* bear transaction, short selling
Baissemarkt *m (Bö)* bear market
Baisseposition *f (Bö)* bear account, short (position), short account
Baissespekulation *f (Bö)* bear operation, bear speculation, bear transaction, going short
Baissetendenz *f (Bö)* bearish tone, bearishness
Baissier *m (Bö, Fin)* bear
Balkendiagramm *n (Stat)* bar chart, bar graph, histogram
Ballungsraum *m*, **Ballungszentrum** *n (WiWi)* agglomeration
Bancomat *m (Schweiz) (Bank)* automated [automatic] cash dispenser, cash-dispensing machine
Bandbreite *f* 1. *(EDV)* bandwidth *(Datenübertragung)*; 2. *(Fin)* currency band, exchange margins, margin of fluctuation, official spread; 3. *(WiWi)* spread, (fluctuation) band *(für Kursschwankungen)*
Bandfertigung *f (Ind)* synchronous assembly-line production, flow production
Bandproduktion *f (Ind)* synchronous assembly-line production, flow production
Bank *f (Bank)* bank, banking house
Bankabrechnungsverkehr *m (Bank)* bank settlement system
Bankabrufverfahren *n (Fin)* automatic debit transfer system
Bankaktien *fpl (Bank)* bank shares
Bankakzept *n (Bank)* bank acceptance, bank bill, bank draft, banker's acceptance
Bankangestellte(r) *f(m) (Bank)* bank clerk, bank officer, banker
Bankanweisung *f (Bank)* banker's order
Bankaufsichtsbehörde *f (Bank, Fin)* banking supervisory authority; *(AE)* bank regulatory agency
Bankauskunft *f (Bank)* banker's reference
Bankausweis *m (Bank) (BE)* bank return
Bankauszug *m (Bank)* bank statement
Bankautomat *m (Bank, Fin)* automatic teller
bankbestätigter Scheck *m (WiWi) (AE)* certified check, *(BE)* certified cheque
Bankbeteiligung *f (Bank)* banking interest
Bankbetrieb *m (Bank)* banking business, banking operations
Bankbriefkurs *m (Bank)* bank selling rate
Bankbürgschaft *f (Bank)* bank guarantee
Bankdarlehen *n (Bank)* bank advance, bank loan, bank accommodation
Bankdienstleistungen *fpl (Bank)* banking services
Bankdiskont *m (Bank)* bank discount (rate)
Bankeinlage *f (Bank)* bank deposit
Bankeinlagenversicherung *f* bank deposit insurance
Bankenabrechnung *f (Bank)* bank clearing, settling of inter-bank transactions
Bankenapparat *m (Bank, Fin)* banking system
Bankenaufsichtsbehörde *f (Bank, Fin)* banking supervisory authority; *(AE)* bank regulatory agency
Banken-Clearing *n (Bank)* bank clearing, settling of inter-bank transactions
Bankengruppe *f (Bank)* bank(ing) group
bankenindossiert *adj (Bank)* bank-endorsed
Bankenkonsortium *n (Bank)* bank(ing) group, consortium of banks, syndicate
Bankenliquidität *f (Bank)* bank liquidity
Bankensektor *m (Bank)* banking sector
Bankensystem *n (Bank, Fin)* banking system
bankfähig *adj* 1. *(Bank)* bankable; 2. *(Bö)* negotiable

bankfähiger Wechsel *m (Bank)* bankable bill
bankfähiges Papier *n (Bank)* paper eligible for discount
Bankfazilitäten *fpl (RW)* bank facilities, credit facilities
Bankfeiertag *m (Gesch, Pers, Recht) (BE)* bank holiday, *(AE)* legal holiday, *(AE)* statutory holiday
Bankfiliale *f (Bank)* bank branch, *(BE)* high-street bank
Bankfinanzierung *f (Bank)* bank financing
Bankforderungen *fpl (Bank, RW)* bank assets *pl (aus Sicht der Bank)*
Bankgarantie *f (Bank)* bank guarantee
Bankgebühren *fpl (Bank)* banking charges, bank charges, charges on banking transactions
Bankgeheimnis *n (Bank)* banking secrecy, confidentiality of banking operations
Bankgeschäft *n (Bank)* banking, banking business, banking operation *(Betrieb)*; banking transaction *(Abschluss)*
Bankgewerbe *n (Bank)* banking industry
bankgiriert *adj (Bank)* bank-endorsed
Bankguthaben *n (Bank)* balance in bank, bank balance, cash in bank, cash balance
Bankhaus *n (Bank)* banking establishment, banking house
Bank-Holding *n (Bank, Gesch)* bank holding company
Bankier *m (Bank)* banker
Bankinstitut *n (Bank)* bank, bk, banking establishment, banking house
Bankkarte *f (Bank)* bank card
Bankkassierer(in) *m(f) (Bank)* bank teller
Bankkonto *n (Bank)* account, bank account, bank accommodation • **~ überziehen** *(Bank)* overdraw
Bankkontrolle *f (Bank)* bank audit
Bankkonzession *f (Bank)* bank charter
Bankkosten *pl (Bank)* bank charges
Bankkredit *m (Bank)* bank advance, bank credit, bank loan • **~ aufnehmen** *(Bank)* arrange a loan, borrow from a bank
Bankkredite *mpl (Bank)* bank lending
Bankleistungen *fpl (Bank)* banking services
Bankleitzahl *f (Bank)* bank code, *(BE)* sort code, bank routing number
Banklombardgeschäft *n (Fin)* collateral loan business
bankmäßig *adj (Bank)* in terms of banking
Banknote *f* 1. *(Bank, Fin) (AE)* bank bill, *(BE)* banknote, *(AE)* bill, *(BE)* note; 2. *(Fin) (BE)* bill, *(AE)* check
Banknotenfälschung *f (Bank)* counterfeiting
Banknotenumlauf *m (WiWi)* active circulation of bank notes
Banköffnungszeiten *fpl (Bank)* banking hours
Bankpapier *n (Bank)* bank paper, security issued by a bank
Bankplatz *m (Bank) (BE)* banking centre, *(AE)* banking center
Bankpleite *f (ugs.) (Bank, Fin)* banking insolvency
Bankprovision *f (Bank)* bank commission
Bankprüfung *f (Bank)* bank audit
Bankrevision *f (Bank)* banking audit, bank audit, *(AE)* bank examination
bankrott *adj (Bank, Fin, Gesch)* bankrupt; *(ugs.)* broke, *(ugs.)* bust • **jmdn. offiziell für ~ erklären** *(RW, Recht)* adjudge sb bankrupt, adjudicate sb bankrupt • **~ sein** *(Gesch)* be bankrupt; *(ugs.)* be on the rocks
Bankrott gehen *(Gesch)* go bankrupt; (ugs.) go toes up
~ machen *(Gesch)* go bankrupt; *(ugs.)* go broke; *(ugs.)* go bust; *(ugs.)* go toes up
Bankscheck *m (Bank) (AE)* bank check, *(BE)* bank cheque, bank draft, *(AE)* banker's check, *(BE)* banker's cheque, banker's draft, *(AE)* cashier's check, *(BE)* cashier's cheque
Bankschließfach *n (Bank)* safety deposit box
Banksparbriefe *mpl (Bank)* bank savings bonds
Banktochter *f (Bank)* banking subsidiary
Banktratte *f (Bank)* bank draft, banker's draft
Banktresor *m (Bank)* bank vault
Banküberweisung *f (Bank)* bank (credit) transfer, *(BE)* bank giro, bank remittance
Bankumsätze *mpl (Fin)* bank turnovers
Bankvalutierungsgewinn *m (Bank)* bank float
Bankverbindlichkeiten *fpl (Bank)* bank debts, indebtedness to banks
Bankvorschriften *fpl (Bank)* bank requirements

Bankwechsel *m (Bank)* bank acceptance, bank bill, bank draft, bank paper, banker's bill, banker's draft
Bankwerte *mpl (Bank)* bank shares
Bankwertpapiere *npl (Bank)* bank securities
Bankzinsen *mpl (Bank)* bank interest
Bankzinssatz *m (Bank, Fin) (BE)* bank rate *(B.R.)*
Bankzinssatz *m* **für erste Adressen** *(Fin)* prime lending rate
Banner *n (Komm, V&M, Med)* banner *(Werbefläche)*
Bannerwerbung *f (Komm, V&M, Med)* banner advertising
bar *adj (Fin, Gesch)* cash, for [in] cash
bar *adv (Gesch)* cash, in cash • **in ~** *(Gesch)* for cash, in cash, in specie
• **~ abrechnen** *(Gesch)* settle in cash
• **~ zahlen** *(Gesch)* pay cash, pay in cash
Barabfindung *f (Bö, Fin)* cash settlement
Barabhebung *f (Bank, RW)* cash drawdown, cash withdrawal
Barabzug *m (Gesch)* cash deduction
Barausgaben *fpl (Fin)* expenditure, outlay
Barausgleich *m (Bank, Bö, Fin, Mgt)* cash settlement *(Übernahme, Optionen)*
Barausschüttung *f (Fin)* cash distribution, cash dividend
Barbestand *m (Gesch, RW)* cash on hand
Bareinlage *f* 1. *(Bank)* cash deposit *(Einzahlung)*; 2. *(RW, Fin)* cash contribution
Bareinnahmen *fpl* 1. *(Fin)* cash earnings; 2. *(RW)* cash receipts
Barentnahme *f (Bank, RW)* cash withdrawal
Barerlös *m (Gesch)* proceeds in cash
Bargegenwerte *mpl (Fin)* cash equivalents
Bargeld *n (Gesch)* cash, hard money, cash in hand, *(BE)* ready cash
Bargeldbedarf *m (Fin)* cash needs
Bargeldbestand *m (Bank, Gesch)* cash inventory
Bargeldbestände *mpl (RW)* cash holdings
Bargeldkarte *f (Bank)* cash card
Bargeldknappheit *f (Fin)* cash shortage, cash squeeze
bargeldlose Lohn- und Gehaltszahlung *f (Fin)* cashless pay
~ **Zahlung** *f (Bank)* cashless payment, noncash payment, *(BE)* bank giro
bargeldloser Zahlungsverkehr *m (Bank)* cashless [noncash] payment system, *(BE)* bank giro credit system
Bargeldtransaktionen *fpl (Bank, Fin, Gesch)* cash transactions
Bargeldüberschuss *m (Bank, Fin)* excess cash
Bargeldumlauf *m (WiWi)* currency in circulation
Bargeschäft *n (RW)* cash deal, cash transaction
Barguthaben *n (RW)* cash balance, cash in hand
Barkredit *m (Gesch)* cash credit, C/C
Barleistung *f (Pers, Soz)* cash benefit, benefit in cash
Barliquidität *f* 1. *(Fin)* absolute liquidity ratio, cash ratio *(Liquidität 1. Grades)*; 2. *(Gesch)* available cash, cash position, liquid cash resources
Barmittel *npl (Fin)* cash, liquid funds
Barmittelstrom *m (Fin, RW)* cash flow
Barmittelzufluss *m (Fin)* cash inflow
Barposition *f (RW)* cash position
Barpreis *m (Gesch)* cash price
Barreserve *f* 1. *(Bank)* cash reserve, vault cash; 2. *(RW)* legal reserves
Barreserven *fpl (Bank)* working balances *(Bundesbank)*
Barreservesatz *m (Bank)* cash deposits ratio
Barscheck *m (Bank) (AE)* cashier's check, *(BE)* cashier's cheque, *(AE)* cashable check, *(BE)* cashable cheque, *(AE)* open check, *(BE)* open cheque
Bartergeschäft *n* 1. *(Gesch)* barter transaction *(Abschluss)*; 2. *(WiWi)* barter economy, barter *(Handel)*
Bartransaktion *f (Fin)* cash operation, cash transaction
Barverkauf *m (Gesch, RW)* cash transaction
Barvermögen *n (Fin)* cash assets
Barwert *m* 1. *(Fin, RW)* (actual) cash value, (net) present value; 2. *(WiWi)* net present value
~ **künftiger Gewinne** *(WiWi)* present value of future profits
Barwertfaktor *m (Fin)* present value factor
Barzahlung *f (Bank)* cash payment • **gegen ~** *(Gesch)* for cash, f/c, on a cash basis
~ **bei Lieferung** *(Gesch, AH)* cash on delivery
~ **ohne Abzug** *(RW)* net cash

Barzahlungsrabatt *m (Fin, Gesch, V&M)* cash discount *(Skonto)*
Basis *f* 1. *(Bö)* basis *(Terminkontrakte)*; 2. *(Gesch)* base; 3. *(St)* basis • **auf der ~ von** *(Gesch)* on the basis of • **auf ~ von Marktpreisen** *(Gesch, St, V&M)* arm's-length
Basisbudget *n (RW)* base budget
Basisdollar *mpl (WiWi) (AE)* constant dollars
Basisinstrument *n (Bö)* actuals *(Terminkontrakt)*
Basisjahr *n (Fin, WiWi)* base year
Basiskurs *m (Bö)* striking price
Basispreis *m* 1. *(Bö)* exercise price, strike price, striking price; 2. *(Gesch)* basic price
~ einer Kaufoption *(Bö)* call exercise price
~ einer Verkaufsoption *(Bö)* put strike
Basispunkt *m (Bö, Fin)* basis point
Basisswap *m (Fin)* basis swap
Basiswert *m* 1. *(Fin)* underlying instrument [security]; 2. *(Bö)* actuals *(Terminkontrakt)*
Basiszins *m (Bank, Fin, WiWi)* base lending rate
Bau *m* 1. *(Gesch)* site; 2. *(Gb, Ind)* building, construction, structure *(Gebäude)*; construction *(Bauen)*; building site, construction site *(Baustelle)* • **im ~** *(Ind)* under construction • **im ~ befindliche Anlagen** *(RW)* assets under construction
Bauauflagen *fpl (Gb)* planning restrictions
Bauaufwand *m (Gb)* cost of construction
Baudarlehen *n (Bank)* construction loan, house-building loan
Baudarlehensvertrag *m (Bank)* building loan agreement
bauen *v (Gb, Ind)* build, construct, erect
Baufälligkeit *f (Gb)* dilapidation
Baufinanzierung *f (Bank, Gb)* housing loan, construction loan
Baugenehmigung *f (Gb)* planning approval, *(AE)* building permit, *(BE)* planning permission
Baugewerbe *n (Gb, Ind)* construction industry
Baugrundstück *n (Gb)* building lot [site], plot
Bauhauptgewerbe *n (Gb, Ind, WiWi)* building industry proper, construction industry
Bauherr *m (Gesch)* building owner, promoter
Bauhypothek *f (Fin)* building mortgage
Bauindustrie *f (Gb, Ind)* construction industry, building industry
Baukastenprinzip *n* 1. *(Ind)* building block concept, modular concept; 2. *(Stat)* modularity
Baukonjunktur *f (WiWi)* overall construction activity
Bauleiter(in) *m(f) (Gb, Ind)* site manager
Baumängel *mpl (Recht)* construction defects *(Verbraucherrecht)*
Baumwollbörse *f (Bö)* cotton exchange
Bauplatz *m* 1. *(Gesch)* site; 2. *(Gb, Ind)* building site, construction site
Baurezession *f (WiWi)* construction slump
Bauspardarlehen *npl (Bank, Gb)* loans under savings contracts
Bauspareinlagen *fpl (Bank, Gb)* deposits with building and loan associations
Bausparer(in) *m(f) (Fin) (BE)* member of building society, *(AE)* member of savings and loan association
Bausparkasse *f (Bank, Fin)* benefit society, *(AE)* building and loan association, *(BE)* building society
Bausparsumme *f (Bank, Gb)* targeted amount of savings
Baustein *m (Gesch)* component
Baustelle *f* 1. *(Gesch)* site; 2. *(Gb, Ind)* building site, construction site
Baustoff *m (Ind)* building materials
Bauträgerfirma *f (Gb)* property developer
Bauunternehmer(in) *m(f) (Gb)* construction firm, commercial developer *(Grundstückserschließung)*
Bauvorhaben *n* 1. *(Gb)* construction project; 2. *(Soz) (AE)* housing project, *(BE)* housing scheme *(Wohnsiedlung)*
Bauwerk *n (Gb, Ind)* structure
Bauwesen *n (Gb, Ind)* construction industry, building industry, structural engineering
Bbk *s.* Deutsche Bundesbank
beabsichtigen *v* 1. *(Gesch)* intend, plan; 2. *(Recht)* contemplate
Beachtung *f (Gesch)* attention
Beamter *m*, **Beamtin** *f (Pers, Verw)* civil servant, official, officer
beanspruchen *v (Gesch, Pat, Recht)* claim, lay claim to • **nicht beansprucht** *(Gesch)* unused *(Kredit)*
Beanspruchung *f (Gesch, Pat, Recht)* pressure, claim

beantragen *v* 1. *(Gesch)* apply for *(Lizenz, Pass)*; 2. *(Mgt)* put forward *(Vorschlag)*

Beantragung *f* 1. *(Gesch)* application; 2. *(Mgt)* proposal *(Vorschlag)*

Beantwortung *f (Gesch)* answer, reply • **in ~ Ihres Schreibens** *(Komm)* in answer [reply] to your letter

bearbeiten *v* 1. *(Bank)* process; 2. *(Gesch)* handle, process *(Eingänge)*; adapt *(Text)*; 3. *(Ind)* process, treat *(Material)*; 4. *(Pat)* process; 5. *(WiWi)* cultivate *(Land)*

Bearbeitung *f* 1. *(Bank)* processing; 2. *(Gesch)* handling, processing *(von Eingängen)*; adapting *(eines Textes)*; 3. *(Ind)* processing, treating *(von Materialien)*; 4. *(Pat)* processing; 5. *(WiWi)* cultivation *(des Landes)* • **in ~** *(Gesch)* under examination

Bearbeitungsgebühr *f* 1. *(Bank)* bank service charge; 2. *(Gesch)* handling charge, service fee; 3. *(Verw)* service charge

Bearbeitungskosten *pl (Gesch)* handling costs

beaufsichtigen *v (Gesch, Mgt)* supervise, oversee

Beaufsichtigung *f (Gesch, Mgt)* supervision

beauftragen *v* 1. *(Gesch)* charge with, commission, instruct; 2. *(Recht)* authorize, empower

Beauftragte(r) *f(m)* 1. *(Gesch)* agent, representative; 2. *(Pat)* assignee, representative; 3. *(RW)* assignee; 4. *(Recht)* mandatory, private attorney, *(AE)* attorney-in-fact; 5. *(Verw)* commissioner, *(AE)* commissary

bebauen *v (Gb)* build up, develop

Bebauung *f (Gb, Ind)* building

Bedarf *m* 1. *(Gesch)* need, requirement, demand; 2. *(WiWi)* demand • **den ~ an etw. decken** *(Gesch)* meet the needs of, satisfy the demand for sth

Bedarfsanalyse *f (V&M)* demand analysis, needs analysis

bedarfsgerecht *adj (V&M)* demand-oriented, tailored

Bedarfsschätzung *f (Fin, Mgt)* assessment of financial needs

Bedarfsstruktur *f (WiWi)* order of preference, preference system

Bedarfsvorwegnahme *f (WiWi)* anticipated demand

Bedenkzeit *f (Gesch)* respite, cooling-off period *(Streik)*

bedeuten *v (Gesch)* signify, stand for *(Initialen)*

bedeutend *adj (Gesch)* significant, powerful, considerable

bedeutsam *adj (Gesch)* significant

Bedeutsamkeit *f (Recht)* significance

Bedeutung *f (Gesch)* importance, meaning, significance

bedienen *v* 1. *(Gesch)* service *(Markt)*; serve, attend to *(Kunden)*; 2. *(V&M)* serve

Bediener *m (Ind)* plant operator, operator

bedienerfreundlich *adj (Komm)* user-friendly *(Internet)*

Bedienung *f* **von Hypothekenkrediten** *(Fin)* mortgage servicing, servicing *(von Schulden)*

~ **der Rücklage** *(RW)* appropriation to a reserve

Bedienungsaufschlag *m (Gesch)* service charge

Bedienungsgelder *npl (Gesch, RW)* tips and gratuities

bedingt *adj (Recht)* conditional (on), contingent

bedingt *adv (Recht)* conditionally

bedingte Annahme *f (Recht)* conditional acceptance *(Vertragsrecht)*

bedingter Vertrag *m (Recht)* conditional contract

bedingtes Angebot *n (Recht)* conditional offer *(Vertragsrecht)*

~ **Fremdkapital** *n (RW)* contingent assets

~ **Kapital** *n (Fin)* authorized but unissued capital

Bedingung *f* 1. *(EDV)* condition; 2. *(Gesch)* condition, precondition, prerequisite; 3. *(Recht)* condition, stipulation • **unter der ~, dass** *(Gesch)* on condition that, on the stipulation that, with the stipulation that

Bedingungen *fpl* 1. *(Bank)* terms; 2. *(Recht)* conditions, terms *(eines Vertrags)* • **zu den üblichen ~** *(Gesch)* on usual terms

bedingungslos *adj* 1. *(RW)* without qualification; 2. *(Recht)* absolute, without qualification, without stipulation *(uneingeschränkt, absolut)*; unconditional *(vorbehaltslos)*

bedingungslose Annahme *f* 1. *(Bank)* general acceptance; 2. *(Gesch)* unconditional acceptance

Bedürfnis *n (Gesch)* need, requirement, want
Bedürfnisbefriedigung *f (Mgt)* need satisfaction, satisfaction of wants
bedürftig *adj (Soz)* needy, in need
Bedürftigkeit *f (Soz)* need, insufficient means, lack of means
beeindruckend *adj (Gesch)* impressive
beeinflussbar *adj (Gesch)* impressionable, susceptible *(Mensch)*
beeinflussen *v* 1. *(Gesch)* affect, influence; 2. *(Recht)* affect, prejudice
beeinträchtigen *v* 1. *(Gesch)* spoil, impair, affect; 2. *(Recht)* interfere with, encroach (on) *(Vertrag)*; restrict, curtail *(Rechte)*; 3. *(WiWi)* impair *(Kaufkraft)*
Beeinträchtigung *f* 1. *(Gesch)* abridgement, encroachment, interference; 2. *(Recht)* derogation, encroachment *(eines Vorrechts)*
beenden *v* 1. *(Gesch)* cease, complete, terminate; 2. *(Mgt)* wind up *(Sitzung)*; 3. *(Recht)* terminate *(Vertrag)*
befähigen *v (Gesch, Pers)* enable, qualify
Befähigung *f (Gesch, Pers)* ability, aptitude, capacity, enablement, qualification *(nach Ausbildung)*
Befähigungsnachweis *m* 1. *(Gesch)* evidence of formal qualification, proof of ability; 2. *(Recht)* certificate of qualification; 3. *(Soz)* paper qualifications, qualification
Befangenheit *f (Gesch)* bias, prejudice
befassen *v* **mit/sich** *(Gesch)* deal with, handle
Befehle abarbeiten *(EDV)* execute commands
Befehlswirtschaft *f (Pol, WiWi)* command economy
befestigen *v***/sich** *(Bö)* advance, firm
Befestigung *f* 1. *(Bö)* advance; 2. *(Gesch)* fastening, securing
befolgen *v* 1. *(Gesch)* abide by, adhere to, follow, obey *(Regelung, Anweisung)*; 2. *(Recht)* obey *(beachten)*; comply with *(Gesetz)*
befördern *v* 1. *(Gesch)* advance, convey, carry, transport, forward *(Waren)*; 2. *(Komm)* dispatch, ship; 3. *(Pers)* promote *(Arbeitnehmer)*; 4. *(Trans)* convey, dispatch *(abschicken)*; carry *(Waren, Lasten)* • **befördert werden** *(Pers)* be promoted, be upgraded
Beförderung *f* 1. *(Gesch)* advancement, upgrading *(Beschäftigungspolitik)*; 2. *(AH)* freighting, shipment; 3. *(Komm)* shipment; 4. *(Pers)* advancement, upgrading, promotion *(Aufstieg)*
Beförderungskosten *pl (Trans)* carriage expenses, cost of transport, cost of transportation, freight, transport expenses, *(AE)* trucking charges
Beförderungsunternehmen *n (Trans)* carrier, private carrier, transport company
Beförderungsunternehmer *m (Trans)* carrier
Befrachter *m* **und Beförderer** *m (AH, Trans)* shipper and carrier
befragen *v (Gesch)* examine, question *(ausfragen)*; survey *(Öffentlichkeit)*; consult *(zu Rate ziehen)*
Befragung *f* 1. *(Stat, Pers)* survey, enquiry, inquiry; 2. *(V&M)* opinion poll, poll, survey, canvass *(Meinungsforschung)* • **eine ~ durchführen** *(Stat, Pers)* carry out a survey, conduct a survey
befreien *v* 1. *(Fin)* discharge *(Schulden)*; 2. *(Gesch)* discharge, exempt, exonerate, free, relieve; 3. *(Recht)* excuse, insulate against, insulate from, relieve
befreit *adj (Gesch, St)* exempt
Befreiung *f* **von Verbindlichkeiten** *(Recht)* acquittal [discharge, release] from obligations
befriedigen *v* 1. *(Gesch)* gratify, satisfy; 2. *(Recht)* pay off; 3. *(WiWi)* meet *(Nachfrage)*
befriedigend *adj (Gesch)* satisfactory
befristet *adj (Recht)* limited in time, terminable *(Vertrag)*
befristete Einlage *f (Bank)* time deposit
befristeter Arbeitsvertrag *m (Pers)* fixed-term contract of employment, fixed-term employment contract
Befugnis *f* 1. *(Bank)* authorization; 2. *(Gesch)* authority, competence, power
befürworten *v* 1. *(Gesch)* advocate, back up, back *(Projekt)*; 2. *(Pol)* sponsor; 3. *(WiWi)* back up
Befürworter(in) *m(f)* 1. *(Gesch)* supporter, backer; 2. *(Pol)* sponsor
Befürwortung *f* 1. *(Gesch)* backing; 2. *(Pol)* sponsorship
Begabung *f (Pers)* aptitude, talent, faculty

begebbar *adj* 1. *(Bank, Bö, Fin)* negotiable; 2. *(Recht)* assignable *(Vertragsrecht)*
begebbares Instrument *n (WiWi)* negotiable instrument
Begebbarkeit *f (Recht)* negotiability, transferability
begeben *v* 1. *(Bank, Bö)* negotiate; 2. *(Fin)* negotiate, float, issue, launch, sell *(Anleihe)*
begebene Wertpapiere *npl (Bö)* floating securities
Begebung *f (Bö, Fin)* flotation, issue
~ **eines Schuldtitels** *(Bö)* flotation
Beggar-my-neighbour-Politik *f (WiWi)* beggar-my-neighbo(u)r policy
Beginn *m* 1. *(Gesch)* beginning, commencement, onset, start, outset; 2. *(Bö)* opening *(der Börsensitzung)*
beginnen *v* 1. *(Gesch)* begin, commence, start; 2. *(Pers)* launch
beglaubigen *v* 1. *(Bö)* authenticate; 2. *(Gesch, RW)* verify; 3. *(Recht)* attest to, authenticate, certify, legalize
beglaubigte Abschrift *f* **[Kopie** *f***]** *(Recht, Verw)* certified copy, certified true copy
~ **Urkunde** *f (Recht)* authenticated document
Beglaubigung *f (Bö, Gesch, Recht)* authentication, certification, verification
begleichen *v* 1. *(Bank)* settle, balance *(Rechnung)*; 2. *(Fin)* meet, balance *(Kosten)*; 3. *(Gesch)* square *(Kosten)*; settle, pay, defray, discharge *(Rechnung)*; 4. *(Pat)* pay • **alte Rechnungen** ~ *(Gesch)* settle old scores
Begleichung *f (Bank, Fin)* settlement
Begleichungstermin *m (Fin)* settlement date
Begleitbrief *m (Komm, Verw)* accompanying letter, covering letter
Begleitdokument *n (Komm, Verw)* accompanying document
begleitend *adj (Gesch)* accompanying, collateral
Begleitzettel *m (Komm)* compliments slip *(z.B. auf Versandunterlagen oder zusammen mit Anlagen)*
beglichene Schulden *fpl (RW)* liquidated debt
begrenzen *v* 1. *(Bö)* limit, narrow *(Risiko)*; 2. *(Gesch)* restrict, set limits on, limit; 3. *(Komm)* frame, delimit; 4. *(Recht)* limit
begrenzte Entscheidungsfreiheit *f (Bö)* limited discretion
begrenzter Markt *m (Bö, WiWi)* narrow market, thin market, tight market, limited market
begrenztes Risiko *n (Bö)* limited risk
Begrenzung *f* 1. *(Gesch)* containment, limitation, restriction, boundary *(Grenze)*; 2. *(Pol)* containment; 3. *(WiWi)* cap
Begriff *m (Gesch)* concept, term
Begründung *f (Gesch)* rationale, reason, substantiation
begünstigen *v* 1. *(Gesch)* benefit, favo(u)r, foster, promote, support *(unterstützen)*; 2. *(Recht)* benefit
Begünstigte(r) *f(m)* 1. *(Fin, Gesch, Gb)* beneficiary; 2. *(Recht)* beneficiary; 3. *(Vers)* beneficiary, creditor beneficiary
begutachten *v (Gesch)* appraise, assess, evaluate, give an expert opinion on, survey *(Experte)*
Begutachtung *f (Gesch)* appraisal, (expert) valuation
behandeln *v* 1. *(Gesch)* deal with, tackle, treat *(Problem)*; 2. *(Ind, Umw)* treat *(Abwasser)*
Behandlung *f* **von Ansprüchen** *(Vers)* claims procedure
behaupten *v (Gesch)* assert, claim, maintain
Behauptung *f* 1. *(Gesch)* allegation, assertion, claim, contention; 2. *(Recht)* allegation, statement • **eine ~ beweisen** *(Gesch)* prove an assertion
beheben *v (Gesch)* remove, rectify, resolve *(Meinungsverschiedenheiten)*
beherrschen *v (Gesch)* dominate, control *(Markt)*
beherrschende Gesellschaft *f (Bö, WiWi)* controlling company
~ **Stellung** *f (WiWi)* dominant position
Beherrschung *f (Gesch)* containment, control, dominance
behindern *v (Gesch)* inhibit, obstruct, jeopardize *(in Gefahr bringen)*; hamper, hinder, impede *(Wachstum)*
Behörde *f* 1. *(Gesch)* board, public authority; 2. *(Pat)* authority; 3. *(Recht)* agency; 4. *(Verw)* administrative agency, government agency *(Amt);* (AE) bureau; 5. *(WiWi)* agency, agcy
Behörden *fpl (WiWi)* public authorities

behördliche Zulassung *f (St)* concession
beiderseitiger Vorteil *m (Gesch)* mutual benefit
beidrücken *v (Komm)* affix *(Siegel)*
beifügen *v (Gesch, Komm)* add, append, enclose
beigefügtes Dokument *n (Komm)* enclosed document
~ **Zeugnis** *n (Recht)* enclosed testimonial *(Bescheinigung)*
Beilage *f (V&M)* supplement
Beilagen *fpl (V&M)* loose inserts
Beilegung *f* **eines Streitfalls** 1. *(Pers)* dispute resolution; 2. *(Recht)* settlement of dispute
beimessen *v (Gesch)* ascribe, attribute • **jmdm. etw.** ~ *(Gesch)* ascribe sth to sb, attribute sth to sb
beinhalten *v (Gesch)* comprise, imply
Beistand *m* 1. *(Gesch)* aid, assistance, support; 2. *(Recht)* legal advisor
Beistandskredit *m (Bank, Fin)* standby credit
Beistandsmechanismus *m (Pol, WiWi)* credit mechanism *(ZB)*
beistehen *v (Gesch, WiWi)* back up
beisteuern *v (Gesch)* contribute
Beitrag *m* 1. *(Fin)* subscription, financial contribution; 2. *(Gesch, St, WiWi)* contribution, tax
beitragen *v (Gesch)* contribute
Beitragsabrechnung *f (Fin)* premium statement
Beitragsaufkommen *n (Soz)* contribution income
Beitragsbemessungsgrenze *f (Soz, Vers)* income threshhold for assessing contributions, income limit for assessing contributions, upper earnings limit, contribution assessment ceiling *(Sozialversicherungsbeiträge)*
Beitragseinnahmen *fpl (Vers)* premiums received
Beitragsermäßigung *f (Soz)* exemption from contribution
Beitragsfreistellung *f (Vers)* exemption from payment of premium
Beitragsjahr *n (Soz, Pers)* contribution year, year of contribution
beitragspflichtig *adj (Soz)* liable for contributions, subject to contributions, subject to payment of contributions
Beitragsrückerstattung *f (Vers)* refund of premium
Beitragssatz *m* 1. *(Gesch)* membership fee; 2. *(Soz)* rate of contribution
Beitragszahler(in) *m(f) (Soz)* contributor
beitreibbare Forderung *f (RW)* recoverable debt
beitreten *v* 1. *(Fin)* contract in; 2. *(Pers)* join *(einer Gewerkschaft)*
Beitritt *m (Pol)* accession, entry
~ **neuer Mitgliedstaaten** *(Pol)* accession of new Member States *(EU)*
Beitrittsantrag stellen *(Pol)* apply for membership *(EU)*
Beitrittskriterien *npl (Pol, WiWi)* accession criteria, criteria for entry *(EU)*
Beitrittsvertrag *m (Pol)* accession Treaty *(EU)*
beizulegender Wert *m (RW)* current value accounting
bejahend *adj (Gesch)* affirmative, approving
bekämpfen *v* 1. *(Gesch)* combat, fight *(Arbeitslosigkeit, Kriminalität)*; 2. *(Umw)* abate *(Lärm)*
bekannt *adj* 1. *(Gesch)* big-name, well-known; 2. *(V&M)* well-known • ~ **geben** 1. *(Gesch)* air, announce, disclose, publish *(Veröffentlichung)*; 2. *(Pat)* publish • ~ **machen** *(Gesch)* announce, disclose, make public • ~ **werden** 1. *(Gesch)* become known, leak out; 2. *(Komm)* break *(Nachrichten)*; 3. *(Med, Pol)* leak out
bekannte Marke *f (V&M)* established brand
Bekanntgabe *f (Gesch)* announcement
Bekanntheit *f* **auf dem Markt** *(V&M)* market awareness
Bekanntheitsgrad *m (V&M)* customer awareness *(von Werbung beim Verbraucher)*
Bekanntmachung *f* 1. *(Gesch)* announcement; 2. *(Recht)* public notice
Beklagte(r) *f(m) (Recht)* defendant *(Antragsgegner)*
Bekleidungsbranche *f*, **Bekleidungsindustrie** *f (Ind) (AE)* apparel and wool industry, *(BE)* clothing trade
Bekräftigung *f (Recht)* confirmation, substantiation, *(BE)* affirmation
bekunden *v* 1. *(Gesch)* express, show, state; 2. *(Recht)* attest to, testify *(aussagen)*

bekundete Präferenz *f (Gesch)* revealed preference
Belang *m (Gesch)* importance, significance **• ohne ~** *(Gesch)* irrelevant
belangbar *adj (Gesch)* actionable
belangen *v (Recht)* sue
belasten *v* 1. *(Bank)* charge, debit *(Konto)*; 2. *(Gesch)* charge against; 3. *(RW)* charge, debit *(Konto)*; 4. (Recht) *burden,* charge, encumber; 5. *(Umw)* pollute
Belastung *f* 1. *(Gesch)* burden, load, pressure *(Last)*; 2. *(Fin)* debit; 3. *(RW)* debit, charge; 4. *(Recht)* burden, charge, encumbrance; 5. *(St)* burden; 6. *(WiWi)* charge, burden; 7. *(Umw)* pollution
belaufen *v* **auf/sich** 1. *(Gesch)* add up to, amount to, come to, stand at *(Angebot, Preis, Gebot)*; 2. *(Stat)* aggregate
beleben *v (Gesch, WiWi)* reinvigorate, revitalize, revive, stimulate
Belebung *f (WiWi)* recovery, upturn
Beleg *m* 1. *(Gesch)* voucher; 2. *(St)* document, record, voucher *(Gutschein)*; slip *(Zettel)*
Belegdokumente *npl (Recht)* supporting documents
belegen *v* 1. *(Gesch)* prove; 2. *(Recht)* situate
beleglos *adj (Bö)* dematerialized
beleglose Buchung *f (Bank)* paperless entry
belegloser Überweisungsverkehr *m* **[Zahlungsverkehr** *m*] *(Fin)* electronic funds transfer, EFT
Belegschaft *f* 1. *(Gesch)* employees, personnel, staff, workforce; 2. *(Ind)* commonality, workforce, shop floor; 3. *(Pers)* labo(u)r force, rank-and-file *(Betrieb, Unternehmen)*; 4. *(WiWi)* labo(u)r force, workforce **• ~ abbauen** *(Pers)* reduce staff, reduce the workforce **• ~ reduzieren** *(Pers)* reduce staff, reduce the workforce
Belegschaftsaktionär(in) *m(f) (Bö)* shareholder employee
Belegschaftsangehörige(r) *f(m) (Pers)* company employee
Belegschaftsversammlung *f (Pers)* staff meeting
Belegstreifen *m* 1. *(Gesch)* tear strip; 2. *(RW)* detail strip
Belegungsstufe *f (Gb)* occupancy level
belehren *v (Recht)* instruct
beleihen *v (Bank, Bö, WiWi)* use as loan capital
beleihbar *adj (Bank, Fin)* eligible as collateral
Beleihung *f (Recht)* lending
Beleihungsgrenze *f (Gesch)* lending ceiling, lending limit
Beleihungskredit *m (Gesch)* advance on collateral
Beleihungsobjekt *n (Fin, Gb)* real estate used as collateral
Beleihungssatz *m (Fin)* loan-to-value ratio, LTV
beliefern *v (Gesch)* supply
beliehene Wertpapiere *npl (Bank, Fin)* collateralized securities
bemannen *v (Pers)* man
bemerken *v (Gesch)* comment, remark, notice *(wahrnehmen)*
bemerkenswert *adj (Gesch)* remarkable
bemessen *v* 1. *(Gesch)* assess, determine; 2. *(Recht)* award to
Bemessung *f (Gesch)* assessment
Bemessungsgrundlage *f* 1. *(Gesch)* basis for assessment; 2. *(Recht)* measure; 3. *(St)* measure, taxable base **• auf breiter ~** *(St)* broad-based
benachrichtigen *v (Gesch)* advise, give notice of, inform, notify
Benachrichtigung *f* 1. *(Gesch)* advice, information, notice; 2. *(Pat)* communication; 3. *(Recht)* notification
Benachrichtigungsschreiben *n (Komm)* letter of advice
benachteiligt *adj* 1. *(Gesch)* underprivileged, disadvantaged *(gesellschaftlich)*; 2. *(WiWi)* less-favo(u)red *(Gebiet, Menschen)*
Benachteiligung *f (Recht)* discrimination, unfavo(u)rable treatment
Benchmark *f (EDV, Gesch)* benchmark *(Tests)*
benutzen *v (Gesch)* make use of, use
Benutzer(in) *m(f)* 1. *(EDV)* end-user, user; 2. *(Gesch)* user
benutzerfreundlich *adj* 1. *(EDV)* user-friendly, easy to use, 2. *(V&M)* user-friendly
benutzerfreundliche Schnittstelle *f (EDV)* user friendly interface *(UFI)*
Benutzerführung *f (EDV, Komm, Med)* user guidance
Benutzergruppe *f (EDV)* user group

Benutzerhandbuch *n (EDV)* user manual
Benutzerkonto *n (Komm)* user account
benutzerorientiert *adj* 1. *(EDV)* user-oriented; 2. *(V&M)* consumer-oriented
Benutzung *f (Gesch)* use
Benutzungsanleitung *f (Gesch)* directions for use
beobachten *v* 1. *(Bö, Fin)* watch; 2. *(Gesch)* observe, waste
beraten *v* 1. *(Gesch, Mgt)* advise; 2. *(Recht)* counsel; deliberate
beratende Aufgabe *f* 1. *(Gesch)* advisory capacity; 2. *(Pers)* advisory function
~ **Funktion** *f (Pers)* advisory function, advisory capacity *(bei Verhandlungen, Konferenzen)*
beratender Ausschuss *m (Bank, Fin, Pol)* advisory committee, consultative committee
Berater(in) *m(f)* 1. *(Gesch)* advisor, aide, consultant, counsel(l)or; 2. *(Mgt)* consultant; 3. *(Pers)* advisor, consultant; 4. *(Pol)* aide • **als** ~ *(Gesch)* in an advisory capacity
Beratervertrag *m (Gesch)* advisory contract, consultancy agreement, consulting contract
Beratung *f* 1. *(Gesch)* advice, counsel(l)ing; consultation, consulting *(Konsultation)*; 2. *(Mgt)* meeting; 3. *(Recht)* deliberation
beratungsarm *adj (Pol, WiWi)* requiring little consulting
Beratungsausschuss *m (Gesch)* advisory committee, *(AE)* prudential committee
Beratungsfirma *f (Gesch)* consultancy, consulting firm
Beratungsgegenstand *m (Gesch)* subject of discussion
Beratungsstelle *f* 1. *(Fin)* advisory service; 2. *(Gesch)* advisory body, advisory service; 3. *(Verw)* consulting agency
Beratungstätigkeit *f (Gesch)* advisory activity, consultancy work, consulting activity
Beratungsunternehmen *n (Gesch)* consulting firm
berechenbar *adj* 1. *(Gesch)* predictable; 2. *(Stat)* calculable
berechnen *v* 1. *(Fin)* price; 2. *(Gesch)* calculate, charge, estimate, work out; 3. *(Stat)* calculate; 4. *(V&M)* charge *(Preis, Gebühr)*
Berechnung *f* 1. *(EDV)* calculation, computation; 2. *(Gesch)* calculation, estimate
Berechnungsformel *f (Bank, WiWi)* calculation formula
Berechnungsgrundlage *f (Fin)* basis of calculation
Berechnungsmethode *f (Gesch)* method of calculation
berechtigen *v (Recht)* entitle
berechtigt *adj (Recht)* entitled, legitimate, justifiable, rightful *(gesetzlich)*
Berechtigte(r) *f(m)* 1. *(Gb)* beneficiary; 2. *(Recht)* beneficiary, obligee, promisee; 3. *(Vers)* beneficiary
berechtigter Anspruch *m (Recht)* legitimate claim, rightful claim, valid claim
berechtigtes Interesse *n (Recht)* vital interest
Berechtigung *f* 1. *(EDV)* permission *(Zugriff)*; 2. *(Gesch)* validity; 3. *(Pol)* amendment, warrant; 4. *(Recht)* entitlement *(Anrecht)*; 5. *(Soz)* entitlement; 6. *(Vers)* warrant
Bereich *m* 1. *(Gesch)* domain, region, sector *(Gebiet)*; area, range, sphere, zone *(Umfang)*; 2. *(Pat)* scope; 3. *(V&M)* segment *(eines Marktes)*; 4. *(WiWi)* domain • **in den** ~ **fallen von** *(Pat)* fall within the scope of
Bereicherung *f* **des Aufgabengebietes** *(Mgt)* job enrichment
Bereicherungsabsicht *f (Recht)* intent to enrich oneself
Bereichsleiter(in) *m(f) (Mgt, Pers)* area manager, division head [manager], *(BE)* divisional director
Bereichsleitung *f (Mgt, Pers)* divisional management
bereinigen *v* 1. *(Bank)* adjust, account for; 2. *(Gesch)* correct, redress, settle; 3. *(RW, WiWi)* adjust
bereinigte Zahlen *fpl (Gesch)* revised figures
bereinigter Index *m (RW)* adjusted index
bereinigtes Ergebnis *n* **je Aktie** *(Bank, Fin)* diluted earnings per share *(IAS 33; Verwässerungseffekt durch eine maximal mögliche Aktienzahlerhöhung aus eingeräumten Bezugsrechten)*
Bereinigung *f* 1. *(Gesch)* adjustment, correction, settlement; 2. *(Ind)* streamlining
Bereithalten *n (V&M)* provision of sth

Bereitschaftsdarlehen *n (Fin)* standby loan
bereitstellen *v* 1. *(Fin)* allocate, provide, earmark *(Mittel, Gelder)*; 2. *(Gesch)* make ready for use, make available, furnish, provide, supply; 3. *(RW)* appropriate
Bereitstellen *n (Komm)* provision
Bereitstellung *f* 1. *(Fin)* earmarking, allocation; 2. *(Gesch)* supply, allocation, provision; 3. *(RW)* appropriation
~ **von Dienstleistungen** *(Gesch)* provision of services, service delivery
Bereitstellungsdarlehen *n (Fin)* standby loan
Bereitstellungsgebühren *fpl (Fin)* standby fees
Bereitstellungsprovision *f (Bank)* commitment fee
Bereitstellungszins *m (Fin)* commitment interest
Bergbau *m (Ind)* mining, mining industry
Bergbauaktien *fpl (Bö) (BE)* mining shares, *(AE)* mining stocks
bergrechtliche Gewerkschaft *f (Ind)* mining company
Bericht *m* 1. *(Gesch)* report, account, return; 2. *(Med)* write-up • ~ **erstatten** *(Gesch)* report • **einen ~ vorlegen** *(Gesch)* issue a report, present a report, submit a report • **Berichten zufolge** *(Komm)* as reported *(in den Medien)*
~ **einer Auskunftei** *(Gesch, Mgt)* status report
~ **über die Vermögenslage** *(Fin)* financial report, financial statement
berichten *v (Gesch, Med)* report
Berichterstattung über einzelne Geschäftsbereiche *(RW)* business segment reporting
Berichterstattungsnormen *fpl (Gesch)* reporting standards
berichtigen *v* 1. *(Bank)* adjust; 2. *(Gesch)* adjust, rectify, correct *(Fehler)*; amend *(Text)*; 3. *(Stat)* adjust *(Fehler)*; 4. *(RW)* adjust, reconcile *(Konto)*
berichtigt *adj* 1. *(Bank)* adjusted; 2. *(Gesch)* adjusted, rectified, corrected *(Fehler)*; amended *(Text)*; 3. *(Stat)* adjusted *(Fehler)*; 4. *(RW)* adjusted, reconciled *(Konto)*
berichtigte Bilanz *f (RW)* adjusted balance sheet
~ **Rechnung** *f (Fin)* corrected invoice
~ **Zahlen** *fpl (Gesch)* revised figures
Berichtigung *f* 1. *(Bank, Gesch)* adjustment, rectification, correction; 2. *(Pat)* correction; 3. *(RW)* adjustment, reconciliation
Berichtigungsbuchung *f (RW)* adjusted trial balance, adjusting entry, correcting entry
Berichtsjahr *n (Gesch, RW)* year under review
Berichtsnormen *fpl (RW)* reporting standards
Berichtspflichten *fpl (Recht)* reporting requirement
berichtspflichtig *adj (Fin)* subject to reporting requirements
Berichtswesen *n (Gesch)* reporting
Berichtszeitraum *m (Gesch, WiWi)* period under review, reporting period
berücksichtigen *v (Gesch)* take into consideration, take into account, take account of, make allowance for, allow for, account for, bear in mind
Berücksichtigung *f (Gesch, Vers)* consideration • **nach ~ der Steuern** *(RW, St)* after-tax basis • **unter ~ der Umstände** *(Gesch)* in view of the circumstances • **unter ~ von** *(Gesch)* making allowance for *(Versandkosten)*
Beruf *m (Gesch, Pers)* occupation, vocation, profession, career *(Laufbahn)*; job *(Stellung)*; trade *(Geschäftszweig)*
beruflich *adj (Gesch, Pers)* professional
berufliche Aufgaben *fpl (Pers)* occupational duties
~ **Ausbildung** *f (Pers)* vocational education, vocational training, training
~ **Ausbildungsstelle** *f (Pers)* training place, apprenticeship (place), traineeship
~ **Bildung** *f (Soz)* vocational training
~ **Chancen** *fpl (Pers)* job opportunities, job prospects, career opportunities
~ **Eignung** *f (Pers)* occupational aptitude
~ **Entscheidung** *f (Pers)* occupational decision, career decision
~ **Fähigkeiten** *fpl (Pers)* job skills
~ **Fortbildung** *f (Pers)* further training
~ **Herausforderung** *f (Mgt)* job challenge
~ **Laufbahn** *f (Pers)* career
~ **Leistung** *f (Pers)* (job) performance, performance on the job
~ **Mobilität** *f (Pers)* job mobility, occupational mobility

~ **Planung** *f (Pers)* career planning, vocational planning
~ **Qualifikationen** *fpl (Pers)* professional qualifications, vocational qualifications
~ **Qualifizierung** *f (Pers)* training
~ **Spezialisierung** *f (Pers)* job specialization
~ **Tätigkeit** *f (Pers)* profession, professional work, occupation, job, employment, position, work, working life, career
~ **Umschulung** *f (Pers, Soz)* retraining, vocational retraining
~ **Weiterbildung** *f (Pers)* further training

beruflicher Abschluss *m (Pers)* vocational qualification, professional qualification, vocational certification
~ **Aufstieg** *m (Pers)* career advancement
~ **Ausbildungsplatz** *m (Pers)* training place, apprenticeship *(place)*; traineeship
~ **Wechsel** *m (Pers)* occupational change, change of occupation
~ **Werdegang** *m (Pers)* career path, work history

berufliches Fortkommen *n (Pers)* career advancement

Berufsabschluss *m (Pers)* occupational qualification, vocational qualification, professional qualification, vocational certification

Berufsakademie *f (BA) (Pers)* college of advanced vocational studies, University of Cooperative Education

Berufsanfänger(in) *m(f) (Pers)* new entrant to the workforce, new entrant to the labo(u)r force, job entrant

Berufsaufstieg *m (Pers)* career advancement, career progression, occupational advancement, professional advancement, career development

Berufsausbildung *f (Pers, Soz)* apprenticeship, vocational training

Berufsausbildungsplatz *m (Pers)* apprenticeship

Berufsausbildungsverhältnis *n (Pers)* training relationship

Berufsaussichten *fpl (Pers)* work prospects

Berufsbenennung *f (Pers)* occupational title, job title

Berufsberater(in) *m(f) (Pers, Soz)* career adviser, vocational counsel(l)or

Berufsbezeichnung *f (Mgt, Pers)* occupational title, job title

berufsbezogene Ausbildung *f (Pers, Soz)* vocational training

Berufsbildung *f (Pers)* vocational training

Berufschancen *fpl (Pers)* job opportunities, job prospects, career opportunities

Berufsentwicklung *f (Pers)* career, occupational career, professional career, work history, career history, occupational development, career development

berufserfahren *adj (Pers)* experienced

Berufserfahrung *f (Pers)* professional experience, vocational experience

Berufserfolg *m (Pers)* job success, occupational success

Berufserwartung *f (Pers)* career expectation, occupational expectation

Berufsfreiheit *f (Pers)* freedom of occupation

Berufsgeheimnis *n (Gesch)* professional secrecy, trade secret

Berufsgruppe *f (Pers)* occupational group, occupation group

Berufshaftung *f (Recht)* professional liability

Berufshändler(in) *m(f) (WiWi)* professional trader

Berufsklassifizierung *f (Pers)* job classification

Berufskollege *m (Pers)* fellow-worker, co-worker, colleague

Berufskrankheit *f (Pers, Soz)* industrial disease, occupational disease, occupational illness

Berufslaufbahn *f (Pers)* career pattern, career, work history, occupational history, job history,

Berufsleben *n (Pers)* working life

Berufsordnung *f (Gesch, Recht)* professional code of conduct

Berufsplanung *f (Pers)* career planning

Berufspraxis *f (Pers)* work experience, professional experience

Berufsschule *f (Soz)* vocational school, *(BE)* college of further education

Berufsschüler(in) *m(f) (Pers)* student at a vocational school

berufsspezifisch *adj (Pers)* job specific

berufsstandswidriges Verhalten *n (Gesch)* unprofessional conduct

Berufsstatistik *f (Stat, Pers)* occupational statistics

berufstätig *adj (Pers)* employed, working, have a job

berufstätiger Ehepartner *m (Pers)* working spouse
Berufstätigkeit *f (Pers)* occupation, job, employment, work, working life, career
Berufsunfähigkeit *f (Pers)* occupational invalidity, occupational disability
Berufsunfall *m* 1. *(Ind)* industrial injury; 2. *(Soz)* occupational accident
Berufsverband *m (Gesch)* professional association, professional body
Berufsvereinigung *f (Gesch)* trade association
Berufswahl *f (Pers)* career options, career choice(s), occupational choice, choice of occupation, vocational choice
Berufswechsel *m (Pers)* occupational change, change of occupation
Berufswunsch *m (Pers)* career aspiration
Berufszweig *m (Pers)* line of occupation
Berufung *f* 1. *(Pat)* appeal; 2. *(Pers)* appointment; 3. *(Recht)* appeal • **~ einlegen** *(Recht)* appeal against • **in ~ gehen** *(Recht)* enter an appeal
Berufungsgericht *n (Recht)* appeal court, court of appeal *(Appellationsgericht)*; appellate court *(Revisionsgericht)*
berühren *v (Recht)* affect
Beschädigung *f (Ind)* damage
beschaffen *v* 1. *(Bö, Fin)* raise *(Geld, Kapital)*; 2. *(Gesch)* procure, provide, collect
Beschaffenheit *f (Recht)* quality, condition
Beschaffung *f* 1. *(Gesch)* collection, procurement *(Besorgung)*; 2. *(V&M)* procurement *(Besorgung)*
~ **von Barmitteln** *(Fin)* cash generation
Beschaffungsabteilung *f (Gesch)* procurement department
Beschaffungskosten *pl (Gesch)* procurement costs, purchasing costs
Beschaffungskredit *m (Bank)* buyer credit
Beschaffungsrahmenvertrag *m (Gesch, Recht)* open-end contract
beschaffungsseitige Verflechtung *f (WiWi)* backward linkage
Beschaffungsweg *m (Gesch)* trade channel
beschäftigen *v* 1. *(Gesch)* engage, occupy; 2. *(Pers)* employ
~ **mit/sich** 1. *(Gesch)* deal with; 2. *(Mgt)* be engaged in
beschäftigt *adj* 1. *(Gesch)* busy, engaged, preoccupied; 2. *(Pers)* employed • **~ sein** *(Pers)* be employed, have a job • **mit etw. ~ sein** *(Gesch)* be busy doing sth
Beschäftigte *pl* 1. *(Gesch, Ind)* workforce; 2. *(Mgt, Pers)* workforce, employees
Beschäftigte(r) *f(m) (Pers, Mgt)* employee
Beschäftigtenanzahl *f (Pers)* labo(u)r force, number of employees
Beschäftigung *f* 1. *(Pers)* employment; 2. *(WiWi)* activity • **~ aufnehmen** *(Pers)* take up employment, take up work, to start a job • **~ beenden** *(Pers)* stop working, cease employment • **~ beginnen** *(Pers)* start a job, start work, begin work • **~ suchen** *(Pers)* seek employment, look for employment, seek a job, look for a job, seek work, look for work
Beschäftigungsbedingungen *fpl (Pers)* conditions of employment, conditions of service, terms of employment
Beschäftigungschance *f (Pers)* job opportunity
Beschäftigungsdauer *f (Pers)* length of employment, length of service
Beschäftigungseinbruch *m (Pers)* drop in employment, decline in employment
Beschäftigungsförderung *f (Pers)* promotion of employment, employment promotion
Beschäftigungsgrad *m (RW, Verw, WiWi)* activity level
Beschäftigungslage *f (Pers, WiWi)* employment situation, labo(u)r market situation, job situation, manpower situation
Beschäftigungslosigkeit *f (Pers)* nonemployment *(Statistik)*
Beschäftigungsmöglichkeit *f (Pers)* job opportunity, job prospect
Beschäftigungsnachweis *m (Pers)* employment record *(beruflicher Werdegang)*
beschäftigungsorientierte Lohnpolitik *f (Pers)* employment orient(at)ed wage policy
Beschäftigungsperiode *f (Pers)* employment level
Beschäftigungspolitik *f (Pers)* manpower policy, employment policy
Beschäftigungsprognose *f (Gesch)* manpower forecasting
Beschäftigungsprogramm *n (WiWi)* job creation program(me), job creation scheme
Beschäftigungsquote *f (Pers)* employment rate

Beschäftigungsrückgang *f (Pers)* decline in employment, reduction of employment
Beschäftigungsschwankungen *fpl (Pers)* fluctuations in the level of employment, fluctuations in employment
Beschäftigungssicherung *f (Pers)* safeguarding of employment
Beschäftigungsstand *m (WiWi)* level of employment
Beschäftigungsverhältnis *n (Pers)* employment relationship
Beschäftigungszahlen *fpl (WiWi)* employment figures
Beschäftigungszeit *f (Pers)* period of employment, duration of employment
Bescheid *m (Recht)* administrative decision
Bescheinigung *f* 1. *(Gesch)* certificate; 2. *(Komm)* certificate, advice; 3. *(Recht)* certification
Beschlagnahme *f* 1. *(Gb)* distraint; 2. *(AH)* confiscation, seizure; 3. *(Recht)* arrest, sequestration, levy *(von Besitz)*; distraint *(von Grundbesitz)*; 4. *(Trans)* detention; 5. *(Vers)* attachment
beschlagnahmen *v* 1. *(AH)* confiscate, seize, impound; 2. *(Recht)* sequester, sequestrate, impound; 3. *(Trans)* detain
Beschlagnahmung *f* 1. *(Gb)* distraint; 2. *(AH)* confiscation, seizure; 3. *(Recht)* sequestration, levy *(von Besitz)*; distraint *(von Grundbesitz)*; 4. *(Trans)* detention; 5. *(Vers)* attachment
beschleunigen *v (Gesch)* accelerate, expedite, speed up
beschleunigte Abschreibung *f (Fin, RW)* accelerated depreciation
~ Amortisation *f (RW)* accelerated amortization
beschleunigtes Wachstum *n (WiWi)* accelerated growth
Beschleunigung *f* 1. *(Gesch)* speed-up, acceleration; 2. *(WiWi)* acceleration *(Wirtschaftswachstum)*
beschließen *v* 1. *(Fin)* declare; 2. *(Gesch)* adopt, decide on, round off *(Meeting)*; 3. *(Recht)* adopt, pass *(Gesetz)*
Beschluss *m* 1. *(Gesch, Mgt)* decision, resolution *(des Vorstands)*; 2. *(Pol)* act; 3. *(Recht)* order, ord. *(des Gerichts)*
beschlussfähig sein *(Mgt)* be quorate, form a quorum, have a quorum
Beschlussfähigkeit *f (Mgt)* quorum
beschränken *v* 1. *(Bö)* limit *(Risiko)*; 2. *(Gesch)* constrain, limit, restrict
beschränkt steuerpflichtig *adj (Recht, St)* subject to limited tax liability
beschränkte Vollmacht *f (Recht)* limited authority
beschränkter Handel *m (Bö)* restricted trading
beschränktes Eigentumsrecht *n* **[Erbrecht** *n***]** *(Vers)* short tail
Beschränkung *f (Gesch)* curtailment, limitation, restriction, barrier *(Hindernis)*
~ des Kapitalverkehrs *(AH)* restrictions on capital movements
beschreibbar *adj (EDV)* writable
beschreibbare CD *f (EDV)* CD recordable, CD-R
beschreiben *v (Gesch, Pat)* describe, specify
Beschreibung *f* 1. *(Gesch)* description; 2. *(Pat)* description, patent specification
Beschriftung *f* 1. *(Gesch)* marking; 2. *(Med)* lettering
Beschuldigte(r) *f(m) (Recht)* accused
Beschwerde *f* 1. *(Gesch)* complaint; 2. *(Pat)* appeal; 3. *(Pers)* grievance *(Arbeit)*; 4. *(Recht)* appeal • **~ führen** *(Recht)* appeal against a decision, take an appeal to court • **~ bei jmdm. einlegen** *(Gesch)* lodge a complaint with sb
beschwindeln *v* 1. *(Gesch)* cheat, swindle; 2. *(RW, Recht)* defraud
beseitigen *v* 1. *(Gesch)* remove, resolve, eliminate *(Meinungsverschiedenheiten, Unstimmigkeiten)*; abolish *(abschaffen)*; 2. *(Recht)* redress; 3. *(WiWi)* stamp out, abolish *(Inflation)*
beseitigt *adj (Gesch)* eliminated
Beseitigung *f* 1. *(Gesch)* abolition, removal; 2. *(RW, Recht, Verw)* abolition
besetzt *adj* 1. *(EDV)* busy; 2. *(Komm) (AE)* busy, *(BE)* engaged *(Telefon, Fax)*
Besetzung *f* 1. *(Gb)* occupation; 2. *(Pers)* staffing, *(BE)* occupation *(eines Betriebs als Arbeitskampfmaßnahme)*
besichern *v* 1. *(Bank, Bö)* secure; 2. *(Fin)* collateralize, supply security for *(Anleihe)*
besicherte Wertpapiere *npl (Bank, Fin, RW)* asset-backed securities *(ABS)*, collateralized securities
besicherten Kredit gewähren *(Bö)* lend on security

besichertes Darlehen *n (Bank)* secured advance, collateral loan
besiegeln *v (Gesch)* seal
Besitz *m* 1. *(Bö)* holding; 2. *(Gesch)* property, ownership; 3. *(Gb)* occupancy; 4. *(Recht)* possession, occupation *(Innehaben)* • ~ **entziehen** *(Gb) (AE)* dispossess • ~ **ergreifen von** 1. *(Gb)* take possession of; 2. *(Recht, WiWi)* appropriate
Besitzanspruch *m (Recht)* possessory claim
Besitzeinkommen *n (Fin, RW, St)* unearned income
besitzen *v* 1. *(Gesch)* own *(gekaufte Waren)*; 2. *(Gb)* occupy
Besitzen *n* 1. *(Gb)* occupancy; 2. *(Recht)* holding
Besitzer(in) *m(f)* 1. *(Gesch)* owner, proprietor; 2. *(Recht)* possessor • **den Besitzer wechseln** *(V&M)* change hands
Besitzstand *m* 1. *(Gesch)* acquired rights, vested rights; 2. *(Recht)* status of possession
Besitzstandswahrung *f (Pol, Soz)* maintenance of vested rights, preservation of vested rights, *(AE)* grandfathering
Besitzsteuern *fpl (Fin, St)* taxes from income and property
Besitzurkunde *f (Recht)* title deed
Besitzwechsel *mpl (RW)* bills receivable
Besoldungsgruppe *f (WiWi)* salary grade
besondere Rücklage *f (RW)* special reserve
besonderes Merkmal *n (Gesch)* special(i)ty
Besonderheit *f* 1. *(Gesch)* exceptional quality, special(i)ty, unusual quality; 2. *(V&M)* special feature
besonders *adv (Gesch)* especially, esp., specially
Besorgnis *f (Gesch)* doubt, worry
~ **der Befangenheit** *(Recht)* doubt as to impartiality, fear of prejudice
besprechen *v* 1. *(Gesch)* discuss; 2. *(Med)* review *(Film, Theaterstück)*
Besprechung *f* 1. *(Gesch)* discussion, meeting *(Sitzung)*; 2. *(Med)* review *(Theaterstück)*
besser *adv (Gesch)* better
besser gestellt *adj (Gesch)* better-off
Besserung *f (WiWi)* upturn
Bestand *m* 1. *(Bank)* position; 2. *(Bö)* portfolio; 3. *(V&M)* stock *(eines Geschäftes)*
~ **an Anlagewerten** *(Bö, Fin)* asset portfolio
~ **an festen Aufträgen** *(Gesch)* backlog of final orders
~ **an Wertpapieren** *(Bank, Fin, WiWi)* portfolio
Bestände *mpl (Gesch, WiWi)* supplies • ~ **aufnehmen** *(RW)* take inventory, take stock
~ **an Handelswaren** *(RW)* merchandise inventory
Beständeschwund *m (WiWi)* inventory shrinkage
beständig *adj* 1. *(Gesch)* stable, standing, consistent, steady *(stabil)*; permanent *(stabil)*; 2. *(WiWi)* steady
Bestandsanpassung *f (WiWi)* stock flow adjustment
Bestandsaufnahme *f (Gesch, RW, V&M)* stocktaking, inventory, stock inventory
Bestandsbewertung *f (RW)* valuation of inventory, valuation of stocks
Bestandsdaten *pl* 1. *(Gesch, WiWi)* stock data; 2. *(Komm, Recht)* contractual data, data necessary for a contract *(IuKDG)*
Bestandserhebung *f (Gesch)* survey of stocks
Bestandsfehlbetrag *m (WiWi)* inventory shortage
Bestandsgröße *f (Gesch, WiWi)* stock
Bestandskonto *n (RW)* asset account
Bestandskontrolle *f (RW)* inventory control
Bestandsposten *m (RW)* inventory item
Bestandsschutz *m (WiWi) (AE)* grandfathering
Bestandsverwaltung *f* 1. *(Fin)* inventory management; 2. *(RW)* stock control
Bestandteil *m (Gesch, Ind)* component part, component
bestätigen *v* 1. *(EDV)* acknowledge *(Befehl)*; 2. *(Gesch)* acknowledge, confirm, accredit, validate, verify, vindicate *(Anspruch)*; witness *(Zeuge)*; 3. *(Komm)* acknowledge; 4. *(RW)* verify; 5. *(Recht)* acknowledge; 6. *(V&M)* endorse, indorse
Bestätigung *f* 1. *(Bank)* approval; 2. *(Gesch)* acknowledgement, certification, verification *(Echtheit)*; confirmation *(Termin)*; validation, vindication *(Anspruch)*; 3. *(Komm)* acknowledgement *(Unterschrift, Initialen auf Dokumenten)*; certificate *(Dokument)*; 4. *(RW, Recht)* confirmation, attestation;

5. *(V&M)* endorsement • **zur ~ vorlegen** *(Gesch)* submit for approval
~ **der Echtheit einer Unterschrift** *(Bank)* guarantee of signature
Bestätigungsmitteilung *f (Gesch)* confirmation notice
Bestätigungsstelle *f (Gesch, Recht)* trust center, certification authority *(Signaturgesetz)*
Bestätigungsvermerk *m (RW)* accounts certification, audit certificate, auditor's certificate, auditor's opinion, auditor's report, auditor's statement, audit report *(Bericht)*
bestechen *v (Gesch)* bribe • **jmdn. ~** *(Gesch)* bribe sb, give sb bribes, *(ugs.)* grease sb's palm, *(ugs.)* oil sb's palm • **sich ~ lassen** *(Gesch, Pol)* take bribes
Bestechung *f* 1. *(Fin) (AE)* fix; 2. *(Gesch)* bribe, bribery, payoff
bestellen *v* 1. *(Gesch)* order, book, reserve *(Eintrittskarte, Platz)*; 2. *(Recht)* appoint, nominate *(Buchprüfer)*; create *(Hypothek)*; 3. *(WiWi)* commission
bestellt *adj* 1. *(Recht)* appointed, nominated; 2. *(V&M)* appointed *(Pers, Unternehmen)*; on order *(Waren)*
Bestellung *f* 1. *(Gesch)* appointment *(für ein Amt)*; 2. *(RW)* purchase order; 3. *(Recht)* appointment *(für ein Amt)* • **Bestellungen annehmen** *(Gesch)* take orders
bestens *adj (Bö)* at best
Bestens-Auftrag *m (Bö)* discretionary order
besteuern *v (St)* tax, impose a tax on, *(BE)* levy a tax on; rate *(zur Kommunalsteuer veranlagen)*
Besteuerung *f (St, WiWi)* imposition, taxation
Besteuerungsgegenstand *m (Recht, St)* taxable event
Besteuerungsgrundlage *f (St)* tax basis, taxable amount
Besteuerungsgrundsätze *mpl (St)* canons of taxation
bestimmen *v* 1. *(Fin)* ring-fence; 2. *(Gesch)* value *(Wert)*; 3. *(Pers)* appoint *(Ausschuss)*; 4. *(WiWi)* determine, earmark *(Preis)*
bestimmt *adj (Gesch)* particular, specific *(Artikel)*; fixed *(festgesetzter Preis oder Tag)*; definite *(genau genannt)* • **jmdn. mit einer bestimmten Aufgabe betrauen** *(Gesch)* entrust sb with a specific task • **an einen bestimmten Zweck binden** *(Gesch)* earmark
Bestimmung *f* 1. *(RW)* appropriation *(von Geldern)*; 2. *(Recht)* stipulation, provision *(Vorschrift)*; 3. *(Vers)* clause *(Klausel)*; 4. *(WiWi)* appropriation, regulation
Bestimmungsfaktoren *mpl (Gesch)* determinants
Bestimmungsland *n* 1. *(AH, Trans)* country of destination; 2. *(WiWi)* receiving country
Bestimmungsort *m (Gesch)* place of destination, destination
bestmögliche Methode *f (Gesch)* optimal practice
~ **Verfahrensweise** *f (Gesch)* optimal practice
bestreiken *v (Pers)* go on strike against
bestreitbar *adj* 1. *(Gesch)* contestable, disputable; 2. *(Recht)* traversable
bestreitbarer Markt *m (WiWi)* contestable market
Bestreitbarkeit *f (WiWi)* contestability
bestreiten *v* 1. *(Gesch)* bear, meet *(Kosten)*; 2. *(Recht)* dispute *(Forderung)*; deny *(Anrecht)* • **die Kosten ~** *(Gesch)* bear the costs, defray the costs, meet costs
bestücken *v (Ind)* equip, tool up
Bestückungsbetrieb *m (Ind)* component factory
Besuch *m (Gesch)* visit
besuchen *v (Gesch)* visit, pay a visit to
Beta-Aktie *f (Bö)* beta stock
Beta-Fehler *m (Stat)* beta error, type-II error
betätigen *v (Ind)* activate
Beteiligte(r) *f(m)* 1. *(Gesch)* partner; 2. *(Recht)* interested party, involved party, party concerned; 3. *(AH)* user *(Zoll)*
beteiligte Partei *f (Gesch)* interested party
Beteiligung *f* 1. *(Bö)* stake; 2. *(Fin)* equity holding, interest; 3. *(Gesch)* stake, involvement *(an einem Unternehmen)*; 4. *(RW)* participation, share; 5. *(WiWi)* trade investments • **eine ~ an etw. erwerben** *(Gesch)* acquire an interest in sth
Beteiligungen *fpl* 1. *(Bank, Bö, Fin)* investments; 2. *(RW)* long-term financial investments; 3. *(WiWi)* investments
Beteiligungserträge *mpl (Bö)* income from investments

Beteiligungserwerb *m* 1. *(Bö)* acquisition of stock; 2. *(Fin)* acquisition of participations
Beteiligungsfinanzierung *f (Fin)* equity financing
Beteiligungsgesellschaft *f* 1. *(Bö)* joint-venture company; 2. *(Gesch)* associated company, affiliate, affiliate company
Beteiligungskapital *n (Bank, Fin, Gesch, WiWi)* equity capital
Beteiligungskäufe *mpl (Bö)* acquisition of shareholdings
Beteiligungs- und Fremdfinanzierung *f (Fin, RW)* external financing *(Außenfinanzierung)*
Beteiligungsverhältnis *n (Gesch)* participation rate
betonen *v (Gesch)* emphasize, lay the emphasis on
beträchtlich *adj* 1. *(Gesch)* appreciable, considerable, substantial; 2. *(WiWi)* sizeable
Betrachtungszeit *f (EDV, Komm, Med, V&M)* view time *(Internet)*
Betrag *m (Fin, Gesch)* amount • **einen ~ von einem Bankkonto abheben** *(Bank)* withdraw a sum from a bank account
Beträge *mpl (Fin, RW)* amounts, dividends
betragen *v* 1. *(Gesch)* amount to, come to, work out at; 2. *(RW)* add up to
betreffen *v (Gesch)* concern, refer to
betreffend *adj (Gesch)* in question *(Person)*; pertaining to *(Sache)* • **die betreffenden Personen** *(Gesch)* the persons concerned
betreffs *(Komm)* regarding, re, concerning
Betreff-Zeile *f (Komm)* subject line *(E-Mail Subject-Zeile)*
betreiben *v* 1. *(EDV)* power; 2. *(Gesch)* run, operate *(Unternehmen)*; conduct *(Gewerbe)*; 3. *(Ind)* operate, power; 4. *(Soz)* pursue *(Studium)*
Betreuer(in) *m(f) (Soz)* minder, child minder, social worker, nurse, companion, au pair
Betrieb *m* 1. *(EDV)* mode; 2. *(Gesch)* concern, business, workplace, operation *(Firma)*; 3. *(Ind)* factory, works *(Fabrik)*; operation *(von Maschine)*; 4. *(Pers)* workplace, place of work, establishment *(Arbeitsstelle)* • **außer ~** *(Gesch)* out of order, out of action • **in ~ nehmen** *(Ind)* start up • **in ~ sein** *(Ind)* be on stream • **in ~ setzen** *(Ind)* activate
betrieblich *adj* 1. *(Gesch)* operational; 2. *(Mgt)* managerial
betriebliche Altersversorgung *f (Verw)* company pension plan
~ Aufwendungen *fpl (RW)* operating cost [expenditure, expense]
~ Ausbildung *f (Pers)* in-plant training
~ Ausgaben *fpl (St)* corporate spending
~ Erträge *mpl (RW)* operating income, operating revenue
~ Mitbestimmung *f (Mgt, Pers)* codetermination at plant level, involvement of employees *(der Arbeitnehmer)*
~ Personalplanung *f (Pers)* company manpower planning, personnel planning in the enterprise, personnel planning in the undertaking, personnel planning in the firm
~ Schulung *f (Pers)* in-plant training, in-house training
~ Zusatzrente *f (Fin)* supplementary company pension scheme
betrieblicher Bruttoertrag *m (RW)* gross operating revenue
~ Vergleich *m (Gesch)* inter-firm comparison
betriebliches Rechnungswesen *n (Fin)* corporate finance
~ Umfeld *n (Gesch)* business environment
Betriebsablauf *m (Pers)* sequence of operations
Betriebsangehörige *pl (Pers)* employees
Betriebsanlage *f (Ind)* plant, operating plant, fixed plant
Betriebsanleitung *f (Gesch)* instruction book
Betriebsaufwand *m (RW)* operating costs, operating expenditure, operating expenses
Betriebsausgaben *fpl (Gesch)* business expenses, business charges
betriebsbedingt *adj (Gesch, RW)* operational
betriebsbedingter Aufwand *m (RW)* operating cost, operating expenditure, operating expense
Betriebseinstellung *f (Gesch)* shutdown
Betriebsergebnis *n* 1. *(Fin, Gesch)* trading result; 2. *(RW)* operating result

Betriebsergebnisrechnung *f (RW)* operating statement
betriebsfremde Erträge *mpl (RW)* other income, other revenue
Betriebsführung *f (Mgt, WiWi)* business management
Betriebsgeheimnis *n (Pers)* trade secret
Betriebsgesellschaft *f (Gesch, Ind)* operating company
Betriebsgewinn *m (RW)* operating profit
betriebsgewöhnliche Nutzungsdauer *f* 1. *(Gesch)* average life; 2. *(RW, Recht)* asset depreciation range
Betriebshandelsspanne *f (RW)* gross profit margin
betriebsinterne Schulung *f (Pers)* in-company training
Betriebskalkulation *f (RW)* cost accounting
Betriebskapazität *f* 1. *(Gesch, Ind)* plant capacity; 2. *(WiWi)* operating capacity
Betriebskapital *n* 1. *(Fin)* net current assets, working capital; 2. *(Gesch)* working capital; 3. *(RW)* net quick assets; 4. *(WiWi)* circulating capital, share capital, operating capital
Betriebskosten *pl* 1. *(Fin)* current expenditure, running costs, running expense; 2. *(Gesch)* operating expenses, running expense; 3. *(RW)* operating expenses, running expense, operating costs
Betriebsmittel *n* 1. *(Gesch, Ind)* resource; 2. *(Pers)* working area
betriebsnotwendiger Kapitalbedarf *m (Fin)* operating capital requirements
Betriebsoptimum *n (WiWi)* ideal capacity, maximum practical capacity
Betriebsplanung *f (Gesch, Mgt)* operational planning, business planning
Betriebsprogramm *n (EDV)* operating system *(OS)*
Betriebsrat *m (Pers)* employees' committee, *(BE)* works council
Betriebsrente *f (Soz, Pers)* employer's pension scheme, company pension, occupational pension
Betriebsrentensystem *n (Verw)* company pension plan, group annuity contract
Betriebsrisiko *n (Bank)* operational risk
Betriebsschließung *f* 1. *(Gesch)* shutdown; 2. *(Ind)* plant closure
Betriebssicherheit *f (Ind, Pers)* industrial safety, industrial security
Betriebsstätte *f* 1. *(Gesch, Ind)* plant, operational facility, operating unit; 2. *(St)* permanent establishment
Betriebsstillstand *m (Ind)* operations breakdown
Betriebsstoffe *mpl* 1. *(Gesch)* expendable goods; 2. *(Ind)* (factory) supplies
Betriebstechnik *f (Ind)* industrial engineering, production engineering *(Produktion)*
Betriebs- und Geschäftsausstattung *f* *(Gesch)* fixtures and fittings
Betriebsunfall *m (Pers, Vers)* industrial accident, industrial injury, occupational accident, job-related injury
Betriebsunterbrechung *f (Trans)* breakdown
Betriebsvereinbarung *f (Pers)* plant agreement, *(BE)* shop-floor agreement
Betriebsverlust *m (RW)* operating loss
Betriebsvermögen *n (Fin, Gesch, RW)* business assets
Betriebswirtschaft(slehre) *f* 1. *(Mgt)* science of business management; 2. *(Verw)* business administration; 3. *(WiWi)* business studies
betriebswirtschaftliche Kennziffer *f* 1. *(Fin)* activity ratio; 2. *(Mgt)* management ratio
Betriebswissenschaft *f (Mgt)* scientific management
Betriebszeit *f* 1. *(Bank)* uptime *(EZB)*; 2. *(Pers)* operating period • **während der üblichen Betriebszeiten** *(Gesch, Recht)* during normal business hours
Betriebsziele *npl (Mgt, WiWi)* operational objectives
Betriebszuschuss *m (Fin)* operating subsidy
betrifft *adv (Gesch)* concerning, regarding
Betrug *m* 1. *(Gesch)* fraud, swindle, *(ugs.)* *(BE)* ramp; 2. *(RW, Recht)* fraud *(arglistige Täuschung)*
betrügen *v* 1. *(Gesch)* cheat, swindle; 2. *(RW, Recht)* defraud
Betrüger(in) *m(f)* 1. *(Gesch)* confidence trickster, embezzler, swindler, *(ugs.)* con artist; 2. *(RW, Recht)* defrauder
betrügerisch *adj (Gesch, RW, Recht)* fraudulent
betrügerischer Bankrott *m (Gesch, RW, Recht)* fraudulent bankruptcy

beurkunden *v* 1. *(Gesch)* authenticate, place on record, register, verify, record *(Vertrag)*; 2. *(RW)* verify; 3. *(Recht)* acknowledge, attest to

Beurkundung *f* 1. *(Gesch)* document; 2. *(RW)* authentication, verification; 3. *(Recht)* (act of) acknowledgement

Beurlaubung *f (Pers)* leave of absence, *(AE)* furlough *(Arbeitsmarkt)*; suspension from office

beurteilen *v* 1. *(Gesch)* judge, assess, appraise *(Wert, Leistung)*; 2. *(Mgt)* appraise *(Projekt)*

Beurteilung *f* 1. *(Gesch)* appraisal, assessment, judgment; 2. *(Mgt)* appraisal; 3. *(Recht)* judgment

Beurteilungsgespräch *n (Pers)* appraisal interview

Bevölkerung *f (WiWi)* population

Bevölkerungsprognose *f (Pol, WiWi)* population forecast, population projection

Bevölkerungsstatistik *f (Stat, WiWi)* population statistics, census of population, demographic statistics

Bevölkerungsvorausschätzung *f (Stat, WiWi)* population forecast, population projection

Bevölkerungswachstum *n (WiWi)* population growth

bevollmächtigen *v* 1. *(Gesch)* authorize, empower; 2. *(RW, Recht)* appoint as attorney-in-fact

bevollmächtigt *adj* 1. *(Gesch)* authorized, empowered; 2. *(RW, Recht)* invested with power of attorney; 3. *(V&M)* accredited

Bevollmächtigte(r) *f(m)* 1. *(Gesch)* authorized agent, representative, agent; 2. *(RW, Recht)* attorney-in-fact

Bevollmächtigung *f* 1. *(Gesch)* agency, agcy, authorization; 2. *(Recht)* authorization, power of attorney, PA

bevorrechtigt *adj* 1. *(Fin, Gesch)* privileged; 2. *(Recht)* entitled to priority

bevorrechtigter Gläubiger *m (Fin, RW, WiWi)* secured creditor, senior creditor

Bevorschussung *f (Bank, Gesch)* advance

bevorzugen *v (Fin, Gesch, RW, V&M)* favo(u)r, prefer

bevorzugt *adj (Fin, Gesch, RW, V&M)* preferred

bevorzugt *adv* 1. behandeln; 2. *(Gesch)* prioritize

Bevorzugung *f (Fin, Gesch, RW, V&M)* preference, preferential treatment

bewahren *v (Gesch)* preserve, sustain *(Vertrauen)*

bewährt *adj (Gesch)* proven, tried and tested, well-tried

Beweggrund *m (Gesch)* motive, rationale, reason

beweglich *adj (Gesch)* moveable, mobile, flexible

bewegliche Güter *npl (Recht)* moveable goods, chattels

~ **Sachen** *fpl (Recht)* moveables, set of chattels

bewegliches Eigentum *n (Recht)* moveable property

~ **Vermögen** *n* 1. *(Gb)* chattels personal, moveable property, personal estate; 2. *(Recht)* moveable property

Bewegung *f (Gesch)* movement, swing *(Markt)*

Bewegungsbilanz *f (Fin, RW)* source and application of funds statement, funds statement

Bewegungsdatei *f (EDV)* change file, transaction file

Bewegungszahl *f (Stat, WiWi)* flow figure *(Gegensatz: Bestandszahl)*

Beweis *m (Recht)* evidence *(Gerichtsverfahren)*; proof *(Nachweis)* • ~ **erbringen** *(Gesch)* prove

beweisen *v (Gesch, Recht)* prove

beweiserheblich *adj (Recht)* evidentiary

Beweislast *f (Recht)* burden of proof

Beweisstück *n (Recht)* exhibit

beweisunerheblich *adj (Recht)* immaterial

bewerben *v* **um/sich** 1. *(Gesch)* solicit, tender for, apply for *(Arbeitsstelle)*; seek; 2. *(Mgt)* tender *(Auftrag)*; 3. *(Pers)* apply for *(Arbeitsstelle)*

Bewerber(in) *m(f)* 1. *(Fin, Gesch)* bidder; 2. *(Pers)* applicant, job candidate *(für eine Arbeitsstelle)*

Bewerbung *f* 1. *(Gesch)* application; 2. *(Pers)* application, job application *(Arbeitsmarkt)*

Bewerbungsfrist *f (Pers)* application deadline, deadline for applications, deadline for the receipt of applications, deadline for the submission of applications

Bewerbungsgespräch *n (Pers)* job interview, interview

Bewerbungskosten *pl (Pers)* expenses connected with an application *(for a job)*, costs of applying for a job
Bewerbungsschreiben *n (Komm, Pers)* application, letter of application
Bewerbungsunterlagen *fpl (Pers)* application documents, application
bewerkstelligen *v (Gesch)* manage
bewerten *v* 1. *(Gesch)* make a valuation of, assess, evaluate, value *(schätzen)*; 2. *(Mgt)* appraise *(Projekt)*; 3. *(Pers)* appraise • **bewertet sein mit** *(Bö)* be valued at
Bewertung *f* 1. *(Fin)* rating *(Unternehmen)*; 2. *(Gesch)* assessment, evaluation, valuation; 3. *(Mgt)* appraisal; 4. *(Pers)* appraisal
~ **des Anlagevermögens** *(RW)* fixed asset assessment
~ **des Lagerbestands** *(RW)* valuation of inventory, valuation of stocks
~ **eines Investitionsprojekts** *(WiWi)* capital project evaluation
Bewertungsabschlag *m (Recht, St)* downward valuation adjustment
Bewertungsdurchschnitt *m (Gesch)* weighted average
Bewertungsergebnis *n (RW)* net income or net charges from the valuation of assets, net result from the valuation of assets
Bewertungsmaßstab *m (Mgt, WiWi)* benchmark
Bewertungsmethode *f* 1. *(Fin)* cost method; 2. *(RW)* method of valuation
Bewertungsskala *f (Gesch)* rating scale
bewilligen *v* 1. *(Fin)* grant *(Kredit)*; 2. *(Gesch)* allow, authorize; 3. *(Pat)* grant *(Lizenz)*
bewilligt *adj* 1. *(Fin)* granted; 2. *(Gesch)* allowed, authorized; 3. *(Pat)* granted
Bewilligung *f (Pat, Recht)* grant
~ **von Haushaltsmitteln** *(Fin, Pol)* budget appropriation
bewirten *v (Gesch)* accommodate, entertain
Bewirtschaftung *f* 1. *(Mgt)* management; 2. *(Verw)* administration; 3. *(WiWi)* control, farming, cultivation *(des Landes)*
Bewirtung *f* 1. *(F&T)* catering; 2. *(Gesch)* entertainment
Bewirtungsgewerbe *n (Gesch, F&T)* catering trade
Bewirtungspauschale *f (Gesch)* entertainment allowance
bewohnen *v (Gb)* occupy
Bewohner(in) *m(f) (Gb)* occupant, occupier, owner *(Eigentümer)*
bezahlbar *adj (Gesch)* affordable
Bezahl-Content *m (Komm, V&M)* content for cash *(C4C)*
bezahlen *v* 1. *(Bank)* hono(u)r *(Scheck)*; 2. *(Gesch)* pay, pay for
bezahlt *adj* 1. *(Bank)* hono(u)red *(Scheck)*; 2. *(Gesch)* paid, paid for, settled, received
bezahlte Rückantwort *f (Komm)* reply paid
Bezahlung *f (Gesch)* payment, PYT, remuneration, settlement • **gegen** ~ *(Gesch)* against payment
Bezahlung *f* **per Handy** *(Komm, V&M)* mobile payment *(M-Commerce)*
bezeichnen *v (Gesch)* designate, mark *(kennzeichnen)*
bezeichnend *adj (Gesch)* characteristic, typical
Bezeichnung *f* 1. *(Gesch)* term *(Wort)*; 2. *(Pat)* designation; 3. *(WiWi)* denomination
bezeugen *v* 1. *(Gesch)* attest to; 2. *(Recht)* attest to, testify *(aussagen)*
beziehen *v* 1. *(Gesch)* take up *(Position)*; 2. *(WiWi)* buy • **sich ~ auf** *(Gesch)* refer to • **sich beziehend auf** *(Gesch)* referring to
Bezieher(in) *m(f)* **von Leistungen** *(Soz)* person in receipt of benefit, person drawing benefit, recipient of benefit, benefit recipient, claimant
~ **von Sozialhilfe** *(Soz)* recipient of social assistance, *(AE)* welfare recipient, *(BE)* recipient of income support
Beziehung *f (Fin, Gesch)* relationship, interrelation
Beziehungen *fpl (Gesch)* relations
~ **spielen lassen** *(Gesch) (BE)* pull strings, *(AE)* pull wires
Beziehungsmanagement *n (Bank, Mgt)* relationship management
beziehungsweise *adv (Gesch)* respectively
Bezirk *m* 1. *(Gesch)* territory, district *(Verwaltungseinheit)*; 2. *(Pol)* borough
Bezug *m* 1. *(Bö)* subscription; 2. *(Gesch)* procurement *(Waren)*; subscription *(Zeitungen, Zeitschriften)* • **in ~ auf** *(Gesch)* concerning, regarding, with reference to,

with regard to • **in ~ auf Ihr Schreiben vom** *(Komm)* further to your letter of
• **~ nehmen auf** *(Gesch, Pat)* refer to
• **~ nehmend auf** 1. *(Gesch)* referring to; 2. *(Komm)* with reference to
~ **von Leistungen** *(Soz)* receipt of benefit, drawing of benefit
Bezüge *mpl (Gesch)* emolument
Bezugnahme *f (Komm)* reference • **~ auf** *(Pat)* reference to • **unter ~ auf** *(Gesch)* with reference to, referring to
Bezugsberechtigte(r) *f(m)* 1. *(Bö, Fin)* allottee; 2. *(Recht, Vers)* beneficiary
Bezugsdatum *n (Pers, Soz)* reference date, reference day
Bezugsgröße *f* **des Währungssystems** *(WiWi)* numeraire
Bezugskosten *pl* 1. *(Gesch)* purchasing costs; 2. *(RW)* delivery costs
Bezugsmarke *f (EDV, Gesch)* benchmark
Bezugspreis *m* 1. *(Fin)* subscription price; 2. *(Gesch)* price of delivery
Bezugspunkt *m* 1. *(Gesch)* reference point; 2. *(WiWi)* benchmark
Bezugsquelle *f* 1. *(Gesch)* supply source; 2. *(Verw)* resource
Bezugsrecht *n* 1. *(Bö)* stock [share] purchase warrant, subscription right; 2. *(Vers)* right to life insurance benefits • **mit ~** *(Bö)* cum warrant
Bezugsrechtsemission *f (Bö, Fin, RW)* rights issue
Bezugsverhältnis *n (Bö)* exchange ratio, subscription ratio
Bezugswährung *f (WiWi)* base currency
Bezuschussung *f (Gesch)* subsidizing, subsidy *(Betrag)*
bieten *v (Gesch)* make a bid, bid *(auf Auktion)*; tender *(Geld, Dienstleistung)*; offer *(Möglichkeit)*
Bietende(r) *f(m) (Gesch)* bidder
Bieter(in) *m(f) (Gesch)* bidder
Bilanz *f (RW)* annual accounts, asset and liability statement, balance (sheet), statement of financial position • **außerhalb der ~** *(Fin)* off-balance • **die ~ ziehen** 1. *(Gesch)* strike a balance; 2. *(RW)* balance the books
~ **der laufenden Posten** *(WiWi)* balance on current account *(VGR, ZB)*
~ **der unentgeltlichen Leistungen** *(WiWi)* unrequited transfers account *(VGR, ZB)*
~ **der unsichtbaren Leistungen** *(Fin, WiWi)* invisible balance
~ **des Warenhandels** *(WiWi)* visible (trade) balance
~ **in laufender Rechnung** *(WiWi)* current account (of the balance of payments) *(VGR, ZB)*
Bilanzanalyse *f (RW)* statement analysis
Bilanzanlage *f (RW)* balance sheet supplement
Bilanzaufstellung *f* 1. *(Bank, Fin)* statement of condition; 2. *(RW)* preparation of a balance sheet
Bilanzdelikt *n (RW)* accounting fraud
Bilanzgerade *f (WiWi)* budget line
Bilanzgewinn *m* 1. *(Gesch)* unappropriated surplus; 2. *(RW)* net profit for the year, unappropriated retained earnings, accumulated profits
Bilanzgleichung *f* 1. *(RW)* accounting equation, accounting identity; 2. *(WiWi)* budget equation *(Haushalt)*
Bilanzgliederung *f (RW)* account format, accounting plan
bilanzielle Abschreibung *f (RW)* book depreciation
Bilanzierung *f (Fin, RW)* balancing (of an account), financial accounting
Bilanzierungsgrundsätze *mpl (RW)* accounting principles, accounting rules
Bilanzierungsperiode *f (Fin)* accounting period
Bilanzierungspraxis *f (RW)* accounting practice
Bilanzierungsregeln *fpl (RW)* accounting conventions
Bilanzierungsrichtlinie *f (RW)* accounting convention *(EU)*
Bilanzjahr *n (Fin, RW, St)* accounting year, financial year, fiscal year
Bilanzkennzahl *f (RW)* accounting ratio, balance sheet ratio
Bilanzkosmetik *f (RW)* window-dressing
bilanzneutral *adj (Bank, RW)* off-balance sheet, off-balance
Bilanzposten *m (RW)* balance item, balance sheet item
Bilanzrecht *n (Recht)* accounting laws, accounting legislation
Bilanzstatus *m (RW)* statement of assets and liabilities

Bilanzstichtag *m (Bank, RW)* balance sheet date

bilanzunwirksam *adj (Fin, RW, WiWi)* off the balance sheet, off-balance-sheet

Bilanzwert *m (RW)* carrying value, value of a balance sheet item

bilanzwirksam *adj (RW)* as reflected in the balance sheet, on-balance-sheet; on-balance-sheet transaction

Bilanzziehung *f (Gesch)* balancing

Bildmaterial *f (Med, V&M)* visual material

Bildpunkte *mpl (EDV)* pixels *(Bildschirm)*; dots per inch *(dpi) (Drucker)*

Bildschärfe *f* 1. *(Med)* focus, sharpness *(Foto)*; 2. *(EDV)* resolution *(Bildschirm)*

Bildschirmauflösung *f (EDV)* screen resolution, monitor resolution *(z.B. 1024 × 768)*

Bildschirmhandel *m (Bö, EDV)* screen based system

Bildschirmkopie *f (EDV)* screenshot

Bildschirmschoner *m (EDV)* screensaver

Bildschirmschrift *f (EDV)* screen font

Bildtext *m (Med, V&M)* picture caption

Bildung *f* **von Seilschaften** *(ugs.) (Gesch) (BE)* backscratching, *(AE)* log-rolling

Bildungsabschluss *m (Pers)* educational attainment, educational achievement *(Lebenslauf)*; certificate, leaving certificate, qualification, educational qualification *(Zeugnis)*

Bildungsbedarf *m (Pers)* educational need, educational requirement

Bildungsinhalt *m (Pers)* content of education, curricula, content of educational curricula

Bildungsniveau *n (Pers)* educational level, level of education, educational attainment

Bildungsökonomie *f (WiWi)* economics of education

Bildungssystem *n (Pers)* educational system, training system

Bildungsträger *m (Pers)* training provider

Bildungsweg *m (Soz)* educational background

Bildungswesen *n (Pers)* training and education system

billig *adj (Gesch)* cheap, inexpensive, low-cost, low-priced

billige Handelsflagge *f (Trans)* convenience flag, flag of convenience

billigen *v* 1. *(Gesch)* approve; 2. *(Recht)* endorse, indorse

billiges Geld *n (Bank)* cheap money

Billigflagge *f (Trans)* convenience flag

Billigkeit *f (Recht, WiWi)* equity

billigkeitsrechtlich *adj (Recht, WiWi)* equitable

billigst *adj (Bö)* at best

~ kaufen *v (Bö)* buy at market, buy at best *(Order)*

Billigung *f* 1. *(Gesch)* acceptance, approval, assent, confirmation, sanction *(Bestätigung)*; 2. *(Recht)* approval; 3. *(WiWi)* sanction

Bimetallismus *m (WiWi)* bimetallism

bimodale Verteilung *f (Stat)* bimodal distribution

binär *adj (EDV, Stat)* binary

Binärziffer *f (EDV, Stat)* binary digit, bit *(Zahlensysteme)*

binden *v* 1. *(Fin)* lock up, tie up *(Kapital)*; 2. *(Gesch)* commit, bind

bindend *adj (Recht)* binding *(verpflichtende Verträge)*

bindendes Angebot *n (Gesch)* binding bid, binding offer, binding tender

Bindung *f (Gesch)* absorption

~ von Währungen *(WiWi)* linking of currencies

Binnen... 1. *(AH)* domestic, inland; 2. *(Trans)* domestic, inland; 3. *(WiWi)* domestic, home, internal *(Handel)*

Binnengrenze *f* internal border, internal frontier *(EU)*

Binnenhandel *m (WiWi)* domestic trade, home trade, internal trade, intra-EU trade, trade within the EU

Binnenmarkt *m (WiWi)* domestic market, home market, internal market, single market *(EU)*

Binnennachfrage *f (WiWi)* domestic demand

Binnenschiffer *m (Trans)* inland waterway carrier

Binnenumschlagplatz *m (Umw)* onshore terminal

Binnenwanderung *f (Pers, WiWi)* internal migration

Binnenwirtschaft *f (WiWi)* internal economy, domestic economy

binnenwirtschaftliche Lage *f (WiWi)* domestic situation

binnenwirtschaftliches Gleichgewicht *n (WiWi)* internal balance
biografische Daten *npl (Pers)* biographical data
Bioinformatik *f (EDV, Komm)* bioinformatics
biologisch *adj* 1. *(Ind)* biological; 2. *(Umw, WiWi)* organic, biological
biologisch abbaubar *adj (Umw)* biodegradable
Bioökonomie *f (WiWi)* bioeconomics
Biosphäre *f (Umw)* biosphere
Biotechnik *f (Ind)* bioengineering
Biotechnologie *f (Ind)* biotechnology
BIP *s.* Bruttoinlandsprodukt
~ **pro Kopf der Bevölkerung** *(WiWi)* GDP per capita, GDP per head
BIP-Deflator *m (WiWi)* GDP deflator
bis dato *(Gesch)* to date
~ **auf weiteres** *(Gesch)* until further notice
~ **auf Widerruf** 1. *(Gesch)* till countermanded; 2. *(V&M)* till cancel(l)ed, till forbid *(Werbung)*
~ **höchstens** *(Gesch)* up to a maximum of
bisher *adv (Gesch)* to date
bisherig gezeigte Leistungen *fpl (Gesch)* track record
bitte beachten *(Gesch)* nota bene, NB, please note
~ **weiterleiten** *(Komm)* please forward
~ **wenden** *(Komm)* please turn over
Bitte *f (Gesch)* request • **auf ~ von** *(Gesch)* at the request of
Blanko... *(Gesch)* blank
Blankoauftrag *m (Gesch)* blank order, blanket order
Blankodarlehen *n (Bö)* uncovered advance
Blankokredit *m (Bank, Fin)* clean credit *(unbesichert)*
Blankoscheck *m (Bank) (AE)* blank check, *(BE)* blank cheque
Blankounterschrift *f (Bank)* blank signature
Blasenwirtschaft *f (Bö, WiWi)* bubble economy
Blatt *n (Komm, Med)* sheet, leaf, page *(Seite)*; paper, newspaper *(Zeitung)*
bleifreies Benzin *n (Umw) (AE)* lead-free gas, *(BE)* lead-free petrol, *(AE)* unleaded gas, *(BE)* unleaded petrol
Blickfang *m (V&M)* attention getter, eye-catcher
Blickkontakt *m (V&M)* eye contact
Blindbewerbung *f (Pers)* speculative application
blinde Durchschrift *f (Komm)* blind carbon copy *(bcc)*
~ **Kopie** *f (Komm)* blind carbon copy *(bcc)*
blinder Durchschlag *m (Komm)* blind carbon copy *(bcc)*
Blindkopie *f (Komm)* blind carbon copy *(bcc)*
Blisterpackung *f (V&M)* blister pack
Blitzstreik *m (Pers)* lightning strike
blocken *v (EDV)* block
Blockfinanzierung *f (RW)* block funding
Blockhandel *m (Bö)* block trading *(Pakethandel)*
blockieren *v (Recht, WiWi)* block *(Gesetzentwurf)*
blockiert *adj* 1. *(EDV)* deadlocked; 2. *(Gesch, WiWi)* blocked
BLZ *s.* Bankleitzahl
BNE *s.* Bruttonationaleinkommen
Boden *m (Gb)* land, ground
Bodennutzung *f (Umw)* land use
Bodenrente *f (Verw)* ground rent
Bodenschätze *mpl (Umw)* natural resources, mineral resources
Bodentransport *m (Trans)* ground transportation, surface transport
Bodenwert *m (Gb, St, Verw)* land value
Bodenwertzuwachssteuer *f (St)* land value tax
Bodmereidarlehen *n (Fin)* maritime loan
Bogen *m* 1. *(Fin)* coupon sheet; 2. *(Gesch)* sheet *(Papier)*; 3. *(Komm)* sheet; 4. *(Med)* sheet
~ **mit Personalangaben** *(Verw)* personal data sheet
Bohrinsel *f (Ind)* mobile offshore drilling unit, oil platform, oil rig
Bohrlochkosten *pl (Fin, Ind)* wellhead cost
Bohrturm *m (Ind)* oil rig
Bon *m* 1. *(Fin)* credit slip; 2. *(Gesch)* cash register slip, issue voucher, coupon, voucher *(Gutschein)*; receipt *(Quittung)*
Bond-Analyse *f (Fin)* fixed-interest research
Bonifikation *f* 1. *(Bank)* agency commission; 2. *(Bö)* concession; 3. *(Gesch)* bonus, premium; 4. *(V&M)* selling commission
Bonität *f* 1. *(Bank)* credit standing; 2. *(Fin)* creditworthiness, financial standing; 3. *(Gesch)* reliability, standing *(Kredit)*

Bonitätsanalyse *f (Bank, Bö, WiWi)* credit analysis
Bonitätsbewertung *f (Fin)* credit rating *(standardisierte Bewertung der Kreditwürdigkeit)*
bonitätsmäßige Einstufung *f* **[Klassifizierung** *f***] einer Anleihe** *(Bö)* bond rating
Bonitätsprüfer(in) *m(f) (Bank)* credit analyst
Bonus *m* 1. *(Bö)* bounty, extra dividend; 2. *(Fin)* bonus
boolesche Algebra *f (Stat)* Boolean algebra
Boom *m (Gesch, WiWi)* boom
Börse *f* 1. *(Bö)* market, exchange, stock market; 2. *(Fin, WiWi)* stock market • **außerhalb der ~** *(Bö)* away from the market • **an der ~ notiert** *(Bö, RW)* listed [quoted] on the stock exchange
Börsenbericht *m* 1. *(Bö)* market report, stock exchange report; 2. *(Fin)* financial news
Börseneinführung *f (Bö)* admission to listing
Börseneinführungskosten *pl (Bö)* flotation cost, stock exchange admission fee
Börsenerstemission *f (Bö)* initial public offering of shares *(IPO)*
börsenfähig *adj (Bö)* listable, marketable, negotiable
Börsengang *m* 1. *(Bö)* flotation, initial public offering of shares *(IPO)*; 2. *(Fin)* initial public offering *(IPO)*; going public *(Börseneinführung)*
börsengängige Dividendendwerte *mpl (Bö)* marketable equities
~ Obligation *f* **[Schuldverschreibung** *f***]** *(Bö)* marketable bond
börsengehandelt *adj***/nicht** *(Bö) (AE)* over-the-counter, OTC
Börsengeschäft *n* 1. *(Bö)* stock exchange transaction; 2. *(Fin) (BE)* bargain
Börsenhandel *m* 1. *(Bö)* stock exchange dealings; 2. *(Fin)* market dealing
Börsenhandelsbuch *n (Fin)* trading book
Börsenhändler(in) *m(f)* 1. *(Bö)* stock exchange trader; 2. *(Fin)* broker
Börsenindex *m (Bö)* market index
Börsenkapitalisierung *f (Bö)* (market) capitalization
Börsenkurs *m (Bö)* list price, stock exchange price, stock exchange quotation • **zum ~** *(Bö)* at the market price
Börsenkursnotierung *f (Bö)* stock market listing • **zur ~** *(Bö)* at the market call
Börsenmakler(in) *m(f) (Bö)* board broker, stockbroker
Börsennachrichten *fpl (Fin)* financial news
börsennotiert *adj (Bö, RW)* listed on the stock exchange, quoted on the stock exchange
börsennotierte Aktie *f (Bö)* listed share, quoted share
~ Gesellschaft *f (Bö, Gesch, WiWi)* listed company, quoted company
börsennotiertes Unternehmen *n (Bö, Gesch, WiWi)* listed company, quoted company
Börsenparkett *n (Bö)* (trading) floor
Börsenpreise *mpl (Bö)* stock market prices
Börsenrückzug *m (Bö)* delisting, going private
Börsensaal *m (Bö)* boardroom
Börsenschluss *m (Bö)* close
Börsenschlusseinheit *f (Bö)* trading unit
Börsenspekulant(in) *m(f) (Bö)* stock exchange speculator
Börsenstimmung *f (Bö)* market tone
Börsenumsatzsteuer *f (St)* stock exchange transfer tax
Börsenwert *m (Bö, Fin)* exchange value, market value, listed company
Börsenzulassung *f (Bö)* listing, *(BE)* admission to listing
Börsenzulassungsverfahren *n (Bö)* listing procedure
bösgläubig *adj (Recht)* mala fide *(unredlich)*
böswillig *adj (Recht)* maliciously
Boulevardpresse *f (Med)* gutter press, tabloid press
Boulevardzeitung *f (Med)* tabloid
boykottieren *v (Pers, Recht, WiWi)* boycott
brach *adj (Gesch, Gb)* fallow
brachliegen *v (Gesch, Gb)* lie fallow, lie idle, be uncultivated
brachliegend *adj (Gesch)* unused *(Kapital)*
brachliegende Guthaben *npl (Fin, WiWi)* idle balance
brachliegendes Geld *n (WiWi)* idle money
Brachzeit *f (Ind)* dead time, downtime, lost time, machine idle time *(ablaufbedingt)*; machine downtime *(störungsbedingt)*; machine interference time *(überlappend)*

Branche *f* 1. *(Gesch)* trade, industry, line of business; 2. *(Verw)* branch; 3. *(WiWi)* sector
Branchenanalyse *f (Fin, Gesch)* sector analysis
Branchenführer *m (V&M)* industry leader
branchenintern *adj (Ind)* intraindustrial
branchenspezifisch *adj (WiWi)* sector-specific
Branchenstrategie *f (Mgt)* sectoral strategy
Branchenverzeichnis *n (Gesch)* trade directory, yellow pages
branchenweite Vereinbarung *f (Pers)* industry-wide agreement
brandmarken *v (Gesch)* brand
Brauchbarkeit *f* 1. *(Gesch)* acceptability; 2. *(WiWi)* acceptability
brauchen *v (Gesch)* need, require
Break-Even-Analyse *f (Fin, WiWi)* break-even analysis
Break-Even-Punkt *m (Bö, Fin, WiWi)* breakeven point
brechen *v* 1. *(Gesch, Pers, Recht)* break, violate *(Vertrag, Versprechen, Gesetz)*; 2. *(WiWi)* break *(Monopol)*
breit *adj (Gesch)* wide
breite Öffentlichkeit *f (Gesch)* public at large
breites Sortiment *n (Gesch, V&M)* wide range *(an Waren)*
bremsen *v (WiWi)* dampen *(Wachstum)*
Brief *m* 1. *(Bö)* asked, offer price, price offered; 2. *(Komm)* letter
~ **und Geld** *n (Bö)* asked and bid
Briefkastengesellschaft *f (Bö)* nominee company
Briefkopf *m (Komm)* letterhead
Briefkurs *m (Bö)* asked price, offer, offer price, price offered, seller's rate
briefliche Anfrage *f (Komm)* letter of enquiry
Briefmarke *f (Komm)* postage stamp, stamp
Briefquotierung *f (Bank)* asked quotation
Briefspanne *f (Bank)* asked spread
Briefwechsel *m (Komm)* correspondence
bringen *v (Bank, Fin)* earn
britisch *adj (Recht)* British
britische Staatsanleihen *fpl (Bö)* UK government stocks
~ **Staatsanleihepapiere** *npl (Bö)* UK gilt-edged stocks
Broker *m* 1. *(Bö)* broker-dealer; 2. *(Fin)* broker
Brokerauftrag *m (Bö)* broker's order
Broschüre *f* 1. *(F&T, Gesch)* brochure; 2. *(V&M)* hand-out
Bruch *m* 1. *(Gesch)* breakage; 2. *(Komm)* break; 3. *(Stat)* fraction; 4. *(Recht)* violation *(von Vertragsbestimmungen)*
~ **der Geheimhaltung** *(Gesch)* breach of secrecy
bruchartig *adj (Gesch)* disruptive
Bruchstelle *f (Gesch)* break point
Bruchteilseigentümer(in) *m(f) (Recht)* owner of a fractional share of property
brutto *adj (Gesch)* gross
Bruttoallphasenumsatzsteuer *f (St)* all-stage gross turnover tax
Bruttoanlageinvestitionen *fpl (RW)* gross fixed capital formation
Bruttoarbeitseinkommen *n (Pers, St)* earned income before deductions
Bruttoauflagenhöhe *f (V&M)* gross circulation
Bruttobetrag *m (RW)* gross amount
Bruttobuchwert *m (RW)* book value before adjustment, gross book value
Bruttocashflow *m (Fin)* gross cash flow
Bruttodividende *f* 1. *(Fin, RW)* gross dividend; 2. *(WiWi)* gross dividend yield
Bruttodividendenrendite *f (Bö)* gross dividend yield
Bruttoeinkommen *n* 1. *(Pers)* gross earnings; 2. *(RW)* gross income
Bruttoeinzelhandelspreis *m (V&M)* gross retail price, GRP
Bruttoentlohnung *f (Pers)* gross pay
Bruttoerlös *m* 1. *(Pers)* gross earnings; 2. *(RW)* gross sales
Bruttofakturierung *f (V&M) (AE)* gross billing
Bruttogehalt *n (Pers)* gross salary, gross pay
Bruttogewicht *n (Gesch)* gross weight, gr.wt.
Bruttogewinn *m* 1. *(Fin)* gross margin [profit]; 2. *(RW)* contribution margin, gross margin [profit]
Bruttogewinnspanne *f (RW)* gross profit margin
Bruttogeschäft *n (Bank)* gross deal
Bruttogröße *f (Gesch, RW)* gross figure

Bruttoinlandsprodukt *n (WiWi)* gross domestic product, GDP
Bruttoinvestitionen *fpl (RW)* gross investment
Bruttolohn *m (Pers)* gross pay, gross wage *(Arbeitsentgelt)*
Bruttomarge *f (Fin, WiWi)* gross margin, GM
Bruttonationaleinkommen *n (WiWi)* gross national income, GNI *(ehemaliges Bruttosozialprodukt)*
Bruttoregistertonne *f (Gesch)* gross register ton, gross registered tonnage
Bruttorendite *f (Verw)* gross return
Bruttosozialprodukt *n (WiWi)* gross national product, GNP
Bruttospanne *f* 1. *(Bö)* gross spread; 2. *(Fin, RW, WiWi)* gross margin
Bruttoumsatz *m (RW)* gross sales, gross turnover
Bruttoumsatzerlöse *mpl (RW)* gross sales revenue
Bruttoverdienst *m (Pers)* gross earnings
Bruttovergütung *f (Pers)* gross pay
Bruttovolkseinkommen *n (WiWi)* gross national income, GNI
BSP *s.* Bruttosozialprodukt
Buba *s.* Deutsche Bundesbank
Buch *n (Bö, Med, RW)* book • **~ führen über** 1. *(Gesch)* keep track of; 2. *(RW)* keep accounts for
Bucheintrag *m (RW)* book entry
buchen *v* 1. *(Gesch)* book, reserve *(reservieren)*; 2. *(RW)* enter on the books, make an entry in the accounts, post
Bücher *npl (RW)* books • **die ~ abschließen** *(RW)* balance the books, rule off • **die ~ frisieren** *(ugs.) (RW)* manipulate accounts; *(ugs.)* fiddle accounts
Buchforderung *f (RW)* book debt, book receivables
Buchforderungen *fpl (RW)* outstanding amounts
Buchführung *f (Pers, RW, Verw)* accountancy, accounting, book-keeping
~ auf Einnahmen- und Ausgabenbasis *(RW)* cash basis of accounting
~ zu Wiederbeschaffungskosten *(RW)* replacement cost accounting, replacement costing
Buchführungsgrundsätze *mpl (RW)* accounting principles, accounting rules
Buchführungsunterlagen *fpl (RW)* accounting records
Buchgeld *n* 1. *(Bank)* deposit currency, deposit money, bank money; 2. *(Fin) (BE)* credit money; 3. *(WiWi)* deposit money
Buchgewinn *m (RW)* accounting profit, book profit
Buchhalter(in) *m(f) (Pers, RW, Verw)* accounting officer, AO, accounting clerk, book-keeper
Buchhaltung *f (Pers, RW, Verw)* accountancy, acc., accy, accounting, book-keeping, accounts department, accounting department, accounting office *(Abteilung)*
Buchhaltungsmethode *f (RW)* accounting method, method of preparation
Buchhaltungs- und Bilanzierungsrichtlinien *fpl (RW, Verw)* accounting rules
buchmäßiger Gewinn *m (RW)* book profit
~ Verlust *m (RW)* book loss
Buchprüfung *f (Fin, RW)* audit, auditing
Buchstabenwahl *f (Komm)* vanity number
Buchstaben-Wahl-Rufnummer *f (Komm)* vanity number
buchtechnische Behandlung *f (RW)* accounting treatment
Buchung *f* 1. *(Gesch)* reservation, booking *(Reservierung)*; 2. *(RW)* accounting entry • **~ aufgeben** *(Gesch)* book in • **eine ~ stornieren** *(RW)* reverse an entry
Buchungsbeleg *m (RW)* journal voucher, supporting book entry, vouch mark
Buchungsfehler *m (RW)* accounting error
buchungspflichtiger Beleg *m (RW)* accountable receipt
Buchungsrichtlinien *fpl (RW)* conceptual framework
Buchungsvorfall *m (RW)* accounting event *(Buchungsvorgang; interner oder externer ausgewiesener Vorgang, internal or external transaction recognized by the accounting system)*
Buchungsvorfälle *mpl (RW)* internal transactions
Buchungszahlen *fpl (RW)* accounting data
Buchungszeitraum *m (St)* fiscal period
Buchverlust *m (RW)* book loss
Buchwert *m* 1. *(Fin)* book value; 2. *(Gesch)* written-down value; 3. *(RW)* accounting value, book cost, carrying value; 4. *(WiWi)* cost

~ **des Anlagevermögens** *(RW)* net investment in property, plant and equipment
~ **nach Abschreibungen** *(Fin)* net book value
~ **vor Abschreibungen** *(Fin)* gross book value
Budget *n (Fin, Gesch, RW, Pol, WiWi)* budget, estimates • **ein ~ aufstellen** *(Fin, Mgt, RW, WiWi)* prepare a budget
Budgetberichtigung *f (Fin, RW, WiWi)* budgetary adjustment
Budgetdefizit *n (Fin, WiWi)* budget deficit
Budgeterstellung *f (Fin, Mgt, RW, WiWi)* budget preparation
budgetierte Kosten *pl (RW)* budgeted cost
Budgetierung *f (Fin, Gesch, RW)* budgeting
~ **der Investitionen** *(RW)* capital budgeting
Budgetinzidenz *f (WiWi)* budget incidence
Budgetrestriktion *f (Fin, RW, WiWi)* budget constraint
Budgetüberschuss *m (Fin, WiWi)* budget surplus
Bummelstreik *m (Pers, WiWi) (BE)* go-slow, *(AE)* slowdown
Bund *m* 1. *(Gesch)* alliance, association; 2. *(Pol)* alliance, confederation
Bündel *n* 1. *(Komm)* parcel, package; 2. *(Med)* batch; 3. *(Trans)* bundle; 4. *(V&M)* package
bündeln *v (EDV, V&M)* bundle
Bündelung *f* 1. *(Gesch)* pooling; 2. *(St)* bunching
Bundesagentur *f* **für Außenwirtschaft** *(bfai) (AH, V&M)* German Office for Foreign Trade *(ersetzt ab 3/2003 die ehemalige Bundesstelle für Außenhandelsinformation, bfai)*
Bundesanstalt *f* **für Arbeit** *(Deutschland) (Pers, Soz)* Federal Employment Service(s), Federal Labour Office
Bundesanstalt für Finanzdienstleistungsaufsicht *(Bank, Bö, Fin, Vers)* Federal Agency for Financial Services Supervision *(integrierte Allfinanzaufsicht)*
Bundesarbeitsgericht *n (Recht) Federal Labo(u)r Court*
Bundesbank *f (ugs.) (Bank) Deutsche Bundesbank, German central bank; bleibt unübersetzt, usually left untranslated!*
Bundesgesetz *n (Recht)* national legislation
Bundesgesetzblatt *n (Deutschland) (Pol, Recht) Federal Gazette, official Federal Gazette, Federal Law Gazette, Federal Gazette Reference; not to be translated, bleibt unübersetzt!*
Bundesgesetzgebung *n (Deutschland) (Recht) (AE)* national legislation
Bundeskartellamt *n (WiWi) (AE)* Federal Cartel Office, FCO
Bundeskartellbehörde *f* 1. *(Pol, WiWi) (AE)* Federal Trade Commission; 2. *(WiWi) (AE)* Federal Cartel Office
Bundeskassenscheine *mpl (Deutschland) (Bank, Fin)* cash bills *(kurzfristiges, abgezinstes Diskontpapier des Bundes)*
Bundesrat *m (Pol) upper house of German parliament, (BE)* ≈ House of Lords, H of L, *(AE)* ≈ Senate
Bundesrecht *n (Recht)* federal law
Bundesregierung *f (Recht)* federal government
bundesstaatlich *adj (Pol, WiWi)* federal
Bundesstelle *f* **für Außenhandelsinformation** *(obs) (AH, V&M)* Federal Office of Foreign Trade Information *(seit 3/2003: Bundesagentur für Außenwirtschaft, bfai, German Office for Foreign Trade)*
Bundestag *m (Pol)* lower house of German parliament, *(BE)* ≈ House of Commons, H of C, *(AE)* ≈ House of Representatives
bundesweite Tageszeitung *f (Gesch)* national newspaper
Bundeszuschuss *m (Soz)* flat grant
Bündnis *n (Pol)* alliance
Bürge *m (Bank, Fin)* guarantor • **als ~ für jmdn. agieren** *(Fin)* stand as guarantor for sb
Bürger(in) *m(f) (Pol)* citizen
Bürgerbeauftragte(r) *f(m) (Pol, WiWi)* ombudsman, ombudsperson *(EU)*
Bürgerinitiativen *fpl (Pol)* grassroots groups
Bürgerliches Gesetzbuch *n (BGB) (Recht)* German Civil Code
bürgerliches Recht *n (Recht)* civil law
Bürgschaft *f* 1. *(Bank)* guarantee, guaranty; 2. *(Fin)* security; 3. *(Recht)* bail, suretyship • **~ für jmdn. leisten** *(Bank)* stand surety for sb • **mit ~ gesichert** *(Gesch)* guaranteed
Bürgschaftsbank *f (Bank)* guarantee bank
Bürgschaftsverpflichtung *f (RW)* guarantee liability
Büro *n (Gesch)* office
Büroangestellte *pl (Pers)* clerical staff

Büroarbeit *f (Pers)* clerical work, office work
Büroautomation *f (EDV, Ind, Verw)* office automation, OA
Bürobedarf *m (Verw)* office requisites, office stationery
Büroberuf *m (Pers)* clerical occupation, office occupation
Bürogebäude *n (Gb)* office block, office building
Bürokommunikation *f (Gesch)* office communication
Bürokosten *pl (RW)* office expenses
Bürokräfte *fpl (Pers)* clerical workers, clerical employees, clerical staff, office workers, office employees, office personnel, office staff
Bürokratie *f (Pers, Verw)* bureaucracy
Büroleiter(in) *m(f) (Mgt)* chief clerk, head clerk, office manager, senior clerk
Büromaschinen *fpl (Verw)* office equipment
Büromaterial *n (Gesch)* stationery
Büroräume *mpl (Gb)* office accommodation, office space, office premises
Bürotätigkeit *f (Pers)* white-collar job, office job
Bußgeld *n (Recht, Vers)* administrative fine, monetary fine, *(AE)* civil penalty *(zivilrechtliche Geldstrafe)*
Bußgeldbescheid *m (Recht)* penalty notice
Buy-out *n (Bö, Fin)* buyout

C

Cash-Cow-Produkte *npl (Gesch, V&M)* cash cow products
Cashflow *m (Fin)* cash flow
~ **vor Steuern** *(Fin)* before-tax cash flow, gross cash flow
Cashflow-Bericht *m (Fin)* cash flow statement
Cashflow-Prognose *f (RW)* cash flow forecast
CD-Markt *m (Bank)* certificate of deposit market
CD-Rohling *m (EDV, Med)* blank CD-R, blank CD-Recordable
CD-RW-Laufwerk *n (EDV, Med)* CD writer, CD-RW drive
Cent-genau gerundet *adj (Bank, Gesch)* rounded to the nearest full cent
CES-Produktionsfunktion *f (WiWi)* CES production function *(CES = constant elasticity of substitution)*
ceteris paribus *(Gesch)* ceteris paribus, all else being equal
Ceteris-paribus-Bedingung *f (c.p.) (WiWi)* ceteris paribus condition
Chance *f* 1. *(Gesch)* opportunity, chance, *(ugs.)* break *(Wetten)*; 2. *(Fin, Pol, WiWi)* opportunity • **eine ~ ergreifen** *(Gesch)* take advantage of an opportunity
Chancengleichheit *f (Pers) (BE)* equal opportunity, *(AE)* affirmative action *(Arbeit)*
~ **am Arbeitsmarkt** *(Pers)* equal employment opportunity
charakteristisches Merkmal *n (Pat)* characterizing portion
Chargengröße *f (Ind)* batch size
Chartanalyse *f (Bank, Fin, WiWi)* chart analysis, technical analysis
Charter *f (Trans)* charter • **ohne ~** *(Trans)* off hire
chartern *v* 1. *(Gesch, Pers)* hire; 2. *(AH, Trans)* charter *(Flugzeug oder Schiff)*
Chartervertrag *m (Trans)* charter party, C/P, charter contract
checken *v (Gesch)* check
Checkliste *f (Gesch)* check list
Chef(in) *m(f)* 1. *(Gesch)* superior, *(ugs.)* boss *(Manager)*; head *(einer Abteilung)*; 2. *(Mgt)* chief operating officer
~ **des Rechnungswesens** *(Mgt)* controller, comptroller
Chefbuchhalter(in) *m(f) (RW)* head accountant
Chefgespräche *npl (WiWi)* bilaterals
Chef-Justiziar *m (Recht)* general counsel
Chefredakteur(in) *m(f) (Med)* chief editor, *(BE)* chief subeditor, chief sub
Chefunterhändler(in) *m(f) (Gesch)* chief negotiator
Chefvolkswirt(in) *m(f) (Bank, Mgt)* chief economist
Chemie *f* 1. *(Gesch) (ugs.)* chemistry; 2. *(Ind, Umw)* chemicals, chemistry
Chemieindustrie *f (Ind)* chemical industry
chemische Erzeugnisse *npl* 1. *(Ind, V&M)* chemicals; 2. *(WiWi)* chemical products and man-made fibres *(ZB, Statistik)*
~ **Industrie** *f (Ind)* chemical industry
chemischer Eintrag *m (Umw)* chemical input

Chief-Executive-Officer *m (Pers) (AE)* chief executive officer, CEO *(Unternehmensleitung)*
Chiffre *f (Komm)* cipher
Chiffreanzeige *f (V&M)* blind advertisement, keyed advertisement
Chiffrenummer *f (Pers)* box number, reference number
Chiffrierschlüssel *m (EDV, Gesch)* private key, secret key
Chipkarte *f* 1. *(Bank, V&M)* smart card *(mit Prozessor)*; 2. *(Komm)* chip card, chip-based card, smart card
CI *s.* Corporate Identity
cif 1. *(AH, Trans) (auch: CIF) (Kosten, Versicherung, Fracht)* CIF, cif *(cost, insurance, freight)*; 2. *(Komm, Med)* CIF *(Common Intermediate Format; allgemeines Austauschformat für Videobilder)*
cif einschließlich Löschen *(AH)* CIF landed *(Lieferklausel)*
cif-Vertrag *m (AH)* CIF contract
Clearing *n (Bank)* clearing
Clearingforderung *f (Bank)* clearing credit
Clearinghaus *n (Fin)* clearing house
Clearingstelle *f (Bank) (AE)* clearing center, *(BE)* clearing centre
Clearingsystem *n* **für den Massenwertpapierverkehr** *(Bank)* high-volume paper clearings
Club-Gut *n (WiWi)* club good
Cluster *m (Gesch)* cluster *(Daten)*
Clusteranalyse *f (V&M)* cluster sampling, cluster analysis
Cobb-Douglas-Produktionsfunktion *f (WiWi)* Cobb Douglas production function *(makroökonomische Produktionsfunktion)*
Cobweb-Theorem *n (WiWi)* cobweb theorem *(Modell der Preisbildung)*
Code *m* 1. *(EDV)* code; 2. *(Komm)* cipher
Codex *m* 1. *(EDV)* code; 2. *(Gesch)* code of conduct *(Verhaltensregeln)*; 3. *(Recht)* code
Codier... *(RW)* coding
codieren *v (EDV)* encode, encrypt
Codierung *f* 1. *(Bank, Gesch)* encoding; 2. *(EDV)* encryption, coding
Comeback erleben/ein *(Gesch)* make a comeback
Computeranimation *f (V&M)* computer animation
Computerbediener(in) *m(f) (EDV)* computer operator
Computerbörse *f (Bö)* screen trading system
computergesteuert *adj (EDV)* computer-controlled, computer-operated
computergesteuerte Kasse *f (Bank)* point of sale *(POS)*
computergestützt *adj (EDV)* computer-aided, computer-assisted, computer-based, PC-based
computergestützte Clearingstelle *f (Fin)* Automated Clearing House, ACH
~ **Verwaltung** *f (EDV)* computerized management *(Daten, Systeme)*
~ **Wertpapiertransaktionen** *fpl (Bö, EDV)* program trading
computergestützter Verkauf *m (V&M)* computer aided selling *(CAS)*
computergestütztes Buchungssystem *n (RW)* computerized accounting system
~ **Lernen** *n (Pers)* computer-aided learning
computerintegrierte Fertigung *f* **[Herstellung** *f***]** *(EDV, Ind)* computer-integrated manufacturing, CIM
Computerkasse *f (EDV)* electronic till
Computerkleidung *f (EDV, F&T, Komm, V&M)* wearable computing
Computerkommunikation *f (EDV)* computer communication *(Datenübertragung)*
Computerkonferenz *f (EDV)* computer conferencing *(Datenübertragung)*
Computerkriminalität *f (EDV, Recht)* computer crime; cyber crime
Computerkriminalitäts-Versicherung *f (Vers)* computer crime insurance
Computernetzwerk *n (EDV)* computer network
Computerprotokoll *n (EDV)* computer log
Computersteuererklärung *f (St)* computer return
Computersteuerung *f (EDV)* computer control
Computertechnik *f (EDV)* computer engineering, computer technology
Computertechniker(in) *m(f) (EDV)* computer engineer
computerunterstützt *adj (EDV)* computer-aided, computer-assisted, computer-based, PC-based
computerunterstützte Entwicklung *f* **und Fertigung** *f (EDV, Ind)* computer-aided

design and manufacturing, CAD/CAM, computer-assisted design and manufacturing, CAD/CAM
~ **Qualitätssicherung** *f (EDV, Ind)* computer-aided quality assurance, CAQ
~ **Software-Erstellung** *f (EDV)* computer-aided software engineering, CASE, computer-assisted software engineering, CASE
~ **Übersetzung** *f (EDV)* computer-aided [computer-assisted] translation, CAT
computerunterstütztes Konstruieren *n* **und technisches Zeichnen** *n (EDV, Ind)* computer-assisted design and drafting, computer-aided design and drafting, CADD
~ **Lernen** *n* **von Sprachen** *(EDV)* computer-aided language learning, CALL, computer-assisted language learning
Computerwissenschaft *f (EDV)* computing
Container *m (Trans)* container • **in ~ laden** *(Trans)* containerize • **auf ~ umgestellt** *(Trans)* containerized
~ **für kombinierten Transport** *(Trans)* intermodal container
Containergebühren *fpl (Trans)* container dues
containerisieren *v (Trans)* containerize
Containerkai *m (Trans)* container dock
Containerladung *f (Trans)* container load
Containernutzung *f (Trans)* container utilization
Containerplatzzuteilung *f (Trans)* container space allocation
Containerspediteur *m (Trans)* container operator
Containerspedition *f (Trans)* containerized shipping, container operation
Containerstückgut *n (Trans)* container partload
Containerverkehr *m (Trans)* container traffic, trunking
Containerverschiffung *f (Trans)* containerized shipping
Containerzelle *f (Trans)* cell *(Laderaum)*
Controller *m (Fin, RW)* comptroller, controller, financial controller
Copyright *n (EDV, Recht)* copyright
Copyrightvermerk *m (Med, Recht)* copyright notice
Corporate Identity *f (V&M)* corporate identity (CI)
CO_2-Steuer *f (St)* CO2 tax, carbon dioxide tax
Courtage *f* 1. *(Bank)* commission rate; 2. *(Bö)* broker's commission
Courtagerechnung *f (Bö)* brokerage statement, broker's statement
CPM-Methode *f (Stat)* critical path method, CPM *(Netzplantechnik)*
Cross Hedge *m (Bö)* cross hedge
~ **Rate** *f (WiWi)* cross rate
Crowding-Out *n (WiWi)* crowding out
Curriculum *n (Soz)* curriculum
Cutoff-Verfahren *n (RW)* cutoff method
Cyber-Recht *n (EDV, Komm, Recht)* cyberlaw, cyber law

D

Dach... *(Gesch, Gb, Trans)* umbrella, parent, roof
Dachgesellschaft *f (Gesch)* parent company, holding company
Dachkonzern *f (Fin)* umbrella group
Dachmarke *f* 1. *(Pat)* umbrella brand name; 2. *(V&M)* family brands
Damenbekleidungsindustrie *f (V&M) (ugs.)* rag trade
Damnum *n (Bank)* debt discount, loan discount
dämpfen *v* 1. *(Gesch)* slow down, curb, *(ugs.)* soft-pedal; dampen *(Begeisterung)*; 2. *(WiWi)* dampen, slow down *(Wachstum)*
Dankschreiben *n (Gesch)* thank-you letter
darbieten *v (Gesch)* perform
Darbietung *f (V&M)* exposure, presentation
darlegen *v (Gesch)* spell out, set forth, set out *(Bedingungen)*
Darlehen *n* 1. *(Bank)* advance, loan; 2. *(Gesch, RW)* advance *(Verbindlichkeit)* • **ein ~ aufnehmen** 1. *(Bank)* raise a loan, obtain a loan; 2. *(Fin)* contract a loan • **ein ~ auf Abruf aufnehmen** *(Bank)* borrow at call • **ein ~ aushandeln** *(Bank)* arrange a loan, negotiate a loan • **ein ~ beantragen** *(Bank, Fin)* apply for a loan • **ein ~ bedienen** *(Fin)* service a loan • **ein ~ geben** *(Bank)* a loan • **ein ~ gewähren** *(Bank)* extend a loan
~ **der Tochtergesellschaft an die Muttergesellschaft** *(Fin)* upstream loan

~ **mit konstanten Raten(zahlungen)** *(Bank)* *(BE)* constant payment loan

Darlehen *npl*, **Investitionen** *fpl* **und Vorschusszahlungen** *fpl (RW)* loans, investments and advances

Darlehensantrag *m (Bank)* loan application

Darlehensaufnahme *f (Bank)* borrowing

Darlehensbank *f (Bank)* lending banker

Darlehensbestand *m (Bank)* loan portfolio

Darlehensempfänger(in) *m(f) (Bank)* borrower, loan recipient

Darlehensgeber(in) *m(f) (Bank)* lender

Darlehenskosten *pl (Bank)* cost of a loan, loan charges

Darlehensnehmer(in) *m(f) (Bank)* advance holder, borrower

Darlehensrückzahlung *f (Gesch)* amortization of a loan

Darlehensverbindlichkeiten *fpl (Bank)* loan liabilities

Darlehensvertrag *m (Bank)* loan agreement

Darlehenszinssatz *m (Bank)* borrowing rate

Darlehenszusage *f (Bank)* loan commitment

darstellen *v (Gesch)* represent, describe *(beschreiben)*; portray *(ein Bild entwerfen)*

Darstellung *f* 1. *(Gesch)* description, representation, account *(Bericht)*; 2. *(Mgt)* presentation *(der Unternehmenspläne)*

Dateierweiterung *f (EDV, Komm)* file extension

Dateiname *m***/8.3** *(EDV)* 8.3 filename, short filename *(Kurzformat für Dateinamen, z.B. computer.exe)*

Daten 1. *(Gesch)* facts and figures; 2. *(RW)* aggregate data; 3. *(Verw, WiWi)* data • **beide ~ eingeschlossen** *(Gesch)* both dates inclusive

Datenaufbereitung *f (EDV, Verw)* data preparation

Datenaustausch *m (EDV, Komm, Recht)* data exchange

Datenautobahn *f (jarg.) (EDV, Gesch)* information highway

Datenbank *f (EDV)* data bank, database

Datenbankverwaltung *f (EDV)* database management

Datenempfang *m (EDV, Komm)* downstream *(flussabwärts)*

Datenendpunkte *mpl (EDV, Komm)* data end points

Datenerfassung *f (EDV)* data acquisition, data capture, data collection *(Sammeln)*

Datenerfassungskasse *f (V&M)* POS machine

Datenerhebung *f (WiWi)* data acquisition, data collection

Datenfernverarbeitung *f (Verw)* remote data processing, teleprocessing

Datenfluss *m* 1. *(EDV)* data flow; 2. *(Gesch)* data stream

Datenflussplan *m (Stat)* data flow chart, flowchart

Datenfunk *m (Komm)* data broadcasting

Datenintegrität *f (EDV, Verw)* data integrity

Datenkommunikation *f (Komm)* data communications

Datenmanagement *n (EDV, Komm)* data management

Datenmüll *m (AE) (EDV)* garbage

Datenrundfunk *m (Komm)* data broadcasting

Datenschutz *m (EDV, Pers, Verw)* data protection

Datenschutzbeauftragte(r) *f(m) (EDV, Komm, Recht)* data protection commissioner

Datenschutzgesetz *n (Recht)* Data Protection Act

Datensicherheit *f (EDV)* computer security, *(AE)* data security

Datensicherung *f (EDV)* backup

Datenstruktur *f (EDV)* data structure

Datenträger *m (EDV)* data carrier *(Speicher)*

Datentypist(in) *m(f) (EDV, Pers, Verw)* keyboarder

Datenübertragung *f (EDV)* data communication, data transfer

Datenübertragungseinrichtung *f (EDV)* data communications equipment, data transmission facility

Datenübertragungsnetz *n (EDV)* communications network

Datenverarbeitung *f (EDV, Verw)* data processing, DP

Datenverbiegung *f (WiWi)* data mining

Datenversand *m (EDV, Komm)* upstream *(flussaufwärts)*

Datenverschlüsselung *f (EDV, Komm, Recht)* data encryption

Datenverwaltung *f (EDV)* data management

Datenwiedergewinnung *f (EDV)* data retrieval
datiert *adj (Gesch)* dated
Datum *n (Gesch)* date • **das ~ tragen** *(Gesch)* bear the date
~ **der Abschrift** *(Gesch)* copy date
~ **des Angebots** *(Gesch)* date of quotation
~ **des Inkrafttretens** *(Recht)* effective date
~ **des Poststempels** *(Komm)* date as postmarked
Datumsangabe *f (V&M)* date marking
Datumsstempel *m (Komm)* postmark
Dauer *f* 1. *(Gesch)* duration; 2. *(Pol)* term; 3. *(WiWi)* period
~ **der Arbeitslosigkeit** *(Pers)* duration of unemployment, length of unemployment, spell of unemployment
~ **der Beitragszahlung** *(Vers)* premium paying term
~ **der Beschäftigung** *(Pers)* duration of employment, period of employment, duration of service, length of employment, length of service
~ **der Rechte** *(Med, Pat, Recht)* term of protection
~ **des Anspruchs auf Leistungen** *(Pers, Soz)* duration of benefit entitlement
~ **des Beschäftigungsverhältnisses** *(Pers)* duration of employment, period of employment, job tenure, length of service, tenure with a firm
Dauerarbeitsverhältnis *n (Pers)* permanent employment
Dauerauftrag *m (Bank)* money transfer order, banker's order, standing order
Dauerbeschäftigung *f (Pers)* permanent employment
Dauerbeteiligung *f (RW)* permanent participation
Daueremission *f* 1. *(Bank)* tap (issue); 2. *(Bö)* tap issue, constant issue
Dauerfinanzierung *f (Fin)* continuous funding, permanent financing
dauerhaft *adj (Gesch)* durable, long-lasting, stable, permanent
dauerhafte Beschäftigung *f (Pers)* permanent employment
~ **Haushaltskonsumgüter** *npl (V&M)* household durables
~ **Konsumgüter** *npl (WiWi)* consumer durables
Dauerprüfung *f (RW)* continuing audit
Dauerreisekostenvorschuss *m (Gesch)* standing travel advance
Daumenschätzung *f (ugs.) (Gesch)* guesstimate
deaktivieren *v (Komm)* deactivate
Deaktivierungsgebühr *f (Komm)* deactivation charge, deactivation fee *(z.B. für Handys)*
Debet *n (Fin)* debit
Debetsaldo *m (Fin)* debit balance
Debitoren *mpl (RW)* accounts receivable
Debitorenausfall *m (Bank)* loan write-off
Debitorenbuchhaltung *f (RW)* accounts receivable accounting
Debt-Equity-Swap *m (Fin)* debt equity swap
Dechiffrierschlüssel *m (EDV, Gesch)* public key *(encryption)*
decken *v* 1. *(Bank, Bö, Fin)* cover; 2. *(WiWi)* make up *(Fehlbetrag)*; cover *(Kosten)*
Deckname *m (Recht)* pseudonym, alias
Deckung *f* 1. *(Bö)* covering purchase, short covering, cover; 2. *(Fin)* cover; 3. *(Gesch)* coverage; 4. *(Vers) (BE)* (insurance) cover, *(AE)* insurance coverage; 5. *(WiWi)* backing *(Währung)* • **keine** ~ 1. *(Bank)* no-account; 2. *(Gesch)* no funds • **ohne** ~ 1. *(Bank)* no-account; 2. *(Gesch)* no funds
Deckungsbeitrag *m (RW)* contribution margin, variable gross margin
Deckungsbeitragsanalyse *f (Fin)* contribution analysis
Deckungsbeitragsrechnung *f* 1. *(Fin)* breakeven analysis, direct costing; 2. *(RW)* contribution costing, direct costing, marginal costing
Deckungsbereich *m (Vers)* scope of coverage
Deckungsbestätigung *f (Vers)* cover note
Deckungsgrad *m (Fin)* cash ratio, cover ratio
Deckungskapital *n* 1. *(Bank)* guaranty fund; 2. *(Vers)* premium reserve, reimbursement fund, unearned premium reserve, *(BE)* cover of assurance
Deckungskauf *m (Recht)* buying in, covering purchase *(Vertragsrecht)*
Deckungslinie *f* 1. *(Bank, Fin)* backup line; 2. *(Gesch)* backup facility
Deckungslücke *f (Gesch)* budgetary deficit, shortfall
Deckungspunkt *m (Fin)* breakeven point

Deckungsquote *f (Fin)* cover ratio
Deckungssatz *m* 1. *(Bank)* reserve ratio; 2. *(Vers)* cover ratio
Deckungsumfang *m (Vers) (BE)* insurance cover, *(AE)* insurance coverage; scope of coverage
Deckungszusage *f (Vers)* cover note
Decodierung *f (Komm)* decryption
Definitionsbereich *m (Stat)* domain *(einer Funktion)*
Defizit *n* 1. *(Fin)* deficit; 2. *(Gesch)* shortage, deficiency *(Mangel)*
~ **der öffentlichen Haushalte** *(WiWi)* public sector deficit
~ **der Zahlungsbilanz** *(WiWi)* balance of payments deficit, BOP deficit
defizitär *f* 1. *(Bö)* adverse movement; 2. *(Fin)* in deficit
Defizitfinanzierung *f (WiWi)* deficit spending
Defizitquote *f (Bank, WiWi)* deficit ratio, deficit-to-GDP ratio *(EU, Maastricht-Kriterium, Stabilitäts- und Wachstumspakt)*
Deflation *f (WiWi)* deflation
deflationär *adj (WiWi)* deflationary
Deflationsdruck *m (WiWi)* contractionary pressure
deflatorische Lücke *f (WiWi)* deflationary gap
Degenerationsphase *f* 1. *(Gesch)* shoulder period *(Produktlebenszyklus)*; 2. *(V&M)* decline stage
Degressionsgewinn *m (WiWi)* economies of scale
degressive Abschreibung *f* 1. *(RW)* declining-balance method, diminishing-balance method, reducing-balance method; 2. *(WiWi)* reducing-instal(l)ment system
~ **Steuer** *f (St)* degressive tax
Dekartellisierung *f* 1. *(Bank)* deconcentration; 2. *(Gesch)* decartelization
Deklaration *f (AH)* declaration, entry
dekomprimieren *v (EDV)* extract, expand *(Software)*
dekontaminieren *v (Umw)* clean
delegieren *v (Mgt)* delegate *(Befugnis)*
Delikt *n (Recht)* unlawful act, delict, tort *(unerlaubte Handlung)*
Delkredere *n (Gesch)* del credere
Delkredererückstellung *f (RW)* provision for contingent losses
demeritorisches Gut *n (WiWi)* demerit good
De-minimis-Regel *f (Recht)* de minimis rule *(Wettbewerb)*
Demonetisierung *f (WiWi)* demonetization
demonstrieren *v (Gesch)* demonstrate
Demontagekosten *pl (Gesch)* cost of demolition, cost of dismantling
demotivieren *v (Pers)* demotivate
Denkansatz *m (Gesch, Mgt, Verw, WiWi)* approach
Denkfabrik *f (ugs.) (Gesch)* think-tank
Deport *m (Bö)* backwardation
Deportgeschäft *n (Bö)* backwardation business
Deportsatz *m (Fin)* backwardation rate
Depositen *(Bank)* deposits
Depositenbank *f (Bank)* deposit bank
Depositenzertifikat *n (Gesch)* certificate of deposit
Depot *n* 1. *(Bank)* securities account; 2. *(Gesch, AH, Trans, WiWi)* depot, storehouse, warehouse
Depotbank *f (Bank)* depository bank, custodian, custodian bank
Depotgebühr *f* 1. *(Bank)* custodian fee, custody charge; 2. *(AH)* depot charge
Depotkonto *n (Bank)* custodianship account, custody account, securities account *(Wertpapiere)*
Depotkontoaufstellung *f (Bank)* safe-custody-account list
Depotschein *m (Bank)* deposit receipt, DR, deposit slip
Depotverwahrung *f (Bank)* safe custody department
Depression *f (WiWi)* depression
Deputat *n (Pers)* payment in kind
deregulieren *v (Gesch, WiWi)* deregulate
Derivat *n (Fin)* derivative instrument
derivativ *adj (Bö)* derivative
derivative Nachfrage *f (WiWi)* derived demand
derivatives (Finanz-)Instrument *n (Fin)* derivative (financial) instrument
derzeitiger Satz *m (Gesch)* current rate
designiertes Amt *n (Pat)* designated office
Desinflation *f (WiWi)* disinflation
Desinformation *f (Gesch, Pol)* disinformation
Desintegration *f (Gesch, WiWi)* disintegration
Desinvestition *f (Fin)* disinvestment
Desk *n (Bö)* desk

deskriptive Statistik *f (Stat)* descriptive statistics
detaillierte Berichterstattung *f (RW)* segmental reporting
detaillierter Geschäftsplan *m (Gesch)* in-depth business plan
Detailplanung *f (Mgt)* detailed planning
Determinanten *fpl (Gesch)* determinants
deutlich *adj (Gesch)* clear-cut, appreciable, evident, explicit, specific *(offensichtlich)*
deutsch *adj (Recht)* German
deutsch-deutsch *adj (Pol)* intra-German, inner-German
Deutsche Bundesbank *f (Bank, WiWi)* German central bank, ≈ Bank of England, BE, B of E, *(AE)* ≈ Federal Reserve Bank, Fed
~ **Industrie- und Handelskammer** *f (Gesch)* German Chamber of Industry and Commerce, GCIC
Deutscher Industrie- und Handelstag *m (Ind)* ≈ Association of British Chambers of Commerce, ABCC, ≈ American Board of Trade, ABT, ≈ British Chamber of Commerce, BCC
deutscher Staatsbürger *m (Recht)* German citizen
deutsches Recht *n (Recht)* German law
• **nach deutschem Recht** *(Recht)* according to German law
devaluieren *v (WiWi)* devalue *(Währung)*
Devisen *fpl* 1. *(Gesch)* foreign exchange, forex; 2. *(WiWi)* (foreign) exchange, forex
~ **und Sorten** *fpl (Bank)* foreign currency balances
Devisenabfluss *m (WiWi)* foreign currency outflow, outflow of foreign exchange
Devisenabsicherung *f (RW)* foreign exchange hedge
Devisenarbitrage *f* 1. *(Bö)* currency arbitrage, exchange arbitrage; 2. *(Fin)* arbitration of exchange
Devisenausländer(in) *m(f) (Gesch)* non-resident
Devisenbeschränkungen *fpl (WiWi)* currency restrictions, foreign exchange restrictions
Devisenbestände *mpl* 1. *(Bank)* foreign exchange holdings; 2. *(WiWi)* currency holdings
Devisenbewirtschaftung *f (WiWi)* exchange control
Devisenbilanz *f (WiWi)* balance of foreign exchange payments
Devisenbörse *f (WiWi)* currency market, foreign exchange market
Deviseneinnahmequelle *f (AH, WiWi)* source of foreign exchange *(ZB)*
Devisenhandel *m* 1. *(Bank)* forex trading; 2. *(WiWi)* agiotage
Devisenkassageschäft *n (Bank)* foreign exchange spot transaction
Devisenkassakurs *m (Bö, WiWi)* spot exchange rate
Devisenkassamarkt *m (WiWi)* spot currency market
Devisenknappheit *f (WiWi)* lack of forex, shortage of forex, dearth of forex
Devisenkurs *m (WiWi)* foreign exchange rate, rate of exchange
Devisenkursarbitrage *f (Fin)* foreign exchange arbitrage
Devisenmangel *m (WiWi)* lack of forex, shortage of forex, dearth of forex
Devisenmarkt *m (Bö, WiWi)* currency market, foreign exchange market
Devisenmittelkurs *m (Fin, WiWi)* middle rate
Devisenpensionsgeschäft *n (Bank)* foreign exchange repurchase agreement, foreign exchange repo agreement *(EZB)*
Devisenreserven *fpl (Bank)* foreign exchange holdings [reserves]
Devisenspekulation *f* 1. *(Fin)* foreign exchange speculation; 2. *(WiWi)* currency speculation
Devisentermingeschäft *n* 1. *(Bö)* forward exchange dealing; 2. *(WiWi)* forward exchange, forward currency deal
Devisenterminhandel *m* 1. *(Bö)* forward exchange trading, forward exchange dealing; 2. *(WiWi)* forward exchange
Devisenterminkurs *m* 1. *(Bank, Bö)* forward exchange rate, forward currency conversion rate; 2. *(Fin)* forward rate; 3. *(WiWi)* forward exchange rate
Devisenterminmarkt *m (Bö)* forward exchange market
Devisentransaktion *f (AH, WiWi)* foreign currency transaction
Devisenumrechnungskurs *m (Fin)* foreign exchange conversion rate
Devisenumrechnungssatz *m (Bank)* currency conversion rate

dezentrale Leitung *f (Mgt)* decentralized management
~ **Marktwirtschaft** *f (Pol, WiWi)* decentralized market economy
~ **Planung** *f (Mgt)* decentralized planning
dezentralisieren *v (Mgt, Pol)* decentralize
Dezimal... *(EDV, Stat)* decimal
Dezimaldarstellung *f (Stat)* decimal notation
Dezimalpunkt *m (EDV, Stat)* decimal point
Dezimalstelle *f (EDV, Stat)* decimal digit
Dezimalzahl *f (EDV, Stat)* decimal number
Diagramm *n (Gesch)* chart, diagram
Dialog *m (EDV, Gesch)* dialog(ue)
Dialogverkehr/im *(EDV)* interactive
dicht besiedelt *adj (WiWi)* densely populated
~ **bevölkertes Gebiet** *n (WiWi)* densely populated area
Diebstahl *m (Gesch, Trans, Vers)* theft
dienen *v (Gesch)* serve
dienlich *adj (Gesch)* instrumental, conducive to
Dienst *m (Gesch)* duty, service • ~ **habend** *(Gesch)* on duty • **seine Dienste anbieten** *(Gesch)* offer one's services • ~ **tuend** *(Gesch)* on duty
~ **am Kunden vor dem Verkauf** *(V&M)* presale service
~ **nach Vorschrift** *(Pers)* work-to-rule, working to rule
Dienstalter *n (Pers)* length of service, seniority
Dienstaltersprinzip *n (Pers)* seniority principle
Dienstälteste(r) *f(m) (Gesch)* longest-serving employee
Dienstanbieter *m (EDV, Komm)* service provider
Dienstbereitschaft *f* **rund um die Uhr** *(Gesch)* round-the-clock service
Dienstbezüge *mpl (Gesch, Pers)* remuneration
Dienstgebrauch/nur für den *(Gesch)* for official use only, restricted *(Applikation)*
Dienstgeheimnis *n* 1. *(Pers)* business secret; 2. *(Pol)* official secret
Dienstgespräch *n (Gesch, Komm)* business call, official call
Dienstleistung *f* 1. *(Gesch)* business service, service; 2. *(WiWi)* tertiary product • ~ **erbringen** (Pers) render a service, provide a service, perform a service
Dienstleistungen *fpl (Gesch, Pat, Pers, V&M, WiWi)* services
Dienstleistungsabend *m (Gesch)* late-night opening
Dienstleistungsangebot *n (V&M)* offer of services, services offered
Dienstleistungsberuf *m (Pers)* service occupation
Dienstleistungsbetrieb *m (Gesch)* service company, service enterprise
Dienstleistungsbilanz *f (WiWi)* invisible trade balance, balance on services, balance of invisible trade, invisible balance
Dienstleistungsexporte *mpl (AH, WiWi)* invisible exports
Dienstleistungsgesellschaft *f* 1. *(Recht)* nontrading partnership; 2. *(WiWi)* service economy
Dienstleistungsgewerbe *n* 1. *(Ind)* service industry; 2. *(Pers)* service company; 3. *(WiWi)* service industry
Dienstleistungsimporte *mpl (AH, WiWi)* invisible imports
Dienstleistungsmarke *f (Pat, Recht)* service mark
Dienstleistungspalette *f (Verw)* range of services
Dienstleistungssektor *m (WiWi)* service industry, tertiary sector, service sector
Dienstleistungsunternehmen *n (Gesch)* service company, service enterprise
Dienstleistungsverkehr *m (WiWi)* invisible trade, service transactions
Dienstleistungsvertrag *m* 1. *(Gesch)* service contract; 2. *(Recht)* contract for services, agreement of service
dienstliche Zwecke/nur für *(Verw)* for office use only
Dienstort *m (Pers)* duty station
Dienstreise *f (Gesch)* business trip
Dienststelle *f* 1. *(Recht)* agency; 2. *(Verw)* administrative office, official agency, *(AE)* bureau; 3. *(WiWi)* agency
Dienstvertrag *m* 1. *(Gesch)* service agreement, service contract; 2. *(Recht)* agreement of service
Dienstweg *m (Gesch)* official [authorized] channels • **den ~ nehmen** *(Gesch)* go through the proper channels
Dienstzeit *f (Pers)* length of service, term of office
Differenz *f (Gesch)* difference

~ zwischen Anleihenennwert und Beleihungswert *(RW)* safety margin
Differenzialanalyse *f (Mgt)* differential analysis
Differenzialinzidenz *f* **der Besteuerung** *(St)* differential tax incidence
differenzieren *v (Gesch)* differentiate
differenzierte Produktanforderungen *fpl (V&M)* demand for sophisticated products
Differenziertheit *f (Gesch)* sophistication
Differenzierung *f (V&M)* differentiation, sophistication *(des Marktes)*
Differenzkosten *pl* 1. *(Gesch)* avoidable costs; 2. *(WiWi)* differential cost
differieren *v (Gesch)* differ
Diffusion *f (Ind, V&M, WiWi)* diffusion
Diffusionsgeschwindigkeit *f (Ind)* diffusion rate
digital *adj (EDV, Komm)* digital *(Kommunikationstechnik)*
~ darstellen *(EDV, Komm)* digitize
digitale Abschreibungsmethode *f (Fin, RW)* sum-of-the-digits method, sum-of-the-digits method of depreciation, sum-of-the-years digit method of depreciation, life period method
~ Angebote *npl (EDV, Komm, V&M)* digital products
~ Bildverarbeitung *f (EDV, Komm, Med)* digital image processing
~ Signatur *f (EDV, Komm, Recht)* digital signature
digitaler Druck *m (EDV, Komm, Med)* digital printing
digitalisieren *v (EDV, Komm, Med) (AE)* digitalize, *(BE)* digitalise
DIHT *s.* Deutscher Industrie- und Handelstag
diktieren *v (Gesch, Verw)* dictate
dimensionslose Maßzahl *f (Stat)* absolute measure
DIN-Format *(Gesch, Komm)* German standard paper size *(Papiergröße)*
dinglich *adj (Recht)* in rem
dingliche Belastung *f (Recht)* encumbrance *(Grundstück)*
~ Klage *f (jarg.) (Recht)* actio in rem
~ Sicherheit *f* 1. *(Fin)* collateral security; 2. *(Recht)* real security
dinglicher Anspruch *m (Recht)* claim in rem *(Vertragsrecht)*
~ Vertrag *m (Recht) (AE)* real agreement
Diplom *n (Gesch)* diploma
Diplombetriebswirt(in) *m(f) (Pers)* ≈ Master of Commerce, MCom, Master of Business Administration, M.B.A.
Diplomvolkswirt(in) *m(f) (Gesch)* Master of Economics, MEcon
Direct Costing *n (Fin, RW, WiWi)* direct costing
direkt *adj (Gesch)* direct, plain-spoken
• **jmdm. ~ unterstellt sein** *(Gesch)* be directly responsible to sb
Direktabfragesprache *f (EDV)* query language
Direktbestellung *f (V&M)* direct order
Direktbezug *m (V&M)* direct order
direkte Inflationssteuerung *f (WiWi)* inflation targeting *(Gegensatz: Geldmengensteuerung)*
~ Kosten *pl (Fin, RW, WiWi)* direct costs
~ Lohnkosten *pl (RW)* direct labo(u)r costs
~ Produktrentabilität *f (V&M)* direct product profitability, DPP
~ Steuer *f (St)* direct tax
~ und indirekte Besteuerung *f (St, WiWi)* direct and indirect taxation
~ und indirekte Gemeinkosten *pl (Fin)* supplementary cost
Direkteinkauf *m (Gesch)* direct purchase
Direktinvestition *f* **aus dem Ausland** *(Fin, WiWi)* direct foreign investment, DFI
Direktinvestitionen *fpl (Bö)* portfolio investment
~ im Ausland *(Fin, WiWi)* direct outward investment
Direktmarketing *n (V&M)* direct marketing
Direktor(in) *m(f)* 1. *(Gesch)* manager; 2. *(Pers)* director
~ einer Niederlassung *(Gesch, Mgt, Pers)* branch office manager
~ ohne Geschäftsbereich *(Mgt)* non-executive director, outside director
Direktorium *n (Mgt)* board of directors, board of management
~ des Zentralbankensystems *n (WiWi) (AE)* Board of Governors of the Federal Reserve System
Direktplatzierung *f (Bank)* direct placement
Direkttausch *m (V&M)* peer to peer *(P2P) (mit Kontakten auf gleicher Marktstufe)*
Direktverkauf *m (V&M)* direct sales, direct selling *(ohne Zwischenhändler)*

~ **durch Vertreter** *(V&M)* personal selling, door-to-door selling *(Haustürverkauf)*
Direktversicherung *f (Vers)* direct insurance
Direktwerbung *f (V&M)* direct advertising
Direktzugriffsspeicher *m (RAM) (EDV)* random access memory *(RAM)*
Direktzusage *f (Pers)* employer's pension commitment
Disagio *n* 1. *(Bank)* discount, debt discount, loan discount; 2. *(Gesch)* disagio • **mit einem ~ von** *(Bö)* at a discount of • **mit einem ~ notiert werden** *(Bö)* stand at a discount
Discounter *m (V&M)* discount house, discounter
Disincentive-Effekt *m (WiWi)* disincentive effect
Diskont *m* 1. *(Bank, Bö, V&M, WiWi)* discount; 2. *(Fin)* hard discount, settlement discount, discount
Diskontbank *f* 1. *(Bank)* acceptance house, discounting bank; 2. *(Fin)* discount house, discounting bank
Diskontertrag *m (Bö)* discount yield
diskontfähig *adj (Bank)* bankable, discountable, eligible for discount
diskontfähiger Wechsel *m* 1. *(Bank)* bankable paper; 2. *(Fin)* discountable bill
Diskontgefälle *n (Fin)* discount rate differential
Diskontgeschäft *n* 1. *(Fin)* discount business, discounting; 2. *(RW)* discounting
Diskonthaus *n (Fin)* discount house
diskontierbar *adj (Bank, Bö, Fin)* discountable
diskontieren *v (Bank, Bö, Fin)* discount
diskontierte Anleihe *f (Bank)* discounted loan
diskontierter Aktienpreis *m (Bö)* discounted share price
~ **Barwert** *m (Fin)* discounted present value
~ **Cashflow** *m* **[Einnahmeüberschuss** *m***]** *(Fin, RW)* discounted cash flow
~ **Wechsel** *m (Bank)* discounted bill
Diskontierungssatz *m (WiWi)* discount rate
Diskontinstrument *n (Bö)* discount instrument
diskontinuierlich *adj (Stat, WiWi)* discrete
Diskontsatz *m (Bank)* private rate of discount *(der Geschäftsbanken)*; bank rate, discount rate *(der Notenbank)*
Diskontsenkung *f (Bank)* reduction [cut] in the bank rate
Diskontspesen *(RW)* discount charges
Diskontwechsel *m* 1. *(Bank)* bill discounted, bill for discount, discounted bill; 2. *(RW)* discount bill
diskrete Variable *f (Stat)* discontinuous variable
diskretionär *adj (Gesch, St, WiWi)* discretionary
diskretionäre Fiskalpolitik *f (WiWi)* discretionary fiscal policy
diskriminieren *v* 1. *(Gesch, WiWi)* discriminate, discriminate against; 2. *(Recht)* discriminate, discriminate against, treat unfavo(u)rably
diskriminierende Besteuerung *f (St)* discriminatory taxation
Diskriminierungsverbot *n (Recht, WiWi)* prohibition of discrimination *(Wettbewerbsrecht)*
Diskussion *f (Gesch)* discussion • **das zur ~ stehende Problem** *(Gesch)* the issue at stake
Diskussionspapier *n (RW)* discussion paper
Disparität *f (Gesch, WiWi)* disparity
Dispo(sitions)kredit *m (Bank, Fin)* personal credit line, current account loan, overdraft facility, retail customer credit *(Einzelhandel)*
Disponibilität *f (WiWi)* availability *(Geld)*
Distribution *f* 1. *(V&M)* distribution; 2. *(WiWi)* (income) distribution
Distributionskette *f (Ind)* chain of distribution
Disziplin *f (Gesch, Pers)* discipline
Disziplinar... *(Pers, Recht)* disciplinary
Divergenz *f (Gesch)* divergence
diverse Artikel *mpl (RW)* sundry articles
Diversifikation *f (V&M)* diversification
Diversifikationsvorteil *m (WiWi)* economies of scale
diversifizieren *v (Gesch, Mgt, Pers)* diversify
Diversifizierung *f (Gesch, Mgt, Pers)* diversification
Dividende *f (Bö, Vers)* dividend • **ohne ~** *(Fin)* ex dividend • **eine ~ ausschütten** *(Fin)* distribute a dividend, pay a dividend
~ **nach Steuern** *(RW, St)* after-tax dividend

~ **pro Aktie** *(Fin) (BE)* dividend per share, DPS
Dividendenanteilschein *m (Fin)* dividend warrant
Dividendeneinkommen *n (Bö)* dividend income
Dividendeneinnahme *f (Bö)* dividend income
Dividendenertrag *m (Bö)* dividend yield
Dividendenpolitik *f* 1. *(Bö)* dividend policy; 2. *(Fin)* dividend payout policy
Dividendenquellensteuer *f (St)* dividend withholding tax
Dividendenschein *m (Fin)* dividend coupon, dividend warrant
Dividendensteuer *f (St)* dividend tax
Dividenden-Stripping *n (Fin)* dividend stripping
Dividendenwerte *mpl (Bö, Fin)* equities, corporate securities
Divisionalisierung *f (Gesch)* divisionalization
Divisionskakulation *f (RW)* process costing
Doktorarbeit *f (Pers)* thesis, dissertation
Dokument *n* 1. *(EDV)* document *(Textverarbeitung)*; 2. *(Fin)* instrument; 3. *(Gesch, Recht)* document • **gegen Dokumente** *(Gesch)* against documents
Dokumentar... *(Med, V&M)* documentary
dokumentarisch *adj (Gesch)* documentary
Dokumentation *f (EDV, Gesch)* documentation
Dokumente *npl* **gegen Akzept** *(Gesch)* documents against acceptance, DA
~ **gegen Barzahlung** *(Bank, Fin)* documents against cash *(DC)*
~ **gegen Zahlung** *(Gesch)* documents against payment, DAP
Dokumentenakkreditiv *n* 1. *(Bank)* documentary letter of credit; 2. *(Fin)* documentary credit
Dokumenteninhaber(in) *m(f) (Gesch)* document holder
Dokumenteninkasso *n (Recht)* collection of commercial documents *(Vertragsrecht)*
Dokumententratte *f* 1. *(Bank)* acceptance bill *(Außenhandel)*; 2. *(Gesch, AH, Verw)* documentary draft
Dokumentenvernichter *m (Verw)* shredder
Dollar gerechnet/in jeweiligen *(Bank, WiWi)* in current dollar terms *(ZB, Statistik)*
Dollar *m* **zum Tageskurs** *(Fin)* current dollars
Dollarabfluss *m (WiWi)* dollar drain
Dollaraufgeld *n (Bö)* dollar premium
Dollarblock *m (WiWi)* dollar area
Dollarkurs *m (Bö)* dollar bid, dollar rate, dollar price
Dollarpreis *m* 1. *(Bö)* dollar rate; 2. *(Gesch)* dollar price
Dollarraum *m (WiWi)* dollar area
Dollarschein *m (WiWi) (AE)* dollar bill, *(ugs.) (AE)* greenback
Dollartitel *mpl (Fin)* dollar securities
dolmetschen *v (Komm)* interpret
Dolmetschen *n (Komm)* interpreting
Dolmetscher(in) *m(f) (Komm)* interpreter
Domei *n (Pers)* Domei
Domestizierung *f (WiWi)* domestication
dominant *adj (Gesch)* dominant
dominante Werbung *f (V&M)* dominant advertising
Dominanz *f (Gesch)* dominance
Dominoeffekt *m (Bank, Bö, Fin, WiWi)* contagion effect
Dongle *m (jarg.) (EDV)* dongle
Donoghues-Geldfondsdurchschnitt *m (Bö) (AE)* Donoghue's Money Fund Average
Donovan-Kommission *f (Ind, Pers) (BE)* Donovan Commission
Doppelakquisition *f (Gesch)* dual sourcing
Doppelarbeitsverhältnis *n (Pers, Soz)* dual jobholding
Doppelbelastung *(Recht, St)* double economic burden
Doppelbeschäftigung *f (Pers, Soz)* dual jobholding
Doppelbesteuerungsabkommen *n (St)* double tax agreement
Doppelfunktion *f (Bö)* dual capacity
Doppelhaushälfte *f (Gb)* duplex, *(BE)* semi-detached house
Doppelrezession *f (WiWi)* double dip *(w-förmiger Konjunkturverlauf)*
Doppelspalte *f (Med, V&M)* double column
doppelte Buchführung *f (RW)* double-entry accounting, double-entry bookkeeping
~ **Staatsbürgerschaft** *f (Pers)* dual citizenship, dual nationality
Doppelung *f (Gesch)* doubling
Doppelverdiener *m (Pers)* dual job holder, moonlighter

Doppelverdiener *pl (Pers)* working couple *(Ehepaar)*
Doppelverdienerhaushalt *m (WiWi)* double income household
Doppelzählung *f (Fin)* double counting
Dotierung *f (Fin)* provision of funds
Dow-Jones-Industrieaktienindex *m (Bö)* Dow Jones Industrial Average, DJIA
drahtlos *adj (Komm)* wireless; cordless *(schnurlos)*
drahtlose Netze *f (Komm)* wireless networks
~ **Netzwerke** *f (Komm)* wireless networks
drastische Maßnahmen *fpl (WiWi)* drastic measures
drastischer Anstieg *m (WiWi)* sharp rise
~ **Rückgang** *m (WiWi)* sharp drop *(der Preise)*
Drehpunkt *m (Gesch)* fulcrum
dreidimensional *adj (3D) (Komm, Med)* three-dimensional
Dreiecksfusion *f (Gesch)* triangular merger
Dreiecksgeschäft *n* 1. *(AH)* three-way switch deal; 2. *(WiWi)* triangular operation
Dreieckshandel *m (AH)* triangulation
dreifach *adj (Gesch)* treble, triple, triplicate, in triplicate
Dreifach... *(Gesch, Trans)* three-way, triple
dreifache Senkung *f (Gesch) (AE)* triple reduction
dreimonatige Kündigungsfrist *f (Bö)* three-month call
Dreimonatsgeld *n (Fin)* three-month funds
Dreimonats-US-Schatzwechsel *mpl (Bö)* three-month US Treasury bills
dreistellig *adj (Gesch)* three-digit *(Zahl)*
dringend *adv (Gesch)* urgently • **jmdn. ~ bitten, etw. zu tun** *(Gesch)* urge sb to do sth • **~ brauchen** *(Gesch)* be in urgent need of
dringende Angelegenheit *f (Gesch)* matter of urgency
dringender Kapitalbedarf *m (WiWi)* pressing financial needs
Dringlichkeit *f (Gesch)* priority
Dritt... *(Gesch, Recht, Vers)* three, third, third party
Dritte Welt *f (Gesch)* Third World *(Entwicklungsländer)*
Dritte(r) *f(m)* 1. *(Gesch)* third person; 2. *(Pat, Recht, Vers)* third party
dritter Markt *m (Bö, WiWi) (AE)* over-the-counter market, OTCM, *(BE)* Third Market
drittklassig *adj* 1. *(Gesch)* third-rate; 2. *(Trans)* third-class
Drittland *n (WiWi)* third country *(EU)*
Drittstaat *m (Pol)* non-member country, third country *(EU)*
Drittvergleichsgrundsatz *m (Recht, St)* arm's-length principle
Drittwährung *f* 1. *(Gesch)* third currency; 2. *(AH)* third-party currency
Drogenhandel *m (Gesch, AH)* drug trafficking
Drogenwirtschaft *f (WiWi)* drug economy
drohende Gefahr *f (Vers)* imminent peril, imminent danger
~ **Verluste** *mpl (Vers)* unexpired risks
drosseln *v (WiWi)* curb, restrict
Drosselung *f (Bank)* credit rationing
Druck *m* 1. *(Gesch)* pressure; 2. *(Med)* print, printing; 3. *(Pol)* leverage; 4. *(Trans)* compression; 5. *(V&M)* letterpress • **auf jmdn. ~ ausüben** *(Gesch)* bring pressure to bear on sb, put pressure on sb • **unter ~ geraten** *(Gesch)* come under pressure • **unter ~ handeln** *(Gesch)* act under pressure • **unter ~ setzen** *(Pers, WiWi)* pressurize, squeeze *(Preise)*
Druckauflage *f (Med)* print run
Druckauflösung *f (EDV)* print resolution
Druckbogen *m (Med)* printing sheet, printed sheet
drucken *v (EDV, Med)* print
drücken *v* 1. *(EDV)* press *(Taste)*; 2. *(Ind)* activate *(Schalter)*; 3. *(WiWi)* drive down, force down *(Preis, Zinsen)*
Druckerauflösung *f (EDV)* printer resolution *(z.B. 600 dpi)*
Druckereinstellungen *fpl (EDV, Med)* printer settings
Druckerspeicher *m (EDV, Med)* printer memory
Druckfehler *m (EDV, Gesch, Verw)* typing error, typographical error, misprint
Druckkosten *pl (EDV)* printing costs
Druckqualität *f (EDV, Med)* print quality
Drucksache *f* 1. *(Gesch)* printed matter; 2. *(Komm) (AE)* third-class mail
Druckseite *f (EDV, Med)* print side *(Papier)*
Dualband-Handy *n (Komm)* dual-band mobile phone
dualer Arbeitsmarkt *m (WiWi)* dual labo(u)r market

~ **Wechselkurs** *m (WiWi)* dual exchange rate
duales Berufsausbildungssystem *n (Pers)* dual system of initial vocational education and training
Dualzahl *f (Stat)* binary number
dünn besiedeltes Gebiet *n (WiWi)* sparsely populated area
Duopol *n (WiWi)* duopoly
Durationsanalyse *f (Fin)* duration analysis
durcharbeiten *v (Pers)* work through
Durchbruch *m (Verw, WiWi)* breakthrough
Durchfallquote *f (Pers)* failure rate
durchführbar *adj (Gesch)* feasible
Durchführbarkeit *f (Gesch)* feasibility, viability
Durchführbarkeitsuntersuchung *f (Gesch)* feasibility study
durchführen *v* 1. *(Gesch)* carry out, transact, effect *(Einigung)*; hold, execute *(Untersuchung)*; conduct *(Aktienverkauf)*; 2. *(Mgt)* execute, hold *(Konferenz, Tagung)*; 3. *(Recht)* execute
Durchführung *f* 1. *(Gesch)* performance, transaction; 2. *(Mgt)* execution *(einer Politik)*; implementation *(einer Reorganisation)*
~ **eines Markttests** *(V&M)* test marketing
Durchführungsbestimmungen *fpl (Recht)* rules and regulations, implementing regulations
Durchführungskosten *pl* **von Verwaltungsvorschriften** *(Verw)* administrative costs of regulation
Durchführungsverordnung *f (Gesch)* regulation [implementing] ordinance
Durchführungsverzögerung *f (WiWi)* administration lag, implementation lag
Durchführungsvorschriften *fpl (Pat)* ancillary regulations *(EPA)*
durchgehend *adj (Gesch)* continuous, round-the-clock
~ **geöffnet** *(Gesch)* open all day
durchgesetzt *adj (Recht)* enforced
Durchlaufdarlehen *n (Fin)* pass-through loan
durchlaufende Einnahmen *fpl (WiWi)* transitory income
~ **Kredite** *mpl (Bank, Fin)* flow-through credits, loans in transit
~ **Zahlungsmittel** *npl (RW)* cash in transit
Durchlaufkredit *m (Fin)* transmitted credit
durchleiten *v* 1. *(Bank, Fin)* pass through *(Kredit)*; 2. *(Gesch)* handle
Durchleitungsbank *f (Bank, Fin)* pass-through agency, pass-through agent, pass-through bank, intermediary
Durchleitungsinstitut *n (Bank, Fin)* pass-through agency, pass-through agent, pass-through bank, intermediary
Durchluftfrachtbrief *m (AH, Trans)* through air waybill, TAWB
durchmachen *v (Gesch)* undergo
durchpeitschen *v (ugs.) (Gesch)* Projekt steamroller through
durchrechnen *v (Gesch)* calculate
Durchreise *f (Trans)* passage
Durchreisevisum *n (Verw)* transit visa
durchrutschen *v (Gesch)* scrape through
durchsagen *v (Gesch)* Ergebnis announce, broadcast
Durchsatz *m (EDV, Fin, Ind)* throughput, *(AE)* thruput
Durchsatzleistung *f (Ind)* throughput rate, *(AE)* thruput rate
durchschaubar *adj (Recht, V&M)* transparent
Durchschnitt *m (Gesch, Stat, RW)* average • **im** ~ *(Gesch)* at an average • **über dem** ~ *(Gesch, WiWi)* above average • **unter dem** ~ *(Gesch)* below-average • **den** ~ **ermitteln von** *(Fin)* average out, average *(Kosten, Gewinn)*
durchschnittlich *adj (Gesch)* average, at an average, *(ugs.)* run-of-the-mill
durchschnittliche Auslastung *f (Ind)* average utilization
~ **Bindungsdauer** *f (Fin)* duration
~ **Fixkosten** *pl (RW)* average fixed cost
~ **Gesamtkosten** *pl (RW)* average total cost
~ **Konsumquote** *f (WiWi)* average propensity to consume
~ **Kosten** *pl (RW, Verw)* average costs
~ **Laufzeit** *f (Bö)* average maturity
~ **Sparneigung** *f (WiWi)* average propensity to save
~ **Stückkosten** *pl (RW)* average unit cost
durchschnittlicher Preisaufschlag *m (Gesch)* average mark-up
~ **Steuersatz** *m (St)* average tax rate
~ **Stundenlohn** *m (Pers)* average hourly earnings
~ **Stundenverdienst** *m (Pers)* average hourly earnings

Durchschnittsbetrag *m (Gesch)* average amount
Durchschnittsbildung *f (Bö, Gesch, St)* averaging
Durchschnittseinkommen *n* 1. *(Pers)* average income; 2. *(RW)* average pay
Durchschnittserlös *m (Fin, RW)* average revenue
Durchschnittsertrag *m (Fin, RW)* average yield
Durchschnittskosten *pl* 1. *(RW)* average costs, mean cost; 2. *(Verw, WiWi)* average costs
Durchschnittskurs *m* 1. *(Bö)* average, average market price, average rate; 2. *(RW)* average rate
Durchschnittslohn *m (Pers)* average wage
Durchschnittsnote *f (Pers)* average mark
Durchschnittsqualität *f (Gesch, AH)* fair average quality
Durchschnittsrendite *f* 1. *(Bö)* mean return; 2. *(Fin, RW)* average yield
Durchschnittssatz *m* 1. *(Bank)* blended rate; 2. *(Bö, RW)* average rate
Durchschnittssteuersatz *m (St)* average tax rate
Durchschnitts-Stundenverdienst *m (Pers)* average hourly earnings
Durchschnittswerte *mpl (Bö)* market averages
durchsetzbar *adj (Recht)* enforceable
durchsetzen *v* 1. *(Bö)* put through; 2. *(Gesch)* force, enforce *(Anspruch)*; implement *(Maßnahme)*
Durchsetzung *f (Recht)* enforcement
~ **einer Strategie** *(Gesch, Mgt)* strategy implementation
Durchsetzungsfähigkeit *f (Pol)* acceptability
Durchsetzungsvermögen *n (Pers)* assertiveness
durchsickern *v (Gesch)* leak out
Durchsickern *n (Med, Pol)* leakage
Durchstehvermögen *n (Mgt)* staying power, stamina
durchstreichen *v (Gesch)* delete, expunge
Durchsuchung *f (Gesch)* search
Durchwahl *f (Komm)* direct dial(l)ing
Dynamik entfalten *(Gesch, WiWi)* build up momentum
dynamisch *adj (Gesch)* dynamic
dynamische Analyse *f (WiWi)* dynamic analysis
~ **Lebensversicherung** *f (Vers)* indexed life insurance
~ **Planung** *f (Gesch)* dynamic programming
~ **Veralterung** *f (V&M)* dynamic obsolescence
~ **Verträge** *mpl (Vers)* adjustable contracts
dynamischer Prozess *m (WiWi)* continuous process
dynamisches Absichern *n (Fin)* dynamic hedging
DZ *s.* Dokumente gegen Zahlung

E

e-..., E-... *(elektronisch) (EDV, Komm, Med)* e-... *(electronic)*
E-Commerce-Richtlinie *f (EDV, Komm, Recht)* e-commerce directive *(EU)*
E-Geld *n (Bank, EDV, WiWi)* e-money
E-Handel *m (EDV)* e-commerce
E-Learning *n (elektronisches Lernen) (EDV, Komm, Med)* e-learning *(Internet)*; distance learning *(Fernunterricht)*; telelearning *(Multimedia)*
EBIT, Ebit *s.* Ergebnis vor Zinsen und Steuern
echt *adj (EDV)* actual
Echt/365 *(jarg.) (Bank)* exact interest
echter Ermessensspielraum *m (Verw)* pure discretion
echtes Angebotsmonopol *n (WiWi)* absolute monopoly, pure monopoly
~ **Geld** *n (Bank, WiWi)* good money
Echtheitsbescheinigung *f (Bö)* authentication
Echtheitsmerkmal *n (Bank)* authentication feature *(EZB)*
Echtzeit *f (EDV, RW, WiWi)* real time
Ecklohn *m* 1. *(Pers)* base pay rate; 2. *(WiWi)* basic pay
Eckzins *m (Fin)* base lending rate, base rate
ECU *s.* Europäische Währungseinheit
ECU-Leitkurs *m (Fin)* ECU central rate
Edelmetall *n (Gesch)* precious metal
Edelmetallbarren *m (Bank)* bullion
Edelstahl *m (Ind)* stainless steel
Edelsteine *mpl (Gesch, Ind)* precious stones
EDV *s.* elektronische Datenverarbeitung

EDV-System *n (EDV)* computer system, IT system
Effekten *pl* 1. *(Bö)* stock exchange securities, stocks and bonds; 2. *(Fin)* stocks and bonds
Effektenabrechnung *f (Fin)* contract note
Effektenberatungstätigkeit *f (Bö, Fin)* investment consultancy, investment services
Effektenbörse *f (Bö, Fin, WiWi)* bourse, stock exchange, stk exch
Effektendarlehen *n (Bö)* securities loan
Effektenemissionsgeschäft *n (Bö, Fin)* underwriting business
Effektenhandel *m* 1. *(Bö)* securities trade; 2. *(Fin)* stock trading
Effektenkauf *m* **mit Einschuss** *(Bö)* buying on margin
Effektenkaufabrechnung *f (Bö)* bought note
Effektenkredit *m (Fin)* security loan
Effektenlombard *m (Bö)* advance on securities
Effektennotierung *f (Bö)* stock market prices
Effektenportefeuille *n (Bank, Bö, Fin)* investment portfolio
Effektensammeldepot *n (Fin)* collective securities deposit
Effektenverkaufsabrechnung *f (Bö)* sold note
Effektenverwaltung *f (Fin, Mgt)* portfolio management
effektiv *adj (Gesch)* actual, effective
Effektiv... *(Gesch)* actual, effective
effektive Bestandsaufnahme *f (RW)* physical inventory
~ **Kreditgebühr** *f (Bank)* effective loan charges
~ **Nachfrage** *f (WiWi)* effective demand
~ **Preise** *mpl (Ind, WiWi)* outturn prices
~ **Rendite** *f (Bank, Fin)* real rate of return, true rate of return
effektiver Diskontsatz *m (Gesch)* market rate of discount
~ **Jahreszins** *m (Fin)* annual percentage rate, annualized percentage rate
~ **Wechselkurs** *m (WiWi)* effective exchange rate
~ **Wettbewerb** *m (WiWi)* workable competition
~ **Zins(satz)** *m* 1. *(Bank)* effective interest rate; 2. *(RW)* effective rate
Effektivgeschäft *n (Bö)* spot market transaction
Effektivität *f (Gesch)* effectiveness
Effektivklausel *f (Fin)* currency clause
Effektivlohn *m (Pers, RW)* actual earnings, actual wage *(Arbeitsentgelt)*
Effektivrendite *f (Bö)* dividend yield
Effektivverdienst *m (Pers, RW)* actual earnings
Effektivverzinsung *f* 1. *(Bank)* true rate of return, effective rate [yield]; 2. *(Bö)* market rate, redemption yield
Effektivware *f (Bö)* spot commodity, physical commodity *(Terminbörse)*
Effektivzins *m* 1. *(Bank)* true rate of return, effective rate [yield], effective interest rate; 2. *(Bö)* market rate
effizient *adj (Gesch)* efficient
effiziente Allokation *f (WiWi)* efficient allocation
Effizienz *f (Gesch)* efficiency
EG *(obs)* 1. *(Pol)* EC *(European Community, European Communities; umfassten EWG, EAG und EGKS) (Europäische Gemeinschaft/en; obs)*; 2. *(Recht) (eingetragene Genossenschaft)* registered cooperative *(co-op)*
EGB *s.* Europäischer Gewerkschaftsbund
EG-Binnenmarkt *m (WiWi)* European Single Market
EG-Einheitspapier *n (AH, WiWi)* EC single document *(ZB)*
EG-Kommission *f (WiWi)* Commission of the European Community, CEC
EGKS *s.* Europäische Gemeinschaft für Kohle und Stahl
EG-Richtlinie *f (Recht)* EC Directive *(mit rechtlich bindender Wirkung in den EU-Mitgliedstaaten)*
EGV *s.* EG-Vertrag
EG-Vertrag *m (Pol, Recht)* EC Treaty *(Treaty establishing the European Community, Treaty of Rome, 1957, Vertrag zur Gründung der Europäischen Gemeinschaft)*
EG-Waren *fpl (AH)* Community goods
Ehegattenabzug *m (St)* marriage deduction
Ehegattenfreibetrag *m (St)* marriage allowance
Ehrenakzept *n (Gesch)* acceptance for hono(u)r

ehrenamtlich *adv (Pers)* in an honorary capacity
ehrenamtliche Tätigkeit *f (Pers)* voluntary work *(Arbeit)*
Ehrenannahme *f (Gesch)* acceptance for hono(u)r
Ehrencodex *m (Gesch)* code of conduct [ethics, honour]
Ehrenvorsitzende(r) *f(m) (Pers)* honorary chairman
Ehrenwort *n (Recht)* word of honour
ehrgeizig *adj (Gesch, Mgt)* ambitious
ehrlich *adj (Gesch)* above board, honest *(Geschäft)*
ehrliches Geschäftsgebaren *n (Gesch)* clean hands
EIB *s.* Europäische Investitionsbank
Eid *m (Recht)* oath • **unter ~** *(Recht)* under oath *(Aussage)* • **unter ~ aussagen** *(Recht)* give evidence on [under] oath *(vor Gericht)*
eidliche Versicherung *f (Recht)* assertory oath
eigen *adj (Gesch)* own • **nach eigenem Eingeständnis** *(Gesch)* by one's own admission • **nach eigenem Ermessen** *(Gesch)* in one's own estimation • **auf eigene Gefahr** 1. *(Gesch)* at one's own peril; 2. *(Vers)* at owner's risk • **auf eigene Kosten** *(Gesch)* at one's own expense • **auf eigene Rechnung** *(Gesch)* on one's own account, at one's own expense • **auf eigenes Risiko** *(Gesch)* at owner's risk
Eigen... *(Gesch)* self-, own, personal
Eigenarbeit *f (Pers)* do-it-yourself work, DIY work
Eigenbedarf *m (RW)* personal requirements
Eigenbetrieb *m (Gesch)* owner-operator, public utility *(Gemeinden)*
Eigenbeurteilung *f (Pers)* self-appraisal *(Arbeit)*
Eigendynamik entfalten [entwickeln] *(Gesch, WiWi)* build up momentum
eigene Aktien *fpl (RW) (BE)* own shares, *(AE)* treasury stock
~ **Akzepte** *npl (RW)* acceptances outstanding
~ **Marke** *f (V&M)* own label
Eigenentwicklung *f (WiWi)* me-too-product
eigenerwirtschaftete Mittel *npl (Fin, RW)* internally generated funds
Eigenfinanzierung *f* 1. *(Fin)* autofinancing, equity financing; 2. *(RW)* self-financing
Eigenfinanzierungsquote *f (Bö, Fin)* self-financing ratio
Eigengeschäfte *npl (Bank)* business for a bank's own account
Eigenhandel *m (WiWi)* own account trading
eigenhändig *adj (Komm)* to addressee only
Eigenheimbesitz *m (Gb)* home ownership
Eigenkapital *n* 1. *(Bö)* stockholders' equity; 2. *(Fin)* equity capital; 3. *(RW)* capital and reserves, equity, net worth, stockholders' equity; 4. *(WiWi)* equity, net total assets, net worth
~ **je Aktie** *(Fin)* net assets per share
Eigenkapitalausstattung *f (Fin)* equity position
Eigenkapitalbasis *f (RW)* equity base, equity capital base
Eigenkapitaldecke *f (Fin)* equity position
Eigenkapitalgeber(in) *m(f) (Fin) (BE)* shareholder, equity supplier
Eigenkapitalhypothek *f (Fin)* equity-linked mortgage
Eigenkapitalpolster *n (Bank, Fin)* capital cushion
Eigenkapitalquote *f* 1. *(Bank)* capital ratio; 2. *(RW)* capital-to-asset ratio
Eigenkapitalrendite *f*, **Eigenkapitalrentabilität** *f* 1. *(Bö, Fin)* return on equity, ROE; 2. *(RW)* return on equity, ROE, return on net assets (employed); 3. *(WiWi)* net income to net worth ratio
Eigenkapitalwert *m (Bank)* equity value
Eigenleistung *f (Fin)* borrower's own funding
eigenmächtig *adj (Gesch)* arbitrary, unauthorized
eigenmächtig *adv (Gesch)* off one's own bat, without official backing, without official consent, without asking
Eigenmarke *f (V&M)* own [house] brand
Eigenmittel *npl* 1. *(Fin)* own funds, self-generated funds; 2. *(RW)* capital and reserves, self-generated funds; 3. *(WiWi)* capital resources
Eigennutzung *f (Gb)* owner-occupation
Eigenschaft *f* 1. *(Gesch)* attribute; 2. *(Pat)* feature
Eigenschaften *fpl* **einer Marke** *(V&M)* brand properties

Eigentum *n* 1. *(Gesch)* ownership; 2. *(Gb)* property • **in ~ investieren** *(Gb)* invest in property • **das ~ einer Sache übertragen** *(Gb)* transfer ownership of sth
Eigentümer(in) *m(f) (Gesch)* owner, proprietor
Eigentümer-Unternehmer *m (Mgt)* owner-manager
Eigentumsanspruch *m (Gesch, Recht)* claim to ownership
Eigentumsnachweis *m* 1. *(Bö)* proof of ownership; 2. *(Gb)* certificate of ownership, certificate of title *(Grundbuchauszug)*; 3. *(Recht)* proof of title, evidence of title *(Besitz)*
Eigentumsrecht *n* 1. *(Gb)* marketable title, legal title; 2. *(WiWi)* right of ownership
Eigentumsrechte *npl (Recht, WiWi)* proprietary rights, property rights
Eigentumsurkunde *f* 1. *(Bö)* proof of ownership; 2. *(Gb)* certificate of ownership; 3. *(Recht)* document of title, title deed
Eigentumsvermutung *f (Gesch)* presumption of ownership
Eigentumsvorbehalt *m* 1. *(Recht)* conditional sale, reservation of title *(Vertragsrecht)*; 2. *(V&M)* conditional sale
Eigen- und Fremdkapital *n (Recht)* equity and debt capital
Eigenverbrauch *m (Gesch)* private consumption
Eignung *f* 1. *(Gesch)* qualification; 2. *(Pers)* aptitude *(Arbeitsmarkt)*; 3. *(Soz)* qualification
Eignungsprüfung *f* 1. *(Ind)* performance testing; 2. *(Pers, V&M)* aptitude test, occupational test
Eignungstest *m (Pers, V&M)* aptitude test *(Arbeitsmarkt)*
Eil... *(Gesch, Komm, Trans)* express, urgent
Eilauftrag *m (Gesch)* rush job, express order, rush order, urgent order
Eilfracht *f (Trans) (BE)* express freight, *(AE)* fast freight
Einarbeitung *f (Gesch)* training, settling-in
Einarbeitungszeit *f (Pers)* settling-in period, time necessary for a worker to familiarize herself/himself with a job
einbauen *v (Gesch)* build in, install
einbehalten *adj (Gesch)* retained, undistributed, withheld
einbehalten *v* 1. *(Bö)* retain, withhold; 2. *(Gesch) (BE)* plough back, *(AE)* plow back; 3. *(St)* retain
einbehaltene Kapitalertragssteuer *f (St)* withholding tax (on capital)
~ Steuern *fpl (RW)* taxes withheld
einbehaltener Gewinn *m (RW)* undistributed income, retained earnings, retained profits, accumulated profits
Einbehaltung *f* 1. *(Bö)* retention, withholding; 2. *(Gb)* holdback; 3. *(St)* retention
einberufen *v (Mgt)* convene *(Sitzung)*
einbeziehen *v (Gesch)* include
Einbeziehung *f (Gesch)* inclusion, integration
~ von Drittländern *(WiWi)* third-country cooperation
einbinden *v (Pol, WiWi)* involve
einbringen *v* 1. *(Fin)* yield; 2. *(Gesch)* bring in *(Gewinn, Bestellungen)*; 3. *(Mgt)* submit, put forward *(Vorschlag)*; 4. *(Pol)* introduce *(Parlamentsantrag)*; 5. *(Recht)* bring in *(Gesetz)*; 6. *(WiWi)* earn, contribute *(Kapital)*
Einbruch *m* 1. *(Bö)* slump; 2. *(Gesch)* setback; 3. *(Recht)* burglary; 4. *(WiWi)* slump
Einbruchdiebstahl *m (Recht)* burglary
Einbürgerung *f (Pers, Recht)* naturalization
Einbuße erleiden *(Gesch)* suffer a loss
eindämmen *v (Gesch)* stem, contain *(Nachfrage, Inflation)*
eindecken *v* **mit/sich** *(Gesch)* buy in
eindringen *v* **in** *(Gesch)* penetrate *(Markt)*
Eindruck *m (Gesch)* impression
einfache Buchführung *f (RW)* single-entry bookkeeping
~ lineare Regression *f (RW)* simple linear regression
~ Mehrheit *f (Pol)* qualified majority, simple majority
~ Option *f (Bö)* single option
~ Rendite *f (Bö)* simple yield
einfacher Ertrag *m (Bö)* simple yield
~ Zinsswap *m (Fin) (ugs.)* plain vanilla swap
einfaches Termingeschäft *n (Bö)* outright forward transaction
Einfachfertigung *f (Ind)* single-process production
Einfallsreichtum *m (Gesch)* ingenuity
Einfluss *m (Gesch)* influence • **~ auf den Gewinn** *(Gesch)* profit impact • **~ gel-**

tend machen *(Gesch) (BE)* pull strings, *(AE)* pull wires
Einflussbereich *m (V&M)* reach, halo
Einflussfaktoren *mpl (Gesch)* determinants
einflussreich *adj (Gesch)* influential, powerful, prestigious
Einforderung *f (Fin)* call
einfrieren *v* 1. *(Bank)* block; 2. *(Fin, St)* freeze *(Konto)*
Einfuhr *f (AH, WiWi)* import, importation *(Zoll)*
einführen *v* 1. *(Gesch)* introduce; 2. *(AH)* import; 3. *(Recht)* bring in *(Gesetz)*; 4. *(Soz)* induct; 5. *(V&M)* launch
Einfuhrerklärung *f* 1. *(Bank)* bill of entry; 2. *(AH)* clearance inwards, bill of entry
Einfuhrerlaubnis *f (AH)* import admission
Einfuhrhandel *m (WiWi)* passive trade
Einfuhrkontingent *n (AH)* import quota
Einfuhrtätigkeit *f (AH)* importing
Einführung *f* 1. *(AH)* importation; 2. *(Pers)* induction *(in ein Amt)*; 3. *(V&M)* launching *(auf dem Markt)*
Einführungspreis *m (V&M)* introductory price, advertising price *(Werbepreis)*
Einführungsstadium *n (V&M)* introductory stage
Einführungswerbung *f* 1. *(V&M)* announcement advertising; 2. *(V&M)* pioneering advertising
Einfuhrverbot *n (AH, St)* ban on imports
Einfuhrzoll *m (AH, St)* import duty, import tariff
Einfuhrzölle *mpl (St)* customs
Eingabe *f (Gesch)* input, petition *(Gesuch)*
Eingabefeld *n (EDV, Komm)* input field, input
Eingabekosten *pl (RW)* input cost
Eingang *m (Gesch)* entrance, intake, arrival *(Brief)* • ~ **vorbehalten** *(Bank)* subject to collection
Eingänge *mpl (Gesch)* receipts
Eingangsdatum *n (Gesch)* date of receipt
Eingangspreis *m (Gesch)* threshold price
Eingangsrechnung *f (Gesch)* purchase invoice
Eingangsstempel *m (Komm)* receipt stamp
Eingangssteuersatz *m (St)* basic tax rate *(der progressiven ESt)*
eingebaut *adj* 1. *(EDV)* built-in, on-board; 2. *(Gesch)* installed; 3. *(WiWi)* built-in
eingeben *v (EDV)* enter, input, key in, type in *(Daten)*
eingefordertes Kapital *n (Fin, RW)* called-up share capital
eingefroren *adj* 1. *(Bank)* blocked; 2. *(WiWi)* frozen *(Löhne, Preise)*
eingefrorene Guthaben *npl (Fin)* frozen assets
eingeführte Marke *f (V&M)* established brand
eingegliedert *adj (Bank, Gesch, Pers)* affiliated
eingehen *v* 1. *(Gesch)* undertake *(Risiko)*; enter into *(Vertrag)*; 2. *(Komm)* arrive *(Post)*
eingelöster Scheck *m/nicht (Bank)* dishono(u)red cheque
eingeschränkt *adj (Gesch)* limited, restricted
eingeschränkte Mehrheit *f (Pol)* qualified majority, simple majority
~ **Rationalität** *f (WiWi)* bounded rationality
eingeschränkter Bestätigungsvermerk *m (RW)* qualified opinion, qualified report *(Abschlussprüfung)*
eingeschriebener Brief *m (Komm)* registered letter
eingesetzte Mittel *npl (Fin)* total funds applied
eingesetztes Kapital *n (Fin, RW)* capital employed
Eingeständnis *n (Gesch)* admission, acknowledgement
eingestehen *v (Gesch)* acknowledge *(Irrtum)*
eingestellt *adj* 1. *(Ind)* discontinued; 2. *(Pers)* hired
eingetragen *adj (Gesch, Pat, Vers, Verw)* recorded, registered
eingetragene Marke *f ® (Pat, Recht)* registered mark, registered trademark
eingetragener Eigentümer *m (Gb)* registered proprietor *(im Grundbuch)*
~ **Lizenznehmer** *m (Pat)* registered user *(Warenzeichenbenutzer)*
~ **Marktmacher** *m (Bö)* registered market maker
~ **Rechtsanspruch** *m (Verw)* registered title
~ **Sitz** *m (Recht)* registered office
~ **Verein** *m (Bö, Gesch, Pol)* registered society

eingetragenes Firmenzeichen *n (Pat)* registered mark, registered trademark
~ **Gebrauchsmuster** *n (Recht)* registered design
~ **Warenzeichen** *n* 1. *(Pat)* registered mark, registered trademark; 2. *(Recht)* registered trademark
eingetretene Substanzverringerung *f (RW)* accumulated depletion
eingezahltes Grundkapital *n (Fin)* paid-up capital
eingezogene Aktie *f (Bö)* called-in share, redeemed share
eingipflige Verteilung *f (Stat)* unimodal distribution
eingliedern *v (Gesch)* classify, absorb, incorporate, integrate
eingreifen *v* 1. *(Gesch)* step in; 2. *(Pers, Pol, WiWi)* intervene
Eingreifen *n (Gesch)* intervention
eingrenzen *v (Gesch, Pol)* contain, restrict
Eingriff *m (Gesch)* infringement
Eingruppierung *f (Gesch)* grouping
einhalten *v* 1. *(Gesch)* meet, keep *(Verabredung)*; adhere to *(Vertrag)*; abide by *(Regeln)*; 2. *(Recht)* comply with *(Klausel)*; observe *(Vorschriften, Gesetze)*
Einhaltung *f (Gesch, Recht)* adherence, compliance, observance *(der Vorschriften)*
einheimisch *adj (Pers, WiWi)* domestic, local
einheimische Arbeitskräfte *fpl (Pers, WiWi)* local labo(u)r, local workers
~ **Erzeugnisse** *npl (WiWi)* home production
~ **Industrie** *f (Ind)* native industry
einheimischer Arbeitsmarkt *m (WiWi)* internal labo(u)r market
Einheit *f (EDV, Gesch, Pat, WiWi)* unity
~ **der Erfindung** *(Pat)* unity of invention
einheitlich *adj (Gesch)* coherent, standard, uniform
einheitliche europäische Währung *f (WiWi)* single European Currency *(EU)*
~ **Geldpolitik** *f (Bank, WiWi)* single monetary policy *(EZB)*
Einheitliche Europäische Akte *f (Recht)* Single European Act, SEA *(EU)*
einheitlicher Binnenmarkt *m (Gesch, WiWi)* single European market *(EU)*
~ **Markt** *m (Bö, V&M)* single market
einheitliches Kaufrecht *n (Recht, V&M)* Uniform Sales Law, *(AE)* Uniform Commercial Code
~ **Vorgehen** *n (Mgt, Pol)* collective policy
Einheitlichkeit *f (Gesch)* uniformity, coherence
Einheits... *(Recht)* standard, uniform
Einheitsbedingungen *fpl (Recht)* standard conditions
Einheitskurs *m (Bö)* middle price
Einheitspreis *m (Fin)* standard price, uniform price
Einheitssatz *m (St)* standard rate • **zum ~** *(St)* standard-rated
Einheitssorte *f (Gesch)* standard grade
Einheitssteuersatz *m (St)* standard rate
Einheitstarif *m* 1. *(Fin)* flat fee; 2. *(V&M)* flat rate
Einheitsvertrag *m (Gesch, Recht)* standard agreement, standard contract
Einheitswährung *f (Gesch)* single currency *(EU)*
Einheitswert *m* 1. *(Gesch)* unit value; 2. *(Gb, St)* rateable [assessed] value; 3. *(WiWi)* unit value
einigen *v***/sich** *(Gesch)* come to an understanding, come to terms, agree • **sich mit jmdm. ~** 1. *(Gesch)* come to an understanding with sb; 2. *(Recht)* come to terms with sb • **sich ~ auf** *(Gesch)* agree on, agree upon *(Preis, Bedingungen, Lösung)*; agree *(Vorschlag)* • **sich gütlich ~** *(Pers)* settle amicably
Einigung *f (Gesch)* agreement • **keine ~ erzielen** *(Gesch)* fail to reach an agreement
Einigungsprozess *m (Deutschland) (Pol)* process of unification
einkalkulieren *v (Gesch)* take account of, take into account
Einkauf *m (Gesch, V&M)* buying, purchasing
Einkaufbuch *n (RW)* bought ledger
einkaufen *v* 1. *(Gesch)* buy in; 2. *(WiWi)* buy, shop
Einkaufsabteilung *f (Gesch)* purchasing department
Einkaufserlebnis *n (V&M)* the purchasing experience
Einkaufsleiter(in) *m(f)* 1. *(Gesch)* head buyer; 2. *(Mgt, Pers)* purchasing manager

Einkaufspreis *m (WiWi)* buying-in price, purchase price
Einkaufsprovision *f (V&M)* buying commission
Einkaufsrechnung *f (Gesch)* purchase invoice
Einkaufsverhalten *n (V&M)* buying [purchasing] pattern
Einkaufsvollmacht *f (Gesch)* authority to purchase
Einkaufswagen *m (EDV, V&M)* shopping cart
Einkaufszentrum *n (Gesch, V&M) (AE)* shopping center, *(BE)* shopping centre, *(AE)* shopping mall
einklagbar *adj (Gesch, Recht)* actionable, enforceable
Einkommen *n (Fin, RW, St, WiWi)* income
~ **aus unselbstständiger Arbeit** *(WiWi)* compensation of employees
~ **aus Unternehmertätigkeit und Vermögen** 1. *(Fin, St)* income accruing to capital; 2. *(WiWi)* income from property and entrepreneurship *(VGR)*
~ **aus Vermögen** *(Fin, RW, St)* unearned income
~ **nach Abzug der Steuern** *(Soz, St)* income after tax
einkommensabhängig *adj (Pers, Soz)* income-related, earnings-related; means-tested *(Bedürftigkeit bei Sozialhilfe)*
Einkommensdifferenz *f (WiWi)* income differential
Einkommenseffekt *m (Verw, WiWi)* income effect
einkommenselastisch *adj (WiWi)* income-elastic
Einkommenselastizität *f* **der Nachfrage** *(WiWi)* income-elasticity of demand
Einkommensersatz *m (Vers)* income replacement
Einkommensgefälle *n (Pers)* earnings differential *(Arbeit)*
Einkommensgruppe *f* 1. *(V&M)* income group *(Marktforschung)*; 2. *(Verw)* income bracket
Einkommenskonsumkurve *f (WiWi)* income-consumption curve, ICC
Einkommenskreislaufgeschwindigkeit *f* **des Geldes** *(WiWi)* income velocity of money
Einkommensniveau *n (Verw)* income level
Einkommen-Splitting-System *n (RW)* income-splitting system
Einkommensspanne *f (Fin)* income spread
Einkommensteuer *f (RW, St)* income tax
einkommensteuerbefreit *adj (RW, St)* exempt from income tax
Einkommensteuererklärung *f (RW)* income tax return
einkommensteuerfrei *adj (RW, St)* free of income tax
Einkommensteuergesetz *n (Deutschland) (St)* (German) Income Tax Law
Einkommensteuergewinn *m (St)* income tax gain
Einkommensteuergrenzsatz *m (St)* marginal income tax rate
Einkommensteuergrundtabelle *f (St)* basic income tax scale
Einkommensteuerrückzahlung *f (St)* income tax refund
Einkommensteuerschuld *f (St)* income tax liability
Einkommensteuerstattung *f (St)* tax refund
Einkommensteuerzwecke/für *(St)* for income tax purposes
Einkommensübertragung *f (Soz, WiWi)* income transfer
Einkommensumverteilung *f (WiWi)* income redistribution
Einkommens- und Substitutionseffekt *m (WiWi)* income and substitution effect
Einkommensverteilung *f (Fin)* income distribution
Einkommenszuschuss *m (Soz)* income supplement
Einkünfte *pl (Fin, Gesch)* earnings, income, revenue, emoluments
~ **aus Dienstleistungen** *(WiWi)* invisible earnings *(ZB)*
~ **aus Gewerbebetrieb** *(St)* income from trade or business, business income *(Einkommensteuer)*
~ **aus Kapitalvermögen** *(St)* unearned income
Einlagen *fpl (Bank)* deposits • ~ **abziehen** *(Bank, Gesch)* withdraw deposits
Einlagenbestand *m (Bank)* volume of deposits
Einlagengeschäft *n (Bank)* deposit-taking business
Einlagenschein *m (Bank)* deposit certificate

Einlagensicherungsfonds *m (Bank)* deposit guarantee fund
Einlagenverbindlichkeiten *fpl (Bank)* deposit liabilities
Einlagenzertifikat *n* 1. *(Bank)* deposit certificate; 2. *(Fin)* certificate of deposit
Einlagenzins *m (Bank)* (bank) deposit rate, deposit interest
einleiten *v (Recht)* initiate, start, open, commence, institute
Einleitung *f (Gesch, Pat)* introduction, preamble
einloggen *v (EDV, Komm)* log in, log on, sign on *(anmelden)*
einlösbar *adj* 1. *(Bank)* cashable, payable; 2. *(Bö)* encashable
einlösen *v* 1. *(Bank)* hono(u)r *(Schecks)*; 2. *(Bö)* collect, encash; 3. *(Fin, Gesch)* repay
Einlösung *f* 1. *(Bö)* collection, encashment; 2. *(Fin, Gesch)* payment, redemption
Einlösungsfrist *f (Fin)* redemption period
Einlösungstermin *m* 1. *(Bö)* redemption date; 2. *(RW)* encashment schedule
Einmal... *(Bö, WiWi)* one-off
Einmalfertigung *f (Ind)* one-off production
einmalige Aufwendungen *fpl* 1. *(Bö)* nonrecurring expenditure; 2. *(RW)* exceptional expenses
~ **Erträge** *mpl (WiWi)* nonrecurrent income
~ **Gelegenheit** *f (V&M)* unique opportunity
~ **Zahlung** *f (Fin)* one-off payment
einmaliges Verkaufsargument *n (V&M)* unique selling point USP, unique selling proposition, USP
Einmalzahlung *f* 1. *(Fin)* single payment; 2. *(Vers)* lump sum
Einmannbetrieb *m (Gesch)* one-man business
Einnahme *f (RW, WiWi)* revenue
Einnahmen *fpl* 1. *(Bö)* receipts; 2. *(Fin)* revenue; 3. *(F&T)* box-office takings, gate (money); 4. *(Gesch)* revenue, accruals; 5. *(WiWi)* income
~ **und Ausgaben** *fpl (RW)* income and expenditure
Einnahmen-Ausgaben-Rechnung *f (RW)* statement of revenue and expenditure, cash basis of accounting, receipts and payments method, cash accounting *(ohne Periodenabgrenzung)*
Einnahmenkurve *f (WiWi)* revenue curve
Einnahmequelle *f (Gesch)* source of revenue
einnehmen *v* 1. *(Gesch)* take *(Geld)*; take up *(Haltung)*; 2. *(Pers)* fill
einordnen *v (Gesch)* classify
einpendeln *v/sich* *(WiWi)* adjust *(Löhne)*; even out, settle down *(Preise)*
Einpersonenhaushalt *m (V&M)* single-person household
einplanen *v (Fin, Gesch, WiWi)* budget
einprägsam *adj (Med, V&M)* catchy
einpreisen *v (ugs.) (Bö)* reflect *(neue Nachrichten)*; discount *(neue Nachrichten in den Aktienkursen berücksichtigen)*
einräumen *v (Gesch)* admit, allow
Einräumung *f (Recht)* granting, concession
Einrede *f (Recht) (BE)* defence, *(AE)* defense • **eine ~ vorbringen** *(Recht)* put in a plea *(Gesuch einreichen)*
einreichen *v* 1. *(Bank)* present; 2. *(Bö)* tender; 3. *(Gesch)* send in *(Anfrage)*; file *(Antrag, Bewerbung)*; 4. *(Pat)* submit; 5. *(Pers)* lodge *(Beschwerde)*; tender *(Kündigung)*; 6. *(Pol, Recht)* submit *(Forderung, Antrag)*
Einreichung *f* 1. *(Bank)* presentation; 2. *(Pat, Pol, Recht, WiWi)* submission
Einreichungsschluss *m (Bö)* bid closing, bid closing date
einreihen *v (Gesch)* categorize
einrichten *v (Gesch)* arrange, facilitate, organize
Einrichtung *f* 1. *(EDV, Gesch)* facility; 2. *(Ind)* apparatus, plant
Einrichtungen *fpl (Pers)* facilities
Einsatz *m* 1. *(Fin)* stake; 2. *(Gesch)* input, stake, deployment *(von Arbeitskräften)*; utilization *(von Dingen)*
Einsatzbesprechung *f (Gesch)* briefing session
Einsatzgüter *npl (WiWi)* inputs
Einsatzmaterial *n (Ind, WiWi)* feedstocks
Einsatzpreis *m (Bö)* starting price
einsatzsynchrone Beschaffung *f (Ind)* just-in-time purchasing, JIT purchasing
einschalten *v* 1. *(Gesch)* switch on; 2. *(Ind, Komm)* turn on
~/sich *(Gesch)* step in
Einschalten *n (Gesch, Komm)* turning-on
einschätzen *v* 1. *(Gesch)* assess, *(ugs.)* size up; 2. *(Mgt)* appraise
Einschätzung *f* 1. *(Gesch)* assessment, *(ugs.)* sizing up; 2. *(Mgt)* appraisal

einschlagen *v (V&M)* hit the market *(Produkt)*
einschlägige Technologie *f (Umw)* appropriate technology
einschließen *v (Gesch)* comprise, include, enshrine, incorporate *(Betrieb)*
einschließlich *(Gesch)* included, inclusive
~ Dividende *(Bö)* cum dividend, cd
Einschluss *m (Gesch)* inclusion
einschränken *v* 1. *(Fin)* cut back; 2. *(Gesch)* restrict
einschränkend *adj (Gesch)* restrictive
Einschränkung *f* 1. *(Fin)* cutback; 2. *(Gesch)* restriction; 3. *(RW)* qualification *(Gutachten)*
einschreiben v/sich *(Gesch)* register
Einschreiben *n (Komm) (AE)* certified mail, *(AE)* registered mail, *(BE)* registered post; registered letter • **per ~** *(Komm) (AE)* by registered mail, *(BE)* by registered post; registered
Einschreibung *f (Gesch)* enrol(l)ment
einschreiten *v (Gesch)* step in
einschüchtern *v (Pers)* intimidate
Einschuss *m (Bö)* initial deposit
Einschussbedarf *m (Bö)* margin requirement(s)
Einschusseinzahlung *f (Bö)* margin deposit
Einschusskonto *n* 1. *(Bank)* marginal account; 2. *(Bö)* margin account
Einschussleistung *f (Bö, Fin)* margin payment
Einschusszahlung *f (Bö)* margin deposit
einseitig *adj* 1. *(Gesch)* one-sided, subjective *(Urteil)*; 2. *(Pers, Pol, WiWi)* unilateral; 3. *(V&M)* subjective *(Urteil)*
einseitig *adv (Gesch)* unilaterally
einseitige Maßnahme *f (Pol, Umw)* unilateral measure
einseitiges Abkommen *n (WiWi)* unilateral agreement
einsenden *v (Gesch)* send in
Einsendeschluss *m (Med, V&M)* closing date
einsetzen *v* 1. *(Gesch)* bring into play, call into play, utilize *(Fähigkeiten, Mittel)*; add in *(Details, Zahlen)*; deploy *(Arbeitskräfte)*; 2. *(Ind, Umw)* utilize
einsparen *v (Gesch)* save *(Material, Kosten)*
Einsparung *f (Gesch)* saving, economy *(von Materialen, Kosten)*
~ von Arbeitskräften *(Pers)* labo(u)r-saving
Einsparungen *fpl (Verw)* economies
Einspruch *m* 1. *(Pat)* appeal, caveat; 2. *(Recht)* objection • **~ erheben** *(Gesch)* raise an objection • **~ erheben gegen** *(Gesch)* oppose • **dem ~ wird stattgegeben** *(Recht)* objection sustained • **dem ~ wird nicht stattgegeben** *(Recht)* objection overruled
Einstandspreis *m (RW)* cost price, acquisition cost *(Kostenrechnung)*
einstellbar *adj (Gesch)* adjustable
einstellen *v* 1. *(Bank)* suspend; 2. *(Gesch)* take on, cease, appoint *(beenden)*; sign up *(Arbeitskräfte)*; focus, employ *(Verfahren)*; 3. *(Ind)* discontinue; 4. *(Pers)* engage, recruit *(Arbeitskräfte)*; hire, take on, appoint *(Mitarbeiter)*; 5. *(Recht)* stop *(Vergleichsverfahren)*; abate *(gerichtliche Anordnung)*; 6. *(V&M)* close *(Verkauf)*; 7. *(Vers)* adjust • **zusätzliches Personal ~** *(Pers)* take on additional staff
~ in *(RW)* allocate to
~ und entlassen *v (Pers)* hire and fire
einstellig *adj (Stat)* single-digit
Einstellung *f* 1. *(Bank)* suspension; 2. *(EDV)* set-up, setting; 3. *(Gesch)* cessation, closure, stoppage, frame of mind, adjustment *(eines Geräts)*; stance *(Haltung)*; 4. *(Pers)* recruitment; 5. *(V&M)* attitude
~ der Tätigkeit *(Recht)* cessation of operation
~ des Verfahrens *(Recht)* closing; plea in abatement *(Antrag)*
~ in die Rücklage *(RW)* appropriation to a reserve
~ von Zinszahlungen *(Bank) (BE)* cessation of interest
Einstellungsgespräch *n (Pers)* interview
Einstellungsprüfung *f (Pers)* employment test
Einstellungsstopp *m (Pers)* job freeze
Einstellungstest *m (Pers)* employment test *(Arbeit)*
Einstiegsgehalt *n (Pers)* entry-level salary, entry-level wage
Einstiegsinvestition *f (WiWi)* bridge-head investment
einstimmig *adj (Gesch, Pol)* unanimous
einstimmig *adv (Gesch, Pol)* by common consent, unanimously

~ **angenommen** *(Gesch)* unanimously accepted *(Vorschlag)*
einstufen *v (Gesch)* categorize, grade, classify
Einstufung *f (Gesch)* classification, categorization
Einstufungsskala *f (Gesch)* rating scale
Einstufungstest *m (Pers)* placement test *(Arbeit)*
einstweilig *adj (Gesch, Recht)* ad interim, interim, provisional, temporary
einstweilige Verfügung *f* 1. *(Pat)* interim injunction; 2. *(Recht)* temporary injunction
eintauschen *v* 1. *(Bö, Gesch)* trade in; 2. *(WiWi)* exchange, trade off
einteilen *v (Gesch)* classify, compartmentalize, grade
Einteilung *f* 1. *(Gesch)* classification, planning *(Arbeit)*; 2. *(Mgt)* subdivision
Eintrag *m (RW)* item • **einen ~ verbuchen** *(RW)* post an entry
eintragen *v* 1. *(Bö)* post; 2. *(Gesch)* fill in *(Datum, Name)*; 3. *(RW)* record, post; 4. *(Recht, Verw)* register *(Firmennamen)*
einträglich *adj (Gesch)* profitable, rewarding, remunerative
Eintragung *f* 1. *(Gesch)* booking, enrol(l)ment, registration; 2. *(Pat)* registration *(amtliche)*; 3. *(Verw)* entry, registration
Eintragungsdatum *n (Pat)* date of registration
eintreibbar *adj (Fin, Gesch, St)* unrecoverable
eintreiben *v* 1. *(Fin, Gesch)* collect, exact, recover *(Schulden)*; 2. *(St)* levy
Eintreibung *f* 1. *(Fin, Gesch)* collection, recovery *(Kosten)*; 2. *(St)* levy
Eintritt *m* 1. *(Bö)* entry; 2. *(Gesch)* admission, admittance, entrance, entrance fee
Eintrittsalter *n (Vers)* age at entry
Eintrittsgeld *n (Gesch)* admission fee, entrance, entrance fee
Eintrittsvoraussetzung *f (Pol, WiWi)* prerequisite for entry, prerequisite for accession *(EU)*
Einvernehmen kommen/zu einem *(Gesch)* come to an understanding
einvernehmlich *adj (Gesch)* amicable
einverstanden sein *(Gesch)* agree
Einverständnis *n (Recht)* consent
Einwand *m (Gesch)* objection • **einen ~ anmelden** *(Recht)* enter a plea • **einen ~ erheben** *(Gesch)* make [raise] an objection
Einwanderer *m (Verw, WiWi)* immigrant
Einwanderung *f (Verw, WiWi)* immigration
einwandfrei *adj (Gesch)* accurate, sound, watertight *(Plan, Argument)*
einwandfreie Übergabe *f (Bö)* good delivery
einwandfreier äußerer Zustand *m* **der Waren** *(Trans)* apparent good order of the goods
Einweg... *(Umw)* nonreusable, disposable, non-returnable *(Verpackung)*
Einwegkommunikation *f (Komm)* one-way transmission, simplex
Einwegverpackung *f (V&M)* disposable packaging, nonreturnable packaging
einweisen *v (Pers)* assign
Einweisung *f (Mgt)* briefing
einwenden *v* 1. gegen; 2. *(Recht)* object to
einwilligen *v (Gesch)* consent
Einwilligung *f (Gesch)* assent, acceptance
einwirken *v* 1. auf; 2. *(Gesch)* affect, influence
Einwohner(in) *m(f) (Gesch)* inhabitant
Einwohnermeldeamt *n (Verw)* registration office
einzahlen *v (Bank)* pay in, bank
Einzahlung *f (RW)* deposit
Einzahlungsbeleg *m* 1. *(Bank) (AE)* pay-in slip, *(BE)* paying-in form; deposit receipt; 2. *(Fin)* credit memorandum, credit slip
Einzel... *(Gesch)* individual, single, sole
Einzelabschluss *m (Fin, RW)* single-entity financial statement(s)
Einzelangaben *fpl (Bank, Stat, WiWi)* figures relating to individual enterprises *(Statistik, ZB)*
Einzelanleger(in) *m(f) (Bö)* individual investor
Einzelauftrag *m (Gesch)* individual order
Einzelbewertung *f (Verw)* individual assessment
Einzelfirma *f (Gesch)* individual firm, sole proprietorship, sole trader
Einzelhandel *m* 1. *(Ind)* retail trade, retailing; 2. *(V&M)* retail business
~ **ohne Ladengeschäft** *(V&M)* nonstore retailing
Einzelhandels... *(V&M)* retail
Einzelhandelsbetrieb *m (WiWi)* retail business

Einzelhandelsgenossenschaft *f (V&M)* retail cooperative, retailers' cooperative
Einzelhandelsgeschäft *n (V&M)* retail store
Einzelhandelsgewerbe *n (Ind)* retail trade
Einzelhandelsgewinnspanne *f (V&M)* retail margin
Einzelhandelskette *f (V&M)* store group
Einzelhandelsnetz *n (V&M)* retail network
Einzelhandelsumsätze *mpl (Fin)* retail sales
Einzelhandelszentrum *n (Gb) (AE)* retail center, *(BE)* retail centre
Einzelhändler(in) *m(f) (V&M)* retail trader, retailer
Einzelheit *f (Gesch)* detail, particular
Einzelheiten *fpl (Gesch)* details, particulars, minutiae • **die ~ auslassen [übergehen]** *(Gesch)* skip the details • **die ~ bekannt geben** *(Gesch)* announce the details
Einzelkaufmann *m* 1. *(Gesch)* sole trader; 2. *(Mgt)* sole proprietor
Einzelkosten *pl (RW)* direct expense [cost]
einzeln *adv (Gesch)* individually, singly • **~ angefertigt** *(Gesch)* one-off • **~ aufgeführt** *(Gesch)* specified
~ **aufgeführte Abzüge** *mpl (St)* itemized deductions
einzeln *adj (Gesch)* single, individual
Einzelnachweis *m (EDV, Komm, Recht)* detailed record • **~ aufführen** *(Gesch)* itemize *(Rechnung)* • **Einzelnachweise erstellen** *(EDV, Komm, Recht)* establish detailed records *(IuKDG)*
Einzelperson *f (Gesch, Pers)* individual
Einzelpreis *m (V&M)* unit price
einzelstaatlich *adj (Gesch)* national
Einzelteil *n (Ind)* component part
Einzelunternehmen *n (Gesch)* individual firm
Einzelunternehmer(in) *m(f) (Gesch)* (sole) proprietor
einziehen *v (Bö, Gesch)* collect
Einziehung *f* 1. *(Bank, Fin, Bö)* collection; 2. *(St)* collection of public money *(öffentlicher Gelder)*
~ **einer Forderung** *(RW, Recht)* collection of a claim
~ **eines Rechnungsbetrages** *(RW)* collection of a bill
einzig *adj (Gesch)* single
einzigartig *adj (Gesch)* unique
einzigartiges Verkaufsargument *n (V&M)* unique selling proposition *(USP) (Alleinstellungsmerkmal)*
~ **Verkaufsversprechen** *n (V&M)* unique selling proposition *(USP) (Alleinstellungsmerkmal)*
Einzug *m (Bank, RW)* collection
Einzugsbereich *m (V&M)* catchment area
Einzugsermächtigung *f (Bank, Fin)* direct debit authorization
Einzugsliquidität *f (Fin)* acid test, net quick ratio *(Liquidität zweiten Grades)*
Einzugstermin *m (Gb)* completion date
Einzugsverfahren *n* 1. *(Bank)* direct debit; 2. *(Fin)* automatic debit transfer system, direct debit
eisern durchgreifen *(Mgt, Pol)* take drastic action
eiserner Bestand *m (Gesch, Ind)* base stock *(Lagerwirtschaft)*
EKR *s.* Eigenkapitalrentabilität
elastische Nachfrage *f (WiWi)* elastic demand
elastisches Angebot *n (WiWi)* elastic supply
Elastizität *f (WiWi)* elasticity
~ **der Arbeitskräftenachfrage** *(Pers, WiWi)* elasticity of labo(u)r demand
~ **des Arbeitskräfteangebots** *(Pers, WiWi)* elasticity of labo(u)r supply
elektrischer Strom *m (Ind, Umw)* electric current, electric power, electricity
Elektronik *f (Ind)* electronics
elektronisch abrufbar *adj (Komm)* electronically accessible
elektronische Abwicklung *f* **von Bankgeschäften** *(Bank)* electronic banking
~ **Bankleistungen** *f (Bank)* electronic banking
~ **Bestellung** *f (EDV, V&M)* teleordering
~ **Bezahlung** *f (EDV, Komm, V&M)* e-payment
~ **Datenverarbeitung** *f* electronic data processing (system), EDP
~ **Form** *f (EDV, Komm, Recht)* electronic form *(z.B. digitale Unterschrift)*
~ **Geldbörse** *f (EDV, Komm, V&M)* electronic purse, electronic wallet, wallet
~ **Geldkartenzahlung** *f (Bank)* POS-banking
~ **Medien** *npl (V&M)* electronic media
~ **Post** *f (EDV, Verw)* electronic mail, e-mail

~ **Signatur** *f (EDV, Komm, Recht)* electronic signature
~ **Steuererklärung** *f (Elster) (EDV, St)* electronic tax return
~ **Überweisung** *f (Bank) (BE)* automatic transfer service
~ **Unterschrift** *f (EDV, Recht)* electronic signature
~ **Zahlung** *f (EDV, Komm, V&M)* e-payment
elektronischer Dokumentenaustausch *m (Komm)* electronic document interchange
~ **Geschäftsverkehr** *m (EGG) (EDV, Komm, V&M)* e-business
~ **Handel** *m (E-Commerce) (EDV, Komm, Med)* e-commerce
~ **Zahlungsverkehr** *m (Bank, Fin, Verw)* automatic funds transfer, electronic funds transfer
elektronisches Bauelement *n (EDV, Ind)* electronic component
~ **Beschaffungswesen** *n (Gesch, Ind, Verw)* E-procurement
~ **Formular** *n (EDV, Recht)* e-form
~ **Geld** *n (Bank, EDV, WiWi)* e-money
~ **Geschäft** *n (E-Business) (EDV, Komm, Med)* e-business
~ **Lernen** *n (EDV, Komm, Med)* e-learning *(Internet)*; distance learning *(Fernunterricht)*; telelearning *(Multimedia)*
Elektrotechnik *f (Ind)* electrical engineering
Elite *f* 1. *(Gesch)* elite; 2. *(Pers) (ugs.)* cream of the crop *(Kandidaten, Mitarbeiter)*
E-Mail *f (EDV, Gesch)* e-mail, electronic mail *(Datenübertragung)*
E-Mail-Werbung *f (Komm, Med, V&M)* e-mail advertising
Embargo *n (Gesch, AH, Trans)* embargo
Emission *f* 1. *(Bank)* issue *(Geld)*; 2. *(Bö)* issue *(Aktien)*; 3. *(Fin)* issue; 4. *(Umw)* emission *(von Gasen)* • **eine ~ begeben** *(Bö)* launch an issue • **eine ~ übernehmen** *(Bö)* take over an issue • **eine ~ zeichnen** *(Fin)* subscribe to an issue
~ **eines Schuldtitels** *(Bank)* note issue
~ **von Gratisaktien** *(Bö)* capitalization issue, cap issue
~ **von Kommunalschuldverschreibungen** *(Bank)* municipal bond offering
~ **von Stammaktien** *(Bö)* equity issue
Emissionsagio *n (Bö)* issue premium
Emissionsanzeige *f (Fin)* tombstone ad
Emissionsdisagio *n (Bö, Fin)* original issue discount, OID
Emissionserlös *m (Fin)* proceeds of an issue
Emissionsgebühr *f (Umw)* emission fee *(Verschmutzung)*
Emissionsgewinn *m (Fin)* underwriting profit
Emissionskonditionen *fpl (Fin)* terms of issue
Emissionskonsortium *n (Fin)* underwriting syndicate
Emissionskosten *pl* 1. *(Bö)* flotation cost; 2. *(Fin)* cost of issue
Emissionskurs *m (Bö)* issue price, offering price
Emissionsprospekt *m (Fin)* (underwriting) prospectus
Emissionsüberhang *m (Bö)* placing backlog
Emissionsübernahmekonsortium *n (Fin)* underwriting syndicate
Emissionsvertrag *m (Bank)* underwriting agreement
Emittent *m (Bank, Bö, Fin)* issuer, issuing company
emittieren *v (Bank, Bö, Fin)* issue *(Wertpapiere)*
emittierende Gesellschaft *f (Bö)* issuing company
emittiert *adj (Bank, Bö)* issued
Empfang *m (F&T, Gesch)* reception (area) • **den ~ von etw. bestätigen** *(Gesch, Komm)* acknowledge receipt of sth • **den ~ durch Brief bestätigen** *(Komm)* acknowledge receipt by letter
empfangen *v (Gesch)* receive
Empfänger(in) *m(f)* 1. *(AH, Trans)* consignee; 2. *(Komm)* addressee; 3. *(Pers)* receiver
~ **von Leistungen** *(Soz)* person in receipt of benefit, person drawing benefit, recipient of benefit, benefit recipient, claimant
Empfängerbank *f (Bank)* beneficiary bank, recipient bank, receiving bank
Empfangsberechtigte(r) *f(m) (Gb)* beneficiary
Empfangsbescheinigung *f* 1. *(Gesch)* receipt; 2. *(Komm)* advice of delivery; 3. *(Pat)* receipt of documents

Empfangsbestätigung *f (Gesch, Komm)* acknowledgement, acknowledgement of receipt
Empfangsdatum *n* 1. *(Gesch)* date of receipt; 2. *(Trans)* delivery date
empfehlen *v (Gesch)* advise, recommend
empfehlenswert *adj (Gesch)* advisable
Empfehlung *f (Gesch)* recommendation
Empfehlungsschreiben *n* 1. *(Komm)* letter of introduction; 2. *(Pers)* letter of recommendation
Empirie *f (WiWi)* empirics
empirisch *adj (Gesch, Stat)* empirical
emporschnellen *v (Gesch)* shoot up, *(ugs.)* rocket; soar *(Preise)*
en gros verkaufen *(V&M)* sell in bulk
End... *(Gesch)* end, final
Endabnahme *f (Gesch)* final acceptance [inspection] *(von Waren)*
Endabnehmer(in) *m(f) (WiWi)* end consumer, end-user
Endabrechnung *f (RW)* final accounts
Endalter *n (Vers)* age at expiry
Endbestand *m (RW)* closing inventory, ending inventory, final balance
Ende *n* 1. *(Gesch)* end, tail, expiration *(der Liste)*; 2. *(V&M)* final • **das dann zu ~ gegangene Geschäftsjahr** *(RW) (BE)* financial year then ended, *(AE)* fiscal year then ended • **zu ~ bringen** *(Gesch)* bring to an end, wrap up, wind up *(Produktion)* • **am oberen ~** *(Gesch)* at the top end • **am ~ des Tages** *(Gesch)* at the end of the day • **zu ~ verfolgen** *(Mgt)* follow through *(Projekt)*
~ des Finanzjahres *(RW)* end of financial year
Endempfänger(in) *m(f) (Gesch)* end-user
Endergebnis *n (Fin, Gesch, WiWi)* end result, net result, *(ugs.)* bottom line
endfällige Anleihe *f (Bank)* bullet
Endgewinn *m (Fin, RW) (ugs.)* bottom line
endgültig *adj* 1. *(Gesch)* absolute, conclusive, final; 2. *(Recht)* absolute
endgültige Vereinbarung *f (St) (AE)* closing agreement
endgültiger Bescheid *m (Gesch)* final notice
Endkorrektur *f (Med)* final proof
endliche Anzahl *f (Stat)* finite number
endlicher Rohstoff *m (Umw, WiWi)* depletable resource
Endnachfrage *f (WiWi)* final demand
endogene Variable *f (WiWi)* endogenous variable
Endprodukt *n* 1. *(Gesch)* final product; 2. *(WiWi)* final good
Endsaldo *m* 1. *(Bank)* closing balance; 2. *(RW)* final balance
Endtermin *m* 1. *(Gesch)* target date; 2. *(Recht)* final deadline
Endverbrauch *m (AH)* end use
Endverbraucher(in) *m(f)* 1. *(Gesch, V&M)* ultimate consumer; 2. *(WiWi)* end consumer, end-user
Endverlust *m (Fin, RW) (ugs.)* bottom line
Endwert *m (Bank, Fin)* accumulated value
energetische Rohstoffe *mpl/nicht (Ind, Umw, WiWi)* non-energy raw materials, raw materials (excluding energy)
Energie *f (Ind)* energy, power
Energieeinsparung *f (Gesch, Umw)* energy saving, energy conservation, energy efficiency
Energieerzeugung *f (Ind)* power generation
Energiekonzern *m (Ind, Umw)* energy group, energy conglomerate, energy company
Energienachfrage *f (WiWi)* energy demand
Energienutzungsgrad *m (Gesch, Umw)* energy efficiency
Energieressourcen *fpl (Umw)* energy reserves, energy resources
Energierückgewinnung *f (Umw)* energy recovery
Energiesparen *n (Umw)* saving energy, conservation of energy
energiesparend *adj (Umw)* energy-saving
Energieversorgung *f (Gesch)* energy supply
Energievorräte *mpl (Ind, Umw)* energy reserves
Energiewerte *mpl (Bö)* utilities
energisch *adj (Gesch)* stringent *(Maßnahme, Programm)*; vigorous *(Protest, Maßnahme)*
energische Verkaufstechnik *f (V&M)* hard sell, aggressive selling
eng *adj (Gesch)* close • **in die engere Auswahl kommen** *(Gesch, Pers)* be shortlisted *(Bewerbung)* • **in die engere Auswahl nehmen** *(Gesch, Pers)* shortlist
~ definierte Geldmenge *f (WiWi)* narrowly defined money supply

~ **gefasste Geldmenge** *f (Bank, WiWi)* narrowly defined money supply, narrow money *(EZB, M1)*
Engagement *n* 1. *(F&T)* commitment; 2. *(Gesch)* booking, engagement *(Handelsposition an Börse)*
~ **des Personals** *(Pers)* staff commitment *(Arbeit)*
engagiert 1. *(Bö, Fin)* exposed; 2. *(Gesch)* committed, engaged • **sich ~ einsetzen für** *(Pol)* be a strong supporter of
enger Markt *m (Bö)* narrow market, tight market
Engpass *m (Gesch, WiWi)* bottleneck • **die Engpässe beseitigen** *(Verw, WiWi)* debottleneck
Engpassfaktor *m (WiWi)* constraining factor
Engrosverkauf *m (Gesch)* wholesale business
enteignen *v (Recht, Verw)* expropriate
Entfaltung *f (Gesch)* development, growth
entfernt *adj (Gesch)* aloof, remote, eliminated
Entfernung *f* 1. *(Gesch)* removal, elimination; 2. *(Trans)* distance
entflechten *v (Gesch)* unscramble *(Konzern)*; unbundle *(Preise)*
Entflechtung *f* 1. *(Gesch)* unbundling *(Preise)*; *(ugs.)* trustbusting *(Trusts)*; 2. *(WiWi)* demerger
entfusionieren *v (Gesch, WiWi)* demerger
Entgegenkommen *n (Gesch)* accommodation *(Zugeständnis)*
entgegenwirkend *adj (Gesch)* adverse
Entgelt *n* 1. *(Bö)* financial reward; 2. *(WiWi)* compensation • **als ~ für** *(Gesch)* as a reward for • **gegen ~** *(V&M)* for a fee, subject to a fee
entgeltlich *adj (Gesch)* against payment *(ZB)*
Entgeltvereinbarung *f (WiWi)* compensation agreement
Enthaltung *f (Gesch, Pol)* abstention
enthüllen *v (Gesch)* bring to light, unveil *(Plan)*
entladen *v* 1. *(Ind)* offload; 2. *(Trans)* unload
entlassen *v* 1. *(Gesch)* shed *(Arbeitskräfte)*; 2. *(Pers) (BE)* make redundant; lay off, dismiss, *(ugs.)* fire, discharge, *(ugs.) (BE)* sack *(Arbeitskräfte)* • **jmdn. ~** *(Pers) (ugs.) (BE)* give sb his cards, *(ugs.) (BE)* give sb the sack
Entlassung *f (Pers)* dismissal, *(ugs.)* firing, *(ugs.) (BE)* sack *(Arbeit)*
~ **aus triftigem Grund** *(Pers)* fair dismissal, just cause dismissal
Entlassungsabfindung *f (Gesch)* redundancy payment, termination benefits, severance pay
Entlassungsgehalt *n (Pers)* dismissal wage
Entlassungsgrund *m (Pers)* grounds for dismissal
Entlassungspapiere *pl (Pers) (ugs.) (AE)* pink slip, *(ugs.) (BE)* cards
Entlassungsschreiben *n (WiWi) (ugs.) (AE)* pink slip
Entlassungszahlung *f (Pers)* lay-off pay
entlasten *v* 1. *(Bank, Recht)* exculpate; 2. *(St)* relieve
Entlastung *f (St)* relief
entlohnen *v (Pers)* remunerate, pay
Entlohnung *f (Gesch)* remuneration, payment
~ **in Sachwerten** *(Gesch)* payment in kind *(Sachbezug)*
Entnahme *f* 1. *(Fin)* withdrawl *(Kapital)*; 2. *(Ind)* sampling
entnehmen *v (Bank)* withdraw, draw [take] from
Entrichtung *f (Fin)* payment
entschädigen *v* 1. *(Gesch, Pat)* reimburse; 2. *(Pers)* compensate; 3. *(Recht, Vers)* compensate, indemnify; 4. *(WiWi)* compensate
Entschädigung *f* 1. *(Gesch, Pat)* damages, reimbursement; 2. *(Pers, WiWi)* compensation; 3. *(Recht)* compensation, indemnity, redress; 4. *(Vers)* compensation, indemnity
Entschädigungsanspruch *m (Recht)* claim of compensation, indemnity claim, right of recovery *(Regressanspruch)*
Entschädigungsvertrag *m (Vers)* contract of indemnity
entschärfen *v (Pers)* defuse
Entscheid *m (Recht)* decision, ruling, order, award
entscheiden *v* 1. *(Gesch)* adjudicate, decide; 2. *(Recht)* find • **sich dagegen ~** *(Gesch)* opt out • **sich ~ für** *(Mgt)* opt for
entscheidend *adj (Gesch, Mgt, Pers)* decisive

Entscheidung *f* 1. *(Gesch)* decision; 2. *(Recht)* ruling *(Entscheid)* • **eine ~ anfechten** *(Recht)* appeal against a decision • **eine ~ aufschieben** *(Gesch)* shelve a decision • **eine ~ fällen [treffen]** *(Gesch, Mgt)* make a decision • **eine spontane ~ treffen** *(Gesch)* make a snap decision

~ über Eigenfertigung oder Kauf *(Gesch)* make-or-buy decision

Entscheidungsbaum *m (Mgt, Pers)* decision tree

Entscheidungsprozess *m (Mgt)* decision process, decision-making process

Entscheidungsstrukturen *fpl (Ind, Mgt, Pol, Verw)* governance

Entscheidungsträger(in) *m(f) (Gesch, Mgt)* decision maker, decision-making unit

entschieden *adj (Gesch)* decided • **noch nicht ~** *(Gesch)* pending

Entschluss *m (Gesch)* resolution, resolve

entschlüsseln *v (Gesch, Komm)* decrypt, decode unscramble

entschlussfreudig *adj (Gesch)* decisive

Entschuldung *f (Fin)* debt relief

Entsorgung *f* 1. *(Gesch)* refuse disposal *(Müll)*; 2. *(Umw)* disposal

Entsorgungssysteme *f (Umw)* disposal systems, waste disposal systems

Entsparen *n (WiWi)* dissaving, negative saving

entsprechen *v (Gesch)* correspond to, fit *(Erfordernissen)*; comply with *(Normen)*; match, conform *(Vorjahreszahlen)*

entsprechend *adj (Gesch)* commensurate, corresponding, in line with, analogous *(Erwartungen)*

entsprechend *adv (Gesch)* accordingly

entstaatlichen *(Gesch, WiWi)* privatize

entstanden *adj (RW)* accrued, incurred *(Kosten)*

entstandene Aufwendungen *fpl (RW)* incurred expenses

~ Kosten *pl (RW)* incurred costs

entstandener Schaden *m (Vers, Trans)* damage done *(DD)*

entstehen *v (Fin, Gesch, RW)* accrue *(Kosten)*

entwerfen *v* 1. *(Gesch)* plan, sketch, design, outline; 2. *(Recht)* draft

entwerten *v (RW, WiWi)* depreciate

Entwertung *f (WiWi)* depreciation, invalidation

entwickeln *v (Gesch)* develop • **sich sehr schnell ~** *(WiWi)* boom

entwickelte Volkswirtschaft *f (WiWi)* developed economy

entwickelter Markt *m (V&M)* developed market

Entwicklung *f* 1. *(EDV)* development; 2. *(Gesch)* advancement, evolution *(Ertrag)*; 3. *(Ind)* development; 4. *(V&M)* development, trend *(eines Produkts)*; 5. *(WiWi)* development, trend

~ einer Eigendynamik *f (WiWi)* self-fulfilling prophecy

entwicklungsfähig *adj (Gesch)* capable of development, viable

Entwicklungshilfe *f* 1. *(Bank)* aid; 2. *(WiWi)* budget payment, development aid [assistance], donor aid, economic aid *(wirtschaftlich)*

Entwicklungspotenzial *n (Gesch)* development potential

Entwicklungsrichtung *f* 1. *(Gesch)* tendency; 2. *(WiWi)* direction *(des Zinsniveaus)*

Entwicklungstendenz *f (Gesch)* tendency

Entwurf *m* 1. *(EDV)* draft *(Drucker)*; 2. *(Gesch)* sketch, design, outline; 3. *(RW)* layout; 4. *(Recht)* draft

~ des Haushaltsplans *(RW)* draft budget

Entwurfsphase *f (Recht)* draft stage

entzerren *v (Gesch)* correct a distorted pattern in, rectify *(Preiszinsstruktur)*

entziehen *v (Gesch, Fin, WiWi)* withdraw

entziffern *v (Gesch)* decipher

Entzug *m (WiWi)* drain *(Kaufkraftentzug)*

erarbeiten *v (Mgt)* prepare

Erarbeitung *f (Mgt)* preparation *(Bericht)*

Erbanteil *m (Recht)* share of the inheritance

Erbe *m (Recht)* heir

Erbe *n (Recht)* inheritance *(Nachlass)*

erben *v (Recht)* inherit

Erbfall *m (Recht)* devolution, inheritance *(Vermögen)*

Erbin *f (Recht)* heiress

erbitten *v (Gesch)* solicit, seek *(Bootätigung)*

Erblast *f* 1. *(Gesch)* unwelcome legacy; 2. *(Pol)* inherited burden, historic burden

Erbpacht *f* 1. *(Gb)* hereditary lease; 2. *(Recht)* rental right

Erbrecht *n (Recht)* succession law

erbringen *v (Recht)* adduce, produce, effect *(Beweismaterial)*
Erbringung *f* **von Dienstleistungen** 1. *(Gesch)* performance of services, rendering of services, service delivery; 2. *(WiWi)* supply of services
Erbschaft *f (Fin)* inheritance
Erbschaftssteuer *f* 1. *(Fin)* inheritance tax; 2. *(Recht)* probate duty *(bei Testamentserbfolge)*; 3. *(St) (BE)* inheritance tax, *(BE)* death duty, *(BE)* legacy duty, *(AE)* estate [legacy] tax
Erbschaftssteuererklärung *f (St)* inheritance tax return
Erbschafts- und Schenkungssteuer *f (St) (BE)* capital transfer tax
Erde *f (Umw)* earth, planet earth
Erderwärmung *f (Umw)* global warming
Erdgas *n (Umw)* natural gas
erdgebunden *adj (Gesch, Med)* terrestrial *(übertragungstechnik, Funk, Fernsehen)*
Erdöl *n (Ind, Umw)* oil, petroleum
Erdölfeld *n (Ind, Umw)* oilfield
Erdölindustrie *f (Ind, Umw)* oil industry, petroleum industry
Erdölwerte *mpl (Bö)* oils
ERE *s.* Europäische Rechnungseinheit
Ereignis *n (Gesch)* event
~ **nach dem Bilanzstichtag** *(RW)* post-balance-sheet event
erfahren *adj* 1. *(Gesch)* seasoned, experienced; 2. *(Pers)* experienced, expert *(Arbeit, Laufbahn)*
erfahren *v (Gesch)* experience
Erfahrung *f* 1. *(Gesch)* experience; 2. *(Pers)* background, expertise
Erfahrungsaustausch *m (Gesch)* exchange of know-how
Erfahrungsbericht *m (Med)* report
erfassen *v (Gesch)* record, collect *(Daten)*
Erfassung *f* 1. *(Gesch)* collection; 2. *(Verw)* coverage
~ **von Geschäftsvorfällen** *(WiWi)* recording of business transactions
Erfassungsbereich *m (Gesch)* scope of coverage
erfinden *v (Ind, Pat)* invent
Erfinder(in) *m(f) (Ind, Pat)* inventor
erfinderisch *adj (Ind, Pat)* inventive
Erfindung *f* 1. *(Gesch)* brainchild; 2. *(Ind, Pat, WiWi)* invention
Erfindungshöhe *f (Pat)* inventive step
Erfolg *m (Gesch)* success • ~ **haben** *(Gesch)* succeed
erfolglose Bewerbung *f (Pers)* unsuccessful job application *(Stellensuche)*
erfolgreich *adj (Gesch, V&M)* successful • ~ **sein** *(Gesch)* succeed
erfolgreiches Unternehmen *n (WiWi)* going business, successful venture *(Projekt)*
Erfolgsaussicht *f (Gesch)* viability
Erfolgsbeteiligung *f (Fin, Pers, RW)* profit-sharing
Erfolgsgeschichte *f* **eines Unternehmens** *(Bö, Gesch)* equity story *(New Economy)*
Erfolgshonorar *n* 1. *(Gesch)* contingent fee; 2. *(Verw)* incentive fee
Erfolgskennzahl *f (Fin)* profitability ratio
Erfolgskriterium *n (WiWi)* measure of performance
Erfolgsquote *f (Pers, Soz)* success rate, rate of success *(Bildung, Maßnahme)*; pass rate *(Prüfungen)*
Erfolgszurechnung *f (Pers)* allocation of earnings *(Gewinn- und Verlustrechnung, Bilanz, Steuern)*
erforderliche Investitionsrendite *f (Fin)* hurdle rate of return
~ **Kapitaldecke** *f (Bank)* capital adequacy
erfordern *v (Gesch)* require, necessitate
Erfordernis *n (Gesch)* requirement, prerequisite
erfüllen *v* 1. *(Gesch)* meet *(Anforderungen)*; comply with *(Formalitäten, Bedingungen)*; perform *(Pflicht, Aufgabe)*; hono(u)r *(seine Verpflichtungen)*; fulfil(l) *(Verpflichtungen)*; 2. *(Recht)* complete, execute; 3. *(Verw)* excute • **Forderungen** ~ *(Mgt)* meet demands
~**/nicht** *(Gesch)* fall short of *(Erwartungen)*
Erfüllung *f* 1. *(Gesch)* compliance, performance; 2. *(Recht)* execution, performance; 3. *(V&M)* fulfil(l)ment
Erfüllungsfrist *f (Recht)* completion deadline *(Vertragsrecht)*
Erfüllungshindernis *n (WiWi)* obstacle of performance
Erfüllungskosten *pl (RW, Umw)* compliance costs
Erfüllungsort *m* 1. *(Recht)* place of performance *(Vertragsrecht)*; 2. *(Trans)* place of delivery
Erfüllungstag *m (Bö)* settlement day

ergänzen *v* 1. *(Gesch)* supplement, complement, complete; 2. *(Recht)* supplement
ergänzend *adj* 1. *(Gesch)* complementary, ancillary; 2. *(Pat)* supplementary
ergänzt *adj (Gesch)* completed, supplemented
Ergänzung *f* 1. *(Gesch)* add-on, addition, supplement; 2. *(Pat)* amendment
Ergänzungsabgabe *f (Gesch)* surcharge
Ergänzungskapital *n (Bank, Fin)* supplementary capital, additional capital; tier-2-capital *(Baseler Bankenausschuss)*
Ergänzungsrendite *f (Bö)* add-on yield
Ergebnis *n* 1. *(Fin)* performance; 2. *(Gesch)* outcome, result • **als ~** *(Gesch)* as a result • **das ~ abwarten** *(Gesch)* sit on the fence • **über seine Ergebnisse berichten** *(Gesch)* report one's findings • **Ergebnisse erzielen** *(Gesch, Pers)* get results
~ **je Aktie** *(Bank, Fin)* earnings per share
~ **vor Ertragsteuern und Zinsen** *(Fin, RW)* earnings before interest and tax(es), EBIT, Ebit, profit before interest and tax, operating income, operating profit, trading profit
~ **vor Zinsen und Steuern** *(Fin, RW)* earnings before interest and tax(es), EBIT, Ebit, profit before interest and tax, operating income, operating profit, trading profit
Ergebnisanalyse *f (Fin, WiWi)* performance analysis
Ergebniseinheit *f (Fin, Mgt, WiWi) (AE)* profit center, *(BE)* profit centre
Ergebnisrechnung *f (RW)* operating [earnings] statement *(GuV)*
Ergiebigkeit *f* 1. *(Gesch)* abundance, plentifulness; 2. *(Ind, WiWi)* productivity *(des Faktoreinsatzes)*
ergonomisch konstruiert *adj (Ind)* ergonomically-designed *(Arbeitsplatz)*
Erhalt *m (Gesch)* receipt • **bei ~ von** *(Gesch)* on receipt of
erhalten *v* 1. *(Gesch)* gain, obtain, receive; 2. *(Pat)* obtain; 3. *(Recht)* recover, obtain *(Genehmigung)*; 4. *(Umw)* preserve *(bewahren)* • **~ haben** *(Gesch)* be in receipt of *(Brief, Zahlung)* • **nicht ~** *(Bö)* fail to receive
erhaltlich *adj (Gesch)* available, obtainable
Erhaltung *f (Umw)* conservation, preservation *(von Lebensräumen)*
~ **von Arbeitsplätzen** *(Pers, Soz)* safeguarding jobs, safeguarding existing jobs, maintaining jobs, maintaining existing jobs, employment protection
Erhaltungsaufwand *m (St)* maintenance expenditures
erheben *v* 1. *(Gesch)* survey *(Daten)*; 2. *(Stat)* ascertain; 3. *(Recht)* submit *(Anspruch, Forderung)*; 4. *(St)* levy *(Steuern, Gebühren)*; 5. *(WiWi)* ascertain
erheblich *adj* 1. *(Gesch)* considerable, substantial; 2. *(WiWi)* sizeable
erhebliches Risiko *n (Bö)* substantial risk
Erheblichkeit *f (RW)* materiality, relevance
Erhebung *f* 1. *(Fin)* levy; 2. *(Gesch)* survey, collection; 3. *(AH)* levy *(Abgaben, Zollgebühren)*; 4. *(V&M)* survey • **eine ~ durchführen** *(Stat, Pers)* carry out a survey, conduct a survey
Erhebungszeitraum *m (Stat)* survey period, enquiry period, inquiry period
erhöhen *v (Gesch, V&M)* advance, step up *(Produktion)*; increase *(Preis, Produktion)*; *(ugs.)* jack up *(Preise)*; raise *(Wert)*; heighten *(Wirkung)*
erhöht *adj (Gesch)* advanced, increased
erhöhte Grundlage *f (St)* stepped-up basis
erhöhter Wert *m (Gesch)* increased value
erhöhtes Risiko *n (Vers)* abnormal risk
Erhöhung *f* 1. *(Fin) (AE)* raise, *(BE)* rise; 2. *(Gesch)* boost, increase, advance
~ **des Kapitals** *(WiWi)* capital increase
erholen v/sich 1. *(Bö)* rally; 2. *(Gesch)* revive; 3. *(WiWi)* pick up, recover *(Wirtschaft)*
Erholung *f* 1. *(Bö)* rallying; 2. *(WiWi) (ugs.)* pick-up • **die ~ ist im Gang** *(WiWi)* the recovery is under way
~ **am Rentenmarkt** *(Bö)* bond market rally
Erinnerung *f (Gesch)* reminder
Erinnerungsschreiben *n (Komm)* follow-up letter *(nachfassen)*
Erinnerungstest *m (V&M)* aided recall test
erkennbarer Mangel *m (Recht)* apparent defect *(Vertragsrecht)*
Erkenntnis *f (Mgt)* cognition
Erkennungsmelodie *f (Med, V&M)* signature tune, theme tune jingle
Erkennungsverzögerung *f (WiWi)* recognition lag
erklären *v* 1. *(Gesch)* explain; 2. *(AH, St)* declare *(anmelden)*

erklärende Variable *f (Stat)* explanatory variable
Erklärung *f* 1. *(Gesch)* declaration, statement, explanation; 2. *(Med, Pol)* statement • **eine ~ abgeben** *(Med)* put out a statement • **eine eidesstattliche ~ abgeben, dass** *(Recht)* swear an affidavit that
Erklärungsansatz *m (WiWi)* explanatory approach
Erklärungsfrist *f (Bö)* exercise deadline
erkundigen *v (V&M)* enquire
Erkundigung *f (V&M)* enquiry • **Erkundigungen einziehen** *(Mgt, V&M)* make enquiries
erlangen *v (Gesch)* acquire, obtain, gain
Erlass *m* 1. *(Pol)* decree; 2. *(Recht)* remission, enactment, release, remittal *(einer Strafe, von Schulden)*
erlassen *v* 1. *(Fin)* waive, release; 2. *(Recht)* enact, legislate *(Gesetz)*; abate *(Strafe)*
Erlassung *f* **einer Schuld** *(Fin)* waiving of a debt
erlauben *v* 1. *(Bank, Gesch, Pat)* allow; 2. *(Recht)* allow, permit
Erlaubnis *f* 1. *(Bank, Gesch, Pat)* authorization; 2. *(Recht)* permit, *(BE)* licence, *(AE)* license
erlaubt *adj* 1. *(Gesch)* admissible, allowable, authorized, licensed; 2. *(Recht)* permitted
erlaubte Fangquote *f (Pol, WiWi)* allowable catch
erläutern *v (Gesch)* comment, explain
Erläuterung *f (Gesch)* commentary, explanation
erleben *v (Gesch)* experience, undergo
erledigen *v (Gesch)* attend to, settle • **etw. ~** *(Gesch)* arrange for sth to be done
Erledigung *f (Gesch)* settlement, discharge, dispatch *(Pflicht)*
erleichtern *v* 1. *(Gesch, Trans)* facilitate; 2. *(WiWi)* ease *(Kreditbedingungen)*
erleiden *v* 1. *(Gesch, Pat)* suffer; 2. *(RW)* sustain; 3. *(WiWi)* suffer *(Schaden)* • **einen Fehlschlag ~** *(Gesch)* suffer a setback
Erliegen kommen/zum *(Ind)* come to a standstill
erlittener Verlust *m (Recht)* loss suffered
Erlös *m (Gesch)* proceeds, revenue
erlöschen *v* 1. *(Gesch, RW)* lapse; 2. *(Recht)* discharge, expire
Erlöschen *n* 1. *(Gesch)* discharge; 2. *(RW)* lapse
ermächtigen *v (Gesch)* authorize, entitle
Ermächtigung *f* 1. *(Bank)* authorization; 2. *(Gesch)* authorization, power
Ermächtigungsschreiben *n (Gesch)* letter of authority
Ermangelung eines Gegenbeweises/in *(Recht)* in the absence of evidence to the contrary
ermäßigen *v (Gesch)* bring down, abate, reduce *(Preise, Inflationsrate)*
ermäßigte Steuer *f (St)* reduced tax
ermäßigter Beitrag *m (Pol, WiWi) (BE)* abated contribution *(EU)*
~ Satz *m (St)* reduced rate
Ermäßigung *f (Gesch)* abatement, reduction
Ermessen *n (Gesch)* discretion, judgement • **nach ~ von** *(Gesch)* at the discretion of
Ermessensgrenze *f (Bank)* discretionary limit
ermitteln *v* 1. *(Gesch)* ascertain, establish, investigate *(Preis)*; 2. *(WiWi)* ascertain
Ermittlung *f (Gesch)* ascertainment
~ des Bruttobetrags *(RW)* grossing-up
~ des Finanzbedarfs *(Fin, Mgt)* assessment of financial needs
Ermittlungsbefugnisse *fpl (Recht)* investigatory powers
ermutigen *v (Gesch)* encourage
Ernährer(in) *m(f) (WiWi)* breadwinner
ernannt *adj* 1. *(Gesch)* appointed; 2. *(Recht)* constituted *(Treuhänder)*
ernennen *v (Gesch, Recht)* appoint, nominate
Ernennungsschreiben *n (Gesch)* letter of assignment
erneuerbare Energien *fpl (Umw)* renewable energy
~ Ressourcen *fpl/nicht (Umw)* nonrenewable natural resources
~ Rohstoffe *mpl/nicht (Umw)* non-renewable resources, non-renewable raw materials, exhaustible resources
erneuerbarer Rohstoff *m (Umw, WiWi)* renewable resource
erneuern *v (Gesch)* renew, revive
Erneuerung *f (Gesch)* renovation, renewal
Erneuerungsschein *m (Bö)* talon

erneut überprüfen *(Gesch)* re-examine
ernstes Anzeichen *n (Gesch)* warning sign
Ernte *f* 1. *(Gesch)* crop; 2. *(Umw)* harvest; 3. *(WiWi)* yield, crop
erodieren *v (Umw)* erode
eröffnen *v* 1. *(Bank)* open *(Konto)*; 2. *(Gesch)* set up, start up *(Geschäft)* • **ein Konto ~ bei** *(Bank)* open an account with
Eröffnung *f (Bank, Bö)* opening
~ des Insolvenzverfahrens *(Fin, RW, Recht)* adjudication in bankruptcy
Eröffnungsbilanz *f (Bank, RW)* opening balance
erörtern *v (Gesch)* debate, discuss
ERP *s.* Europäisches Wiederaufbauprogramm
erpressen *v (Gesch)* blackmail, extort
Erpressung *f (Gesch)* blackmail, extortion
erprobt *adj (Gesch)* well-tried, seasoned
Erprobung *f (Gesch, V&M)* test, tryout
errechnen *v (Stat)* calculate
Errechnung *f (Stat)* calculation, computation
erregen *v (Gesch)* give rise to
erreichbar *adj (Gesch)* accessible *(Ort)*; achievable, obtainable *(Ziel)* • **nicht ~** 1. *(Gesch)* not available, unavailable; 2. *(Komm)* unobtainable
Erreichbarkeit *f (Gesch)* accessibility
erreichen *v (Gesch, Mgt)* achieve, attain, meet *(Ziel, Wachstum)* • **nicht zu ~** *(Gesch, Komm)* not available, unavailable *(Person)*
errichten *v (Gesch)* build up, construct, set up *(gründen)*; erect *(Zollschranken)*
Errichtung *f (Recht)* establishment
Errungenschaft *f (Gesch)* achievement
Ersatz *m* 1. *(Gesch)* replacement; 2. *(Recht, V&M)* substitute
Ersatzbedarf *m (Pers, WiWi)* replacement requirement, replacement need, replacement demand
Ersatzbeschaffung *f (Gesch)* replacement
Ersatzgüter *npl (V&M)* substitute goods
Ersatzinvestition *f (St)* replaced asset, replacement capital, reinvestment
Ersatzlieferung *f* 1. *(Gesch)* replacement; 2. *(Recht)* substitute delivery *(Vertragsrecht)*
Ersatzstoff *m (WiWi)* substitute
Ersatzteil *n* 1. *(Gesch)* replacement part; 2. *(Ind)* spare (part)
ersatzweise *adv (Gesch)* as an alternative
erscheinen *v* 1. *(Gesch)* appear; 2. *(Med)* come out, appear *(Buch, Zeitschrift)*
Erscheinungsbild *n (Gesch)* appearance, picture
Erscheinungsdatum *n (Med)* publication date
erschließen *v (Gesch)* tap, open up *(Markt, Gebiet)*
Erschließung *f (Gb)* development, opening-up
Erschließungsunternehmen *n (Gb)* developer
erschlossenes Gelände *n (Gb, Umw)* improved land, developed site
erschöpfbare Ressourcen *fpl (Umw, WiWi)* exhaustible resources, depletable resources
erschöpfen *v* 1. *(Gesch)* exhaust *(Vorrat)*; 2. *(Umw)* deplete *(Rohstoff)*
erschöpfend *adj (Gesch)* exhaustive *(Aufzählung)*
erschwinglich *adj (Gesch)* affordable
ersetzen *v (Gesch)* supersede, replace
ersetztes Wirtschaftsgut *n (St)* replaced asset
Ersetzung *f (WiWi)* replacement, substitution
Ersitzung *f* 1. *(Gb) (AE)* prescription *(Art der Landerwerbung)*; 2. *(Recht)* acquisition of ownership by occupancy
Ersparnis *n (Bank, WiWi)* saving(s) • **Ersparnisse angreifen** *(Gesch)* dip into savings • **auf seine Ersparnisse zurückgreifen** *(Fin)* draw on one's savings
Ersparnisbildung *f (WiWi)* savings
~ der privaten Haushalte *(WiWi)* private saving(s) *(VGR)*
Erst... *(Bö, Gesch)* initial, issuing, first, original
erstatten *v (Gesch)* refund, reimburse
Erstattung *f (Gesch)* reimbursement
Erstattungsanspruch *m (St)* claim for refund
erstattungsfähig *adj (Gesch, St, V&M)* refundable
erstattungsfähige Kosten *pl (Gesch)* refundable expenses
Erstauftrag *m (Gesch)* original order, initial order, pilot order
Erstausbildung *f (Pers)* initial training
Erstausfertigung *f (Gesch)* original

Erstausgabepreis *m (Bö)* initial offering price, issuing price
erste *adj (Gesch)* first, prime • **nach dem ersten Anschein** *(Gesch)* prima facie • **in erster Linie** *(Gesch)* primarily • **an erster Stelle** *(Gesch)* in the first instance • **an erster Stelle stehen** *(Gesch)* top the list
~ **Adresse** *f* 1. *(Bö)* first-class; 2. *(Gesch)* blue-chip customer, top-rated firm
~ **Hypothek** *f (Bank)* first mortgage
~ **Mahnung** *f (RW)* first reminder
~ **Qualität** *f (Gesch)* prime quality
~ **Wahl** *f (Gesch)* prime quality, top quality
erstellen *v* 1. *(Gesch)* draw up *(Bericht)*; 2. *(Mgt)* prepare
Erstellung *f (Gesch, Mgt)* preparation *(Plan)*
Erstellungskosten *pl (Gesch)* cost of construction
erster Entwurf *m (Recht)* rough draft
~ **Kurs** *m (Bö)* initial quotation
erstes Gossensches Gesetz *n (WiWi)* law of satiable wants
~ **öffentliches Zeichnungsangebot** *n (Bö) (AE)* initial public offering, IPO
erstklassig *adj* 1. *(Bö)* top-grade, blue-chip, prime; 2. *(Gesch)* first-rate, first-class, top-flight, A1 *(Güter)*; high-class
~ **bewertet** *(Bö)* triple-A rated, AAA-rated
erstklassige Aktie *f (Bö)* blue-chip (stock)
~ **Schuldverschreibung** *f (Bö)* high-grade bond
~ **Wertpapiere** *npl (Bö)* top-grade securities
erstklassiger Wechsel *m (Bö)* approved bill of exchange, prime bill
Erstplatzierung *f (Bö)* initial placing of securities
erstrangige [erststellige] Hypothek *f (Bank, Fin, Gb)* senior mortgage
erstrebte Mindestverzinsung *f (Fin)* minimum acceptable rate of return
erststelliges Darlehen *n (Bank)* senior loan
Erstverpflichtete(r) *f(m) (Bank)* principal *(Wechsel)*
Erstzeichner(in) *m(f) (Bö)* original subscriber
Ersuchen *n (Gesch)* application, petition, appeal
ersuchen *v* **um** *(Gesch)* appeal for • **jmdn. ~, etw. zu tun** *(Gesch)* urge sb to do sth
erteilen *v* 1. *(Fin)* grant *(Kredit)*; 2. *(Gesch)* award, place *(Auftrag)*; 3. *(Mgt)* delegate *(Vollmacht)*; 4. *(Pat)* grant *(Lizenz)*; 5. *(Recht)* confer
Erteilung *f* 1. *(Gesch)* award; 2. *(Mgt)* delegation *(Vollmacht)*; 3. *(Pat, Recht)* grant, conferral
Ertrag *m* 1. *(Gesch)* return, yield, income; 2. *(RW)* output, return; 3. *(Verw)* earnings; 4. *(WiWi)* yield
~ **aus Beteiligungen** *(RW)* income from investments
~ **aus Immobilien** *(Gb)* return on real estate
~ **aus investiertem Kapital** *(Fin, RW, WiWi)* return on capital employed, ROCE
~ **des investierten Kapitals** *(Fin, RW, WiWi)* return on invested capital, ROIC, return on investment, ROI
~ **nach Steuern** *(RW, St)* after-tax income
~ **vor Steuern** *(Fin, RW)* earnings before tax(es) *(EBT, Ebt)*, profit before taxes *(EBIT minus Zinsergebnis = EBIT minus net interest income)*
Erträge *mpl (Gesch)* income
~ **und Aufwendungen** *fpl (RW)* income and expenses
ertragen *v* 1. *(Recht)* sustain *(Schaden, Verletzung)*; 2. *(Verw)* earn; 3. *(WiWi)* yield
ertragreich *adj (Gesch)* productive, high-yield, gainful
Ertragsausfall *m (Fin)* loss of earnings
Ertragseinbußen *fpl (Fin)* reductions in profit
Ertragsentwicklung *f (Fin)* trend of profits
Ertragsfähigkeit *f (Ind)* earning power
Ertragsfunktion *f (WiWi)* production function
Ertragsgesetz *n (WiWi)* law of diminishing returns, law of variable proportions
Ertragskapazität *f (Gesch)* earning capacity
Ertragskraft *f (Gesch, RW)* earning power • **die ~ verbessern** *(Fin)* improve profitability
~ **eines Unternehmens** *(WiWi)* corporate earning power
Ertragskurve *f (Bank)* yield curve
Ertragslage *f (Fin)* earnings position, profit situation, profitability
Ertragsminderung *f (Fin)* reduction of profit

Ertragsrechnung *f (Fin, RW)* profit and loss account *(GuV)*
Ertragsrückgang *m* 1. *(Fin)* drop in earnings; 2. *(WiWi)* diminishing returns
Ertragsschwelle *f (RW, WiWi)* breakeven point
ertragsstarkes Geschäftsfeld *n (Gesch)* cash cow
ertragssteigernd *adv (Fin, Gesch)* revenue enhancing
Ertragsteuer *f (RW, St)* profits tax, taxes on income
Ertragsverwässerung *f (Gesch)* revenue dilution
Ertragszentrum *n (Gesch) (AE)* revenue [profit] center, *(BE)* revenue [profit] centre
Ertragsziel *n (WiWi)* performance target
Ertragszinsen *mpl (Bank, RW)* interest received, interest earned
erwachsene Bevölkerung *f (Gesch)* adult population
Erwachsenenbildung *f (Pers)* adult education
erwähnen *v (Gesch)* mention, refer to
erwähnt *adj (Gesch)* stated
erwarten *v (Gesch)* anticipate, expect
erwartet *adj (Gesch)* expected, anticipated
erwartete Mindestrendite *f (Fin, WiWi)* hurdle rate (of return)
~ **Nutzungsdauer** *f (Gesch)* life expectancy
erwarteter Gewinn *m (RW)* anticipated profit
Erwartung *f (Gesch, Stat, WiWi)* expectation, anticipation • **in ~ von** *(Gesch)* in expectation of • **die ~ erfüllen** *(Gesch)* fulfil(l) the expectations • **hinter den Erwartungen zurückbleiben** *(Gesch)* underperform • **die Erwartungen zurücknehmen** *(Gesch)* scale back expectations
Erwartungselastizität *f (WiWi)* elasticity of expectations, elasticity of anticipation
erweiterbar *adj (Ind)* modular, expandable
erweitern *v* 1. *(Bank)* extend; 2. *(EDV)* extend, enhance, upgrade *(Speicher)*; 3. *(Gesch)* expand, widen; 4. *(Komm)* enrich; 5. *(Recht)* extend; 6. *(St)* widen; 7. *(WiWi)* expand
Erweiterter Rat *m* **der EZB** *(Bank, WiWi)* ECB General Council *(EZB-Entscheidungsorgan)*
Erweiterung *f* 1. *(Bank)* extension; 2. *(EDV)* enhancement, upgrade, upgrading, extension *(Dateinamen)*; 3. *(Fin)* expansion; 4. *(Gesch)* enlargement, widening, expansion; 5. *(Recht)* extension
~ **der Europäischen Union** *(Pol)* enlargement of the European Union *(EU)*
~ **des Aufgabengebietes [Tätigkeitsspektrums]** *(Mgt)* job enlargement
Erweiterungsinvestition *f* 1. *(Gesch)* capital (expenditure) expansion, expansion investment; 2. *(WiWi)* capital widening
Erwerb *m* 1. *(Gesch, St)* acquisition; 2. *(WiWi)* purchase
erwerben *v* 1. *(Bö)* gain, acquire; 2. *(Fin, Gesch)* earn, acquire *(Ruf)*; 3. *(Gb)* acquire; 4. *(WiWi)* buy • **käuflich ~** *(WiWi)* buy, purchase
erwerbende Gesellschaft *f (Gesch)* acquiring company
Erwerber *m* 1. *(Bank)* transferee; 2. *(Gesch)* buyer, purchaser, *(AE)* vendee; 3. *(Recht)* grantee; 4. *(V&M)* purchaser
Erwerbsarbeit *f (Pers, WiWi)* gainful employment
Erwerbsbevölkerung *f* 1. *(Pers)* working population; 2. *(WiWi)* labo(u)r force
Erwerbseinkommen *n (Verw)* earned income
erwerbsfähig *adj (Pers, WiWi)* able to work, employable
Erwerbsfähigkeit *f* 1. *(Pers)* ability to work, earning power *(Arbeit)*; 2. *(WiWi)* ability to work
Erwerbskurs *m (Bö)* basic price, flat price
Erwerbsleben *n (Pers)* working life, career, work, employment, professional life, occupational life • **ins ~ eintreten** *(Pers, Soz)* enter the labo(u)r force, enter employment, enter working life
erwerbslos *adj (Pers, Soz)* unemployed, jobless, out of work, out of employment, *(BE) (ugs.)* on the dole
Erwerbslose(r) *f(m) (Pers, Soz)* unemployed (person), jobless person, person out of work
erwerbsorientiert *adj (Gesch)* acquisitive
Erwerbsquote *f* 1. *(Pers)* participation rate, labo(u)r force participation rate; 2. *(WiWi)* activity rate

erwerbstätig *adj (Pers, WiWi)* gainfully employed, in gainful employment, economically active, working
Erwerbstätige *pl* 1. *(Pers)* employed persons, employed; 2. *(Soz)* employment; 3. *(WiWi)* labo(u)r force, workforce
erwerbstätige Bevölkerung *f (Pers, WiWi)* labo(u)r force, economically active population, working population
Erwerbstätigenquote *f (Soz, WiWi)* employment ratio
Erwerbstätigkeit *f (Pers, WiWi)* gainful employment, gainful occupation, economic activity
Erwerbs- und Vermögenseinkommen *n (WiWi)* factor income *(VGR)*
erwerbsunfähig *adj (Pers)* unable to work, not able to work, not employable, not capable of work
Erwerbsunfähigkeit *f* 1. *(Vers)* disability; 2. *(Pers)* inability to work, incapacity to work, occupational invalidity, occupational disability
erwirtschaften *v (WiWi)* generate
erworben *adj (Gesch)* acquired
erworbenes Eigentum *n (Gb)* property acquired
erzeugen *v* 1. *(Gesch)* generate *(Energie, Gewinn, Abfall)*; 2. *(Ind)* manufacture *(herstellen)*; 3. *(WiWi)* produce
Erzeuger *m* 1. *(Ind)* maker, manufacturer, mfr; 2. *(WiWi)* producer
Erzeugerhandel *m (V&M)* direct selling
Erzeugerindustrie *f (Ind)* manufacturing industry
Erzeugerpreisindex *m (WiWi)* producer price index
Erzeugnis *n (Gesch, Ind)* product
Erzeugung *f* 1. *(Gesch)* generation, production; 2. *(Ind)* manufacture, production
Erzeugungsgebiet *n (Gesch)* production area, manufacturing area
Erzeugungskosten *pl (Ind)* production costs, manufacturing costs
erzielen *v* 1. *(Gesch)* effect, fetch *(Preis)*; reach *(Einigung)*; obtain *(Ergebnis)*; make *(Gewinn)*; achieve *(Wachstum, Niveau)*; 2. *(Recht)* reach *(Einigung)*
erzwingen *v (Gesch, Recht)* enforce
eskomptieren *v (Bö)* anticipate
Establishment *n (Gesch)* Establishment
ESVG 95 *s.* Europäisches System Volkswirtschaftlicher Gesamtrechnungen 1995
ESZB *s.* Europäisches System der Zentralbanken
etablieren *v/sich* *(Gesch)* establish oneself
etablierte Interessen *npl (WiWi)* vested interests
Etappe *f (Gesch)* phase, stage
Etappenziel *n (Pol)* intermediate target
Etat *m* 1. *(Fin)* estimates; 2. *(RW)* budget, expense budget; 3. *(V&M)* account • **im ~ veranschlagte Ausgaben** *(Pol)* budgetary spending • **im ~ veranschlagte Einnahmen** *(Pol)* budgetary revenue • **~ aufstellen** *(Fin, Gesch, WiWi)* budget
Etatansatz *m (Fin)* budget appropriation
etatisieren *v* 1. *(Fin, Gesch)* budget; 2. *(RW)* budget for; 3. *(WiWi)* budget
Etatkürzung *f (Fin, RW)* budget reduction
ethisch verantwortliche Investition *f (Bank, Fin)* ethical investment
~ verantwortliche Kapitalanlage *f (Bank, Fin)* ethical investment
ethische Geldanlage *f (Bank, Fin)* ethical investment
~ Investition *f (Bö)* ethical investment
Etikett *n (EDV, Trans, V&M)* label, tag
Etikettierung *f (V&M)* label(l)ing *(Auszeichnung)*
EU *s.* Europäische Union
EU-Beitritt *m (WiWi)* accession to the EU, joining of the EU
EU-Gipfel *m (Pol)* European Summit *(EU; Treffen des Europäischen Rats)*
EU-Handel *m (Gesch)* trade within the EU
EU-Mitgliedstaaten *mpl (Recht)* EU member states
EU-Richtlinie *f (Recht)* EU directive
EU-Vertrag *m (Pol, Recht)* Treaty on European Union *(formal)*, Maastricht Treaty *(Vertrag von Maastricht)*
EuGH *s.* Europäischer Gerichtshof
EuK *s.* Europäische Kommission
EURATOM *s.* Europäische Atomgemeinschaft
EURIBOR *(Euro Interbank Offered Rate, Euro Interbank-Angebotssatz) (Bank, Fin)* EURIBOR *(Referenzzinssatz für den Geldmarkthandel im Euro-Währungsgebiet)*
Euro... *(Gesch, Pol)* Euro...

Euroanleihe *f* 1. *(Bank)* eurobond, eurocurrency loan; 2. *(Bö)* eurobond, Eurocapital market issue
Eurobefürworter(in) *m(f) (Bank, Pol, WiWi)* advocate of the euro, champion of the euro, euro enthusiast
Eurocheque *m (Fin, WiWi)* eurocheque
Eurodollar *m (WiWi)* Eurodollar
Eurodollaranleihe *f (WiWi)* Eurodollar bond
Eurodollareinlage *f (Bank, WiWi)* Eurodollar deposit
Eurodollarmarkt *m (WiWi)* Eurodollar market
Eurodollar-Terminkontrakt *m (Bö)* Eurodollar future
Eurogebiet *n (Bank)* euro area, eurozone, *(ugs.)* euroland *(EZB)*
Eurogeldmarkt *m (Bö, WiWi)* eurocurrency market
Eurokapitalmarktanleihe *f (Bö)* Eurocapital market issue
Eurokredit aufnehmen *(Gesch)* borrow in the Euromarket
Eurokreditgeschäft *n (Fin)* Euromarket lending business
Euromarkt *m (WiWi)* Euromarket, eurocurrency market
Euronet *n (Komm)* Euronet
Europagipfel *m* European Summit
europäisch *adj (Gesch)* European
europäische Festland *n/das (Gesch) (BE)* the Continent
~ **Normen** *fpl (Gesch)* European standard specifications
~ **Patentanmeldung** *f (Pat)* European patent application
~ **währungspolitische Zusammenarbeit** *f (WiWi)* European monetary cooperation
Europäische Artikelnummer *f (EDV, V&M)* European Article Number, EAN
~ **Atomgemeinschaft** *f (Ind, WiWi)* European Atomic Energy Community, EAEC, EURATOM
~ **Bank** *f* **für Wiederaufbau und Entwicklung** *(WiWi)* European Bank for Reconstruction and Development, EBRD
~ **Freihandelszone** *f (WiWi)* European Free Trade Association, EFTA
~ **Gemeinschaft** *f (Pol)* European Community, EC
~ **Gemeinschaft** *f* **für Kohle und Stahl** *(WiWi)* European Coal and Steel Community, ECSC
~ **Gesetzesvorlage** *f (Recht)* Commission White Paper
~ **Investitionsbank** *f (Bank)* European Investment Bank, EIB
~ **Kommission** *f (Pol)* European Commission, EC
~ **Menschenrechtskonvention** *f (Soz)* European Convention on Human Rights
~ **Patentorganisation** *f (Pat)* European Patent Organization, EPO
~ **Rechnungseinheit** *f (Fin, WiWi)* European Unit of Account, EUA
~ **Sozialcharta** *f (WiWi)* European Social Charter
~ **Union** *f (Pol, WiWi)* European Union, EU
~ **Währungseinheit** *f (Fin, WiWi) (bis 31.12.98)* European Currency Unit, ECU
~ **Währungsunion** *f (WiWi) (ab 1.1.99)* European Monetary Union, EMU
~ **Wirtschaftliche Interessenvereinigung** *f (WiWi)* European Economic Interest Grouping, EEIG
~ **Wirtschaftsgemeinschaft** *f (obs.) (WiWi)* European Economic Community, EEC
~ **Zentralbank** *f (WiWi)* European Central Bank, ECB
europäischer Binnenmarkt *m (Gesch, WiWi)* single European market
Europäischer Agrarfonds *m (WiWi)* European Agricultural Fund
~ **Fonds** *m* **für regionale Entwicklung** *(WiWi)* European Regional Development Fund, ERDF
~ **Fonds** *m* **für währungspolitische Zusammenarbeit** *(Bank, WiWi)* European Monetary Cooperation Fund, EMCF *(EU)*
~ **Gerichtshof** *m (Recht)* European Court of Justice, ECJ *(EU)*
~ **Gewerkschaftsbund** *m (Pers)* European Trade Union Confederation, ETUC
~ **Gipfel** *m (Pol)* European Summit *(Staats- und Regierungschefs)*
~ **Rat** *m (WiWi)* European Council
~ **Sozialfonds** *m (WiWi)* European Social Fund, ESF
~ **Wirtschaftsraum** *m (WiWi)* European Economic Area

europäisches Patent *n (Pat)* European patent
~ **Recht** *n (Pol, Recht)* European law
~ **Währungsgebiet** *n (Bank)* euro area, eurozone, *(ugs.)* euroland *(EZB)*
Europäisches Komitee *m* **für Normung** *(WiWi)* European Committee for Standardization, CEN
~ **Komitee** *m* **für elektrotechnische Normung** *(WiWi)* European Committee for Electrotechnical Standardization, CENELEC
~ **Parlament** *n (Pol)* European Parliament, EP
~ **Patentamt** *n (Pat)* European Patent Office, European Patent Organization, EPO
~ **System** *n* **der Zentralbanken** *(Bank, WiWi)* European System of Central Banks, ESCB *(anders: Eurosystem)*
~ **System** *n* **Volkswirtschaftlicher Gesamtrechnungen 1995** *(Bank, RW, WiWi)* European System of Accounts 1995, ESA 95 *(VGR)*
~ **Währungsinstitut** *n (obs.) (Pol, WiWi)* European Monetary Institute, EMI *(EU)*
~ **Währungssystem** *n (WiWi)* European Monetary System, EMS
~ **Wiederaufbauprogramm** *n (WiWi)* European Recovery Program(me), ERP *(Marshall-Plan)*
Europaparlament *n (Pol)* European Parliament, EP
Europapatent *n (Pat)* European patent
Europarat *m (Pol)* Council of Europe
Europarecht *n (Recht)* European law, law of the European Union
Euroscheck *m (Bank, Fin)* eurocheque
euroskeptisch *adj (Pol) (BE)* eurosceptical
Eurosystem *n (Bank, WiWi)* Eurosystem *(EZB und die nationalen Zentralbanken der an der WWU teilnehmenden Mitgliedstaaten; anders: Europäisches System der Zentralbanken)*
Eurotagesgeld *n (Bank)* Euromoney
Eurowährung *f (Bank, Bö, WiWi)* eurocurrency
Eurowährungsanleihe *f (Bank)* eurocurrency loan
Eurowährungsgebiet *n (Bank, WiWi)* euro zone, euro area, EMU area, *(ugs.)* euroland, single currency area
Eurowährungsraum *m (Bank, WiWi)* euro zone, euro area, EMU area, *(ugs.)* euroland, single currency area
Eurozone *f (ugs.) (Bank, WiWi)* euro zone, euro area, EMU area, *(ugs.)* euroland
Eventual... *(Gesch, RW, Recht)* contingent
Eventualforderung *f (RW)* contingent asset, contingent claim
Eventualhaushalt *m (Fin)* contingency budget
Eventualverbindlichkeit *f* 1. *(Fin)* contingent liability; 2. *(Gesch)* contingency; 3. *(RW, Recht)* contingent liability
Evidenzzentrale *f (Fin)* Central Risk Service
EWG *s.* Europäische Wirtschaftsgemeinschaft
EWI *s.* Europäisches Währungsinstitut
ewige Rente *f (Bö, Fin)* perpetuity
EWIV *s.* Europäische Wirtschaftliche Interessenvereinigung
EWR *s.* Europäischer Wirtschaftsraum
EWS *s.* Europäisches Währungssystem
EWU *s.* Europäische Währungsunion
ex Anspruch *(Recht)* ex claim
~ **Bezugsrecht** *(Fin)* ex allotment
~ **Dividende** *(Fin)* ex dividend, ex div., x-d.
~ **Kupon** *(Bö, Gesch)* ex coupon ex cp., x-c.
Ex-ante-Variablen *fpl (WiWi)* ex ante variables
Exekutivausschuss *m* 1. *(Pers) (BE)* executive committee, *(BE)* principal executive committee; 2. *(Recht)* executive committee
Exekutive *f* 1. *(Pol)* administration; 2. *(Recht)* executive
Exekutivgewalt *f (Recht)* executive power
Existenzgründung *f (Gesch)* business start-up *(Unternehmensgründung)*; start one's own business *(sich selbstständig machen)*
Existenzgründungswelle *f (WiWi)* spate of new establishments
Existenzminimum *n* 1. *(Pers)* minimum living wage; 2. *(Soz)* subsistence level, minimum acceptable standard of living
exklusiv *adj* 1. *(Gesch)* select, exclusive; 2. *(V&M)* exclusive, up-market
Exklusiv... *(Gesch, Med, Pat)* exclusive
exklusive *(Gesch)* without
Exklusivhandelsvertrag *m (Bö)* selected dealer agreement
Exklusivität *f (V&M)* exclusivity

Exklusivrecht *n* 1. *(Gesch)* exclusive dealing right; 2. *(Pat, Recht)* exclusive right

exogene Erwartungen *fpl (WiWi)* exogenous expectations

~ **Größe** *f (Bank)* exogenous variable, exogenous instrument *(EZB)*

~ **Variable** *f (WiWi)* exogenous variable

exogener Schock *m (WiWi)* external shock; exogenous shock

exorbitant *adj (Gesch)* exorbitant

exotische Währungen *fpl (Bö)* exotics

expandieren *v (WiWi)* expand

Expansion *f (Fin, Gesch, WiWi)* expansion

Expansionsrate *f (WiWi)* rate of increase

expansiv *adj (WiWi)* expansionary *(Fiskalpolitik)*

Expedient *m* 1. *(Komm)* dispatcher; 2. *(Pers)* forwarding clerk *(Versandabteilung, Spedition)*; 3. *(Trans)* dispatcher, shipping clerk

Experte *m (Gesch, Pers)* expert *(Arbeit, Gutachten)*

Expertengruppe *f (Mgt)* panel of experts

Expertensystem *n (EDV)* knowledge-based system, expert system *(künstliche Intelligenz)*

Expertise *f (Vers)* survey report

explizit *adj (Gesch)* explicit

Exponent *m (Stat)* exponent

Exponential... *(EDV, Stat)* exponential

Exponentialfunktion *f (EDV, Stat)* exponential function

Exponentialschreibweise *f (EDV, Stat)* exponential notation

exponentielle Glättung *f (Fin, Stat)* exponential smoothing

exponiert *adj (Bank, Fin, Gesch)* exposed • **~ sein** *(Fin, Gesch)* be exposed to, be vulnerable to • **an exponierter Stelle** *(Gesch)* in an exposed position

Export *m (AH, WiWi)* export, exportation

Exportabteilung *f (AH)* export department

Exportakkreditiv *n (Fin)* export letter of credit

Exportauftrag *m (AH, Ind)* export order

Exportdokumente *npl (AH)* export documentation

Exportergebnis *n (AH)* export performance

Exporterlöse *mpl (WiWi)* export earnings

Exporteur *m (AH, Pers)* exporter

Exportfinanzierung *f* 1. *(Fin)* export financing; 2. *(AH)* export finance

Exportfirma *f (AH)* export house

Exportflaute *f (AH, WiWi)* export lull *(ZB)*

Exportgenehmigung *f (AH)* export permit

Exportgeschäft *n (AH)* export business, export transactions

exportgestützt *adj (AH, WiWi)* export-led *(ZB)*

Exporthandel *m (AH)* export trade

exportieren *v (AH, WiWi)* export

exportinduzierter Aufschwung *m (WiWi)* export-led economic recovery

exportintensive Industrie *f (WiWi)* export-intensive industry

Exportkommissär *m (AH)* export commission agent

Exportkonnossement *n (AH)* outward bill of lading

Exportkontrolle *f (AH)* export control

Exportleistung *f (AH)* export performance

Exportmarketing *n (AH, V&M)* export marketing

Exportmarkt *m (AH, WiWi)* export market

Exportmesse *f (AH, V&M)* export fair

exportorientiert *adj (AH)* export-oriented

Exportpreise *mpl (AH, WiWi)* export prices

Exportquote *f (WiWi)* export quota

Exportrechnung *f (AH)* export invoice

Exportsektor *m (AH, WiWi)* open sector

Exportsubvention *f (AH)* export subsidy

Exportüberhang *m (AH, WiWi)* export surplus

Exportumsatz *m (AH)* export turnover

Exportverkaufsbedingungen *fpl (AH)* terms of export sale

Exportvertrag *m (AH, Recht)* agreement on export

Exportvertreter(in) *m(f)* 1. *(AH)* manufacturer's export agent; 2. *(WiWi) (BE)* confirming house

Exportvolumen *n (AH, WiWi)* volume of exports

Exportwirtschaft *f (AH)* export sector, export business

Ex-post-Variablen *fpl (WiWi)* ex post variables

extensive Bewirtschaftung *f (WiWi)* extensive farming

externalisieren *v (WiWi)* externalize

Externalität *f (WiWi)* externality, neighbo(u)rhood effect

externe Effekte *mpl (WiWi)* externality, neighbo(u)rhood effect

~ **Effekte** *mpl* **des Konsums** *(WiWi)* external effects of consumption
~ **Kosten** *pl (WiWi)* external diseconomies *(z.B. negative externe Effekte wie Umweltverschmutzung)*
~ **Nachteile** *mpl (WiWi)* external diseconomies *(z.B. negative externe Effekte wie Umweltverschmutzung)*
~ **Nutzen** *mpl (WiWi)* external economies
~ **Skalenerträge** *mpl (WiWi)* external economies of scale
~ **Verschuldung** *f (Gesch)* borrowing abroad
externer Arbeitsmarkt *m (WiWi)* external labo(u)r market
~ **Bilanzvergleich** *m (RW)* external balance sheet comparison
~ **Buchprüfer** *m (RW)* independent auditor
externes Berichtswesen *n (Verw)* external reporting
exterritorial *adj (Bank, Fin)* offshore
Extra *n (Gesch)* extra
Extradividende *f (Fin)* bonus
Extrapolation *f (Stat)* extrapolation *(von Werten)*
extrapolierende Erwartungen *fpl (WiWi)* extrapolative expectations
Extras *npl (Gesch)* trimmings
Extremwert *m (WiWi)* extremum
EZB *s.* Europäische Zentralbank
EZB-Direktorium *n (Bank, WiWi)* Executive Board of the ECB
EZB-Rat *m (Bank, WiWi)* ECB Governing Council, Governing Council of the ECB *(Hauptbeschlussorgan der EZB; anders: Erweiterter Rat der EZB = General Council)*

F

F&E *s.* Forschung und Entwicklung
Fa. *s.* Firma
Fabrik *f (Ind)* factory, manufacturing plant
• **ab** ~ *(Gesch, AH, Trans)* ex factory, ex works, EXW
Fabrikanlage *f (Ind)* factory, industrial plant
Fabrikant(in) *m(f) (Ind)* manufacturer, producer
Fabrikarbeiter(in) *m(f)* 1. *(Gesch)* factory hand; 2. *(Ind)* shop-floor
Fabrikat *n* 1. *(Gesch)* brand, product; 2. *(V&M, Vers)* make; 3. *(WiWi)* manufactured product
Fabrikation *f (Ind)* manufacturing, production, making
Fabrikgebäude *n (Ind)* factory
Fabrikgrundstück *n (Ind)* factory site, plant
fabrikneu *adj (Gesch)* brand-new
Fach... *(Gesch, Ind, Pers)* skilled, specialist, specialized, professional
Facharbeiter *mpl (Pers, WiWi)* skilled labo(u)r, skilled worker *(manuelle Arbeit)*
Fachausbildung *f (Ind)* special training
Fachausstellung *f (V&M)* trade exhibition, trade show *(Messe)*
Fachbereich *m (Pers)* department, field of studies, faculty *(Universität)*
Facheinzelhändler(in) *m(f) (V&M)* specialized retailer
Fachfrau *f* 1. *(Gesch)* expert, specialist; 2. *(Pers)* expert, specialist, professional, professional woman
Fachgebiet *n* 1. *(Gesch)* area of expertise, specialist field, specialization; 2. *(Pers)* subject area, subject group, subject; 3. *(Recht)* area of practice
Fachgeschäft *n (V&M) (BE)* specialist shop, *(AE)* speciality store
Fachgespräch *n (Pers)* expert discussion, technical discussion
Fachgremium *n (Gesch)* expert body, professional body
Fachhochschulausbildung *f (Pers) (non-university type)* higher education
Fachhochschule *f (Soz)* specialized institution of higher education, *(BE)* technical college
Fachhochschulreife *f (Soz) (BE)* Higher National Certificate
Fachkenntnisse *fpl (Gesch)* expert [specialist, technical] knowledge, *(ugs.)* know-how
Fachkraft *f (Pers)* specialist, skilled worker, qualified worker, qualified employee
Fachkunde *f (EDV, Komm, Recht) (BE)* specialised knowledge, *(AE)* specialized knowledge
fachkundig *adj (Gesch)* informed
fachlich *adj (Gesch)* technical
fachliche Begutachtung *f (Gesch)* expert valuation

~ **Eignung** *f (Pers)* professional qualifications
Fachliteratur *f (Pers)* specialist literature, technical literature
Fachmann *m* 1. *(Gesch)* expert, specialist; 2. *(Pers)* expert, specialist, professional, professional man, professional woman • **einen ~ zu Rate ziehen** *(Gesch)* take expert advice
fachmännisch *adj (Gesch)* expert, specialist, technical
fachmännische Beratung *f (Pers)* expert advice, expert guidance
Fachmesse *f (V&M)* trade fair, trade show
Fachorgan *n (Med)* trade journal
Fachpresse *f (Med)* trade press, technical press
Fachschule *f (Soz)* technical college
fachsimpeln *v (ugs.) (Gesch)* talk shop
fachspezifisch *adj (Gesch)* technical
Fachsprache *f (Gesch)* jargon, technical language, terminology
fachübergreifend *adj (Gesch, WiWi)* multi-disciplinary, interdisciplinary
Fachverband *m (WiWi)* professional association, trade association
Fachwissen *n (Gesch, Pers)* expert knowledge
Fachwörterbuch *n (Gesch, Med)* specialized dictionary
Fachzeitschrift *f (Med)* professional journal, trade journal, trade magazine
Factoring *n (Fin, RW)* (debt) factoring
Factoring-Institut *n (Fin)* factoring company
Factoring-Unternehmen *n (Fin)* factoring company
fähig *adj (Gesch)* able, capable, competent, efficient
Fähigkeit *f (Gesch)* ability, capability, competence, skill *(Kompetenz)*; efficiency *(Leistungsfähigkeit)*
fahrlässig *adj (Recht)* negligent
Fahrlässigkeit *f (Recht)* negligence
Fahrzeug *n (Gesch, Trans)* vehicle
faire Beschäftigung *f (Pers)* fair employment
fairer Preis *m (Gesch)* fair price
Faksimile *n (Gesch, Komm)* facsimile, fax
Fakten *mpl (Gesch)* facts
~ **und Zahlen** *fpl (Gesch)* facts and figures
faktisch *adj (WiWi)* effective
Faktor *m* 1. *(Fin)* factoring company; 2. *(Gesch)* factor *(Einflussgröße)*
Faktoranalyse *f (Stat)* factor analysis
Faktorausstattung *f (WiWi)* factor endowment
Faktoreinkommen *n (WiWi)* factor income
faktorielles Austauschverhältnis *n (WiWi)* factorial terms of trade
Faktorkosten *pl (Ind, WiWi)* factor costs *(Produktion)*
Faktormarkt *m (WiWi)* factor market, input market, resource market
Faktorproduktivität *f (WiWi)* factor productivity
Faktura *f (Gesch)* account, invoice, *(BE)* bill
Fakturierung *f (Gesch)* billing, invoicing
Fakultät *f* 1. *(Gesch)* faculty *(Universität)*; 2. *(Stat)* factorial
fakultativ *adj (Gesch)* facultative
Fall *m* 1. *(Bö, Fin)* drop, fall *(Kurs)*; 2. *(Gesch)* case, instance, occasion *(Gegebenheit)*; 3. *(Pol)* downfall *(einer Regierung)*; 4. *(Recht)* case *(gerichtlich)* • **in diesem ~** *(Gesch)* in this case, in this instance • **auf keinen ~** *(Gesch)* on no account
Fallbeispiel *n (Gesch)* case history
Falle *f (Gesch)* pitfall, trap *(figurativ)*
fallen *v* 1. *(Bö, Fin)* fall, drop, slip *(Kurse)*; 2. *(WiWi)* drop, fall *(Absatz, Preise)*
~ **lassen** 1. *(Gesch)* abandon *(Plan, Projekt)*; scrap *(Plan, Idee)*; 2. *(Pat)* abandon
fallende Tendenz *f (Bö)* falling trend
fällig *adj* 1. *(Bank, Bö, Fin)* matured; 2. *(Gesch)* due, due and payable, payable, mature *(Schulden)*; 3. *(WiWi)* payable • **~ werden** 1. *(Bank)* become due; 2. *(Fin)* mature *(Schulden)* • **täglich fälliges Geld** *(Bank)* day loan
fällige Obligationen *fpl (Bö)* matured bonds
~ **Rechnung** *f (Gesch)* invoice outstanding
~ **Steuern** *fpl (RW)* taxes due
fälliger Betrag *m (Fin)* amount due
~ **Wechsel** *m* 1. *(Bank)* expired bill; 2. *(Fin)* *(AE)* due bill; 3. *(RW)* bill payable
Fälligkeit *f* 1. *(Bank)* maturity; 2. *(Bö) (AE)* expiration; 3. *(Fin)* due date, maturity • **bei ~** *(Bö, Fin)* at maturity, on maturity, when due • **vor ~** 1. *(Fin)* ahead of schedule; 2. *(Gesch)* anticipated • **nach (ihrer) ~ aufschlüsseln** *(RW)* age

Fälligkeitsdatum *n (Bö, Gesch)* date of maturity, due date
Fälligkeitsstruktur *f (WiWi)* maturity structure
Fälligkeitstermin *m* 1. *(Bank)* date of maturity; 2. *(Bö)* delivery date; 3. *(Pers)* date of delivery; 4. *(Verw)* due date • **zum ~** 1. *(Bö)* at maturity; 2. *(Gesch)* at due date
Fälligwerden *n (Gesch, RW)* expiration
Fallmethode *f* 1. *(Gesch)* case method; 2. *(Mgt)* case study method
Fallrecht *n (Recht)* case law
Fallstudie *f (Gesch, Mgt, V&M)* case study
falsch *adj (Gesch)* false, incorrect, wrong, erroneous *(fehlerhaft)*; artificial *(künstlich)* • **auf der falschen Fährte sein** *(Gesch)* be on the wrong track • **falsche Zahlen ermitteln** *(Gesch)* get the figures wrong
falsch *adv (Gesch)* falsely, wrongly • **~ darstellen** *(Gesch)* misrepresent
falsche Angaben *fpl* 1. *(Recht)* misrepresentation; 2. *(Verw)* false statement
~ Sparsamkeit *f (WiWi)* false economy
fälschen *v* 1. *(Gesch)* forge; 2. *(Recht)* falsify *(Original)*
falscher Anreiz *m (WiWi)* disincentive
fälschlicherweise *adv (Gesch)* wrongly
Fälschung *f* 1. *(Gesch)* forgery; 2. *(RW)* falsification; 3. *(Recht)* falsification *(Dokumente)*; counterfeit *(Münzen)*
fälschungssicher *adj (Gesch)* tamper-proof, unforgeable *(Dokument)*
Faltblatt *n (Gesch)* folder
Familienbetrieb *m (Gesch)* family business, family-owned business
Familienstand *m (Pers)* marital status, family status
Familienunternehmen *n (Gesch)* family business
Familienvorstand *m (Pers)* head of the family, family head
Farb... *(EDV, Med)* colo(u)r
Farbe *f (EDV, Med)* colo(u)r
Fassung *f (Gesch)* version • **in der ~ von** *(Recht)* as amended
Fassungsvermögen *(Ind)* at full capacity
fauler Kredit *m (ugs.) (Bank, Fin) (ugs.)* bad loan, problem loan
~ Scheck *m (ugs.) (Bank) (AE)* dud check, *(BE)* dud cheque
~ Wechsel *m (ugs.) (Bank)* bad paper
Faustregel *f (Gesch)* rough guide, rule of thumb
Fax *n (Komm)* fax, facsimile • **per ~ übermitteln** *(Komm)* send by fax
faxen *v (Komm)* fax, send by fax
Faxübermittlung *f*, **Faxübertragung** *f (Komm)* fax transmission
Fazilitäten *fpl (Bank, Fin)* facilities
Federführung *f (Fin)* lead management
Fed-Schuldverschreibung *f (jarg.) (Bank) (AE)* federal reserve note
Feedback *n (Gesch)* feedback
Fehl... *(Gesch)* false, mis...
Fehlallokation *f (WiWi)* misallocation *(Ressourcen)*
Fehlanreiz *m (Pers, WiWi)* disincentive
fehlbar *adj (Gesch)* fallible
Fehlbestand *m (Gesch)* deficiency
Fehlbetrag *m* 1. *(Fin)* deficit; 2. *(Gesch)* shortage, shortfall; 3. *(RW)* shortfall; 4. *(St)* deficiency
Fehlbuchung *f (RW)* posting error
fehlen *v* **an** *(Gesch)* be short of, lack
Fehlen *n (Fin, Gesch)* absence, lack
fehlender Markt *m (WiWi)* missing market
Fehlentwicklung *f (Gesch, WiWi)* undesirable development, unwelcome development
Fehler *m* 1. *(EDV)* error, fault *(Software)*; 2. *(Gesch)* flaw, mistake, erratum, fault *(Irrtum)*; 3. *(Stat)* error • **einen ~ machen** *(Gesch)* make a mistake
~ zweiter Ordnung *(Stat)* beta error
Fehlerbereich *m (Stat)* margin of error, error margin
Fehlerbeseitigung *f (EDV)* debugging, error recovery
fehlerfrei *adj* 1. *(EDV)* error-free; 2. *(Gesch)* faultless, free from defects, sound, without fault
Fehlerfreiheit *f (Recht)* faultlessness *(Vertragsrecht)*
fehlerhaft *adj* 1. *(Gesch)* deficient, faulty, flawed, less-than-perfect; 2. *(Recht)* defective
fehlerhafte Arbeit *f (Gesch)* faulty [flawed] work
~ Montage *f (Vers)* faulty installation
~ Waren *fpl (V&M)* faulty goods
fehlertolerantes System *n (EDV)* fault-tolerant system

Fehlinvestition *f (Bank, Fin)* bad investment, unprofitable investment
Fehlinvestitionen *fpl (Fin, RW, WiWi)* stranded assets
Fehlleitung *f (WiWi)* misallocation *(Ressourcen)*
Fehlmenge *f (Gesch, RW)* shortfall
Fehlschlag erleiden/einen *(Gesch)* suffer a setback
Fehlurteil *n (Recht)* miscarriage of justice, misjudgment
Fehlverhalten *n (Gesch)* misconduct, faux-pas *(taktlos)*
Fehlzeiten *fpl (Pers)* working time lost, working hours lost
feilschen *v* **um** *(Gesch, V&M)* bargain about, haggle over
fein *adj (Ind)* refined
Fein... *(Ind, WiWi)* precision, fine-tuned
feinabstimmen *v (WiWi)* fine-tune
Feinabstimmung *f (Ind)* fine-tuning *(eines Geräts)*
feindliche Übernahme *f (Fin, Gesch, Mgt)* unfriendly takeover, hostile takeover
~ **Übernahmeofferte** *f (Fin, Gesch)* hostile takeover bid, unfriendly takeover attempt
Feineinstellung *f (EDV, Gesch)* fine-tuning
Feingehalt *m* 1. *(Bank)* standard; 2. *(Fin, Gesch)* fineness • **den ~ feststellen** *(Gesch)* assay
Feingehaltsstempel *m (Bank)* hallmark
Feinmechanik *f (Ind)* light engineering, precision engineering
Feinplanung *f (Mgt)* detailed planning
Feinsteuerung *f (WiWi)* fine-tuning *(der Wirtschaft)*
Feld *n (EDV, Ind, V&M)* field *(Textverarbeitung, Fachgebiet, Marktforschung)*
Feldforschung *f (V&M)* field research
Feldversuch *m (V&M)* field testing
Fensterbriefumschlag *m (Verw)* panel envelope, window envelope
Ferien *(F&T, Gesch, Pers) (BE)* holiday, *(AE)* vacation; leave • **in die ~ gehen** *(F&T, Gesch, Pers) (BE)* go on holiday, *(AE)* go on vacation, *(BE)* take a holiday, *(AE)* take a vacation; take leave
Ferienarbeit *f (Pers)* vacation job, vacation work
Ferientätigkeit *f (Pers)* vacation job, vacation work
fern *adj* 1. *(Gesch)* absent, aloof, remote; 2. *(Pers)* absent
Fern... *(EDV, Komm, Trans)* remote, long-distance
Fernakademie *f (Soz)* correspondence college, correspondence school
Fernbleiben *n (Gesch)* absence
Ferngespräch *n (Komm)* long-distance call, *(BE)* trunk call, *(AE)* toll call
ferngesteuert *adj (EDV)* remote-controlled
Fernkauf *m (V&M)* catalog(ue) buying
Fernmelde... *(Komm)* telecommunications
Fernmeldegeheimnis *n (Komm, Recht)* telecommunications privacy; telecommunications secrecy • **unter Wahrung des Fernmeldegeheimnisses** *(Komm, Recht)* while complying with telecommunications secrecy
Fernmeldenetz *n (Komm)* telecommunication network
Fernmeldewesen *n (Komm)* telecommunication(s)
fernmündlich mitteilen *(Komm)* telecommunicate
Fernseh... *(Komm, Med)* television, TV
Fernsehunterstützung *f (V&M)* television support
Fernsehwerbezeit kaufen *(V&M)* buy airtime
Fernspediteur *m (Trans)* haulage contractor
Fernsprechadresse *f (Komm)* telephone address
Fernsprechauftragsdienst *m (Komm)* answering service
Fernsprechgebühren *fpl (Komm)* telephone charges, *(AE)* telephone rates
Fernsprechkonferenz *f* 1. *(Komm)* audio conference, teleconference; 2. *(V&M)* teleconference
Fernsprechteilnehmer(in) *m(f) (Komm)* telephone subscriber
Fernsprechteilnehmerverzeichnis *n (Komm)* (tele)phone book, telephone directory
Fernsteuerung *f (Komm)* remote control *(Geräte)*
Fernstudium *n (Soz)* correspondence course, distance learning, home study course
Fernüberwachung *f (Bank)* remote monitoring

Fernuniversität *f (Soz)* correspondence school, open university
Fernunterstützung *f (EDV)* remote support
Fernwartung *f (EDV)* remote maintenance
fertig stellen *v (Ind)* finish, accomplish
Fertig... *(Gesch, Ind)* ready, finished, (vorgefertigt) prefabricated, ready-made *(vollendet)*
Fertighaus *n (Gb)* manufactured home, prefabricated house
Fertigkeit *f (Gesch, Pers)* skill
Fertigprodukt *n (Gesch)* finished product
Fertigstellung *f (Gesch)* completion
Fertigstellungstermin *m (Gesch)* target date, completion date
Fertigung *f (Ind)* manufacture, production
Fertigungsabteilung *f (Ind)* production department
Fertigungsanlage *f (Ind)* (manufacturing) plant [factory]
Fertigungsaufwand *m (Ind)* production costs
Fertigungsbereich *m (WiWi)* manufacturing sector
Fertigungsbetrieb *m (Ind)* manufacturing company
Fertigungseinzelkosten *pl (RW, WiWi)* prime cost(s)
Fertigungsgemeinkosten *pl* 1. *(RW)* factory overheads, manufacturing overheads; 2. *(WiWi)* indirect labo(u)r costs
Fertigungsindustrie *f (Ind)* manufacturing industry
Fertigungskapazität *f (Ind)* manufacturing capacity
Fertigungskontrolle *f* 1. *(Gesch)* progress control; 2. *(Ind)* process control, production control
Fertigungskosten *pl (RW)* manufacturing cost(s), production costs
Fertigungslohn *m (Fin, Ind, WiWi)* direct labo(u)r *(Kostenrechnung)*
Fertigungsmaterial *n (WiWi)* direct and indirect material
Fertigungsplanung *f (Ind, Mgt)* process engineering, production scheduling
~ und -steuerung *f (Gesch, Ind, Mgt)* production planning and control
Fertigungssektor *m (WiWi)* secondary sector
Fertigungssteuerung *f (Ind)* manufacturing control
fertigungssynchrone Materialwirtschaft *(Ind)* just-in-time materials management
Fertigungstechnik *f (Ind)* production technology, production engineering, product engineering
Fertigungsvorbereitung *f (Ind)* production scheduling
Fertigwaren *fpl (Gesch)* finished goods
fest *adv (Gesch)* steadily, firmly, permanently • **~ angelegt** *(Bank, Fin)* illiquid, tied up • **~ daran glauben, dass** *(Gesch)* be convinced that, stand firm in the belief that
fest *adj* 1. *(Bank)* fixed, nonvariable; 2. *(Gesch)* stable, steady, permanent, pegged; 3. *(WiWi)* firm, pegged • **ein festes Angebot machen** *(Gesch)* make a firm offer • **ohne festen Wohnsitz** *(Recht)* without permanent residence, of no fixed abode
~ angestelltes Personal *n (Pers)* permanent staff, permanent labo(u)r, permanent personnel
Fest... *(Gesch)* binding, firm
Festangebot *n (Gesch)* binding offer, firm offer
Festanlage *f (Bank)* fixed-term deposit
Festanstellung *f (Pers)* permanent appointment *(Arbeit)*
festbleiben *v (Gesch)* stand firm
feste Arbeitskräfte *fpl (Pers)* permanent labo(u)r
~ Arbeitszeit *f (Pers)* fixed working hours
~ Einkünfte *pl (Bö)* fixed income
~ Laufzeit *f (Bank)* fixed maturity
~ Leistungen *fpl (Gesch)* fixed benefits
~ Notierung *f (Bö)* firm price
~ Übernahmeverpflichtung *f (Bö)* firm commitment
fester Fristablauf *m (Gesch)* strict time limit
~ Kundenkreis *m (Gesch)* established clientele
~ Kurs *m (Bö)* firm price
~ Wechselkurs *m (WiWi)* fixed exchange rate, pegged exchange rate
festes Angebot *n (Gesch)* binding offer, firm offer
Festgebot *n (Verw)* firm bid
Festgehalt *n (Pers)* fixed salary
Festgeld *n (Bank)* fixed deposit, fixed-period deposit, time deposit, term deposit

Festgeldkonto *n* 1. *(Bank)* investment account, *(AE)* time deposit account; 2. *(Fin)* term account

festgelegt *adj (Bö, Gesch, Mgt)* locked-in, tied up • **in der festgelegten Reihenfolge** *(Gesch)* in the order specified

festgelegter Verfalltag *m (Bö)* fixed expiration date

festgeschrieben *adj (Bö)* locked-in

festgesetzt *adj (Gesch)* arranged, set, specified • **zum festgesetzten Zeitpunkt** *(Gesch)* at the appointed time

festgesetzter Preis *m (Bö)* predetermined price

~ **Termin** *m (Gesch)* appointed day

festgestellte Tatsache *f (Gesch)* ascertained fact

festgestellter Sachverhalt *m (Recht)* findings

festhalten *v* **an** *(Gesch)* abide by *(Entscheidung, Regelung)*; adhere to *(Grundsatz)*

Festkonditionen *fpl (Verw)* fixed terms

festlegen *v* 1. *(Bö) (jarg.)* lock in, lock away *(Wertpapiere)*; 2. *(Fin)* tie up; 3. *(Gesch)* schedule, appoint *(Datum, Ort)*; establish, work out, fix *(Termin)*; 4. *(Recht)* lay down *(Vertrag)*; formulate *(Bedingungen)*; 5. *(WiWi)* set *(Wert)*; determine *(Preis)* • **Regeln ~** *(Verw)* lay down the rules

Festlegung *f* **der Kosten** *(Bö)* fixing of costs

~ **einer Obergrenze** *(Bank)* capping

Festnetz *n (Komm) (BE)* Public Switched Telephone Network *(PSTN)*, plain old telephone system *(POTS)*

Festpreis *m (Bö, RW)* fixed price

Festrente *f (Vers)* fixed annuity

festschreiben *v (Bö)* lock in

festsetzen *v* 1. *(Bö)* declare; 2. *(Gesch)* arrange, set, specify; 3. *(WiWi)* set *(Wert)*

Festsetzung *f* **von Verrechnungspreisen** *(Gesch)* transfer pricing

feststellen *v* 1. *(Gesch)* adopt, ascertain, establish *(Preis)*; 2. *(Pol, Recht)* adopt; 3. *(Verw)* adopt, ascertain

Feststellung *f (Gesch)* ascertainment

~ **der Höhe des Schadensersatzes** *(Recht)* assessment of compensation

festverzinslich *adj (Bö, Fin)* fixed-interest bearing, fixed-rate

festverzinsliche Anleihe *f (Bö, Fin)* fixed-rate bond, fixed-interest loan

~ **Inhaberschuldverschreibung** *f (Bö, Fin)* fixed-rate bearer bond, straight bond

~ **Kapitalanlage** *f (Bö)* fixed-income investment

festverzinsliches Darlehen *n (Fin)* fixed-interest loan

Festzinsanleihe *f (Bö)* straight bond

Festzinshypothek *f (Bank)* fixed-rate mortgage

Festzinskredit *m* 1. *(Bank)* fixed-rate loan; 2. *(Fin)* straight loan

feuern *v (ugs.) (Pers)* fire, *(ugs.) (BE)* sack

Feuerschutzmauer *f (EDV, Soz, Vers)* fire wall

Feuerwehrfonds *m (RW)* firefighting fund *(Einlagensicherung)*

Fianzierungsstruktur *f (Fin, WiWi)* financial structure

fiduziarisch *adv (Recht)* fiduciary *(treuhänderisch)*

Fifo-Methode *f (RW)* first in first out, FIFO

fiktiv *adj* 1. *(Fin)* notional; 2. *(Gesch)* fictitious

fiktive Miete *f (Gb)* notional rent *(eigengenutzte Wohnung)*

~ **Zinsen** *mpl (St)* imputed interest

fiktiver Wert *m (RW, WiWi)* imputed value

fiktives Einkommen *n (RW, WiWi)* imputed income

Filialbanksystem *n (Bank)* branch banking system

Filialbankwesen *n (Bank)* branch banking, *(AE)* chain banking

Filiale *f* 1. *(Bank)* area office, branch; 2. *(Gesch)* branch, branch office, branch operation, suboffice; 3. *(V&M)* chain store

Filialkette *f (V&M)* chain store

Filialnetz *n (Bank)* branch network

Finanz... *(Fin, St)* financial, fiscal

Finanzamt *n* 1. *(Pol) (BE)* the Exchequer; 2. *(St) (BE)* Inland Revenue Office, *(AE)* Internal Revenue Service, revenue office; taxation office

Finanzanlagen *fpl* 1. *(Bank, Bö, Fin)* investments; 2. *(RW, WiWi)* financial assets

Finanzausweis *m (RW)* financial statement

Finanzbedarf *m (Fin)* financial requirements

Finanzbereich *m (Fin)* financial field

Finanzbuchhaltung *f (Fin, RW)* financial accounting

Finanzbudget *n* 1. *(Verw)* financial budget; 2. *(WiWi)* capital budget
Finanzchef(in) *m(f) (ugs.) (Mgt, Verw)* Chief Financial Officer *(CFO)*, financial manager, corporate treasurer
Finanzdefizit *n (RW)* fiscal deficit
Finanzderivate *npl (Bank, Fin)* financial derivatives
Finanzdienstleistungen *fpl (Fin)* financial services
Finanzer *m (ugs.) (Mgt, Pers, Verw)* financial manager
Finanzföderalismus *m (Pol, St)* fiscal federalism
Finanzgericht *n (St)* first-instance fiscal court, tax court
Finanzgutachten *n (Fin)* financial appraisal
Finanzhilfe *f (WiWi)* financial aid, financial assistance
finanziell *adj (Gesch)* financial, pecuniary • **in finanziellen Schwierigkeiten** *(Fin)* cash-strapped • **sich in finanziellen Schwierigkeiten befinden** *(Fin)* be in financial straits
finanziell *adv (Gesch)* financially • **~ gesund** *(Gesch)* financially sound • **~ schwach** *(Fin)* cash-strapped
finanzielle Belastung *f (Fin)* financial burden, financial encumbrance
~ **Beteiligung** *f (Fin)* financial involvement
~ **Dienstleistungen** *fpl (Fin)* financial services
~ **Lage** *f (Fin)* financial position [standing]
~ **Leistungsfähigkeit** *f (Fin)* financial strength
~ **Macht** *f (Verw, V&M)* financial muscle
~ **Mittel** *npl (Fin)* financial means, finance
~ **Offenlegung** *f (Fin)* financial disclosure
~ **Sanktionen** *fpl (Bank)* financial penalties *(EZB)*
~ **Stabilität** *f (Fin)* financial stability
~ **Unterstützung** *f (Fin)* financial backing [aid, assistance, support]
finanzieller Anreiz *m (Bö, Fin)* financial incentive, *(AE) (ugs.)* kicker; *(ugs.)* bells and whistles; *(ugs.)* sweetener *(besondere Ausstattung einer Emission)*
~ **Anspruch** *m (RW)* financial claim
~ **Engpass** *m (Verw)* financial straits
~ **Vermögenswert** *m (Fin)* financial asset
finanzielles Engagement *n (RW)* capital commitment
~ **Gleichgewicht** *n (WiWi)* financial balance
~ **Risiko** *n (Bö)* financial risk
finanzieren *v (Fin)* finance, fund
Finanzierung *f (Fin)* finance, financing, funding *(Projekt)*
~ **aus einer Hand** *(Fin, WiWi)* one-stop financing, financing package, single finance
~ **durch Forderungsabtretung** *(RW)* accounts receivable financing
Finanzierungsbedarf *m* 1. *(Bank)* borrowing requirements; 2. *(Fin)* capital requirements
Finanzierungsgesellschaft *f (Fin) (BE)* finance house
Finanzierungskosten *pl* 1. *(Bank)* finance charges; 2. *(Verw)* financial expenses
Finanzierungs-Leasing *n (Fin)* capital lease, finance lease
Finanzierungslücke *f (Fin)* funding gap
Finanzierungsmittel *n* 1. *(Bö)* credit instrument; 2. *(Fin)* financial means
Finanzierungsplan *m (Fin)* financing plan
Finanzierungsquelle *f (Fin)* funding source
Finanzierungsstrategie *f (Fin)* financial strategy
Finanzierungsströme *mpl (WiWi)* financial flows
Finanzierungstechnik *f (Fin)* financial engineering
Finanzinnovation *f (Bank, Fin)* financial innovation
Finanzinstitut *n (Fin)* financial institution
Finanzjahr *n (Fin, RW, St)* fiscal year, FY, financial year
Finanzkontrolle *f (Fin, RW)* budgetary control, financial control
Finanzkraft *f* 1. *(Bank)* financial strength [power]; 2. *(Verw, V&M)* financial muscle
Finanzkreise *mpl (Fin)* financial circles [community]
Finanzlage *f (RW)* financial position, financial situation, position
Finanzmanagement *n (Fin, RW)* financial management, cash management
Finanzmarkt *m (Fin)* financial market
Finanzmarktaufsicht *f (Bank, Bö, Fin, Vers)* financial market supervision *(cf Finanzdienstleistungsaufsicht, Bafin)*
Finanzminister *m (Fin, Pol, WiWi)* Finance Minister, *(BE)* Chancellor of the Exchequer, *(AE)* Secretary of the Treasury

Finanzministerium *n (Fin, Pol, WiWi)* Ministry of Finance, *(AE)* Department of the Treasury, *(BE)* Her Majesty's Treasury, *(BE)* Treasury, *(BE)* the Exchequer
Finanzmittel *npl (Fin)* finance, funds
Finanzperiode *f (Fin)* budgetary period
Finanzplan *m (Fin, Mgt, RW, Verw)* budget
Finanzplanung *f (Fin, Mgt, RW, Verw)* budgeting, budgetary planning, financial management [planning]
Finanzpolitik *f (Fin)* financial [fiscal] policy
Finanzprognosen *fpl (Fin)* financial forecasts
Finanzsektor *m (Fin)* finance sector
Finanzspritze *f (Fin)* financial injection, injection of funds
Finanzstatus *m* 1. *(Bank, Fin)* financial statement *(Liquidität)*; 2. *(RW)* asset and liability statement, statement of financial position
Finanzstrategie *f (Gesch)* financial strategy
Finanzsystem *n (Fin)* financial system
Finanzterminmarkt *f (Bö, Fin)* financial futures market
Finanzverwaltung *f* 1. *(Fin, Mgt, Verw)* financial administration, financial management; 2. *(St)* revenue department
Finanzvorlage *f (WiWi)* financial proposal, *(BE)* Finance Bill
Finanzvorstand *m (Pers)* financial director, finance director, financial executive, financial manager, vice president finance
Finanzwechsel *m* 1. *(Bank)* finance bill; 2. *(Fin)* accommodation bill, finance bill
Finanzwerte *mpl (Fin)* finance company papers
Finanzwesen *n* 1. *(Fin)* finance; 2. *(Mgt)* financial management
Finanzwirtschaft *f* 1. *(Fin, Mgt)* business [corporate] finance, financial management *(eines Unternehmens)*; 2. *(WiWi)* public finance
finanzwirtschaftliche Kennzahl *f (Fin)* financial ratio, accounting ratio
Finanzwissenschaft *f (WiWi)* public finance
Finanzzentrum *n (Fin) (AE)* financial center, *(BE)* financial centre
fingierte Rechnung *f (Gesch)* fictitious invoice
Fire-Wall-Abschottung *f (EDV)* firewall
Firma *f (Gesch)* business, business enterprise, *(BE)* company, Co., *(AE)* corporation, corp.; establishment, firm
Firmen... *(Gesch)* corporate
Firmen-Abschreibung *f (RW)* goodwill amortization
Firmenangelegenheiten *fpl (Gesch)* company's affairs
firmeneigen *adj (Gesch)* company-owned, in-house
firmeneigener Außendienst *m (Gesch, V&M)* company's own field organization
Firmenfahrzeug *n (Trans)* company vehicle
Firmenimage *n (Gesch, V&M)* corporate image
Firmeninsolvenzen *fpl (Fin)* corporate insolvencies
firmeninterne Schulung *f (Pers)* in-company training
Firmenkampagne *f (V&M)* corporate campaign
Firmenkredite *mpl (Bank)* corporate lending
Firmenkreditmarkt *m (Bank)* corporate lending market
Firmenkunde *m* 1. *(Bank)* corporate client, corporate customer; 2. *(Bank, V&M)* business customer
Firmenkundengeschäft *n (Bank)* corporate banking
Firmenkundenkredit *m (Bank)* corporate credit
Firmenkundschaft *f (Bank, V&M)* business customers, corporate customers
Firmenleitung *f (Mgt)* corporate management
Firmenlogo *n (Gesch, V&M)* company logo
Firmenmantel *m (Gesch)* shell company, shell corporation
Firmenname *m (Gesch)* corporate name, trade name, name of business
Firmenregister *n (Verw)* register of companies
Firmenschriftzug *m (Gesch, V&M)* logotype, logo
Firmensiegel *n (Recht)* company seal
Firmenverzeichnis *n (Gesch)* trade directory
Firmenwagen *m (Trans)* company car
Firmenwert *m (Gesch, RW)* goodwill

Firmenzeichen *n (Gesch, V&M)* logotype, logo, motif, trade sign
Fiskal... *(Fin, Pol, St, WiWi)* fiscal
fiskalisch *adj (Fin, Pol, St, WiWi)* fiscal
fiskalische Bremse *f (St, WiWi)* fiscal drag
Fiskalpolitik *f (WiWi)* fiscal policy
fiskalpolitische Sparmaßnahmen *fpl (WiWi)* fiscal austerity
Fiskus *m (Fin, St)* fiscal authorities, treasury, *(BE)* the Exchequer
fix *adj (Bank)* nonvariable
Fix... *(Gesch)* firm, fixed
Fixauftrag *m (V&M)* firm order
fixe Gemeinkosten *pl (RW)* fixed overheads
~ **Kosten** *pl* 1. *(RW)* fixed costs, committed costs; 2. *(Verw)* constant cost; 3. *(WiWi)* fixed costs
Fixgeschäft *n* 1. *(Bö)* time bargain; 2. *(Recht)* contract where time is of the essence *(Vertragsrecht)*
fixiert *adj* 1. *(Gesch)* fixed, pegged, pre-arranged; 2. *(WiWi)* pegged
Fixkosten *pl (RW, WiWi)* fixed charge [costs, expenses]
Fixkostendeckung *f (RW)* fixed-charge coverage
Fixpunkt *m (Gesch)* benchmark
Fixum *n* 1. *(Gesch)* fixed allowance; 2. *(Pers)* fixed salary
Fläche *f (WiWi)* area, surface area
flache Organisation *f (Mgt)* flat organization
Flächenaufteilung *f (Gb)* zoning
Flächenstichprobe *f (V&M)* area sample
flankieren *v* 1. *(Bank)* accompany; 2. *(Gesch)* flank, support
flankierend *adj (Gesch)* collateral
Flaschenhals *m (Gesch, WiWi)* bottleneck
flau *adj* 1. *(Bö)* lifeless; 2. *(Gesch)* flat, slack, quiet; 3. *(WiWi)* slack *(Geschäft)*
flauer Markt *m* 1. *(Bö)* narrow market; 2. *(Gesch)* stale market
Flaute *f (Gesch)* slack period, lull, stalemate
flexibel *adj (Gesch)* flexible
Flexibilität *f (Gesch)* flexibility
flexible Arbeitszeit *f (Pers)* flexible time, flexible working hours, flexitime, flextime, flexible schedule
~ **Altersgrenze** *f (Pers)* flexible retirement age, flexible pensionable age
~ **Planung** *f (Mgt)* contingency planning
flexibler Wechselkurs *m (WiWi)* flexible exchange rate, floating exchange rate
flexibles Budget *n (WiWi)* flexible budget, variable budget
~ **Ruhestandsalter** *n (Pers)* flexible retirement age, flexible pensionable age
Fließ... *(Ind)* assembly, flow
Fließarbeit *f (Ind)* (continuous) flow production
Fließbandarbeit *f (Ind)* assembly line work, flow production
Fließfabrikation *f (Ind)* (continuous) flow production
Fließfertigung *f (Ind)* continuous flow production
Fließprozess *m (WiWi)* continuous process
Float *m (Bank, Fin)* float *(Wertstellungsdifferenz)*
Floaten *n (Fin)* floating *(Währung)*
Flop *m (ugs.) (Gesch)* flop
florieren *v (Gesch)* flourish, thrive *(Handel)*
florierend *adj (Gesch)* flourishing, thriving *(Handel)*
Flow-Größe *f (WiWi)* flow
Fluchtgelder *n (Gesch, Verw)* hot money
Fluchtkapital *n (Fin, Gesch)* runaway capital
Flugblatt *n* 1. *(Gesch)* pamphlet; 2. *(Komm)* flyer; 3. *(Med)* flyer, broadsheet, broadsheet newspaper, pamphlet; 4. *(V&M)* flyer *(Zeitung)*
Flugverkehr *m (Trans)* air traffic
Flugzeug *n (Trans)* aircraft, *(BE)* aeroplane, *(AE)* airplane • **per ~ transportieren** *(Trans)* transport by air
Fluktuation *f* 1. *(Gesch)* fluctuation; 2. *(Pers)* turnover *(Personalbestand)*
Fluktuation *f* **der Arbeitskräfte** *(Pers)* labo(u)r turnover, turnover of labo(u)r
Fluktuationsrate *f (Pers)* staff turnover
Fluss *m (Gesch)* flow, flux *(Verlauf)*; river *(Gewässer)*
Flussdiagramm *n* 1. *(Gesch)* flowchart; 2. *(Stat)* flow diagram
flüssig *adj (Bank, Fin)* liquid • **~ machen** 1. *(Ind)* smelt; 2. *(WiWi)* mobilize
flüssige Mittel *n* 1. *(Bö)* liquidity; 2. *(Fin)* cash resources, liquid assets, liquid funds; 3. *(RW)* available funds, liquid assets
~ **Mittel** *n* **und Forderungen** *fpl (Fin, RW)* quick assets, realizable assets

Flüssiggas *n (Ind, Umw)* liquid petroleum gas
fokussieren *v (Gesch)* focus
Folge *f (Gesch)* sequence *(Aufeinanderfolge)*; consequence, outcome *(Ergebnis)* • **mit der ~, dass** *(Gesch)* with the result that • **zur ~ haben** *(Gesch)* result in • **die Folgen tragen** *(Gesch)* suffer the consequences
Folgebrief *m (V&M)* follow-up letter *(nachfassen)*
Folgeerscheinung *f (Gesch)* aftereffect
Folgekosten *pl (Ind, RW)* oncost
folgen *v* **(auf)** *(Gesch)* follow, succeed • **einem ähnlichen Muster folgen** *(Gesch)* follow a similar pattern
folgend *adj (Gesch)* subsequent, succeeding
folglich *adv (Gesch)* accordingly, hence
Fonds *m (Fin)* fund
Fondsverwaltung *f (Bank)* fund management
forciertes Wirtschaftswachstum *n (WiWi)* accelerated growth
Förder... *(Gesch, Ind)* assisted, promoted, conveyor
Förderband *n (Ind)* production line, conveyor belt
Förderer *m* 1. *(Gen Comm)* booster; 2. *(Gesch)* sponsor
förderfähig *adj (Gesch)* eligible
Fördergebiet *n (WiWi)* assisted area, enterprise zone, development area
förderlich *adj (Gesch)* instrumental
Fördermaßnahme *f (Soz)* incentive measure
fordern *v (Gesch)* claim, demand, exact, require
fördern *v* 1. *(Gesch)* benefit, encourage, promote, sponsor; 2. *(Ind)* extract *(Mineralien, Bodenschätze)*; 3. *(V&M)* promote, sponsor; 4. *(WiWi)* aid *(Entwicklungsländer)*
Förderprogramm *n (Mgt)* development program(me)
Fördertätigkeit *f (V&M)* sponsorship
Forderung *f* 1. *(Gesch, RW)* debt, requirement; 2. *(Recht)* claim • **~ an** *(RW)* debt owed by • **eine ~ einreichen** *(Recht)* file a claim • **eine ~ stellen** *(Recht)* set up a claim
Förderung *f* 1. *(Gesch)* boost, advancement, encouragement, sponsorship; 2. *(Ind)* extraction *(Bodenschätze)*; 3. *(V&M)* promotion; 4. *(Verw)* advancement *(berufliche Laufbahn)*
~ der Beschäftigung 1. *(Pers)* promotion of employment, employment promotion; 2. *(Soz)* employment promotion
Forderungen *fpl* 1. *(Pat)* set of claims; 2. *(RW)* accounts receivable, receivables • **~ erfüllen** *(Mgt)* meet demands
~ aus Lieferungen und Leistungen *(RW)* trade debtors, *(AE)* trade account receivables
~ aus Warenlieferungen *(RW)* trade receivables
~ gegen verbundene Gesellschaften *(RW)* loans to related companies
~ und Verbindlichkeiten *fpl (Fin) (BE)* receivables and liabilities
Forderungsabtretung *f (RW)* assignment of claims [debts]
Forderungsausfallrisiko *n (Fin)* bad debt risk
Forderungsberechtigte(r) *f(m) (Recht)* claimant
Forderungsbestand *m (Bank, RW)* loan book
Forderungseinziehung *f (RW)* collection of accounts receivable
Forderungsnachweis *m (Fin)* proof of debt
Forderungsübernehmer(in) *m(f) (Pat, RW)* assignee
Forderungsumschlag *m* 1. *(Fin)* receivables turnover; 2. *(RW)* collection period, collection ratio
Forderungsverkauf *m (Fin, RW)* factoring, sale of receivables
Förderzuschuss *m (Fin) (BE)* enterprise allowance
Forfaitierung *f (Fin)* forfaiting
Form *f* 1. *(Stat)* shape; 2. *(Pat)* embodiment, form • **in ~ von** *(Gesch)* in the form of
formale Vereinbarung *f (Gesch)* formal agreement
formalisieren *v (Gesch)* formalize
Formalität *f (Gesch)* formality
formbedürftiger Vertrag *m (Recht)* contract requiring specific form
Formblatt *n* 1. *(Gesch)* blank form, business form; 2. *(Pat)* form
formelle Mitteilung *f (Gesch)* formal notice
Formfehler *m (Recht)* formal defect *(Urkunde)*

Formfreiheit *f (Recht)* absence of formal requirements *(Verträge)*
förmlich *adj (Gesch)* formal
förmliche Mitteilung *f (Gesch)* formal notice
formlos *adj (Gesch)* formless *(gestaltos)*; informal *(zwanglos)*
formlose Befragung *f (Pers)* informal interview
~ **Organisation** *f (Mgt)* informal organization
Formsache *f (Gesch)* technicality, routine
Formular *n (Pat)* form
Formulierung *f* 1. *(Gesch)* wording *(Vertrag)*; 2. *(Mgt)* formulation *(einer Politik)*; 3. *(Recht)* wording
Formvorschrift *f (Recht)* form requirement, formal requirement
forschen *v (Gesch)* research, search
Forschung *f (Gesch)* research
~ **und Entwicklung** *f (Ind)* research and development, R&D
~ **und technologische Entwicklung** *f (FTE)* Pat Research and Technological Development *(EU)*
Forschungsaufwand *m (RW, St) (BE)* scientific research expenditure
Forschungsbudget *n (RW)* research budget
forschungsintensiv *adj (Ind)* research-intensive
forschungsorientiert *adj (Ind)* research-oriented, research-based
Forschungsziel *n (Gesch)* research objective
fortbestehend *adj (Gesch)* ongoing
Fortbildung *f (Pers)* advancement, further education
Fortbildungskurs *m (Pers, Soz)* course of further training, further training course
Fortbildungsprogramm *n (Pers)* employee development program(me), training program(me)
fortführen *v (Gesch)* continue
fortgeschritten *adj (EDV, WiWi)* advanced
fortgesetzt *adj (Gesch)* continued
fortlaufend *adj (Gesch)* continuous
fortlaufend *adv (Med, Pat)* consecutively • ~ **nummerieren** *(Med, Pat)* number consecutively
fortlaufende Abrechnung *f (Bö)* rolling settlement
fortschreiben *(Stat)* project, extrapolate, carry forward, update
Fortschreibung *f* 1. *(EDV, RW)* updating; 2. *(St)* adjustment of assessed value
fortschreiten *v (Gesch)* advance, progress
fortschreitend *adj (Gesch)* progressive
Fortschritt *m (Gesch)* advance, progress
fortschrittlich *adj (Gesch)* advanced
fortschrittliche Technik *f (Ind)* advanced engineering
fortschrittlicher Betrieb *m (Ind)* advanced factory
fortsetzen *v (Gesch)* continue
Fortsetzung *f (Gesch)* continuation
Fotokopie *f (Verw)* photocopy, Xerox, photostat
Fracht *f (Trans)* cargo, freight, load, *(BE)* goods • ~ **bezahlt** *(AH, Trans)* carriage paid • ~ **bezahlt Empfänger** *(AH, Trans)* freight forward, freight prepaid, frt ppd • ~ **und Versicherung bezahlt** *(AH, Trans, Vers)* freight and insurance paid, carriage and insurance paid, CIP • ~ **im Voraus bezahlt** *(AH, Trans)* freight prepaid • ~ **gegen Nachnahme** *(AH, Trans)* freight collect, freight forward
Frachtabfertigung *f (AH)* cargo clearance *(Zoll)*
Frachtanspruch *m (Trans)* cargo claim
Frachtbörse *f (Bö)* freight market
Frachtbrief *m (AH, Trans, Vers)* shipping bill, waybill, bill of lading, bill of freight, trucking bill of lading, consignment note, letter of content, bill
~ **ohne Vorbehalt** *(AH)* clean bill of lading
Frachterklärung *f (Trans)* cargo declaration
Frachterlass *m (AH)* freight release
frachtfrei *adj (AH, Trans)* carriage free, carriage paid, freight prepaid
Frachtführer *m (Trans)* carrier, common carrier
Frachtführer-Haftpflicht *f (Vers)* carrier's liability
Frachtgebühren *fpl (Trans)* cargo dues
Frachtgeld *n (Trans)* carriage, carriage charge, freight
Frachtgewicht *n (Trans)* weight of cargo
Frachtgut *n (Trans)* cargo
Frachtkapazität *f (Trans)* cargo capacity, CC
Frachtkosten *pl (Trans)* carriage expenses, cost of freight, freight, truckage
Frachtlieferbedingungen *fpl (Trans)* cargo delivery terms

Frachtmarkt *m (Bö)* freight market
Frachtraum *m (Trans)* cargo tonnage
Frachttermingeschäftsmarkt *m (Bö)* freight futures market
Frachtterminkontrakt *m (Bö, Fin)* freight futures contract
Frachttransportunternehmen *n (Trans)* freight forwarder
Frachtumschlagkosten *pl (Trans)* cargo handling charge, CHC
Frachtumschlagplatz *m (Trans) (AE)* cargo center, *(BE)* cargo centre
Frachtunternehmen *n (Trans)* carrier haulage, ocean carrier *(Schifffahrt)*
Frachtverkehr *m (Trans)* movement of freight, freight traffic
Fracht-, Versicherungs- und Transportgebühren *fpl (AH)* freight, insurance and shipping charges
Frachtvorschuss *m (Trans)* advance freight, AF
Frachtzuschlag *m (Trans)* extra freight
Frage *f (Gesch)* question • **in ~ stellen** *(Gesch)* query
Fragebogen *m* 1. *(Gesch)* questionnaire; 2. *(St)* information return *(zur Überprüfung von Steuerangaben)*; 3. *(V&M)* questionnaire
fraglich *adj (Gesch)* doubtful, questionable
fragmentierter Market *m (Gesch, WiWi)* fragmented market
Fragmentierung *f (WiWi)* fragmentation *(eines Marktes)*
fragwürdig *adj (Gesch)* dubious, questionable
Franchise *f (Vers)* excess insurance
Franchise *n (V&M)* franchise, franchising
Franchisegeber(in) *m(f) (Gesch, V&M)* franchisor
Franchisenehmer(in) *m(f) (V&M)* franchisee
Franchising *n (V&M)* franchising, franchise
frankierter Rückumschlag *m (Komm, V&M)* self-addressed stamped envelope, *(BE)* stamped addressed envelope
Frankierung *f (Komm)* postage
franko *adv (Gesch, Komm)* delivered free, postage paid, postage-free
Free-rider-Verhalten *n (WiWi)* free-rider behavio(u)r

frei *adj* 1. *(EDV, Gesch)* free; 2. *(AH)* free, franco; 3. *(Pers)* idle; 4. *(Trans)* free, franco; 5. *(Verw)* idle • **~ Kai** *(AH, Trans)* ex quay, x-quay • **~ an Bord** *(AH, Trans)* free on board, FOB *(Incoterms)* • **~ von Rechten Dritter** *(Recht) (AE)* free and clear • **~ von Schäden** *(Vers)* free of damage
frei *adv (Trans)* ex
~ **schwanken lassen** *(WiWi)* allow to float freely *(Wechselkurs)*
~ **schwankender Wechselkurs** *m (WiWi)* flexible exchange rate, floating exchange rate, fluctuating exchange rate, fluctuating currency
~ **transferierbares Wertpapier** *n (Fin)* transferable security
~ **vereinbarte Übernahme** *f (WiWi)* agreed takeover
~ **verfügbares Einkommen** *n (WiWi)* discretionary income
Frei... *(Gesch)* free, complimentary
Freiberufler(in) *m(f) (Pers)* freelance, freelance worker, self-employed person
freiberuflich *adj (Pers, St)* self-employed
freiberufliche Arbeit *f (Pers)* freelance work
~ **Dienstleistungen** *fpl (Gesch)* professional services
~ **Tätigkeit** *f (Pers)* freelance work
Freibetrag *m (St) (BE)* allowance, *(AE)* tax credit; tax exemption, tax relief
~ **für Einkünfte aus selbstständiger Tätigkeit** *(Pers)* earned income allowance
freibleibend *adj (Gesch)* not binding *(Angebot)*; subject to confirmation, without engagement
freie Berufe *mpl (Pers)* the professions, free-lance workers
~ **Fläche** *f (Gb)* open space
~ **Kapazität** *f (Ind, Trans, WiWi)* excess capacity, idle capacity, spare capacity
~ **Marktwirtschaft** *f (WiWi)* free enterprise economy, free market economy
~ **Rücklage** *f (RW)* unappropriated profit
~ **Stelle** *f (Pers)* appointment vacant, unfilled vacancy, vacancy *(Arbeitsmarkt)*
~ **Wahl** *f* **des Arbeitsplatzes** *(Recht)* free choice of employment
~ **Zeit** *f (F&T)* leisure time
freier Kapitalverkehr *m (WiWi)* free movement of capital *(EU)*

~ **Markt** *m (WiWi)* open market
~ **Mitarbeiter** *m (Pers)* freelance worker, contract worker, contractor
~ **Waren- und Dienstleistungsverkehr** *m (WiWi)* free movement of goods and services *(EU)*
~ **Wechselkurs** *m (WiWi)* flexible exchange rate, floating (exchange) rate, fluctuating exchange rate
~ **Wettbewerb** *m* 1. *(Gesch, St, V&M)* arm's length bargaining; 2. *(WiWi)* free competition
freies Gut *n (WiWi)* free good
~ **Unternehmertum** *n (WiWi)* free enterprise
Freiexemplar *n (Med)* presentation copy, complimentary copy *(Buch)*
Freigabe *f* 1. *(Fin)* unblocking, unfreezing; 2. *(Gesch)* release; 3. *(Trans)* release note
Freigabedatum *n (Bö)* release date
freigeben *v* 1. *(EDV)* release *(Softwareversion, Produkt)*; 2. *(Fin)* unblock *(Konto)*; 3. *(Gesch)* release
freigebig *adj (St)* generous
Freigrenze *f* 1. *(AH) (BE)* duty-free allowance *(Zoll)*; 2. *(St)* tax-free amount
Freihandel *m (WiWi)* free trade
Freihandelsabkommen *n (WiWi)* Free Trade Agreement
Freihandelszone *f (AH, WiWi)* free-trade zone, free-trade area
freihändig *adj (Gesch)* by private contract
freihändige Angebotsabgabe *f (V&M)* tender by private contract
freihändiger Verkauf *m (Gb)* private treaty
Freiheit *f* **des Dienstleistungsverkehrs** *(Pol, WiWi)* freedom to provide services *(EU)*
~ **des Kapitalverkehrs** *(Pol, WiWi)* freedom of capital movements *(EU)*
~ **des Warenverkehrs** *(Pol, WiWi)* free movement of goods *(EU)*
freinehmen *v (Pers)* take (a day, a week etc.) off
freisetzen *v (Pers)* make redundant, displace
Freisetzung *f (Pers)* redundancy *(Entlassung)*
Freispruch *m (Recht)* acquittal *(eines Angeklagten)*
freistellen *v* 1. *(Gesch)* exempt; 2. *(Recht)* excuse
Freiumschlag *m (Komm, Verw)* business reply envelope, business reply mail, reply-paid envelope
Freiverkehr *m (Bö, WiWi)* unlisted market, open market, *(AE)* over-the-counter market • **im** ~ *(Bö)* over-the-counter (*OTC*)
Freiverkehrsbörse *f (Bö) (BE)* Unlisted Securities Market, USM, *(AE)* over-the-counter market, OTCM
Freiverkehrshandel *m (Fin)* over-the-counter trading
Freiverkehrswert *m (Bö)* unlisted security
freiwillig *adj (Gesch)* voluntary, noncompulsory, unsolicited
freiwillig *adv (Gesch)* voluntarily • **sich ~ melden** *(Gesch)* volunteer
freiwillige Arbeitslosigkeit *f (Pers, Pol, WiWi)* voluntary unemployment
~ **Beiträge** *mpl (St) (BE)* voluntary contributions
~ **Kontrollen** *fpl (V&M)* voluntary controls
~ **Liquidation** *f* 1. *(Fin)* voluntary liquidation; 2. *(Gesch)* voluntary winding up
~ **Pensionierung** *f (Pers)* optional retirement
~ **Selbstkontrolle** *f (WiWi)* self-regulation
~ **Vereinbarung** *f (Recht) (BE)* voluntary arrangement
~ **Zuzahlung** *f (RW, Vers)* additional voluntary contribution
freizeichnen *v (Recht)* contract out, disclaim
Freizeichnung *f (Recht)* contracting out
Freizeichnungsklausel *f (Recht)* contracting out clause, exemption clause, nonwarranty clause
Freizeit *f* 1. *(F&T)* leisure time, spare time, time off, time off work; 2. *(Pers)* time off, time off work *(Arbeit)*
Freizeitausgleich *m (Pers)* lieu days
Freizeitindustrie *f (F&T)* leisure industry
Freizügigkeit *f (Pol, WiWi)* freedom of movement
~ **der Arbeitnehmer** *(Recht, WiWi)* free movement of labo(u)r *(EU)*
~ **des Personenverkehrs** *(Pol)* freedom of personal movement and travel *(EU)*
fremd *adj (Gesch)* alien • **in fremdem Namen handeln** *(Recht)* act on sb's behalf
Fremd... *(Gesch)* external, foreign
Fremdarbeiter(in) *m(f) (Pers)* foreign worker, guestworker

Fremdbestand *m (Bank)* third-party holding
fremde Inhalte *mpl (Recht, Komm, Med)* third-party content
Fremdenverkehr *m (F&T)* tourism, tourist trade
fremdfinanzierte Transaktion *f (Fin)* leveraged transaction
fremdfinanziertes Management-Buy-in *n (Fin, Mgt)* leveraged management buy-in
~ **Management-Buy-out** *n (Fin, Mgt)* leveraged management buy-out
~ **Übernahmeangebot** *n (Fin)* leveraged buyout
Fremdfinanzierung *f* 1. *(Bank)* borrowing; 2. *(Fin, RW)* debt financing
Fremdfinanzierungsquote *f (RW)* borrowing ratio
Fremdkapital *n* 1. *(Bank)* borrowed capital, borrowings, outside capital; 2. *(Fin)* outside capital; 3. *(RW)* loan capital; 4. *(WiWi)* loan capital • ~ **aufnehmen** *(Gesch)* raise external funds
Fremdkapitalaufnahme *f* 1. *(Bö) (BE)* gearing; 2. *(Fin)* procurement of outside capital
Fremdmittel *npl (Bank, Fin)* borrowed capital, borrowed funds, outside capital • ~ **aufnehmen** *(Bank)* borrow funds
Fremdmittelbedarf *m (Bank)* borrowing requirement
Fremdproduktion *f (WiWi)* outside production
Fremdvergabe *f* **von Lieferungen oder Leistungen** *(Ind)* outsourcing
Fremdwährung *f (Bank, Fin, Recht, WiWi)* foreign currency
Fremdwährungsanleihe *f (Fin)* foreign currency loan (issue)
Fremdwährungskredit *m (WiWi)* foreign currency loan
Fremdwährungskreditaufnahme *f (Bank)* foreign currency borrowing
Fremdwährungsposition *f (WiWi)* foreign currency position
Friedensrichter *m (Pers) (BE)* Justice of the Peace
friktionelle Arbeitslosigkeit *f (Pers, WiWi)* frictional unemployment
frisches Geld *n (ugs.)* 1. *(Fin)* fresh funds, injection of new funds, fresh finance *(zusätzliche Mittel)*; 2. *(Gesch)* cash, cash flow; *(jarg.)* fresh money
frisieren *v (ugs.) (RW)* dress up, massage, *(ugs.)* fiddle *(Zahlen)* • **die Bücher** ~ *(ugs.)* fiddle accounts, manipulate accounts *(Rechnung)*
Frisieren *n (ugs.) (RW)* window-dressing *(Bilanzkosmetik)*; doctoring *(Täuschung)*
~ **der Bilanz** *(RW) (ugs.)* fiddling the books, earnings management *(Gewinnausweis-Beeinflussung)*; window-dressing *(legale Bilanzkosmetik)*
Frist *f (Gesch)* time limit, time span, period • **die ~ für etw. verlängern** *(Gesch)* extend the time limit for sth • **mit einer ~ von zwei Tagen** *(Gesch)* at two days' notice
Fristablauf *m (Gesch)* expiration of time, lapse of time
Fristeinhaltung ist Vertragsgrundlage *(Recht)* time is of the essence *(beim Fixgeschäft)*
Fristeninkongruenz *f* 1. *(Bank)* maturity mismatch, mismatched maturity; 2. *(WiWi)* mismatched maturity
Fristentransformation *f (Bank)* maturity transformation
fristgemäß *adj (Gesch)* on time, at due date
fristgemäßer Widerspruch *m (Recht)* timely objection *(Vertragsrecht)*
fristgerechte Kündigung *f (Pers)* dismissal with due notice
fristlos *adj (Gesch)* instant, without notice • **jmdn. ~ entlassen** *(Pers)* dismiss sb without notice
fristlose Entlassung *f (Pers)* dismissal without notice, instant dismissal, summary dismissal
~ **Kündigung** *f (Pers)* summary dismissal *(employer)*, dismissal without notice *(employer)*, termination without notice, resignation without notice *(worker)*
Fristsetzung *f (Recht)* fixing of a time limit, setting of a time limit *(Vertragsrecht)*
Fristverlängerung *f* 1. *(Pat)* extension of time limits; 2. *(Recht)* extension of time; extension of original term *(Vertragsrecht)*; extension of time for payment *(Zahlungen)*
Front Office *n (Verw)* front office
Front-running *n (Bö)* front running
früher *adj (Gesch)* prior

früher *adv (Gesch)* earlier • **~ als geplant** 1. *(Gesch)* with time to spare; 2. *(Komm)* ahead of schedule
frühere Anmeldung *f (Pat)* earlier application
~ Priorität *f (Pat)* earlier priority
Frühindikator *m (WiWi)* forward indicator, leading indicator
Frührente *f (Pers)* early-retirement benefit
Frührentner(in) *m(f) (Pers, Soz)* person retiring early, *(AE)* early retiree, *(ugs.)* early retirer
führen *v* 1. *(Gesch)* lead *(leiten)*; keep *(Akten, Aufzeichnungen)*; 2. *(Mgt)* manage
führend *adj* 1. *(Gesch)* top-flight, leading, major; 2. *(V&M)* leading • **eine führende Position in der Welt haben** *(Ind)* be a world leader
führende Bank *f (Bank)* lead bank
~ Industriewerte *mpl (Bö)* blue-chip industrials
~ Marke *f (V&M)* leading line
~ Position *f (Gesch)* top of the range
Führer(in) *m(f)* 1. *(Gesch)* leader, head; 2. *(Trans)* driver, pilot *(von Flugzeug)*
~ des Handelsregisters beim Amtsgericht *(Verw)* registrar of companies
Fuhrpark *m (Trans)* car pool, fleet, pool of vehicles
Führung *f* 1. *(Gesch)* guidance, leadership *(Leitung)*; 2. *(Mgt)* management *(Leitung)*; directors, leadership *(Vorstand)*; 3. *(Pers)* conduct *(Verhalten)*; leadership *(Leitung)* • **die ~ übernehmen** *(Gesch)* take the lead
Führungsbank *f (Bank, Bö, Fin)* arranger, lead bank, facility agent *(eines Konsortiums, of a tender panel)*
Führungsebene *f (Pers)* management level
Führungseigenschaften *fpl (Pers)* leadership ability, managerial talent, management skills
Führungsfunktion *f (Mgt)* managerial function
Führungsinstrument *n (Mgt)* management technique
Führungskraft *f* 1. *(Mgt, Pers)* executive, executive manager *(Unternehmensleitung)*; 2. *(Verw)* company executive
Führungskräfte *fpl (Mgt, Pers)* management staff, managerial staff, senior management
Führungskräftenachwuchs *m (Pers)* junior managers, new junior managers, young executives, new young executives, junior management
Führungslehre *f (Mgt)* management science, management theory
Führungsmannschaft *f (Mgt)* management team
Führungsmethode *f (Mgt)* management method
Führungsmodell *n (Mgt)* managerial model
Führungsnachwuchs *m (Mgt)* junior management
Führungspersonal *n (Mgt, Pers)* management staff
Führungsposition *f (Mgt, Pers)* managerial position
Führungspotenzial *n (Mgt)* management potential
Führungsqualitäten *fpl (Mgt)* management skills
Führungsstärke *f (Mgt, Pers)* leadership
Führungsstil *m (Mgt)* management style, managerial style
Führungsstruktur *f (Mgt)* management structure
Fuhrunternehmen *n (Trans)* haulage company, haul(i)er, road haulage company, *(AE)* trucking contractor
Fülle *f* **von Möglichkeiten** *(Gesch, Pers)* wealth of opportunities
Fundamentalanalyse *f (Fin)* fundamental analysis
fundamentale Aktienanalyse *f (Fin)* fundamental analysis
fundamentales Gleichgewicht *n (WiWi)* fundamental equilibrium
fundiert *adj* 1. *(Bö, Fin)* funded; 2. *(Gesch)* sound, well-established
fundierte Schuld *f* 1. *(Bö)* funded debt; 2. *(Fin)* funded debt, long-term liability
Fünfjahresplan *m (RW, WiWi)* five-year plan
fungibel *adj (Recht)* fungible
Fungibilität *f (Recht)* fungibility
fungible Vermögenswerte *mpl (Fin)* fungible assets
~ Waren *fpl (WiWi)* fungibles

funkelnagelneu *adj (ugs.) (Gesch)* brand new
Funktion *f (EDV, Gesch, Stat)* function • **als ~ von** *(Gesch)* as a function of
funktional *adj (Gesch)* functional
funktionale Beziehungen *fpl (Gesch)* functional relations
~ **Organisation** *f (Gesch)* functional organization
~ **Verantwortung** *f (Gesch)* functional responsibility
funktionell *adj (Gesch)* functional
funktionelle Einkommensverteilung *f (WiWi)* functional income distribution
~ **Methode** *f (Gesch)* functional approach
~ **Struktur** *f (Gesch)* functional layout
funktionieren *v (Gesch)* act, function, operate, work
Funktionsanalyse *f (Gesch)* functional analysis
Funktionsbeziehungen *fpl (Mgt)* functional relations
funktionsbezogene Organisation *f (Mgt)* functional organization
~ **Verantwortung** *f (Mgt)* functional responsibility
funktionsfähig *adj (Gesch)* workable
funktionsfähiger Wettbewerb *m (WiWi)* workable competition
funktionsgestört *adj (Mgt)* dysfunctional
Funktionsmeistersystem *f (Ind)* functional management
Funktionsstörung *f (Gesch)* malfunction
funktionstüchtig *adj (Gesch)* in running order, in working order
~/nicht *(Gesch)* out of order
Funktionsweise *f* 1. *(Gesch, Pol)* operating procedure; 2. *(Bank)* mechanics
Für *n* **und Wider** *n (Gesch)* advantages and disadvantages, pros and cons
Fürsprecher(in) *m(f) (Gesch)* advocate
fürstliches Gehalt *n (ugs.) (WiWi)* princely salary
Fusion *f* 1. *(Bö, Fin)* merger *(von Unternehmen)*; 2. *(Verw)* amalgamation *(Zusammenlegung)*
Fusionen *fpl* **und Akquisitionen** *fpl (Bö, WiWi)* mergers and acquisitions, M&A
fusionieren *v (Bö, Fin, WiWi)* amalgamate, merge *(Unternehmen, Bereiche)*
fusionierende Gesellschaft *f (Fin)* merger company
fusionierte Bank *f (Bank)* amalgamated bank
Fusionsarbitrage *f (Bö)* merger arbitrage
Fusionswelle *f (WiWi)* merger wave
Fuß *m (Gesch)* foot *(Maßeinheit)* • **~ fassen auf** *(Gesch)* gain [get] a toehold in
Fußvolk *n (Gesch)* rank-and-file
Futuregeschäfte *npl (Fin)* dealings in futures

G

GAA *s.* Geldausgabeautomat
Galionsfigur *f* 1. *(Gesch)* figurehead; 2. *(Mgt, Pers)* titular head of an organization
galoppierende Inflation *f (WiWi)* galloping inflation, runaway inflation
Gang *m (Gesch)* aisle *(zwischen Sitzreihen)* • **im ~ sein** *(Gesch)* be at work, be under way *(schon angefangen haben)* • **in ~ bringen** *(Gesch) (ugs.)* get off the ground • **in ~ kommen** *(Gesch) (ugs.)* get off the ground, rise • **in ~ setzen** 1. *(Ind)* actuate; 2. *(V&M)* launch *(Kampagne)*
gängeln *v (Gesch)* spoon-feed
gängig *adj* 1. *(Bö)* active; 2. *(Gesch)* trad(e)able, prevailing *(Ware)*
gängige Aktie *f (Bö)* active share
ganz *adj (Gesch)* whole, full, entire, intact *(unversehrt)*
ganz *adv (Gesch)* completely, reasonably
ganztägig *adj (Pers)* full-time
ganztägiger Handel *m (Bö)* all-day trading
Ganztags... *(Pers)* full-time
Ganztagsbeschäftigung *f (Pers)* full-time job, full-time work, full-time employment
ganzzahlig *adj (EDV, Stat)* integer
Garant *m* 1. *(Fin)* warrant; 2. *(Gesch)* guarantor
Garantie *f* 1. *(Bank)* guarantee; 2. *(Fin)* security; 3. *(Gesch)* guarantee, guaranty, warranty
Garantiedauer *f (Gesch)* duration of guaranty
Garantieinhaber(in) *m(f) (Gesch, Recht)* warrantee
Garantiekarte *f (Bank)* warranty card
Garantiepreis *m (Fin)* guaranteed price
garantieren *v (Gesch)* guarantee

garantierte Mindestzahlung *f (Pers)* guaranteed pay
garantierter Kredit *m (Fin)* guaranteed facility
Garantierücksendung *f (Gesch)* return of guarantee
Garantieverletzung *f (Recht)* breach of warranty
Garantieverpflichtung *f (RW)* guarantee liability
Garantieversprechen *n (Recht)* maintenance bond, guarantee for fulfil(l)ment of contract *(Vertragsrecht)*
Garantiezeit *f (Recht, V&M)* warranty period
Gasgewinnung *f (Ind)* gas exploitation
Gastarbeiter *mpl (Pers, WiWi)* migrant labo(u)r
Gastarbeiter(in) *m(f) (Pers, WiWi)* guest-worker, foreign worker
Gastland *n (F&T, Gesch, WiWi)* host country
Gastronomie *f (F&T)* catering, catering trade
Gaswirtschaft *f (Umw)* gas industry
Gattungsmarken *fpl (Gesch, V&M)* no-name brands
Gattungssache *f (Recht)* fungible item, generic good *(Kaufvertrag)*
Gattungsschuld *f (Recht)* undetermined [generic] obligation
Gebäude *n (Gesch, Gb)* building
geben *v (Gesch)* award, give • **Anlass ~** *(Gesch)* give rise to
Geber *m (Soz, WiWi)* donor
Geberbank *f (Bank, WiWi)* donor bank *(Entwicklungshilfe)*
Gebiet *n* 1. *(Gesch)* area, region, territory *(Region)*; 2. *(Ind)* field; 3. *(WiWi)* area
Gebietsfremde(r) *f(m) (Recht)* nonresident
Gebietskörperschaft *f* 1. *(Fin)* administrative subdivision; 2. *(Verw)* local [regional] government
Gebot *n (Gesch)* bid *(Kauf)*
geboten *adj (Recht)* required, necessary
Gebrauch *m (Gesch, Pat, V&M)* use • **zum privaten ~** *(Recht)* for private use *(Urheberrecht)*
Gebrauchsabschreibung *f (RW)* physical depreciation
Gebrauchsanweisung *f (Gesch)* directions for use
Gebrauchsgegenstand *m (Gesch)* article of consumption
Gebrauchsgüter *npl* 1. *(Gesch)* consumer hardgoods; 2. *(V&M)* consumer durables
Gebrauchswert *m (WiWi)* use value, value in use
gebraucht *adj (Gesch)* second-hand
Gebraucht... *(Gesch)* second-hand, used
Gebrauchtwarengeschäft *n (Gesch) (BE)* second-hand shop, *(AE)* thrift shop
Gebühr *f* 1. *(Fin)* charge; 2. *(Gesch, Pat)* fee; 3. *(St)* benefit tax; 4. *(WiWi)* charge, tax • **~ bezahlt** *(Gesch, Komm)* postage paid
~ für Mehrgepäck [Übergepäck] *(F&T)* excess baggage charge
~ nach Gebührenordnung *(Recht)* scale fee
Gebühren *fpl* 1. *(Bank)* charges; 2. *(Fin, WiWi)* charges, fees • **~ bezahlt** *(AH, Trans)* charges paid *(ch.pd.)*
~ für Bankgeschäfte *(Bank)* charges on banking transactions
~ und Auslagen *fpl (Gesch, Recht)* fees and expenses
gebührend *(Fin)* due, appropriate, suitable
gebührenfrei *adj (Gesch)* free of charge, without charge, charges prepaid postage paid, *(AE)* toll-free
gebührenfrei *adv (Gesch)* at no charge, free of charge
gebührenpflichtige Autobahn *f (Trans) (BE)* toll motorway, *(AE)* turnpike
Gebührenrechnung *f* 1. *(Fin)* bill of costs; 2. *(RW)* bill of charges
Gebührentabelle *f (Gesch)* scale of charges
gebündelt *adj (Pol, WiWi)* concerted *(EU)*
gebündeltes Angebot *n (V&M)* banded offer
gebundenes Fachwissen *n (WiWi)* locked-in knowledge
geburtenstarke Jahrgänge *mpl (V&M)* baby boomers *(Zielgruppe)*
Geburtsurkunde *f (Gesch)* birth certificate
Gedanken... *(Gesch)* cognitive
Gedankenaustausch *m (Gesch)* exchange of ideas [views]
Gedankenblitz *m (Gesch)* flash of inspiration, *(ugs.)* brainwave
gedeckte Option *f (Bö)* covered option
~ Position *f (Bö)* matched book, *(BE)* covered position

~ **Short-Position** *f (Bö)* covered short
~ **Verkaufsoption** *f (Bö)* covered put
gedeckter Optionsschein *m (Bö)* covered warrant
~ **Scheck** *m (Bank) (AE)* certified check, *(BE)* certified cheque
gedeihen *v (Gesch)* thrive
geeignet *adj* 1. *(Gesch)* applicable, qualified, suitable *(qualifiziert)*; 2. *(Recht)* fit and proper *(Person)* • **für etw. ~ sein** *(Gesch)* be eligible for sth
geeignete Technologie *f (Umw)* appropriate technology
Gefahr *f* 1. *(Gesch)* hazard, risk, danger; 2. *(Vers)* peril of • **auf eigene** ~ 1. *(Gesch)* at one's own peril; 2. *(Vers)* at owner's risk • **in** ~ *(Gesch)* at risk • **auf ~ des Eigentümers** *(Vers)* at owner's risk • **auf ~ des Empfängers** *(Gesch)* at receiver's risk • **gegen alle Gefahren** *(Vers)* against all risks • ~ **laufen** *(Gesch)* run the risk
gefährden *v (Gesch)* endanger, jeopardize
gefährdet *adj* 1. *(Gesch)* at risk; 2. *(Umw)* endangered
~ **sein** *(Fin)* be exposed
Gefährdung *f (Fin, Gesch)* exposure
Gefahrenzulage *f (Pers)* danger money
Gefahrgut *n (Trans)* dangerous cargo, hazardous cargo, igniter
Gefahrgüter *npl (Recht)* dangerous goods
gefährlich *adj (Gesch)* dangerous, hazardous
gefährliche Abfälle *mpl (Umw)* dangerous waste
Gefahrübergang *m (Vers)* passing of risk
Gefahrübernahme *f (Recht)* assumption of the risk *(Vertragsrecht)*
gefallen *v (Gesch)* appeal to
Gefälligkeit *f (Bank, Fin, Gesch)* accommodation
Gefälligkeitsakzept *n (Gesch)* accommodation acceptance
Gefälligkeitswechsel *m* 1. *(Bank)* accommodation note; 2. *(Bö)* kite; 3. *(Fin)* accommodation bill, accommodation draft, kite
gefälschter Scheck *m (Bank) (AE)* forged check, *(BE)* forged cheque
gefestigt *adj (Gesch)* strengthened
geförderte Ereignisse *npl (F&T, V&M)* sponsored events
gefragt *adj (Gesch, Pers)* sought-after, in demand
gegebenenfalls *adv (Gesch)* should the occasion arise
gegen *(Gesch)* against, versus
Gegen... *(Gesch)* counter, reverse, opposite, against
Gegenangebot *n (V&M)* competitive bid, counter offer
Gegenargumente *npl (Gesch, Pol)* defensive points
Gegenbuchung *f (RW)* contra [offsetting, reversing] entry
Gegendarstellung *f (V&M)* against text
Gegeneintrag *m (RW)* reversing entry
Gegenforderung *f (Recht)* counterclaim *(Widerklage)*
Gegengeschäft *n* 1. *(Bank)* back-to-back transaction, counter deal; 2. *(Gesch)* opposite transaction
Gegengeschäfte *npl (Gesch)* counter trade
Gegenkredit *m (Bank)* back-to-back credit
gegenläufig *adv (Pol, WiWi)* in opposite directions; compensatory *(ZB)*
Gegenleistung *f* 1. *(Bö)* consideration; 2. *(Gesch)* quid pro quo; 3. *(Recht)* consideration, counterperformance *(Vertragsrecht)* • **als** ~ *(Recht)* in return for
Gegenmacht *f (WiWi)* countervailing power *(Galbraith)*
Gegenmaßnahme *f (Gesch)* countermeasure
Gegenpartei *f (Gesch, Recht)* counterparty • **als ~ eintreten** *(Bank)* be the substituted counterparty
Gegenposition *f (Fin)* hedge
Gegenposten *m (RW)* contra
Gegenprüfung *f (Bank)* crosscheck
gegenseitig *adj (Gesch)* reciprocal • **in gegenseitigem Einvernehmen** *(Gesch, Recht)* by mutual agreement, by mutual consent
gegenseitig *adv (Gesch)* reciprocally • ~ **abhängig** *(Gesch)* interdependent
gegenseitige Anerkennung *f (Recht)* mutual recognition
~ **Kapitalbeteiligung** *f* **zwischen Unternehmen** *(Bö)* cross-holdings between companies
gegenseitiger Vertrag *m (Recht)* bilateral contract, mutual contract, reciprocal agreement *(geistiges Eigentum)*

Gegenseitigkeit *f (Bank)* mutuality, reciprocity
Gegenseitigkeitsgeschäft *n (Gesch)* barter
Gegenstand *m (Gesch)* article, subject
~ **des Anlagevermögens** *(RW)* fixed asset
~ **der Auseinandersetzung** *(Gesch)* issue
Gegenstimmen *fpl (Pol)* opposing [dissenting] votes
gegenteilig *adv (Gesch)* conversely
gegenüber *(Gesch)* against, vis-à-vis
gegenwärtig *adj* 1. *(Gesch)* current; 2. *(WiWi)* actual • **zu gegenwärtigen Börsenkursen** *(Bö)* at current prices, at ruling prices • **beim gegenwärtigen Rechtsstand** *(Recht)* as the law stands at present • **der gegenwärtige Stand der Technik** *(Gesch)* state of the art
Gegenwartswert *m (Fin)* present value
~ **der Kaufkraft** *(WiWi)* current purchasing power
Gegenwert *m (Gesch)* equivalent amount
gegliedert *adj (Gesch)* structured
gegründet *adj (Bö, Gesch)* constituted, established
Gehalt *n (Gesch, Pers)* salary *(monatlich)* • ~ **nach Vereinbarung** *(Pers)* salary to be negotiated *(Stellenangebot)*
Gehaltsabrechnung *f (Pers)* wage and salary administration
Gehaltsabzug *m* 1. *(Pers)* salary deduction, payroll deduction *(vom Bruttolohn)*; 2. *(RW)* salary deduction
Gehaltsempfänger *mpl (Pers)* salaried staff
Gehaltsempfänger(in) *m(f) (Pers)* salaried employee, salaried person, salary earner
Gehaltserhöhung *f (Pers)* salary increase, *(AE)* raise, *(BE)* rise
Gehaltsgrundlage *f (Pers)* salary base
Gehaltsgruppe *f (Pers)* salary bracket
Gehaltssteigerung *f (Pers) (AE)* raise, *(BE)* rise
Gehaltsstruktur *f (Pers, WiWi)* salary structure
Gehaltsüberprüfung *f (Pers)* salary review
Gehaltsunterschiede *mpl (Pers)* salary differentials
Gehaltsvorschuss *m (Pers)* salary advance, advance on salary
Gehaltszahlung *f (Pers)* salary payment
Gehaltszulage *f (Pers)* extra pay
gehandeltes Volumen *n (Bö)* amount of business
geheim *adj* 1. *(Gesch)* secret; 2. *(Pol)* restricted *(Dokumente)*
geheime Verführer *mpl (V&M)* hidden persuaders
geheimer Vorbehalt *m (Recht)* mental reservation *(Vertragsrecht)*
Geheimhaltung *f (Gesch)* secrecy
Geheimhaltungsvertrag *m (Recht)* confidentiality agreement
gehen *v (Fin)* go • **baden** ~ *(ugs.) (Bö)* take a bath *(Aktien, Kurse)* • **bergab** ~ *(Gesch)* go downhill • **auf Fang** ~ *(ugs.) (Gesch)* be on the take • **auf Nummer Sicher** ~ *(Gesch)* be on the safe side, play safe
gehobene Führungskraft *f (Mgt, Pers)* senior executive
~ **Preisklasse** *f (Gesch)* up-market segment
Geistesprodukt *n (Gesch) (ugs.)* brainchild
geistige Arbeit *f (Pers)* intellectual work
~ **Fähigkeit** *f (Gesch, Pers)* skill
geistiges Eigentum *n (Pat, Recht)* intellectual property
geknickte Preis-Absatz-Kurve *f (WiWi)* kinked demand curve
gekreuzt *adj (Bank)* crossed *(Scheck)*
gekündigt werden *(Gesch)* be dismissed, *(ugs.) (BE)* get one's cards, *(ugs.) (AE)* get the pink slip, *(ugs.) (BE)* get the sack
Gelände *n* 1. *(Gesch)* plot; 2. *(Gb)* premises
Geländefahrt *f (Gesch)* field trip
Geld *n* 1. *(Bö)* bid buyer's rate; 2. *(Fin, Gesch, WiWi)* money, *(ugs.)* bread, *(ugs.)* dough, *(BE)* dosh • ~ **anlegen** *(Gesch)* invest money, put money down • ~ **aufnehmen** *(Bank)* borrow funds, borrow money • ~ **ausgeben** *(Gesch)* spend • **etw. für sein ~ bekommen** *(WiWi)* get good value for money • ~ **auf eine Hypothek aufnehmen** *(Gesch)* raise money on a mortgage • ~ **leihen** 1. *(Fin)* lend money; 2. *(Bank)* borrow money • ~ **von jmdm. leihen** *(Gesch)* borrow money from sb • ~ **sparen** *(Bank)* save money
~ **auf Abruf** *(Bank, Fin)* money at call
Geldabfindung *f (Bö, Fin)* cash settlement
geldähnliche Forderungen *fpl (WiWi)* near money
Geldangebot *n (WiWi)* money supply
Geldangelegenheiten *fpl (Gesch)* money matters
Geldanreiz *m (Fin)* monetary inducement

Geldausgabeautomat *m (Bank)* (automated) cash dispenser, cash dispensing machine
Geldautomat *m (Bank, Fin)* (automated) cash dispenser, cash dispensing machine, automatic teller
Geldbasis *f (WiWi)* monetary base
Geldbedarf *m (RW)* cash requirement
Geldbeschaffung *f (Fin)* fund-raising
Geldbestand *m (RW)* cash balance, money
Geldbetrag *m (WiWi)* sum of money
Geldbörse *f (Fin) (BE)* purse
Gelddisposition *f (Pol, Pers, WiWi)* cash management
Geldeingänge *mpl (Fin)* monies in, monies received
Geldeinheit *f (Fin)* monetary unit
Geldentwertung *f (WiWi)* inflation
Geldersatz *m (Fin)* token money
Geldgeber(in) *m(f)* 1. *(Bank)* financier; 2. *(Fin)* money lender, (financial) backer; 3. *(Gesch) (ugs.)* angel *(Theater)*; backer; 4. *(V&M)* sponsor
Geldgrad *m (Bank, Fin, RW)* degree of moneyness *(EZB, Geldnähe)*
Geldhandel *m (WiWi)* money dealing [trading]
Geldhandelsabteilung *f (Bank)* money desk
Geldinstitut *n* 1. *(Bank)* bank, bk; 2. *(Fin)* financial institution
Geldknappheit *f* 1. *(Fin)* tight money; 2. *(WiWi)* monetary tightness
Geldkurs *m* 1. *(Bank)* bid rate, buying rate of exchange; 2. *(Bö)* demand price, bid price, price bid, bid, buyer's rate *(für Devisen)*; 3. *(Fin)* buying rate; 4. *(WiWi)* demand price
Geldmarkt *m* 1. *(Bank)* money market; 2. *(Bö)* money mart
Geldmarktfonds *m (Fin) (AE)* money market mutual fund
Geldmarktkonto *n (Bank)* money-market account
Geldmarktpapier *n (Bö)* money market paper
Geldmarktpapiere *npl (Bö, Fin)* money-market instruments
Geldmarktsatz *m (Bö)* money market rate
Geldmenge *f (WiWi)* money supply
~ **M1** *(Bank, WiWi)* Money Supply M1, narrow money M1, M1 *(Geldvolumen M1, eng gefasste Geldmengendefinition)*
~ **M2** *(Bank, WiWi)* Money Supply M2, intermediate money M2, M2 *(Geldvolumen M2, mittlere Geldmenge M2)*
~ **M3** *(Bank, WiWi)* Money M3, broad money M3, M3 *(Geldvolumen M3, weit abgegrenzte Geldmenge M3)*
~ **in ihrer weitesten Abgrenzung** *(Bank)* broad money
Geldmengenaggregat *n (WiWi) (BE)* monetary aggregate
Geldmengensteuerung *f (WiWi)* money supply control *(EZB; Gegensatz: direkte Inflationssteuerung)*
Geldmengenwachstum *n (Bank, WiWi)* monetary growth *(EZB)*
Geldmengenziel *n (WiWi)* monetary target
Geldmittel *npl (Bank, Fin)* cash, financial means, funds, exchequer • ~ **beschaffen** *(Fin)* raise funds • ~ **leihen** *(Bank)* borrow funds
Geldmultiplikator *m (WiWi)* money multiplier
Geldnachfrage *f (WiWi)* demand for money
Geldnähe *f (Bank, Fin, RW)* degree of moneyness *(EZB, Geldgrad)*
Geld- oder Kapitalanlage *f (Fin)* financial investment
Geldpolitik *f (WiWi)* monetary policy • ~ **festlegen und ausführen** *(Bank, WiWi)* define and implement monetary policy *(EZB)*
geldpolitische Restriktion *f (WiWi)* monetary restriction
~ **Transmission** *f (WiWi)* monetary transmission
geldpolitischer Kurs *m (Bank, WiWi)* monetary policy stance *(EZB)*
geldpolitisches Ziel *n (Fin)* monetary target
Geldschein *m (Bank) (AE)* bank bill, *(BE)* banknote
Geldschleier *m (WiWi)* monetary veil
geldschöpfende Finanzinstitute *npl (Bank, WiWi)* Monetary Financial Institutions, MFIs *(EZB; Monetäre Finanzinstitute; früher: Monetäre finanzielle Institute)*
Geldschöpfungsmultiplikator *m (WiWi)* deposit multiplier
Geldspanne *f (Bank, Bö, Fin)* bid spread
Geldstrom *m (RW, WiWi)* flow of funds, funds flow
Geldstück *n (Gesch)* coin

Geldsurrogat *n (Fin)* substitute [token] money
Geld- und Briefkurse *mpl (Bö)* bid and asked quotations
Geld- und Währungspolitik *f (Bank)* monetary and foreign exchange policy *(EZB)*
Geldumlaufgeschwindigkeit *f (WiWi)* velocity of circulation (of money)
Geldverknappung *f (WiWi)* contraction of money supply, money squeeze
Geldvermögen *n (RW)* monetary assets
Geldvolumen *n (Bank, WiWi)* money stock
Geldwäsche *f (Bank)* money laundering
Geldwäscher *m (Bank, WiWi)* money launderer
Geldwert *m (WiWi)* value of money
geldwerter Gewinn *m (Fin)* pecuniary profit
~ **Verlust** *m (Fin)* pecuniary loss
Gelegenheit *f* 1. *(Gesch)* opportunity, window; 2. *(Pol, WiWi)* opportunity • **die ~ haben, etw. zu tun** *(Gesch)* have the opportunity to do sth
Gelegenheitsarbeit *f* 1. *(Gesch)* jobbing; 2. *(Pers)* casual work, odd jobs, casual jobs, casual labo(u)r
Gelegenheitspreis *m (Gesch)* bargain price
gelegentlich *adj (Gesch)* occasional
geleistete Arbeitsstunden *fpl (Pers)* hours worked
~ **Zahlungen** *fpl (RW)* payments account
gelenkte Wirtschaft *f (WiWi)* controlled economy
gelernte Arbeitskräfte *fpl (Pers, WiWi)* skilled labo(u)r
gelingen *v (Gesch)* succeed
geltend *adj (Gesch)* prevailing • ~ **machen** *(Gesch)* set up • **zu geltenden Preisen** *(Bö, Fin)* at ruling prices
geltende Rechtsvorschriften *fpl (Recht)* applicable provisions of law
geltendes Recht *n (Recht)* law in force, valid law, current law, established law
Geltendmachung *f (Recht)* enforcement
Geltung *f (Gesch)* validity
Geltungsbereich *m* 1. *(Gesch)* scope of application; 2. *(Verw)* coverage
Geltungskonsum *m (WiWi)* conspicuous consumption
gemäß *(Gesch, Recht)* according to, in accordance with, in conformity with • ~ **Artikel** *(Recht)* pursuant to article • ~ **den vertraglichen Bedingungen** *(Recht)* under the terms of the contract
gemäßigt *adj (WiWi)* modest
Gemeinde *f* 1. *(Gesch)* community; 2. *(Pol)* borough
~ **im ländlichen Raum** *(WiWi)* rural community
Gemeindegrundsteuern *fpl (St) (BE)* rates
Gemeineigentum *n (Pol, WiWi)* public ownership, collective ownership • **in ~ überführen** *(Pol, WiWi)* nationalize, bring under public ownership
Gemeinkosten *pl* 1. *(Fin)* overheads; 2. *(Ind)* on costs; 3. *(RW)* fixed charge, fixed costs, overheads, overhead charge, overhead costs, general cost, general expenses; 4. *(Verw)* burden, general cost; 5. *(WiWi)* burden • ~ **verrechnen** *(RW)* absorb overheads
Gemeinkostenverrechnung *f (RW)* allocation of overheads
gemeinnützig *adj (Fin, Gesch, RW, St)* non-profit-making
gemeinnützige Organisation *f (WiWi)* non-profit-making organization, *(AE)* nonprofit organization
gemeinnütziges Unternehmen *n (WiWi)* nonprofit enterprise
gemeinsam *adj* 1. *(Gesch)* collective, common, joint; 2. *(Pers)* collaborative *(Projekt)* • ~ **haften** *(Gesch)* be jointly liable
~ **mit** *(Gesch)* in association with, in tandem with
gemeinsame Grenze *f (AH)* mutual border
~ **Haftung** *f (Bank, Recht)* joint liability
~ **Steuererklärung** *f (St)* consolidated tax return, joint return
~ **Währung** *f (Bank, Pol)* single currency *(EU, EZB)*
gemeinsamer Antrag *m (Komm)* round robin
~ **Außenzoll** *m (WiWi)* common external tariff *(EU)*
~ **Datenzugriff** *m (EDV)* data sharing
~ **Eigentümer** *m (Gb)* joint owner
~ **Markt** *m (WiWi)* Common Market *(EU)*
~ **Nenner** *m (Gesch)* common denominator *(Entscheidungsfindung)*
gemeinsames Eigentum *n (Gb)* property held in joint names
~ **Währungsgebiet** *n (Pol, WiWi)* single currency zone, single currency area *(EU)*

Gemeinschaft *f (Gesch)* community
gemeinschaftlich *adj (Gesch)* collective
gemeinschaftliche Leitung *f (Mgt)* joint management
~ **Verfügungsberechtigung** *f (Bank)* joint authority to operate an account *(über ein Konto)*
Gemeinschaftsanleihen *fpl (Bank, Pol)* Community loan mechanisms
Gemeinschaftsdurchschnitt *m (Pol, WiWi)* Community average *(EU)*
Gemeinschaftsfinanzierung *f (Fin, WiWi)* cooperative financing facilities *(CFF) (EU)*
Gemeinschaftsgeist *m (Gesch)* community spirit, esprit de corps
Gemeinschaftsgesetzgebung *f (Pol, Recht)* Community legislation *(EU)*
Gemeinschaftshaushalt *m (WiWi)* Community budget
Gemeinschaftsmaßnahme *f (Gesch)* Community action *(Entscheidungsfindung)*
Gemeinschaftsorgane *npl (Pol)* Community institutions *(EU)*
Gemeinschaftsrecht *n (Recht)* Community legislation, Community law *(EU)*
Gemeinschaftssinn *m* 1. *(Gesch)* community spirit; 2. *(Pers)* team spirit
Gemeinschaftsunternehmen *n (Gesch)* joint venture
Gemeinschaftsverträge *mpl (Pol, Recht)* Community Treaties *(EU)*
Gemeinschaftsvertretung *f (Gesch, Mgt, Pers)* joint representation
Gemeinschaftswährung *f (WiWi)* common currency
Gemeinwesen *n (Gesch)* community
Gemeinwohl *n (Pol, Soz)* general good
gemeldete Arbeitslosigkeit *f (Pers)* registered unemployment
~ **offene Stellen** *fpl (Pers, Soz)* vacancies notified, vacancies registered
gemischt *adj (Gesch)* composite
gemischte Lebensversicherung *f (Vers)* endowment (life) assurance, endowment (life) insurance
Gemischtwaren *fpl (Gesch)* general merchandise
gemischtwirtschaftliches System *n (WiWi)* mixed economic system
genau *adj* 1. *(Gesch)* accurate; 2. *(Stat)* exact
genaue Prüfung *f (Gesch)* close examination
Genauigkeit *f (Gesch, RW)* accuracy
genehmigen *v* 1. *(Bank)* approve *(Darlehen)*; 2. *(Gesch)* approve, allow, ratify, authorize; 3. *(RW)* appropriate for *(Gelder)*; 4. *(Recht)* permit
genehmigt *adj* 1. *(Vers)* approved; 2. *(WiWi)* appropriated
genehmigte Aktien *fpl (Bö)* approved [authorized] shares
genehmigter Kredit *m (Bank)* authorized credit
~ **Preis** *m (Gesch, Pol)* approved price
genehmigtes Kapital *n (Fin)* approved capital
Genehmigung *f* 1. *(Bank, Gesch)* approval, authorization; 2. *(Pat)* authorization; 3. *(Recht)* permit • **zur** ~ *(Gesch)* for approval
~ **des Jahresabschlusses** *(RW)* approval of the accounts
genehmigungsbedürftig *adj (Recht) (AE)* subject to license, *(BE)* subject to licence
genehmigungsfrei *adj (Recht)* permit-free
Genehmigungspflicht *f (Pol, WiWi)* licensing requirement
genehmigungspflichtig *adj (Gesch, V&M)* subject to approval
Genehmigungsprozess *m (Bank)* approval process
Genehmigungsschreiben *n (Gesch)* letter of authority
Generaldirektor(in) *m(f)* 1. *(Mgt)* general executive, general manager, executive director, president, chief executive; 2. *(Pers) (BE)* managing director *(eines Unternehmens)*; director general *(EU)*
Generalstaatsanwalt *m (Recht) (AE)* Attorney General
Generalstreik *m (Pers)* general strike
Generalunternehmer *m* 1. *(Gesch)* general contractor; 2. *(WiWi)* main contractor
Generalvertrag *m* 1. *(Gesch, Pers)* blanket agreement; 2. *(Recht)* blanket agreement, blanket contract
Generationenvertrag *m (WiWi)* intergeneration pact
Generationsproblem *n (Soz)* generation gap
generelle Erhöhung *f (Bö)* across-the-board increase *(Kursniveau)*
genormt *adj (Gesch)* standardized

Genossenschaft *f (Gesch)* association, co-operative society, cooperative
Gentechnik *f (Gesch)* genetic engineering
geometrische Folge *f (Stat)* geometric progression
geometrisches Mittel *n (Stat)* geometric mean *(GM)*
geordnete monetäre Verhältnisse *npl (WiWi)* orderly monetary conditions *(EZB)*
Gepäckübergewichtsgebühr *f (F&T, Trans)* excess baggage charge
gepfändetes Eigentum *n (Gb)* distressed property
Gepflogenheiten *fpl* 1. *(Pers)* custom and practice; 2. *(Recht)* standard practice *(Vertragsrecht)*
geplante Umsätze *mpl (V&M)* anticipated sales
geplanter Verschleiß *m (V&M, WiWi)* built-in obsolescence, planned obsolescence
geplatzter Scheck *m (Bank, Gesch) (AE)* bounced check, *(BE)* bounced cheque
geprüfter Abschluss *m (RW)* audited accounts
geprüftes Unternehmen *n (RW)* auditee
geradzahlig *adj (Gesch)* even-numbered
Gerät *n* 1. *(EDV)* device, hardware device; 2. *(Gesch)* appliance, device, gadget
Geräteleasing *n (Gb, Ind)* equipment leasing
geräumt *adj (Gesch)* unstocked *(Lager)*
gerecht *adj* 1. *(Gesch)* equitable; 2. *(Recht)* fair, just *(angemessen)*
gerechte Verteilung *f (Gesch)* equitable distribution
gerechter Lohn *m (WiWi)* just wage
~ **Preis** *m (WiWi)* just price
gerechtfertigter Preis *m (Bö)* justified price
geregelte Preise *mpl (Bank, V&M)* regulated prices *(EZB)*
geregelter Freiverkehr *m (Bö)* regulated over-the-counter-market, regulated free market
geregelter Wertpapiermarkt *m (WiWi)* organized stock market
Gericht *n (Recht)* court • **vor ~ aussagen** *(Recht)* give evidence • **vor ~ erscheinen** *(Recht)* appear in court, come before court
~ **erster Instanz** *(Recht)* Court of First Instance
gerichtlich *adj (Recht)* judicial *(richterlich)*
gerichtlich *adv (Recht)* judicially *(gerichtlich)*
gerichtliche Schritte *mpl (Recht)* legal action
~ **Zuständigkeit** *f (Recht)* court jurisdiction
gerichtlicher Liquidationsbeschluss *m (Recht)* winding-up order *(Gesellschaftsrecht)*
gerichtliches Verfahren *n (Recht)* court proceedings
Gerichtsbarkeit *f (Recht)* jurisdiction • **es fällt unter unsere ~** *(Recht)* it comes under our jurisdiction
Gerichtsentscheid *m (Recht)* court decision, court ruling
Gerichtskosten *pl* 1. *(Recht)* legal charges; 2. *(WiWi)* costs
Gerichtsstand *m (Recht)* venue *(Verträge)*
Gerichts- und Anwaltskosten *pl (Recht)* legal expenses, court and attorneys' fees
Gerichtsverfahren *npl (Recht)* court procedures, legal proceedings
gering *adj (Gesch)* small, minor, light • **bei geringem Angebot** *(Gesch)* in scarce supply • **in geringem Maße** *(Gesch)* on a small scale • **in geringerem Maße** *(Gesch)* to a lesser extent
~ **bezahlt** *adj (Pers)* low paid
geringe Attraktivität *f (Gesch, V&M)* relative unattractiveness
geringfügig *adj (Gesch)* trifling, slight
geringfügig *adv (Gesch)* modestly
~ **Beschäftigte(r)** *f(m) (Pers)* "marginal" part-time worker *(sozialversicherungsfrei)*
geringfügige Beschäftigung *f (Pers)* minor employment, marginal employment, minor jobs, marginal part-time work
geringfügiger Mangel *m (Recht)* minor defect *(Vertragsrecht)*
~ **Schaden** *m (Vers)* small damage
Gerücht *n (Gesch)* rumo(u)r, hearsay
Ges.m.b.H. *s.* Gesellschaft mit beschränkter Haftung
gesamt *adj* 1. *(Gesch)* all-in, all-inclusive, all-out, overall, whole; 2. *(RW)* gross; 3. *(WiWi)* aggregate
Gesamt... *(Gesch, Vers, WiWi)* aggregate, all-in, all-round, collective, overall
Gesamtabschreibung *f (WiWi)* aggregate depreciation
Gesamtangebotskurve *f (WiWi)* aggregate supply curve

Gesamtausleihungen *fpl (Fin)* loan exposure
Gesamtbetrag *m* 1. *(Fin)* total; 2. *(Gesch)* total amount; 3. *(RW)* gross amount
~ **der Staatsausgaben** *(WiWi)* total public spending
Gesamtbilanz *f* 1. *(AH, WiWi)* overall balance; 2. *(RW)* consolidated balance sheet
Gesamtbudget *n* 1. *(Fin)* total budget; 2. *(RW)* master budget
Gesamteigentum *n (Recht)* joint ownership
Gesamteinnahmen *fpl (WiWi)* total revenue
Gesamtgeschäftsführung *f (Mgt)* general management, joint management
Gesamtheit *f (Gesch)* entirety • **als ~** *(Gesch)* collectively
Gesamtjahresabschluss *m (WiWi)* comprehensive annual financial report, CAFR
Gesamtkapitalrentabilität *f (Fin, RW)* return on total assets, return on total investment
Gesamtkosten *pl (Gesch, WiWi)* total cost(s)
Gesamtkostenverfahren *f (RW)* type of expenditure format
Gesamtleistung *f (WiWi)* overall performance
Gesamtnachfrage *f (WiWi)* market demand
Gesamtnachfragekurve *f (WiWi)* aggregate demand curve
Gesamtproduktion *f (WiWi)* aggregate production
Gesamtqualitätssicherung *f (Mgt)* total quality management
Gesamtrendite *f (Fin)* total yield
Gesamtrentabilität *f (WiWi)* operating efficiency
Gesamtschulden *fpl (Fin)* gross debt
gesamtschuldnerisch *adv (Recht)* jointly and severally • **~ haftbar** *(Recht)* jointly liable
gesamtschuldnerische Haftung *f (Recht)* joint and several liability
Gesamtsteueraufkommen *n (St, WiWi)* total revenue
Gesamtstückzahl *f (Bank)* total piece count *(money) (EZB)*
Gesamtsumme *f* 1. *(Fin)* principal sum; 2. *(Gesch)* grand total, full lot
Gesamtverantwortung *f (Gesch)* comprehensive responsibility
Gesamtvermögen *n (RW)* total assets
Gesamtwirtschaft *f (WiWi)* national economy, economy as a whole
gesamtwirtschaftlich *adj (WiWi)* aggregate, macroeconomic
gesamtwirtschaftliche Ersparnis *f (WiWi)* national savings
~ **Leistung** *f (WiWi)* output
~ **Lohnquote** *f (WiWi, Pers)* overall wage ratio
~ **Produktion** *f (WiWi)* aggregate production
~ **Vermögensbildung** *f (WiWi)* aggregate wealth formation
~ **Wertschöpfung** *f (WiWi)* aggregate value added
gesamtwirtschaftliches Rechnungswesen *n (RW)* System of National Accounts
gesättigter Markt *m (V&M)* mature market
geschädigte Partei *f (Recht)* aggrieved party
Geschädigte(r) *f(m)* 1. *(Recht)* aggrieved party, injured party; 2. *(Vers)* claimant
Geschäft *n* 1. *(Gesch)* business, trade, dealing *(Handel, Kommerz)*; deal, transaction, bargain *(Abschluss)*; business, enterprise, operation *(Firma)*; *(BE)* shop, *(AE)* store *(Laden)*; office *(Büro)*; 2. *(V&M)* sale • **ein ~ abschließen** *(Gesch)* strike a deal, strike a bargain • **ein ~ aufmachen** *(Gesch)* start in business, open a business • **aus einem ~ aussteigen** *(Bö)* cash in • **ein ~ betreiben** *(Gesch)* run a business • **von ~ zu ~** *(Gesch)* business to business • **das ~ ist ruhig** *(Gesch)* business is slack • **das ~ perfekt machen** *(Gesch)* swing the deal • **über das ~ reden** *(Gesch)* talk business • **ein ~ unter Dach und Fach bringen** *(Gesch)* swing the deal • **sich vom ~ zurückziehen** *(Gesch)* retire from business
Geschäfte *npl* 1. *(Gesch)* operations, business; 2. *(Mgt)* dealings
geschäftlich *adj* 1. *(Gesch)* on business; 2. *(Mgt)* managerial
geschäftlich *adv (Gesch)* commercially • **~ ausgerichtet** *(Gesch)* business-oriented
geschäftliche Angelegenheiten *fpl (Gesch)* business affairs, mercantile affairs
~ **Aussichten** *fpl (WiWi)* business prospects
~ **Beziehungen** *fpl (Mgt)* business relations
Geschäftsabschluss *m (Gesch)* deal

Geschäftsanteil *m (Fin)* share, interest • **einen ~ an einem Unternehmen besitzen** *(Gesch)* have a share in a business

Geschäftsausgaben *fpl (RW)* expenses

Geschäftsaussichten *fpl (WiWi)* business outlook

Geschäftsbank *f (Bank, Fin, WiWi)* commercial bank

Geschäftsbedingungen *fpl (Gesch)* business conditions

Geschäftsbereich *m* 1. *(Gesch)* area of responsibility, sphere of activity, sphere of responsibility; 2. *(Pol)* portfolio; 3. *(Mgt, V&M, Verw)* business segment

Geschäftsbericht *m (RW)* annual report

Geschäftsbeziehung *f (Gesch, Mgt)* relationship

Geschäftsbeziehungen *fpl (Gesch)* business relations

Geschäftsbrief *m (Gesch)* business letter

Geschäftsbuchhaltung *f (Fin)* financial accounting

Geschäftseinheit *f* 1. *(Gesch)* business unit; 2. *(V&M) (BE)* shop unit

Geschäftsergebnisse *fpl (Gesch)* company results

Geschäftsfähige(r) *f(m) (Recht)* person with full [legal] capacity to contract

Geschäftsfeld *n (Mgt, Verw)* business segment

Geschäftsfeld-Berichterstattung *f (Verw)* business segment reporting

geschäftsführend *adj* 1. *(Gesch)* acting; 2. *(Mgt)* active; 3. *(Pers, Verw)* managing

geschäftsführender Gesellschafter *m (Pers)* managing partner

~ **Vorstand** *m (Mgt)* executive committee

Geschäftsführer(in) *m(f)* 1. *(Gesch)* managing director; 2. *(Mgt)* manager, managing agent, business manager; 3. *(Pers)* business manager, director

Geschäftsführung *f (Mgt, WiWi)* business management • **jmdn. mit der ~ beauftragen** *(Verw)* entrust sb with the management

Geschäftsführungsausschuss *m (Mgt)* management committee

Geschäftsgegenstand *m (Verw, WiWi)* business purpose

Geschäftsgeheimnis *n* 1. *(Gesch)* trade secret; 2. *(Pers)* business secret

Geschäftsgründung *f (Gesch)* business creation, establishment

Geschäftsjahr *n* 1. *(Gesch)* business year, trading year; 2. *(RW)* accounting year, financial period, fiscal year, trading year; 3. *(St)* accounting year, fiscal year

Geschäftskapital *n (Fin) (AE)* capital stock, *(BE)* share capital

Geschäftskatalog *m (V&M)* business catalog(ue)

Geschäftslage *f* **des Unternehmens** *(Gesch)* company's affairs

Geschäftsleitung *f (Mgt, Verw)* business management

Geschäftsleute *pl (Gesch)* business people, tradespeople

Geschäftslokal *n* 1. *(Gesch)* business premises; 2. *(Recht, Verw)* business office

Geschäftsmann *m (Gesch)* businessman, entrepreneur

Geschäftsmittelpunkt *m (Gesch)* hub of activity

Geschäftsmodell *n (Gesch, Mgt, V&M)* business model

Geschäftsordnung *f* 1. *(Bank)* bylaw; 2. *(Pol)* procedure

geschäftsorientiert *adj (Gesch)* business-oriented

Geschäftsplanung *f (Mgt)* corporate planning *(Unternehmensplanung)*

Geschäftspolitik *f (Gesch, WiWi)* business policy

geschäftspolitische Fragen *fpl (Gesch, Mgt, Pol)* policy issues

Geschäftsprozess *m (Mgt)* business process

Geschäftsräume *mpl* 1. *(Gesch)* business premises; 2. *(Gb)* office premises

Geschäftsreise *f* 1. *(F&T)* business travel; 2. *(Gesch)* business trip

Geschäftsstelle *f* 1. *(Bö, Gesch, Verw)* agency, branch; 2. *(Verw)* agency

Geschäftsstellennetz *n (Bank)* branch network

Geschäftstätigkeit *f (Gesch)* business activity, business operations

Geschäftstrend *m (Gesch)* business trend, economic trend

Geschäftstüchtigkeit *f (Gesch)* commercial acumen

Geschäftsübernahme *f* 1. *(Gesch)* takeover; 2. *(Mgt)* under new management
Geschäftsumfang *m (Gesch)* business volume, volume of trading, amount of business
Geschäftsumschwung *m* **eines Unternehmens** *(Gesch)* corporate turnaround
geschäftsunfähig *adj (Recht)* incapacitated
Geschäftsvermögen *n (Fin, Gesch, RW)* business assets
Geschäftsvorfall *m (Gesch)* transaction, business transaction
Geschäftswagen *m (Gesch)* company car, business car
Geschäftswert *m (RW)* goodwill
Geschäftszeiten *fpl (Gesch, V&M)* hours of business, h.b., office hours
Geschäftszentrum *n (Gesch) (AE)* business [shopping] center, *(BE)* business [shopping] centre, *(AE)* shopping mall
Geschäftszweig *m (Gesch)* branch of a business
geschätzter Wert *m* 1. *(Gb)* appraised value; 2. *(Vers)* estimated value
gescheiterte Investitionen *fpl (RW, WiWi)* stranded assets
~ **Steuerreform** *f (Pol, St)* abortive tax reform
~ **Übernahme** *f (Fin)* failed takeover bid
geschichtetes Zufallsstichprobenverfahren *n (Stat)* stratified random sampling
geschlossene Investmentgesellschaft *f (Fin) (BE)* closed-end management company
~ **Volkswirtschaft** *f (WiWi)* closed economy
geschlossener Investmentfonds *m* 1. *(Bö)* closed-end mutual fund; 2. *(Fin)* closed-end fund
geschriebenes Recht *n (Gesch)* codified law, lex scripta
geschuldeter Betrag *m (Fin)* amount due
geschultes Personal *n (Pers)* skilled staff, qualified staff, trained staff
Geschworenengericht *n (Recht)* jury
Gesellschaft *f* 1. *(Gesch)* association, company, society; 2. *(Recht, WiWi)* company *(Vertragsrecht)*
~ **bürgerlichen Rechts** *(Gesch) (Deutschland)* civil-code company; *(USA)* non-trading partnership
~ **mit beschränkter Haftung** *(Gesch) (AE)* Incorporated, Inc., *(BE)* limited company, Ltd, *(BE)* limited liability company; private limited company, Plc, proprietary company, Pty
~ **mit geringer Mitgliederzahl** *(Gesch, WiWi) (BE)* close company, *(AE)* closed corporation, *(AE)* closely-held corporation
Gesellschafter(in) *m(f) (Gesch, Pers)* partner, associate
gesellschaftlich *adj (Gesch)* corporate, social
gesellschaftliche Wohlfahrtsfunktion *f (WiWi)* social welfare function
Gesellschaftskapital *n (Gesch)* company capital
Gesellschaftsrecht *n (Recht)* corporate law, *(BE)* company law
Gesellschaftsregister *n (Recht)* Companies Registration Office
Gesellschaftssatzung *f (Recht)* charter
Gesellschaftssitz *m (Recht, St)* domicile
Gesellschaftsstruktur *f (Gesch)* company structure
Gesellschaftsvertrag *m* 1. *(Recht) (USA)* articles of incorporation, deed of partnership; 2. *(WiWi)* partnership agreement
Gesetz *n (Recht)* law, act, statute • **durch** ~ *(Recht)* by statute *(geschriebenes Recht, Statut, Satzung)* • **ein ~ abschaffen [aufheben]** *(Recht)* repeal a law • **das ~ einhalten** *(Recht)* respect the law • **dem ~ zuwiderhandeln** *(Recht)* fail to observe the law
~ **der großen Zahl** *(Stat)* law of large numbers
~ **der steigenden Opportunitätskosten** *(WiWi)* law of increasing opportunity costs
~ **der Unterschiedslosigkeit der Preise** *(WiWi)* law of indifference
~ **des komparativen Vorteils** *(AH, WiWi)* law of comparative advantage
~ **gegen Wettbewerbsbeschränkungen** *(Recht, WiWi)* German Antitrust Act, *(BE)* Fair Trading Act
~ **über Kapitalgesellschaften** *(Recht) (AE)* business corporation law
~ **vom abnehmenden Ertragszuwachs** *(WiWi)* law of diminishing returns, law of variable proportions
~ **vom abnehmenden Grenznutzen** *(WiWi)* law of diminishing marginal utility
~ **vom Ausgleich der Grenznutzen** *(WiWi)* law of equi-marginal returns

~ **von Angebot und Nachfrage** *(WiWi)* law of supply and demand
Gesetzbuch *n (Recht) (BE)* statute book *(Gesetzessammlung)*
Gesetzeskraft haben *(Recht)* have statutory effect
Gesetzesnovelle *f (Recht)* amendment of a law
Gesetzestext *m (Recht)* text of a law; draft of proposed legislation *(Referentenentwurf)*
Gesetzesübertretung *f (Recht)* violation of the law
Gesetzesvorlage *f (Recht)* bill *(Gesetzgebungsverfahren)*
gesetzgebende Gewalt *f (Recht)* legislative power
Gesetzgeber *m (Recht)* legislature, *(BE)* Parliament, *(AE)* Congress *(institution)*; lawmaker, legislator *(person)*
Gesetzgebung *f (Recht)* legislation
gesetzlich *adj* 1. *(Gesch, Pol)* statutory; 2. *(Recht)* by statute, statutory, lawful, legal
~ **festgelegte Ausgaben** *fpl (Pol, WiWi)* statutory expenditure
~ **zulässige Übertragung** *f (Bö)* legal transfer
gesetzliche Abzüge *mpl (Pers, Soz)* statutory deductions
~ **Aufgaben** *fpl (Recht)* statutory duties
~ **Bestimmung** *f (Bank, Recht)* statutory regulation, statutory provsision *(EZB)*
~ **Buchprüfung** *f (RW)* statutory audit
~ **Formvorschriften** *fpl (Recht)* statutory forms *(Vertragsrecht)*
~ **Gewährleistung** *f (Recht)* implied warranty
~ **Haftpflicht** *f (Recht)* legal liability, third-party liability *(Versicherung)*
~ **Inzidenz** *f (St)* statutory incidence
~ **Krankenversicherung** *f (Soz)* statutory health insurance scheme, statutory sickness insurance scheme, compulsory health insurance (scheme), compulsory sickness insurance (scheme), compulsory health insurance funds, compulsory sickness insurance funds
~ **Kündigungsfrist** *f (Recht)* legal notice, statutory notice
~ **Rentenversicherung** *f (Soz)* statutory pension scheme [fund], compulsory pension insurance scheme
~ **Rücklagen** *fpl (RW)* legal reserves *(Gewinnrücklagen)*
~ **Verjährungsvorschriften** *fpl (Recht)* statute of limitations
~ **Verpflichtung** *f (Recht)* legal requirement, statutory obligation
~ **Vorschrift** *f (Pol)* statutory requirement
~ **Wochenarbeitszeit** *f (Pers)* statutory working week
gesetzlicher Erbe *m (Recht)* legal heir
~ **Feiertag** *m (Gesch, Pers, Recht) (BE)* bank holiday, *(AE)* legal holiday, public holiday, *(AE)* statutory holiday
~ **Wohnsitz** *m (Recht)* legal residence
gesetzliches Rentenalter *n (Soz)* statutory retirement age
~ **Zahlungsmittel** *n* 1. *(Bank)* currency; 2. *(Fin)* legal tender, currency; 3. *(Gesch)* legal tender
gesetzmäßig *adj (Recht)* lawful *(rechtmäßig)*; legal *(gesetzlich)*
gesetzwidrig *adj (Recht)* illegal, unlawful
gesicherte Verbindlichkeit *f (Fin)* secured debt
gesicherter Arbeitsplatz *m (Pers)* secure job
~ **Gläubiger** *m (Fin, RW, WiWi)* secured creditor
gespaltener Steuersatz *m (St)* split tax rate
~ **Wechselkurs** *m (WiWi)* split exchange rate
gesperrtes Konto *n (Bank)* frozen account, blocked account
Gesprächsgebühr *f (Komm)* call charge
gestaffelte Arbeitszeiten *fpl (Pers)* staggered working hours
~ **Schuldverschreibung** *f (Bö)* stepped bond
gestatten *v (Gesch)* allow
Gestehungskosten *pl* 1. *(Gesch)* prime costs; 2. *(RW)* original cost, replacement costs, replacement; 3. *(WiWi)* prime costs
gestundet *adj (Gesch)* prolonged
gestundete Steuerverbindlichkeiten *fpl (Fin, St)* deferred tax liabilities
gestützter Kurs *m (Fin, WiWi)* pegged price
~ **Preis** *m (Gesch)* subsidized price, supported price
gesucht *adj (Gesch)* sought-after
gesund *adj* 1. *(Bank)* sound; 2. *(Gesch)* healthy *(Wettbewerb, Markt)*

gesunder Menschenverstand *m (Gesch)* common sense

Gesundheit *f* **und Sicherheit** *f (Pers)* health and safety

Gesundheitsgründen *mpl***/aus** *(Pers)* on the grounds of ill health

Gesundheitsökonomik *f (WiWi)* health economics

Gesundheitspass *m* **mit Einschränkungen** *(Soz)* foul bill of health

Gesundheitsrisiko *n (Soz)* health hazard, health risk

Gesundheitsschädigung *f (Vers)* damage to health

Gesundheitsvorsorge *f (Soz)* health care

Gesundheitszeugnis *n (Soz)* bill of health, BH, certificate of health

Gesundschrumpfen *n (Gesch)* shake-out

getrennt *adj (Gesch)* segregated • **mit getrennter Post** *(Komm)* under separate cover

getrennt ausgewiesen *adj (RW)* separately disclosed

getrennte Veranlagung *f (St)* separate tax return

Gewähr/ohne 1. *(Bank)* without recourse; 2. *(Gesch)* unwarranted, not binding, subject to confirmation, without engagement

gewähren *v* 1. *(Bank)* accommodate *(Kredit)*; 2. *(Fin)* grant *(Kredit)*; 3. *(Gesch)* award, grant, allow

Gewährleistung *f* 1. *(Gesch)* guarantee, guaranty; 2. *(Vers)* warranty

~ **der Preisstabilität** *(Bank)* maintenance of price stability *(EZB)*

Gewährleistungsfrist *f (Recht, V&M)* guarantee period, warranty period *(Verkaufsrecht)*

Gewährleistungsgarantie *f (Bank)* performance bond

Gewährleistungspflicht *f (Gesch)* warranty obligation

Gewährung *f (Pat)* grant

~ **der Meistbegünstigung** *(WiWi)* most favo(u)red nation treatment

Gewalt *f (Recht)* force, power

Gewässerverschmutzung *f (Ind, Umw)* water pollution

Gewerbe *n (Ind)* industry, trade • **ein ~ betreiben als** *(Gesch)* trade as

Gewerbeausstellung *f (V&M)* trade fair *(Handelsmesse)*

Gewerbebetrieb *m (Gesch)* business enterprise [establishment]

Gewerbeerlaubnis *f (Gesch)* trading authorization, business license

Gewerbefreiheit *f (Pol, WiWi)* freedom of trade

Gewerbeordnung *f (Ind) (Deutschland)* Industrial Code

Gewerbepark *m (Gb) (BE)* industrial estate, *(AE)* trade park; trading estate

Gewerbesteuer *f (GewSt) (St) (Deutschland)* (German) trade tax *(local tax on profits or earnings)*

Gewerbetreibende(r) *f(m) (Pers)* person engaged in a trade, person engaged in a business, person carrying on a trade, person carrying on a business, businessman

Gewerbeverband *m (Gesch)* trade association

gewerblich *adj (Gesch)* commercial, trade, industrial

gewerbliche Kundschaft *f (Bank, V&M)* business customers

~ **Schutzrechte** *npl (Pat)* industrial property rights

~ **Schutz- und Urheberrechte** *npl (Pat, Recht)* intellectual property rights

~ **Stellenvermittlung** *f (Pers)* employment agencies, private employment agencies, placing service provided by private employment agencies

~ **Tätigkeit** *f (Ind)* commercial [industrial] activity

gewerblicher Rechtsschutz *m (Pat, Recht)* industrial property protection, protection of industrial property rights

gewerbliches Eigentum *n (Gesch, Gb, Pat)* industrial property

~ **Unternehmen** *n (Gesch)* business enterprise, trading company

gewerbsmäßige Stellenvermittlung *f (Pers)* employment agencies, private employment agencies, placing service provided by private employment agencies

Gewerkschaft *f (Gesch, Pers, Pol) (AE)* labor union, *(BE)* trade union, union

gewerkschaftlich organisierte Mitarbeiter *mpl (Pers)* organized labo(u)r

Gewerkschaftsverband *m (Pers) (AE)* national union

gewichten *v (Bö)* weight

gewichteter Preisindex *m (WiWi)* price-weighted index
gewichtetes Mittel *n (Stat)* weighted average
Gewichtskosten *pl (Trans)* weight charge
Gewichtung *f* 1. *(Fin, WiWi)* weighting; 2. *(Pers)* loading
Gewinn *m* 1. *(Fin)* earnings, surplus; 2. *(Gesch, RW)* profit, surplus, income
• **~ erwirtschaften** *(WiWi)* run a surplus
• **~ erzielen [machen]** 1. *(Bö)* move into the money; 2. *(Gesch, RW)* make a profit, make a turn, run a surplus • **einen ~ melden** *(RW)* report a profit
~ je Aktie *(Fin, RW)* earnings per share
~ nach Steuern *(RW, St)* after-tax income, after-tax profit
~ und Abschreibungen *fpl (Fin)* cash flow
~ und Verlust *m (RW)* profit and loss
~ vor Ertragsteuern und Zinsaufwand *(Fin, RW)* earnings before interest and tax(es), profit before interest and tax, operating income [profit]
~ vor Steuern 1. *(Fin, RW)* earnings before tax(es) *(EBT, Ebt)*, profit before taxes; 2. *(St)* pre-tax earnings
~ vor Zinsen, Steuern und Abschreibungen *(Fin, RW)* earnings before interest, taxes and amortization *(EBITA, Ebita)*
Gewinnabsicht *f (Fin)* profit goal, gainful intent
Gewinnanteil *m* 1. *(Fin, Gesch)* share in the profits; 2. *(Med)* royalty
Gewinnausfall *m (Gesch)* loss of profit
Gewinnausschüttung *f (Fin)* profit distribution
Gewinnaussichten *fpl (Fin, Gesch, WiWi)* profit outlook
Gewinnbereich/im *(WiWi)* in financial surplus
Gewinnbeteiligung *f (Fin, Pers, RW)* profit-sharing
gewinnbringend *adj* 1. *(Gesch)* advantageous, beneficial, gainful; 2. *(RW)* profitable; 3. *(WiWi)* productive
gewinnbringendes Unternehmen *n (Gesch)* profit-making enterprise
Gewinndruck *m* 1. *(Gesch)* profit squeeze *(auf Margen)*; 2. *(WiWi)* profit push *(Inflation)*
Gewinne *mpl* **und Verluste** *mpl (Bö) (BE)* rises and falls, *(AE)* gains and losses *(securities)*
Gewinneffekt *m (Fin)* profit impact
gewinnen *v* 1. *(Bö)* gain; 2. *(Gesch)* win, gain, gather *(Kenntnisse)*
Gewinnentwicklung *f (Fin, Gesch, RW)* earnings performance
Gewinnkennzahl *f (Bö)* earnings ratio
Gewinnkennziffer *f (Bö)* earnings ratio
gewinnlose Konkurrenz *f (WiWi)* no-profit competition
Gewinnmarge *f (Fin, WiWi)* profit margin
Gewinnmaximierung *f (Fin, Gesch, WiWi)* profit maximization
Gewinnmitnahme *f (WiWi)* profit taking
Gewinnoptimierung *f (Fin, Gesch, WiWi)* profit optimization
Gewinnpotenzial *n (Bö)* profit potential
Gewinnprognose *f (Fin)* profit projection, earnings forecast
Gewinnpunktberechnung *f (Fin)* break-even analysis
Gewinnquote *f (WiWi)* profit share
Gewinnrealisierung *f (Bö)* profit taking
Gewinnrückführung *f (WiWi)* repatriation of profits
Gewinnrücklage *f (RW)* revenue reserve
Gewinnschuldverschreibung *f* 1. *(Bö)* adjustment bond, income bond; 2. *(St)* income bond
Gewinnschwelle *f (Gesch)* breakeven point • **die ~ erreichen** *(Verw, WiWi)* break even
Gewinnspanne *f* 1. *(Fin, WiWi)* profit margin; 2. *(RW)* margin of profit; 3. *(V&M)* margin
Gewinnsteuer *f (RW, St)* profits tax, tax on income
Gewinn- und Verlustrechnung *f (RW)* income statement, operating statement, profit and loss account, profit and loss statement, statement of income, income accounts, statement of earnings
Gewinnung *f* 1. *(Gesch)* extraction *(Rohstoffe)*; 2. *(Ind)* production *(Mineralstoffe)*; 3. *(WiWi)* exploitation
Gewinnverbesserung *f (Fin, Gesch)* profit improvement
Gewinnvergleichsrechnung *f (Fin, WiWi)* comparative earnings analysis, prof-

itcomparison method *(statische Investitionsrechnung)*

Gewinnverwendung *f (Verw)* appropriation of earnings [income]

Gewinnvortrag *m (RW)* profit carried forward, accumulated profits, accumulated surplus

Gewinnziel *n (RW)* profit target

Gewinnzone *f (RW, WiWi)* profit wedge • **in der ~** *(RW, WiWi)* in financial surplus

gewissenlos *adj (Gesch)* unscrupulous

Gewissheit *f (WiWi)* certainty

gewogen *adj (Stat, WiWi)* weighted

gewogene Durchschnittskosten *pl (RW)* weighted average cost

gewogener Außenwert *m* **einer Währung** *(WiWi)* trade-weighted exchange rate

~ **Mittelwert** *m (WiWi)* weighted average

~ **Währungskorb** *m (WiWi)* weighted currency basket *(ZB)*

gewöhnlich *adj (Gesch)* straight

gewöhnliche Abnutzung *f (RW)* normal wear and tear

~ **und notwendige Geschäftsausgaben** *fpl (St)* ordinary and necessary business expenses

gewohnt *adj (Gesch)* customary

gezeichnetes Kapital *n (Gesch)* subscribed capital

gezielt *adj (V&M)* targeted

gezielte Kampagne *f (V&M)* targeted campaign

gezielter Einsatz *m (WiWi)* targeting

gezogener Wechsel *m* 1. *(Bank)* draft; 2. *(WiWi)* drawn bill

Gießkannenprinzip *n (ugs.) (Pol, Soz, WiWi)* watering can principle

Giftpillen *fpl (ugs.) (Fin, Mgt) (ugs.)* poison pills *(vorsorgliche Abwehrmaßnahmen gegen feindliche Übernahmen)*

Giralgeld *n (Bank, WiWi) (BE)* book [bank] money, credit money

Girokonto *n (Bank) (AE)* checking account, *(BE)* cheque account, *(BE)* current account; credit account

Girosammeldepot *n (Bank, Bö)* collective safe-custody account

Giroverkehr *m (Bank)* banking transfer system, giro payments

glattstellen *v* 1. *(Bank)* settle *(Transaktionen)*; 2. *(Bö)* sell off, sell out *(Wertpapierpositionen)*

Glattstellung *f (Bö)* liquidization, offset, evening out

glaubhaft *adj (Gesch)* convincing, probable

Glaubhaftmachung *f (Recht)* authentication *(von Ansprüchen)*

Gläubiger(in) *m(f)* 1. *(Fin, Gesch)* creditor; 2. *(Recht)* obligee *(Berechtigter)*; 3. *(Verw)* creditor

Gläubigergemeinschaft *f (RW)* body of creditors

Gläubigerstellung *f (Fin)* creditor position

Gläubigerverzug *m (Recht)* creditor's fault of acception, delay of the creditor *(Abnahmeverzug)*

glaubwürdig *adj (Gesch)* trustworthy

Glaubwürdigkeit der Informationsquelle *(V&M)* source credibility

gleich *adj (Stat)* equal • **alles andere bleibt ~** *(WiWi)* all else being equal • **gleicher Lohn für gleiche Arbeit** *(Pers) (BE)* equal pay for work of equal value • **unter sonst gleichen Umständen** *(WiWi)* all else being equal • **zu den gleichen Bedingungen** *(Gesch)* on the same terms, on equal terms • **zu gleichen Teilen** *(Gesch)* in equal proportions

~ **bleibendes Risiko** *n (Vers)* constant risk

~ **lautende Abschrift** *f (Recht)* confirmed copy

gleichartig *adj (Gesch)* similar

Gleichbehandlung *f* **von Frauen und Männern** *(Pers)* equal treatment of men and women *(EU)*

gleichberechtigt *adj (Gesch)* of equal rank, pari passu

gleiche Basis *f (Gesch)* equal footing

~ **Bildungschance** *f (Pers)* equal opportunities in education, equality of opportunity in education, equal educational opportunity, equality of educational opportunity

~ **Produktivität** *f (Pers)* comparable worth

~ **Spielregeln** *fpl (Pol, Recht, WiWi)* level playing field

~ **Startchancen** *fpl (Pol, Recht, WiWi)* level playing field

gleicher Lohn *m* **für gleiche Arbeit** *(Pers, Pol, WiWi)* equal pay for equal work

gleichgerichtete Preisgestaltung *f (WiWi)* parallel pricing
Gleichgestellte(r) *f(m) (Pers)* equal
Gleichgewicht *n (WiWi)* equilibrium • **ins ~ bringen** *(Gesch)* redress
Gleichgewichtsarbeitslosigkeit *f (Soz, WiWi)* equilibrium unemployment
Gleichgewichtsbasis *f (Bö)* equilibrium basis
Gleichgewichtsmarkt *m (WiWi)* clearing market
Gleichgewichtsmenge *f (WiWi)* equilibrium output
Gleichgewichtspreis *m (WiWi)* equilibrium price, market clearing price
Gleichgewichtswachstum *n (WiWi)* balanced growth
gleichgültig *adj (Gesch)* unresponsive *(Markt)*
Gleichheit *f (Pers)* equality *(Gleichberechtigung)*
~ **vor dem Gesetz** *(Recht) (AE)* Equal Protection of the Laws, equality before the law *(Garantie in der Verfassung)*
gleichkommen *v (Gesch)* correspond
Gleichmacherei *f (ugs.) (Pol)* egalitarianism
gleichmäßig *adv* 1. verteilt; 2. *(Gesch)* evenly spread
gleichrangig *adj (Gesch)* of equal rank, pari passu
gleichsetzen *v (Gesch)* equalize
gleichtägig *adj (Bank, Fin)* intra-day, same-day *(Transaktion, Kredit, Wertstellung)*
Gleichung *f (Stat)* equation
gleichwertig *adj (Gesch)* equivalent
Gleichwertigkeit *f (Gesch)* equal value
gleichzeitig *adj (Gesch)* simultaneous
Gleit... *(Gesch)* sliding, flexible, gliding
gleitende Arbeitszeit *f (Pers)* flexitime, flexible time, flexible working hours
~ **Lohnskala** *f (Pers)* sliding wage scale
gleitender Durchschnitt *m (Stat)* moving average
Gleitparität *f (WiWi)* crawling peg
Gleitzeit *f (Pers)* flexitime, flexible time, flexible working hours
Gleitzeitarbeit *f (Pers)* flexible working hours, flexible hours of work, flexitime
gliedern *v (Gesch)* structure
Gliederung *f (Gesch)* arrangement, classification, structure
~ **in Geschäftsbereiche** *(Gesch)* divisionalization
global *adj (Gesch)* worldwide, all-in, all-inclusive, global
globale Bankgarantie *f (Bank)* comprehensive bank guarantee
globalisieren *v (Gesch)* globalize
Globalisierung *f (Gesch)* globalization
Globalkürzung *f (Mgt, Pers)* across-the-board cut
Glockenkurve *f (Stat)* bell-shaped curve
Glockenpolitik *f (Umw, WiWi)* bubble policy
GmbH *s.* Gesellschaft mit beschränkter Haftung
Gnadenfrist *f* 1. *(RW)* grace days; 2. *(Recht)* period of grace
GoB *s.* Grundsätze ordnungsgemäßer Buchführung
Goldbarrenmarkt *m (Bö)* bullion market
Goldbestand *m (Bank, WiWi)* gold holding *(ZB)*
Golddeckung *f (WiWi)* gold cover
goldgerändertes Papier *n (Fin, WiWi)* blue chip
Goldgewinnung *f (Ind)* gold mining
Goldkernwährung *f (WiWi)* gold bullion standard
Goldpunkt *m* 1. *(Gesch)* specie point; 2. *(AH)* gold point
Goldrausch *m (Gesch)* gold rush
Goldstandard *m (WiWi)* gold standard
Goodwill-Abschreibung *f (RW)* goodwill amortization
Grad *m (Gesch)* degree
graduell *adj (Gesch)* gradual
grafischer Ideengestalter *m (V&M)* visualizer
Gratifikation *f (Pers)* special bonus
gratis *adj (Gesch)* free, gratis, free of charge
Gratisaktie *f (Fin)* bonus share [stock]
Gratisaktien *fpl (RW)* free issue of new shares [stocks]
grauer Markt *m (WiWi) (BE)* grey market, *(AE)* gray market
Grauzone *f (WiWi)* intermediate area
gravierender Fehler *m (Gesch)* fatal error
greifen *v (Gesch)* snatch
Gremium *n* 1. *(Gesch)* body; 2. *(Pol)* commission, committee
Grenz... *(Gesch, WiWi)* marginal

Grenzarbeitnehmer *m (Pers)* frontier worker, border worker, cross-border worker
Grenzausgaben *fpl (V&M)* incremental spending
Grenzausgleichzahlungen *fpl (WiWi)* Monetary Compensatory Amount *(EU)*
Grenzbetrachtung *f (Fin)* marginal analysis
Grenzbetrieb *m (WiWi)* marginal firm
Grenze *f* 1. *(Gesch)* frontier; 2. *(Gb)* boundary; 3. *(WiWi)* cap, limit
Grenzerlös *m (WiWi)* marginal profit, marginal revenue
Grenzerlösprodukt *n (WiWi)* marginal revenue product
Grenzertrag *m (Fin, WiWi)* marginal yield, marginal return
~ **des investierten Kapitals** *(Fin)* marginal return on capital
Grenzfall *m (Gesch)* borderline case
Grenzhandel *m (AH)* border trade
Grenzkosten *pl* 1. *(Fin, RW)* marginal costs, alternative costs; 2. *(WiWi)* incremental cost, marginal costs
~ **der Arbeit** *(Pers, WiWi)* marginal cost of labo(u)r
Grenzkostenkurve *f (WiWi)* marginal cost curve
Grenzkostenrechnung *f (RW)* marginal costing
Grenzkurs *m (Bank, WiWi)* marginal rate
Grenzleistungsfähigkeit *f* **des Kapitals** *(WiWi)* marginal efficiency of capital
Grenznutzen *m (WiWi)* marginal utility
Grenzpendler(in) *m(f) (Pers)* border commuter
Grenzplankostenkalkulation *f (WiWi)* marginal cost pricing
Grenzplankostenrechnung *f* 1. *(Fin)* (standard) direct costing; 2. *(RW)* accounting by functions, direct costing, marginal costing
Grenzprodukt *n (Ind)* marginal product
~ **der Arbeit** *(WiWi)* marginal product of labo(u)r
Grenzproduktivität *f (WiWi)* marginal productivity
Grenzproduzent *m (WiWi)* marginal firm, marginal producer
Grenzrate *f* **der Substitution** *(WiWi)* marginal rate of substitution
~ **der Transformation** *(WiWi)* marginal rate of transformation

Grenzsteuersatz *m (St)* marginal tax rate
Grenzübergang *m (Trans)* border crossing-point, checkpoint
Grenzübergangsstelle *f (Gesch)* point of entry
grenzüberschreitend *adj* 1. *(Gesch)* cross-border, transnational; 2. *(V&M)* transfrontier
grenzüberschreitende Fusion *f (Bö, Gesch, WiWi)* cross-border merger
~ **Transaktion** *f (WiWi)* cross-border transaction
grenzüberschreitender Handel *m (AH, WiWi)* cross-border trade
Grenzverkehr *m (Gesch)* border traffic
grob fahrlässige Unkenntnis *f (Recht)* gross ignorance *(Vertragsrecht)*
~ **fahrlässig handeln** *(Recht)* be guilty of gross negligence
~ **umreißen** *(Gesch)* outline, sketch
grobe Schätzung *f (Gesch)* rough estimate
grobes Verschulden *n (Recht)* gross fault *(Vertragsrecht)*
groß *adj (Gesch)* great, massive, large • **in großem Umfang** *(Gesch)* to a large extent • **sich in große Unkosten stürzen** *(Gesch)* go to great expense
~ **angelegt** *(Gesch, WiWi)* large-scale *(Projekte)*
Großabnehmer *m (Gesch)* bulk buyer, bulk purchaser, quantity buyer
Großaktionär(in) *m(f) (Bö)* principal stockholder
Großanleger(in) *m(f) (Fin)* big investor
Großauftrag *m (Gesch)* bulk order, large order
Großbetrieb *m (Gesch)* big business
Größe *f* 1. *(EDV)* size; 2. *(WiWi)* size, bulk • **nach ~ geordnet** *(Gesch)* graded by size
Großeinkauf *m (Gesch)* bulk purchase, *(ugs.)* spending spree
Größennachteile *mpl (WiWi)* diseconomies of scale
Größenordnung *f (Stat)* order of magnitude
Größenvorteile *mpl (WiWi)* economics of scale
großer Name *m (Gesch)* big name
Großhandel *m* 1. *(Bö)* jobbing; 2. *(Gesch)* wholesale, wholesale business [trade]; 3. *(V&M, WiWi)* wholesale trade

Großhandelsartikel *mpl (Gesch, Ind, WiWi)* wholesale goods
Großhandelsgeschäft *n (Gesch)* wholesale business
Großhandelsgewerbe *n (V&M, WiWi)* wholesaling
Großhandelspreis *m (Gesch, V&M)* wholesale price
Großhandelsrabatt *m (Gesch)* trade allowance
Großhändler(in) *m(f) (Gesch, V&M)* jobber, wholesale dealer [merchant, trader], wholesaler
Großindustrie *f* 1. *(Gesch)* big business; 2. *(Ind)* large-scale industry
Großindustrielle(r) *f(m)* 1. *(Fin)* business magnate; 2. *(Gesch)* tycoon; 3. *(Pers)* captain of industry, tycoon
Grossist(in) *m(f) (Gesch, V&M)* wholesale dealer [merchant, trader], wholesaler
Großkredit *m (Bank)* jumbo [large-scale] loan
Großkunde *m (Gesch)* big customer, major customer
Großkundenbetreuer *m (Gesch, Mgt)* relationship manager, key account manager
Großkundengeschäft *n (Bank)* wholesale business
Großmarkt *m (Gesch)* wholesale market
Großpackung *f* 1. *(Gesch)* bulk package, economy-sized packet; 2. *(V&M)* economy-sized packet
Großproduktion *f (Ind)* large-scale production
Großraumbüro *n (Verw)* open-plan office
Großschreibung *f (EDV, Gesch, Med)* capitalization
Großstadtgebiet *n (WiWi)* metropolitan area
Großteil *m (WiWi)* bulk
Großunternehmen *n (Gesch, WiWi)* large-scale enterprise, big firm
Großzählung *f (Gesch)* census
großzügig *adj (Gesch, St)* generous
großzügige Abfindung *f (Fin) (ugs.)* golden parachute
Grund *m (Gesch)* rationale
~ und Boden *m (Ind)* real estate [property]
Grundbedürfnisse *npl (WiWi)* basic needs, bare necessities
Grundbegriff *m (Gesch)* basic concept
Grundbesitz *m* 1. *(Gb)* freehold property; 2. *(WiWi)* land ownership, real estate
Grundbetrag *m (Gesch)* basic amount
Grundbilanz *f (AH, WiWi)* basic balance
Grundbuch *n* 1. *(Gb, Verw) (BE)* land register, *(AE)* plat book; 2. *(Fin, RW)* book of first [original, prime] entry
Grundbuchamt *n* 1. *(Gb, Recht)* registry of deeds; 2. *(Verw)* land registry, *(AE)* land office
Grundbuchauszug *m (Gb)* extract from the land register, land certificate
Grundbuchung *f (RW)* original entry
Grunddaten *npl (Bö, WiWi)* fundamentals
Grundeigentum *n (Gb, Verw)* freehold, freehold property
Grundeinkommen *n (WiWi)* basic income
gründen *v* 1. *(Gesch)* form, found, start *(Firma)*; incorporate, set up *(Unternehmen)*; 2. *(Recht)* incorporate *(Unternehmen)*; 3. *(WiWi)* start up *(Unternehmen)* • **~ auf** *(Gesch)* base on
Gründer *m (Gesch)* founder
Gründerstaaten *mpl (Pol)* founding States *(EU)*
Gründerzentrum *n (Gesch)* business incubator
Grundfläche *f (Gb)* floor space
Grundfreibetrag *m (St)* basic relief [exemption]
Grundgehalt *n (Pers) (BE)* basic pay, *(AE)* base salary
Grundgesamtheit *f* 1. *(Stat)* parent population; 2. *(V&M)* universe
Grundgeschäft *n* 1. *(Fin) (ugs.)* bottom line; 2. *(Gesch) (ugs.)* bread-and-butter line
Grundinflation *f (WiWi)* underlying inflation
Grundkapital *n* 1. *(Fin)* equity capital, capital stock; 2. *(RW)* capital; 3. *(WiWi)* share capital, base capital
Grundkenntnisse haben *(Gesch, Pers)* have a working knowledge
Grundlage *f* 1. *(Gesch)* substructure; 2. *(St)* basis • **die ~ für etw. bilden** *(Bank)* provide the base for sth • **die ~ für etw. schaffen** *(Gesch)* lay the ground for sth
Grundlagen *fpl (Gesch)* basics
Grundlagenforschung *f (Gesch)* basic research
grundlegend *adj (Gesch)* sweeping *(Veränderungen)*
gründlich *adj (Gesch)* in-depth

~ **überprüfen** *(Gesch)* check thoroughly
gründliche Analyse *f (Gesch)* in-depth analysis
Grundlohn *m (Pers) (BE)* basic pay, *(AE)* base pay; basic wage, wage floor, basic rate
Grundnahrungsmittel *npl (Gesch)* basic foodstuffs, essential foodstuffs
Grundpfandrecht *n (Gb, Recht)* mortgage lien
Grundprinzip *n (Gesch)* guiding principle
Grundriss *m* 1. *(Gesch)* ground plan, plot, outline; 2. *(Gb)* floor plan
Grundsatz *m (Gesch)* convention, principle
~ **der Periodenabgrenzung** *(RW)* accrual concept, *(AE)* matching principle
~ **der Unabhängigkeit** *(Gesch, St, V&M)* arm's-length principle
Grundsätze *mpl* **der Rechnungslegung** *(RW)* Financial Reporting Standard
~ **ordnungsmäßiger Buchführung (und Bilanzierung)** *(RW)* principles of orderly accounting, *(AE)* Generally Accepted Accounting Principles, GAAP, *(BE)* Statement of Standard Accounting Practice, SSAP
Grundsatzentscheidung *f* 1. *(Gesch)* policy decision; 2. *(Recht)* landmark decision, fundamental decision, basic decision
grundsätzlich *adj (Recht)* on principle, basic
grundsätzlich *adv (Gesch, Recht)* principally, as a matter of principle, in general, in principle, on principle
Grundsatzpapier *n (Pol)* position paper
Grundschuld *f (Fin, Gb, Recht)* land charge, encumbrance of real property
Grundsteuer *f (St)* land tax, real property tax
Grundsteuerzahler(in) *m(f) (St) (BE)* ratepayer
Grundstoff *m* 1. *(Bö)* primary commodity; 2. *(Gesch)* primary product; 3. *(WiWi)* basic commodity, basic material, primary commodity
Grundstoffindustrie *f* 1. *(Ind)* basic industry, extractive industry *(Bergbau, Öl- und Gasförderung)*; 2. *(WiWi)* basic industry, extractive industry, primary industry
Grundstück *n (Gb)* parcel, plot, premises
Grundstücksbelastung *f (Recht)* encumbrance
Grundstücksbestandteile *mpl (Gb)* fixtures
Grundstückseigentum *n (Gb)* fee simple
Grundstückseigentümer(in) *m(f) (Gb)* freehold owner
Grundstückserschließung *f (Gb)* land improvement, property development
Grundstücksgrenze *f (Gb)* lot line
Grundstücksmakler(in) *m(f) (Gb) (BE)* estate agent, *(AE)* listing agent, *(AE)* listing broker
Grundstücksmarkt *m (Gb)* property market
Grundstücksmiete *f (Gb)* land rent
Grundstückspacht *f (Gb)* land rent
Grundstückspekulant(in) *m(f) (Gb)* property speculator
Grundstücksüberlassungsvertrag *m (Gb)* land contract
Grundstücksübertragung *f (Recht)* conveyance *(Eigentum)*
Grundstücksurkunde *f (Gb, Recht)* title deed
Grundtarif *m (Gesch) (BE)* base rate
Grundtendenz *f (Gesch, WiWi)* basic trend, underlying tendency
Gründung *f (Recht)* incorporation, the Establishment *(einer Gesellschaft)*
Gründungsaufwand *m (RW)* organization cost, organization expense, original cost
Gründungsfinanzierung *f (Fin, RW)* start-up funding
Gründungskapital *n (Fin)* initial capital, original capital, seed capital, start-up capital
Gründungskosten *pl* 1. *(Fin)* setting-up costs, promotion cost; 2. *(RW)* organization cost, preliminary expenses
Gründungsurkunde *f (Recht)* charter *(Gesellschaftsrecht)*; *(BE)* articles of association, *(AE)* articles of incorporation *(Satzung)*; certificate of incorporation *(Vertragsrecht)*
grüne Energie *f (Umw)* green energy
grünes Licht *n (Gesch)* green light *(Erlaubnis)*
Gruppe *f* 1. *(Gesch)* body, group of companies; 2. *(RW)* group
Gruppenabschluss *m (RW)* group accounts
Gruppenakkord *m (Pers)* group piecework
Gruppenanreizsystem *n (Pers)* group incentive scheme

Gruppenarbeit *f (Pers)* group working
Gruppenbesprechung *f (Mgt)* team briefing
Gruppendruck *m (Gesch, Pol)* peer pressure
Gruppenfloat *n (WiWi)* joint float, joint floating
Gruppenfloating *n (WiWi)* joint float, joint floating
Gruppenklage *f (Recht)* class action suit
Gruppenzwang *m (Gesch, Pol)* peer pressure
gruppieren *v (Gesch)* align
Gruppierung *f* 1. *(Gesch)* alignment, grouping; 2. *(Stat)* grouping
gültig *adj (Verw)* valid • **für ~ erklären** *(Gesch)* validate *(Dokument)*
Gültigkeit *f (Gesch, Pat)* validity
Gültigkeitsbereich *m (Pat)* scope
günstig *adj* 1. *(Bö)* attractive, favo(u)rable; 2. *(Gesch)* advantageous, attractive, good value *(preiswert)*
günstige Konditionen *fpl (Gesch)* concessional terms
~ **Wirtschaftslage** *f (WiWi)* favourable economic conditions
günstiger Kauf *m* 1. *(Gesch)* lucky buy; 2. *(V&M)* bargain, snip
günstigst *adj (Gesch)* optimal, optimum
günstigste Situation *f (Gesch, WiWi)* best-case scenario
gut *adj (Gesch)* good, strong
gut *adv (Gesch)* well • ~ **ausgebildet** *(Pers)* well-grounded, well-educated *(schulisch)* • ~ **beraten sein** *(Gesch)* be well advised • ~ **dotiert** *(Pers)* well-paid *(Position)* • ~ **eingeführt** *(Gesch)* well-established *(Position)* • **sich ~ entwickeln** *(Gesch)* thrive • ~ **gehend** *(Gesch, WiWi)* thriving • ~ **informiert** *(Gesch, Pol)* well-informed • ~ **situiert** *(Gesch)* well-off
Gutachten *n (Gesch)* survey, appraisal, appraisal report, opinion, vluation report • **ein ~ einholen** *(Gesch)* ask for an expert opinion
Gutachter(in) *m(f)* 1. *(Gesch)* adjudicator; 2. *(Mgt)* consultant, surveyor *(Ziviltechniker)*
Gutachtergebühr *f (Gesch)* survey fee
Güte *f (V&M)* quality • **der ~ nach** *(Gesch)* qualitative, qualitatively
gute Börsenverfassung *f (Bank, Bö)* buoyant stock market, buoyant stock market conditions
~ **Durchschnittsqualität** *f (Gesch)* fair average quality, good fair average
~ **Durchschnittsware** *f (Trans)* fair merchantable, f.m.
guter Name *m (Gesch)* renown, good reputation
~ **Ruf** *m* 1. *(Gesch)* renown; 2. *(V&M)* established image
Gütebestätigung *f (Gesch, Ind, Mgt, V&M)* quality assessment
Gütekontrolle *f (Gesch, Ind, V&M)* quality control, QC
Gütepass *m (AH)* quality certificate
Güter *npl (Gesch, WiWi)* goods, commodities
~ **des Grundbedarfs** 1. *(Gesch, WiWi)* basic goods; 2. *(WiWi)* essentials
~ **des täglichen Bedarfs** *(Gesch, V&M)* convenience goods, essential commodities
Güterangebot *n (WiWi)* supply of goods
Güteraustausch *m (Gesch)* trade
Güterbündel *n (WiWi)* composite commodity
Güterkraftverkehr *m (Trans)* road haulage
Gütermarkt *m (WiWi)* commodity market
Güternachfrage *f (WiWi)* demand for goods
güterwirtschaftliche Seite *f* **der Wirtschaft** *(WiWi)* real economy
güterwirtschaftliches Gleichgewicht *n (WiWi)* equilibrium in real terms
Gütesicherung *f (Gesch, Ind, Mgt, V&M)* quality assessment
Gütezeichen *n* 1. *(Bank)* hallmark; 2. *(Gesch)* quality label; 3. *(Pat, Recht)* certification mark; 4. *(V&M)* brand name
gutgläubig *adj (Gesch)* in good faith
~ **erwerben** *v (Recht)* acquire in good faith
gutgläubiger Erwerber *m (Gesch)* bona fide purchaser
~ **Inhaber** *m (Bö)* bona fide holder
Guthaben *n (Bank)* credit balance, credit
Guthabensaldo *m (Bank)* bank balance, deposit balance
gütlich *adj (Gesch)* amicable *(Einigung, Beilegung)*
gütliche Beilegung *f (Gesch, Recht)* amicable settlement *(Rechtsstreit)*
~ **Einigung** *f (Gesch)* private arrangement

Gutschein *m (Gesch)* issue voucher, coupon, voucher, credit note
gutschreiben *v (RW)* credit • **gutgeschrieben auf** *(Fin)* credited to
Gutschrift *f* 1. *(Fin)* credit memorandum; 2. *(Gesch)* credit note; 3. *(RW)* credit entry • **zur ~ auf** *(RW)* credited to
Gutschriftsanzeige *f* 1. *(Fin)* credit memorandum, credit note; 2. *(Gesch)* credit note
Gutschriftstag *m (Bank)* date of settlement *(EZB)*
Gutschriftzettel *f (Fin)* credit slip
GuV *s.* Gewinn und Verlustrechnung
GuV-Rechnung *f (RW)* P&L account *(profit and loss account)*
Gymnasium *n (Pers)* academic secondary school, upper secondary school

H

Habenbuchung *f (RW)* credit entry
Habensaldo *m (Bank, Fin, RW)* credit balance in bank
Habenseite *f (Fin, RW)* credit side, right column
Habenzinsen *mpl (Bank, RW)* interest earned
Hack-Angriffe *mpl (EDV)* hack attacks, intrusions *(Computereindringung)*
hackersicher *adj (ugs.) (EDV)* hacker-proof
Hackordnung *f (Pers, Soz)* gorilla scale, pecking order
Hafen *m (Trans)* harbo(u)r, port • **ab ~** *(AH, Trans)* ex wharf, x-wharf
Hafeneinrichtungen *fpl (Trans)* port facilities, harbo(u)r facilities
Hafengebühren *fpl (St, Trans)* harbo(u)r dues, port charges, port dues
haftbar *adj* 1. *(Gesch)* answerable, accountable; 2. *(Recht, Vers)* liable, responsible • **jmdn. für etw. ~ machen** *(Recht)* hold sb liable for sth
Haftbarkeit *f (Recht, Vers)* liability, responsibility
Haftbefehl *m (Recht)* warrant
haften *v* **für etw.** 1. *(Gesch)* answer for sth; 2. *(Recht, Vers)* accept liability for sth, be liable [responsible] for sth
haftendes Eigenkapital *n (Fin, RW)* liable equity capital
Haftkaution *f (Recht)* bail bond
Haftpflicht *f (Recht, Vers)* liability, responsibility
haftpflichtig *adj (Recht, Vers)* liable
Haftpflichtrisiko *n (Vers)* third-party risk
Haftpflichtversicherung *f (Vers)* errors and omissions insurance, liability insurance
~ mit Vollkaskoversicherung *(Vers)* fully comprehensive insurance policy
Haftpflichtversicherungsschutz *m (Vers)* third-party insurance cover
Haftprüfung *f (Recht)* remand
Haftung *f (Recht, Vers)* liability, responsibility • **~ für etw. anerkennen** *(Recht)* accept liability for sth • **ohne jegliche ~ unsererseits** *(Recht)* without any liability on our part • **die ~ für etw. übernehmen** *(Recht)* take responsibility for sth, accept liability for sth
~ aus unerlaubter Handlung *(Recht)* tort liability *(zivilrechtlich)*
~ des Verkäufers *(Recht, V&M)* seller's liability
~ für Geschäftsrisiken *(Recht)* business exposures liability
~ mit Selbstbeteiligung *(Vers)* excess liabilities **Haftungsausschluss** *m (Recht, Vers)* exclusion of liability, nonliability *(Vertragsrecht)*
Haftungsbeschränkung *f* 1. *(Gesch)* corporate veil; 2. *(Recht, Vers)* limitation of liability *(Vertragsrecht)*
Haftungsfreistellung *f (Recht, Vers)* release from liability *(Vertragsrecht)*
Haftungsgrund *m (Recht, Vers)* cause of liability
Haftungsminderung *f (Recht, Vers)* reduction of liability
Haftungsrisiko *n (Recht, Vers)* risk of liability *(Vertragsrecht)*
Haftungsübernahme *f (Recht, Vers)* assumption of liability *(Vertragsrecht)*
Haken haben/einen *(Gesch)* have a string attached to it *(Vertrag, Klausel)*
Halb... *(Gesch)* half, semi...
Halbeinkünfteverfahren *n (St)* half-income system, half-income method *(Deutschland, Besteuerungsverfahren für Aktionäre)*
halber Preis *m (Gesch)* half fare • **zum halben Preis** *(Gesch)* at half-price
Halberzeugnis *n (Ind)* semi-finished product

halbes Dutzend *n/ein (Gesch)* half a dozen
Halbfabrikat *n (Ind)* semi-finished product
Halbfabrikate *npl (Ind)* partly finished goods, semi-finished goods
Halbfertigprodukt *n (Ind)* semi-finished product
Halbjahresabschluss *m (RW)* half-yearly accounts
Halbjahresfrist *f*, **Halbjahresperiode** *f (Gesch)* six-monthly period
halbjährlich *adj (Gesch)* half-yearly, biannual
Halbleiter *m (EDV, Ind)* semiconductor
halbtags arbeiten *(Gesch)* be on half-time, work half-time
Halbtagsbeschäftigung *f (Pers)* half-time work, half-time employment
haltbar *adj* 1. *(Gesch)* stable; 2. *(Ind)* durable, hardwearing
~ **sein** *(Ind)* stand up to wear, keep well *(Lebensmittel)*
Haltbarkeit *f (Ind, V&M)* shelf life
Haltbarkeitsdatum *n (Gesch, V&M)* use-by date
Haltung *f (Gesch, Mgt)* attitude, stance, frame of mind
Hand *f (Gesch)* hand • **unter der** ~ *(ugs.) (Gesch)* by private contract • **zur** ~ *(Gesch)* ready to hand • **zu Händen von** *(Gesch, Komm)* Attn., for the attention of • **in den Händen Dritter** *(Gesch)* in the hands of a third party
Handbuch *n (Gesch)* guide, handbook, manual
Handel *m* 1. *(Gesch)* commerce, trade, trading *(Gewerbe)*; bargain, deal, transaction *(Abschluss)*; traffic *(von illegalen Waren)*; 2. *(V&M)* distributive trades • **den** ~ **aussetzen** *(Bö)* suspend trading • ~ **(be)treiben** *(WiWi)* trade
~ **auf Reziprozitätsbasis** *(WiWi)* reciprocal trading
~ **in Freiverkehrswerten** *(Bö)* unlisted [OTC] trading
~ **mit Umweltverschmutzungszertifikaten** *npl (Umw)* emissions trading
~ **rund um die Uhr** *(Bö)* twenty-four-hour trading
handelbar *adj (Bö, Fin, WiWi)* trad(e)able
handelbares Emissionszertifikat *n (Umw, WiWi)* trad(e)able discharge permit, TDP, trad(e)able emission permit
Handeln *n (Gesch)* bargaining, haggling *(Feilschen)*; trade, trading *(Gewerbe)*
handeln *v (Gesch)* barter, trade • ~ **mit** 1. *(Gesch)* traffic in *(illegale Waren)*; 2. *(WiWi)* trade *(Waren, Produktion)* • **im Namen von jmdm.** ~ *(Recht)* act on sb's behalf • **in gutem Glauben** ~ *(Recht)* act in good faith
Handelsabkommen *n (Gesch)* commercial agreement, trade agreement
Handelsakzept *n (Gesch)* trade acceptance
Handelsauskunft *f (Recht)* commercial agency report
Handelsbedingungen *fpl (Gesch)* trade terms
Handelsbeschränkung *f (AH, WiWi)* trade restriction
Handelsbestand *m* 1. *(Bank, Bö)* trading portfolio; 2. *(Gesch)* commercial stock
Handelsbezeichnung *f* 1. *(Gesch)* trade name; 2. *(V&M)* brand name
Handelsbeziehungen *fpl (Gesch)* trading links
Handelsbilanz *f (AH, Pol, WiWi)* (merchandise) balance of trade, trade balance
Handelsbilanzdefizit *n (AH, Pol, WiWi)* trade deficit
Handelsbilanzsaldo *m (WiWi)* balance of trade *(ZB)*
Handelsbilanzüberschuss *m (AH, Pol, WiWi)* trade surplus
Handelsbilanzungleichgewicht *n (AH, Pol, WiWi)* imbalance of trade
Handelsbrauch *m (Gesch)* trade custom, commercial usage
Handelsdefizit *n (AH, Pol, WiWi)* trade deficit
Handelsdesk *n (Bö)* desk
Handelseinheit *f (Bö)* lot, trading unit
Handelsergebnis *n (Fin)* trading results
Handelserlaubnis *f (Gesch)* trading authorization
handelsfähig *adj* 1. *(Bö, Recht)* negotiable; 2. *(WiWi)* merchantable, trad(e)able
handelsfähige Güter *npl/nicht (WiWi)* nontrad(e)ables
Handelsgeschäft *n* 1. *(Bank)* trading operation; 2. *(Gesch)* commercial business
Handelsgesellschaft *f (Gesch)* trading [commercial] company
Handelsgesetz *n* 1. *(Gesch)* commercial law; 2. *(Recht)* mercantile law

Handelsgesetzbuch *n (Recht)* German Commercial Code
Handelsgut *n (Gesch)* commodity
Handelshemmnis *n (AH, WiWi)* barrier to trade, trade barrier
Handelskammer *f (Gesch)* Chamber of Commerce, Chamber of Trade, *(AE)* board of trade
Handelskette *f* 1. *(Gesch)* chain store; 2. *(V&M)* retail store group
Handelskrieg *m (WiWi)* trade war
Handelsliberalisierung *f (Recht, WiWi)* liberalization of trade, trade liberalization
Handelsmarine *f (Trans)* commercial marine, merchant navy
Handelsmarke *f* 1. *(Pat)* mark; 2. *(V&M)* trademark, brand
Handelsmuster *n* 1. *(Bö)* trading pattern; 2. *(Gesch)* sample
Handelsname *m* 1. *(Gesch)* proprietary name [brand]; 2. *(Pat)* trading name
Handelsniederlassung *f (Gesch)* commercial establishment
Handelsnormen *fpl (Gesch)* trading standards
Handelspapier *n (Bank, Bö, Fin)* commercial paper
Handelspartner *m* 1. *(Gesch, Pol)* commercial partner; 2. *(WiWi)* trading partner
Handelspolitik *f (AH, WiWi)* commercial policy, trade policy
Handelspraktiken *fpl (Pers)* custom and trade practices
Handelsprotektionismus *m (AH, WiWi)* trade protectionism
Handelsrechnung *f (RW, Recht)* commercial invoice
Handelsrecht *n (Recht)* commercial [business] law
Handelsregister *n (Gesch)* Companies Registration Office, trade register
Handelsregister-Eintragung *f (Gesch)* entry in the commercial register, commercial registration
Handelsreisende(r) *f(m) (Pers)* commercial travel(l)er, travel(l)ing salesman
Handelsrestriktion *f (AH, WiWi)* barrier to trade, trade restriction
Handelsschranke *f (AH, WiWi)* barrier to trade, trade barrier
Handelsspanne *f (RW, V&M)* operating [price] margin
Handelssperre *f (Gesch)* trade embargo
handelsüblich *adj (Gesch)* prevailing
handelsübliche Qualität *f (WiWi)* merchantable quality
~ **Vertragsformeln** *fpl (Gesch)* trade terms
Handelsungleichgewicht *n (WiWi)* desequilibrium in the balance of trade
Handelsunternehmen *n (Gesch)* business [commercial] enterprise
Handelsverband *m (Gesch)* trade association
Handelsverkehr *m (Gesch)* commerce, trade, traffic
Handelsvertreter(in) *m(f)* 1. *(Pers)* agent, agt, commercial agent, commercial representative; 2. *(V&M)* sales agent, *(ugs.)* (sales) rep *(sales representative)*
Handelsvertretung *f (Gesch)* commercial representation
Handelsverzerrung *f (WiWi)* trade distortion
Handelsvolumen *n (Gesch)* trade volume, volume of trading
Handelsvorschriften *fpl (Gesch)* business regulations
Handelsvorteil *m (Gesch)* commercial advantage
Handelsware *f (Gesch)* merchandise (for resale)
Handelswechsel *m* 1. *(Bank, Bö)* business paper, trade bill, commercial bill; 2. *(Gesch)* trade acceptance
Handelswert *m (Gesch)* market value, commercial value • **ohne** ~ *(Gesch)* no commercial value
Handelsziffern *fpl (Pol, WiWi)* trade figures
Handelszone *f (Gesch)* trading area
handgemacht *adj (Ind)* handmade *(Produktion)*
handgeschrieben *adj (Gesch)* handwritten
Handhabung *f (Gesch)* management
Handkasse *f (RW)* petty cash
Handlanger *m (Gesch)* labo(u)rer, odd-job man, *(ugs.)* dogsbody
Händler(in) *m(f)* 1. *(Bö)* trading member, dealer, broker-dealer; 2. *(Gesch)* dealer, trader, agent; 3. *(V&M)* vendor
Händlermarke *f (V&M)* dealer brand, distributors' brand
Händlerorganisation *f (Bö)* dealer network
Händlerrabatt *m (V&M)* trade discount
Handlung *f (Gesch)* act, action

Handlungsbefugnis *f (Gesch)* acting allowance
Handlungsbevollmächtigte(r) *f(m)* 1. *(Mgt)* registered manager; 2. *(Pers, Verw)* agent general
Handlungsgehilfe *m (obs.) (Pers)* commercial employee
handlungsorientiert *adj (Gesch)* action-oriented
Handlungsspielraum *m (Mgt, WiWi)* action scope
Handschrift *f (Gesch, Komm)* handwriting
handschriftlich *adj (Gesch, Komm)* handwritten
Handwerk *n (Pers, WiWi)* craft, trade, craft business
Handwerker(in) *m(f) (Pers)* artisan, tradesman, craftsman, workman
Handwerksbetrieb *m (Pers, WiWi)* craft establisment, craft business, craft undertaking, craft enterprise
Handwerksunternehmen *n (Pers, WiWi)* craft establisment, craft business, craft undertaking
Handwerkszeug *n (Gesch)* tools of the trade
Handy *n (ugs.) (Komm)* mobile (phone), cellphone
Hardware-Verbindung *f (EDV)* interface *(Schnittstelle)*
harmonisches Mittel *n (Stat)* harmonic mean
harmonisieren *v (Gesch)* harmonize
harmonisierter Verbraucherpreisindex *m (WiWi)* Harmonized Index of Consumer Prices, HICP *(EZB)*
Harmonisierung *f (Gesch, WiWi)* harmonization
hart *adj (Gesch)* tough *(Bedingungen)*; hard *(Fakten)*
hart *adv (St)* harshly • **~ verhandeln** *(Gesch)* drive a hard bargain
Härte *f (Soz, WiWi)* hardship
harte Landung *f (ugs.) (Gesch, WiWi)* hard landing *(Konjunktur)*
~ Währung *f (Pol, WiWi)* hard currency, hard money
Härtefall *m (Soz)* case of hardship
harter Kern *m* **der Arbeitslosigkeit** *(Pers, Soz, WiWi)* hard-core unemployment, the hard core of unemployment, hard-core unemployed
~ Konkurrenzkampf *m (Gesch)* harsh competition, tough competition
Hartgeld *n (Gesch)* coins, coinage, specie, hard cash
hartnäckig *adj (Gesch)* persistent
häufiger Stellenwechsel *m (Pers)* job hopping *(Arbeitsmarkt)*
Häufigkeit *f (V&M)* frequency
Häufigkeitsverteilung *f (Stat)* frequency distribution
häufigster Wert *m (Stat)* mode
Häufung *f (Gesch)* accumulation
Haupt... *(Gesch, WiWi)* main, chief, principal, primary, prime, key
Hauptaktionär(in) *m(f) (Bö)* principal stockholder
hauptamtlicher Geschäftsführer *m (Mgt)* executive director
Hauptanbieter(in) *m(f) (Gesch)* principal bidder, main bidder
Hauptanspruch *m (Pat)* independent claim
Hauptanteil *m (Gesch)* the lion's share
Hauptarbeitsmarkt *m (WiWi)* primary labo(u)r market
Hauptbelastungszeit *f (Gesch, Med)* peak hour
Hauptbuch *n (Fin, RW)* book of final [secondary] entry, (general) ledger
Hauptbuchkonto *n (Fin, RW)* ledger account
Hauptbüro *n (Gesch)* head office, headquarters
Haupteinschaltzeit *f (Med)* prime (listening) time
Hauptfernsehzeit *f (Med)* prime viewing time
Hauptgeschäft *n* 1. *(Gesch)* head office, headquarters *(Büro)*; main business *(Dienstleistungen)*; 2. *(V&M)* flagship store
Hauptgeschäftsbereich *m (Gesch)* core business
Haupthandelspartner(in) *m(f) (WiWi)* main [major] trading partner
Hauptkonkurrent(in) *m(f) (Gesch, WiWi)* main contender, main rival
Hauptkunde *m (Gesch)* principal customer, key account
Hauptlieferant *m (Gesch)* prime contractor, prime supplier
Hauptmerkmal *n (Gesch)* key feature
Hauptniederlassung *f (Gesch)* principal establishment, principal place of business
Hauptproblem *n (Gesch)* key issue

Hauptprodukt *n (V&M)* main [primary] product

Hauptpunkt *m (Gesch)* key point

hauptsächlich *adj (Gesch)* primary, principal, main

hauptsächlich *adv (Gesch)* primarily, principally

Hauptsaison *f (Gesch)* peak season

Hauptschulabschluss *m (Pers)* lower secondary leaving certificate, lower secondary school-leaving certificate

Hauptschule *f (Pers)* lower secondary school

Hauptsendezeit *f (Med)* peak hour, prime time

Hauptsitz *m (Gesch)* head office, headquarters

Hauptsparte *f (Fin) (ugs.)* bottom line

Hauptspeicher *m (EDV)* random access memory *(RAM)*

Hauptstelle *f (Gesch)* main branch

Hauptstraße *f* 1. *(Trans)* major road, *(AE)* main line, *(BE)* main road; 2. *(V&M) (BE)* high street, *(AE)* main street

Hauptstudienfach *n (Pers)* major field of study

Hauptstudienrichtung *f (Pers)* major field of study

Hauptteil *m (Gesch)* bulk

Hauptursache *f (Recht)* main cause, procuring cause

Hauptverdiener *m (Pers)* principal earner, principal wage earner, main earner, main wage earner

Hauptversammlung *f (Mgt)* annual general meeting, shareholders' annual meeting

~ **der Aktionäre** *(Bö)* general meeting of shareholders

Hauptvertrag *m (Recht)* primary [main] contract

Hauptverwaltung *f* 1. *(Gesch)* head office, headquarters; 2. *(Verw) (AE)* administrative center, *(BE)* administrative centre

Hauptwohnsitz *m (Gb)* main residence

Hausbank *f* 1. *(Bank, Gesch)* principal bank, principal banker *(langfristige Bankbeziehung, long-term banking connections)*; 2. *(Fin)* principal bank *(konzerneigene Banken)*

Haushalt *m* 1. *(Fin)* budget; 2. *(Gesch)* household; 3. *(Pol, RW)* budget • **im ~ veranschlagen** *(RW)* budget for

~ **mit geringem Einkommen** *(V&M)* low-income household

Haushaltsabschluss *m (Pol)* budgetary statement

Haushaltsanpassung *f (Fin, RW, WiWi)* budgetary adjustment

Haushaltsansatz *m (Fin)* estimate

Haushaltsausgaben *fpl (Fin, Pol, WiWi)* budgetary spending, budgetary expenditure

Haushaltsbefragung *f (V&M)* household survey *(HS)*

Haushaltsbewilligung *f (Pol)* budgetary appropriation

Haushaltsdefizit *n* 1. *(Fin, Gesch, Pol)* budget deficit, budgetary deficit; 2. *(RW)* fiscal deficit

Haushaltseinnahmen *fpl (Fin)* budgetary revenue

Haushaltserhebung *f (V&M)* household survey

Haushaltsgesetz *n (Fin)* appropriation act, appropriation bill

Haushaltshilfe *f* domestic help, domestic aid

Haushaltsjahr *n (Fin, Pol, RW, St)* accounting year, budget year, financial year, fiscal year, tax year

Haushaltskontrolle *f (Fin, RW)* audit, budgetary control, BC

Haushaltskürzung *f (Fin, RW, WiWi)* budget cut

Haushaltsperiode *f (Fin, Pol, RW, WiWi)* budget period

Haushaltsplafond *m (RW)* budget ceiling

Haushaltsplanung *f (Fin, Pol, RW)* budgetary planning, budgeting

Haushaltsüberschreitung *f (RW)* overspend

Haushaltsüberschuss *m (Fin, Gesch, Pol, WiWi)* budget surplus

Haushaltsübersicht *f (Pol)* budgetary statement

Haushaltsvoranschlag *m (Fin)* estimate

Haushaltsvorlage *f* 1. *(Fin)* budget proposal, budgetary submission; 2. *(Pol)* budget paper; 3. *(WiWi)* budget proposal, budgetary submission

Haushaltsvorstand *m (St)* head of household

Hausse *f (Bö, Fin, WiWi)* boom, bullish movement, rise

Haussegeschäft *n (Bö)* bull transaction
Hausseposition *f (Bö, Fin)* bull account, long position
Haussespekulant *m (Bö, Fin)* bull
Haussier *m (Bö, Fin)* bull
Haustürgeschäft *n (V&M)* door-to-door sales, door-to-door selling, doorstep selling
Hauswirtschaftslehre *f (Pers)* home economics, *(BE)* domestic science
Hebelwirkung *f (WiWi)* leverage effect
Hedger *m (Bö)* hedger
heftig *adj* 1. *(Bö)* erratic *(Kursbewegungen)*; 2. *(Gesch)* violent, fierce
heikel *adj (Gesch)* delicate, tricky
Heim... *(Gesch)* home, domestic, return
Heimarbeit *f* 1. *(Ind)* domestic industry; 2. *(Pers)* homework; 3. *(WiWi)* domestic system
Heimarbeiter(in) *m(f) (Pers)* homeworker, outworker
Heimatland *n (Recht)* home country
heimischer Arbeitsmarkt *m (Pers, WiWi)* local [domestic] labo(u)r market
~ **Wirtschaftszweig** *m (Ind)* domestic industry
heimisches Erzeugnis *n (Gesch)* local produce
heimliche Absprache *f (Recht, WiWi)* collusion
~ **Steuerprogression** *f (Fin, St, WiWi)* tax-bracket creep, fiscal drag
Heiratsurkunde *f (Pers)* marriage certificate, certificate of marriage
heiße Ware *f (ugs.) (Gesch)* hot stock, hot property
heißes Geld *n (jarg.) (Fin, Gesch, WiWi) (jarg.)* hot money, refugee capital
hemmen *v (Gesch)* block, inhibit
herabgesetzt *adj (V&M, WiWi)* reduced
herabsetzen *v* 1. *(Gesch)* belittle, disparage *(Person)*; 2. *(Recht)* abate; 3. *(V&M)* reduce *(Preis)*; 4. *(WiWi)* bring down, lower *(Inflationsrate)*
Herabsetzung *f* 1. *(Gesch)* belittling, disparagement *(von einer Person)*; 2. *(Recht)* abatement; 3. *(V&M)* cut, cutting, reduction *(Preise)*; 4. *(WiWi)* lowering *(Inflationsrate)*
Herabstufung *f (Pers)* downgrading
~ **von Arbeitsplätzen** *(Pers)* deskilling
heraufladen *v (EDV, Komm)* upload
heraufsetzen *v (Gesch)* advance
herausbringen *v* 1. *(Med)* put out *(Buch)*; 2. *(V&M)* launch *(Produkt)*
herausfordern *v (Gesch)* challenge
Herausgabe *f* 1. *(Gesch)* return *(Rückgabe)*; 2. *(Med)* publication, issue
herausgeben *v (Med)* issue, publish *(Zeitschrift)*
Herausgeber(in) *m(f) (Med)* publisher, editor *(Redakteur)*
herausgereichte Kredite *mpl (Bank, Gesch)* credits outstanding *(ausgereichte Kredite)*
herausragend *adj (Gesch)* pre-eminent
herausrücken *v (ugs.) (Fin)* cough up
herbeiführen *v (Gesch)* work out *(Einigung)*
hereinfallen *v (Gesch)* be taken in
hereinholen *v* 1. *(Gesch)* attract *(Aufträge)*; 2. *(WiWi)* recapture *(Kosten)*
hereinlassen *v (Gesch)* admit
hergestellt *adj (Gesch)* manufactured
herkömmlich *adj (Gesch)* conventional, traditional
Herkunft *f (Fin, Gesch)* source
Herkunftsbescheinigung *f (AH)* certificate of origin
Herkunftsbezeichnung *f (V&M)* informative label(l)ing
Herkunftsland *n (AH)* country of origin
Herkunftsort *m (Trans)* place of origin, point of origin
Hermesdeckung *f (Fin, AH)* Hermes export credit guarantee
Hermes-gesichert *adj (Fin, AH)* secured by Hermes export guarantees *(ZB)*
hermetisch abgeschlossen *(Ind)* airtight
herrschend *adj* 1. *(Gesch)* prevailing; 2. *(Pol)* ruling *(Partei)*
herrühren *v* **von** *(Gesch)* stem from
herstammen *v (Gesch)* originate
herstellen *v* 1. *(Gesch)* build up *(Kontakt, Beziehung)*; 2. *(Ind)* fabricate, manufacture, produce *(Produkt)* • **fabrikmäßig ~** *(Ind)* mass-produce, manufacture
Hersteller(in) *m(f) (Gesch, Ind, V&M)* maker, manufacturer, producer
Herstellerangaben *fpl (Recht, V&M)* manufacturer's data, manufacturer's instructions
Herstellermarke *f (V&M)* manufacturer's brand, producer's brand
Herstellerpreis *m (Gesch)* manufacturing price

Herstellerrichtpreis *m (V&M)* manufacturer's recommended price
Herstellkosten *pl (Ind)* production cost(s)
Herstellung *f (Ind)* manufacture, manufacturing, production • **in der ~ sein** *(Gesch)* be in process
~ **nach Kundenbestellung** *(Ind)* customized production
Herstellungsgemeinkosten *pl (WiWi)* manufacturing overheads
Herstellungskosten *pl (RW)* cost of goods manufactured, manufacturing expenses, production costs
Herstellungspreis *m (V&M)* manufacturing price
Herstellungswert *m (RW)* cost value
herunterdrücken *v (Fin)* pull down *(Gewinn)*; cut back *(Kosten)*
herunterhandeln auf *v (Gesch)* bargain down, beat down, knock down
herunterstufen *v (Pers)* downgrade
hervorbringen *v (Gesch)* generate *(Ideen)*
hervorheben *v (Gesch)* emphasize, highlight, stress, underscore
hervorragend *adj (Gesch)* excellent, preeminent
heuern und feuern *(ugs.) (Pers)* hire and fire
HGB *s.* Handelsgesetzbuch
hieb- und stichfest *adj (Gesch)* watertight *(Argument)*
Hierarchie des Führungspersonals *(Mgt, Pers)* management hierarchy
hiesige Industrie *f (Ind)* local industry
Hilfe *f* **zur Selbsthilfe** *(Soz)* empowerment
Hilfeleistung *f (Soz)* assistance, rescue
Hilfs... 1. *(EDV)* auxiliary *(Speicher, Programm)*; 2. *(Gesch)* auxiliary, subsidiary
Hilfsarbeiter(in) *m(f)* 1. *(Gesch)* low-wage worker; 2. *(Pers)* labo(u)rer, unskilled worker, daily paid worker
Hilfskraft *f (Gesch, Pers)* assistant, helper
Hilfs- und Betriebsstoffe *mpl (Ind)* (manufacturing) supplies
hinaufschnellen *v (Gesch)* soar
hinaufsetzen *v (Gesch)* advance, raise up *(Angebot, Preis)*
hinausdrängen *v (WiWi)* crowd out
hinausschleßen *v* **über** *(Gesch)* overshoot
hinauswerfen *v (ugs.)* 1. *(Gesch)* evict, *(ugs.)* splash out *(Geld)*; 2. *(Pers) (ugs.) (BE)* sack; 3. *(Recht)* evict
hinausziehen *v* 1. *(Gesch)* delay, draw out; 2. *(WiWi)* lag
hindern *v (Gesch)* obstruct
Hindernis *n* 1. *(Gesch)* obstacle, obstruction; 2. *(WiWi)* barrier *(Handel)*
hinreichend *adj* 1. *(Gesch)* sufficient; 2. *(WiWi)* adequate
Hinsicht/in dieser *(Gesch)* in this respect
Hinsicht/in sonstiger *(Gesch)* in other respects
hinsichtlich *(Gesch)* in terms of, in respect of
Hinter... *(Gesch)* back, rear
Hintergrund *m (Gesch)* backdrop, background
Hintergrundbericht *m (Med)* background story
Hintergrundinformation *f (Gesch)* background information
hinterherhinken *v (WiWi)* lag behind
hinterlegen *v (Bank, Gesch, Recht)* deposit
Hinterleger(in) *m(f) (Bank, Gesch, Recht)* bailor, depositor
Hinterlegung *f (Bank, Gesch)* bailment, deposit
Hinterlegungsstelle *f (Verw)* deposit facility, deposit institution, depositary
Hintermann *m (Fin)* backer
Hintertürchen *n (Gesch)* loophole
hinterziehen *v (St)* evade, defraud
Hinweis *m (Gesch, Mgt)* hint, pointer
hinzufügen *v* 1. *(EDV)* attach *(Datei)*; 2. *(Gesch)* add in *(Einzelheiten, Zahlen)*; 3. *(Stat, Med)* add *(Zahlen, Text)*
historische Entwicklung *f (Gesch)* track record
historischer Rekord *m (Gesch)* all-time record, all-time high
hoch *adj (Gesch)* high *(Preis, Schätzung, Steuer)*; exacting *(Anspruch, Standard)* • **in hohem Maße** 1. *(Gesch)* substantially, to a large extent, heavily; 2. *(St)* heavily • **auf hohem Niveau stehend** *(Gesch)* sophisticated
hoch belastet *adj (Bank, Gb)* heavily mortgaged
~ **belastetes Gebiet** *n (Umw)* high-pollution area
~ **bewertete Aktien** *fpl (Bö)* high-flying stock
~ **bezahlte Arbeit** *f* high-paid job
~ **entwickelt** *adj* 1. *(Gesch)* advanced, sophisticated; 2. *(Ind)* high-stream • **mit ~**

entwickelter Technologie *(Ind)* technologically advanced
~ entwickelte Volkswirtschaft *f (Gesch, WiWi)* advanced economy
~ entwickelter Markt *m (Bö)* sophisticated market
~ qualifiziert *adj (Pers)* highly qualified
~ qualifizierte Arbeitskräfte *fpl (Pers)* highly qualified manpower
~ technisiert *adj (EDV, Ind)* sophisticated
~ verschuldet *adj (Bank)* badly in debt
Hoch... *(Gesch)* high, peak
Hochgeschwindigkeits-Datenübertragung *f (EDV, Komm)* broadband, high-speed data transmission *(Internet)*
Hochgeschwindigkeits-Datenzugriff *m (EDV, Komm)* high-speed data access
hochkarätig *adj* 1. *(Gesch)* top-flight; 2. *(Pers) (AE)* high-caliber, *(BE)* high-calibre
Hochkonjunktur *f* 1. *(Gesch)* bonanza; 2. *(WiWi)* boom
Hochleistungs- 1. *(Gesch)* high performance, high-power, high-powered; 2. *(Ind)* high-duty
Hochpreispolitik *f (V&M)* premium pricing
hochprofiliert *adj (V&M)* high-profile
hochrangig *adj (Gesch)* high-powered, top-ranking
hochrechnen *v (WiWi)* extrapolate, project forward(s) *(ZB)*
Hochrechnung *f (Stat)* extrapolation
Hochschulabschluss *m (Pers)* university degree
Hochschulabsolvent(in) *m(f) (Soz)* graduate, *(AE)* postgraduate
Hochschulausbildung *f (Pers, Soz)* higher education, tertiary education
Hochschullaufbahn *f (Pers, Soz)* academic career
hochspekulative Anlage *f (Fin)* aggressive investment
Höchst... *(Bö, Gesch)* premium, highest, maximum
Höchstanspruch *m (Vers)* claims limit
Höchstbetrag *m (Fin)* ceiling
Höchstbietende(r) *f(m) (Gesch)* best bidder
höchste Priorität *f (Gesch)* number one priority
höchstens *adj (Gesch)* not exceeding
Höchstgebot *n* 1. *(Bö)* highest bid, best bid; 2. *(Gesch)* closing bid, highest tender
Höchstgrenze *f* 1. *(Gesch)* upper limit; 2. *(RW)* ceiling
Höchstkapazität *f (Ind)* maximum capacity *(Produktion)*
Höchstkurs *m (Bö, Gesch)* all-time high, high, highest price
Höchstpreis *m* 1. *(Bö)* highest price; 2. *(Gesch)* chief value, top price; 3. *(V&M)* maximum price, premium price; 4. *(WiWi)* ceiling price, price ceiling • **zum ~** *(Bö)* at best • **zu Höchstpreisen kaufen** *(V&M)* buy at the top of the market
Höchstsatz *m (Bank)* maximum rate
Höchststand *m* 1. *(Bö)* high; 2. *(Gesch)* high; 3. *(WiWi)* peak • **einen historischen ~ erreichen** *(Bö)* reach an all-time high
Höchstzins *m (Bank)* interest rate ceiling, capitalization rate, cap rate
Hochtechnologie *f (EDV, Ind)* high technology, high-tech
Hochtechnologieindustrie *f (Ind)* technology-based industry
hochtreiben *v (WiWi)* inflate *(Preise)*
hochverzinsliche Anleihen *fpl (Bö, Fin)* high-yield bonds
hochwertiges Produkt *n (Gesch) (BE)* high-quality product, *(AE)* upscale product
Hochzahl *f (Stat)* exponent
Hochzinsfinanzierung *f (Fin)* high-yield financing
Höhe *f (Gesch)* height, hgt, level *(Preise)* • **in die ~ schießen** *(Gesch) (ugs.)* rocket *(Preise)*; shoot up • **in die ~ schnellen** *(Gesch)* soar, escalate *(Preise)*
hohe Abfindung *f (Pers) (ugs.)* golden handshake *(Führungskraft)*
~ Anfangskosten *pl* 1. *(Bö)* front-end load; 2. *(WiWi)* front-end costs
~ Belastung *f (Bank, Gb)* heavy mortgaging
~ Einkommensstufe *f (WiWi)* higher income bracket
~ Kante legen/etw. auf die *(ugs.) (Gesch)* save for a rainy day
~ Leistung *f (Gesch)* high performance
~ Rendite *f (Bö)* high return
hoher Lebensstandard *m (Soz)* high standard of living
~ Zins *m (Bö)* balloon interest
Höherbewertung *f (Gesch)* upvaluation, write-up

höhere Bildung *f (Soz)* higher education, advanced education
~ **Gewalt** *f (Recht, Vers)* act of God, force majeure
~ **Schulbildung** *f (Soz)* secondary education
~ **Schule** *f (obs) (Pers)* upper secondary school, pre-university secondary school
Höherstufung *f (Pers)* upgrading
hohes Amt *n (Pers)* high office, important office
hohes Tier *n (ugs.) (Gesch) (ugs.)* brass, very important person, VIP, *(ugs.) (BE)* big cheese
Holding *f (RW, Recht)* holding company
Holdinggesellschaft *f (Bank, Bö, Fin, RW, Recht)* holding company
holländisches Zuteilungsverfahren *n (Bank)* Dutch auction, single rate auction *(EZB bis März 1999)*
Holschuld *f (Recht)* liability to be discharged at the domicile of the debtor *(Vertragsrecht)*
homogener Markt *m (V&M)* homogeneous market
homogenes Gut *n (WiWi)* homogeneous good
Honorar *n (Gesch)* honorarium, professional fee, remuneration
Honorarvertrag *m (Pers)* freelance contract
Honorarvorschuss *m (Recht)* retainer, fees paid in advance
horizontale Fusion *f (WiWi)* horizontal amalgamation
~ **Integration** *f* 1. *(Mgt)* horizontal merger; 2. *(WiWi)* horizontal integration, lateral integration
~ **Steuergerechtigkeit** *f (St)* horizontal equity
horizontaler Zusammenschluss *m (WiWi)* horizontal amalgamation, horizontal merger
Hotelbuchungsservice *m (F&T)* hotel reservation service
Hotelreservierung *f (F&T)* hotel reservation
Hotel- und Gaststättengewerbe *n (F&T)* catering trade
Hotline *f (EDV)* support hotline, hotline *(Produktberatung)*
HR-Eintragung *f (Gesch, Recht)* commercial registration *(Handelsregister-Eintragung)*
Huckepack... *(Bö, Fin, Recht, Trans, V&M)* piggyback, pickaback
Huckepackanleihe *f (Fin)* piggyback loan
Huckepackverkauf *m (V&M)* piggyback selling
Humankapital *n* 1. *(Pers, Verw)* human resources; 2. *(WiWi)* human capital
Humankapitalrechnung *f (Pers, Verw)* human resource accounting
Humanvermögen *n (Pers, Verw)* human resources
Humanvermögensrechnung *f (Pers, Verw)* human resource accounting, human asset accounting
HVPI *s.* harmonisierter Verbraucherpreisindex
Hypothek *f (Bank, Gb, WiWi)* home loan, mortgage
hypothekarisch belastet *adj (Bank, Gb, WiWi)* mortgaged
~ **gesichertes Wertpapier** *n (Fin) (AE)* mortgage-backed security
Hypothekarkredit *m (Bank, Fin, Gb)* mortgage loan
Hypothekenabschlusszahlung *f (Fin)* final mortgage payment
Hypothekenbank *f (Bank)* mortgage bank, mortgage loan company
Hypothekendarlehen *n (Bank)* mortgage loan
hypothekengesichert *m (Fin)* mortgage-backed
Hypothekengläubiger(in) *m(f) (Bank)* lender, mortgagee
Hypothekenkreditzusage *f (Fin)* mortgage commitment
Hypothekenrückzahlung *f (Bank)* mortgage repayment
Hypothekenschuld *f (Bank)* mortgage debt
Hypothekenschuldner(in) *m(f) (Bank)* borrower, mortgager
Hypothekentilgung *f (Bank)* mortgage redemption, mortgage repayment
Hypothekenzins *m (Bank)* mortgage rate
hypothetisch *adj (Gesch)* academic, hypothetical
hypothetische Bedingungen *fpl (Gesch)* hypothetical conditions
~ **Frage** *f (Gesch)* academic question, hypothetical question

I

i-... *(Internet) (EDV, Komm, Med)* i-... *(z.B. i-business, I-Business, i-Business)*
Ideenfindung *f (Mgt)* brainstorming
Identifikationsnummer *f*, **ID-Nummer** *f (EDV, St)* identification number, ID Number
Identifizierung *f (Gesch)* identification, ownership
Identitätsgleichung *f (Stat)* identity
IHK *s.* Industrie- und Handelskammer
illegale Kopie *f (EDV, Gesch, Recht)* pirate copy
illiquides Aktivvermögen *n (Fin)* illiquid assets
illustrieren *v (Med)* illustrate
illustrierte Präsentation *f (V&M)* pictorial presentation
Image *n (V&M)* image
Imagewerbung *f (V&M)* image advertising
imaginär *adj (Fin)* notional
Imitation *f (Ind)* counterfeit
immateriell *adj* 1. *(Fin, RW, WiWi)* intangible; 2. *(Recht)* incorporeal, intangible
immaterielle Aktiva *pl (Fin, RW)* intangible assets
~ **Entlohnung** *f (WiWi)* intangible reward
~ **Gegenstände** *mpl (Recht)* incorporeal items
~ **Vermögenswerte** *mpl (Fin, RW)* intangible assets
immaterieller Wert *m (RW)* intangible item [asset]
immaterielles Anlagevermögen *n (Fin, RW)* intangible fixed assets
~ **Eigentum** *n (Recht)* incorporeal property
~ **Vermögen** *n* 1. *(Fin)* intangible assets; 2. *(RW)* intangible property
Immatrikulation *f (Pers) (AE)* enrolment, *(BE)* enrollment
Immobilie *f (Gb, WiWi)* property
Immobilien *fpl (Gb, WiWi)* (real) property, real estate
Immobilienfonds *m (Bank, Gb, RW)* real-estate fund, *(AE)* real-estate investment trust
Immobilienmakler(in) *m(f) (Gb) (BE)* estate agent, *(AE)* real-estate agent, *(AE)* realtor
Immobilienmarkt *m (Gb)* real-estate market
implementieren *v (EDV, Gesch)* implement *(System)*
Implementierung *f (EDV)* implementation *(eines Systems)*
implizieren *v (Gesch)* imply
implizit *adj (Gesch)* implicit
implizite Repo-Rate *f (Fin)* implied repo rate
Import *m (AH, WiWi)* import, importation
Importabgabe *f (AH, St)* import duty, import tariff
Importakkreditiv *n (Fin, AH)* import letter of credit
Importerlaubnis *f (AH)* import permit
Importfirma *f (AH)* importer
Importgenehmigung *f (AH) (BE)* import licence, *(AE)* import license
Importgüter *npl (AH)* imported goods
importieren *v* 1. *(EDV)* import *(Daten)*; 2. *(AH, St, WiWi)* import
importierte Inflation *f (WiWi)* imported inflation
Importnachfragefunktion *f (Bank)* import-demand function
Importpreis *m (WiWi)* import price
Importquote *f (AH, WiWi)* import quota, import penetration ratio
Importsog *m (AH, WiWi)* import pull, demand for imports *(ZB)*
Importsubstitution *f (WiWi)* import substitution
Importüberschuss *m (AH, WiWi)* import surplus
Importwaren *fpl (AH, WiWi)* imported goods
Impuls *m* 1. *(EDV)* pulse; 2. *(WiWi)* stimulus, impetus *(Konjunktur)*
Impulskauf *m (Gesch, V&M)* impulse buying
in natura *(Gesch)* in kind
in Vertretung *(i.V.) (Gesch, Mgt)* for and on behalf of *(+ Unterschrift)*
inaktiv *adj (Gesch)* inactive
inbegriffen/alles *(Gesch)* all-in, all-inclusive
Inbetriebnahme *f* 1. *(Gesch)* start-up; 2. *(WiWi)* start-up
Index *m* **der Frühindikatoren** *(Fin)* index of leading indicators
~ **der Lebenshaltungskosten** *(Soz)* cost-of-living index
~ **der Spätindikatoren** *(Fin)* index of lagging indicators
~ **der Verbraucherpreise** *(WiWi)* consumer price index
Indexanleihe *f (Bank)* indexed bond, indexed loan

Indexbindung *f (WiWi)* index linking, indexing
indexgebundenes Darlehen *n (Fin)* index-linked loan
indexieren *v (Bö, EDV, Fin, St, WiWi)* index
indexiert *adj (Vers)* index-linked
indexierte Anleihe *f (Bö)* index-linked bond
Indexierung *f* 1. *(Bö)* indexing; 2. *(WiWi)* indexation
Indexpunkt *m (Bö)* index point
Indexzahl *f (Stat, WiWi)* index number
Indifferenzkurve *f (WiWi)* indifference curve
Indikator *m (WiWi)* measure, indicator
~ **der wirtschaftlichen Einschätzung** *(WiWi)* indicator of economic sentiment
~ **für das Vertrauen der Wirtschaft** *(Ind)* indicator of industrial confidence
indirekt *adv (Gesch)* indirectly • ~ **verbunden mit** *(Gesch)* indirectly related to
indirekte Besteuerung *f (St)* indirect taxation
~ **Kosten** *pl* 1. *(Fin, RW, WiWi)* indirect costs, overhead charges; 2. *(Ind)* oncost
~ **Steuer** *f* 1. *(St)* duty; 2. *(WiWi)* indirect [outlay] tax
Individualgut *n (WiWi)* private good
individuelle Kosten *pl (WiWi)* private cost
Indiz *n (Recht)* clue
indiziert *adj (EDV, Stat)* indexed
Indossament *n (Recht)* endorsement, backing, indorsement • **durch ~ übertragen** *(Bank)* transfer by endorsement
~ **ohne Obligo** *(Bank)* qualified endorsement
~ **und Übergabe** *f (Bank, Recht)* endorsement and delivery *(Orderpapiere)*
Indossant(in) *m(f)* 1. *(Bank, Recht)* endorser, indorser; 2. *(Gesch)* backer
Indossatar *m (Bank)* endorsee, indorsee
indossieren *v* 1. *(Bank, Gesch)* endorse, indorse; 2. *(Recht)* back
induktives Denken *n (Mgt)* inductive reasoning
industrialisiert *adj (Ind, WiWi)* industrialized
Industrie *f (Ind, WiWi)* industry
Industrieabfälle *mpl (Ind, Umw)* industrial waste
Industrieaktie *f (Bö)* industrial share
Industriebetriebslehre *f* 1. *(Ind)* industrial engineering [management]; 2. *(WiWi)* industrial economics, industrial management, industrial organization
Industriegebiet *n* 1. *(Gb, Ind)* industrial estate, *(AE)* trading estate industrial site; 2. *(WiWi)* enterprise zone
Industriegesellschaft *f (WiWi)* industrial society, manufacturing-based economy
Industriegüter *npl (WiWi)* manufactured goods, manufactures
Industrieland *n (Ind, WiWi)* developed country, DC, industrial country, industrialized country
industriell *adj (Gesch, Ind)* industrial
industrielle Großforschung *f (Ind)* big science
~ **Revolution** *f (WiWi)* industrial revolution
~ **und kommerzielle Unternehmen** *npl (WiWi)* industrial and commercial companies
Industriemeister *m (Pers)* qualified foreman, certificated foreman
Industriemüll *m (Ind, Umw, WiWi)* industrial waste
Industrienation *f (Gesch, WiWi)* advanced economy, industrial nation
Industrieobligationen *fpl* **und -anleihen** *fpl (Bö, Fin, Ind)* corporate bonds and loans
Industriepark *m* 1. *(Gb)* industrial estate, *(AE)* trading estate; 2. *(Ind)* industrial park
Industrieprodukte *npl (Ind)* industrial goods
Industrieproduktion *f (WiWi)* industrial production
Industriespionage *f (Ind)* industrial espionage
Industriestaat *m (Ind, WiWi)* developed country, industrialized country
Industrie- und Handelskammer *f (Ind, WiWi)* Chamber of Commerce and Industry, CCI, American Chamber of Commerce, ACC
Industriewert *m (Fin)* industrial security
Industriezweig *m (Ind)* branch of industry
induzieren *v (Fin, WiWi)* induce
induzierter technischer Fortschritt *m (WiWi)* induced technical progress
ineffizient *adj (Gesch, WiWi)* inefficient
Ineffizienz *f (Gesch, WiWi)* inefficiency
Inelastizität *f (WiWi)* inelasticity
inferiore Güter *npl (WiWi)* inferior goods
Inflation *f (WiWi)* inflation • **die ~ anheizen** *(WiWi)* fuel [stoke] inflation • **mit der ~ steigen** *(WiWi)* rise in line with inflation

(Preis) • **gegen ~ sichern** *(WiWi)* safeguard against inflation
~ durch Nachfragestrukturveränderungen *(WiWi)* demand-shift inflation
inflationär *adj (WiWi)* inflationary
inflationieren *v (WiWi)* inflate
Inflationsabsicherung *f (Bö, Fin)* hedge against inflation
inflationsbereinigt *adj (WiWi)* adjusted for inflation
Inflationsbereinigung *f (WiWi)* accounting for inflation
Inflationserwartungen *fpl (WiWi)* inflationary expectations
Inflationsgewinne *mpl (WiWi)* inflationary gains
Inflationslücke *f (WiWi)* inflationary gap
Inflationsrate *f (WiWi)* inflation rate, rate of inflation
Inflationsspirale *f (WiWi)* inflationary spiral
Inflationssteuerung *f (WiWi)* inflation targeting *(Gegensatz: Geldmengensteuerung)*
inflatorische Lücke *f (WiWi)* inflationary gap
Info *(ugs.) s.* Information
Infobahn *f (jarg.) (EDV)* information highway *(Internet)*
infolge von *(Gesch)* as a consequence of, as a result of
Informatik *f (EDV)* computer science, informatics
Informatiker(in) *m(f) (EDV)* computer scientist
Information *f (Gesch)* information, info • **~ vertraulich behandeln** *(Recht)* treat information confidentially • **~ zurückhalten** *(Recht)* withhold information
Informationsbarriere *f (Bank, Bö)* Chinese wall
Informationsbearbeitung *f (EDV, Gesch)* information handling, information processing
Informationsfluss *m (EDV, Gesch)* information flow
Informationsgesellschaft *f (EDV, Komm)* information society, e-society
Informationsrückfluss *m (Komm, Gesch)* feed-back
Informationsschalter *m (F&T)* information desk
Informationstechnologie *f (EDV)* information technology, IT
Informationsverarbeitung *f (EDV)* information processing
Informationsvorsprung *m (Gesch)* superior knowledge
Informationswiedergewinnung *f (EDV)* information retrieval
informell *adj (Gesch)* informal
informelle Vereinbarung *f (Gesch)* informal arrangement
informieren *v* 1. *(Gesch)* inform, notify, brief; 2. *(Komm)* brief • **jmdn. über etw. ~** *(Komm)* acquaint sb of sth, acquaint sb with sth
informierte Öffentlichkeit *f (Gesch)* informed public
Infrastruktur *f* 1. *(Gesch)* infrastructure; 2. *(WiWi)* infrastructure, social overhead capital
Ingenieurwesen *n (Ind)* engineering
Inhaber(in) *m(f)* 1. *(Bank, Fin)* bearer *(Wechsel)*; 2. *(Gesch)* proprietor; 3. *(Pat)* owner, proprietor; 4. *(Pers)* occupant *(Position)*; 5. *(Recht)* proprietor *(geistiges Eigentum)* • **auf den Inhaber lautend** *(Recht)* made out to bearer, unregistered *(Aktie)*
~ eines akademischen Grades *(Gesch)* hono(u)rs graduate
Inhaberaktie *f (Bö)* bearer share, bearer stock, unregistered stock
Inhaberobligation *f* 1. *(Bö)* bearer debenture; 2. *(Fin)* bearer bond
Inhaberpapier *n (WiWi)* negotiable [made-to-bearer] instrument
Inhaberscheck *m (Bank) (AE)* bearer check, *(BE)* bearer cheque
Inhaberschuldverschreibung *f* 1. *(Bö)* bearer debenture; 2. *(Fin)* bearer bond
~ cum [mit] Kupon *(Bö)* full coupon bond
Inhaberzertifikat *n (Bö, Fin)* bearer certificate
Inhalt *m* 1. *(Gesch)* content(s) *(Text)*; subject matter *(Gespräch)*; contents *(Brief, Paket)*; 2. *(Pat)* content • **~ vor Form** *(RW)* substance over form
Inhalts-Anbieter *m (EDV, Komm, Gesch)* content provider
Inhaltserstellung *f (EDV, Komm, Med)* content authoring
inhaltsreich *adj (Gesch)* comprehensive
Inhaltsverzeichnis *n (Gesch, Med)* table of contents

initialisieren *v (EDV)* initialize *(Vorgang)*
initiativ *adj (Gesch)* enterprising
Initiative *f* 1. *(Gesch)* enterprise, campaign *(Aktion)*; 2. *(Mgt)* initiative • **die ~ ergreifen** *(Mgt)* take the initiative
initiieren *v (EDV)* initiate *(Vorgang)*
Inkasso *n (Bank, RW)* collection, encashment
Inkassoauftrag *m (Fin)* debt collection order
Inkassobüro *n* 1. *(Fin)* debt collection agency; 2. *(AH)* collector's office
Inkassoprovision *f (Vers)* collecting commission
Inklusivangebot *n (F&T)* package deal
inklusive *adj (Gesch)* included, inclusive
Inklusivpreise *mpl (Gesch)* inclusive terms
Inkrafttreten *n*, **In-Kraft-Treten** *n* 1. *(Pat, Recht)* entry into force, come into force, come into effect, become effective; 2. *(Vers)* commencement *(einer Police)*
inkrementale Analyse *f (St)* incremental analysis
Inland... 1. *(Gesch)* domestic, home, internal, national; 2. *(AH)* inland; 3. *(Trans)* domestic, internal *(Flug)*; inland *(Schifffahrt)*; 4. *(WiWi)* domestic, home
inländisch *adj (Trans, WiWi)* domestic, inland, national
inländische Absorption *f (WiWi)* domestic absorption
~ **Ersparnis** *f (WiWi)* domestic savings *(VGR)*
~ **Faktorkosten** *pl (WiWi)* domestic resource cost, DRC
~ **Gesamtnachfrage** *f (WiWi)* absorption
~ **Industrie** *f (Ind)* domestic industry
~ **Produktion** *f (WiWi)* domestic output
~ **Tochter** *f (jarg.) (WiWi)* domestic subsidiary
inländischer Arbeitsmarkt *m (Pers)* domestic labo(u)r market, national labo(u)r market
~ **Arbeitnehmer** *m (Pers)* domestic worker, national worker, indigenous worker
~ **Geldmarkt** *m (WiWi)* domestic money market
Inlands... *(Gesch)* internal
Inlandsabsatz *m (V&M)* domestic sales
Inlandsbank *f (Bank)* domestic bank
Inlandsgeschäft *n (Gesch)* domestic business
Inlandsinvestition *f (WiWi)* domestic investment
Inlandsmarkt *m (WiWi)* domestic market, home market
Inlandsnachfrage *f (WiWi)* domestic demand
Inlandsprodukt *n (WiWi)* domestic product
Inlandsproduktion *f (WiWi)* home production
Inlandsschuld *f (WiWi)* internal debt
Inlandstrend *m (WiWi)* national trend
Inlandsumsatz *m (Verw)* home sales
Inlandsverbindlichkeiten *fpl (Bank)* domestic liabilities
Inlandszahlung *f (Fin)* inward payment
inmaterieller Wohlstand *m (WiWi)* intangible wealth
innehaben *v* 1. *(Gesch)* occupy *(Stellung)*; 2. *(Pers)* fill; 3. *(Pol)* hold
Innen... *(Gesch, RW, Verw, WiWi)* interior, internal, in-house
Innenfinanzierung *f (Fin)* internal financing
Innenrevision *f* 1. *(Mgt)* operational control, operational audit, operations audit; 2. *(RW)* administrative audit, internal audit; 3. *(Verw)* in-house audit
Innenstadt *f (Gesch) (AE)* city center, *(BE)* city centre; inner city
innerbetrieblich *adj (Ind, Pers)* in-house, internal
innerbetriebliche Ausbildung *f* **[Schulung** *f***]** *(Ind, Pers)* in-house training, industrial training • **eine innerbetriebliche Schulung abhalten** *(Pers)* hold in-house training
~ **Weiterbildung** *f (Pers)* on-the-job training, training within industry, *(BE)* employment training
innere Stabilität *f (Pol, WiWi)* stability at home, intrinsic stability
~ **Wirkungsverzögerung** *f (Pol, WiWi)* inside lag
innerer Wert *m (Fin, WiWi)* intrinsic value
innergemeinschaftlicher Handel *m (WiWi)* intra-community trade, intra-EU trade
innerhalb einer Frist von *(Gesch)* within a period of
~ **vorgeschriebener Grenzen** *(Recht)* within prescribed limits
innerstaatlich *adj (Pol)* intra-state, national, domestic
Innovation *f (Ind)* innovation *(Produktion)*

innovativ *adj (Gesch, Pat, V&M)* innovative
Innovator(in) *m(f) (V&M)* innovator
Innung *f (Gesch)* guild
inoffiziell *adj* 1. *(Gesch)* informal, unofficial *(Erklärung, Aussage)*; 2. *(Pol, Verw)* off-the-record, unofficial *(Erklärung, Aussage)*
Input *m (Gesch)* input
Input-Output-Analyse *f (Stat, WiWi)* input [output] analysis
Inserat *n (Gesch, Med, V&M)* advertisement, *(ugs.)* ad, classified advertisement, classified ad
Inserent(in) *m(f) (V&M)* advertiser, advertising space buyer
inserieren *v (Med, V&M)* advertise
insgesamt *adv (Gesch)* altogether, overall, in the aggregate • **~ ergeben** *(Gesch)* reach a total of
Insidergeschäfte *npl (Bö, Fin)* insider dealing
InsO *s.* Insolvenzordnung
insolvent *adj (Bank, Fin, Gesch)* bankrupt, insolvent
Insolvenz *f (Bank, Gesch)* (business) failure, insolvency *(Zahlungsunfähigkeit)*; bankruptcy *(Überschuldung)*
~ der juristischen Personen *(Recht) (BE)* company insolvency
~ der natürlichen Personen *(Recht) (BE)* insolvency of individuals
Insolvenzgesetz *n (Recht)* Insolvency Act *(UK)*
Insolvenzordnung *f (Recht)* German Insolvency Law *(ab 1999)*
Installation *f* 1. *(EDV, Gesch)* installation; 2. *(Ind)* plant *(Anlage)*
Instandhaltungskosten *pl (Gb)* maintenance fee
Instandsetzung *f (Gesch, Ind)* correction maintenance
institutioneller Anleger *m (Bö)* institutional investor
Institutionenökonomik *f (WiWi)* institutional economics
institutsübergreifend *adj (Bank)* inter-bank
instruieren *v* 1. *(Gesch)* brief, instruct; 2. *(Recht)* instruct
Instruktionen *fpl (Gesch)* brief
Instrument *n (Gesch, Ind)* apparatus, instrument, tool
Integration *f (Gesch)* integration
integrieren *v (Gesch)* integrate
integrierter Schaltkreis *m (EDV)* integrated circuit
integriertes Führungssystem *n (Mgt)* integrated management system
~ Projektmanagement *n (Mgt)* integrated project management
Integrität *f (EDV, Gesch)* integrity *(Daten, Personen)*
intelligente Kreditkarte *f (Bank, EDV)* smart card
~ Speicherchipkarte *f (EDV, Komm)* logical card *(z.B. Telefonkarte)*
intensiv *adj* 1. *(Gesch)* intensive; 2. *(Pers)* hands-on; 3. *(WiWi)* intensive
intensivieren *v (Gesch)* intensify
Intensivverkauf *m (V&M)* intensive selling
interaktiver Zugriff *m (Komm, Recht)* interactive access
interaktives Fernsehen *n (EDV, F&T, Komm, Med, V&M)* interactive television *(iTV)*
Interaktivität *f (EDV, Komm)* interactivity
Interbankangebotssatz *m (Bank)* interbank offered rate
Interbank-Geldmarkt *m (Fin)* wholesale money market
Interbankgeschäft *n (Bank, Fin, WiWi)* interbank business, interbank transactions
Interbank-Kreditgeschäft *n (Bank)* bank-to-bank lending
Interbankmarkt *m (Bank, WiWi)* interbank market
interdependente Volkswirtschaft *f (WiWi)* interdependent economy
interdisziplinär *adj (WiWi)* multi-disciplinary
Interesse *n (Gesch, Recht)* interest • **jmds. Interessen wahrnehmen** *(Gesch)* protect sb's interests
Interessenabwägung *f (WiWi)* trade-off
Interessengemeinschaft *f* 1. *(Gesch)* consortium, syndicate, community of interests; 2. *(RW) (AE)* pooling of interests; 3. *(Vers)* pool
Interessengruppe *f* 1. *(Gesch)* interest group, reference group, stakeholders; 2. *(Pol)* lobby, pressure group
Interessenkonflikt *m (Gesch)* conflict of interest
Interessent(in) *m(f)* 1. *(Gesch)* prospective customer; 2. *(WiWi)* potential customer

Interessentenkreis *m (Gesch)* target audience
Interfunktionsfähigkeit *f (Ind)* interoperability *(Produktion)*
intergenerationelle Einkommensverteilung *f (WiWi)* intergenerational distribution of income
intergenerativ *adj (Gesch, WiWi)* intergenerational
intergenerative Einkommensverteilung *f (WiWi)* intergenerational distribution of income
Interimsdividende *f (Bö)* interim dividend
interkulturelles Marketing *n (V&M)* intercultural marketing
intermedialer Vergleich *m (Med, V&M)* intermediate comparison
intermediäres Finanzinstitut *n (Fin, WiWi)* nonbank financial institution, financial intermediary
intern *adj* 1. *(EDV)* in-house; 2. *(Gesch, WiWi)* in-house, internal
~ **erwirtschaftete Geldmittel** *npl (Fin, RW)* internally generated funds
internalisieren *v (WiWi)* internalize
Internalisierung *f* **externer Effekte** *(WiWi)* internalizing an externality
international *adj (Gesch)* international
• **auf internationaler Ebene** *(Gesch)* at an international level, on an international scale
~ **gehandelte Güter** *npl (WiWi)* tradables
internationale Arbeitsteilung *f (WiWi)* international division of labo(u)r
~ **Bankfazilität** *f (Bank)* international banking facility
~ **Bankkontonummer** *f (Bank)* International Bank Account Number *(IBAN; ISO Norm)*
~ **Geldanweisung** *f (Bank)* foreign money order
~ **Handelserlaubnis** *f (AH)* international trading certificate
~ **Liquidität** *f (WiWi)* international liquidity
~ **Prüfungsrichtlinien** *fpl (RW)* international auditing standards
~ **Standardbedingungen** *fpl (Recht)* international standard conditions *(Vertragsrecht)*
~ **Standardklassifikation** *f* **der Berufe** *(WiWi)* international standard classification of occupations
~ **Unternehmen** *npl (Recht, V&M)* international companies
~ **Wettbewerbsfähigkeit** *f (WiWi)* international competitiveness
~ **wirtschaftliche Zusammenarbeit** *f (WiWi)* international economic cooperation
Internationale Arbeitsorganisation *f (Ind)* International Labour Organization
~ **Deutsche Handelskammer** *f (Gesch)* German International Chamber of Commerce
~ **Handelskammer** *f (Gesch)* International Chamber of Commerce
~ **Organisation** *f* **für Normung** *(Gesch)* International Organization for Standardization, ISO
~ **Systematik** *f* **der Wirtschaftszweige** *(Ind) (AE)* International Standard Industrial Classification of all Economic Activities, ISIC
~ **Wertpapieraufsichtsbehörde** *f (Bö)* International Securities Regulatory Organization, ISRO
internationaler Antwortschein *m* **für Postsendungen** *(Komm)* international reply coupon
~ **Führerschein** *m (Trans, Verw)* international driving permit, *(AE)* international driver's license, *(BE)* international driving licence
~ **Kapitalverkehr** *m (Fin)* international capital movements
~ **Spediteur** *m (Trans)* international freight forwarder, international haul(i)er
~ **Vergleich** *m* **der Lebenshaltungskosten** *(WiWi)* international comparison of the cost of living
~ **Währungskorb** *m (Bö, Fin, WiWi)* basket of currencies
~ **Warenverkehr** *m (WiWi)* cross-border trade
~ **Zahlungsauftrag** *m (Bank)* international payment order, IPO
Internationaler Ausschuss *m* **für Rechnungslegungsgrundsätze** *(RW)* International Accounting Standards Committee, IASC
~ **Währungsfonds** *m (WiWi)* International Monetary Fund, IMF
internationales Abkommen *n (Recht)* international agreement

internationales Warenverzeichnis *n* **für den Außenhandel** *(Gesch)* standard international trade classification
internationales Wirtschaftsrecht *n (Recht)* international business law
Internationales Arbeitsamt *n (Pers)* International Labour Office
Internationales Strafrecht *n (Recht)* international criminal law
internationalisieren *v (Pol, WiWi)* internationalize
interne Bewertung *f (Gb)* in-house valuation
~ **Finanzierung** *f (Fin)* internal financing
~ **Kommunikation** *f (Komm)* internal communications
~ **Revision** *f (RW)* administrative audit, internal audit
~ **Schuld** *f (WiWi)* internal debt
~ **Taktrate** *f (EDV)* internal clock rate, internal core speed, system clock rate *(Chip Systemtakt)*
~ **Zinsfuß-Methode** *f (Fin, WiWi)* discounted cash flow method, internal rate of return method
interner Zinsfuß *m (Fin, WiWi)* internal rate of return
Interner Rating-Ansatz *m (Bank)* Internal Rating-Based Approach, IRB-approach
internes Berichtswesen *n (Mgt)* internal reporting
~ **Wachstum** *n (WiWi)* internal expansion, internal growth
Internet-Anwender *m (EDV, Komm)* internet user
Internet-Auftritt *m (EDV, Komm)* internet presence
Internet-Freak *m (EDV, Komm) (AE)* nerd, *(BE)* geek
Internet-Inhalte *mpl (EDV, Komm, Recht)* internet content
Internet-Kriminalität *f (EDV, Komm, Recht)* internet crime, cybercrime
Internet-Ökonomie *f (Gesch, WiWi)* internet economy, net-based economy, new economy
Internet-Präsenz *f (EDV, F&T, Komm, Med)* internet
Internet-Speicherplatz *m (EDV, Komm)* webspace
Internet-tauglich *adj (EDV, Komm)* internet ready
Internet-Wirtschaft *f (Komm, V&M)* internet economy, New Economy
Interoperabilität *f (EDV)* interoperability
interpersoneller Nutzenvergleich *m (WiWi)* interpersonal utility comparison
interpretieren *v (Komm)* interpret • **etw. breit** ~ *(Gesch)* give a loose interpretation of sth
Intervallschätzung *f (Stat)* interval estimate
intervenieren *v (Fin, Pers, Pol, WiWi)* intervene
Intervention *f* **am Devisenmarkt** *(WiWi)* exchange intervention
Interventionskurs *m (Fin, WiWi)* intervention rate
Interventionspflicht *f (Pol)* obligatory intervention *(ZB)*
Interventionspunkte *mpl (Fin)* support points
Interview *n (Pers)* interview
intuitives Management *n (Mgt)* intuitive management
Invalidenrente *f (Vers)* disability annuity, *(AE)* disability insurance income
Invalidität *f (Fin, Vers)* invalidity *(Behinderung)*
Invaliditätsgrad *m (Vers)* degree of disablement
Inventar *f (Gesch, Ind, RW, Vers)* inventory, stock list • ~ **nach Alter aufstellen** *(RW)* age inventories
inventarisieren *v (Gesch, Ind, RW)* take stock
Inventarverzeichnis *n (Ind)* inventory
Inventarwert *m (Fin, RW)* net asset value, book value
Inventur *f* 1. *(Gesch)* stocktaking; 2. *(Ind, RW)* inventory; 3. *(WiWi)* stocktaking • ~ **machen** 1. *(Gesch, Ind)* take stock; 2. *(RW)* mark stock, take inventory
inverse Zinsstrukturkurve *f (WiWi)* inverted yield curve
inverses Renditegefälle *n (Bö)* reverse yield gap
Inverzugsetzung *f (Fin, Recht)* formal notice of default *(Vertragsrecht)*
investieren *v* 1. *(Bank, Bö)* effect investments *(Kapital)*; 2. *(Fin, Gesch, WiWi)* invest *(Zeit, Kapital)* • **nicht investiert** *(Bank)* uninvested
investiertes Kapital *n (Fin, RW)* capital employed

Investition *f* 1. *(Bank, Bö, Fin)* investment; 2. *(WiWi)* capital investment [expenditure]

Investitionsanreiz *m (Bank)* investment incentive

Investitionsaufwand *m* 1. *(Fin, RW)* capital expenditure; 2. *(WiWi)* capital outlay, capital spending

Investitionsausgaben *fpl (WiWi)* capital outlay, capital spending

Investitionsbeurteilung *f (Bö, Fin)* investment appraisal

Investitionsbudget *n* 1. *(Fin)* investment budget; 2. *(RW)* capital expenditure budget, investment budget

Investitionsfinanzierung *f (Bank, Fin)* investment financing

Investitionsfonds *m (Bank, Fin)* investment fund

investitionsgebundener technischer Fortschritt *m (WiWi)* embodied technical progress

Investitionsgüter *npl* 1. *(Fin)* investment goods; 2. *(Gesch)* capital goods; 3. *(Ind)* industrial goods; 4. *(WiWi)* equipment goods

Investitionsgüter-Leasing *n (WiWi)* equipment leasing

Investitionsgüter-Marketing *n (V&M)* industrial marketing

Investitionshaushalt *m (RW)* capital budget

Investitionskapital *n (Bö, Fin, WiWi)* investment capital

Investitionskosten *pl* 1. *(Gesch)* up-front cost; 2. *(WiWi)* capital costs

Investitionskredit *m (Bank, Fin)* development loan

Investitionskriterien *fpl (Fin)* investment criteria

Investitionsmultiplikator *m (WiWi)* investment multiplier

Investitionsneigung *f (WiWi)* propensity to invest

Investitionsplan *m* 1. *(Fin)* investment budget; 2. *(RW)* investment budget, capital expenditure budget, capital budget

Investitionsplanung *f (WiWi)* capital budgeting

Investitionsprogramm *n (Fin)* capital (expenditure) program(me), investment program(me)

Investitionsprojektsbewertung *f (Fin)* capital project evaluation

Investitionsquote *f* 1. *(Fin)* investment ratio; 2. *(WiWi)* propensity to invest

Investitionsrechnung *f* 1. *(Bö)* investment analysis; 2. *(Fin)* capital investment appraisal, capital project evaluation, (pre)investment analysis; 3. *(RW)* capital budgeting; 4. *(WiWi)* capital budgeting, capital expenditure appraisal

Investitionsrentabilität *f (Fin, RW, WiWi)* return on investment, ROI

Investitionssumme *f (Fin)* amount to be invested

Investitionstätigkeit *f (WiWi)* investment activity

Investitionsvolumen *n (Fin, RW)* capital commitment

Investitionsvorhaben *n (Fin, RW)* capital [investment] project

Investivlohn *m (Pers)* investment wage, invested pay

Investment *n (Bank, Bö, Fin, WiWi)* investment

Investmentbank *f (Bank)* investment bank

Investmentfonds *m* 1. *(Fin) (BE)* mutual fund unit trust; 2. *(WiWi) (BE)* managed fund

Investmentgesellschaft *f* 1. *(Bö)* investment company, *(BE)* unit trust; 2. *(Fin)* investment firm, *(BE)* investment trust

~/geschlossene *(Fin)* closed-end investment trust

Investor(in) *m(f) (Bank, Fin, WiWi)* investor

Investorengruppe *f (Bank, Fin)* investor group

Inzahlungnahme *f (Gesch)* trade-in

IRB-Ansatz *m (Bank)* IRB-approach, Internal Rating-Based Approach

irreführen *v (Gesch, Pat, Recht, V&M)* mislead, deceive

irreführend *adj (Gesch, Pat, Recht, V&M)* misleading, deceptive

irreführende Verpackung *f (V&M)* deceptive packaging

~ **Werbung** *f (Gesch, V&M)* deceptive advertising, misleading advertising

irreparabel *adj (Gesch)* irreparable, beyond repair

irreversibel *adj (Gesch)* irreversible

Irrtum *m* 1. *(Gesch)* mistake; 2. *(Recht, Vers)* error • ~ **vorbehalten** *(Gesch)* errors and omissions excepted
irrtümlich *adj (Gesch)* mistaken, erroneous
Irrtumswahrscheinlichkeit *f (Stat)* level of significance
ISCO *s.* internationale Standardklassifikation der Berufe
ISO *s.* Internationale Organisation für Normung
isolationistisch *adj (Pol)* isolationist
isolieren *v (Gesch)* isolate, insulate *(Kälte)*
isoliert *adj (Gesch, Pol)* isolated
Isoquante *f (WiWi)* equal products curve, isoquant
ISO-Währungscode *m (Bank)* ISO currency code *(EUR, USD oder GBP)*
Istausgaben *fpl (RW)* actual expenditure
Istbeschäftigung *f (Ind)* actual output
Istbestand *m* 1. *(Bank, RW)* actual balance; 2. *(Gesch) (AE)* actual inventory, *(BE)* actual stock
Istbetrag *m (Bank, RW)* actual amount, actual balance
Istergebnis *n (Gesch)* performance
Istkosten *pl* 1. *(RW)* actual cost; 2. *(Verw)* effective cost
Istkostenrechnung *f (RW)* actual cost system
Istleistung *f (Ind)* actual output [performance]
Istmenge *f (Ind)* real volume
Iststunden *fpl (Pers)* actual man-hours
Istsystem *n* **der Rechnungslegung** *(RW)* cash accounting, cash basis of accounting
Istzahlen *fpl (RW)* actual figures
IT *s.* Informationstechnologie
IT-Berufe *mpl (EDV, Med, Pers)* IT professions
IT-Fachkräfte *fpl (EDV, Pers)* IT experts
IT-Markt *m (EDV, Komm, V&M)* IT market
IWF *s.* Internationaler Währungsfonds

J

Jahr *n (Gesch)* year • **pro** ~ *(Gesch)* per annum, p.a.
Jahrbuch *n* 1. *(Med)* yearbook; 2. *(V&M)* annual
Jahresabonnement *n (Gesch)* annual subscription
Jahresabrechnung *f (RW)* yearly settlement
Jahresabschluss *m (Fin, RW)* annual accounts [financial] statement, year-end accounts
~ **einer Unternehmung** *(RW)* year-end company accounts
Jahresabschlussarbeiten *fpl (RW)* year-end procedures
Jahresabschlussbericht *m (Fin, Verw)* financial report
Jahresabschlussdividende *f (RW)* year-end dividend
Jahresabschlussprüfung *f (RW)* year-end audit
Jahresbasis *f (Stat)* annual basis • **auf ~ umgerechneter Zinssatz** *(Stat)* annualized interest rate • **auf ~ umrechnen** *(Fin, Gesch)* annualize
Jahresbericht *m* 1. *(Fin)* financial report; 2. *(Recht, RW)* annual report
Jahresbilanz *f (Fin)* annual balance sheet
Jahresdurchschnitt *m (Stat)* annual average, yearly average
Jahreseinkommen *n (Pers)* annual income
Jahreseinkünfte *pl (Pers)* annual income
Jahresende *n (RW)* year-end, year ended
Jahresertrag *m* 1. *(Gesch)* annual proceeds; 2. *(RW)* annual yield
Jahresgebühr *f (RW)* annual fee
Jahresgehalt *n (Gesch, Pers)* annual [yearly] salary
Jahresgewinn *m* 1. *(Fin)* annual net cash inflow; 2. *(RW)* annual earnings, annual net profit
~ **nach Steuern** *(RW, St)* profit for the year after tax
Jahreshauptversammlung *f (Gesch, Mgt)* annual general meeting, annual shareholders' [stockholders'] meeting
Jahreshöchststand *m (Bö)* annual high
Jahreshonorar *n (RW)* annual fee
Jahresleistung *f (Ind)* annual output
Jahresmitte *f (Gesch)* midyear
Jahresproduktion *f (Ind)* annual output
Jahresrate *f* 1. *(Fin, Gesch, RW)* annual instal(l)ment; 2. *(Stat)* annual rate
Jahresrendite *f (Fin, RW)* annual return, annual yield
Jahresrevision *f (RW)* annual audit
Jahressteuererklärung *f (RW, St)* annual tax return
Jahrestag *m (Gesch)* anniversary

Jahrestiefpunkt *m (Bö)* annual low
Jahrestiefstkurs *m (Bank, Bö)* low for the year
Jahresüberschuss *m (Fin, RW)* annual net profit, profit for the (financial) year
Jahresultimo *m (Bank, RW)* end-of-year
Jahresumsatz *m (RW)* annual sales [turnover]
Jahresurlaub *m (Pers)* annual leave *(Angestellte)*
Jahresverdienst *m (Pers)* annual earnings [wage]
Jahresvergleich *(Mgt, RW)* year-to-year comparison
Jahresvollversammlung *f (Gesch, Mgt)* annual general meeting
Jahreswachstumsrate *f (WiWi)* annual growth rate
Jahreszahlung *f (Gesch)* yearly payment, annual payment
Jahrgang *m* 1. *(Med)* age group *(Personen)*; 2. *(Gesch)* vintage *(Wein)*
jährlich *adj (Gesch)* year-to-year, yearly, annual
jährliche Abschreibung *f (Gesch, RW)* annual depreciation
~ **Gehaltsüberprüfung** *f (Pers)* annual salary review
~ **Mietkosten** *pl (St)* annual rental charges
~ **Rate** *f (Gesch)* annual instal(l)ment
~ **Revision** *f* **der Gehälter** *(Pers)* annual salary review *(Angestellte)*
~ **Rückzahlung** *f (Gesch)* annual repayment
~ **Steuererklärung** *f (RW, St)* annual tax return
~ **Tilgungsrate** *f (Vers)* annual amortization
jährlicher Cashflow *m (RW)* annual cash flow
~ **Einnahmeüberschuss** *m (RW)* annual cash flow
~ **Freibetrag** *m (St)* annual exemption
~ **Schuldendienst** *m (Bank)* annual debt service
Jahrzehnt *n (Gesch)* decade
jeweilige Preise *mpl (Ind, WiWi)* outturn prices
JIT *s.* Just-in-Time-Produktion
Job *m* 1. *(EDV)* job, batch job; 2. *(Pers)* job
~ **Enlargement** *n (Pers)* job enlargement
~ **Enrichment** *n (Pers)* job enrichment
~ **Sharing** *n (Pers)* job sharing the job queue *(Teilzeitarbeit)*
Jobben *n (Pers)* jobbing
Joint Venture *n (Gesch)* joint venture
Journal *n (Gesch, RW)* daybook, journal • **ins ~ eintragen** *(RW)* journalize
Journalbuchung *f (RW)* journal entry
Jubiläumsschrift *m (Med)* anniversary publication
Jugendarbeitslosigkeit *f (Pers, Soz)* youth unemployment, unemployment of young people, unemployment among young people
junge Aktie *f (Bö)* new share
junger Wirtschaftszweig *m (Ind)* infant industry
junges Geschäftsfeld *n (Gesch)* fledgling commercial segment
Jungunternehmer *m (Gesch)* young entrepreneur
Juniorpartner *m (Gesch, Recht)* junior partner
Junktim *n (Gesch, Pol)* linkage
Jura *pl (Recht, Soz)* law study, law studies, legal study, legal studies *(Studium)* • **~ studieren** *(Recht)* study for a law degree
Jurastudent(in) *m(f) (Recht)* law student
Jurisprudenz *f (Recht)* jurisprudence
juristisch *adj (Recht)* legal
juristische Person *f* 1. *(Pat, Recht)* legal [artificial] person, juridical person, legal entity *(Rechtspersönlichkeit)*; 2. *(Verw)* corporate body
justierbar *adj (Gesch)* adjustable
Just-in-time-Produktion *f (Ind)* just-in-time production, JIT
Just-in-time-Zahlung *f (Bank)* just-in-time payment
Justiz *f (Recht)* justice
justiziabel *adj (Gesch)* actionable
Justizminister *m (Recht)* minister of justice, *(BE)* Lord Chancellor, *(AE)* Attorney General

K

Kai *m (AH, Trans)* quay, wharf • **ab ~** *(Trans)* ex quay, x-quay
Kalender-Spread *m (Bö)* calendar spread
Kalendertag *m (Gesch)* calendar day
Kalenderwoche *f (Gesch)* calendar week

Kalkulation *f (Fin)* cost estimating, costing
Kalkulationsgrundlage *f (Gesch)* base of calculation
Kalkulationsspanne *f (WiWi)* pricing margin
Kalkulationstabelle *f (Bö, EDV, Fin, RW, Verw)* spreadsheet
Kalkulationsverfahren *n (RW)* costing technique
Kalkulationszinsfuß *m (Fin)* adequate target [discount] rate, required rate of return
Kalkulationszinssatz *m (Fin)* discounting rate
kalkulatorisch *adj (RW)* imputed, implicit, calculatory
kalkulatorische Abschreibung *f (RW)* implicit [imputed] depreciation allowance
~ **Bewertung** *f (RW)* pricing of input factors
~ **Kosten** *pl (RW)* imputed costs
~ **Wagnisse** *npl (RW)* imputed risks
~ **Zinsen** *mpl (RW)* imputed [implicit] interest
kalkulatorischer Gewinn *m (RW)* imputed profit
kameralistische Buchführung *f (RW)* government accounting
Kampagne *f (Pol, V&M)* campaign
Kanal *m* 1. *(Trans)* canal; 2. *(V&M)* channel *(Distribution)*
Kandidat *m (Pers)* applicant, candidate *(Bewerbung)*
Kandidatenliste *f* 1. *(Pers)* shortlist; 2. *(Pol)* list of candidates
Kannbestimmung *f (Pol)* discretionary clause
Kapazität *f* 1. *(Gesch)* capacity, potential; 2. *(Pers, WiWi)* capacity
Kapazitätsauslastung *f* 1. *(Trans)* load factor; 2. *(Vers, WiWi)* capacity charge, capacity utilization (rate)
Kapazitätseffekt *m (WiWi)* capacity effect
Kapazitätsgrenze *f (Gesch)* capacity limit • **an der ~** *(RW)* full to capacity
Kapazitätslinie *f (WiWi)* transformation curve
Kapazitätsreserve *f* 1. *(Gesch)* idle capacity; 2. *(Ind, Trans, WiWi)* spare capacity
Kapital *n* 1. *(Fin)* principal *(Hauptsumme, ohne Zins)*; 2. *(RW, WiWi)* capital, funds • **~ auflösen** *(Fin)* unlock funds • **~ erhöhen** *(WiWi)* reinforce capital • **in etw. ~ stecken** *(ugs.) (Fin)* pump funds into sth
~, Vermögen *n*, **Management** *n*, **Ertrag** *m*, **Liquidität** *f (Fin, WiWi)* capital, assets, management, earnings, liquidity, CAMEL
Kapitalabfindung *f (Bö, Fin)* cash settlement
Kapitalabfluss *m (Fin, RW, WiWi)* (cash) outflow, capital outflow
Kapitalanlage *f (Fin)* (capital) investment
Kapitalanlagegesellschaft *f (Bö, Fin)* investment company
Kapitalanlagegüter *npl (RW, WiWi)* capital assets
Kapitalanlagen *fpl (Fin)* capital assets [investments]
Kapitalansammlung *f (WiWi)* capital accumulation
Kapitalanteile *mpl (Bank, Bö, Fin)* equity holdings
kapitalarm *adj (Bank, RW, WiWi)* undercapitalized
Kapitalaufbringung *f (Fin)* capital raising
Kapitalaufnahme *f (Fin)* capital raising, equity borrowing
Kapitalaufwandverhältnis *n (Fin)* capital-outlay ratio
Kapitalausstattung *f* **mit geringem Eigenkapitalanteil** *(RW)* thin capitalization
Kapitalbedarf *m (Fin)* financial requirements, capital needs, capital requirement
Kapitalbeschaffung *f (Bank, Bö, Fin)* capital raising, fund-raising, capital procurement
Kapitalbeteiligung *f* 1. *(Bö)* equity sharing; 2. *(Fin)* capital interest • **eine ~ erwerben in** *(Bö)* take an equity stake in
Kapitalbetrag *m (Fin)* principal sum, capital sum *(Hauptsumme)*
Kapitalbewegung *f (Fin, WiWi)* capital flow
Kapitalbilanz *f (AH, WiWi)* balance of capital movements, capital account
Kapitalbildung *f (Fin, WiWi)* accumulation of capital, capital formation
Kapitalbindung *f* 1. *(Fin)* capital lockup; 2. *(RW)* capital commitment
Kapitalbudget *n (Fin)* capital budget
Kapitaldeckung *n (Bank)* capital cover
Kapitaldienst *m* debt service
Kapitaleinkommen *n (Fin, RW, St)* unearned income
Kapitaleinlage *f (RW)* capital contribution
Kapitaleinleger *m (Gesch)* contributor of capital

Kapitaleinsatz *m (Fin, RW)* capital commitment, capital employed
Kapitalentnahme *f (Bank)* withdrawal of capital
Kapitalertrag *m (Fin, RW, WiWi)* return on capital, capital yield
Kapitalerträge *mpl (RW, St)* investment income
Kapitalertragsteuer *f (St)* capital gains tax, dividend tax
Kapitalflucht *f (WiWi)* flight of capital
Kapitalfluss *m* 1. *(Fin)* capital flow, cash flow, flow of funds; 2. *(RW)* funds flow
Kapitalflussrechnung *f* 1. *(Fin)* (cash) flow statement; 2. *(RW)* application of funds statement, funds statement
Kapitalfonds *m (Fin)* capital fund
Kapitalgeber *mpl (Fin)* capital owners
kapitalgedeckt *adj* 1. *(Fin)* funded; 2. *(Vers)* capital-backed
Kapitalgesellschaft *f (Gesch) (BE)* public limited company, plc, PLC; incorporated firm
~ **mit unbeschränkter Haftung** *(Gesch) (BE)* unlimited company
Kapitalgewinn *m (Fin, RW, St, WiWi)* capital gains [yield, profit]
~ **nach Steuern** *(RW, St)* capital gains after tax
Kapitalgewinnsteuer *f (St)* capital gains tax *(auf Wertzuwächse)*
Kapitalgut *n (Fin)* capital asset
Kapitalgüter *npl* 1. *(Fin)* investment goods; 2. *(Gesch)* capital goods
Kapital-Hebelwirkung *f (Fin)* capital leverage, leverage effect *(durch Fremdkapitalaufnahme)*
Kapitalherabsetzung *f* 1. *(Fin)* capital write-down; 2. *(RW, Verw)* reduction of share capital
Kapitalherkunft *f (Fin)* source of capital
Kapitalintensität *f* 1. *(RW)* capitalization ratio *(Anlagenintensität)*; 2. *(WiWi)* capital-labo(u)r ratio
kapitalintensiv *adj (Fin, WiWi)* capital-intensive
kapitalisieren *v (Fin)* capitalize, realize
Kapitalisierung *f (Bö, Fin)* capitalization
Kapitalisierungszinsfuß *m (Fin, WiWi)* capitalization rate, internal rate of return *(IRR)*, discounting rate *(interner Zinsfuß)*
kapitalistisch *adj (WiWi)* capitalist, capitalistic
Kapitalkoeffizient *m (Fin, WiWi)* capital-output ratio
Kapitalkonto *n (Bank, WiWi)* capital account
Kapitalkosten *pl (Fin, WiWi)* capital costs
Kapitalkraft *f (Bank, Fin)* financial strength
kapitalkräftig *adj (Gesch)* substantial, financially strong [powerful] *(Firma)*
Kapitallebensversicherung *f (Vers)* capital-sum life insurance
Kapitalmarkt *m (Fin, WiWi)* capital market
Kapitalmarktzins *m (Bank)* capital market interest rate
kapitalmäßig unverbundene Unternehmen *npl (Fin, RW, St)* enterprises without capital ties
Kapitalnutzung *f (WiWi)* capital utilization
Kapitalproduktivität *f (WiWi)* capital productivity
Kapitalrendite *f (Fin, RW, WiWi)* return on capital employed, return on investment, ROI, return on capital
Kapitalrückflussrechnung *f (Fin)* payback method *(Amortisationsrechnung)*
Kapitalrückführung *f (WiWi)* repatriation of funds *(ins Inland)*
Kapitalrücklage *f* 1. *(Fin) (BE)* share premium account; 2. *(RW)* capital reserves
Kapitalrückzahlung *f (Fin)* capital repayment
Kapitalspritze *f (ugs.) (WiWi)* injection of (new) capital
Kapitalstock *m (Fin)* capital fund, capital stock
Kapitalstrom *m (WiWi)* flow of funds
Kapitalstruktur *f (Fin, RW, WiWi)* capital structure, financial structure
Kapitalübertragung *f (Fin)* capital transfer
Kapitalumschichtung *f (Fin, RW) (AE)* recapitalization
Kapitalumschlag *m (Fin)* equity turnover
Kapitalumstrukturierung *f (Bö)* capital reorganization
Kapitalverflechtung *f (WiWi)* interlinking of capital
Kapitalverkehr *m (AH, WiWi)* capital movements [transactions]
Kapitalverkehrsbilanz *f (WiWi)* capital account, balance of capital movements
Kapitalverlust *m (Fin, WiWi)* capital loss, leakage
Kapitalvermögen *n (St)* capital assets *(Einkünfte)*

Kapitalvernichtung *f* 1. *(Bö, Fin, Mgt) (ugs.)* burning of capital; 2. *(WiWi)* destruction of capital
Kapitalverschleiß *m (WiWi)* capital consumption, capital consumption allowance
Kapitalverzinsung *f (Fin, RW, WiWi)* rate of return, return on capital employed, return on capital
Kapitalwert *m* 1. *(Bö)* principal value; 2. *(Fin)* actual cash value, net present value; 3. *(RW)* capital value
Kapitalwertmethode *f (Fin, WiWi)* discounted cash flow method, DCF method, cash flow method, net present value method, present value method
Kapitalwertzuwachs *m (Fin, WiWi)* capital profit
Kapitalzinsen *mpl (Bank)* simple interest
Kapitalzufluss *m* 1. *(RW)* inflow; 2. *(WiWi)* capital inflow
Kapitalzuführung *f (WiWi)* injection of new capital
Kapitalzuschuss *m (Fin)* grant
Kapitalzuteilung *f* 1. *(Fin)* capital allotment; 2. *(WiWi)* capital rationing [allocation]
Kapitalzuwachs *m* 1. *(Bö)* capital growth; 2. *(WiWi)* capital increase, capital gains [appreciation]
Kapitel *n (Recht)* section *(eines Gesetzes)*
kardinaler Nutzen *m (WiWi)* cardinal utility
Karenztage *mpl (Soz)* waiting days, waiting period
Karriere *f (Pers)* career
Karriereerwartungen *fpl (Pers)* career expectations
Karrierefrau *f (Pers)* career woman
Karte *f* 1. *(EDV)* card *(Hardware)*; 2. *(F&T, Gesch)* ticket; 3. *(Pers)* card index; 4. *(Trans)* ticket
Kartei *f* 1. *(EDV)* index file; 2. *(Verw)* card index, index-card file
Kartell *n* 1. *(Pers)* cartel; 2. *(Recht)* combine; 3. *(WiWi)* restrictive practices, cartel
Kartellamt *n*, **Kartellbehörde** *f (V&M) (Deutschland)* Federal Cartel Office, *(Großbritannien)* Office of Fair Trading, Anti-Trust Office
Kartellgesetz *n (Recht)* antitrust law
Kartellkommission *f (Fin, Pol)* antitrust commission
Kartellrecht *n (Recht)* antitrust laws, cartel law, competition laws
Karteninhaber(in) *m(f) (Bank)* cardholder
Karteninhabergebühr *f (Bank)* cardholder fee
Kartenlesegerät *n (EDV, Komm)* smart card reader, chip card reader
Karton *m (Ind)* cardboard *(Pappe)*; carton *(Packung)*
Kassageschäft *n (Bö)* spot transaction
Kassageschäfte *npl (Bö)* cash dealings
Kassakurse *mpl (Bö)* spot rates
Kassamarkt *m (Bö)* spot market, cash market • **am ~ verkaufen** *(Bö)* sell spot
Kassamittelkurs *m (Bank, Bö)* spot middle rate
Kassanotierung *f (Bö)* spot quotation
Kassa- und Termin-Dollarkurs *m (Fin)* dollar spot and forward
Kassa- und Terminkurse *mpl (Bank, Bö)* exchange rates for spot and forward purchases
Kasse *f* 1. *(Bank)* cash desk; 2. *(Fin)* cash; 3. *(F&T)* ticket office *(Sportvertanstaltung)*; box office *(Theater)*; 4. *(Gesch)* cash desk *(Zahlstelle)*; till, cash, cash on hand *(Bargeld)*; 5. *(V&M)* checkout, till *(Supermarkt)* • **~ gegen Dokumente** *(AH)* cash against documents • **~ vor Lieferung** *(Gesch)* cash before delivery • **~ machen** 1. *(Fin) (ugs.) (BE)* cash up; 2. *(RW)* balance the cash *(Kassenabrechnung)* • **per ~ verkaufen** *(Bö)* sell spot
Kassenabstimmung *f (WiWi)* reconciliation of cash
Kassenausgang *m (RW)* cash disbursement
Kassenbeleg *m* 1. *(RW)* cash record, cash voucher; 2. *(V&M)* sales record
Kassenbericht *m (RW)* cash statement
Kassenbestand *m* 1. *(Fin)* cash in hand; 2. *(RW)* cash balance
Kassenbuchung *f (RW, Verw)* cash entry
Kasseneingänge *mpl*, **Kasseneinnahmen** *fpl (RW)* cash receipts
Kassenhaltung *f (Fin, RW)* cash management
Kassensaldo *m (RW)* cash balance
Kassenscheck *m (Bank) (AE)* cashier's check, *(BE)* cashier's cheque *(Bankscheck)*
Kassenstand *m (RW)* cash position
Kassenzettel *m (Gesch)* sales slip
kassieren *v (Gesch)* collect, encash

Kassierer(in) *m(f)* 1. *(Bank)* teller; 2. *(V&M)* cashier *(Kassenführer)*
Katalogpreis *m* 1. *(Gesch)* catalog(ue) price; 2. *(V&M)* list price
Katasteramt *n (Gb)* land registry *(Grundbuchamt)*
Kategorie *f* 1. *(Gesch)* category; 2. *(Pat)* category, class; 3. *(St)* class
Kauf *m (Gesch)* purchase
~ **auf Kredit** *(V&M)* credit sale
~ **auf Probe** *(V&M)* sale on approval
~ **mit Rückgaberecht** *(V&M)* (on) sale or return
~ **unter Eigentumsvorbehalt** *(V&M)* conditional sales agreement
Kaufabrechnung *f (Bö)* bought note
Kaufangebot *n (Gesch)* bid
kaufen *v (Gesch)* purchase, buy *(erwerben)*; *(ugs.)* bribe *(bestechen)*
Käufer(in) *m(f)* 1. *(Gesch)* buyer, purchaser; 2. *(V&M)* shopper, purchaser
Käuferkredit *m (Bank)* buyer credit
Käufermarkt *m (Bö, Gb, WiWi)* buyer's market
Käuferverhalten *n (V&M)* buyer behavio(u)r
Kaufgewohnheiten *fpl (Gesch)* buying habits
Kaufhaus *n (V&M)* department store
Kaufinteressent(in) *m(f) (V&M)* prospective buyer
Kaufkosten *pl (RW)* purchase cost
Kaufkraft *f* 1. *(Gesch)* spending [purchasing] power; 2. *(WiWi)* purchasing power *(einer Währung)*
~ **des Geldes** *(WiWi)* value of money
Kaufkraftparität *f (WiWi)* purchasing power parity
Kaufkraftvorteil *m* purchasing-power advantage *(ZB)*
käuflicher Erwerb *m (Fin)* (acquisition by) purchase
Kaufmann *m (Gesch)* businessman, merchant, salesman *(Ladenverkäufer)*
kaufmännisch *adj (Gesch)* commercial
kaufmännische Ausbildung *f (Pers)* commercial training
~ **Rundung** *f (Gesch)* standard business rounding
kaufmännisches Personal *n (Pers)* clerical staff, office staff
Kaufmannssitte/nach (guter) *(Gesch)* good commercial practice
Kaufoption *f* 1. *(Bö)* call option; 2. *(Gesch)* buyer's option
Kaufpreis *m* 1. *(Gesch)* buying [purchase] price; 2. *(V&M)* purchase price
Kaufsignal *n (Bö)* buying signal
Kauf- und Verkaufsstrategie *f (Bö)* buy-and-write strategy
Kaufverhalten *n (V&M)* buying behavio(u)r
Kaufverpflichtung *f (V&M)* obligation to buy
Kaufvertrag *m* 1. *(Recht)* contract of sale; 2. *(V&M)* sales contract
Kaution *f* 1. *(Fin)* security; 2. *(Gb)* key money, deposit *(Miete)*; 3. *(Pat)* deposit; 4. *(Recht)* caution money, bail; 5. *(Vers)* fidelity guarantee • **jmdn. gegen ~ freilassen** *(Recht)* release sb on bail • **jmdn. durch ~ aus der Haft freibekommen** *(Recht)* bail sb out, bale sb out
Kautionsverpflichtung *f (Recht)* fiduciary bond *(Treuhänder)*
Kehrwert *m (Stat)* inverse
Kenntnis *f (Gesch)* acquaintance, knowledge • **in ~** *(Gesch)* aware • **~ von etw. geben** *(Recht)* give notice of sth • **jmdn. von etw. in ~ setzen** *(Gesch)* acquaint sb with sth • **in voller ~ der Sachlage** *(Recht)* in full knowledge of the facts
kenntnisreich *adj (Gesch)* knowledgeable, well-informed
Kennwort *n (EDV)* password
Kennzeichen *n* 1. *(Bank)* hallmark; 2. *(EDV)* flag, symbol; 3. *(Gesch, Pat, V&M)* symbol
kennzeichnen *v* 1. *(Gesch)* brand; 2. *(V&M)* label; 3. *(WiWi)* earmark
Kennziffer *f (Gesch)* reference [code] number
Kern *m* 1. *(Gesch)* core, gist *(Problem)*; 2. *(Ind) (AE)* center, *(BE)* centre
Kernbereich *m (Gesch)* core business
Kernfinanzierung *f (Fin)* core funding
Kerngeschäft *n (Gesch)* bottom line, core business *(Grundgeschäft)*
Kerninflation *f (WiWi)* core inflation
Kernpunkt *m (Gesch)* focal point
Kernzeit *f* 1. *(Ind)* core hours; 2. *(Pers)* core time *(Gleitzeit)*
Kettenladen *m (V&M)* chain store
KGV *s.* Kursgewinnverhältnis
KI *s.* künstliche Intelligenz
Kilo(gramm) *n (Gesch)* kilo, kilogram(me)

Kilometergeld *n (St)* ≈ mileage allowance, *(BE)* ≈ motor mileage allowance
Kinderermäßigung *f (F&T)* reduction for children
Kinderfreibetrag *m (Soz, St) (BE)* child allowance, *(AE)* children's allowance
Kindergeld *n (Soz, St) (AE)* child allowance, *(BE)* child benefit, *(BE)* family allowance
Kinderzuschlag *m (Soz)* child allowance, child benefit
Kinderzuschuss *m (Soz)* child allowance, child benefit
klagbar *adj (Recht)* actionable
klagbarer Vertrag *m/nicht* *(Recht)* unenforceable contract
Klage *f (Recht)* suit, lawsuit, action, complaint *(Zivilprozess)* • **gegen jmdn. ~ erheben** *(Recht)* bring an action against sb • **~ im ordentlichen Zivilprozess erheben** *(Recht)* take legal action
Klagebegründung *f (Recht)* statement of claim
Klageerwiderung *f (Gesch)* answer
Klagefrist *f (Recht)* period to file a suit, time limit for taking legal action
Klagegrund *m (Recht)* cause of action
klagen *v (Recht)* sue
Kläger(in) *m(f) (Recht)* plaintiff
Klageschrift *f (Recht)* bill of complaint
klar *adj (Gesch)* clear, coherent • **etw. ~ darstellen** *(Gesch)* make sth clear • **~ umrissen** *(Gesch)* clear-cut
klären *v (Gesch)* settle *(Frage)*
Klarierung *f (AH)* (customs) clearance
Klasse *f* 1. *(Gesch)* class; 2. *(Pat)* category, class; 3. *(Pol)* class; 4. *(St)* bracket, class
Klassengrenze *f (Stat)* class boundary
Klassengröße *f (Pers)* class size
Klassenhäufigkeit *f (Stat)* class frequency
Klassifikation *f (Gesch, Verw)* classification
klassifizieren *v (Gesch, Verw)* categorize, classify
Klassifizierung *f* 1. *(Gesch)* categorization, classification; 2. *(V&M)* rating
~ von Emittenten [Schuldtiteln] *(Fin)* rating
klassische festverzinsliche Anleihe *f (Bö)* straight fixed rate bond
Klausel *f (Pers, Recht, Vers)* clause • **ohne Klauseln** *(Gesch) (ugs.)* no strings attached
Kleidungs- und Strickwarenherstellung *f (Ind) (AE)* apparel and wool industry, *(BE)* clothing trade
klein *adj (Fin, Gesch, RW)* petty, small
klein gedruckt *adj (Recht)* in small print *(in einem Vertrag)*
Kleinaktien *fpl (Bö) (BE)* penny shares, *(AE)* penny stock
Kleinanleger(in) *m(f) (Fin)* small investor
Kleinanzeige *f (V&M)* classified ad, classified advertisement, small ad
Kleinbetragszahlungen *fpl (Bank)* retail payments
Kleinbetrieb *m (Gesch)* small business, small firm, small enterprise
kleine Ausgaben *fpl (Gesch, RW)* petty cash
~ und mittelständische Unternehmen *npl (Gesch)* small and medium-sized enterprises, SME
~ und mittlere Unternehmen *npl (KMU) (Gesch, WiWi)* small and medium-sized undertakings *(SMU)*, small and medium-sized enterprises *(SME)*, small and medium-sized firms, small and medium-sized businesses
Kleingeld *n (Gesch)* loose change, small change, *(ugs.)* peanuts, *(ugs.) (AE)* chicken feed
Kleingewerbe *n (Gesch, WiWi)* trade, small trade, small manufacturers and traders
Kleinindustrie *f (Ind)* small industry
Kleininserat *n (V&M)* classified ad, classified advertisement, small ad
kleinster gemeinsamer Nenner *m (Gesch, Pol)* lowest common denominator
Klein- und Mittelbetriebe *mpl (KMB) (Gesch)* small and medium-sized businesses
Kleinunternehmen *n (Gesch)* small business, small enterprise, small firm
Klemme helfen/aus der *(ugs.) (Gesch)* bail out, bale out
Klemme sitzen/in der *(ugs.) (Gesch)* be in a jam, be in a fix, be in a tight spot
Klubgut *n (WiWi)* club good
klug *adj (Gesch)* knowledgeable, clever
kluger Kopf *m (ugs.) (Gesch)* child prodigy, *(ugs.)* whiz kid
Klumpenauswahlverfahren *n (V&M)* cluster sampling [analysis] *(Marktforschung)*

Klüngelei *f (Gesch, Pol) (ugs.)* back-scratching

KMU *s.* kleine und mittelständische Unternehmen

knapp *adj* 1. *(WiWi)* scarce; 2. *(Gesch)* concise • ~ **bei Kasse sein** *(Gesch)* be skint • ~ **werden** *(Gesch)* run short

knappe Mittel *npl* 1. *(Fin)* scant funds; 2. *(WiWi)* scarce resources

~ **Ressourcen** *fpl* 1. *(Fin)* scant funds; 2. *(Umw, WiWi)* scarce resources

Knappheit *f (WiWi)* scarcity, shortage

~ **an Arbeitsplätzen** *(Pers)* job shortage, shortage of jobs, job scarcity, scarcity of jobs, lack of jobs

knausern und sparen *(Gesch)* scrimp and save

Knebelungsvertrag *m (Recht)* adhesion contract

Knete *f (ugs.) (Gesch) (ugs.)* bread, *(ugs.)* dough, *(ugs.)* lolly, money, *(ugs.) (BE)* dosh

Know-how *n (Gesch, Pat)* know-how

Koalitionsfreiheit *f (Pol)* freedom of association

Koalitionsrecht *n (Pol)* right to associate

kodifizieren *v (Pat, Recht)* codify

kodifiziertes Recht *n* 1. *(Gesch)* codified law; 2. *(Pat, Recht)* statute law

Koeffizient *m (Stat)* coefficient

kognitiv *adj (Gesch)* cognitive

Kohäsion *f (Gesch)* cohesion

Kohäsionsfonds *m (WiWi)* cohesion fund *(EU)*

Kohle *f* 1. *(Gesch) (ugs.)* bread *(Geld)*; cash, *(ugs.)* dough, *(ugs.) (BE)* dosh; 2. *(Ind)* carbon, coal

Kohlenlagerstätte *f (Umw)* coal deposit

Kohlepapier *n (Komm)* carbon paper

Kollege *m* 1. *(Pers)* colleague, fellow worker; 2. *(Recht)* adjunct

kollektiv *adj (Gesch)* collective

Kollektivbedürfnissse *npl (Soz, WiWi)* social wants

Kollektiventscheidungen *fpl (WiWi)* public choices

Kollektivgut *n (WiWi)* social good, collective good

Kombinat *n (WiWi)* combine

Kombination *f (Gesch)* combination

kombinierbare Daten *npl (EDV, Stat)* combinable data

kombinieren *v (Gesch)* combine

kombiniert *adj* 1. *(Gesch)* combined; 2. *(Trans)* multimodal

kombinierte Police *f (Vers)* comprehensive policy, mixed policy

~ **Versicherung** *f (Vers)* comprehensive insurance, multi-risk insurance

kombinierter Abschluss *m (Fin)* combined financial statement

~ **Handel** *m (Gesch)* combined trade

~ **Transport/Verkehr** *m (Trans)* combined transport, combined transport operation, intermodal/multimodal transport

Kombiwagen *m (Trans) (BE)* estate car, *(ugs.) (BE)* estate, *(AE)* station wagon

Komitee *n (Gesch)* committee, commission

Kommanditgesellschaft *f (Gesch, Recht)* limited (commercial) partnership, private limited partnership, public limited partnership

Kommanditist(in) *m(f) (Recht)* limited partner

Kommentar *m (Gesch)* commentary

Kommentierung *f (Pol)* wording *(eines Votums)*

kommerzialisieren *v (Gesch)* commercialize

kommerziell *adj (Gesch)* commercial

kommerzielle Bestandsfestigkeit *f (Gesch)* commercial viability

~ **Effizienz** *f (WiWi)* commercial efficiency

kommerzieller Handel *m (WiWi)* commercial trade

~ **Zweck** *m (Gesch)* commercial purpose

kommerzielles Fernsehen *n (Med)* commercial television

~ **Risiko** *n (Fin, Gesch)* commercial credit risk

~ **Wagnis** *n (Mgt)* commercial venture

Kommission *f (Gesch)* commission, committee *(Komitee)*; commission *(Provision)*

~ **der Europäischen Gemeinschaft** *(obs.) (WiWi)* Commission of the European Community

Kommissionär *m (Pers)* commission agent

Kommissionsbasis verkaufen/auf *(V&M)* sell on commission

Kommissionsgeschäft *n (V&M)* sale on commission

Kommissionsgüter *npl (WiWi)* commission goods

Kommissionsware *f (V&M)* consignment goods

kommunal *adj (Gesch)* communal, municipal
Kommunal... *(Gesch)* communal, municipal
Kommunalanleihe *f (Fin) (BE)* local authority loan, *(AE)* municipal loan
Kommunalbehörde *f (Verw)* municipal authority, *(BE)* local authority
kommunale Finanzen *fpl (Pol)* local government finance
~ Schuldverschreibung *f (Bank)* municipal notes
kommunaler Eigenbetrieb *m (Verw) (AE)* public service corporation; municipal enterprise
Kommunalobligation *f* 1. *(Bank)* municipal bond; 2. *(Bö) (AE)* general obligation bond
Kommunalregierung *f (Pol, Verw)* local government, municipal government
Kommunalschuldverschreibung *f (Bö)* municipal bond
Kommunalsteuer *f (St)* local tax
Kommunalverwaltung *f (Pol, Verw)* local government, municipal government, municipality
Kommune *f* 1. *(Pol)* municipality; 2. *(WiWi)* commune
Kommunikation *f (Gesch)* communication
Kommunikationsfähigkeiten *fpl (Pers)* communication skills
Kommunikationskanal *m (Mgt, Pers)* channel of communication
Kommunikationslücke *f (Mgt, Pers)* communication gap
Kommunikationsnetze *npl (Komm)* communication networks
Kommunikationsverbindung *f* 1. *(EDV)* data link; 2. *(Mgt, Pers)* communication link
Kommunikationsweg *m (Mgt, Pers)* channel of communication
komparativ *adj (WiWi)* comparative
komparativer Vorteil *m (WiWi)* comparative advantage
kompatibel *adj* 1. *(EDV)* compatible *(Hardware, Software)*; 2. *(Ind, Pers)* compatible
Kompensation *f (Gesch)* compensation, offset, offsetting
Kompensationsgegengeschäft *n* 1. *(Recht)* offset agreement *(Aufrechnungsgeschäft)*; 2. *(WiWi)* counter purchase, switch
Kompensationsgeschäft *n (AH, WiWi)* barter transaction
Kompensationshandel *m (WiWi)* counter trade
Kompensationskriterium *n (WiWi)* compensation principle
kompensatorisch *adj (Gesch)* compensatory
kompensatorische Fiskalpolitik *f (St)* compensatory fiscal policy
kompensieren *v* 1. *(Fin)* offset; 2. *(Gesch)* compensate, make up for; 3. *(RW)* offset
Kompetenz *f* 1. *(Gesch)* authority; 2. *(Pers)* competency; 3. *(Recht)* competence
Kompetenzstreitigkeit *f* 1. *(Mgt, Pers) (BE)* demarcation dispute; 2. *(Recht)* jurisdiction dispute
Kompetenzverteilung *f (Gesch, Pol)* assignment
kompetitive Abwertung *f (Pol, WiWi)* competitive devaluation
komplementär *adj (Gesch)* complementary
Komplementär(in) *m(f) (Gesch)* general partner *(Vollhafter)*
komplementäre Güter *npl (V&M, WiWi)* complementary goods, complements, joint goods
Komplementarität *f (V&M, WiWi)* complementarity *(Waren, Dienstleistungen, Unternehmen)*
Komplementärnachfrage *f (V&M, WiWi)* joint demand, complementary demand
Komplex *m (Gb)* complex
komplexe Kapitalstruktur *f (WiWi)* complex capital structure
Komplikation *f (Gesch)* complication
Komplize *m (Recht)* accessory
komplizieren *v (Gesch)* complicate
Komponente *f (EDV, Gesch, Ind)* component, component part
komprimieren *v* 1. *(EDV)* compress *(Dateien)*; 2. *(Pers, Trans)* compress
Kompromiss *m (Gesch)* compromise • **sich auf einen ~ einigen** *(Gesch)* split the difference • **einen ~ schließen** *(Gesch)* compromise
kompromisslos *adj (Gesch)* uncompromising
Kompromisslösung *f (Gesch)* compromise decision [solution]
Konditionen *fpl (Bank, Fin)* conditions, terms
Konditionengefälle *n (Bö)* rate differential
Konferenz *f (Gesch)* conference, convention

Konferenzschaltung *f (Komm)* audio conference, audio conferencing, conference call, *(AE)* three-way call *(Telefon)*
Konfidenz... *(Stat)* confidence
konfiszieren *v* 1. *(Gesch)* confiscate; 2. *(Recht)* sequester, sequestrate
Konfiszierung *f* 1. *(Gesch)* confiscation; 2. *(Recht)* sequestration
Konflikt *m (Gesch)* conflict • **in ~ geraten mit** *(Gesch)* fall foul of
Konfliktvermeidung *f (V&M)* conflict avoidance
konform gehen mit *(Gesch)* agree with, *(ugs.)* be on the same wavelength as
Konfrontation *f (Gesch)* confrontation
konfrontieren *v (Gesch)* confront
konglomerater Zusammenschluss *m (Pol, WiWi)* conglomerate merger
Kongress *m (Mgt)* congress, convention
Kongruenzprinzip *n (RW) (AE)* matching principle
Konjunktur *f (Gesch)* economic activity [situation, trends]
konjunkturabhängig *adj (Bö, WiWi)* cyclical
Konjunkturabschwächung *f (WiWi)* economic slowdown
Konjunkturaufschwung *m* 1. *(Mgt)* business expansion; 2. *(WiWi)* economic upswing, economic boom
Konjunkturaussichten *fpl (WiWi)* business [economic] outlook, economic prospects
Konjunkturbericht *m (WiWi)* economic report
konjunkturelle Arbeitslosigkeit *f (WiWi)* cyclical unemployment
konjunkturempfindliche Branche *f (WiWi)* cyclical industry
Konjunkturentwicklung *f (WiWi)* economic development, economic trend
Konjunkturlage *f (WiWi)* economic conditions [situation], state of the economy
konjunkturorientierte Finanzpolitik *f (WiWi)* active [anticyclical] fiscal policy
Konjunkturphase *f (WiWi)* trade cycle
Konjunkturpolitik *f (Pol, WiWi)* trade cycle policy
Konjunkturprognose *f (WiWi)* economic forecasting, business forecasting
Konjunkturrückgang *m (WiWi)* recession, downtrend, slowdown
Konjunkturschwankungen *fpl (WiWi)* cyclical variations [fluctuations]
Konjunkturtief *n (WiWi)* economic trough [low], bottom
Konjunkturtrend *m (WiWi)* economic trend
Konjunkturverlangsamung *f (WiWi)* business slowdown
Konjunkturverlauf *m (WiWi)* economic trend
Konjunkturzyklus *m (WiWi)* trade [business, economic] cycle
konkludent geschlossener Vertrag *m (Recht)* implied contract
konkludentes Verhalten *n (Recht)* action implying intention *(Vertragsrecht)*
Konkretisierung *f (Recht)* appropriation *(Vertrag)*
Konkurrent(in) *m(f) (Gesch)* competitor, rival
Konkurrenz *f (Gesch)* competition • **mit der ~ Schritt halten** *(Gesch)* keep in step with one's competitors
Konkurrenzerzeugnis *n (V&M)* rival goods
konkurrenzfähig *adj (Gesch)* competitive
Konkurrenzfähigkeit *f (Gesch)* competitiveness
Konkurrenzgeschäft *n (Gesch)* competitive business
Konkurrenzkampf *m* 1. *(Gesch) (ugs.)* rat race; 2. *(WiWi)* competitive struggle
konkurrenzlos *adj* 1. *(Bö)* unmatched; 2. *(Gesch)* unrival(l)ed
Konkurrenzmarke *f (V&M)* rival brand
Konkurrenzpreis *m (V&M)* competitive price
Konkurrenzunternehmen *n (Gesch)* competitor
konkurrieren *v (Gesch)* compete
~ **mit** *(Gesch)* compete with
konkurrierende Bedürfnisse *npl (Gesch)* competing requirements
~ **Gerichtsbarkeit** *f (Recht)* concurrent jurisdiction
~ **Zuständigkeit** *f (Recht)* concurrent jurisdiction
konkurrierender Anspruch *m (V&M)* competitive claim
Konkurs *m (Deutschland: ab 1999 ersetzt die „Insolvenzordnung" „Konkurs" durch „Insolvenz") (Fin, RW)* bankruptcy *(Überschuldung)*; insolvency, liquidation *(Zahlungsunfähigkeit)* • **~ anmelden** *(Fin)* file for bankruptcy • **in ~ gehen** *(Fin)* fail, go bankrupt • **~ eröffnen** *(WiWi)* adjudicate bankruptcy

Konkursantrag *m (Fin) (AE)* petition for relief, *(BE)* petition in bankruptcy
Konkursbeschluss *m (Fin)* order for relief
Konkurseröffnung *f (Fin, RW, Recht)* adjudication in bankruptcy
Konkursgericht *n (Recht)* bankruptcy court, superintendent of bankruptcy
Konkursgesetz *n (RW, Recht)* bankruptcy act
Konkursgläubiger(in) *m(f) (Recht)* creditor in bankruptcy
Konkursmasse *f (Recht)* bankruptcy property, bankruptcy estate
Konkursordnung *f (RW, Recht)* German Insolvency Law, bankruptcy act *(ab 1999 „Insolvenzordnung")*
Konkursrecht *n (RW, Recht)* bankruptcy law
Konkursverfahren *n* 1. *(RW)* bankruptcy; 2. *(Recht)* bankruptcy proceedings
Konkursverwalter(in) *m(f)* 1. *(Bank)* assignee [trustee] in bankruptcy; 2. *(Recht)* (official) receiver
Konkursverwaltung *f (RW)* receivership
Konnossement *n (AH, Trans)* bill of lading, (shipping) bill
Konsens *m (Gesch, Pol)* consensus
konsequent *adj (Mgt)* consistent, consequent *(Methoden)*
konservative Schätzung *f (Gesch)* conservative estimate
Konsistenz *f (WiWi)* consistency
konsolidieren *v* 1. *(Bank, Fin)* consolidate, fund; 2. *(RW, WiWi)* consolidate
konsolidiert *adj (Bank, Fin, RW, WiWi)* consolidated • **auf konsolidierter Basis** *(Fin, RW)* on a consolidated basis
~/nicht *(RW)* unconsolidated
konsolidierte Bilanz *f (RW)* consolidated balance sheet
~ Kredite *mpl (Fin)* funded debt
~ Zahlen *fpl (RW)* consolidated figures
konsolidierter Abschluss *m (RW)* consolidated [group] accounts, consolidated financial statement
~ Reingewinn *m (RW)* consolidated net profit
konsolidiertes Konzernvermögen *n (Fin)* consolidated assets
Konsolidierung *f* 1. *(Bank, Fin)* consolidation; 2. *(RW) (BE)* merger accounting
Konsolidierungsgrundsätze *mpl (RW)* consolidation method
Konsortialbank *f (Bank, Fin)* consortium bank
Konsortialführer(in) *m(f) (Bank, Fin)* leading [prime] underwriter, syndicate leader, *(Unternehmen)* lead bank
Konsortialführung *f (Bank, Bö)* lead management
Konsortialgebühr *f (Bö)* management fee
Konsortialgeschäft *n (Bank)* underwriting business
Konsortialmitglied *n (Fin)* underwriter
Konsortialprovision *f (Bank)* negotiation fee, spread
Konsortialspanne *f (Bö)* underwriting spread
Konsortialvertrag *m* 1. *(Bö)* syndicate agreement, underwriting agreement; 2. *(Recht)* cooperation agreement *(Vertragsrecht)*
Konsortium *n (Bank, Bö, Fin, Gb, Recht)* consortium, syndicate
konstant *adj (Gesch)* constant, uniform • **bei konstanten Preisen** *(Gesch)* at constant prices • **zu konstanten Preisen** *(Gesch)* at constant prices
Konstante *f* 1. *(EDV)* constant; 2. *(Stat)* absolute term, constant
konstanter Skalenertrag *m (WiWi)* constant returns to scale
konstituieren *v (Pat)* constitute
konstruieren *v* 1. *(Ind)* develop, design *(Prototyp)*; 2. *(Stat)* construct
Konstrukteur(in) *m(f) (Ind)* design engineer
Konstruktion *f* 1. *(Gesch)* construction, design; 2. *(Gb)* construction; 3. *(Ind)* construction, development
Konsulat *n (Pol)* consulate
Konsulatserklärung *f (Pol)* consular declaration, CD
Konsulatsfaktura *f (RW, Verw)* certified invoice
konsultieren *v (Gesch, Mgt)* consult
Konsum *m (V&M, WiWi)* consumption, C
Konsumausgaben *fpl (WiWi)* consumer expenditure, high-street spending
Konsumbedarf *m (V&M)* consumer needs
Konsumbereitschaft *f (WiWi)* propensity to consume
Konsument(in) *m(f) (V&M, WiWi)* consumer
konsumentenorientiert *adj (V&M)* consumer-oriented

Konsumentenpräferenz *f (V&M)* consumer preference
Konsumentenrente *f (WiWi)* consumer's surplus
Konsumexternalitäten *fpl (WiWi)* external effects of consumption
Konsumgesellschaft *f (WiWi)* consumer society
Konsumgüter *npl (V&M)* consumer goods, consumer products
Konsumgütermarkt *m (V&M)* consumer market
konsumieren *v (V&M, WiWi)* consume
Konsumneigung *f (WiWi)* propensity to consume
Konsumverhalten *n (WiWi)* consumption pattern, consumption behavio(u)r
Konsumverlagerung *f (V&M)* shift in consumption
Kontakt *m (Gesch)* contact
kontaktbehaftete Chipkarte *f (EDV, Komm)* contact smart card
Kontakter *m (Med)* account executive
kontaktlose Chipkarte *f (EDV, Komm)* contactless smart card
Kontaktperson *f (Gesch)* contact
kontaminieren *v (Umw)* contaminate
Konten *npl (Bank, Fin, RW)* accounts • **~ abstimmen** *(RW)* agree [reconcile] accounts
Kontenform *f (RW)* account form
Kontenformat *n (EDV)* horizontal format
Kontenführung *f (RW)* accountancy, accy
Kontengliederung *f (RW)* classification of accounts
~ der Bilanz *(RW)* format [layout] of balance sheet
Kontenplan *m (RW)* chart of accounts
Kontenrahmen *m (RW)* standard chart of accounts
kontestabler Markt *m (WiWi)* contestable market *(Wettbewerb)*
kontextabhängig *adj (EDV, Gesch)* context-sensitive
Kontingent *n (Gesch)* quota
kontingentieren *v (Gesch)* fix a quota
Kontinuität *f* 1. *(RW)* consistency *(Bilanzgrundsatz)*; 2. *(V&M, WiWi)* continuity
Konto *n (Bank, RW, V&M)* account • **auf ~ von** *(Bank)* account of • **à ~** *(Bank)* account of, on account • **ein ~ abschließen** *(Bank, Fin, RW)* balance an account • **ein ~ abstimmen** *(Bank, Fin, RW)* balance [reconcile] an account • **ein ~ ausgleichen** *(Bank, Fin, RW)* balance an account, settle an account • **einem ~ einen Betrag gutschreiben** *(Bank)* credit a sum to an account
Kontoabschluss *m (Fin, RW)* balancing of an account
Kontoabstimmung *f* **zwischen Bank und Kunde** 1. *(Bank)* bank reconciliation; 2. *(RW)* account reconciliation, account matching
Kontoauszug *m (Bank)* bank statement, account statement
Kontoauszugsdrucker *m (Bank)* account statement printer
Kontoform *f (RW)* account form
Kontoführungskosten *pl (Bank)* maintenance charge
Kontoinhaber(in) *m(f) (Bank)* account holder
Kontokorrentguthaben *n (Bank) (AE)* checking account balance [surplus], *(BE)* current account balance [surplus]
Kontokorrentkonto *n (Bank) (AE)* checking account, *(BE)* cheque account, *(BE)* current account; credit account
Kontokorrentkredit *m (Bank) (AE)* checking account loan, *(BE)* current account loan; open credit
Kontonummer *f (Bank, RW)* account number
Kontostand *m (Bank, RW)* account balance, actual balance, balance
Kontoüberziehung *f (Bank)* overdraft, O/D
Kontoumsatz *m* 1. *(Bank)* activity; 2. *(RW)* account turnover
Kontrahent(in) *m(f)* 1. *(Bö) (BE)* counterparty; 2. *(Recht)* contracting party; 3. *(WiWi)* counterpart
kontrahieren *v (Gesch)* contract
Kontrakt *m (Bö, Trans, WiWi)* contract
Kontrakteinheit *f (Bö)* contract size
kontraktive Geldpolitik *f (WiWi)* tight monetary policy, tight money policy
~ Offenmarktpolitik *f (WiWi)* contractionary open market policy
Kontraktkurve *f (WiWi)* contract curve
Kontrollbehörde *f (Recht)* regulatory body
Kontrolle *f* 1. *(Gesch)* control, supervision, tracking *(Umsatz, Kosten, Ausgaben)*; 2. *(AH)* examination *(Zoll)*; 3. *(Mgt, Pers)*

supervision; 4. *(WiWi)* control • **unter ~ bringen** *(WiWi)* bring under control *(Inflation)* • **die ~ übernehmen** *(Gesch)* take control
Kontrollgruppe *f (V&M)* control group
kontrollieren *v* 1. *(Gesch)* control *(Kosten)*; track *(Ausgaben)*; 2. *(AH)* examine; 3. *(Mgt, Pers)* supervise; 4. *(WiWi)* control *(Inflation)*
Kontrollkosten *pl (WiWi)* monitoring costs
Kontrollmaßnahme *f (WiWi)* measure of control
Kontrollspanne *f (Gesch)* span of control
Kontrollverfahren *n (Bank)* monitoring procedure *(EZB)*
Konvent *m (Pol)* convention *(EU-Verfassungskonvent)*
Konventionalstrafe *f (Recht)* penalty for noncompliance *(wegen Zuwiderhandlung)*
~ **wegen Vertragsbruch** *(Recht)* penalty for breach of contract
Konventionalstrafklausel *f (Recht)* penalty clause
konventionelle Anleihe *f (Fin)* straight bond
Konvergenz *f* **der Schuldenstände** *(Bank)* debt convergence *(EZB)*
Konvergenzkriterien *npl (Pol)* convergence criteria *(EU, EZB)*
konvergieren *v (Gesch)* converge
Konversion *f (Bö, Fin, WiWi)* conversion
Konvertibilität *f (Fin, Pol, WiWi)* convertibility
konvertierbare Währung *f (Pol, WiWi)* convertible currency, hard currency
Konvertierbarkeit *f (Fin, Pol, WiWi)* convertibility
konvertieren *v (Bö, EDV, Fin, WiWi)* convert
Konvertierung *f (Bö, EDV, Fin, WiWi)* conversion
Konzentration *f (Gesch, WiWi)* concentration
Konzentrationsmaß *n (WiWi)* concentration ratio
konzentrieren *v (Gesch)* concentrate
Konzept *n* 1. *(Gesch)* approach, plan; 2. *(Mgt)* approach; 3. *(RW, V&M)* concept; 4. *(Verw, WiWi)* approach
Konzern *m (Gesch)* (affiliated) group, group of companies, concern
Konzernabschluss *m (RW)* consolidated accounts, consolidated financial statement, group accounts
Konzernbilanz *f (Fin, RW)* consolidated balance sheet, consolidated financial statement
Konzernbilanzsumme *f (Bank)* consolidated balance-sheet total
Konzerngesellschaft *f (WiWi)* corporate affiliate
Konzerngewinn *m (RW)* group profit
konzernintern *adj (Pers)* intercompany, intragroup
konzerninterner Markt *m (Bö)* intercompany market
Konzernstruktur *f (Gesch)* group structure
Konzerntochter *f (RW)* subsidiary
Konzernunternehmen *n (Gesch)* affiliate (company)
Konzernverbund *m (Fin)* affiliated group
Konzernzentrale *f (Mgt)* headquarters
Konzertation *f (Pol, WiWi)* concertation *(EU)*
konzertiert *adj (Pol, WiWi)* concerted *(EU)*
Konzertierung *f (Pol, WiWi)* concertation *(EU)*
Konzession *f* 1. *(Gesch)* concession, franchise; 2. *(Pat)* patent; 3. *(Recht)* concession, *(BE)* licence, *(AE)* license
Konzessionär(in) *m(f)* 1. *(Gesch)* concessionaire; 2. *(Recht)* concessionaire, licensee; 3. *(St)* concessionaire
konzessioniert *adj* 1. *(Gesch)* chartered, franchised; 2. *(Recht)* licensed
konzessionierte Bank *f (Bank) (AE)* chartered bank
Konzessionserteiler(in) *m(f) (Pat, Recht)* licensor
Konzessionsinhaber(in) *m(f)* 1. *(Gesch)* concessionaire, franchisee; 2. *(Recht)* licensee
Konzessionsvertrag *m (Recht)* franchise agreement
Kooperationsabkommen *n (Pol, WiWi)* cooperation agreement *(EU)*
Kooperationsrahmen *m (Pol, Bank)* cooperative framework
kooperieren *v (Gesch)* cooperate
Koordinator(in) *m(f) (Pers)* coordinator
koordinieren *v (Gesch)* coordinate
Koordinierungsprovision *f (Bank)* arrangement fee
Kopf/pro *(Gesch, WiWi)* per capita, per head
Kopfjäger *m (Pers)* headhunter
kopflastig *adj (Verw)* top-heavy *(Organisation)*

Kopfsteuer *f (Soz, St) (BE)* capitation [head, poll] tax
Kopie *f* 1. *(EDV)* copy *(Textverarbeitung)*; 2. *(Gesch)* copy; 3. *(Komm)* carbon copy • **amtlich beglaubigte ~** *(Recht)* certified copy
Kopierschutz *m (EDV)* copy protection *(Disketten)* • **mit ~ versehen** *(EDV)* copy-protected *(Diskette)*
Kopplung *f (Fin)* tie-in
Kopplungsgeschäft *n* 1. *(Recht)* package deal; 2. *(V&M)* tie-in sale; 3. *(WiWi)* linked transaction
Kopplungsvertrag *m (WiWi)* tying arrangement [contract]
Korbwährung *f (WiWi)* basket [composite] currency
körperlich *adj (Gesch)* physical
körperliche Arbeit *f (Pers)* manual work
~ Inventur *f (RW)* physical inventory
Körperschaft *f (Verw)* corporate body
~ des öffentlichen Rechts *(Gesch)* public body, public(-law) corporation
Körperschaftsteuer *f (St)* corporate tax, corporation income tax, *(BE)* corporation tax
Körperschaftsteuerpflicht *f (St)* corporation tax liability
Körpersprache *f (Gesch, Pers)* body language
korporatistischer Staat *m (Pol)* corporate state
korrekt *adj (Gesch)* accurate, correct
Korrektheit *f (Gesch)* accuracy
Korrektur *f (Med)* correction
Korrekturposten *m* **in der Bilanz** *(RW)* balancing item in the balance sheet *(EZB)*
Korrelation *f (Stat)* correlation
korrelieren *v (Stat)* correlate
Korrespondent(in) *m(f) (Bank, Med)* correspondent
Korrespondenz *f (Komm)* correspondence, communication
korrespondieren *v* 1. *(Gesch)* correspond *(entsprechen)*; 2. *(Komm)* correspond *(in Briefwechseln)*
Korruption *f (Gesch)* corruption
kosten *v (Gesch)* cost
Kosten *pl* 1. *(Gesch)* charge, cost, costs, expenditure, expense, expenses; 2. *(WiWi)* costs • **auf eigene ~** *(Gesch)* at one's own expense • **~ aufschlüsseln** *(Fin, RW)* break down expenses • **für die ~ aufkommen** *(RW)* meet costs • **~ sind per Nachnahme zu erheben** *(Gesch)* charge forward • **die ~ tragen** *(Gesch)* bear the costs, defray the cost, meet costs • **die ~ übernehmen** *(Gesch)* pay for the expenses • **~ umlegen** *(RW)* assign costs, allocate costs • **~ verrechnen** *(RW)* allocate costs
~ der Kuppelproduktion *(WiWi)* common costs, joint costs
~ und Fracht *f* 1. *(Gesch)* cost and freight, C&F, C/F, CAF *(Lieferklausel)*; 2. *(AH, Trans)* cost and freight, CFR *(Incoterms)*
~ und Frachtnachnahme *f (Gesch, Trans)* charges forward, ch. fwd *(Lieferklausel)*
~ und Versicherung *f (AH, Trans)* cost and insurance *(Lieferklausel)*
~, Versicherung *f* **und Fracht** *f (AH, Trans)* cost, insurance and freight *(Lieferklausel)*
Kostenabweichung *f (Fin)* cost variance
Kostenanalyse *f (Fin, RW)* cost analysis
Kostenart *f (Fin)* type of costs
Kostenartenrechnung *f (Fin, RW)* analysis of costs by type [nature]
Kostenaufteilung *f (RW)* cost allocation
kostenaufwendig *adj (Gesch)* costly
Kostenbewertung *f* **von Lagerbeständen** *(RW)* inventory costing, inventory evaluation
Kostenbewusstsein *n (Gesch)* cost awareness
kostendeckend *adj (Gesch)* cost-covering • **~ arbeiten** *(Fin)* break even
kostendeckende Menge *f (V&M)* break-even quantity
Kostendeckungspunkt *m (Fin)* break-even point • **den ~ erreichen** *(Fin)* break even
Kostendruckinflation *f (WiWi)* cost-push inflation
kosteneffektiv *adj (Gesch)* cost-effective, cost-efficient
Kosteneindämmung *f (WiWi)* cost containment
Kostenentlastung *f (Bank)* cost relief
Kostenfestsetzung *f (Bö)* fixing of costs
Kostenführer *m (WiWi)* cost leader
Kostengefüge *n (Fin)* cost structure
Kostengliederung *f (Fin, RW)* breakdown of expenses • **eine ~ aufstellen** *(Fin, RW)* break down expenses

kostengünstig *adj (Gesch)* cost-effective, low-cost
kosteninduzierte Inflation *f (WiWi)* cost-push inflation
kostenlos *adj (Gesch)* at no charge, free (of charge), gratuitous, without charge
kostenloser Eintritt *m (F&T)* free admission
Kosten-Nutzen-Analyse *f (Fin, RW, WiWi)* cost-benefit analysis
kostenpflichtig *adj (V&M)* fee-based, subject to a charge
Kostenprognose *f (Verw)* cost forecast
Kostenprogression *f (WiWi)* increase in (marginal) unit cost, diseconomy
kostenreagibel *adj (WiWi)* cost-sensitive
Kostenrechnung *f (RW)* cost accounting
Kostenreduzierung *f (Fin, WiWi)* cost reduction
Kostensenkung *f (Gesch)* cost trimming, cost cutting, cost containment, cost reduction
Kostenstelle *f (RW) (AE)* cost center, *(BE)* cost centre
Kostensteuerung *f (RW)* cost control
Kostenstruktur *f (Fin)* cost structure
Kostenumlage *f (RW)* allocation [apportionment] of costs, cost allocation [apportionment]
Kosten- und Leistungsrechnung *f (RW)* cost accounting
Kostenverlauf *m (Fin)* cost behavio(u)r pattern
Kostenverrechnung *f (RW)* cost allocation
Kostenverteilung *f (RW)* cost allocation
Kostenvoranschlag *m* 1. *(Gesch)* (cost) estimate; 2. *(RW)* cost forecast, estimated charges
Kostenvorgabe *f (WiWi)* cost objective
Kosten-Wirksamkeits-Analyse *f (WiWi)* cost-effectiveness analysis
Kostenzurechnung *f (RW)* cost allocation [apportionment]
Kraft *f* 1. *(Gesch)* force; 2. *(Ind)* energy, power • **in ~** *(Recht)* in force *(Gesetze)* • **außer ~ setzen** *(Recht)* invalidate *(Gesetz)*; override *(Regel)* • **in ~ setzen** 1. *(Mgt)* activate *(Krisenplan)*; 2. *(Recht)* put into force *(Gesetz)* • **in ~ treten** *(Recht)* come [enter] into force, take effect *(Gesetz)*
Kraftfahrzeug *n (Gesch)* vehicle
Kraftfahrzeughaftpflichtversicherung *f (Trans, Vers)* third-party motor (vehicle) insurance
Kraftfahrzeugindustrie *f (Ind, Trans)* car industry, motor industry
Kraftfahrzeugsteuer *f (St, Trans)* motor vehicle tax, *(BE)* road tax
Kraftfahrzeugversicherung *f (Vers) (AE)* automobile insurance, *(BE)* car insurance; motor (vehicle) insurance
Kraftfahrzeugzulassung *f (Trans)* car registration
Kraftwerk *n (Ind)* power [generating] station
Krankengeld *n* 1. *(Pers)* sick pay, sickness benefit; 2. *(Vers)* daily compensation
Krankengeldregelung *f (Pers) (BE)* sick pay scheme
Krankenkasse *f (Pers, Soz)* health insurance scheme
Krankenmeldung *f (Pers, Soz)* notification of illness, notification of sickness
Krankenversicherung *f (Pers, Soz, Vers)* health insurance, medical insurance
Krankenversicherungsbeitrag *m (Soz)* health insurance contribution, sickness insurance contribution
Krankenversicherungsleistungen *fpl (Soz, Vers)* health benefits
Krankenversicherungsschutz *m (Soz)* health insurance cover
krankgeschrieben sein *(Pers)* be on sick leave
Krankheit *f (Pers, Soz, Vers)* sickness
kreative Buchführung *f (ugs.) (RW)* creative accounting
~ Zerstörung *f (WiWi)* creative destruction
Kredit *m* 1. *(Bank)* advance, bank accommodation, loan, credit; 2. *(Fin)* advance, credit; 3. *(RW)* advance • **auf ~** *(Fin)* on credit • **~ aufnehmen** *(Bank)* borrow funds • **einen ~ aufnehmen** *(Fin)* contract a loan • **einen ~ aufschieben** *(RW)* defer a debt • **gegen ~** *(Gesch)* on account • **auf ~ verkaufen** *(V&M)* sell on credit
~ mit fester Laufzeit *(Bank)* fixed-term loan
Kreditaufnahme *f (Bank, Fin)* borrowing
Kreditausfall *m (Bank)* loan default, loan loss
Kreditausfallrisiko *n (Bank)* default risk, risk of default
Kreditausfallwahrscheinlichkeit *f (Bank)* probability of default

Kreditauskunft *f* 1. *(Bank)* banker's reference; 2. *(Fin)* credit information
Kreditbearbeitungsgebühr *f (Bank)* loan fee
Kreditbedarf *m (Bank, Fin)* borrowing [credit] requirements, credit demand
~ **der öffentlichen Hand** *(WiWi) (BE)* public sector borrowing requirement
Kreditbedingungen *fpl* 1. *(Bank)* terms of credit; 2. *(WiWi)* credit conditions
Kreditbeschränkung *f (Bank, Fin, WiWi)* credit rationing, credit squeeze
Kreditbetrag *m (Bank, Fin)* credit line, credit sum, loan amount • ~ **jederzeit verfügbar** *(Bank, AH, Fin)* credit amount available at any one time (caaot) *(Außenhandelsfinanzierung, foreign trade financing)*
Kreditbewertungsagentur *f (Fin)* credit rating agency, rating agency
Kreditbürgschaft *f (Fin)* loan guarantee
Kreditdrosselung *f (Bank, Fin, WiWi)* credit restriction, credit squeeze
Krediteinräumung *f (Bank)* credit granting
Krediteinschränkung *f (Bank, Fin, WiWi)* credit restriction
Kreditexpansion *f (WiWi)* domestic credit expansion
Kreditfähigkeit *f (Fin)* financial standing, borrowing potential
Kreditfazilität *f (Bank, Fin)* borrowing facility, credit facility
~ **zusammenstellen** *(Bank, Fin)* arrange a loan
kreditfinanziert *adj (Bö, Fin)* on margin
kreditfinanzierte Transaktion *f (Bank, Fin)* leveraged transaction
Kreditfinanzierung *f (Bank, Fin)* loan financing
Kreditforderungen *fpl (RW)* loan claims
Kreditgeber(in) *m(f) (Bank)* lender
Kreditgeschäft *n* **der Banken** *(Bank)* bank lending
Kreditgewährung *f (Bank)* granting of credit, lending
Kreditinanspruchnahme *f (Bank)* draw
Kreditinstitut *n* 1. *(Bank)* bank; 2. *(Fin)* credit institution, financial institution
Kreditkarte *f (Bank, Fin)* credit card
Kreditkartenaussteller *m (Fin)* credit card issuer
Kreditkarteninhaber(in) *m(f) (Bank, Fin)* cardholder, credit cardholder
Kreditkauf *m (V&M)* credit sale
Kreditklemme *f (Bank, Fin, WiWi)* credit crunch
Kreditknappheit *f (Bank, Fin, WiWi)* credit crunch, credit squeeze
Kreditkonditionen *fpl (Bank)* credit terms, terms of credit
Kreditkonto *n (Bank) (AE)* checking account, *(BE)* cheque account; credit account
Kreditkosten *pl (Gesch)* borrowing cost, borrowing fee
Kreditkunde *m (V&M) (BE)* charge buyer, *(AE)* credit buyer
Kreditlinie *f* 1. *(Bank)* credit [lending] line; 2. *(Fin)* line of credit
Kreditnachfrage *f (Bank)* credit demand, loan demand
Kreditoren *mpl (RW)* accounts payable, *(BE)* creditors
Kreditplafond *m (Bank)* credit ceiling
Kreditpolitik *f (Bank)* lending policy
Kreditportefeuille *n (Bö, Fin)* asset portfolio
Kreditrahmen *m (Bank, Fin)* credit facility
Kreditrestriktion *f (Bank, Fin, WiWi)* credit crunch, credit squeeze
Kreditrisiko *n* 1. *(Fin)* credit risk; 2. *(RW)* risk exposure; 3. *(V&M)* business [credit] risk
Kreditrückzahlung *f (Bank, Fin)* loan repayment
Kreditsachbearbeiter(in) *m(f) (Bank, Fin)* credit officer, lending officer, loan officer
Kreditsicherheiten *fpl (Fin)* collateral
Kreditüberwachung *f (Fin)* credit surveillance
Kreditvergabepolitik *f (Bank)* lending policy
Kreditverkehr *m (Bank, Fin, WiWi)* credit operations *(ZB)*
Kreditverknappung *f (Bank, Fin, WiWi)* restriction of credit, credit squeeze
Kreditversorgung *f* **der Wirtschaft** *(Bank, Fin)* credit supplied to the economy *(EZB)*
Kreditvertrag *m (Fin)* credit agreement
Kreditvolumen *n* 1. *(Bank)* loan portfolio; 2. *(Bö, Fin)* asset portfolio; 3. *(RW)* outstanding credits
Kreditwirtschaft *f (Bank)* banking industry
kreditwürdig *adj (Bank, Fin)* creditworthy, sound

Kreditwürdigkeit *f* 1. *(Bank, Fin)* creditworthiness, financial standing; 2. *(V&M)* credit standing
Kreditwürdigkeitsprüfung *f* 1. *(Bank)* credit analysis; 2. *(Fin)* credit rating [scoring]
Kreditzins *m (Bank)* lending rate
Kreditzinssatz *m (Bank)* bank lending rate, borrowing rate
Kreditzusage *f (Bank, Fin)* loan approval, loan authorization, credit commitment
Kreis *m* 1. *(Gesch)* circle; 2. *(Pol)* district, municipality
Kreislauf *m (WiWi)* circular flow
Kreuzpreiselastizität *f* **der Nachfrage** *(WiWi)* cross price elasticity of demand
Kriegskasse *f (jarg.) (Fin)* idle balance, *(AE)* war chest
Krise *f (Gesch)* crisis
krisenhafte Zuspitzung *f (Pol, WiWi)* crisis-like development, crisis-like proportions, critical situation
Krisenmanagement *n (Mgt)* crisis management
Krisenmanager *m (EDV, Gesch)* troubleshooter
Krisenplan *m (Fin, Mgt)* contingency plan
Kriterium *n (Gesch)* criterion, yardstick
Kritiker(in) *m(f) (Med)* critic
kritische Menge *f (V&M, WiWi)* critical mass
kritischer Bereich *m (Stat)* critical region
~ **Lagerbestand** *m (RW)* reorder point
~ **Pfad** *m* **[Weg** *m***]** *(Stat)* critical path *(Netzplan)*
~ **Wert** *m (Stat)* critical value
kritisieren *v (Gesch)* criticize, level criticism at
Kuhhandel *m (ugs.) (Pers, Pol)* horse trading
kühlen *v (Ind)* refrigerate
Kühlung *f (Ind)* refrigeration
Kulanz *f (Gesch)* fairness, accomodation *(von Bedingungen)*
Kulanzzahlung *f (Fin, Vers)* ex gratia payment
kultivieren *v (WiWi)* cultivate *(Landwirtschaft)*
kulturell *adj (Gesch)* cultural
Kulturschock *m (Gesch)* culture shock
Kulturwirtschaft *f (Med)* creative arts industry
kumulativ *adj (Bö, Fin, St)* cumulative
kumulative Steuer *f (St)* cumulative tax
kumulatives Einkommen *n (St)* cumulative income
kumulieren *v (Bö, Fin, St, Vers)* accumulate
kumulierter Schuldenstand *m (Bank)* accumulated stock of debt
Kumulierung von Risiken *(Vers)* accumulation of risk
kündbar *adj (Gesch)* terminable
kündbares Darlehen *n (Bank)* callable loan
Kunde *m (V&M)* client, customer, account
• **Kunden werben** *(V&M)* canvass
~ **höchster Bonität** *(Gesch)* blue-chip customer
Kundenabrechnung *f (RW)* customer accounting, customer billing
Kundenabteilung *f (V&M)* customer service
Kundenangaben gefertigt/nach *(Ind)* made-to-measure
Kundenbedürfnisse *npl (V&M)* customer needs
Kundenbestand *m (V&M)* customer base
Kundenbetreuer(in) *m(f) (V&M)* account manager
Kundenbetreuung *f* 1. *(Fin)* account management; 2. *(V&M)* customer care [support]
Kundenbindung *f (V&M)* customer relationship management *(CRM)*, customer relations management *(CRM)*
Kundendienst *m (V&M)* after-sales service, backup service, customer service, post-sales service
Kundendienstabteilung *f* 1. *(Ind)* maintenance department; 2. *(V&M)* customer service department
Kundendiensttechniker(in) *m(f) (Pers)* service engineer
Kundenfänger(in) *m(f) (Gesch)* tout
Kundenfirma *f (V&M)* client firm
Kundeninformation *f (V&M)* customer-information service
Kundenkreditkarte *f (Bank, V&M)* charge card
Kundennutzen *m (V&M)* customer value
kundenorientiert *adj (V&M)* customer-oriented
kundenorientierte Marketingpolitik *f (V&M)* client-led marketing policy
Kundenorientierung *f (V&M)* customer orientation

Kundenrabatt *m (V&M)* sales discount
Kundenservice *m (V&M)* customer service
kundenspezifisch *adj (V&M)* customized, tailor-made, made-to-order
Kundenstamm *m (V&M)* established clientele
Kundenunterstützung *f (V&M)* customer support
Kundenverlust *m (V&M)* loss of custom
Kundenvertrauen *n (V&M)* customer confidence *(in ein Produkt)*
Kundenwerber(in) *m(f) (V&M)* canvasser
Kundenwerbung *f (V&M)* canvassing
Kundenzufriedenheit *f (V&M)* customer satisfaction
kündigen *v* 1. *(Fin)* call in *(Kredit)*; 2. *(Gesch)* terminate *(Beschäftigungsverhältnis)*; annul *(Vertrag)*; 3. *(Recht)* terminate; 4. *(Gb)* give notice to quit *(Mieter)*; 5. *(Pers)* resign, sign off *(Arbeitnehmer)*; give [hand] in one's notice *(Stellung)* • **jmdm. ~** *(Pers)* dismiss sb, give sb his notice *(Arbeitgeber)*; hand in one's notice to sb *(Arbeitnehmer)*
Kündigung *f* 1. *(Gesch)* annulment *(eines Vertrags)*; termination *(Beschäftigung)*; 2. *(Gb)* notice to quit; 3. *(Pers)* resignation *(Arbeitnehmer)*; dismissal *(Arbeitgeber)*; 4. *(Recht)* termination
Kündigungsfrist *f (Pers)* period of notice, notice period
Kündigungsgrund *m (Pers)* grounds for dismissal
Kündigungsschreiben *n (Mgt, Pers) (AE)* pink slip, *(BE)* redundancy letter
Kündigungsschutz *m* 1. *(Bö)* call protection *(Anleiheemissionen)*; 2. *(Pers, Recht)* protection against wrongful dismissal *(Arbeitsrecht)*
Kündigungsschutzbestimmungen *fpl (Pers, Soz)* dismissal provisions, dismissal protection, provisions for dismissal protection, protection against dismissal
künstlich *adj* 1. *(Gesch)* artificial; 2. *(Ind)* man-made
künstliche Intelligenz *f (Gesch)* artificial intelligence, AI
künstliches Veralten *n (V&M)* artificial obsolescence
Kunststoffe *mpl (Ind, Umw)* plastics
Kupon *m (Bö, V&M)* coupon • **ohne ~** *(Bö, Gesch)* ex coupon
Kuponsteuer *f (St)* dividend withholding tax, coupon tax
Kuppelprodukte *npl (WiWi)* joint products
Kurs *m* 1. *(Bö)* (quoted) price, rate; 2. *(Mgt, Pers, Soz)* course *(Lehrgang)*; 3. *(WiWi)* price *(Wertpapiere)* • **einen ~ haben von** *(Bö)* trade at • **~ einschließlich aufgelaufener Zinsen** *(Fin)* flat • **Kurse sind niedriger notiert worden** *(Bö)* prices have been marked down
Kursabschlag *m (AH)* backwardation
Kursabschwächung *f (Bö)* decline
Kursauftrieb *m (Bö)* price surge
Kursblatt *n (Bö)* stock list, daily official list, *(AE)* pink sheets, *(BE)* Stock Exchange Official List
Kursdifferenz *f* 1. *(Bö) (AE)* tail; 2. *(AH, WiWi)* exchange differences
Kurseinbruch *m (Bö)* break, *(AE)* market plunge
Kurseinsturz *m (Bö)* market slump
Kursentwicklung *f (Bö)* price move [trend]
Kursgefälle *n (Bö)* price differential
Kursgewinn *m (Bö)* appreciation, gain
Kursgewinnverhältnis *n* 1. *(Fin)* price-earnings ratio, P/E ratio; 2. *(RW)* price-earnings multiple
kursieren *v (Komm)* circulate *(Nachrichten)*
Kursindexniveau *n (Bö)* price index level
Kurskorrektur *f (WiWi)* change of stance, policy adjustment, course correction
Kurslimit *n (Bö)* price limit
Kursmakler(in) *m(f) (Bö)* broker-dealer
Kursmanipulation *f (Bö)* market rigging
Kursnotierung *f* 1. *(Bö)* quoted price, share quotation; 2. *(AH, WiWi)* foreign exchange table
Kursparität *f (Bank)* parity of exchange
Kursrisiko *n (Bank)* price risk
kursrisikofrei *adj (Bank)* carrying no price risk
Kursrückgang *m* 1. *(Bö)* decline; 2. *(WiWi)* depreciation
Kursspanne *f* 1. *(Bö)* trading range; 2. *(WiWi)* exchange differences
Kurssteigerung *f (Bö)* appreciation, price advance
Kurssturz *n (Bö, Fin)* plunge
Kursstützungsniveau *n (Fin, WiWi)* price support level
Kurstendenz *f (Fin)* price trend
Kursverlust *m (Bö)* price loss

Kursvolatilität *f (Bö)* price volatility
Kurswert *m (Bö, Fin)* market value
kurswertgewichteter Index *m (Bö)* market-value-weighted index
Kurve *f* **gleicher Produktion** *(WiWi)* product indifference curve
kurz *adj (Gesch)* brief, short, concise, summary, condensed *(gedrängt)* • **von kurzem Bestand** *(Gesch)* short-lived
kurz *adv (Gesch)* briefly • **~ zusammenfassen** *(Gesch)* summarize
Kurzarbeit *f (Pers)* short-time working *(Auftragsmangel)* • **~ leisten** *(Pers)* be on short time
kurzarbeiten *v (Pers, Soz)* work short-time, be on short time
Kurzarbeiter(in) *m(f) (Pers, Soz)* worker on short time, short-time worker, partially unemployed worker
Kurzbericht *m (Gesch)* condensed report, brief, summary (report)
kurze Frist *f (Gesch)* short notice
kurze Kapitaldecke *f/***zu** *(Fin)* low-geared capital
Kürzel *n (Gesch)* acronym
kürzen *v* 1. *(Bö)* shorten; 2. *(Fin)* cut; 3. *(Gesch)* truncate, prune, whittle [pare] down *(Kosten)*
kurzer Dateiname *m (EDV)* short filename, 8.3 filename
Kurzfassung *f (Gesch)* abstract, summary
kurzfristig *adj (Gesch)* short-term, short-range, short-dated
kurzfristig *adv (Gesch)* in the short run [term] • **~ lieferbar [verfügbar]** *(Gesch)* available at short notice
~ fälliger Wechsel *m (Fin)* short bill, SB
kurzfristige (hochliquide) Anlagen *fpl (Bö)* near cash
~ Einlage *f (Bank, Bö)* bank demand deposit, short-term deposit
~ oder einmalige Maßnahmen *fpl (Bank)* short-term or one-off measures *(EZB)*
~ Planung *f (Fin, Mgt)* short-range planning, short-term planning
kurzfristiger Fälligkeitstermin *m (Bö)* short-range maturity date
~ Kredit *m (Bö, Fin)* short credit, short loan
kurzfristiges Darlehen *n (Bank)* call loan, accommodation (loan)
~ Ziel *n (Gesch)* short-term objective
~ Zinsrisiko *n (Bö)* short-term interest rate risk
Kurzfristorientierung *f (Bank, Fin)* short-termism
Kurzfristplanung *f (Fin, Mgt)* short-term planning
kurzlebig *adj (Gesch)* transient, short-lived
kurzlebige Konsumgüter *npl* **[Verbrauchsgüter** *npl***]** 1. *(V&M)* perishables, nondurable goods, nondurables; 2. *(WiWi)* soft goods
kurzsichtig *adj (Gesch)* short-sighted
Kürzung *f* 1. *(Bö)* shortening; 2. *(Fin)* cut; 3. *(Gesch)* cut, pruning, whittling down, paring down, truncation, abatement *(von Kosten)*
Kurzzeitplanung *f (Fin, Mgt)* short-range planning
Kybernetik *f (Gesch)* cybernetics

L

Lade... *(Gesch, Trans)* cargo, load, stowage, loading
Ladehafen *m (AH, Trans)* port of lading, loading port
Laden *m (V&M) (BE)* shop, *(AE)* store
laden *v* 1. *(EDV)* download, load *(Programm)*; 2. *(Recht)* issue a summons
Ladenaufsicht *f (V&M)* floorwalker
Ladendiebstahl *m (V&M)* shoplifting, *(ugs.)* shrinkage
Ladeninhaber(in) *m(f) (V&M) (BE)* shopkeeper, *(AE)* storekeeper
Ladenkasse *f (Gesch, V&M)* till
Ladenpreis *m (Gesch, V&M)* published price
Ladenschlussgesetz *n (Recht, V&M)* Shop Closing Hours Act, store closing law, shop closing law
Ladenschlusszeiten *fpl (Gesch) (BE)* shop closing times, *(AE)* store closing times
Ladentisch *m (Gesch)* counter
Ladenverkauf *m (V&M)* retail sale
Ladeschein *m* 1. *(AH)* bill of lading, shipping note; 2. *(Trans)* bill of lading, consignment note, certificate of shipment, shipping note
Ladung *f* 1. *(Ind)* batch; 2. *(Recht)* (writ of) summons, service of a writ; 3. *(Trans)* cargo, lading, load, disembarkation

Ladungskapazität *f (Trans)* cargo capacity

Ladungsverzeichnis *n (AH)* manifest • **im ~ anzeigen** *(AH)* manifest

Lag *m (WiWi)* lag

Lage *f (Gesch)* position, situation, status • **bei derzeitiger ~ der Dinge** *(Gesch)* in the present state of affairs • **in der ~ sein zu** *(Gesch)* be in a position to • **nach ~ der Dinge** *(Gesch, Recht)* under the circumstances • **die ~ prüfen** *(Gesch)* size up the situation

~ **des Tagungsortes** *(Mgt)* conference site location

Lagebericht *m* 1. *(Fin)* annual [financial] report; 2. *(Gesch)* situation report, status report

Lager *n* 1. *(Gesch)* stock, stockpile, storage, storehouse, warehouse, storeroom; 2. *(AH)* warehouse, storeroom; 3. *(Ind)* storage; 4. *(Trans)* stockpile, storage, warehouse; 5. *(Verw)* repository • **ab ~** *(AH, Trans)* ex warehouse, x-warehouse • **auf ~ haben** *(V&M)* in stock, to be in stock • **~ abbauen** *(WiWi)* liquidate inventory • **~ auffüllen** *(WiWi)* restock • **nicht auf ~** *(V&M)* out of stock

Lagerbestand *m (Gesch)* goods on hand

~ **im Fertigungsbereich** *(Ind)* manufacturing inventory

Lagerbestände *mpl (RW)* inventory stocks • **~ nach Alter aufstellen** *(RW)* age stocks • **seine ~ aufstocken** *(Gesch)* replenish one's stocks

Lagerbeständigkeit *f (V&M)* shelf life

Lagerbestandsbewertung *f* 1. *(Gesch)* stock valuation; 2. *(RW)* inventory pricing

Lagerbestandskontrolle *f* 1. *(Gesch)* reserve-stock control; 2. *(RW)* inventory control

Lagerbestandsverzeichnis *n (Ind, RW)* inventory

Lagerbestandswechsel *m (V&M)* stock rotation

Lagerbuchhaltung *f (RW)* store accounting

Lagerempfangsschein *m (Gesch, Trans)* warehoue receipt, W/R

Lagerentnahme *f (RW, Verw)* withdrawal from stocks

Lagerfinanzierung *f (RW)* inventory financing

Lagerfläche *f* 1. *(Gesch)* storage area; 2. *(V&M)* shelf space

Lagergebäude *n* 1. *(Gesch)* storehouse, warehouse; 2. *(V&M)* warehouse

Lagergebühren *fpl (Gesch, Trans)* storage charges

Lagerhaltung *f* 1. *(Gesch)* storage; 2. *(AH)* warehousing; 3. *(Ind)* storage, warehousing; 4. *(Mgt)* inventory management; 5. *(WiWi)* stockholding

Lagerhaltungszyklus *m (WiWi)* inventory cycle

Lagerhaus *n* 1. *(Gesch)* storehouse, warehouse; 2. *(AH, Trans, V&M)* warehouse

Lagerkapazität *f (Gesch)* storage capacity

Lagerkontrolle *f* 1. *(RW)* inventory control, stock control; 2. *(WiWi)* stock control

Lagerkosten *pl (Gesch)* storage charges

Lagerliste *f (Gesch)* stock sheet

lagern *v (Gesch, Ind, Trans)* store *(Fracht, Waren)*

Lagerquittung *f (Gesch, Trans)* warehoue receipt *(W/R) (Lagerempfangsschein)*

Lagerschein *m* 1. *(AH)* bill of store, warehouse receipt; 2. *(Recht, Trans, V&M)* warehouse receipt, warehouse warrant

Lagerspesen *pl* 1. *(Gesch)* storage charges; 2. *(AH)* warehouse charges

Lagerstätte *f (Ind, Umw)* deposit

Lagerumsatz *m (Ind, RW, WiWi)* stock turnover

Lagerumschlag *m* 1. *(Gesch, Ind)* stock turnover; 2. *(RW)* inventory [stock turnover, turnover]

Lagerumschlagsrate *f (Ind)* stock turn, inventory turnover rate

Lagerung *f* 1. *(Gesch)* storage; 2. *(Ind, Trans)* storage, warehousing

~ **von Abfall** *(Umw)* waste dumping

Lagerungsgebühren *fpl (Gesch, Trans)* warehouse charges

Lagerverwalter *m (Gesch)* storekeeper, storeman, warehouse keeper, warehouseman, *(AE)* stockman

Lagerverwaltung *f (V&M)* stock management

Lagerwirtschaft *f (RW)* inventory [stock] control

Lagerzugang *m (Verw)* addition to stock

Lag-Reaktion *f (WiWi)* lag response

lahmend *adj (Bö, Gesch)* depressed

Laisser-faire-Führungsstil *m (Pers)* free-rein leadership
Laisser-faire-Liberalismus *m (WiWi)* laisser-faire economy
Land *n (AH, Pol, Trans, WiWi)* country
~ **in Anwartschaft** *(Recht)* land in abeyance
~ **mit Meistbegünstigungsstatus** *(WiWi)* most favo(u)red nation
Landbesitzer(in) *m(f) (Gb)* landowner
Länder *npl* **im Wartestand** *(ugs.) (Pol)* pre-ins *(noch nicht zum Eurogebiet gehörende EU-Staaten)*
Länder *npl* **in der Warteschleife** *(ugs.) (Pol)* pre-ins *(noch nicht zum Eurogebiet gehörende EU-Staaten)*
Länderbericht *m (WiWi)* country report
Ländercode *m (Bank)* country code
Ländergruppe *f (V&M)* group of countries
Länderrisiko *n* 1. *(Bö)* country exposure; 2. *(Fin)* country risk; 3. *(WiWi)* country exposure
Landesbank *f (Bank)* regional bank
Landesgrenze *f (AH, Pol)* national boundary
Landesplanung *f (Gesch)* regional planning
landesspezifisch *adj (WiWi)* country-specific
Landeswährung *f (WiWi)* national [domestic, local] currency
landesweit *adj (Gesch)* nationwide
ländliche Gemeinde *f (WiWi)* rural community
ländliches Gebiet *n (WiWi)* rural area
Landschaftsschutzgebiet *n (Umw)* environmentally sensitive zone
Landwirtschaft *m (Gesch)* agriculture
landwirtschaftlich *adj (WiWi)* agricultural
landwirtschaftlicher Großbetrieb *m (WiWi)* large-scale farming
~ **Mischbetrieb** *m (WiWi)* mixed farming
~ **Pächter** *m (Vers, WiWi)* agricultural tenant
~ **Pachtvertrag** *m (Gb)* farm tenancy
~ **Sektor** *m* 1. *(Ind)* rural sector; 2. *(WiWi)* agricultural sector
landwirtschaftliches Erzeugnis *n (WiWi)* agricultural product
Landwirtschaftskredit *m (Bank)* agricultural loan
Landwirtschaftslobby *f (Pol)* farm lobby, farming lobby
lang *adj (Gesch)* long • **mit langer Laufzeit** *(Vers)* long-term • **auf lange Sicht** *(Gesch)* in the long run
Länge *f (Gesch, Trans)* length
langer Dateiname *m (EDV)* long filename
~ **Konjukturzyklus** *m (WiWi)* long wave
langfristig *adj (Gesch)* long-term, permanent • ~ **gesehen** *(Bank, Gesch, Vers)* in the long run [term]
langfristige Anlagen *fpl* **des Finanzvermögens** *(Fin)* long-term financial investments
~ **Anleihe** *f (WiWi)* long-term bond
~ **Finanzanlage** *f (RW)* long-term financial investment
~ **Planung** *f (Gesch)* long-range planning, long-term planning
~ **Schuldtitel** *mpl (Bö)* longs
~ **Schuldverschreibung** *f (Bö)* long bond
~ **Verbindlichkeit** *f* 1. *(Fin)* funded debt, long-term liability; 2. *(RW)* long-term liability
~ **Verpflichtung** *f* 1. *(Fin)* funded debt; 2. *(RW)* funded debt, long-term liability; 3. *(Recht)* long-term obligation
langfristiger Geschäftsplan *m (Gesch, Mgt)* strategic plan
~ **Kredit** *m* 1. *(Bö, Fin)* funded debt; 2. *(RW)* long-term credit
~ **Trend** *m (Gesch)* long-term trend
langfristiges Darlehen *n (Bank)* fixed loan, long-term loan
~ **Darlehen** *n* **mit Höchstzinssatz** *(Bö)* cap rate loan
~ **Ziel** *n (Gesch)* long-term objective, strategic goal
Langfristorientierung *f (Fin)* long-termism *(von Anlagen)*
Langfristplanung *f (Gesch)* long-range planning
Langläufer *m (Bö)* long bond
langlebig *adj (Gesch)* durable, made-to-last
langlebige Gebrauchsgüter *npl (V&M)* consumer durables, durables *(dauerhafte Konsumgüter)*
langsamer Anstieg *m (Bö)* slow rise
~ **Rückgang** *m (Bö)* slow decline
Längsschnittreihe *f (Stat)* longitudinal data
Längsseite *f (AH, Trans)* broadside *(shipping)* • **frei** ~ **Schiff** *(AH, Trans)* free alongside ship, FAS *(Incoterms)*
längsseits Schiff *(Trans)* alongside ship
Langzeit... *(Gesch, WiWi)* long-term, long-range

Langzeitarbeitslose *(Pers, WiWi)* long-term unemployed *(Arbeitsmarkt)*
Langzeitmieter *m (Gb)* anchor tenant
Langzeitplanung *f (Mgt)* long-range planning
Lärmemission *f (Umw)* noise emission
Lärmisolierung *f (Umw)* noise insulation
Lärmpegel *m (Umw)* noise level
Laspeyres-Preisindex *m (WiWi)* Laspeyres index
Last *f* 1. *(Fin)* burden; 2. *(Trans)* load; 3. *(WiWi)* burden • **zu Lasten von** 1. *(Bank)* charged to, account of; 2. *(Gesch)* to the disadvantage of; 3. *(RW)* debited to
last-in-first-out *(Pers)* last in first out, LIFO
Lastkraftwagen *m (Trans)* heavy goods vehicle, *(BE)* lorry, *(AE)* truck
Lastschrift *f* 1. *(Bank)* debit entry; 2. *(Bö)* debits; 3. *(Fin)* debit; 4. *(RW)* debit entry, debit
Lastschriftanzeige *f (Gesch)* debit note
Lastwagen *m (Trans) (BE)* lorry, *(AE)* truck
latente Arbeitslosigkeit *f (WiWi)* concealed unemployment
~ **Nachfrage** *f (V&M)* latent demand
~ **Steuer** *f (St)* deferred tax, latent tax
laufen *v (EDV)* run *(Programm)* • **am Laufen halten** *(Gesch)* keep afloat
laufend *adj (Gesch)* ongoing, standing • **auf dem Laufenden** *(Gesch)* au fait, up-to-date • **auf dem Laufenden sein mit** *(Gesch)* be abreast of, be au fait with, be up-to-date on • **auf dem Laufenden halten** *(Verw)* keep up to date *(Ablage)*
laufend *adv (Verw)* constantly, continuously
laufende Arbeit *f (Gesch, RW, WiWi) (AE)* work in process, *(BE)* work in progress
~ **Ausgaben** *fpl* 1. *(Fin)* current expenditure, running expense; 2. *(WiWi)* current spending
~ **Instandhaltungskosten** *pl (Gb)* maintenance costs
~ **Kontrolle** *f (Gesch)* routine check
~ **Kosten** *pl* 1. *(Fin)* overheads, running expense; 2. *(Gesch)* running cost, running expense; 3. *(RW)* continuing cost, current cost, overheads
~ **Nachfrage** *f (V&M)* current demand
~ **Pflichten** *fpl (Gesch)* routine duty
~ **Prüfung** *f (RW)* continuing audit
~ **Verzinsung** *f (Bank, Fin)* current yield, current rate, flat rate
~ **Wartung** *f (Gesch)* routine maintenance
laufender Verlust *m (Fin, Gesch)* ongoing loss
laufendes Geschäftsjahr *n (Fin)* current business year
~ **Jahr** *n (Gesch)* current year
~ **Konto** *n (Bank) (AE)* checking account, *(BE)* cheque account, *(BE)* current account
Laufzeit *f* 1. *(Bank)* term; 2. *(Bö)* life; 3. *(EDV)* runtime; 4. *(Fin)* period of redemption; 5. *(Gesch)* operation time, period; 6. *(RW)* currency; 7. *(WiWi)* length of time to maturity, running time, maturity band
Laufzeiteninkongruenz *f (Bank)* maturity mismatch, mismatched maturity
Laufzeitentransformation *f (Fin)* maturity transformation
Laufzeitstruktur *f (Fin)* term structure
laut *(Gesch)* according to • ~ **Anzeige von** *(Gesch)* as per advice from [of] • ~ **Avis von** *(Gesch)* as per advice from [of] • ~ **Kontoauszug** *(Bank)* as per statement • ~ **Übereinkunft** *(Gesch)* as per agreement
lauterer Wettbewerb *m (Recht, WiWi)* fair competition
LBO *s.* Leveraged Buy-out
Leasing *n (Gesch, Gb)* leasing *(Miete, Pacht)*
Leasinggeber *m (Fin, Gesch)* lessor *(Gegensatz: lessee)*
Leasinggesellschaft *f* 1. *(Gesch)* lease company, leasing company; 2. *(Gb)* leasing company
Leasingnehmer *m (Fin)* lessee *(Gegensatz: lessor)*
Leasingvertrag *m (Fin, Gesch)* leasing agreement
Leasingzahlungen *fpl (Fin, Gesch)* leasing charges
lebendes Inventar *n (Gesch)* livestock *(Landwirtschaft)*
Lebensarbeitszeit *f (Soz)* the number of years people work, number of hours worked during working life
Lebenserwartung *f* **(eines Produktes)** *(V&M, Vers)* (product) life expectancy
lebensfähig *adj (Fin, Gesch)* viable
lebensfähiges Unternehmen *n***/nicht** *(Gesch)* non-viable enterprise; *(ugs.)* lame duck

Lebensfähigkeit *f (Gesch)* viability
Lebenshaltung *f (Gesch, Soz, WiWi)* cost of living
Lebenshaltungsindex *m (Gesch, Soz, WiWi)* cost-of-living index
Lebenshaltungskosten *pl* 1. *(Gesch, Soz)* living expenses; 2. *(WiWi)* cost of living
lebenslänglicher Nießbrauch *m (Fin)* life interest
~ **Nießbraucher** *m (Gb)* life tenant
lebenslängliches Pachtrecht *n (Gb)* life tenancy
Lebenslauf *m (Pers, Verw) (BE)* curriculum vitae, CV, *(AE)* résumé
Lebensmittel *npl (Gesch)* foodstuffs
Lebensmitteleinzelhandel *m (V&M)* food retailing
Lebensmittelgeschäft *n (V&M)* food store, grocery
Lebensmittelkette *f (WiWi)* food chain
lebensnotwendige Güter *npl (V&M)* necessities
Lebensqualität *f (WiWi)* quality of life
Lebensrente *f (Pers, Vers)* life annuity
Lebensstandard *m (WiWi)* standard of living
Lebensstil *m (Gesch, V&M)* lifestyle
Lebensstilkonzept *n (V&M)* lifestyle concept
Lebensunterhalt *m* 1. *(Gesch)* livelihood, *(ugs.)* bread; 2. *(Soz)* subsistence • **seinen ~ verdienen** 1. *(Gesch)* earn one's keep; 2. *(Pers, Soz)* work for a living; 3. *(WiWi)* earn [make] a living
Lebensversicherung *f (Vers) (BE)* assurance, *(BE)* life assurance, *(AE)* life insurance
~ **auf den Todesfall** *(Vers) (BE)* assurance payable at death, *(AE)* insurance payable at death; whole-life assurance [insurance]
~ **auf den Todes- und Erlebensfall** *(Vers)* endowment life assurance
Lebensversicherungspolice *f (Vers) (BE)* life assurance policy, *(AE)* life insurance policy
Lebensversicherungsprämie *f (Vers)* life insurance premium
Lebenszyklus (eines Produktes) *(V&M)* (product) life cycle
Lebesmittelvorrat *m (WiWi)* food supply
lebhaft *adj* 1. *(Bö)* brisk, active *(Handel)*; 2. *(V&M)* active; 3. *(WiWi)* brisk, buoyant
lebhaft *adv* 1. *(Fin)* actively; 2. *(Gesch)* briskly • ~ **gehandelt** *(Bö)* active, actively traded, heavily traded glamo(u)r stock
~ **gefragte Aktien** *fpl (Bö)* glamo(u)r issue
lebhafter Handel *m* 1. *(Bö)* broad market, active dealings, active trading; 2. *(V&M)* active trading
ledig *adj (Recht, St)* single
leeres Wertpapier *n (Bö)* stripped security
Leerlauf/im *(Trans)* down, idle
Leerlaufzeit *f (EDV)* idle time
Leerverkauf *m (Bö)* bear sale, going short, short, selling short • **Leerverkäufe abschließen** *(Bö)* sell a bear, sell short
Leerverkaufsposition *f (Bö)* short position
Leerzeit *f (Verw)* idle time
Legalisierung *f (Pol)* legalization
Legislative *f (Recht)* legislature
legitim *adj (Gesch, Recht)* legitimate
Lehrbeauftragte(r) *f(m) (Pers)* lecturer
Lehrbetrieb *m* 1. *(Gesch)* training company, training establishment; 2. *(Pers)* teaching activity, teaching
Lehre *f (Pers, WiWi)* apprenticeship • **bei jmdm. in die ~ gehen** *(Pers)* be apprenticed to sb
Lehrgang *m (Pers)* course
Lehrgangsgebühr *f (Pers)* course fee, training fee
Lehrinhalte *mpl (Pers)* content of teaching
Lehrling *m (Pers, WiWi)* apprentice
Lehrlingsausbildung *f (obs) (Pers)* apprenticeship training
Lehrstelle *f (Pers)* apprenticeship [trainee] place
Lehrtätigkeit *f (Pers)* teaching activity, teaching, lecturing
Lehrvertrag *m (Pers)* training contract, apprenticeship contract
Lehrwerkstatt *f (Pers)* training workshop, trainee workshop, apprentice workshop
leicht *adj* 1. *(Gesch)* easy, light, slight; 2. *(Trans)* light
~ **liquidierbare Einlagen** *fpl (WiWi)* near money
~ **verderbliche Güter** *npl (Gesch, WiWi)* perishable goods
~ **verderbliche Waren** *fpl (Gesch, WiWi)* perishable goods, perishables
~ **verdientes Geld** *n (WiWi)* easy money

Leichtmetallindustrie *f (Ind)* light metals industry, *(BE)* aluminium industry, *(AE)* aluminum industry
leiden *v (Gesch, Pers, WiWi)* suffer
leidenschaftlich *adj (Gesch)* passionate, heated *(Debatte)*
Leiharbeit *f (Pers)* temporary work *(via employment agencies)*, temporary employment, supply of temporary workers *(by employment businesses/agencies)*, hiring-out of labo(u)r
Leiharbeitnehmer(in) *m(f) (Pers)* temporary worker *(supplied by an employment business)*, agency worker
Leiharbeitsfirma *f (Pers)* temporary employment business, temporary employment agency, temporary employment bureau, *(AE)* temporary help agency
Leiharbeitsunternehmen *n (Pers)* temporary employment business, temporary employment agency, temporary employment bureau, *(AE)* temporary help service, *(AE)* temporary help agency
leihen *v* **von** *(Bank)* borrow from
Leihhaus *n (Fin)* pawnshop
leisten *v (Gesch)* provide *(Hilfe)* • **einen Beitrag ~** *(Gesch)* make a contribution • **sich etw. ~ können** *(WiWi)* be able to afford to buy sth
Leistung *f* 1. *(Gesch)* service, achievement, output, performance; 2. *(Ind)* power; 3. *(Pers)* accomplishment, achievement; 4. *(RW, V&M)* performance • **Leistung beanspruchen** *(Soz)* claim benefit *(Unterstützungszahlungen)* • **Leistung bewilligen** *(Soz)* grant benefit • **~ erbringen** *(Gesch)* perform
~ **pro Kopf/Stunde** *(Ind)* output per head/-hour
Leistungen *fpl (Soz, Vers)* benefits • **~ beantragen** *(Soz)* claim benefits *(Unterstützungszahlungen)* • **~ beziehen** *(Soz)* draw benefits
Leistungsanreiz *m (Pers, WiWi)* incentive, inducement
leistungsberechtigt *adj (Soz)* entitled to benefit, entitled to benefits, eligible for benefit, eligible for benefits • **~ sein** *(Soz)* be eligible for benefit, be entitled benefit, qualify for benefit
Leistungsberechtigte(r) *f(m) (Soz)* beneficiary
Leistungsberechtigung *f (Soz)* entitlement to benefits, benefit entitlement, eligibility
Leistungsbereitschaft *f (Pers)* motivation, willingness to achieve sth, readiness to achieve sth
Leistungsbetrug *m (Soz)* benefit fraud, social security benefit fraud, fraudulent benefit claims
Leistungsbeurteilung *f* 1. *(Gesch)* merit rating; 2. *(Mgt, Pers)* personnel rating, performance appraisal [review, evaluation], merit rating
Leistungsbeurteilungsgespräch *n (Pers)* performance appraisal interview
Leistungsbewertung *f* 1. *(Fin)* performance rating; 2. *(Gesch)* merit rating; 3. *(Mgt, Pers)* performance appraisal [evaluation, review], personnel rating, merit rating
leistungsbezogene Bezahlung *f (Pers)* incentive pay, performance-related pay, profit-related pay
Leistungsbilanz *f (WiWi)* balance on current account, current account
Leistungsbilanzungleichgewicht *n (WiWi)* current account imbalance, current account disequilibrium *(ZB)*
Leistungsdauer *f (Soz, Vers)* indemnity period
Leistungseinstufung *f (Fin)* performance rating
Leistungsempfänger(in) *m(f) (Soz)* person in receipt of benefit, person drawing benefit, recipient of benefit, benefit recipient, claimant, beneficiary
leistungsfähig *adj (Gesch, WiWi)* efficient
Leistungsfähigkeit *f* 1. *(Gesch)* ability, efficiency; 2. *(Pers)* capability; 3. *(WiWi)* efficiency
Leistungsfähigkeitsprinzip *n (St, WiWi)* ability-to-pay principle
Leistungsgarantie *f* 1. *(Gesch)* contract bond, performance bond; 2. *(V&M)* performance guarantee
Leistungsgradschätzen *n (Ind, Pers)* performance rating
leistungshemmender Effekt *m (WiWi)* disincentive effect
Leistungshemmnis *n (WiWi)* disincentive
Leistungskontrolle *f (Mgt, Pers)* performance monitoring
Leistungskraft *f (WiWi)* efficiency

Leistungslohn *m* 1. *(Pers)* performance-related pay, profit-related pay, incentive wage, incentive pay, wage incentive, payment by results, merit pay *(Arbeitsentgelt nach Leistung)*; 2. *(WiWi)* efficiency wage
Leistungslohnsystem *n (Mgt, Pers)* incentive pay scheme
Leistungsminderung *f (Recht)* impairment of performance
Leistungsmotiv *n (Mgt, Pers)* achievement motive
Leistungsniveau *n (Soz)* ability level
leistungsorientiert *adj (Pers)* achievement-oriented, performance-oriented
leistungsorientierte Bezahlung *f (Pers)* performance-related pay, performance pay
~ **Person** *f (Pers)* over-achiever
Leistungspflichtige(r) *f(m) (WiWi)* contributor
Leistungsprämie *f* 1. *(Fin)* performance bonus; 2. *(Ind)* production bonus
Leistungsprinzip *n (Pers)* performance principle
Leistungsprovision *f (V&M)* incentive commission
Leistungsprüfung *f (Ind)* performance testing
leistungsschwache Person *f (Pers)* low achiever
Leistungsstandard *m (RW)* performance standard
leistungsstark *adj (Gesch)* powerful
Leistungsstörung *f (Recht)* impairment of performance *(Verträge)*
Leistungstest *m (Pers)* achievement test, performance test
Leistungstransaktion *f (WiWi)* current-account transaction *(ZB)*
Leistungsüberprüfung *f (RW)* performance review
Leistungsüberwachung *f (Gesch, Mgt, Pers)* performance monitoring
Leistungs- und Kapitalverkehr *m (WiWi)* current and financial transactions *(ZB)*
Leistungsvermögen *n* 1. *(Gesch)* potential, capability; 2. *(Pers)* capability; 3. *(WiWi)* efficiency
Leistungsverweigerung *f (Recht)* refusal to fulfil(l) an obligation
Leistungsziel *n (Mgt)* performance target
Leistungszulage *f* 1. *(Pers)* incentive bonus; 2. *(WiWi)* proficiency pay
Leit... *(EDV, Gesch, Med, WiWi)* key, leader, major, central
leiten *v* 1. *(Gesch)* be in charge of, lead, manage; 2. *(Mgt)* manage, direct *(Organisation)*; 3. *(Recht)* head *(Untersuchung)*; 4. *(Trans)* route
leitend *adj* 1. *(Gesch)* executive, senior; 2. *(Mgt)* managerial; 3. *(Pers, Verw)* managing
leitende(r) Angestellte(r) *f(m)* 1. *(Gesch)* executive; 2. *(Mgt, Pers)* executive, general manager, senior executive
~ **Direktor** *m* 1. *(Mgt)* managing director; 2. *(Pers)* general manager, chief executive
Leiter(in) *m(f)* 1. *(Fin)* comptroller, controller; 2. *(Mgt)* manager; 3. *(Pers)* manager, director *(einer Abteilung)*
~ **der volkswirtschaftlichen Abteilung** *(Gesch)* chief economist
Leitkurs *m (WiWi)* central rate
Leitsatz *m (Gesch)* governing principle
Leitung *f* 1. *(Gesch, Pers)* leadership, management; 2. *(Verw)* administration • **die ~ einer Firma übernehmen** *(Gesch)* take administrative control of a company • **die ~ übernehmen** *(Gesch)* take over
~ **eines Unternehmens** *(Mgt)* corporate management
Leitungsaufbau *m (Mgt)* management structure
Leitungsebene *f (Pers)* management level, level of management
Leitungskompetenz *f (Mgt)* executive [management] competence
Leitungsorgan *n (Mgt, Recht)* managing [governing] body
Leitungsverantwortung *f (Mgt)* accountability in management
Leitwährung *f (WiWi)* key currency
Leitweg *m (Gesch)* routing
Leitzins *m* 1. *(Bank, Fin)* base [key] lending rate; 2. *(WiWi)* key (interest) rate, base lending rate
Leitzinssatz *m* 1. *(Fin)* prime lending rate; 2. *(WiWi)* key rate
lenken *v* 1. *(Fin)* regulate; 2. *(Gb, Recht)* steer; 3. *(WiWi)* regulate
Lenkungsausschuss *m (Bank, Fin)* steering committee

Lernen *n (Soz)* learning, study
lesen *v* 1. *(EDV)* read, view *(Bildschirm)*; 2. *(Gesch)* read
Leser(in) *m(f) (EDV, Med, V&M)* reader
Leserprofil *n (V&M)* readership profile
Leserschaft *f (Med)* readership *(einer Zeitung)*
letzte *adj (Gesch)* final, last • **in letzter Instanz** *(Gesch)* as a last resort • **in den letzten Jahren** *(Gesch)* in recent years • **während des letzten Jahrzehnts** *(Gesch)* over the last decade
~ **Warnung** *f (Pers)* final warning
letzter Ausweg *m (Gesch)* last resort
~ **Handelstag** *m (Bö)* final trading day, last day of trading, last trading day
~ **Kündigungstag** *m (Pers)* last notice day
~ **Stand** *m (Gesch)* status
~ **Wille** *m* **und letztes Testament** *n (Recht)* last will and testament
letztinstanzlicher Geldgeber *(Bank, Fin, WiWi)* lender of last resort
~ **Kreditgeber** *m (Bank)* lender of last resort
Leumund *m (Gesch)* reputation
Leverage *f (Bö, Fin) (BE)* gearing, *(AE)* leverage
Leveraged Buy-out *m (Fin)* leveraged buy-out, LBO
Leverage-Effekt *m (Fin)* leverage effect *(Fremdkapitalaufnahme und Eigenkapitalrentabilität)*
Leverage-Kennziffer *f (Fin)* debt ratio, financial leverage ratio
liberale Handelspolitik *f (WiWi)* liberal trade policy
Liberalisierung *f* **des Handels** *(Gesch, Recht, WiWi)* liberalization of trade, trade liberalization
LIBOR *s.* Londoner Interbankangebotssatz
Liebhaberei *f* 1. *(Gesch)* hobby, favo(u)rite pastime; 2. *(St)* hobby
Liefer... *(Gesch)* delivery, supply
Lieferangebot *n (Gesch)* offer to supply (goods), tender
Lieferanspruch *m (Gesch, Recht)* delivery right
Lieferant *m* 1. *(Gesch, Pers)* contractor; 2. *(WiWi)* provider, supplier
Lieferantenkredit *m (AH)* supplier credit
Lieferauftrag *m (Trans)* delivery order
lieferbar *adj* 1. *(Bö)* deliverable; 2. *(Gesch)* available; 3. *(V&M)* merchantable *(absetzbar)* • **nur beschränkt ~ sein** *(Gesch)* be in short supply
Lieferbarkeit *f (Gesch)* availability
Lieferbedingungen *fpl (AH, Gesch)* delivery terms, terms and conditions (of sale)
Lieferbestätigung *f (AH, Trans)* delivery receipt
Lieferer *m (WiWi)* provider, supplier
Liefererfüllung *f (AH, Trans)* delivery performance
Lieferfrist *f (Bö)* delivery time
Lieferkette *f (Gesch, Mgt)* supply chain *(Beschaffung)*
liefern *v* 1. *(Bö)* make delivery of *(Währung)*; 2. *(Gesch)* supply *(Information)*; deliver *(Waren, Dienstleistungen)*; 3. *(AH)* consign; 4. *(Trans)* consign, deliver *(Güter)*
Liefernachweis *m (Trans)* proof of delivery
Lieferort *m (Trans)* place of delivery
Lieferpreis *m* 1. *(V&M)* delivery price; 2. *(WiWi)* supply price
Lieferschein *m* 1. *(Fin, Trans)* delivery note; 2. *(RW)* goods received note
Liefertermin *m* 1. *(Bö)* delivery date; 2. *(Fin)* date of delivery
Lieferung *f (Gesch, Trans)* delivery
~ **frei Haus** *(Trans)* delivered domicile
~ **gegen Barzahlung** *(RW, Trans)* on a cash received basis
~ **gegen Nachnahme** *(RW, Trans)* cash on delivery
~ **gegen Zahlung** 1. *(Bank, Fin)* delivery versus payment *(DVP) (Wertpapiere)*; 2. *(Trans)* delivery versus payment *(Lieferklausel)*
Lieferverzug *m* 1. *(Gesch)* delayed delivery; 2. *(Recht)* default in delivery *(Handelsvertrag)*
Lieferzeitraum *m (Bö)* delivery period
liegen *v* **bei** 1. *(Bö)* trade at *(Kurs)*; 2. *(Gesch)* stand at *(Angebot, Preis, Gebot)*
Liegenschaft *f (Gb)* immovable estate
Liegenschaften *fpl (Recht)* corporeal hereditaments, real property
LIFO *s.* last-in-first-out
LIFO-Methode *f* 1. *(Pers, RW)* last in first out *(Lagerbewertung)*; 2. *(St, WiWi)* last in first out, LIFO
Limitauftrag *m (Bö)* limit order

limitierender Faktor *m (Stat, WiWi)* constraint *(Engpassfaktor)*
lindern *v (Gesch)* alleviate *(Probleme)*
lineare Abschreibung *f (RW)* straight-line depreciation
~ **Beziehung** *f (Stat)* linear relationship
~ **Entwicklung** *f (WiWi)* linear trend
~ **Optimierung** *f* **[Planungsrechnung** *f***]** *(Stat)* linear programming
Linienfunktion *f (Gesch)* line function
Linienorganisation *f (Mgt, Pers)* line organization
liquid *adj* 1. *(Bank, Fin, RW)* liquid, solvent; 2. *(Gesch)* afloat
Liquidation *f* 1. *(Fin, RW, Recht)* liquidation; 2. *(Mgt)* winding up
Liquidationstermin *m (Bö)* account day, settlement day
Liquidationswert *m (Fin, RW)* break-up value, liquidating value, net asset value, winding-up value
liquide Mittel *npl (Fin)* available funds, liquid funds
Liquidierbarkeit *f (Fin, RW)* shiftability
liquidieren *v (Gesch)* liquidate, wind up
Liquidierung *f (Fin)* disinvestment *(Desinvestition)*
Liquidität *f* 1. *(Bank, RW)* solvency; 2. *(Bö)* liquidity; 3. *(Fin)* assets, earnings, liquidity, solvency
~ **1. Grades** 1. *(Fin)* cash ratio; 2. *(RW)* acid test (ratio), available cash, liquid ratio, liquidity adequacy; 3. *(WiWi)* cash deposits ratio
~ **2. Grades** *(RW)* quick ratio
~ **3. Grades** *(Fin, RW)* current ratio
Liquiditätsabfluss *m (RW, Fin, WiWi)* cash outflow
Liquiditätsabschöpfung *f (WiWi)* absorption of liquidity
Liquiditätsenge *f (Fin)* cash shortage
Liquiditätsengpass *m (Fin)* liquidity squeeze
Liquiditätsfalle *f (WiWi)* liquidity trap
Liquiditätsgrad *m (Fin)* cash ratio, liquidity ratio, solvency ratio
Liquiditätshilfe *f (Bank, WiWi)* liquidity assistance
Liquiditätskennziffer *f* 1. *(Bank)* bank cash ratio; 2. *(Fin)* liquid assets ratio
Liquiditätsposition *f (Bank, WiWi)* liquidity position, cash position
Liquiditätspräferenz *f (WiWi)* liquidity preference
Liquiditätssicherungen *fpl (Bank)* liquidity safeguards
Liquiditätsstatus *m (Bank)* cash and debt position
Liquiditätssteuerung *f (Mgt, RW)* cash [liquidity] management
Liste *f (Gesch)* list • **eine ~ von etw. erstellen** *(Gesch)* keep a tally of • **ganz oben auf der ~ stehen** *(Gesch)* top the list
Listenpreis *m (V&M)* list price
Lizenz *f* 1. *(Bank, AH) (BE)* licence, *(AE)* license; 2. *(Pat)* patent; 3. *(Recht) (BE)* licence, *(AE)* license; permit • **unter ~ herstellen** *(Ind) (BE)* manufacture under licence, *(AE)* manufacture under license
Lizenzabkommen *n (Pat, Recht)* licensing agreement
Lizenzbau *m (WiWi)* licensed construction
Lizenzerteilung *f (Gesch, Pat)* licensing
Lizenzgeber(in) *m(f) (Gesch, Pat)* licensor
Lizenzgebühr *f (Gesch)* royalty, *(BE)* licence fee, *(AE)* license fee
lizenzieren *v (Recht)* license
lizenziert *adj (Recht)* licensed *(geistiges Eigentum)*
Lizenzinhaber(in) *m(f)* 1. *(Gesch) (BE)* licence holder, *(AE)* license holder; 2. *(Recht)* licensee *(geistiges Eigentum)*
Lizenzvorschriften *fpl (AH)* licensing requirements
LM-Kurve *f (WiWi)* LM curve
Lockartikel *m* 1. *(V&M)* bait, loss leader; 2. *(WiWi)* lure
Lockvogel *m* 1. *(Bö) (ugs.)* lowballer; 2. *(V&M, WiWi)* price leader
Lockvogelangebot *n (Gesch, V&M)* bait, loss leader
Lockvogelwerbung *f (V&M) (AE)* bait and switch advertising, *(AE)* bait advertising
Logistik *f (Gesch, Trans)* logistics
logistisch *adj (Gesch, Ind, Stat, Trans)* logistical
Logo *n (Gesch, V&M, Verw)* logo *(logotype)*
Lohn *m* 1. *(Gesch, Pers) (BE)* wage(s); pay, hire *(Wochenlohn)*; 2. *(WiWi)* wages
~ **mit Nebenleistungen** *(WiWi)* package pay
Lohnabschluss *m (Pers)* wage settlement
Lohnanpassung *f (Gesch, Pers)* wage adjustment

Lohnanteil *m* **am Volkseinkommen** *(WiWi)* labo(u)r's share of national income
Lohnbeleg *m (Pers)* pay statement, pay slip *(less formal)*
Lohnbildung *f (WiWi)* wage formation
Lohndrift *f* 1. *(Pers, WiWi)* wage drift, wage gap; 2. *(WiWi)* earnings drift
Lohndruck *m (Pers, WiWi)* wage pressure, wage push
Lohndruckinflation *f (WiWi)* wage push inflation
Löhne *mpl (Pers, WiWi)* wages
~ **und Gehälter** *npl (Pers, WiWi)* wages and salaries
Lohneinbehaltung *f (Pers)* retention of wages, wage withholding
Lohneinzelkosten *pl (Pers, RW, WiWi)* direct labo(u)r
Lohnempfänger(in) *m(f) (Pers)* wage earner [worker]
lohnend *adj* 1. *(Gesch)* worthwhile; 2. *(Pers)* rewarding *(Tätigkeit)*
Lohnerhöhung *f (Pers)* rise in wages, wage increase *(Arbeitsentgelt)*
Lohnersatz *m (Pers, Soz)* wage replacement
Lohnfestsetzung *f (Pers, WiWi)* wage fixing
Lohnforderung *f (Pers)* wage claim
Lohnfortzahlung *f* **im Krankheitsfall** *(Pers, Soz)* continued payment of wages in case of sickness, continued wage payments in case of sickness
Lohngefüge *f (Pers)* wage structure
Lohngemeinkosten *pl (Pers, RW)* indirect labo(u)r costs
Lohngruppe *f (Pers)* grade, pay bracket
Lohnhöhe *f (Pers, WiWi)* wage level
Lohnindexbindung *f (Pers)* wage indexation *(Arbeitsentgelt)*
Lohninflation *f (WiWi)* wage inflation
Lohnkosten *pl* 1. *(RW)* manpower costs; 2. *(St, WiWi)* cost of labo(u)r, labo(u)r costs
Lohnliste *f (Pers, RW)* payroll *(Arbeitsentgelt)*
Lohnnebenkosten *pl (Pers, RW, Verw, WiWi)* add-on costs, *(BE)* non-wage labour costs
Lohnnebenleistung *f (Gesch, Pers)* fringe benefit
Lohnniveau *n (Pers, WiWi)* wage level *(Arbeitsentgelt)*
Lohn- oder Gehaltsliste stehend/auf der *(Pers)* on the payroll
lohnpolitisch *adj (WiWi)* in terms of wage-rate policy
Lohn-Preis-Spirale *f (WiWi)* wage-price spiral *(Inflationsursache)*
Lohnquote *f* 1. *(Pers)* wage ratio, wage share; 2. *(WiWi)* labo(u)r's share of national income
Lohnrunde *f* 1. *(Pers)* pay round; 2. *(WiWi)* wage round
Lohnsatz *m (Pers, WiWi)* wage rate, rate of pay
Lohnspanne *f (Pers)* wage spread
Lohnsteigerung *f (Pers)* wage increase, wage rise, pay increase, pay rise
Lohnsteuer *f (St)* wage(s) tax
Lohnstillstand *m (Pers)* pay pause, wage freeze
Lohnstopp *m (Pers)* wage freeze, pay pause *(Auftragslage, Inflationsbekämpfung)*
Lohnstückkosten *pl (Pers, RW, WiWi)* unit labo(u)r costs
Lohnstufe *f (Pers)* wage bracket *(Arbeitsentgelt)*
Lohn- und Gehaltseinkommen *n (WiWi)* earnings
Lohn- und Gehaltsstopp *m (Pers, WiWi)* pay freeze, pay pause, wage freeze *(Inflationsbekämpfung)*
Lohnuntergrenze *f (Pers)* wage floor, minimum wage
Lohnverhandlungen *fpl (Pers)* wage negotiations, pay talks *(Arbeitsentgelt)*; wage talks *(Tarifverhandlungen)*
Lohnzurückhaltung *f (Pers, WiWi)* wage restraint, wage moderation
Lohnzusatzleistung *f (Pers)* fringe benefit
Lohnzuschlag *m (Pers)* premium pay
lokal *adj (EDV, Gesch)* local
lokalisieren *v* 1. *(EDV)* localize *(Software)*; 2. *(Gesch)* trace
Lokogeschäft *n (Gesch)* spot business
Lombarddarlehen *n (Bank)* collateral loan
lombardfähig *adj* 1. *(Bank)* acceptable; 2. *(Fin)* eligible as collateral
lombardieren *v (Bank)* collateralize [pledge] securities
Lombardkredit *m* 1. *(Bank)* collateral loan; 2. *(Bö)* advance on securities, securities loan

Lombardsatz *m (Bank)* Lombard rate
Londoner Interbankangebotssatz *m (Bank, Bö)* London Interbank Offered Rate, LIBOR
Los *n (Ind)* batch
Löschhafen *m (Trans)* port of delivery, port of discharge
Löschung *f* 1. *(EDV)* clearing, deletion, erasure; 2. *(Pat)* cancellation *(eines Warenzeichens im Register)*; 3. *(Recht)* discharge, extinction *(Schuld)*; 4. *(Trans)* discharge, landing, unloading
lose *adj (Gesch)* unpacked
~ **Waren** *fpl (Trans)* bulk, bulk goods
Loseblattausgabe *f (Med)* loose-leaf edition
lösen *v (Gesch)* terminate *(Vertrag)*; solve *(Problem)*; resolve *(Konflikt)*
Losgröße *f (Ind)* batch size
Lösung *f* 1. *(Gesch)* termination *(eines Vertrags)*; solution *(eines Problems)*; 2. *(Mgt)* solution *(eines Problems)*; resolution *(eines Konflikts)*
loswerden *v (Gesch)* get rid of, shake off
Lotse *m (Pers)* pilot *(Schifffahrt)*
Löwenanteil *m (Gesch)* the lion's share
Lücke *f* 1. *(Bö)* break; 2. *(Fin, Gesch)* gap • ~ **schließen** *(WiWi)* bridge the gap, plug a gap
Lückenfinanzierung *f (Fin)* gap financing
Luft *f (Ind, Umw)* air • **aus der ~ gegriffen** *(ugs.) (Gesch)* unsubstantiated • **jmdn. an die ~ setzen** *(ugs.) (Pers)* dismiss sb, *(ugs.) (BE)* give sb his cards, *(ugs.) (BE)* give sb the sack
luftdicht *adj (Ind)* airtight
Lüfter *m (Ind)* fan
Luftfahrt *f (Trans)* aviation
Luftfahrtindustrie *f (Trans)* aircraft industry
Luftfracht *f (Trans)* air freight, air cargo
Luftfrachtbrief *m (AH, Trans)* air bill of lading, air waybill, AWB
Luftfrachtführer *m (Trans)* air carrier, carrier
Luftpost *f (Komm)* air mail • **per** ~ *(Komm)* by air mail
Luftpostbrief *m (Komm)* air letter, air-mail letter
Luftpostleichtbrief *m (Komm)* aerogramme, air letter
Luft- und Raumfahrtindustrie *f (Ind)* aerospace industry
Luftverkehr *m (Trans)* air traffic, air transport
Luftverschmutzung *f (Umw)* air pollution
Luftweg/auf dem *(Komm, Trans)* by air *(Beförderungsart)*
lukrativ *adj (Gesch)* lucrative
lustlos *adj* 1. *(Bö)* lifeless; 2. *(Gesch)* listless
lustloser Markt *m* 1. *(Bö)* flat market; 2. *(Gesch)* stale market
Luxus *m (V&M)* luxury *(Waren)*
Luxusgüter *npl (Gesch, V&M, WiWi)* luxury goods
Luxuskabine *f (Trans)* deluxe cabin
Luxussteuer *f (St)* luxury tax

M

Machbarkeit *f (Gesch)* feasibility
Macht *f* 1. *(Gesch)* power; 2. *(WiWi)* control, leverage • **an der ~** *(Pol)* in power • **~ ausüben über** *(Gesch, Pol)* exercise power over
Machtmissbrauch *m (Gesch)* abuse of power
Machtpolitik *f (Pol)* power politics, abuse of power
Mädchen für alles *(ugs.) (Gesch)* dogsbody
Magazinverwaltung *f (Gesch, AH)* warehousing
mageres Jahr *n (WiWi)* lean year
magisches Dreieck *n (Pol, WiWi)* uneasy triangle, inconsistent trinity *(Preisstabilität, angemessenes Wachstum, Vollbeschäftigung)*
magisches Viereck *n (WiWi)* magic quadrilateral
Magister *m* **der Wirtschaftswissenschaften** *(Pers)* Master of Economics, MEcon
Mahnabteilung *f (Bank)* Debt-Recovery Division, Debt-Recovery Department
Mahnbescheid *m (Recht)* reminder *(Schuldenbegleichung)*
mahnen *v* 1. *(Fin)* remind; 2. *(Gesch)* dun; 3. *(RW, Recht)* remind
Mahnung *f (Fin, RW)* reminder
Mailing *n (V&M)* mailing
makellos *adj (Gesch)* in perfect condition *(Produkt, Ware)*; undamaged *(Ruf)*
Makler(in) *m(f) (Fin)* broker

Maklerabrechnung *f (Gesch)* broker's statement
Maklergebühr *f* 1. *(Bö)* broker's commission, commission rate, *(AE)* brokerage allowance; 2. *(Fin)* commission
Maklergeschäft *n (Gesch)* brokerage
Maklerprovision *f (Bö)* broker's commission, brokerage commission
Maklerstand *m (Bö)* pit
Makroökonomik *f (WiWi)* macroeconomics
makroökonomisch *adj (WiWi)* macroeconomic
makroökonomische Nachfragetabelle *f (WiWi)* macroeconomic demand schedule
Management *n* 1. *(Fin)* management; 2. *(Gesch, Pers, Verw)* management
~ **nach Zielvorgaben** *(Mgt, Verw)* management by objectives
Management-Buy-out *n (Fin, Mgt)* management buyout
Managementfunktion *f (Mgt)* managerial function
Management-Informationssystem *n (EDV, Mgt)* management information system
Managementtechnik *f (Mgt)* management technique
managen *v (Mgt)* manage
Manager *m (Mgt, Pers)* manager
Managerhaftung *f (Mgt, Recht, Verw)* manager's liability
Managerkrankheit *f (Pers)* executive stress
Mandat *n* 1. *(Pol)* elected office; 2. *(Recht)* mandate, terms of reference *(Auftrag)*
Mangel *m* 1. *(Gesch)* lack; 2. *(Recht)* defect *(Verträge)*; 3. *(WiWi)* scarcity, shortage
~ **an Erfahrung** *(Pers)* lack of experience
~ **an Fachkräften** *(Pers)* skill shortages, shortages of skilled manpower, shortages of skilled labo(u)r
~ **an Personal** *(Pers)* staff-shortage, shorthandedness
~ **an Sorgfalt** *(Recht)* lack of care *(Verträge)*
Mangelberuf *m (Pers)* shortage occupation, *(BE)* short-handed occupation
mängelfrei *adj (Recht)* free of defects *(Verkaufsrecht)*
Mängelfreiheit *f (Recht)* faultlessness *(Verkaufsrecht)*
Mängelgewähr/ohne *(Gesch, Recht)* as is *(wie gesehen)*
mangelhaft *adj (Recht)* defective *(Vertragsrecht)*
mangelhafte Erfüllung *f (Recht)* defective performance *(Verträge)*
~ **Leistung** *f (Gesch)* defective service
mangeln an *v (Gesch)* lack
Mängelrüge *f (Recht)* notice of defect *(Vertragsrecht)*
mangels *(Gesch)* in the absence of • ~ **genauer Informationen** *(Gesch)* in the absence of detailed information
Manipulation *f (Gesch, Mgt)* manipulation
manipulieren *v* 1. *(Bö)* rig *(Kurs)*; 2. *(Fin)* massage *(Zahlen)*; 3. *(Gesch)* manipulate
manipulierte Währung *f (WiWi)* managed currency *(Staat)*
Manko *n (ugs.) (Gesch)* shortage, deficiency
Mannschaft *f (Mgt, Pers, Trans)* crew, team
Mannschaftsführer(in) *m(f) (Mgt, Pers)* team leader
manuell *adj (Gesch, Pers)* manual
manuelle Fertigkeit *f (Pers)* manual skill *(eines Facharbeiters)*
Marge *m* 1. *(Bö, RW)* margin; 2. *(Gesch, WiWi)* spread
Margenaufschlag *m (RW)* margin
marginal *adj (Gesch)* marginal, incremental
Marginalanalyse *f* 1. *(Fin)* marginal analysis; 2. *(Gesch)* incremental analysis; 3. *(WiWi)* marginal analysis, marginal theory
marginale Importquote *f (AH)* marginal propensity to import
~ **Investitionsquote** *f (WiWi)* marginal propensity to invest
~ **Konsumquote** *f (WiWi)* marginal propensity to consume
~ **Kosten** *pl (WiWi)* marginal cost
~ **Sparquote** *f (WiWi)* marginal propensity to save
marginaler Kapitalkoeffizient *m (Fin)* incremental capital-output ratio
Marginalprinzip *n* **der Allokation** *(WiWi)* marginal principle of allocation
Marke *f* 1. *(Pat)* mark; 2. *(V&M)* brand *(eines Produktes)* • ~ **entwickeln** *(V&M)* brand
Markenakzeptanz *f (V&M)* brand acceptance
Markenanteil *m (V&M)* brand share
Markenartikel *mpl (Gesch, V&M)* branded goods, genuine article, proprietary goods
Markenartikelindustrie *f (V&M, Pat)* brand name industry

Markenbekanntheit *f (V&M)* brand awareness, brand familiarity
Markenbewusstsein *n (V&M)* brand awareness, brand recognition
Markenbranding *n (V&M, Med)* branding
Markendifferenzierung *f (V&M)* brand differentiation
Markenentwicklung *f (V&M)* brand development
markenfreie Waren *fpl (Gesch)* unbranded goods
markenfreies Produkt *n (Gesch)* no-name product
Markenführer *m* 1. *(Gesch)* top of the line; 2. *(V&M)* brand leader
Markenführung *f (Komm, Med, V&M)* branding
~ **im Internet** *(EDV, Komm, Med, V&M)* ebranding
markenlos *adj (Pat)* generic
markenlose Produkte *npl (V&M)* generic products, generics
Markenmanagement *n (V&M, Med)* branding
Markenname *m* 1. *(Gesch)* proprietary brand, trade name; 2. *(V&M)* brand name
Markenpflege *f (Mgt, V&M)* brand management
Markenportfolio *n (Bö, Fin)* brand portfolio
Markenpositionierung *f (V&M)* brand positioning
Markenpräferenz *f (V&M)* brand preference
Markenstrategie *f (Fin, V&M)* brand strategy *(Produktstrategie)*
Markentreue *f (V&M)* brand loyalty
Markenwaren *fpl (Gesch)* proprietary goods
Markenzeichen *n (Pat)* trademark
Marketing *n* **und Vertrieb** *m (V&M)* marketing and sales
Marketing-Kommunikationskanal *m (V&M)* marketing communications channel
Marketing-Kommunikationsmix *m (V&M)* marketing communications mix
Marketingmix *n (V&M)* marketing mix
markieren *v (Gesch)* brand
Markt *m* 1. *(V&M)* market, marketplace; 2. *(WiWi)* market • **einen ~ beherrschen** *(Fin)* control a market • **auf den ~ bringen** 1. *(Bö)* bring out *(Emission)*; 2. *(Gesch)* commercialize • **in einen ~ eindringen** 1. *(Gesch)* break into a market; 2. *(V&M, WiWi)* penetrate a market • **einen ~ erobern** *(V&M)* penetrate a market • **einen ~ erproben** *(WiWi)* probe a market • **den ~ fest im Griff haben** *(V&M, WiWi)* have a stranglehold on the market • **auf dem ~ Fuß fassen** *(Gesch, V&M)* get a toehold in the market • **auf den ~ kommen** 1. *(WiWi)* enter the market; 2. *(V&M)* come onto the market • **vom ~ nehmen** *(Gesch, V&M)* take off the market • **den ~ dem Wettbewerb öffnen** *(V&M)* open the market up to competition • **einen ~ schaffen** 1. *(Bö)* provide a market; 2. *(V&M)* create a market • **auf einen ~ vorstoßen** *(Gesch)* break into a market
~ **für Billigprodukte** *(V&M)* low end of the market
~ **für mittel- und langfristige Darlehen** *(Fin)* loan market
~ **für namenlose Produkte** *(V&M)* generic market
~ **für Neuemissionen** *(Bö)* primary market
~ **für Qualitätsprodukte** *(V&M)* top end of the market
~ **für Termingeschäfte** *(Bö)* forward market
~ **ohne Zutritts- und Austrittsschranken** *(WiWi)* contestable market
Marktabschöpfung *f (V&M)* market skimming
Marktangebotspalette *f (Bö)* breadth of the market
Marktanpassung *f (WiWi)* market adjustment
Marktanteil *m (V&M)* market share, share of market, slice of the market
Marktaufnahmefähigkeit *f (Bö)* market receptiveness
Marktaustrittsschranke *f (WiWi)* barrier to exit, exit barrier
marktbeherrschendes Unternehmen *n (WiWi)* market-dominant firm
Marktbeherrschung *f (V&M)* market domination
Marktbericht *m (V&M)* market report
marktbestimmt *adj (Gesch, V&M)* market-driven
Marktbewertung *f (V&M)* market evaluation
Marktdurchdringung *f (V&M)* market penetration, sales penetration
Markteinschätzung *f (V&M)* market appraisal

Markteinstieg *m (V&M)* market entry
Markteintrittsbarriere *f (AH)* entry barrier
Marktentwicklung *f (V&M)* market development
Markterkundung *f (V&M)* market exploration, market test, market testing
Markterwartung *f (V&M)* market anticipation
Markterweiterung *f (V&M)* market expansion
marktfähig *adj (V&M)* marketable, sal(e)-able
Marktform *f (WiWi)* market form
Marktforscher(in) *m(f) (V&M)* market researcher
Marktforschung *f (V&M)* market research, marketing research
Marktführer *m* 1. *(Bö)* market outperformer; 2. *(Gesch, V&M)* market leader
marktgängige Ware *f (V&M)* merchantable quality
Marktgängigkeit *f (Pers)* fungibility
Marktgegenseite *f (Bö, Gesch)* counterparty
marktgerecht *adj (WiWi)* market-related, in line with market conditions, in keeping with market conditions, conforming to market terms
~ **Verzinsung** *f (Fin)* fair return
Marktgleichgewicht *n (WiWi)* market equilibrium
Marktinformationen *fpl (V&M)* marketing intelligence
Marktkapitalisierung *f (Bö)* market capitalization
Marktkonzentration *f (WiWi)* market concentration
Marktkräfte *fpl (V&M, WiWi)* market forces
Marktlage *f (Gesch)* market situation
Marktlücke *f (V&M)* market gap, market niche, niche, niche market • **eine ~ füllen** *(Gesch, V&M)* fill a gap • **eine ~ schließen** *(Gesch)* fill a gap in the market
Marktlücken-Marketing *(V&M)* niche marketing
Marktlückenstudie *f (V&M)* gap study, niche study
Marktmacher *m (Bö)* market maker
Marktmacht *f (WiWi)* market power
Marktmachtmissbrauch *m (WiWi)* abuse of market power
marktmäßig verzinsen *v (Bank, Fin)* pay interest at market rates
Marktmechanismus *m (WiWi)* market mechanism
Marktnachfrage *f (WiWi)* market demand
Marktnachfrageimpulse *mpl (WiWi)* market pull
marktnahe Bewertung *f (Bank, RW, WiWi)* market-related valuation *(ZB)*
Marktöffnung *f (V&M)* market opening
marktorientiert *adj (V&M, WiWi)* market-oriented
Marktorientierung *f (V&M)* market orientation
Marktpflege *f (Bank, Bö)* market-smoothing operation, market regulation *(EZB)*
Marktplatz *m (Gesch, V&M)* marketplace
Marktposition *f (Bö)* market position
Marktpotenzial *n (V&M)* market potential
Marktpräsenz *f (V&M)* market presence
Marktpreis *m* 1. *(Fin)* going rate; 2. *(Gesch)* price; 3. *(RW)* actual price, arm's-length price; 4. *(V&M)* arm's-length price, market price, price; 5. *(WiWi)* actual [market, current] price
Marktpreisbewertung *f (Bö, RW, V&M)* marking to market
Marktpreismechanismus *m (WiWi)* price mechanism
marktreagibel *adj (Bö)* market-sensitive, sensitive
Marktrisiko *n (Bank)* market risk, price risk, position risk
Marktrisikoprämie *f (Bö)* market risk premium
Marktrückgang *m (Bö)* market slump
Marktsättigung *f (Gesch, V&M)* market saturation
Marktschaffung *f (V&M)* market creation
Marktschwemme *f (Gesch)* glut on the market
Marktsegment *n (V&M)* market segment
Marktsegmentierung *f (V&M)* market segmentation
Marktsektor *m (V&M)* market sector
Marktsteuerung *f (Mgt)* market management
Marktstruktur *f (Gesch, V&M, WiWi)* market structure
Marktstudie *f (V&M)* market study
Marktteilnehmer(in) *m(f) (Bö)* market participant, trading member
Markttendenz *f (V&M)* market trend

Markttest *m (V&M)* acceptance test, market test, market testing
Markttransparenz *f (Gesch, V&M)* market transparency
Markttrend *m (Gesch, V&M, WiWi)* market trend
marktübliche Miete *f (Gb)* fair rent
~ **Rendite** *f (Fin, RW)* fair return
Marktumfang *m* 1. *(Bö)* breadth of the market; 2. *(Gesch)* size of the market
Marktumfeld *n (V&M)* market environment
Markt- und Meinungsforschung *f (V&M)* statistical sampling
Marktuntersuchung *f* 1. *(Gesch)* market study; 2. *(V&M)* market survey, survey research *(Marktanalyse)*
Marktverhalten *n (V&M)* market behavio(u)r
Marktverlust *m (Gesch, V&M)* loss of market
Marktversagen *n (WiWi)* market failure
Marktverzerrung *f (WiWi)* market distortion
Marktwert *m* 1. *(Bö)* market value; 2. *(Fin)* current value, market value; 3. *(Gesch)* actual cash value; 4. *(RW)* cash value, market value; 5. *(V&M)* market value, marketable value *(Verkaufswert)*
marktwertgewichteter Index *m (Bö)* market-value-weighted index
Marktwiderstand *m (V&M)* market resistance
Marktwirtschaft *f (WiWi)* market economy, market system
marktwirtschaftliche Ordnung *f (WiWi)* market economy
Marktzersplitterung *f (V&M, WiWi)* market fragmentation
Marktzielsetzung *f (V&M)* market objective
Marktzins *m (WiWi)* market rate of interest
Marktzugangsbeschränkung *f (AH)* entry barrier
Marktzutritt *m (WiWi)* market entry
Maschine schreiben *v (Gesch, Verw)* type, typewrite
maschinell *adj* 1. *(EDV)* machine-based; 2. *(Ind)* mechanized
maschinell *adv (Ind)* by machine, mechanically • ~ **bearbeiten** *(Ind)* machine • ~ **hergestellt** *(Ind)* machine-made *(Produktion)*
maschinelle Anlagen *fpl (WiWi)* machinery
Maschinen *fpl* **und Fahrzeuge** *mpl (Ind, RW, Trans)* machinery and transport equipment
Maschinenbau *m (Ind)* mechanical engineering
Maschinenfabrik *f (Ind)* engineering works
maschinengestützte Übersetzung *f (EDV)* machine-aided translation, machine-assisted translation
maschinenlesbar *adj (EDV)* machine-readable
Maschinenübersetzung *f (EDV)* machine translation
Maschinenverleih *m (Ind)* plant hire
maslowsche Bedürfnispyramide *f (Mgt)* Maslow's hierarchy of needs *(Motivationstheorie)*
Maß *n* 1. *(Gesch)* measure; 2. *(Stat)* measurement; 3. *(Pat)* extent; 4. *(V&M)* measure • **nach ~ gefertigt** 1. *(Gesch)* tailor-made; 2. *(Ind)* made-to-measure
Masse *f* 1. *(Gesch)* bulk; 2. *(Ind)* substance; 3. *(Pers)* lump, *(BE)* the lump; 4. *(V&M)* mass; 5. *(WiWi)* aggregate, bulk
Maße *npl* **und Gewichte** *npl (Gesch)* weights and measures
Maßeinheit *f* 1. *(Gesch)* unit of measure; 2. *(Stat)* measurement
Massenabsatz *m (V&M)* mass marketing
Massenarbeitslosigkeit *f (WiWi)* mass unemployment
Massenartikel *m (WiWi)* staple commodity
Massendrucksachen *fpl (Gesch)* bulk mail
Massenentlassung *f (Pers)* mass redundancy, collective dismissal
Massenerzeugnis *n (V&M)* staple product
Massenfabrikation *f (Gesch, Ind, WiWi)* wholesale manufacture
Massenfertigung *f (Ind)* mass [large-scale] production
Massengüter *npl (Gesch, Ind)* mass-produced goods
Massengutversand *m (Trans)* bulk shipment
Massenmedien *npl (Med)* mass media
Massenproduktion *f (Ind)* mass production
Massenzahlungsverkehr *m (Bank)* retail payments *(EZB)*
maßgearbeitet *adj (Ind)* made-to-measure
maßgeblich *adj* 1. *(Fin)* qualifying; 2. *(Gesch)* prevailing, relevant; 3. *(Recht)* authoritative
maßgebliche Inflationsrate *f (WiWi)* headline inflation

maßgeblicher Anteil *m (Fin)* qualifying holding
~ **Wertpapierbestand** *m (Fin)* qualifying holding
maßgeschneidert *adj* 1. *(Gesch)* tailor-made, customized; 2. *(Ind)* made-to-measure; 3. *(V&M)* tailored
maßlos *adj (Gesch)* excessive, inordinate *(Forderung)*
Maßnahme *f* 1. *(Bö)* move; 2. *(Gesch, V&M)* measure • **Maßnahmen ergreifen** 1. *(Gesch)* take measures [action]; 2. *(Mgt)* take action; 3. *(Recht)* take measures • **Maßnahmen ergreifen gegen** *(Gesch)* counteract, take action against
Maßnahmenbündel *n (Mgt, Pol)* package of measures
Maßnahmenpaket *n (Fin)* set of measures
Maßnahmenplan *m (Gesch, Pers)* action plan
maßregeln *v (Recht)* discipline
maßschneidern *v (EDV, Gesch)* customize *(Anwendung)*
Maßstab *m (Gesch)* scale, yardstick, benchmark *(Erfolg)* • **den ~ setzen** *(Mgt)* set the standard
maßstäblich vergrößern *(Gesch)* scale up
~ **verkleinern** *(Gesch)* scale down
Maßzahl *f (Gesch)* measure
Material *n (Gesch)* material
Materialabrechnung *f (RW)* materials accounting
Materialflusssystem *n (WiWi)* materials flow system
Materialtransport *m (Gesch)* materials handling
Materialwirtschaft *f (Mgt)* materials management [control]
materiell *adj* 1. *(Gesch)* corporeal, material, physical; 2. *(RW)* tangible
~ **rechtliches Gesetz** *n (Recht)* substantive law
materielle Rechte *npl (Gesch)* substantial rights
materielles Anlagevermögen *n (Fin)* tangible fixed assets
~ **Gut** *n (WiWi)* material good
~ **Vermögen** *n (WiWi)* tangible assets
mathematische Statistik *f (Stat)* inferential statistics
Matrix *f (Gesch, Stat)* matrix
Matrixorganisation *f (Stat, Mgt)* matrix management, matrix organization
Matrixstruktur *f (Gesch, Mgt)* grid structure
Matrize *f* 1. *(Gesch)* copy platform; 2. *(Recht) (jarg.)* boilerplate; 3. *(Verw)* stencil *(Schablone)*
Maut *f (Trans)* toll
mautfrei *adj (Trans)* toll-free
Mautstation *f (Trans)* tollbooth
maximal *adj (Gesch, Stat)* maximal, maximum
Maximal... *(Gesch, Stat)* maximal, maximum
maximale Aufmerksamkeit *f (V&M)* maximum awareness
~ **Deckung** *f (Bö)* maximum coverage
maximaler Ertrag *m (Bö)* maximum return
Maximalertrag *m (WiWi)* maximum output
Maximalschaden *m (Vers)* maximum possible loss
Maximalzinssatz *m (Fin)* cap
maximieren *v (Fin, Gesch, RW)* maximize
maximum *adj (Gesch, Stat)* maximal, maximum
MBO *s.* Management-Buy-out
mechanisch *adj (Ind)* mechanized
Mechanismus *m (Gesch, Ind)* mechanism
Median *m (Stat)* median
Mediaplan *m (V&M)* media plan
Mediaplanung *f (Med, V&M)* account planning, media planning
Mediawirtschaft *f (Med)* media industry
Medien *npl (Gesch, Med, V&M)* media • **in den ~ Bericht erstatten** *(Med)* give media coverage
Medienanalyse *f (V&M)* media analysis
Medienauswahl *f (Med, V&M)* media selection
Medienberater(in) *m(f) (V&M)* media analyst
Medienereignis *n (Med)* media event
Medienindustrie *f (Ind, Med, WiWi)* media industry
Medienrummel *m (Komm, Med) (ugs.)* hype
medienunabhängig *adj (V&M)* media-independent
Medium *n (Gesch, Med, V&M)* medium *(Kommunikation)*
medizinisch *adj (Gesch, Soz)* medical

medizinische Kosten *pl (Gesch, Soz)* medical costs
~ **Technik** *f (Ind)* medical engineering
Meer *n (Trans)* sea
mehr als *(Gesch)* in excess of sth
Mehr... *(Gesch)* multi-, additional
Mehrbetrag *m (Fin, Gesch, Vers, WiWi)* surplus, *(BE)* excess
mehrdeutig *adj (Gesch)* ambiguous
mehrdimensionale Analyse *f (Stat)* multivariate analysis
Mehrfachkäufer *m (V&M)* multiple buyer
Mehrfachkorrelation *f (Stat)* multiple correlation
Mehrfachleserschaft *f (V&M)* multiple readership
Mehrgepäck *n (F&T, Trans)* baggage excess, excess baggage
mehrgeschossig *adj (Gb)* multistor(e)y
Mehrgewichtsgebühr *f (F&T, Trans)* excess baggage charge
mehrgipflige Verteilung *f (Stat)* multimodal distribution
Mehrheit *f (Gesch, Pol)* majority
Mehrheitsanteil *m (Gesch)* majority stake
Mehrheitsbeteiligung *f* 1. *(Bö)* controlling interest, majority shareholding, majority interest; 2. *(Gesch)* majority interest
Mehrheitsentscheidung *f (Pol)* majority decision
Mehrheitsprinzip *n (Pol)* majority rule
Mehrheitswahlsystem *n (Pol)* majority voting system, *(ugs.)* winner-takes-all system
Mehrjahresausgabenplanung *f (Fin)* multiyear spending envelope
mehrjährig *adj (Fin, Gesch)* multi-year
Mehrkosten *pl (WiWi)* cost overrun
Mehrliniensystem *n (Mgt)* functional management
Mehrspartenversicherung *f (Vers)* composite insurance
Mehrstückpreis *m (V&M)* multiple unit pricing
mehrstufiges Stichprobensystem *n (Stat)* multistage sampling
Mehrthemenbefragung *f (V&M)* omnibus survey
Mehrwährungs... *(Bank)* multicurrency
Mehrwährungsanleihe *f (Bank)* multicurrency loan
Mehrwegbehälter *m (Umw)* returnable container *(Flaschen)*
Mehrwegflasche *f (Umw, V&M)* returnable bottle
Mehrwegpackung *f (V&M)* reusable pack
Mehrwert *m* 1. *(Fin)* added value, surplus value; 2. *(Gesch)* increased value; 3. *(St)* added value
Mehrwertbericht *m (RW)* value-added statement
Mehrwertdienste *mpl (WiWi)* value-added services
Mehrwertsteuer *f (Gesch, St) (BE)* value-added tax, VAT
Mehrwertsteuerbefreiung *f (St) (BE)* exemption from VAT; zero-rating, zero rate
mehrwertsteuerfrei *adj (St)* zero-rated, *(BE)* exempt from VAT
Mehrwertsteuervoranmeldung *f (St) (BE)* preliminary VAT return
Mehrwerttheorie *f (WiWi)* surplus approach
Mehrzuteilungsoption *f (Bö)* greenshoe
Mehrzweck... *(Gesch)* multipurpose, general-purpose
Meineid *m (Recht)* perjury
meinerseits *adv (Gesch)* for my part
Meinung *f (Gesch)* view, opinion, thinking, point of view • **anderer ~ sein** *(Gesch)* be of a different opinion, take a different view • **eine ~ äußern** *(Pol)* deliver an opinion • **seine ~ äußern** *(Gesch)* air one's opinions • **eine andere ~ vertreten** *(Gesch)* be of a different opinion, take a different view
Meinungsaustausch *m (Gesch)* communication, exchange of ideas
Meinungsführer *f (V&M)* opinion leader
Meinungsumfrage *f* 1. *(RW)* opinion shopping; 2. *(V&M)* opinion survey [poll], Gallup poll
Meinungsverschiedenheit *f (Gesch)* disagreement
Meistbegünstigungsklausel *f (Recht, WiWi)* most favo(u)red nation clause
Meistbietende(r) *f(m) (Bö, Gesch)* best bidder, highest bidder
Meister *m* 1. *(Gesch)* foreman, *(BE)* ganger; 2. *(Pers)* foreman; 3. *(WiWi)* master tradesman
melden *v (Gesch)* report
~/sich *(Gesch)* volunteer *(freiwillig)*
Meldepflicht *f (Bank)* burden of reporting
Meldeschwelle *f (St)* registration threshold

Meldewesen *n (Bank, WiWi)* reporting system *(ZB)*
Meldung *f (Komm)* message (feedback)
melken *v (ugs.) (Gesch)* milk
Memorandum *n* 1. *(Gesch, Pol)* aide-mémoire; 2. *(Recht, Verw)* memorandum, memo
Menge *f* 1. *(Gesch)* abundance, bulk, quantity, quantum, amount; 2. *(WiWi)* aggregate
Mengenanpasser *m (WiWi)* price taker
Mengenanpassung *f (WiWi)* price taking
Mengenbeschränkung *f (WiWi)* quantitative restrictions
Mengeneffekt *m (WiWi)* quantity effect
Mengeneinkauf *m (Gesch)* bulk buying
Mengenfertigung *f (Ind)* mass production
Mengengeschäft *n (Gesch)* bulk business
Mengengleichung *f (Bank, WiWi)* volume equation
Mengenkundengeschäft *n (Bank)* retail banking
Mengenleistung *f (Ind)* throughput rate, *(AE)* thruput rate
mengenmäßig *(Gesch)* quantitative, in terms of volume
Mengenrabatt *m* 1. *(Gesch)* bulk [volume, quantity] discount; 2. *(V&M)* quantity discount
Mengensteuer *f (AH, St)* specific tax
Mengentender *m (Bank, WiWi)* fixed-rate tender *(EZB)*
meritorische Bedürfnisse *npl (WiWi)* merit wants
meritorisches Gut *n (WiWi)* merit good
~ **Ungut** *n (WiWi)* merit bad
merkantil *adj (Gesch, WiWi)* mercantile
Merkantilismus *m (Gesch, WiWi)* mercantilism
Merkblatt *n (Gesch)* instruction leaflet
Merkmal *n* 1. *(EDV)* feature; 2. *(Gesch)* attribute; 3. *(Pat)* feature
Merkmalsklasse *f (Gesch)* category
Mess... *(Gesch)* measuring, measurement
Messe *f (Gesch)* exhibition, fair, trade fair
messen *v (Gesch, Stat, WiWi)* measure
Messgröße *f (Gesch)* measure
Messlatte *f* 1. *(Gesch)* measuring rod; 2. *(Mgt, WiWi)* benchmark
Messung *f (Gesch, Stat, WiWi)* measure, measurement, measuring
Messzahl *f (WiWi)* indicator, index figure
Messziffer *f (Bank)* index figure
Metall *n (Gesch)* metal
Metallarbeiter(in) *m(f) (Pers)* metalworker
Metallgeld *n* 1. *(Gesch)* coins; 2. *(WiWi)* hard cash
metallverarbeitende Industrie *f (Ind)* metal working industry
Meter *m (Gesch) (AE)* meter, m, *(BE)* metre, m
Methode *f* 1. *(Gesch)* approach, method, system; 2. *(Mgt)* approach, method, policy; 3. *(WiWi)* approach
~ **der doppelten Buchführung** *(RW)* double-entry method
~ **der gleitenden Mittelwerte** *(Stat)* moving-average method
~ **der kleinsten Quadrate** *(Stat)* least squares method, generalized least squares
~ **der relevanten Kosten** *(Mgt)* relevant cost approach
~ **der Zufallsauswahl** *(V&M)* random observation method
Methodik *f (Mgt)* methodology
methodisch *adj (V&M)* methodical
metrisches System *n (Gesch)* metric system
Mietanlagen *fpl (WiWi)* rental equipment
Mietbeihilfe *f (Soz)* rent allowance, rent rebate
Mietdauer *f (Gb)* rental term
Miete *f* 1. *(Gb)* lease, rent, rental *(Pacht)*; 2. *(AH)* charter, *(AE)* rental, *(BE)* auto hire *(Flugzeug, Schiff)*; 3. *(Soz)* rent charge, rent, rental; 4. *(Trans) (BE)* auto hire, *(AE)* rental; charter; 5. *(WiWi)* rent
Mieteinnahme *f (Gb)* rent receipt, rental *(Pachteinnahme)*
mieten *v* 1. *(Gesch)* rent, lease, *(BE)* hire *(Gerät)*; 2. *(Gb)* lease, rent; 3. *(AH, Trans)* charter *(Fahrzeug, Flugzeug, Schiff)*
Mieter(in) *m(f)* 1. *(Gesch, Gb)* tenant; 2. *(AH, Trans)* charterer *(Schiff, Flugzeug)*
Mietkauf *m (Recht) (BE)* hire purchase
Mietkündigung *f (Gb)* termination of lease
Mietleitung *f (Komm)* leased line
Mietpreis *m (Gb)* rental rate
Mietsache *f* 1. *(Fin, RW)* leased asset *(Barwert der zu aktivierenden Nutzungsrechte, mit plan- und außerplanmäßiger Abschreibung)*; 2. *(Gesch)* leased property

Mietvertrag *m* 1. *(Bank)* lease, lease agreement; 2. *(Gesch)* rental agreement; 3. *(Recht)* lease, lease agreement

Mietwagen *m (F&T) (BE)* hire car, *(AE)* rental car

Mikrochip *m (EDV)* microchip, microprocessor

Mikroökonomie *f*, **Mikroökonomik** *f (WiWi)* microeconomics

Million *f (Bank, Gesch, Stat)* million

Minderheit *f (Bö, Gesch, RW)* minority

Minderheitsbeteiligung *f* 1. *(Bö)* minority interest, minority investment, minority stake; 2. *(Gesch)* minority holding; 3. *(RW)* minority participation

Minderjährige(r) *f(m) (Recht)* juvenile, minor

mindern *v* 1. *(Gesch)* lessen; 2. *(Recht)* reduce, abate, reduce *(Kaufpreis)*

Minderung *f (Recht)* abatement, reduction *(des Kaufpreises)*

minderwertig *adj* 1. *(Gesch)* third-rate, substandard *(Arbeit, Waren)*; 2. *(V&M)* low-grade *(von geringer Qualität)*

Minderwertigkeit *f (Gesch, WiWi)* inferiority *(Güter)*

Mindestanforderungen *fpl* 1. *(Bank, Mgt, Pers)* minimum standards, minimum requirements; 2. *(Soz, Pers)* minimum requirements, minimum demand

Mindestanzahl *f (Soz, WiWi)* minimum number

Mindestbedarf *m (Pers, Soz)* minimum demand

Mindestbeitrag *m (Soz)* minimum contribution

Mindestbestand *m (Ind)* safety stock

Mindesteinkommen *n (Fin)* guaranteed income

Mindesteinschuss *m (Bö)* minimum margin

Mindestforderung *f (Gesch, Pol)* fallback position

Mindestgebühr *f (Trans)* minimum charge

Mindestgehalt *n (Gesch)* minimum pay

Mindestguthaben *n (Bank)* minimum balance

Mindesthaltbarkeitsdatum *n (V&M)* sell-by date *(Lebensmittel)*

Mindesthalteperiode *f (St)* minimum holding period *(von Unternehmensanteilen; ESt, KSt)*

Mindestkursschwankung *f (Bö)* price tick, tick

Mindestkursveränderung *f (Bö)* tick

Mindestlagerbestand *m (Ind)* safety stock

Mindestlohn *m (Pers)* minimum wage

Mindestmenge *f* 1. *(Fin)* full lot; 2. *(RW)* round lot

Mindestnote *m (Pers)* minimum grade

Mindestpreisänderung *f (Bö)* minimum price change

Mindestqualitätsstandard *m (V&M)* minimum quality standard

Mindestrendite *f* 1. *(Bö)* floor return; 2. *(WiWi)* minimum yield

Mindestreserve *f (Bank)* reserve requirement

Mindestreserveerfüllung *f (Bank)* minimum reserve requirements

mindestreservefrei *adj (Bank)* exempt from minimum reserve requirements *(EZB)*

Mindestreserven *fpl (Bank)* required reserves

mindestreservepflichtige Einlage *f (Fin) (BE)* eligible liability

Mindestreservesatz *m* 1. *(Bank)* required reserve ratio, reserve ratio; 2. *(Fin) (BE)* reserve-assets ratio

Mindestreservesoll *n (WiWi)* minimum reserve requirement

Mindeststandards *mpl (Ind, Pers, Soz)* minimum standards

Mindestvoraussetzungen *fpl (Soz, Pers)* minimum requirements

Mindestzinssatz *m* 1. *(Bank)* minimum lending rate, base lending rate; 2. *(Bö)* floor rate; 3. *(Fin, WiWi)* minimum lending rate

Mineralölindustrie *f (Gesch)* mineral oil industry

Mineralölsteuer *f (St)* (mineral) oil tax

Minimalkostenkombination *f* (WiWi) least cost combination, minimal cost combination

minimieren *v (Fin, Gesch, RW)* minimize *(Risiken)*

Ministerium *n (Pol, Verw)* administration, admin, department, government department, ministry

Ministerrat *m (Pol, Verw, WiWi)* Council of Ministers *(EU)*

Mischgut *n (WiWi)* impure public good, mixed good

Mischkonzern *m (WiWi)* conglomerate (group)
Mischkosten *pl (RW)* mixed cost
Mischung *f* 1. *(Gesch)* mix(ing), mixture; 2. *(V&M)* mix
Mischwirtschaft *f (WiWi)* mixed economy
Mischzins *m (Bank)* blended rate
Missachtung *f (Recht)* contempt, disregard • **unter ~ des Gerichts** *(Recht)* in contempt of court • **~ von Bedingungen** *(Gesch, Recht)* nonobservance of conditions
Missbrauch *m* 1. *(Gesch, Pat)* abuse; 2. *(Umw)* misuse; 3. *(V&M)* abusive practice *(Wettbewerb)*; 4. *(WiWi)* abuse
missbrauchen *v (Gesch)* abuse
missbräuchliche Ausnutzung *f* **einer beherrschenden Stellung** *(WiWi)* abuse of a dominant position *(EU-Recht)*
~ Klauseln *fpl (Recht)* unfair terms
~ Verhaltensweise *f (WiWi)* abusive practice
missbräuchlicher Leistungsbezug *m (Soz)* benefit fraud, social security benefit fraud, fraudulent benefit claims
Missbrauchsregelung *f (Pol, Recht)* regulation on abuse, regulation on misuse
Misserfolg *m (Mgt)* failure
Misstrauensvotum *n (Pol)* vote of no confidence
missverständlich *adj (Gesch)* ambiguous
Missverständnis *n (Gesch)* misapprehension, misunderstanding
Misswirtschaft *f (Mgt)* mismanagement
mit *(Bö)* cum
Mitarbeit *f (Gesch)* cooperation, collaboration
mitarbeiten *v (Gesch)* cooperate, collaborate
Mitarbeiter *mpl (Gesch, Pers)* staff, colleagues, manpower
Mitarbeiter(in) *m(f) (Gesch, Pers)* employee, colleague
Mitarbeiterbeteiligung *f (Pers)* employee stock ownership plan, employee participation scheme
Mitarbeiterbeurteilung *f (Mgt, Pers)* staff appraisal
Mitarbeiter-Know-how *n (Pers)* staff know-how, employee know-how, employee expertise
Mitarbeiterschulung *f (Mgt, Pers)* staff training
Mitarbeiterversammlung *f (Pers)* staff meeting
Mitarbeitervertretung *f (Pers)* staff association
Mitbestimmung *f (Bö, Pers, WiWi)* codetermination
Miteigentum *n (Bank, Gb, Recht)* joint ownership, co-ownership, joint estate, part ownership
Miteigentümer(in) *m(f) (Bank, Gb, Recht)* co-owner, joint [part] owner
Miterbe *m (Recht)* coheir, joint heir
Mitgift *f (Gesch)* dowry
Mitglied *n (Gesch)* member
~ des Aufsichtsrates *(Pers)* member of the supervisory board
~ des Board *(Pers, Mgt)* board member, member of the board
~ kraft Amtes *(Pers)* ex officio member
Mitgliedsbeitrag *m (Gesch)* membership fee, subscription *(für Verein oder Verband)*
Mitgliedschaft *f (Gesch)* membership
Mitgliedsstaaten *mpl* **der Europäischen Union** *(Pol, WiWi)* European Union member states
Mitinhaber(in) *m(f) (Gesch)* co-owner
Mitläufereffekt *m (WiWi)* bandwagon effect
mitnehmen *v (Bö)* take *(Gewinn)*
mitschuldig *adj* 1. *(Gesch, RW)* partly responsible; 2. *(Recht)* implicated, partly responsible, accessory
Mittäter(in) *m(f) (Recht)* accessory
Mitte *f (Gesch, Ind) (AE)* center, *(BE)* centre
mitteilen *v* 1. *(Gesch)* inform, notify; 2. *(Komm)* advise; 3. *(Pat)* communicate, notify • **wir müssen Ihnen leider ~, dass** *(Gesch, Komm)* we regret to inform you that
Mitteilung *f* 1. *(Gesch)* communication, message; 2. *(Komm)* advice; 3. *(Pat)* communication, notification
Mittel *n* 1. *(Fin)* funds, resources; 2. *(Gesch)* means; 3. *(Med)* tool; 4. *(Pers)* resources; 5. *(WiWi)* means, resources • **~ bereitstellen** *(Fin, Mgt, RW)* appropriate funds • **~ bewilligen** *(Fin, Mgt, RW)* allocate resources, appropriate funds • **~ bündeln** *(WiWi)* pool resources • **über die ~**

verfügen, etw. zu tun *(Gesch)* have the means to do sth
Mittel *npl* **und Wege** *mpl (WiWi)* ways and means
Mittelabfluss *m* 1. *(Fin, RW)* cash outflow, outflow of funds; 2. *(WiWi)* outflow of funds *(ZB)*
Mittelbeschaffung *f (Fin)* fund-raising
Mittelbewilligung *f (Fin, RW)* resource allocation
Mittelbindung *f (Fin, Mgt, RW, WiWi)* appropriation of funds
mittelfristig *adj* 1. *(Bö)* medium-dated; 2. *(Fin, Gesch)* medium-term
mittelfristiger finanzieller Beistand *m (Pol, WiWi)* medium-term financial assistance
~ **Kredit** *m (Bank, Fin)* intermediate-term credit, medium-term loan
mittelfristiges Darlehen *n (Bank)* medium-term loan, MTL
~ **Papier** *n (Bö, Fin)* medium-term instrument
Mittelherkunft *f (Fin, RW)* source of funds
~ **und -verwendung** *f (Fin, RW)* source and application of funds
Mittelkurs *m* 1. *(Bö)* middle price; 2. *(RW)* average rate; 3. *(WiWi)* mean price
Mittelmanagement *n (Pers)* middle management
mittelmäßig *adj (Gesch)* medium, mediocre
Mittelpunkt *m (Gesch) (AE)* center, *(BE)* centre; focus
Mittelsmann *m (Gesch)* intermediary, go-between
Mittelsorte *f (WiWi)* middling (quality)
Mittelstand *m (Gesch)* small and medium-sized enterprises, SMEs, SME's *(einschließlich Familienbetriebe)*
mittelständischer Betrieb *m (Gesch)* medium-sized enterprise
mittelständisches Gewerbe *n (Gesch)* small and medium-sized goods-producing businesses
Mittelverfügbarkeit *f (Fin)* resource availability
Mittelverteilung *f (Fin, Mgt, RW, WiWi)* appropriation of funds, fund appropriation, resource allocation
Mittelverwendung *f (RW)* application of funds *(Kapitalflussrechnung)*
Mittelwert *m* 1. *(Gesch)* average; 2. *(Stat)* average, mean (value)
Mittelzuteilung *f (Fin, Mgt, RW, WiWi)* appropriation of funds, fund appropriation, resource allocation
Mittelzuweisung *f* 1. *(Fin, RW)* apportionment of funds, appropriation of funds; 2. *(WiWi)* appropriation (of funds), resource allocation
Mittler *m (Gesch)* intermediary
mittlere Abweichung *f (Stat)* average deviation, mean deviation
~ **Einkommensteuergruppe** *f (WiWi)* middle income bracket
~ **Einkommensstufe** *f (WiWi)* middle income bracket
~ **Frist** *f (Gesch)* intermediate term
~ **Führungsebene** *f (Mgt, Pers)* middle management
~ **Geldmenge** *f* **M2** *(Bank, WiWi)* intermediate money M2
~ **Lebenserwartung** *f (Vers)* average duration of life
~ **Nutzungsdauer** *f (Gesch, Ind)* average life *(einer Anlage)*
~ **Qualität** *f (Gesch)* average quality, good fair average
mittlerer Schulabschluss *m (Pers)* intermediate leaving certificate, intermediate school leaving certificate
mittleres Einkommen *n (Gesch, WiWi)* average income
Mitverschulden *n (Recht)* contributory negligence
Mitversicherung *f (Vers)* coinsurance, joint insurance
mitwirkend *adj (Recht)* contributory
Mitwirkung *f (Fin)* contribution
mobil *adj* 1. *(Gesch)* mobile; 2. *(Komm)* portable
mobiles Telefon *n (Komm)* cellular phone, mobile phone, mobile (telephone)
Mobilfunk *m (Komm)* mobile communications
Mobilgerät *n (EDV, Komm, Med, V&M)* mobile device
Mobiliar *n (Recht)* set of chattels
Mobiliarvermögen *n (Gb, Recht)* chattels personal, personal estate
mobilisieren *v (WiWi)* mobilize
Mobilität *f (Pers, Soz, V&M)* mobility
~ **der Arbeitnehmer** *(Pers, WiWi)* labo(u)r mobility, mobility of labo(u)r

~ **der Arbeitskräfte** *(Pers, WiWi)* labo(u)r mobility, mobility of labo(u)r
Mobiltelefon *n (Komm)* mobile phone, mobile (telephone), cellphone, cellular phone
Modalitäten *fpl (Bank)* terms
Mode *f (Gesch, V&M)* fashion
Modeartikel *mpl* 1. *(Gesch)* fancy goods; 2. *(V&M)* fashion goods, fancy goods
Modell *n* 1. *(Gesch)* pattern, model *(Muster)*; 2. *(Stat)* model; 3. *(Pat)* design
modellieren *v (Bank)* formulate, devise
Modellrechnung *f (WiWi)* simulation
modern *adj (Gesch, Ind, WiWi)* advanced, modern, up-to-date
moderne Technik *f (Ind)* advanced engineering
~ **Technologie** *f (Ind)* advanced technology • **mit modernster Technologie** *(Ind, WiWi)* technologically advanced
moderner Industriestaat *m (WiWi)* advanced industrial state
modernisieren *v* 1. *(Gesch)* modernize, update; 2. *(Mgt)* streamline
modifizieren *v (Gesch)* modify
Modifizierung *f (Gesch)* modification
Modularität *f (Gesch)* modularity
Modulstruktur *f (WiWi)* modular structure
möglich *adj (Gesch)* potential, possible
mögliche Verpflichtung *f (Gesch)* potential commitment
Möglichkeit *f* 1. *(Gesch)* opportunity, possibility, potential *(Potential)*; alternative *(Alternative)*; 2. *(Stat)* chance; 3. *(Pol, WiWi)* opportunity *(Gelegenheit)*
Momentaufnahme *f (RW)* measured at a single point in time
Monate *mpl* **nach Sicht** *(Bank)* months after sight
monatlich *adj (Gesch)* monthly
monatliche Vermietung *f (Gb)* month-to-month tenancy
~ **Zinsberechnung** *f (Bank)* monthly compounding of interest
Monatsabschluss *m (Bank, RW)* end-of-month account
Monatsaufstellung *f (Fin)* monthly statement
Monatsdurchschnitt *m (Stat)* monthly average
Monatsende *n (RW)* end of month
Monatserste(r) *m (Gesch)* first day of the month
Monatsertrag *m (RW)* monthly return
Monatsfrist *f (Gesch)* one month's notice
Monatsrate *f (Fin)* monthly instal(l)ment
Monatsultimo *m (Gesch)* end of month
Mondpreise *mpl (V&M)* unrealistic prices, *(ugs.)* moon prices
monetär *adj (Fin, Gesch, WiWi)* monetary
monetäre Erscheinung *f (WiWi)* monetary phenomenon *(EZB)*
~ **Entwicklung** *f (WiWi)* monetary trend
~ **Größen** *fpl (Fin)* monetary aggregates
~ **Impulse** *mpl (Pol)* monetary stimuli *(EZB)*
monetärer Ertrag *m (WiWi)* pecuniary returns
monetäres Umlaufvermögen *n (Fin)* accounts receivable + investments + cash
Monetarismus *m (Fin, Gesch, WiWi)* monetarism
Monetarist *m (Fin, Gesch, WiWi)* monetarist
Monitum *n (Gesch)* query
Monopol *n (Ind, WiWi)* monopoly
Monopolgewinn *m (WiWi)* monopoly profit
Monopolist(in) *m(f) (WiWi)* monopolist
monopolistische Konkurrenz *f (WiWi)* monopolistic competition
Monopolkommission *f (WiWi)* Monopolies (and Mergers) Commission, antitrust commission
Monopolpreis *m (WiWi)* monopoly price
Monopolstellung *f (Ind)* monopoly
Monopson *n (WiWi)* monopsony
Montage *f* 1. *(Gesch)* assembling, assembly; 2. *(Ind)* assembly
Montageband *n (Ind, Pers)* assembly line *(Produktion)*
Montageplan *m (Gesch, Ind)* assembly program(me)
Montagewerk *n (Ind, Pers)* assembly plant
Monteur *m (Pers)* assembler, assemblyman, mechanic, electrician; fitter *(Installateur)*
moralischer Appell *m (Gesch, WiWi)* moral suasion hazard
Moratorium *n* 1. *(Fin)* moratorium; 2. *(Gesch)* moratorium, standstill agreement
Morgenschicht *f (Pers)* day shift *(Schichtarbeit)*
morphologische Analyse *f (Fin, Stat)* morphological analysis
Motiv *n (Gesch)* cause, reason
Motivation *f (Gesch, Mgt, Pers, V&M)* motivation

Motivationsanalyse *f (Pers)* motivational analysis
Motivator *m (Gesch, Mgt, Pers)* motivator
Motivforschung *f (V&M)* motivational research
motivieren *v (Gesch, Mgt, Pers, V&M)* motivate
Motor *m (Trans)* engine, motor
mühselige Arbeit *f (Pers) (ugs.)* slog
Müll *m (Gesch, Umw)* waste, refuse, *(BE)* rubbish, *(AE)* garbage
Müllabfuhr *f (Gesch, Umw)* refuse collection
Müllbehandlung *f (Gesch, Umw)* waste treatment
Müllentsorgung *f (Gesch, Umw)* waste management [disposal]
Müllverbrennung *f (Ind, Umw)* incineration
multifunktional *adj (Gesch)* all-purpose
multifunktionale Chipkarte *f (EDV, Komm)* multi-purpose card
Multifunktionskarte *f (Bank, EDV)* multi-purpose card
Multikatoreffekt *m (WiWi)* multiplier effect
multikulturelles Management *n (Mgt)* cross-cultural management
multilaterale Handelsgespräche *npl (WiWi)* multilateral trade negotiations
~ **Überwachung** *f (Pol, WiWi)* multilateral surveillance
multilaterales Abkommen *n (WiWi)* multilateral agreement
multinational *adj (Gesch)* multinational, transnational
multinationales Unternehmen *n (Gesch)* transnational corporation, multinational enterprise, multinational company [corporation]
multiple Korrelation *f (Stat)* multiple correlation
multipler Wechselkurs *m (WiWi)* multiple exchange rate
Multiplikator *m (WiWi)* multiplier
Multiplikatorprinzip *n (WiWi)* multiplier principle
multiplizieren *v (Stat)* multiply
mündelsicher *adj (Fin)* eligible for investment of trust funds *(gilt-edged investment)*
mündelsicheres Wertpapier *n (Bank, Bö)* gilt-edged [eligible] security, legal investment
mündlich *adj (Gesch)* verbal *(Vereinbarung, Angebot)*
mündliche Absprache *f (Gesch)* verbal agreement
~ **Vereinbarung** *f* 1. *(Gesch)* unwritten agreement, verbal agreement; 2. *(Recht)* oral contract
Mund-zu-Mund-Werbung *f (V&M)* word-of-mouth advertising
Münze *f (Gesch)* coin, token
Münzgeld *n (WiWi)* hard money
Münztelefon *n (Komm) (BE)* pay phone, *(AE)* pay station
Mussvorschrift *f (Vers)* mandatory provision
Muster *n* 1. *(Gesch)* pattern, sample, model *(Abkommen, Vertrag)*; 2. *(Pat)* design; 3. *(V&M)* pattern
Musterangebot *n (Gesch)* sampling offer
Musterbeispiel *n (Gesch)* textbook case
Musterformular *n (Verw)* standard form
mustergetreu *adj (Gesch)* up-to-sample
Musterlizenz *f (AH) (BE)* sample licence, *(AE)* sample license
Musterportfolio *n (Bank)* standard portfolio
Mustersatzung *f (Recht)* model articles of association
Mustersendung *f (Komm)* sample mailing
Mustervertrag *m (Bank)* model agreement, master agreement
Muttergesellschaft *f* 1. *(Gesch, RW)* parent company; 2. *(Recht)* holding company
Mutterland *n (Fin, Gesch)* home country
Mutterschafts... *(Pers)* maternity
Mutterschaftsgeld *n (Pers)* maternity pay [benefit, allowance]
Mutterschaftsurlaub *m (Pers)* maternity leave
MwSt. *s.* Mehrwertsteuer
MwSt.-Befreiung *f (St) (BE)* exemption from VAT

N

nach *adj (Gesch)* according to
Nachahmung *f (Ind)* counterfeit
nachaktivieren *v (WiWi)* post-capitalize
Nachbarland *n (Gesch)* neighbo(u)ring country
Nachbarschaftsladen *m (V&M) (BE)* corner shop, *(AE)* neighborhood store, *(AE)* mom-and-pop store

Nachbarstaat *m (Gesch)* neighbo(u)ring country
Nachbearbeitung *f (Ind)* finishing
Nachbesprechung *f (Mgt)* debriefing
nachbestellen *v (Gesch)* reorder
Nachbestellung *f (Gesch)* repeat order
Nachbildung *f* 1. *(Bank, Bö)* shadowing *(von Indizes)*; 2. *(Gesch)* reproduction
Nachbörse *f (Bö, WiWi)* after-hours market [dealing, trading]
nachbörsliche Kurse *mpl (Bö)* after-hours prices
nachbörslicher Handel *m (Bö)* after-hours dealing [trading], kerb trading
nachdatiert *adj (Komm)* postdated, PD
nachdrücklich *adj (Gesch)* vigorous
Nachfassbrief *m (Gesch, Komm)* follow-up letter *(Werbung)*
nachfassen *v (Gesch, Komm)* follow up
nachfolgen *v (Gesch)* succeed, trace
Nachfolger(in) *m(f) (Gesch)* follower, replacement, successor
nachforschen *v (Gesch)* investigate
Nachforschung *f (Gesch)* search
Nachfrage *f (WiWi)* demand • **~ befriedigen** *(Fin)* accommodate the demand, meet the demand • **~ schaffen** *(WiWi)* create demand
~ nach Arbeit *(Pers, WiWi)* demand for labo(u)r, labo(u)r demand
~ nach Arbeitskräften *(WiWi)* demand for labo(u)r, labo(u)r demand
Nachfrageausfall *m (Bö, WiWi)* shortfall in demand
Nachfrageausweitung *f (V&M)* expansion of demand
nachfragebedingte Arbeitslosigkeit *f (Pers, WiWi)* demand deficient unemployment
Nachfrageimpuls *m (WiWi)* demand stimulus, market pull
nachfrageinduzierte Inflation *f (Gesch, WiWi)* demand-pull inflation, demand-induced inflation
Nachfrageinflation *f (Gesch, WiWi)* demand-pull inflation
Nachfragekurve *f (WiWi)* demand curve
~ nach Arbeit *(Pers, WiWi)* labo(u)r demand curve, demand curve for labo(u)r
~ nach Arbeitskräften *(Pers, WiWi)* labo(u)r demand curve, demand curve for labo(u)r
Nachfragemuster *n (WiWi)* demand pattern
Nachfragerückgang *m (WiWi)* contractionary pressure
Nachfrageschrumpfung *f (V&M)* contraction of demand
Nachfragetabelle *f (WiWi)* demand schedule
Nachfrageüberschuss *m (WiWi)* excess demand
Nachfrage- und Angebotselastizität *f (WiWi)* elasticity of demand and supply
Nachfrageverschiebung *f (V&M)* shift in demand
Nachfrist *f* 1. *(RW)* days of grace, grace period; 2. *(Recht)* (additional) respite *(Verträge)*
nachgeben *v* 1. *(Bank)* sag *(Zinsen)*; 2. *(Bö)* slide, sag *(Kurse)*; 3. *(Gesch)* give in, sag *(Nachfrage)*; give *(Material)*; 4. *(Mgt)* back down *(Auseinandersetzung)*; 5. *(V&M)* sag *(Preise, Verkäufe)*; 6. *(WiWi)* slacken *(Aktienpreise)*
Nachgeben *n* 1. *(Bank, Bö)* slide *(der Kurse)*; sagging *(der Zinsen)*; 2. *(Gesch)* slippage; 3. *(V&M)* sagging; 4. *(WiWi)* slackening *(der Aktienpreise)*
nachgelagert *adj (Gesch, WiWi)* downstream *(Absatzstufe)*
nachgelagerte Märkte *mpl (Gesch)* downstream markets
nachgemacht *adj* 1. *(Bank)* counterfeit *(Geld)*; 2. *(Ind)* man-made
nachgeordnet *adj (Bö)* derivative, subordinate
nachgereichte Unterlagen *fpl (Pat)* subsequently filed items
nachhaken *v (Gesch)* come back to, make further enquiries
nachhaltig *adj (Gesch, WiWi)* sustainable
nachhaltige Entwicklung *f (WiWi)* sustainable development
~ Wachstumsrate *f (WiWi)* sustainable economic growth rate
~ Wirkung *f (Gesch, Med)* lasting effect
Nachhaltigkeit *f (Umw, WiWi)* sustainability
Nachholbedarf *m* 1. *(Gesch)* backlog demand; 2. *(WiWi)* backlog of [catch-up, pent-up] demand
Nachholeffekt *m (WiWi)* backlog effect, catching-up effect *(ZB)*
nachindustrielle Gesellschaft *f (WiWi)* post-industrial society

Nachkomme *m (Recht)* descendant, issue
nachkommen *v* 1. *(Gesch)* act on *(Entscheidung)*; fulfil(l), meet *(Verpflichtungen)*; keep up with *(Zahlungen)*; 2. *(Recht)* obey
Nachlass *m* 1. *(Fin)* rebate; 2. *(Gesch)* reduction; 3. *(RW)* trade discount; 4. *(St)* abatement; 5. *(Recht)* deceased estate *(Erbschaft)* • **kein ~** *(V&M)* no discount
nachlassen *v* 1. *(Bö)* run low; 2. *(Gesch)* wane, slack off, slacken off *(Arbeiter, Nachfrage)*; 3. *(WiWi)* slacken *(Aufschwung)*; 4. *(Gesch)* relax *(Kontrolle)*; reduce *(Preise)*; 5. *(Mgt)* relax *(Kontrolle)*
Nachlassen *n* 1. *(Gesch)* slack, abatement; 2. *(WiWi)* slackening
nachlassend *adj (WiWi)* flagging
Nachlassgericht *n (Recht)* probate court
nachlässig *adj (Gesch)* careless, slapdash • **~ sein** *(Pers)* be slack • **~ arbeiten** *(Gesch)* skimp
Nachlassverwalter *m* 1. *(Gb)* estate administrator, estate executor *(gerichtlich eingesetzter Treuhänder)*; 2. *(Recht)* (estate) executor, estate manager [administrator]
Nachlassverwaltung *f (Gb)* estate administration
nachmittags *adv (Gesch)* post meridiem, p.m.
Nachnahme *f (Fin, Gesch, AH)* cash on delivery
Nachporto *n (Komm)* postage due
nachprüfbar *adj (Gesch, RW)* verifiable
Nachprüfbarkeit *f (Mgt, RW, Verw)* accountability
Nachprüfung *f (Gesch)* re-examination
nachrangige Hypothek *f* 1. *(Bank)* second mortgage, submortgage; 2. *(Fin)* second mortgage; 3. *(Gb) (AE)* junior mortgage
~ Verbindlichkeiten *fpl* 1. *(Fin, Gesch, Ind)* subordinate debt; 2. *(RW)* subordinated liabilities
nachrangiger Schuldtitel *m (Fin, Gesch, Ind)* subordinate debt
nachrangiges Darlehen *n (Fin)* subordinated loan
~ Haftkapital *n (Fin)* subordinated capital
~ Pfandrecht *n (Recht)* junior lien
~ Wertpapier *n (Bö) (AE)* junior security
Nachricht *f* 1. *(Gesch)* message, communication; 2. *(Komm)* bulletin; 3. *(Med)* piece of news • **jmdm. die ~ mitteilen** *(Komm)* break the news to sb
Nachrichten *fpl (Gesch, Med)* news
~ aus der Wirtschaft *(Med, WiWi)* economic news
Nachrichtenblatt *n (V&M)* bulletin
Nachschießen *n (Bö, Fin)* remargining
nachschlagen *v (EDV, Gesch, Verw)* look up *(Informationen)*
Nachschussforderung *f (Bö)* further call, margin call *(Effektenhandel)*
Nachsichtwechsel *m* 1. *(Bank) (BE)* time bill, *(AE)* time draft; 2. *(Fin)* term bill
Nachsteuer *f (Fin)* supplementary tax
Nachsteuerrendite *f (RW, St)* after-tax yield
nachsuchen *v* **um** *(Gesch)* apply for, request
Nachtarbeit *f (Pers)* night work
Nachtarbeitsverbot *n (Pers)* prohibition of night work
Nachtarbeitszuschlag *m (WiWi)* night differential
Nachteil *m* 1. *(Gesch)* disadvantage; 2. *(V&M, WiWi)* disutility • **zum ~ von** *(Gesch)* to the detriment of
nachteilig *adj* 1. *(Gesch)* adverse, disadvantageous, prejudicial; 2. *(WiWi)* adverse
Nachtrag *m* 1. *(Gesch)* addendum *(Vertrag)*; 2. *(Komm)* postscript *(Briefende)*
nachträglich *adj* 1. *(Gesch)* subsequent; 2. *(Pat)* supplementary
nachträgliche Unmöglichkeit *f* **der Leistung** *(Recht)* subsequent impossibility of performance *(Vertragsrecht)*
~ Vergütung *f (Pers)* deferred compensation
Nachtragshaushalt *m (Fin)* supplemental budget
Nachtschalter *m (Bank)* night depository
Nachtschicht *f (Pers)* night shift, *(ugs.)* graveyard shift
Nachttresor *m (Bank)* night depository, night safe
Nachtwächterstaat *m (WiWi)* night watchman state
Nachverkauf *m (V&M)* after sales
nachwachsender Rohstoff *m (Umw, WiWi)* renewable resource
Nachweis *m (Recht)* proof, evidence of proof, evidence

nachweisbar *adj* 1. *(Gesch)* verifiable, demonstrable *(Fehler, Defekt)*; 2. *(RW)* verifiable
nachweisen *v (Bank)* account for
Nachwirkung *f (Gesch)* aftereffect
Nachwuchs *m* **an Führungskräften** *(Pers)* junior managers, new junior managers, young executives, new young executives, junior management
Nachwuchsförderung *f (Mgt)* executive training *(Führungskräfte)*
Nachzahlung *f (Pers)* back pay, back payment *(Lohn, Gehälter)*
Nacktoption *f (Bö)* naked option
Nadelzeit *f (Med)* needle time
nagelneu *adj (ugs.) (Gesch)* brand-new
Nahrungsmittel *npl (Gesch)* foodstuffs
Nahrungsmittelindustrie *f (Ind)* food-processing industry
Nahrungsmittelversorgung *f (WiWi)* food supply
Nahverkehr *m (Trans)* short haul *(Güter)*; local transport *(Personen)*
Name *m (Gesch)* name • **im Namen von** *(Gesch)* on behalf of
namenlos *adj (Gesch)* anonymous, anonymously
Namensaktie *f (Bö, RW)* registered share [stock]
Namenskonnossement *n (AH, Trans)* non-negotiable bill of lading, straight bill of lading
namhaft *adj (Gesch)* renowned, substantial *(Geldbetrag)*
nationale Beihilfesysteme *npl (Pol)* national systems for granting aid *(EU)*
~ **Fluggesellschaft** *f (F&T, Trans)* domestic airline, national airline
~ **Gesetzgebung** *f (Recht)* national legislation
nationaler Spitzenreiter *m (Gesch)* national champion
nationales Flaggschiff *n (Gesch)* national champion
Nationalökonom(in) *m(f) (Pers, WiWi)* economist
Nationalökonomie *f (obs.) (WiWi)* economics, political economy
natura/in *(Gesch)* in kind
Natural... *(Gesch)* in kind
Naturalgeld *n (Bö)* commodity standard
Naturalleistung *f (Gesch)* allowance [payment] in kind *(Sachleistung)*
Naturallohn *m (Gesch)* wages in kind
Naturaltausch *m (WiWi)* barter
Naturalwirtschaft *f (WiWi)* barter economy
natürliche Arbeitslosenquote *f (Pers, WiWi)* natural rate of unemployment
~ **Arbeitslosigkeit** *f (WiWi)* natural (rate of) unemployment
~ **Bevölkerungsbewegung** *f (Pers, Stat)* natural movement of the population, natural population movement
~ **Hilfsquellen** *fpl (Umw, WiWi)* natural resources
~ **Person** *f (Recht)* natural person
~ **Rechte** *npl (Recht)* natural rights
~ **Ressourcen** *fpl (Umw, WiWi)* natural resources
natürlicher Abgang *m* 1. *(Pers)* natural staff wastage, natural wastage, natural waste *(natürliche Fluktuation wegen Selbstkündigung, Ruhestand, Tod)*; 2. *(Vers)* natural waste
~ **Arbeitskräfteabgang** *m (Pers)* natural wastage [attrition]
~ **Preis** *m (WiWi)* natural price
~ **Verschleiß** *m (WiWi)* natural wear and tear
~ **Zins** *m (WiWi)* natural rate of interest
natürliches Monopol *n (WiWi)* natural monopoly
Naturressourcen *fpl (Umw, WiWi)* natural resources
Naturschutz *m (Umw)* conservation
Nebenabrede *f* 1. *(Gesch, Ind, Pers)* side agreement; 2. *(Recht)* subagreement, subsidiary agreement
Nebenabsprache *f (WiWi)* side deal
Nebenanschluss *m (Komm)* telephone extension
Nebenausgaben *fpl (Gesch)* accessories, accessory charges
Nebenbedingung *f (WiWi)* constraint
Nebenbeschäftigung *f (Pers)* sideline job, second job
Nebeneinkünfte *pl (Pers, St)* additional income, extra income
Nebenentwicklung *f (Ind)* spin-off (development)
Nebenerwerb *m (Pers)* secondary employment
Nebenforderung *f (RW)* secondary claim

Nebengebühren *fpl (Gesch)* accessory charges, accessories
Nebenkasse *f (RW)* petty cash
Nebenklauseln/ohne *(Gesch) (ugs.)* no strings attached
Nebenkosten *pl* 1. *(Fin)* incidental charges [expenses]; 2. *(Pers)* ancilliary (staff) expenses; 3. *(Gb)* carrying charge; 4. *(RW)* extra charges
Nebenleistung *f (Pers) (ugs.)* perk, fringe benefit(s)
Nebenleistungen *fpl (Gesch)* ancillary [additional] services
Nebenmarkt *m* 1. *(Bö)* fringe market; 2. *(V&M)* sideline market
Nebenprodukt *n* 1. *(Gesch, Ind, V&M)* by-product, spin-off *(Abfallprodukt)*; 2. *(WiWi)* by-product, secondary product
nebensächlich *adj (Gesch)* accessory, peripheral, secondary
Nebentätigkeit *f* 1. *(Pers)* secondary [sideline] job *(nicht angemeldet)*; 2. *(WiWi) (ugs.)* moonlighting *(Schwarzarbeit)*
Nebenverdienst *m (Gesch, Pers, St)* additional earnings [income]
Nebenvereinbarung *f (Recht, Verw)* covenant, side agreement *(Vertrag)*
Nebenvertrag *m (Gesch, Ind, Pers, Recht)* secondary contract
Nebenwirkungen *fpl* 1. *(Gesch)* side effects; 2. *(WiWi)* spillovers
negativ *adj (Fin, Gesch, RW, St, WiWi)* adverse, negative
negative Einkommenssteuer *f (St)* negative income tax, reverse income tax
~ **Einkünfte** *pl (St)* negative earnings
~ **Ersparnis** *f (WiWi)* dissaving
~ **externe Effekte** *mpl (Umw, WiWi)* external diseconomies
~ **Hebelwirkung** *f (RW) (BE)* reverse gearing, *(AE)* reverse leverage
~ **Korrelation** *f (Stat)* negative correlation
~ **Opportunitätskosten** *pl (Gesch)* avoidable costs
~ **Zinsstrukturkurve** *f (WiWi)* negative yield curve *(invers)*
negativer Angebotsschock *m (WiWi)* adverse supply shock
~ **Anreiz** *m (WiWi)* disincentive
~ **Firmenwert** *m (Gesch, RW)* bad will
~ **Nutzen** *m (V&M, WiWi)* disutility
Negativerklärung *f (Bank)* negative pledge
negatives Betriebskapital *n (RW)* negative working capital
~ **Eigenkapital** *n (WiWi)* negative net worth
Negativzins *m (Bank)* interest penalty
Negoziierung *f (Gesch)* negotiation
neigen *v* **zu** *(Pers)* lean towards
Neigung *f* 1. *(Gesch)* propensity, tendency, preference; 2. *(WiWi)* propensity
~ **zu einer restriktiveren Geldpolitik** *(WiWi)* tightening bias *(Fed)*
~ **zu einer strafferen Geldpolitik** *(WiWi)* tightening bias *(Fed)*
~ **zur Auflockerung der Geldpolitik** *(WiWi)* easing bias *(Fed)*
Nenn... *(Gesch)* nominal
Nennbetrag *m (Fin)* face value
nennenswert *adj (Gesch)* appreciable
Nenner *m (Gesch)* denominator
Nennrisiko *n (Bö)* face risk
Nennwert *m* 1. *(Bö)* principal value; 2. *(RW)* nominal value, par value; 3. *(WiWi)* denomination • **über dem ~** *(Bö, Gesch)* above par • **über dem ~ notiert werden** *(Bö)* stand at a premium • **zum ~** 1. *(Bö)* at face value, at par; 2. *(Fin, Gesch)* at par
Nennwertaktie *f (Bö)* par [face] value share
nennwertlose Aktie *f* 1. *(Bö)* no-par stock, no-par-value share; 2. *(WiWi) (BE)* nonpar share
neoklassische Theorie *f (WiWi)* neoclassical theory
netto *adv (Gesch)* net • **~ verdienen** *(Fin)* net
Nettoabsatz *m (RW)* net sales
Nettoauftragseingang *m (RW)* net sales
Nettoauslandsinvestition *f (RW)* net foreign investment
Nettoauslandsvermögen *n (Bank)* net foreign assets
Nettoausleihung *f (Bank)* net lending
Nettobeitrag *m (RW)* net contribution
Nettobetrag *m (WiWi)* net amount
Nettobetriebseinkommen *n (RW)* net operating income
Nettobetriebsgewinn *m (RW)* net operating profit, net trading surplus
Nettobetriebskapital *n (RW, WiWi)* net working capital
Nettobetriebsverlust *m (RW)* net operating loss
Nettobuchwert *m (Fin)* net book value

Netto-Cashflow *m (RW)* net cash flow, net cash inflow
Nettoeinkommen *n* 1. *(Fin)* net income; 2. *(Pers)* net pay; 3. *(RW)* net income [earnings]
Nettoeinnahmen *fpl (RW)* net receipts
Nettoertrag *m (RW)* below-the-line revenue
Nettoforderungen *fpl* **gegenüber der übrigen Welt** *(Bank, WiWi)* net lending to the rest of the world *(EZB, VGR)*
Nettogehalt *n (Pers)* net salary, net pay, take-home pay
Nettogewicht *n (Gesch)* net weight
Nettogewinn *m* 1. *(Fin)* net profit; 2. *(RW)* net gain, net income
~ **für das laufende Jahr** *(RW)* net profit for the current year
Nettogewinner *m (WiWi)* net gainer
Nettogewinnspanne *f (Fin, RW, WiWi)* net margin
Nettoinvestition *f (Bank, WiWi)* net investment
Nettoinvestitionsausgaben *fpl (WiWi)* net capital expenditure
Nettokapitalbedarf *m (Bö)* net capital requirement
Nettokapitalimport *m (WiWi)* net inflow of capital *(ZB, VGR)*
Nettokapitalwert *m (Fin, WiWi)* net capital gain
Nettokosten *pl (RW)* net cost
Nettolohn *m (Gesch, Pers)* take-home pay
Nettoposition *f (Bank, RW)* netted position
Nettoproduktionswert *m (WiWi)* net output
Nettorendite *f (RW)* net rate of return, net yield
Nettosozialprodukt *n* **(zu Faktorkosten)** *(WiWi)* net national product (at factor cost)
Nettoumlaufvermögen *n* 1. *(Fin)* net current assets; 2. *(RW)* net current assets, net working capital
Nettoverdienst *m* 1. *(Pers)* take home pay; 2. *(RW)* net earnings
Nettoverlust *m (RW)* net loss
Nettovermögen *n* 1. *(Fin)* (actual) net worth, net equity; 2. *(RW)* actual net worth, net assets
Nettovermögensaufstellung *f (RW)* statement of net assets
Nettovermögensertrag *m (RW)* return on net assets
Nettowert *m* 1. *(Bö)* net worth; 2. *(RW)* net value
Nettowohlfahrtsverlust *m (WiWi)* deadweight loss
Nettozins *m (Fin, WiWi)* pure interest
Nettozinsertrag *m (Fin)* net interest yield
Nettozinssatz *m (Bank)* net rate
Nettozinsspanne *f (RW)* net interest margin
Nettozufluss *m (WiWi)* net inflow *(ZB, VGR)*
Netz *n (EDV, Ind)* network, *(BE)* mains, *(AE)* supply network *(Strom)*
~ **der sozialen Sicherheit** *(Soz)* social security net
Netzbetreiber *m (EDV, Komm)* network provider
Netzgeld *n (Bank, EDV, WiWi)* e-money
Netzkriminalität *f (EDV, Komm, Recht)* internet crime, cybercrime
Netzökonomie *f (Gesch, WiWi)* internet economy, new economy
Netzpolizei *f (EDV, Komm, Recht)* net police
Netzwerkvolkswirtschaft *f (WiWi)* networking economy
Netzwirtschaft *f (Gesch, WiWi)* internet economy, new economy
neu *adj (Gesch)* new • **ganz** ~ *(Gesch)* brand-new • ~ **für alt** *(Vers)* new for old
neu eröffnet *adj* 1. *(Gesch)* newly opened; 2. *(Mgt)* under new management
neu berechnen *v (Stat)* recalculate
~ **bewerten** *v (RW, WiWi)* revalue
~ **verteilen** *v (RW)* reallocate
Neubewertung *f* 1. *(Bank)* marking to market; 2. *(Fin)* revaluation; 3. *(RW, WiWi)* revaluation, margining
~ **des Vermögens** *(RW)* revaluation of assets
neue Technologien *fpl (Gesch, Ind)* new technologies
Neue Wirtschaft *f (Gesch, WiWi)* new economy *(mit hoher Produktivität)*
Neueintritte *mpl (Pers, Soz)* new entrants, newly entered, newly entered persons
Neuemission *f (Bö)* new issue
Neuentwicklung *f (Ind, Pat, V&M)* innovation
Neuerung *f (Ind, Pat, V&M)* innovation
neueste Technik *f (Ind)* advanced engineering
~ **Technologie** *f (Ind)* advanced technology

neuester Entwicklungsstand *m (Gesch)* state of the art *(Stand der Technik)*
Neufestsetzung *f* **der Wechselkurse** *(WiWi)* parity realignment
Neugestaltung *f (Fin)* reorganization
Neugründung *f (WiWi)* start-up *(Unternehmen)*
Neuheit *f (Pat)* novelty
Neuheitswert *m (V&M)* novelty value
Neuland betreten *(Gesch)* break new ground
Neuling *m (EDV, Komm)* newbie, beginner
Neuordnung *f (Mgt)* restructuring
Neupositionierung *f (V&M)* repositioning
neutral *adj (Gesch)* neutral • **~ bleiben** *(Gesch)* sit on the fence
neutrale Aufwendungen *fpl (RW)* nonoperating expenses
neutraler technischer Fortschritt *m (WiWi)* neutral technical progress
neutrales Ergebnis *n (WiWi)* nonoperating result
neutralisieren *v (Gesch)* offset, cancel out
Neuverteilung *f (Fin)* reallocation
Neuzugang *m* **an Arbeitskräften** *(Pers)* new staff members
~ an Mitarbeitern *(Pers)* new staff members
nichtabzugsfähig *adj (Gesch, St)* non-deductible
Nichtabzugsfähigkeit *f (Gesch, St)* non-deductibility
Nichtanerkennung *f (St)* disallowance *(zum Abzug)*
nichtansässige Gesellschaft *f (Recht)* nonresident company
Nichtausführung *f (Recht)* nonexecution
Nichtbank *f (Bank)* nonbank
Nichtbank-Bankgeschäft *n (Bank)* nonbank banking
Nichtbankensektor *m (Fin)* nonbank sector
Nichtbankunternehmen *n (WiWi)* nonfinancial company
Nichtbefolgung *f (Gesch, Recht)* failure to comply
Nichtbeteiligung *f (Pol)* opt-out *(EU)*
nichtbetriebliche Einnahmen *fpl (RW)* nonoperating revenue
nichtbetriebliche Kosten *pl (RW)* nonoperating expense
Nichtbezahlung *f (Gesch)* nonpayment
Nichteinhaltung *f* **des Rückzahlungstermins** *(Bank, Fin)* noncompliance with the redemption date
~ einer Anordnung *(Recht)* noncompliance with an order
Nichteinlösen *n (Bank)* dishono(u)ring *(Wechsel)*
Nichteinmischung *f (WiWi)* nonintervention
Nichterfüllung *f (Recht)* nonexecution, nonfulfil(l)ment, nonperformance
~ eines Vertrags *(Recht)* nonfulfil(l)ment of contract
Nichterscheinen *n* 1. *(F&T)* no-show; 2. *(Gesch)* absence; 3. *(Recht)* absence, failure to appear, nonappearance *(vor Gericht)*
Nichterschienene(r) *f(m) (Gesch, Pers)* absentee
nichtflüchtiger Speicher *m (EDV)* non-volatile memory *(NVM)*
Nichthonorieren *n (Bank)* dishono(u)ring, failure to hono(u)r *(Wechsel)*
Nichtigkeit *f (Gesch)* invalidity
nichtlineare Korrelation *f (Stat)* curvilinear correlation
~ Programmierung *f (EDV, Stat)* nonlinear programming
nichtöffentlich *adj* 1. *(Gesch)* closed *(Versammlung)*; 2. *(Recht)* in camera *(Beweisaufnahme)*
Nichtregierungsorganisation *f (Gesch)* nongovernmental organization, NGO
Nichts *n (Gesch)* nothingness, void
nichtstaatliche Organisation *f (Verw)* nongovernmental organization
nichttarifäres Handelshemmnis *n (Gesch, AH, WiWi)* nontariff trade barrier
Nichtverfallbarkeit *f (Recht)* non-forfeitability *(Rentenansprüche)*
Nichtverfügbarkeit *f (Gesch)* unavailability
nichtvertretbare Waren *fpl (RW)* nonfungible goods
Nichtzahlung *f (Recht)* failure to pay
~ bei Fälligkeit *(Gesch)* delinquency
niederlassen *v/sich (Gesch)* settle, set up, establish oneself *(Arbeitsstelle, Wohnung, Land)*
Niederlassung *f* 1. *(Gesch)* branch (office); 2. *(V&M)* field organization
Niederlassungsfreiheit *f (Gesch, Pol, WiWi)* freedom of establishment *(EU)*

Niederlassungsrecht *n (Recht)* right of establishment
Niederlegung *f (Recht)* resignation, work stoppage, abdication *(Arbeit, Position)*; writing down *(Schrift)*
Niederschrift *f (Verw)* minutes, record
Niederstwert *m (RW)* lower of cost or market *(Bilanzwert)*
niedertechnologisch *adj (Ind)* low-tech *(Produktion)*
niedrig *adj* 1. *(Recht)* low; 2. *(WiWi)* reduced, low *(Kurse)*
niedrig *adv (Fin, Gesch, St)* low • **zu ~ ausweisen** *(RW)* underreport • **~ verzinslich** *(Bö)* low-yielding
niedrige Einkommen *npl (St) (BE)* small earnings
niedrigere Einkommensstufe *f (St, WiWi)* lower income bracket
Niedriglohn *m (Pers)* low pay
Niedriglohnarbeitsplatz *m (Pers, Soz)* low-wage job
Niedrigpreis *m* 1. *(Gesch)* low price; 2. *(AH) (AE)* thrift price
Niedrigpreisstrategie *f (V&M)* penetration pricing
Niedrigpreiswaren *fpl (Gesch)* bargain goods
Niedrigsteuergebiet *n (St)* tax haven
niedrigverzinsliches Darlehen *n (Bank)* low-interest loan
Nießbrauch *m (Recht)* usufruct *(Nutzungsrecht)*
Nießbraucher *m (Recht)* usufructuary
Nische *f (Pers, V&M)* niche
Nischenhandel *m (Gesch, V&M)* niche trading
Nischenmarketing *n (V&M)* niche marketing
Niveau *n (Gesch)* level
Niveaugrenzerträge *mpl (WiWi)* returns to scale
Nivellierung *f (WiWi)* level(l)ing out
nochmals erwägen *(Gesch)* reconsider
nominal *adj (Gesch)* nominal
Nominalbetrag *m (Fin)* face value
nominaler Preis *m (RW)* nominal price
nominales BIP *n* **[Bruttoinlandsprodukt** *n*] *(WiWi)* money [nominal] GDP
~ Bruttosozialprodukt *n (WiWi)* nominal GNP
Nominalkapital *n (RW)* nominal capital
Nominallohn *m (Pers)* nominal wage
Nominalverzinsung *f (Bö, Fin)* nominal yield
Nominalwachstum *n (WiWi)* nominal growth
Nominalwert *m (Fin)* face value • **zum ~** *(Fin, Bö)* at face value
nominell *adj* 1. *(Fin)* notional; 2. *(Gesch)* nominal, in money terms
Norm *f* 1. *(EDV)* standard, Std; 2. *(Gesch)* norm; 3. *(Mgt)* rule • **über der ~** *(Gesch)* above the norm • **einer ~ entsprechen** *(Gesch)* conform to a standard • **Normen und Praktiken** *(Gesch)* standards and practices
normal *adj (Gesch)* normal, standard, average
Normalarbeitszeit *f* normal working hours *(PERSON)*; standard working hours, standard working time, normal working time *(tarifliche Arbeitszeit)*
normale Arbeitszeiten *fpl (Pers)* regular hours
~ Kapazität *f (WiWi)* normal sustainable capacity
~ und notwendige Geschäftsausgaben *fpl (St)* ordinary and necessary business expenses
Normalgewinn *m (WiWi)* normal profit
Normalgut *n (WiWi)* normal good
Normalkapazität *f (WiWi)* normal capacity
Normalkosten *pl (Fin)* standard costs
Normalkostenrechnung *f (Fin)* standard costing
Normalleistung *f (Gesch, Pers)* standard performance
Normallohn *m (Pers)* standard rate
Normalverbraucher(in) *m(f) (V&M)* average consumer
Normalverteilung *f (Stat)* normal distribution
normative Wirtschaftswissenschaft *f (WiWi)* normative economics
normen *v (Gesch, Recht, V&M)* standardize
normgerecht *adj (Recht)* according to the norm
Notar *m (Recht)* notary public, commissioner for oaths
notariell *adv (Recht)* by a notary • **~ beglaubigen [beurkunden]** *(Recht)* acknowledge, notarize • **~ beglaubigt**

[beurkundet] *(Recht)* attested by a notary, notarized, notarially authenticated
Notenausgabe *f (Bank)* note issue
Notenbank *f (Bank)* bank of issue, central bank
Notenbankpolitik *f (WiWi)* central bank policy
Notendurchschnitt *m (Pers)* average mark
Notfall *m (Gesch)* emergency
Notgroschen *m (Gesch, WiWi)* nest egg **• einen ~ zurücklegen** *(Gesch)* save for a rainy day
notieren *v* 1. *(Bö)* quote; 2. *(Gesch)* put down, quote **• ~ bei** *(Bank)* trade at
Notierung *f (Bö)* quotation *(Kurs)*; rate *(Devisen)*
Notifikation *f (Fin, Pat)* notification
Notleiden *n (Bank)* dishono(u)ring *(Wechsel)*
notleidend *adj (Bank)* dishono(u)red, ailing, in default *(Wechsel)*
notleidende Aktiva *pl (Bö)* non-performing assets
~ **Anleihe** *f (Bö)* defaulted bond
~ **Bank** *f (Bank)* ailing bank
~ **Region** *f (WiWi)* depressed region
notleidender Kredit *m (Bank)* bad and doubtful debt, bad loan, nonperforming loan
~ **Wirtschaftszweig** *m (WiWi)* ailing industry
notleidendes Darlehen *n (Bank)* non-performing credit
~ **Unternehmen** *n (Fin, Gesch)* ailing enterprise
Notlösung *f (Gesch)* makeshift solution
Notstandsplan *m (Fin)* contingency plan
Notverkauf *m (Gesch)* emergency [panic] sale, bail-out
Notverkäufe *mpl (Bö)* forced liquidation
notwendig *adj (Gesch)* necessary **• ~ erscheinen** *(Gesch)* deem necessary
Novation *f (Recht)* novation
Novellierung *f (Recht)* amendment
NRO *s.* Nichtregierungsorganisation
Nuklearindustrie *f (Umw)* nuclear industry
null *adj (Gesch)* zero, nil
~ **und nichtig machen** *(Recht)* render null and void
Null *f (Gesch)* zero, nil **• nahe ~** *(Fin, Pol, WiWi)* close to balance *(staatliche Neuverschuldung, EU Stabilitäts- und Wachstumspakt)*
Nullkuponanleihe *f (Bö)* zero-coupon bond
Nulllösung *f (Pol)* zero option
Nullmenge *f (Stat)* empty [null] set
Nullsatz *m (St)* zero-rating
Nullwachstum *n (WiWi)* zero growth
numerisch *adj (EDV)* numeric
numerische Steuerung *f (EDV, Ind)* numerical control
numerisches Zeichen *n (Stat)* numeric character
nummerieren *v (Gesch)* number
Nummernkonto *n (Bank)* numbered account *(ohne Namen)*
Nutzanwendung *f (Gesch)* practical application
nutzbare Vorräte *mpl (Umw)* exploitable [usable] reserves *(Energieressourcen)*
nutzbringend *adj (Gesch)* beneficial, profitable *(gewinnbringend)*
nutzen *v* 1. *(Gesch)* benefit; 2. *(Gesch)* use, utilize, exploit; 3. *(WiWi)* capitalize on
Nutzen *m* 1. *(F&T)* benefit; 2. *(Gesch)* advancement, advantage, benefit, value; 3. *(St)* emolument; 4. *(WiWi)* utility **• jmdm. von ~ sein** *(Gesch)* be useful to sb
Nutzenansatz *m* **der Besteuerung** *(St)* benefit approach to taxation
Nutzeneinheit *f (WiWi)* util
Nutzenentgang *m (WiWi)* loss of use
Nutzenfunktion *f (WiWi)* utility function
Nutzen/Kosten-Analyse *f (Stat, WiWi)* cost-benefit analysis
Nutzenmaximierung *f (WiWi)* utility maximization
Nutzenniveau *n (WiWi)* satisfaction level
Nutzensprinzip *n (St, WiWi)* benefit principle
Nutzer *m (Gesch)* user
Nutzfahrzeug *n (Trans)* commercial vehicle
Nutzfläche *f (Gb)* useable floor space
nützlich *adj (Gesch)* advantageous, useful
Nützlichkeit *f (WiWi)* utility
nutzlos *adj (Gesch)* useless
Nutznießer *m (Gb, Vers)* beneficiary
Nutzschwelle *f (Gesch)* breakeven point
Nutzschwellenanalyse *f (Fin, WiWi)* breakeven analysis
Nutzung *f* 1. *(Gesch)* utilization; 2. *(Gb)* residential occupancy; 3. *(Pat)* use
Nutzungsausfall *m (WiWi)* loss of use
Nutzungsbedingungen *fpl (Gesch)* conditions of use

Nutzungsberechtigte(r) *f(m) (Gesch, Recht)* beneficiary
Nutzungsdauer *f* 1. *(Gesch)* operating [useful] life *(Maschine)*; 2. *(RW)* useful life; 3. *(St)* depreciable life; 4. *(WiWi)* depreciable [service] life
~ eines Vermögensgutes *(RW)* asset life
Nutzungsrecht *n (Recht)* right of use

O

oben *adv (Gesch)* above • **von ~ nach unten** *(Mgt)* top down *(Leitungsystem)* • **die ~ angegebene Adresse** *(Komm)* the above address • **~ erwähnt** *(Komm)* above, above-mentioned, aforementioned • **~ genannt** *(Komm)* above, above-mentioned, aforementioned
Oberaufsicht *f (Gesch)* superintendence
oberer Bereich *m* **der Skala** *(V&M)* top end of the range
~ Goldpunkt *m (Fin, AH, WiWi)* gold exporting point, gold export point
~ Interventionspunkt *m (Bank, WiWi)* ceiling
oberes Ende *n* **des Bereiches** *(Bö)* high end of the range
~ Management *n (Mgt, Pers)* senior management
~ Marktsegment *n* 1. *(Gesch)* up-market segment; 2. *(V&M)* top end of the market
~ Quartil *n (Stat)* upper quartile
Obergrenze *f* 1. *(Bö)* limit, upper limit; 2. *(Fin)* cap *(Zinssatzänderung)*
oberste Führungsebene *f (Pers)* top management
~ Leitungsebene *f (Mgt)* top management
oberstes Leitungsorgan *n (Gesch, Mgt)* board
Objekt *n (Gb)* property, piece of real estate
objektiv *adj (Gesch)* objective
objektiver Wert *m (WiWi)* objective value
Objektschutz *m (Gb, Ind)* protection of property, site protection
Obliegenheit *f (Recht)* obligation, duty
Obligation *f (Bö, Fin)* bond, debenture
Obligationär(in) *m(f) (Bö, Fin)* bond holder, debenture holder, loan holder
Obligationseigentümer(in) *m(f) (Bank)* bond owner
Obligationsschuld *f (Bö)* bonded debt
obligatorisch *adj* 1. *(Gesch)* compulsory, obligatory, binding; 2. *(Recht)* mandatory *(Richtlinien)*
obligatorische Ausgaben *fpl (WiWi)* compulsory expenditure
~ Einschusszahlung *f (Bö) (BE)* compulsory margin
obligatorisches Recht *n (Recht)* obligatory right
~ Schiedsgerichtsverfahren *n (Recht)* compulsory arbitration proceedings
Obligo *n (Bank, Fin)* exposure, liability, commitment • **ohne ~** *(Bank, Fin)* without recourse
Obligobuch *n (Bank, Fin)* acceptance ledger
Obrigkeit *f (obs.) (Gesch)* the authorities
obsiegende Partei *f (Recht)* prevailing party
OECD *s.* Organisation für wirtschaftliche Zusammenarbeit und Entwicklung
offen *adj (Gesch)* open, plain-spoken, frank *(Aussprache)*
offenbarte Präferenz *f (WiWi)* revealed preference
offene Ausschreibung *f (Gesch)* open tendering
~ Hypothek *f (Bank, Fin)* open mortgage, open-end mortgage
~ Investmentgesellschaft *f (Fin)* open-end(ed) investment company
~ Position *f* 1. *(Bö)* open position; 2. *(Fin)* exposure
~ Rechnung *f (Gesch)* invoice outstanding
~ Stelle *f (Pers)* job vacancy
~ Stellen *fpl (Pers) (BE)* situations vacant *(Arbeit)*
~ Transaktionen *fpl (Bank, Bö)* unsettled transactions
~ Verpflichtungen *fpl (Bank, Bö)* outstanding obligations
~ Volkswirtschaft *f (WiWi)* open economy
Offene Handelsgesellschaft *f (Gesch)* general [ordinary] partnership
offener Buchkredit *m (RW)* advance account
~ Investmentfonds *m (Fin)* open-end fund, *(AE)* mutual fund
~ Kredit *m (Gesch)* open credit
~ Markt *m (WiWi)* open market
~ Vertrag *m (Recht)* open-end contract *(auf unbestimmte Dauer)*

~ **Wettbewerb** *m (WiWi)* open competition
~ **Zuruf** *m (Bö)* open outcry
offenes Akkreditiv *n (Fin, AH)* clean credit *(C/C) (Synonym: glattes Akkreditiv, einfaches Akkreditiv)*
~ **Angebot** *n (Mgt)* open bid
offen gelegte Rücklagen *fpl (RW)* disclosed reserves
Offenheit *f (Gesch)* openness, frankness *(Aussprache)*
Offenlegung *f (Bö, Fin)* disclosure
~ **einer Erfindung** *(Pat)* disclosure of an invention
Offenmarkt *m (WiWi)* open market
Offenmarktausschuss *m (WiWi) (AE)* Open Market Committee *(Federal Reserve)*
Offenmarktgeschäft *n (WiWi)* open-market operation
Offenmarktsatz *m (Bank)* open-market rate
offensiv *adj (Gesch)* aggressive
öffentlich *adj (Gesch)* public • **in öffentlichem Eigentum sein** *(Pol, WiWi)* be under public ownership
öffentlich *adv (Gesch)* publicly • ~ **zum Ausdruck bringen** *(Gesch)* express publicly *(Meinung)* • ~ **finanziert** *(WiWi)* financed out of public funds • ~ **gefördert** *(Gesch)* publicly funded • ~ **nutzbar** *(Recht)* public domain • ~ **verfügbar** *(Recht)* public domain • ~ **versteigern** *(Gesch)* sell by auction
Öffentliche *pl (ugs.) (WiWi)* governments
öffentliche Angebotseinholung *f* 1. *(Gesch)* public invitation to bid; 2. *(Recht)* invitation to make an offer
~ **Anleihen** *fpl (WiWi)* government securities
~ **Ausgaben** *fpl (WiWi)* public spending [expenditure], *(BE)* general government expenditure
~ **Ausschreibung** *f* 1. *(Gesch)* advertised bidding, public invitation to bid; 2. *(Recht)* invitation to make an offer
~ **Bedürfnisse** *fpl (WiWi)* public wants
~ **Einnahme** *f (WiWi)* government revenue
~ **Finanzen** *fpl (WiWi)* public finances
~ **Hand** *f (Fin, Pol)* public authority
~ **Meinung** *f (Gesch)* public opinion
~ **Mittel** *npl (Fin)* public resources [funds]
~ **Ordnung** *f (Pol, Recht)* public policy, public order
~ **Schuld** *f (WiWi)* public debt
~ **Schuldenlast** *f (Fin, Pol)* public debt burden
~ **Schuldenquote** *f (Bank)* public debt ratio, GDP ratio, government debt ratio, general government debt ratio
~ **Schule** *f (Soz) (AE)* public school, *(BE)* state school
~ **Verkehrsmittel** *npl (Trans) (BE)* public transport, *(AE)* public transportation
~ **Verschuldung** *f (WiWi)* national [public] debt
~ **Versteigerung** *f (Gesch)* public auction
~ **Wohlfahrt** *f (Soz)* public welfare, social welfare
öffentlicher Auftrag *m* 1. *(Gesch)* public contract; 2. *(Recht)* government contract
~ **Dienst** *m (Pol)* civil service
~ **Schlüssel** *m (EDV, Gesch, Komm)* public key *(Datenverschlüsselung)*
~ **Sektor** *m (WiWi)* public sector
~ **Verkehr** *m (Trans) (BE)* public transport, *(AE)* public transportation
öffentliches Auftragswesen *n (WiWi)* public procurement
~ **Beschaffungswesen** *n (Gesch, Verw)* government procurement, public procurement
~ **Eigentum** *n* 1. *(Gb, Recht)* res communis; 2. *(WiWi)* common ownership
~ **Finanzwesen** *n (Fin)* public finance
~ **Gut** *n (WiWi)* public good, social good, collective good
~ **Recht** *n (Recht)* public law
~ **Vergabewesen** *n (WiWi)* government [public] procurement
~ **Verkehrswesen** *n (Trans) (BE)* public transport, *(AE)* public transportation
~ **Zeichnungsangebot** *n (Bö)* public offering
Öffentlichkeit *f (Gesch)* public
Öffentlichkeitsarbeit *f (Pers, V&M)* public relations
öffentlich-rechtliche Anstalt *f (Recht)* statutory body
Offerte *f (Gesch)* bid, tender
offiziell *adj (Gesch)* official • **in offizieller Funktion handeln** *(Mgt)* act in one's official capacity
offizielle Mitteilung *f (Komm)* formal communication
~ **Wirtschaft** *f* 1. *(Pol)* first economy; 2. *(WiWi)* first economy, formal economy, recorded economy, *(BE)* blue economy

offizieller Kurs *m (Bank, WiWi)* official rate
Öffnungszeiten *fpl (Gesch, Verw)* opening hours
Offshore... 1. *(Bank, Fin)* offshore *(Investitionen)*; 2. *(Umw)* offshore
Offshore-Bankgeschäfte *npl (Bank)* offshore banking
Offshore-Bankplatz *m (Bank) (BE)* offshore finance centre, *(AE)* offshore finance center
Offshore-Investition *f (Fin)* offshore investment
Offshore-Ölfeld *n (Ind, Umw)* offshore oilfield
ohne *(Bö)* ex (*exclusive of*)
Ökokennzeichnung *f (Umw)* ecolabel(l)ing
Ökologie *f (Umw)* ecology
ökologisch *adj (Umw)* ecological
~ **sensibler Bereich** *m (Umw)* environmentally sensitive zone
ökologische Folgen *fpl (Umw)* ecological consequences
~ **Frage** *f (Umw)* green issue
Ökonom *m (WiWi)* economist
Ökonometrie *f (WiWi)* econometrics
ökonometrisch *adj (WiWi)* econometric
Ökonomie *f (WiWi)* economics
ökonomieverträglich *adj (WiWi)* economically sustainable
ökonomisch *adj (Gesch)* economic *(wirtschaftlich)*; economical *(sparsam)*
ökonomische Aktivität *f (WiWi)* economic activity
~ **Effizienz** *f (WiWi)* economic efficiency
~ **Ressourcen** *fpl (WiWi)* economic resources
ökonomischer Sachverstand *m (WiWi)* economic intelligence
Ökosteuer *f (St, Umw)* green tax
Ölbohrkonzession *f*, **Ölbohrlizenz** *f (Recht, Umw) (BE)* oil exploration licence, *(AE)* oil exploration license
Öldollar *m (AH)* petrodollar
Ölfeld *n (Ind, Umw)* oilfield *(Bohrfeld)*
Ölfleck *m (Umw)* oil slick
Ölförderland *n (WiWi)* oil-producing country
Ölgesellschaft *f (Ind)* petroleum company, oil company
Oligopol *n (WiWi)* oligopoly
Oligopolist *m (WiWi)* oligopolist
Ölkrise *f (WiWi)* oil shock
Ölleitung *f (Ind)* oil pipeline
Ölpreisanstieg *m (WiWi)* oil price increase
Ölproduzent *m (WiWi)* oil-producing country
Ölschwemme *f (Umw)* oil glut
Öltanker *m (Trans)* oil tanker, oil carrier
Ölteppich *m (Umw)* oil slick, oil spill
Ölumschlagstelle *f (Ind, Trans)* oil terminal
Ölverschmutzung *f (Umw)* oil pollution
Online-Auktion *(EDV, Komm, V&M)* online auction
Online-Berater(in) *m(f)* 1. *(V&M)* online advisor, online counselor; 2. *(Recht)* online counsel
Online-Dienst *m (Komm, V&M)* online service, online access provider
Online-Dienstanbieter *m (Komm, V&M)* online service provider
Online-Einkauf *m (Komm, V&M)* online shopping
Online-Geschäft *n (Komm, V&M)* online business
Online-Händler *m (EDV, Komm, V&M)* online retailer
Online-Konferenz *f (Komm, V&M)* online conference
Online-Musiktauschbörse *f (Komm, V&M)* online music exchange
Online-Präsenz *f (EDV, Komm)* online presence
Online-Rechtsberatung *f (EDV, Komm, Recht)* online legal advice
Online-Unterschrift *f (EDV, Komm)* online signature
Online-Wahlen *fpl (EDV, Recht)* online elections, e-voting
Online-Wörterbuch *n (Med)* online dictionary
Operations-Research *n (Mgt, V&M)* operational research, operations research
operativer Gewinn *m (RW)* operating profit
~ **Rahmenplan** *m (RW)* operating budget
Opportunitätskosten *pl (Fin, RW, WiWi)* opportunity costs, alternative costs
optieren *v* **für** *(Mgt)* opt for
~ **gegen** *(Komm, Pol)* opt out
optimal *adj (Gesch)* optimal, optimum
Optimalbetrieb *m (WiWi)* optimum firm
optimale Allokation *f* **der Ressourcen** *(WiWi)* optimum allocation of resources
~ **Bestellmenge** *f (Ind, WiWi)* economic order quantity
~ **Besteuerung** *f (St)* optimal taxation

~ **Fertigungsmenge** *f (Ind, Mgt, WiWi)* economic manufacturing quantity
~ **Konditionen** *fpl (Gesch)* best possible terms
~ **Losgröße** *f (Ind, Mgt, WiWi)* economic batch quantity [size]
~ **Ressourcenallokation** *f (WiWi)* optimum allocation of resources
~ **Verschmutzungsrate** *f (Umw, WiWi)* optimal rate of pollution
optimaler Gebrauchswert *m (Gesch, V&M)* best use value
Optimalkapazität *f (WiWi)* optimum capacity
optimieren *v (Gesch)* optimize
Option *f* 1. *(Bö)* option, privilege; 2. *(Fin, Gesch)* option, call • ~ **ausüben oder aufgeben** *(Bö) (AE)* fill-or-kill
~ **auf Kassakontrakte** *(Bö)* option on actuals
~ **auf Terminkontrakte** *(Bö)* option on futures
Optionsanleihe *f* 1. *(Bank)* warrant bond; 2. *(Bö)* bond cum warrant; 3. *(Fin)* (equity) warrant issue
Optionsgeber *m* **für eine Verkaufs- und Kaufoption** *(Bö)* giver for a put and call
Optionsgeschäfte *npl (Bö)* puts and calls
Optionshandel *m (Bö, WiWi)* option-trading
Optionsinhaber(in) *m(f) (Bö)* option holder
Optionsschein *m (Bö, Fin, Pol)* equity warrant, warrant
Optionsverkäufer(in) *m(f) (Bö)* option writer
optische Maus *f (EDV)* optical mouse
optischer Speicher *m (EDV)* optical storage, optical memory
optisches Laufwerk *n (EDV)* optical drive
ordentliche Hauptversammlung *f (Gesch, Recht, Verw)* annual general meeting *(AGM) (BE)*
~ **Kündigung** *f (Pers)* dismissal with notice *(Arbeitgeber)*, statutory notice of termination, termination with notice *(Arbeitgeber oder Arbeitnehmer)*, resignation with notice *(Arbeitnehmer)*
~ **Produktionsmethoden** *fpl (Gesch, Ind)* good manufacturing practices
~ **Sitzung** *f (Mgt)* regular meeting
ordentliches Einkommen *n (St)* ordinary income
Order *f (V&M)* commission, order • **an die ~ von** *(V&M)* to the order of
Orderpapier *n (Bank)* order paper, instrument made out to order
ordinaler Nutzen *m (WiWi)* ordinal utility
Ordinalskala *f (Stat)* ordinal scale
ordnen *v* 1. *(Fin)* regulate; 2. *(Gesch, Verw)* put in order; 3. *(WiWi)* regulate *(Industrie, Markt)*
Ordnung *f (Gesch)* arrangement
ordnungsgemäß *adj (Gesch)* regular, orderly
ordnungsgemäß *adv (Gesch)* in due form, regularly • ~ **darstellen** *(RW)* present fairly • ~ **vorgehen** *(Gesch)* go through the proper channels
ordnungspolitisch *adj (Pol)* regulatory
Ordnungsrahmen *m (WiWi)* regulatory framework
Ordnungszahl *f (Stat)* ordinal number
Organigramm *n (Mgt)* organigram, organizational chart, organization chart
Organisation *f* **für wirtschaftliche Zusammenarbeit und Entwicklung** *(WiWi)* Organization for Economic Cooperation and Development, OECD
~ **mit großer Leitungsspanne** *(Mgt)* flat organization
~ **ohne Erwerbscharakter** *(WiWi)* non-profit-making organization
Organisationseinheit *f (Verw)* organizational unit
Organisationsform *f (Gesch)* organizational shape
Organisationslehre *f (Mgt)* organization theory
Organisationsplan *m (Mgt)* organization chart, organizational chart, organigram
Organisationstalent *n (Pers)* organizational skills
Organisator(in) *m(f) (Gesch)* organizer
organisatorische Straffung *f (Ind, Mgt)* streamlining
organisch *adj (Mgt, WiWi)* organic *(Struktur)*
organischbiologische Landwirtschaft *f (Umw)* organic farming
organisches Wachstum *n (WiWi)* organic growth
organisierter Markt *m (WiWi)* organized market
organisiertes Verbrechen *n (Recht)* organized crime
Orientierungspreis *m (V&M)* target price
Original *n* 1. *(Gesch)* original, top copy *(eines Schriftstücks)*; 2. *(Med)*

generation, master • **ein ~ und drei Kopien** *(Verw)* one top and three copies
Originalangebot *n (Gesch)* original bid
Originalbeleg *m (Vers)* original slip
Originalfaktura *f (Gesch)* original invoice
Originalkopie *f (Gesch)* master copy
Originalofferte *f (Gesch)* original bid
Originalrechnung *f (Gesch)* original invoice
Originalurkunde *f (Recht, Verw)* original document
Ort *m (Gesch)* locality, place • **am ~** *(AH)* loco • **an ~ und Stelle** *(Gesch)* on the spot • **vor ~** *(Gesch)* local, locally
~ der Abnahme *(Recht, Trans)* place of acceptance
~ des Verkaufs *(V&M)* point-of-sale
örtlich *adj (Gesch)* local, regional
örtliche Behörde *f (Verw) (BE)* local authority
~ Behörden *fpl (Pol)* local government
~ Gebietskörperschaft *f* 1. *(Pol)* local government; 2. *(Verw)* municipality
~ Verwaltung *f (Pol)* local government
örtlicher Arbeitsmarkt *m (Pers, WiWi)* local labo(u)r market
ortsabhängige Dienste *mpl (Komm, V&M)* location-based services
ortsansässige Arbeitskräfte *fpl (Pers, WiWi)* local labo(u)r
~ Firma *f (Gesch)* local firm
~ Unternehmen *npl (Gesch)* local businesses
ortsansässiges Gewerbe *n (Pers)* local trades and craftspeople *(manuelle Arbeit, Facharbeiter)*
ortsbezogene Dienstleistungen *fpl (Komm, Ind, V&M)* location-based services
Ortsgespräch *n (Komm)* local call
Ortstarif *m* 1. *(Komm)* local call rate; 2. *(Pers)* local agreement, *(BE)* district agreement
ortsübliche Bezahlung *f (Pers)* local wage rate, going rate, usual wage rate for the area
~ Entlohnung *f (Pers)* local wage rate, going rate, usual wage rate for the area
~ Miete *f (Gb)* local rent, fair market rent
ortsüblicher Lohn *m (Pers)* local wage rate, going rate, usual wage rate for the area
Ortszulage *f (Pers)* residential amount *(Sonderleistung)*
Osterweiterung *f* **der EU** *(Pol)* eastward enlargement of the EU, eastward expansion of the EU, enlargement of the EU to the East
Otto-Normalverbraucher *(ugs.) (V&M)* the average consumer, *(ugs.)* man on the street
Output *m (EDV, RW)* output
outputorientiertes Budget *n (Pol)* planning programming budget
Outright-Terminkauf *m (WiWi)* outright forward purchase

P

p.a. *s.* per annum
Pacht *f (Gb)* lease, tenancy, leasehold
~ auf Lebenszeit *(Gb)* life tenancy
~ mit Vorkaufsrecht *(Gb)* lease with option to purchase
Pachtabtretung *f (Gb, Recht)* assignment of lease
pachten *v (Gb)* lease
Pächter(in) *m(f) (Gb)* leaseholder, tenant
Pachtgrundstück *n (Gb)* leasehold, leasehold property
Pachtverhältnis *n (Gb, Recht)* tenancy
Pachtvertrag *m (Recht)* lease
Päckchen *n (Komm, Trans)* package, packet, parcel, small parcel *(Post)*
Packung *f* 1. *(Komm, Trans)* pack, package; 2. *(V&M)* banded pack
pagatorische Kosten *pl (RW)* cash-based cost
~ Rechnung *f (RW)* cash basis of accounting
Paket *n* 1. *(Bö, Fin)* lot, block (of shares), holding; 2. *(Komm, Trans)* package, packet, parcel
Paketgeschäft *n (Bö)* bundled deal
Pakethandel *m (Bö)* block trading
Paketpost *f (Komm)* parcel post
Pakt *m* 1. *(Gesch)* pact; 2. *(Pol)* alliance
Palette *f* 1. *(Ind, Trans)* pallet, stillage; 2. *(V&M)* range *(Produkte)* • **auf Paletten packen** *(Ind, Trans)* palletize
Panel *n (Gesch, Pol, V&M)* panel
Panelerhebung *f (V&M)* panel testing
paneuropäisches Unternehmen *n (Gesch)* pan-European company

Panikmacherei *f (Bö, Fin, Med)* scare tactics
Panikverkäufe *mpl (Bö, Fin, Gesch)* panic selling
Panzerschrank *m (Bank)* safe
Papierformat *n (EDV, Komm)* paper size
Papiergeld *n (Bank, Fin)* paper money, soft money
Papiergold *n (Bank)* paper gold *(IWF)*
Papierindustrie *f (Umw)* paper industry
Papierwährung *f (WiWi)* paper currency
Papierwarenhändler(in) *m(f) (Verw)* stationer
Papierzufuhr *f (Med)* paper feed, paper feeder, built-in feeder *(integriert)*
Pappe *f (V&M)* cardboard
Paradefall *m (Gesch)* textbook case
Paradox *n (Gesch)* paradox
Paragraph *m (Recht)* paragraph, section
parallel *adj* 1. *(Bö)* matched; 2. *(Fin, Gesch, Ind)* parallel
Parallelanleihe *f (Bank, Fin)* parallel loan
parallele Schnittstelle *f (EDV, Komm)* parallel port *(z.B. Druckerverbindung)*
Parallelimport *m (AH)* parallel import
Parallelkredit *m (Bank, Fin)* parallel loan, back-to-back loan
Parallelwährung *f (WiWi)* parallel currency
Parallelwirtschaft *f (WiWi)* shadow economy
Parameter *m (Stat)* parameter
Parameterschätzung *f (Stat)* estimation of parameters
parametrische Programmierung *f (Stat)* parametric programming
~ Statistik *f (Stat)* parametric statistics
Pareto-Analyse *f (WiWi)* Pareto analysis
Pareto-Effizienz *f (WiWi)* Pareto efficiency
pareto-optimale Volkswirtschaft *f (WiWi)* first best economy
Pareto-Optimum *n (WiWi)* Pareto optimum
pari/über *(Bö, Fin)* above par
~/unter *(Bö, Fin)* below par
~/zu *(Bö, Fin)* at face value, at par
Parikurs *m (Bö, Fin)* par price • **zum ~** *(Bank)* at parity
Parität *f (Fin, WiWi)* parity
Paritätspreisbildung *f (WiWi)* parity pricing
Parkett *n* 1. *(Bö)* trading [dealing] floor, floor; 2. *(F&T) (BE)* stalls, *(AE)* parquet *(Theater)*
Parketthändler *m (Bö)* floor trader, floor broker
Parkhaus *n (Gb, Trans)* multistor(e)y car park
Parlament *n (Pol)* Parliament
parlamentarisch *adj (Pol)* parliamentary
Partei *f (Pol, Recht)* party
parteiübergreifend *adj (Pol)* cross-party
Parteienverkehr *m* 1. *(Gesch)* office hours, opening hours; 2. *(Verw)* opening hours
Parteilichkeit *f (Gesch)* bias, partiality
Parteiwille *m (Recht)* parties' intention *(Vertragsrecht)*
Partie *f (Ind)* batch, lot
partielles Gleichgewicht *n (WiWi)* partial equilibrium
partizipative Unternehmensführung *f (Mgt)* bottom-up management
partizipativer Führungsstil *m (Mgt)* participative leadership
Partner(in) *m(f) (Gesch)* associate, joint proprietor, partner • **einen Partner aufnehmen** *(Gesch)* take a partner
Partnerschaft *f (Gesch, Recht)* partnership
Partyverkauf *m (V&M)* party selling
Parzelle *f (Gb)* parcel, plot
Pass *m (F&T, Trans, Verw)* passport
Passageeinnahmen *fpl (Trans)* passenger fare receipts
Passagier(in) *m(f) (F&T, Trans)* passenger
Passant(in) *m(f) (Gesch, V&M)* passer-by
passé *adj (ugs.) (Gesch)* out of date
passend *adj* 1. *(Bö)* fit; 2. *(Gesch)* suitable
~ für *(Gesch)* applicable to
passgenau zugeschnitten *(V&M)* customized
passiv *adj* 1. *(Gesch)* passive; 2. *(RW)* adverse
passive Handelsbilanz *f (AH, WiWi)* adverse trade balance, trade deficit, unfavo(u)rable balance of trade
~ Rechnungsabgrenzungsposten *mpl (RW)* accrued expenses, accrued liability
passiver Anleger *m (Fin)* passive investor
Passivgeschäft *n (Bank)* deposit business, borrowing transactions
passivieren *v/sich* *(RW, WiWi)* deteriorate *(ZB)*
Passivierungstendenzen *fpl (WiWi)* adverse tendencies *(ZB)*
Passivsaldo *m (Fin)* debit balance
Passivseite *f (Fin, RW)* right column *(Bilanz)*
Passkontrolle *f (F&T, Trans, Verw)* passport check

Patent *n (Pat, Recht)* patent • **ein ~ anmelden** *(Pat)* take out a patent
Patentamt *n (Pat, Recht)* patent office
Patentanfechtung *f (Pat)* opposition *(Warenzeichen)*
Patentanmeldung *f (Pat)* patent application • **~ läuft** *(Pat)* patent pending
Patentanwalt *m (Pat, Recht)* patent attorney
Patentbeschreibung *f (Pat)* patent specification
Patentdauer *f (Pat)* term of patent, patent life
Patenterteilung *f (Pat, Recht)* granting of a patent
patentfähig *adj (Pat, Recht)* patentable
Patentfähigkeit *f (Pat, Recht)* patentability
Patentierbarkeit *f (Pat)* patentability
patentiert *adj (Pat)* patented
~/nicht *(Pat)* unpatented
Patentinhaber(in) *m(f) (Pat)* patent proprietor, patentee
Patentlösung *f (Gesch)* patent remedy
Patentprüfung *f (Pat)* patent examination
Patentrecht *n (Pat, Recht)* patent law, patent right
Patentregister *n (Pat)* patent register
Patentrolle *f (Pat)* register
Patentschrift *f (Pat)* (patent) specification
Patentschutz *m (Pat, Recht)* patent protection
Patentstelle *f (Pat, Recht)* patent department
Patenturkunde *f (Pat)* patent certificate
Patentverletzung *f (Pat, Recht)* patent infringement • **jmdn. wegen ~ verklagen** *(Pat)* sue sb for infringement of patent
Patentverwertung *f (Pat)* exploitation
Patronatserklärung *f (Bö, Fin, Gesch)* letter of comfort, comfort letter
pauschal *adj (Gesch)* across-the-board, all-in, all-inclusive
Pauschal... *(Gesch)* flat-rate, lump sum, package
Pauschalangebot *n* 1. *(F&T)* package deal; 2. *(WiWi)* package offer
Pauschalbetrag *m (Gesch)* lump sum
Pauschale *f (Gesch)* lump sum
pauschale Absatzprovision *f (Gesch)* *(AE)* override
~ **Erhöhung** *f (Mgt)* across-the-board increase
~ **Kürzung** *f (WiWi)* overall cut, *(ugs.)* meat-axe reduction
Pauschalgebühr *f (Bank, Pat)* flat fee, flat-rate fee
Pauschalgebühren *fpl (Verw)* flat charges
Pauschalhaftpflichtversicherung *f (Vers)* umbrella liability insurance
Pauschalkosten *pl (Verw)* flat charges
Pauschalkürzung *f (Mgt)* across-the-board cut *(in prices, wages, taxes)*
Pauschalpreis *m (Gesch)* all-inclusive price, flat-rate price, lump sum price
Pauschalsachversicherung *f (Vers)* block policy
Pauschalsteuer *f (St)* flat-rate tax, lump sum tax
Pauschaltarif *m* 1. *(Gesch)* blanket rate; 2. *(Pers, St)* flat scale; 3. *(Verw)* inclusive rate
Pauschalversicherung *f (Vers)* blanket insurance, *(AE)* floater
Pause *f* 1. *(F&T)* interval *(Theater)*; 2. *(Gesch)* break, pause; 3. *(Med)* tracing *(Kopie)*; 4. *(Pers)* break *(Kaffee)*
Pay-off-Periode *f (Fin)* pay-off time, payback period
PC-gestützt *adj (EDV)* computer-aided, computer-assisted, computer-based, PC-based
PDF-Datei *f (EDV, Komm)* PDF file
Pegel *m (Ind)* level *(Geräusch, Lärm)*
pendeln *v (Gesch, Trans)* commute *(zur Arbeit)*
Pendelverkehr *m (Trans)* shuttle service, commuter traffic, *(AE)* commutation
Pendler(in) *m(f) (Gesch, Trans)* commuter
Penetrationsrate *f (V&M)* penetration rate
Pension *f* 1. *(Fin)* pension, retirement pension [pay], superannuation *(Ruhegehalt)*; state pension *(Staat)*; retirement *(Ruhestand)*; 2. *(F&T)* board *(Unterkunftskosten)*; guest-house, boarding house *(Gästehaus)*; 3. *(Pers, Soz, Vers)* pension, retirement pension [pay] *(Ruhegehalt)*; state pension *(Staat)*; retirement *(Ruhestand)* • **in ~ gehen** *(Soz)* go into retirement *(Ruhestand)*
Pensionär(in) *m(f) (Pers, Soz)* pensioner, *(BE)* old-age pensioner *(OAP)*, retired person, *(AE)* retiree
pensionieren *v (Fin, Pers, Soz, Vers)* pension off • **sich ~ lassen** *(Pers)* retire on a pension *(Ruhestand)*

pensioniert *adj (Fin, Pers, Soz, Vers)* retired, superannuated *(Ruhestand)*
Pensionierung *f (Fin, Pers, Soz, Vers)* retirement
Pensionsalter *n (Pers, Soz)* pensionable age
pensionsfähiges Alter *n (Pers, Soz)* retiring age
Pensionsfonds *m (Fin, RW, Vers)* retirement [pension] fund, *(AE)* superfund
Pensionsgeschäft *n (Bö, Fin)* sale and repurchase agreement
Pensionskasse *f (Fin, RW, Vers)* pension [retirement] fund, *(AE)* superfund
Pensionsplan *m (Fin, Pers)* retirement scheme
Pensionsrückstellungen *fpl (RW)* provisions for pensions
Pensionssatz *m (Bank, Fin)* repurchase rate
Pensionssystem *n (Pers)* retirement plan
Pensum *n (Mgt, Pers)* quota, workload *(Arbeit)* • **sein ~ bewältigen** *(Pers)* do one's stint *(Arbeit)*
per Adresse *(Gesch, Komm)* care of, c/o
~ **annum** *(Gesch)* per annum, p.a.
~ **procura** *(Gesch, Recht)* per pro, pp, per procurationem
~ **saldo** *(Gesch)* net, on balance
~ **Termin kaufen** *(Bö, Fin)* buy forward
Periodenabgrenzung *f (RW)* accrual concept [principle]
periodenfremde Aufwendungen *fpl* **und Erträge** *mpl (RW, WiWi)* below-the-line items
periodengerechte Abgrenzung *f (RW)* accrual accounting
periodengerechter Zinssatz *m (Bank, RW)* accrual interest rate
Periodengewinn *m (RW)* accounting profit [income]
periodisch *adj (Gesch)* periodic, periodical
periodische Prüfung *f (RW)* repeating audit
permanente Inventur *f (Fin, RW)* perpetual inventory
~ **Prüfung** *f (RW)* continuing audit
Person *f* **mit ständigem Wohnsitz** *(Recht)* permanent resident
Personal *n* 1. *(Gesch, Ind)* workforce; 2. *(Mgt, Pers)* personnel, staff, workforce • **das ~ abbauen** *(Pers)* trim the workforce *(Rationalisierung)* • **~ abwerben** *(Mgt)* headhunt • **~ einstellen** *(Pers)* recruit workers, recruit new staff, hire workers • **~ reduzieren** *(Pers)* reduce staff, reduce the workforce • **mit ~ besetzen** *(Pers)* man, staff • **~ freisetzen** *(Pers)* lay off staff • **zu wenig ~ haben** *(Pers)* be short-staffed
Personalabbau *m (Pers)* reduction in force, demanning, staff cutback
Personalabteilung *f (Pers)* personnel department
Personalakte *f (Verw)* personal dossier, personal file
Personalaufwand *m (Pers, RW)* staff [personnel] costs
Personalauswahl *f (Pers)* employee selection, staff selection, pre-employment screening
Personalauswahlverfahren *n (Pers) (AE)* assessment center, *(BE)* assessment centre
Personalausweis *m (Pol, Verw)* identity card, national identity card *(staatlich)*
Personalbedarf *m (Pers)* staff requirements, manpower requirements
Personalberatungsunternehmen *n (Pers)* executive search firm
Personalbeschaffung *f (Mgt, Pers)* staffing, staff resourcing, recruitment
Personalbestand *m* 1. *(Gesch, Ind)* workforce; 2. *(Mgt, Pers)* labo(u)r force, manning, manpower, staffing level
Personalbeurteilung *f (Mgt, Pers)* staff appraisal, staff audit
Personalbogen *m (Verw)* personal data sheet
Personaleinsparung *f (Pers)* staff savings
Personalengpass *f (Pers)* staff shortage, shortage of staff, manpower shortage
Personalentwicklung *f (Pers)* human resource development
Personalfortbildung *f (Pers)* staff training, personnel training
Personalfreisetzung *f (Pers)* lay-off
Personalgemeinkosten *pl (Pers)* personnel overheads
personalintensiv *adj (Pers)* manpower-intensive
Personalknappheit *f (Pers)* staff shortage, shortage of staff, manpower shortage, shortage of manpower

Personalkosten *pl (Pers)* employment [payroll] costs, personnel expenses
Personalleitung *f (Mgt, Pers)* personnel management, staff management
Personalmanagement *n (Pers)* human resource management
Personalmangel *m (Pers)* shortage of manpower, staff shortage, shortage of staff • **unter ~ leiden** *(Pers)* be short-handed, be short-staffed
Personalnebenkosten *pl (RW, Verw)* add-on staff costs
Personalplanung *f (Pers)* human resource(s) planning, manpower planning
Personalpolitik *f* 1. *(Gesch, Mgt)* staffing policy; 2. *(Pers)* personnel policy, staffing policy
Personalrat *m (Mgt, Pers, Verw)* staff council, personnel committee
Personalreduzierung *f (Pers)* staff cut, staff cuts, staff reduction, reduction in staff, reduction in staffing levels
Personalschulung *f (Mgt, Pers)* staff training
Personalsuche *f (V&M)* recruiting
Personalvermittlungsbüro *n (Pers)* employment agency
Personalverringerung *f (Pers)* staff cut, staff cuts, staff reduction, reduction in staff, reduction in staffing levels
Personalvertreter(in) *m(f) (Pers)* staff representative
Personalverwaltung *f (Pers)* personnel administration, personnel [staff] management
Personalwechsel *m (Pers)* staff turnover
Personalwesen *n (Pers)* personnel management, human resource management
Personalwirtschaft *f (Pers)* manpower [personnel, staff] management
Personalzusatzkosten *pl (RW, Verw)* add-on staff costs
Personalzuwachs *m (Pers)* staff growth, workforce growth
Personenbeförderung *f (Trans)* passenger transport
personenbezogene Daten *npl (EDV, Komm, Recht)* personal data • **vor der Erhebung, Verarbeitung und Nutzung personenbezogener Daten** *(EDV, Recht)* prior to the collection, processing or use of personal data *(Datenschutz, IuKDG)*
~ Kapitalgesellschaft *f (Gesch)* private company
Personenfreizügigkeit *f (Pol)* freedom of movement of persons *(EU)*
Personengesellschaft *f (Gesch)* partnership, unincorporated firm, *(BE)* limited company
Personenleistung *f (Ind)* output per head
Personenvereinigung *f (Gesch)* association
persönlich *adj (Gesch)* personal, private
persönlich *adv (Gesch)* in person, personally • **~ haftbar** *(Recht)* personally liable [responsible]
~ haftender Gesellschafter *m (Bö, Gesch)* general partner
persönliche Assistentin *f (Mgt, Pers)* personal assistant *(PA)*
~ Einkommensverteilung *f (WiWi)* personal income distribution
~ Gegenstände *mpl (Gesch)* personal effects
~ Habe *f (Gb)* chattels
~ Identifikationsnummer *f (Bank, EDV, Komm)* personal identification number, PIN *(Geheimzahl)*
~ Zuständigkeit *f (Recht)* personal jurisdiction
persönlicher Assistent *m (Mgt, Pers)* personal assistant *(PA)*
~ Verkauf *m (V&M) (ugs.)* face-to-face selling
persönliches Einkommen *n (WiWi)* personal income
~ Interesse an etw. haben/ein *(Gesch)* have a vested interest in sth
~ Nettoeinkommen *n (WiWi)* personal disposable income
~ Rentenkonto *n (Bank, St)* individual retirement account
~ verfügbares Einkommen *n* **nach Steuern** *(WiWi)* personal disposable income
Persönlichkeit *f (Mgt)* personality
Perspektive *f (Gesch)* perspective
perspektivloses Produkt *n (V&M)* dog
Pfand *n* 1. *(Fin)* collateral, pawn, security; 2. *(V&M)* deposit *(Flasche)*
pfändbar *adj (Recht)* distrainable, attachable *(Lohn)*
Pfandbrief *m (Bö, Fin, RW)* mortgage bond
Pfandbriefinhaber(in) *m(f) (Bö)* mortgage bond creditor [holder]

pfänden *v (Recht)* impound, levy, attach
Pfandflasche *f (Umw, V&M)* deposit bottle, returnable bottle
Pfandleihanstalt *f (Fin)* pawnshop
Pfandleiher *m (Fin)* pawnbroker
Pfandrecht *n (Fin, Recht)* lien, right of lien [distraint]
~ **an beweglichen Sachen** *(Bank)* chattel mortgage
Pfandsache *f (Fin)* pawn
Pfändung *f* 1. *(Fin)* pawnage; 2. *(Recht)* distraint of property; 3. *(Vers)* attachment
Pflege *f (Soz)* care
pflegen *v* 1. *(Gesch)* service *(Markt)*; foster *(Beziehungen)*; 2. *(Soz)* care for
Pflegesatz *m (Soz)* hospital [nursing] home daily rate, rate of operating costs
Pflegetag *m (Vers)* nursing day
Pflegeversicherung *f (Soz, Vers)* dependency insurance, long term care insurance *(LTC)*
Pflicht *f (Recht)* duty, obligation
Pflichten *fpl* **im Rahmen des Arbeitsvertrags** *(Pers)* duties under the employment contract
Pflichtintervention *f (Pol, WiWi)* compulsory intervention, obligatory intervention
Pflichtteil *m (Recht)* legal [compulsory] portion *(Nachlass)*
Pflichtverletzung *f (Recht)* breach of duty, breach of trust
Pflichtvernachlässigung *f (Recht)* neglect of duty
Pflichtversicherung *f (Soz, Vers)* compulsory insurance, statutory insurance
Pharmaindustrie *f (Ind)* pharmaceutical industry
Pharmaprodukte *npl (Ind)* pharmaceuticals
Phase *f (Gesch)* phase, stage
phasenweise *adv (Gesch)* in stages
physisches Grenzprodukt *n (WiWi)* marginal physical product
Pigou-Steuer *f (WiWi)* Pigouvian tax
Pilotprojekt *n (Mgt)* pilot project
PIN *s.* persönliche Identifikationsnummer
Pionierprodukt *n (Ind, V&M)* pioneer product
plädieren *v (Recht)* plead
~ **für** *(Gesch)* advocate
Plädoyer *n (Recht)* summing up
Plafondierung *f (Bank)* capping, setting an upper limit
Plagiat *n (EDV, Ind, V&M)* piracy
Plakat *n (V&M)* bill, placard, poster *(Werbung)*
Plakatgröße *f (V&M)* poster size
Plakatwerbung *f (V&M)* outdoor advertising, poster advertising
Plan *m* 1. *(Fin)* estimates; 2. *(Gesch)* blueprint, plan, program(me), schedule; 3. *(RW)* budget layout • **nach ~** *(Gesch)* as scheduled, according to schedule • **der ~ hat weder Hand noch Fuß** *(ugs.)* *(Gesch)* the plan makes no sense, the plan has no substance • **der ~ ist nicht hieb- und stichfest** *(ugs.)* *(Gesch)* the plan does not hold water • **im ~ liegen** *(Gesch)* be on schedule • **einen ~ implementieren** *(Gesch)* put a plan into action, implement a plan • **einen ~ realisieren** *(Gesch)* put a plan into action • **einen ~ umsetzen** *(Gesch)* put a plan into action, implement a plan
Planabweichung *f (Fin)* budget variance
Planeinstellung *f (St)* discontinuance of plan
planen *v (Gesch)* plan, envisage, propose *(vorschlagen)*; schedule *(Zeitablauf)*
Planerlös *m (RW)* budgeted income
plangemäß *adj (Gesch)* according to plan, as scheduled
Plankontrolle *f (Fin, RW)* budgetary control
Plankosten *pl (Gesch)* budgeted cost, standard cost
Plankostenrechnung *f (RW)* standard cost accounting, standard costing, budget accounting
planmäßig *adj (Gesch)* systematic, on schedule, according to schedule
Planrevision *f (Fin, RW, WiWi)* budget review, budgetary adjustment
Planspiel *n (Mgt)* management (business) game
Planung *f (Gesch)* planning, projecting, projection, scheduling
~, Programmierung *f* **und Budgetierung** *f (Fin, Mgt, RW, WiWi)* planning, programming and budgeting
Planungsbehörde *f (Umw, Verw)* planning authority
Planungsperiode *f (Fin, RW, WiWi)* budget period
Planungs-, Programmierungs- und Budgetierungssystem *n (Mgt)* planning, programming and budgeting system

Planvorgaben *fpl (Mgt)* plan targets
Planwirtschaft *f (Pol, WiWi)* command economy, planned economy
planwirtschaftliches System *n (Pol, WiWi)* planned economy
Planzahl *f (RW)* target figure, targeted goal
platzen *v (ugs.) (Bank)* bounce *(Scheck)*
Platzhandel *m (WiWi)* local trade
platzieren *v (Bö)* place, position
Platzierung *f* 1. *(Bö)* placement, placing *(im Wertpapiergeschäft)*; 2. *(V&M)* insertion, positioning *(Anzeige)*
Platzierungsprovision *f (Bö)* selling commission
Platzierungsreserve *f (Bö)* greenshoe
plaudern *v (Komm)* chat *(Internet)*
plausibel *adj (Gesch)* plausible
pleite *adj (ugs.) (Bank, Fin, Gesch)* bankrupt, *(ugs.)* broke *(Person)*; *(ugs.)* bust *(Unternehmen)* • **~ sein** *(ugs.) (Gesch)* be skint
Pleite *f (ugs.) (Gesch)* bankruptcy, *(ugs.)* flop *(Misserfolg)* • **~ gehen [machen]** *(ugs.) (Gesch)* go bankrupt, *(ugs.)* go bust, *(ugs.)* go to the wall
Plombe *f (AH, Ind)* seal
Pluskorrektur *f (Gesch)* upward revision *(Preise)*
PLZ *s.* Postleitzahl
Podium *n (Med, Pol)* platform, stage, podium, rostrum *(Erhöhung)*
Podiumsdiskussion *f (Komm, Med)* panel discussion
Point-of-Sale *m (V&M)* point-of-sale, POS *(Einzelhandel)*
Police *f (Vers)* policy
~ **mit Gewinnbeteiligung** *(Vers)* participating profit policy
~ **mit (vereinbarter) Wertangabe** *(Vers)* valued policy
Policenablauf *m (Vers)* lapse
Policendarlehen *n (Vers)* policy loan
Politik *f* **der ruhigen Hand** *(Pol, WiWi)* steady-as-she-goes policy
~ **des billigen Geldes** *(Bank, WiWi)* cheap [easy] money policy
~ **des teuren Geldes** *(WiWi)* tight monetary [money] policy
Politikentscheidung *f (Mgt, Pol)* policy decision
Politiker(in) *m(f) (Pol)* politician
Politikverdrossenheit *f (Pol)* disillusionment with politics
politisch *adj (Pol)* political
politische Gruppierung *f (Pol)* political group
~ **Kernfrage** *f (Pol)* political issue
~ **Klasse** *f (Pol)* political class, political office holders *(Entscheidungsträger)*
~ **Ökonomie** *f (Pol, WiWi)* political economy
~ **Ökonomik** *f (Pol, WiWi)* political economy
~ **Umwälzungen** *fpl (Pol)* political upheavals, political turmoil
~ **Verstrickung** *f (Pol)* political involvement
politisches Bewusstsein *n (Pol)* political thinking
~ **Risiko** *n (Fin, RW)* political risk *(Länderrating)*
polypolistische Konkurrenz *f (WiWi)* atomistic competition
Portefeuille *n* 1. *(Bank)* portfolio; 2. *(Bö)* asset portfolio; 3. *(Fin)* (asset) portfolio
Portefeuille-Aufteilung *f (Fin)* portfolio split
Portefeuille-Strukturierung *f (Bö)* asset allocation
Portefeuille-Verwaltung *f (Fin, Mgt)* portfolio management
Portfolio *n (Bö, Fin, Mgt, V&M, Vers)* portfolio
Portfolio-Ansatz *m (Bö, Fin)* asset approach
Portfolio-Diversifizierung *f (Bank)* portfolio diversification *(EZB)*
Portfolio-Management *n (Bö, Fin)* portfolio management
Porto *n (Komm)* postage
~ **und Verpackung** *f (Komm)* postage and packing
portofrei *adj (Komm)* postpaid, postage paid
Portokasse *f (RW)* petty cash
Portonachnahme *f (AH, Trans)* carriage forward
Position *f (Bö, Fin, V&M)* position • **eine ~ abwickeln** *(Bö)* liquidate a position • **für eine ~ in Betracht gezogen werden** *(Pers)* be considered for a post *(Bewerbung)* • **eine ~ glattstellen** *(Bö)* close out a position • **seine ~ halten** *(Gesch)* stand one's ground • **eine ~ liquidieren**

(*Bö*) liquidate a position • **eine ~ schließen** (*Bö*) close out a position
positionieren *v* (*Gesch*) position
Positionierung *f* (*Bö, Fin, V&M*) positioning
Positionsbereinigung *f* (*Bö*) position squaring
Positionsführung *f* (*Bö*) position-keeping
Positionskonto *n* (*Bö*) position account
Positionslimit *n* (*Bö*) position limit
positiv *adj* (*Gesch*) positive
positive Zinsertragskurve *f* (*WiWi*) positive yield curve
positives Echo *n* (*WiWi*) positive feedback
Post *f* (*Komm*) (*AE*) mail, (*BE*) post; post office (*Amt*) • **mit getrennter ~** (*Komm*) under separate cover • **per ~ versenden** (*Komm*) send by post
Postadresse *f* (*Komm*) mailing address
Postanschrift *f* (*Komm*) (*AE*) mailing address, (*BE*) postal address
Postanweisung *f* (*Bank, Fin, Gesch*) (*AE*) postal money order; postal note; (*BE*) postal order; remittance
Postbearbeitung *f* (*Komm, Verw*) mail processing
Posten *m* 1. (*Ind*) batch; 2. (*Pers*) job, post (*Stelle*); 3. (*RW, Verw*) entry, item • **einen ~ im Hauptbuch verbuchen** (*RW*) enter an item in the ledger
Postfach *n* (*Komm*) post office box, PO box
Postgebühr *f* (*Komm*) postage rate
postlagernd *adj* (*Komm*) poste restante
Postlaufzeit *f* (*Gesch*) turn(a)round time
Postleitzahl *f* (*Komm*) (*BE*) postcode, (*AE*) zip code
Postskriptum *n* (*Komm*) postscript, ps., PS (*Briefende*)
Poststempel *m* (*Komm*) date stamp, postmark
Postüberweisung *f* (*RW*) postal remittance
Postweg/auf dem (*Komm*) (*AE*) by mail, (*BE*) by post
postwendend *adv* (*Komm*) by return of post
Postwertzeichen *n* (*Komm*) postage stamp
Postwurfsendung *f* (*Komm, V&M*) bulk mail, direct mail
Postzustelladresse *f* (*Komm*) mailing [postal] address
Postzustellung nicht möglich 1. (*Komm*) mail undeliverable, undeliverable mail; 2. (*EDV*) bounced e-mail (*internet*)
potent *adj* (*Med, V&M*) potent, effective
Potenzial *n* (*Gesch*) potential • **über ~ verfügen** (*Gesch*) have potential
potenziell *adj* (*Gesch*) potential
potenzieller Anleger *m* (*Bö*) potential investor
~ **Ausstoß** *m* **einer Volkwirtschaft** (*WiWi*) potential output
~ **Kunde** *m* (*V&M*) prospective customer
~ **Verbraucher** *m* (*V&M*) prospective customer
~ **Verkaufsschlager** *m* (*Pers*) (*ugs.*) sleeper
potenzielles Übernahmeobjekt *n* (*Bö*) (*ugs.*) sleeping beauty
potenzieren *v* **mit** (*Stat, WiWi*) raise to the power of
pp. *s.* per procura
PR *s.* Public Relations
Präferenz... (*Gesch*) preference, preferential
prägen *v* (*WiWi*) coin, mint
pragmatisch *adj* (*Gesch, Pol*) pragmatic, practical, incremental (*Vorgehen*)
Praktikant(in) *m(f)* (*Pers*) trainee, (*AE*) threshold worker
Praktikantenstelle *f* (*Pers*) trainee position, trainee post, internship
Praktiker(in) *m(f)* (*Pers*) practitioner
Praktikum *n* (*Pers*) traineeship
Praktikumsplatz *m* (*Pers*) internship, apprenticeship, apprenticeship place, trainee place
praktisch *adv* (*Gesch*) practically • **~ verwerten** (*Pat*) exploit, work
praktische Ausbildung *f* (*Pers*) hands-on training
~ **Erfahrung** *f* (*Pers*) hands-on experience
praktizieren *v* (*Recht*) (*AE*) practice, (*BE*) practise
Prämie *f* 1. (*Bö, Fin*) bounty, premium; 2. (*Mgt, Pers*) award, bonus, additional pay (*Gehalt*); 3. (*Vers*) premium
~ **auf Risikobasis** (*Vers*) risk-based premium
Prämienabrechnung *f* (*Fin*) premium statement
Prämieneinnahmen *fpl* (*Vers*) collection of premiums, premium income
Prämienerhöhung *f* (*Vers*) premium increase
Prämieninkasso *n* (*Vers*) collection of premiums

Prämienlohn *m* 1. *(Bö)* premium bonus; 2. *(Pers)* wage bonus *(Arbeit)*
Prämienlohnsystem *n (Pers)* (premium) bonus scheme *(Arbeit)*
Prämiennotierung *f (Bö)* premium quotations
Prämiensatz *m (Bö, Vers)* premium rate
Präsensindikator *m (WiWi)* coincident indicator
präsent *adj (Gesch)* present, ready
Präsent *n (Med, V&M)* present
Präsentation *f (V&M)* presentation
Präsident(in) *m(f) (Pers)* president
Präsidentschaft *f* 1. *(Mgt, Pers)* chairmanship; 2. *(Pol)* presidency
Praxis *f (Recht)* practice • **in der ~** *(Gesch)* in practice
praxisbezogen *adj (Pers)* practice-oriented, practice orientated
praxisfremd *adj (Gesch)* academic
praxisnah *adj (Gesch)* hands-on
Präzedenzfall *m (Recht)* precedent
Präzedenzrecht *n (Recht)* case law *(Fallrecht)*
Präzisionsmaß *n (WiWi)* modulus of precision
Präzisionstechnik *f (Ind)* precision engineering
PR-Berater(in) *m(f) (Pers, V&M)* public relations consultant [executive]
PR-Beratung *f (Pers, V&M)* public relations consultancy
Preis *m (Gesch)* charge, price • **unter ~ anbieten** *(V&M)* underprice • **die Preise gaben nach** *(Gesch)* prices receded • **die Preise hochschrauben** *(V&M)* push up prices • **die Preise hochtreiben** *(V&M)* push up prices • **die Preise sind herabgesetzt worden** *(Bö)* prices have been marked down • **Preise hochschleusen** *(V&M)* push up prices • **zu geltenden Preisen** *(Bö, Fin)* at ruling prices • **sich durch zu hohe Preise vom Markt ausschließen** *(V&M)* price oneself out of the market • **Preise reduzieren** *(V&M)* cut prices • **zu Preisen, die zwischen x und y schwanken** *(Gesch)* at prices ranging from x to y • **unter ~ verkaufen** *(V&M)* undercut • **~ auf Anfrage** *(Gesch)* price on application • **~ pro Einheit** *(V&M)* unit price • **~ über dem Kurswert** *(Bö)* above-market price • **~ ab Werk** *(Ind)* ex factory [works] price
Preisabsatzfunktion *f (WiWi)* price-demand function
Preisabsprache *f* 1. *(Gesch)* common pricing; 2. *(V&M)* price-fixing *(Wettbewerbsrecht)*; collusive tendering *(Ausschreibung)*
Preisabweichung *f (Gesch)* price variance
Preisanfrage *f (Gesch)* price enquiry
Preisangabe *f (Gesch)* (displayed) price, quotation
Preisanstieg *m (Fin, V&M)* price increase [advance]
Preisaufschlag *m* 1. *(Gesch)* price supplement, extra charge; 2. *(V&M)* mark-up
Preisauszeichnungsgesetze *npl (Recht)* label(l)ing laws
Preisbereich *m (V&M, WiWi)* price range
Preisberichtigung *f (V&M)* pricing review
Preisbestimmung *f (V&M)* price determination
Preisbildung *f (V&M, WiWi)* price formation
~ auf Durchschnittskostenbasis *(Verw, WiWi)* average cost pricing
Preisbindung *f* **der zweiten Hand** *(Fin, Recht, V&M)* (resale) price maintenance, retail price maintenance
Preisdifferenzierung *f (V&M, WiWi)* differential pricing, price differentiation
Preisdiskriminierung *f (V&M, WiWi)* price discrimination
Preisdruck *m (V&M, WiWi)* price [pricing] pressure
Preiseinbruch *m (V&M)* break in the market
preiselastisch *adj (WiWi)* price sensitive
Preiselastizität *f* **der Nachfrage** *(WiWi)* price elasticity of demand
Preisempfehlung *f (V&M)* recommended retail price
preisempfindlich *adj (V&M, WiWi)* price-sensitive
Preisempfindlichkeit *f (V&M)* price sensitivity
Preisetikett *n (Fin, V&M)* price label, price ticket
Preisfestlegung *f (Fin, V&M)* pricing
Preisfestsetzung *f (Fin, Recht, V&M)* price setting, price-fixing
Preisfixierer *m (WiWi)* price maker

Preisführer *m (V&M, WiWi)* price leader
Preisgabe *f* 1. *(Recht)* disclosure, relinquishment *(Information)*; 2. *(Vers)* abandonment
Preisgefälle *n (Pers, V&M)* price differential
Preisgestaltung *f (Gesch, V&M)* pricing
Preisgleitklausel *f* 1. *(Recht)* escalation clause, sliding-price clause *(Vertragsrecht)*; 2. *(V&M)* price variation clause
preisgünstig *adj (Gesch)* low-priced
preisgünstigstes Angebot *n (Gesch)* lowest tender
Preisherabsetzung *f* 1. *(V&M)* mark-down; 2. *(WiWi)* roll-back
Preisheraufsetzung *f (V&M)* mark-up
Preisindex *m* **für die Lebenshaltung** *(WiWi)* (average) cost-of-living index
Preiskartell *n (WiWi)* price cartel
Preiskonsumkurve *f (WiWi)* price-consumption curve
Preiskontrolle *f (WiWi)* price control • **der ~ unterworfen** *(Ind, WiWi)* subject to price controls
Preiskrieg *m* 1. *(Trans)* fare [rate] war; 2. *(V&M, WiWi)* price war
Preis-Leistungs-Verhältnis *n (Gesch)* value for money, price-performance ratio
preisliche Wettbewerbsfähigkeit *f (V&M)* price competitiveness
Preisliste *f* 1. *(Fin)* price current; 2. *(V&M)* price list
Preisminderung *f (Recht)* diminuation *(des Kaufpreises)*
Preisnachfrageelastizität *f (V&M)* price-demand elasticity
Preisnachlass *m* 1. *(Bö)* concession; 2. *(Fin)* discount, rebate
Preisnehmer *m (WiWi)* price taker
Preisniveau *n (V&M, WiWi)* price level
Preispolitik *f (V&M, WiWi)* pricing policy
Preis-Qualitätsverhältnis *n (V&M)* price-quality ratio
Preisreduzierung *f (Fin, V&M, WiWi)* price cut
Preisrisiko *n (Bank, Bö, WiWi)* price risk, position risk *(Marktrisiko)*
Preisschild *n (V&M)* price label [sticker, ticket]
Preisschub *m (WiWi)* hike
Preissenkung *f* 1. *(Fin, V&M)* price cutting, price mark-down, price cut; 2. *(WiWi)* price cut
Preisskala *f (V&M)* price range
Preisspanne *f (Bö, V&M)* price margin, price range, price spread
Preisspektrum *n (V&M)* price range
Preisstabilisierung *f (V&M, WiWi)* price stabilization
Preisstabilität *f (V&M, WiWi)* price stability
preisstabilitätsgerecht *adj (WiWi)* consistent with price stability *(EZB)*
Preisstand *m (Recht, WiWi)* price level
Preisstarrheit *f (WiWi)* price rigidity
Preisstopp *m (V&M, WiWi)* price freeze
Preistendenz *f* 1. *(Fin)* price trend; 2. *(WiWi)* market trend
Preisüberwachung *f (WiWi)* price supervision
Preis- und Einkommenspolitik *f (WiWi)* prices and incomes policy
Preisunterbietung *f* 1. *(Bö)* dumping; 2. *(V&M)* price cutting, underselling; 3. *(WiWi)* price cutting
Preisunterschied *m (Pers, V&M)* price differential
Preiswahrnehmung *f (WiWi)* price perception
preiswert *adj (Gesch)* good value, inexpensive
Presse *f (Med, Pol, V&M)* press
Presseberichterstattung *f (Med)* press coverage
Pressefreiheit *f (Med, Recht)* freedom of the press
Pressesprecher(in) *m(f) (Med, Pol)* press officer, spokesman, spokeswoman, spokesperson
Pressestelle *f (Med)* press office
Pretest *m (V&M)* acceptance test, pre-test
primär *adj (Gesch)* primary
Primär... *(Gesch)* source, primary
Primärarbeitsmarkt *m (WiWi)* primary labo(u)r market
Primäraufwand *m (Fin)* primary input
Primärdaten *pl (V&M)* primary data
primärer Arbeitsmarkt *m (WiWi)* primary labo(u)r market
~ Sektor *m (WiWi)* primary sector
primäres Defizit *n (WiWi)* primary deficit
Primärforschung *f (Gesch)* field research

Primärgüter *npl (Gesch)* primary goods *(Rohstoffe)*
Primärmarkt *m (Bö)* new issue market, primary market
Primärmarkthändler *m (Bö)* primary market dealer
Primärressource *f (Umw)* primary resource
Primärsaldo *m (POL, RW, WiWi)* primary balance *(öffentliches Haushaltsdefizit ohne Zinszahlungen)*
Primärziel *n* 1. *(Fin)* primary objective; 2. *(WiWi)* prime goal
Prinzip *n (Gesch)* principle • **aus ~** *(Gesch)* on principle
~ **der Periodenabgrenzung** *(RW)* accrual accounting, principle of accrual
~ **der rechtlichen Selbstständigkeit** *(Gesch, St, V&M)* arm's-length principle
prinzipiell *adv (Gesch)* on [in] principle
Priorität *f (Gesch)* priority • **nach ~** *(Gesch)* in order of priority • **etw. ~ verleihen** *(Gesch)* give priority to sth
Prioritätsdatum *n (Pat, Recht)* priority date
Prioritätverlust *m* loss of priority
privat *adv (Gesch)* privately • **sich ~ versichern** *(Vers) (ugs.)* go private
Privatanleger *m (Fin)* private investor
Privatausgaben *fpl (WiWi)* private expenses
Privatbesitz *m (Gb)* private ownership
private Arbeitsvermittlung *f (Pers, Soz)* private employment agency, private employment service, private placing service, private job placing agency
~ **Einrichtung** *f (Gb)* private institution
~ **Grenzkosten** *pl (WiWi)* marginal private cost
~ **Investition** *f (Fin)* private investment
~ **Kosten** *pl (WiWi)* private cost
~ **Krankenhausbehandlung** *f (Soz)* private hospital treatment
~ **Krankenversicherung** *f (Pers, Soz, Vers) (AE)* commercial sickness insurance policy, *(BE)* private health insurance
~ **Mittel** *npl (Fin)* private means
~ **stationäre Behandlung** *f (Soz)* private hospital treatment
~ **Stellenvermittlung** *f (Pers)* employment agency *(Agentur)*
Privateigentum *n (Gb)* private ownership
Privateinlage *f (Fin)* private-asset contribution
privater Anleger *m (Bö)* private investor
~ **Schlüssel** *m (EDV, Gesch, Komm)* private key *(Datenverschlüsselung)*
~ **Sektor** *m (WiWi)* private sector
~ **Vertrag** *m (Gesch)* private contract
privates Zollgutlager *n (AH)* private customs [bonded] warehouse
Privatgespräch *n (Komm)* private call *(Telefonat)*
Privathaushalt *m (Gesch)* private household
Privatinvestitionen *fpl (WiWi)* private sector investment
privatisieren *v (WiWi)* privatize
Privatisierung *f (WiWi)* privatization, denationalization
Privatisierungserlös *m (WiWi)* privatization proceeds
Privatkundeneinlage *f (Bank)* retail deposit, retail personal deposit
Privatkundengeschäft *n (Bank)* consumer [retail] banking
Privatmann *m (Gesch)* private individual
Privatpatient(in) *m(f) (Soz)* private patient
Privatperson *f (Gesch)* private individual
Privatplatzierung *f (Bank, Fin)* private placement, private placing
Privatrecht *n (Recht)* private law *(Zivilrecht)*
privatrechtliches Unternehmen *n (Recht)* private company
privatschriftlichen Vertrag/durch *(Recht)* by private contract
Privatschule *f (Gesch, Soz)* private school, *(BE)* public school, *(BE)* independent school
Privatsphäre *f (Gesch, EDV, Komm, Recht)* privacy, private sphere *(Persönlichkeitsrecht)*
Privatunternehmen *n (Gesch)* private company [enterprise, firm], privately-owned company
Privatunternehmer *m (WiWi)* entrepreneur
Privatunterricht *m (Soz)* private tuition
Privatversicherung *f (Vers)* commercial insurance
Privatwirtschaft *f (WiWi)* private sector enterprise, private enterprise system
privatwirtschaftliches System *n (WiWi)* private enterprise system
~ **Unternehmen** *n (Gesch)* private sector enterprise

proaktiv *adj (Mgt)* proactive
Probe *f (Gesch)* sample, test, trial, tryout, pattern *(Muster)* • **etw. auf ~ kaufen** *(Gesch)* buy sth on approval
Probeabo(nnement) *n (Med, V&M)* trial subscription
Probeabzug *m (Med)* proof, pull, proof sheet, repro pull
Probeauftrag *m (Gesch, V&M)* trial order
Probebefragung *f (Gesch)* pilot study
Probebeschäftigung *f (Pers)* probationary employment, trial employment
Probebetrieb *m (Mgt)* pilot production
Probebilanz *f (RW)* trial balance, pro forma balance sheet
Probebohrung *f (Ind, Umw)* test drilling *(Erdöl)*
Probeerhebung *f (Gesch)* pilot study
Probeexemplar *n (Med)* author's specimen copy
Probefahrt *f* 1. *(Gesch)* trial run; 2. *(Trans)* test drive
Probekauf *m (V&M)* trial purchase
Probelauf *m (Gesch)* test [trial, pilot] run
probeweise *adv (Gesch)* on a trial basis
probeweise Beschäftigung *f (ugs.) (Pers)* probationary employment
Probezeit *f* 1. *(Gesch)* trial period; 2. *(Pers)* probationary [probation, trial] period *(Arbeitsvertrag)*
probieren *v (Gesch)* test, try (out)
Problem *n (Gesch)* problem, concern • **vor einem ~ stehen** *(Mgt)* face a problem
problemlos *adj (Gesch)* trouble-free
Problemlösung *f (Gesch)* problem solving
Problemverflechtung *f (Pers)* concatenation of problems
Produkt *n (Ind, V&M, WiWi)* product
~ des gehobenen Marktes *(V&M)* up-market product
~ des unteren Marktsegments *(V&M)* down-market product
Produktakzeptanz *f (V&M)* product acceptance
Produktbasis verbreitern/die *(V&M)* broaden the product base
Produktbekanntheit *f (V&M)* product awareness
Produktbestand *m (Fin)* product portfolio
Produkteinführung *f (V&M)* product introduction, product initiation, product launch
Produkteinheit *f (WiWi)* unit of output
Produktenbörse *f (Bö)* mercantile exchange, commodity exchange
Produktentwicklung *f (V&M)* product development
Produktfeld *n (V&M)* product field
Produktforschung *f* **und Entwicklung** *f (Ind)* product research and development
Produktgestaltung *f (V&M)* product design
Produkthaftpflicht *f (V&M)* product liability
Produkthaftung *f (Vers)* product liability
Produktion *f (Ind)* production, output • **~ am Fließband** *(Ind)* line production • **die ~ ausweiten** *(Ind)* expand output • **die ~ einschränken** *(Gesch, Ind)* scale down production • **die ~ erhöhen** *(Ind)* increase production
Produktionsanlage *f (Ind)* manufacturing [production] plant
Produktionsaufwand *m (Ind)* production cost(s)
Produktionsfaktor *m (Ind, WiWi)* factor of production
Produktionsfunktion *f (WiWi)* production function
Produktionsgüter *npl* 1. *(Ind)* industrial [production] goods; 2. *(WiWi)* producer goods
Produktionskapazität *f (Ind)* manufacturing [production] capacity
Produktionskosten *pl (Ind, WiWi)* production costs, costs of production, manufacturing cost
Produktionsleistung *f (Ind)* production rate [capacity], output
Produktionsleitung *f (Ind, Mgt, Pers)* production management
Produktionsmenge *f (Ind, WiWi)* output
Produktionsmöglichkeitenkurve *f (WiWi)* production possibility frontier
Produktionsperiode *f (Ind)* contract period, manufacturing period
Produktionsplan *m (Ind, Mgt)* production plan, output budget
Produktionsplanung und -steuerung *f (Ind, Mgt)* production planning and control
Produktionspotenzial *n (WiWi)* productive potential
Produktionssteuerung *f (Ind, Mgt)* production management
produktionssynchrone Lieferung *f (Gesch)* just-in-time delivery

Produktionstätigkeit *f (Ind)* manufacturing activity
Produktionstempo *n (Ind)* production rate [speed]
Produktionsverfahren *n (Ind)* production method, production process
Produktionsvolumen *n (Ind)* output volume, production volume
Produktionsziel *n (Ind)* production target
produktiv *adj (Ind, Pers, Verw)* productive
Produktivität *f (Ind)* productivity, technical [physical] efficiency
Produktivitätsmessung *f (Ind)* productivity measurement
produktivitätsorientierte Lohnpolitik *f (Pers, WiWi)* output-related wages policy
Produktivitätszuwachs *m (Ind)* productivity gain
Produktmanager(in) *m(f) (Mgt, Pers, V&M)* product manager, brand manager
Produktmärkte *mpl (WiWi)* product markets
Produktpalette *f (V&M)* array of products, product range, range of products
Produktpflege *f (Mgt, V&M)* product management
Produktpositionierung *f (V&M)* product positioning
Produktverbesserung *f (V&M)* product improvement
Produzent(in) *m(f) (Ind)* manufacturer, mfr, maker
Produzentenrente *f (WiWi)* producer's surplus
produzieren *v (Ind)* manufacture, produce
produzierendes Gewerbe *n (Ind, WiWi)* industry, goods-producing industry, manufacturing and extractive industry, manufacturing and extractive industries, production industries; secondary sector
Professionalisierung *f (Gesch)* professionalization
professionell *adj (Gesch)* professional
Profi *m (ugs.) (Gesch)* pro, professional
Profil *n (Gesch)* profile
Profit *m (Gesch)* profit
Profit-Center *n (Fin, RW, WiWi) (AE)* profit center, *(BE)* profit centre
profitieren *v (Gesch)* profit, benefit
Proformarechnung *f (AH, V&M, RW, Verw)* pro forma invoice
Prognose *f (Gesch)* prognosis, prediction, forecast
prognostizieren *v (Gesch)* predict, forecast
Programm *n* 1. *(EDV)* program; 2. *(Gesch)* plan, schedule *(Zeitplan)*; 3. *(Med)* program(me) *(Sendung)*; 4. *(Mgt)* agenda, plan, program(me), timetable *(Sitzung)*
Programmbudget *n (Pol)* performance budget, programming budget
programmieren *v* 1. *(EDV)* program; 2. *(Gesch, Mgt)* program(me)
programmierte Unterweisung *f (EDV)* programmed instruction
programmierter Unterricht *m (Soz)* programmed learning
Programmierung *f (EDV)* programming, computer programming
Progressionswirkung *f (Fin, St, WiWi)* fiscal drag *(durch Inflation)*
progressiv *adj (Gesch)* progressive, accelerated
Projekt *n (Gesch)* plan, project
Projektauswertung *f (Fin, Mgt)* project analysis
Projektbewertung *f (Fin, Mgt)* project assessment
Projektfinanzierung *f (Fin)* project financing
projektgebundenes Darlehen *n (Fin)* nonrecourse loan
Projektgesellschaft *f (Recht, Verw)* special purpose vehicle *(SPV)*, special purpose entity *(Zweckgesellschaft)*
Projektgruppe *f (Mgt)* task force
Projektstudie *f (Gesch)* feasibility survey [study]
Projektträger *m (WiWi)* project sponsor
Pro-Kopf... *(WiWi)* per capita
Pro-Kopf-BIP *n (WiWi)* per capita GDP
Pro-Kopf-Einkommen *n (WiWi)* income per head, per capita income, income per capita
Pro-Kopf-Verbrauch *m (WiWi)* consumption per capita
proletarisch *adj (Pol, WiWi)* proletarian
Prolongation *f* 1. *(Bö)* carryover, contango *(Report)*; 2. *(Gesch)* extension; 3. *(Recht)* renewal *(Wechsel)*
prolongieren *v (Gesch)* prolong, renew, extend
prompt *adj (Gesch)* speedy, prompt, quick
prompte Zahlung *f (Fin)* prompt payment
proportional *adj (Gesch)* proportional
proportionale Steuer *f (St)* standard-rate tax, proportional tax

Proportionalsatz *m (St)* flat rate
Proportionaltarif *m (Fin)* proportional rate
Prorata-temporis-Basis *f (RW)* percentage-of-completion basis
Prospekt *m (F&T, Med, V&M)* brochure, prospectus
prospektive Bewertung *f (Vers)* prospective rating
protegieren *v (Pol, Recht)* protect
Protektionismus *m (WiWi)* protectionism
protestieren *v* 1. *(Gesch)* protest *(Wechsel, Scheck)*; 2. *(Gesch)* make a protest
Protestkosten *pl (Recht)* protest charges *(Wechsel)*
Protokoll *n* 1. *(EDV)* protocol; 2. *(Pol)* protocol; 3. *(Recht)* transcript *(bei Gericht)*; statement *(bei Polizei)*; 4. *(Verw)* minutes *(einer Sitzung)*
protokollieren *v* 1. *(Gesch)* give record of; 2. *(Verw)* record, log, take [keep] the minutes *(Sitzung)*
Prototyp *m (Ind, V&M)* prototype
Provision *f (Bank, Bö, Fin, V&M)* commission
~ der Konsortialführung *(Bank)* management fee
Provisionskonto *n (Bank)* commission account
Provisionssatz *m (Bank)* commission rate
provisorisch *adv (Gesch)* temporarily
Provisorium *n (Gesch)* temporary measure
Prozent *n (Gesch)* per cent, per cent, percentage
Prozentsatz *m (Stat)* percentage
~ auf Jahresbasis umgerechneter *(Fin)* annual percentage rate, annualized percentage rate
~ der Wertminderung *(Fin)* percentage of depreciation
prozentuale Änderung *f (Fin)* percentage change
Prozess *m* 1. *(EDV, Ind)* process; 2. *(Recht)* trial *(Verfahren)*; litigation *(Rechtsstreit)*; case, court case *(Fall)*
Prozessanalyse *f (WiWi)* activity analysis
Prozessanwalt *m*, **Prozessanwältin** *f* *(Recht) (BE)* barrister-at-law, *(AE)* trial attorney, *(AE)* trial lawyer; counsel *(Rechtsanwalt)*
prozessieren *v (Recht)* litigate, proceed, sue, go to court • **gegen jmdn. ~** *(Recht)* take sb to court
Prozesskosten *pl (Recht)* cost of litigation, legal costs
Prozesskostenhilfe *f (Recht, Soz)* legal aid
Prozessniveau *n (RW, Verw, WiWi)* activity level
Prozessorkarte *f (Bank, EDV, V&M)* smart card
Prozesspartei *f (Recht)* litigant
Prüf... *(EDV, Ind, Stat, RW)* test, testing, checking, auditing
Prüfbericht *m* 1. *(Fin)* audit report; 2. *(Pat)* search report
prüfen *v* 1. *(Gesch)* examine, survey, *(BE)* analyse, *(AE)* analyze; inspect; 2. *(Pat)* search; 3. *(Pers)* examine; 4. *(RW)* audit • **genau ~** *(Gesch)* vet
Prüfer(in) *m(f)* 1. *(Gesch, Pat, Pers)* examiner; 2. *(Fin, RW)* auditor, comptroller, controller
prüffähig *adj (RW)* auditable
Prüfkette *f (RW)* audit trail
Prüfling *m* 1. *(Gesch)* testee; 2. *(Pers)* examinee
Prüfpanel *n (Gesch)* control panel
Prüfspur *f (RW)* audit trail
Prüfung *f* 1. *(EDV)* check, test; 2. *(Gesch)* analysis, verification, survey, test, inspection, examination; 3. *(Ind)* testing, testing procedure; 4. *(Pat, Pers)* examination; 5. *(RW)* audit, examination, verification; 6. *(V&M)* test • **eine ~ bestehen** *(Pers)* pass an examination, pass an exam • **eine ~ machen [ablegen]** *(Pers)* sit an examination, sit for an examination, take an examination, sit an exam, sit for an exam, take an exam • **eine ~ nicht bestehen** *(Pers)* fail an examination, fail an exam • **einer genauen ~ unterzogen werden** *(Gesch)* come under scrutiny
~ des Vorschlags *(Vers)* examination of proposal
Prüfungsauftrag *m (RW)* audit assignment
Prüfungsausschuss *m* 1. *(Pers)* review body, screening board; 2. *(RW)* audit committee
Prüfungsbericht *m (RW)* audit report, auditor's certificate [opinion, report, statement]
Prüfungsergebnis *n* 1. *(RW)* audit result; 2. *(Soz)* exam result
Prüfungsgrundsatz *m (RW)* audit standard, auditing principle [standard]

Prüfungskandidat(in) *m(f) (Pers)* candidate, candidate for an examination
Prüfungskette *f (RW)* audit trail
Prüfungskosten *pl (RW)* audit costs
Prüfungspfad *m (RW)* audit trail
Prüfungsrichtlinie *f (RW)* auditing principle, auditing standard
Prüfungsumfang *m (RW)* audit coverage [scope]
Prüfungsvermerk *m (RW)* audit report [certificate]
Prüfungswesen *n (RW)* auditing
Prüfungszeugnis *n (Pers)* examination certificate
Prüfverfahren *n* 1. *(Ind)* testing procedure; 2. *(Pers)* screening process *(Bewerbung)*
Public Relations *pl (Pers, V&M)* public relations, PR
Publikation *f (Med)* publication
Publikum *n (Gesch)* public
Publikumsrenner *m (V&M)* big seller
publikumswirksam *adj (V&M)* with a strong appeal
publizieren *v (Med, Pat)* publish
Publizität *f* 1. *(Bö, Fin)* disclosure; 2. *(Med, V&M)* publicity
Publizitätserfordernis *f (Bö, Fin)* disclosure requirement
Puffer *m (EDV)* buffer (storage), buffer store *(Daten)*
Pufferbestand *m (Ind)* buffer stock
Pufferzone *f (Gb)* buffer zone
Pump kaufen/etw. auf *(ugs.) (Gesch)* buy sth on tick
Punkt *m* 1. *(Bö)* point; 2. *(EDV)* dot; 3. *(Gesch)* point; 4. *(Med) (BE)* full stop, *(AE)* period *(Typographie)*; 5. *(Verw)* item • **der ~ ist noch unentschieden** *(Gesch)* the point is still undecided • **einen toten ~ erreichen** *(Gesch)* reach a deadlock, reach an impasse
Punktbewertung *f (Mgt, Pers, Vers)* points rating
Punktelastizität *f (WiWi)* point elasticity
pünktlich *adj (Gesch)* exact, precise, punctual
pünktlich *adv (Trans)* on time • **~ verkehren** *(Trans)* run on time
pünktliche Rechnungsbezahlung *f (Fin)* prompt payment of invoices
Pünktlichkeit *f (Trans)* punctuality
Punktpreis *m (Bö)* point price

Q

QM *s.* Qualitätsmanagement
Quadrat *n (Gesch)* square
Quadratkilometer *m (Gesch) (AE)* square kilometer, *(BE)* square kilometre
Quadratmeter *m (Gesch) (AE)* square meter, *(BE)* square metre
Qualifikation *f (Gesch, Pers, Soz)* qualification
Qualifikationen *fpl (Gesch, Pers)* skills
Qualifikationsdefizit *n (Pers)* skill shortage
Qualifikationsniveau *n (Pers)* skill level, level of skill
Qualifikationsstruktur *f (Pers)* qualification pattern
qualifizieren v/sich *(Gesch, Pol, Soz)* qualify (for) *(befähigen)*
qualifiziert *adj* 1. *(Gesch)* competent, qualified; 2. *(Pol, Soz)* qualified • **für etw. ~ sein** *(Pers, Pol)* be eligible for sth
qualifizierter Mehrheitsbeschluss *m (Pol)* qualified majority vote
Qualifizierung *f (Gesch, Soz)* qualification
Qualität *f (Gesch)* quality
~ der Finanzaktiva 1. *(Bank, Fin)* quality of financial assets; 2. *(RW)* asset quality *(Finanzanlagen)*
~ des Forderungsbestandes 1. *(Bank, Fin)* quality of accounts receivable; 2. *(RW)* asset quality
~ des Schuldners *(Bank, Fin)* standing of the debtor
qualitativ *adj (Gesch, V&M)* qualitative
Qualitätsanforderung *f (Ind)* quality requirement
Qualitätsarbeit *f (Gesch)* high-quality workmanship
Qualitätsgüter *npl (Gesch)* quality goods
Qualitätskontrolle *f* 1. *(Bank)* qualitative control; 2. *(Gesch)* quality control; 3. *(Ind)* process control, quality control
Qualitätsmanagement *n (Ind)* quality management
Qualitätsmangel *m (Recht)* defect
Qualitätsnormen *fpl (Ind, Mgt)* quality standard
Qualitätsprodukt *n (V&M)* high-quality product
Qualitätssicherung *f (Gesch, Ind, Mgt, V&M)* quality assurance, quality protection

Qualitätssiegel *n (Gesch)* seal of quality
Qualitätsstandard *m (Gesch, Ind, Mgt)* quality standard
Qualitätsüberwachung *f* 1. *(Gesch, Ind)* quality monitoring [control]; 2. *(V&M)* quality control
Qualitätsvorschrift *f (Ind)* quality specification
Qualitätswaren *fpl (Gesch)* quality goods
Qualitätszirkel *m (Ind, Mgt, Pers)* quality circle
quantifizieren *v (Stat, Verw)* quantify
Quantität *f (Gesch, Stat)* quantity
quantitativ *adj (Gesch)* quantitative
quantitative Zielvorgabe *f (WiWi)* quantitative target
Quantitätstheorie *f (WiWi)* quantity theory of money
Quartal *n (Gesch)* quarter *(Vierteljahr)*
Quartalsabschluss *m (RW)* quarter-end accounts, quarterly balance sheet
quartalsweise *adv (Gesch)* quarterly
Quellenabzugsverfahren *n (Pers, RW, St) (BE)* pay-as-you-earn, PAYE, *(AE)* pay-as-you-go *(Lohnbuchhaltung)*
Quellenangabe *f (Med)* reference
quellenbesteuert *adj (Pers, RW, St)* taxed at source
Quellenbesteuerung *f (Pers, St)* withholding [deduction] at source, source taxation
Quellensteuer *f (St)* withholding tax
Querschnitt *m (Gesch)* cross section, profile
Querschnittsanalyse *f (Stat)* cross-sectional analysis, cross-section analysis
Querschnittsdaten *pl (WiWi)* cross-section data
Quersubvention *f (Fin, Gesch)* cross-subsidy
Querverweis *m (EDV, Med)* cross-reference
quittieren *v (Gesch)* acknowledge *(Brief)*; receipt *(Rechnung)*
Quittung *f* 1. *(Gesch)* acknowledgement, receipt (for payment); 2. *(Recht)* acquittance
Quittungsbeleg *m (Gesch, RW)* supporting receipt
Quote *f (AH, Pol)* quota
Quoten festlegen *(AH)* fix quotas
quotenabhängig *adj (Gesch)* subject to quota
Quotenaktie *f (Bö)* no-par stock, no par value share
Quotenstichprobe *f (V&M)* quota sample
Quotient *m (Stat)* quotient

R

Rabatt *m (Bö, Fin, Gesch)* rebate, discount, reduction • **mit ~** *(V&M)* at a discount
Rabattpreis *m (Fin)* discount price
radioaktiver Niederschlag *m (Umw)* radioactive fallout
Radiowerbung *f (Med, V&M)* radio advertising
Raffinerie *f (Ind)* refinery
raffinieren *v (Ind)* refine
Rahmen *m* 1. *(EDV)* rack, frame *(Datenübertragung)*; 2. *(Gesch, Fin)* framework • **im ~ von** *(Gesch)* within the framework of
Rahmenabkommen *n (Gesch)* basic agreement
Rahmenbedingungen *fpl* 1. *(Gesch)* basic [underlying] conditions, general setting [framework]; 2. *(Umw, WiWi)* external environment
Rahmengeneraleinfuhrlizenz *f (AH) (BE)* open general import licence, *(AE)* open general import license
Rahmenplan *m (Mgt, WiWi)* strategic [master] plan
Rahmenprojekt *n (Gesch)* umbrella project
Rahmenvertrag *m (Recht)* basic [skeleton] contract, outline agreement
Randbemerkung *f (Verw)* marginal note
Randgebiet *n (Gesch)* outlying districts, peripheral area
Randmarkt *m (Bö)* fringe market
Randproblem *n (Gesch)* side issue
Rang *m* 1. *(Gesch, Recht)* preference, ranking; 2. *(Pers)* rank, status, standing, echelon *(Hierarchie)* • **im ~ vorgehendes Darlehen** *(Bank)* senior loan • **im ~ nachgehen** *(Bö)* rank after
Rangfolge *f (Gesch, Recht)* ranking, priority
ranghoher Mitarbeiter *m* **der Geschäftsführung** *(Mgt, Pers)* senior manager
rangmäßige Bewertung *f* **von Gütern** *(WiWi)* ranking of commodities

Rangordnung *f* 1. *(Gesch)* ranking; 2. *(Pers)* ranking (order) *(Prioritäten)*; 3. *(WiWi)* preference scale
Rangskala *f (Stat, WiWi)* ordinal scale
rapid *adv (Gesch, WiWi)* rapidly • **~ steigen** *(WiWi)* boom *(Aktien)*
rapiden Aufschwung nehmen *(WiWi)* boom
rasanter Aufstieg *m (Mgt, Pers)* lightning rise, meteoric rise
rasch *adj (Gesch)* fast
rasch anwachsen *(Gesch)* experience rapid growth
~ ansteigend *(Gesch)* soaring
rascher Aufstieg *m (Gesch) (ugs.)* fast track
~ Kursanstieg *m (Bö)* bulge
rasches Tempo *n (Gesch)* fast pace
Rat *m* 1. *(Gesch)* (word of) advice; 2. *(Pol, Verw)* council; 3. *(WiWi)* council, European Council *(EU)* • **einen Fachmann zu Rate ziehen** *(Gesch)* take expert advice • **um ~ fragen** *(Gesch)* seek advice
~ der Europäischen Zentralbank *(Bank, WiWi)* Governing Council of the European Central Bank *(EZB-Rat)*
~ des Europäischen Zentralbanksystems *(Bank, WiWi)* Governing Council of the European System of Central Banks, Governing Council of the ESCB *(ESZB)*
Rate *f* 1. *(EDV)* rate; 2. *(Gesch)* rate, instal(l)ment • **auf Raten** *(Fin) (BE)* on hire purchase, *(AE)* on the instal(l)ment plan • **in Raten** *(Bank)* in instal(l)ments
Ratenkauf *m (V&M) (BE)* hire purchase, instal(l)ment buying
Ratenkredit *m* 1. *(Bank)* consumer instal(l)ment loan; 2. *(Fin)* instal(l)ment credit
Ratenvertrag *m (Recht)* instal(l)ment contract
Ratenzahlung *f (Bank)* instal(l)ment payment
Rathaus *n (Gesch, Pol, Verw)* town hall
Rating *n* 1. *(Bö)* rating *(Wertpapiereinstufung)*; 2. *(Fin)* credit rating *(Bonitätsbewertung)* • **mit überdurchschnittlichem ~** *(Bö, Fin)* with outperform rating, have an „outperform" rating
Rating-Agentur *f (Bank, Fin)* rating agency
rationale Entscheidung *f (Gesch)* rational decision
~ Erwartungen *fpl (WiWi)* rational expectations
rationalisieren *v (Gesch)* rationalize, streamline
Rationalisierung *f (Gesch)* streamlining, rationalization
Rationalisierungsstudie *f (Ind, Mgt, WiWi)* time and motion study
rationell *adj (Gesch)* efficient
Rationierung *f (WiWi)* rationing
Ratsverordnung *f (Pol)* Council regulation *(EU)*
Ratsvorsitz *m (Pol)* Presidency of the Council *(EU)*
Raubbau *m (Gesch, Umw)* overexploitation, *(ugs.)* robber economy
Raubdruck *m (Gesch)* piracy *(Buch)*
Raubkopie *f* 1. *(EDV, Gesch)* pirate copy; 2. *(Med, WiWi)* bootleg version, pirate version [copy]; 3. *(Recht)* pirate copy
Raum *m* 1. *(Gesch)* area, room; 2. *(WiWi)* area
~ für Verbesserungen *(Gesch)* scope for improvement
räumlicher Ausgleich *m (WiWi)* spatial equalization
~ Nutzen *m* **eines Gutes** *(WiWi)* place utility
räumliches Monopol *n (WiWi)* local monopoly, spatial monopoly
Räumlichkeiten *fpl (Gesch, Gb)* premises
Raumordnungspolitik *f (WiWi)* regional planning policy
Räumung *f* 1. *(Gb, Recht, Soz)* eviction; 2. *(V&M)* clearance • **zur ~ zwingen** *(Gb, Recht)* evict
Räumungsbefehl *m (Gb, Recht)* eviction order
Räumungsklage *f (Gb, Recht)* action for eviction
Räumungsverkauf *m* 1. *(V&M)* clearance sale; 2. *(WiWi)* liquidation sale
Rauschgifthandel *m (Gesch)* drug trafficking
Rausschmiss *m (ugs.) (Pers)* firing; *(ugs.) (BE)* sack
Rauswurf *m (ugs.) (Pers)* firing; *(ugs.) (BE)* sack
reagibel *adj (WiWi)* responsive
Reaktion *f* 1. *(Gesch, Pers, Pol)* reaction; 2. *(WiWi)* response
Reaktionselastizität *f (V&M)* response elasticity

Reaktionsfunktion *f* 1. *(V&M)* response function; 2. *(WiWi)* reaction function *(Preistheorie)*
Reaktionszeit *f (Verw)* reaction time
real *adj (Pers, RW, WiWi)* actual
real *adv (WiWi)* in real terms
reale Sphäre *f (WiWi)* real sphere
~ **Vermögenswerte** *mpl (WiWi)* real assets
Realeinkommen *n (Pers, WiWi)* real earnings, real income
realer Außenbeitrag *m (WiWi)* real foreign balance *(ZB, VGR)*
~ **Größenvorteil** *m (WiWi)* real economy of scale
~ **Wechselkurs** *m (Bö)* real exchange rate
reales Austauschverhältnis *n (WiWi)* terms of trade
~ **Nettosozialprodukt** *n (WiWi)* real net national product
~ **verfügbares Einkommen** *n (WiWi)* direct real income
~ **Wachstum** *n (WiWi)* real growth
Realisationsprinzip *n (RW)* realisation concept
realisierbar *adj* 1. *(Bö)* realizable; 2. *(Fin)* viable, realizable; 3. *(Gesch)* viable *(Plan)*
realisierbarer Verkaufserlös *m (Fin)* net realizable value
Realisierbarkeit *f* 1. *(Gesch)* viability, feasibility; 2. *(Stat)* viability
realisieren *v* 1. *(Bö)* realize *(Gewinn)*; 2. *(Gesch)* put into effect, implement *(Maßnahmen)*; 3. *(Fin, RW)* realize, liquidate
realisierte Gewinne *mpl (Fin, RW)* realized gains
~ **Verluste** *mpl (Fin, RW)* realized losses
realisierter Kursverlust *m***/nicht** *(Bö)* paper loss
~ **Minimalertrag** *m (Bö)* realized minimum return
Realisierung *f* 1. *(Bö)* liquidation *(Sicherheiten)*; 2. *(Gesch, Mgt)* implementation, accomplishment, achievement
realistisch *adj (Gesch)* realistic
Realkasseneffekt *m (WiWi)* wealth effect
Realkosten *pl (WiWi)* real cost
Reallohn *m (Pers, WiWi)* actual wage, real wage
Realschulabschluss *m (Pers)* intermediate leaving certificate, intermediate school leaving certificate
Realschule *f (Pers)* intermediate school, intermediate secondary school
Realwachstum *n* **des BIP** *(WiWi)* real GDP growth
Realwertinflation *f (WiWi)* asset price inflation
Rechen... *(EDV)* computational, computing, calculating
Rechenschaft *f (Gesch, Mgt, RW, Verw)* account • **jmdn. zur ~ ziehen** *(Gesch)* call sb to account, *(ugs.)* bring sb to book
Rechenschaftsbericht *m (Verw)* report
Rechenschaftslegung *f (RW)* reporting
Rechenschaftspflicht *f (Gesch, Mgt, RW, Verw)* accountability
rechenschaftspflichtig *adj (RW, Verw)* accountable
Recherche *f (Gesch)* search
recherchieren *v (Gesch)* investigate, search
Rechnen *n* 1. *(EDV)* computing; 2. *(Gesch)* calculating; 3. *(RW)* reckoning
rechnen *v (Stat)* calculate • ~ **mit etw.** *(Gesch)* depend on sth, plan on sth, rely on sth • **das rechnet sich nicht** *(ugs.) (Gesch)* it does not pay
rechnerabhängiges System *n (EDV)* online system
rechnerfern *adj (EDV)* remote
rechnergesteuert *adj (EDV)* computer-controlled, computer-driven, computer-operated
rechnergestützt *adj (EDV)* computer-based, computer-aided, computer-assisted, PC-based
rechnergestütztes Börsenhandelssystem *n (Bö)* computer-assisted trading system
rechnerisch *adj (Gesch)* arithmetical, calculated, computed
rechnerische Rendite *f (RW)* accounting rate of return
rechnerischer Gewinn *m (RW)* accounting [book, paper] profit
Rechnerleistung *f (EDV)* computer power
rechnerunabhängig *adj (EDV)* off-line
Rechnung *f* 1. *(EDV)* calculation; 2. *(Gesch)* invoice, account, *(BE)* bill, *(AE)* check • **auf eigene ~** *(Gesch)* on one's own account, at one's own expense • **auf eigene ~ handeln** *(Bö)* trade for one's account • **auf ~** *(V&M)* on account • **auf ~**

von *(Bank, Gesch)* account of • **in ~ stellen** *(Gesch)* charge, invoice • **die ~ zahlen** *(Gesch)* pay the bill
Rechnungsaufschub *m (V&M)* deferred billing
Rechnungsausstellung *f (Gesch)* billing
Rechnungsauszug *m (RW)* statement of account
Rechnungsbetrag *m* 1. *(Fin)* invoice amount, invoicing amount; 2. *(Gesch)* amount of a bill, invoice value, amount charged
Rechnungsdatum *n (Gesch, RW)* date of invoice, *(AE)* billing date
Rechnungsführung *f (RW)* accounting
Rechnungsjahr *n* 1. *(Fin)* fiscal year; 2. *(RW)* accounting period, fiscal year; 3. *(St)* fiscal year *(öffentlicher Haushalt)*
Rechnungslegung *f* 1. *(RW)* accounting, accounting report; 2. *(Verw)* financial accounting [reporting]
Rechnungslegungsgrundsätze *mpl (RW)* accounting principles, accounting rules
Rechnungslegungsmethode *f (RW)* accounting method
Rechnungsperiode *f (St)* fiscal period
Rechnungspreis *m (Gesch)* invoice price
Rechnungsprüfer(in) *m(f) (RW)* accountant, auditor
Rechnungsprüfung *f (RW)* auditing of accounts, accounting control
Rechnungsrabatt *m (V&M)* invoice discount
Rechnungswert *m (Gesch)* invoice value
Rechnungswesen *n (RW)* accountancy, accounting
Recht *n (Recht)* right *(etw.as zu tun)*; law *(Rechtsordnung)* • **alle Rechte vorbehalten** *(Recht)* all rights reserved • **von einem ~ Gebrauch machen** *(Recht)* exercise a right • **~ und (öffentliche) Ordnung wiederherstellen** *(Recht)* restore law and order • **von Rechts wegen** *(Recht)* by law, de jure
~ **am geistigen Eigentum** *(Recht)* rights
~ **auf Entschädigung** *(Recht)* right of redress
~ **auf Freizügigkeit** *(Pol, Recht)* right to free movement
~ **auf Nießbrauch** *(Recht)* right to usufruct
~ **auf Wiedergutmachung** *(Recht)* right of redress
~ **der Stellvertretung** *(Recht)* law of agency *(Verträge)*
~ **zur Wiederaufnahme** *(Recht)* right of resumption
recht und billig *(Gesch)* equitable
rechtfertigen *v (Gesch)* justify, vindicate *(Handlung)*
Rechtfertigung *f (Gesch)* justification, explanation, vindication
rechtlich *adj (Recht)* legal *(juristisch)*; lawful *(zulässig)* • **eine rechtliche Vereinbarung unterschreiben** *(Recht)* sign a legal agreement
rechtlich *adv (Recht)* lawfully, legally *(zulässig)* • **~ durchsetzbar** *(Recht)* legally enforceable • **~ verpflichtet** *(Recht)* legally bound
rechtliche Bedeutung *f (Recht)* legal importance, legal meaning, legal significance, legel effect; legal relevance, relevance *(zur Sache)*
~ **Rahmenbedingungen** *fpl (Recht)* legal framework
~ **Verpflichtung** *f (Recht)* legal obligation
rechtmäßiger Besitzer *m (Recht)* lawful owner
~ **Inhaber** *m (Recht)* holder in due course
~ **Eigentümer** *m (Recht)* rightful owner
Rechtmäßigkeit *f* 1. *(Gesch)* legality, legitimacy *(Anspruch)*; 2. *(Recht)* legitimacy
Rechtsangleichung *f (Recht)* harmonization
Rechtsanspruch *m (Recht)* legal claim, title
Rechtsanwalt *m (Recht) (AE)* attorney (-at-law), *(BE)* solicitor; *(BE)* barrister *(außergerichtlich und bei Gerichten höherer Instanz)*
Rechtsauffassung *f (Recht)* legal opinion
Rechtsbehelf *m (Recht)* appeal, legal redress *(bei Vertragsbruch)*; remedy *(Vertragsrecht)*; legal remedy *(wegen Vertragsverletzung)*
Rechtsbeistand *m* 1. *(Gesch)* advocate; 2. *(Recht)* counsel
Rechtsberater(in) *m(f) (Recht)* legal advisor [counsel]
Rechtsberatung *f (Recht)* legal advice
Rechtsbeugung *f (Recht)* miscarriage of justice
Rechtsdokument *n (Recht)* legal document

rechtsfähige Gesellschaft *f (Gesch)* incorporated company
Rechtsfall *m (Recht)* court case, legal case
Rechtsfrage *f* 1. *(Gesch)* legal issue; 2. *(Recht)* point of law
Rechtsgebiet *n (Recht)* field of law, legal field
Rechtsgeschäft *n (Recht)* legal transaction [act] *(Verträge)*
Rechtsgutachten *n (Recht)* legal opinion
Rechtsinhaber(in) *m(f) (Recht)* entitled person, holder of a right, beneficial owner; copyright owner *(Urheberrecht)*
Rechtskraft *f (Recht)* legal force
rechtskräftig *adj (Gesch)* legally effective, final, valid
rechtskräftige Entscheidung *f (Recht)* final judgment by a court
Rechtsmangel *m* 1. *(Gb) (AE)* cloud on title; 2. *(Recht)* defect of title, deficiency in title *(Vertragsrecht)* • **mit Rechtsmängeln behafteter Rechtstitel** *(Recht)* defective title
Rechtsmeinung *f (Pol, Recht)* interpretation of the law
Rechtsmittel *n* 1. *(Gesch)* remedy; 2. *(Recht)* appeal, right of appeal • **~ einlegen** 1. *(Recht)* appeal; 2. *(St)* lodge an appeal
Rechtsmittelbelehrung *f (Recht)* cautioning as to rights
Rechtsmittelinstanz *f (Recht)* appeal court, court of appeal
Rechtsmittelverfahren *n (Recht)* appeals procedure
Rechtsnachfolger *mpl* 1. *(Bank)* transferees; 2. *(Pat)* successors in title; 3. *(RW)* assignees; 4. *(Recht)* heirs and assigns *(Testament)*
Rechtsnachteil/ohne *(Vers)* without prejudice
Rechtspersönlichkeit *f (Recht)* legal entity
Rechtsprechung *f (Recht)* case law *(Fallrecht)*; precedents, precedent cases, precedent case law *(Präzedenz)*; judge-made law *(Richterrecht)*
Rechtsschutz *m (RW)* legal protection, protection from litigation
Rechtsstaat *m (Recht)* law-based state, rule-of-law nation, nation of laws, "one nation under law"
Rechtsstaatlichkeit *f (Recht)* rule of law
Rechtsstellung *f (Recht)* legal status
Rechtsstreit *m (Recht)* legal action, litigation
Rechtsübertragung *f (Recht)* transfer of a right
Rechts- und Geschäftsunfähigkeit *f (WiWi)* legal incapacity
rechtsverbindlich *adj (Recht)* legally binding
Rechtsverhältnis *n (Recht)* legal relationship *(Verträge)*
Rechtsverletzung *f (Recht)* breach, encroachment, offence *(Beeinträchtigung)*
Rechtsvermutung *f (Recht)* legal presumption
Rechtsverordnung *f (Recht)* legal enactment, statutory order, administrative instrument
Rechtsvorgänger(in) *m(f) (Pat, Recht)* assignor, legal predecessor, predecessor in title
Rechtsvorschrift *f (Recht)* legal requirement
Rechtsvorschriften *fpl (Recht)* laws and regulations
Rechtsweg ist ausgeschlossen/der *(Recht)* there is no right of appeal *(Teilnahmebedingung)*
rechtswidrig *adj (Recht)* unlawful
rechtswidriges Betreten *n (Recht)* unlawful trespass
rechtswirksam *adj (Recht)* legally effective • **nicht mehr ~ sein** *(Recht)* cease to have effect *(Vertrag)* • **~ werden** *(Recht)* come into effect, become effective
Rechtswirksamkeit *f (Recht)* validity
Rechtswissenschaft *f (Recht)* jurisprudence
recyceln *v (Umw)* recycle
Recycling *n (Umw)* recycling *(von Abfallprodukten)*
Redaktion *f (Med)* editing, editorial staff
Rediskont *m (Bank, Fin, RW)* rediscount
rediskontfähig *adj (Bank, Fin, RW)* rediscountable, eligible for discount
rediskontfähige Wechsel *mpl (Bank)* eligible bills
Rediskontfazilität *f* **einer Zentralbank** *(Bank)* discount window lending
Rediskontierung *f (Bank, Fin, RW)* rediscounting

Redundanz *f (EDV, Gesch)* redundancy *(Information)*
reduzieren *v* 1. *(Gesch)* reduce, decrease, lower *(Ausgaben)*; 2. *(V&M)* mark down; 3. *(WiWi)* reduce *(Preise)*
reduziert *adj* 1. *(Gesch)* cut, reduced; 2. *(V&M)* marked down; 3. *(WiWi)* reduced
Reduzierung *f* 1. *(Gesch)* reduction, pruning; 2. *(V&M)* marking down; 3. *(WiWi)* reduction
~ **der Belegschaft** *(Pers)* staff cut, staff cuts, staff reduction, reduction in staff, reduction in staffing levels
Reeder *m (AH, Trans)* shipowner, shipping officer
Reederei *f* 1. *(Gesch)* shipping business; 2. *(Trans)* shipping office
Referent(in) *m(f)* 1. *(Gesch)* aide; 2. *(Med, Pol)* aide, speaker *(Vortragender)*
Referenz *f (Pers)* reference *(Bewerbung, Zeugnis)*; reference, referee *(Person)*
Referenzgröße *f (Mgt, WiWi)* benchmark, reference benchmark
Referenzmaterial *n (Verw)* reference material
Referenzniveau *n (Fin)* reference level
Referenzwährung *f (WiWi)* reference currency
Referenzwert *m (Bank, WiWi)* reference value, reference benchmark *(EZB)*
refinanzieren *v (Fin)* refinance
Refinanzierung *f (Fin)* refinancing, refunding
Refinanzierungskosten *pl (Fin)* cost of funds
Refinanzierungskredit *m (Bank)* refinance credit
Reformland *n (Pol, WiWi)* transition country, country in transition *(in Mittelosteuropa)*
Refundierungsanleihe *f (Fin)* refunding loan
Regalauszeichnung *f (V&M)* shelf label(l)ing, shelf price
Regalfläche *f (V&M)* shelf space
Regel *f (Gesch)* rule • **Regeln festlegen** *(Verw)* lay down the rules
regelbar *adj (Gesch)* adjustable, controllable
regelmäßig wiederkehrend *(Gesch)* periodic
regelmäßige Zahlung *f (Gesch)* regular payment
regeln *v* 1. *(Bö, Fin)* regulate; 2. *(Gesch)* arrange; 3. *(Recht)* govern; 4. *(WiWi)* regulate
Regeln *fpl (Gesch)* rules
regelnd *adj (Recht)* regulatory
Regelsteuersatz *m (St)* basic tax rate, *(BE)* standard rate
Regelung *f* 1. *(EDV)* automatic control; 2. *(Gesch, WiWi)* regulation, arrangement
~ **des Anspruchs** *(Vers)* adjustment
regelwidrig *adj (Gesch)* irregular, against the rules
regenerieren *v (Gesch, WiWi)* revive, regenerate
Regierung *f (Pol)* government, *(AE)* administration
Regierungsabkommen *n (Pol)* intergovernmental agreement
Regierungsanleihe *f* 1. *(Bank)* tap stock; 2. *(Fin)* government loan
Regierungseingriff *m (Pol, Verw, WiWi)* government intervention
Regierungsumbildung *f (Pol)* Cabinet reshuffle
Region *f (Gesch, WiWi)* area, region
regional *adj (Gesch)* regional
regionale Entwicklung *f (WiWi)* regional development
~ **Mobilität** *f (Pers, WiWi)* regional mobility
~ **Tarifverhandlungen** *fpl (Pers)* regional wage bargaining
Regionalökonomik *f (WiWi)* regional economics
Regionalpolitik *f (WiWi)* regional policy
Register *n* 1. *(EDV)* register *(Speicher)*; 2. *(Gesch, Med)* table of contents; 3. *(Pat, Verw)* register
Registerauszug *m (Pat, Recht)* extract from the register
Registergericht *n (Gesch, Recht) (BE)* Registrar of Companies, *(AE)* court of record *(Aktiengesellschaften)*
registrieren *v* 1. *(EDV)* register; 2. *(Gesch)* record, register; 3. *(Gb)* list *(Grundbuch)*
registriert *adj (Gesch)* on record, registered
registrierte Arbeitslose *pl (Soz)* registered unemployed
~ **Arbeitslosigkeit** *f (Pers, Soz)* registered unemployment
~ **Marke** *f (® Symbol) (Pat, Recht, V&M)* registered mark, registered trademark

Registrierung *f* 1. *(Gesch, Pat)* registration; 2. *(Verw)* recording, registration
Registrierungsgebühr *f (Gesch)* recording [registration] fee
reglementieren *v (Pol, WiWi)* regiment, regulate, control
Regress *m (Gesch)* recourse *(Wechsel)*
Regressbefugnis *f (Recht)* power of recourse
Regressionsanalyse *f (Stat, WiWi)* regression analysis
regressive Steuer *f (St)* regressive tax
regresslose Exportfinanzierung *f (Fin)* nonrecourse export financing
regulär *adj (Bank, F&T, Gesch, Mgt)* across-the-counter, standard, regular
reguläres Bankgeschäft *n (Bank)* standard banking
regulieren *v* 1. *(Fin)* regulate; 2. *(Gesch)* regulate, adjust, pay, settle; 3. *(WiWi)* regulate *(Markt)*
reguliert *adj* 1. *(Gesch)* adjusted, settled; 2. *(Fin, Pol)* administered; 3. *(Recht)* regulated; 4. *(Vers)* adjusted; 5. *(WiWi)* administered, regulated
Regulierungsbehörde *f (WiWi)* regulatory agency
Regulierungskosten *pl (Vers)* adjustment costs
rehabilitieren *v (Gesch)* restore, vindicate *(Wiederherstellung eines Rufes)*; *(ugs.)* whitewash; rehabilitate, restore *(Ruf, Firma)*
reibungslos *adv (Gesch)* smoothly, without a hitch
Reibungsverluste *mpl (Gesch)* frictional losses
reich *adj* 1. *(Gesch)* well-off; 2. *(WiWi)* affluent, prosperous, wealthy • ~ **werden** *(Gesch)* prosper, become wealthy, become affluent, thrive
reichlich *adj (Gesch)* abundant, ample
Reichtum *m (WiWi)* affluence, prosperity, wealth
Reichweite *f (V&M)* reach • **außer** ~ *(Gesch)* out of reach • **in** ~ *(Gesch)* within reach
reife Volkswirtschaft *f (WiWi)* mature economy
Reihe *f* 1. *(Bö)* series; 2. *(Fin)* set; 3. *(Gesch)* row • **außer der** ~ *(Gesch)* out of order • **der** ~ **nach** *(Gesch)* in turn, successively
~ **von Maßnahmen** *(Fin)* set of measures
Reihenfolge *f (Gesch)* order, sequence, succession
reiner Anschaffungspreis *m* **[Herstellungspreis** *m***]** *(RW)* strict cost price
Reinerlös *m (Fin)* net proceeds
Reinertrag *m* 1. *(Fin)* clear profit; 2. *(Gb)* net proceeds; 3. *(RW)* net yield
reines Monopol *n (WiWi)* perfect monopoly, pure monopoly
reines Verpackungsgewicht *n (Gesch)* net tare weight
Reingewinn *m (Fin, RW, WiWi)* net income, net margin, net profit, pure profit
~ **plus Abschreibungen** *fpl (Fin)* cash earnings
~ **vor Steuern** *(RW)* net operating profit
Reinvermögen *n* 1. *(Bö) (AE)* shareholders' equity; 2. *(Fin, RW, WiWi)* actual net worth, net assets, net equity, net wealth, net worth
reinvestieren *v (Bö, Fin)* reinvest, *(AE)* plow back, *(BE)* plough back *(Gewinne)*
reinvestierter Gewinn *m (RW) (BE)* ploughback, *(AE)* plowback; reinvestment
Reinvestition *f (Bö)* reinvestment
Reisegepäck-Versicherung *f (F&T)* baggage insurance
Reisekosten *pl (Gesch, Pers, RW, St, Trans)* travel expenses
Reisekostenerstattung *f (Gesch)* reimbursement of travel expenses
Reisekostenvorschuss *m (Gesch, WiWi)* travel advance
Reisekostenzuschuss *m (Gesch)* travel(l)ing allowance
Reisekrankenversicherung *f (F&T, Vers)* medical insurance for travel, travel health insurance
Reiserücktrittskosten-Versicherung *f (F&T, Vers)* travel cancellation insurance
Reisescheck *m (Bank) (AE)* traveler's check, *(BE)* traveller's cheque
Reisespesen *fpl (Gesch)* travel expenses, travel(l)ing allowance
Reiseunfallversicherung *f (F&T, Vers)* travel accident insurance
Reiseunternehmen *n (F&T)* tour operator
Reiseveranstalter *m (F&T)* tour organizer
Reißwolf *m (EDV, Verw)* paper shredder, shredder
Reiz *m (V&M)* attraction

Reizüberflutung *f* **durch Werbung** *(V&M)* advertising overkill
Reklamation *f (Gesch)* complaint
Reklame *f (V&M)* advertisement, promotion • **~ machen** *(V&M)* advertise
~ durch Geschenke *(V&M)* gift promotion
Reklamefläche *f (V&M)* hoarding, advertising space *(Werbefläche)*
Reklametrick *m (Gesch) (ugs.)* hype
Rekordabsatz *m (V&M)* record sales
Rekordjahr *n (Gesch)* bumper year
rekrutieren *v* 1. *(Gesch)* contract; 2. *(Pers)* draw from, recruit *(Personal)*
Rekrutierung *f* **aus dem einheimischen Arbeitsmarkt** *(WiWi)* internal labo(u)r market contracting [recruitment]
Rektakonnossement *n (AH, Trans)* straight bill of lading
relativer Marktanteil *m (V&M)* relative market share
~ Preis *m (WiWi)* relative price
Relativpreisniveau *n (WiWi)* relative price level
relevante Kosten *pl (RW)* relevant [alternative] costs
Rembourskredit *m (Fin, AH)* acceptance credit
Rendite *f* 1. *(Bö, Fin)* return, effective yield [rate]; 2. *(Gesch)* return; 3. *(RW)* annual-rate of return
~ auf die Endfälligkeit *(Bank, Bö)* yield to maturity
~ des eingesetzten [investierten] Kapitals *(Fin, RW, WiWi)* return on capital employed
~ einer kündbaren Anleihe *(Gesch)* yield to call
~ nach Steuern *(RW, St)* after-tax yield
~ vor Steuern *(St)* pre-tax rate of return
Renner *m (ugs.)* 1. *(Gesch)* fast-moving article; 2. *(V&M)* fast-moving article, best seller
Renommee *n (Gesch)* prestige, reputation
renommiert *adj (Gesch)* prestigious, renowned
renovieren *v (Gesch, Gb)* refurbish, renovate
Renovierung *f (Gesch, Gb)* refurbishment, renovation *(Altbausanierung)*
rentabel *adj* 1. *(Gesch)* cost-efficient, commercially viable, viable *(Betrieb)*; 2. *(RW)* profitable
Rentabilität *f* 1. *(Bö)* return; 2. *(Fin)* profitability, viability; 3. *(Gesch)* return; 4. *(RW)* profitability; 5. *(WiWi)* economic viability
~ des eingesetzten Kapitals *(Fin, RW, WiWi)* rate of return on capital employed
~ des investierten Kapitals *(Fin, RW, WiWi)* return on invested capital
Rentabilitätsanalyse *f (Fin, RW)* profitability analysis
Rentabilitätskennzahl *f (Fin)* profitability ratio
Rentabilitätsschwelle *f (Mgt)* breakeven point
Rentabilitätsziel *n (Fin)* adequate target rate of return
Rente *f* 1. *(Fin)* pension; 2. *(Gesch)* annuity; 3. *(Pers)* pension; 4. *(Soz)* old-age pension, retirement pension, *(AE)* old-age insurance benefit; (state) pension *(im öffentlichen Dienst)*; 5. *(Vers)* annuity; 6. *(WiWi)* economic rent *(Kapitaltheorie)* • **~ beziehen** *(Pers)* draw an old-age pension, draw a retirement pension, draw a pension
~ auf Lebenszeit *(Vers)* annuity for life
Rentenalter *n (Pers, Soz)* retirement age, pensionable age *(for civil servants)*, age of retirement
Rentenanspruch *m (Soz)* pension claim, pension entitlement
Rentenanwartschaft *f (Pers)* legal right to future pension payments
Rentenbeitrag *m (RW)* pension contribution
Rentenempfänger(in) *m(f) (Fin)* pensionholder
Rentenfaktor *m (Fin, Vers)* annuity factor
Rentenfonds *m* 1. *(Bö)* bond fund; 2. *(Fin, Pers)* retirement fund; 3. *(Gesch)* annuity fund
Rentenhandel *m (Bö)* bond dealings, bond trading
Rentenhändler *m (Bö)* bond broker [dealer]
Rentenpapier *n (Fin)* bond
Rentenumsätze *mpl (Bö)* bond turnover
Rentenversicherung *f* 1 *(Soz)* pension insurance, pension fund, pension scheme; 2. *(Vers)* annuity assurance, annuity insurance
Rentenversicherungssystem *n (Vers)* annuity plan

Rentenzahlungen *fpl (Soz)* pension [retirement] payments
Rentner(in) *m(f) (Pers, Soz) (BE)* (old-age) pensioner; retired person, *(AE)* retiree
Reorganisation *f* 1. *(Mgt)* reorganization; 2. *(WiWi)* reconstruction
reorganisieren *v* 1. *(Mgt)* reorganize, restructure; 2. *(WiWi)* reconstruct
Reparatur *f (Gesch)* repair
repartieren *v (Bö)* allot, scale down an allotment
repatriieren *v (WiWi)* repatriate *(Gewinn, Kapital)*
Repogeschäft *n (Bank)* repo operation
Report *m* 1. *(Bö)* contango; 2. *(Fin, Gesch)* premium, report
Reportgeschäft *n (Bö)* carry-over business, *(BE)* contango business
Repräsentant(in) *m(f) (Gesch, Pat)* representative
repräsentativ *adj (Gesch)* prestigious, representative
repräsentative Stichprobe *f (Stat)* representative sample
~ **Verbrauchergruppe** *f (V&M)* consumer panel
Repräsentativerhebung *f (Stat)* sample survey
reprivatisieren *v (WiWi)* denationalize, reprivatize
Reprivatisierung *f (WiWi)* denationalization, reprivatization
Reproduktion *f (WiWi)* reproduction
reproduzieren *v (Gesch)* reproduce
Reserve *f (Fin)* reserve
Reserveeinlagen *fpl (WiWi)* reserve deposits
reservefrei *adj (Bank)* exempt from minimum reserve requirements
Reserveguthaben *n (Bank, Fin)* reserve assets
Reservekapazität *f (Ind, Trans, WiWi)* spare capacity
Reserven *fpl (Fin, RW)* reserves *(Rücklagen)*
reservepflichtig *adj (Bank)* reserve-carrying, subject to reserve requirements; eligible *(Verbindlichkeiten)*
Reservesatz *m (Bank)* reserve ratio, reserve coefficient
Reservewährung *f (Fin, Gesch)* reserve currency
reservieren *v* 1. *(EDV)* dedicate, assign; 2. *(F&T, Gesch)* book, make a reservation, reserve; 3. *(WiWi)* earmark
reserviert *adj* 1. *(EDV)* assigned, dedicated; 2. *(F&T, Gesch)* reserved, booked, cautious, aloof *(Person)*; 3. *(WiWi)* earmarked
Reservierungsgebühr *f (F&T)* reservation fee
respektieren *v (Gesch)* respect
Ressort *n* 1. *(Pol)* portfolio, government department; 2. *(Verw)* government department
Ressourcen *fpl (Pers, WiWi)* resources
Ressourcenallokation *f (WiWi)* allocation of resources
Ressourcenbewirtschaftung *f (Umw)* resource management
Rest *m* 1. *(Ind)* residue; 2. *(Stat)* remainder; 3. *(V&M)* oddment *(Überbleibsel)*
Restbuchwert *m (Fin)* (remaining) book value
Reste *mpl (Gesch)* remnants *(Stoff)*
Restlaufzeit *f (Bö, Fin)* term to maturity
restlich *adj (Gesch)* remaining
Restposten *mpl* **der Zahlungsbilanz** *(AH, WiWi)* balance of unclassifiable transactions, errors and omissions
Restriktion *f (WiWi)* constraint
restriktiv *adj* 1. *(Gesch)* restricted; 2. *(WiWi)* tight *(Geldpolitik)*
restriktive Finanzpolitik *f (St, WiWi)* tight fiscal policy
~ **Geldpolitik** *f (WiWi)* monetary stringency, restrictive monetary policy
Restrisiken *npl (Vers)* unexpired risks
Restrukturierung *f (WiWi)* restructuring *(Unternehmen)*
Restschuld *f (Bank, Fin)* remaining debt, outstanding debt • ~ **zugunsten des Schuldners** *(Bank)* balance due to debtor
Resturlaub *m (Pers)* residual leave
Restwert *m* 1. *(Fin)* residual value, terminal value; 2. *(RW)* written-down value, amortized value; 3. *(WiWi)* salvage value
Resultat *n (Gesch)* outcome, result
Resümee *n* 1. *(Gesch)* summary; 2. *(Recht)* summing up
resümieren *v (Gesch)* summarize, sum up
Retouren *fpl* 1. *(Gesch)* returned goods; 2. *(V&M)* sales returns
Retter *m* **in der Not** *(ugs.) (Fin)* white knight

revidieren *v (Mgt)* revise, overhaul
revidiert *adj (Gesch)* amended
Revision *f* 1. *(Fin)* audit; 2. *(Gesch)* revision; 3. *(AH)* examination *(Zoll)*; 4. *(Mgt)* overhaul; 5. *(RW)* audit, accounting control, auditing; 6. *(Recht)* appeal • **~ einlegen** *(Recht)* appeal against *(Urteil)*
Revisionsbericht *m (RW)* audit report, auditor's certificate [report, statement]
Revisionshandbuch *n (RW)* auditing manual
Revisor(in) *m(f)* 1. *(RW)* auditor *(Rechnungsprüfung)*; 2. *(Verw)* controller
revolvierend *adj (Fin, WiWi)* revolving
revolvierender Kredit *m (Bank)* evergreen credit
rezensieren *v (Med)* review
rezeptfreies Arzneimittel *n* over-the-counter medicine
Rezeption *f* 1. *(F&T, Gesch)* reception (area); 2. *(Verw)* front desk
Rezession *f* 1. *(Bö)* slump; 2. *(Gesch)* recession; 3. *(WiWi)* recession, slump
Rezessionslücke *f (WiWi)* recessionary gap
rezessiv *adj (WiWi)* recessionary
reziprokes Verhältnis *n (Stat)* reciprocal ratio
R-Gespräch *n (Komm) (AE)* collect call, *(BE)* reverse charge call • **~ anmelden** *(Komm) (AE)* call collect, *(BE)* reverse the charges
richten *v* 1. *(Gesch)* aim *(Kritik)*; 2. *(Recht)* address *(Richtlinie)* • **~ an** *(Recht)* address to • **sich ~ nach** *(Gesch)* conform to
Richter(in) *m(f) (Recht)* judge
Richterrecht *n (Pat, Recht)* case law
Richtgröße *f (Gesch, Mgt)* benchmark
richtig *adj (Gesch)* accurate, correct, right • **auf der richtigen Fährte sein** *(Gesch)* be on the right track • **auf der richtigen Spur** *(Gesch)* on track
richtig *adv (Gesch)* accurately, correctly • **~ stellen** *(Gesch)* adjust, rectify *(Situation)*
Richtigkeit *f (Gesch)* accuracy, correctness • **auf ~ prüfen** *(Gesch, RW)* verify
Richtigstellung *f (Gesch)* adjustment, rectification *(einer Situation)*
Richtlinie *f* 1. *(Fin)* directive; 2. *(Mgt)* normative; 3. *(Pat)* rule; 4. *(Pol)* direction, directive; 5. *(WiWi)* regulation, directive
~ des Rates *(Pol)* Council Directive *(EU)*
Richtlinien aufstellen *(Mgt)* set the standard
Richtlinienentwurf *m (Recht)* draft directive *(EU)*
Richtpreis *m (Gesch, V&M)* guide [target, recommended] price
~ für den Einzelhandel *(V&M)* recommended retail price
Richtung *f (Gesch)* direction • **die ~ geben** *(Gesch)* set a trend
richtungsweisend *adj (Gesch)* trendsetting
riesengroß *adj* 1. *(Gesch)* giant, mammoth, mega; 2. *(V&M)* giant
Riesenpackung *f (V&M)* jumbo pack
rigoros *adj (Gesch, WiWi)* tight, rigorous, strict, severe
ringen *v* **um** *(Gesch)* battle for *(Existenz)*
Risiko *n* 1. *(Fin)* exposure; 2. *(Gesch)* hazard; 3. *(Stat, Vers)* risk; 4. *(Verw)* exposure; 5. *(WiWi)* venture • **auf eigenes ~** *(Gesch)* at owner's risk • **auf ~ des Käufers** *(Bö)* at buyer's risk • **das ~ abdecken** *(Bö)* cover the risk • **das ~ tragen** *(Bö)* bear the risk • **ein ~ eingehen** *(Gesch)* take a risk • **kein ~ eingehen** 1. *(Gesch)* play safe; 2. *(Gesch)* at receiver's risk • **~ geht mit Eigentum über** *(Recht)* risk passes with property *(Vertragsprinzip)* • **Risiken streuen** *(Vers)* spread risks • **Risiken verteilen** *(Vers)* spread risks
Risikoabdeckung *f (WiWi)* risk cover
Risikoabsicherung *f (Fin)* hedging
Risikoabwälzung *f (Vers)* passing of risk
Risikoanleihen *fpl (Fin, Bö) (ugs.)* junk bonds *(Anleihen geringer Bonität; Schrottanleihen)*
risikoarme Wertpapiere *npl (Bö)* defensive securities, low-risk securities
Risikoausgleich *m (Vers)* balancing of portfolio
Risikoausschluss *m* 1. *(Recht)* exclusion of risk *(Verträge)*; 2. *(Trans)* exceptions clause *(Versicherung)*; 3. *(Vers)* exception
risikoavers *adj (Gesch, Fin)* risk-averse, risk adverse
risikobehaftet *adj* 1. *(Gesch) (ugs.)* risky; 2. *(Bank)* high-risk
risikobehafteter Vermögenswert *m (Bank)* risk-entailing asset

Risikobereich *m (Fin)* non-investment grade, speculative grade *(Rating)*
Risikobeurteilung *f (Mgt)* risk assessment
risikobezogene Prämie *f (Vers)* risk-based premium
Risikobündelung *f (Fin)* repackaging of risks
Risikoeinstufung *f (Vers)* classification of risks
Risikofonds *m (Bank, Fin)* hedge fund
risikofreudig *adj* 1. *(Gesch)* venturesome, venturous; 2. *(Fin)* willing to take a risk, prepared to take risks
Risikokapital *n (Bank, Fin, Gesch, WiWi)* risk capital, venture capital
Risikoklassifikation *f (Bank)* basic rating
Risikokontrolle *f (Mgt)* risk monitoring
Risikolebensversicherung *f (Vers)* term insurance
risikoloser Geschäftsabschluss *m (Bö)* risk-free transaction
risikoloses Insidergeschäft *n (Bö)* front running
Risikomanagement *n (Bö, Fin, Mgt)* risk management
risikomeidend *adj (Fin)* risk-avoiding
risikoorientiert *adj (Gesch)* risk-oriented
risikoorientiertes Bankmanagement *n (Bank)* risk-based banking (standards)
Risikopotenzial *n (Bank, Bö, Fin)* value-at-risk *(VAR, VaR)*
Risikoprämie *f (Vers)* expected loss ratio, risk premium
risikoreich *adj* 1. *(Bö)* high-risk; 2. *(Gesch)* aggressive
risikoreiche Unternehmung *f (Gesch)* high-risk venture
risikoscheu *adj (Gesch)* risk-averse
Risikoscheu *f (Fin, Gesch)* risk-aversion
Risikostreuung *f (Bö, Mgt)* risk management [spreading]
Risikoteilung *f (Vers)* risk sharing
risikotragendes Kapital *n (Bank, Fin)* risk-bearing capital
Risikoüberwachung *f (Mgt)* risk monitoring
Risikoverhalten *n (Fin, Gesch)* risk attitude
Risikoverteilung *f (Recht, Vers)* risk distribution, risk pooling *(in einem Geschäft)*
Risikowert *m (Bank, Fin)* value at risk
Risikozuschlag *m (Gesch)* risk premium
riskant *adj (Gesch, WiWi)* risky, *(ugs.)* touch-and-go

Robotertechnik *f (Ind)* robotics
Rohbilanz *f (RW)* trial balance
Rohgewinn *m (RW)* gross profit margin
Rohmaterial *n (Ind)* raw material, unmanufactured material
Rohöl *n (Umw, Ind)* crude oil
Rohskizze *f (Gesch)* outline
Rohstoff *m* 1. *(Ind)* raw material; 2. *(WiWi)* basic [primary] commodity
Rohstoffhandel *m (WiWi)* commodity trade
Rohüberschuss *m (RW)* gross earnings
rollender Plan *m (Gesch)* rolling plan
Rollfuhrunternehmen *n (Trans)* haulage contractor, haul(i)er
Rollgeld *n (Trans)* cartage, haulage, *(AE)* drayage, *(AE)* trucking charges
Rollover... *(Bank)* rollover
Rollover-Kredit *m (Bank)* rollover loan
Rosinen herauspicken *(Bö, Fin) (ugs.)* skim the cream, cherry-pick
Rotationsprinzip *n (Pers, Verw)* rotation principle *(EZB)*
rote Zahlen schreiben *(Bank, Gesch)* operate in the red
routinemäßig *adj (Gesch)* as a matter of routine, routine
Rückabwicklung *f* 1. *(Bank, Gesch)* reverse transaction; 2. *(Recht)* restitution *(Vertragsrecht)*
Rückantwort *f (Gesch, Komm)* business reply card, business reply mail
Rückbehaltungsrecht *n (Recht)* possessory lien, right of retention [lien]
Rückbelastung *f* 1. *(Bank)* charge back; 2. *(Bö, RW)* billback
Rückbuchung *f* 1. *(Gesch)* reversing; 2. *(RW)* reverse entry, writing back, cancellation, *(AE)* reversal
rückdatieren *v (Gesch)* antedate, backdate, predate *(Scheck)*
Rückdatierung *f (Gesch)* backdating, predating
Rückerstattung *f* 1. *(Fin, Gesch)* repayment, refund; 2. *(Recht)* restitution *(des Kaufpreises)*; 3. *(WiWi, St)* refund
Rückfluss *m (Fin)* amortization
~ auf das investierte Kapital *(WiWi)* return on capital employed
Rückforderung *f (Fin)* clawback
Rückfracht *f* 1. *(AH)* inward cargo; 2. *(Trans)* back freight, return cargo, return freight

Rückfrage *f (Gesch)* query
Rückführung *f (WiWi)* repatriation *(Gewinn, Kapital)*
Rückgang *m* 1. *(Gesch)* dip, fall *(Preise)*; 2. *(WiWi)* retrogression, shrinkage, decline *(Arbeit)*; drop *(Ausgaben)* • **~ verzeichnen** *(V&M)* go back, go down *(Gewinn, Umsatz)*
~ **der Beschäftigung** *(Pers)* decline in employment, reduction of employment
rückgängig machen *v (Recht)* annul, cancel, rescind *(vertragliche Vereinbarung)*
Rückgängigmachung *f (Recht)* annulment, cancellation, rescission *(Vertrag)*
rückgestellt *adj (RW)* accrued
rückgewinnen *v (Umw)* recover, recycle
Rückgewinnung *f (Umw)* recovery, recycling
~ **der Gemeinkosten** *(RW)* overheads recovery
Rückgriff *m (Gesch, Vers)* recourse, backup • **mit ~** *(Gesch, Vers)* with recourse • **ohne ~** *(Gesch, Vers)* without recourse
Rückkauf *m (Fin)* repurchase, buy-back
Rückkaufgeschäft *n (Gesch)* buy-back transaction
Rückkaufkurs *m (Fin, Bö)* buy-back price
Rückkaufpreis *m* **von Anteilen** *(Bank)* bid rate *(Investmenfonds)*
Rückkaufvereinbarung *f* 1. *(Bö, Fin, Gesch)* repossession, repurchase agreement; 2. *(Recht, WiWi)* buy-back agreement
Rückkaufwert *m* 1. *(Fin)* cash-in value *(Versicherungspolice)*; 2. *(RW)* cash surrender value
Rückkehr *f* **ins Erwerbsleben** *(Pers)* return to working life
Rückkopplung *f (Mgt)* feedback
Rückkopplungseffekt *m (Mgt, WiWi)* feedback effect
Rücklage *f (Fin)* reserve
Rücklagen *fpl (RW, Vers)* earned surplus, retained income [profits], (balance sheet) reserves
Rücklagenbildung *f (RW)* creation of reserves
rückläufig *adj* 1. *(Bö)* depressed, shrinking; 2. *(Gesch)* decreasing; 3. *(WiWi)* declining
rückläufige Konjunktur *f (WiWi)* declining economic activity
~ **Tendenz** *f (WiWi)* declining trend
~ **Verkaufsergebnisse** *npl (V&M)* sales slump
rückläufiger Aktienmarkt *m (Bö)* shrinking [soft] market, down-market
Rücklaufquote *f (V&M)* response rate
Rücknahme *f* **einer Klage** *(Recht)* abandonment of a complaint
Rücknahmekurs *m (Bank)* repurchase rate
Rücknahmewert *m (Bö)* bid value
Rückprämie *f* 1. *(Bö)* put, put option, put premium; 2. *(Vers)* cancel(l)ing return
Rückruf *m (Bö)* recall
rückrufen *v (Gesch)* call in
Rückschlag *m (Gesch)* setback
rücksichtsloser Wettbewerb *m (Gesch)* unscrupulous competition
Rücksprache *f (Pers)* consultation *(mit Kollegen)*
Rückstand *m* 1. *(Gesch, Ind)* residue, slippage, work backlog; 2. *(Umw)* residue • **im ~** *(Gesch)* in arrears • **im ~ sein** *(Gesch)* be in arrears, lag behind
Rückstände *mpl (Gesch)* arrears
rückständig *adj (Fin, Gesch, Verw)* overdue, in arrears
rückständige Zahlungen *fpl (Fin)* arrearages
~ **Zinsen** *mpl (RW)* back interest
rückstellen *v (RW)* accrue
Rückstellung *f* **für notleidende Kredite** *(Bank, Fin)* bad loan provision • **~ bilden** *(RW)* form a liability reserve, set up a liability reserve
~ **für zweifelhafte Forderungen** 1. *(Bank, Fin)* bad debt provision; 2. *(RW)* doubtful-debt provision, bad debt provision
Rückstellungen *fpl* 1. *(Fin, RW) (BE)* provisions, *(AE)* accruals; 2. *(RW)* balance sheet reserves
Rückstellungsbildung *f (Bank, Gesch, RW)* funding *(Risikovorsorge)*
Rückstufung *f (Pers)* downgrading, grading back *(niedrigere Gehaltsstufe)*; demotion *(niedrigere Position)*
Rücktrag *m (RW) (AE)* carry-back *(Verlust)*
rücktragen *v (Fin, RW) (AE)* carry back *(Verluste)*
Rücktrittsklausel *f* 1. *(Recht)* opt-out clause, cancellation clause, escape clause, cancel(l)ing clause *(Vertrag)*; 2. *(Vers)* cancellation provision clause

Rückumschlag *m (Komm)* self-addressed envelope
Rückumtausch *m (WiWi)* retranslation
Rückversicherungsgesellschaft *f (Vers)* reinsurance company
Rückversicherungsunternehmen *n (Vers)* reinsurance company, reinsurance enterprise
Rückwaren *fpl* 1. *(Gesch)* returned goods, returns; 2. *(V&M)* sales returns
Rückwärtsintegration *f (Ind, Mgt, WiWi)* backward integration
rückwirkend *adj (Gesch)* retroactive, retrospective
rückwirkende Anpassung *f (WiWi)* retroactive adjustment
~ Entlohnung *f (Pers)* backdated pay
rückwirkendes Gesetz *n (Recht)* law with retroactive effect, retroactive law
Rückwirkung *f* 1. *(Recht)* retroactivity, retrospectivity; 2. *(St)* reachback
rückzahlbar *adj (Bank, Bö, Fin)* redeemable, reimbursable, repayable, amortizable
rückzahlen *v (Gesch)* repay, redeem, refund, reimburse
Rückzahlung *f* 1. *(Bank)* repayment; 2. *(Fin)* amortization, repayment; 3. *(Gesch)* refund, reimbursement, repayment; 4. *(St)* remission
~ einer Schuld *(Fin)* repayment of a debt, extinction of a debt
~ innerhalb von fünf Jahren *(Bank, Gesch)* repayment over five years
Rückzahlungen verteilen *(Fin)* spread repayments
Rückzahlungsbetrag *m* 1. *(Bö)* redemption amount; 2. *(RW)* amount repayable
Rückzahlungsrendite *f (Bank, Bö, Gesch)* redemption yield, yield to maturity
Rückzahlungstermin *m (Bö)* redemption date
Rückzugsposition *f (Pol)* fallback position
Ruf *m* 1. *(EDV)* call; 2. *(Gesch)* reputation, standing; 3. *(Komm)* call
Rufnummer *f* **zum Nulltarif** *(Komm, V&M)* *(BE)* Freefone number, *(AE)* toll-free number
Rufweiterschaltung *f (EDV, Komm)* call forwarding
Ruhegehalt *n* 1. *(Pers)* old-age pension, retirement pension, pension, *(AE)* retirement pay; 2. *(Fin, Soz)* pension, retirement pay, retirement pension, retiring allowance, superannuation; state pension *(im öffentlichen Dienst)*
Ruhegehaltsempfänger(in) *m(f) (Pers, Soz)* retirement pensioner, retired person, *(AE)* retiree, pensioner
ruhen *v (Gesch)* be in abeyance *(Gesetz, Regel)*; be suspended *(nicht wirksam sein)*
Ruhestand *m (Gesch, Pers)* retirement
• **in den ~ treten** *(Gesch, Pers)* retire
• **in den ~ versetzen** *(Fin, Pers)* pension off • **vorzeitig in den ~ treten** *(Pers)* take early retirement, retire early
Ruheständler *mpl (Soz)* retired persons
ruinöse Konkurrenz *f (WiWi)* cutthroat competition
ruinöser Wettbewerb *m (Pol, V&M, WiWi)* race to the bottom
~ Wettbewerb *m* **der Systeme** *(Pol, WiWi)* race to the bottom
rund *adj (Gesch)* approximately, round, circa
rund um die Uhr *(Gesch)* (a)round-the-clock, twenty-four-hour
Rundbrief *m (Gesch, Komm)* newsletter
Runden *n (Stat)* rounding
Rundschreiben *n (Komm)* circular
Rundsendung *f (Komm, Med)* broadcast *(Internet)*
Rund-um-die-Uhr-Handel *m (Bö)* all-day trading, *(BE)* twenty-four-hour trading
Rundung *f (Gesch)* rounding
Rundungsfehler *m (Stat)* rounding error

S

Sach... *(Gesch)* physical, tangible
Sachanlagegüter *npl (WiWi)* physical assets
Sachanlagekonto *n (RW)* fixed asset account
Sachanlagen *fpl* 1. *(RW)* tangible assets; 2. *(WiWi)* fixed assets
Sachanlagevermögen *n* 1. *(Fin)* tangible fixed assets; 2. *(WiWi)* physical assets
Sachaufwand *m* 1. *(Fin)* operating expenditure; 2. *(Verw)* administrative expenses
Sachbearbeiter(in) *m(f) (Pers)* (specialist) clerk, administrative employee

Sachbezug *m* 1. *(Gesch, Pers)* allowance [benefit] in kind, nonmonetary compensation [reward], payment in kind; 2. *(St, Vers)* benefit in kind

Sachbezüge *mpl (Pers)* nonpecuniary compensation

sachdienlich *adj* 1. *(Gesch)* pertinent, suitable; 2. *(Recht)* pertinent

sachdienliche Unterlagen *fpl (Recht, Verw)* relevant [supporting] documents

Sache *f (Gesch)* business, matter • **zur ~ kommen** *(Gesch)* talk business

Sachentlohnung *f (Gesch)* payment in kind

Sachgebiet *n* 1. *(Gesch, Pers)* subject area, subject group, subject, subject matter, area of expertise; 2. *(Recht)* field of law

sachgemäße Herstellung *f (Gesch, Ind, Mgt)* good manufacturing practices

Sachinvestition *f (Fin)* real investment

Sachkapital *n (WiWi)* nonmonetary capital, real capital

Sachkenntnis *f (Gesch)* expertise, expert knowledge

sachkundig *adj (Gesch)* expert, informed, competent

sachkundige Beratung *f (Pers)* expert advice, expert guidance

Sachleistung *f* 1. *(Gesch, Vers)* allowance [benefit, payment] in kind; 2. *(Pers, St)* benefit in kind; 3. *(WiWi)* noncash benefit [contribution], payment in kind

sachlich *adj (Gesch, Recht)* objective, unbiased factual *(auf Tatsachen beruhend)*; pertinent *(zur Sache gehörig)*

sachliche Zuständigkeit *f (Recht)* subject matter jurisdiction

Sachmangel *m (Recht)* defect, redhibitory defect *(Vertragsrecht)*

Sachmängelhaftung *f (Recht)* liability for material defects, warranty of quality

Sachschaden *m (Gb)* property [physical] damage

Sachstandbericht *m (Gesch, Mgt)* progress report

Sachverhalt *m* 1. *(Gesch)* facts, circumstances; 2. *(Recht)* statement of affairs

Sachvermögen *n (WiWi)* nonfinancial assets, tangible wealth

Sachversicherung *f (Vers)* business [property] insurance

Sachverstand *m (Gesch, Pers)* expert knowledge, expertise

Sachverständige(r) *f(m) (Gesch)* expert

Sachverständigenrat *m* **für Wirtschaftsfragen** *(WiWi)* German Council of Economic Experts, *(AE)* Council of Economic Advisers

Sachwert *m* 1. *(Fin)* intrinsic value; 2. *(Gesch)* physical asset, tangible asset; 3. *(St)* asset value; 4. *(WiWi)* intrinsic value • **in Sachwerten** *(Gesch)* in kind

Sachwertanlage *f (WiWi)* real investment

Sachwerte *mpl (Fin, RW)* real items

Safe *m (Bank)* safety deposit box, safe

saisonal *adj (Gesch)* seasonal

saisonale Arbeitslosigkeit *f (Pers, WiWi)* seasonal unemployment

Saisonarbeiter(in) *m(f) (Pers)* seasonal worker

Saisonarbeitnehmer(in) *m(f) (Pers)* seasonal worker

Saisonarbeitslosigkeit *f (Pers, WiWi)* seasonal unemployment

saisonbedingt *adj (Gesch)* seasonal

saisonbedingte Arbeitslosigkeit *f (Pers, WiWi)* seasonal unemployment

saisonbereinigt *adj (Gesch, WiWi)* seasonally adjusted

saisonbereinigte Beschäftigungsziffer *f*/**nicht** *(Pers, WiWi)* seasonally-unadjusted employment figure

saisonbereinigte Zahl *f (Fin)* seasonally-adjusted figure

Saisonbereinigung *f (Gesch, WiWi)* seasonal adjustment

Saisonbewegung *f (WiWi)* seasonal fluctuation

Saisonschlussverkauf *m (V&M)* end-of-season sale

Saisonschwankung *f (WiWi)* seasonal fluctuation [variation]

saisonübliches Ausmaß *n (WiWi)* seasonal level

säkularer Trend *m (WiWi)* secular trend

Saldenanerkenntnis *f (RW)* confirmation of balance, reconciliation statement

Saldenausgleich *m (Bank)* settlement of balance

saldieren *v (Bank, Fin, RW)* balance, settle

saldo/per *(Gesch)* net, on balance

Saldo *m* 1. *(Bank)* account balance; 2. *(RW)* account balance, balance of account • **einen ~ von etw. ausweisen** *(RW)* show a

balance of sth • ~ **zu ihren Gunsten** *(Bank)* balance in your favo(u)r
~ **statistisch nicht aufgliederbarer Transaktionen** *(WiWi)* accommodating items, errors and omissions
Saldovortrag *m (Fin, RW)* balance brought down [forward], balance carried forward, carry-over
Sammel... *(Gesch,Trans)* collective, general, bulk, consolidated
Sammelauftrag *m (Gesch)* bulk order
Sammelbestellung *f (Gesch)* joint order, collective order
Sammelbuchung *f (Verw)* compound entry
Sammelgenehmigung *f (Gesch, Pol)* collective authorization
Sammelkonto *n (RW)* control account, controlling account
Sammelladung *f* 1. *(AH)* groupage; 2. *(Trans)* consolidation, groupage, mixed consignment
sammeln *v* 1. *(Gesch)* collect; 2. *(RW)* compile
Sammelobjekt *n (Gesch)* collectible
sanfte Landung *f (WiWi)* soft landing *(Konjunktur)*
~ **Technologie** *f* 1. *(Umw)* soft technology; 2. *(WiWi)* small-scale technology
sanieren *v* 1. *(Fin)* restructure, reorganize; 2. *(Gb)* redevelop; 3. *(Umw)* rehabilitate; 4. *(WiWi)* redevelop, refloat
Sanierung *f* 1. *(Fin)* capital reconstruction, financial adjustment [restructuring]; 2. *(Gb)* redevelopment; 3. *(Gesch) (ugs.)* rescue operation; 4. *(Umw)* rehabilitation *(von Deponien)*; 5. *(WiWi)* recapitalization, reorganization *(eines Unternehmens)*
Sanierungsbilanz *f (WiWi)* recapitalization balance sheet
Sankt-Florians-Prinzip *n (Pol, Umw)* NIMBY principle *(not in my backyard principle)*
Sanktion *f (Recht, WiWi)* sanction
sanktionieren *v (Gesch)* sanction
Sattelpunkt *m (WiWi)* saddle point
sättigen *v (V&M, WiWi)* saturate *(Markt)*
Sättigung *f* 1. *(V&M, WiWi)* saturation; 2. *(WiWi)* absorption
Satzung *f (Recht)* charter, *(AE)* bylaws, *(BE)* articles of association, *(AE)* articles of incorporation; memoranda and articles *(Kapitalgesellschaft)*
satzungsgemäß *adj (Recht)* statutory, in conformity with the statutes [articles]
satzungsmäßige Gewinnverteilung *f (RW)* statutory appropriation
saubere Technologie *f (Umw)* clean technology
sauberes Floaten *n (WiWi)* clean float
säumig *adj (Fin, Gesch, Recht)* defaulting, delinquent, in default
säumige Partei *f (Recht)* defaulting party, party in default *(Vertragsrecht)*
säumiger Schuldner *m (Bank, Fin)* defaulter
~ **Zahler** *m (Fin, Gesch)* dilatory payer, slow payer
Säumnis *f (Fin)* default, delay
SB-Bankautomat *m (Bank, Fin)* automated teller (machine), automatic telling machine
Schachtelprivileg *n (St)* affiliation privilege, *(AE)* intercorporate privilege
Schaden *m* 1. *(Pat, Recht)* damage, loss; 2. *(Vers)* claim, damage • **einen ~ decken** *(Fin)* cover a loss • **einen ~ regulieren** *(Vers)* adjust a claim • ~ **erleiden** *(WiWi)* suffer damage • ~ **nehmen** *(WiWi)* suffer damage • ~ **taxieren** *(Gesch)* appraise damages • **zum ~ von** *(Gesch)* to the detriment of
Schadenabwicklung *f (Vers)* claim settlement
Schaden(s)aufnahme *f (Vers)* damage report
Schadenbearbeitungsverfahren *n (Vers)* claims procedure
Schaden(s)begleichung *f (Vers)* claims payment
Schaden(s)begrenzung *f (Gesch)* damage limitation
Schaden(s)bericht *m (Vers)* damage report
Schadenbetrag *m (Vers)* amount of damage [loss]
Schadenbeweis *m (Recht, Vers)* proof of loss
Schaden(s)ersatz *m* 1. *(Gesch)* compensation in damages; 2. *(Recht)* damages, compensation for damage *(Vertragsrecht)*; 3. *(Vers)* reparation for damage • ~ **leisten** *(Vers)* indemnify • ~ **verlangen** *(Recht)* claim against sb
Schaden(s)ersatzanspruch *m* 1. *(Recht)* claim for damages, claim of compensa-

tion, damage claim *(Vertragsrecht)*; 2. *(Vers)* claim for compensation • **Schaden(s)ersatzansprüche stellen** *(Recht)* claim damages

Schaden(s)ersatzforderung einreichen/ eine *(Recht)* file a claim for damages

Schaden(s)ersatzklage *f* 1. *(Recht)* action for damages; 2. *(Vers)* action for damages

Schaden(s)ersatzzahlung *f (Vers)* reparation for damage

schaden(s)frei *adj (Gesch, Vers)* free of damage

Schaden(s)freiheitsrabatt *m (Vers) (BE)* no-claims bonus

Schadenhaftung *f (Recht)* liability for damage *(Vertragsrecht)*

Schaden(s)höhe *f (Vers)* amount of loss, extent of damage

Schadenmeldeformular *n (Vers)* claim form

Schaden(s)minderung *f (Recht)* mitigation of damages

Schadenregulierer *m (Vers)* assessor, claims adjuster

Schadenregulierung *f (Vers)* claim settlement, claims adjustment

Schadenregulierungskosten *pl (Vers)* claims expenses, loss adjustment expense

Schadenrückstellung *f (Vers)* claims reserve

Schadenumfang *m (Vers)* extent of damage

Schaden(s)ursache *f (Gesch)* cause of loss

Schadenversicherung *f (Vers)* casualty insurance, indemnity insurance

Schadenzahlung *f (Vers)* claims payment

schädigen *v (Gesch, WiWi)* damage, injure, impair

Schädigung *f (Recht, Vers)* damage, detriment, impairment

schädlich *adj (Gesch)* detrimental, harmful, prejudicial

Schadstoff *m (Umw)* pollutant

schaffen *v (Gesch)* create, establish *(Möglichkeiten)* • **etw. ~** *(Gesch)* succeed

Schaffung *f* **von Arbeitsplätzen** *(Pers)* job creation, employment creation, creation of jobs

Schalldämmung *f (Komm, Umw)* sound insulation

Schalter *m* 1. *(EDV)* switch; 2. *(Gesch)* counter, window

Schalterstunden *fpl (Bank)* banking hours

Schaltjahr *n (Gesch)* leap year

Schaltkreis *m (EDV)* circuit

scharf ansteigen *(Gesch)* shoot up, skyrocket, soar *(Preis)*

~ kalkuliert *(V&M)* with a low margin

~ kalkulierter Preis *n (V&M)* keen price

scharfe Konkurrenz *f (Gesch)* tough competition

scharfer Wettbewerb *m* 1. *(Gesch)* stiff [intense, bitter] competition; 2. *(WiWi)* stiff [intense] competition

Schattenpreis *m (RW)* shadow price, accounting price

Schattenwirtschaft *f (WiWi)* black economy, cash economy, hidden economy, informal economy, moonlight economy, parallel market economy, second economy, shadow economy, underground economy

Schätz... *(Stat, Vers)* estimating, estimation, appraised, estimated

schätzen *v* 1. *(Gesch)* appraise, appreciate, value, estimate *(Projekt)*; 2. *(Gb)* appraise; 3. *(St)* assess *(veranlagen)* • **jmdn. hoch ~** *(Gesch)* have a high regard for sb

Schätzer *m* 1. *(Gesch)* assessor, estimator, valuer; 2. *(Gb)* appraiser; 3. *(Vers)* assessor

Schätzpreis *m (Bö)* estimated price

Schätzung *f* 1. *(Gesch)* appraisal, estimation, projection; 2. *(Gb)* apportionment, appraisement, valuation; 3. *(St)* assessment • **zu hohe ~** *(Fin, RW, WiWi)* overestimate

Schatzwechsel *m* 1. *(Bank)* bill; 2. *(Fin) (AE)* Treasury bill, T-bill, bill

Schätzwert *m (Vers)* appraised value, estimated value, estimate

Schaufensterauslage *f (Gesch, V&M)* window display

Schaufensterdekoration *f (Gesch, V&M)* window-dressing

Scheck *m (Bank) (AE)* check, *(BE)* cheque • **einen ~ ausstellen** *(Bank) (AE)* write out a check, *(BE)* write out a cheque • **einen ~ auf jmdn. ausstellen** *(Bank) (AE)* make a check payable to sb, *(BE)* make a cheque payable to sb • **einen ~ einlösen** *(Bank) (AE)* cash a check, *(BE)* cash a cheque • **einen ~ nicht einlösen**

(Bank) dishono(u)r a cheque • **einen ~ zur Einlösung [Zahlung] vorlegen** *(Bank) (AE)* present a check for payment, *(BE)* present a cheque for payment • **einen ~ zur Verrechnung ausstellen** *(Bank) (AE)* cross a check, *(BE)* cross a cheque

~/nicht eingelöster *(Bank)* dishono(u)red cheque

~ ohne Deckung *(Bank) (AE)* uncovered check, *(BE)* uncovered cheque

Scheckausstellung *f (Bank, Fin) (AE)* check issue, *(BE)* cheque issue

Scheckausstellungsgerät *n (Bank) (AE)* check-writer machine, *(BE)* cheque-writer machine

Scheckbuch *n (Bank) (AE)* check book, *(BE)* chequebook

Scheckfälschung *f* 1. *(Bank) (AE)* check forgery, *(BE)* cheque forgery; 2. *(Fin)* kiting *(illegal oder unethisch)*

Scheckformular *n (Bank) (AE)* check form, *(BE)* cheque form

Scheckheft *n (Bank) (AE)* check book, *(BE)* cheque book

Scheckkarte *f (Bank)* bank card, *(AE)* check card, *(BE)* cheque card

Scheckreiterei *f (Bank) (AE)* check kiting, *(BE)* cheque kiting

Schecksperre *f (Fin) (AE)* check embargo, *(BE)* cancellation [stopping] of a cheque; stop order

Scheckverrechnung *f (Bank) (AE)* check clearing, *(BE)* cheque clearing

Scheckvordruck *m (Bank) (AE)* check form, *(BE)* cheque form

Scheckzahlung *f (Bank) (AE)* check payment, *(BE)* cheque payment

Schein *m* 1. *(Bank, Fin) (BE)* note, *(AE)* bill *(Geld)*; 2. *(Komm)* advice

Schein... *(Gesch)* quasi..., illusory, bogus, sham

Scheinarbeitslose *pl (Pers)* bogus unemployed

Scheinfirma *f (Gesch)* bogus firm, *(ugs.)* paper company, *(ugs.)* street name *(Übungsfirma für Ausbildung)*

Scheingeschäft *n* 1. *(Bö)* wash sale; 2. *(Fin)* sham transaction; 3. *(Recht)* fictitious transaction

Scheingesellschaft *f* 1. *(Recht)* dummy corporation *(Vertragsrecht)*; 2. *(WiWi)* ostensible company

Scheingewinn *m (Fin)* paper [fictitious] profit

Scheinhandel *m (Bö)* sham trading

Scheinselbstständige(r) *f(m) (Gesch, St)* deemed employee

Scheinselbstständigkeit *f (Gesch, St)* bogus self-employment

Scheinvariable *f (WiWi)* dummy variable

Scheinvorgang *m (Gesch)* dummy activity *(Netzplan)*

scheitern *v (Gesch)* fail, *(ugs.)* fall through, fall apart *(Plan)*

Scheitern *n (Pers)* failure, breakdown *(Verhandlungen)*

Schenkung *f (Recht, St)* gift, donation

~ unter Lebenden 1. *(Recht)* gift inter vivos; 2. *(St) (BE)* lifetime gift; transfer of property inter vivos

~ von Todes wegen 1. *(Recht)* gift mortis causa; 2. *(St)* gift in contemplation of death

Schenkungsteuer *f (St)* gift tax, *(BE)* capital transfer tax

Schenkungsurkunde *f (Recht)* gift deed

Schicht *f* 1. *(Gesch)* layer; 2. *(Pers)* shift

Schichtarbeit *f (Pers)* shiftwork • **~ machen** *(Pers)* work in shifts

Schichtarbeiter(in) *m(f) (Pers)* shiftworker

schicken *v* 1. *(Gesch)* send; 2. *(AH)* consign; 3. *(Komm)* dispatch

Schickschuld *f (Recht)* debt [obligation] to be performed by remittance

Schiedsabkommen *n (Gesch, Recht)* arbitration agreement

Schiedsgericht *n* 1. *(Gesch)* arbitration tribunal; 2. *(Recht)* court of arbitration

Schiedsgerichtsverfahren *n* 1. *(Ind)* arbitration, arbitration proceedings; 2. *(Pers)* arbitration *(Rechtsstreit)*

Schiedsrichter(in) *m(f)* 1. *(Gesch)* adjudicator, awarder; 2. *(Recht)* arbitrator, referee *(Schiedsgericht)*

Schiedsspruch *m* 1. *(Pers)* arbitral award; 2. *(Recht)* award

Schiff *n (Trans)* ship, vessel • **ab ~** *(AH, Trans)* ex ship

Schiffsbau *m (Ind, Trans)* shipbuilding

Schiffsmakler *m* **und Spediteur** *m (AH, Pers, Trans)* shipping and forwarding agent

Schild *n (Gesch)* nameplate, sign, label *(Etikett)*

Schirmherr *m (F&T)* sponsor

Schirmherrschaft *f (F&T)* sponsorship • **die ~ übernehmen** *(F&T)* sponsor
Schlagzeile *f* 1. *(Med)* head, headline *(Zeitung)*; 2. *(V&M)* catch line
Schlange stehen *(Gesch)* wait [stand] in line, *(BE)* queue (up)
schlecht *adj (Gesch)* bad, poor *(Qualität)*
schlechte Adressen *fpl (Fin)* marginal accounts
~ **Führung** *f (Mgt)* bad management
~ **Verwaltung** *f (Mgt)* mismanagement
schlechter Ruf *m (Gesch)* bad name, bad reputation
~ **Service** *m (V&M)* poor service
Schlechterfüllung *f (Recht)* defective [inferior] performance, malperformance *(Vertragsrecht)*
schlechtergestellt *adj (Gesch)* worse off
schleichende Inflation *f (WiWi)* creeping inflation
~ **Steuererhöhung** *f (WiWi)* tax-bracket creep
~ **Steuerprogression** *f (St)* fiscal drag
Schleichwerbung *f* 1. *(Med) (ugs.)* plug; 2. *(V&M)* camouflaged advertising, product placement, *(ugs.)* plug
schleppend *adj (Bö, Gesch)* depressed
schleppender Absatz *m (WiWi)* poor market
Schleuderpreis *m (Gesch)* knockdown price
schlichten *v* 1. *(Gesch)* settle (amicably) *(Konflikt)*; 2. *(Pers)* arbitrate *(Arbeitskonflikt)*; 3. *(Recht)* conciliate, mediate • **Streitigkeiten ~** *(Pers)* settle a dispute
Schlichter(in) *m(f)* 1. *(Pers) (BE)* conciliation officer; conciliator *(bei Arbeitskonflikten)*; 2. *(Recht)* arbiter
Schlichtung *f* 1. *(Gesch)* mediation, adjustment *(Streit)*; 2. *(Ind)* arbitration; 3. *(Pers)* arbitrage, conciliation
Schlichtungsgespräch *n (Pers)* mediation talks *(bei Arbeitsstreitigkeiten)*
schließen *v* 1. *(EDV)* close *(Datei)*; 2. *(Gesch)* close down, shut down
Schließfach *n* 1. *(Bank)* safe-deposit box; 2. *(Gesch) (BE)* left-luggage locker; 3. *(Komm)* post office box, PO box
Schließung *f (Gesch)* closing down, closure, shutdown *(Betrieb)*
schludrig *adj (ugs.) (Gesch)* slapdash, *(ugs.)* slipshod • **~ arbeiten** *(ugs.) (Gesch)* skimp
Schlussbestand *m (RW)* closing [ending] inventory
Schlussbilanz *f (RW)* final balance sheet
Schlussdividende *f* 1. *(Fin)* final dividend; 2. *(Vers)* terminal bonus
Schlüsseldaten *pl (Gesch)* key data
schlüsselfertig *adj* 1. *(Gesch)* turnkey *(Projekt)*; 2. *(AH)* turnkey *(Lieferklausel)*; 3. *(Gb)* turnkey
Schlüsselindustrie *f (Ind, WiWi)* basic [key] industry
Schlüsselposition *f (Gesch, Mgt, Pers)* prominent position
Schlüsselqualifikation *f (Pers)* key skills, core skills
Schlussfolgerung *f (Gesch, Mgt)* conclusion
Schlusskurs *m (Bö, Fin)* close, closing price, closing quotation
Schlussrechnung *f (RW)* final accounts
Schlussschein *m (Bö)* bought note, purchase and sale statement, contract note
Schlusstermin *m (Gesch)* closing date
Schlussverkauf *m (Gesch)* end-of-season sale
Schmiergeld *n* 1. *(Fin) (ugs.)* sweetener; 2. *(Gesch)* bribe, payoff, bribery, *(ugs.)* boodle; 3. *(Pol) (ugs.)* graft; 4. *(Trans)* dirty money
schmuggeln *v (AH, Recht)* smuggle
Schmuggelware *f* 1. *(AH)* contraband articles, prohibited goods, contraband; 2. *(Recht)* smuggled goods
Schmuggler(in) *m(f) (AH, Recht)* smuggler
schmutziges Floaten *n (WiWi)* dirty floating
Schnäppchen *n* 1. *(Gesch)* bargain; 2. *(V&M)* snip
Schnäppchenjäger *m (ugs.) (V&M)* bargain hunter
Schneeballvertriebssystem *n (V&M)* pyramid selling
schneidern *v (Gesch)* tailor to
schnell *adj (Gesch)* fast, quick, rapid, speedy • **schneller werden** *(Gesch)* gather speed, speed up • **schnelles Wachstum erfahren** *(WiWi)* experience rapid growth
schnell *adv (Gesch)* fast, speedily • **~ Karriere machen** *(Pers)* be on the fast track • **~ vorankommen** *(Gesch)* make head-

way • ~ **wachsend** *(WiWi)* fast-growing • ~ **zunehmend** *(Gesch)* soaring
~ **umschlagende Ware** *f (V&M)* fast-moving consumer goods
Schnell... *(Gesch)* fast, high-speed
schneller Anstieg *m (Bö)* fast rise
Schnellinformation *f (Bank, Fin, Med)* provisional information
Schnellsuche *f (EDV, Gesch)* quicksearch
Schnittstelle *f* 1. *(EDV)* interface *(EDV-Systeme, Geräte)*; 2. *(Gesch)* interface
schnurlos *adj (Komm)* cordless *(Telefon)*
schnurloses Telefon *n (Komm)* cordless telephone, mobile phone, mobile telephone
Schocktherapie *f (Pol)* shock treatment
Schönheitskonkurrenz *f (ugs.) (Bö, Mgt)* beauty contest *(Topmanager auf Analystenkonferenzen)*
Schönheitsreparaturen *fpl (Gb)* home improvement
Schönheitswettbewerb *m (ugs.) (Bö, Mgt)* beauty contest *(Topmanager auf Analystenkonferenzen)*
schöpferisches Marketing *n (V&M)* creative marketing
Schranke *f (Gesch, WiWi)* bar, barrier
Schranken *fpl (EDV, Komm, Recht)* limitations
schrankenfreier Markt *m (WiWi)* contestable market
schrankenloser Wettbewerb *m (Gesch)* unrestrained competition, *(ugs.)* free-for-all
Schreibarbeit *f (Verw)* paperwork
Schreibtisch *m (Gesch)* desk
Schreibwaren *fpl (Gesch)* stationery
Schrift *f* 1. *(EDV)* font, typefont *(Typographie)*; 2. *(Gesch, Komm)* handwriting, writing; 3. *(Med)* paper, publication *(Publikation)*; font, typefont *(Typographie)*
schriftlich *adj (Gesch, Komm)* written, in writing • **eine schriftliche Aussage beschwören** *(Recht)* swear on affidavit that • **eine schriftliche Erlaubnis erhalten** *(Komm)* obtain permission in writing • **einen schriftlichen Antrag senden** *(Gesch)* send a written request • **ein schriftliches Gesuch senden** *(Gesch)* send a written request
schriftlich *adv (Gesch, Komm)* in writing • ~ **antworten** *(Gesch, Komm)* answer in writing • ~ **bestätigen** *(Gesch)* acknowledge receipt by letter
schriftliche Absichtserklärung *f (Mgt)* letter of intent
~ **Vollmacht** *f (Recht)* written power of attorney
schriftliches Angebot *n (Gesch)* written offer
Schriftstück *n (Gesch)* document *(doc.)*, paper, memorandum
Schritt *m (Gesch)* step • ~ **halten mit** *(Gesch)* be [keep] abreast of, keep pace with, keep up with • **Schritte ergreifen** *(Gesch)* take steps • **Schritte unternehmen** *(Gesch, Mgt)* take action [steps]
schrittweise *adj (Gesch)* gradual
schrittweise *adv (Gesch)* gradually, progressively, step by step • ~ **abbauen** *(Gesch)* phase out • ~ **anheben** *(Gesch)* phase in • ~ **aufheben** *(Gesch)* phase out • ~ **einführen** *(Gesch)* phase in
schrittweiser Abbau *m (Gesch)* phasing-out
Schrottanleihen *fpl (Fin, Bö) (ugs.)* junk bonds *(Anleihen geringer Bonität; Synonym: Risikoanleihen)*
Schrottwert *m* 1. *(Fin)* residual value; 2. *(WiWi)* salvage value • **etw. zum ~ verkaufen** *(Gesch)* sell sth for scrap
schrumpfen *v (WiWi)* contract
schrumpfende Gewinne *mpl (Gesch)* shrinking profits
~ **Industrie** *f (Ind)* ailing industry
Schubladenplan *m (Gesch, Mgt)* contingency plan
Schubladenplanung *f (Gesch, Mgt)* contingency planning
Schulabsolventen *mpl (Pers)* school leavers
Schulausbildung *f (Pers)* schooling, school education
Schuld *f* 1. *(Gesch)* debt; 2. *(Recht)* blame, fault, liability • **eine ~ abarbeiten** *(Fin)* work off a debt • **jmdm. eine ~ erlassen** *(Recht)* release sb from a debt • **die ~ ist fällig am** *(RW)* debt due by • ~ **haben** *(Recht)* be at fault • **eine ~ nachweisen** *(RW)* prove a debt • **eine ~ übertragen** *(RW)* transfer a debt
Schuldanerkenntnis *f (Bank, Fin, Gesch)* acknowledgement of debt [indebtness], promissory note, *(AE)* due bill

Schuldbuchforderung *f (Fin)* Debt Register claim
schulden *v (Gesch)* owe
Schulden *fpl (Fin, Gesch, WiWi)* debt • **~ anhäufen** *(Bank)* run up a debt • **in ~ geraten** *(Bank)* run into debt • **~ machen** 1. *(Bank)* run up a debt, incur debts; 2. *(Gesch)* get into debt; 3. *(RW)* incur debts • **~ streichen** *(Fin)* delete a debt • **~ zurückzahlen** *(WiWi)* pay off one's debts
~ der öffentlichen Hand *(WiWi)* public debt
Schuldendienst *m (RW)* debt service
Schuldenerlass *m (WiWi)* debt relief
schuldenfrei *adj* 1. *(Fin, RW)* clear of debts, debt-free, clean; 2. *(Gesch)* debt-free
schuldenfrei *adv (Gesch)* afloat
schuldenfreies Eigentum *n (Gb)* unencumbered property
Schuldenlast *f* 1. *(Gb)* encumbrance; 2. *(WiWi)* burden of debts, debt burden
Schuldenmanagement *n (WiWi)* debt management
Schuldenquote *f (Bank, WiWi)* debt ratio, debt/GDP ratio, (central) government debt-to-GDP ratio *(Maastricht-Kriterium)*
Schuldenreduzierung *f (Fin)* debt reduction
Schuldenstandskriterium *n (Bank)* level-of-government-debt criterion *(EZB, Maastricht-Vertrag)*
Schuldentilgung *f (Fin)* amortization, debt redemption [repayment]
Schulderlass *m (Recht)* release from debt, remission of debt
schuldhaft *adj (Recht)* culpable
schuldig *adj (Recht)* guilty • **sich ~ bekennen** *(Recht)* plead guilty *(im Sinne der Anklage)* • **jmdn. für ~ befinden [erklären]** *(Recht)* find sb guilty • **~ sprechen** *(Recht)* find guilty
Schuldner(in) *m(f)* 1. *(Fin)* borrower; 2. *(Gesch, RW)* debtor; 3. *(Recht)* obligor *(Verpflichteter)* • **den Schuldner in Verzug setzen** *(Recht)* give the debtor a notice of default
Schuldnerverzug *m (Recht)* debtor's delay, default of the debtor *(Vertragsrecht)*
Schuldposten *m* 1. *(Bö, Fin, Gb)* debit item; 2. *(RW)* liability item
Schuldrecht *n (Recht)* law of obligations, law governing contractual obligations, law of contractual obligations
schuldrechtlicher Anspruch *m (Recht)* claim based upon contract
Schuldschein *m* 1. *(Bank)* acknowledgement of indebtness, promissory note; 2. *(Fin)* promissory note; 3. *(Gesch)* I owe you, IOU
Schuldtitel *m* 1. *(Fin) (ugs.)* paper; 2. *(Recht)* enforceable legal document
Schuldurkunde *f (Gesch)* certificate of indebtedness, debt instrument
Schuldverschreibung *f (Bö, Fin)* bond, debenture
Schuldverschreibungen *fpl (Bö, Fin)* debt securities, bonds and notes, *(BE)* loan stock
Schuldwechsel *mpl (RW)* notes payable, bills payable
Schuldzinsen *mpl (Fin)* debt interest
Schule besuchen/die *(Pers)* attend school
Schüler *m (Pers)* schoolboy, schoolchild, pupil, *(AE)* student *(einer Oberschule, auch)*
Schülerin *f (Pers)* schoolgirl, schoolchild, pupil, *(AE)* student *(einer Oberschule, auch)*
schulische Ausbildung *f (Pers)* schooling, school education
~ Berufsausbildung *f (Pers)* vocational training within the educational system, vocational training in educational establishments
~ Leistung(en) *fpl (Pers)* performance at school, performance in school, school performance, school achievement
Schulleistungen *fpl (Pers)* performance at school, performance in school, school performance, school achievement
Schulung *f (Gesch)* training
Schulungen *fpl* training, training courses
Schulungseinrichtung *f (Pers)* training facility, training establishment, educational establishment
Schulungsprogramm *n* 1. *(Ind, Mgt)* training package; 2. *(Pers)* training program(me)
Schutt *m (Gesch)* rubble
Schüttgut *n* 1. *(Gesch)* bulk goods, bulk material, bulk commodity; 2. *(Trans)* bulk (goods)
Schutz *m (Gesch)* protection • **unter dem ~ von** *(Gesch)* under the umbrella of

~ **der Beschäftigung** *(Pers)* employment protection
~ **des Arbeitsplatzes** *(Soz)* job protection
~ **geistigen Eigentums** *(Pat, Recht)* intellectual property rights
Schutzausrüstung *f (Gesch)* safety equipment
schützen *v* 1. *(Gesch)* safeguard *(Geheimnis)*; 2. *(Recht)* protect *(nationale Interessen)* • ~ **vor** 1. *(Gesch)* screen, shield; 2. *(St)* shelter
Schutzfrist *f (Pat)* term of patent
Schutzmarke *f* 1. *(Gesch)* trademark; 2. *(Pat)* mark, trademark
Schutzmaßnahme *f (Gesch)* safety precaution [measure]
Schutzzoll *m* 1. *(AH)* protective duties; 2. *(WiWi)* protective tariff
Schutzzollpolitik *f (AH, WiWi)* protectionism
schwach *adj* 1. *(Gesch)* slack *(Nachfrage, Absatz)*; 2. *(Recht)* weak *(hinfällig)*; 3. *(WiWi)* poor, slack, weak
schwächen *v* 1. *(Gesch)* undermine, weaken *(Einfluss, Macht)*; 2. *(WiWi)* weaken *(Währung)*
Schwächephase *f (Bank)* period of weakness, bout of weakness
Schwachstelle *f (Gesch)* danger point, potential trouble spot
schwanken *v (Gesch)* sway *(Ergebnis)*; fluctuate *(Preise)*
schwankend *adj* 1. *(Bö)* erratic, volatile; 2. *(Gesch)* unsteady
Schwankung *f* 1. *(Gesch)* swing, variability *(Markt)*; 2. *(WiWi)* variation, fluctuation, variability
Schwankungsanfälligkeit *f (Bö, WiWi)* volatility
Schwankungsbreite *f* 1. *(Bö)* range of fluctuation; 2. *(WiWi)* band of fluctuation
Schwankungsintensität *f (Bö, WiWi)* volatility
schwankungsintensiv *adj (Bö)* volatile
schwarz *adj (Gesch)* black • **in den schwarzen Zahlen** *(Fin, RW)* above the line, in the black *(GuV)*
Schwarzarbeit *f (Pers)* unrecorded employment, *(ugs.)* moonlighting
schwarzarbeiten *v (Pers)* moonlight, work in the black economy, work in the black
Schwarzarbeiter(in) *m(f) (Pers)* moonlighter
schwarzes Brett *n* 1. *(EDV, Komm, V&M)* message board, online board *(zum Austausch von Informationen)*; 2. *(Pers)* bulletin board, *(BE)* notice board *(Mitteilungen)*
Schwarzfahrer(in) *m(f) (Gesch, Trans)* fare-dodger, free rider
Schwarzgeld *n (St)* black money
Schwarzhandel *m (Gesch)* black trading
Schwarzhändler(in) *m(f) (Gesch)* trafficker, *(ugs.)* tout *(Veranstaltungskarten)*
Schwarzmarkt *m (WiWi)* black market
schwebend *adj (Gesch)* in abeyance, in suspense, pending • ~ **unwirksam** *(Recht)* provisionally invalid
schwebende Geschäfte *npl (Gesch, WiWi)* pending business
~ **Schuld** *f (Fin)* floating [unfunded] debt
Schweigegeld *n (Gesch)* hush money
Schweigepflicht *f (Recht)* lawyer-client privilege *(anwaltliche Verschwiegenheitspflicht)*; physician-patient privilege *(Arzt)*
Schweinezyklus *m (WiWi)* hog [pig] cycle
Schwelle *f (Gesch)* threshold
Schwellenland *n (Ind, WiWi)* newly industrialized country, emerging country
Schwellenpreis *m* 1. *(Gesch)* threshold price; 2. *(AH)* trigger price
Schwellenwert *m* 1. *(EDV)* threshold value; 2. *(Gesch)* threshold level
Schwemme *f (Gesch, WiWi)* glut
schwer *adj (Gesch)* difficult, hard
schwer vermittelbar *adj (Pers)* hard-to-place
schwerbehinderter Arbeitnehmer *m (Pers)* severely-disabled worker
schwerer Diebstahl *m (Recht)* grand larceny
schweres Heizöl *n (Ind, Umw)* heavy fuel
Schwerindustrie *f (Ind)* heavy industry, heavy engineering
Schwestergesellschaft *f (Gesch, WiWi)* affiliated company, associated company, sister company
schwierig *adj (Gesch)* sticky, vexed, hard, difficult, tough *(Lage)*
Schwindelfirma *f (Gesch)* bogus company
Schwindelgeschäft *n (Gesch)* swindle
schwindendes Vertrauen *n (Pol)* crumbling confidence
schwören *v (Recht)* swear

Schwund *m* 1. *(Trans)* ullage; 2. *(Gesch, WiWi)* leakage, shrinkage
Seehafen *m (Trans)* deepwater harbo(u)r, sea port
Seemeile *f (Gesch)* nautical mile
Seerecht *n (Recht)* maritime law, sea law *(Seehandelsrecht)*
Segment *n (Gesch, V&M)* segment *(Markt)*
segmentierter Arbeitsmarkt *m (Pers, WiWi)* segmented labo(u)r market, dual labo(u)r market
Segmentierung *f (Gesch, V&M)* segmentation *(eines Marktes)*
Seitenlayout *n (Med)* page layout, layout
Sektor *m (Gesch, WiWi)* sector
sektoral *adj (Mgt, WiWi)* sectoral
sektorale Arbeitslosigkeit *f (Mgt, WiWi)* sectoral unemployment
sekundär *adj (Gesch)* secondary
Sekundärarbeitsmarkt *m (Pers)* secondary labo(u)r market
Sekundärdaten *pl (V&M)* secondary data
sekundäre Gesetzgebung *f (Recht)* secondary legislation
Sekundärforschung *f (V&M)* desk research
Sekundärmarkt *m (Bö)* after-market, secondary market
sekundärstatistische Auswertung *f (V&M)* desk research
selbst genutzte Eigentumswohnung *f (Gb) (AE)* condominium, *(BE)* owner-occupied flat, *(AE)* owner-occupied apartment
Selbstbedienung *f (V&M)* self-service
Selbstbehalt *m (Vers) (AE)* deductible, *(BE)* excess; excess insurance, retention
Selbstbeschränkungsabkommen *n (WiWi)* orderly market agreement
Selbsteinschätzung *f (Pers)* self-assessment, self-evaluation, self-rating
selbsterzeugend *adj (Gesch)* self-generating
Selbstfinanzierung *f (Fin, RW)* autofinancing, self-financing, internal financing
Selbstkontrahieren *n (Recht)* self-dealing *(Vertragsrecht)*
Selbstkosten *pl (RW)* cost of sales, total production cost
Selbstkostenpreis *m (RW)* cost price
Selbstregulierungskräfte *fpl* **des Marktes** *(WiWi)* self-regulating forces of the market
selbstständig *adj* 1. *(EDV)* stand-alone; 2. *(Gesch)* self-sufficient, unaffiliated; 3. *(Pers)* self-employed; 4. *(Pol)* self-governing; 5. *(St)* self-employed; 6. *(WiWi)* unaffiliated • **sich ~ machen** *(Gesch)* start in business
~ Beschäftigte(r) *f(m) (Pers)* self-employed, self-employed person, *(AE)* self-employed worker
Selbstständige(r) *f(m) (Pers)* self-employed person
selbstständige Tätigkeit *f (Pers, St)* self-employment
selbstständiger Unternehmer *(St)* independent contractor
selbsttragend *adj (Gesch)* self-supporting
selbsttragender Prozess *m (WiWi)* self-sustaining process
Selbstverpflichtung *f (Gesch, WiWi)* discipline, self-commitment
Selbstversorgung *f (WiWi)* self-sufficiency, self-supply
selektive Wahrnehmung *f (V&M)* selective perception
Seltenheitswert *m (Gesch, WiWi)* scarcity value
senden *v* 1. *(EDV)* send *(Daten, Information)*; 2. *(Gesch)* broadcast; 3. *(Komm)* transmit; 4. *(Med)* broadcast *(Fernseh-/Rundfunkprogramm)*
Sender *m* 1. *(Komm)* forwarder, transmitter *(Funkgerät)*; 2. *(Trans)* forwarder
Sendung *f* 1. *(Gesch)* broadcasting; 2. *(Komm)* transmission; 3. *(Trans)* consignment • **auf ~** *(Med, V&M)* on the air
senken *v* 1. *(Gesch)* reduce *(Preise)*; 2. *(WiWi)* cut, lower, reduce *(Preise, Ausgaben)*
Senkung *f (WiWi)* cut, reduction
sensibilisieren *v (Gesch)* sensitize, raise awareness
Sensibilitätsanalyse *f (WiWi)* sensitivity analysis
Sensitivität *f (Gesch)* sensitivity
separat *adj (Gesch)* self-contained, separate
sequenziell *adj (EDV, Stat)* sequential
Serie *f* 1. *(Gesch)* family, range *(Produkte)*; 2. *(Ind)* lot; 3. *(RW)* batch • **in ~ hergestellt** *(Ind)* mass-produced, produced in serial form, serialized
seriell *adj (EDV)* serial • **~ hergestellt** *(Ind)* mass-produced

Serienanleihe *f (Fin)* serial bond
Serienbau *m (Ind)* batch production
Serienfertigung *f (Ind)* batch [mass] production
serienmäßige Herstellung *f (Ind)* batch production, mass production
Seriennummer *f (Gesch)* serial number
Serienprodukte *npl (WiWi)* series-produced goods
Serienproduktion *f (Ind)* batch [mass] production, large-scale production
Serviceabteilung *f (Ind)* maintenance department
setzen *v (Gesch)* set, affix, append *(Unterschrift)* • **~ auf** *(Gesch, Pers)* back, bet on *(Person, Wette)*
sexuelle Belästigung *f (Pers)* sexual harassment *(am Arbeitsplatz)*
Shareholder-Value-Ansatz *m (WiWi)* shareholder value approach
Shopping-Erlebnis *n (V&M)* shopping as an event, the shopping experience
sicher *adj (Bank, Fin, WiWi)* good, safe, secure
sichere Anlage *f (Bank, Bö, Fin)* safe investment
~ **Kapitalanlage** *f (Bank, Bö, Fin)* secure [safe] investment
sicherer Hafen *m* 1. *(Bank, Bö, Fin)* safe haven *(Investment)*; 2. *(Trans)* safe port
Sicherheit *f* 1. *(Fin)* surety, security; 2. *(Gesch)* safety, guaranty; 3. *(Pers, Verw)* security; 4. *(Recht)* collateral • **als ~ halten** *(Vers)* hold as a security • **als ~ zu hinterlegender Barbetrag** *(Fin)* good-faith deposit • **~ leisten für** *(Bank)* stand security for
~ **am Arbeitsplatz** *(Pers)* safety at work
~ **der Lieferung** *(Komm, V&M)* security of delivery *(Online-Einkauf)*
~ **des Arbeitsplatzes** *(Pers)* job security, security of employment
Sicherheitsbestand *m (Gesch)* safety stock [level], inventory reserve (stock) *(Lager)*
Sicherheitsleistung *f* 1. *(Fin)* good-faith deposit, collateral security; 2. *(Recht)* bail; 3. *(Vers)* deposit surety • **jmdn. gegen ~ aus der Haft entlassen** *(Recht)* release sb on bail
Sicherheitssumme *f (Gesch)* retention money
Sicherheitsvorschriften *fpl (Gesch)* safety regulations, safety code
sichern *v* 1. *(Bö)* secure; 2. *(EDV)* save *(Datei)*; back up *(Daten)*; 3. *(Gesch)* safeguard *(Vermögenswerte)*; 4. *(Vers)* indemnify
sicherstellen *v* 1. *(Recht)* ensure, impound; 2. *(Vers)* indemnify
Sicherung *f* **der Einkommen** *(Pers, Soz)* income maintenance, income security
~ **von Arbeitsplätzen** *(Pers, Soz)* safeguarding jobs, safeguarding of jobs, safeguarding existing jobs, maintaining jobs, maintaining existing jobs, employment protection
Sicherungsgegenstand *m (Fin)* collateral
Sicherungsgeschäft *n* 1. *(Bö)* hedge; 2. *(Fin)* covering transaction
Sicherungshypothek *f (Bank)* trust [covering] mortgage
Sicherungsoperation *f (Fin)* hedging operation
Sicherungszeitraum *m (Bö)* hedge period
Sicht *f* 1. *(Fin)* sight; 2. *(Gesch)* viewpoint • **bei ~** 1. *(Fin)* at sight; 2. *(RW)* on demand • **nach ~** *(Fin)* after sight
sichtbare Auswirkung *f (Gesch)* visual impact
~ **Ein- und Ausfuhren** *fpl (WiWi)* visibles
Sichteinlagen *fpl (Bank)* sight [call, demand] deposits
Sichteinlagenkonto *n (Bank)* call account
Sichtgelder *npl (Bank)* sight deposits
Sichttratte *f (Bank)* at sight draft, sight draft
Sichtverbindlichkeiten *fpl (Bank, RW)* sight liabilities
Sichtwechsel *m* 1. *(Bank)* sight draft, sight bill; 2. *(Fin)* demand draft, sight bill; 3. *(RW)* bill payable at sight
Signalwirkung *f (Pol)* announcement effect
Signaturverordnung *f (SigV) (EDV, Komm, Recht)* digital signature ordinance
Signifikanz *f (Gesch)* significance
Siliziumchip *m (EDV, Ind)* silicon chip
Simulation *f* 1. *(Gesch)* simulation; 2. *(Pers)* malingering
Simulationsmodell *n (WiWi)* simulation model, simulation model(l)ing
simultan *adj (Gesch)* simultaneous
Simultansendung *f (Med)* simultaneous broadcast, simulcast

sinken *v* 1. *(Bank)* sag; 2. *(Bö)* sag, slip back; 3. *(Gesch)* decrease, diminish, sag, fall away *(Zahlen)*; 4. *(WiWi)* decline, fall *(Preis)*
Sinken *n (Gesch)* fall *(in Preise)*
sinkender Anteil *m (WiWi)* declining share
Sinn machen *(Gesch)* make sense
sinngemäß *adj (Gesch)* analogical, analogous, corresponding
sinngemäß *adv (Gesch, WiWi)* mutatis mutandis
sittenwidriger Vertrag *m (Recht)* unconscionable contract, contract contra bonos mores
sittenwidriges Rechtsgeschäft *n (Recht)* transaction contrary to public policy
Situation *f (Gesch)* circumstances, situation
Sitz *m* 1. *(Gesch)* headquarters; 2. *(Pol)* seat; 3. *(Recht)* registered office, legal domicile; 4. *(St)* domicile • **mit ~ in** *(Gesch)* based in [at]
Sitzung *f* 1. *(Mgt)* conference, meeting; 2. *(Pol)* session • **die ~ beenden** *(Gesch, Pol)* adjourn, rise • **eine ~ einberufen** *(Verw)* call a meeting
Skala *f (Gesch)* scale
Skaleneffekte *mpl (WiWi)* economies of scale
Skalenerträge *mpl (WiWi)* economies of scale, returns to scale
Skepsis *m (Gesch) (BE)* scepticism, *(AE)* skepticism
skeptisch *adj (Gesch) (BE)* sceptical, *(AE)* skeptical
Skonto *m(n)* 1. *(Bö)* discount; 2. *(Fin)* (cash) discount, settlement discount; 3. *(Gesch)* cash discount; 4. *(RW)* trade discount • **mit ~** *(V&M)* at a discount
skrupellos *adj (Gesch)* unscrupulous
Slogan *m (V&M)* slogan
Smartcard *f (Bank, EDV)* smart card
so genannt *adj (Gesch)* so-called
so schnell wie platzüblich *(AH, Trans)* fast as can as customary, f.a.c.a.c.
Sockel *m (V&M)* plinth
~ der Arbeitslosigkeit *(Soz)* hard-core unemployment
Sockelarbeitslosigkeit *f (WiWi)* equilibrium unemployment
sofern *(Gesch)* provided that • **~ nicht anders angegeben** *(Gesch, Recht)* unless otherwise specified • **~ nicht anders vereinbart** *(Gesch, Recht)* unless otherwise agreed
sofort *adv (Gesch)* immediately, instantly, on the spot • **~ auszahlbare Ersparnisse** *(Fin)* liquid savings • **~ fällige Forderung** *(Fin)* liquid debt • **~ verfügbare Ware** *(Trans)* actuals
Sofort... *(Bank, Gesch, Trans, WiWi)* spot, same-day, immediate, emergency
Soforthilfe *f (WiWi)* emergency aid
sofortig *adj (Gesch)* instant • **zur sofortigen Kenntnisnahme** *(Gesch)* for immediate attention • **zur sofortigen Veröffentlichung** *(Med)* for immediate release
sofortige Rechnungsbegleichung *f (Fin)* prompt payment of invoices
sofortiger Einzug *m (Gb)* immediate occupancy
Sofortkredit *m (Bank)* spot credit
Sofortlieferung *f (Komm, Trans)* same-day delivery
Software-Anwendung *f (EDV)* software application
Software-Entwicklung *f (EDV)* software development, software engineering
Software-Firma *f (EDV)* software house, software company
Software-Freigabe *f (EDV)* software release
softwaregesteuert *adj (EDV)* software-driven
Software-Haftung *f (EDV, Recht)* software liability
Software-Haus *n (EDV)* software company, software house
Software-Kompatibilität *f (EDV)* software compatibility
Software-Unternehmen *n (EDV)* software company, software house
Solarenergie *f (Umw)* solar energy
Solawechsel *m (Bank, Fin)* promissory note
Solidargemeinschaft *f (Pol, Soz)* mutual-benefit association
solide *adj* 1. *(Bank)* sound; 2. *(Gesch)* substantial *(Firma)* • **auf solider Basis** *(Gesch)* on solid ground • **auf solider Grundlage** *(Gesch)* on a sound footing
Soll *n (Bank, RW)* debit *(Konto)* • **im ~** *(Bank, RW)* on the debit side
Sollergebnis *n (RW)* budgeted results

Sollertrag *m (RW)* budgeted income [revenue, proceeds]
Soll-Ist-Vergleich *m (Gesch, WiWi)* target-actual comparison, performance report
Sollkosten *pl* 1. *(Fin, RW)* budgetary costs, budgeted [target] cost; 2. *(Gesch)* predicted costs; 3. *(Verw)* ideal standard cost(s); 4. *(WiWi)* budgetary costs
Sollsaldo *m (Fin)* debit balance
Sollseite *f (RW)* debit side, left column, debtor
Sollspalte *f (Fin)* debit column
Sollvorgabe *f (Gesch)* target, set point
Sollzahlen *fpl (RW)* target figures
Sollzins *m (Bank)* borrowing rate
Sollzinsen *mpl* 1. *(Fin)* debit interest; 2. *(RW)* interest charge
Sollzinssatz *m (Bank)* borrowing rate
solvent *adj (Gesch)* able to pay, solvent
solventer Schuldner *m (Bank)* solvent debtor
Solvenz *f* 1. *(Bank, Fin, RW)* ability to pay, solvency; 2. *(WiWi)* ability to pay
Sommerschlussverkauf *m (V&M)* summer sale
Sommerzeit *f (Gesch)* daylight saving time, summer time
Sonder... *(Gesch)* special, exceptional
Sonderabgabe *f (Gesch, St)* surcharge, special levy
Sonderabschreibung *f (RW)* special [supplementary] depreciation, exceptional [special] write-off
Sonderangebot *n* 1. *(Gesch)* bargain; 2. *(V&M)* special offer
Sonderbedingungen *fpl (Gesch)* special provisions [terms]
Sonderdividende *f (Bö)* extra (dividend), special dividend
Sondereinzelkosten *pl* **(des Vertriebs)** *(Gesch)* special direct cost (of sales, of production)
Sonderfakturierung *f (RW)* extra billing
Sonderkauf *m (V&M)* special purchase
Sonderkonditionen *fpl (WiWi)* special conditions
~ **für den Handel** *(V&M)* special terms for the trade
Sonderkurs *m (Bö)* put-through price
Sondermüll *m (Umw)* hazardous [pollutive] waste
Sonderposten *m (Fin, RW)* extraordinary item
Sonderpreis *m (Gesch, V&M)* bargain rate, concessionary rate
Sonderprüfung *f (RW)* special audit
Sonderqualität *f (Gesch)* exceptional quality
Sonderrücklagen *fpl* 1. *(RW)* special-purpose reserve; 2. *(Vers)* special contingency reserve
Sondersitzung *f (Gesch, Mgt)* special meeting
Sondervergütung *f* 1. *(Fin)* bonus; 2. *(Pers)* extra pay
Sonderverkauf *m (V&M)* bargain sale
Sonderwirtschaftszone *f (WiWi)* Special Economic Zone
Sonderzahlung *f (Bö, Verw)* bonus [extra] payment
Sonderziehungsrechte *npl (Bank)* special drawing rights *(IWF)*
Sonderzuschlag *m (Gesch)* extra charge
Sonderzuteilung *f (Gesch)* special-purpose allotment
Sonnenbatterie *f (Umw)* solar battery
Sonnenenergie *f (Umw)* solar energy
Sonnenkraft *f (Umw)* solar energy, solar power, sun energy
Sonnenkraftwerk *n (Umw)* solar power plant
Sonntagsarbeit *f (Pers)* Sunday work
Sonn- und Feiertage ausgenommen *(Gesch)* Sundays and holidays excepted
Sonn- und Feiertage eingeschlossen *(Gesch, Trans)* Sundays and holidays included
sonstige Aktiva *pl (RW)* other assets
~ **Angelegenheiten** *fpl (Gesch)* any other competent business
~ **Aufwendungen** *fpl (RW)* sundry expenses
~ **Erträge** *mpl (RW)* other income
~ **Forderungen** *fpl (RW)* other receivables
~ **Kosten** *pl (Mgt, Verw)* sundry costs
~ **laufende Übertragungen** *fpl (WiWi)* other current transfers *(ZB)*
~ **Verbindlichkeiten** *fpl (RW)* other liabilities
Sonstiges *n (Gesch)* any other business, sundries
sorgen *v* **für** *(Gesch)* cater for
Sorgfalt *f* 1. *(Gesch)* care; 2. *(Fin, Recht)* diligence

~/**angemessene [gebührende]** *(Fin, Recht)* due diligence *(Unternehmensprüfung)*
sorgfältig *adj (Gesch)* careful, diligent
sorgfältig *adv (Gesch)* accurately, carefully • ~ **behandeln** *(Gesch, Trans)* handle with care • ~ **prüfen** *(Gesch)* examine carefully
Sorgfaltspflicht *f (Recht)* duty of care, duty of diligence, due diligence
Sorte *f (Gesch)* quality, brand, make *(Marke)*
Sorten *fpl (Bank)* foreign notes and coins
Sortenankaufskurs *m (Bank)* buying rate of exchange
Sortenkurs *m (WiWi)* cash exchange rate
Sortenmarkt *m (Bank, WiWi)* currency market
sortieren *v (Gesch)* classify, sort, grade
Sortierfach *n (Verw)* pigeonhole
Sortiment *n* 1. *(Gesch)* assortment of goods, choice [range] of goods; 2. *(V&M)* (product) line *(Lieferprogramm)*
Sortimentseinschränkung *f (Gesch, WiWi)* variety reduction
sozial *adj (Gesch)* social
Sozialabbau *m (Soz)* cuts in social services
Sozialabgaben *fpl (Soz, St)* social security contributions, social security payments, social insurance contributions
Sozialarbeit *f (Soz)* social work, welfare work
Sozialarbeiter(in) *m(f) (Pers, Soz)* social worker
Sozialausgaben *fpl (Fin)* social spending, social welfare expenditure
soziale Ausgrenzung *f (Soz)* social exclusion
~ **Einrichtung** *f (Pol)* social [welfare] organization
~ **Gerechtigkeit** *f (Pol)* social justice, social equity
~ **Grenzkosten** *pl (WiWi)* marginal social cost
~ **Kosten** *pl (Soz, Umw, WiWi)* social costs *(externe Kosten)*
~ **Kosten** *pl* **der Arbeitslosigkeit** *(Pers, WiWi)* social cost of unemployment
~ **Marktwirtschaft** *f (WiWi)* social market economy
~ **Sicherheit** *f (Soz)* social security
~ **Sicherung** *f (Soz)* social security
sozialer Status *m (Soz)* social status
~ **Wohnungsbau** *m (Soz) (BE)* council housing; publicly assisted housing
soziales Netz *n (Soz)* social security net
Sozialfalle *f (Pers, Soz)* welfare trap *(Sozialtransfers höher als erzielbares Erwerbseinkommen)*
Sozialfürsorge *f (Soz)* public [social] welfare
Sozialgericht *n (Soz)* social security tribunal, welfare tribunal
Sozialgesetzgebung *f (Soz)* social legislation
Sozialhilfe *f (Soz)* (social) welfare, welfare benefits, supplementary benefit, *(BE)* income support *(Geld)* • ~ **beziehen** *(Pers) (BE)* receive income support, *(AE)* be on social security [welfare]
Sozialhilfebezieher(in) *m(f) (Soz)* recipient of social assistance, *(AE)* welfare recipient, *(BE)* recipient of income support
Sozialhilfeempfänger(in) *m(f) (Soz)* recipient of social assistance, *(AE)* welfare recipient, *(BE)* recipient of income support
Sozialinvestitionen *fpl (WiWi)* social capital investments
sozialistische Wirtschaft *f (Pol, WiWi)* socialist economy
Sozialkapital *n (Fin, WiWi)* social (overhead) capital
Sozialkostenrechnung *f (RW)* social accounting
Soziallasten *fpl (Soz, WiWi)* social costs [burden]
Sozialleistungen *fpl (Pers, Soz)* social security benefits
Sozialpartner *mpl (Pers)* the two sides of industry, both sides of industry, management and labo(u)r, management and labo(u)r representatives, trade unions and employers, social partners *(vgl. Tarifkartell)*
Sozialprodukt *n (WiWi)* national product, social product
Sozialrecht *n (Soz)* social security law
Sozialstaatskrise *f (Pol, WiWi)* welfare state crisis
Sozialversicherung *f* 1. *(Pers)* social security, *(BE)* National Insurance; 2. *(Soz)* social insurance [security]
Sozialversicherungsbeitrag *m (Pers, Soz)* social security contribution

Sozialversicherungsleistung *f (Pers)* social security benefit
sozialversicherungspflichtige Beschäftigung *f (Pers, Soz)* employment covered by social security, employment covered by the social security system, employment subject to social security (contributions), *(BE)* employment liable for National Insurance contributions
Sozialversicherungssystem *n (Soz)* social security, social security system, social insurance system
sozialwirtschaftliches Klima *n (WiWi)* socio-economic climate
Sozialwohnung *f (Soz) (BE)* council flat [housing]
Sozietät *f (Recht)* law firm
sozioökonomisch *adj (Soz, V&M, WiWi)* socio-economic
Spalte *f (EDV, Gesch, Med)* column
spalten *v (Gesch, Pol, Verw)* split up *(Organisation)*
Spaltenüberschrift *f (RW)* column heading
Spaltung *f (Gesch)* rift, split(ting) *(zwischen Parteien)*
Spanne *f* 1. *(Bö)* spread; 2. *(Fin, RW)* margin
Spannung *f* 1. *(Gesch)* tension, friction; 2. *(Ind, Umw)* voltage
Spannweite *f (Gesch, WiWi)* range, band, span
Sparbrief *m (Bank)* savings certificate, *(AE)* savings bond
Sparbuch *n (Bank)* bank book, passbook, savings account book
Sparbucheinlagen *fpl (Bank)* deposits in savings accounts evidenced by a passbook
Spareinlage *f (Bank)* savings deposit
Spareinlagen *fpl (WiWi)* savings • **mit ~ verbunden** *(WiWi)* savings-linked
Spareinlagenbestand *m (Bank)* overall level of savings deposits
sparen *v (Gesch)* save, economize, *(ugs.)* put aside *(Geld)*
~ **an** *(Gesch)* skimp on
Sparfunktion *f (WiWi)* savings function
Sparkasse *f (Bank)* savings bank, *(AE)* thrift bank
Sparkonto *n* 1. *(Bank) (BE)* deposit [savings] account; 2. *(Fin) (AE)* thrift account
Sparmaßnahme *f (WiWi)* savings [economy] measure
Sparneigung *f (WiWi)* propensity to save
Sparpackung *f (V&M)* economy-sized packet, economy pack
Sparpolitik *f (Gesch)* austerity, austerity policy
Sparpreis *m (Gesch, V&M)* budget price
Sparquote *f (WiWi)* propensity to save, savings ratio, savings-to-income ratio *(VGR)*
sparsam *adj (Gesch)* economical, thrifty
sparsam *adv (Gesch)* economically
• ~ **wirtschaften** *(Mgt)* economize
Sparsamkeit *f (WiWi)* economizing, thrift
Sparte *f* 1. *(Gesch)* division; 2. *(WiWi)* line of business
Spartenmanager(in) *m(f) (Pers)* division manager
Spartenorganisation *f (Gesch)* division organization
Sparüberschuss *m (Bank, WiWi)* savings surplus
Sparzinsen *mpl (Bank)* interest on savings deposits
später *adj (Gesch)* later
später *adv (Gesch)* later
spätestens *adv (Gesch)* at the latest
Spätfolge *f (Gesch)* after-effect
Spätkapitalismus *m (WiWi)* late capitalism
Spediteur *m (Gesch, AH, Trans)* carrier, forwarder, forwarding agent, freight forwarder, haul(i)er, transport agent
Spedition *f (AH, Trans)* carrier haulage, truckage
Speditionsfirma *f (Trans)* forwarding agency, shipping agency
Speditionskosten *pl (RW, Trans)* carrying charge
Speditionsunternehmen *n (AH, Trans)* forwarding [transport] company
Speicher *m* 1. *(EDV)* memory, storage; 2. *(Gesch, AH, Trans)* storehouse, storeroom, warehouse
Speicherchipkarte *f (EDV, Komm)* memory card *(z.B. mit Speichererweiterung)*; logical card *(‚intelligente' Karte mit Sicherheitslogik)*
Speichergebühren *fpl (AH)* warehouse charges
Speicherkapazität *f* 1. *(EDV)* memory capacity; 2. *(Gesch)* storage capacity
speichern *v (EDV)* store *(Daten)*

Spekulant *m* 1. *(Bö)* speculator, position trader; 2. *(Fin)* stag *(Aktien)*; 3. *(Gesch, WiWi)* speculator
Spekulation *f (Gesch)* speculation
Spekulationsblase *f (Fin, WiWi)* bubble, bubble economy
Spekulationshandel *m (Bö)* speculative trading
Spekulationskapital *n* 1. *(Fin)* risk-bearing capital, venture capital; 2. *(Gesch, WiWi)* venture capital
Spekulationskasse *f (Fin, WiWi)* idle balance, idle money
Spekulationsmotiv *n (WiWi)* asset [speculative] motive
Spekulationspapiere *npl (Bö) (ugs.)* cats and dogs
Spekulationssteuer *f (St)* tax on speculative profits
spekulativ *adj (Gesch)* speculative
spekulative Anlage *f* 1. *(Bö)* speculative investment; 2. *(Fin)* non-investment grade, speculative grade *(Rating-Kategorie für Einstufungen unter BBB- bzw. Baa3)*
~ **Blase** *f (Fin, WiWi)* bubble, financial bubble
~ **Geldnachfrage** *f (WiWi)* speculative demand for money
spekulativer Bereich *m (Fin)* non-investment grade, speculative grade *(Rating-Kategorie für Einstufungen unter BBB-bzw. Baa3)*
spekulieren *v* 1. *(Bö)* take a flier, play, speculate; 2. *(Gesch)* speculate • **auf Baisse** ~ *(Bö)* bear
Spende *f (Soz, St)* donation, voluntary contribution
spenden *v (Soz, St)* contribute, donate, make a donation
Sperr... 1. *(Bank)* blocked; 2. *(Bö)* waiting; 3. *(Gesch)* bulky; 4. *(Trans)* restricted, measurement
Sperrauftrag *m (Bö)* stop order
Sperre *f* 1. *(Gesch)* ban; 2. *(AH, WiWi)* ban, boycott
sperren *v* 1. *(Bank)* block; 2. *(EDV)* lock *(Datei)*; 3. *(Fin)* freeze, block *(Guthaben)*
Sperrfrist *f* 1. *(Bö)* waiting period, 2. *(Recht)* blocking period
Sperrgut *n* 1. *(Gesch)* bulky goods; 2. *(Trans)* measurement freight, measurement goods; 3. *(V&M)* bulky goods
sperrig *adj (Gesch)* bulky
sperrige Ladung *f (Gesch)* bulky cargo
Sperrklinkeneffekt *m (WiWi)* ratchet effect *(Löhne)*
Sperrkonto *n (Bank)* blocked account
Sperrminorität *f (Verw)* controlling interest
Spesen *pl* 1. *(Fin)* bank charges; 2. *(RW)* expenses, out-of-pocket expenses • ~ **aufgliedern** *(Fin)* break down expenses • ~ **werden übernommen** *(Gesch)* all expenses paid
spesenfrei *adj (Gesch)* free of charges
Spesenkonto *n (Pers, RW)* expense account
Spesenpauschale *f (RW)* expense allowance
Spezial... *(Gesch)* special, specific
Spezialartikel *m (V&M)* speciality (goods), *(AE)* specialty (goods)
Spezialausbildung *f (Pers)* special [specialist] training
Spezialgebiet *n (Gesch)* speciality, *(AE)* specialty
Spezialhandel *m (Gesch)* special trade
spezialisieren *v* **auf/sich** *(Gesch)* specialize in
spezialisiert *adj (Gesch, Ind)* specialized
Spezialität *f (Gesch)* speciality, *(AE)* specialty
speziell *adj (Gesch)* specific
~ **gebaut** *(Gb, Trans)* purpose-built
spezielle Steuern *fpl (St, WiWi) (AE)* narrow-based taxes
spezielles Angebot *n (V&M)* specific offer
Speziessachen *fpl (Gesch)* ascertained goods
Spezifikation *f (Gesch)* specification, itemization
spezifisch *adj (Gesch)* specific
spezifische Verpflichtung *f (Recht)* specific obligation
spezifischer Zoll *m* 1. *(AH)* specific duty; 2. *(St)* fixed duty, specific duty
spezifisches Gewicht *n (Ind)* specific gravity
Spielraum *m* 1. *(Gesch)* area, scope; 2. *(Mgt)* latitude *(der Gedanken)*; 3. *(RW)* margin of error
Spielregeln *fpl (Gesch)* rules of the game
Spieltheorie *f (Mgt, Pers, WiWi)* game theory
Spinnwebtheorem *n (WiWi)* cobweb theorem *(Preisbildung)*

Spionage *f (Ind, Pol)* espionage
Spirale *f (WiWi)* spiral • **~ nach oben** *(Gesch)* upward spiral • **~ nach unten** *(Gesch)* downward spiral
Spitze *f* 1. *(Gesch)* top, spearhead, *(ugs.)* top of the tree; 2. *(WiWi)* peak
Spitzenausgleich *m (Bank, Fin)* residual financing, marginal financing
Spitzenbeamte(r) *m (Verw)* top-ranking official
Spitzengehalt *n (Pers)* top salary
Spitzengespräch *n (Mgt)* top-level talks
Spitzenkraft *f (Gesch, Pers)* high achiever, *(AE)* top hand
Spitzenleistungen *fpl (Gesch)* excellence
Spitzenmanagement *n (Mgt)* top management
Spitzenmarke *f* 1. *(Gesch)* top of the line; 2. *(V&M)* brand leader
Spitzenpapier *n (Bö, Fin)* blue chip
Spitzenposition *f (V&M)* prime position *(in einem Markt)*
Spitzenpreis *m (Gesch)* top price
Spitzenprodukt *n (Gesch)* top-rank product
Spitzenqualität *f (Gesch)* top quality
Spitzen-Refinanzierungssatz *m (SRF-Satz) (Bank)* marginal lending rate *(EZB)*
Spitzenreiter *m (Gesch)* front runner, leader • **~ sein** *(Gesch)* be top of the league
Spitzensteuersatz *m (St)* top rate of tax • **zum ~** *(St)* at the top rate
Spitzentechnik *f (Ind)* advanced technology
Spitzentechnologie *f (Ind)* high [advanced] technology
Spitzenwert *m (Bö)* high flier, record high *(historisch)*
Spitzenzeit *f* 1. *(Trans)* peak period; 2. *(V&M)* prime [peak] viewing time *(Fernsehzuschauer)*
sponsern *v (V&M)* sponsor *(Werbung)*
Sponsern *n (V&M)* sponsoring *(Werbung)*
Sponsor *m* 1. *(Fin)* backer; 2. *(V&M)* sponsor *(Werbung)*
spontan *adj (Gesch, V&M)* spontaneous, impulse
spontane Reaktion *f (V&M)* spontaneous [unprompted] response
Spontankauf *m (V&M)* impulse buy [purchase]
Spontanverkauf *m (V&M)* impulse sale
sporadisch *adj (Gesch)* sporadic
Sport- und Fitnessstudio *n (F&T)* health club
Sportveranstaltung *f (F&T, Gesch)* sporting event
Spotgeschäft *n (Bank, Bö)* spot deal
Spottpreis *m (Gesch)* bargain price, knockdown price
Sprache *f (V&M)* language • **zur ~ bringen** *(Gesch)* mention
sprachgesteuert *adj (EDV)* voice-actuated
Spreading-Vereinbarung *f (Bö)* spreading agreement
Sprechblase *f (V&M)* balloon line
sprechen *v* **von** *(Gesch)* refer to *(erwähnen)*
~ zu *(Gesch)* address *(Thema, Problem)*
sprechen/zu *(Gesch)* available
Sprecher(in) *m(f)* 1. *(Gesch)* speaker; 2. *(Med, Pol)* spokesman, spokeswoman, spokesperson
Spreizung *f* **der Zinssätze** *(Bank)* spread of interest rates, fanning out of interest rates
Spruchband *n (V&M)* banner
sprunghaft *adj (Bö, Gesch)* erratic *(Kursbewegungen)* • **~ ansteigen** *(Gesch)* skyrocket, soar *(Preise)* • **~ erhöhen** *(Gesch)* escalate
Sprungkosten *pl (RW)* stepped cost, step-variable cost
spürbar *adj (Gesch)* appreciable, notable
Staat *m (Pol)* state
staatenlos *adj* 1. *(Pol)* stateless; 2. *(Verw)* nationless; 3. *(WiWi)* stateless
staatlich *adj (Gesch)* governmental, national • **unter staatlicher Aufsicht** *(Verw)* government-controlled
staatlich finanziert *(Fin)* government-financed
~ gefördert *(Fin)* government-supported, government-sponsored
~ gelenkt *(Pol)* government-regulated
~ geprüfte Buchhalterin *f (Pers)* qualified accountant
~ geprüfte Buchprüferin *f (Pers)* qualified auditor
~ geprüfter Buchhalter *m (Pers)* qualified accountant
~ geprüfter Buchprüfer *m(f) (Pers)* qualified auditor
~ regulierte Preisfestsetzung *f (WiWi)* administered pricing

staatliche Ebene *f (Pol)* governmental level
~ **Einkommensübertragung** *f (Verw)* government transfer (payment)
~ **Emittenten** *mpl (Bank, Fin)* sovereign entities
~ **Förderung** *f (Soz)* government aid
~ **Forschungsbeihilfe** *f (Fin)* government research grant
~ **Hilfe** *f (Gesch)* state help [assistance]
~ **Intervention** *f* 1. *(Gesch)* state intervention; 2. *(Pol, Verw, WiWi)* government intervention
~ **Investition** *f (Fin)* government investment
~ **Kontrolle** *f (WiWi)* state control
~ **Lohnkontrolle** *f (WiWi)* wage control
~ **Mittel** *npl (Verw)* government funds
~ **Planung** *f (Pol, WiWi)* central planning
~ **Subvention** *f (WiWi)* state subsidy, government grant
~ **Transferzahlung** *f (Verw)* government transfer payment
staatlicher Eingriff *m (Pol, Verw, WiWi)* government intervention
~ **Gesundheitsdienst** *m (Pol, Soz) (AE)* Medicaid, *(AE)* Medicare, *(BE)* National Health Service
~ **Investor** *m (Fin)* public investor
~ **Sektor** *m (WiWi)* public sector
staatliches Darlehen *n (Fin)* sovereign loan
~ **Unternehmen** *n (Fin, Gesch, Verw, WiWi)* government enterprise, government-controlled corporation, public [state, state-owned] enterprise
Staatsangehörige(r) *f(m) (Pol)* citizen
Staatsangehörigkeit *f (Pol)* citizenship, nationality
Staatsanleihe *f* 1. *(Bö)* government bond; 2. *(Fin)* public [government] loan; 3. *(WiWi)* government bond
Staatsanwalt *m (Recht) (BE)* crown prosecutor, *(AE)* district attorney; public prosecutor
Staatsanwaltschaft *f (Recht) (BE)* Crown Prosecution Service, *(AE)* office of the district attorney; public prosecutor's office
Staatsauftrag *m (Gesch, Recht)* government [public] contract
Staatsausgaben *fpl (WiWi)* government [public] expenditure, public spending
~ **brutto** *(WiWi)* gross national expenditure
Staatsausgabenquote *f (WiWi)* public spending ratio
Staatsbürger(in) *m(f)* 1. *(Pol)* citizen; 2. *(Verw)* national
Staatsdienst *m* 1. *(Gesch)* civil service; 2. *(Verw)* public service
staatseigen *adj (Gesch)* government-owned
Staatseigentum *n (Fin, Pol, WiWi)* public ownership, state ownership
Staatseinnahmen *fpl (Pol, WiWi)* public revenue
Staatsfinanzen *fpl (WiWi)* public finances
Staatsführung *f (Pol)* governance
Staatsgewalt *f (Gesch)* state authority
Staatsgrenze *f* 1. *(Gesch)* national border; 2. *(AH, Pol)* national boundary
Staatshaushalt *m (WiWi)* government [state] budget • **den ~ ausgleichen** *(Fin)* balance the budget
Staatskasse *f* 1. *(Bank) (BE)* the Exchequer; 2. *(WiWi)* public purse, treasury
Staatskunst *f (Pol)* good governance *(verantwortungsvolles Regieren)*
Staatsobligationen *fpl (WiWi) (BE)* government obligations, *(ugs.) (AE)* governments
Staatspapiere *npl (Bank, Bö, Fin)* bank annuities, gilt-edged securities, *(ugs.) (BE)* gilts
Staatsprüfung *f (Pers, Soz)* degree, state examination
Staatsquote *f (WiWi)* public spending ratio
staatsrechtlich *adj (Recht)* in terms of constitutional law
Staatsschuld *f (WiWi)* national [public] debt
Staatsschuldverschreibung *f (Fin) (BE)* government bond, *(AE)* public bond, *(AE)* state bond
Staatstitel *mpl (Fin) (BE)* gilt-edged securities
Staatsunternehmen *n (WiWi)* state-owned enterprise [company]
Staatsverschuldung *f (Fin)* public debt
Stab *m (Pers)* staff
~ **und Linie** *f (Pers)* line and staff
stabil *adj (Gesch, V&M, WiWi)* stable *(Preise)*; firm, stable *(Währung)*
stabile Währungszone *f (Pol, WiWi)* zone of monetary stability
stabiles Gleichgewicht *n (WiWi)* stable equilibrium
Stabilisator *m (WiWi)* stabilizer
stabilisieren *v (WiWi)* stabilize

stabilisierender automatischer Regelmechanismus *m (WiWi)* built-in flexibility
~ **Faktor** *m (WiWi)* steadying factor
Stabilisierung *f (WiWi)* stabilization
Stabilität *f (Gesch)* firmness, stability *(Preise)*
stabilitätsorientierte Politik *f (Pol, WiWi)* policy strictly oriented to stability
Stabilitätspolitik *f (WiWi)* stabilization policy
Stabilitäts- und Wachstumspakt *m (Fin, Pol, WiWi)* Stability and Growth Pact *(EU, EZB, Maastricht-Vertrag)*
Stablinienorganisation *f (Mgt)* line and staff organization
Stadium *n (Gesch)* phase, stage
Stadt *f (Pol)* city
Stadterneuerung *f (Pol, Verw)* urban renewal
Stadtgebiet *n (Pol, Verw)* urban area
städtische Anleihe *f (Fin) (BE)* local authority loan
städtisches Krankenhaus *n (Soz)* district hospital
Stadtkern *m (Gb, Umw, WiWi)* inner city
Stadtmitte *f (Gesch) (AE)* town center, *(BE)* town centre
Stadtökonomie *f (WiWi)* urban economics
Stadtplanung *f (Gb, Pol, Verw)* city planning, town planning, urban development
Stadtsanierung *f (Gesch, WiWi)* urban renewal
Stadtstaaten *mpl (Pol)* city states *(Berlin, Bremen, Hamburg)*
Stadtteil *m (Pol, Verw)* borough, district
Stadtverwaltung *f (Pol, Verw)* municipal administration, *(BE)* municipal corporation, *(AE)* municipal government; town administration
Stadtzentrum *n (Gesch) (AE)* city [town] center, *(BE)* city [town] centre
Staffelmiete *f (Gb)* graduated lease
staffeln *v (Gesch)* stagger *(Kosten)*
Staffeltarif *m (Pers)* graduated wage
Staffelung *f (Gesch)* stagger *(Arbeitszeit)*
Stagflation *f (WiWi)* stagflation
Stagnation *f (WiWi)* stagnation
stagnieren *v (WiWi)* stagnate
Stahl *m (Ind, Trans)* steel
Stahlaktien *fpl (Bö)* steel securities, *(BE)* steel shares, *(ugs.)* steels, *(AE)* steel stocks
Stahlarbeiter(in) *m(f)* 1. *(Ind)* steelworker; 2. *(Pers)* steel-collar worker
Stahlindustrie *f (Ind)* steel industry
Stahlkammer *f (Bank)* strong room, safety vault
Stahlwerk *m (Ind)* steelworks
Stamm... *(Gesch)* main, master root, nominal, share, head, original, parent, core, common
Stammaktie *f (Bö)* common share [stock], equity share, *(BE)* ordinary share
Stammaktien *fpl (Bö, Fin, RW) (BE)* equities, ordinary shares
Stammaktienäquivalent *n (Bö)* common shares [stock] equivalent
Stammbelegschaft *f (Pers)* skeleton staff, *(BE)* core workforce
stammen *v* **aus** *(Gesch)* originate in, stem from
Stammhaus *n (Gesch)* company headquarters, head office, parent company
Stammkapital *n (Fin)* nominal capital, capital fund, *(AE)* capital stock *(GmbH)*
Stammkapitalbeteiligung *f (Gesch, Verw)* equity interest
Stammkunde *m (V&M)* regular customer
Stand *m* 1. *(Bö)* stand, *(AE)* post; 2. *(Gesch)* rank *(Rang)*; stage, level *(der Verhandlungen)*; 3. *(RW)* balance *(Konto)*; 4. *(V&M)* stand *(Ausstellung)*
~ **der Dinge** *(Gesch)* state of affairs
~ **der Technik** *(Gesch)* state of the art
Standard *m* 1. *(Bö)* standard, Std; 2. *(EDV)* default; 3. *(Gesch)* standard grade
Standardabweichung *f (Fin, Stat)* standard deviation
Standardausgabenposten *m (Pol, WiWi)* standard item of expenditure
Standardbrief *m (V&M)* standard letter
Standardfestlegung *f (Bank, Gesch)* standard setting
standardisieren *v (Gesch, RW, Recht, V&M)* standardize
standardisierte Fertigungsmethode *f (Gesch)* standard operating procedure
~ **Qualität** *f (Gesch)* standard grade
Standardisierung *f (Gesch, RW, Recht, V&M)* standardization
~ **der Buchführung** *(RW) (BE)* accounting harmonization
Standardisierungsabkommen *n (Gesch)* standardization agreement

Standardkosten *pl (RW)* standard costs, cost standard
Standardkostensystem *n (Gesch)* standard cost system
Standard-Portfeuille-Risikoanalyse *f (Fin)* standard portfolio analysis of risk, SPAR
Standardpreis *m (V&M)* standard price
Standardration *f (Pol)* standard allotment
Standardsetzung *f (Bank, Gesch)* standard setting
Standardsorte *f (Pers)* basic grade
Standardsteuersatz *m (St)* basic-rate tax
Standardverfahren *n (Gesch)* standard operating procedure
Standardvertrag *m* 1. *(Gesch)* standard agreement; 2. *(Recht)* standard contract
Standardwert *m (Bö)* blue chip, leading stock
Standardzuweisung *f (Pol)* standard allotment
Standby-Fazilität *f (Fin)* standby facility
Standby-Kredit *m (Bank, Fin)* standby credit
Standesamt *n (Verw)* office for registration [recordation] of personal status, register office, registry office
Standesordnung *f (Gesch)* code of ethics
Standesrichtlinien *fpl (Recht)* code of professional responsibility, ethics of the profession *(Verhalten von Rechtsanwälten)*
standeswidriges Verhalten *n* 1. *(Gesch)* breach of professional etiquette; 2. *(Recht)* professional misconduct *(Arzt)*
ständig *adj (Gesch)* persistent *(dauerhaft)*
ständig steigend *(Gesch)* ever-increasing *(Nachfrage)*
ständige Adresse *f (Komm)* permanent address
~ **Arbeitskräfte** *fpl (Pers)* permanent workers, permanent labo(u)r
~ **Beteiligung** *f (RW)* permanent participation
~ **Fortbildung** *f (Pers)* continuing education, permanent education
~ **Weiterbildung** *f (Pers)* continuing education, permanent education
ständiger Wohnsitz *m (Recht)* permanent residence
Standleitung *f (EDV)* dedicated line, leased line
Standort *m* 1. *(Gesch)* site, location; 2. *(Ind)* premises • **jeder ~** *(Vers)* any one location
~ **der Anlage** *(Gesch)* plant location
Standortbedingungen *fpl (WiWi)* locational conditions
Standortbestimmung *f (Ind)* siting
standortgebundene Industrie *f (Ind)* locked-in-industry, location-specific industry
standortgebundenes Wissen *n (Ind)* locked-in knowledge, location-specific knowledge
Standortplanung *f (Gesch, Gb)* site planning
Standortprüfung *n (Gesch)* site audit
Standortsicherung *f* 1. *(Gesch)* safeguarding a location; 2. *(Pol, WiWi)* safeguarding the country's future as an industrial location
Standorttheorie *f (WiWi)* location theory
standortungebundene Industrie *f (Ind)* footloose industry
Standortwahl *f (Mgt, Gesch)* site selection
Standortwechsel *m (Ind, WiWi)* relocation
Standortwettbewerb *m* 1. *(Gesch, WiWi)* locational competition; 2. *(Pol, Recht)* interjurisdictional competition *(im Sinne von ‚Wettbewerb der Rechtsordnungen')*
Standpunkt *m* 1. *(Gesch)* viewpoint, point, point of view, position; 2. *(Mgt)* attitude • **einen ~ vertreten** *(Gesch)* take up a position • **seinen ~ vertreten** *(Recht)* argue one's case
~ **der Unternehmensleitung** *(Mgt)* administrative point of view
Stange/von der *(Gesch)* off-the-peg
Stapel *m (Ind, Med)* batch
Stapelwaren *fpl (Gesch)* staple commodities, staple goods, staples
stark *adj (Gesch)* high-strength, forceful *(Argument)*; strong *(Indikator)*; great *(Nachfrage)*; marked *(Rückgang)* • **ein starker Anhänger sein von** *(Pol)* be a strong supporter of
stark *adv (Gesch)* strongly • **~ diversifiziert** *(Gesch)* broadly diversified • **~ fallen** *(Gesch)* tumble *(Preise, Kurse)*
Stärke *f* 1. *(Bö)* strength *(Währung)*; 2. *(Gesch)* force; 3. *(WiWi)* resilience
starke Konkurrenz *f (V&M)* strong competition
~ **Nachfrage** *f (WiWi)* heavy demand
stärken *v (Gesch, WiWi)* bolster
starker Aufschwung *m (Gesch)* boom

Stärkung *f* 1. *(Gesch)* reinforcement; 2. *(WiWi)* strengthening
starre Arbeitszeit *f (Pers)* inflexible working hours, fixed working hours, rigid working hours
starrer Preis *m (WiWi)* inflexible [sticky] price
Starrheit *f (WiWi)* inflexibility, rigidity
~ **des Arbeitsmarktes** *(WiWi)* labo(u)r-market rigidities
starten *v* 1. *(EDV)* start *(Datei)*; 2. *(V&M)* launch *(Kampagne)*
Startkapital *n (Fin)* seed capital, seed money, start-up capital
Startkosten *pl (Fin, RW)* start-up costs
stationäre Volkswirtschaft *f (WiWi)* stationary economy, stationary state economy
stationärer Zustand *m (WiWi)* stationary state
stationäres Gleichgewicht *n (WiWi)* stationary equilibrium
stationiert *adj (Gesch)* based, located • ~ **sein in** *(Gesch)* be based in
statisch *adj (WiWi)* static
statische Abzinsung *f (RW)* static discounting method *(Barwertmethode)*
statisches Modell *n (WiWi)* static model
Statistik *f (Stat)* statistics
~ **der Berufe** *f (Pers, Stat)* occupational statistics
~ **der Erwerbstätigkeit** *(Pers, Stat, WiWi)* employment statistics
Statistiken *fpl (Stat)* statistical returns
statistisch *adj (Gesch, Stat, WiWi)* statistical • ~ **erfassen** *(Gesch, St, V&M)* collect statistics • ~ **signifikant** *(Stat)* statistically significant
statistische Fertigungskontrolle *f (Stat)* statistical process control
~ **Grundgesamtheit** *f (Stat)* statistical population
~ **Inferenz** *f (Stat)* statistical inference
~ **Menge** *f (V&M)* population
~ **Population** *f (Stat)* statistical population
~ **Stichprobe** *f (V&M)* census sample
~ **Streuung** *f (Stat)* statistical spread
statistischer Jahresbericht *m (Stat)* annual abstract of statistics
~ **Warenkorb** *m (Gesch)* commodity basket
Statistisches Jahrbuch *n (WiWi)* statistical yearbook, *(AE)* annual abstract of statistics
stattgeben *v (Gesch)* allow, sustain *(Anspruch)*; grant *(Wunsch)*
statthaft *adj (Gesch)* allowable
Status *m (Gesch)* state, status
Statusgüter *npl (WiWi)* positional goods
Statussymbol *n (Gesch)* status symbol
statutarisch *adj (Recht)* by statute
Statuten *npl (Recht) (BE)* articles of association, *(AE)* articles of incorporation, charter *(Satzung einer Kapitalgesellschaft)*; rules, constitution *(Satzung eines Vereins)*; bylaws *(Kapitalgesellschaft)*
Stechkarte *f (Ind, Pers)* time card • **seine ~ in die Stechuhr stecken** *(Ind, Pers)* clock in, punch the time clock
stehen *v* **bei** *(Gesch)* stand at *(Angebot, Gebot, Preis)*
~ **für** *(Gesch)* stand for sth *(Initialen)*
steigen *v (Gesch)* go up, increase, rise, *(AE)* hike *(Preise)*
steigend *adj* 1. *(Gesch)* mounting; 2. *(WiWi)* buoyant, rising • **in steigender Reihenfolge** *(Gesch)* in ascending order
steigende Kosten *pl (WiWi)* rising costs
~ **Nachfrage** *f (WiWi)* growing [increasing] demand
~ **Skalenerträge** *mpl (WiWi)* increasing returns to scale
steigender Zinssatz *m (WiWi)* rising interest rate
steigern *v* 1. *(Fin)* boost *(Einnahmen)*; 2. *(Gesch)* accelerate, strengthen *(Bemühungen)*; raise, increase *(Wert)*; 3. *(Umw)* raise *(Bewusstsein)*; 4. *(V&M)* boost *(Verkaufszahlen)*; 5. *(WiWi)* boost *(Nachfrage)*; fuel *(Inflation)*; enhance *(Kaufkraft)*
Steigerung *f* 1. *(Bö)* run-up; 2. *(Gesch)* advance, boom, increase, rise, speed-up *(Inflationsrate)*
steil *adj (Gesch, WiWi)* steep • **steiler werden** *(Stat)* steepen *(Kurve)*
Steinkohlenkraftwerk *n (Ind)* hard-coal-fired power station
Steinkohlenzeche *f (Ind)* colliery
Stellage *f (Bö)* straddle, spread, put and call
Stelle *f* 1. *(EDV)* digit; 2. *(Pers)* position, post • **eine ~ ablehnen** *(Pers)* turn down a job • **eine ~ annehmen** *(Pers)* take employment, take a job, accept a job • **eine ~ besetzen** *(Pers)* fill a vacancy • **sich**

um eine ~ **bewerben** *(Pers)* apply for a post *(Arbeitsmarkt)* • **eine ~ suchen** *(Pers)* look for a job • **seine ~ verlieren** *(Pers)* lose one's job

stellen *v (Pat, Recht)* submit *(Antrag)* • **Anspruch ~** *(Pat, Recht)* claim

Stellenanforderung *f (Pers)* job requirement

Stellenangebot *n (Pers)* job offer

Stellenanzeige aufgeben/eine *(V&M)* advertise a job

Stellenanzeigen *fpl (V&M)* recruitment advertising

Stellenausschreibung *f (Pers)* job advertisement *(Arbeitsmarkt)*

Stellenbeschreibung *f (Pers)* job description

Stellenbewerber(in) *m(f) (Pers)* applicant *(Arbeitsmarkt)*

Stellengesuch *n (Pers)* (job) application

Stellengesuche *npl (Pers)* situations vacant *(Zeitung)*

Stellenplanung *f* 1. *(Mgt)* manpower planning; 2. *(Pers)* staff planning

Stellensuche *f (Pers)* job hunting, job search *(Arbeitsmarkt)*

Stellenvermittlung *f* 1. *(Gesch)* employment agency; 2. *(Pers)* job placement

Stellung *f* 1. *(Bö)* position, rank, standing, status; 2. *(Pers)* job, position, post, situation • **sich um eine ~ bewerben** *(Pers)* put in a job application *(Arbeitsmarkt)*

Stellungnahme *f (Gesch)* opinion

stellvertretend *adj (Gesch)* acting, deputizing

Stellvertreter(in) *m(f)* **des Vorstandsvorsitzenden** *(Mgt)* deputy chairman of the managing board, vice president

Stellvertreterrecht *n (Recht)* agency law

Stellvertreterstimme *f (Pol)* proxy vote

Stellvertretung *f (Gesch)* agencsy, representation

Stempel *m (Gesch)* stamp

Stempelkarte *f (Ind)* clock card

stempeln *v* 1. *(Gesch)* stamp; 2. *(Komm)* postmark *(Brief)*; 3. *(Pers)* clock in • **~ gehen** *(Pers, Soz) (ugs.)* be on the dole

Stempeluhr *f (Ind, Pers)* time clock

Steno(grafie) *f (Verw)* shorthand

stenografieren *v (Verw)* take down in shorthand

Sterberisiko *n (Vers)* death risk

Sterbetafel *f (Stat)* mortality table, life table

Sterbeurkunde *f (Gesch)* death certificate

Sterbewahrscheinlichkeit *f (Stat)* probability of dying

Sterbeziffer *f (Stat)* death rate, mortality rate

Sterblichkeit... *(Vers)* mortality

Sterblichkeitsrate *f (Soz, Vers, WiWi)* mortality (rate)

Sterlinggebiet *n (Gesch)* Sterling area

Sterlingguthaben *n (Fin)* sterling balance

stetig *adj (Gesch)* steady

stetige Zufallsvariable *f (Stat)* continuous variable

stetiges inflationsfreies Wachstum *n (WiWi)* sustained non inflationary growth

Steuer *f* 1. *(AH)* levy; 2. *(St)* tax, duty, imposition; 3. *(WiWi)* tax • **jmdm. eine ~ auferlegen** *(St)* impose a tax on sb • **von der ~ freistellen** *(St)* exempt sb from tax

~ **auf Veräußerungsgewinne** *(St)* capital gains tax

Steuerabgrenzung *f (St)* deferral of taxes

Steuerabzug *m (St)* tax deduction

Steueramortisation *f (St, WiWi)* tax capitalization

Steuerangleichung *f (St)* tax harmonization *(EU)*

Steueranrechnung *f (St, WiWi)* tax credit

Steueranreiz *m (St)* tax incentive, tax stimulus

Steueraufkommen *n* 1. *(Fin)* revenue from taxes; 2. *(St) (BE)* inland revenue, *(AE)* internal revenue; tax receipt [yield]

Steueraufrechnung *f (St)* tax offset

Steueraufwendung *f (St, WiWi)* tax expenditure

Steuerausweichung *f (Gesch, St, WiWi)* tax avoidance

steuerbare Güter *npl (St)* taxable [excisable] goods

steuerbarer Umsatz *m (St)* taxable activity, tax transaction

~ **Veräußerungsgewinn** *m (St)* chargeable capital gains

Steuerbasis *f (WiWi)* tax base

Steuerbeamte(r) *m (Gesch, St)* tax collector

Steuerbefreiung *f (St)* exemption from tax, tax exemption

steuerbegünstigt *adj (St)* eligible for tax relief, tax-privileged, tax-sheltered

Steuerbehörde *f (St)* fiscal authority, *(BE)* Inland Revenue, *(AE)* Internal Revenue Authority; tax authority, *(ugs.)* taxman
Steuerbelastung *f (St)* tax burden, tax load
Steuerbelastungswirkung *f (St)* fiscal incidence
Steuerbeleg *m (Bö, St)* tax voucher
Steuerbemessungsgrundlage *f (St, WiWi)* basis of assessment, tax basis
Steuerberater(in) *m(f)* 1. *(Gesch, Pers, RW)* accountant; 2. *(St)* tax consultant
Steuereingangsstufe *f (St)* tax threshold
Steuerelastizität *f (St, WiWi)* tax elasticity
Steuererhebungskosten *pl (St)* administrative cost(s)
Steuererklärung *f (St)* tax declaration, tax return • **seine ~ einreichen** *(St)* file one's tax return
Steuererlass *m (St)* abatement of taxes, tax remission
Steuererleichterung *f (St)* tax concession, tax relief
Steuerermäßigung *f (St)* tax reduction
steuerfrei *adj (St)* exempt from taxation, tax-exempt, tax-free
Steuerfreibetrag *m (St) (BE)* allowance, *(AE)* tax credit; tax relief, tax-free amount
steuerfreier Betrag *m (St)* tax-free allowance
steuerfreies Einkommen *n (St)* nontaxable income, tax-free income
~ **Wertpapier** *n (St)* tax-exempt security
Steuerfreiheit *f (St)* exemption from taxes, tax exemption, immunity from taxes *(Diplomaten)*
Steuer-Grundfreibetrag *m (St)* tax threshold
Steuergutschein *m (St) (AE)* tax anticipation bill, *(AE)* tax anticipation note, *(BE)* tax credit certificate, *(AE)* tax-reserve certificate
Steuergutschrift *f (St) (AE)* tax credit
Steuerharmonisierung *f (St, WiWi)* tax harmonization *(EU)*
Steuerhinterziehung *f (St)* (illegal) fiscal evasion, tax evasion
Steuerimmunität *f (St, WiWi)* tax immunity
Steuerinländer(in) *m(f) (St)* resident for tax purposes, resident taxpayer
Steuerinzidenz *f (St)* incidence of taxation, tax incidence
Steuerjahr *n (Fin, RW, St)* assessment year, fiscal year
Steuerlast *f (St)* tax burden, tax charge, tax load
steuerlich *adj (RW, St)* fiscal
~ **absetzbare Kosten** *pl (RW)* allowable expenses
~ **abzugsfähig** *(RW, St)* tax-deductible
~ **abzugsfähige Ausgaben** *fpl (St) (AE)* tax-deductible expenditure, *(BE)* tax-deductible expenses
~ **nicht absetzbare Position** *f (St) (BE)* disallowable item
steuerliche Abschreibung *f (RW, St)* tax return depreciation, tax write-off, *(BE)* capital allowance
~ **Absetzung** *f (St) (AE)* tax deduction
steuerlicher Wohnsitz *m (St)* residence for tax purposes, tax domicile
Steuerliste *f (St)* assessment roll, list of tax assessments, tax roll
Steuermobilität *f (WiWi)* fiscal mobility
Steuermultiplikator *m (WiWi)* fiscal multiplier
Steuern *fpl (St)* taxes, taxation • **nach ~** *(RW, St)* after tax, after-tax basis • **vor ~** *(St)* before tax, pre-tax, exclusive of tax • **~ abführen** *(St)* pay tax • **~ einziehen** *(St)* collect taxes
Steuernachlass *m (St)* abatement of taxes, tax abatement, tax relief
steuerneutral *adj (RW, St)* without attracting tax, tax-neutral
Steuerneutralität *f (St)* fiscal neutrality
Steuernummer *f (St)* taxpayer's reference number
Steuerpfändung *f (St)* tax foreclosure
steuerpflichtig *adj* 1. *(Recht)* liable to pay a tax, liable to pay taxes; 2. *(St)* assessable, taxable, liable to pay a tax, liable to pay taxes, subject to taxation, *(BE)* rateable *(Gemeindesteuer)*
Steuerpflichtige(r) *f(m) (St)* taxpayer
steuerpflichtige Einkünfte *pl (St)* assessable income
~ **Umsätze** *mpl***nicht** *(St)* nontaxable transactions
steuerpflichtiger Gewinn *m (RW)* taxable profit
steuerpflichtiges Einkommen *n (St)* assessable income, taxable income, subject to income taxation, subject to income tax
Steuerpolitik *f* 1. *(WiWi)* fiscal policy; 2. *(St)* taxation policy

Steuerquelle *f (St)* source of revenue; tax base *(income, property)*
Steuerrecht *n (Recht)* tax law
Steuerreformgesetz *n (St)* tax reform act
Steuerrichtlinien *fpl (St)* tax guidelines
Steuerrückstände *mpl (St)* tax arrears
Steuerrückstellung *f (RW, St)* tax provision
Steuerrückzahlung *f (St)* tax refund
Steuersatz *m (St)* rate of taxation, tax rate
Steuerschlupfloch *n (St)* tax loophole
Steuerstruktur *f (St, WiWi)* tax structure
Steuersystem *n (WiWi)* system of taxation
Steuertarif *m (St)* tax scale [schedule]
Steuertilgung *f (St, WiWi)* tax capitalization
Steuerüberwälzung *f (St)* shifting of taxes
Steuerumgeher *m (St) (ugs.)* tax dodger
Steuerumgehung *f (Gesch, St, WiWi)* avoidance of tax, tax avoidance, *(ugs.)* tax dodging
Steuerung *f* **des Angebots** *(WiWi)* supply control
~ **des Materialflusses** *(Trans)* materials management
~ **von Vertrieb und Verkauf** *(V&M)* merchandising
Steuerveranlagung *f (St)* tax assessment
Steuervergünstigung *f (St)* tax concession, tax privilege
Steuervergünstigungen *fpl (St)* tax expenditure
Steuervermeidung *f (Gesch, St, WiWi)* avoidance of tax, tax avoidance
Steuerverwaltung *f (Verw)* tax administration
Steuervorauszahlung *f (St)* advance payment of taxes
Steuerwert *m (St)* taxable value
Steuerwettbewerb *m (WiWi)* tax competition *(EU)*
Steuerwirkung *f (RW, St)* effect of taxation, fiscal incidence
Steuerzahler(in) *m(f) (Gesch, RW, St)* taxpayer
Steuerzweck *m (RW)* tax purpose
stichhaltig *adj (Gesch)* valid *(Argument)*
Stichprobe *f* 1. *(Gesch)* spot check, random test; 2. *(Stat)* sample; 3. *(V&M)* random test • **eine ~ entnehmen** *(Stat)* take a sample • **eine ~ ziehen** *(Stat)* draw a sample
Stichproben *fpl (V&M)* random sampling
Stichprobenerhebung *f (V&M)* poll
Stichprobenfehler *m (Stat)* sampling error
Stichprobenumfang *m (Stat)* sample size, size of sample
Stichtag *m* 1. *(Bö)* date of record, declaration day; 2. *(Fin)* call date, cutoff date; 3. *(Gesch)* deadline, effective date, key date, target date; 4. *(RW)* reporting date, *(AE)* cutoff date
Stichtagsmethode *f (RW)* current rate method
Stichwahl *f (Pol)* decisive [final] ballot, second ballot, *(AE)* run-off, *(AE)* run-off election
Stiftung *f* 1. *(Recht)* endowment *(Dotation)*; 2. *(WiWi)* foundation
Stil *m* 1. *(Gesch)* class; 2. *(Mgt)* style
stille Beschwerdeführer *pl (Gesch, V&M)* unvoiced complainers
~ **Reserven** *fpl* **[Rücklagen** *fpl***]** *(RW)* undisclosed [secret] reserves
stiller Gesellschafter *m (Fin, Gesch, Recht, WiWi) (AE)* silent partner, *(BE)* sleeping partner
~ **Teilhaber** *m (Fin, Gesch, Recht, WiWi) (AE)* silent partner, *(BE)* sleeping partner
stillgelegt *adj* 1. *(Gesch)* closed down, shut down; 2. *(Trans)* laid-up; 3. *(Umw)* decommissioned *(Kernkraftwerk)* • ~ **werden** *(Ind)* close down, shut down
stillgelegtes Bankkonto *n (Bank)* dormant account
stilllegen *v* 1. *(Fin)* immobilize; 2. *(Gesch, Ind)* close down, shut down
Stilllegung *f* 1. *(Fin)* immobilization; 2. *(Gesch)* closing down, closure, shutdown; 3. *(Umw)* decommissioning *(eines Kernkraftwerkes)*
stillschweigend *adj (Recht)* implicit, implied, tacit *(Annahme)* • **nach stillschweigender Vereinbarung** *(Recht)* by tacit agreement
stillschweigende Bedingung *f (Gesch)* implied condition
~ **Verlängerung** *f (Gesch)* tacit renewal
Stillstand *m (WiWi)* stagnation, standstill
Stillstandszeit *f* 1. *(EDV, Gesch)* dead time, downtime, idle time, lost time; 2. *(Pers)* stoppage
stillstehend *adj (Gesch, Trans)* down, idle
Stimmabgabe *f (Mgt, Pers)* voting

stimmberechtigte Aktie *f (Bö, Fin)* voting share, voting stock
stimmberechtigtes Kapital *n (Bö)* voting capital
Stimme *f (Pers, Pol)* vote • **sich der ~ enthalten** *(Pol)* abstain *(Wahl)*
stimmen *v* **für** *(Pers, Pol)* vote for
~ **gegen** *(Pers, Pol)* vote against
Stimmenthaltung *f (Gesch, Pol)* abstention
stimmig *adj (Gesch)* consistent
Stimmrecht *n* 1. *(Bö, Fin)* right to vote, voting power; 2. *(Pers)* voting right; 3. *(Pol)* franchise, suffrage, voting right
stimmrechtslose Aktie *f (Bö)* nonvoting share, nonvoting stock
Stimmung *f (Bö)* mood, tone
Stimmungsbarometer *n (WiWi)* barometer
Stimmungsindikator *m (Gesch)* sentiment indicator
Stimmungslage *f* **der Wirtschaft** *(Gesch, WiWi)* business climate
Stimmungsmache *f (Gesch, Pol, WiWi) (ugs.)* cheerleading *(Seelenmassage)*
Stimmzettel *m (Pers)* ballot paper, voting paper *(geheime Abstimmung)*
stimulieren *v (Gesch, Pers, WiWi)* stimulate *(Vertrauen, Nachfrage)*
Stipendium *n (Pers)* scholarship, student grant, *(AE)* grant; fellowship
stochastischer Netzplantechnik/mit *(Mgt) (BE)* programme evaluation and review technique, PERT
~ **Prozess** *m (Gesch)* stochastic process
stocken *v (WiWi)* falter, stagnate
Stop-and-go-Politik *f (WiWi)* stop-go policy
Stop-Limit-Order *f (Bö)* stop limit order
Störeinflüsse *mpl (WiWi)* shocks
stören *v (Gesch)* be misleading
Störfaktor *m (WiWi)* distorting factor
stornieren *v* 1. *(Gesch)* cancel *(Auftrag)*; 2. *(RW)* reverse (an entry) *(Buchung)*; 3. *(Recht)* cancel *(Vertrag)*
Stornierung *f* 1. *(Gesch)* cancellation, reversing, REV; 2. *(RW)* cancellation, *(AE)* reversal; 3. *(Recht)* cancellation
Storno *m(n) (RW)* contra entry, reversing entry
Stornobuchung *f (RW)* contra entry, reversing entry
Stornogebühr *f (Vers)* cancellation fee
Stornoquote *f (Vers)* cancellation ratio
Stoßwirkung *f (Gesch)* impact
Straddle-Baisse-Position *f (Bö)* long straddle position
Strafanzeige *f (Recht)* complaint *(Strafrecht)*
strafbar *adj (Recht)* liable to prosecution, punishable
strafbare Handlung *f (Recht) (BE)* (criminal) offence, *(AE)* (criminal) offense
~ **Inhalte** *mpl (EDV, Komm, Recht)* illegal content
Strafe *f (Recht)* penalty • **mit einer ~ belegen** *(Recht)* penalize • **~ über jmdn. verhängen** *(Recht)* pass sentence on sb
straff *adj (Gesch, WiWi)* tight
straffe Fiskalpolitik *f (St, WiWi)* tight fiscal policy
~ **Geldpolitik** *f (WiWi)* tight monetary policy stance
straffen *v (WiWi)* streamline, *(ugs.)* take up the slack *(Unternehmen)*
Straffung *f (WiWi)* streamlining, tightening
Strafgesetzbuch *n (Recht)* Penal Code, Criminal Code
strafmündig *adj (Recht)* accountable
strafrechtlich verfolgen *(Recht)* prosecute
strafrechtliche Vorschriften *fpl (Recht)* criminal law regulations
Strafregister *n (Recht)* police record
Straftat *f (Recht)* crime, *(BE)* criminal offence, *(AE)* criminal offense
Straftäter(in) *m(f) (Recht)* criminal
Strafurteil *n (Recht)* sentence, verdict *(Geschworenengericht)*
Strafzins *m* 1. *(Bank)* interest penalty, negative interest, penalty interest, penalty rate; 2. *(Fin)* interest penalty
Straße *f* 1. *(Gesch)* street; 2. *(Trans)* road
Straßenbenutzungsgebühr *f (Gesch, Trans)* road toll, road-use tax, toll
Straßennetz *n (Trans)* road network
Straßentransport *m (Trans)* road haulage, road transport, motor freight
Straßentransportunternehmen *n (Trans)* road haulage company
Straßenverkäufer(in) *m(f) (Gesch)* hawker, *(ugs.) (AE)* huckster, *(BE)* street trader, *(AE)* street vendor, pedlar
Strategie *f* 1. *(Gesch)* strategy; 2. *(WiWi)* strategy
Strategiebestimmung *f (WiWi)* strategy formulation

strategisch *adj (Gesch, Mgt, WiWi)* strategic
strategische Frage *f (Mgt)* strategic issue
~ **Frühaufklärung** *f (Mgt, Umw, Verw, WiWi)* environmental assessment [scanning]
~ **Geschäftseinheit** *f (Mgt)* strategic business unit
~ **Planung** *f (Gesch, Mgt)* strategic planning
~ **Preispolitik** *f (V&M)* strategic pricing
~ **Unternehmenseinheit** *f (Mgt)* strategic business unit
strategisches Bündnis *n (Mgt)* strategic alliance
Strecke *f* 1. *(Gesch)* distance; 2. *(Ind)* drift, roadway; 3. *(Trans)* line, track *(Eisenbahn)*
Streckennetz *n (Trans) (AE)* railroad network, *(BE)* railway network, *(BE)* railway system
streichen *v* 1. *(Bank)* cancel, withdraw; 2. *(Gesch)* delete, erase
Streichung *f* 1. *(Bank)* cancellation, withdrawal; 2. *(Fin)* cancellation; 3. *(Recht)* deletion
Streifband *n (Verw)* postal wrapper
Streifbanddepot *n (Fin)* individual safe custody of securities, securities deposited under wrapper
Streik *m (Gesch, Ind, Pers)* industrial action, primary action, strike, *(ugs.)* walkout • **im ~** *(Gesch, Ind, Pers)* on strike • **zum ~ aufrufen** *(Gesch, Ind, Pers)* call a strike • **in den ~ treten** *(Gesch, Ind, Pers)* go out on strike, take industrial action, walk out
streiken *v (Gesch, Ind, Pers)* go on strike, strike, turn out on strike, walk out, take industrial action, *(AE)* hit the bricks
Streikposten *m (Gesch, Ind, Pers)* picket *(Arbeitskonflikt)*
Streikrecht *n (Gesch, Ind, Pers)* right to strike
Streit *m (Gesch)* contest, controversy, dispute
streiten *v* **um** *(Gesch)* battle for
Streitfall schiedsgerichtlich beilegen/einen *(Recht)* submit a dispute to arbitration
Streitfrage *f (Recht)* issue
streitig sein *(Gesch)* be at issue
Streitigkeit *f (Pers)* dispute • **Streitigkeiten schlichten** *(Pers)* settle a dispute
streng *adj (Gesch)* severe, strict, stringent *(Maßnahme, Programm)*
streng *adv (Gesch)* severely, strictly, stringently • **~ nach Vorschrift** *(Gesch)* by the book • **~ vertraulich** *(Gesch)* private and confidential, strictly confidential
strenge Kontrolle *f (Recht)* tight control
Stress *m (Gesch, Pers)* stress
Streubesitz *m* **von Aktien** *(Bö)* free float
Streuplaner *m (Pers)* media buyer
Streuung *f* 1. *(Bö)* distribution, diversification; 2. *(Stat)* dispersion, scatter; 3. *(V&M)* spread
Streuungskoeffizient *m (Stat)* coefficient of variation
Strich/über dem *(Fin, RW)* above the line
~/unter dem *(V&M)* below the line
Strichcodelesegerät *n (EDV)* bar code scanner
strichcodierte Artikelnummer *f (EDV)* bar-coded identification number
strittig sein *(Pers)* be in dispute
Strohfirma *f (St)* shell company
Strohmann *m* 1. *(Bö)* nominee; 2. *(Med)* frontman; 3. *(Recht)* dummy
Strom *m* 1. *(EDV)* power; 2. *(Trans)* flow
strömen *v (Ind)* flow
Stromerzeugung *f (Ind)* electricity generation
Stromgröße *f (WiWi)* flow
stromsparend *adj (Umw)* energy-saving
Strömungsgröße *f (WiWi)* flow
Struktur *f (Gesch)* structure
Struktur *f* **der Beschäftigten** *(Pers)* employment structure, employment pattern, structure of the working population
Strukturangleichung *f (Mgt)* structural adjustment
Strukturanpassung *f (Mgt)* structural adjustment
Strukturanpassungsfazilität *f (Fin)* structural adjustment facility
strukturelle Arbeitslosigkeit *f (Pers, WiWi)* structural unemployment
~ **Bereinigung** *f (Mgt)* structural adjustment
~ **Operationen** *fpl (Bank)* structural operations *(EZB)*
strukturelles Defizit *n (RW, WiWi)* primary deficit
Strukturfonds *m (WiWi)* structural funds *(EU)*
strukturieren *v (Gesch)* structure
strukturiertes Interview *n (V&M)* guided interview

~ **Vorstellungsgespräch** *n (Pers)* structured interview *(Bewerbung)*
Strukturwandel *m (Mgt)* structural change
Stück *n* 1. *(Bö)* denomination; 2. *(Gesch)* item, piece, unit; 3. *(Ind)* head *(Vieh)* • **je ~** *(Gesch, V&M)* apiece
Stückelung *f (WiWi)* denomination • **die ~ angeben** *(WiWi)* denominate
Stückezuteilung *f (Bö)* allotment of securities
Stückgut *n (Trans) (AE)* break bulk cargo, *(AE)* mixed carload, *(AE)* lot; loose cargo, part-load *(Eisenbahn)*
Stückkosten *pl (RW)* cost per unit, unit cost
Stückliste *f (Ind)* bill of materials
Stücklohn *m (Pers)* piece wage *(Akkordarbeit)*
Stücklohnarbeit *f (Ind)* jobbing
Stücklohnsatz/zum *(Pers)* at piece rate
Stückpreis *m (Gesch)* unit price
Stücksteuer *f (St)* per-unit tax
Stückzinsen *mpl* 1. *(Bank)* interest accrued; 2. *(Bö)* accrued interest; 3. *(Fin)* running interest, broken period interest; 4. *(RW)* broken period interest
Studie *f (Gesch, Pers, Soz)* study
Studienanfänger(in) *m(f) (Pers)* new student, (new) entrant to higher education, (new) entrant to university (education)
Studiendauer *f (Pers)* duration of study, length of study
Studienfach *n (Pers)* subject, field of study, branch of study
Studiengebühr *f (Soz)* tuition fee
studieren *v* 1. *(Gesch)* examine carefully, study; 2. *(Pers)* study for a university degree, go to university, go to college, study at university, study at college
Studierneigung *f (Pers)* propensity to study
Stufe *f (Gesch)* bracket, phase, stage • **in Stufen** *(Gesch)* in stages, by stages
Stufenmodell *n (Pol, WiWi)* phased model, multi-stage model
stufenweise *adv (Gesch)* by stages, gradually • **~ eingliedern** *(Gesch, Verw)* phase in
Stundenleistung *f (Ind)* output per hour
Stundenlohn *m (Pers)* hourly wage, wage per hour
Stunden-Service/24- *m* 1. *(Gesch, Komm)* 24-hour service; 2. *(Trans)* same-day service
Stundenvergütung *f (Pers)* hourly compensation
Stundung *f (St)* extension of time for payment
~ **von Forderungen** *(Fin)* prolongation of debt
Stundungsfrist *f (St)* period of extension
stürzen *v (Bö, WiWi)* slump *(Markt)*; drop, fall, tumble, collapse *(Preise, Kurse)*
Stütze leben/von der *(Pers) (ugs.)* be on the dole, be on social security
stützen *v* 1. *(Gesch)* bolster, peg, reinforce, support, underpin, back *(Währung)*; 2. *(Mgt)* support; 3. *(WiWi)* bolster, peg, prop up, reinforce, support, underpin *(Währung)*
Stützpunkt *m (Gesch)* base
Stützsystem *n (WiWi)* pegging system
Stützung *f* 1. *(Gesch)* support; 2. *(WiWi)* backing
Stützungsfazilität *f (Gesch)* backup facilities
Stützungskäufe *mpl* 1. *(Bö)* backing; 2. *(Fin)* support buying, support operations
Stützungskredit *m (Bank, Fin)* standby credit, supporting credit
Stützungsmaßnahme *f (Mgt)* support activity
subjektiv *adj (Gesch, V&M)* subjective
subjektive Unmöglichkeit *f* **der Leistung** *(Recht)* inability to perform *(Vertragsrecht)*
~ **Wahrnehmung** *f (V&M)* subjective perception
subjektives Recht *n (Recht)* legal right
Submission *f (Gesch)* submission, bid, tender
Submissionsangebot *n (Gesch)* tender
~ **im verschlossenen Umschlag** *(Gesch)* sealed-bid tendering
Submissionsschluss *m (Bö)* bid closing date
Submissionsverfahren *n (Gesch)* competitive bidding procedure
Submissionsvergabe *f (Mgt)* award
Submissionsverkauf *m (V&M)* sale by tender
Submissionsweg/auf dem *(Verw)* by tender
Suboptimierung *f (Fin, Gesch, WiWi)* suboptimization
subsidiär *adj (Gesch)* secondary, subsidiary

Subsistenz *f (Soz)* subsistence
Substanz *f (WiWi)* substance
Substanzwert *m* 1. *(Fin)* intrinsic value; 2. *(RW)* asset value; 3. *(WiWi)* intrinsic value
substituierbar *adj (Bank)* interchangeable
substituieren *v (WiWi)* substitute
Substitutionsbeziehung *f (WiWi)* trade-off
Substitutionseffekt *m (WiWi)* substitution effect
Substitutionselastizität *f (WiWi)* elasticity of substitution
Substitutionskoeffizient *m (WiWi)* substitution coefficient
subtrahieren *v (Stat)* subtract
Subunternehmer(in) *m(f) (Pers)* subcontractor • **an einen ~ vergeben** *(Recht)* subcontract
Subvention *f (Fin)* subsidy, government subsidy, grant
subventionieren *v (WiWi)* subsidize
subventioniertes Darlehen *n (Bank)* low-cost loan
Subventionsmentalität *f (Pol, WiWi)* subsidy psychology, subsidy mentality, grantsmanship
suchen *v* 1. *(EDV)* find *(Datenbank)*; search *(Datei, Dokument)*; 2. *(Gesch)* search, seek *(Zustimmung)*
Suchmaschine *f (EDV, Komm)* search engine *(Internet)*
Suggestivfrage *f (V&M)* leading question
sukzessiv *adj (Gesch)* gradual, successive
Sukzessivlieferungsvertrag *m (Recht)* apportioned contract, contract for delivery by instal(l)ments, multiple delivery contract
Summe *f* 1. *(Fin)* total; 2. *(Gesch)* aggregate, total, amount, *(AE)* footing; 3. *(Stat)* *(AE)* footing; 4. *(WiWi)* aggregate, amount, total
~ **der liquiden Mittel** *(RW)* cash on hand
~ **der Verbindlichkeiten** *(RW)* total liabilities
summieren *v (Stat, RW)* sum up
Superchipkarte *f (EDV, Komm)* super smart card *(z.B. mit Display, Tastatur)*
Supermarkt *m (V&M)* supermarket
~ **einer Ladenkette** *(V&M)* chain superstore
supranational *adj (Gesch, Pol, WiWi)* supranational
suspendieren *v* 1. *(Gesch)* suspend *(Handel)*; 2. *(Pers)* suspend
Swap *m (Bö, Gesch)* swap
Swapsatz *m* 1. *(Bank)* swap point; 2. *(Bank, WiWi)* forward margin, swaprate
Swaptermingeschäft *n (Bö)* forward swap
Swing *m (AH, Bank)* swing *(Kreditlinie)*
Swing-Überschreitung *f (Bank)* swing overdraft
Symbol *n* 1. *(EDV)* icon, symbol; 2. *(Gesch, Pat, V&M)* symbol
symbolisch *adj (Gesch)* symbolic
symbolische Bezahlung *f (Bank, Gesch)* token payment
symmetrisch *adj (Bö, Stat)* symmetric
Sympathie... *(Pers)* sympathetic, sympathy
synchron *adj (EDV)* synchronous
synchroner Konjunkturindikator *m (WiWi)* coincident indicator
Syndikat *n* 1. *(Fin, Gesch)* consortium, syndicate; 2. *(WiWi)* cartel with joint purchasing or marketing organization
Syndikus *m (Pers)* legal advisor
~ **einer Unternehmung** *(Pers) (AE)* general counsel, *(BE)* head of legal department
Syndikusanwalt *m (Recht) (BE)* company's solicitor, *(AE)* corporate lawyer; legal advisor, staff lawyer
syndizierte Anleihe *f (Fin)* syndicated loan
syndizierter Swap *m (Fin)* syndicated swap
Synergie *f (Gesch, WiWi)* synergism, synergy
Synthese *f (Gesch)* synthesis
synthetisch *adj* 1. *(Gesch)* synthetic, composite; 2. *(Ind)* man-made, synthetic
synthetische Anleihe *f (Bö)* synthetic bond
synthetischer Frühindikator *m (WiWi)* composite leading index
System *n* 1. *(EDV, Gesch)* system; 2. *(Pol)* regime; 3. *(Verw)* system
~ **der Arbeitsplatzbewertung** *(Pers)* job evaluation scheme
~ **flexibler Wechselkurse** *(WiWi)* floating rate system, floating rate regime
System *n* **Volkswirtschaftlicher Gesamtrechnungen** *(obs) (WiWi)* System of National Accounts, *SNA (ersetzt durch das ESVG 95)*
Systemanalyse *f (EDV, Gesch)* systems analysis
Systemansatz *m (Gesch, WiWi)* systems approach

systematisch *adj (Gesch)* systematic
systematische Auswahl *f (Stat)* systematic sampling
systematischer Fehler *m (Stat)* bias
systembedingtes Bonitätsrisiko *n (Bank, Fin)* systemic credit risk
Systeme *npl* **und Verfahren** *npl (EDV)* systems and procedures
Systemrisiko *n (Bank, Bö)* systemic risk
Systemtheorie *f (Mgt)* systems theory
Systemumstellung *f (EDV, Gesch)* migration
Systemwechsel *m (WiWi)* regime change
Szenario *n* **des günstigsten Falls** *(Gesch, WiWi)* best-case scenario
~ des ungünstigsten Falls *(Gesch, WiWi)* worst-case scenario
SZR *s.* Sonderziehungsrechte

T

Tabakwaren *fpl (St, V&M)* tobacco products
tabellarisch *adv (EDV, Stat, Med)* in tabular form • **~ angeordnet** *(EDV, Stat, Med)* in tabulated form • **~ anordnen** *(EDV, Stat, Med)* tabulate
tabellarischer Bericht *m (Verw)* tabular report
~ Lebenslauf *m* 1. *(Pers)* curriculum vitae in tabular form *(Bewerbung)*; 2. *(Verw)* personal data [record] sheet
Tabelle *f (EDV, Stat, Med)* table
Tabellenführer *m (Gesch)* top of the league [table]
Tabellierung *f (EDV, Stat, Med)* tabulation
Tag *m* **des Vertragsabschlusses** *(Gesch)* contract date
Tage *mpl* **nach Akzept** *(Gesch)* days after acceptance
Tagebuch *n (RW)* daybook, journal
Tagegeld *n* 1. *(Gesch)* daily allowance; 2. *(Pers)* attendance fees [money] *(Sitzung)*
tagen *v (Gesch, Pol)* sit *(Ausschuss)*
Tagesauftrag *m (Bö)* day order
Tagesauszug *m (RW)* daily position statement
Tagesentschädigung *f (Gesch, Vers)* daily allowance
Tagesgeld *n (Bank, Fin)* call money, daily loan, day loan, overnight money, money at call, *(AE)* federal funds, *(ugs.) (AE)* fed funds
Tagesgeldsatz *m* 1. *(Bank, Fin)* call money rate, daily money rate, call [overnight] rate; 2. *(WiWi)* interbank rate
Tageskurs *m* 1. *(Bank)* rate of the day, today's rate; 2. *(Bö)* actual [current] price, daily quotation; 3. *(Fin)* today's rate • **zu Tageskursen** *(Bö)* at ruling prices
Tageskursbewertung *f (Bö, RW)* marking to market
Tagesleistung *f* 1. *(Gesch)* daily output, daily workload; 2. *(Ind)* daily production, daily output
Tagesordnung *f (Mgt, Verw)* agenda • **eine ~ aufstellen** *(Mgt, Verw)* draw up an agenda • **etw. auf die ~ setzen** *(Mgt, Verw)* put sth on the agenda
Tagesordnungspunkt *m (TOP) (Mgt, Verw)* item on the agenda, agenda item, item of business
Tagespreis *m (Bö)* ruling [current, actual] price
Tagesschicht *f (Pers)* day shift *(Schichtarbeit)*
Tagesschluss *m (Bank)* end-of-day
Tagesspekulation *f (Bö)* day trading
Tagesumsatz *m* 1. *(Bö)* daily volume; 2. *(Gesch)* daily sales
Tageszins *f (Bank)* daily interest
tageweise Verzinsung *f (Bank)* continuous compounding [interest]
taggenaue Zinsabrechnung *f (Bank)* daily balance interest calculation
taggleich *adj (AH, Bank)* same-day *(Wertstellung, Lieferung)*
taggleiche Abrechnung *f (Bö)* same-day settlement
täglich *adj (Gesch)* daily, day-to-day
~ fällige Forderungen *fpl (Bank, WiWi)* claims payable on demand
~ fällige Gelder *npl (Bank, WiWi)* funds payable on demand
~ kündbares Darlehen *n (Bank)* day-to-day loan
tägliche Neubewertung *f* **der Abschlüsse** *(Bö, RW)* marking to market
täglicher Abschlusssaldo *m (RW)* daily closing balance
~ Besuchsbericht *m (V&M)* daily report of calls

tägliches Geld *n (Bank)* call money, day-to-day money
Tag- und Nachtdienst *m (Gesch)* (a)round-the-clock service, 24 hour service
Tagung *f (Mgt, Verw)* conference, congress, convention, session
Tagungsbericht *m (Verw)* conference proceedings [report]
Takt *m* 1. *(EDV)* clock pulse, clock signal; 2. *(Ind)* cycle, timed sequence
taktische Planung *f (Gesch)* tactical planning
~ **Preispolitik** *f (V&M)* tactical pricing
Taktrate *f (EDV)* clock rate
Talfahrt *f (Bö, WiWi)* downswing *(Konjunktur)*
Talon *m (Bö)* coupon sheet, renewal coupon, talon
Talsohle *f (WiWi)* bottom, floor, trough
Tante-Emma-Laden *m (V&M) (BE)* corner shop, *(AE)* neighborhood store, *(AE)* mom-and-pop store
Tantieme *f* 1. *(Med, Pat)* author's fee, royalty; 2. *(Mgt, Pers)* management bonus, percentage of annual profits, profit-sharing bonus, tantième
Tara *f (Ind, Trans)* tare, tare weight
TARGET-System *n (Transeuropäisches Automatisiertes Echtzeit-Brutto-Express-Überweisungssystem) (Bank)* TARGET *(Trans-European Automated Real-time Gross Settlement Express Transfer System) (ESZB, EZB)*
Tarif *m* 1. *(Gesch)* tariff, rate, scale of charges; 2. *(AH)* customs tariff
Tarifabkommen *n (Pers)* collective agreement, wage agreement, wage settlement *(im Sinne von Lohnabkommen/-abschluss)*
Tarifabschluss *m (Pers)* wage settlement
Tarifangleichung *f (Pers)* wage adjustment
Tarifautonomie *f (WiWi)* autonomous wage bargaining, free collective bargaining
Tarifbeitrag *m (Vers)* premium rate
Tariffestsetzung *f (Fin, St)* fixing of tariffs, rate fixing, tariffication
tarifieren *v (Gesch)* classify, rate
Tarifkartell *n (Mgt, Pol)* wage cartel, wage cartel of trade unions and employers, wage cartel of the two sides of industry, wage cartel of both sides of industry
Tarifkonflikt *m (Pers)* industrial dispute
tariflich *adj (Pers)* collectively agreed, contractual
tarifliche Arbeitszeit *f (Pers)* collectively agreed working time, collectively agreed working hours, collectively agreed working week, hours of work fixed in a collective agreement, standard working week, standard working hours
Tariflohn *m (Pers)* negotiated standard [base, union] wage rate
Tarifniveau *n (St)* tariff level
Tarifpartner *mpl (Pers)* both sides of industry, the two sides of industry, management and labo(u)r, management and labo(u)r representatives, trade unions and employers, social partners, parties to a collective agreement, unions and management, bargaining table *(vgl. Tarifkartell, Sozialpartner)*
Tarifpolitik *f (Pers)* collective bargaining policy
Tarifrunde *f (Pers)* negotiating round, pay round, round of wage negotiations
Tarifsatz *m (AH)* tariff rate
Tarifverhandlung *f (Pers, WiWi)* collective bargaining [negotiations], *(BE)* negotiations for collective agreement
~ **auf Betriebsebene** *(Pers)* workplace bargaining, workshop bargaining
Tarifvertrag *m (Pers)* collective (bargaining) agreement, collective labo(u)r agreement, *(AE)* union agreement
Taschengeld *n (Gesch)* pocket money, spending money, pin money
Taschenrechner *m (EDV)* hand calculator, pocket calculator
Tastentelefon *n (Komm)* push-button telephone
Tat *f* 1. *(Gesch)* action; 2. *(Recht)* act, *(AE)* offense, *(BE)* offence
Täter(in) *m(f) (Gesch, Pers)* perpetrator, culprit
tätig *adj (Gesch)* active, busy • ~ **sein als** 1. *(Gesch)* trade as, do business as; 2. *(Recht) (AE)* practice as, *(BE)* practise as *(Anwalt)* • ~ **werden** 1. *(Gesch)* act, take action; 2. *(Mgt)* take action
tätigen *v (V&M)* close, transact *(Abschluss)*
tätiger Teilhaber *m (Mgt)* active partner
Tätigkeit *f* 1. *(Gesch)* action, activity; 2. *(Pers)* occupation *(Arbeit, Beruf)*
Tätigkeitsanalyse *f (Pers)* job analysis

Tätigkeitsbereich *m (Gesch)* field of action, range of activity
Tätigkeitsbericht *m (Gesch)* activity report, progress report
Tätigkeitsbeschreibung *f (Pers)* job description, job specification
Tatsache *f (Gesch)* fact • **den Tatsachen ins Auge sehen** *(Gesch)* face the facts • **die Tatsachen verdrehen** *(Gesch)* gerrymander
Tatsachenfeststellung *f (Gesch)* fact-finding
tatsächlich *adj* 1. *(EDV)* actual, effective; 2. *(Gesch)* factual, actual
tatsächliche Arbeitslosigkeit *f (WiWi)* actual level of unemployment
~ **Zuhörerschaft** *f (Med, V&M)* net audience
tatsächlicher Verlust *m (WiWi)* actual deficit
tatsächliches Defizit *n (WiWi)* actual deficit
~ **Ergebnis** *n (Gesch)* actual outcome
tauglich *adj (Gesch)* suitable, convenient
Tausch *m* 1. *(Gesch)* barter, exchange, swop, switch, switching; 2. *(WiWi)* exchange
~ **von Vermögenswerten** *(RW, Verw)* asset swap
Tauschbörse *f (Komm, Med, V&M)* exchange, trading post
Tausch-Effizienz *f (WiWi)* exchange efficiency
tauschen *v (Gesch)* barter, exchange, swop, switch
Tauschgeschäft *n* 1. *(Fin)* exchange; 2. *(Gesch)* barter transaction, exchange, exchange deal; 3. *(WiWi)* exchange, swop
Tauschgewinne *mpl (WiWi)* gains from exchange, gains from trade
Tauschhandel *m (WiWi)* barter (trade), barter transaction, counter trading
Tauschmittel *m (WiWi)* medium of exchange
Tauschsystem *n (Gesch, WiWi)* barter system
Täuschung *f (Recht)* fraudulent misrepresentation *(arglistig)*
Täuschungsmanöver *n (Gesch)* red herring, *(ugs.)* hype
Tauschwert *m (WiWi)* exchange value
Tauschwirtschaft *f (WiWi)* barter economy, exchange economy
Taxe *f* 1. *(Bö)* appraised value; 2. *(Gesch)* estimate, estimated price, valuation; 3. *(St)* tax
taxieren *v (Gesch)* appraise, assess, estimate
Taxigebühr *f (Trans) (AE)* cab charge, *(BE)* taxi charge
Taxkurs *m (Bö)* approximate price
Teamarbeit *f (Mgt, Pers)* teamwork
Teambesprechung *f (Mgt)* team briefing
Technik *f (Ind)* technology, engineering
Techniker(in) *m(f) (Pers)* technician
technisch *adj (Gesch)* technical
~ **ausgereift** *(Ind)* high-tech
~ **fortgeschritten** *(Ind, WiWi)* technologically advanced
~ **hochwertige Güter** *npl (Ind, V&M)* high-tech goods
~ **orientierter Analyst** *m (Bank, Bö)* chartist
~ **orientierter Wertpapieranalyst** *m (Bank, Bö)* chartist
technische Aktienanalyse *f (Bö)* technical analysis
~ **Analyse** *f (Bö, Fin)* chartism
~ **Anlagen** *fpl* **und Maschinen** *fpl (RW)* plant and machinery
~ **Beratungsfirma** *f (Ind)* consulting engineer
~ **Betreuung** *f (EDV, Ind)* technical support
~ **Chartanalyse** *f (Bö)* chartism
~ **Einrichtungen** *fpl (EDV, Ind)* technical devices
~ **Einzelheit** *f (Gesch)* technicality
~ **Hilfe** *f (EDV, Ind)* technical assistance
~ **Konten** *npl (RW, Vers)* operating accounts
~ **Neuerung** *f (Ind)* technological innovation
~ **Normen** *fpl (Ind, Pol)* technical standards *(EU)*
~ **Unterlagen** *fpl (Ind)* technical data
~ **Vorkehrungen** *fpl (Ind, EDV)* technical precautions
~ **Zusammenarbeit** *f (Ind)* technical cooperation
Technische Anleitungen *fpl (TA) (Recht, Umw)* technical guidelines
technischer Berater *m (Ind, Pers)* engineering consultant
~ **Bereich** *m (Pat)* technical field
~ **Fortschritt** *m* 1. *(Ind)* engineering progress, techn(olog)ical advance [progress]; 2. *(Pat)* improvement in the art
technisches Handelshemmnis *n (WiWi)* technical barrier to trade

~ **Personal** *n (Pers)* technical staff
technokratisch *adj (Gesch)* technocratic
Technologie *f (Ind)* technics, engineering, technology
Technologiebewertung *f (Ind, WiWi)* technology assessment
technologieintensiv *adj (Gesch)* high-tech, technology-based
technologieintensives Unternehmen *n (Gesch, Ind)* technology-based firm, high-tech company
technologieorientiert *adj (Gesch, Ind)* technology-based
technologieorientiertes Unternehmen *n (Ind)* technology-based firm, high-tech company
Technologietransfer *m (Ind, WiWi)* technology transfer, transfer of technology
Technologieunternehmen *n (EDV, Gesch, Komm)* technology company
Technologiezentrum *n (Ind)* technology park
technologisch *adj (Ind)* technological
technologisch hoch entwickelt *adj (Ind, WiWi)* technologically advanced
technologische Arbeitslosigkeit *f (Pers)* technological unemployment *(wegen technisch bedingter Umstellungen)*
~ **Verbesserung** *f (Ind)* technological innovation
technologischer Vorsprung *m (Ind)* technological edge
~ **Wandel** *m (Ind)* technological change
Teil *m* 1. *(Gesch)* part, piece, portion; 2. *(Recht)* party
Teil *n (Ind)* component
Teilarbeitslose(r) *f(m) (Pers)* partially unemployed, partially unemployed person
Teilarbeitslosigkeit *f (Pers)* partial unemployment
Teilbilanz *f (WiWi)* sub-account of the Balance of Payments *(ZB)*
Teildarlehen *n (Fin)* subloan
teilen *v* 1. *(EDV)* divide; 2. *(Gesch)* share
Teilentschädigung *f (RW)* partial consideration
Teilerhebung *f (V&M)* sample study [survey]
Teilfreigabe *f (Recht)* partial release
Teilhaber(in) *m(f) (Gesch)* associate, partner, co-partner • **einen Teilhaber aufnehmen** *(Gesch)* take a partner
Teilhaberschaft *f (Gesch)* partnership
Teilhafter(in) *m(f) (Gesch, Recht)* limited partner
Teilkaskoversicherung *f (Vers)* part comprehensive cover, partial coverage insurance
Teillieferungsvertrag *m (Recht)* instal(l)ment contract
Teilmarkt *m (V&M)* market segment
Teilmodell *n (Bank, WiWi)* sector of the model
Teilnahmegebühr *f (Gesch, V&M)* participation fee
Teilnahmeverzicht *f (Pol, Recht)* opting-out
teilnehmen *v (Gesch)* participate
~ **an** *(Mgt)* attend *(Sitzung)*
teilnehmend *adj (Gesch)* attending, participating
Teilnehmer(in) *m(f)* 1. *(Gesch)* participant; 2. *(Komm)* subscriber
Teilnehmerzahl *f* 1. *(Gesch)* number of participants; 2. *(Komm)* number of subscribers
Teilsektor *m (Ind, WiWi)* sub-sector
Teilung *f (Gesch)* division, separation, splitting
Teilunwirksamkeitsklausel *f (Recht)* partial invalidity *(Handelsvertrag)*
teilvariable Kosten *pl (Fin, RW, WiWi)* semi-fixed costs, semi-variable costs
Teilverlust *m (Vers)* partial loss
teilweise Annahme *f (Gesch)* partial acceptance
teilweiser Totalschaden *m (Vers)* partial total loss, PTL
Teilwert *m* 1. *(RW)* going-concern value; 2. *(St)* value of an asset as part of an enterprise
Teilzahlung *f* 1. *(Bank)* instal(l)ment (payment); 2. *(Gesch)* part payment • **als ~** *(Gesch)* as part payment
Teilzahlungskredit *m* 1. *(Bank)* instal(l)ment loan; 2. *(Fin)* instal(l)ment credit
Teilzahlungsvertrag *m (Fin)* credit sale agreement, *(BE)* hire-purchase agreement
Teilzeitarbeit *f (Pers)* part-time work, part-time job
Teilzeitbeschäftigte(r) *f(m) (Pers)* part-time worker, part-time employee, *(ugs.)* part-timer
Teilzeitbeschäftigung *f (Pers)* part-time employment

Teilzeitnutzung *f* **von Immobilien** *(F&T)* timesharing
Tel quel *(Gesch)* sale as is, sale with all faults, tel quel
Tel quel-Kurs *m (Bö, Fin)* tel quel rate
Telearbeit *f (EDV, Pers)* telework, telecommuting
Telearbeiter(in) *m(f) (EDV, Pers)* teleworker
Telebanking *n (Bank)* telebanking
Tele-Einkauf *m (EDV, V&M)* electronic shopping, teleshopping
Telefon *n (Gesch, Komm)* phone, telephone • **per ~** *(Komm)* over the telephone
Telefonanruf *m (Komm)* phone call
Telefonbuch *n (Komm)* phone book, telephone directory
Telefongespräch *n (Komm)* phone call, telephone conversation
Telefonhandel *m (Bö)* interoffice dealings [trading], telephone dealing
Telefonhörer *m (Komm)* telephone receiver
Telefonie *f (Komm)* telephony *(Telefongespräche im Internet)*
telefonisch *adj (Komm)* by telephone, over the telephone • **~ Geschäfte tätigen** *(Mgt)* do business over the phone • **eine telefonische Nachricht hinterlassen** *(Komm)* leave a telephone message
Telefonkarte *f (Komm)* phone card
Telefon-Marketing *n (V&M)* phone marketing
Telefonnetz *n (Komm) (BE)* Public Switched Telephone Network, PSTN, *(ugs.)* plain old telephone system, POTS *(öffentliches Festnetz)*
Telefonrechnung *f (Komm)* telephone bill
Telefonverkauf *m (V&M)* telephone sales, telephone selling, telesales
Telefonverkehr *m (Bö)* interoffice dealings [trading], telephone traffic
Telefonzelle *f (Komm)* call box, telephone booth [box]
telegrafisch *adj (Komm)* telegraphic
telegrafische Auszahlung *f (Bank, Fin)* cable transfer, telegraphic transfer
~ Geldanweisung *f (Bank, Fin)* telegraphic money order
~ Überweisung *f (Bank, Fin)* cable transfer, telegraphic transfer
Telegramm *n (Komm)* cable, cablegram, telegram, telemessage
Telekommunikation *f (Komm)* telecommunications
Telekommunikationsverbindungen *fpl (EDV, Komm, Recht)* telecommunication links
Telemarketing *n (Fin, Komm, V&M)* telemarketing
Telemarkt *m (Fin, Komm, V&M)* telemarket
Telematik *f (EDV, Komm)* telematics
Teleshopping *n (Fin)* teleshopping
Televerkauf *m (Fin, Komm, V&M)* telesales
Televerkäufer(in) *m(f) (Fin, Komm, V&M)* telesales person
Tempo *n* 1. *(Gesch)* speed, pace *(Trend)*; 2. *(WiWi)* rate • **das ~ festlegen** *(Gesch)* set the pace
~ der Veränderung *(Gesch)* pace of change
temporär *adj (Gesch)* temporary
temporäres Gleichgewicht *n (WiWi)* temporary equilibrium
Tendenz *f (Gesch)* tendency, trend
tendenziös *adj (Gesch)* biased, tendentious
Tendenzwende *f (Fin)* turnabout, turn(a)-round
Tender *m (Fin, Gesch)* tender
Tenderaufruf *m (Bö, Fin)* appeal for tenders
Tenderverfahren *n (Bö)* tender system
tendieren *v* **zu** *(Gesch)* tend towards
Termin *m* 1. *(Gesch)* appointed time, appointment, deadline, time limit *(Frist)*; 2. *(Recht)* time limit • **einen ~ einhalten** *(Gesch)* meet a deadline • **auf ~ kaufen** *(Bö)* buy for the account, purchase forward • **auf ~ verkaufen** *(Bö)* sell for the account, sell forward • **zu einem ~ in der Zukunft** *(Gesch)* at some future date • **~ nach Vereinbarung** *(Gesch)* by appointment only
Terminbörse *f (Bö)* forward exchange
Termineinlage *f (Bank) (BE)* fixed deposit, *(AE)* time deposit; term deposit
Termingeld *n (Bank)* fixed-term deposit
termingerecht *adj (Gesch)* on schedule
Termingeschäft *n (Bö, Fin)* (financial) futures, forward exchange transaction, forward operation, dealing in futures
Terminhändler *m (Bö, Fin)* futures trader
Terminkauf *m* 1. *(Bö)* forward buying, forwarding; 2. *(Gesch)* term purchase
Terminkontrakt *m (Bö, Fin)* forward contract, futures (contract)

Terminkontrakte *mpl (Bö, Fin)* futures
• **~ kaufen** *(Bö)* go long
~ **auf Aktienbasis** *(Bö)* equity-related futures
Terminkontrakthandel *m (Bö, Fin)* futures trading
Terminkontraktmarkt *m (Bö, Fin)* futures market
Terminkontrolle *f (Mgt)* progress control
Terminkurs *m (Bö, Fin)* futures price [rate], forward rate
Terminlieferung *f (Gesch)* future delivery
• **auf ~ kaufen** *(Gesch)* buy for future delivery
Terminmarkt *m (Bö, Fin)* forward market, futures market
Terminnotierungen *fpl (Bö)* forward quotations
Terminposition *f (Bö)* forward position
Terminsicherung *f (Bö)* forward cover
Terminswapgeschäft *n (Fin)* forward swap
Terminverkauf *m (Fin)* forward sale, future sale
Terminware *f (Bö)* forward commodity, future commodity, futures
tertiärer Sektor *m (WiWi)* tertiary sector
tertiäres Produkt *n (WiWi)* tertiary product
Testament *n (Recht)* will • **ohne ~** *(Recht)* intestate
Testamentsvollstrecker *m (Recht)* executor, executrix
Testat *n* 1. *(RW)* audit certificate, audit report, auditor's certificate, auditor's opinion, auditor's report, auditor's statement; 2. *(Recht)* attestation
Testaufgabe *f (Gesch)* test problem
testen *v (Gesch)* test, try out
Testgebiet *n (V&M)* test area
Testieren *n (Recht)* attestation
testierter Abschluss *m (RW)* certified [audited] financial statement
Testperson *f (Gesch)* testee
teuer *adj (Gesch)* costly, dear, expensive, *(ugs.)* pric(e)y
Teuerung *f (V&M, WiWi)* (general) rise in prices, inflation
Teuerungszulage *f (Pers)* cost-of-living allowance, cost of living supplement, *(AE)* cost-of-living adjustment *(Arbeit)*
Teufelskreis *m (WiWi)* vicious circle
Textilien *pl (Ind)* textiles
Textilindustrie *f (Ind)* textile industry, *(AE)* apparel industry, *(BE)* clothing industry
Textteil *m (Komm)* body *(Brief, E-Mail)*
Textverarbeitungsprogramm *n (EDV)* word processor
Theke *f (V&M)* counter *(im Ladengeschäft)*
Thema *n (Gesch)* subject, topic, subject matter
thematische Werbung *f (V&M)* theme advertising
theoretisch *adj (Gesch)* theoretical, academic *(Frage)*
theoretisch *adv (Gesch)* theoretically, in theory
Theorie *f (Gesch)* theory
~ **der Eigentumsrechte** *(WiWi)* theory of property rights
~ **der komparativen Kosten** *(WiWi)* theory of comparative costs
thesaurieren *v (Fin, RW)* accumulate, *(BE)* plough back, *(AE)* plow back *(Gewinn)*
thesaurierte Gewinne *mpl (Fin, RW)* profit retentions, retained earnings, *(BE)* ploughed-back profits
Tick-Größe *f (Bö)* tick *(Mindestpreisschwankung)*
Tief *n (Bö, WiWi)* bottom, trough
Tiefbau *m (Ind)* civil engineering
Tiefe *f (Gesch)* depth
Tiefstand *m (Bö, WiWi)* bottom, low • **einen ~ erreichen** *(Bö)* hit a low, reach a low
Tiefstpreis *m (Bö, WiWi)* lowest price, rock-bottom price, bottom price
Tierhalterhaftung *f (Vers)* animal keeper's liability
tilgen *v* 1. *(Bank)* repay, pay back, amortize, pay off *(Schulden)*; 2. *(Bö)* redeem; 3. *(Fin)* liquidate, acquit, satisfy, amortize *(Schulden)*; 4. *(RW)* liquidate, acquit, satisfy, amortize *(Schulden)*
Tilgung *f* 1. *(Bank)* repayment; 2. *(Fin, RW)* repayment, liquidation, satisfaction, amortization, debt retirement, redemption, clearance *(Schuld)* • **zur ~ von** *(Bank, Fin)* in settlement of
~ **einer Anleihe** *(Fin)* amortization of a loan, redemption of a loan
~ **von Verbindlichkeiten** *(WiWi)* payment of debts
~ **vor dem Fälligkeit** *(Fin)* redemption before due date

Tilgungsanleihe *f* 1. *(Bö)* redemption bond; 2. *(Fin)* amortization loan, sinking-fund bond
Tilgungsart *f (RW)* amortization method
Tilgungsbetrag *m (Bö)* redemption amount
Tilgungsfonds *m (Fin)* amortization [redemption, sinking] fund
tilgungsfreie Zeit *f (Fin)* grace period, period of grace
Tilgungsfrist *f (Fin)* period of redemption
Tilgungshypothek *f* 1. *(Bank)* amortized mortgage loan; 2. *(Fin) (AE)* level-payment mortgage; redemption mortgage
Tilgungsmodalitäten *fpl (Fin)* terms of redemption
Tilgungsphase *f (Bank, Fin)* repayment phase
Tilgungsplan *m (Fin)* amortization [call] schedule, redemption table
Tilgungsrate *f (Fin)* redemption [amortization] instal(l)ment, sinking-fund instal(l)ment
Tilgungsrücklage *f (Fin)* amortization reserve, amortization fund, sinking-fund reserve
Tilgungstermin *m* 1. *(Bö)* redemption date; 2. *(Fin)* repayment date
Tilgungszahlung *f (Fin, RW)* amortization expense, redemption payment
Titel *m* 1. *(Bö)* security; 2. *(Med)* heading, title *(Zeitschrift)*; 3. *(Recht)* title
T-Konto *n (RW)* T-account
Tochterfirma *f (Gesch)* subsidiary firm
Tochtergesellschaft *f (Gesch)* subsidiary, *(BE)* subsidiary company, *(AE)* subsidiary corporation; affiliated company, associated company *(ohne Mehrheit)*
Tochterinstitut *n (Bank)* banking subsidiary
Tochterunternehmen *n (Gesch)* subsidiary firm
Todesfallversicherung *f (Vers) (BE)* assurance payable at death, *(AE)* insurance payable at death, *(AE)* straight-life insurance, *(BE)* whole-life assurance, *(AE)* whole-life insurance
total *adj (Gesch)* complete, total, all-out
Totalerhebung *f (Stat, WiWi)* full survey
Totalschaden *m (Vers)* total loss, write-off *(Auto)*
Totalverlust *m* 1. *(Gesch)* dead loss; 2. *(Vers)* total loss • ~ **eingeschlossen** *(Vers)* comprised total loss • **nur gegen ~ versichert** *(Vers)* total loss only
Tourismus *m (F&T)* tourism
Tourismusgeschäft *n (F&T)* tourist trade
Tourist(in) *m(f) (F&T)* tourist
Touristikbranche *f (F&T)* tourist trade
Trabantenstadt *f (Gb, Soz, WiWi)* overspill town, satellite town, new town
Trade-off *m (WiWi)* trade-off
traditionell *adj (Gesch)* traditional
tragbar *adj* 1. *(Gesch)* acceptable, reasonable *(annehmbar)*; portable *(Gerät)*; 2. *(V&M)* hand-held
Tragbarkeit *f (Gesch)* acceptability *(Annehmbarkeit)*; portability *(Gerät)*
tragen *v (Gesch)* bear, defray, carry *(Kosten)*; shoulder *(Last, Belastung)*
Träger *m* 1. *(Ind)* girder; 2. *(Soz)* body, organization, agency *(eines Aufgabenbereichs)*; provider *(Bildungsmaßnahme z.B.)*; promoter *(Auftraggeber)*
Trägerorganisation *f (Gesch)* promoting agency
Tragfähigkeit *f (Trans)* deadweight capacity, deadweight cargo capacity, deadweight tonnage, carrying capacity, tons deadweight, tonnes deadweight
Trägheit *f (V&M)* inertia
Trägheitseffekt *m (Pol, WiWi)* inertia effect
Transaktion *f (Gesch)* transaction
~ **zwischen unabhängigen Partnern** *(Gesch, St, V&M)* arm's-length transaction
Transaktionen *fpl* **Gebietsansässiger** *(Bank, Fin)* residents' transactions
Transaktionsanalyse *f (Fin, Mgt)* transactional analysis
Transaktionskasse *f (WiWi)* transactions balance, transactions holdings
Transaktionskosten *pl (WiWi)* transactions costs
Transaktionsrisiko *n (Bö)* transaction risk [exposure]
Transaktionswährung *f (Bank, WiWi)* vehicle currency
Transfer *m (Gesch, WiWi)* transfer
Transfereinkommen *n (WiWi)* transfer [nonfactor] income
Transferzahlung *f (WiWi)* transfer payment
Transformationskurve *f (WiWi)* transformation curve

Transformationsland *n (Pol)* transition country, country in transition *(in Mittelosteuropa)*
transformieren *v* 1. *(Gesch, WiWi)* transform; 2. *(Stat)* transformieren
Transitkredit *m (Bank)* transit credit
transitorische Einnahmen *fpl (WiWi)* transitory income
transitorischer Posten *m (RW)* deferred [transitory] item
Transmissionsmechanismus *m (WiWi)* transmission mechanism
transnationale Gesellschaft *f (WiWi)* transnational corporation
Transparent *n* 1. *(Verw)* transparency *(Durchscheinbild)*; 2. *(V&M)* banner, neon sign *(Werbung)*
Transport *m (Trans)* haulage, transit, transport, transportation, conveyance, truckage • **beim ~ beschädigt** *(Trans)* damaged in transit
Transportart *f (Trans)* transport mode
Transportdokument *n (Trans)* transport [transportation] document
transportfähig *adj (Trans)* transportable
transportieren *v (Trans)* transport, forward, convey, carry
Transportkosten bezahlt *(AH, Trans)* carriage paid
Transportpapiere *npl (AH, Trans)* dispatch papers, shipping documents, shipping papers
Transport- und Spediteurkosten *pl (Trans)* carriage
Transport- und Spediteurkosten *pl* **zu Lasten des Empfängers** *(AH, Trans)* carriage forward
Transportunternehmen *n (AH, Trans)* forwarding company, haulage company, haulage contractor
Trassant *m (Bank)* drawer, drafter
Trassat *m (Bank)* acceptor, drawee
Tratte *f* 1. *(Bank)* draft; 2. *(Fin)* bill, bill of exchange, B/E • **eine ~ zur Annahme vorlegen** *(Bank)* present a draft for acceptance • **eine ~ avisieren** *(Bank)* advise a draft
treffen *v* 1. *(Gesch)* meet, 2. *(WiWi)* hit
Treffen *n (Gesch)* meeting
Trefferquote *f (V&M)* hit rate, strike rate
Treffgenauigkeit *f (Stat)* accuracy
Treffpunkt *m (Gesch)* meeting place, meeting point, venue
treiben *v (Gesch)* spur • **jmdn. bis zum Äußersten ~** *(Gesch)* push sb to the limit
treibendes Ölfeld *n (Ind, Umw)* spillage
Treibhauseffekt *m (Umw)* greenhouse effect
Treibstoffsteuer *f (St)* fuel tax
Treibstoffzuschlag *m (St, Trans)* fuel surcharge
Trend *m (Gesch)* tendency, trend • **gegen den ~ laufen** *(Gesch) (ugs.)* buck the trend
trendbereinigt *adj (WiWi)* detrended
Trendführerschaft *f (WiWi)* barometric firm leadership
Trendrate *f (WiWi)* underlying rate
Trendwachstum *n (Bank, WiWi)* trend rate of growth *(EZB)*
Trendwende *f (Gesch)* trend reversal • **eine ~ herbeiführen** *(Gesch)* reverse a trend
trennen *v* 1. *(EDV)* decollate, deleave; 2. *(Gesch)* separate, segregate
Trennung *f* 1. *(Gesch)* separation, segregation; 2. *(Gb)* severance; 3. *(Pol)* segregation *(Rasse, Geschlecht)*
Tresor *m (Bank)* safe deposit vault, safe, strongroom
Tresorfach *n (Bank)* safety deposit box
Treu und Glauben/nach *(Recht)* bona fide, in good faith, on trust
Treueprämie *f (Pers)* fidelity bonus
Treuerabatt *m (V&M)* fidelity rebate, loyalty discount [rebate]
Treugeber *m (Recht)* settlor, transferor, *(AE)* trustor
Treuhand *f (Bank, Recht)* trust
Treuhandbank *f (Bank)* trust bank
Treuhänder(in) *m(f) (Recht)* trustee, fiduciary
treuhänderisch *adj (Recht)* fiduciary
treuhänderisch *adv (Bank, WiWi)* on a trust basis
Treuhandgeschäft *n* 1. *(Bank)* fiduciary operation, fiduciary banking; 2. *(Recht)* trust transaction
Treuhandkonto *n* 1. *(Bank)* custodial account, fiduciary account; 2. *(Fin)* trust account, *(AE)* agency account
Treuhandschaft *f (Recht)* trusteeship
Treuhandstatus *m (Bö)* trustee status

Treuhandurkunde *f (Recht)* trust instrument
Treuhandverwahrung *f (Recht)* escrow
Treuhandverwalter(in) *m(f) (Fin)* escrow agent
treuwidrige Verfügung *f (Recht)* breach of trust
Trinkgeld *n (Gesch)* tip
Triple-A-Rating *n (Bö, Fin)* triple-A rating *(mit AAA oder Aaa bewertet)*
Trittbrettfahrer *m (ugs.)* 1. *(Gesch, WiWi)* free rider; 2. *(Trans)* fare-dodger, *(AE)* free rider
tropischer Regenwald *m (Umw)* tropical rainforest
trostlos *adj (Gesch, WiWi)* bleak
trübe Aussichten *fpl (Gesch)* bleak [grim, gloomy] outlook
Trust *m (Recht)* trust • **in einem ~ zusammenfassen** *(Recht)* trustify
Tüchtigkeit *f (Gesch)* efficiency, industry
Turnaround *m (Gesch)* (corporate) turnaround
Türschild *n (Gesch, Verw)* nameplate
typisch *adj (Gesch)* typical
typisieren *v (Gesch)* standardize, typify
typisiert *adj (Gesch, Recht, V&M)* standardized
Typologie *f (V&M)* typology

U

übel *n (WiWi)* bad
überaltert *adj (Gesch, WiWi)* obsolete, outdated
überalterte Gesellschaft *f (WiWi)* overaged society, overly aged society
Überalterung *f* **der Bevölkerung** *(WiWi)* ageing of the population
Überangebot *n (Gesch, WiWi)* glut, oversupply • **ein ~ an** *(Gesch)* a glut of
überanstrengen *v (Pers)* overwork
überarbeiten *v* 1. *(Gesch)* revise; 2. *(Med)* revise, rework
~/sich *(Pers)* overwork
Überarbeitung *f* 1. *(Med)* revision, revised version *(Ergebnis)*; 2. *(Pers)* overwork *(Überanstrengung)*
Überbesetzung *f (Pers)* overmanning, overstaffing *(einer Abteilung, eines Unternehmens)*
überbewerten *v (Fin, RW, WiWi)* overestimate, overrate, overstate
überbewertet *adj* 1. *(Gesch)* top-heavy *(Wertpapiere)*; 2. *(RW, WiWi)* overrated, overvalued
überbewertete Währung *f (WiWi)* overvalued currency
Überbewertung *f* 1. *(Fin, RW)* overstatement, overestimate, overestimation; 2. *(WiWi)* overrating, overvaluation, overestimation *(einer Währung)*
Überbietung *f (Bank)* overbidding
Überblick *m (Gesch)* survey, overview, review
Überbringer(in) *m(f) (Bank)* bearer
Überbringerscheck *m (Bank) (AE)* bearer check, *(BE)* bearer cheque
überbrücken *v (Gesch)* bridge, tide over
Überbrückung *f (Fin)* bridging
Überbrückungsbeihilfe *f (Pers, Soz)* tideover allowance, bridging allowance
Überbrückungsfazilität *f (Bank)* bridging facility
Überbrückungsgeld *n (Pers, Soz)* tideover allowance, bridging allowance
Überbrückungskredit *m* 1. *(Bank)* adjustment credit, bridging advance [loan], interim loan, bridge-over loan, *(AE)* bridge loan; 2. *(RW)* accommodating credit
überbuchen *v (F&T, Trans, Verw)* overbook *(Flüge, Hotels)*
Überbuchung *f (F&T, Trans, Verw)* overbooking *(Flüge, Hotels)*
überdenken *v (Gesch)* rethink
überdurchschnittlich *adj (Gesch)* better than average
überdurchschnittliches Wachstum *n (WiWi)* above-average growth
übereignen *v* 1. *(Gb)* convey; 2. *(Recht)* assign, transfer • **etw. ~** *(Recht)* transfer ownership of sth
Übereignung *f (Recht)* assignment, transfer
Übereinkommen *n (Gesch)* agreement, arrangement, understanding
übereinkommen *v (Gesch)* agree *(Zustimmung, Vereinbarung)* • **mit jmdm. ~** *(Gesch)* agree with sb, come to an agreement [arrangement, understanding] with sb
Übereinkunft *f (Gesch)* agreement, accord, arrangement *(Übereinkunft mit Gläubigern)*

übereinstimmen *v* 1. *(Gesch)* agree, conform; 2. *(Recht)* coincide, concur *(Meinung)*
~ **mit** *(Gesch, Recht)* be in agreement with, coincide with
übereinstimmend *adj (Gesch, Recht)* concurrent, congruent
~ **mit** 1. *(Gesch)* congruent with, in accordance with, in agreement with; 2. *(Recht)* consistent with
Übereinstimmung *f* 1. *(Gesch)* agreement, conformity, congruence, consensus, consistency; 2. *(Pat)* unity; 3. *(Recht)* accord, compliance • **in ~ mit** *(Recht)* in accordance with, in agreement with, in compliance with *(Gesetz)*
überfällig *adj (Gesch, RW)* overdue
überfällige Forderung *f* 1. *(Fin)* delinquent account, overdue account; 2. *(RW)* overdue claim
überfälliger Betrag *m (RW)* amount overdue
überfinanzieren *v (Fin)* overfund
Überfluss *m (Gesch, WiWi)* abundance, affluence • **im ~ vorhanden sein** *(Gesch)* be in abundance
überflüssig *adj (Gesch)* redundant, expendable
Übergabe *f (Gesch)* delivery, handing-over, handover
Übergabetermin *m (Gb)* completion date
Übergabevereinbarung *f (Ind)* handover agreement
Übergang *m (Gesch)* passing, transformation, transition
Übergangsperiode *f (Gesch)* transition period
Übergangsphase *f (WiWi)* transitional stage
Übergangsregelung *f (Recht)* transitional regulation
Übergangsregierung *f (Pol)* caretaker government, interim government, transitional government
Übergangsstadium *n (WiWi)* stage of transition, transitional stage
Übergangsvorschriften *fpl (Recht)* transitional provisions
Übergangszeit *f (Gesch, WiWi)* period of transition, transition period
übergeben *v* 1. *(Bank)* transfer; 2. *(Gesch)* deliver, hand over; 3. *(Pers)* transfer
übergehen *v (Gesch)* skip
~ **auf** *(Recht)* pass into the ownership of, pass to
übergeordnet *adj (Gesch, Recht)* senior, superior
Überhang *m* 1. *(Bö)* overhang; 2. *(Gesch)* excess, surplus; 3. *(Gb)* hangout; 4. *(RW, WiWi)* surplus
überhitzte Volkswirtschaft *f (WiWi)* overheated economy
überhöhen *v* 1. *(Gesch)* inflate *(Risiko, Bestände)*; 2. *(V&M)* overcharge; 3. *(WiWi)* overextend
überhöht *adj* 1. *(Gesch)* excessive, too high *(Preis)*; 2. *(WiWi)* overcharged
überhöhte Gebühren *fpl (Bank)* excessive charge
überholen *v* 1. *(Gesch)* outdate, outpace, recondition; 2. *(Trans)* overhaul
überholt *adj (Gesch)* dated, outdated, out of date, outmoded, outpaced
Überholung *f (Gesch, Trans)* overhaul
Überkapazität *f* 1. *(Gesch)* overcapacity; 2. *(Ind, WiWi)* excess capacity
überkapitalisieren *v (Fin, Gesch)* overcapitalize
überkapitalisiert *adj* 1. *(Bö)* highly geared; 2. *(Fin)* top-heavy; 3. *(Gesch)* overcapitalized, top-heavy *(Wirtschaft)*
Überkreuzverflechtung *f* 1. *(Bö)* interlocking shareholding; 2. *(Mgt)* interlocking directorate
überlagern *v (Gesch)* eclipse, cover over, superimpose, overlap
überlassen *v (Recht)* abandon, give up, leave, relinquish
Überlassung *f (Gesch, Recht)* abandonment, giving up, leaving, relinquishment
Überlassungsvertrag *m (Gb)* quitclaim deed
überlasten *v* 1. *(Komm)* congest; 2. *(Pers)* overburden, overstrain
überlastetes Ballungsgebiet *n (WiWi)* congested urban area
Überlastung *f* 1. *(Komm)* congestion; 2. *(Pers)* overburdening, overstrain, overstress
überlaufen *v (Ind)* overrun
Überlebensrente *f* 1. *(Gb)* survivorship annuity; 2. *(Vers) (AE)* joint and survivor annuity; annuity in reversion, reversionary annuity
Überlebensversicherung *f (Vers)* survivorship insurance

überlegen *adj (Gesch)* superior • **jmdm. ~ sein** *(Gesch)* have the edge over sb
überlegen *v (Gesch)* consider, think about
Überlegung *f (Gesch)* consideration
übermäßig *adj (Gesch)* excessive, exorbitant
übermäßig *adv (Gesch)* excessively, unduly
übermäßige Reaktion *f (Stat, WiWi)* overshooting
~ **Steuerbelastung** *f (St)* excess burden of a tax
übermitteln *v* 1. *(EDV)* upload *(Dateien)*; 2. *(Komm)* transmit, send *(elektronisch)* • **per Fax** ~ *(Komm)* send by fax
Übermittlung *f* 1. *(Komm)* transmission; 2. *(Recht)* conveyance, notification *(Vertragsrecht)*
Übernachteinlagen *fpl (Bank)* overnight liquidity *(EZB)*
Übernachtliquidität *f (Bank)* overnight liquidity *(EZB)*
Übernahme *f* 1. *(Bank, Bö)* acquisition, takeover; 2. *(Fin)* absorption, buyout; 3. *(Gesch)* acquisition, takeover; 4. *(Mgt)* adoption *(einer Methode)*; 5. *(RW, St)* acquisition; 6. *(WiWi)* takeover, acquisition
~ **des Delkredererisikos** *(Vers) (BE)* credit protection insurance
~ **einer Anleihe** *(Bö)* bond underwriting
Übernahmeangebot *n (Bö, Fin, RW)* bid, takeover bid, tender offer
Übernahmegesetz *n (Recht)* takeover law, mergers and acquisitions law, law of mergers and acquisitions
Übernahmekodex *m (Recht)* takeover code
Übernahmekonsortium *n (Fin)* underwriting syndicate
Übernahmeprovision *f* 1. *(Bank)* underwriting fee; 2. *(Fin)* underwriting commission
übernational *adj (Gesch, Pol, WiWi)* supranational
übernehmen *v* 1. *(Fin)* carry; 2. *(Gesch)* take over, accept, absorb, take on *(Verantwortung)*; assume *(Verpflichtung)*; *(ugs.)* take in *(Arbeit)*; undertake *(Aufgabe, Verantwortung)*; borrow *(Ideen, Methode)*; absorb *(Kosten)*; shoulder *(Verpflichtungen)*; 3. *(Komm)* accept *(Anruf)*; 4. *(WiWi)* absorb • **die Führung** ~ *(Gesch)* take the lead
übernehmende Gesellschaft *f* 1. *(Fin)* transferee company; 2. *(Gesch)* purchasing company, acquiring company, transferee company; 3. *(WiWi)* absorbing company
übernommene Gesellschaft *f (Fin, Gesch, RW, WiWi)* acquired company, acquisition, purchased company
überprüfen *v* 1. *(Gesch)* check, review, screen; 2. *(Mgt)* review, overhaul; 3. *(Pat)* examine; 4. *(Pol)* vet
Überprüfung *f* 1. *(Gesch)* screening, search; 2. *(Mgt)* review; 3. *(Pat)* examination
~ **einer Hypothese** *(Stat, WiWi)* hypothesis testing
Überprüfungsvorbehalt *m (Recht)* sunset clause
Überprüfungsvorbehaltsklausel *f (Recht)* sunset clause
überragend *adj (Gesch)* pre-eminent, paramount, overriding *(Wichtigkeit)*
überreden *v (Gesch)* persuade, win over
Überredung *f (Gesch)* persuasion
überregional *adj (Pol, WiWi)* supra-regional, nation-wide
überregionale Presse *f (Med)* national press
Überreste *mpl (Gesch)* remnants
überschätzen *v (Fin, RW, WiWi)* overestimate, overrate, overvalue
Überschätzung *f (Fin, RW, WiWi)* overestimation, overvaluation, overrating
überschießender Preis *m (WiWi)* overshooting price
überschneiden *v/sich (Gesch, Pers, V&M)* overlap *(Daten, Urlaub)*
überschnelle Reaktion *f (Stat, WiWi)* overshooting
überschreiben *v (Pat, Recht)* transfer
Überschreiben *n (EDV)* strikeover *(Drucker)*
überschreiten *v* 1. *(AH)* cross *(Grenze)*; 2. *(RW)* overspend; 3. *(WiWi)* overrun
Überschrift *f* 1. *(Komm)* caption; 2. *(Med)* title, leading line *(Zeitschriftenartikel)*; 3. *(RW)* heading
Überschuldung *f (Bank, RW, WiWi)* excessive debts, debt overload
Überschuss *m* 1. *(Fin)* surplus; 2. *(Gesch, RW, WiWi)* surplus, overage • **einen ~ aufweisen** *(RW)* show a surplus *(Gewinn)*

~ **an Arbeitskräften** *(Pers)* labo(u)r surplus, manpower surplus, excess supply of labo(u)r, excess supply of manpower, oversupply of labo(u)r, oversupply of manpower
~ **der Schulden über das Vermögen** *(Fin, RW)* surplus of liabilities over assets *(Überschuldung)*
Überschuss... *(Gesch)* surplus
Überschussbeteiligung *f (Vers)* capital bonus
Überschussbildung *f (WiWi)* accumulation of surpluses *(ZB)*
überschüssig *adj (Gesch)* excess, surplus
überschüssige Arbeitskräfte *fpl (Pers)* labo(u)r surplus, surplus of labo(u)r, surplus manpower
Überschusskapazität *f* 1. *(Ind)* surplus capacity; 2. *(WiWi)* excess capacity
Überschussliquidität *f (Bank, WiWi)* excess liquidity *(ZB)*
Überschussreserven *fpl* 1. *(Bank)* excess reserves; 2. *(WiWi)* idle money
überschwappen *v (Gesch)* spill over
überseeische Gebiete *npl (Pol)* overseas countries and territories *(der EU)*
übersenden *v* 1. *(Komm)* send, ship; 2. *(Trans)* consign, convey, forward, ship
Übersendung *f* 1. *(Komm, AH)* shipment; 2. *(Trans)* consignation, conveyance, forwarding, shipment
übersetzen *v (Komm)* translate
Übersetzer(in) *m(f) (Komm, Gesch)* translator
Übersetzung *f (Komm)* translation
Übersetzungsdienst *m (Verw)* Translation Service *(EU)*
Übersicht *f* 1. *(Gesch)* survey, chart, outline, summary, synopsis; 2. *(Med, V&M)* synopsis
Übersichtstabelle *f (WiWi)* synoptic table *(ZB)*
überstaatlich *adj (Gesch, Pol, WiWi)* supranational
überstarke Reaktion *f (Stat, WiWi)* overshooting
übersteigen *v (Gesch, WiWi)* exceed
überstimmen *v (Gesch, Pol)* outvote, overrule *(Leute)*
Überstunden *fpl (Pers)* overtime, overtime hours *(Arbeitszeit)* • ~ **machen** *(Pers)* work overtime *(Arbeitszeit)*
Überstundenarbeit *f (Pers)* overtime work
Überstundenvergütung *f (Pers)* overtime pay *(Arbeitszeit)*
Überstundenzuschlag *m (Pers)* overtime premium
überteuert *adj (Gesch, V&M)* overpriced
Übertrag *m* 1. *(Fin, RW)* balance brought down [forward], balance carried forward, carry-over *(Saldo)*; 2. *(Gesch)* carried forward
übertragbar *adj* 1. *(Bö)* transferable; 2. *(Gesch)* negotiable; 3. *(Recht)* assignable *(Vertragsrecht)*; 4. *(Vers)* negotiable
übertragbarer Kredit *m (Bank, RW)* assignable credit
übertragbares Wertpapier *n* 1. *(Bank)* negotiable instrument; 2. *(Fin)* transferable security
Übertragbarkeit *f (Bö)* assignability, transferability
Übertrageffekt *m (Med)* carry-over effect
übertragen *v* 1. *(Bank)* bring forward; 2. *(Bö)* transfer; 3. *(EDV)* transmit; 4. *(Fin)* assign, bring forward, carry down, carry forward; 5. *(Gesch)* broadcast, transcribe, extend; 6. *(Gb)* transfer; 7. *(Komm)* transmit; 8. *(Med)* broadcast *(Veranstaltung)*; 9. *(Mgt)* delegate *(Verantwortung)*; 10. *(RW)* assign, bring forward; 11. *(Recht)* confer *(Rechte)*; assign *(Besitzübergang)*; convey *(Eigentum)*; 12. *(WiWi)* transfer *(Mittel)* • **etw. auf jmdn.** ~ *(Gesch, Recht)* vest sth in sb
Übertragende(r) *f(m) (Recht)* transferrer, grantor
Übertragung *f* 1. *(Bö)* transfer; 2. *(EDV)* transmission; 3. *(Fin)* assignment; 4. *(Gesch)* broadcasting, transcription, transfer *(Verbindlichkeiten, Verantwortung)*; 5. *(Gb)* transfer; 6. *(Komm)* transmission; 7. *(Mgt)* delegation *(Befugnisse, Verantwortung)*; 8. *(Pat)* transfer; 9. *(RW)* assignment; 10. *(Recht)* assignment, conferment, conferral, grant; 11. *(WiWi)* transfer
~ **der Eigentumsrechte** *(Recht)* transfer of ownership
~ **von Rechten und Pflichten** *(Recht)* transfer of rights and obligations

~ **von Vermögen** *(RW)* transfer of assets
Übertragungen *fpl (WiWi)* transfer payments *(ZB)*
Übertragungsgebühren *fpl (Recht)* transfer fees
Übertragungskosten *pl (RW)* transmission expenses
Übertragungsurkunde *f (Recht)* bill of sale, deed *(Vertragsrecht)*
übertreffen *v* 1. *(Gesch)* surpass, exceed, top; 2. *(WiWi)* outperform *(Wirtschaftsleistung)*
übertreiben *v (Gesch)* exaggerate, overshoot
überversichern *v (Vers)* overinsure
Überversicherung *f (Vers)* overinsurance
Überversorgung *f (WiWi)* overprovision
Übervölkerung *f (Pers)* overpopulation
übervorteilen *v (Gesch)* get the better of
überwachen *v* 1. *(Gesch)* monitor, supervise, survey; 2. *(Mgt, Pers)* monitor, supervise; 3. *(Trans, V&M)* control, monitor
Überwachung *f* 1. *(Gesch, Mgt, Pers)* supervision, follow-up; 2. *(Recht)* surveillance *(elektronische Überwachung)*; 3. *(Verw, V&M)* control
Überwachungskosten *pl (Mgt, Soz, WiWi)* monitoring cost
Überwachungsorgan *n (Bank, Vers)* overseer
Überwachungsorganisation *f (Gesch) (ugs.)* watchdog *(Verbraucherverbände)*
Überwachungssystem *n (Gesch)* tracking system
überwälzen *v* 1. *(St)* shift; 2. *(WiWi)* pass along, pass on *(Kosten)*
Überwälzung *f* 1. *(St)* shifting; 2. *(WiWi)* pass-along
überwechseln zu *(Gesch)* switch to
überweisen *v (Bank, Fin, WiWi)* remit, transfer *(Geld)*
Überweisung *f* 1. *(Bank)* money transmission, transfer; 2. *(Fin, WiWi)* remittance, transfer • **per ~ zahlen** *(Bank)* pay by giro
Überweisungen *fpl* **der einbehaltenen Beträge** *(St) (BE)* PAYE remittances
Überweisungsauftrag *m* 1. *(Bank, Fin) (BE)* bank giro credit; banker's order, transfer order; 2. *(Gesch)* remittance order
Überweisungsbeleg *m (Bank)* transfer of funds voucher
Überweisungsträger *m (Gesch)* remittance slip
überwinden *v (Gesch)* overcome
überzeichnen *v (Stat, WiWi)* overestimate *(Kurs, Modell)*
überzeugen *v (Gesch)* convince, persuade
überzeugend *adj* 1. *(Gesch)* convincing, persuasive, powerful *(Vertreter)*; 2. *(WiWi)* compelling
überzeugender Beweis *m (Pat)* conclusive evidence
Überzeugung *f (Gesch)* conviction, persuasion
überziehen *v* 1. *(Bank)* overdraw *(Konto)*; 2. *(WiWi)* overextend
Überziehung *f (Bank)* overdraft
Überziehungskredit *m (Bank)* bank overdraft, overdraft facility
Überziehungsmöglichkeit *f (Bank)* overdraft facility
Überziehungszinssatz *m (Bank)* overdraft rate
üblich *adj (Gesch)* widespread, customary, normal, usual, standard • **unter dem üblichen Vorbehalt** *(Recht)* with the usual proviso
übliche Abnutzung *f (Gesch)* fair wear and tear
~ **Arbeitszeit** *f (Pers)* normal working hours, normal working time; standard working hours *(tarifliche Arbeitszeit)*
~ **Bedingungen** *fpl (Gesch)* usual conditions *(u.c.)*, usual terms *(u.t.)*
~ **Miete** *f (Gb)* fair market rent, fair rent
~ **Praxis** *f (Gesch)* standard practice
üblicher Lohn *m (Pers)* standard rate
~ **Mietwert** *m (Gb)* fair rental value
Ultimatum stellen/jmdm. ein *(Gesch)* give sb an ultimatum
Ultimoabschluss *m (Bank, RW)* end-of-month account
umändern *v (Gesch)* alter
Umbau *m* 1. *(Gb)* conversion; 2. *(WiWi)* reconstruction
umbauen *v* 1. *(Gb)* convert; 2. *(WiWi)* reconstruct
umbesetzen *v (Gesch, Pers, Verw)* reassign, reorganize, shake up
Umbesetzung *f (Gesch, Pers, Verw)* reassignment, reorganization, shake-up
umbrechen *v* 1. *(Gesch)* break down; 2. *(Med)* paginate *(Seiten)*

Umbruch *m* 1. *(Gesch)* upheaval; 2. *(Med)* making-up into pages
umbuchen *v (Bank, RW)* transfer
Umbuchung *f* 1. *(Bank)* money transmission, payment transfer, transfer; 2. *(RW)* (book) transfer
Umfang *m* 1. *(EDV)* volume *(Daten, Speicher)*; 2. *(Gesch)* bulk, ga(u)ge, scale, volume; 3. *(Pat)* scope, extent; 4. *(WiWi)* size
umfangreich *adj (Gesch, WiWi)* large-scale
umfassen *v (Gesch)* comprise, encompass
umfassend *adj* 1. *(Gesch, Pers)* comprehensive; 2. *(Recht)* blanket *(Lizenzen)*; 3. *(Vers)* comprehensive
umfassende Diskussion *f (Gesch)* in-depth discussion
Umfeld *n (Gesch)* environment
Umfeldanalyse *f (Mgt, Umw)* environmental analysis
Umfeldüberwachung *f (Ind)* environmental monitoring [control]
Umfelduntersuchung *f (Umw)* environment scan
Umfinanzierung *f (Fin)* financial adjustment, refinancing
umformen *v (Ind, WiWi)* transform
umformulieren *v (Pol, Verw)* redraft
Umfrage *f* 1. *(Gesch)* survey; 2. *(V&M)* enquiry, poll • **eine ~ durchführen** *(Gesch, V&M)* carry out a survey
umgebaut *adj (Gb)* converted
umgeben *adj (Gesch)* surrounded
Umgebung *f* 1. *(EDV)* environment *(Software)*; 2. *(Gesch)* environs, surrounding area, neighbo(u)rhood *(der Stadt)*
umgehen *v* 1. *(Gesch)* bypass; 2. *(St)* avoid • **das Bankensystem ~** *(Bank, WiWi)* bypass the banking system
umgehend *adv (Gesch, Komm)* as soon as possible
Umgehungsanreiz *m (Bank, Recht)* incentive to circumvent the regulations, inducement to circumvent the regulations
umgekehrt *adj (Gesch)* reversed
umgekehrt *adv (Stat)* inversely
umgerechnet in *(Gesch)* the equivalent of • **~ in Euro** *(Bank, WiWi)* in euro-terms
umgestalten *v* 1. *(Gesch)* transform; 2. *(Mgt)* reorganize
Umgestaltung *f* 1. *(Gesch)* transformation; 2. *(Mgt)* reorganization
umgruppieren *v (Gesch)* redeploy, regroup
Umgruppierung *f (Gesch)* redeployment, regrouping
Umhüllende *f (Stat)* envelope curve
Umhüllung *f (Ind)* clothing, wrapping *(Verpackung)*
umkämpft *adj (Pol, V&M)* contested, disputed
Umkehr *f* **der Beweislast** *(Recht)* shift of the burden of proof
Umkehrbarkeit *f (Gesch)* reversibility
umkehren *v* 1. *(Stat)* invert; 2. *(WiWi)* reverse
umkippen *v (Gesch) (AE)* go negative
Umkippen *n* 1. *(Trans)* tipping; 2. *(Umw)* tipping, extinction *(Wasser)*
umladen *v (Trans)* reload, transship
Umlage *f* 1. *(Fin)* contribution, levy; 2. *(RW)* allocation
Umlagefinanzierung *f (Pol, Soz, WiWi)* levy-based financing system
umlagenfinanziert *adj (Fin, Soz, St)* pay as you go
Umlauf *m (WiWi)* circulation • **im ~ befindliche Aktien** *(Bö)* shares outstanding • **im ~** *(Gesch)* afloat • **im ~ sein** *(Komm)* circulate *(Informationen)* • **in ~ setzen** *(Bank, Fin)* issue • **aus dem ~ ziehen** *(Gesch, Fin, WiWi)* withdraw from circulation
umlaufendes Volumen *n (Bö, Fin)* outstanding volume
umlauffähiges Wertpapier *n (Bö, Recht)* negotiable instrument
Umlaufgeschwindigkeit *f* 1. *(Fin)* velocity of circulation; 2. *(WiWi)* cash transactions velocity
~ des Geldes *(WiWi)* velocity of circulation (of money)
Umlaufrendite *f* 1. *(Bank)* current yield; 2. *(WiWi)* running yield
Umlaufvermögen *n (RW)* current assets
Umlaufzeit *f (Gesch, Trans)* time of circulation, turn(a)round time
umlegen *v* 1. *(Bö)* apportion *(Aktien)*; 2. *(Gesch)* prorate, assess; 3. *(RW)* apply to; 4. *(WiWi)* allocate *(Mittel)*
umleiten *v (Trans)* divert, reconsign, reroute
Umorganisation *f (Fin, Gesch)* reorganization, revamp
umorganisieren *v (Fin, Gesch)* shake up, reorganize, revamp

umrechnen *v* 1. *(Fin, RW)* convert; 2. *(WiWi)* translate *(Währung)*
Umrechnung *f* 1. *(Fin)* conversion; 2. *(WiWi)* translation, translating
~ **von Fremdwährungen** *(WiWi)* foreign currency translation
Umrechnungsdifferenz *f* 1. *(Gesch)* translation differential *(Währungen)*; 2. *(RW)* translation difference
Umrechnungsfaktor *m (Stat)* conversion factor
Umrechnungskurs *m (Fin, WiWi)* conversion price, conversion rate, exchange rate, rate of exchange
Umrechnungssatz *m (Fin)* conversion rate
Umrechnungsverlust *m (Fin, WiWi)* translation loss
umreißen *v (Gesch)* outline
Umsatz *m* 1. *(Bö)* activity, dealings, turnover; 2. *(Gesch)* volume, transaction, turnover; 3. *(V&M)* sales, billing; 4. *(WiWi)* volume of trade • ~ **bringen** *(V&M)* pull in sales
Umsatzaufwendungen *fpl (RW)* cost of goods sold, cost of sales
Umsatzerlöse *mpl*, **Erträge** *mpl (RW)* Revenue *(IAS 18)*
Umsatzertrag *m (RW)* sales revenue
Umsatzgeschwindigkeit *f (Bö)* rate of turnover, turnover rate
Umsatzkosten *pl (WiWi)* cost of goods sold
Umsatz-Leverage *n (Fin, RW) (AE)* operating leverage
umsatzlos *adj (Bö)* flat, inactive
umsatzloses Konto *n* 1. *(Bank)* inactive account, dormant account; 2. *(V&M)* dormant account
Umsatzquote *f (Gesch)* turnover rate
Umsatzrendite *f*, **Umsatzrentabilität** *f* 1. *(Fin)* return on sales, percentage return on sales, profit margin, profit-turnover ratio; 2. *(RW)* profit-turnover ratio
umsatzstark *adj (Bö)* high-volume
Umsatzsteuer *f* 1. *(Bö)* transactions tax; 2. *(St)* turnover tax
Umsatzsteuergesetz *n (Recht)* Turnover Tax Law
Umsatzsteuer-Identifikations-Nummer *f (USt-IdNr) (St)* VAT registration number
Umsatzträger *m (V&M)* performer
Umsatzvolumen *n (RW)* volume

umschichten *v* 1. *(Fin)* shift, switch; 2. *(Gesch)* regroup; 3. *(RW)* reallocate
Umschichtung *f* 1. *(Fin)* shifting, switching; 2. *(Gesch)* regrouping; 3. *(RW)* reallocation
~ **von Verbindlichkeiten** *(Fin)* liability management, debt restructuring
Umschlag *m* 1. *(Komm)* envelope; 2. *(Trans)* transshipment, turn(a)round, handling
Umschlaggeschwindigkeit *f (Fin)* velocity of circulation
Umschlaghäufigkeit *f* **des Eigenkapitals** *(Fin, Gesch)* (rate of) equity turnover
~ **des Lagerbestands** *(Fin)* rate of inventory turnover
Umschlagzeit *f* 1. *(Gesch, Ind)* turn(a)round time; 2. *(WiWi)* replacement period, turn(a)round time
umschreiben *v* 1. *(Bö)* transfer *(Namenspapiere)*; 2. *(EDV)* transcribe, rewrite *(Software)*; 3. *(Gesch)* adapt, alter; 4. *(Gb)* convey; 5. *(Med)* rewrite *(Druck)*
Umschreibung *f* 1. *(Bö)* transfer *(Wertpapiere)*; 2. *(Gesch)* altering, adaptation, transcription; 3. *(Gb)* conveyance
umschulden *v (Fin)* refund, refinance, reschedule, restructure
Umschuldung *f (Fin)* debt refinancing [refunding, rescheduling, restructuring], financial restructuring
umschulen *v* 1. *(Gesch)* re-educate; 2. *(Pers)* retrain
Umschulung *f (Pers)* occupational retraining, retraining, vocational retraining
Umschwung *m* 1. *(Fin, Gesch)* turnabout, turn(a)round; 2. *(Pol)* reversal, swing *(Meinung)*
umsetzen *v* 1. *(EDV)* convert; 2. *(Gesch)* execute, sell, turn over, transact, implement; 3. *(Pers)* shift, transfer; 4. *(V&M)* turn over
Umsetzung *f* 1. *(EDV)* conversion; 2. *(Gesch)* execution, implementation; 3. *(Pers)* transfer, transferral
umsichtig *adj (Gesch)* cautious, prudent
umsiedeln *v (Gesch, Ind, WiWi)* relocate *(Standort, Betrieb)*
Umsiedlung *f (Gesch, Ind, WiWi)* relocation, resettlement
Umstand *m (Recht)* circumstance, fact, factor • **unter den gegebenen Umständen** *(Gesch, Recht)* under the circumstances,

given the circumstances • **unter keinen Umständen** *(Gesch, Recht)* under no circumstances • **unter sonst gleichen Umständen** *(WiWi)* other things being equal, ceteris paribus

umsteigen *v (Trans)* change, transfer

umstellen *v (Gesch)* switch • **sich ~ auf** *(Gesch)* switch over to

Umstellung *f* 1. *(Gesch)* switchover, switch, switching; 2. *(Recht)* changeover, conversion, transposal *(EU Recht)*

umstritten *adj (Gesch)* controversial

umstrukturieren *v* 1. *(Bank)* refloat *(Darlehen)*; 2. *(Fin, Gesch, Mgt, WiWi)* reorganize, reshape, reshuffle, restructure *(Unternehmen)*

Umstrukturierung *f* 1. *(Bank)* refloatation; 2. *(Fin, Gesch, Mgt, WiWi)* reorganization, reshuffle, restructuring, structural transformation, company reconstruction

Umtausch *m* 1. *(Fin)* conversion, exchange; 2. *(Gesch)* change; 3. *(WiWi)* conversion, exchange

umtauschen *v* 1. *(Bank, Bö, Fin)* convert, exchange *(Währung)*; 2. *(Gesch)* change; 3. *(WiWi)* convert, exchange *(Währung)*

Umtauschparität *f (Bö) (BE)* conversion parity

Umtauschpflicht *f (Bank)* surrender requirement

Umtauschverhältnis *n (Bö)* conversion ratio

Umtauschwert *m* 1. *(Bö)* exchange value; 2. *(Fin)* exchange ratio

UMTS *(EDV, Komm)* UMTS, Universal Mobile Telecommunications System *(3. Generation Mobilkommunikation, Multimedia-Wireless)*

UMTS-Handy *n (Komm)* UMTS cellular phone

UMTS-Mobiltelefon *n (Komm)* UMTS mobile phone

Umverteilungseffekt *m (WiWi)* redistributive effect

Umwälzung *f (Gesch)* upheaval

umwandeln *v* 1. *(Bö, Fin, Gesch)* change, commute, convert, transform; 2. *(Komm)* transcode *(Code)*; 3. *(Mgt)* reorganize; 4. *(Recht)* change, commute, convert *(Strafurteil)*

~ **in** *(Gesch)* convert into

Umweg *m* 1. *(Gesch)* detour; 2. *(Trans, WiWi)* indirect route

Umwegproduktion *f (WiWi)* indirect [roundabout] production

Umwelt *f (Umw)* environment

Umwelt-Audit *n (ugs.) (Umw)* environmental audit

Umweltbedingungen *fpl (Umw)* environmental conditions

Umweltbehörde *f (Umw)* environmental office

Umweltbelastung *f (Umw)* environmental load [burden, pollution]

Umweltbericht *m (Umw)* environmental report

umweltbewusst *adj (Umw)* environmentally aware, environmentally-conscious

Umweltfragen *fpl (Umw)* environmental issues

umweltfreundlich *adj (Umw)* eco-friendly, environmentally beneficial [friendly]

umweltfreundliche Technologie *f (Umw)* environmentally clean technology

umweltfreundliches Produkt *n (Umw)* environmentally-friendly product

Umweltgütezeichen *n (Ind)* eco-label(l)ing

Umweltkontrolle *f (Ind, Pol, Umw)* environmental [pollution] control

Umweltnorm *f (Umw)* environmental standard

Umweltproblem *n (Umw)* environmental problem

Umweltqualitätsnorm *f (Umw)* environmental quality standard

Umweltschaden *m (Gesch, Pol, Umw)* environmental damage

Umweltschutz *m (Ind, Pol, Umw)* environmental control [protection], pollution control, protection of the environment

Umweltschutz-Audit *n (Umw)* environmental audit

Umweltschutzmaßnahmen *fpl (Umw)* environmental protection measures

Umweltsteuer *f (St, Umw)* environmental [pollution] tax, eco-tax

Umweltstiftung *f (Gesch, Umw)* environmental foundation

Umweltstudie *f (Mgt, Umw)* environmental study

Umweltüberwachung *f (Ind, Umw)* environmental [pollution] monitoring

Umweltuntersuchung *f* 1. *(Mgt)* environmental analysis; 2. *(Umw)* environment scan
Umweltverschmutzer *m (Umw)* polluter
Umweltverschmutzungsüberwachung *f (Ind, Umw)* pollution monitoring
Umweltverträglichkeitsprüfung *f (Gesch)* environmental impact analysis [assessment]
umziehen *v (Gb, Trans)* move (house), relocate
Umzug *m (Gesch, Trans)* move, moving, relocation, removal
Umzugskosten *pl (Pers)* removal cost, removal costs, cost of removal, costs of removal, moving expenses, moving costs, relocation expenses
unabhängig *adj* 1. *(Gesch)* arm's-length, self-contained, self-sufficient, unaffiliated *(Wettbewerb)*; 2. *(Pol)* independent; 3. *(WiWi)* self-sufficient, unaffiliated; 4. *(St, V&M)* arm's-length *(Wettbewerb)* • ~ **von** *(Gesch)* independent of, irrespective of
unabhängige Untersuchung *f (Recht)* independent inquiry
~ **Variablen** *fpl (Stat)* independent variables
unanfechtbar *adj* 1. *(Gesch)* unassailable, unimpeachable *(Vertrag)*; watertight *(Plan, Argument)*; 2. *(Pat)* incontestable; 3. *(Recht)* unappealable
Unanfechtbarkeit *f (Gesch, Pat, Recht)* incontestability, non-appealability
unangebracht *adj (Gesch)* inappropriate, unreasonable
unangemeldeter Besuch *m* **bei Kunden** *(V&M)* cold call, cold calling
unangemessen *adj (Gesch)* inappropriate, unsuitable, unreasonable, inadequate *(Forderung, Preis)*
unaufgefordert *adj (Gesch)* unsolicited
unaufgeforderte Bewerbung *f (Pers)* unsolicited application
unausgebildet *adj (Pers, Soz)* unskilled, untrained
unausgelastet *adj (Ind, Pers)* underemployed *(Kapazität)*
unbeabsichtigt *adj (Gesch)* unintended, unintentional
unbebautes Grundstück *n (Gb) (BE)* undeveloped land, *(AE)* vacant lot
Unbedenklichkeit *f (Gesch, Umw)* soundness
unbedeutend *adj (Gesch)* negligible, slight, nominal
unbefriedigend *adj (Gesch)* unsatisfactory
unbefristete Beschäftigung *f (Pers)* permanent employment
unbefristeter Arbeitsvertrag *m (Pers)* permanent contract
unbefugt *adj (Gesch)* unauthorized
unbefugter Eingriff *m (Recht)* unauthorized interference
unbeglaubigt *adj (Recht)* unauthenticated, uncertified
unbeglaubigte Unterschrift *f (Recht)* unauthenticated signature
unbeglichen *adj* 1. *(Fin, Gesch)* due, outstanding, unpaid, unsettled *(RW, Schuld)*; 2. *(RW)* unpaid
unbegrenzte Haftung *f (Gesch, Recht)* unlimited liability
unbegründet *adj* 1. *(Gesch)* unfounded, groundless, unsubstantiated *(Anschuldigung)*; 2. *(Recht)* without just cause
unbekannt *adj (Gesch)* not known, unknown • **unbekannten Ursprungs** *(Gesch)* of unknown origin
unbelastet *adj (Gb)* unencumbered
unbelastete Immobilie *f (Gb)* unencumbered estate
unbeliebt *adj (Gesch)* unpopular
unbenutzt *adj (Gesch)* unused
unberechenbar *adj (Gesch)* incalculable, unpredictable
unberechtigt *adj (Gesch, Recht)* unauthorized, unjustified
unberücksichtigt lassen *(Mgt)* disregard, ignore
unbeschränkt *adj* 1. *(Bö)* clean; 2. *(Gesch)* absolute, unlimited, unrestricted
unbeschränkte Haftung *f (Gesch, Recht)* unlimited liability
unbesichertes Darlehen *n (Bank)* unsecured advance
unbeständig *adj (Gesch)* unstable, unsteady
unbestätigt *adj (Gesch)* unacknowledged, unconfirmed, unverified
unbestimmt *adj (Gesch)* indefinite, indeterminate
unbestreitbar *adj (Gesch)* unassailable, incontestable, unquestionable *(Tatsache)*
unbewegliche Vermögensgegenstände *mpl (Recht)* corporeal hereditaments

unbewegliches Inventar *n (Gb)* fixtures
~ **Vermögen** *n (Gb)* immovable property, real property
unbewohnt *adj (Gb)* uninhabited, unoccupied, vacant
unbezahlt *adj* 1. *(Fin, Gesch)* unpaid, unsettled, owing; 2. *(RW)* unpaid
unbillig *adj (Gesch)* inequitable, unjust
undatiert *adj (Gesch)* undated
undichte Stelle *f (Med, Pol)* leak
uneinbringlich *adj* 1. *(Fin, Gesch)* unrecoverable; 2. *(RW, St)* uncollectable
uneinbringliche Forderung *f* 1. *(Bank, Fin)* bad debt; 2. *(RW)* uncollectable account
uneingelöster Scheck *m (Bank)* dishono(u)red cheque
uneingeschränkt *adj* 1. *(Bank, Fin)* unrestricted, unconditional, unqualified, uncurtailed *(Rechte)*; 2. *(Gesch)* unrestricted, unconditional, unqualified, uncurtailed *(Rechte)*
uneingeschränktes Eigentumsrecht *n (Gb)* absolute title
uneinheitlich tendierender Markt *m (Bö)* sideways market
unelastische Nachfrage *f (WiWi)* fixed demand, inelastic demand
unelastisches Angebot *n (WiWi)* fixed supply, inelastic supply
unendlich *adj (Umw)* infinite
unentbehrliche Güter *npl (Gesch, WiWi)* essential goods, essentials
unentgeltlich *adj (Gesch, V&M)* free of charge
unentgeltliche Übertragung *f (St)* gratuitous transfer
unentschieden *adj* 1. *(Gesch)* undecided; 2. *(Recht)* pending
unerfahren *adj (Gesch)* inexperienced, unfledged
unergiebig *adj* 1. *(Bank) (ugs.)* lying idle; 2. *(Bö)* unproductive; 3. *(Gesch)* unprofitable
unerlässlich *adj (Gesch)* indispensable
unerlaubte Handlung *f (Recht)* unlawful [tortious] act, civil wrong *(zivilrechtlich)*
unerledigte Arbeit *f (Gesch)* arrears of work
~ **Aufträge** *mpl (Gesch, Ind)* backlogged orders, unfilled orders, outstanding orders, work backlog
unerprobt *adj (Gesch)* untested, untried
unerreichbar *adj* 1. *(Gesch)* unattainable; 2. *(Komm)* unattainable
unerreicht *adj (Gesch)* unequal(l)ed, unrival(l)ed
unerreichte Rekordleistung *f (Gesch)* all-time record
unerschlossen *adj* 1. *(Gesch)* untapped *(Ressourcen)*; 2. *(Gb)* undeveloped; 3. *(WiWi)* unexploited
unerschöpflich *adj* 1. *(Gesch)* unfailing; 2. *(Umw)* inexhaustible *(Reserven)*
unersetzlich *adj* 1. *(Fin)* irrecoverable; 2. *(Gesch)* irreplaceable, irreparable *(Verlust)*
unerwartet *adj (Gesch)* unanticipated, unforeseen, without warning
unerwarteter Gewinn *m (Gesch, WiWi)* unexpected profit, windfall profit
~ **Verlust** *m (WiWi)* unexpected loss, windfall loss
unerwartetes Nebenergebnis *n (Gesch, Pol)* fallout
unerwünschte Werbung *f (V&M)* spam
unfähig *adj (Gesch, Pers, Recht)* incapable, incompetent, unable
Unfähigkeit *f (Gesch)* disablement, inability, incapability, incapacity, incompetence
Unfall *m* 1. *(Gesch)* accident, casualty; 2. *(Pers, Vers)* accident
Unfallgefahr *n (Vers)* accident risks
Unfallrisiko *n (Vers)* accident risk
Unfallverhütung *f (Pers)* accident prevention
Unfallversicherung *f (Pers, Vers)* accident insurance, worker compensation insurance, casualty insurance
unfertige Erzeugnisse *npl (Gesch, RW, WiWi)* partly finished goods, *(AE)* work in process, *(BE)* work in progress
unfreiwillige Arbeitslosigkeit *f (WiWi)* involuntary unemployment
~ **Liquidation** *f (Fin)* compulsory [involuntary] liquidation
unfreundliche Übernahme *f (Fin, Mgt)* unfriendly takeover
ungedeckt *adj* 1. *(Bank)* unsecured *(Kredit)*; 2. *(Fin)* uncovered
ungedeckte Option *f (Bö)* naked option
~ **Verkaufsoption** *f (Bö)* naked [uncovered] put

ungedeckter Saldo *m (Fin)* uncovered balance
~ **Scheck** *m (Bank) (AE)* bad [bounced, uncovered, dud] check, *(BE)* bad [bounced, uncovered, dud] cheque, *(AE)* kite, *(AE)* check without sufficient funds, *(BE)* cheque without sufficient funds
~ **Vorschuss** *m (Bank)* uncovered advance
ungedecktes Optionsgeschäft *n (Bö)* uncovered option
ungeeignet *adj (Gesch)* inappropriate, ineligible, unsuitable, unsuited
ungefähr *adv (Gesch)* about, approximately, circa
ungeklärt *adj* 1. *(Gesch)* unaccounted for; 2. *(Mgt)* unresolved *(Problem)*
ungekürzt *adj (Gesch, Med)* unabridged *(Text)*
ungelernt *adj (Pers, Soz)* unskilled, untrained
ungelernte Arbeitskräfte *fpl (Pers, WiWi)* manual labo(u)r, unskilled labo(u)r, unskilled workers
~ **Hilfskräfte** *fpl (Pers, WiWi)* unskilled labo(u)r, unskilled workers
ungelöst *adj (Mgt)* unresolved *(Frage, Problem)*
ungenannt *adj (Gesch)* anonymous, undisclosed
Ungenauigkeit *f (Gesch)* inaccuracy
ungenügend *adj* 1. *(Bank, Fin)* insufficient; 2. *(Gesch)* unsatisfactory
ungenügende Deckung *f (Fin)* insufficient funds
ungenutzt *adj* 1. *(Gesch)* unused, untapped *(Ressourcen)*; 2. *(Pers)* idle
ungenutzte Kapazität *f (Ind, WiWi)* idle [surplus] capacity
~ **Zeit** *f (Pers)* idle time
ungeprüft *adj (Gesch)* untested, untried
ungerecht *adj* 1. *(Gesch)* unfair, unjust; 2. *(Recht)* inequitable
ungerechtfertigt *adj* 1. *(Gesch)* unwarranted, unreasonable *(Preis)*; 2. *(Pers)* unfair; 3. *(Recht)* unjustified
ungerechtfertigte Bereicherung *f (Recht)* unjustified enrichment
~ **Entlassung** *f* 1. *(Pers)* unfair dismissal, wrongful dismissal; 2. *(Recht)* wrongful dismissal
ungeregelter Freiverkehr *m* 1. *(Bö)* off-board trading, off-floor trading, unregulated free market *(cf over-the-counter market = Freiverkehr, regulated free market = geregelter Freiverkehr)*; 2. *(WiWi)* third market
ungesichert *adj (Bö)* unhedged, unsecured
ungesicherte Anleihe *f (Bö)* debenture bond, plain [unsecured] bond issue
~ **Kaufoption** *f (Bö)* uncovered call
ungesicherter Gläubiger *m (Bank, Fin)* unsecured creditor
ungesichertes Darlehen *n (Bank, Fin)* straight loan
ungestört *adj (Gesch)* undisturbed
ungestörter Besitz *m (Gb, Recht)* quiet enjoyment, quiet possession
ungeteilt *adj (Gesch)* undivided
ungeteilter Besitz *m (Gb)* undivided property
ungewiss *adj (Gesch)* contingent, doubtful, uncertain
Ungewissheit *f (Gesch, WiWi)* uncertainty • **in ~ sein** *(Gesch)* be in abeyance, be in suspense
ungewogen *adj (Gesch)* unweighted *(Index)*
ungezielt *adj (V&M)* untargeted
ungezielte Kundenwerbung *f (V&M)* cold canvassing
ungezwungen *adj (Gesch)* informal
Ungleichgewicht *n* 1. *(Fin)* imbalance; 2. *(WiWi)* disequilibrium
ungleichgewichtiges Wachstum *n (WiWi)* unbalanced growth
Ungleichgewichtstheorie *f (WiWi)* disequilibrium economics
Ungleichheit *f (WiWi)* inequality
ungleichmäßig *adj* 1. *(Bö)* erratic; 2. *(Gesch)* uneven
Ungleichung *f (Stat)* inequality
Unglück *n (Gesch, Vers)* accident
ungültig *adj (Gesch)* invalid, void • **für ~ erklären** *(Recht)* annul, invalidate, rescind, declare null and void *(Vertragsklausel)* • **~ machen** *(Gesch)* invalidate • **~ werden** *(Gesch)* expire
Ungültigkeit *f* 1. *(Gesch)* invalidity; 2. *(Recht)* invalidity, nullity
ungünstig *adj* 1. *(Gesch)* adverse, unfavo(u)rable *(Preis, Bedingungen)*; 2. *(WiWi)* adverse
unheilbarer Mangel *m (Recht)* incurable defect, irremediable defect *(Vertragsrecht)*

universal *adj (Fin)* all-purpose, universal
Universalbank *f (Deutschland) (Bank)* universal bank
Universaldienst *m (Komm)* universal service
Universitätsdiplom *n (Pers, Soz)* degree
unklar *adj (Recht)* ambiguous, uncertain, unclear
unkontrollierbar *adj (Fin, Gesch)* unmanageable, uncontrollable *(Inflation)*
unkontrolliert *adj (Fin, Gesch, WiWi)* unchecked, uncontrolled *(Angaben, Zahlen)*
unkörperliches Vermögen *n (RW)* intangible property
unkündbar *adj* 1. *(Bö)* irredeemable; 2. *(Fin)* uncallable; 3. *(Recht)* nonterminable *(Vertrag)*
unlauterer Wettbewerb *m (Gesch)* unfair trading practices
unlauteres Geschäft *n (Gesch)* unfair trade
unleserlich *adj (Gesch)* illegible
unlimitiert *adj (Bö, Gesch)* unlimited
unlösbar *adj (Gesch)* insoluble
unmittelbar *adj (Gesch)* direct
unmittelbare Gefahr *f (Vers)* imminent danger [peril]
~ **Haftung** *f (Recht)* direct liability
~ **Vorgesetzte** *f (Pers)* immediate supervisor
unmittelbarer Besitz *m* 1. *(Recht)* actual possession; 2. *(Soz)* actual [direct] possession
~ **Vorgesetzter** *m (Pers)* immediate supervisor
unmittelbares Ziel *n (Gesch)* immediate aim
unmodern *adj (Gesch)* out of fashion
Unmöglichkeit *f (Recht)* impossibility
~ **der Leistung** *(Recht)* impossibility of performance
unnachgiebig *adj (Gesch)* uncompromising
unnachgiebiges Verhandeln *n (Gesch)* hard bargaining
unorthodoxe Bilanzierungsmethoden *fpl (RW) (ugs.)* creative accounting practices
~ **Finanzierungsmethode** *f (Fin)* creative financing
unparteiisch *adj* 1. *(Gesch)* impartial, unbiased, unprejudiced; 2. *(Pol)* independent
unparteiischer Gutachter *m (WiWi)* nonpartisan expert
unpfändbar *adj (Fin)* nonleviable
Unpfändbarkeit *f (Recht)* judgment proof *(nicht der Zwangsvollstreckung unterworfen)*
unqualifiziert *adj (Pers)* unqualified
Unrecht *n (Recht)* wrong • **zu ~** *(Gesch)* wrongly • **~ haben** *(Gesch)* be in the wrong
unrechtmäßig *adj (Recht)* illegal, unlawful, wrongful
unreell *adj (Gesch)* dubious
Unregelmäßigkeit *f (Gesch)* anomaly, irregularity
unreif *adj (Bö, Fin, Pers)* immature, *(ugs.)* unfledged
unrentabel *adj* 1. *(Bank)* idle; 2. *(Fin)* unprofitable; 3. *(Gesch)* unremunerative, unprofitable, uneconomic, uneconomical; 4. *(WiWi)* uneconomic, unprofitable
unrichtig *adj (Gesch)* false, incorrect, wrong
unschätzbar *adj (Gesch)* invaluable
unselbstständige Beschäftigung *f (Pers)* dependent employment
unseriös *adj (Gesch)* dubious, untrustworthy
unsicher *adj* 1. *(Ind)* unsafe; 2. *(WiWi)* insecure, instable, uncertain
Unsicherheit *f* 1. *(Gesch)* uncertainty; 2. *(Ind)* danger; 3. *(WiWi)* insecurity, instability, uncertainty
unsichtbare Arbeitslosigkeit *f (WiWi)* hidden unemployment
~ **Ein- und Ausfuhren** *fpl (Fin, WiWi)* invisibles
~ **Exporte** *mpl (AH, WiWi)* invisible exports
~ **Hand** *f (WiWi)* invisible hand *(des Marktes)*
~ **Leistungen** *fpl (WiWi)* invisibles *(ZB)*
unsichtbarer Handel *m (WiWi)* invisible trade, invisibles
unsortiert *adj (Gesch)* ungraded, unsorted
unstet *adj (Gesch, WiWi)* unsteady, unbalanced
unstetig *adj (Gesch, WiWi)* volatile
Unstimmigkeit *f (Gesch)* discrepancy, friction *(Konflikt)*
unstrukturiert *adj (Gesch)* unstructured
untauglich *adj (Pers)* incompetent, unfit, unsuitable
Unteilbarkeit *f (WiWi)* indivisibility
unten *(Gesch)* below • **~ erwähnt** *(Gesch)* mentioned below • **nach ~ korrigieren [revidieren]** *(Gesch)* revise downward

Unterabteilung *f (Mgt)* subdivision
Unterauftrag *m (Gesch, Ind, Pers, Recht)* subcontract, order unit • **Unteraufträge vergeben** *(Gesch, Ind, Pers, Recht)* subcontract
Unterauftragnehmer(in) *m(f) (Gesch, Ind, Pers, Recht)* subcontractor
Unterbeschäftigung *f (Pers, WiWi)* underemployment
unterbesetzt *adj* 1. *(Pers)* undermanned, understaffed; 2. *(Trans)* undermanned
Unterbesetzung *f (Pers)* undermanning, understaffing
unterbewerten *v* 1. *(Bö)* underprice *(Aktie)*; 2. *(Gesch)* underestimate, undervalue; 3. *(RW, WiWi)* understate, undervalue
Unterbewertung *f* 1. *(Bö)* underpricing; 2. *(Fin)* undervaluation; 3. *(Gesch)* underestimation, undervaluation; 4. *(RW, WiWi)* undervaluation *(Währung)*
unterbieten *v* 1. *(Gesch)* underbid, undercut, underquote; 2. *(WiWi)* underprice *(Konkurrenz)*; undercut *(Preise)*
Unterbieten *n (Gesch)* undercutting *(Preis)*
unterbrechen *v* 1. *(EDV)* interrupt; 2. *(Gesch)* disrupt, suspend, break off *(Verhandlungen, Gespräche)*; 3. *(Mgt)* adjourn *(Sitzung)*
Unterbrechung *f* 1. *(EDV)* interruption *(Programme)*; 2. *(Gesch)* suspension; 3. *(Mgt)* adjournment *(einer Sitzung)*; 4. *(Trans)* breakdown
unterbreiten *v (Gesch, Mgt)* submit • **eine Bewerbung ~** *(Pers)* put in an application • **~ Sie bitte Ihre Angebote** *(Gesch)* please submit your quotations
Unterbreitung *f (Gesch, WiWi)* submission *(Angebote)*
unterbringen *v* 1. *(Bö, Fin)* place; 2. *(Gesch, Soz)* accommodate *(in einer Wohnung)*
Unterbringung *f* 1. *(Bö, Fin)* placement, placing; 2. *(Gesch, Soz)* accommodation
unterdrücken *v* 1. *(EDV)* suppress; 2. *(Gesch)* bottle up; 3. *(Pol)* oppress, stamp; 4. *(WiWi)* stamp out, suppress *(Inflation)*
Unterdrückung *f* 1. *(EDV)* suppression; 2. *(Pol)* oppression, suppression; 3. *(WiWi)* suppression
unterdurchschnittlich *adj* 1. *(Gesch)* below the mark, below-average, substandard *(Arbeit, Ware)*; 2. *(WiWi)* lower than average *(Wachstum)* • **sich ~ entwickeln** *(WiWi)* underperform
untere Führungsebene *f (Verw)* lower management
~ Preisklasse *f (Gesch)* down-market segment
unterentwickeltes Land *n (Gesch, Pol, WiWi)* underdeveloped country
unterer Bereich *m (Bö)* low end of the range
~ Marktbereich *m (V&M)* low end of the market
unteres Marktsegment *n (V&M)* down-market segment, down market
Untergebene *pl (Pers)* down-the-line personnel [staff], subordinates
Untergebene(r) *f(m) (Pers)* subordinate
untergehen *v (Gesch)* fail, go under *(Unternehmen)*
untergeordnet *adj* 1. *(Gesch)* inferior, subordinate; 2. *(Mgt)* junior; 3. *(Pers)* menial, subsidiary
untergeordnete Tätigkeit *f (Pers)* menial job
untergliedern *v (Gesch, Mgt)* subdivide
untergliedert *adj (Gesch)* broken down, subdivided
Untergliederung *f* 1. *(Gesch)* breakdown; 2. *(Mgt)* subdivision
untergraben *v (Gesch)* erode, undermine *(Einfluss, Macht)*
Untergrundwirtschaft *f (WiWi)* black [cash, hidden, underground] economy
Untergruppe *f (Gesch)* subgroup
Unterhalt *m (Recht) (BE)* maintenance, *(AE)* support
unterhalten *v* 1. *(Recht)* maintain, support; 2. *(Verw)* maintain *(Geschäftsstelle)* • **ein Konto ~ bei** *(Bank)* bank with
Unterhaltsbeihilfe *f (Soz)* income support, cost-of-living allowance
Unterhaltsgeld *n (Pers, Soz)* maintenance allowance, subsistence allowance, maintenance, maintenance payment
unterkapitalisiert *adj* 1. *(Bö)* low-geared; 2. *(Fin)* underfunded; 3. *(Gesch, Ind)* undercapitalized
Unterkapitalisierung *f (Fin)* thin capitalization
Unterkonto *n (RW)* auxiliary account, detail account, subaccount, subsidiary account

Unterlage *f (Recht)* document, voucher
Unterlagen *fpl (Gesch)* records, supporting documents
~ **über den beruflichen Werdegang** *(Verw)* career record
unterlassen *v (Recht)* omit to do
Unterlassen *n (Recht)* neglect, omission
Unterlieferant *m (Pers)* subcontractor
unterliegen *v (Recht)* be subject to
Untermieter(in) *m(f) (Gb)* subtenant, underlessee
unternehmen *v (WiWi)* undertake
Unternehmen *n* 1. *(Gesch)* business, concern, firm, organization; undertaking, operation *(Aktion)*; enterprise, establishment *(Projekt)*; 2. *(Verw)* enterprise *(Gesch, Firma)* • **ein ~ gründen** *(Gesch)* establish a company
~ **in Privatbesitz** *(WiWi)* privately-owned company
Unternehmensberater(in) *m(f) (EDV, Mgt)* management consultant
Unternehmensberatungsfirma *f (Mgt)* management consultancy
Unternehmensbesteuerung *f (St)* corporate taxation
Unternehmensertrag *m (RW)* corporate earnings
Unternehmensfinanzierung *f (Fin)* corporate financing, business finance
Unternehmensform *f (Verw)* business form
Unternehmensforschung *f (Mgt, V&M)* operational research, operations research
Unternehmensführung *f* 1. *(Mgt)* (business) management; 2. *(Verw)* business management [administration]
~**/wertorientierte** *(Mgt)* value-driven management, value-based management *(Kapitalrenditen nachhaltig höher als Kapitalkosten)*
Unternehmensgewinn *m (RW)* corporate profit
Unternehmensgründer(in) *m(f) (Fin, WiWi) (BE)* company promoter
Unternehmensgründung *f (Gesch)* company formation
Unternehmensimage *n (Gesch, V&M)* corporate image
Unternehmenskalender *m (Mgt)* corporate action time table
Unternehmenskonzentration *f (Ind)* industrial concentration
Unternehmensleitung *f* 1. *(Mgt)* (corporate) management, operations management; 2. *(Verw)* administration
Unternehmensliquidität *f (Fin)* company liquidity
Unternehmensneugründung *f (Gesch)* start-up, start-up company
Unternehmensneuorganisation *f (Gesch)* company reorganization
Unternehmensphilosophie *f (Gesch)* company philosophy [policy], corporate identity [philosophy]
Unternehmensplanung *f* 1. *(Gesch)* corporate planning; 2. *(Mgt)* business planning
Unternehmensrecht *n (Recht)* company law, corporate law
Unternehmensrentabilität *f (Fin)* overall rate of return
Unternehmensstrategie *f (Gesch, Mgt, WiWi)* business [company, corporate] strategy
Unternehmensvorstand *m (Gesch, Mgt)* board, board of directors *(Board-System)*
Unternehmenswert *m (Bö, Mgt, RW)* corporate value, shareholder value *(Sicht des Investors)*
~ **aus Aktionärssicht** *(Gesch, Mgt, WiWi)* shareholder value *(Summe der künftigen abgezinsten Nettoeinzahlungen)*
~ **aus Sicht der Interessengruppen** *(Gesch, Mgt, WiWi)* stakeholder value
Unternehmensziel *n (Gesch, V&M)* company objective, corporate goal [objective], business objective
Unternehmenszusammenschluss *m (Bö, Fin)* merger
Unternehmenszweck *m (Gesch)* corporate mission, company purpose
Unternehmer(in) *m(f)* 1. *(Gesch)* operator, businessman [businesswoman]; 2. *(Mgt)* entrepreneur; 3. *(Pers, Recht)* contractor; 4. *(Gesch, WiWi)* entrepreneur
Unternehmergeist *m (Mgt)* entrepreneurial spirit
unternehmerisch *adj (WiWi)* entrepreneurial
unternehmerisches Risiko *n (Gesch)* entrepreneurial risk
Unternehmerrisiko *n (Bö, Gesch)* businessman's risk, entrepreneurial risk

Unternehmerverband *m (Gesch, WiWi)* trade association
Unternehmung *f* 1. *(Gesch)* operation; enterprise *(Projekt)*; 2. *(Verw)* establishment; 3. *(WiWi)* enterprise, venture, firm, undertaking, business, company *(Gesch, Firma)*
unterordnen *v (Gesch, Pol, WiWi)* subordinate
Unterordnungsvereinbarung *f (Verw)* subordination agreement
Unterparagraph *m (Verw)* subparagraph
Unterricht *m* 1. *(Gesch)* class, lesson; 2. *(Pers)* instruction, tuition
unterrichten *v (Gesch)* brief, notify, inform • **unterrichtet sein über** *(Gesch)* be informed about
Unterrichtsfächer *npl (Pers)* subjects, subjects taught, subjects studied, disciplines, disciplines taught, disciplines studied
unterschätzen *v (Gesch)* underestimate, underrate, undervalue
unterscheiden *v (Gesch)* differentiate
~ **zwischen** *(Gesch)* differentiate between, make a distinction between
~ **von/sich** *(Gesch)* differ from
Unterscheidung *f* 1. *(Gesch)* differentiation, distinction; 2. *(Pat)* distinctiveness
unterschiedlich *adj (Gesch)* different, differing, varying
unterschlagen *v* 1. *(Fin)* misappropriate; 2. *(Gesch)* embezzle *(Gelder)*; 3. *(Recht)* embezzle
Unterschlagung *f* 1. *(Fin)* misappropriation; 2. *(Gesch, Recht)* embezzlement
unterschreiben *v (Gesch)* sign, undersign *(Vertrag)*
Unterschrift *f (Gesch)* signature
unterschriftsberechtigt sein *(Bank)* have signing authority
unterste Ebene *f (Pers)* bottom *(der Organisation)*
unterstehen *v (WiWi, Pol)* operate under the jurisdiction of • **jmdm. unterstehen** *(Gesch)* report to sb
unterstellen *v* 1. *(Gesch)* assume, presume, subordinate; 2. *(WiWi)* put under the control of
unterstelltes Einkommen *n (RW)* imputed income
Unterstellung *f (Gesch)* presumption
unterstreichen *v (EDV, Med)* underline, underscore *(Text)*
unterstützen *v* 1. *(EDV)* support; 2. *(Gesch)* back up, promote, aid, support, encourage, subsidize, sponsor *(fördern)*; back *(Projekt)*; 3. *(Soz)* benefit; 4. *(WiWi)* back up, aid
Unterstützung *f* 1. *(EDV)* support; 2. *(Gesch)* aid, boost, backing, backup, encouragement, promotion, subsidization, sponsorship; 3. *(Soz)* benefit; 4. *(WiWi)* backing, support *(finanziell)*
Unterstützungszahlung *f (Soz)* benefit payment, allowance
untersuchen *v* 1. *(Gesch)* examine, inspect, investigate, study, survey; 2. *(Mgt, Recht, V&M)* enquire, investigate • **eingehend** ~ *(Gesch)* examine carefully
Untersuchung *f* 1. *(Gesch)* study, survey, examination; 2. *(Mgt, Pers)* study; 3. *(Recht, V&M)* analysis, enquiry, investigation *(Ermittlung, Nachforschung)*
Untersuchungsauftrag *m (Gesch)* fact-finding mission
Untersuchungshaft *f (Recht)* custody • **sich in ~ befinden** *(Recht)* be on remand
Untersuchungslabor *n (Ind)* research laboratory
Untertagearbeit *f (Ind)* underground working, underground mining
unterteilen *v (Gesch, Mgt)* subdivide
Unterteilung *f (Bank, Mgt)* subdivision
Untertitel *f* 1. *(Med)* subtitle; 2. *(V&M)* subhead, subtitle *(Film)*
Untervergabe *f (Gesch, WiWi)* subcontracting *(Auftrag)*
untervergeben *v (Gesch)* subcontract *(Auftrag)*
Untervermietung *f (Gesch)* sublease
Unterwerfung *f (Pol, WiWi)* submission
unterworfen sein *(Gesch)* be subjected to
unterzeichnen *v (Gesch)* sign, undersign
Unterzeichner(in) *m(f) (Pol, Recht)* signatory • **Unterzeichner von etw. sein** *(Pol, Recht)* be a signatory to sth
Unterzeichnung *f (Gesch)* signature
untilgbar *adj (Bö)* irredeemable
unübertroffen *adj (Gesch)* unrival(l)ed
unumgänglich *adj (Gesch)* unavoidable
unverändert *adj (Gesch)* unaltered, unchanged
unverarbeitet *adj (EDV, Gesch)* unprocessed

unverbindlich *adj (Gesch)* not binding, subject to confirmation, without engagement, without obligation *(Angebot)*
unverbindliche Preisempfehlung *f (V&M)* recommended retail price
unverhältnismäßig hoch *adj (Gesch)* excessive
unverkäuflich *adj* 1. *(Gesch) (AE)* unsalable; 2. *(V&M)* not for sale
unverkäufliche Ware *f (V&M)* dead stock
unverkaufte Ware *f (V&M)* dead stock, unsold goods
unvermeidbares Risiko *n (Bö)* inherent risk
unvermeidlich *adj (Gesch)* inevitable, unavoidable
unveröffentlicht *adj (Gesch, Med)* unpublished
unversehrt *adj (Gesch)* undamaged, sound, intact
unversichert *adj (Vers)* unassured, uninsured
unverteilter Gewinn *m (RW)* undistributed income [profit], undivided profit
Unverträglichkeit *f (EDV, Gesch)* incompatibility
unverzinslich *adj (Bank)* non-interest-bearing, noninterest-earning
unverzinsliche Einlage *f (Bank)* non-interest-bearing deposit, noninterest-earning deposit
unverzüglich *adj (Gesch)* immediate, prompt
unverzüglich *adv (Gesch)* immediately, at once, promptly, without delay
unvollkommener Markt *m (WiWi)* imperfect market
~ **Wettbewerb** *m (WiWi)* imperfect competition
unvollständig *adj* 1. *(Gesch)* incomplete; 2. *(Recht)* inchoate *(Dokument, Vertrag)*; 3. *(Trans)* short-landed *(Lieferung)*
unvollständig *adv (Gesch)* incompletely
unvollständiges Warenset *n (V&M) (AE)* broken lot
unvoreingenommen *adj (Gesch)* unbiased, unprejudiced, without prejudice
unvorhersehbar *adj (Gesch)* unforeseeable, unpredictable *(Schwierigkeiten)*
unvorteilhaft *adj (Gesch)* unfavo(u)rable
unwesentlich *adj (Gesch)* immaterial, insignificant
unwiderlegbar *adj (Recht)* irrebuttable, irrefutable
unwiderruflich *adj* 1. *(Bank)* irrevocable; 2. *(Gesch)* irreversible *(Entscheidung)*; 3. *(Recht)* irrevocable
unwiderruflicher Kredit *m (Bank)* irrevocable credit
unwirklich *adj (Gesch)* artificial
unwirtschaftlich *adj* 1. *(Gesch)* inefficient, uneconomic, uneconomical; 2. *(WiWi)* inefficient, uneconomic
Unwirtschaftlichkeit *f (Gesch, WiWi)* inefficiency
Unwissenheit *f (Recht)* ignorance
Unzufriedenheit *f (Pers)* discontent
unzulänglich *adj (Gesch)* inadequate, insufficient, substandard
unzulässig *adj* 1. *(Gesch)* unsuitable; 2. *(Recht)* illegal, inadmissable • ~ **verwenden** *(Recht)* misapply *(Geldmittel)*
unzureichend *adj (Gesch)* insufficient, unsatisfactory
unzustellbar *adj (Komm)* undeliverable
unzweckmäßig *adj (Gesch)* inexpedient, unsuitable
Urabstimmung *f (Pers)* strike ballot, strike vote
Urbarmachung *f (WiWi)* cultivation
Urbeleg *m (RW)* original document
Urbelege *mpl (RW)* accounting papers
Urheber *m (Recht, Med)* creator; author *(Urheberrecht)*
Urheberrecht *n (EDV, Recht)* copyright
urheberrechtlich geschützt *adj* 1. *(Gesch)* proprietary; 2. *(Recht)* copyright reserved, protected by copyright
Urkunde *f* 1. *(Fin)* certificate, instrument; 2. *(Pat, Recht, Verw)* certificate, instrument, legal document, deed *(beurkundeter Vertrag)*
Urkundenbetrug *m (Recht)* documentary fraud
Urkundenfälschung *f (Recht)* adulteration of documents, falsification of documents • ~ **begehen** *(Recht)* alter a document, falsify a document • **jmdn. wegen ~ belangen** *(Recht)* prosecute sb for forgery
Urlaub *m (F&T, Pers) (BE)* holiday, *(AE)* vacation, leave, *(BE)* holiday leave • **auf ~** *(F&T) (BE)* on holiday, *(AE)* on vacation • **in ~** *(Pers)* on leave • **in ~ gehen** *(F&T, Gesch, Pers) (BE)* go on holiday,

(BE) take a holiday, *(AE)* take a vacation, take leave
Urlaubsanspruch *m (Pers)* holiday entitlement
Urlaubsgeld *n (Pers) (BE)* holiday allowance [bonus, pay], *(AE)* vacation allowance [bonus, pay] *(Arbeit)*
Ursache *f (Gesch, Pol)* cause
Ursprungsbescheinigung *f (AH)* certificate of origin
Ursprungsbezeichnung *f* 1. *(AH)* designation of origin; 2. *(Pat)* indication of source
Ursprungserklärung *f (AH)* declaration of origin
Ursprungsland *n (Gesch, AH)* country of origin
Ursprungszertifikat *n (AH)* certificate of origin
Ursprungszeugnis *n* 1. *(Fin, AH)* certificate of origin; 2. *(Ind)* certificate of manufacture
Urteil *n (Gb, Recht)* judgment • **ein ~ anfechten** *(Recht)* appeal against a judgment • **~ erlassen** *(Recht)* pass judgment
urteilen *v (Gesch)* adjudicate
Urteilsvermögen *n (Gesch, Recht)* judgment
Usance *f (Bank, Gesch)* usance
US-Börsenaufsicht *f (Bö, Recht)* Securities and Exchange Commission *(SEC)*
USt *s.* Umsatzsteuer
USt-Erklärung *f (St) (BE)* VAT return
USt-Identifikations-Nummer *f (St) (BE)* VAT registration number
USt-Voranmeldung *f (St) (BE)* preliminary VAT return
UWG *s.* Gesetz gegen Wettbewerbsbeschränkungen

V

Vakuumverpackung *f (Ind)* vacuum packaging
validieren *v (EDV)* validate
Valoren *fpl* 1. *(Bö)* securities; 2. *(Gesch)* valuables
Valorisation *f (Fin, WiWi)* valorization
valorisieren *v (Fin, WiWi)* valorize
Valorisierung *f (Fin, WiWi)* valorization
Valuta *f* 1. *(Bank)* currency *(Währung)*; value *(Wertstellung)*; value date *(Datum)*; 2. *(WiWi)* medium of exchange
Valutierungsgewinn *m (Bank)* float
Valutierungstag *m (Bank)* value date
Vanity-Nummer *f (Komm)* vanity number *(Buchstabenwahl)*
variabel *adj (Gesch)* adjustable, subject to change, variable
~ verzinslich *(Fin)* adjustable, floating-rate, variable-rate
~ verzinsliche Anleihe *f (Bö)* floating-rate note, FRN
~ verzinsliche Hypothek *f (Bank, Gb)* variable-rate mortgage, adjustable rate mortgage
Variable *f (EDV, Gesch, Stat)* variable
variable Arbeitskosten *pl (Pers, WiWi)* variable labo(u)r costs
~ Ausgaben *fpl (Fin, RW, Trans, WiWi)* variable expenses, variable costs
~ Durchschnittskosten *pl (WiWi)* average variable costs
~ Gebühr *f (Gesch)* variable charge
~ Kosten *pl (Fin, RW, WiWi)* variable cost [expenses, charges]
variabler Kurs *m (Fin)* variable rate
~ Zins *m (Bank, Fin, WiWi)* variable rate
Variante *f (Gesch)* version
Varianz *f* **der Stichprobe** *(Stat)* sampling variance
Variation *f (Gesch)* variation
variieren *v (Gesch)* vary
Vaterdatei *f (EDV)* father file *(Datensicherung)*
Venture-Finanzierung *f (Fin)* venture financing *(Wagnisfinanzierung)*
verabredet *adj (Gesch)* agreed
Verabredung *f (Gesch)* appointment • **eine ~ einhalten** *(Gesch)* keep an appointment
verabschieden *v* 1. *(Gesch)* adopt *(Resolution)*; 2. *(Pers)* dismiss *(entlassen)*; 3. *(Recht)* adopt *(Resolution)*; pass *(Gesetz)*; 4. *(WiWi)* adopt *(Budget)*
Verabschiedung *f* 1. *(Gesch)* adoption *(einer Resolution)*; 2. *(Pers)* dismissal *(Enlassung)*; 3. *(Recht)* adoption *(einer Resolution)*; passing *(eines Gesetzes)*; 4. *(WiWi)* adoption *(eines Budgets)*
veralten *v (Gesch)* become obsolete
Veralterung *f (Gesch)* obsolescence

veraltet *adj (Gesch)* obsolete, outdated, outmoded
veraltetes Produkt *n (V&M)* obsolescent product
verändern *v (Gesch)* alter, change, modify
~/sich *(Gesch)* change one's job
Veränderung *f (Gesch)* alteration, change, variance, variation
~ des Preisniveaus *(Gesch)* price level change
verankern *v (Recht)* enshrine, embody, lay down *(in Gesetz)*
veranlagen *v (St)* assess
Veranlagung *f (St)* assessment
Veranlagungsjahr *n (RW, St)* year of assessment
Veranlagungszeitraum *m (Fin, RW, St)* assessment year, income year, tax year
veranlassen *v (Gesch)* bring about, cause, prompt
Veranlassung *f (Gesch)* cause, occasion
veranschlagen *v (RW)* estimate
veranschlagt *adj (RW)* budgeted, estimated
Veranschlagung *f (RW)* estimation
veranstalten *v* 1. *(Gesch)* organize; 2. *(Mgt)* stage, hold *(Konferenz, Tagung)*
Veranstaltung *f (F&T)* event
Veranstaltungsort *m (Mgt, Verw)* conference venue
verantwortlich *adj (Gesch)* accountable, answerable, responsible • **jmdn. für etw. ~ machen** *(Gesch)* hold sb responsible for sth
~ für *(Gesch)* answerable for, responsible for
~ gegenüber *(Gesch)* answerable to
Verantwortlichkeit *f (Gesch)* responsibility, accountability
Verantwortung *f (Gesch)* responsibility • **die ~ für etw. übernehmen** *(Gesch)* assume [take] responsibility for sth
Verantwortungsbereich *m (Gesch)* area of responsibility
Verantwortungsrechnung *f (Fin, RW)* responsibility accounting
verantwortungsvoll *adj (Gesch)* responsible
Verantwortungszentrum *n (Fin, Mgt) (AE)* responsibility center, *(BE)* responsibility centre
verarbeiten *v (EDV, Ind)* process *(Produktion, Daten)*
verarbeitende Industrie *f (Ind)* manufacturing industry, processing industry
Verarbeitung *f* 1. *(EDV)* processing; 2. *(Ind)* manufacturing, processing
Verarbeitungsbetrieb *m (Ind)* processing plant
Verarbeitungskosten *pl (RW)* conversion [processing] cost
Verarbeitungsstufe *f (Ind)* processing stage
verausgaben *v* 1. *(Fin)* disburse, expend; 2. *(Gesch)* spend
verausgabt *adj (Fin)* disbursed • **nicht verausgabtes Guthaben** *(RW)* unspent cash balance
Verausgabung *f (Fin)* disbursement
Veräußerer *m* 1. *(Gesch)* seller; 2. *(Gb)* vendor; 3. *(Recht)* assignee, transferor, grantor
veräußern *v* 1. *(Fin)* divest; 2. *(Gesch)* sell, dispose of; 3. *(Gb)* alienate; 4. *(Recht)* alienate, transfer, divest
Veräußerung *f* 1. *(Gesch)* disposal, realization, sale; 2. *(Gb)* alienation; 3. *(Recht)* alienation, transfer, divestiture
Veräußerungserlös *m (WiWi)* proceeds on disposal
Veräußerungsgewinn *m* 1. *(RW)* gain on disposal [sale]; 2. *(St)* capital gain, gain on disposal
Veräußerungswert *m* 1. *(Fin)* residual value; 2. *(RW)* liquidating value, scrap [salvage] value *(Schrottwert)*
Verband *m (Gesch)* association, league
Verbändesystem *n (Pol)* corporatistic system
Verbandsbürokratie *f (Pol)* bureaucracy of corporations
Verbandsmarke *f (Pat)* collective mark, certification mark
verbergen *v (Gesch)* conceal, hide
verbessern *v* 1. *(EDV)* upgrade, enhance; 2. *(Gesch)* correct, enhance, improve, revise
Verbesserung *f* 1. *(Bank)* advance; 2. *(EDV)* enhancement; 3. *(Gesch)* enhancement, improvement; 4. *(Gb)* betterment *(Melioration)*; 5. *(Pat)* correction; 6 *(RW)* advance
verbesserungsfähig *adj (Gesch)* upgradable
verbieten *v* 1. *(Gesch)* disallow; 2. *(Recht)* ban, forbid, outlaw, prohibit

verbilligen *v (Gesch)* cheapen, reduce *(Preis)*
verbinden *v* 1. *(EDV, Gesch)* link, connect; 2. *(Ind)* bind *(Maschinen)*
~ **mit/sich** *(Gesch)* associate with, unite with
verbindlich *adj* 1. *(Gesch)* authentic, firm, obligatory; 2. *(RW)* authentic; 3. *(Recht)* authoritative, binding *(Entscheidung)*
verbindliche Vereinbarung *f (Recht)* binding agreement
verbindliches Angebot *n (Gesch)* binding [firm] offer, binding tender
Verbindlichkeit *f* 1. *(RW)* liability; 2. *(Recht)* commitment, liability, obligation • **ohne** ~ *(Gesch)* without prejudice
Verbindlichkeiten *fpl (RW)* accounts payable, liabilities, creditors, *(AE)* payables • **andere** ~ *(RW)* other creditors [liabilities] • ~ **übernehmen** *(RW)* take over liabilities
~ **aus Lieferungen und Leistungen** *(RW)* *(AE)* (trade) accounts payable, *(AE)* trade payables, *(BE)* trade creditors
~ **des Unternehmens** *(Fin)* company's debts
Verbindung *f* 1. *(EDV, Gesch)* connection, link; 2. *(Komm)* circuit, liaison; 3. *(Pers)* joinder
Verbindungen *fpl* 1. *(Gesch)* relations; 2. *(Komm)* communications
verborgen *adj (Gesch)* concealed
verborgener Mangel *m (Recht)* hidden defect
~ **Schaden** *m (Vers)* hidden damage
Verbot *n (Gesch)* ban, prohibition *(Untersagung)*
Verbrauch *m (WiWi)* consumption
verbrauchen *v* 1. *(Umw)* expend, use *(Naturschätze)*; 2. *(V&M)* consume
Verbraucher(in) *m(f) (V&M, WiWi)* consumer
Verbraucherbedürfnisse *npl* consumer wants
Verbraucherbefragung *f (V&M)* consumer survey
Verbrauchergewohnheit *f (V&M)* consumer habit
Verbraucherkredit *m (Bank)* consumer loan
Verbrauchermarketing *n (V&M)* consumer marketing
Verbrauchernutzen *m (V&M)* consumer benefit
Verbraucherpreis *m (V&M)* consumer price
Verbraucherrecht *n (Recht)* consumer law
Verbraucherschutzgesetzgebung *f (Recht, V&M)* consumer protection legislation
Verbraucherverband *m (V&M)* consumer organization, Consumers' Association
Verbraucherverhalten *n (V&M)* consumer behavio(u)r, consumer patterns
Verbraucherzufriedenheit *f (Gesch)* consumer satisfaction
Verbrauchsausgaben *fpl (WiWi)* consumer expenditure
verbrauchsbedingte Wertminderung *f (RW)* physical depreciation, physical deterioration
Verbrauchsgegenstand *m (V&M)* article of consumption
Verbrauchsgewohnheiten *fpl (WiWi)* consumption pattern
Verbrauchsgüter *npl (V&M)* consumer goods [products], consumption goods
Verbrauchsteuer *f (AH, St)* commodity tax, purchase tax, excise (duty)
verbrauchsteuerpflichtige Güter *npl (St)* excisable goods
Verbrauch- und Aufwandsteuern *fpl (St)* excise duties, excise taxes
verbreiten *v* 1. *(Komm)* spread, circulate *(Informationen)*; 2. *(Med)* circulate, distribute *(Zeitung)*
Verbreitung *f* 1. *(Komm)* circulation *(von Informationen)*; 2. *(Med)* distribution *(einer Zeitung)*; 3. *(V&M)* circulation
~ **von Innovationen** *(V&M)* diffusion of innovations
Verbrennung *f (Ind, Umw)* incineration *(Müll)*
verbriefen *v (Fin, Gesch)* guarantee, securitize, evidence, document *(Forderungen, Einlagen)*
verbrieft *adj (Bank, Bö, Fin)* securitized, evidenced by certificates
verbriefte Forderungen *fpl (Fin, RW)* asset-backed securities *(ABS)*
~ **Kreditforderungen** *fpl (Fin, RW)* asset-backed securities *(ABS)*
Verbriefung *f (Fin)* securitization *(Forderungen, Einlagen)*

verbuchen *v (RW)* post, enter (on the books), recognize • **einen Eintrag ~** *(RW)* post an entry
Verbuchung *f (RW)* entry, posting
verbunden *adj* 1. *(Bank)* affiliated; 2. *(Bö)* linked; 3. *(Gesch)* affiliated, associated; 4. *(Ind)* allied
verbundene Gesellschaft *f (Gesch, WiWi)* associate company
verbundenes Unternehmen *n* 1. *(Bö)* constituent company; 2. *(Gesch)* affiliate, associated company, related company
Verbundunternehmen *n (Gesch, RW, Verw)* federated company *(vgl. verbundenes Unternehmen)*
Verbundvorteile *mpl (WiWi)* economies of scope
verdecken *v (Gesch)* conceal, hide
verdeckt *adj (Gesch)* concealed, hidden
verdeckte Arbeitslosigkeit *f (WiWi)* concealed [hidden, camouflaged] unemployment
~ **Inflation** *f (WiWi)* camouflaged [hidden] inflation
verderben *v (Gesch)* deteriorate, perish, spoil *(Waren)*
verderblich *adj (Gesch)* perishable *(Waren)*
verdienen *v* 1. *(Gesch)* bring in, gain; 2. *(Pers)* earn
Verdienst *m (Pers)* earnings, income
verdienstabhängig *adj (Pers, Soz)* earnings-related
Verdienstausfall *m (Pers)* loss of earnings, loss of income
verdienstbezogen *adj (Pers, Soz)* earnings-related
verdiente Beiträge *mpl (RW, Vers)* premium income earned
Verdoppelung *f (Gesch)* duplication
verdrängen *v (Gesch)* drive out, oust, replace, supersede *(ersetzen)*
Verdrängungswettbewerb *m (WiWi)* crowding-out competition, destructive competition, predatory pricing policy, cutthroat competition
Verdunkelung *f* 1. *(Gesch)* blackout; 2. *(Recht)* collusion
veredeln *v (Ind)* finish, refine *(Erdöl)*
Verein *m (Gesch)* association, society
vereinbar *adj* 1. *(Gesch)* compatible; 2. *(Recht)* consistent *(Aussagen)*
vereinbaren *v* 1. *(Bank)* arrange; 2. *(Gesch)* arrange, agree (upon), agree on *(Preis)*; stipulate *(vertraglich)*
Vereinbarkeit *f (Gesch)* compatibility
vereinbart *adj (Gesch, Recht, Vers)* agreed • **sofern nicht anders ~** *(Gesch, Recht)* unless otherwise agreed • **zum vereinbarten Preis** *(Gesch)* at an agreed price
vereinbarter Zahlungsbeginn *m (Vers)* attachment date
Vereinbarung *f (Gesch)* agreement, arrangement, accord *(Abmachung)*; bargain *(Abschluss)* • **nach ~** *(Gesch)* by arrangement • **eine ~ treffen** *(Gesch)* enter into an agreement, make an arrangement
~ **ohne Haken und Ösen** *(ugs.) (Gesch)* agreement with no strings attached
vereinbarungsgemäß *adj (Gesch)* as per agreement
vereinfachen *v (Gesch)* simplify
Vereinfachung *f* 1. *(Gesch)* simplification; 2. *(Ind, WiWi)* streamlining
vereinheitlichen *v (Gesch)* standardize, unify
vereinheitlichte Fertigung *f (Ind)* standardized production
Vereinheitlichung *f (Gesch)* standardization, unification
vereinigt *adj (Gesch)* united, unified
Vereinigtes Königreich *n (Pol, Recht)* United Kingdom, UK *(umfasst Großbritannien mit England, Schottland und Wales sowie Nordirland)*
Vereinigung *f* 1. *(Gesch)* association, grouping, unification; 2. *(Pol)* union
Vereinigungsfreiheit *f (Pol)* freedom of association
Vereinte Nationen *fpl (Pol)* United Nations, UN, United Nations Organization, UNO
vereinzelt *adj (Gesch)* sporadic
vereiteln *v (Recht)* defeat, frustrate, obstruct
vererbbar *adj (Recht)* inheritable
vererbbare Vermögensgegenstände *mpl (Recht)* incorporeal hereditaments
Verfahren *n* 1. *(Gesch)* process, procedure; 2. *(Ind)* process, technique; 3. *(Mgt)* method; 4. *(Recht)* suit, proceedings, action *(Rechtsstreit)* • **gegen jmdn. ein ~ anstrengen** *(Recht)* bring a lawsuit against sb
~ **bei übermäßigem Defizit** *(POL, WiWi)* excessive deficit procedure *(EU, EZB)*

Verfahrensantrag *m (Recht)* petition
Verfahrensordnung *f (Recht)* rules of court, rules of practice, rules of procedure
verfahrensrechtlich *adj (Gesch)* procedural
verfahrensrechtliche Frage *f (Mgt)* procedural issue
Verfahrensregeln *fpl* 1. *(Gesch)* procedures; 2. *(Recht)* procedural rules, rules of procedure
Verfahrensvereinbarung *f (Pers)* procedure [procedural] agreement
Verfall *m* 1. *(Bank)* expiry, maturity, expiration *(Zeit)*; 2. *(Gb)* disrepair, dilapidation, decay; 3. *(Recht)* forfeit, forfeiture
verfallbar *adj (Recht)* forfeitable
Verfalldatum *n* 1. *(Bank)* due date *(Wechsel)*; 2. *(Gesch) (AE)* expiration date, *(BE)* expiry date; 3. *(Pers)* date of expiry
~ des Termingeschäftes *(Bö) (AE)* futures expiration date
verfallen *v* 1. *(Bank)* become due, expire, mature; 2. *(Fin)* mature; 3. *(Gb)* become dilapidated, decay; 4. *(Recht)* lapse; 5. *(WiWi)* collapse *(Preise)*
verfallen *adj* 1. *(Bank)* due, expired, mature; 2. *(Fin)* mature; 3. *(Gb)* dilapidated; 4. *(Recht)* lapsed, forfeited
verfallend *adj (Ind)* ailing
Verfallsgeschwindigkeit *f (Bö)* rate of decay
Verfalltag *m* 1. *(Bö, Gesch)* date of maturity, DOM; 2. *(Pers)* date of expiry
verfälschen *v* 1. *(Gesch)* adulterate; 2. *(Recht)* falsify *(Original)*
Verfälschung *f (Gesch)* forgery
verfassen *v (Recht)* draw up *(Gesetz)*
Verfasser(in) *m(f) (Recht, Med)* author, writer
Verfassung *f (Pol, Recht)* constitution
verfassungsgebender Konvent *m (Pol, Recht)* constitutional convention *(EU)*
verfassungsgemäß *adj (Pol, Recht)* constitutional
Verfassungskonvent *m (Pol, Recht)* constitutional convention *(EU)*
verfechten *v (Gesch)* advocate, support
Verfechter(in) *m(f) (Gesch)* advocate, champion, supporter
verflechten *v (Gesch)* integrate, interlace, interlink
Verflechtung *f (Gesch)* integration, interlacing, interlocking, linkage
~ mit nachgelagerten Wirtschaftszweigen *(WiWi)* backwardlinkage
~ mit vorgelagerten Wirtschaftszweigen *(WiWi)* forward linkage
verfolgen *v* 1. *(Gesch)* pursue *(Plan)*; track *(Ausgaben)*; 2. *(Mgt, Pers)* follow *(Kurs)*; 3. *(Recht)* prosecute; 4. *(Soz)* follow *(Kurs)*; 5. *(Trans)* trace • **strafrechtlich ~** *(Recht)* prosecute
Verfolgung *f* 1. *(Gesch)* pursuit; 2. *(Recht)* prosecution
verfrüht *adj (Gesch)* premature
verfügbar *adj (Gesch)* available
verfügbare Mittel *npl (Fin, RW)* available cash, available funds
~ Zeit *f* 1. *(EDV)* available time; 2. *(Gesch)* time frame; 3. *(Mgt)* time budget
verfügbarer Cashflow *m (RW)* available cash flow
verfügbares Einkommen *n* 1. *(Fin, St)* available income, disposable income; 2. *(WiWi)* final income, personal disposable income *(PDI)*
Verfügung *f* 1. *(Gesch)* disposal; 2. *(Pat)* rule; 3. *(Recht)* decree, order, writ
Verfügungsgeschäft *n (Recht)* disposition *(Vertragsrecht)*
Verfügungsgewalt *f (Recht)* power of disposal [disposition]
Vergabe *f (Gesch)* allocation, award
~ von Zulieferungsverträgen *(Gesch)* subcontracting
vergeben *v* 1. *(Gesch)* allocate, award *(Arbeit)*; place *(Auftrag)*; 2. *(Pers)* contract out
Vergehen *n (Recht)* misdemeano(u)r, *(BE)* offence, *(AE)* offense
Vergeltung *f* 1. *(Gesch)* retaliation; 2. *(Recht)* retaliation, retribution, retortion *(Völkerrecht)*
Vergeltungsmaßnahme *f (Gesch)* reprisal, retaliatory measure
Vergesellschaftung *f (Gb, WiWi, Pol)* nationalization
vergeuden *v (Gesch)* squander, waste *(Zeit, Geld)*
vergewissern *v* **über/sich** *(Gesch)* ascertain *(Preis)*
Vergleich *m* 1. *(Gesch)* comparison, arrangement; 2. *(Recht)* comparison, composition, compromise agreement, ac-

cord • **einen ~ schließen** *(Gesch)* come to an arrangement, compromise, effect a compromise
vergleichbar *adj (Gesch)* comparable
Vergleichbarkeit *f (Gesch)* comparability
vergleichen *v* 1. *(Gesch)* compare; 2. *(Med)* collate *(Schriftstücke)*
~ **mit** *(Gesch)* compare to
vergleichend *adj (Gesch)* comparative
vergleichende Analyse *f (WiWi)* comparative analysis
~ **Werbung** *f (V&M)* comparative advertising
Vergleichsbeschluss *m (WiWi)* order for relief
Vergleichsjahr *n (Fin, WiWi)* base year
Vergleichsmarke *f (WiWi)* benchmark
Vergleichsmaßstab *m (Fin, Gesch, Mgt)* benchmark
Vergleichs- und Insolvenzrecht *n (Recht)* insolvency legislation
Vergleichsverfahren *n* 1. *(Pers)* conciliation procedure, conciliation proceedings; 2. *(Recht)* arrangement proceedings
Vergnügungseinkauf *m (V&M)* pleasure shopping
vergriffen *adj* 1. *(Gesch)* sold out; 2. *(Med)* out of print
vergrößern *v (Gesch)* enlarge, augment, increase, add to
Vergrößerung *f (Gesch)* addition, augmentation, increase
Vergünstigung *f (Mgt, Pers)* concession, *(ugs.)* perk, perquisite, privilege
Vergünstigungen *fpl (Gesch)* facilities
vergüten *v (Gesch)* remunerate, compensate
Vergütung *f* 1. *(Gesch)* reimbursement, refunding *(Ersatz)*; remuneration *(Entgelt)*; 2. *(St)* emolument
verhaften *v (Recht)* arrest, take into custody
Verhalten *n (Pers)* behavio(u)r, conduct
Verhaltenscodex *m (Gesch)* code of conduct [ethics, good] practice
Verhaltensforschung *f (Mgt, V&M)* behavio(u)ral research
Verhaltensstudie *f (V&M)* attitude survey
Verhältnis *n* 1. *(Gesch)* relationship; 2. *(Stat)* proportion; 3. *(RW)* ratio • **im ~ zu** 1. *(Gesch)* relative to; 2. *(Stat)* in proportion to
~ **Dividende zu Aktienkurs** *(Fin)* dividend-price ratio
~ **von Fremd- zu Eigenkapital** *(Fin) (BE)* gearing, *(AE)* leverage
verhältnismäßig *adj (Gesch)* proportionate, proportional, relative, comparative
verhandelbar *adj* 1. *(Gesch)* negotiable; 2. *(Recht)* prosecutable
verhandeln *v* 1. *(Gesch)* negotiate; 2. *(Recht)* hear *(Fall)* • **mit jmdm. ~** *(Gesch)* bargain with sb
Verhandlung *f* 1. *(Gesch)* negotiation, bargaining; 2. *(Recht)* proceedings
~ **zwischen unabhängigen Partnern** *(Gesch)* arm's length bargaining
Verhandlungsmacht *f (Gesch)* bargaining power
Verhandlungspartner(in) *m(f)* 1. *(Gesch)* negotiating partner, party to a negotiation; 2. *(Pers)* bargaining partner
Verhandlungsspielraum *m (Pers)* bargaining range, bargaining scope, negotiating range
Verhandlungstisch *m (Gesch)* bargaining [conference, negotiating] table
verhängen *v (Recht)* impose
Verhängung *f* **einer Geldbuße** *(Recht)* imposition of a fine
~ **von Bußgeldern** *(Recht)* imposition of fines *(EU)*
verheimlichen *v (Gesch)* conceal
verhindern *v* 1. *(Gesch)* prevent, provide against; 2. *(Recht)* block *(Annahme eines Gesetzentwurfes)*
Verhinderung *f (Gesch)* prevention
verhüten *v (Gesch)* prevent
Verhütung *f (Gesch)* prevention
Verifizierung *f (Gesch)* verification
verjähren *v (Recht)* fall under the statute of limitations, *(AE)* become prescribed
verjährt *adj (Recht)* barred by the lapse of time, statute-barred, time-barred
Verjährung *f (Recht)* limitation, limitation of actions, limitation of time, negative prescription, statute of limitations *(Vertragsrecht)*
Verjährungsfrist *f (Recht)* term [period] of limitation [prescription]
Verjährungsrecht *n* statute of limitations
Verkauf *m* 1. *(Gesch)* sale, selling, vending; 2. *(V&M)* sales department, sale, selling, vending *(Verkaufsabteilung)*
~ **auf Ratenzahlung** *(Gesch)* instal(l)ment sale

~ **durch Auktion** *(V&M)* auction sale
~ **unter Eigentumvorbehalt** *(Bank)* qualified sale
~ **unter Einstandspreis** *(V&M)* loss-pricing
~ **von Anlagen** *(Fin)* negative investment
verkaufen *v* 1. *(Fin)* realize; 2. *(Gesch)* sell (off), sell up • **zu** ~ *(V&M)* for sale
Verkäufer *m (Pers, V&M)* salesman, salesperson, vendor, *(BE)* shop assistant, *(AE)* sales clerk *(Laden)*
Verkäuferin *f (Pers, V&M)* saleswoman
Verkäufermarkt *m (Bö, Gb, WiWi)* seller's market
Verkäuferoption *f (Bö)* seller's option
verkäuflich *adj* 1. *(Fin)* realizable; 2. *(Gesch)* marketable, vendible; 3. *(V&M)* sal(e)able
Verkaufsabteilung *f (V&M)* sales department
Verkaufsanstrengungen *fpl (V&M)* sales effort, sales push
Verkaufsargument *n (V&M)* selling point, sales pitch, selling proposition
Verkaufsautomat *m (Gesch)* slot machine, vending machine
Verkaufsbedingungen *fpl (V&M)* conditions of sale, terms of sale
Verkaufsbüro *n (V&M)* sales office
Verkaufserfolg *m (V&M)* sales record, track record
Verkaufserlös *m (V&M)* proceeds of sales, sales receipts, sales returns
Verkaufsertrag *m (RW, V&M)* sales return
Verkaufsfläche *f (V&M)* selling space, shop floor
Verkaufsförderung *f (V&M)* promotion, sales promotion
~ **am Verkaufsort** *(V&M)* point-of-sale promotion
Verkaufsförderungsbudget *n (V&M)* promotional budget
Verkaufsförderungsmix *n (V&M)* promotion mix
Verkaufsgebiet *n (V&M)* sales area, trading area
Verkaufsgespräch *n (V&M)* sales talk, pitch
Verkaufsinstrumente *npl (V&M)* sales tools
Verkaufskonto *n (Bank)* trading account
Verkaufskosten *pl* 1. *(Fin)* cost of sales, cost ratio; 2. *(RW)* selling expenses
Verkaufskurs *m (Bö)* offering price, seller's rate
Verkaufsmerkmal *n (V&M)* sales feature
Verkaufsniederlassung *f (V&M)* sales agency
Verkaufsorganisation *f (V&M)* sales organization
Verkaufsort *m (V&M)* point-of-sale, POS
Verkaufspersonal *n (V&M)* sales force, sales personnel
Verkaufspolitik *f (V&M)* sales [selling] policy
Verkaufspotenzial *n (V&M)* sales potential
Verkaufsprämie *f (V&M)* sale commission, *(AE)* push money
Verkaufspreis *m (V&M)* selling price
Verkaufsprognose *f (V&M)* sales forecast
Verkaufsprogramm *n (V&M)* product range
Verkaufsprospekt *m (V&M)* sales literature
Verkaufsprovision *f* 1. *(Fin)* selling commission; 2. *(V&M)* sale [selling] commission
Verkaufspunkt *m (V&M)* point-of-sale, POS
Verkaufsrechnung *f (Gesch)* (sales) invoice
Verkaufsschlager *m* 1. *(Med)* best seller *(Buch, Schallplatte)*; 2. *(V&M)* hot-selling line, top-selling article
Verkaufsschulung *f (V&M)* sales training
Verkaufsstelle *f (V&M)* point of purchase, point-of-sale, POS, (sales) outlet
Verkaufstätigkeit *f (V&M)* sales activity
Verkaufs- und Lieferbedingungen *fpl (Gesch)* terms and conditions
Verkaufsvolumen *n (V&M)* sales volume
Verkaufswert *m* 1. *(Fin)* current value; 2. *(V&M)* sale value
Verkaufswiderstand *m (V&M)* sales resistance
Verkaufsziel *n (V&M)* sales goal [objective, target]
verkaufte Auflage *f (V&M)* net paid circulation
~ **Option** *f (Bö)* written option
Verkehr *m* 1. *(Bö)* dealing, trading; 2. *(Komm)* communications; 3. *(Trans)* traffic, transport, transportation; 4. *(WiWi)* circulation *(Banknoten)*
Verkehrsanbindung *f (Trans)* transport link
Verkehrsaufkommen *n (Trans)* volume of traffic
Verkehrseinrichtungen *fpl (Trans)* transport facilities

verkehrsgünstig *adj (Gesch)* accessible, with easy access to public transport
Verkehrskontrolle *f (Trans)* traffic control
Verkehrsstau *m (Trans)* traffic jam [congestion]
verkehrsübliche Sorgfalt *f (Recht)* due diligence, ordinary care, ordinary diligence
Verkehrsverbindung *f (Trans)* communications, transport link, connection
Verkehrswert *m (Fin)* market value
Verkehrswesen *n (Trans)* transport system
Verkehrszählung *f (Trans)* traffic count [census]
verketten *v (EDV)* chain, concatenate
verklagen *v (Recht)* sue • **jmdn. ~** *(Recht)* bring an action against sb, sue sb
verklappen *v (Umw)* dump *(im Meer)*
verklausulieren *v (Recht)* guard by clauses, hedge in by clauses
verkleinern *v* 1. *(Gesch)* scale down, reduce in size; 2. *(Mgt, Pers)* downsize, slim down *(Personalbestand)*
Verkleinerung *f* 1. *(Gesch)* reduction in size, scaling-down; 2. *(Mgt, Pers)* downsizing *(Personalbestand)*
Verknappung *f (WiWi)* crunch, shortage
Verknüpfung *f (EDV, Komm)* link
verkörpern *v (Pat, Recht)* embody
Verkörperung *f (Pat, Recht)* embodiment
verkraftbar *adj (Gesch, WiWi)* sustainable
verkürzen *v* 1. *(Bö)* shorten; 2. *(Gesch)* abridge, curtail, reduce, shorten
Verladen *n (AH, Komm, Trans)* loading, shipment, shipping
Verlader *m (AH, Komm, Trans)* loading agent, forwarder, shipper
Verlag *m (Med)* publisher, publishing house
Verlagerung *f (Gesch)* displacement, relocation *(Unternehmen)*
~ **von Arbeitsplätzen** *(Pers)* job displacement, displacement of jobs
verlangen *v (Gesch)* call for, charge, claim, request, require
Verlangen *n* 1. *(Gesch)* request; 2. *(V&M)* desire • **auf ~** *(Gesch)* on demand • **auf ~ rückzahlbar** *(Bank, Fin)* repayable on demand
verlängern *v* 1. *(Bank)* extend; 2. *(Bö)* lengthen; 3. *(Gesch)* extend, renew
verlängert *adj (Gesch)* extended, lengthened, prolonged
verlängerter Eigentumsvorbehalt *m (Recht)* extended reservation of title [ownership]
Verlängerung *f (Gesch)* extension, renewal
verlangsamen *v* 1. *(Bö)* roll down; 2. *(WiWi)* decelerate, slow (down) *(Wachstum)*
verlassen *v* 1. *(EDV)* abort *(Programm, Betriebszustand)*; 2. *(Gesch)* abandon, leave; 3. *(Gb)* vacate *(Wohnung)* • **sich ~ auf** *(Gesch)* depend on, rely on *(Person)*
Verlassen *n (Gesch)* leaving, abandonment
verlässlich *adj (Gesch)* reliable
Verlauf von/im *(Gesch)* in the course of
verlegen *v* 1. *(Gesch)* relocate *(Unternehmen)*; 2. *(Mgt)* postpone *(Termin)*; 3. *(Med)* publish
Verleger(in) *m(f) (Med)* publisher
Verlegung *f (Gesch)* relocation
verleihen *v* 1. *(Bank)* lend; 2. *(Gesch)* hire out; 3. *(Recht)* bestow, confer, vest *(Titel, Rechte)*
Verleihung *f* 1. *(Bank)* lending; 2. *(Gesch)* hiring out; 3. *(Recht)* bestowal, conferment, conferral *(Titel, Rechte)*
Verleitung *f (Recht)* inducement
verletzen *v* 1. *(Pat)* infringe, violate; 2. *(Recht)* violate, injure, interfere with, infringe *(Vorschriften)*
Verletzer *m (Pat, Recht)* infringer, violator
Verletzte(r) *f(m) (Recht)* aggrieved [injured, wronged] party
Verletzung *f* 1. *(Pat)* infringement, violation; 2. *(Pers)* injury *(Körper)*; 3. *(Recht)* infringement, violation • **in ~ von** *(Gesch)* in violation of
~ **der Berufspflicht** *(Recht)* malpractice *(Arzt, Rechtsanwalt)*
~ **der Geheimhaltung** *(Gesch)* breach of confidence, breach of secrecy
~ **der Privatsphäre** *(Recht, Komm)* invasion of privacy
~ **der Treuepflicht** *(Recht)* breach of trust
verleumden *v (Recht)* slander *(mündlich)*; libel *(schriftlich)* • **jmdn. ~** *(Recht)* defame sb's credit, defame sb's reputation
verleumderisch *adj (Recht)* defamatory, libel(l)ous *(schriftlich)*; slanderous *(mündlich)*
Verleumdung *f* 1. *(Gesch)* backbiting; 2. *(Recht)* defamation, slander *(mündlich)*; libel *(schriftlich)*

verlieren *v* 1. *(Gesch)* forfeit; 2. *(Recht)* lose *(Schutz)*
Verlust *m* 1. *(Bank)* loss; 2. *(Gesch)* wastage; 3. *(AH)* forfeiting; 4. *(Pat)* damage; 5. *(RW)* charge off; 6. *(Recht)* loss; 7. *(WiWi)* leakage • **einen ~ ausweisen** *(RW)* report a loss, show a loss • **einen ~ erleiden** 1. *(RW)* sustain a loss; 2. *(Recht)* suffer loss • **einen ~ erwirtschaften** *(WiWi)* run a deficit • **einen ~ in Kauf nehmen** *(Bö)* take a loss • **~ machen** *(WiWi)* run a deficit • **einen ~ melden** *(RW)* report a loss • **einen ~ tragen** *(Fin)* carry a loss, stand a loss • **Verluste einfahren** *(Fin, RW)* operate in the red
~ des Arbeitsplatzes *(Pers, Soz)* loss of job, job loss, redundancy
~ des Einkommens *(Pers)* loss of income, income loss
~ durch uneinbringliche Forderungen *(WiWi)* bad debt loss
Verlustabzug *m (St)* loss deduction
Verlustanerkennung *f (RW)* recognition of loss
Verlustgeschäft *n (WiWi)* losing bargain, money-losing deal
Verlustrücklage *f (Fin)* loss contingency
Verlustrückstellung *f* 1. *(Mgt)* contingency reserve; 2. *(RW)* loss provision
Verlustrücktrag *m (RW)* carry-back (of loss), loss carry-back
Verlustträger *m (V&M)* lossmaker
Verlustübernahme *f (Fin, Gesch, WiWi)* assumption of losses *(ZB)*
Verlustvortrag *m (RW)* carry-over loss, historical loss, loss carry-forward, losses carried forward
vermachen *v* 1. *(Gb)* devise; 2. *(Recht)* bequeath, devise, dispose by will
Vermächtnis *n (Recht)* bequest, legacy, testamentary gift
vermehren *v (Gesch)* augment
vermeidbares Risiko *n (Fin)* avoidable risk, unsystematic risk
vermeiden *v* 1. *(Gesch)* avoid, prevent; 2. *(St)* avoid
Vermerk *m* 1. *(Gesch)* entry, note; 2. *(Recht)* endorsement, indorsement *(Urkunde, Wechsel)*
vermerken *v (Recht)* endorse, indorse
vermessen *v (Gb)* survey
vermieten *v (Gb) (BE)* let, *(AE)* rent out • **zu ~** *(Gb) (AE)* for rent, *(BE)* to let
Vermieter(in) *m(f) (Recht)* lessor *(Gegensatz: lessee)*
Vermietung *f (Gb)* let, letting
vermittelbar *adj (Gesch, Pers)* employable
Vermittelbarkeit *f (Pers, Soz, WiWi)* employability
vermitteln zwischen *(Pers)* mediate between
Vermittler(in) *m(f) (Pers)* intermediary, mediator
Vermittlung *f* 1. *(Komm)* exchange *(Telefon)*; 2. *(Pers)* mediation *(zwischen zwei Parteien)*; placement *(Arbeit)* • **durch ~ von** *(Gesch)* through the agency of
Vermittlungsaussichten *fpl (Soz)* placement prospects, placing prospects
Vermittlungsverfahren *n (Pol)* mediation procedure
Vermögen *n* 1. *(Fin)* assets; 2. *(Gesch)* wealth, capital; 3. *(Pers)* power, capacity; 4. *(RW)* assets, net worth, capital
Vermögensaufstellung *f* 1. *(RW) (AE)* schedule of net assets; 2. *(Recht)* statement of affairs *(Insolvenzschuldner)* • **die ~ vorbereiten** *(RW)* prepare the statement of net assets
vermögensbesicherte Forderungen *fpl (Fin, RW)* asset-backed securities *(ABS)*
~ Kreditforderungen *fpl (Fin, RW)* asset-backed securities *(ABS)*
Vermögensbesteuerung *f (St)* capital taxation, *(AE)* assessed valuation
Vermögensbewertung *f (RW)* asset valuation
Vermögensbilanz *f (RW)* asset and liability statement
Vermögenseinkommen *n (St, WiWi)* unearned income, investment income
Vermögenserträge *mpl* 1. *(Bö)* asset return; 2. *(Fin)* investment income
Vermögensgegenstand *m (WiWi)* asset property item
Vermögensgegenstände *mpl (RW)* assets
vermögensgesicherte Forderungen *fpl (Fin, RW)* asset-backed securities, ABS
~ Kreditforderungen *fpl (Fin, RW)* asset-backed securities, ABS
Vermögensgut *n (Fin, WiWi)* property, asset *(Wirtschaftsgut)*

~ **mit begrenzter Nutzungsdauer** *(RW, WiWi)* wasting asset

Vermögenspreise *mpl (Fin, WiWi)* asset prices

Vermögensschaden *m* 1. *(Fin)* damage to property, financial damage, financial loss; 2. *(Vers)* economic loss

Vermögensseite *f (RW)* asset side

Vermögensstatus *m (Bank, Fin)* asset and liability position, asset/liability position

Vermögensteuer *f (Fin, St, WiWi)* property [capital] tax, wealth tax

Vermögensverwaltung *f (Bank, Bö, Fin)* asset management, fund management, investment management, portfolio management, property management

Vermögensverwaltungsgebühr *f (Bank)* agency fee, management fee

Vermögenswert *m (Fin, RW)* asset value, assets • **Vermögenswerte flüssig machen** *(Bö)* realize assets • **durch Vermögenswerte gesicherte Anlage** *(Fin)* asset-backed investment

Vermögenszuwachs *m (WiWi)* capital appreciation, accession

Vermögenszuwachssteuer *f (Fin, RW, St, WiWi)* capital gains tax

vermutlich *adj (Gesch, Recht)* alleged, probable

Vermutung *f (Gesch, Recht)* presumption, assumption

vernetzt *adj (Bank)* linked

vernetztes Arbeiten *n (EDV)* networking

Vernetzung *f (EDV, Komm, V&M)* networking

Vernichtung *f* 1. *(Umw)* destruction; 2. *(WiWi)* abolition *(von Arbeitsplätzen)*

Vernichtungswettbewerb *m (WiWi)* cutthroat competition

vernünftig *adj (Gesch)* rational, reasonable, sensible

vernünftiger Preis *m (Gesch)* reasonable price

veröffentlichen *v* 1. *(Med)* issue, publish; 2. *(Pat)* publish

Veröffentlichung *f (Med)* publication

Veröffentlichungen *fpl (Med, Recht)* published works, publications *(Urheberrecht)*

Verordnung *f* 1. *(Gesch)* regulation; 2. *(Recht)* ordinance, edict

verpachten *v (Gb)* lease, let on lease, rent

Verpächter *m (Recht)* lessor *(Gegensatz: lessee = Pächter)*

verpacken *v (Gesch)* pack, wrap

Verpacken *n (Gesch)* packing, packaging

verpackte Ware *f (V&M)* packaged goods

Verpackung *f* 1. *(Gesch)* wrapper, packing, wrapping; 2. *(Ind)* packaging; 3. *(V&M)* wrapper, wrapping

Verpackungsdesign *n (V&M)* package design

Verpackungsgewicht *n (Gesch)* tare weight

verpfänden *v* 1. *(Fin)* pawn, pledge; 2. *(Gb)* hypothecate, mortgage

verpfändet *adj (Fin)* in pawn, in pledge, pawned, pledged, hypothecated, mortgaged

Verpfändung *f* 1. *(Fin)* pawning, pledging; 2. *(Gb)* hypothecation, mortgaging

verpflegen *v (Gesch)* cater for

verpflichten *v* 1. *(Gesch)* oblige, *(AE)* obligate; sign up; 2. *(Recht)* bind, engage • **jmdn. ~, etw. zu tun** *(Gesch)* oblige sb to do sth • **sich zu etw. ~** *(Gesch)* commit oneself to sth

verpflichtet *adj (Gesch, Recht)* committed, obligated, obliged • **~ sein, etw. zu tun** *(Gesch)* be committed to do sth

Verpflichtete(r) *f(m) (Recht)* debtor, obligor

Verpflichtung *f* 1. *(Gesch)* liability, obligation; 2. *(Recht)* commitment, engagement, undertaking • **eine ~ eingehen** *(Gesch)* undertake a commitment • **ohne ~** *(V&M)* without obligation • **ohne jede ~ unsererseits** *(Gesch, Recht)* without any liability on our part

Verpflichtungsermächtigung *f (Fin)* budgetary appropriation, commitment authority

verrechnen *v* 1. *(Bank)* clear; 2. *(Fin, RW)* offset, set against, set off, absorb, carry back *(Verluste)*

verrechnet *adj* 1. *(Bank)* cleared; 2. *(Fin)* absorbed, offset; 3. *(RW)* allocated

verrechnete Gemeinkosten *pl* 1. *(Fin)* absorbed overheads; 2. *(RW)* applied overheads

Verrechnung *f* 1. *(Bank)* clearing; 2. *(Fin, RW)* absorption, offset, offsetting, set-off, carry-back • **zur ~** *(Bank)* account payee • **nur zur ~** *(Bank)* account payee only, for deposit only, not negotiable

~ **von Verlusten** *(RW)* carry-back of loss

Verrechnungseinheit *f (Bank, WiWi)* unit of account
Verrechnungspreis *m* 1. *(Bank)* accounting price; 2. *(Gesch)* transfer price
Verrechnungsscheck *m (Bank) (AE)* account-only [collection-only] crossed check, *(BE)* account-only [collection-only] crossed cheque, non-negotiable cheque
verrichten *v (Gesch)* perform
verringern *v* 1. *(Fin)* cut; 2. *(Gesch)* diminish, scale down, work down *(Bestand)*; reduce *(Ausgaben)*; 3. *(Mgt, Pers)* downsize *(Personalbestand)*; 4. *(WiWi)* reduce, run down
Verringerung *f* 1. *(Fin)* cut; 2. *(Gesch)* reduction, reduction in size, scaling-down; 3. *(Mgt, Pers)* downsizing, scaling-down *(Personalbestand)*; 4. *(WiWi)* reduction
~ **der Belegschaft** *(Pers)* staff cut, staff cuts, staff reduction, reduction in staff, reduction in staffing levels
Versagen *n* 1. *(EDV)* failure, fault; 2. *(Gesch)* fault; 3. *(Ind)* breakdown
Versammlung *f* 1. *(Gesch)* convention, gathering; 2. *(Mgt)* meeting; 3. *(Pol)* assembly, convention
Versammlungsleiter(in) *m(f) (Mgt, Pers)* chairman, chairwoman, chairperson
Versand *m (AH, Komm, Trans)* consignment, consignation, dispatch, dispatching, shipment, shipping
Versandbedingungen *fpl (AH)* terms of shipment
versandbereit *adj (Trans)* ready for shipment
Versandgebühr *f (Gesch)* dispatching [forwarding] charge
Versandhandel *m (Komm, V&M)* mail order
Versandhauskatalog *m (V&M)* mail-order catalog(u)e
Versandpapiere *npl (AH, Trans)* dispatch papers, shipping documents [papers]
Versandrechnung *f (AH, Komm)* shipping invoice
Versandtag *m (Trans)* day [date] of shipment
versäumen *v (Recht)* fail, omit *(unterlassen)*; neglect *(vernachlässigen)*
Versäumnis *n (Recht)* default, failure, omission
verschärfen *v (Gesch)* intensify, tighten (up), stiffen *(Bestimmungen)*
verschärfter Wettbewerb *m (WiWi)* enhanced competition, fiercer competition, keener competition
Verschärfung *f (Gesch)* intensification, tightening-up
verschenken *v (V&M)* give away
verschicken *v* 1. *(Gesch)* send out; 2. *(AH, Komm, Trans)* send, ship *(Fracht)*
• **mit der Bahn** ~ *(Trans)* ship by rail
verschieben *v (Gesch)* move, postpone, shift
verschieden *adj (Gesch)* diverse, sundry
verschiedene Ausgaben *fpl (RW)* sundry expenses
~ **Kosten** *pl (RW)* miscellaneous expenses
Verschiedenes *n* 1. *(Gesch)* miscellaneous; 2. *(RW)* sundries
Verschiedenheit *f* 1. *(Gesch)* diversity; 2. *(Pat)* distinctiveness
Verschiffungsdokumente *npl (AH, Trans)* shipping documents, shipping papers
verschlechtern *v/sich* *(Gesch)* deteriorate, worsen
Verschlechterung *f* 1. *(Gesch)* deterioration, worsening, depreciation; 2. *(WiWi)* debasement *(Münzen)*
verschleiern *v (Gesch)* conceal, cover up, disguise
Verschleierung *f* **der Verluste** *(Bö)* concealment of losses
Verschleiß *m* 1. *(Gesch)* wear (and tear), waste; 2. *(WiWi)* erosion
verschleißen *v (WiWi)* erode, waste
verschlüsseln *v (EDV)* encode, encrypt
Verschlüsselung *f* 1. *(Bank)* encoding; 2. *(EDV)* encryption *(Daten, Text)*
Verschlüsselungsverfahren *n (Komm)* encryption method
verschmelzen *v (Fin)* merge, amalgamate, consolidate, fuse
Verschmelzung *f (Fin)* amalgamation, consolidation *(neue Einheit)*; merger *(durch Aufnahme)*
Verschmutzer *m (Umw)* polluter
verschmutzt *adj (Umw)* polluted
Verschmutzung *f (Umw)* contamination, pollution
verschrotten *v (Ind)* scrap
Verschrottung *f (Ind)* scrapping
verschulden *v (Gesch)* cause *(etw. verursachen)*

~/sich *(Bank, Gesch, RW)* incur debts, run into debt
Verschulden *n* 1. *(EDV, Gesch)* fault; 2. *(Recht)* blame
Verschuldenspotenzial *n (Fin, Gesch)* borrowing potential
Verschuldensprinzip *n (Recht)* fault principle, principle of fault
verschuldet *adj (Fin, Gesch)* indebted, *(ugs.)* in the red
Verschuldung *f (Fin)* indebtedness, level of debt
~ pro Kopf der Bevölkerung *(WiWi)* per capita debt
Verschuldungsgrad *m* 1. *(Bank) (AE)* leverage (ratio); 2. *(Fin)* debit ratio, debt ratio, debt equity ratio, *(BE)* gearing; 3. *(RW)* debt equity ratio, *(AE)* leverage ratio
Verschuldungsgrenze *f (Gesch)* borrowing allocation [ceiling]
Verschuldungsmöglichkeiten *fpl (Fin)* scope for borrowing funds, scope for raising funds, borrowing potential
verschweigen *v (Recht)* conceal, fail to disclose
Verschweigen *n* 1. *(Recht)* concealment *(von Information)*; 2. *(Vers)* nondisclosure
verschwenden *v (Gesch)* squander, waste
Verschwender(in) *m(f) (Gesch)* spendthrift
Verschwiegenheitspflicht *f (Recht)* lawyer-client privilege *(anwaltliche Schweigepflicht)*; physician-patient privilege *(ärztliche Schweigepflicht)*
versehen *v* **mit** *(Gesch)* affix, append
Verselbstständigung *f* 1. *(Gesch)* propensity to take an independent course; 2. *(Mgt, Verw)* intrapreneuring
versenden *v* 1. *(Gesch)* send out; 2. *(Komm, Trans)* consign, convey, dispatch
Versender *m* 1. *(AH, Komm)* consignor, sender; 2. *(Trans)* consignor, sender, shipper
Versendung *f* 1. *(AH)* consignment, shipping; 2. *(Gesch)* dispatch; 3. *(Komm)* dispatch, shipping; 4. *(Trans)* shipping, conveyance, dispatch, dispatching
versetzen *v (Gesch, Pers)* redeploy, relocate, transfer
versetzt *adj (Pers, Verw)* posted, relocated, transferred
Versetzung *f (Gesch, Pers, Verw)* posting, redeployment, relocation, transfer *(von Arbeitnehmern)*
verseuchen *v (Umw)* contaminate
versicherbar *adj (Vers)* insurable
versicherbares Risiko *n (Vers)* insurable risk
Versicherer *m* 1. *(Fin)* carrier; 2. *(Vers)* insurance company, insurer, underwriter
versichern *v (Vers)* assert, assure, insure, underwrite
~/sich privat *(Vers) (ugs.)* go private
versichert *adj (Vers)* insured
~/nicht *(Vers)* unassured, uninsured
versicherte Gefahr *f (Vers)* insured peril
~ Person *f/die* *(Vers)* the insured
Versicherung *f* 1. *(Gesch)* assertion; 2. *(RW)* insurance; 3. *(Vers)* assurance, insurance, cover • **eine ~ abschließen** *(Vers)* take out an insurance policy • **durch ~ gedeckt sein** *(Vers)* be covered by insurance
~ auf den Todesfall *(Vers)* life insurance policy
~ auf den Todes- und Erlebensfall *(Vers)* endowment (life) assurance, endowment (life) insurance
~ auf Gegenseitigkeit *(Vers)* mutual insurance
~ gegen alle Gefahren *(Vers)* all-risk insurance
Versicherungsende *n (Vers)* lapse
Versicherungsfactoring *n (Vers)* insurance factoring
Versicherungsfall *m (Vers)* event insured against
Versicherungsgesellschaft *f (Vers)* insurance company
Versicherungsgewerbe *n (Vers)* insurance industry
Versicherungsleistung *f (Vers)* (insurance) benefit, insurance settlement
Versicherungsnehmer(in) *m(f) (Vers)* policy-holder
versicherungspflichtige Beschäftigung *f (Soz)* insurable employment, insured employment
Versicherungspolice *f (Vers)* insurance policy
Versicherungsprämie *f (Vers)* insurance premium

Versicherungsschein *m (Vers)* insurance policy
Versicherungsschutz *m (Vers) (BE)* insurance cover, *(AE)* insurance coverage **• ohne ~** *(Vers)* bare
Versicherungssparte *f (Vers)* class of insurance
Versicherungssumme *f* 1. *(Gesch)* sum insured; 2. *(Vers)* face amount, face of policy, sum assured
versicherungstechnisch *adj (Vers)* actuarial
Versicherungsunternehmen *n (Vers)* insurance company
Versicherungsverein *m* **auf Gegenseitigkeit** 1. *(Fin)* benefit society, *(BE)* friendly society; 2. *(Vers)* mutual benefit society, mutual insurance company, *(BE)* mutual insurance society
Versicherungswirtschaft *f (Vers)* insurance industry
Versicherungszweig *m (Vers)* class of insurance, line of business
versiegeln *v (Gesch, Komm, Recht)* seal
versiegelt *adj (Gesch, Komm, Recht)* sealed, under seal
versiegeltes Angebot *n (Gesch)* sealed tender
versorgen *v* **mit** *(Gesch)* furnish, provide, supply *(Informationen)*
Versorgung *f* 1. *(Gesch)* supply; 2. *(F&T)* catering, provision *(mit Speisen und Getränken)*
Versorgungsbereich *m (Ind)* utilities sector
Versorgungskette *f (Gesch)* supply chain *(Beschaffungswesen)*
Versorgungsunternehmen *n (Verw)* public utility
verspätet *adj (Gesch)* delayed, late
verspätete Annahme *f (Recht)* late acceptance *(Liefervertrag)*
~ Zahlung *f (Fin)* late payment
Verspätung *f* 1. *(Gesch)* delay, lateness; 2. *(Pers)* lateness
versprechen *v (Gesch)* promise, undertake
verstaatlichen *v (Gesch)* nationalize
verstaatlichter Sektor *m (Ind)* nationalized sector
Verstädterung *f (WiWi)* urbanization
verständigen *v (Gesch)* notify, inform
~/sich *(Recht)* come to an agreement, come to an understanding
Verständigung *f* 1. *(Gesch)* information; 2. *(Recht)* agreement, understanding
verstärken *v (Gesch)* strengthen, reinforce *(Wirkung)*
verstärkte Sensibilisierung *f (Gesch, Pol)* acute awareness
verstecken *v (Recht)* conceal, hide
versteckt *adj (Pol, WiWi)* latent
versteckte Arbeitslosigkeit *f* 1. *(Pers)* disguised unemployment *(Arbeitsmarkt, Statistik)*; 2. *(WiWi)* concealed unemployment
~ Inflation *f (WiWi)* hidden inflation
versteckter Mangel *m (Recht)* latent defect, hidden defect *(Vertragsrecht)*
verstehen *v (Gesch)* understand
versteigern *v (Gesch, V&M, WiWi)* auction off
Versteigerung *f (V&M, WiWi)* auction, public sale
verstetigen *v (WiWi)* smooth out *(Schwankungen, Fluktuationen)*
Verstetigung *f (WiWi)* increasing steadiness
versteuerbar *adj (St)* taxable, liable to taxation
versteuern *v (Gesch, St)* pay tax **• zu versteuerndes Einkommen** *(Gesch, RW, St, WiWi)* taxable income
versteuert *adj (Gesch, St)* net of taxes, tax paid
Versteuerung *f (Gesch, St)* payment of tax
Verstoß *m (Pat, Recht)* breach, infringement, *(BE)* offence, *(AE)* offense; violation
~ gegen die Standesregeln *(Gesch)* unprofessional conduct
verstoßen *v (Recht)* violate
verstreichen *v (Fin, Gesch)* lapse *(Zeit)*; expire *(Frist)*
Versuch *m (Gesch)* experiment, trial, attempt
versuchen *v (Gesch)* attempt, test, try
Versuchsanlage *f (Ind)* pilot plant *(Produktion)*
Versuch-und-Irrtum-Methode *f (WiWi)* trial and error method
vertagen *v* 1. *(Gesch)* postpone; 2. *(Mgt, Recht)* adjourn *(Sitzung, mündliche Verhandlung)*
Vertagung *f* 1. *(Gesch)* postponement; 2. *(Mgt, Recht)* adjournment
verteidigen *v (Gesch)* defend, vindicate *(Meinung, Handlung)*

Verteidiger(in) *m(f) (Recht) (BE)* counsel for the defence, *(BE)* defending counsel, *(AE)* attorney for the defense, *(AE)* defense attorney [lawyer]
Verteidigung *f* 1. *(Gesch)* vindication; 2. *(Pol) (BE)* defence, *(AE)* defense; 3. *(Recht) (BE)* defence, *(AE)* defense; vindication • **die ~ führen** *(Recht) (BE)* lead for the defence, *(AE)* lead for the defense
verteilen *v* 1. *(Bö, Fin)* apportion, distribute *(Aktien)*; 2. *(Gesch)* share out *(Arbeit, Geld)*; 3. *(Pat)* apportion; 4. *(RW)* allot, apportion, spread *(Kosten)*; 5. *(WiWi)* spread, allocate *(Mittel)*
Verteiler *m* 1. *(Gesch, Komm)* mailing list; 2. *(AH, Trans)* distributor
verteilt *adj* 1. *(EDV)* distributed; 2. *(Gesch)* allocated
verteilter Gewinn *m (Gesch)* appropriated surplus, distributed profit
Verteilung *f* 1. *(Bö, Fin)* apportionment, distribution; 2. *(Pat)* apportionment; 3. *(RW)* allotment, apportionment; 4. *(Trans)* distribution, allotment; 5. *(WiWi)* distribution
~ **der Kosten** *(RW)* apportionment of costs
~ **des Volkseinkommens** *(WiWi)* distribution of national income
~ **des Wohlstands** *(WiWi)* wealth distribution
Verteilungseffekt *m (WiWi)* spread effect
Verteilungsgerechtigkeit *f (WiWi, Pol, Soz)* equity
vertiefen *v (Gesch)* deepen *(Beziehung)*; widen *(Kluft)*
Vertiefung *f (Gesch)* widening
vertikal *adj (Gesch)* vertical
vertikale Expansion *f (Gesch)* vertical expansion
~ **Fusion** *f (Gesch, WiWi)* vertical amalgamation, vertical merger
~ **Integration** *f (Gesch, WiWi)* vertical integration
~ **Mobilität** *f (Pers, WiWi)* vertical mobility
~ **Preisbindung** *f (Fin, Recht, WiWi)* resale price maintenance
~ **Vorwärtsintegration** *f (WiWi)* forward vertical integration
vertikaler Aufbau *m (Gesch, Mgt)* vertical organization
~ **Zusammenschluss** *m (Gesch, WiWi)* vertical amalgamation
Vertikalkonzern *m (WiWi)* vertical group
Vertrag *m* 1. *(Gesch)* agreement, contract, pact, treaty; 2. *(Pol)* treaty, accord; 3. *(Recht)* agreement, contract, covenant, deed *(schriftliche Vereinbarung)* • **das auf den ~ anzuwendende Recht** *(Recht)* applicable [governing] law of the contract • **einen ~ aufheben** *(Recht)* cancel a contract, rescind a contract • **etw. in einen ~ einfügen** *(Recht)* build sth into a contract *(Klausel, Bedingung)* • **einen ~ schließen mit** *(Gesch)* enter into a contract with • **einem ~ zustimmen** *(Recht)* agree to a contract
~/an Bedingungen geknüpfter *(Recht)* conditional contract
~ **auf unbestimmte Dauer** *(Recht)* open-end contract
~ **auf Unternehmensebene** *(Pers)* company level agreement
~/konkludent geschlossener *(Recht)* implied contract
~ **über den Austausch von Lieferungen und Leistungen** *(Recht)* contract of exchange of goods and services
~ **über die Europäische Union** *(Pol)* Treaty on European Union, TEU
verträglich *adj (Gesch)* compatible
vertraglich *adj (Recht)* contractual
vertraglich *adv (Recht)* by contract • **~ ausschließen** *(Recht)* contract out • **~ festlegen** *(Gesch)* stipulate by contract
~ **vereinbarter Preis** *m (St) (AE)* contract price
~ **verpflichtete Partei** *f (Recht)* party liable under contract
~ **Verpflichtete(r)** *f(m) (Recht)* covenantor
vertragliche Vereinbarung *f (Recht, V&M)* contractual agreement
vertraglicher Geltungsbereich *m (Pers)* scope of agreement
vertragliches Wettbewerbsverbot *n (Pers, Recht)* covenant not to compete
Vertragsanfechtung *f (Recht)* avoidance (of contract)
Vertragsangebot *n (Recht)* offer of a contract, tender to contract
Vertragsarbeit *f (Pers)* work by contract
Vertragsaufhebung *f (Recht)* annulment of contract, resolution of contract
Vertragsbedingungen *fpl (Recht)* conditions of contract, terms of contract, conditions

Vertragsbeendigung *f (Recht)* termination
Vertragsbeginn *m (Recht)* commencement of contract
Vertragsbestimmung *f (Recht)* contractual, provision, stipulation
Vertragsbestimmungen *fpl (Gesch, Recht)* articles of agreement
Vertragsbeziehung *f (Recht)* contractual relationship
Vertragsbruch *m (Pers, Recht)* breach of agreement, breach of contract, violation of a treaty *(Völkerrecht)*
vertragsbrüchig *adj (Recht)* in breach of contract
Vertragsdauer *f (Recht)* contract period, duration of contract
Vertragseingriff *m (Recht)* interference with contract
Vertragseinhaltung *f (Recht)* adherence to contract, compliance with contract, observance of contract
Vertragsentwurf *m (Recht)* draft agreement, draft contract
Vertragserfüllung *f* 1. *(Recht)* discharge of a contract, fulfil(l)ment of contract, performance of contract; 2. *(Verw)* execution of contract
Vertragsfreiheit *f (Recht)* contractual freedom, freedom of contract
Vertragsgegenstand *m (Recht)* subject matter of contract
vertragsgemäß *adj (Gesch)* as per agreement
vertragsgemäße Erfüllung *f (Recht)* contractual performance
~ **Ware f/nicht** *(Gesch, WiWi)* nonconforming goods
Vertragsgrundlage *f (Recht)* basis of agreement [contract]
Vertragshändler(in) *m(f)* 1. *(Gesch) (BE)* franchised dealer; 2. *(Recht)* authorized dealer
Vertragsinhalt *m (Recht)* contents of contract
Vertragsklage *f (Recht)* action based on contract
Vertragsklausel *f (Recht)* contract clause, stipulation
Vertragspartei *f* 1. *(Pers)* party to an agreement; 2. *(Recht)* contract party, contracting party, party to a contract
Vertragspartner(in) *m(f) (Recht)* contract party
Vertragspflicht *f (Recht)* contractual obligation, obligation under a contract
Vertragsrecht *n (Recht)* law of contract
Vertragsschließende(r) *f(m) (Gesch)* contractor
Vertragsstaat *m (Pol, Recht)* contracting state
Vertragsstrafe *f (Recht)* contractual penalty, penalty
vertragstreue Partei *f (Recht)* nondefaulting party, observant party
Vertragsvereinbarung *f (Recht)* contract agreement
Vertragsverhältnis *n (Gesch)* contractual relationship
Vertragsverhandlungen *fpl (Pers, Recht)* contract bargaining, contract negotiations
Vertragsverletzung *f (Recht)* breach [violation] of contract
Vertragsverpflichtung *f* 1. *(Gesch)* contractual liability; 2. *(Recht)* contractual duty, contractual obligation
Vertragswert *m (Bö)* value of the contract
vertragswidrig *adj (Recht)* contrary to the contract
vertrauen *v (Gesch, Recht)* rely on, trust
Vertrauen *n (Gesch)* confidence, reliance • ~ **brechen** *(WiWi)* break confidence
vertrauensbildende Maßnahme *f (Gesch, Pol)* confidence-bolstering measure
Vertrauensbildung *f (Pol, V&M)* confidence building
Vertrauensbruch *m (Gesch)* breach of confidence [trust]
Vertrauenskrise *f (Gesch, Pol)* crisis of confidence
Vertrauensmissbrauch *m (Gesch)* abuse of confidence [trust]
Vertrauensschwund *m (Gesch, Pol)* crumbling of confidence
vertrauenswürdig *adj (Gesch)* trustworthy, reliable
Vertrauenswürdigkeit *f (Gesch)* trustworthiness, reliability
vertraulich *adj* 1. *(Gesch)* (strictly) confidential, private and confidential; 2. *(Recht)* confidential • **Information ~ behandeln** *(Recht)* treat information confidentially
vertrauliche Information *f (Recht)* confidential information

vertraulicher Bericht *m (Verw)* confidential report
Vertraulichkeit *f (Recht)* confidentiality
vertraut *adj (Gesch)* au fait, familiar • **~ sein mit** *(Gesch)* be acquainted [au fait, familiar] with• **sich mit etw. ~ machen** *(Gesch)* acquaint oneself with sth
vertreiben *v (Gesch, V&M)* distribute, market, sell
vertretbar *adj* 1. *(Gesch)* fungible *(Waren, Wertpapiere)*; 2. *(Recht)* justifiable *(Handlung)*
vertretbare Sachen *fpl (Gesch)* fungibles
Vertretbarkeit *f* 1. *(Bö, Fin)* fungibility; 2. *(Gesch, Recht)* justifiability
vertreten *v* 1. *(Gesch)* represent, act for; 2. *(Recht)* advocate, represent; 3. *(Pol)* hold *(einen Wahlbezirk)*
Vertreter(in) *m(f)* 1. *(Gesch, V&M)* agent, door-to-door salesman, representative, alternate; 2. *(Pat)* assignee, representative; 3. *(Pers)* sales representative, salesperson, salesman, *(ugs.) (AE)* drummer; delegate *(Abgesandter)*; 4. *(Recht)* agent *(Vertragsrecht)*
Vertreterbesuch *(V&M)* sales call *(Kundenbesuch)*
Vertreterbezirk *m (V&M)* agent's territory
Vertreterprovision *f (Gesch, AH, V&M)* agency fee, agent's commission
Vertretung *f* 1. *(Bö)* agency; 2. *(Gesch, V&M)* agency, commercial agency, representation • **in ~** *(i.V.) (Gesch, Mgt)* for and on behalf of *(+ Unterschrift)*
Vertretungsberechtigte(r) *f(m) (Recht)* authorized representative
Vertretungstheorie *f (WiWi)* agency theory
Vertretungsvertrag *m (Recht)* agency agreement
Vertrieb *m (Gesch, Trans, V&M)* distribution
~ nach dem Schneeballsystem *(V&M)* multi-level distributorship, pyramid selling
Vertriebsabteilung *f (V&M)* marketing department
Vertriebsbeschränkungen *fpl (V&M)* restrictions on distribution
Vertriebskosten *pl* 1. *(Gesch, Ind, Trans)* distribution costs; 2. *(V&M)* marketing cost, sales cost
Vertriebsorganisation *f* 1. *(AH, Trans)* distributor; 2. *(V&M)* marketing [sales] organization
Vertriebsplanung *f (Gesch, V&M)* distribution [marketing] planning
Vertriebspolitik *f* 1. *(Gesch)* distribution policy; 2. *(V&M)* sales policy
Vertriebsrechte *npl (Recht, V&M)* marketing rights
Vertriebs- und Umsatzplan *m (V&M)* marketing and sales plan
Verunglimpfung *f (Recht)* disparagement
verunreinigen *v (Umw)* contaminate, pollute
Verunreinigung *f (Ind, Umw)* pollution, contamination
veruntreuen *v* 1. *(Fin)* misappropriate; 2. *(Recht)* embezzle
Veruntreuung *f* 1. *(Fin)* misappropriation; 2. *(Recht)* embezzlement
verursachen *v (Gesch)* spark off, incur *(Kosten)*; cause, trigger *(Kostenanstieg)*
Verursacherprinzip *n (Umw, WiWi)* polluter(-pays) principle
verurteilen *v (Recht)* condemn, convict, sentence *(strafrechtlich)*
Verurteilung *f (Recht)* condemnation, conviction, sentencing *(strafrechtlich)*
vervielfältigen *v (Gesch)* duplicate
Vervielfältigung *f* 1. *(Gesch)* duplication; 2. *(Stat)* multiplication; 3. *(Med)* generation; 4. *(WiWi)* reproduction
Vervielfältigungsrecht *n (Recht, Med)* reproduction right
Vervollkommnung *f (Gesch)* improvement, perfection
vervollständigen *v (Gesch)* complete, supplement
verwahren *v* 1. *(Gesch)* enshrine; 2. *(Recht)* hold in custody, keep in custody, keep in safe custody, impound *(gerichtlich)*
Verwahrer(in) *m(f) (Bank, Recht)* bailee, custodian, depositary, *(AE)* safekeeper
Verwahrung *f* 1. *(Bank)* bailment, custody, deposit, safekeeping, impoundment *(gerichtlich)*; 2. *(Recht)* deposit, custody, safekeeping, bailment, impoundment *(gerichtlich)*
verwalten *v (Gesch, Mgt, Pol, Recht)* administer, manage
Verwalter(in) *m(f) (Gesch, Mgt)* administrator, manager(ess)
Verwaltung *f (Gesch)* administration, management
~ der Finanzen *(Verw)* financial administration

~ **der Währungsreserven** *(Bank, WiWi)* reserve management *(EZB)*
Verwaltungsausgaben *fpl (Verw)* administrative expenses
Verwaltungsbehörde *f* 1. *(Gesch)* administrative authority; 2. *(Pol)* administration; 3. *(Verw)* administrative agency
Verwaltungsgebühr *f* 1. *(Bank)* management fee; 2. *(Vers)* administrative charge [fee]
Verwaltungsgemeinkosten *pl* 1. *(Fin)* administration expenses, administrative overheads; 2. *(RW)* administrative overheads, general expenses; 3. *(St)* administrative cost
Verwaltungsgesellschaft *f (WiWi)* management company
Verwaltungskosten *pl* 1. *(Fin)* administration expenses; 2. *(Gesch)* administrative cost
Verwaltungspersonal *n (Pers)* administrative staff
Verwaltungsrat *m (Mgt)* board of directors, governing body, executive [administrative] board
Verwaltungsratssitzung *f (Mgt)* board meeting
Verwaltungsrecht *n (Recht, Verw)* administrative law
Verwaltungssitz *m (Mgt)* head office
Verwaltungsvertrag *m* 1. *(Fin)* investment contract; 2. *(Gesch)* business management agreement
verwandeln *v (Gesch)* change, convert
~ **in** *(Gesch)* convert into
Verwandlung *f (Gesch)* change, conversion
verwandt *adj* 1. *(Ind)* allied; 2. *(Pat)* associated; 3. *(Recht)* related; 4. *(Soz)* cognate
verwandte Berufe *mpl (Ind)* allied trades
~ **Fachrichtungen** *fpl (Soz)* cognate disciplines
~ **Industriebereiche** *mpl (Ind)* allied industries
verwandtes Warenzeichen *n (Pat)* associated mark
verwässern *v* 1. *(Bö)* dilute; 2. *(Gesch)* water down *(Idee, Aussage)*
verwässert *adj (Bö, Fin)* diluted, watered *(Kapital)*
verwässertes Kapital *n (Fin)* diluted [watered] capital
Verwässerung *f (Bö, Fin)* dilution
~ **des Aktienkapitals** *(Bö)* dilution of equity
verweigern *v (Gesch)* deny, refuse, reject
Verweigerung *f (Gesch)* denial, refusal, rejection
~ **des Bestätigungsvermerks** *(Gesch, RW)* denial of auditor's opinion
Verweildauer *f (Trans)* turn(a)round time
Verweis *m* 1. *(Gesch)* reference; 2. *(Pers)* reprimand
verweisen *v (Gesch)* refer to
Verweisung *f (Gesch)* reference, referral
verwendbar *adj (Gesch)* applicable, usable
~ **bis** *(Gesch)* sell by
~ **für** *(Gesch)* applicable to
Verwendbarkeit *f (Gesch)* use, appropriateness
verwenden *v (Gesch)* apply, employ, make use of, use, utilize
Verwendung *f (Gesch, Pat)* application, utilization
~ **des Reingewinns** *(RW)* appropriation of (net) income
~ **von Mitteln** *(RW)* use of funds
Verwendungsgut *n (AH, V&M)* end-use good
Verwerfungen *fpl (WiWi)* distortions, dislocations *(ZB)*
verwerten *v* 1. *(Fin)* liquidate; 2. *(Gesch, Umw)* exploit, utilize • **praktisch** ~ *(Pat)* exploit, work
verwertet *adj (Fin, Gesch, Ind, Pat)* exploited, liquidated, utilized
Verwertung *f (Fin, Gesch, Ind, Pat)* exploitation, liquidation, working
verwirken *v (Recht, Vers)* forfeit
verwirklichen *v (Gesch)* realize, materialize *(Ziel)*
Verwirklichung *f* **einer Strategie** *(Gesch, Mgt)* strategy implementation
verwirkte Sicherheit *f (Vers)* forfeited security
Verwirkung *f (Recht)* forfeiture
verzahnen *v (Gesch)* interlink
Verzehr *m (Gesch)* consumption • **nicht zum ~ geeignet** *(Gesch)* unfit for consumption
Verzeichnis *n* 1. *(EDV)* directory, index *(Datenbank)*; 2. *(Gesch)* catalog(ue), *(AE)* schedule; 3. *(Pat, Verw)* register
verzerren *v (WiWi)* distort
verzerrt *adj (Stat)* biased

verzerrte Auswahl *f (Stat)* selection bias
Verzerrung *f* 1. *(Gesch)* distort; 2. *(Stat)* bias; 3. *(WiWi)* distortion
Verzicht *m* 1. *(Gesch)* relinquishment; 2. *(Pat)* waiving; 3. *(Recht)* abandonment, disclaimer, waiving, relinquishment, renunciation *(auf ein Recht)*; 4. *(St)* waiving; 5. *(Vers)* sacrifice
verzichten *v* **auf** 1. *(Gesch)* forego, renounce *(Macht, Freiheit)*; abandon *(Recht, Anspruch)*; 2. *(AH)* abandon *(Zollgüter)*; 3. *(Pat)* waive, abandon; 4. *(Recht)* abandon, relinquish, waive; 5. *(St)* waive; 6. *(Vers)* sacrifice
~ auf Forderungseinzug [Forderungsinkasso] *(RW)* forego collection of a debt
verzinsen *v/***sich** *(Bank)* bear interest, yield interest
verzinsliche Einlage *f (Bank)* interest-bearing deposit
~ mindestreservepflichtige Einlagen *fpl (Bank) (BE)* interest-bearing eligible liabilities
~ Schuldverschreibung *f (Bö)* interest-bearing bond
~ Verbindlichkeiten *fpl (Bank, RW)* interest-bearing liabilities
verzinslicher Ertrag *m (Bö)* interest-bearing yield
verzinsliches Instrument *n (Bö)* interest-bearing instrument
Verzinsung *f* 1. *(Bank)* payment of interest; 2. *(Bö, Gesch)* return
Verzinsungsverbot *n (Bank)* ban on interest payments
verzögern *v (Gesch)* delay
verzögerte Reaktion *f (Gesch)* lag response
~ Variable *f (Stat)* lagged variable
Verzögerung *f* 1. *(Gesch)* delay, lag; 2. *(WiWi)* time lag, lag
Verzögerungsrisiko *n (Bank)* lag risk
Verzögerungstaktik *f (Gesch)* delaying tactics
verzollen *v (AH, Trans, WiWi)* clear through customs
Verzollung *f (AH, Trans)* clearance, customs clearance
Verzollungswert *m (AH)* current domestic value *(Ware)*
Verzug *m (Gesch, Recht)* default, delay *(bei vertraglicher Leistung)* • **in ~ befindliche Partei** *(Recht)* party in default
Verzugsfall *m (Fin)* event of default
Verzugstage *mpl (Gesch)* days after date
Verzugszinsen *mpl (Bank)* default interest, interest on arrears, interest on the sum due
VEU *s.* Vertrag über die Europäische Union
VGR *s.* Volkswirtschaftliche Gesamtrechnung
via *(Komm)* via
Vibrationsalarm *m (Komm)* vibration alarm *(Handys)*
Videoaufnahme *f (Komm, Med)* video cassette recording, videotape recording
Videoband *n (Komm, Med)* videotape • **auf ~ aufzeichnen** *(Komm, Med)* videotape
Videokonferenz *f (EDV, Komm, V&M)* video conference, video conferencing
Vielfache(s) *n (Stat)* multiple
Vielseitigkeit *f (EDV, Gesch, V&M)* versatility
vielversprechend *adj (Gesch)* up-and-coming, promising • **~ beginnen** *(Gesch)* get off to a flying start *(Plan, Projekt)*
vielversprechende Nachwuchskräfte *fpl (Pers)* high potentials
Vielzweck... *(EDV, Gesch)* multipurpose
Viertel *n (Gesch)* quarter *(des Jahres)*
Vierteljahresrate *f (RW)* quarterly instal(l)ment
vierteljährlich *adj (Gesch)* quarterly
vierteln *v (Gesch)* quarter
vierzehn Tage *mpl (Gesch)* fortnight
vierzehntägig *adj (Gesch)* biweekly, fortnightly
Vierzigtagehausrecht *n (Gesch, Trans)* quarantine
Vignette *f (Trans, V&M)* vignette
VIP *(Gesch, Mgt, Pol)* VIP, Very Important Person *(wichtige Person, bedeutende Persönlichkeit)*
VIP-Lounge *f (Gesch, Trans)* executive lounge
virtueller Marktplatz *m (EDV, Komm, V&M)* cybermall, cyber market place
virtueller Raum *m (EDV, Komm, Recht)* cyberspace
Visitenkarte *f (Gesch)* business [visiting] card
Vitrine *f (V&M)* showcase
VK *s.* Vereinigtes Königreich
VN *s.* Vereinte Nationen

volatiler Markt *m (WiWi) (ugs.)* jumpy market
Volatilität *f (Bö, WiWi)* volatility
Völkerrecht *n (Recht)* international law
Volkseinkommen *n (WiWi)* national income *(VGR)*
Volksvermögen *n (WiWi)* national wealth
Volksvermögensrechnung *f (WiWi)* national balance sheet
Volkswirtschaft *f* 1. *(Pol)* political economy; 2. *(WiWi)* national economy, economy *(Wirtschaft eines Landes)*
volkswirtschaftlich *adj* 1. *(Gesch)* economic; 2. *(WiWi)* aggregate, economic
volkswirtschaftliche Ersparnis *f (WiWi)* national savings
~ **Kosten** *pl (WiWi)* bad, external cost
~ **Kosten** *pl* **des Monopols** *(WiWi)* social cost of monopoly
~ **Opportunitätskosten** *pl (Bö)* social opportunity cost of foreign exchange
~ **Theorie** *f (WiWi)* economic theory
Volkswirtschaftliche Gesamtrechnung *f (WiWi)* macroeconomic accounting, national accounting, System of National Accounts *(UN)*
Volkswirtschaftslehre *f (Pers, WiWi)* economics *(Singular!)*, economic science, public economics *(Vorsicht: economies = Ersparnisse)*
Volkszählung *f (Gesch, Stat)* population census, census of population
voll *adj (Gesch)* full, complete • **zum vollen Ausgleich** *(RW)* in full settlement • **bei voller Kapazität** *(Gesch)* at full capacity • **mit voller Kraft arbeiten** *(Ind)* go full steam • **bei voller Leistung** *(Gesch)* at full capacity • **ein volles Programm haben** *(Gesch)* work to a very tight schedule
voll *adv (Gesch)* fully, completely • ~ **bezahlt** *(Gesch)* fully paid • ~ **finanziert** *(Verw)* fully funded
~ **eingezahlte Aktie** *f (Bö)* fully-paid share
~ **eingezahltes Kapital** *n (Fin)* fully paid-up capital
Vollanrechnungssystem *n (obs) (St)* full credit system, full imputation system *(ESt, KSt; Vollanrechnungsverfahren)*
Vollauslastung *f (Ind)* full capacity
Vollbeschäftigung *f (WiWi)* full employment
Vollbeschäftigungsbudget *n (WiWi)* full-employment budget *(Finanzwissenschaft)*
Vollbeschäftigungsziel *n (Pers, WiWi)* full employment objective, full employment target
volle Deckung *f (Gesch, Vers, Verw)* full coverage
~ **Haftung** *f (Gesch)* full liability
vollenden *v (Gesch)* accomplish, achieve, complete
vollendete Tatsache *f (Gesch)* fait accompli
Vollendung *f (Gesch)* accomplishment, achievement, completion
~ **des Binnenmarktes** *(Pol)* completion of the single market *(EU; ursprünglich vorgesehen für 1992)*
voller Satz *m (Pers)* full rate
~ **Steuerfreibetrag** *m (St)* full exemption
~ **Terminkalender** *m (Mgt)* busy schedule
~ **Versicherungsschutz** *m (Vers)* full coverage
Vollerhebung *f (Stat, V&M)* full survey
Vollhafter *m (Gesch)* general partner
volljährig *adj (Gesch, Recht)* having reached the age of majority, of full age, having reached adulthood
Volljährigkeit *f (Recht)* majority
vollkaskoversichert *adj (Vers)* comprehensively covered
Vollkaskoversicherungspolice *f (Vers)* fully comprehensive insurance policy, fully comprehensive cover
vollkommen *adj (Gesch)* perfect, accomplished
vollkommene Preisdiskriminierung *f (WiWi)* perfect price discrimination
vollkommener Markt *m (WiWi)* perfect market
Vollkosten *pl (Fin, RW)* full cost
Vollkostenbasis *f (RW)* absorbed basis, full cost basis
Vollkostenkalkulation *f (RW)* full costing, full-cost pricing, mark-up pricing
Vollkostenmethode *f (Fin, RW)* full-cost method
Vollkostenrechnung *f (Fin)* absorption, absorption [full] costing
Vollmacht *f* 1. *(Bö)* proxy *(Stimmrecht)*; authority, procuration *(Wechselrecht)*; 2. *(Gesch)* mandate; 3. *(Pol)* warrant; 4. *(Recht)* mandate, power of attorney, PA • ~ **erteilen** *(Gesch)* authorize • **jmdm. eine ~ erteilen** *(Recht)* confer authority on sb, give sb a power of attorney,

grant sb a power of attorney, vest sb with authority • **seine ~ überschreiten** *(Recht)* act ultra vires, exceed one's authority
Vollmachterteilung *f (Recht)* authorization
Vollmachtsübertragung *f (Gesch)* delegation of authority
Vollmachtsurkunde *f (Recht)* letter of attorney, procuratory letter, power of attorney, PA *(administrativ)*
Vollmitglied *n (Gesch)* full member
vollständig *adj (Gesch)* complete, entire, in full • **~ abgeschrieben sein** *(Gesch) (ugs.)* be a write-off • **~ ausgeschüttet** *(Bö)* fully distributed *(Dividende)* • **nicht ~ gezeichnet** *(Fin)* undersubscribed
vollständige Freistellung *f (St)* full exemption
~ Konkurrenz *f (WiWi)* perfect [pure] competition
vollständiger Text *m (Gesch)* text in full
~ Wortlaut *m (Gesch)* text in full *(Text)*
vollstreckbar *adj (Recht)* enforceable
Vollstreckbarkeit *f (Recht)* enforceability
vollstrecken *v (Recht)* execute, enforce *(Urteil)*
Vollstreckung *f (Recht)* enforcement, execution
Vollstreckungsverfahren *n (Recht)* enforcement [execution] proceedings, executory proceedings
vollwertiger Ersatz *m (WiWi)* perfect substitute
Vollzeit(arbeits)kraft *f (Pers)* full-time employee, full-timer
Vollzeitbeschäftigung *f (Pers)* full-time employment
vollziehen *v (Recht)* accomplish, carry out, enforce, execute
vollziehende Gewalt *f (Recht)* executive power
Vollziehung *f (Recht)* accomplishment, enforcement, execution
Volontär(in) *m(f) (Pers)* unpaid trainee, volunteer
Volontariat *n (Pers)* period of training, traineeship *(Stelle)*
Volumen *n* 1. *(Bö, Gesch)* turnover, volume; 2. *(RW, WiWi)* volume
vor *(Gesch)* ante, before, prior to
Vorabkoordinierung *f (Pol, WiWi)* ex ante coordination
Vorabkosten *pl (WiWi)* front-end costs
vorangehen *v (Gesch)* take the lead, precede
vorangehend *adj (Gesch)* preceding
Vorankündigung *f (Gesch)* advance notice
Voranmeldung *f* 1. *(Gesch)* advance notice; 2. *(Pat)* previous application • **nur nach ~** *(Gesch)* by appointment only
Voranschlag *m* 1. *(Fin)* preliminary budget; 2. *(Gesch)* cost estimate, estimate *(Kosten)*
vorantreiben *v* 1. *(Gesch)* expedite, spur; 2. *(Pers)* drive, expedite, speed up *(Arbeit, Prozess)*
Vorantreiben *n (Gesch)* speed-up
Vorarbeit *f (Gesch)* preparatory work
Vorarbeiten *fpl* 1. *(Gesch)* groundwork; 2. *(Ind)* mastering *(Hochtechnologieprodukte) (für die eigentliche Produktion)*
Vorarbeiter(in) *m(f) (Pers)* charge hand, (sub)foreman, head foreman, overseer, supervisor *(Fertigungsbetrieb)*
voraus *adv (Gesch)* ahead • **im Voraus** *(Gesch)* anticipated, in advance, up front • **im Voraus bestellen** *(Gesch)* book in advance • **im Voraus bezahlt** *(Gesch, Komm)* paid in advance, prepaid • **etw. im Voraus planen** *(Gesch)* plan ahead for sth • **im Voraus zahlbar** *(Gesch)* payable in advance
Vorausanzeige *f*, **Vorausbenachrichtigung** *f (Recht)* advance notice
vorausberechnen *v* 1. *(Fin)* precompute; 2. *(Gesch)* predict
vorausbestellen *v (Gesch)* book in advance
Vorausbestellung *f (Gesch)* advance order
vorausbestimmen *v (Gesch)* predetermine
vorausbezahlt *adj (Fin, Gesch, V&M)* prepaid
vorausbezahlte Gebühr *f (Trans)* advanced charge [disbursement], prepaid charge
~ Karte *f (Bank)* prepaid card
~ Kosten *pl* 1. *(Trans)* prepaid charges; 2. *(V&M)* prepaid costs
vorausgehen *v (Gesch)* precede, predate
Vorauskasse *f (Gesch)* prepayment, advance payment, money up-front
vorausplanen *v (Gesch)* preplan
Vorausplanung *f (Fin, Gesch)* forward planning
Vorausplatzierung *f (Bö)* advance selling

Vorausrechnung *f (Fin, RW)* advance bill [invoice]
Voraussage *f (Gesch)* forecast, prediction
Vorausschätzung *f (Gesch)* preliminary estimate
vorausschauend *adj (Gesch)* forward-looking
voraussehen *v (Gesch)* anticipate
voraussetzen *v (Gesch)* assume, presume, suppose • **vorausgesetzt, dass** *(Gesch)* provided that
Voraussetzung *f (Gesch)* assumption, supposition, premise, prerequisite, presumption • **unter der ~, dass** *(Gesch)* on condition that, on the understanding that • **Voraussetzungen für etw. erfüllen** *(Gesch)* be eligible for sth
voraussichtlich *adj (Gesch)* presumable, probable, prospective
voraussichtliche Sterblichkeit *f (Vers)* expected mortality
voraussichtliches Datum *n (Gesch)* expected date
Vorauswahl *f (Gesch, Pers)* shortlist • **eine ~ treffen** *(Gesch, Pers)* shortlist
vorauszahlen *v (Bank, Fin, RW, St)* prepay
Vorauszahlung *f* 1. *(Bank, Fin, Gesch)* advance (payment), money up-front; 2. *(RW)* payment in advance, prepayment; 3. *(St)* prepayment
Vorbedingung *f (Gesch)* precondition, prerequisite
Vorbehalt *m* 1. *(Gesch)* reservation; 2. *(RW)* qualification; 3. *(Trans)* exceptions clause; 4. *(Vers)* exception • **ohne** ~ 1. *(Gesch)* outright; 2. *(RW)* without qualification
vorbehalten *v/sich* *(Gesch)* reserve
vorbehaltlich 1. *(Gesch)* subject to; 2. *(Recht)* provided that, with the proviso that ~ **anders lautender Bestimmungen** *(Gesch)* except as otherwise herein provided
vorbehaltlos *adj (Gesch)* clean
vorbehaltslos *adj (RW)* without qualification
vorbehaltslose Bestätigung *f (RW)* positive confirmation
Vorbehaltspreis *m (Gesch)* reserve price *(Auktion)*
Vorbemerkung *f (Recht)* preliminary statement
Vorbemerkungen *fpl (Med)* preliminary pages
Vorbenutzung *f (Pat)* prior use
vorbereiten *v (Gesch, Mgt)* prepare
vorbereitende Arbeiten *fpl (Gesch)* preparatory work
Vorbereitung *f (Gesch, Mgt)* preparation • **in** ~ 1. *(Komm)* in the pipeline; 2. *(Med)* in preparation
Vorbestellung *f* 1. *(F&T)* (advance) booking, reservation; 2. *(Gesch)* advance order *(Waren)*
vorbeugen *v (Gesch, Mgt, Recht)* prevent
vorbeugend *adj (Gesch, Mgt)* preventive
vorbeugende Maßnahme *f (Gesch, Recht)* preventive measure
Vorbeugung *f (Gesch)* prevention
vorbildliche Normen *fpl (Gesch, Mgt)* best practice
Vorbildung *f (Pers, Soz)* (educational) background
Vorbörse *f (Bö)* before-hours dealings
vorbörslich *adj (Bö)* before official hours
vorbörslicher Handel *m (Bank, Bö, Fin)* IPO-trading
vorbringen *v* 1. *(Gesch)* set forth, air *(Problem)*; 2. *(Recht)* submit *(Anspruch, Antrag)*
vordatieren *v (Gesch)* foredate, postdate *(Scheck)*
vordatiert *adj (Gesch)* postdated
Vorderseite *f (Med)* front page, recto
Vordruck *m (Gesch)* printed form, blank form
Voreigentümer(in) *m(f) (Pat)* predecessor in title
voreilig *adj (Gesch)* premature
voreingenommen *adj (Gesch)* biased, prejudiced
Voreingenommenheit *f (Gesch)* bias, prejudice
Voreinstellung *f (Komm)* preselection
Vorentwurf *m* 1. *(Fin)* preliminary draft; 2. *(Recht)* rough draft; 3. *(V&M)* rough
Vorfakturierung *f (V&M)* prebill, prebilling
Vorfälligkeitsentschädigung *f (Bank)* prepayment penalty
Vorfeld *n (Gesch)* run-up • **im** ~ *(Ind)* at [in] the forefront
vorführen *v* 1. *(Gesch)* perform, produce *(Unterhaltung)*; 2. *(V&M)* demonstrate, present

Vorführung *f* 1. *(Gesch)* performance, production; 2. *(V&M)* demonstration, presentation
Vorgabe *f (Mgt)* performance target
Vorgabekosten *pl (Fin, RW)* budgetary costs, budgeted [ideal] standard [target] cost
Vorgabezeit *f* 1. *(Ind, RW)* standard time; 2. *(Pers)* allowed time
Vorgang *m* 1. *(Gesch)* operation, transaction, case (file), record *(Akten)*; 2. *(Ind)* process
vorgeben *v* 1. *(Gesch)* simulate, pretend; 2. *(Ind)* predetermine
vorgedrucktes Formular *n (Gesch)* printed form
vorgefertigt *adj (Gesch, Ind)* prefabricated
vorgegeben *adj (Bö, Gesch, Mgt)* predetermined
vorgehen *v* 1. *(Gesch)* transact, act; 2. *(Recht)* precede, have priority *(Rang)*
Vorgehen *n* 1. *(Gesch)* action, approach, procedure; 2. *(Mgt, WiWi)* approach
Vorgehensweise *f (Gesch, Mgt, Verw, WiWi)* approach, modus operandi
vorgelagert *adj (Gesch)* upstream *(Märkte)*
Vorgeschichte *f* 1. *(Pers)* previous history *(Bewerber, Unternehmen)*; 2. *(V&M)* case history
vorgeschriebener Preis *m (Gesch)* prescribed price
vorgesetzt *adj (Gesch)* senior
Vorgesetzte(r) *f(m)* 1. *(Gesch)* senior; 2. *(Pers)* chief, superior
vorgezogene Pensionierung *f (Pers, Soz)* early retirement, pre-retirement
vorgezogener Ruhestand *m (Pers, Soz)* early retirement, pre-retirement
vorgezogenes Altersruhegeld *n (Pers)* early retirement pension
vorhaben *v (Gesch, Mgt)* aim, plan, propose
vorhanden *adj (Gesch)* available
vorhergehend *adj (Gesch)* preceding
vorhergehender Zeitraum *m (RW)* prior period
vorhergehendes Jahr *n (Gesch)* previous year
vorhergesagt *adj (Gesch)* predicted
vorherig *adj (Gesch)* previous, prior
vorheriger Eigentümer *m (Pat)* predecessor in title
vorherrschen *v (Gesch)* prevail
Vorhersage *f* 1. *(Gesch)* forecast, prediction, projection; 2. *(Stat)* forecast; 3. *(V&M)* forecasting
vorhersagen *v* 1. *(Gesch)* forecast, predict, project, prognosticate; 2. *(Stat, V&M, WiWi)* forecast
vorhersehbar *adj (Gesch)* predictable
vorhersehbares Risiko *n (Bö)* foreseeable risk
Vorjahr *n (Gesch)* preceding year, previous year
Vorkalkulation *f (RW)* preliminary calculation [costing]
Vorkalkulator *m (RW)* cost estimator
vorkalkulierter Preis *m (Bö)* estimated price
Vorkämpfer(in) *m(f) (Gesch)* pioneer, champion
Vorkasse *f* 1. *(Gesch)* advance payment; 2. *(RW)* cash in advance
Vorkaufsrecht *n* 1. *(Bö)* right of preemption; 2. *(Gesch)* option; 3. *(Recht, WiWi) (AE)* right of first refusal, pre-emptive right
Vorkehrung *f* 1. *(Bank)* provision; 2. *(Recht, EDV, Komm)* precaution
Vorkommen *n (Umw)* deposit
Vorkopplung *f (Mgt)* feed forward
vorladen *v (Recht)* cite, issue a summons, summon
Vorladung *f (Recht)* citation, summons
Vorlage *f* 1. *(Gesch)* production, presentation, submission *(Wechsel)*; 2. *(Pol)* bill • **bei** ~ 1. *(Fin)* at sight, on presentation; 2. *(RW)* on demand; 3. *(Recht)* on presentation • **gegen** ~ 1. *(Fin)* at sight, on presentation; 2. *(RW)* on demand; 3. *(Recht)* on presentation • **gegen ~ der Dokumente** *(AH, Gesch)* against documents
vorläufig *adj (Gesch)* for the time being, interim, provisional, temporary
vorläufig *adv (Gesch)* ad interim, provisionally • **~ unwirksam** *(Recht)* in abeyance
vorläufige Annahme *f (Gesch)* provisional acceptance
~ **Auftragserteilung** *f (Bö, Gesch)* letter of intent
~ **Deckungszusage** *f (Vers) (AE)* binder, *(BE)* cover note; memorandum of insurance

~ **Versicherungspolice** *f (Vers) (AE)* binder, *(BE)* cover note; memorandum of insurance
vorläufiger Emissionsprospekt *m (Bö)* preliminary prospectus
~ **Plan** *m (Gesch)* tentative plan
~ **Status** *m (Recht)* temporary status
Vorlaufkosten *pl (RW)* preproduction cost
Vorlaufzeit *f (Ind)* lead time
vorlegen *v* 1. *(Gesch)* render, table, present *(Bericht)*; 2. *(Pat)* submit; 3. *(Pol)* lay, introduce, table *(Gesetz)*; 4. *(Recht)* present, produce, adduce, submit *(Beweis)*; introduce *(Gesetz)*
Vorlegung *f* 1. *(Gesch)* presentation *(Wechsel)*; 2. *(Pat)* submission; 3. *(Pol)* introduction; 4. *(Recht)* presentation, production, submission • **bei ~** *(Fin)* at sight
Vorleistung *f* 1. *(EDV)* prerequisite; technical prerequisite *(technische)*; 2. *(Recht)* advance performance, anticipatory performance; 3. *(V&M)* advance delivery *(Lieferung)*; advance payment *(Zahlung)*; 4. *(WiWi)* intermediate input
Vorleistungen *fpl (WiWi)* materials and services bought in *(VGR)*
Vormerkliste *f (Gesch)* waiting list
vormittags *adv (Gesch)* ante meridiem, am, in the morning
Vormundschaft *f (Soz)* guardianship • **unter ~ stellen** *(Soz)* place under guardianship
vornehm *adj (Gesch)* prestigious
vornherein/von *(Gesch)* a priori
Vorort *m (Gesch)* suburb
Vorprodukt *n* 1. *(Gesch)* primary product; 2. *(Ind)* intermediate good [product]
Vorprüfung *f (Gesch, Pat)* preliminary examination
Vorrang *m* 1. *(Gesch)* preference, priority; 2. *(Pat)* priority • **~ haben vor** *(Gesch)* take priority over
~ **des Gemeinschaftsrechts** *(Pol, Recht)* primacy of Community law *(EU)*
vorrangig *adj (Gesch)* overriding, prior, priority
vorrangige Hypothek *f (Bank, Fin, Gb)* prior mortgage, senior mortgage
~ **Verbindlichkeit** *f (Bank)* senior debt
Vorrat *m* 1. *(EDV)* repertoire *(Befehle)*; 2. *(Gesch)* stock, stockpile
Vorräte *mpl* 1. *(Gesch)* inventory, inventory stocks; 2. *(RW)* stocks
vorrätig *adj (Gesch, V&M, WiWi)* in stock • **nicht ~** *(V&M)* out of stock • **solange ~** *(V&M)* while stocks last
Vorratsaktien *fpl (Bö)* company's own shares, shares held in treasury, treasury stock
Vorratsbewirtschaftung *f (RW)* inventory management [control]
Vorratshaltung *f (Gesch)* stockpiling
Vorratslager *n (Gesch)* stock in hand, buffer stock
Vorratsraum *m (AH, Trans)* storeroom
Vorratsvermögen *n (Gesch)* inventories, stock (in hand)
Vorratswirtschaft *f* 1. *(Gesch)* stockpiling; 2. *(WiWi)* inventory management
Vorrecht *n* 1. *(Bö)* preferential right, *(AE)* privilege; 2. *(Pat)* priority; 3. *(Recht)* prerogative • **ohne ~** *(Gesch)* without privilege
Vorredner(in) *m(f) (Gesch)* last [preceding, previous] speaker
Vorreiter(in) *m(f) (Gesch, Ind)* pioneer
Vorrichtung *f* 1. *(Gesch)* appliance; 2. *(Ind)* apparatus
Vorruhestand *m (Gesch, Pers)* early retirement
Vorruhestandsregelung *f (Pers)* early-retirement scheme
Vorruhestandsrente *f (Fin)* early-retirement annuity, early-retirement benefit, preretirement pension
Vorsatz *m (Recht)* intent, intention
vorsätzlich *adv (Recht)* deliberately, intentionally
Vorschau *f* 1. *(F&T)* forecast, projection; 2. *(Gesch)* prognostication
vorschießen *v (Gesch)* advance
Vorschlag *m (Gesch)* proposal, suggestion • **der ~ gilt noch immer** *(Gesch)* the proposal still stands • **einen ~ machen** *(Gesch)* make a suggestion • **als ~ unterbreiten** *(Mgt)* propose, submit a proposal
vorschlagen *v* 1. *(Gesch)* propose, suggest; 2. *(Mgt)* put forward *(Projekt)*; propose *(Treffen, Sitzung)*
Vorschlagswesen *n (Ind, Mgt)* suggestion scheme
vorschreiben *v* 1. *(Mgt)* enjoin; 2. *(Recht)* prescribe, provide for

Vorschrift *f* 1. *(Mgt, Pat)* rule; 2. *(Recht)* provision; 3. *(WiWi)* regulation
Vorschriften *fpl (Recht)* rules and regulations
Vorschub *m (Recht)* aid • ~ **leisten** *(Recht)* aid and abet *(Verbrechen)*
Vorschuss *m* 1. *(Bank)* advance; 2. *(Fin)* imprest *(aus öffentlichen Mitteln)*; 3. *(Pers, RW)* advance; 4. *(Recht)* retainer • **auf** ~ *(Gesch)* on a retainer • **als ~ geben** *(Gesch)* advance • **einen ~ zahlen** *(Bank)* make an advance
vorschüssige Rente *f (Vers)* annuity due, annuity payable in advance
Vorschusskasse *f (RW)* imprest fund
Vorschusssumme *f (Gesch)* sum advanced
Vorschusszahlung *f (Gesch)* advance
vorsichtig *adj (Gesch)* cautious, conservative, prudent
vorsichtige Schätzung *f (Gesch)* conservative [safe] estimate
Vorsichtsprinzip *n (RW)* principle of caution [conservatism]
Vorsitz *m (Mgt)* chairmanship, presidency • **den ~ führen** *(Mgt)* be in the chair, chair a meeting *(Sitzung)*
vorsitzen *v (Gesch)* preside over *(Sitzung)*
Vorsorge *f (Gesch)* provision ~ **treffen für** *(Gesch)* make provision for
Vorsorgemanagement *n (Mgt)* contingency management
Vorsorgemaßnahmen *fpl* **zur Instandhaltung** *(Verw)* preventive maintenance
Vorsorgemotiv *n (Gesch, WiWi)* precautionary motive
Vorsorgesparen *n (WiWi)* precautionary saving
vorsorglich *adj (Recht)* cautionary
Vorspiegelung *f* **falscher Tatsachen** *(Recht, Vers)* fraudulent misrepresentation
Vorsprung *m (Gesch)* edge • **einen ~ haben** *(Gesch)* have a head start
Vorstand *m (Gesch, Mgt)* board of directors, board of management, executive board *(einer Gesellschaft)* • **in den ~ wählen** *(Gesch)* elect to the board
~ **der Geschäftsleitung** *(Mgt)* chairman of the board of directors, chairman of the board of management
Vorstandsbüro *n (Verw)* executive office
Vorstandsebene/auf *(Verw)* at boardroom level
Vorstandsmitglied *n (Mgt, Pers)* director, member of the board
Vorstandssekretär(in) *m(f) (Pers)* executive secretary
Vorstandssitzung *f (Gesch, Mgt)* board meeting
Vorstandsvorsitzende(r) *f(m) (Mgt, Pers) (AE)* chairperson and chief executive, *(BE)* chairperson and managing director *(eines Unternehmens)*; president, chairperson of the executive committee, chief executive *(Geschäftsleitung)*
Vorstellung *f (Gesch, Mgt)* vision, presentation *(des Unternehmens)*
Vorstellungsgespräch *n (Pers)* job interview, interview
Vorsteuer *f (St)* input [prior, turnover] tax
Vorstudie *f (Gesch)* pilot [feasibility] study
vortäuschen *v* 1. *(Gesch)* simulate; 2. *(Recht)* make a pretence of
Vortäuschung *f* 1. *(Gesch)* simulation; 2. *(Recht)* pretence
Vorteil *m* 1. *(Gesch)* advantage, avails, benefit, edge; 2. *(Mgt)* benefit
vorteilhaft *adj (Gesch)* advantageous, beneficial
Vorteilsprinzip *n (St, WiWi)* benefit principle
Vortrag *m* 1. *(Fin)* balance brought down, balance brought [carried] forward; 2. *(Gesch)* carried forward; 3. *(RW)* amount brought forward • **einen ~ halten** *(Pers)* give a lecture
vortragen *v* 1. *(Bank)* bring forward; 2. *(Fin, RW)* bring [carry] forward *(Saldo)*
vorübergehend *adj (Gesch)* transient, temporary
vorübergehende Arbeitslosigkeit *f (Pers)* temporary unemployment
~ **Einfuhr** *f (AH)* temporary importation
Vor- und Nachteile *mpl (Gesch)* advantages and disadvantages, pros and cons
Voruntersuchung *f (Pat)* preliminary examination
Vorurteil *n (Gesch)* bias, prejudice
Vorverkauf *m* 1. *(F&T, Gesch, Trans)* advance booking; 2. *(V&M)* advance sale
vorverlegen *v (Gesch)* bring [put] forward *(Termin)*; accelerate *(Fälligkeit)*
Vorverlegung *f (Gesch)* bringing forward *(Termin)*

~ **der Fälligkeit** *(Bank)* acceleration of maturity
Vorvertrag *m* 1. *(Gesch)* letter of understanding; 2. *(Recht)* preliminary agreement, tentative agreement, memorandum of understanding *(MoU)* *(Vertragsrecht)*
Vorwahl(nummer) *f (Komm)* area code, dial(l)ing code
Vorwärtsintegration *f (WiWi)* forward integration
vorweggenommene Reaktion *f (WiWi)* anticipatory response
Vorwegnahme *f (Gesch)* anticipation
vorwegnehmen *v (Gesch)* anticipate
Vorzeichen *n* 1. *(WiWi)* plus sign or minus sign; 2. *(Gesch)* sign, omen
vorzeitig *adj (Gesch)* anticipated, untimely, premature
vorzeitig *adv* 1. *(Gesch)* prematurely; 2. *(Komm)* ahead of schedule • **~ fällig stellen** *(Bank)* accelerate maturity • **sich ~ pensionieren lassen** *(Gesch, Pers)* take early retirement
vorzeitige Ausübung *f* **eines Rechtes** *(Bö)* early exercise
~ **Pensionierung** *f (Pers, Soz)* early retirement, pre-retirement
~ **Rückzahlung** *f* 1. *(Bank)* advance repayment; 2. *(Gesch)* advance repayment, anticipated repayment
~ **Tilgung** *f* 1. *(Fin)* anticipated redemption, redemption before due date; 2. *(RW)* accelerated amortization
~ **Zahlung** *f (Gesch)* payment before due date
vorzeitiger Ruhestand *m (Pers, Soz)* early retirement, pre-retirement
Vorzugsaktie *f (Bö, Fin) (BE)* preference share, *(AE)* preferred stock
~ **mit Gewinnbeteiligung** *(Bö, Fin) (BE)* participating preference share, *(AE)* participating preferred stock
Vorzugsbehandlung *f (Gesch)* preferential treatment
Vorzugsdividende *f (RW) (BE)* preference dividend, *(AE)* preferred dividend
Vorzugskonditionen *fpl (Gesch)* concessions, preferential terms
Vorzugskurs *m (Bank, WiWi)* preferential exchange rate
Vorzugslage *f (Gb)* prime site
Vorzugspreis *m* 1. *(Gesch)* bargain price; 2. *(WiWi)* preferential price
Vorzugsrecht *n (Pat, Recht)* priority right
Vorzugszinssatz *m (Bank)* preferential interest rate
Vorzugszuteilung *f (Bö)* priority allocation
Vz. *s.* Veranlagungszeitraum

W

wachsen *v* 1. *(Bank)* swell *(Konto)*; 2. *(Gesch, WiWi)* grow *(Fonds)*
Wachstum *n (Bank, Gesch, WiWi)* growth
Wachstumsbranche *f (WiWi)* growth industry
Wachstumsgleichgewicht *n (WiWi)* balanced growth, steady-state growth
Wachstumsindustrie *f (Ind)* growth industry
Wachstumsmotor *m (WiWi)* engine of growth
Wachstumspfad *m (Gesch)* growth path
Wachstumspotenzial *n (Gesch)* growth potential
Wachstumsrate *f (Bö, EDV, WiWi)* growth rate
~ **im Vorjahresvergleich** *(Bank, WiWi)* twelve-month growth rate *(EZB)*
wachstumsstarkes Produkt *n* **mit hohem Marktanteil** *(V&M)* star product *(strategisches Geschäftsfeld)*
Wachstumsstrategie *f (Gesch, WiWi)* growth strategy
wagemutig *adj (Gesch)* enterprising
wagen *v (Gesch)* risk, take the risk of, venture
Wagnis *n (WiWi)* risk, venture
Wagnisausgleich *m (Bö, Fin)* balancing of portfolio
Wagniskapital *n (Bank, Fin, Gesch, WiWi)* risk [venture] capital
Wagniskapitalfinanzierung *f (Fin)* venture financing, venture capitalism
Wagniskapitalgesellschaft *f (Bank, Fin, Gesch, WiWi)* venture capital company
Wahl *f* 1. *(EDV)* selection; 2. *(Gesch)* choice *(Auswahl)*; alternative *(Möglichkeit)*; 3. *(Pers)* vote *(Wählen)*; ballot *(geheim)*; 4. *(Pol)* vote, voting
~ **des Arbeitsplatzes** *(Pers)* choice of job, job choice

~ **des Studienfaches** *(Pers)* choice of field of study, choice of subject
wählen *v* 1. *(Gesch)* choose, elect *(Vorgehensweise)*; 2. *(Mgt)* opt; 3. *(Pers)* vote; 4. *(Pol)* vote, vote for, elect *(Partei, Kandidat)*
Wahlentscheidung *f (Gesch, Pol, WiWi)* choice
Wähler(in) *m(f) (Pol)* voter
Wahlergebnis *n (Pol)* vote, election results
Wählerschaft *f (Gesch, Pol)* electorate
Wahlfach *n (Pers)* elective subject, optional subject
Wahlfreiheit *f (Pol)* freedom of choice
Wahlmöglichkeit *f (Gesch)* option
Wahlrecht *n (Pol)* right to vote, suffrage
Wahlschuld *f (Recht)* alternative obligation *(Vertragsrecht)*
Wahlverfahren *n (Pers, Pol)* voting procedures
wahrgenommener Nutzen *m (Gesch)* perceived benefit
wahrheitsgemäße Darstellung *f (Fin, RW)* fair presentation
wahrnehmen *v (Gesch)* utilize, perceive *(Gelegenheit)*; observe *(Termin)*
Wahrnehmung *f (Gesch)* perception
wahrscheinlich *adj (Gesch)* likely, probable
Wahrscheinlichkeit *f* 1. *(Gesch)* likelihood; 2. *(Stat)* chance, probability
Wahrscheinlichkeitsrechnung *f (Stat)* calculus of probability, calculation of probabilities
Wahrscheinlichkeitsverteilung *f (Stat)* probability distribution
Währung *f* 1. *(Bank, Fin)* currency; 2. *(WiWi)* currency, exchange, coinage
Währungsabkommen *n (WiWi)* exchange rate agreement
Währungsabwertung *f (WiWi)* currency depreciation
Währungsanleihe *f (WiWi)* currency bond
Währungsaufwertung *f (WiWi)* currency appreciation [revaluation]
Währungsausgleich *m* 1. *(Bank)* currency adjustment; 2. *(Fin)* monetary compensation; 3. *(WiWi)* exchange equalization
Währungsausgleichsbetrag *m (AH, Fin, WiWi)* Monetary Compensatory Amount *(EU)*
Währungsausschuss *m (Bank)* monetary committee *(EZB)*
Währungsbehörden *fpl (Bank)* monetary authorities
Währungsbestand *m (Pol, WiWi)* currency holding
Währungseinheit *f* 1. *(Fin)* monetary unit; 2. *(WiWi)* currency unit
Währungseinlagen *fpl (Fin)* currency deposits
Währungsemission *f (Bank, Bö)* currency issue
Währungsgebiet *n (Pol)* monetary area, currency area *(EU)*
Währungsgewinne *mpl (Fin)* exchange gains
Währungskorb *m* 1. *(Fin)* basket of currencies, *(ugs.)* currency cocktail; 2. *(WiWi)* basket of currencies, currency basket
Währungsspekulation *f (Fin)* foreign exchange speculation
Währungspolitik *f (WiWi)* monetary policy
Währungsraum *m (Bank)* currency area *(EZB)*
Währungsreform *f (WiWi)* currency reform
Währungsreserven *fpl (WiWi)* currency reserves, foreign exchange reserves, monetary reserves
Währungsrisiko *n (WiWi)* currency risk [exposure], foreign exchange risk, translation risk
Währungsstandard *m (WiWi)* monetary standard
Währungsunion *f (WiWi)* monetary union
Währungswettbewerb *m (Bank)* monetary competition, currency competition
Wald- und Forstwirtschaft *f (Gesch)* forestry
Wandelanleihe *f (Bö, Fin)* convertible bond [issue], conversion loan
~ **mit Wandlungspflicht** *(Bank, Bö, Fin)* mandatory convertible instrument *(anders: Wandelanleihe = convertible bond)*
wandelbar *adj (Bank)* convertible
wandeln *v* 1. *(Bank, Fin)* convert; 2. *(Recht)* cancel, rescind
Wandelobligation *f (Fin)* convertible bond
Wandelschuldverschreibung *f (Fin)* convertible bond
Wanderarbeiter(in) *m(f)* 1. *(Pers)* itinerant worker; 2. *(WiWi)* migrant worker
Wanderung *f* **von Arbeitskräften** *(Pers)* migration of workers

Wanderungsdruck *m (Pers)* migratory pressure
Wanderungssaldo *m (Pers)* balance of migration, migration balance, net migration
Wandlung *f (Recht)* rescission of contract for work and labo(u)r, rescission of sale *(Vertragsrecht)*
wandlungsfähig *adj* 1. *(Bö, Fin)* convertible; 2. *(Gesch)* adaptable
Wandlungskurs *m (Fin, WiWi)* conversion price
Ware *f (Gesch, WiWi)* article, commodity, product • **~ zur Ansicht** *(Gesch)* goods on approval
Waren *fpl* 1. *(Pat, WiWi) (BE)* goods; 2. *(Trans)* freight; 3. *(V&M)* commodities, merchandise *(Handelsgut)* • **seine ~ absetzen** *(Gesch)* sell one's wares
~ des persönlichen Bedarfs *(WiWi)* goods to meet personal needs, goods to meet personal requirements
~ des täglichen Bedarfs *(V&M)* convenience goods
~ in schlechtem Zustand *(Gesch, Trans, V&M)* goods in bad order *(g.b.o.)*
~ ohne Markenzeichen *(Gesch)* unbranded goods
~ und Dienstleistungen *fpl (WiWi)* goods and services
~ unter Zollverschluss *(AH, WiWi)* bonded goods
Warenangebot *n (V&M)* range of goods
Warenausfuhr *f (AH, WiWi)* visible export, export
Warenausgang *m (Gesch)* outgoing goods
Warenauslage *f (Komm)* display
Warenaustauschverhältnis *n (WiWi)* commodity terms of trade
Warenbestand *m (Gesch)* inventories, stock in [on] hand
Warenbilanz *f (WiWi)* merchandise account *(ZB)*
Warenbörse *f (Bö)* commodity exchange
Wareneinfuhr *f (AH, WiWi)* visible import
Wareneingang *m (Gesch)* incoming goods, stock receipt
Warenforderungen *fpl (RW)* trade accounts receivable
Warengläubiger(in) *m(f) (Gesch)* trade creditor
Warengruppe *f (Pat)* category
Warenhandel *m (WiWi)* commodity trade
Warenhandelsbilanz *f (WiWi)* visible trade balance
Warenhaus *n (V&M)* department store
Warenhausdiebstahl *m (V&M)* shoplifting
Warenhauskette *f (V&M)* department store chain
Warenkorb *m* 1. *(Gesch)* shopping basket *(Statistik)*; 2. *(WiWi)* basket of commodities [products] *(Statistik)*
Warenkredit *m (Bank)* commodity [trade] credit
Warenlager *n (Gesch, AH, Trans)* (goods) depot, warehouse
Warenlieferung *f (Gesch)* delivery of goods
Warenlombard *m (Bank, Gesch)* advance on goods
Warennorm *f (Recht)* product standard
Warenpapiere *npl (AH, Trans)* shipping documents
Warenproben *fpl (WiWi)* merchandise samples
Warenrücksendungen *fpl* **und Gutschriften** *fpl (V&M)* purchase returns and allowances
Warenschlüssel *m (WiWi)* goods classification *(ZB)*
Warensortiment *n* 1. *(Gesch)* assortment of goods; 2. *(V&M)* array [range] of products
Warenterminbörse *f (Bö)* commodity futures exchange
Warentermingeschäft *n (Bö)* commodity future transaction
Warenumsatz *m (V&M)* sales turnover
Warenumschlag *m (Gesch)* stock turn
Warenverkehr *m (WiWi)* merchandise movements
Warenvorräte *mpl (Gesch)* inventories
Warenwechsel *m* 1. *(Bank)* commercial bill, trade bill; 2. *(Gesch)* trade acceptance
Warenwert *m (AH, V&M)* price of goods
Warenzeichen *n (Pat, Recht)* trademark, mark, brand *(Gütezeichen)*
Warenzugänge *mpl (Gesch)* incoming goods
Wärmeenergie *f (Umw)* thermal energy
Wärmehaushalt *m (Umw)* thermal balance, heat balance
Wärmetechnik *f (Ind, Umw)* heat technology, heat engineering

Wärmewirtschaft *f (Ind, Umw, WiWi)* heat economics, heat economy
Warnanlage *f (Gesch)* warning device
Warnschild *n (Gesch)* warning sign
Warnstreik *m (Pers)* token stoppage, token strike
Warnung *f* 1. *(Gesch)* word of warning; 2. *(Pers)* warning
Warnzeichen *n (Gesch)* warning sign
Wartefrist *f (Pers)* qualifying period *(Anwartschaftszeit)*; waiting period *(Karenzzeit)*
Warteliste *f (F&T, Gesch, Trans)* waiting list
Warteschlange *f* 1. *(EDV)* queue; 2. *(Gesch) (AE)* line, *(BE)* queue; 3. *(WiWi)* line-up
Wartezeit *f (Gesch)* waiting time
Wartung *f* 1. *(EDV, Ind)* maintenance, servicing; 2. *(Gesch)* service; 3. *(Trans)* maintenance, servicing • ~ **nicht inbegriffen** *(Gesch)* service not included
Wartungsfirma *f (Gesch)* service company
Wartungsvertrag *m (EDV, Gesch)* service contract
Wäsche *f (Fin, Gesch)* laundering *(Geld)*
wasserdicht *adj (Gesch, Ind)* watertight, waterproof
Wasserkraftstrom *m (Umw)* hydroelectric power
Wasserkraftwerk *n (Ind)* hydroelectric power station
Wasserressourcen *fpl (Umw, WiWi)* water resources
Wasserversorgung *f (Ind, Umw)* water supply
Wasserwerk *n (Ind)* waterworks
Wasserzeichen *n (WiWi)* watermark
Webapotheke *f (EDV, Komm, V&M)* internet web pharmacy
Webauftritt *m (EDV, F&T, Komm, Med)* internet presence
Weberei *f (Ind)* weaving mill
Weberhandwerk *n (Ind)* weaving trade
Webfernsehen *n (EDV, Komm, Med)* web television, web TV *(Internetinhalte am Fernseher)*
Webinhalte *mpl* **gegen Bezahlung** *(EDV, Komm, V&M)* content for cash *(C4C) (Internet-Handel)*
Wechsel *m* 1. *(Bank)* draft; 2. *(Fin)* promise to pay, bill, bill of exchange, B/E, note, *(ugs.)* paper • **einen ~ akzeptieren [mit Akzept versehen]** • **einen ~ honorieren** 1. *(Fin)* hono(u)r a bill; 2. *(Recht)* accept a bill • **einen ~ zur Annahme vorlegen** *(Bank)* present a bill for acceptance • **einen ~ zur Diskontierung vorlegen** *(Bank)* present a bill for discount
Wechsel *m* **des Arbeitsplatzes** *(Pers)* job change, job changing, change of job
~ des Wohnorts *(Pers, Soz)* change of residence
~ in der Grundstücksnutzung *(Gb)* land-use succession
~ mit Rückkaufsvereinbarung *(RW)* notes under repurchase agreement
~ zum Einzug *(Bank)* bill for collection
Wechselbestand *m (Bank)* bill holdings
Wechselbürge *m (Fin)* collateral acceptor, guarantor of a bill
Wechseldiskont *m (Bank)* bank discount
Wechseldiskontierung *f (RW) (BE)* discounting of bills, *(AE)* discounting of notes
Wechseldiskontsatz *m (Fin)* bill (discount) rate
Wechseleinzug *m (RW)* collection of a bill
Wechselfinanzierung *f (Fin)* bill-of-exchange financing
Wechselforderungen *fpl (RW) (AE)* notes receivable, *(BE)* bills receivable
Wechselgebühr *f (Bank)* exchange charge
Wechselgeld *n (Gesch)* (small) change
Wechselgeldautomat *n (Gesch)* change dispenser
Wechselinkasso *n (RW)* collection of a bill
Wechselkredite *mpl (Bank, Fin)* bills discounted
Wechselkurs *m (Fin, WiWi)* exchange rate, foreign exchange rate, rate of exchange
Wechselkursanpassung *f (WiWi)* exchange rate adjustment
wechselkursbedingt *adj (Bank, WiWi)* owing to exchange-rate changes *(ZB)*
Wechselkursentwicklung *f (Bank)* exchange-rate movements, exchange-rate fluctuations
Wechselkursgebühr *f (Bank)* exchange charge
Wechselkursgewinne *mpl (WiWi)* currency translation gains
Wechselkursmechanismus *m (obs.) (WiWi)* Exchange Rate Mechanism *(EG)*
Wechselkursparität *f (Bank)* exchange rate parity, parity of exchange

Wechselkursstabilität *f (Pol, WiWi)* exchange-rate stability
Wechselkurssteuerung *f (Pol, WiWi)* exchange-rate management
Wechselkurszielzone *f (WiWi)* exchange rate target zone
wechseln *v (Gesch, WiWi)* change; vary
Wechselobligo *n (Bank)* acceptance liability
Wechselportefeuille *n (Bank)* bill portfolio, bill holding
Wechselrembours *m (Fin, AH)* acceptance credit
Wechselschicht *f (Pers)* rotating shift, alternating shift *(Fertigungsbetrieb)*
wechselseitig *adj (Gesch)* mutual, reciprocal
wechselseitige Lieferbeziehungen *fpl (V&M)* reciprocal buying
wechselseitiger Anschluss *m (Gesch)* interconnection
Wechselstube *f (Bank, F&T)* bureau de change, foreign exchange office
Wechselverbindlichkeiten *fpl (RW)* bills payable, *(AE)* notes payable
Weg *m (Trans)* road • **auf den ~ bringen** *(Gesch) (ugs.)* get off the ground • **auf dem ~ sein nach** *(Gesch)* be heading for • **den ~ bahnen für** *(Gesch)* pave the way for • **den ~ bereiten für** *(Gesch)* pioneer • **aus dem ~ räumen** *(Gesch)* smooth out • **der ~ ist das Ziel** *(Mgt)* the means is an end within itself
~ des geringsten Widerstands *(Gesch)* path of least resistance
Wegerecht *n (Recht)* right of way
Wegfall *m* **der Geschäftsgrundlage** *(Recht)* frustration of contract *(Vertrag)*
~ des Arbeitsplatzes *(Pers, Soz)* loss of job, job loss, redundancy
Wegwerfgesellschaft *f***/die** *(Gesch)* the waste society, *(ugs.)* throwaway society
weiche Landung *f (WiWi)* soft landing
~ Technologie *f* 1. *(Umw)* soft technology; 2. *(WiWi)* small-scale [soft] technology
~ Währung *f (Gesch, WiWi)* soft currency
Weinanbau *m (WiWi)* wine growing
Weinbaugebiet *n (WiWi)* wine-growing district, wine-producing area
Weinernte *f* 1. *(Gesch)* vintage; 2. *(WiWi)* wine harvest
Weingut *n (Gesch)* winery
Weinhandel *m (Gesch)* wine trade
Weinhändler(in) *m(f) (Gesch)* vintner, wine merchant
Weinindustrie *f (Ind)* wine industry
weiße Produkte *npl (Gesch, V&M)* no-name brands
Weisung *f (Pol, Recht)* direction, directive, instruction, order
weisungsgebunden *adj (Pers, Verw)* accountable
Weisungsgewalt *f (Gesch)* authority
Weisungskette *f (Mgt)* chain of command
weit abgegrenzte Geldmenge *f (M3) (Bank, WiWi)* broad money, broad money stock *(M3) (EZB)*
~ definierte Geldmenge *f (M3) (Bank, WiWi)* broad money *(M3) (EZB)*
weitblickend *adj (Gesch)* far-seeing, far-sighted
Weiterbearbeitung *f (Pat)* processing
Weiterbildung *f (Pers, Soz)* continual professional education, further education, further [continuing] training
Weiterbildungsprogramm *n (Ind, Mgt, Pers)* training package
weitere Anweisungen/für *(Gesch)* for further instructions
~ Informationen *fpl (Gesch)* further information
Weitergabe *f (Fin)* passing-on *(Wechsel)*
weitergeben *v (WiWi)* pass on
weiterleiten *v* 1. *(Gesch)* pass on, transmit; 2. *(Komm)* forward *(Dokument)*; 3. *(Recht)* refer to *(Fall)*
Weiterleitung *f (Gesch)* transmission
weiterverarbeiten *v (Ind, WiWi)* reprocess, manufacture
weiterverarbeitende Industrie *f (Ind)* manufacturing industry, processing industry
Weiterverkauf *m (Bö, Gesch)* resale
weiterwälzen *v (St, WiWi)* pass on
weites Oligopol *n (WiWi)* loose oligopoly
weitreichend *adj (Gesch)* far-reaching, wide-ranging, long-range *(Planung)*
weitsichtig *adj (Gesch)* far-seeing, far-sighted
weitverbreitet *adj (Gesch)* widespread
Wellenenergie *f (Ind, Umw)* wave power
Welt *f (Gesch)* world • **in der ganzen ~** *(Gesch)* all over the world

Weltbilanz *f (WiWi)* global account *(ZB, VGR)*
Weltexporte *mpl (AH)* world exports
Weltfinanzierungsrechnung *f (Fin, WiWi)* global financial account *(ZB, VGR)*
Welthandel *m* 1. *(Gesch)* international trade; 2. *(WiWi)* world trade
Welthandelsorganisation *f (AH, Pol)* World Trade Organization, WTO *(Nachfolgeorganisation des GATT)*
Weltinnenpolitik *f (Pol, WiWi)* global governance
Weltmarkt *m (WiWi)* world market, global market
Weltordnungspolitik *f (Pol, WiWi)* global governance
weltpolitischer Ordnungsrahmen *m (Pol, WiWi)* global governance
weltumspannend *adj (Gesch)* global, worldwide
Weltverband *m (WiWi)* world confederation
Weltverbrauch *m (Umw, WiWi)* world consumption
Weltwährungsreserven *fpl (WiWi)* international liquidity
Weltwährungssystem *n (WiWi)* international monetary system
weltweit *adv (Gesch)* all over the world, globally, on an international scale, worldwide
~ **führendes Unternehmen** *n (Gesch, Ind, V&M)* world leader
weltweite Inflation *f (WiWi)* world inflation
Weltwirtschaft *f (WiWi)* global [world] economy
Weltwirtschaftskrise *f (WiWi)* Great Depression
Wende *f (Gesch, Pol)* turnabout, turn(a)round
Wendehals *m (Pol)* turncoat, renegade, flip-flopper; careerist who recognizes which way the wind is blowing
wenden *v (Fin)* turn (a)round
~ **an/sich** *(Gesch)* appeal to *(Öffentlichkeit)*; refer to *(Person)*
Wendepunkt *m (Gesch)* turning point
Wendigkeit *f (Gesch)* resourcefulness
Wendung nehmen/eine *(Gesch)* take a turn *(zum Guten oder Schlechten)*
weniger *adv (Gesch)* less
Werbeabonnement *n (Gesch)* complimentary subscription
Werbeabteilung *f (V&M)* advertising department, art department, creative department, publicity department
Werbeagentur *f (V&M)* advertising agency, public relations agency, PR agency
Werbeaktion *f (V&M)* promotional activities
Werbeaufwand *m (V&M)* advertising expenditure [expense]
Werbeausgaben *fpl (V&M)* publicity expenses
Werbebeilage *f (V&M)* advertising supplement, *(ugs.)* stuffer
Werbeberater(in) *m(f) (Med, V&M)* advertising consultant
Werbebestimmungen *fpl (V&M)* advertising regulations
Werbeblatt *n (V&M)* leaflet
Werbebranche *f (V&M)* advertising trade
Werbebrief *m (V&M)* advertising letter
Werbebudget *n (V&M)* advertising budget
Werbecodex *m (V&M)* code of advertising practice
Werbeeinnahmen *fpl (V&M)* advertising revenue
Werbeerfolg *m (V&M)* advertising effectiveness
Werbeetat *m (V&M)* advertising budget
Werbefachmann *m (Pers)* advertising man, publicity man
Werbefeldzug *m (V&M)* advertising campaign
Werbefernsehen *n (Stat)* commercial television
Werbefläche *f (V&M)* advertising space
Werbeflugblatt *n (V&M)* sales leaflet, flier
Werbefreiheit *f (Med, Recht, V&M)* freedom of advertising
Werbegag *m (V&M)* advertising gimmick, publicity stunt
Werbegeschenk *n (V&M)* business [free] gift, incentive pack
Werbegrafik *f (V&M)* graphic design
Werbegrafiker(in) *m(f) (V&M)* graphic designer, commercial artist
Werbekampagne *f (V&M)* advertising campaign
Werbekosten *pl (V&M)* advertising expenditure [expense]
Werbematerial *n (V&M)* sales literature
Werbemelodie *f (V&M)* advertising jingle
Werbemix *m (V&M)* promotional mix
werben *v (Gesch, V&M)* win *(Kunden)*

~ **für** *(V&M)* advertise, promote *(Produkt)*
werbend *adj (Gesch)* promotional
Werbeplakat *n* 1. *(Gesch)* advertising poster; 2. *(V&M)* poster, show card *(Schaufenster)*
Werbepolitik *f (Gesch, V&M)* promotional [advertising] policy
Werbeprospekt *m (V&M)* hand-out
Werbereise *f (V&M)* advertising tour
Werbeschreiben *n (V&M)* sales letter
Werbeschrift *f (F&T, Gesch)* brochure
Werbesendung *f (Stat, V&M)* commercial
Werbeslogan *m (V&M)* advertising slogan
Werbespot *m* 1. *(Med) (ugs.)* ad, commercial, advertisement, spot *(Rundfunk, Fernsehen)*; 2. *(V&M) (ugs.)* ad, commercial, advertising spot
Werbespruch *m (Med, V&M)* advertising slogan
Werbestrategie *f (V&M)* advertising strategy
Werbetext *m (V&M)* advertising copy, advertising text
Werbetexter(in) *m(f) (Gesch)* copy writer
Werbethema *n (V&M)* advertising theme
Werbeträger *m (V&M)* advertising medium [vehicle]
Werbeträgeranalyse *f (WiWi)* media analysis
Werbeumsatz *m (V&M)* advertising turnover
Werbe- und Informationskosten *pl (RW, V&M)* advertising and publicity charges, advertising and publicity costs
Werbe- und Messekosten *pl (RW, V&M)* advertising and trade fair expenses
Werbeunterbrechung *f (V&M)* commercial break
Werbeverbot *n (Med, Recht)* advertising prohibition
Werbewesen *n (V&M)* advertising, publicity
Werbewirksamkeit *f (V&M)* advertising effectiveness
Werbezeit *f (V&M)* advertising time
Werbezeitschriften *fpl (Stat)* give-away magazines, free magazines *(kostenlos)*
Werbung *f* 1. *(Gesch) (ugs.)* ad; 2. *(V&M)* advertisement, advertising, billing, publicity, *(ugs.)* advert *(Inserat)* • **ohne ~** *(Gesch)* unadvertised *(Produkt)* • **~ machen für** *(V&M)* advertise for • **~ treiben** *(V&M)* advertise
~ **am Verkaufsort** *(V&M)* point-of-sale advertising [promotion], POS advertising [promotion]
~ **für Markenartikel** *(V&M)* brand promotion
~ **mit Lockartikeln** *(V&M) (AE)* bait advertising
~ **von Unternehmen zu Unternehmen** *(V&M)* business-to-business advertising
Werdegang *m (Pers)* background, career *(Bewerbung)*
Werk *n (Ind)* factory, (industrial) plant, works • **ab ~** 1. *(Gesch)* ex factory; 2. *(Trans)* ex factory, free at point of dispatch, ex works
Werkmeister(in) *m(f) (Pers)* foreman, forewoman
Werksbesichtigung *f (V&M)* facility visit
Werksgelände *n (Gesch)* factory site
Werksleitung *f (Ind, Mgt)* plant management
Werkspionage *f (Ind)* industrial espionage
Werkstatt *f (Gesch)* garage *(KFZ)*; workshop, shop floor *(Ausbildung, Einzelaufträge)*
Werkstattfertigung *f (Ind)* intermittent production, job shop production
Werkstattwagen *m (Trans) (BE)* breakdown van, *(AE)* tow truck, recovery vehicle *(Bergung)*; maintenance vehicle *(Wartung)*
Werkstoff *m (Ind)* material
Werkstück *n (Ind)* component, workpiece
Werkswohnung *f* 1. *(Gb)* factory-owned apartment [flat]; 2. *(Pers)* job-related accommodation
Werkszeitung *f (Med, Gesch)* house journal, in-house magazine
Werktitelschutz *m (Med, Recht)* protection of the title of a literary work, work title protection
Werkvertrag *m (Gesch, Recht)* service contract, works contract
Werkzeug *n (EDV, Gesch, Ind)* tool • **mit Werkzeugen ausstatten** *(Ind)* tool up
wert *adj (Gesch)* useful, valuable • **~ sein** *(Bö)* be worth
Wert *m (Gesch)* worth, value
~ **pro Einheit** *(Gesch)* unit value
~ **einer Währung** *(WiWi)* currency value
~ **eines Wirtschaftsgutes** *(Fin)* asset value • **an ~ gewinnen** *(Bö)* gain value • **den ~ mindern** *(WiWi)* lower the value

• **im ~ steigen** *(RW)* appreciate • **an ~ verlieren** *(RW, WiWi)* depreciate *(Vermögenswerte)*
Wertanalyse *f* 1. *(Fin)* value analysis; 2. *(RW)* value engineering
Wertangabe *f (AH, Trans)* declaration of value • **ohne** ~ *(AH)* no value declared
Wertanpassung *f (RW)* valuation adjustment
Wertansatz *m (RW)* valuation
Wertaufbewahrungsmittel *n (WiWi)* store of value
Wertberichtigung *f (RW)* valuation adjustment, valuation allowance *(Abschreibung)*
~ **auf Beteiligungen** *(RW)* allowance business investment loss
~ **auf uneinbringliche Forderungen** 1. *(Bank, Fin)* bad debt provision; 2. *(RW)* allowance for bad debts, provision for bad debts
~ **auf Vorratsvermögen** *(RW)* inventory valuation adjustment
Wertberichtigungen *fpl* **auf das Sachanlagevermögen** *(RW)* accumulated depreciation on plant, property and equipment
Wertberichtigungsbuchung *f (RW)* reserve entry
Wertberichtigungskonto *n (RW)* absorption [offset, valuation] account
Wertbestimmung *f* **des Lagerbestands** *(RW)* valuation of inventory [stocks]
Wertbezeichnung *f (WiWi)* denomination
Wertbrief *m (Komm)* insured letter
Werteinbuße *f (Gb)* depreciation
Wertentwicklung *f (Bank, Bö)* performance
Werterhöhung *f (Gesch)* increase in value
Wertfortschreibung *f (St)* adjustment of assessed value
Wertgegenstände *mpl (Gesch)* valuables
wertlos *adj (Gesch)* valueless, worthless, of no value
Wertminderung *f (Gb, RW, WiWi)* depreciation, impairment of value
wertorientierte Unternehmensführung *f (Mgt)* shareholder value approach, shareholder value concept, value-driven management, value-based management
Wertpaket *n (Komm)* insured parcel, registered parcel
Wertpapier *n (Gesch) (BE)* share, *(AE)* stock; security, negotiable instrument
Wertpapieranalyse *f (Bö, Fin)* securities analysis, investment analysis
Wertpapieranlagen *fpl* portfolio investment(s) *(ZB)*
Wertpapierbestand *m* 1. *(Bank, Bö)* holding of securities, (investment) portfolio, securities holdings [portfolio]; 2. *(Fin)* (investment) portfolio
Wertpapierbörse *f (Bö, Fin, WiWi)* stock exchange
Wertpapiere *npl* 1. *(Bank, Bö)* investments, securities; 2. *(Fin, WiWi)* securities, *(BE)* stocks; 3. *(RW)* investments
~ **der öffentlichen Hand** *(Fin, WiWi)* government securities
~ **des Anlagevermögens** *(Fin, RW)* long-term financial investments
Wertpapieremission *f (Bö)* security flotation, security issue
Wertpapierfirmen *fpl (Bö)* investment firms
Wertpapierhandel *m (Bö)* securities trading
Wertpapierhändler(in) *m(f)* 1. *(Bö)* market maker, securities [investment] dealer; 2. *(Fin)* investment dealer
Wertpapierhaus *n (Bank, Bö)* securities house
Wertpapierkredit *m (Bank, Bö)* advance on securities, lending against securities
Wertpapierkredite *mpl (Bank, Bö, Fin)* lending against securities
Wertpapierkurs *m (Bö)* security price
Wertpapierlombardierung *f* 1. *(Bank)* securities borrowing; 2. *(Fin)* security borrowing
Wertpapiermarkt *m (Bö, Fin)* securities market
wertpapiermäßige Unterlegung *f* **von Verbindlichkeiten** *(Bank, Bö, Fin)* securitization *(Verbriefung)*
Wertpapierpaket *n (Bö)* block of securities
Wertpapierpensionsgeschäft *n (Fin)* repurchase agreement, repo transaction
Wertpapierportefeuille *n* 1. *(Bank, Bö)* investment [securities] portfolio; 2. *(Fin)* investment portfolio
Wertpapierposition *f (Bö)* position • **eine ~ verwerten** *(Bö)* liquidate a position
Wertpapiersteuer *f (St)* securities tax
Wertpapiertermingeschäft *n (Bö)* forward transaction in securities
Wertpapier- und Emissionsgeschäft *n (Bank)* investment banking

Wertpapierverkehr *m (Bank, Bö)* securities transactions, portfolio transactions, portfolio capital flows *(ZB)*
Wertpapierverwaltung *f (Fin)* portfolio management, *(AE)* securities administration
Wertsachen *fpl (Gesch)* items of value, valuables
Wertschätzung *f* 1. *(Gesch)* appreciation, esteem *(Person)*; 2. *(Gb)* appraisal *(Bewertung)*; appraisement *(Schätzung)*
Wertschöpfung *f* 1. *(Fin, Gesch, St)* added value, net output [product]; 2. *(WiWi)* value added *(VGR)*
Wertsendung *f* 1. *(Komm)* insured letter, registered letter; 2. *(Recht)* consignment with value declared *(Vertragsrecht)*
Wertspeicher *m (Bank)* store of value *(Aufbewahrungsmittel)*
Wertsteigerung *f* 1. *(Fin)* increase in value; 2. *(Gb)* appreciation, betterment; 3. *(RW, St)* appreciation
Wertstellung *f (Bank)* availability date, valuta *(val.)*, value date
Wertstellungsgewinn *m (Bank)* float
Wertstellungstag *m (Bank)* availability date, value date
Wertsteuer *f* 1. *(Fin, WiWi)* ad valorem tax; 2. *(AH, St)* ad valorem duty, ad valorem tax
Wertsteuersatz *m (St)* ad valorem rate, ad valorem tariff
Wert- und Ursprungszeugnis *n (AH) (BE)* certificate of value and origin
Wertverlust *f (Gb, RW, WiWi)* depreciation
Wertzoll *m* 1. *(AH, St)* ad valorem (customs) duty, customs duty ad valorem; 2. *(WiWi)* ad valorem tariff
Wertzuschreibung *f (RW)* appreciation in value
Wertzuwachs *m* 1. *(Bö, Fin)* capital growth [gain, gains], increase [growth] in value; 2. *(Gesch)* increment, gain; 3. *(RW, St)* appreciation
Wertzuwachssteuer *f (Fin, RW, St)* capital gains tax
wesentlich *adj* 1. *(Gesch)* substantial; 2. *(Recht)* material • **das Wesentliche** *(Gesch)* the essentials, gist • **im Wesentlichen** *(Gesch)* substantially, essentially
wesentliche Beteiligung *f* 1. *(Bö, Fin)* control stock; 2. *(St, WiWi)* material interest, substantial investment
~ **Eigenschaft** *f (Pat)* essential feature
~ **Vertragsbedingung** *f (Recht)* fundamental condition, conditio sine qua non *(Vertragsrecht)*
wesentlicher Bestandteil *m (Gesch)* essential component part, integral part
wesentliches Merkmal *n (Pat)* essential feature
Wettbewerb *m* 1. *(Gesch)* competition, contest; 2. *(V&M)* competition; 3. *(WiWi)* competition, competitive process • **mit jmdm. im ~ stehen** *(Gesch)* compete against sb
Wettbewerber(in) *m(f) (Gesch, V&M, WiWi)* competitor
wettbewerblich *adj (Gesch, St, V&M)* arm's-length
Wettbewerbsanreiz *m (V&M, WiWi)* competitive stimulus
wettbewerbsbeschränkend *adj (Fin, V&M, WiWi)* anticompetitive
wettbewerbsbeschränkende Vereinbarungen *fpl (Komm, Recht)* competition-restricting agreements
~ **Verhaltensweisen** *fpl (Gesch, WiWi)* restrictive practices
Wettbewerbsbeschränkung *f (WiWi)* restraint on trade
Wettbewerbsbeschränkungen *fpl (WiWi)* restrictive practices, barriers to competition
wettbewerbsfähig *adj (WiWi)* competitive
wettbewerbsfähiger Preis *m (V&M, WiWi)* competitive price
Wettbewerbsfähigkeit *f (Gesch, V&M, WiWi)* competitiveness
wettbewerbsfeindlich *adj (WiWi)* detrimental to effective competition
Wettbewerbsgesetze *npl (Pol, Recht)* competition laws
Wettbewerbsmarkt *m (WiWi)* competitive market, free and open market
Wettbewerbspolitik *f (Pol)* competition policy
Wettbewerbsposition *f (Gesch, WiWi)* competitive position
Wettbewerbspreis *m* 1. *(RW, V&M)* arm's-length price; 2. *(WiWi)* competitive price
Wettbewerbspreisbildung *f (Gesch)* competitive pricing
Wettbewerbsrecht *n (Recht)* competition law, cartel law, antitrust law *(EU)*

Wettbewerbsregeln *fpl (Gesch, Recht, WiWi)* rules of competition
wettbewerbsschädlich *adj (Fin, WiWi)* anticompetitive
Wettbewerbsstrategie *f (Gesch, V&M, WiWi)* competitive strategy
Wettbewerbstaktik *f (WiWi)* competitive tactics
Wettbewerbsverzerrung *f (WiWi)* distortion of competition
Wettbewerbsvorsprung *m (WiWi)* competitive advantage [edge]
Wettbewerbsvorstoß *m (WiWi)* competitive thrust
Wettbewerbsvorteil *m (WiWi)* competitive advantage • **einen ~ gegenüber jmdm. haben** *(WiWi)* have a competitive edge over sb
Wettstreit *m (Gesch)* contest
wichtig *adj (Gesch)* important, significant
wichtige Person *f (Gesch)* very important person, VIP
~ Währung *f (WiWi)* major currency
widerlegbar *adj (Recht)* confutable, rebuttable
widerrechtliche Aneignung *f (Recht)* misappropriation
~ Verwendung *f (Fin)* misappropriation
Widerruf *m* 1. *(Fin)* revocation; 2. *(Pat)* rescission, revocation; 3. *(Recht)* cancellation *(Vertragsaufhebung)*
widerrufen *v* 1. *(Fin)* revoke; 2. *(Pat)* rescind, revoke *(Lizenz)*; 3. *(Recht)* cancel *(Vertrag)*
widerruflich *adj (Gesch)* revocable
Widersacher(in) *m(f) (Recht)* opponent, adversary
widersetzen *v/sich (Gesch)* oppose
widerspiegeln *v (Gesch)* reflect
widersprechen *v* 1. *(Gesch)* counter, conflict *(Antrag)*; 2. *(Recht)* contradict, protest against, oppose *(Einspruch erheben)*
Widerspruch *m* 1. *(Pat)* objection, protest; 2. *(Recht)* contradiction, opposition *(Einspruch)* • **in ~ stehen** *(Gesch)* conflict • **ohne ~** *(Fin)* unprotested
widersprüchliches Beweismaterial *n (Recht)* conflicting evidence
Widersprüchlichkeit *f (Gesch)* inconsistency
Widerspruchsfreiheit *f (WiWi)* consistency
Widerstand *m (Gesch)* resistance, opposition
widerstandsfähig *adj (Gesch)* robust
widerstreitende Ansprüche *mpl (Recht)* contending [interfering] claims *(Vertragsrecht)*
~ Interessen *fpl (Gesch)* clashing [conflicting] interests
Widmung *f (Med)* dedication
wie besichtigt *(Gesch, Recht)* as is *(Auktion)*
~ folgt *(Gesch)* as follows
~ oben *(Komm)* as above
~ oben erwähnt *(Komm)* as mentioned above
~ vereinbart *(Gesch)* as agreed
wieder ankurbeln *v (WiWi)* stimulate *(Wirtschaft)*
~ anlegen *v (Bö)* reinvest
~ aufnehmen *v* 1. *(EDV)* resume; 2. *(F&T)* revive; 3. *(Gesch)* re-admit; 4. *(Pol)* re-establish, resume *(Beziehungen)*; re-admit *(als Mitglied)*; 5. *(Recht)* revive, reopen, resume *(Verfahren)*
~ beleben *v (Gesch, WiWi)* revive, restart
~ einführen *v (Gesch, V&M)* relaunch *(Programm, Produkt)*
~ eingliedern *v* 1. *(Recht)* rehabilitate; 2. *(WiWi)* resettle
~ vereinigt *adj (Gesch)* unified
~ verkaufen *v (Bö, Gesch)* resell
~ verwenden *v (Gesch, Umw, V&M)* recycle, reuse
~ verwertbar *adj (Gesch, Umw)* recyclable, reusable
~ verwerten *v (Gesch, Umw, V&M)* recycle, reuse
Wiederanstieg *m* **der Preise** *(Gesch)* resurgence in prices
Wiederaufbau *m (WiWi)* rebuilding, reconstruction
Wiederaufbauprogramm *n (Gesch)* recovery program(me)
Wiederaufnahme *f* 1. *(EDV)* resumption; 2. *(F&T)* revival; 3. *(Gesch)* re-admission; 4. *(Pol)* re-establishment, resumption *(Beziehungen)*; 5. *(Recht)* revival, reopening, resumption *(Verfahren)*
Wiederausfuhr *f (AH)* re-exportation
Wiederbeschaffung *f (Gesch)* replacement
Wiederbeschaffungskosten *pl (RW, WiWi)* replacement costs

Wiederbeschaffungspreis *m (V&M)* replacement price
wiederbeschreibbare DVD *f (EDV)* rewritable DVD, DVD-RW
Wiedereingliederung *f* 1. *(Gesch, Pol)* resettlement; 2. *(Recht)* rehabilitation, reintegration
~ **in den Arbeitsmarkt** *(Pers)* reintegration into the labo(u)r market, vocational reintegration, reintegration into employment
~ **ins Erwerbsleben** *(Pers, Soz)* reintegration into working life
Wiedereinsetzung *f (Gesch)* reinstatement, re-establishment
Wiedereinstellung *f (Gesch, Pers)* reinstatement, re-employment, re-engagement *(entlassener Arbeitnehmer)*
Wiedererkennungstest *m (V&M)* recognition test
wiedererlangen *v (Gesch, WiWi)* recover, retrieve
wiedergeben *v (Gesch)* give back, reproduce *(Bericht)*
Wiedergutmachung *f (Recht)* amends, compensation, indemnification, redress • ~ **verlangen** *(Recht)* seek redress
wiederhergestellt *adj (Gesch, Ind)* rebuilt
wiederherstellen *v* 1. *(EDV)* recover, restore *(Datei)*; 2. *(Gesch)* restore, redress *(Balance)*; 3. *(Recht)* reinstate, replace
Wiederherstellung *f* 1. *(EDV)* recovery, restoration *(von Datei)*; 2. *(Gesch)* re-establishment; 3. *(Recht)* reinstatement, replacement; 4. *(Umw)* rehabilitation
Wiederherstellungskosten *pl (RW)* replacement costs, reproduction costs
wiederholen *v (Gesch)* reiterate, repeat, rerun
Wiederholungsgeschäft *n (Gesch)* repeat business
Wiederholungskäufe *mpl (V&M)* repeat buying
Wiederkauf *m (Recht)* buy-back construction
Wiederkehr *f (Gesch)* return
wiederkehrende Aufwendungen *fpl (Gesch)* period cost
Wiedervereinigung *f (Gesch, Pol)* reunification
Wiederverkauf *m (Bö, Gesch)* resale
Wiederverkäufer(in) *m(f) (Bö, Gesch)* reseller, retailer *(Einzelhändler)*
Wiederverkaufsrecht *n (V&M)* right of resale
Willenserklärung *f (Recht)* declaration of intent, manifestation of intent(ion)
willkürlich *adj (Gesch)* arbitrary
Windenergie *f (Umw)* wind power
Windhundprinzip *n (Gesch)* first-come-first-served principle *(bei Subventionen z.B.)*
Windhundverfahren *n (Gesch)* first-come-first-served principle • **nach dem Windhundverfahren** *(Gesch)* on a first-come-first-served basis *(Transferzahlungen z.B.)*
Winterschlussverkauf *m (V&M)* January sales, winter sales
Winzer(in) *m(f) (Gesch, WiWi)* wine grower, vintner
wirklicher Eigentümer *m (Recht)* rightful owner, true owner
wirklichkeitsnah *adj (Gesch)* realistic
wirksam *adj (Gesch)* effective • ~ **werden** 1. *(Gesch)* take effect; 2. *(Recht)* become effective, come into force, come into operation *(in Kraft treten*
Wirksamkeit *f (Gesch)* effect, effectiveness, efficiency
Wirkung *f (Gesch)* effect, impression • **mit ~ von** *(Gesch)* with effect from
Wirkungen *fpl (Bank, Pol, WiWi)* implications
Wirkungsbereich *m (St)* impacted area
Wirkungskräfte *fpl (Gesch, WiWi)* mechanism
Wirkungskreis *m (Gesch)* sphere of activity, scope of application
Wirkungsmechanismus *m (Gesch)* channel
Wirkungsverzögerung *f (St, WiWi)* time lag
Wirtschaft *f (WiWi)* economy
wirtschaftlich *adj* 1. *(Gesch)* economic(al), efficient, commercial; 2. *(WiWi)* economic, efficient
wirtschaftliche Entwicklung *f (WiWi)* economic development
~ **Fehlentwicklung** *f (Pol, WiWi)* undesirable economic trend
~ **Größenordnung** *f (Pol, WiWi)* economic dimensions
~ **Inzidenz** *f (St)* economic incidence
~ **Konzentration** *f (Ind)* industrial concentration

~ **Kriterien** *npl (WiWi)* economic criteria
~ **Lebensdauer** *f (Fin, Gesch, V&M)* economic life
~ **Losgröße** *f (Ind)* economic batch quantity, economic order quantity, economic manufacturing quantity
~ **Nutzungsdauer** *f* 1. *(Fin, Gesch)* economic life; 2. *(RW, WiWi)* useful economic life; 3. *(V&M)* economic life
wirtschaftlicher Anreiz *m (WiWi)* economic incentive
~ **Eigentümer** *m (Recht)* beneficial owner
~ **Fortschritt** *m* 1. *(Gesch)* economic advancement; 2. *(WiWi)* economic progress
~ **Nutzen** *m (WiWi)* economic benefit
~ **Ressourceneinsatz** *m (Umw)* economical use of resources
wirtschaftliches Gut *n (WiWi)* economic good
~ **Klima** *n (WiWi)* economic climate
~ **Risiko** *n (Vers)* commercial risk
~ **Umfeld** *n (WiWi)* business conditions
Wirtschaftlichkeit *f* 1. *(Fin)* profitability; 2. *(Gesch)* economic efficiency, cost-effectiveness; 3. *(WiWi)* efficiency, economic efficiency
Wirtschaftlichkeitsprüfung *f (RW)* efficiency audit
Wirtschaftlichkeitsrechnung *f* 1. *(Bö)* investment appraisal; 2. *(Fin)* capital budgeting, capital expenditure evaluation, investment appraisal; 3. *(WiWi)* economy calculation, evaluation of economic efficiency
Wirtschaftsaktivität *f (WiWi)* economic activity
Wirtschaftsaufschwung *m (Gesch, WiWi)* economic expansion
Wirtschaftsaussichten *fpl (WiWi)* economic prospects
Wirtschaftsbericht *m (WiWi)* economic report
Wirtschaftsdaten *pl (WiWi)* economic data
Wirtschaftsdynamik *f (Ind)* industrial dynamics
Wirtschaftseinheit *f (WiWi)* economic agent
Wirtschaftsflüchtling *m (Pol, Soz)* economic refugee
Wirtschaftsforschung *f (V&M, WiWi)* economic research
Wirtschaftsgebiet *n (WiWi)* economic area
Wirtschaftsgesetzgebung *f (WiWi)* economic laws
Wirtschaftsgut *n* 1. *(Fin)* capital asset; 2. *(WiWi)* commodity, economic good
Wirtschaftsgüter *npl (RW)* assets
Wirtschaftsjahr *n* 1. *(RW)* business year, financial year, fiscal year; 2. *(St)* accounting year, fiscal year
Wirtschaftsjournalismus *m (Fin)* financial journalism
Wirtschaftsklima *n (Gesch)* economic climate
Wirtschaftskreise *mpl (Gesch)* business circles
Wirtschaftskreislauf *m (WiWi)* circular flow
Wirtschaftskriminalität *f (WiWi)* economic crime
Wirtschaftslage *f* 1. *(Fin)* economic conditions, economic situation; 2. *(Gesch)* business situation; 3. *(WiWi)* economic conditions, economic situation
Wirtschaftsleistung *f (WiWi)* economic output
Wirtschaftsmodell *n (WiWi)* economic model
Wirtschaftsnachrichten *fpl (Stat, WiWi)* economic news
Wirtschaftsplanung *f (Gesch, Mgt, Pol, Umw, WiWi)* economic planning
Wirtschaftspolitik *f (Pol, WiWi)* economic policy
Wirtschaftspresse *f (V&M)* business press
Wirtschaftsprognose *f (Pol, WiWi)* economic forecasting
Wirtschaftsprüfer(in) *m(f) (Gesch, Pers, RW) (BE)* chartered accountant, *(AE)* certified public accountant
Wirtschaftsprüfung *f (Fin, RW)* audit
Wirtschaftsrecht *n (Recht)* economic law, business law
Wirtschaftsreform *f (Pol, WiWi)* economic reform
Wirtschaftssanktionen *fpl* 1. *(Pol)* economic sanctions; 2. *(WiWi)* trade sanctions
Wirtschaftssektor *m (Gesch)* business sector
Wirtschaftsspionage *f (Ind)* industrial espionage
Wirtschaftsteil *m (Gesch, Med)* business pages, economic section

Wirtschafts- und Währungsunion *f (Gesch, WiWi)* Economic and Monetary Union, EMU
Wirtschaftsunion *f (Fin, Pol, WiWi)* economic union
Wirtschaftsunternehmen *n* 1. *(Gesch)* business enterprise; 2. *(Verw)* enterprise *(Geschäft)*
Wirtschaftsverband *m (Gesch)* trade association
Wirtschaftsverbrechen *n* 1. *(Recht)* white-collar crime; 2. *(WiWi)* economic crime
Wirtschaftswachstum *n (WiWi)* economic growth
Wirtschaftswissenschaft *f (WiWi)* economics
Wirtschaftswissenschaften *fpl (Pers, WiWi)* economics *(Singular!)*, economic science *(economies = Ersparnisse)*
Wirtschaftswissenschaftler(in) *m(f) (WiWi)* economist
Wirtschaftszeitschrift *f (WiWi)* business journal
Wirtschaftszeitung *f (WiWi)* business paper
Wirtschaftszweig *m* 1. *(Ind)* industry; 2. *(WiWi)* industry, trade
Wissen *n (Pers)* knowledge
wissensbasiertes System *n (jarg.) (EDV)* knowledge-based system
wissensbasierte Ökonomie *f (WiWi)* knowledge-based economy
Wissensbasis *f (Gesch, Mgt)* knowledge base
Wissenschaftler(in) *m(f) (Pers)* scientist *(akademische Ausbildung)*
wissenschaftliche Betriebsführung *f (Mgt)* scientific management
Wissensmanagement *n (EDV, Komm)* knowledge management
Wissensökonomie *f (WiWi)* knowledge-based economy
Woche *f (Gesch)* week • **eine ~ im Voraus** *(Gesch)* a week in advance
Wochenarbeitszeit *f (Pers)* weekly hours of work
Wochenlohn *m (Pers)* weekly wage
wöchentliche Arbeitszeit *f (Pers)* weekly hours of work
~ Bezahlung *f (Pers)* weekly pay
wohl begründet *adj (Gesch, Recht)* well-grounded
Wohlfahrt *f (Pers, Soz)* welfare
Wohlfahrtsempfänger(in) *m(f) (Pers, Soz) (BE)* person receiving benefit; social security recipient; *(AE)* welfare recipient *(Sozialwesen)*
Wohlfahrtsgesetzgebung *f (Pers, Pol, Soz)* welfare legislation
Wohlfahrtsökonomik *f (WiWi)* welfare economics
Wohlfahrtsstaat *m* 1. *(Pol, Soz)* welfare state; 2. *(WiWi) (ugs.)* nanny state, welfare state
Wohlfahrtsunterstützung *f (Pers, Soz)* welfare payments
wohlhabend *adj (Gesch, WiWi)* prosperous, affluent, wealthy, well-off, well-to-do
Wohlstand *m (WiWi)* prosperity, wealth, affluence
Wohlstandsindikator *m (WiWi)* prosperity indicator
wohltätige Organisation *f (Soz, St)* charity
Wohltätigkeit *f (Soz, St)* charity
Wohlverhalten *n (Gesch)* compliance
Wohnbevölkerung *f (WiWi)* resident population
Wohneigentum *n (Gb)* home ownership
Wohngebiet *n (Gb)* residential area
Wohngeld *n (Pers, Soz)* housing [residence] allowance, rent subsidy
wohnhaft *adj (Pers, Recht)* domiciled, ordinarily resident
Wohnhaus *n (Gb)* dwelling, residential building
Wohnraum *m (Gesch, Pers, Soz)* living space, residential [living] accommodation
Wohnsitz *m* 1. *(Pol)* residence, place of residence, abode; 2. *(Recht, St)* domicile, registered office
Wohnsitzstaat *m (St)* country of residence
Wohnung *f* 1. *(Gb) (AE)* apartment, *(BE)* flat; 2. *(Pers, Soz)* accommodation; 3. *(St)* living accommodation
Wohnungsbau *m* 1. *(Gesch)* housing; 2. *(Gb)* housebuilding, housing [residential] construction
Wohnungsbaudarlehen *n (Bank)* home (equity) loan, housing loan
Wohnungsbauhypothek *f (Bank)* house mortgage, housing mortgage loan
Wohnungseigentum *n (Gb)* home ownership
Wohnungsmakler(in) *m(f) (Soz)* estate agent, house agent

Wohnungsmarkt *m (Gb)* housing market
Wohnungsnot *f (Gb)* housing shortage
Wohnungswirtschaft *f (Ind)* housing industry
Wort *n (Gesch)* term, word
Wortlaut *m (Gesch, Recht)* wording *(Vertrag)*
WTO *s.* Welthandelsorganisation
Wucher *m (Fin)* usurious moneylending, usury
Wucherer *m (Fin)* usurer
Wuchermiete *f (Recht)* extortionate rent
Wucherzinsen *mpl (Bank, Fin)* excessive [usurious] interest
Wunsch *m* 1. *(Gesch)* wish, ambition, request; 2. *(V&M)* desire

X

X-Effizienz *f (WiWi)* X-efficiency
x-Fabrik *(Gesch, AH, Trans)* ex factory, ex works, x-mill, ex mill
x-Kai *(Trans)* x-quay, ex quay
x% und y% liegen/zwischen *(Gesch)* range from x% to y%
XY-Plotter *m (EDV, Verw)* X-Y plotter

Y

Yen-Auslandsanleihe *f (Bö, Fin)* Samurai bond *(zinsgünstige Yen-Verschuldung eines nicht-japanischen Unternehmens gegen Übernahme des Wechselkursrisikos)*
Yen-Carry-Trade *mpl (Bank, Fin)* Yen-Carry-Trade *(Währungs-/Zins-Spekulation)*
Yumpie *m (ugs.) (Gesch) (AE)* yumpie *(young upwardly mobile professional)*
Yuppie *m (ugs.) (Gesch) (BE)* yuppie *(young urban professional)*

Z

Zahl *f* 1. *(Komm)* cipher; 2. *(Stat)* figure, number
~ **der Arbeitslosen** *(Soz)* number of unemployed, unemployment figure
zahlbar *adj* 1. *(Gesch)* due, due and payable, payable; 2. *(WiWi)* payable
~ **bei Auftragserteilung [Bestellung]** *(Gesch)* cash with order
~ **bei Sicht** 1. *(Fin)* payable at sight; 2. *(Gesch)* payable at sight, payable on demand
zahlen *v* 1. *(Gesch)* make a payment of, pay, *(ugs.) (BE)* stump up; 2. *(Pat)* pay *(Gebühr)*
zählen *v (Stat)* count
Zahlen *fpl (Stat)* numbers • **in nicht bereinigten ~** *(Gesch)* in unadjusted figures
zahlender Betrag *m/zu (Gesch)* amount to be paid
Zähler *m (EDV, Komm)* counter *(Internet-Besucher)*
Zahlkarte *f (Bank)* payment card
Zahllast *f (St) (USA)* burden of payment, regular tax burden
Zahlung *f* 1. *(Fin)* satisfaction *(Schuld)*; 2. *(Gesch)* clearance, payment, settlement • **eine ~ aufschieben** *(RW)* defer payment • **in ~ nehmen** *(Gesch) (ugs.)* take in • **eine ~ zurückverfolgen** *(Bank)* trace a payment
~ **gegen offene Rechnung** *(Fin)* clean payment
~ **im Namen Dritter** *(RW)* payment on behalf of others
~ **in Raten** *(RW)* payment by instal(l)ments
~ **netto Kasse** *(Recht)* clean payment *(Vertragsrecht)*
Zählung *f (Stat)* count, counting, census
Zahlungen *fpl (Gesch)* payments • **~ einstellen** *(Fin, Gesch)* suspend payments
Zahlungsabwicklung *f (EDV, Komm, V&M)* payment service, payment
Zahlungsanweisung *f (Fin)* order to pay
Zahlungsaufforderung *f* 1. *(Bö)* call; 2. *(Fin)* request for payment; 3. *(Gesch)* demand note; 4. *(WiWi)* request to pay
Zahlungsaufschub *m (Fin)* moratorium, respite
Zahlungsauftrag *m* 1. *(Bank, Fin)* banker's order, payment order; 2. *(RW)* order to pay, payment order
Zahlungsbedingungen *fpl (Bank)* terms of payment
Zahlungsbestätigung *f (Recht)* confirmation of payment *(Vertragsrecht)*
Zahlungsbilanz *f (WiWi)* balance of payments, external accounts

Zahlungsbilanzdefizit *n (WiWi)* balance of payments deficit, external deficit
Zahlungsbilanzfinanzierung *f (WiWi)* balance-of-payments funding *(ZB)*
Zahlungsbilanzgleichgewicht *n (WiWi)* balance of payments equilibrium
Zahlungsbilanzstörung *f (WiWi)* balance-of-payments disequilibrium *(ZB)*
Zahlungsbilanzüberschuss *m* 1. *(AH)* external surplus; 2. *(WiWi)* balance of payments surplus
Zahlungseinstellung *f (Bank, Gesch)* cessation of payment
Zahlungsempfänger(in) *m(f)* 1. *(Gesch)* creditor beneficiary; 2. *(RW)* payee
Zahlungserinnerung *f (Fin)* prompt note
Zahlungsermächtigung *f (Fin, Pol, RW)* (budgetary) appropriation
zahlungsfähig *adj (Gesch)* able to pay, solvent
zahlungsfähiger Schuldner *m (Bank)* solvent debtor
Zahlungsfähigkeit *f (Fin, Gesch)* ability to pay, solvency, liquidity
Zahlungsfrist *f (WiWi)* period of payment
Zahlungsfristverlängerung *f (Recht)* extension of time for payment
Zahlungsgarantie *f* 1. *(RW)* payment guarantee; 2. *(Recht)* payment bond, payment guaranty
zahlungshalber *adj (Recht)* on account of payment
Zahlungskarte *f (Bank)* charge card
Zahlungsmethode *f (V&M)* payment method
Zahlungsmoral *f (Gesch)* payment behavio(u)r
Zahlungspotenzial *n (Bank, Fin, RW)* ability to pay
Zahlungsrückstände *mpl (RW)* backlog of payments
Zahlungssystem *n (WiWi)* payment system
zahlungsunfähig *adj* 1. *(Bank, Fin, Gesch)* bankrupt; 2. *(RW)* insolvent, unable to pay, unable to meet one's obligations • **~ sein** *(Gesch)* be bankrupt
zahlungsunfähiger Schuldner *m (Bank)* bad debtor, defaulting debtor
Zahlungsunfähigkeit *f* 1. *(RW)* insolvency; 2. *(Recht)* inability to pay, insolvency
Zahlungsverkehr *m (Fin)* money [payment] transactions
Zahlungsverlängerung *f (Bank)* extended payment
Zahlungsverpflichtung *f (Bank, Fin)* obligation to pay
Zahlungsversprechen *n* 1. *(Fin)* promise to pay; 2. *(Gesch)* I owe you, IOU
Zahlungsversprechen *n (Gesch)* promise to pay
Zahlungsverzug *m (Fin)* default in payment, failure to pay on due date
Zahlungsziel *n (Gesch)* credit period, period of payment, term of payment
z.B. *(Gesch, Komm)* e.g. *(for example)*
Zedent *m* 1. *(Recht)* assignor, transferor, transferrer, cedent; 2. *(Vers)* cedent, ceding company, original insurer *(Unternehmen)*
zedieren *v* 1. *(Recht)* cede; 2. *(Vers)* assign, cede, transfer
Zeichen *n* 1. *(EDV)* character; 2. *(Gesch)* signal; 3. *(Stat)* sign *(Symbol)*; 4. *(Med)* character • **unser ~** *(Gesch)* our reference
zeichnen *v* 1. *(Bö)* draw, subscribe *(Aktien)*; 2. *(Gesch)* design, sign; 3. *(Vers)* underwrite
Zeichner(in) *m(f)* 1. *(Bö)* allottee, subscriber; 2. *(Gesch)* draftsman; 3. *(Vers)* underwriter
Zeichnung *f* 1. *(Gesch)* design, drawing, signature, signing; 2. *(Bö, Fin, RW)* subscription; 3. *(Vers)* underwriting
Zeichnungsangebot *n (Bö)* subscription offer, tender
Zeichnungsberechtigte(r) *f(m) (Bank)* signing officer
Zeichnungsberechtigung *f (Verw)* authority to sign, power to sign
Zeichnungsbetrag *m* 1. *(Bö)* amount of the subscription, application money; 2. *(Fin)* subscription money
Zeichnungskurs *m (Bö)* offering price
zeigen *v (Gesch)* show *(demonstrieren)*
Zeilenpreis *m (Med)* line rate
Zeilenzahl *f (Med)* lineage
Zeit *f (Gesch)* time • **vor der ~** *(Gesch)* with time to spare • **mit der ~ gehen** *(Gesch)* be abreast of the times
zeitabhängige Kosten *pl (RW)* period expense
Zeitakkord *m (Pers)* time piecework, time-allowed system

Zeitarbeit *f (Pers)* temporary employment, temporary job, temporary work *(vorübergehende Beschäftigung)*; time-work *(Zeitlohn)* • ~ **machen** *(Gesch, Pers)* be employed as temporary worker

Zeitarbeitsfirma *f (Pers)* temporary employment business, temporary employment agency, temporary employment bureau, *(AE)* temporary help service, *(AE)* temporary help agency

Zeitarbeitskraft *f (Gesch, Pers)* temp, temporary worker

Zeitarbeitsunternehmen *n (Pers)* temporary employment business, temporary employment agency, temporary employment bureau, *(AE)* temporary help service, *(AE)* temporary help agency

zeitaufwendig *adj (Gesch, Mgt)* time-consuming

Zeitdauer *f (Gesch)* period

Zeitdruck *m (Gesch, Mgt)* time pressure

zeitgemäß *adj (Gesch)* timely, up-to-date

zeitgleiche Externalitäten *fpl (WiWi)* contemporaneous externality

Zeithorizont *m (Mgt)* time horizon

Zeitkarte *f (Trans) (AE)* commutation ticket, *(BE)* season ticket

Zeitkomponente *f (Gesch)* time component

zeitlich *adj (Gesch)* temporal, chronological *(Reihenfolge)*

zeitlich *adv (Gesch)* temporarily, timewise, chronologically *(Reihenfolge)* • ~ **begrenzt** *(Gesch)* for a limited period of time

~ **befristeter Vertrag** *m (Pers)* fixed-term contract [deal, agreement]

~ **beschränkte Aufenthaltsgenehmigung** *f (Verw)* temporary residence permit

zeitliche Abstimmung *f (Gesch)* timing

~ **Verzögerung** *f (St)* time lag

zeitlicher Rahmen *m* 1. *(Gesch)* time frame, timescale; 2. *(Mgt)* timescale

Zeitlimit *n (Gesch)* time limit

Zeitlohnsatz *m (Pers)* time rate, time wage

Zeitnahme *f* 1. *(Gesch)* timing; 2. *(Mgt)* stopwatch studies *(mit Stoppuhr)*

Zeitnische *f (Gesch)* slot

Zeitplan *m* 1. *(Gesch)* timescale, schedule; 2. *(Mgt)* time budget, timescale, timetable • **im ~ liegen** *(Gesch)* be on schedule

Zeitplanung *f (Mgt)* time management

Zeitpunkt *m (Gesch)* time *(Termin)* • **zu einem frühen ~** *(Gesch)* at an early stage

Zeitraffer *m (V&M)* stop motion

Zeitrahmen *m (Gesch)* time frame

zeitraubend *adj (Gesch)* time-consuming

Zeitraum *m* 1. *(Gesch)* time span; 2. *(Recht)* time limit; 3. *(WiWi)* period • **für den ~** *(RW)* for the period

~ **bis zur Fälligkeit** *(Bö)* days to maturity

Zeitreihenanalyse *f (WiWi)* time series analysis

Zeitschrift *f (Med)* journal, magazine, periodical

Zeitsegment *n (V&M)* time segment

Zeitspanne *f* 1. *(Gesch)* period of time, time span; 2. *(WiWi)* time span

zeitsparend *adj (EDV, Gesch)* time-saving

Zeitstudie *f* 1. *(Pers)* work time study; 2. *(Ind)* (work) time study

Zeit- und Bewegungsstudie *f (Gesch)* time and motion study

Zeitung *f (Gesch)* newspaper

Zeitungsanzeigen *fpl (V&M)* newspaper advertising

Zeitungsausschnitt *m (Med) (AE)* press clipping, *(BE)* press cutting

Zeitungsverleger(in) *m(f) (Med)* newspaper publisher

Zeitungswerbung *f (V&M)* newspaper advertising, press advertisement *(Anzeige)*

Zeitvertrag *m* 1. *(Pers)* fixed-term contract, fixed-duration contract, short-term contract; 2. *(Trans)* time agreement

zeitweilig *adj (Gesch)* temporary

zeitweilig aufheben *(Gesch)* suspend *(Handel, Genehmigung)*

~ **außer Kraft sein** *(Gesch)* be in abeyance *(Gesetz, Regel)*

~ **aussetzen** *(Recht)* suspend

Zeitwert *m* 1. *(Bö)* time value *(Restlaufzeit einer Option)*; 2. *(Fin)* current value, actual cash value; 3. *(RW)* market value, fair value; 4. *(WiWi)* current value

Zeitwertbilanzierung *f (RW, St)* current value accounting, fair value accounting

Zeitwertmethode *f (Fin)* present value method

Zeitzone *f (Gesch)* time zone

zensieren *v* 1. *(Gesch)* censor; 2. *(Med)* exercise censorship over, censor

Zensur *f (Gesch, Med)* censorship

Zentralbank *f (Bank, WiWi)* central bank

zentralbankfähige Aktiva *pl (Bank, Fin)* eligible assets

~ **Wechsel** *mpl (Bank)* eligible bills, eligible papers
Zentralbankfazilität *f (Bank) (BE)* Central Bank Facility
Zentralbankgeldmenge *f (WiWi)* monetary base
Zentrale *f* 1. *(Gesch)* company headquarters; 2. *(Mgt)* head office, headquarters; 3. *(Verw)* switchboard *(Telefon)*
zentrale Gegenpartei *f (Gesch, Bank, Bö)* central counterparty, CCP *(zwischen verschiedenen Wertpapierkäufern und -verkäufern)*
~ **Notenbank** *f (WiWi)* central bank
zentraler Dachfonds *m (Fin)* umbrella fund
~ **Einkauf** *m (V&M)* central buying
Zentraler Kontrahent *m (Gesch, Bank, Bö)* central counterparty, *CCP (zwischen verschiedenen Wertpapierkäufern und -verkäufern)*
zentrales Reservierungssystem *n (F&T)* central reservation system
zentralisieren *v (Gesch)* centralize
Zentralregierung *f (Gesch, Pol)* central government
Zentralverwahrer *m (Bank)* Central Securities Depositary *(CSD)*
Zentralverwaltung *f (Verw) (AE)* administrative center, *(BE)* administrative centre
Zentralverwaltungswirtschaft *f (WiWi)* centrally planned economy
Zentrum *n* 1. *(Gesch)* focus; 2. *(Ind) (AE)* center, *(BE)* centre
zerlegen *v* 1. *(Bank)* unbundle *(Kosten)*; 2. *(Ind)* break down, disassemble; 3. *(V&M)* knock down
Zerlegung *f* 1. *(Bank)* unbundling *(Kosten)*; 2. *(Ind)* disassembly
Zero-Bond *m (Bö)* zero-coupon bond
Zerschlagung *f (Gesch, Verw)* break-up
Zersplitterung *f (WiWi)* fragmentation
zerstören *v (Gesch)* destroy
Zerstörung *f* 1. *(Gesch)* demolition, destruction, dissolution; 2. *(Umw)* destruction *(des Regenwaldes)*
Zertifikat *n (Bö, Gesch)* certificate, cert.
Zession *f* 1. *(Gesch)* cession; 2. *(Recht)* assignment, transfer, cession
Zessionar *m* 1. *(Bank)* assignee, transferee; 2. *(Pat)* assignee; 3. *(Recht, Vers)* assignee, transferee
Zeuge *m (Gesch, Recht)* witness • **~ von etw. sein** *(Recht)* witness sth • **als ~ aussagen** *(Recht)* give evidence as a witness
Zeugenaussage *f (Recht)* attestation, evidence, statement of witness, testimony
Zeugin *f (Gesch, Recht)* witness
Zeugnis *n (Pers)* reference *(schriftliche Empfehlung)*
z.H(d).v. *(Gesch, Komm)* Attn. *(for the attention of)*
Ziel *n* 1. *(Gesch)* aim, object, target, objective; 2. *(Mgt)* goal; 3. *(V&M)* mission, target • **das ~ nicht erreichen** *(Gesch)* underperform • **das ~ verfehlen** *(Gesch)* fall short of target • **der Weg ist das ~** *(Gesch, Mgt)* the means is an end within itself
Zielbestimmung *f (Gesch)* targeting
Zielbildung *f (Mgt)* goal-setting
zielen *v* **auf** *(Gesch)* aim
Zielfirma *f (Gesch)* target company
Zielformulierung *f (Gesch, Mgt)* policy formulation, statement of objectives
Zielfunktion *f (Stat)* objective function • **die ~ optimieren** *(Gesch)* optimize the objective function
Zielgesellschaft *f (Recht)* offeree company *(bei Fusionen; Gegensatz: übernehmende Gesellschaft)*
zielgesteuerte Unternehmensführung *f (Mgt, Verw)* management by objectives
Zielgröße *f (Mgt)* target figure
Zielgruppe *f* 1. *(Gesch)* focus group; 2. *(V&M)* audience, target [focus] group
Zielhierarchie *f (Gesch)* hierarchy of objectives
Zielindifferenz *f (WiWi)* neutrality of goals
Zielindikatoren *mpl (Gesch)* objective indicators
Zielkonflikt *m (WiWi)* inconsistency of goals; trade-off *(Austauschbeziehung)*
Zielkorridor *m (WiWi)* target range *(des Geldmengenwachstums)*
ziellos *adj (Gesch)* aimless
ziellos *adv (Gesch)* at random, randomly
Zielmarkt *m (Gesch, V&M)* target market
zielorientierte Budgetplanung *f (RW)* performance budgeting
zielorientiertes Marketing *n (V&M)* target marketing
Zielort *m (Komm, Trans)* place of destination

Zielpreis *m (Gesch)* target price
Zielpreisbildung *f (Gesch)* target pricing
Zielpublikum *n (Med, V&M)* target audience
Zielsetzung *f* 1. *(Gesch, Mgt)* goal-setting, objective-setting; 2. *(V&M)* target setting
Zielsprache *f (EDV, Gesch)* target language *(Übersetzung)*
Zielsuche *f (Fin, Gesch, Mgt)* goal-seeking
Zielsystem *n (WiWi)* goal system
Zieltermin *m (Gesch)* target date
Zielüberschreitung *f (WiWi)* slippage
Zielunterschreitung *f (WiWi)* slippage
Zielverfehlung *f (WiWi)* slippage
Zielvorgaben *fpl (Gesch)* defined goals and objectives
Zielzone *f (WiWi)* target zone
Ziffer *f* 1. *(Komm)* cipher; 2. *(Stat)* figure
Zins *m (Bank, Bö, Fin, RW, WiWi)* interest
~ **für erste Adressen** *(Bank, WiWi)* base rate
Zinsanpassung *f (Bank)* interest rate adjustment
Zinsauftrieb *m (WiWi)* upsurge/upswing in interest rates *(ZB)*
Zinsaufwand *m (RW)* interest paid [expense]
Zinsbegrenzung *f* **nach oben** *(Fin)* cap
Zinsbelastung *f (Fin)* interest charge
Zinsberechnungsmethode *f (Bank)* day-count convention
Zinsbewegung *f (Bank)* interest rate movement
Zinsbogen *m (Fin)* interest coupon
Zinsdifferenz *f (WiWi)* interest-rate differential *(ZB)*
Zinseinkommen *n* 1. *(Bank, Fin)* interest income; 2. *(RW)* earned interest
zinsempfindliche Ausgaben *fpl (Fin)* interest-sensitive expenditure
Zinsen *mpl (Bank, Fin, RW, WiWi)* interest • ~ **abwerfen** *(Fin)* bear interest, yield interest • ~ **berechnen** *(Bank)* charge interest • ~ **bringen** *(Fin)* bear interest, yield interest
Zinsergebnis *n (RW, Fin)* net interest income
Zinsertrag *m*, **Zinserträge** *mpl* 1. *(Bank)* interest received; 2. *(RW)* income from interest, interest earned
Zinseszins *m (Bank, Fin, Recht, WiWi)* compound interest
Zinsformel *f (Bank)* interest formula
zinsfrei *adj (Bank, Fin)* interest-free
Zinsfuß *m (Bank, Fin, RW, WiWi)* interest rate, rate of interest
~ **interner** 1. *(Fin, RW)* capitalization rate, internal rate of return; 2. *(WiWi)* marginal productivity of investment
zinsgebunden *adj (Bank)* interest-linked
Zinsgefälle *n* 1. *(Bank)* interest rate differential; 2. *(Bö)* rate differential
Zinsgleitklausel *f (Bank, WiWi)* flexible-interest-rate clause
zinsgünstiges Darlehen *n (Fin, WiWi)* soft loan *(Entwicklungshilfe)*
Zinsinstrument *n (Bö)* interest rate instrument
Zinskontrakt *m (Bö)* interest rate contract
Zinskupon *m (Fin)* interest coupon
zinsloser Überziehungskredit *m (Bank)* swing
Zinsmarge *f (Bank, WiWi)* interest margin
Zinsobergrenze *f* 1. *(Bö)* ceiling rate; 2. *(WiWi)* rate ceiling, cap rate
zinsreagible Ausgaben *fpl (Fin)* interest-sensitive expenditure
Zinsrisiko *n* 1. *(Bank)* interest rate risk; 2. *(Bö)* interest rate exposure; 3. *(Fin)* interest risk
Zinssatz *m (Bank, Fin, Gesch, WiWi)* interest rate, rate of interest • **einen ~ festschreiben** *(Bö)* lock in a rate • **einen ~ nach oben begrenzen** *(Bank)* cap an interest rate
~ **für Ausleihungen** *(Bank)* lending rate
~ **für kurzfristige Kredite** *(WiWi)* short-term interest rate
Zinsschein *m* 1. *(Bö)* bond coupon; 2. *(Fin)* (interest) coupon
Zinsspanne *f* 1. *(Bank)* interest margin [spread], interest rate range; 2. *(Bö)* interest rate range; 3. *(Fin)* interest margin
Zinsstruktur *f (WiWi)* interest rate structure, term structure of interest rates
Zinsstrukturkurve *f (Bank, WiWi)* yield curve
Zinsswap *m (Bö, Fin)* interest rate swap
Zinsterminkontrakt *m (Bö)* interest rate (futures) contract, interest rate future, forward [future] rate agreement
zinstragend *adj (Bank, Fin, RW)* interest-bearing

Zinsüberschuss *m (Bank, WiWi)* net interest received/income
Zinsuntergrenze *f (Bö)* floor rate
zinsvariable Anleihe *f (Bank)* floater, floating-rate note
zinsvariabler Schuldtitel *m* 1. *(Bö)* floating-rate note, *(AE)* floater; 2. *(Fin)* rolling-rate note
zinsvariables Darlehen *n (Bank)* floating-rate loan
Zinsvorteil *m (Bö)* interest rate advantage
Zinszahlung *f (Bank)* interest payment
Zinszuschlag *m (Bank, RW)* additional interest
Zinszuschuss *m (Fin)* interest rate subsidy
zirka *adv (Gesch)* about, approximately, circa
Zirkakurs *m (Bö)* approximate price
zivile Erwerbstätige *pl (Pers)* persons in civilian employment
Zivilprozess *m (Recht)* civil action, legal suit
Zivilrecht *n (Recht)* civil law *(bürgerliches Recht)*
Zoll *m* 1. *(F&T)* customs; 2. *(Gesch)* customs, inch *(Maß)*; duty *(Gebühr)*; 3. *(AH)* customs duty; 4. *(St)* duty, tariff
Zollabfertigung *f (AH)* (customs) clearance, customs declaration
Zollabfertigungshafen *m (AH)* port of entry
Zollabgabe *f (AH)* customs duty
zollamtliche Überwachung *f (AH)* customs control
Zollangaben *fpl (AH)* customs entry
Zollbegleitschein *m (AH)* bond note
Zollbehörde *f (St)* customs
Zollbestimmungen *fpl (AH)* customs regulations
Zolldeklaration *f (Bank, AH)* customs report, bill of entry, (customs) entry
Zolldeklarierung *f (AH)* customs declaration, CD
Zolldurchlauf *m (AH)* customs clearance
Zölle *mpl (St)* (customs) duties • **~ hinterziehen** *(St)* evade customs duty
~ und Abgaben *fpl (St, WiWi)* customs and excise duties
Zolleinfuhrerklärung *f (Bank, AH)* bill of entry
Zolleinnahmen *fpl (WiWi)* customs receipts *(EU)*
Zollerhebung *f (St)* collection of customs duties
Zollerklärung *f* 1. *(Bank)* bill of entry, customs entry; 2. *(AH)* bill of entry, customs entry, customs declaration
Zollfaktura *f (AH)* customs invoice
Zollformalitäten *fpl (AH)* customs formalities
zollfrei *adj (AH, St) (BE)* duty-free, *(AE)* tax-free; tariff-free
zollfreie Einfuhrmenge *f (AH)* import allowance
Zollgebühr *f (AH)* customs duty, tariff
Zollgesetzgebung *f (Recht)* tariff legislation
Zollgutlager *n* 1. *(Gesch, AH)* warehouse; 2. *(Trans)* warehouse, bonded warehouse
Zollinhaltserklärung *f (AH)* customs declaration
Zollkontrolle *f (AH)* customs check, customs control
Zollager *n* 1. *(Gesch)* bond store; 2. *(AH)* bonded warehouse
Zollordnung *f (AH)* customs regulations
Zollpassierscheinheft *n (AH)* carnet
zollpflichtig *adj (AH, St)* dutiable
zollpflichtige Fracht *f (AH, St)* dutiable cargo
~ Güter *fpl (AH)* bonded goods
Zollrechnung *f (AH)* customs invoice
Zollsatz *m (AH)* tariff rate
Zollschranke *f* 1. *(Gesch)* customs barrier, tariff wall; 2. *(AH)* entry barrier, tariff wall; 3. *(WiWi)* tariff barrier
Zollschutz *m (AH, WiWi)* tariff protection
Zolltarif *m* 1. *(Gesch)* tariff schedule; 2. *(AH)* customs tariff; 3. *(WiWi)* tariff
Zollunion *f (WiWi)* customs union
Zollverfahren *n (AH)* customs procedure
Zollverschluss/unter 1. *(Gesch)* bonded, in bond; 2. *(AH)* bonded
Zollvorschriften *fpl (AH)* customs regulations
Zollwert *m (AH)* customs value • **ohne ~** *(AH)* no customs value
Zone *f (EDV, Gesch)* zone
Zubehör *n* 1. *(Gesch)* trimmings; 2. *(V&M)* accessories
Zubereitung *f (Ind)* processing, production *(Lebensmittel)*
zubilligen *v (Gesch)* allow
zuerkennen *v (Recht)* award to
Zuerkennung *f (Recht)* adjudication, award
Zufall *m (Gesch)* accident, coincidence
zufällig *adj (Gesch)* accidental, incidental

zufällige Entwicklung *f (WiWi)* random disturbance
zufälliger Verlust *m (Vers)* fortuitous loss
Zufallsauswahl *f (Stat)* random selection
Zufallsfaktor *m (WiWi)* random factor
Zufallsprinzip *n (WiWi)* principle of random sampling
Zufallsprozess *m (Stat, WiWi)* random walk process
Zufallsprüfung *f (Stat)* random check
Zufallsschwankung *f (Stat)* random fluctuation
Zufallsstichprobe *f (Stat, V&M)* random sample
Zufallsvariable *f (Stat)* chance variable, random variable
Zufallszahl *f (EDV, Stat)* random number
Zufluss *m (WiWi)* inward flow, inflow, influx *(ZB)*
zufrieden stellen *v (Gesch)* please, satisfy
~ **stellend** *adj (Gesch)* satisfactory
Zufriedenheit *f (Gesch)* contentment, satisfaction
zuführen *v* 1. *(EDV)* feed; 2. *(Fin)* allocate (to), transfer *(Mittel)*
Zuführung *f* **zu den Rücklagen** *(RW)* allocation to reserves
Zuführungen *fpl* **zu den Rückstellungen** *(RW)* allocations to provisions
Zug um Zug mit *(Gesch)* as and when *(zeitliche Bedingung)*
Zugabe *f (V&M)* bonus pack, free gift
Zugang *m* 1. *(Gesch)* access; 2. *(RW)* addition; 3. *(Soz)* intake; 4. *(Verw)* addition • ~ **beschränken** *(Pers)* restrict access [entry, entrance], limit access [entry, entrance]
~ **an Arbeitslosen** *(Soz)* flow into unemployment, inflow of unemployed, new unemployed, newly unemployed (persons)
~ **flüssiger Mittel** *(Fin)* cash inflow
~ **zum Kapitalkonto** *(RW)* addition to capital account
Zugänge *mpl (RW)* accruals, additions
zugänglich *adj (Gesch)* accessible
Zugangsbarrieren *fpl (Pol, WiWi)* barriers to access
Zugangsbedingungen *fpl (Pers)* entrance requirements, entry requirements, admission requirements, conditions for access, conditions for entry, conditions for entrance
Zugangsberechtigung *f (EDV, Komm, Recht)* account *(Netzwerk)*
Zugangsbeschränkung *f (AH, WiWi)* barrier [restriction] to entry, entry restriction
Zugangshemmnis *n (Pers)* barrier to entry, entry barrier
Zugangsjahr *n (RW)* year of acquisition
Zugangskontrolle *f (EDV, Komm, Recht)* access control
Zugangsvoraussetzungen *fpl (Pers)* entrance requirements, entry requirements, admission requirements, conditions for access, conditions for entry, conditions for entrance
zugegen *(Gesch)* be present • **nicht ~** *(Gesch, Pers)* absent
zugehörig *adj (Recht)* appurtenant, pertinent
Zugehörigkeit *f (Gesch)* affiliation, membership
Zügel lockern/die *(WiWi)* have a loose rein, slacken the reins
zugelassen *adj* 1. *(EDV)* approved; 2. *(Fin)* licensed
zugerechnetes Einkommen *n (WiWi)* imputed income
zugesagt *adj* 1. *(Fin)* committed *(Gelder)*; 2. *(Vers)* approved
zugeschnitten *adj (Gesch, V&M)* tailor-made, tailored *(auf die Bedürfnisse des Kunden)*
zugesichert *adj (Vers)* warranted
zugestanden *adj (Gesch)* admitted, granted
Zugeständnis *n* 1. *(Gesch)* acknowledgement, admission; 2. *(Gb)* concession • **Zugeständnisse machen** *(Gesch)* make allowances for
Zugewinn *m* 1. *(Fin)* accrual, gain; 2. *(Recht)* after-acquired property
zügig *adj (Gesch)* speedy
Zugkraft *f (V&M)* attention value *(Reklamewirkung)*
Zugriff *m (EDV, WiWi)* access • **~ abgelehnt** *(EDV, Komm)* access denied
Zugriffsberechtigung *f (EDV)* access right *(Programme, Dateien)*
Zugriffsmöglichkeit *f (EDV, Gesch)* accessibility
zugrunde liegende Terminkontrakte *mpl (Bö)* underlying futures
~ **liegender Trend** *m (Gesch, WiWi)* underlying trend

~ **liegendes Wertpapier** *n (Bö)* underlying security

Zug-um-Zug-Erfüllung *f (Recht)* contemporaneous performance *(Vertragsrecht)*

Zug-um-Zug-Leistung *f (Recht)* contemporaneous performance *(Vertragsrecht)*

zugunsten von *(Gesch)* in favo(u)r of

Zukauf *m* 1. *(Gesch)* complementary purchase; 2. *(Bö)* fresh buying, additional purchase

Zukunft *f (Gesch)* future • **in nächster ~** *(Gesch)* in the foreseeable future

zukunftfähig *adj (Gesch)* sustainable

Zukunftfähigkeit *f (WiWi)* sustainability

zukünftig *adj* 1. *(Gesch)* future; 2. *(V&M)* prospective *(Kunden)*

zukünftige Gewinne *mpl (St)* future gains

Zukunftstrends *mpl (Gesch)* future trends

Zulage *f (Pers)* allowance, bonus, premium *(Gefahrenzulage)*

zulassen *v* 1. *(Gesch)* admit of, accredit, approve, enfranchise; 2. *(Pers)* allow *(Organisation)*; 3. *(Recht)* endorse, indorse

zulässig *adj* 1. *(Gesch)* admissible, allowable; 2. *(Pat)* admissible; 3. *(Recht)* permissible, permitted, admissible *(Beweis)*

zulässige Beanspruchung *f (Ind)* safe working load

zulässiger Anspruch *m (Pat)* admissible claim

~ **Fehler** *m (Gesch)* permissible error

Zulässigkeit *f (Recht)* admissibility, acceptability

Zulassung *f* 1. *(Gesch)* admission, admittance, approval; 2. *(Pat) (BE)* licence, *(AE)* license *(eines Patents)*; 3. *(Recht)* admission *(als Anwalt)*

~ **von Wertpapieren** *(Bö, Fin)* admission (of securities) to listing *(zum Börsenhandel)*

Zulassungsbedingung *f (Pers, Soz)* condition of admission

Zulassungsbeschränkung *f (Pers, Soz)* restriction on admission, admission restriction

zulassungsfrei *adj (Recht)* not subject to licensing

Zulassungsgebühr *m (Gesch)* admission fee

Zulassungsprüfung *f (Gesch)* entrance examination

Zulassungsverfahren *n (Pers, Soz)* admission procedures

Zulassungsvorschriften *fpl (Bö)* listing requirements

Zulieferauftrag *m (Gesch, Ind)* subcontract

Zulieferindustrie *f (Gesch)* supply industry

Zulieferungsvertrag *m (Gesch, Ind, Pers, Recht)* subcontract

zumessen *v (Fin)* allocate *(Budget, Geldmittel)*

zumutbar *adj (Recht)* reasonable to expect

zumutbar *adj***/nicht** *(Recht)* not reasonable to expect

zumutbare Arbeit *f (Pers, Soz)* suitable work, suitable employment, suitable job, reasonable job

~ **Beschäftigung** *f (Pers, Soz)* suitable work, suitable employment, suitable job, reasonable job

Zumutbarkeit *f (Gesch)* appropriateness

Zunahme *f (Gesch)* augmentation, increase, rise

~ **der Beschäftigung** *(Pers)* rise in employment, increase in employment

zunehmen *v* 1. *(Gesch)* augment, intensify, accelerate, increase *(Inflation)*; 2. *(WiWi)* accelerate

zunehmend *adj (Gesch)* increasing, accelerating *(Inflation, Wachstum)*

zunehmende Skalenerträge *mpl (WiWi)* increasing returns to scale

zunehmender Wettbewerb *m (WiWi)* mounting competition

zunutze machen/sich *(Gesch)* take advantage of

Zuordnung *f (EDV)* allocation *(Speicherplatz, Gerät)*

zupackend *adj (Gesch)* enterprising

zurechenbar zu *(Gesch)* attributable to

zurechenbare Kosten *pl (RW)* separable costs

zurechenbares Einkommen *n (WiWi)* imputed income *(fiktives Einkommen)*

Zurechenbarkeit *f (Mgt, RW, Verw)* accountability

zurechnen *v* 1. *(Gesch)* charge to *(Ausgaben)*; 2. *(RW)* assign apply to *(Einkommen)*; allocate to *(Gelder)* • **Kosten ~** *(RW)* assign costs

Zurechnung *f (RW)* allocation, assignment

zurück an Absender *(Komm)* return to sender

Zurückbehaltung *f* 1. *(Gb)* retainage; 2. *(Vers)* retention

Zurückbehaltungsrecht *n* 1. *(Recht)* right of retention *(Vertragsrecht)*; 2. *(WiWi)* lien *(Vertragsrecht)*
zurückbleiben *v (Gesch)* fall behind, lag, lag behind
zurückbuchen *v (Gesch, RW)* write back
Zurückbuchung *f (RW)* writing back
zurückdatieren *v (Gesch)* antedate, backdate *(Scheck)*
zurückfahren *v (Gesch)* wind down *(Produktion)*
zurückführen *v (WiWi)* reduce *(Verschuldung)*
zurückgeben *v (Gesch)* return
zurückgehen *v* 1. *(Bö)* run back, slip; 2. *(Gesch, WiWi)* decrease, retrogress, decline
zurückgehende Gewinne *mpl (Gesch)* shrinking profits
zurückgestaute Inflation *f (WiWi)* suppressed inflation
zurückgestellte Erträge *mpl (RW)* deferred revenue
zurückgestelltes Einkommen *n (RW)* deferred income, deferred revenue
Zurückgewinnung *f (Gesch)* recapture
zurückgreifen *v* **auf** *(Gesch)* fall back on
zurückhalten *v (Gesch)* restrain, withhold *(Information)*
zurückhaltend *adj (Gesch)* cautious, low-key, aloof
Zurückhaltung *f* 1. *(Gesch, Pol)* containment, restraint; 2. *(V&M)* low profile
zurückkaufen *v* 1. *(Bö)* buy back; 2. *(WiWi)* repurchase *(Schuld)*
zurückkehren *v (Gesch)* return
zurücklegen *v (Bank)* put away *(Geld)*
zurücknehmen *v* 1. *(Gesch)* take back; 2. *(Pat)* revoke *(Lizenz)*
zurückrufen *v* 1. *(Bö)* recall; 2. *(Komm)* return sb's call *(Telefon)*; 3. *(Gesch, V&M)* call back
zurücksenden *v (V&M)* return
zurückstecken *v (ugs.) (Gesch)* soft-pedal
zurückstellen *v (Gesch)* put back, shelve, postpone, *(ugs.)* put on the back burner
Zurückstellung *f (Gesch)* postponement
zurücktragen *v (Fin, RW)* carry back
zurücktreten *v* 1. *(Gesch)* step back, resign back out of *(Vertrag, Vereinbarung)*; 2. *(Pers, Pol)* stand down
~ **von** 1. *(Gesch)* withdraw from, repudiate; 2. *(Recht)* back out of, withdraw from *(Vertrag)*
zurückverfolgen *v (Gesch)* trace back
zurückverweisen *v* **an** *(Gesch, Pers)* refer back to
zurückweisen *v* 1. *(Gesch)* reject, repudiate, turn away; 2. *(Pat)* reject, turn away; 3. *(Recht)* dismiss, reject, repudiate *(Anspruch)*
Zurückweisung *f* 1. *(Gesch, Pat)* rejection; 2. *(Recht)* dismissal, repudiation, rejection *(Vertragsrecht)*
zurückzahlen *v* 1. *(Bank, RW)* amortize, pay back, pay off *(Schulden)*; 2. *(Fin)* pay back, repay, wipe off; 3. *(Gesch)* refund, repay
zurückziehen *v* 1. *(Fin)* revoke; 2. *(Gesch)* withdraw *(Angebot)*
~**/sich** *(Gesch)* withdraw, *(ugs.)* backtrack, back off *(von Versprechen)*
Zurückziehung *f (Fin, Gesch)* withdrawal
Zusage *f (Fin, Gesch)* commitment
zusagen *v (Gesch)* promise, undertake, commit
Zusammenarbeit *f* 1. *(Gesch)* cooperation; 2. *(Gb)* cooperative; 3. *(Komm)* liaison; 4. *(Pol)* collaboration • **in ~ mit** *(Gesch)* in association with
zusammenarbeiten *v* 1. *(Gesch)* cooperate, liaise, work together, pull together; 2. *(Pers)* work together; 3. *(Pol)* collaborate
zusammenbrechen *v* 1. *(Bank)* fail; 2. *(EDV)* break down; 3. *(Gesch, WiWi)* collapse *(System, Markt)*
zusammenfassen *v* 1. *(Gesch)* sum up, totalize; 2. *(WiWi)* consolidate, unite
zusammenfassende Darstellung *f (Gesch)* summary statement
~ **Meldung** *f (St) (BE)* aggregate sales listing *(MwSt.)*
Zusammenfassung *f* 1. *(Fin)* conspectus; 2. *(Gesch)* conspectus, summary, synopsis; 3. *(Med)* synopsis; 4. *(Recht)* synopsis *(Exzerpt)*; 5. *(V&M)* synopsis; 6. *(WiWi)* abstract
zusammenfügen *v (EDV, Verw)* merge *(Dateien)*
zusammengefasst *adj* 1. *(Gesch)* consolidated, summarized; 2. *(V&M)* condensed
zusammengesetzt *adj (Gesch)* composite

zusammengesetzte Nachfrage *f (WiWi)* composite demand
zusammengestellt *adj (Gesch)* structured
Zusammenhalt *m (Gesch)* cohesion, coherence
Zusammenhang *m (Gesch)* coherence, cohesion, context • **etw. in ~ mit etw. bringen** *(Gesch)* associate sth with sth
zusammenhängend *adj (Gesch)* coherent
zusammenlegen *v* 1. *(Gesch, Trans)* collapse; 2. *(Verw)* merge *(Dateien)*; 3. *(WiWi)* amalgamate
zusammenpassend *adj (V&M)* matching
zusammenrechnen *v* 1. *(Gesch)* tally up; 2. *(Stat)* add up
Zusammenschaltung *f (Komm, Recht)* interconnection
zusammenschließen *v (Gesch)* unite
~/sich 1. *(Bö)* merge; 2. *(Gesch)* join together, amalgamate, unite *(Unternehmen)*; 3. *(WiWi)* amalgamate
Zusammenschluss *m* 1. *(Gesch)* merger, combination *(Wettbewerbsrecht)*; 2. *(Pers)* amalgamation
zusammensetzen *v* **aus/sich** *(Gesch)* be composed of
Zusammensetzung *f (Ind)* combination, make-up
zusammenstellen *v* 1. *(Gesch)* compile, structure; 2. *(RW)* compile
Zusammenstellung *f* 1. *(Gesch)* compilation, structure, structuring; 2. *(RW)* compilation
Zusammenstreichen *n (Gesch)* pruning
zusammentragen *v (Gesch)* collect
zusammenwirken *(Gesch)* cooperate, combine
Zusammenwirken *n (Gesch, WiWi)* synergy
zusammenzählen *v* 1. *(Gesch)* add (up), tally up, *(BE)* tot up; 2. *(Stat)* add up
Zusatz *m* 1. *(EDV)* add-on; 2. *(Gesch)* adjunct, additive, *(AE)* annex, *(BE)* annexe; 3. *(Mgt)* add-on; 4. *(Pat, Pol)* amendment; 5. *(RW)* add-on
Zusatzaktien *fpl (Bö)* bonus shares
Zusatzausrüstung *f (EDV, Mgt)* add-on equipment
Zusatzbedingungen *fpl (Vers)* additional conditions
Zusatzbetrag *m (Gesch)* add-on
Zusatzdividende *f (Bö)* extra dividend
Zusätze *mpl (Recht)* additional terms *(Vertrag)* • **ohne jegliche ~** *(Gesch)* free of all additives
Zusatzfinanzierung *f (Fin)* front-end finance, front-end financing
Zusatzgeräte *npl (EDV, Mgt)* add-on equipment
Zusatzhypothek *f (Bank)* wraparound mortgage
Zusatzkosten *pl (RW)* additional [add-on] costs
zusätzlich *adj* 1. *(Gesch)* additional, ancillary, extra, supplementary; 2. *(St)* supplementary
zusätzliche Arbeitskräfte *fpl (Pers)* additional labo(u)r
~ Dienstleistungen *fpl (Gesch)* ancillary services
~ Eigenschaft *f (Pat)* additional feature
~ Kapitalkosten *pl (Fin)* incremental cost of capital
~ Kreditfazilitäten *fpl (WiWi)* additional financial facilities
~ Mittel *npl (Gesch)* fresh money [finance]
~ Sicherheit *f (Vers)* additional security
zusätzlicher Einschuss *m (Bö)* additional margin
~ Versicherungsschutz *m (Vers)* extended cover(age)
zusätzliches Personal einstellen *(Pers)* take on additional staff
Zusatzmarge *f (Gesch)* add-on
Zusatzmerkmal *n (Pat)* additional feature
Zusatzprüfung *f (Pers)* supplementary examination
Zusatzrente *f (Fin)* supplementary pension
Zusatzsteuer *f (Fin)* supplementary tax
Zusatzvereinbarung *f (Gesch)* supplemental agreement
Zusatzversicherung *f (Vers)* additional insurance, collateral insurance
Zuschauer *mpl (F&T, Komm, Med)* audience
Zuschlag *m* 1. *(Bank)* add-on; 2. *(F&T)* excess fare; 3. *(Gesch)* surcharge, acceptance *(Vertrag, Ausschreibung)*; 4. *(Mgt)* award *(Auftrag)*; 5. *(Pers)* allowance; 6. *(RW)* additional charge, extra charge; 7. *(Trans)* excess fare; 8. *(Vers)* addition • **den ~ erteilen** *(Gesch)* accept a bid, accept a tender

Zuschlagskalkulation *f* 1. *(Ind)* job order costing; 2. *(Pers)* job costing; 3. *(RW)* job [order] cost system
zuschneiden *v* **auf** *(Gesch)* tailor to
Zuschnitt *m (Gesch)* tailoring
zuschreibbar *adj (Med, Pol)* attributable
zuschreiben *v* 1. *(Gesch)* ascribe, attribute; 2. *(RW)* apply to, write up
Zuschreibung *f (RW)* appreciation in value, revaluation, write-up *(Bilanz)*
Zuschreibungen *fpl* **zu Forderungen** *(Bank, Fin)* value readjustments in respect of loans and advances
Zuschuss *m* 1. *(Fin)* grant-in-aid, subsidy; 2. *(Recht, Verw, WiWi)* grant, contribution *(finanzieller Art)*
Zuschüsse *mpl (Pers)* allowances
zusichern *v (Gesch)* assure, guarantee, promise, warrant
Zusicherung *f* 1. *(Gb)* covenant; 2. *(Recht)* warranty, undertaking *(Zusage)*
~ **der Mindestqualität** *(Gesch)* warranty of merchantability
Zuspätkommen *n (Pers)* lateness
zuspielen *v (Gesch, Med, Pol)* leak *(Information)*
Zustand *m* 1. *(EDV)* state, status; 2. *(Gesch)* status; 3. *(WiWi)* shape
~ **der Volkswirtschaft** *(WiWi)* state of the economy
zustande bringen *(Gesch)* bring about, accomplish, achieve
Zustandekommen *n* **eines Vertrages** *(Recht)* formation of a contract
zuständig *adj* 1. *(Pers)* in charge, responsible; 2. *(Recht)* competent
~ **für** *(Gesch)* in charge of
zuständige Behörde *f (Recht)* competent authority
zuständiges Gericht *n (Recht)* court of competent jurisdiction
Zuständigkeit *f* 1. *(Gesch)* competence; 2. *(Pers)* competency; 3. *(Recht)* competence, jurisdiction
Zustandsbericht *m (Gesch, Mgt)* status report
Zustandsüberwachung *f (Trans)* condition monitoring
Zustellgebühr *f (Trans)* delivery charge
Zustellung *f (Komm)* delivery *(Post, Brief)*
zustimmen *v* 1. *(Gesch)* approve *(Entscheidung)*; agree to, consent *(Projekt)*; 2. *(Pol)* accede *(Gesetzentwurf)*
Zustimmung *f* 1. *(Gesch)* accession, approval, assent, consent, sanction, acceptance; 2. *(V&M)* adoption
Zustimmungsprozess *m (V&M)* adoption process
Zustrom *m* 1. *(Gesch)* confluence; 2. *(RW)* inflow *(von Kapital)*
zuteilen *v* 1. *(Bö)* scale down, apportion *(Aktien)*; 2. *(Fin)* allot, allocate *(Geld)*; 3. *(RW)* apportion; 4. *(WiWi)* allocate
Zuteilung *f* 1. *(Fin)* allotment, distribution; 2. *(RW)* allocation, apportionment, assignment
Zuteilungsbenachrichtigung *f (Komm)* letter of allotment
Zuteilungskurs *m (Fin)* allotment price
Zuteilungssystem *n (Bank, WiWi)* allocation system
Zuteilungsverfahren *n (Bank)* allocation method, allocation system, allotment system *(EZB)*
Zutrauen *n (Gesch)* confidence
zutreffend *adj (Gesch)* accurate, applicable, correct
Zutritt *m* 1. *(Bö)* entry; 2. *(Gesch)* access, admission, admittance • ~ **verboten** *(Gesch)* no admittance
Zutrittsschranke *f (AH, WiWi)* barrier to entry
zuverlässig *adj (Gesch)* reliable
zuverlässige Quelle *f (Gesch)* reliable source
Zuverlässigkeit *f (Gesch)* reliability
Zuwachs *m* 1. *(Fin)* accession; 2. *(Gesch)* accrual, addition, growth, increase, increment
Zuwachsrate *f* 1. *(Bö)* growth rate; 2. *(WiWi)* rate of growth [increase]
zuweisen *v* 1. *(EDV)* assign, allocate to *(Speicherplatz, Gerät)*; 2. *(Fin)* allocate, allot *(Geld)*; 3. *(RW)* assign, allot, appropriate for *(Mittel)*; 4. *(WiWi)* appropriate, allocate *(Mittel für ein Projekt)*
Zuweisung *f* 1. *(EDV)* allocation; 2. *(Fin)* allotment; 3. *(Gesch, Komm)* allocation; 4. *(RW)* allocation, allotment, assignment
~ **an die Rücklagen** *(RW)* transfer to reserves
Zuzahlung *f (Vers)* supplementary charge

zuzuschreiben *adj (Gesch)* attributable to
Zwang *m* 1. *(Recht)* constraint; 2. *(WiWi)* compulsion, constraint, duress
zwanglose Zusammenkunft *f (Verw)* informal meeting
Zwangsabfindung *f (Fin)* squeeze-out *(Deutschland, Übernahmegesetz)*
Zwangsausschluss *m (Bö, Fin)* squeeze-out *(Deutschland, Übernahmegesetz)*
Zwangsausschreibung *f (Pol) (BE)* compulsory competitive tendering
Zwangsersparnisse *fpl (Fin, WiWi)* forced savings
Zwangshaftpflichtversicherung *f (Vers)* compulsory third party insurance
Zwangskauf *m (Gesch)* compulsory purchase
Zwangsliquidation *f (Fin)* compulsory liquidation, involuntary liquidation
Zwangsschlichtung *f (Pers) (BE)* compulsory arbitration
Zwangssparen *n* 1. *(Fin) (BE)* compulsory saving; 2. *(WiWi)* forced saving
Zwangsvergleich *m (Recht)* legal settlement
Zwangsverkauf *m (Recht)* forced sale
Zwangsversicherung *f (Vers)* compulsory insurance
Zwangsversteigerung *f (Recht)* forced sale, sale by court order, sale under an execution, *(AE)* foreclosure sale
Zwangsverwalter(in) *m(f) (Recht)* official receiver, receiver, sequestrator
Zwangsverwaltung *f* 1. *(Fin)* receivership; 2. *(Recht)* sequestration
Zwangsverwertung *f* **von Vorräten** *(Recht)* forced sale of stock
Zwangsvollstreckung *f* 1. *(Fin)* foreclosure; 2. *(Recht)* judicial foreclosure, compulsory execution
zwangsweise *adj (Fin, Gesch)* mandatory
zwangsweise Liquidation *f (Gesch)* compulsory liquidation
Zweck *m* 1. *(Gesch)* aim, purpose; 2. *(Mgt)* goal, objective • **einem ~ dienen** *(Gesch)* serve a purpose
Zweckbestimmungen *fpl (Gesch, Recht)* purposes
Zweckbindung *f (Fin, WiWi)* ringfencing, earmarking
zweckdienlich *adj (Gesch)* expedient, relevant, useful, pertinent
Zweckdienlichkeit *f* 1. *(Fin)* instrumentality; 2. *(Gesch)* expediency, usefulness
zweckentfremdete Mittel *npl (Fin)* misused funds
Zweckentfremdung *f (Fin)* misappropriation, misuse
zweckgebunden *adj* 1. *(F&T)* earmarked; 2. *(WiWi)* appropriated
zweckgebundene Finanzzuweisung *f (Pol)* categorical grant
~ Mittel *npl (Fin)* earmarked funds
~ Zuweisung *f (Gesch)* special-purpose allotment
zweckgebundener Gewinn *m/nicht* *(Fin)* unappropriated profit
~ Zuschuss *m (Pol)* categorical grant, grant-in-aid
zweckgebundenes Darlehen *n (Bö)* earmarked loan
Zweckgesellschaft *f (Bank, Recht, Verw)* special purpose vehicle *(SPV)*, special purpose entity *(Objektgesellschaft)*
zweckmäßig *adj (Gesch)* advisable, suitable, useful, rational
Zweckoptimismus *m (Gesch, Mgt, POL)* calculated optimism
Zweifel *m (Gesch)* doubt
zweifelhaft *adj (Gesch)* doubtful, dubious, *(ugs.)* shady
zweifelhafte Forderung *f (Bank, Fin, RW)* bad debt, doubtful debt
~ Schuldner *mpl (RW)* doubtful debtors
Zweigbetrieb *m (Gesch)* branch operation
Zweigbüro *n (Gesch)* suboffice
Zweigfirma *f (Gesch)* affiliated firm
Zweigniederlassung *f (Gesch)* branch, subsidiary
Zweigstelle *f* 1. *(Bank)* branch; 2. *(Gesch)* branch, suboffice; 3. *(Verw)* branch office
Zweigstellennetz *n (Bank)* branch network
zweiseitiges Monopol *n (WiWi)* bilateral monopoly
~ Verrechnungsabkommen *n (Bank)* bilateral clearing agreement
zweistellig *adj (WiWi)* double digit *(Inflationsrate)*
Zweistufensystem *n (Gesch)* two-tier system
zweitbeste *adj (WiWi)* second-best
Zweiteilung *f (Gesch)* two-way split

zweiter Arbeitsmarkt *m (WiWi)* dual labo(u)r market, intermediate labo(u)r market, the second labo(u)r market
zweites Quartal *n (Gesch)* second quarter
zweitgrößte *adj (Gesch)* second-largest
zweitklassig *adj (Gesch)* second-class, second-rate
zweitklassiges Geldmarktpapier *n (Fin)* second-class paper
zweitrangig *adj (Bö, Gesch, Pers)* secondary
Zweitrundeneffekt *m (WiWi)* second round effect
Zweitwohnsitz *m (Recht)* second domicile, second residence
zwingen *v (Gesch)* force, oblige
zwingend *adj* 1. *(Gesch)* stringent, compulsory *(Maßnahme)*; 2. *(WiWi)* compelling
zwingender Beweis *m* 1. *(Recht)* conclusive evidence; 2. *(Verw)* conclusive proof
Zwischenabschluss *m (RW)* interim financial statements
Zwischenbericht *m (RW)* interim report
Zwischenberichterstattung *f (RW)* Interim Financial Reporting *(IAS 34)*
zwischenbetrieblicher Vergleich *m (Gesch, Mgt)* inter-firm comparison
Zwischenbilanz *f (Verw)* interim balance
Zwischenerzeugnis *n (WiWi)* intermediate good, intermediate product
Zwischenfinanzierung *f* 1. *(Bank)* intermediate financing; 2. *(Fin)* intermediate financing, bridge finance
Zwischenfinanzierungskredit *m (Bank, Fin)* bridging loan
zwischengeschaltete Bank *f (Bank, Fin)* intermediary bank
Zwischenhandel *m* 1. *(Gesch)* intermediate trade; 2. *(WiWi)* transit trade
Zwischenkredit *m* 1. *(Bank)* bridge-over [interim, intermediate] loan; 2. *(Fin)* intermediate credit
zwischenstaatliche Organisation *f (Pol)* intergovernmental organization
Zwischensumme *f (Stat)* subtotal
Zwischenvertrag *m (Gesch)* provisional [interim] agreement
Zwischenzeit *f (Gesch, Pol)* interim (period)
zwischenzeitlich *adj (Gesch)* in the meantime
zyklisch *adj (Bö)* cyclical
zyklische Nachfrage *f (WiWi)* cyclical demand
~ **Schwankungen** *fpl (WiWi)* cyclical variations
~ **Werte** *mpl (Bö)* cyclical shares
Zyklus *m (WiWi)* cycle *(Konjunktur)*

English-German appendix / Anhang Englisch-Deutsch

Contents / Inhalt

Business correspondence and documents / Geschäftsbriefe und -dokumente

Job application / Stellenbewerbung

Dear Mrs Jones,

Application for the position of technical translator

I am writing in response to your advertisement in the August issue of the *ITI Bulletin* for the post of Technical Translator with German.

I am an English native speaker and I am fluent in both German and French. I took my degree in Modern Languages and European Studies at the University of the West of England in 1992 and have been working in various jobs since. At present I am working as a translator in British Telecom's sales and export department, which requires a good command of business and technical German.

While working as an editorial assistant and clerical assistant I have gained general administrative skills, in addition to the organizational skills needed to work as a translator. The use of IT systems was an integral part of my work, and I am also familiar with technical and scientific dictionaries as tools for translation.

I hope my application will be of interest to you and I would appreciate the chance to discuss it further.

I look forward to hearing from you.

Yours sincerely,

Anne Drummond

Curriculum vitae / Lebenslauf

NAME:	**Anne Drummond**
ADDRESS:	10 Keswick Road London SW103BA
TELEPHONE:	0171 772 2890
NATIONALITY:	British
DATE OF BIRTH:	12th September, 1969

EDUCATION

1993-1994	**University of Westminster** Postgraduate diploma in Technical and Specialized Translation (part-time course) in French and German
1992-1993	**INSEAD (European Institute of Business Administration), Fontainebleau, France** MBA course in French and German
1988-1992	**University of the West of England** BA (Hons) MODERN LANGUAGES AND EUROPEAN STUDIES (French, German and Spanish)
1982-1987	**South Hampstead High School, London** 9 '0' levels: English Language, English Literature, Mathematics, French, German, Biology, Physics, Geography, Home Economics 3 'A' levels: English, French, German

WORK EXPERIENCE

May 1995-present	**British Telecom, London** Translator from German into English. Duties include coordinating and supervising the work of other translators and undertaking technical and commercial translations for the sales and exports department
January 1995- May 1995	**European Parliament, Strasbourg, France** Translator and ad hoc interpreter for the Department of the Environment

February 1994-November 1994	**Routledge Publishers, London** Editorial Assistant on the Language and Linguistics book list
August 1993-December 1993	**Johnathan Allbright's Ltd, London** Clerical Assistant in Managing Director's office. Duties included general office administration and organizing hotels and travel for Managing Director
1987-1988	**Thomson Holidays** Tour representative on the Costa del Sol, Spain. The position involved greeting guests at the airport and directing them to their respective hotels, offering support and advice during their stay and coordinating excursions
OTHER SKILLS:	Word processing experience (Word for Windows) Excel Database experience
HOBBIES:	I enjoy travelling, skiing, aerobics, reading, singing and going to the cinema, the theatre and art exhibitions
REFERENCES:	available on request

Offer of employment / Stellenangebot

Dear Ms Drummond,

I have pleasure in formally offering you the position of Technical Translator. The position is based at our offices in central London.

Salary
Your salary will be at the rate of £25,000 per annum, and your appointment will be subject to a probationary period which will not exceed twenty-four weeks. You will be informed by your head of department when your probationary period has ended. Luncheon vouchers are paid at the rate of £52.50 per month.

Hours of work
Your hours of work will be 9am to 5pm Monday to Friday, with one hour for lunch.

Holidays
The holiday year runs with the calendar year, and holiday entitlement is calculated on the basis of 22 working days in the first calendar year after joining, with one extra day per full year of service up to a maximum of 28 days. Holidays for the actual year of joining are calculated pro rata of 22 days. Holiday dates must be agreed with your line manager two weeks prior to the start of the leave period.

Notice Period
The period of notice of termination of employment will be one month on either side.

I would like you to take up your appointment on 15 June 2001. If there are any aspects of this contract you would like to discuss with me, please do not hesitate to telephone.

Will you please be good enough to let me have your acceptance of the appointment on the terms and conditions set out above by signing the attached copy of this letter and returning this to me as soon as possible.

Yours sincerely,

P. Jones
Personnel Manager

I accept the above position in accordance with the terms and conditions set out above.

Signes .... Date ....

Invitation to supply further information / Anforderung weiterer Unterlagen

Dear Ms Spencer,

Pre-qualification enquiry for Cleaning Contract

We are in receipt of your response to our advertisement for applications from Contractors wishing to be considered to tender the provision of cleaning services at Castle-Fergusson Ltd. As our advertisement explained, applicants will be required to satisfactorily complete pre-qualification documentation. On no account should this letter be construed or interpreted as your Company's automatic inclusion on our list of selected contractors.

We should therefore be pleased if you would provide us with complete and specific information on your organization in the sequence identified. The use of our reply boxes where possible will help facilitate an expeditious evaluation.

Your response should, where applicable, be supported by any relevant company documentation, e.g. policies, manuals, sales literature, procedures etc. Specific reference(s) should be made to page, paragraph or clause as appropriate. Please provide a completed dossier of information and do not refer to information you may have passed us earlier.

It is important that your response be endorsed and dated by an Officer of the Company.

It is essential that you treat this letter and its contents as strictly confidential. On no account should you divulge any of this information to a third party without our specific authorization. Please arrange for two copies of all documentation to arrive at our address by 24 April 2002, marked 'Private and Confidential' and addressed to the Contracts Manager.

Please acknowledge receipt of this letter and attachments by return, confirming your intention to submit the required information by the date specified herein. Please also supply the name of someone in your organization to whom any further queries may be addressed.

We will write on 6 June 2002 to notify you whether your company has been successful in being invited to tender. We will not enter into any correspondence or respond to telephone enquiries on this contract letting procedure.

Yours faithfully,

Mr D. Hammer
Contracts Manager

Invitation to tender for a contract / Angebotsaufforderung

Dear Ms Spencer,

Contract for the Provision of Cleaning Services

I am pleased to inform you that your company is invited to tender for the above contract.

Please find enclosed a hard copy of the tender document and a copy of the document on disk.

The tendering programme will be as follows:

I. Issue invitations to tender 14 February 2002

2. Tenderers' visit to site 21 February 2002

   a) 10.00am arrive, coffee
   b) 10.30am presentation and briefing in Conference Room
   c) 10.45am site tour
   d) 11.30am debrief and questions in Conference Room

   Note:
   i) A maximum of three (3) representatives from each company will attend.
   ii) Verbal questions and discussions held during the site visit will not form any part of the Contract.

3. Written questions pertinent to the Contract, are to be received by the end of business on Monday 25 February 2002. Faxes are acceptable but are to be followed by hard copy. Please address questions to the Operations Director.
4. Answers to questions received will be sent to Tenderers on 4 March 2002.
5. Tender bids are to be received at this address by 12 noon on 14 March 2002. Requests for extension of time will not be entertained.
6. Tenderers should return three (3) copies of the documents issued completed as directed. Bids should not be bound except in ring binders.
7. To facilitate the work of the evaluation team and aid acceptance of its bid, the Tenderer should return its bid by completing the form as supplied. Any supplementary information should be supplied under separate cover in triplicate.
8. Award of the contract should be announced on 27 March 2002 with commencement on 13 May 2002.

Yours sincerely,

N. Jackson
Operations Director

Balance sheet / Jahresbilanz

	(millions of £)	
December 31	2001	2000
Assets		
Current assets:		
Cash and short-term investments, at cost which approximates market	37.2	50.1
Receivable from sale of property	46.7	–
Accounts receivable	91.9	84.4
Inventories	35.0	31.3
Prepaid expenses and other current assets	32.7	34.6
	243.5	200.4
Property	160.3	155.8
Equipment	76.2	72.8
Goodwill	196.9	156.5
Other assets	34.0	34.7
	710.9	620.2
Liabilities and shareholders' equity		
Current liabilities:		
Short-term indebtedness	1.6	22.4
Accounts payable	136.3	119.8
Deferred revenue	65.1	63.1
Current portion of long-term debt	7.7	2.6
Finance leases	11.0	0.5
	221.7	208.4
Long-term debt	281.6	317.4
Finance leases	31.5	36.2
Other liabilities	46.1	42.9
Deferred income taxes	38.8	34.3
	398.0	430.8
Shareholders' equity:		
Share capital	97.8	85.8
Cumulative translation adjustment	(27.4)	(35.4)
Retained earnings	242.5	139.0
	312.9	189.4
	710.9	620.2

Approved by the Board

Ken Knight, *Director* Barry Brown, *Director*

Job titles used in commerce / Berufsbezeichnungen in der Wirtschaft

in the UK and US *in Großbritannien und in den Vereinigten Staaten*	in Germany *in Deutschland*
account executive	Kontakter(in) *m(f)*, Sachbearbeiter(in) *m(f)* eines Werbeetats *(PR, advertising)*; Kontakter(in) *m(f)*, Sachbearbeiter(in) *m(f)* *(commerce, finance)*
account manager	Kundenbetreuer(in) *m(f)*
administration officer	Verwaltungsangestellte(r) *f(m) (commerce)*; Verwaltungsbeamte(r) *m*, Verwaltungsbeamtin *f (public sector)*
administrator	Verwaltungsfachmann *m*, Verwaltungsfachfrau *f*, Verwalter(in) *m(f)*, Verwaltungsleiter(in) *m(f)*; Nachlassverwalter(in) *m(f) (estate, inheritance)*; Systemverwalter(in) *m(f) (software)*
advertising director	Direktor(in) *m(f)* der Werbeabteilung
advertising manager	Werbeleiter(in) *m(f)*
after-sales manager	Kundendienstleiter(in) *m(f)*
agency representative	Agenturvertreter(in) *m(f)*
area manager	Bereichsleiter(in) *m(f)*, Gebietsleiter(in) *m(f)*
art manager	Atelierleiter(in) *m(f)*
asset manager	Anlagenverwalter(in) *m(f)*, Vermögensverwalter(in) *m(f)*
assistant controller	Assistent(in) *m(f)* im Rechnungswesen
assistant director	stellvertretender Direktor *m*, stellvertretende Direktorin *f*
assistant director general	stellvertretender Generaldirektor *m*, stellvertretende Generaldirektorin *f*
assistant general manager	stellvertretender Generaldirektor *m*, stellvertretende Generaldirektorin *f*
assistant head of section *(BE)*	stellvertretender Abteilungsleiter *m*, stellvertretende Abteilungsleiterin *f*
assistant manager	stellvertretender Direktor *m*, stellvertretende Direktorin *f*, stellvertretender Geschäftsführer *m*, stellvertretende Geschäftsführerin *f (shop)*; stellvertretender Abteilungsleiter *m*, stellvertretende Abteilungsleiterin *f (department)*
assistant section head *(BE)*	stellvertretender Abteilungsleiter *m*, stellvertretende Abteilungsleiterin *f*
brand manager	Markenbetreuer(in) *m(f)*, Produktmanager(in) *m(f)*
cash manager	Kassenführer(in) *m(f)*

in the UK and US *in Großbritannien und in den Vereinigten Staaten*	in Germany *in Deutschland*
chair	Gesprächsleiter(in) *m(f)*, Vorsitzende(r) *f(m)*
chairman	Vorsitzende(r) *f(m)*, Tagungsleiter(in) *m(f)*, Versammlungsleiter(in) *m(f)*
chairman and chief executive *(AE)*	Vorstandsvorsitzende(r) *f(m)*
chairman and general manager	Vorsitzender und Generaldirektor *m*, Vorsitzende und Generaldirektorin *f*, Vorsitzender und Hauptgeschäftsführer *m*, Vorsitzende und Hauptgeschäftsführerin *f*
chairman and managing director *(BE)*	Vorsitzender und geschäftsführender Direktor *m*, Vorsitzende und geschäftsführende Direktorin *f*, Vorstandsvorsitzende(r) *f(m)*
chairman of the administrative board	Verwaltungsratsvorsitzende(r) *f(m)*
chairman of the board	Aufsichtsratsvorsitzende(r) *f(m)*
chairman of the board of directors	Verwaltungsratsvorsitzende(r) *f(m)*, Vorstand *m* der Geschäftsleitung
chairman of the board of management	Verwaltungsratsvorsitzende(r) *f(m)*, Vorstand *m* der Geschäftsleitung
chairman of the executive committee	Vorstandsvorsitzende(r) *f(m)*
chairman of the supervisory board	Aufsichtsratsvorsitzende(r) *f(m)*
chairperson	Vorsitzende(r) *f(m)*, Tagungsleiter(in) *m(f)*, Versammlungsleiter(in) *m(f)*
chairwoman	Vorsitzende *f*, Tagungsleiterin *f*, Versammlungsleiterin *f*
charge hand	Vorarbeiter(in) *m(f) (construction industry)*
chief accountant	Hauptbuchhalter(in) *m(f)*
chief buyer	Haupteinkäufer(in) *m(f)*, Einkaufschef(in) *m(f)*
chief clerk	Bürochef(in) *m(f)*, Büroleiter(in) *m(f)*, leitende(r) Büroangestellte(r) *f(m)*
chief designer	Chefkonstrukteur(in) *m(f)*, Leiter(in) *m(f)* Abteilung Design
chief executive	Hauptgeschäftsführer(in) *m(f)*, Generaldirektor(in) *m(f)*, leitender Direktor *m*, leitende Direktorin *f*, Gemeindedirektor(in) *m(f)*, oberste(r) Verwaltungsbeamte(r) *f(m)*, oberste Verwaltungsbeamtin *f*
chief executive officer *(AE)*	Hauptgeschäftsführer(in) *m(f)*
chief financial officer	Finanzleiter(in) *m(f)*, Finanzchef(in) *m(f)*
chief immigration officer	Leiter(in) *m(f)* der Einwanderungsbehörde
chief information officer	Leiter(in) *m(f)* der Informationsbehörde
chief inspector	leitender Inspektor *m*, leitende Inspektorin *f*
chief operating officer	Chef(in) Management *m(f)*, Hauptgeschäftsführer(in) *m(f)*, Betriebsleiter(in) *m(f)*
circulation manager	Vertriebsleiter(in) *m(f)*
claims inspector	Schadensbeauftragte(r) *f(m)*
claims manager	Leiter(in) *m(f)* der Schadenabteilung
co-director	Mitdirektor(in) *m(f)*, Kodirektor(in) *m(f)*
co-manager	Mitdirektor(in) *m(f)*, Kodirektor(in) *m(f)*
commercial and development manager	Leiter(in) *m(f)* Vertrieb und Entwicklung

in the UK and US *in Großbritannien und in den Vereinigten Staaten*	in Germany *in Deutschland*
commercial director	kaufmännischer Direktor *m*, kaufmännische Direktorin *f*
commercial manager	kaufmännischer Leiter *m*, kaufmännische Leiterin *f*
comptroller	Chef(in) *m(f)* des Rechnungswesens
confidential secretary	Privatsekretär(in) *m(f)*
consumer relations manager	Kundendienstleiter(in) *m(f)*
consultant	Berater(in) *m(f)*
contracts manager	Vertragsleiter(in) *m(f)*
contracts officer	Vertragsbearbeiter(in) *m(f)*
controller	Chef(in) *m(f)* des Rechnungswesens
co-owner	Miteigentümer(in) *m(f)*
credit controller	Finanzbuchhalter(in) *m(f)*, Kreditsachbearbeiter(in) *m(f)*
customer relations manager	Kundendienstleiter(in) *m(f)*
customer service manager	Kundendienstleiter(in) *m(f)*
department head	Abteilungsleiter(in) *m(f)*
departmental manager	Abteilungsleiter(in) *m(f)*
deputy chairman	stellvertretende(r) Vorsitzende(r) *f(m)*
deputy chairman of the board of management	stellvertretende(r) Verwaltungsratsvorsitzende(r) *f(m)*, stellvertretender Vorstand *m* der Geschäftsleitung
deputy chairman of the supervisory board	stellvertretende(r) Vorsitzende(r) des Aufsichtsrats *f(m)*
deputy chief executive	stellvertretender Hauptgeschäftsführer *m*, stellvertretende Hauptgeschäftsführerin *f*, stellvertretender Generaldirektor *m*, stellvertretende Generaldirektorin *f*; stellvertretender Gemeindedirektor *m*, stellvertretende Gemeindedirektorin *f (public sector)*
deputy director	stellvertretender Direktor *m*, stellvertretende Direktorin *f*, stellvertretender Leiter *m*, stellvertretende Leiterin *f*
deputy head of department	stellvertretender Abteilungsleiter *m*, stellvertretende Abteilungsleiterin *f*
deputy manager	stellvertretender Direktor *m*, stellvertretende Direktorin *f*, stellvertretender Leiter *m*, stellvertretende Leiterin *f*
deputy managing director	stellvertretender Hauptgeschäftsführer *m*, stellvertretende Hauptgeschäftsführerin *f*, stellvertretender Generaldirektor *m*, stellvertretende Generaldirektorin *f*
deputy member of the board of management	stellvertretendes Mitglied *n* des Verwaltungsrats
development director	Leiter(in) *m(f)* der Entwicklungsabteilung
development manager	Leiter(in) *m(f)* der Entwicklungsabteilung
director	Direktor(in) *m(f)*, Geschäftsführer(in) *m(f)*, Leiter(in) *m(f)*, Vorstandsmitglied *n*

in the UK and US *in Großbritannien und in den Vereinigten Staaten*	in Germany *in Deutschland*
director general	Generaldirektor(in) *m(f)*
director of labor relations *(AE)*	Koordinator(in) *m(f)* Arbeitgeber-Arbeitnehmer-Interessen
director of labour relations *(BE)*	Koordinator(in) *m(f)* Arbeitgeber-Arbeitnehmer-Interessen
director of public relations	PR-Direktor(in) *m(f)*, Leiter(in) *m(f)* für Öffentlichkeitsarbeit
distribution manager	Vertriebsleiter(in) *m(f)*
division head	Abteilungsleiter(in) *m(f)*, Bereichsleiter(in) *m(f)*, Spartenmanager(in) *m(f)*
division manager	Abteilungsleiter(in) *m(f)*, Bereichsleiter(in) *m(f)*, Spartenmanager(in) *m(f)*
divisional director	Bereichsleiter(in) *m(f)*
engineering manager	Leiter(in) *m(f)* der technischen Abteilung
executive	Sachbearbeiter(in) *m(f)*, leitende(r) Angestellte(r) *f(m)*, Führungskraft *f*
executive director	geschäftsführender Direktor *m*, geschäftsführende Direktorin *f*, hauptamtlicher Geschäftsführer *m*, hauptamtliche Geschäftsführerin *f*
executive manager	Führungskraft *f*, leitende(r) Angestellte(r) *f(m)*
executive officer	Führungskraft *f*, leitende(r) Angestellte(r) *f(m)*
executive vice-president	geschäftsführender Vizepräsident *m*, geschäftsführende Vizepräsidentin *f*
export coordinator	Exportsachbearbeiter(in) *m(f)*, Koordinator(in) *m(f)* Export
export director	Exportdirektor(in) *m(f)*, Direktor(in) *m(f)* Export
export manager	Exportleiter(in) *m(f)*, Leiter(in) *m(f)* Export
export marketing manager	Leiter(in) *m(f)* Marketing Export
field sales manager	Außendienstleiter(in) *m(f)*
finance director *(BE)*	Finanzdirektor(in) *m(f)*
financial director	Finanzvorstand *m*
financial executive	Finanzvorstand *m*
financial manager	Finanzleiter(in) *m(f)*
first-line supervisor	unmittelbare(r) Vorgesetzte(r) *f(m)*
first vice-president	erster Vizepräsident *m*, erste Vizepräsidentin *f*
fleet manager	Fuhrparkleiter(in) *m(f)*
foreman	Meister(in) *m(f)*, Vorarbeiter(in) *m(f)*
general counsel *(AE)*	Leiter(in) *m(f)* der Rechtsabteilung, Syndikus *m*
general executive manager	Generaldirektor(in) *m(f)*
general manager *(BE)*	Generaldirektor(in) *m(f)*, Hauptgeschäftsführer(in) *m(f) (insurance)*; leitende(r) Angestellte(r) *f(m)*, leitender Direktor *m*, leitende Direktorin *f (commercial)*
general partner	Komplementär(in) *m(f)*, persönlich haftender Gesellschafter *m*, persönlich haftende Gesellschafterin *f (in limited partnership)*
head buyer	Haupteinkäufer(in) *m(f)*, Einkaufsleiter(in) *m(f)*

in the UK and US *in Großbritannien und in den Vereinigten Staaten*	in Germany *in Deutschland*
head clerk	Bürochef(in) *m(f)*, Büroleiter(in) *m(f)*, leitende(r) Büroangestellte(r)
head foreman	leitender Vorarbeiter *m*, leitende Vorarbeiterin *f*
head of legal department *(BE)*	Leiter(in) *m(f)* der Rechtsabteilung, Syndikus *m* einer Unternehmung
head of personnel	Leiter(in) *m(f)* der Personalabteilung, Personalleiter(in) *m(f)*, Personalchef(in) *m(f)*
honorary chairman	Ehrenvorsitzende(r) *f(m)*
honorary chairman of the board of directors	Ehrenvorsitzende(r) *f(m)* des Verwaltungsrats, Ehrenvorstand *m* der Geschäftsleitung
honorary president *(BE)*	ehrenamtlicher Präsident *m*, ehrenamtliche Präsidentin *f*, Ehrenpräsident(in) *m(f)*
import director	Importdirektor(in) *m(f)*
import documentation supervisor	Sachbearbeiter(in) *m(f)* für Einfuhrpapiere
import manager	Importleiter(in) *m(f)*
import sales executive	Importverkaufsleiter(in) *m(f)*
indoor sales manager	Innendienst-Verkaufsleiter(in) *m(f)*, Sachbearbeiter(in) *m(f)* im Importverkauf
industrial relations director	Koordinator(in) *m(f)* Arbeitgeber-Arbeitnehmer-Interessen
industrial relations manager	Koordinator(in) *m(f)* Arbeitgeber-Arbeitnehmer-Interessen
information officer	Referent(in) *m(f)* für Öffentlichkeitsarbeit *(public sector)*
inspector	Inspektor(in) *m(f)*
investigation officer	Ermittlungsbeamte(r) *m*, Ermittlungsbeamtin *f*
joint director	Mitdirektor(in) *m(f)*
joint manager	Mitdirektor(in) *m(f)*
junior manager	nachrückende Führungskraft *f*
limited partner	beschränkt haftender Gesellschafter *m*, beschränkt haftende Gesellschafterin *f*, Kommanditist(in) *m(f)*, Teilhafter *m*
line executive	Führungskraft *f* mit Linienfunktion, Linienmanager(in) *m(f)*
line manager	Linienmanager(in) *m(f)*, Produktionsleiter(in) *m(f)*
line supervisor	Vorarbeiter(in) *m(f)* der Produktion
manager	Leiter(in) *m(f)*, Manager(in) *m(f)*, Betriebsleiter(in) *m(f)*, Direktor(in) *m(f)*; Geschäftsführer(in) *m(f) (of shop)*; Abteilungsleiter(in) *m(f) (of department)*
managing director *(BE)*	Generaldirektor(in) *m(f)*, leitender Direktor *m*, leitende Direktorin *f*, Hauptgeschäftsführer(in) *m(f)*
managing partner	geschäftsführender Gesellschafter *m*, geschäftsführende Gesellschafterin *f*
marketing director	Marketingdirektor(in) *m(f)*, Leiter(in) *m(f)* der Abteilung Marketing

in the UK and US *in Großbritannien und in den Vereinigten Staaten*	in Germany *in Deutschland*
marketing manager	Marketingdirektor(in) *m(f)*, Leiter(in) *m(f)* der Abteilung Marketing
marketing officer	Marketing-Sachbearbeiter(in) *m(f)*
member of the board of management	Mitglied *n* des Verwaltungsrats
member of the supervisory board	Mitglied *n* des Aufsichtsrats
merchandising director	Leiter(in) *m(f)* der Verkaufsförderungsabteilung
merchandising manager	Leiter(in) *m(f)* der Verkaufsförderungsabteilung
middle manager	mittlere Führungskraft *f*
motor transport officer	Fuhrparkleiter(in) *m(f)*
national accounts manager	Großkunden-Betreuer(in) *m(f)*
non-executive director	Direktor(in) *m(f)* ohne Geschäftsbereich, nebenamtlicher Geschäftsführer *m*, nebenamtliche Geschäftsführerin *f*
office manager	Büroleiter(in) *m(f)*, Bürochef(in) *m(f)*
operational manager	Leiter(in) *m(f)* der Ablauforganisation, Betriebsleiter(in) *m(f)*
operations manager	Leiter(in) *m(f)* der Ablauforganisation, Betriebsleiter(in) *m(f)*
outside director	Direktor(in) *m(f)* ohne Geschäftsbereich, nebenamtlicher Geschäftsführer *m*, nebenamtliche Geschäftsführerin *f*
overseer	Vorarbeiter(in) *m(f)*
owner-manager	Eigentümer-Unternehmer(in) *m(f)*, Leiter(in) *m(f)* im eigenen Betrieb
partner	Gesellschafter(in) *m(f)*, Teilhaber(in) *m(f)*
personal assistant	Chefsekretär(in) *m(f)*
personal secretary	Chefsekretär(in) *m(f)*, Privatsekretär(in) *m(f)*
personnel director	Personaldirektor(in) *m(f)*, Leiter(in) *m(f)* der Personalabteilung, Personalchef(in) *m(f)*, Personalleiter(in) *m(f)*
personnel officer	Personalreferent(in) *m(f)*, Personalleiter(in) *m(f)*
plant manager	Betriebsführer(in) *m(f)*, Betriebsleiter(in) *m(f)*, Fabrikleiter(in) *m(f)*, Werksleiter(in) *m(f)*
president	Präsident(in) *m(f)*, Generaldirektor(in) *m(f)*, Vorsitzende(r) *f(m)*
press officer	Pressereferent(in) *m(f)*, Pressesprecher(in) *m(f)*
private secretary	Privatsekretär(in) *m(f)*
procurement manager	Disponent(in) *m(f)*, Leiter(in) *m(f)* der Beschaffungsabteilung, Einkäufer(in) *m(f)*
product manager	Markenbetreuer(in) *m(f)*, Produktleiter(in) *m(f)*, Produktmanager(in) *m(f)*
production director	Direktor(in) *m(f)* der Produktionsabteilung, Produktionsdirektor(in) *m(f)*, Produktionsleiter(in) *m(f)*
production manager	Fertigungsleiter(in) *m(f)*, Produktionsleiter(in) *m(f)*, Betriebsleiter(in) *m(f)*, Fabrikationsleiter(in) *m(f)*, Direktor(in) *m(f)* der Produktionsabteilung, Herstellungsleiter(in) *m(f)*

in the UK and US *in Großbritannien und in den Vereinigten Staaten*	in Germany *in Deutschland*
production worker	Produktionsarbeiter(in) *m(f)*
project leader	Projektleiter(in) *m(f)*
project manager	Projektleiter(in) *m(f)*, Projektmanager(in) *m(f)*
public relations executive	PR-Berater(in) *m(f)*, PR-Sachbearbeiter(in) *m(f)*
public relations officer	PR-Berater(in) *m(f)*, PR-Sachbearbeiter(in) *m(f)*
publicity manager	Werbeleiter(in) *m(f)*
purchasing executive	Einkäufer(in) *m(f)*
purchasing manager	Einkaufsleiter(in) *m(f)*
purchasing officer	Einkäufer(in) *m(f)*
recruitment consultant	Personalbeschaffung *f*
regional manager	Gebietsleiter(in) *m(f)*
registered manager	Handlungsbevollmächtigte(r) *f(m)*, Prokurist(in) *m(f)*
research director	Forschungsdirektor(in) *m(f)*, Leiter(in) *m(f)* der Forschungsabteilung
sales director	Vertriebsdirektor(in) *m(f)*, Verkaufsleiter(in) *m(f)*, Verkaufschef(in) *m(f)*
sales executive	Sachbearbeiter(in) *m(f)* im Verkauf
sales manager	Vertriebsdirektor(in) *m(f)*, Verkaufsdirektor(in) *m(f)*, Verkaufsleiter(in) *m(f)*, Vertriebsleiter(in) *m(f)*, Verkaufschef(in) *m(f)*, Vertriebschef(in) *m(f)*
section head	Abteilungsleiter(in) *m(f)*
senior civil servant	höhere(r) Staatsbeamte(r) *m*, höhere Staatsbeamtin *f*
senior clerk	Bürochef(in) *m(f)*, Büroleiter(in) *m(f)*, leitende(r) Büroangestellte(r) *f(m)*
senior executive	leitende(r) Angestellte(r) *f(m)*, gehobene Führungskraft *f*
senior export clerk	ranghöchster Exportsachbearbeiter *m*, ranghöchste Exportsachbearbeiterin *f*
senior import clerk	ranghöchster Importsachbearbeiter *m*, ranghöchste Importsachbearbeiterin *f*
senior manager	leitender Mitarbeiter *m* der Geschäftsführung, leitende Mitarbeiterin *f* der Geschäftsführung
senior officer	höhere(r) Beamte(r) *m*, höhere Beamtin *f* *(public sector)*
senior vice-president *(AE)*	ranghöchster Stellvertreter *m* des Vorstandsvorsitzenden, ranghöchste Stellvertreterin *f* des Vorstandsvorsitzenden, ranghöchster stellvertretender Generaldirektor *m*, ranghöchste stellvertretende Generaldirektorin *f*, ranghöchster Vizepräsident *m*, ranghöchste Vizepräsidentin *f*
shareholder *(BE)*	Aktionär(in) *m(f)*, Anteilseigner(in) *m(f)*, Aktieninhaber(in) *m(f)*

in the UK and US *in Großbritannien und in den Vereinigten Staaten*	in Germany *in Deutschland*
site foreman	Baustellenleiter(in) *m(f)*
staff manager	Personalchef(in) *m(f)*, Personalleiter(in) *m(f)*
stock controller	Lagerkontrolleur(in) *m(f)*, Lagerverwalter(in) *m(f)*
stockholder *(AE)*	Aktionär(in) *m(f)*, Anteilseigner(in) *m(f)*, Aktieninhaber(in) *m(f)*
supervisor	Aufseher(in) *m(f)*, Kontrolleur(in) *m(f)*, Vorarbeiter(in) *m(f)*; Aufsichtsbeamte(r) *m*, Aufsichtsbeamtin *f (public sector)*
team leader	Gruppenleiter(in) *m(f)*, Teamleiter(in) *m(f)*
technical director	Direktor(in) *m(f)* der technischen Abteilung, technischer Direktor *m*, technische Direktorin *f*
technical manager	technischer Leiter *m*, technische Leiterin *f*
territory manager	Gebietsleiter(in) *m(f)*
top executive	oberste Führungskraft *f*, Aufsichtsratmitglied *n*
traffic executive	Versandleitung *f*
traffic manager	Versandleiter(in) *m(f)*, Leiter(in) *m(f)* des Wareneingangs, Terminüberwacher(in) *m(f)*
traffic superintendent	Fahrdienstleiter(in) *m(f)*
trainee manager	Manager(in) *m(f)* in Ausbildung
training officer	Ausbildungsleiter(in) *m(f)*, Ausbildende(r) *f(m)*
transport controller	Versandleiter(in) *m(f)*
treasurer *(AE)*	Finanzdirektor(in) *m(f)*
undersecretary of state	Staatssekretär(in) *m(f)*
veep *(AE)*	Vizepräsident(in) *m(f)*
vice-chairman	stellvertretende(r) Vorsitzende(r) *f(m)*, stellvertretender Tagungsleiter *m*, stellvertretende Tagungsleiterin *f*, stellvertretender Versammlungsleiter *m*, stellvertretende Versammlungsleiterin *f*
vice-president *(AE)*	stellvertretende(r) Vorsitzende(r) *f(m)*, Vizepräsident(in) *m(f)*, stellvertretender Generaldirektor *m*, stellvertretende Generaldirektorin *f*
vice-president finance *(AE)*	Finanzvorstand *m*
works manager	Betriebsleiter(in) *m(f)*, Werksleiter(in) *m(f)*

Income terms and economic indexes / Einkommensbegriffe und Wirtschaftsindizes

English name *Englischer Name*	German name *Deutscher Name*
adjusted index	bereinigter Index *m*
balance of trade	Handelsbilanz *f*
bond index	Rentenindex *m*
commodities price index	Rohstoffpreisindex *m*
composite index	zusammengesetzter Index *m*
construction cost index	Baukostenindex *m*
consumer price index	Verbraucherpreisindex *m*
cost-of-living index	Lebenshaltungsindex *m*, Lebenshaltungskostenindex *m*, Preisindex *m* für die Lebenshaltung
diffusion index	Diffusionsindex *m*
employment index	Beschäftigungsindex *m*, Anspannungsindex *m*
gross domestic product	Bruttoinlandsprodukt *n*
gross national product	Bruttosozialprodukt *n*
growth index	Wachstumsindex *m*
Harmonized Index of Consumer Prices	Harmonisierter Verbraucherpreisindex *m*
implied price index	impliziter Preisindex *m*
income per capita	Pro-Kopf-Einkommen *n*
index fund	Indexfonds *m*
index linkage	Indexbindung *f*, Indexverbindung *f*, Indexkoppelung *f*
index linking	Indexbindung *f*, Indexverbindung *f*, Indexkoppelung *f*
index number	Indexzahl *f*
index of lagging indicators	Index *m* der Spätindikatoren
index of leading indicators	Index *m* der Frühindikatoren
index option	Indexoption *f*
index point	Indexpunkt *m*
index price	Indexpreis *m*
Laspeyre's index	Laspeyres-Index *m*
Lerner index	Lerner-Index *m*
market index	Börsenindex *m*
market value-weighted index	kursgewichteter Börsenindex *m*
national expenditure	Staatsausgaben *fpl*
net national product	Nettosozialprodukt *n*
Paasche index	Paasche-Index *m*
price index	Preisindex *m*
price index level	Preisindexniveau *n*
price-weighted index	gewichteter Preisindex *m*
primary income	Primäreinkommen *n*
producer price index	Erzeugerpreisindex *m*
rate of inflation	Inflationsrate *f*
retail price index	Einzelhandelspreisindex *m*
salary grade	Gehaltsstufe *f*, Gehaltsklasse *f*, Besoldungsgruppe *f*

English name *Englischer Name*	German name *Deutscher Name*
share index	Aktienindex *m*
share price index	Aktienpreisindex *m*, Kursindex *m*
stock exchange price index	Börsenkursindex *m*
stock index	Aktienindex *m*
stock market index	Börsenindex *m*
stock market price index	Börsenpreisindex *m*
stock price index	Aktienpreisindex m, Kursindex *m*
unemployment figure	Arbeitslosenzahl *f*, Arbeitslosenziffer *f*
volume index	Mengenindex *m*
weighted index	gewogener Index *m*, gewichteter Index *m*
wholesale price index	Großhandelspreisindex *m*

Cardinal and ordinal numbers / Kardinal- und Ordinalzahlen

Cardinal *Kardinalzahlen*	English *Englisch*	German *Deutsch*
1	one	eins
2	two	zwei
3	three	drei
4	four	vier
5	five	fünf
6	six	sechs
7	seven	sieben
8	eight	acht
9	nine	neun
10	ten	zehn
11	eleven	elf
12	twelve	zwölf
13	thirteen	dreizehn
14	fourteen	vierzehn
15	fifteen	fünfzehn
16	sixteen	sechzehn
17	seventeen	siebzehn
18	eighteen	achtzehn
19	nineteen	neunzehn
20	twenty	zwanzig
21	twenty-one	einundzwanzig
22	twenty-two	zweiundzwanzig
23	twenty-three	dreiundzwanzig
24	twenty-four	vierundzwanzig
25	twenty-five	fünfundzwanzig
30	thirty	dreißig
40	forty	vierzig
50	fifty	fünfzig
60	sixty	sechzig
70	seventy	siebzig
80	eighty	achtzig
90	ninety	neunzig
100	hundred	(ein)hundert
101	one hundred and one	(ein)hundert(und)eins
156	one hundred and fifty-six	(ein)hundertsechsundfünfzig
200	two hundred	zweihundert
300	three hundred	dreihundert
400	four hundred	vierhundert
1000	one thousand	(ein)tausend
1001	one thousand and one	(ein)tausend(und)eins
1247	one thousand, two hundred and forty-seven	eintausend zweihundert(und)siebenundvierzig

Cardinal *Kardinalzahlen*	English *Englisch*	German *Deutsch*
2 000	two thousand	zweitausend
3 000	three thousand	dreitausend
10 000	ten thousand	zehntausend
20 000	twenty thousand	zwanzigtausend
100 000	one hundred thousand	(ein)hunderttausend
200 000	two hundred thousand	zweihunderttausend
1 000 000	one million	eine Million
10 000 000	ten million(s)	zehn Millionen
100 000 000	one hundred million(s)	(ein)hundert Millionen
1 000 000 000	one thousand million(s) *(BE)*	eine Milliarde
	one billion *(AE)*	
1 000 000 000 000	one billion *(BE)*	eine Billion
	one trillion *(AE)*	

Ordinal *Ordinalzahlen*	English *Englisch*	German *Deutsch*
1st	first	erste
2nd	second	zweite
3rd	third	dritte
4th	fourth	vierte
5th	fifth	fünfte
6th	sixth	sechste
7th	seventh	siebte
8th	eighth	achte
9th	ninth	neunte
10th	tenth	zehnte
11th	eleventh	elfte
12th	twelfth	zwölfte
13th	thirteenth	dreizehnte
14th	fourteenth	vierzehnte
15th	fifteenth	fünfzehnte
16th	sixteenth	sechzehnte
17th	seventeenth	siebzehnte
18th	eighteenth	achtzehnte
19th	nineteenth	neunzehnte
20th	twentieth	zwanzigste
21st	twenty-first	einundzwanzigste
22nd	twenty-second	zweiundzwanzigste
23rd	twenty-third	dreiundzwanzigste
24th	twenty-fourth	vierundzwanzigste
25th	twenty-fifth	fünfundzwanzigste
30th	thirtieth	dreißigste
40th	fortieth	vierzigste
50th	fiftieth	fünfzigste
60th	sixtieth	sechzigste
70th	seventieth	siebzigste
80th	eightieth	achtzigste

Ordinal *Ordinalzahlen*	English *Englisch*	German *Deutsch*
90th	ninetieth	neunzigste
100th	one hundredth	(ein)hundertste
101st	one hundred and first	(ein)hundert(und)erste
156th	one hundred and fifty-sixth	(ein)hundertsechsundfünf-zigste
200th	two hundredth	zweihundertste
300th	three hundredth	dreihundertste
400th	four hundredth	vierhundertste
1 000th	one thousandth	(ein)tausendste
1 001st	one thousand and first	(ein)tausend(und)erste
1 247th	one thousand, two hundred and fortyseventh	(ein)tausendzweihundert-(und)siebenundvierzigste
2 000th	two thousandth	zweitausendste
3 000th	three thousandth	dreitausendste
10 000th	ten thousandth	zehntausendste
20 000th	twenty thousandth	zwanzigtausendste
100 000th	one hundred thousandth	(ein)hunderttausendste
200 000th	two hundred thousandth	zweihunderttausendste
1 000 000th	one millionth	(ein)millionste

Anhang Deutsch-Englisch / German-English appendix

Inhalt / Contents

Geschäftsbriefe und -dokumente / Business correspondence and documents

Stellenbewerbung / Job application

Bewerbung für die Stelle einer Technischen Übersetzerin

Sehr geehrte Frau Finkbeiner,

ich möchte mich für die Stelle einer Technischen Übersetzerin bewerben, die Sie in der Frankfurter Allgemeinen Zeitung vom 27. März ausgeschrieben haben.

Ich habe an der Universität München Anglistik und Germanistik studiert und an der Universität Heidelberg ein Aufbaustudium in Technischer Übersetzung abgeschlossen. Nach meinem Studium war ich als Technische Übersetzerin bei der Firma Manz Maschinenbau GmbH tätig, wo ich unter anderem für das Übersetzen von technischen Dokumenten, Gebrauchsanweisungen und Werbematerial zuständig war.

Seit ich aus familiären Gründen nach Ulm umgezogen bin, arbeite ich freiberuflich als Technische Übersetzerin. Unter meinen Kunden befanden sich im letzten Jahr die Deutsche Telekom und die Ulmer Stadtverwaltung.

Im Laufe meines Studiums und meiner beruflichen Tätigkeiten konnte ich mir gute Kenntnisse im Gebrauch von verschiedenen Softwarepaketen sowie französische und spanische Sprachkenntnisse aneignen. Weitere Einzelheiten können Sie meinem Lebenslauf und den beigefügten Zeugniskopien entnehmen.

Ich würde gerne wieder eine feste Stellung annehmen und bin sehr daran interessiert, für ein großes, internationales Unternehmen wie das Ihre zu arbeiten. Ich würde mich sehr freuen, wenn Sie meine Bewerbung in die engere Wahl ziehen und mir Gelegenheit zu einem persönlichen Gespräch geben würden.

Mit freundlichen Grüßen

Susanne Schneider

Anlagen:
Lebenslauf mit Lichtbild
4 Zeugniskopien

Lebenslauf / Curriculum vitae

Name:	Susanne Schneider
Adresse:	Hauptstraße 25 89013 Ulm Tel: 07 31/53 14 68
Geburtsdatum:	8. April 1966
Geburtsort:	Friedrichshafen
Eltern:	Herbert Schneider, Kaufmann Gerda Schneider, geb. Krüger
Familienstand:	ledig
Schulbildung und Studium	
1973-1977	Grundschule in Friedrichshafen
1977-1986	Friedrich-Schiller-Gymnasium, Friedrichshafen Leistungskurse: Deutsch und Englisch Abitur Mai 1986 (Note 2,1)
1986-1991	Universität München Studium der Anglistik und Germanistik Magisterprüfung Juli 1991 (Note 1,9)
1991-1993	Universität Heidelberg Aufbaustudiengang Technische Übersetzung Diplomprüfung März 1993 (Note 2,2)
Berufserfahrung	
Oktober 1993- März 1995	Technische Übersetzerin Manz Maschinenbau GmbH, Mainz
seit April 1995	freiberufliche Übersetzungstätigigkeit (unter anderem für Deutsche Telekom, Stadtverwaltung Ulm, Fischler Formenherstellung KG)
Kenntnisse und Fähigkeiten	
Französisch: Spanisch: EDV-Kenntnisse:	fließend in Wort und Schrift Grundkenntnisse Textverarbeitung (Word für Windows) und Tabellenkalkulation (Excel)
Persönliche Interessen	
Klassische Musik, Skifahren, Kochen	

Arbeitsvertrag / Contract of employment

Sehr geehrter Herr Heute,

in Anlehnung an die bereits geführten Gespräche bestätigen wir Ihnen nachfolgenden Arbeitsvertrag, der zwischen Ihnen und der Manz Maschinenbau GmbH – im Folgenden Manz genannt – geschlossen wird.

1. Vertragsbeginn und Aufgabenbereich

1.1. Sie werden von Manz mit Wirkung vom 4. April 2001 als Servicefachkraft im Innendienst in der Niederlassung Mainz eingestellt.

1.2. Sie erklären sich bereit, auch andere Ihrer Vorbildung und Qualifikation entsprechende oder gleichwertige Aufgaben zu übernehmen.

2. Arbeitszeit und Vergütung

2.1. Ihre regelmäßige wöchentliche Arbeitszeit beträgt 38 Stunden. Die Einzelheiten ergeben sich aus den jeweils gültigen Arbeitszeitregelungen.

2.2. Ihre Vergütung setzt sich wie folgt zusammen:

Grundlohn (38 Std./Woche), Lohngruppe 7:	€	1.700,–
Erschwerniszulage 5%:	€	85,–
Freiwillige Zulage:	€	100,–
Monatlicher Gesamtlohn brutto:	€	1.885,–

Die Höhe der Leistungszulage bestimmt sich nach Ihrer jeweiligen Leistungsbeurteilung. Die freiwillige Zulage kann bei allgemeinen und individuellen Lohnänderungen bzw. Eingruppierungen angerechnet werden.

3. Vertragsdauer

Die Probezeit beträgt sechs Monate. Der Vertrag wird auf unbestimmte Dauer abgeschlossen. Es gelten die gesetzlichen Kündigungsfristen. Manz behält sich vor, Sie nach erfolgter Kündigung unter Fortzahlung der Vergütung lt. Ziffer 2.2. von der Arbeit freizustellen.

Das Arbeitsverhältnis endet ohne Kündigung mit Ablauf des Monats, in dem Sie das 65. Lebensjahr vollenden oder vorher mit dem Ende des Kalendermonats, in dem Sie Erwerbs- oder Berufsunfähigkeitsrente oder vorgezogenes Altersruhegeld beziehen (variable Altersgrenze).

4. Urlaub

Ihr Urlaubsanspruch ist in der Betriebsvereinbarung über Urlaubsgeld/Jahresurlaub und Arbeitsjubiläum geregelt. Hieraus ergibt sich zurzeit ein Anspruch auf 30 Arbeitstage pro Kalenderjahr.

5. **Dienstreisen und Nutzung von Firmenfahrzeugen**
Bei Dienstreisen haben Sie Anspruch auf Ersatz der Auslagen gemäß den Bestimmungen der Reisekostenrichtlinien in ihrer jeweils gültigen Fassung. Wird Ihnen ein Firmenfahrzeug zur Verfügung gestellt, richtet sich dessen Nutzung nach der jeweils gültigen Firmenwagenordnung.

6. **Nebentätigkeit**
Während der Dauer dieses Vertrages stellen Sie Ihre berufliche Tätigkeit ganz in den Dienst von Manz. Nebenbeschäftigungen, für die üblicherweise ein Entgelt bezahlt wird, bedürfen der vorherigen schriftlichen Zustimmung von Manz.

7. **Geheimhaltung**
Sie sind verpflichtet, geschäftliche Angelegenheiten und Unterlagen vertraulicher Natur geheim zu halten und ausschließlich für betriebliche Zwecke zu verwerten. Diese Verpflichtung besteht auch nach Ende des Vertragsverhältnisses fort.

8. **Rückgabe von Firmeneigentum**
Die in Ihrem Besitz befindlichen Gegenstände und Unterlagen bleiben Eigentum von Manz und sind jederzeit auf Verlangen herauszugeben. Im Falle der Beendigung des Vertragsverhältnisses sind diese unaufgefordert zurückzugeben. Die Geltendmachung eines Zurückhaltungsrechtes wird hiermit ausgeschlossen.

9. **Sonstige Bestimmungen**
Die gegenseitigen Rechte und Pflichten ergeben sich aus diesem Vertrag. Im Übrigen wird das Arbeitsverhältnis durch die gesetzlichen Bestimmungen, die betrieblichen Vereinbarungen und Regelungen in ihrer jeweils gültigen Fassung und die Arbeitsanweisungen bestimmt.

10. **Ausschlussfristen**
Ansprüche aus dem Arbeitsverhältnis verfallen, wenn sie nicht innerhalb einer Ausschlussfrist von drei Monaten nach Fälligkeit, spätestens jedoch drei Monate nach Beendigung des Vertragsverhältnisses schriftlich geltend gemacht wurden.

11. **Schlussbestimmungen**
Jede Kündigung, Änderung oder Aufhebung dieses Vertrages bedarf der Schriftform. Sollten einzelne Vereinbarungen dieses Vertrages unwirksam sein, so wird dadurch die Wirksamkeit der übrigen Vereinbarungen nicht berührt.

Mainz, den 2. April 2001

Manz Maschinenbau GmbH	Einverstanden:
	....
i.V. R. Ritter i.V. D. Dreher	Datum/Unterschrift Mitarbeiter

Mahnung / Reminder

Fällige Forderungen € 2.347,40
lt. Kontoauszug vom 21.05.2001

Sehr geehrte Damen und Herren,

unsere schriftlichen und telefonischen Anmahnungen konnten Sie bisher nicht dazu bewegen, die längst fälligen Forderungen auszugleichen.

Wir fordern Sie letztmals dazu auf, Ihren Zahlungsverpflichtungen nachzukommen und den fälligen Saldo in Höhe von € 2.347,40 laut beiliegendem Kontoauszug bis

spätestens 28.05.2001

mit Verrechnungsscheck auszugleichen.

Sollten bis zu diesem Termin keine Zahlungsmittel von Ihnen vorliegen, werden wir die Angelegenheit unverzüglich an unsere Rechtsabteilung weiterleiten. Ebenso wären wir in diesem Fall gezwungen, Sie ab diesem Zeitpunkt nur noch gegen Vorauskasse zu beliefern. Wir hoffen, dass dieser Schritt nicht notwendig sein wird.

Falls es einen Grund für die Nichtbezahlung der Rechnungen gibt, steht Ihnen Herr Hägele (Tel. 0 40/82 35 56) zur Verfügung.

Mit freundlichen Grüßen

Haug und Söhne KG Hamburg

Jahresbilanz / Balance sheet

Konzernbilanz zum 31. Dezember 2001

AKTIVA	31.12.01	31.12.00
	TDM	TDM
A. ANLAGEVERMÖGEN		
I. Immaterielle Vermögensgegenstände		
1. Gewerbliche Schutzrechte und ähnliche Rechte und Werte sowie Lizenzen an solchen Rechten und Werten	2.298	1.878
2. Geleistete Anzahlungen	21	42
	2.319	**1.920**
II. Sachanlagen		
1. Grundstücke, grundstücksgleiche Rechte und Bauten einschließlich der Bauten auf fremden Grundstücken	135.258	123.802
2. Technische Anlagen und Maschinen	26.343	22.466
3. Andere Anlagen, Betriebs- und Geschäftsausstattung	39.621	39.012
4. Geleistete Anzahlungen und Anlagen im Bau	8.331	14.276
	209.553	**199.556**
III. Finanzanlagen		
1. Anteile an verbundenen Unternehmen	23.723	20.145
2. Ausleihungen an verbundene Unternehmen	2.265	2.895
3. Beteiligungen an assoziierten Unternehmen	2.598	2.007
4. Beteiligungen	571	713
5. Ausleihungen an Unternehmen, mit denen ein Beteiligungsverhältnis besteht	1.100	1.070
6. Wertpapiere des Anlagevermögens	1.065	1.067
7. Sonstige Ausleihungen	2.351	2.471
	33.673	**30.368**
	245.545	**231.844**
B. UMLAUFVERMÖGEN		
I. Vorräte		
1. Roh-, Hilfs- und Betriebsstoffe	15.688	16.934
2. Unfertige Erzeugnisse, unfertige Leistungen	24.984	17.522
3. Fertige Erzeugnisse und Waren	869.525	796.154
4. Geleistete Anzahlungen	1.213	4.511
	911.410	**835.121**

II. Forderungen und sonstige Vermögensgegenstände		
1. Forderungen aus Lieferungen und Leistungen	374.641	401.669
2. Forderungen gegen verbundene Unternehmen	1.744	2.417
3. Forderungen gegen Unternehmen, mit denen ein Beteiligungsverhältnis besteht	156	271
4. Sonstige Vermögensgegenstände	24.551	47.799
	401.092	**452.156**
III. Wertpapiere: Sonstige Wertpapiere	**76**	**31**
IV. Schecks, Kassenbestand, Postbankguthaben, Guthaben bei Kreditinstituten	**25.643**	**19.112**
	1.338.221	**1.306.420**
C. RECHNUNGSABGRENZUNGSPOSTEN	**8.192**	**5.003**
	1.591.958	**1.543.267**

PASSIVA	**31.12.01**	**31.12.00**
	TDM	**TDM**
A. EIGENKAPITAL		
I. Gezeichnetes Kapital	**50.400**	**50.400**
II. Kapitalrücklage	**125.700**	**125.700**
III. Gewinnrücklagen		
1. Gesetzliche Rücklage	19.140	18,710
2. Andere Gewinnrücklagen	67.882	66.013
	87.022	84.723
IV. Konzernbilanzgewinn	**6.773**	**6.586**
V. Anteile anderer Gesellschafter	**7.312**	**7.440**
	277.207	**274.849**
B. SONDERPOSTEN MIT RÜCKLAGEANTEIL	**2.377**	**1.265**
C. RÜCKSTELLUNGEN		
1. Rückstellungen für Pensionen	123.337	137.377
2. Steuerrückstellungen	560	1.390
3. Sonstige Rückstellungen	117.020	119.475
	240.917	**258.242**

D. VERBINDLICHKEITEN

1. Verbindlichkeiten gegenüber Kreditinstituten	526.184	462.945
2. Erhaltene Anzahlungen auf Bestellungen	44.119	42.632
3. Verbindlichkeiten aus Lieferungen und Leistungen	321.765	310.770
4. Verbindlichkeiten aus der Annahme gezogener Wechsel und der Ausstellung eigener Wechsel	0	259
5. Verbindlichkeiten gegenüber verbundenen Unternehmen	1.488	1.112
6. Verbindlichkeiten gegenüber Unternehmen, mit denen ein Beteiligungsverhältnis besteht	8	6
7. Sonstige Verbindlichkeiten	174.744	179.311
	1.068.308	997.035
E. RECHNUNGSABGRENZUNGSPOSTEN	**3.149**	**11.876**
	1.591.958	**1.543.267**

Berufsbezeichnungen in der Wirtschaft / Job titles used in commerce

in Deutschland *in Germany*	in Großbritannien und in den Vereinigten Staaten *in the UK and US*
Abteilungsleiter(in) *m(f)*	department head, departmental manager, division head, section head
Agenturvertreter(in) *m(f)*	agency representative
Aktieninhaber(in) *m(f)*	shareholder *(BE)*, stockholder *(AE)*
Aktionär(in) *m(f)*	shareholder *(BE)*, stockholder *(AE)*
Anlagenverwalter(in) *m(f)*	asset manager
Anteilseigner(in) *m(f)*	shareholder *(BE)*, stockholder *(AE)*
Assistent(in) *m(f)* im Rechnungswesen	assistant controller
Atelierleiter(in) *m(f)*	art manager
Aufseher(in) *m(f)*	supervisor
Aufsichtsbeamte(r) *m*, Aufsichtsbeamtin *f*	supervisor *(public sector)*
Aufsichtsratmitglied *n*	top executive
Aufsichtsratsvorsitzende(r) *f(m)*	chairman of the board, chairman of the supervisory board
Ausbildende(r) *f(m)*	training officer
Ausbildungsleiter(in) *m(f)*	training officer
Außendienstleiter(in) *m(f)*	field sales manager
Baustellenleiter(in) *m(f)*	site foreman
Berater(in) *m(f)*	consultant
Bereichsleiter(in) *m(f)*	area manager, division head, division manager, divisional director
beschränkt haftender Gesellschafter *m*, beschränkt haftende Gesellschafterin *f*	limited partner
Betriebsführer(in) *m(f)*	plant manager
Betriebsleiter(in) *m(f)*	chief operating officer, manager, operational manager, plant manager, production manager, works manager
Bürochef(in) *m(f)*	chief clerk, head clerk, office manager, senior clerk
Büroleiter(in) *m(f)*	chief clerk, head clerk, office manager, senior clerk
Chef(in) *m(f)* Management	chief operating officer
Chef(in) *m(f)* des Rechnungswesens	controller, comptroller
Chefkonstrukteur(in) *m(f)*	chief designer
Chefsekretär(in) *m(f)*	personal assistant
Direktor(in) *m(f)*	director, manager
Direktor(in) *m(f)* Export	export director
Direktor(in) *m(f)* ohne Geschäftsbereich	non-executive director, outside director

in Deutschland *in Germany*	in Großbritannien und in den Vereinigten Staaten *in the UK and US*
Direktor(in) *m(f)* der Produktionsabteilung	production director, production manager
Direktor(in) *m(f)* der technischen Abteilung	technical director
Direktor(in) *m(f)* der Werbeabteilung	advertising director
Disponent(in) *m(f)*	procurement manager
ehrenamtlicher Präsident *m*, ehrenamtliche Präsidentin *f*	honorary president *(BE)*
Ehrenpräsident(in) *m(f)*	honorary president *(BE)*
Ehrenvorsitzende(r) *f(m)*	honorary chairman
Ehrenvorsitzende(r) *f(m)* des Verwaltungsrats	honorary chairman of the board of directors
Eigentümer-Unternehmer(in) *m(f)*	owner-manager
Einkäufer(in) *m(f)*	procurement manager
Einkaufschef(in) *m(f)*	chief buyer, purchasing executive
Einkaufsleiter(in) *m(f)*	head buyer, purchasing manager
Ermittlungsbeamte(r) *m*, Ermittlungsbeamtin *f*	investigation officer
erster Vizepräsident *m*, erste Vizepräsidentin *f*	first vice-president
Exportdirektor(in) *m(f)*	export director
Exportleiter(in) *m(f)*	export manager
Exportsachbearbeiter(in) *m(f)*	export coordinator
Fabrikationsleiter(in) *m(f)*	production manager
Fabrikleiter(in) *m(f)*	plant manager
Fahrdienstleiter(in) *m(f)*	traffic superintendent
Fertigungsleiter(in) *m(f)*	production manager
Finanzdirektor(in) *m(f)*	treasurer *(AE)*
Finanzleiter(in) *m(f)*	financial manager
Finanzvorstand *m*	vice-president finance *(AE)*, financial director, financial executive
Forschungsdirektor(in) *m(f)*	research director
Fuhrparkleiter(in) *m(f)*	fleet manager, motor transport officer
Führungskraft *f* mit Linienfunktion	line executive
Gebietsleiter(in) *m(f)*	area manager, regional manager, territory manager
gehobene Führungskraft *f*	senior executive
Gemeindedirektor(in) *m(f)*	chief executive
Generaldirektor(in) *m(f)*	chief executive, director general, general executive manager, president; general manager, managing director *(BE) (insurance)*
geschäftsführender Direktor *m*, geschäftsführende Direktorin *f*	executive director
geschäftsführender Gesellschafter *m*, geschäftsführende Gesellschafterin *f*	managing partner
geschäftsführender Vizepräsident *m*, geschäftsführende Vizepräsidentin *f*	executive vice-president

in Deutschland *in Germany*	in Großbritannien und in den Vereinigten Staaten *in the UK and US*
Geschäftsführer(in) *m(f)*	director; manager *(shop)*
Gesellschafter(in) *m(f)*	partner
Gesprächsleiter(in) *m(f)*	chair
Großkunden-Betreuer(in) *m(f)*	national accounts manager
Gruppenleiter(in) *m(f)*	team leader
Handlungsbevollmächtigte(r) *f(m)*	registered manager
Hauptbuchhalter(in) *m(f)*	chief accountant
Haupteinkäufer(in) *m(f)*	chief buyer, head buyer
Hauptgeschäftsführer(in) *m(f)*	general manager, managing director *(BE)*, chief operating officer
Herstellungsleiter(in) *m(f)*	production manager
höhere(r) Beamte(r) *m*, höhere Beamtin *f*	senior officer *(public sector)*
höhere(r) Staatsbeamte(r) *m*, höhere Staatsbeamtin *f*	senior civil servant
Importdirektor(in) *m(f)*	import director
Importleiter(in) *m(f)*	import manager
Inspektor(in) *m(f)*	inspector
Kassenführer(in) *m(f)*	cash manager
Kontrolleur(in) *m(f)*	supervisor
Importverkaufsleiter(in) *m(f)*	import sales executive
Innendienst-Verkaufsleiter(in) *m(f)*	indoor sales manager
kaufmännischer Direktor *m*, kaufmännische Direktorin *f*	commercial director
kaufmännischer Leiter *m*, kaufmännische Leiterin *f*	commercial manager
Kodirektor(in) *m(f)*	co-director, co-manager
Kommanditist(in) *m(f)*	limited partner
Komplementär(in) *m(f)*	general partner *(in limited partnership)*
Kontakter(in) *m(f)*	account executive *(PR, advertising, finance)*
Koordinator(in) *m(f)* Arbeitgeber-Arbeitnehmer-Interessenten	director of labour relations (*BE*), director of labor relations *(AE)*, industrial relations director, industrial relations manager
Koordinator(in) *m(f)* Export	export coordinator
Kreditsachbearbeiter(in) *m(f)*	credit controller
Kundenbetreuer(in) *m(f)*	account manager
Kundendienstleiter(in) *m(f)*	after-sales manager, consumer relations manager, customer relations manager, customer service manager
Lagerkontrolleur(in) *m(f)*	stock controller
Lagerverwalter(in) *m(f)*	stock controller
leitende(r) Angestellte(r) *f(m)*	executive, executive manager, executive officer, senior executive; general manager *(BE) (commercial)*
leitende(r) Büroangestellte(r) *f(m)*	chief clerk, head clerk, senior clerk
leitender Direktor *m*, leitende Direktorin *f*	chief executive, managing director *(BE)*
leitender Inspektor *m*, leitende Inspektorin *f*	general manager *(BE)*, chief inspector

in Deutschland *in Germany*	in Großbritannien und in den Vereinigten Staaten *in the UK and US*
leitender Mitarbeiter *m* der Geschäftsführung, leitende Mitarbeiterin *f* der Geschäftsführung	senior manager
leitender Vorarbeiter *m*, leitende Vorarbeiterin *f*	head foreman
Leiter(in) *m(f)*	director, manager
Leiter(in) *m(f)* der Ablauforganisation	operational manager
Leiter(in) *m(f)* Abteilung Design	chief designer
Leiter(in) *m(f)* der Abteilung Marketing	marketing director
Leiter(in) *m(f)* der Beschaffungsabteilung	procurement manager
Leiter(in) *m(f)* im eigenen Betrieb	owner-manager
Leiter(in) *m(f)* der Entwicklungsabteilung	development director, development manager
Leiter(in) *m(f)* Export	export manager
Leiter(in) *m(f)* der Forschungsabteilung	research director
Leiter(in) *m(f)* Marketing Export	export marketing manager
Leiter(in) *m(f)* für Öffentlichkeitsarbeit	director of public relations
Leiter(in) *m(f)* der Personalabteilung	personnel director, head of personnel
Leiter(in) *m(f)* der Rechtsabteilung	head of legal department *(BE)*, general counsel *(AE)*
Leiter(in) *m(f)* der Schadenabteilung	claims manager
Leiter(in) *m(f)* der technischen Abteilung	engineering manager
Leiter(in) *m(f)* der Verkaufsförderungsabteilung	merchandising director
Leiter(in) *m(f)* Vertrieb und Entwicklung	commercial and development manager
Leiter(in) *m(f)* des Wareneingangs	traffic manager
Linienmanager(in) *m(f)*	line executive, line manager
Manager(in) *m(f)*	manager
Manager(in) *m(f)* in Ausbildung	trainee manager
Markenbetreuer(in) *m(f)*	brand manager, product manager
Marketingdirektor(in) *m(f)*	marketing director
Marketing-Sachbearbeiter(in) *m(f)*	marketing officer
Meister(in) *m(f)*	foreman
Mitdirektor(in) *m(f)*	co-director, co-manager, joint director, joint manager
Miteigentümer(in) *m(f)*	co-owner
Mitglied *n* des Aufsichtsrats	member of the supervisory board
Mitglied *n* des Verwaltungsrats	member of the board of management
mittlere Führungskraft *f*	middle manager
Nachlassverwalter(in) *m(f)*	administrator *(estate, inheritance)*
nachrückende Führungskraft *f*	junior manager
nebenamtlicher Geschäftsführer *m*, nebenamtliche Geschäftsführerin *f*	non-executive director, outside director
oberste Führungskraft *f*	top executive

in Deutschland *in Germany*	in Großbritannien und in den Vereinigten Staaten *in the UK and US*
oberste(r) Verwaltungsbeamte(r) *m*, oberste Verwaltungsbeamtin *f*	chief executive
Personalbeschaffung *f*	recruitment consultant
Personalchef(in) *m(f)*	personnel director, head of personnel, staff manager
Personaldirektor(in) *m(f)*	personnel director
Personalleiter(in) *m(f)*	personnel director, head of personnel, staff manager
Personalreferent(in) *m(f)*	personnel officer
persönlich haftender Gesellschafter *m*, persönlich haftende Gesellschafterin *f*	general partner *(in limited partnership)*
PR-Berater(in) *m(f)*	public relations executive, public relations officer
PR-Direktor(in) *m(f)*	director of public relations
PR-Sachbearbeiter(in) *m(f)*	public relations executive, public relations officer
Präsident(in) *m(f)*	president
Pressereferent(in) *m(f)*	press officer
Pressesprecher(in) *m(f)*	press officer
Privatsekretär(in) *m(f)*	confidential secretary, personal secretary, private secretary
Produktionsarbeiter(in) *m(f)*	production worker
Produktionsdirektor(in) *m(f)*	production director
Produktionsleiter(in) *m(f)*	line manager, production director, production manager, product manager
Produktmanager(in) *m(f)*	product manager
Projektleiter(in) *m(f)*	project leader, project manager
Projektmanager(in) *m(f)*	project manager
Prokurist(in) *m(f)*	registered manager
ranghöchster Exportsachbearbeiter *m*, ranghöchste Exportsachbearbeiterin *f*	senior export clerk
ranghöchster Importsachbearbeiter *m*, ranghöchste Importsachbearbeiterin *f*	senior import clerk
ranghöchster stellvertretender Generaldirektor *m*, ranghöchste stellvertretende Generaldirektorin *f*	senior vice-president *(AE)*
ranghöchster Stellvertreter *m* des Vorstandsvorsitzenden, ranghöchste Stellvertreterin *f* des Vorstandsvorsitzenden	senior vice-president *(AE)*
ranghöchster Vizepräsident *m*, ranghöchste Vizepräsidentin *f*	senior vice-president *(AE)*
Referent(in) *m(f)* für Öffentlichkeitsarbeit	information officer *(public sector)*
Sachbearbeiter(in) *m(f)*	executive
Sachbearbeiter(in) *m(f)* für Einfuhrpapiere	import documentation supervisor

in Deutschland *in Germany*	in Großbritannien und in den Vereinigten Staaten *in the UK and US*
Sachhearbeiter(in) *m(f)* im Importverkauf	industrial relations director
Sachbearbeiter(in) *m(f)* im Verkauf	sales executive
Sachbearbeiter(in) *m(f)* eines Werbeetats	account executive *(PR, advertising)*
Schadensbeauftragte(r) *f(m)*	claims inspector
Spartenmanager(in) *m(f)*	division head, division manager
Staatssekretär(in) *m(f)*	undersecretary of state
stellvertretender Abteilungsleiter *m*, stellvertretende Abteilungsleiterin *f*	assistant head of section *(BE)*, assistant section head *(BE)*, deputy head of department, assistant manager
stellvertretender Direktor *m*, stellvertretende Direktorin *f*	assistant director, assistant manager, deputy director, deputy manager
stellvertretender Gemeindedirektor *m*, stellvertretende Gemeindedirektorin *f*	deputy chief executive *(public sector)*
stellvertretender Generaldirektor *m*, stellvertretende Generaldirektorin *f*	deputy chief executive, deputy managing director, assistant director general, assistant general manager
stellvertretender Geschäftsführer *m*, stellvertretende Geschäftsführerin *f*	assistant manager *(shop)*
stellvertretender Hauptgeschäftsführer *m*, stellvertretende Hauptgeschäftsführerin *f*	deputy chief executive, deputy managing director
stellvertretender Leiter *m*, stellvertretende Leiterin *f*	deputy director, deputy manager
stellvertretendes Mitglied *n* des Verwaltungsrats	deputy member of the board of management
stellvertretender Tagungsleiter *m*, stellvertretende Tagungsleiterin *f*	vice-chairman
stellvertretender Versammlungsleiter *m*, stellvertretende Versammlungsleiterin *f*	vice-chairman
stellvertretende(r) Verwaltungsratsvorsitzende(r) *f(m)*	deputy chairman of the board of management
stellvertretende(r) Vorsitzende(r) *f(m)*	deputy chairman, vice-chairman
stellvertretende(r) Vorsitzende(r) *f(m)* des Aufsichtsrats	deputy chairman of the supervisory board
stellvertretender Vorstand *m* der Geschäftsleitung	deputy chairman of the board of management
Syndikus *m*	general counsel *(AE)*
Systemverwalter(in) *m(f)*	administrator *(software)*
Tagungsleiter(in) *m(f)*	chairman, chairperson
Teamleiter(in) *m(f)*	team leader
technischer Direktor *m*, technische Direktorin *f*	technical director
technischer Leiter *m*, technische Leiterin *f*	technical manager

in Deutschland *in Germany*	in Großbritannien und in den Vereinigten Staaten *in the UK and US*
Teilhaber(in) *m(f)*	partner
Terminüberwacher(in) *m(f)*	traffic manager
unmittelbare(r) Vorgesetzte(r) *f(m)*	first-line supervisor
Verkaufschef(in) *m(f)*	sales director, sales manager
Verkaufsdirektor(in) *m(f)*	sales manager
Verkaufsleiter(in) *m(f)*	sales director, sales manager
Vermögensverwalter(in) *m(f)*	asset manager
Versammlungsleiter *m(f)*	chairman, chairperson
Versammlungsleiterin *f*	chairwoman, chairperson
Versandleiter(in) *m(f)*	traffic manager, transport controller
Versandleitung *f*	traffic executive
Vertragsbearbeiter(in) *m(f)*	contracts officer
Vertragsleiter(in) *m(f)*	contracts manager, distribution manager
Vertriebschef(in) *m(f)*	sales manager
Vertriebsdirektor(in) *m(f)*	sales director, sales manager
Vertriebsleiter(in) *m(f)*	sales manager
Verwalter(in) *m(f)*	administrator
Verwaltungsangestellte(r) *f(m)*	administration officer *(commerce)*
Verwaltungsbeamte(r) *m*, Verwaltungsbeamtin *f*	administration officer *(public sector)*
Verwaltungsfachmann *m*, Verwaltungsfachfrau *f*	administrator
Verwaltungsleiter(in) *m(f)*	administrator
Verwaltungsratsvorsitzende(r) *f(m)*	chairman of the administrative board, chairman of the board of directors, chairman of the board of management
Vizepräsident(in) *m(f)*	vice-president, veep *(AE)*
Vorarbeiter(in) *m(f)*	foreman, supervisor, overseer; charge hand *(construction industry)*
Vorarbeiter(in) *m(f)* der Produktion	line supervisor
Vorsitzende(r) *m(f)*	chair, chairman, chairwoman, chairperson, president
Vorsitzender und Generaldirektor *m*, Vorsitzende und Generaldirektorin *f*	chairman and general manager
Vorsitzender und geschäftsführender Direktor *m*, Vorsitzende und geschäftsführende Direktorin *f*	chairman and managing director *(BE)*
Vorsitzender und Hauptgeschäftsführer *m*, Vorsitzende und Hauptgeschäftsführerin *f*	chairman and general manager
Vorstand *m* der Geschäftsleitung	chairman of the board of directors, chairman of the board of management
Vorstandsmitglied *n*	director
Vorstandsvorsitzende(r) *f(m)*	chairman and managing director *(BE)*, chairman and chief executive *(AE)*, chairman of the executive committee
Werbeleiter(in) *m(f)*	advertising manager, publicity manager
Werksleiter(in) *m(f)*	plant manager, works manager

Einkommensbegriffe und Wirtschaftsindizes / Income terms and economic indexes

Deutscher Name *German name*	Englischer Name *English name*
Aktienindex *m*	share index, stock index
Aktienpreisindex *m*	share price index, stock price index
Anspannungsindex *m*	employment index
Arbeitslosenzahl *f*	unemployment figure
Arbeitslosenquote *f*	unemployment rate
Baukostenindex *m*	construction cost index
bereinigter Index *m*	adjusted index
Beschäftigungsindex *m*	employment index
Besoldungsgruppe *f*	salary grade
Börsenindex *m*	market index, stock market index
Börsenkursindex *m*	stock exchange price index
Börsenpreisindex *m*	stock market price index
Bruttoinlandsprodukt *n*	gross domestic product
Bruttosozialprodukt *n*	gross national product
Diffusionsindex *m*	diffusion index
Einzelhandelspreisindex *m*	retail price index
Erzeugerpreisindex *m*	producer price index
Gehaltsklasse *f*	salary grade
Gehaltsstufe *f*	salary grade
gewichteter Börsenindex *m*	price-weighted index
gewichteter Index *m*	weighted index
gewogener Index *m*	weighted index
Großhandelspreisindex *m*	wholesale price index
Handelsbilanz *f*	balance of trade
Harmonisierter Verbraucherpreisindex *m*	Harmonized Index of Consumer Prices
impliziter Preisindex *m*	implied price index
Index *m* der Frühindikatoren	index of leading indicators
Index *m* der Spätindikatoren	index of lagging indicators
Indexbindung *f*	index linking, index linkage
Indexkoppelung *f*	index linking, index linkage
Indexverbindung *f*	index linking, index linkage
Indexzahl *f*	index number
Inflationsrate *f*	rate of inflation
Kursindex *m*	share price index, stock price index
Laspeyres-Index *m*	Laspeyre's index
Lebenshaltungsindex *m*	cost-of-living index
Lebenshaltungskostenindex *m*	cost-of-living index
Lerner-Index *m*	Lerner index
Mengenindex *m*	volume index
Nettosozialprodukt *n*	net national product
Paasche-Index *m*	Paasche index
Preisindex *m*	price index

Deutscher Name *German name*	Englischer Name *English name*
Preisindex *m* für die Lebenshaltung	cost-of-living index
Preisindexniveau *n*	price index level
Primäreinkommen *n*	primary income
Pro-Kopf-Einkommen *n*	income per capita
Rentenindex *m*	bond index
Staatsausgaben *fpl*	national expenditure
Verbraucherpreisindex *m*	consumer price index
Wachstumsindex *m*	growth index
zusammengesetzter Index *m*	composite index
zusammengesetzter Index *m* der Frühindikatoren	composite leading index

Kardinal- und Ordinalzahlen / Cardinal and ordinal numbers

Kardinalzahlen *Cardinal*	Deutsch *German*	Englisch *English*
1	eins	one
2	zwei	two
3	drei	three
4	vier	four
5	fünf	five
6	sechs	six
7	sieben	seven
8	acht	eight
9	neun	nine
10	zehn	ten
11	elf	eleven
12	zwölf	twelve
13	dreizehn	thirteen
14	vierzehn	fourteen
15	fünfzehn	fifteen
16	sechzehn	sixteen
17	siebzehn	seventeen
18	achtzehn	eighteen
19	neunzehn	nineteen
20	zwanzig	twenty

Kardinalzahlen *Cardinal*	Deutsch *German*	Englisch *English*
21	einundzwanzig	twenty-one
22	zweiundzwanzig	twenty-two
23	dreiundzwanzig	twenty-three
24	vierundzwanzig	twenty-four
25	fünfundzwanzig	twenty-five
30	dreißig	thirty
40	vierzig	forty
50	fünfzig	fifty
60	sechzig	sixty
70	siebzig	seventy
80	achtzig	eighty
90	neunzig	ninety
100	(ein)hundert	hundred
101	(ein)hundert(und)eins	one hundred and one
156	(ein)hundertsechsundfünfzig	one hundred and fifty-six
200	zweihundert	two hundred
300	dreihundert	three hundred
400	vierhundert	four hundred
1 000	(ein)tausend	one thousand
1 001	(ein)tausend(und)eins	one thousand and one
1 247	eintausend zweihundert(und)-siebenundvierzig	one thousand, two hundred and forty-seven
2 000	zweitausend	two thousand
3 000	dreitausend	three thousand
10 000	zehntausend	ten thousand
20 000	zwanzigtausend	twenty thousand
100 000	(ein)hunderttausend	one hundred thousand
200 000	zweihunderttausend	two hundred thousand
1 000 000	eine Million	one million
10 000 000	zehn Millionen	ten million(s)
100 000 000	(ein)hundert Millionen	one hundred million(s)
1 000 000 000	eine Milliarde	one thousand million(s) *(BE)* one billion *(AE)*
1 000 000 000 000	eine Billion	one billion *(BE)* one trillion *(AE)*

Ordinalzahlen *Ordinal*	Deutsch *German*	Englisch *English*
1.	erste	first
2.	zweite	second
3.	dritte	third
4.	vierte	fourth
5.	fünfte	fifth
6.	sechste	sixth
7.	siebte	seventh
8.	achte	eighth

Ordinalzahlen *Ordinal*	Deutsch *German*	Englisch *English*
9.	neunte	ninth
10.	zehnte	tenth
11.	elfte	eleventh
12.	zwölfte	twelfth
13.	dreizehnte	thirteenth
14.	vierzehnte	fourteenth
15.	fünfzehnte	fifteenth
16.	sechzehnte	sixteenth
17.	siebzehnte	seventeenth
18.	achtzehnte	eighteenth
19.	neunzehnte	nineteenth
20.	zwanzigste	twentieth
21.	einundzwanzigste	twenty-first
22.	zweiundzwanzigste	twenty-second
23.	dreiundzwanzigste	twenty-third
24.	vierundzwanzigste	twenty-fourth
25.	fünfundzwanzigste	twenty-fifth
30.	dreißigste	thirtieth
40.	vierzigste	fortieth
50.	fünfzigste	fiftieth
60.	sechzigste	sixtieth
70.	siebzigste	seventieth
80.	achtzigste	eightieth
90.	neunzigste	ninetieth
100.	(ein)hundertste	one hundredth
101.	(ein)hundert(und)erste	one hundred and first
156.	(ein)hundertsechsundfünfzigste	one hundred and fifty-sixth
200.	zweihundertste	two hundredth
300.	dreihundertste	three hundredth
400.	vierhundertste	four hundredth
1 000.	(ein)tausendste	one thousandth
1 001.	(ein)tausend(und)erste	one thousand and first
1 247.	(ein)tausendzweihundert(und)-siebenundvierzigste	one thousand, two hundred and fortyseventh
2 000.	zweitausendste	two thousandth
3 000.	dreitausendste	three thousandth
10 000.	zehntausendste	ten thousandth
20 000.	zwanzigtausendste	twenty thousandth
100 000.	(ein)hunderttausendste	one hundred thousandth
200 000.	zweihunderttausendste	two hundred thousandth
1 000 000.	(ein)millionste	one millionth